L'année de 1re

SPÉCIALITÉS *SCIENCES*

+ ENSEIGNEMENTS COMMUNS

Cet ouvrage a été rédigé par une équipe de professeurs de lycée.

Physique-Chimie ▶ David Dubus, Sandrine Schreyeck

SVT ▶ Bernard Msihid

NSI ▶ Laurent Cooper, Valérie Kennel, Tantely Rahobisoa

Maths ▶ Fabien Aoustin

Français ▶ Sophie Pailloux-Riggi, Jacqueline Turgis

Histoire ▶ Magali Domain, Norbert Dubouis, Sébastien Piecuch, Bénédicte Zielewski

Géographie – EMC ▶ Loïc Hamandjian

Enseignement scientifique ▶ Emmanuelle Cantoni, Cécile de Ségovia

Anglais ▶ Claire Vittecoq-Laurelli

Espagnol ▶ Alejandra Chuliá Jordán

Allemand ▶ Fabrice Malkani

bordas

Sommaire

Pour des révisions encore plus efficaces, accède facilement à nos tutos VIDÉOS pour préparer l'oral de français et à nos AUDIOS de langues :

1. Télécharge l'application bordas Flash PAGE sur Android ou Apple
2. Flashe les pages marquées de ce logo bordas Flash PAGE
3. Lance ta ressource !

Sommaire

CORPS HUMAIN ET SANTÉ

NUM. ET SCIENCES INFORMATIQUES

HISTOIRE DE L'INFORMATIQUE

REPRÉSENTATION DES DONNÉES : TYPES ET VALEURS DE BASE

REPRÉSENTATION DES DONNÉES : TYPES CONSTRUITS

TRAITEMENT DES DONNÉES EN TABLE

INTERACTIONS ENTRE L'HOMME ET LA MACHINE SUR LE WEB

ARCHITECTURES MATÉRIELLES ET SYSTÈMES D'EXPLOITATION

LANGAGES ET PROGRAMMATION

ALGORITHMIQUE

MATHS

ALGÈBRE

ANALYSE

GÉOMÉTRIE

PROBABILITÉS ET STATISTIQUES

ALGORITHMIQUE ET PROGRAMMATION

FRANÇAIS

VIDÉOS bordas Flash PAGE

ÉTUDE DE LA LANGUE

Sommaire

ENSEIGNEMENT SCIENTIFIQUE

ANGLAIS

AUDIO bordas Flash PAGE

ESPAGNOL

AUDIO bordas Flash PAGE

ALLEMAND

AUDIO bordas Flash PAGE

L'ORIENTATION AVEC PHOSPHORE

Nouveau BAC

Demandez le programme !

À partir de la rentrée 2019, les programmes de première et terminale de la voie générale comprennent :

- **des enseignements communs**, suivis par tous les élèves ;
- **des enseignements de spécialité**, à choisir parmi une liste de 12 disciplines ;
- **des enseignements optionnels**. 4 sont accessibles dès la première, 3 autres les complètent en terminale.

1 Les enseignements communs

	première	terminale
Français	4h/semaine	
Philosophie		4h/semaine
Histoire-Géographie	3h/semaine	3h/semaine
Enseignement moral et civique	0h30/semaine	0h30/semaine
Langue vivante A et langue vivante B	4h30/semaine	4h/semaine
Éducation physique et sportive	2h/semaine	2h/semaine
Enseignement scientifique	2h/semaine	2h/semaine

Les enseignements obligatoires ne faisant pas l'objet d'épreuves terminales sont évalués dans le cadre du contrôle continu, par le biais des résultats obtenus en classe pendant les deux années du cycle terminal.

2 Les enseignements de spécialité

Les 12 spécialités disponibles sont les suivantes :

Art
Biologie, écologie
Histoire-géographie, géopolitique et sciences politiques
Humanités, littérature et philosophie
Langue, littérature et cultures étrangères
Littérature, langues et cultures de l'antiquité
Mathématiques
Numérique et sciences informatiques
Physique-Chimie
Sciences de la vie et de la Terre
Sciences de l'ingénieur
Sciences économiques et sociales

Dans chacune de tes spécialités, tu auras 4 heures de cours par semaine en **première** et 6 heures de cours par semaine en **terminale**.

Tu as choisi en fin de seconde tes trois spécialités de première. À la fin de l'année, il faudra en abandonner une. Tu n'en auras donc plus que deux en terminale.

La spécialité que tu auras choisi de ne pas poursuivre en terminale sera évaluée dans le cadre du contrôle continu par la moyenne des moyennes trimestrielles ou semestrielles. Les deux autres spécialités donneront lieu à des épreuves finales au cours du second semestre de terminale.

3 Les enseignements optionnels

Si tu le souhaites, tu peux choisir de suivre 1 matière optionnelle en première et 2 en terminale, parmi la liste suivante :

Accessible dès la première	Accessible en terminale uniquement
Langue vivante C **Arts** **EPS** **Langues et cultures de l'antiquité**	**Mathématiques expertes** **Mathématiques complémentaires** **Droits et grands enjeux du monde contemporain**

Nouveau BAC

Le baccalauréat

1 Les deux modes d'évaluation

CONTRÔLE CONTINU

Coefficients en classe de	1re	T^{le}
Spécialité non poursuivie en T^{le}	8	/
Histoire-Géographie	3	3
Enseignement moral et civique	1	1
LVA	3	3
LVB	3	3
Enseignement scientifique	3	3
EPS	/	6

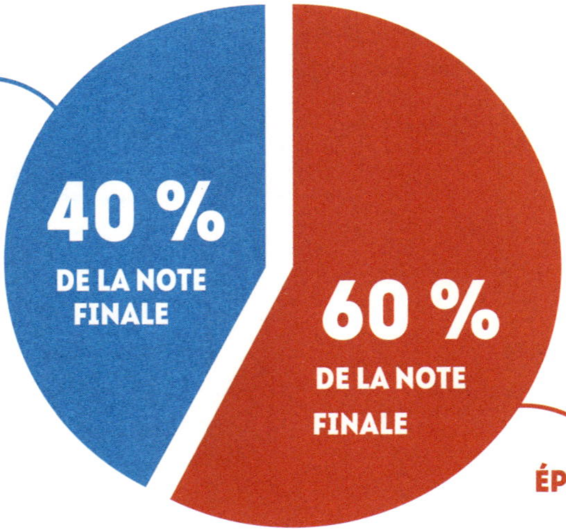

ÉPREUVES TERMINALES

2 épreuves anticipées en première

- Français écrit : coefficient 5
- Français oral : coefficient 5

4 épreuves finales en terminale

- 2 enseignements de spécialité : coefficient 16 chacun
- Philosophie : coefficient 8
- Grand oral : coefficient 10

2 Le calendrier des épreuves

	Mars	Juin
1re		**ÉPREUVES DE FRANÇAIS** • Écrit • Oral
T^{le}	**ÉPREUVES TERMINALES** • Enseignement de spécialité A • Enseignement de spécialité B	**ÉPREUVES TERMINALES** • Philosophie • Grand oral

Nouveau BAC

Le contrôle continu

Les 40 % de la note du baccalauréat issus des enseignements obligatoires ne faisant pas l'objet d'épreuves terminales sont calculés à partir des résultats obtenus en classe pendant les deux années du cycle terminal.

Les moyennes annuelles du cycle terminal, dans les enseignements ci-dessous, constituent les notes qui sont prises en compte.

Enseignement de spécialité

▶ La spécialité qui n'est pas poursuivie en terminale est évaluée en première par le contrôle continu : la note, affectée d'un coefficient 8, est la moyenne des moyennes trimestrielles ou semestrielles de l'élève pour la classe de première.

Histoire-géographie | Enseignement scientifique | Langues vivantes A et B

▶ Pour ces trois matières : la note est la moyenne des moyennes trimestrielles ou semestrielles de l'élève, affectée, dans chaque enseignement, d'un coefficient 3 pour la classe de première et d'un coefficient 3 pour la classe de terminale (soit un coefficient 6 pour chacun de ces enseignements sur le cycle terminal).

Éducation physique et sportive

▶ Pour l'EPS : la note à laquelle est affectée le coefficient 6 est la moyenne des notes obtenues par l'élève aux évaluations certificatives prévues dans le cadre du contrôle en cours de formation (CCF) qui vient ponctuer chaque période de formation au cours de l'année de l'examen. L'élève est évalué, pendant l'année de terminale, sur trois épreuves reposant sur trois activités physiques, sportives et artistiques (APSA). La note finale obtenue par le candidat est la moyenne de ces trois épreuves.

Enseignement moral et civique

▶ En EMC, la moyenne des résultats de l'élève est affectée d'un coefficient 1 pour la classe de première et d'un coefficient 1 pour la classe de terminale (soit un coefficient 2 pour cet enseignement sur le cycle terminal).

Les moyennes sont attribuées par les professeurs, entérinées en conseil de classe, transmises aux familles dans les bulletins trimestriels ou semestriels, puis renseignées dans le livret scolaire. Elles sont désignées par les termes « évaluations chiffrées annuelles » dans les textes réglementaires relatifs à l'organisation du baccalauréat.

Dans chaque enseignement concerné, la moyenne annuelle est validée lors du dernier conseil de classe de chaque année du cycle terminal (fin de première et fin de terminale). La moyenne annuelle de chaque enseignement est prise en compte pour l'obtention du baccalauréat en l'arrondissant au dixième de point supérieur.

Nouveau BAC

Les épreuves anticipées de

FRANÇAIS

Les épreuves anticipées de français sont un des grands enjeux de ton année de première. Tu en trouveras ci-dessous une description détaillée.

1 L'épreuve écrite

- Durée : 4 heures
- Coefficient : 5

Structure

Pour l'épreuve écrite, tu dois choisir entre deux types de travaux d'écriture : un commentaire ou une dissertation.

Le commentaire

Le commentaire porte sur un texte littéraire en lien avec un des objets d'étude du programme de première.

Tu dois composer un devoir présentant de manière organisée ce que tu as retenu de sa lecture et justifier par des analyses précises ton interprétation et tes jugements personnels.

Le texte proposé pour le commentaire n'est pas extrait d'une des œuvres au programme.

La dissertation

Pour la dissertation, il te faut conduire une réflexion personnelle sur une question littéraire. Tu dois choisir entre trois sujets de dissertation, chacun étant en rapport avec l'une des œuvres du programme et son parcours associé.

Pour développer ton argumentation, tu t'appuies sur ta connaissance de l'œuvre et des textes étudiés dans le cadre de l'objet d'étude concerné, mais aussi sur tes lectures et ta culture personnelle.

Notation

L'épreuve écrite est notée sur 20.

2 L'épreuve orale

- Durée : 20 minutes
- Préparation : 30 minutes
- Coefficient : 5

Structure

L'épreuve orale est composée de deux parties qui s'enchaînent et sont précédées d'un temps de préparation de 30 minutes.

Le descriptif des activités de l'année

Avant l'épreuve, tu dois présenter à l'examinateur un descriptif des activités réalisées au cours de l'année. Ce descriptif t'aura été fourni par ton professeur, il récapitule les œuvres et les textes étudiés en classe, en distinguant ceux qui ont fait l'objet d'une étude détaillée, sur lesquels tu peux être interrogés dans la première partie de l'épreuve.

Pour chaque objet d'étude tu as au moins six textes susceptibles de donner lieu à une interrogation : 3 extraits au minimum pour chaque œuvre, 3 extraits pour le parcours associé.

Ce descriptif indique également l'œuvre que tu as choisie parmi celles proposées par ton professeur au titre des lectures cursives obligatoires ou parmi celles qui ont été étudiées en classe. Cette œuvre fait l'objet de la seconde partie de l'épreuve.

Première partie : exposé sur un des textes du descriptif

Durée : 12 minutes

L'examinateur t'indique par écrit, sur une fiche que tu dois signer :

– le texte et le passage du texte sur lequel tu es interrogé ;
– une question de grammaire.

À l'issue de ton temps de préparation :

1. tu réalises une lecture à voix haute juste, pertinente et expressive du texte choisi par l'examinateur, après l'avoir situé brièvement dans l'œuvre ou le parcours associé.

2. Ensuite, tu proposes une explication linéaire d'un passage sélectionné par l'examinateur dans le texte.

3. Enfin, tu réponds à la question de grammaire posée par l'examinateur au moment du tirage. La question porte sur le texte choisi : elle vise l'analyse syntaxique d'une courte phrase ou d'une partie de phrase.

Seconde partie : présentation de l'œuvre choisie par le candidat et entretien avec l'examinateur.

Durée : 8 minutes

Cette partie de l'épreuve se déroule en deux temps successifs :

– tout d'abord tu présentes brièvement l'œuvre que tu as retenue et tu exposes les raisons de ton choix ;
– ensuite l'examinateur te pose des questions qui visent à évaluer tes capacités à dialoguer, à nuancer et à étoffer ta réflexion, à défendre ton point de vue sur la base de ta connaissance de l'œuvre.

Notation

La première partie de l'épreuve orale est notée sur 12 points, la seconde sur 8 points.

Le tableau ci-contre t'indique ce que les examinateurs attendent de toi lorsqu'ils te font passer l'épreuve orale et les éléments sur lesquels ils vont baser leur évaluation.

Nouveau BAC

	Attendus de la prestation orale	Éléments évalués
Lecture	Lecture correcte et expressive d'un texte déjà connu	Capacité à faire entendre sa voix et à faire preuve dans sa lecture d'une intention de sens Capacité à adresser sa lecture
Explication	Bonne compréhension littérale du texte Analyse pertinente au service d'une interprétation Mobilisation des savoirs linguistiques et littéraires nécessaires à l'analyse du texte Références précises au texte étudié	Qualité de l'expression et niveau de langue orale Qualités de communication, de précision et de clarté dans le propos
Question de grammaire	Mobilisation des savoirs linguistiques pertinents pour l'analyse faisant l'objet de la question	Capacité à mobiliser un lexique grammatical pertinent Capacité à construire une analyse syntaxique, à réfléchir sur des faits linguistiques
Entretien	Présentation synthétique de l'œuvre retenue Expression pertinente, justifiée et convaincante d'un choix personnel Entrée véritable dans l'échange, tirant profit des éléments de relance pour approfondir sa propre réflexion Mobilisation pertinente des connaissances culturelles et artistiques en lien avec le propos	Capacité à défendre une lecture personnelle Capacité à expliquer et à justifier ses choix Aptitude au dialogue Qualité de l'expression et niveau de langue orale Qualités d'analyse et d'argumentation, de communication et de persuasion Capacité à établir des liens entre la lecture littéraire et les autres champs du savoir, l'expérience du monde et la formation de soi

bordas t'aide à préparer l'oral de Français

Pour être parfaitement préparé pour l'oral de français, regarde nos tutoriels **VIDÉOS** et réalise les activités proposées dans les fiches d'exploitation qui les accompagnent.

En flashant cette page (bordas Flash PAGE), accède aux vidéos suivantes et à leurs fiches :

- **L'épreuve orale de français : lire un texte littéraire**
- **L'épreuve orale de français : l'explication de texte**
- **L'épreuve oral de français : l'entretien**

Tu retrouveras aussi ce picto dans les pages de Français concernées.

Composition initiale d'un système

Cours

1 Déterminer la masse molaire

▶ La masse molaire atomique notée $M(X)$ d'un élément X correspond à la masse de $6{,}022 \times 10^{23}$ (nombre d'Avogadro N_A) d'atomes de cet élément, soit une mole. C'est une caractéristique d'un élément qui apparaît dans la classification périodique. Elle s'exprime en grammes par mol ($g \cdot mol^{-1}$). Soit m_X la masse d'un atome quelconque en grammes :

$$M(X) = N_A \times m_X$$

▶ La masse molaire moléculaire est la masse d'une mole de molécules de l'espèce considérée. Elle se calcule à l'aide des masses molaires atomiques des atomes constitutifs de la molécule.

2 Déterminer la quantité de matière

▶ La quantité de matière et la masse d'un composé sont liées par la relation suivante :

$$n = \frac{m}{M}$$

n représente la quantité de matière du composé en moles (mol), m sa masse en grammes (g) et M sa masse molaire en grammes par mole ($g \cdot mol^{-1}$).

▶ La concentration en quantité de matière d'un soluté représente la quantité de matière n de ce soluté par unité de volume V. D'où :

$$n_A = C_A \times V$$

n_A représente la quantité de matière de l'espèce chimique A exprimée en moles (mol) et V le volume de solution, en litres (L), C_A représente la concentration du soluté en moles par litre ($mol \cdot L^{-1}$).

▶ La concentration en masse ou titre massique d'une espèce chimique A en solution notée t_A est égale à la masse m_A de cette espèce par litre de solution :

$$t_A = \frac{m_A}{V}$$

avec t_A en grammes par litre ($g \cdot L^{-1}$), m_A en grammes (g) et V en litres (L).

▶ Par définition, le volume molaire est le volume occupé par N_A molécules, c'est-à-dire une mole, d'une substance. Lorsqu'il est connu, la quantité de matière de la substance est donnée par la relation suivante :

$$n = \frac{V}{V_m}$$

avec V_m le volume molaire du gaz en litres par mole ($L \cdot mol^{-1}$), V le volume du gaz exprimé en litres (L) et n la quantité de matière exprimée en moles (mol).

Pour une température T de 0 °C et une pression P de 1 013 hPa, toute mole de gaz, quelle que soit sa nature chimique, occupe un volume de 22,4 litres.

3 Concentration et couleur d'une espèce

▶ La couleur d'une solution résulte de la superposition des radiations qu'elle transmet. Si la solution n'absorbe que dans un seul domaine de longueur d'onde, sa couleur est la complémentaire de celle des radiations absorbées.

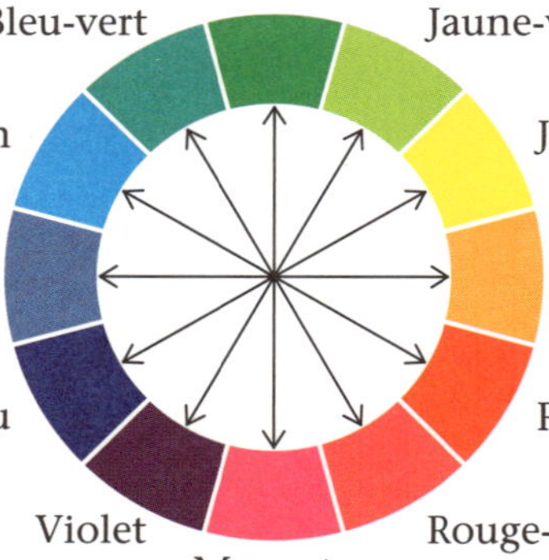

Cercle chromatique : la couleur complémentaire est la couleur diamétralement opposée.

▶ L'absorbance représente la proportion de lumière absorbée par une solution à une longueur d'onde donnée. Notée A, c'est une grandeur physique sans unité.

▶ Loi de Beer-Lambert : pour des solutions suffisamment diluées, l'absorbance A d'une solution colorée est proportionnelle à la concentration C de l'espèce chimique responsable de sa couleur.

$$A = \varepsilon \times l \times C$$

avec : ε le coefficient d'absorbance en $L \cdot mol^{-1} \cdot cm^{-1}$ et l en cm, la largeur de la cuve. On l'écrit également parfois :

$$A = k \times C.$$

▶ Un dosage est une méthode permettant de déterminer la concentration d'une espèce colorée en solution. Elle nécessite de :

– régler le spectrophotomètre sur la longueur d'onde λ_{max} correspondant au maximum d'absorption. À cette valeur l'absorbance étant plus grande, l'incertitude sur la mesure est diminuée.

– tracer une droite d'étalonnage, en mesurant l'absorbance de plusieurs solutions de concentration connue de l'espèce à doser. Cette droite illustre la relation de proportionnalité existant entre A et C.

– mesurer l'absorbance de la solution à doser puis, à l'aide de la droite d'étalonnage, en déduire la valeur de la concentration du soluté en solution.

Méthode

1 Calculer une concentration en quantité de matière

Un sachet contient entre autres, une masse $m = 1,00$ g d'acide ascorbique ($C_6H_8O_6$). On en dissout le contenu dans un verre d'eau. La solution obtenue a pour volume $V = 100$ mL, déterminer la concentration en quantité de matière du soluté.

Données :

▶ Masses molaires atomiques de quelques éléments : M(H) = 1,01 g · mol⁻¹ ; M(C) = 12,0 g · mol⁻¹ ; M(O) = 16,0 g · mol⁻¹.

$$M(C_6H_8O_6) = 6 \times M(C) + 8 \times M(H) + 6 \times M(O)$$

Application numérique :

$M(C_6H_8O_6) = 6 \times 12,0 + 8 \times 1,01 + 6 \times 16,0 = 176\ g \cdot mol^{-1}$.

▶ Soit « *n* », la quantité de matière d'acide ascorbique contenue dans un sachet.

$$n = \frac{m}{M} = \frac{1,00}{176} = 5,68 \times 10^{-3}\ mol.$$

▶ On calcule la concentration en quantité de matière C de la solution en acide ascorbique : $C = \frac{n_{C_6H_8O_6}}{V}$

Application numérique :

$$C = \frac{5,68 \times 10^{-3}}{100 \times 10^{-3}} = 5,68 \times 10^{-2}\ mol \cdot L^{-1}.$$

2 Exploiter la loi de Beer Lambert

On a préparé quatre solutions de concentration différente en dichromate de potassium dont on a mesuré l'absorbance à une longueur d'onde de 400 nm :

C (mmol·L⁻¹)	1,0	2,0	4,0	6,0
A	0,35	0,62	1 ,32	1,95

L'absorbance d'une solution de concentration en quantité de matière inconnue « C' » mesurée dans les mêmes conditions vaut $A' = 1,34$.

Tracer la courbe d'étalonnage $A = f(C)$ et en déduire la concentration en quantité de matière C'.

▶ Pour tracer la courbe d'étalonnage, on porte A en ordonnée et C en abscisse.

Il ne faut pas oublier d'indiquer sur les axes : les graduations, les échelles choisies, les grandeurs et leur unité (quand elles en ont).

▶ Pour déterminer la concentration C' on procède par lecture graphique.

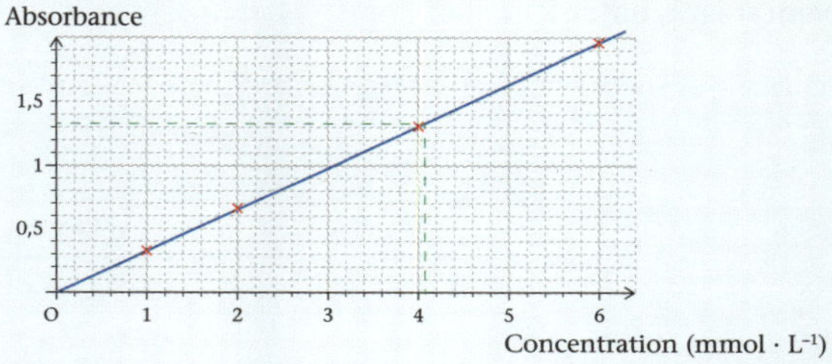

On repère sur le graphique le point d'ordonnée $A' = 1,34$. Son abscisse permet d'obtenir la concentration : $C' = 4,08\ mmol \cdot L^{-1}$.

Exercices

1 ★ 3 min **Il faut préparer un volume $V = 500$ mL d'une solution aqueuse de sulfate d'aluminium de formule $Al_2(SO_4)_3$ de concentration $C = 0,35\ mol \cdot L^{-1}$.**
Déterminer la quantité n de sulfate d'aluminium que l'on pourra trouver dans la solution préparée.

2 ★★ 10 min **L'éosine aqueuse est un antiseptique local de formule $C_{20}H_6Na_2O_5Br_4$. Elle est conditionnée dans des dosettes de volume $V = 2,0$ mL.**
Le médicament contient 2,0 g d'éosine pour 100 mL.

a. À l'aide du tableau périodique déterminer la masse molaire de chacun des atomes composant la molécule et la masse molaire de l'éosine.

b. En déduire la quantité d'éosine, exprimée en mmol, présente dans un flacon de 2,0 mL.

3 ★★ 15 min **On désire doser une solution aqueuse de diiode de concentration inconnue C à l'aide d'un spectrophotomètre. La mesure de l'absorbance se fait à une longueur d'onde idéalement choisie de 450 nm.**

a. Justifier la valeur de la longueur d'onde choisie.

b. Déduire également de cette valeur la couleur d'une solution de diiode.

À l'aide des mesures effectuées sur les solutions étalons, on obtient le graphe ci-dessous.

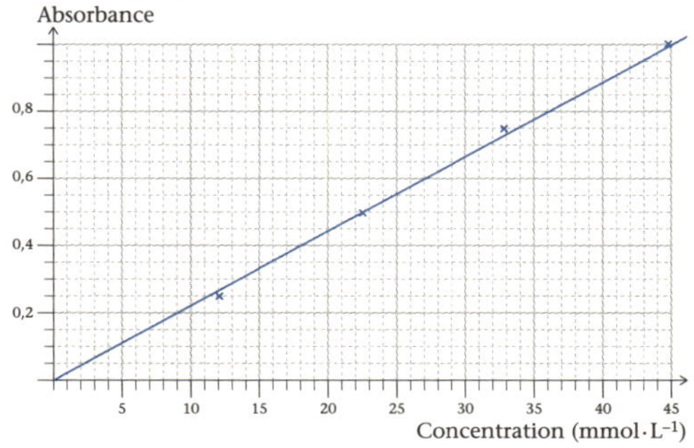

c. La loi de Beer-Lambert est-elle vérifiée ?

d. Déterminer le coefficient directeur de cette droite et en déduire la valeur du coefficient d'extinction molaire ε de l'eau iodée dans les conditions de la mesure.

e. En utilisant comme il se doit ce graphe, déterminer la concentration C de la solution dosée sachant que la mesure de son absorbance donne 0,52.

Avancement d'une réaction chimique

Cours

1 Transformation chimique

▶ Une transformation chimique est modélisée par une réaction chimique.

▶ Une équation de réaction traduit les réarrangements d'atomes se déroulant au cours d'une réaction chimique.
Exemple : $a\,A + b\,B \rightarrow d\,D + e\,E$
A et B sont les réactifs ; D et E sont les produits ; a, b, d et e sont les nombres stœchiométriques.
Ceux-ci doivent être ajustés afin de respecter :
– la conservation des éléments ;
– la conservation des charges électriques.

2 Évolution du système

▶ Un tableau d'avancement permet de déterminer la composition du système au cours de la transformation chimique. On peut calculer les quantités de matière des produits formés et des réactifs restants, grâce à une grandeur appelée avancement, notée x et dont l'unité est la mole.

Tableau d'avancement pour la transformation de l'exemple ci-dessus.

Équation de la réaction chimique		a A +	b B →	d D +	e E
État du système	Avancement	Quantité de matière (en mol)			
État initial	$x = 0$	$n_i(A)$	$n_i(B)$	0	0
Intermédiaire	$0 \leq x \leq x_{max}$	$n_i(A) - a\,x$	$n_i(B) - b\,x$	$c\,x$	$e\,x$
État final	x_{fin}	$n_i(A) - a\,x_{fin}$	$n_i(B) - b\,x_{fin}$	$d\,x_{fin}$	$e\,x_{fin}$

On appelle état initial du système chimique, l'état de ce système avant la transformation. L'état final, lui, représente l'état de ce système après la transformation.

3 Détermination de l'état final

▶ La réaction est qualifiée de « totale » quand elle s'arrête lorsqu'un réactif vient à manquer. Le ou les réactifs ayant intégralement disparu sont alors appelés réactifs en défaut ou limitants tandis que le ou les réactifs n'ayant pas été complètement consommés sont appelés réactifs en excès.

▶ L'avancement final de la réaction est alors égal à son avancement maximal : $xf = x_{max}$.
On note l'équation de réaction avec une simple flèche : →.
La réaction inverse n'a pas lieu.

▶ Pour calculer la valeur de l'avancement maximal, on cherche la plus petite valeur de l'avancement annulant la quantité initiale d'un des réactifs.

▶ Si, à la fin de la réaction, il ne reste plus aucun réactif, le mélange initial de réactifs a été fait dans des proportions stœchiométriques.

▶ Une transformation chimique est limitée lorsqu'aucun des réactifs n'a totalement disparu alors que le système cesse d'évoluer. L'avancement final est alors inférieur à l'avancement maximal.
Les proportions en réactifs et produits ne varient plus : on se trouve à l'état d'équilibre du système chimique.
On note l'équation de la réaction avec le signe (⇄) qui traduit l'existence de deux réactions inverses l'une de l'autre se produisant simultanément. Les réactifs et les produits coexistent à l'état final.

Méthode

1 Établir un tableau d'avancement

Afin d'obtenir de l'urée, on fait réagir 10 moles de dioxyde de carbone avec 15 moles d'ammoniac selon la réaction d'équation suivante : $CO_{2(g)} + 2\ NH_{3(g)} \rightarrow CO(NH_2)_{2(aq)} + H_2O_{(l)}$
Établir le tableau d'avancement.

▶ Pour dresser un tableau d'avancement, il faut :
– recopier l'équation de réaction ;
– préciser l'unité utilisée pour les quantités de matière ;
– noter les quantités initiales de réactifs ;
– veiller à écrire les nombres stœchiométriques et à noter le signe convenable devant l'avancement (« + »pour indiquer une formation et « – » pour une disparition).

Équation de la réaction		CO_2	+ 2 NH_3	→ $CO(NH_2)_2$	+ H_2O
État du système	Avancement	Quantité de matière (mol)			
Initial	0	10	15	0	0
Intermédiaire	x	$10 - x$	$15 - 2x$	$0 + x$	$0 + x$
Final	x_{max}	$10 - x_{max}$	$15 - 2x_{max}$	$0 + x_{max}$	$0 + x_{max}$

2 Comparer avancement final et maximal

On dissout un sachet contenant **$2{,}84 \times 10^{-3}$** d'acide ascorbique ($C_6H_8O_6$) dans un volume $V = 250$ mL d'eau.
Le pH final de la solution est de 3,5 ; ce qui correspond à une concentration en ion oxonium H_3O^+ : $C = 3{,}2 \times 10^{-4}$ mol·L⁻¹.
L'équation bilan de la réaction est :

$$C_6H_8O_{6(aq)} + H_2O \rightleftarrows C_6H_7O^-_{6(aq)} + H_3O^+_{(aq)}$$

La réaction est-elle totale ?

▶ L'acide ascorbique étant le réactif limitant, on en déduit **l'avancement maximal : $x_{max} = 2{,}84 \times 10^{-3}$ mol.**

▶ La quantité d'ion oxonium n formé est : **$n = C \times V$.**
Application numérique :
$n = 3{,}2 \times 10^{-4} \times 0{,}250 = 8{,}0 \times 10^{-5}$ mol.
Cette quantité correspond à la valeur de l'avancement final x_f.
Il reste beaucoup d'acide ascorbique, la réaction n'est pas totale, elle est partielle « $x_f < x_{max}$ ».

Exercices

1 ★ 5 min **En présence d'ions hydroxyde, les ions cuivre II forment un précipité bleu foncé d'hydroxyde de cuivre. Les quantités de matière initiales sont : $n_i(Cu^{2+}) = 4{,}0$ mol et $n_i(OH^-) = 6{,}0$ mol**
Établir le tableau d'évolution de la réaction :

$$Cu^{2+}_{(aq)} + 2\ OH^-_{(aq)} \rightarrow Cu(OH)_{2(s)}$$

2 ★★ 13 min **On fait réagir avec l'eau un volume $V = 2{,}0$ L d'une solution aqueuse d'acide méthanoïque de concentration $C = 0{,}050$ mol·L⁻¹ selon la réaction d'équation : $HCOOH + H_2O \rightleftarrows HCOO^- + H_3O^+$.**

Données : $M(H) = 1{,}01$ g·mol⁻¹ ; $M(O) = 16{,}0$ g·mol⁻¹ ; $M(C) = 12{,}0$ g·mol⁻¹.

a. Calculer la quantité initiale d'acide méthanoïque.
b. Établir le tableau d'avancement de la réaction. Calculer la valeur de l'avancement maximal.
c. En fin de réaction, le pH a pour valeur 2,5 ; la concentration finale en ion oxonium H_3O^+ est donc :

$$C_{H_3O^+} = 3{,}2 \times 10^{-3}\ \text{mol}\cdot\text{L}^{-1}$$

En déduire l'avancement final x_f.
d. En déduire également, les concentrations de l'acide méthanoïque et de l'ion méthanoate.
e. Que peut-on en conclure sur la transformation ?

3 ★★★ 16 min **On mélange une solution de permangante de potassium à une solution d'acide oxalique. L'équation de la réaction qui se produit est la suivante :**

$$2\ MnO_4^- + 5\ H_2C_2O_4 + 6\ H^+ \rightarrow 2\ Mn^{2+} + 10\ CO_2 + 8\ H_2O$$

Alors que toutes les autres espèces en solution sont incolores, les ions permanganate colorent la solution en violet.
Initialement, le système contient :
– un volume $V_1 = 25{,}0$ mL d'acide oxalique de concentration $C_1 = 5{,}0 \times 10^{-2}$ mol·L⁻¹ ;
– un volume $V_2 = 10{,}0$ mL de permanganate de potassium à la concentration $C_2 = 10{,}0 \times 10^{-2}$ mol·L⁻¹ ;
– un volume $V_3 = 5{,}0$ mL de solution contenant des ions H^+ à une concentration $C_3 = 2{,}0$ mol·L⁻¹.

a. Calculer les quantités initiales des réactifs.
b. Établir le tableau d'avancement de la réaction sachant que l'eau joue le rôle de solvant.
c. Calculer la valeur de l'avancement maximal, x_{max}.
d. Peut-on qualifier le mélange initial de stœchiométrique ?
e. Quelle est la concentration des ions permanganate à l'état final. Que peut-on en déduire ?

Titrages colorimétriques

Cours

1 Couple oxydant/réducteur

▶ Un **oxydant** est une espèce chimique pouvant capter un ou plusieurs électrons. Un **réducteur** est une espèce chimique pouvant céder un ou plusieurs électrons.

Les ions $Ag^+_{(aq)}$ sont des oxydants, ils sont susceptibles de gagner un électron pour former le métal argent $Ag_{(s)}$.

▶ Deux espèces chimiques qui se transforment l'une en l'autre par gain ou perte d'électrons sont dites **conjuguées** et forment un **couple oxydant réducteur**. À chaque couple oxydant/réducteur est associée une **demi-équation électronique** :

$$Ox + n\,e- = Réd$$

où n est le nombre d'électrons captés pour passer de la forme oxydée à la forme réduite.

Les deux espèces $Ag^+_{(aq)}$ et $Ag_{(s)}$ sont conjuguées et forment le couple $Ag^+_{(aq)}/Ag_{(s)}$.

La demi-équation associée est : $Ag^+_{(aq)} + e^- = Ag_{(s)}$.

2 Réactions d'oxydoréduction

▶ Lorsqu'on met en contact l'oxydant d'un couple avec le réducteur d'un autre couple, une transformation chimique a lieu, modélisée par une réaction d'oxydoréduction.

> **Vocabulaire**
>
> Quand l'oxydant gagne des électrons, il est réduit (il subit une réduction). Quand le réducteur perd des électrons, il est oxydé.

▶ Elle correspond à un **transfert d'électrons** du réducteur d'un couple à l'oxydant d'un autre couple.

3 Titrage avec suivi colorimétrique

▶ Le but d'un titrage est de déterminer la quantité de matière d'une espèce chimique en solution en la faisant réagir avec une autre espèce introduite en quantité connue.

▶ L'espèce dont on veut déterminer la quantité de matière est appelée **espèce titrée**. Une solution dite **titrante**, de concentration connue, est placée dans une burette graduée et introduite progressivement.

▶ Au début du titrage, le réactif titrant est le réactif limitant. Pour un certain volume versé de solution titrante noté V_E, le réactif titré et le réactif titrant sont tous les deux entièrement consommés, ils sont dans les **proportions stœchiométriques** de la réaction support du titrage. V_E est appelé **volume équivalent** (ou volume à l'équivalence).

Si l'on dose un réactif A par un réactif B et que l'équation de la réaction est : $aA + bB \rightarrow cD + dD$, alors à l'équivalence :

$$\frac{n(A)}{a} = \frac{n_E(B)}{b} \text{ ou encore } \frac{C_A \times V_A}{a} = \frac{C_B \times V_E}{b}$$

où C_A et C_B sont les concentrations molaires des espèces A et B.

▶ Lors d'un titrage colorimétrique, l'équivalence est repérée par un changement de teinte.

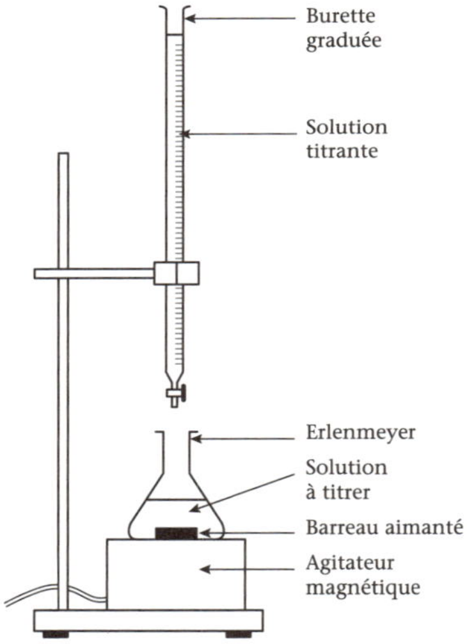

Dispositif pour titrer une solution

Méthode

1 Écrire une demi-équation d'oxydoréduction

Écrire la demi-équation du couple $MnO^-_{4\,(aq)}/Mn^{2+}_{(aq)}$.

▶ Écrire les deux espèces chimiques de part et d'autre du signe égal : $MnO^-_{4\,(aq)} + \dots = Mn^{2+}_{(aq)}$.

▶ Assurer la conservation de l'élément O à l'aide de molécules d'eau : $MnO^-_{4\,(aq)} + \dots = Mn^{2+}_{(aq)} + 4\,H_2O_{(l)}$.

▶ Assurer la conservation de l'élément H à l'aide d'ions hydrogène : $MnO^-_{4\,(aq)} + 8\,H^+_{(aq)} + \dots = Mn^{2+}_{(aq)} + 4\,H_2O_{(l)}$.

▶ Assurer la conservation de la charge à l'aide d'électrons : $MnO^-_{4\,(aq)} + 8\,H^+_{(aq)} + 5\,e^- = Mn^{2+}_{(aq)} + 4\,H_2O_{(l)}$.

2 Écrire l'équation d'une réaction entre un oxydant et un réducteur

On donne les couples oxydant/réducteur $Fe^{3+}_{(aq)}/Fe^{2+}_{(aq)}$ et $MnO^-_{4\,(aq)}/Mn^{2+}_{(aq)}$.

Écrire l'équation de la réaction qui se produit entre les ions $MnO^-_{4\,(aq)}$ et les ions $Fe^{2+}_{(aq)}$.

▶ Écrire les demi-équations électroniques pour chacun des deux couples mis en jeu, dans le sens où les transformations ont lieu.

▶ Multiplier si nécessaire les demi-équations par un facteur tel que **le nombre d'électrons captés par l'oxydant soit égal au nombre d'électrons cédés par le réducteur.**

$MnO^-_{4\,(aq)} + 8\,H^+_{(aq)} + 5\,e^- = Mn^{2+}_{(aq)} + 4\,H_2O_{(l)}$ × 1

$Fe^{2+}_{(aq)} = Fe^{3+}_{(aq)} + e^-$ × 5

▶ Sommer les deux demi-équations.

$MnO^-_{4\,(aq)} + 5\,Fe^{2+}_{(aq)} + 8\,H^+_{(aq)} \rightarrow Mn^{2+}_{(aq)} + 5\,Fe^{3+}_{(aq)} + 4\,H_2O_{(l)}$

3 Prévoir le changement de couleur observé à l'équivalence d'un titrage

On réalise le titrage d'une solution d'ions fer II de concentration inconnue par une solution de permanganate de potassium ($K^+ + MnO_4^-$). L'équation de la réaction du titrage est donnée ci-dessus. La seule espèce colorée est l'ion permanganate : il est violet en solution aqueuse. Expliquer comment l'équivalence sera repérée.

▶ **Repérer la solution titrante et la solution titrée.**

La solution de permanganate de potassium est la solution titrante, elle se trouve dans la burette graduée.
La solution d'ions fer II est la solution titrée, elle se trouve dans un bécher.

▶ Déterminer la couleur de la solution dans le bécher **avant l'équivalence.**

Avant l'équivalence, les ions permanganate MnO_4^- sont consommés dès qu'ils sont introduits. Dans le bécher la solution reste incolore.

▶ Déterminer la couleur de la solution dans le bécher **après l'équivalence.**

À partir de l'équivalence, les ions permanganate sont en excès, il n'y a plus d'ions fer II dans le bécher. Le contenu du bécher passe de l'incolore au violet.

Exercices

1 ★ 5 min **Établir les demi-équations électroniques associées aux couples suivants en milieu acide :**

a. $Al^{3+}_{(aq)}/Al_{(s)}$ **b.** $C_2H_4O_{2(aq)}/C_2H_6O_{(aq)}$

> Une demi-équation électronique s'écrit avec « = ».

2 ★★ 10 min **On plonge une lame de zinc (métal gris) dans une solution contenant des ions cuivre $Cu^{2+}_{(aq)}$ (bleus en solution aqueuse).**

a. Un dépôt rouge apparaît sur la lame de zinc. Quelle est la nature de ce dépôt ?

> Le cuivre est un métal rouge.

b. La solution se décolore petit à petit. Justifier.
c. Écrire les demi-équations électroniques des deux couples mis en jeu $Cu^{2+}_{(aq)}/Cu_{(s)}$ et $Zn^{2+}_{(aq)}/Zn_{(s)}$.
d. Écrire l'équation de la réaction.
e. Quel est le rôle joué par les ions cuivre dans cette réaction ? Sont-ils oxydés ou réduits ?

3 ★★★ 15 min **Afin de déterminer la concentration en dioxyde de soufre $SO_{2\,(aq)}$ dans un vin blanc, un technicien introduit dans un erlenmeyer un volume V_1 = 20,0 mL de vin blanc (très peu coloré), 4 mL d'acide sulfurique (incolore) et 1 mL d'empois d'amidon (incolore). Il utilise une solution titrante de diiode $I_{2(aq)}$ de concentration $C_2 = 1{,}00 \times 10^{-2}$ mol·L⁻¹. L'équivalence est obtenue pour un volume V_E = 6,28 mL de solution de diiode. L'équation support du dosage est :**

$$I_{2\,(aq)} + SO_{2\,(aq)} + 2\,H_2O_{(l)} \rightarrow 2\,I^-_{(aq)} + SO^{2-}_{4\,(aq)} + 4\,H^+_{(aq)}$$

Données : Masses molaires $M(O) = 16{,}0\ g\cdot mol^{-1}$; $M(S) = 32{,}1\ g\cdot mol^{-1}$.

En présence d'empois d'amidon, le diiode donne à une solution aqueuse une teinte bleu foncé. Les ions iodure I^-, les ions sulfate SO_4^{2-} et le dioxyde de soufre en solution sont incolores.

a. Quelle verrerie utilise-t-on pour prélever 20,0 mL de vin blanc ? pour prélever 4 mL d'acide sulfurique ?
b. Préciser, en justifiant, le changement de couleur qui permet de repérer l'équivalence.
c. Écrire les demi-équations électroniques et les deux couples oxydant/réducteur mis en jeu.
d. Parmi les réactifs, lequel est oxydant ? Lequel est réducteur ?
e. Déterminer la concentration en quantité de matière C_1 en dioxyde de soufre de ce vin.
f. Selon la réglementation européenne, la concentration en masse en dioxyde de soufre dans un vin blanc ne doit pas dépasser 210 mg·L⁻¹. Le vin analysé est-il conforme ?

> La relation entre concentration en masse *Cm* et concentration en quantité de matière *C* est :
> $Cm = C \times M$.

De l'atome aux molécules

Cours

1 Schéma de Lewis

▶ Dans la notation des configurations électroniques des atomes, les électrons du dernier niveau (n le plus élevé) sont appelés électrons de valence ou électrons externes.
La configuration électronique de l'atome d'oxygène, de numéro atomique Z = 8, est $1s^2 2s^2 2p^4$.
Il possède 6 électrons de valence.

Vocabulaire

Les gaz nobles sont chimiquement stables, cela est lié à leur configuration électronique qui est du type $1s^2$ (cas de l'hélium), $1s^2 2s^2 2p^6$ (cas du néon) ou $1s^2 2s^2 2p^6 3s^2 3p^6$ (cas de l'argon).

▶ Afin d'acquérir la configuration électronique des gaz nobles, un atome peut :
– gagner ou perdre un ou plusieurs électrons pour former un ion,
– établir des liaisons covalentes.

▶ Schéma de Lewis de la molécule d'eau :
La liaison covalente entre l'atome d'oxygène et un atome d'hydrogène correspond à la mise en commun de deux électrons de valence, qui forment un doublet liant que l'on représente par un tiret entre les deux atomes.

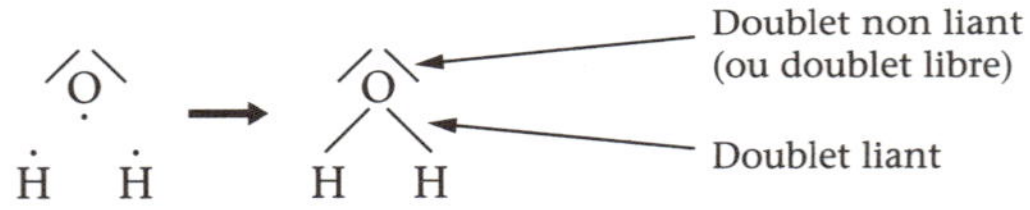

▶ Schéma de Lewis de l'ion oxygène O^{2-} :
L'ion O^{2-} possède 6 + 2 = 8 électrons de valence, soit quatre doublets non liants.
Cet ion a la configuration électronique du néon : $|\overline{\underline{O}}|^-$

▶ Schéma de Lewis de l'ion hydrogène :
L'ion hydrogène H^+ provient d'un atome d'hydrogène (Z = 1) qui a perdu son seul électron. Sa structure électronique est $1s^0$. Il se caractérise par une lacune électronique qui est représentée par un rectangle vide : ☐H^+

▶ Schéma de Lewis de l'ion oxonium H_3O^+ :
Pour la liaison en rouge, les deux électrons proviennent de l'atome d'oxygène. C'est une liaison dite de coordination :

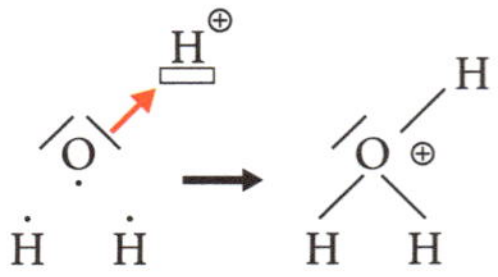

▶ Au final, les atomes établissent des liaisons covalentes de manière à s'entourer de quatre doublets, soit huit électrons externes (comme le néon et l'argon).
Seul l'hydrogène n'établit qu'une liaison pour s'entourer d'un doublet, soit deux électrons (comme l'hélium).

2 Géométrie des molécules

▶ La répulsion des doublets liants et non liants définit la géométrie d'une molécule. Les doublets se positionnent dans l'espace de manière à être le plus loin possible les uns des autres.

Formule brute	Schéma de Lewis	Répartition des doublets	Modèle moléculaire	Forme de la molécule
CH_4 (méthane)	H–C(–H)(–H)–H	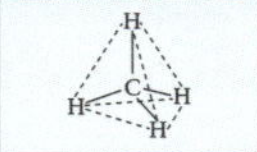	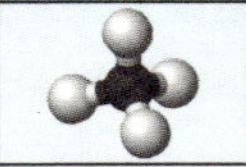	Molécule tétraédrique
NH_3 (ammoniac)	H–N̄(–H)–H	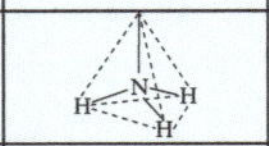		Molécule pyramidale
H_2O (eau)	H–Ō–H	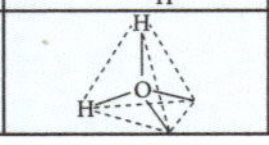		Molécule coudée

Formule brute	Schéma de Lewis	Modèle moléculaire	Forme de la molécule
CH_2O (méthanal)	H–C(=Ō)–H		Molécule triangulaire plane
C_2H_2 (éthyne)	H–C≡C–H		Molécule linéaire

3 Caractère polaire ou apolaire d'une entité

▶ Selon leur configuration électronique, certains atomes capteront plus facilement des électrons que d'autres. L'aptitude d'un atome à capter un électron s'appelle l'électronégativité, elle est notée χ.
▶ Dans le cas de deux atomes identiques liés par une liaison covalente, le doublet est partagé et symétrique par rapport à l'axe de liaison.
▶ Dans le cas de deux atomes différents, le plus électronégatif attire plus fortement le doublet d'électrons. Il acquiert une charge partielle négative δ^-, alors que l'autre acquiert une charge partielle positive δ^+.
Une telle liaison est dite polarisée.
La liaison O–H est polarisée, car l'atome d'oxygène est plus électronégatif que l'atome d'hydrogène.
▶ Une molécule est polaire si le centre géométrique des charges partielles négatives G^- ne coïncide pas avec le centre géométrique des charges partielles positives G^+.
La molécule d'eau est polaire.

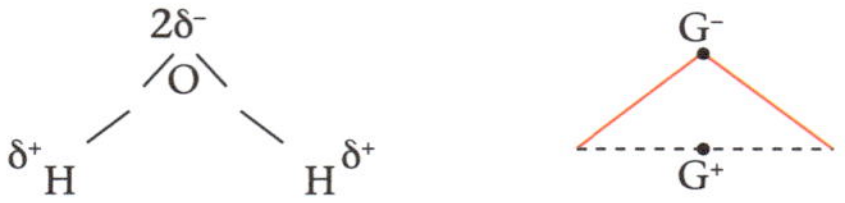

▶ Une molécule est apolaire si les centres géométriques des charges partielles coïncident.

Méthode

1 Établir le schéma de Lewis d'une molécule

Établir le schéma de Lewis de la molécule de dioxyde de carbone CO_2. *Données* : Carbone : Z = 6 ; Oxygène : Z = 8.

▶ Établir **la configuration électronique** de chaque atome :
– la configuration électronique de l'atome de carbone est $1s^2 2s^2 2p^2$,
– celle de l'atome d'oxygène est $1s^2 2s^2 2p^4$.

▶ Déterminer **le nombre d'électrons de valence** de chaque atome :
– l'atome de carbone possède 4 électrons de valence,
– et l'atome d'oxygène 6 électrons de valence.

▶ Écrire **l'enchaînement des atomes avec leurs électrons de valence** et apparier les électrons célibataires pour former des liaisons covalentes.

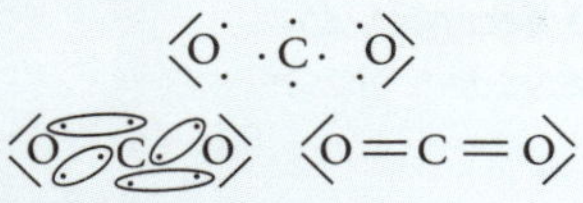

▶ Vérifier qu'il ne reste aucun électron non apparié, que chaque atome est bien entouré de quatre doublets.

2 Déterminer la géométrie d'une molécule

Déterminer la géométrie de la molécule de méthanol à partir de son schéma de Lewis :

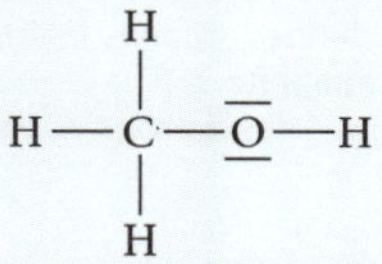

▶ Étudier d'abord la géométrie autour de l'atome de carbone.
– Compter le nombre de doublets liants et non liants.
L'atome de carbone est entouré de quatre doublets liants.
– La géométrie de la molécule est telle que les doublets d'électrons s'écartent au maximum les uns des autres pour minimiser leurs répulsions.
Les doublets adoptent une disposition tétraédrique. La géométrie autour de l'atome de carbone est **tétraédrique**.

▶ Étudier de la même manière la géométrie autour de l'atome d'oxygène.
L'atome d'oxygène est entouré de deux doublets non liants et de deux doublets liants. Ces quatre doublets adoptent également une disposition tétraédrique.
La géométrie autour de l'atome d'oxygène est **coudée**.

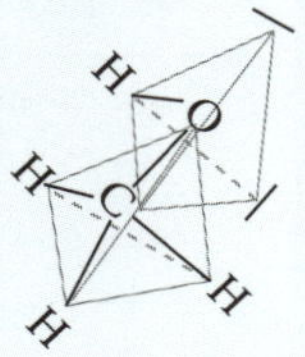

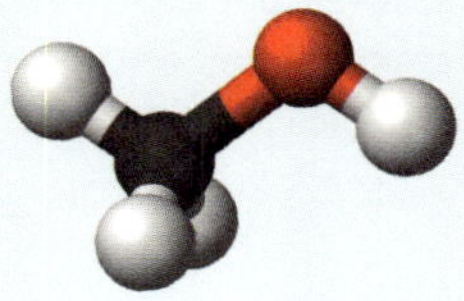

3 Étudier la polarité d'une molécule

La molécule de dioxyde de carbone est-elle polaire ?
Données : électronégativité : $\chi(C) = 2{,}5$; $\chi(O) = 3{,}5$.

▶ Connaître ou établir **le schéma de Lewis** de cette molécule (voir méthode point 1).

▶ **Établir sa géométrie.**
L'atome de carbone central n'a pas de doublet non liant et forme deux doubles liaisons, qui s'éloignent au maximum l'une de l'autre. La molécule est donc linéaire.

▶ **Comparer l'électronégativité** du carbone et de l'oxygène
L'oxygène est plus électronégatif que le carbone. La liaison C=O est donc polarisée. Chaque atome d'oxygène porte une charge partielle négative δ^-, alors que l'atome de carbone porte une charge partielle positive $2\delta^+$.

▶ **Faire un schéma** en indiquant les charges partielles apparues. Déterminer la position du centre géométrique des charges partielles positives et celui des charges partielles négatives.
Le centre géométrique des charges partielles négatives G^- est situé sur l'atome de carbone ; il coïncide avec la charge partielle positive : la molécule n'est donc pas polaire.

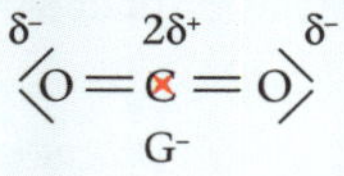

Exercices

1 ★ 5 min **L'éthanal est une espèce chimique d'odeur fruitée, de formule brute C_2H_4O. Son schéma de Lewis est donné ci-contre.**

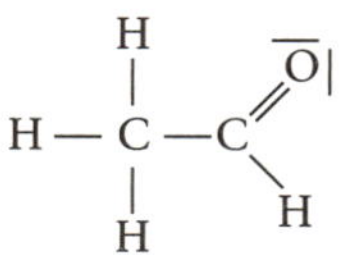

Donner la géométrie autour de chaque atome de carbone.

2 ★★ 10 min **Établir le schéma de Lewis des entités suivantes :**

a. NH_3 **b.** N_2 **c.** ion sodium Na^+
d. HCl **e.** ion ammonium NH_4^+ **f.** ion hydroxyde OH^-

Données : Azote : Z = 7 ; Oxygène : Z = 8 ; Hydrogène Z = 1 ; Chlore Z = 17

Il existe des liaisons covalentes doubles ou triples qui correspondent à deux ou trois doublets liants entre les atomes.

Cohésion, dissolution, extraction

Cours

1 Les solides ioniques

▶ Un solide ionique est électriquement **neutre**, sa cohésion est assurée par des interactions électrostatiques entre anions et cations.

Exemple : $CaF_2(s)$

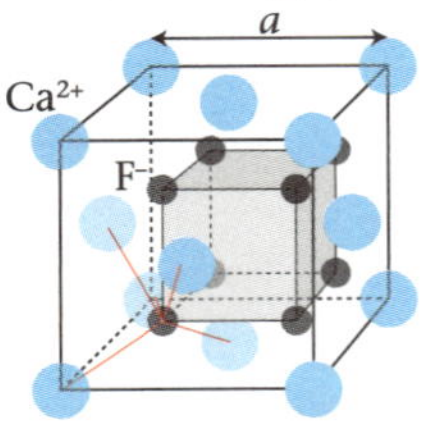

▶ La réaction associée à la dissolution d'un solide ionique dans l'eau est modélisée par une équation. La conservation des éléments chimiques et des charges électriques doit être respectée.

Exemple : dissolution du chlorure de sodium :

$$NaCl_{(s)} \xrightarrow{eau} Na^+_{(aq)} + Cl^-_{(aq)}.$$

▶ Les solutions ioniques contiennent des ions apparus lors de la dissolution. **La concentration d'un ion X** en solution est notée [X], elle est donnée par la relation :

$$[X] = \frac{n(X)}{V}$$

- Concentration en quantité de matière de l'ion X (mol·L⁻¹) — [X]
- Quantité de matière de l'ion (mol) — $n(X)$
- V volume de la solution (L)

2 Les solides moléculaires

▶ La cohésion des liquides et des solides moléculaires est assurée par :

– **des interactions de Van der Waals** : ce sont des interactions faibles, de nature électrostatique, qui s'exercent entre des molécules, qu'elles soient polaires ou non.

– **les ponts hydrogène** : ils s'établissent entre un atome d'hydrogène lié par liaison covalente à un atome très électronégatif (F, O, N) et un autre atome, lui aussi électronégatif, possédant au moins un doublet non liant.

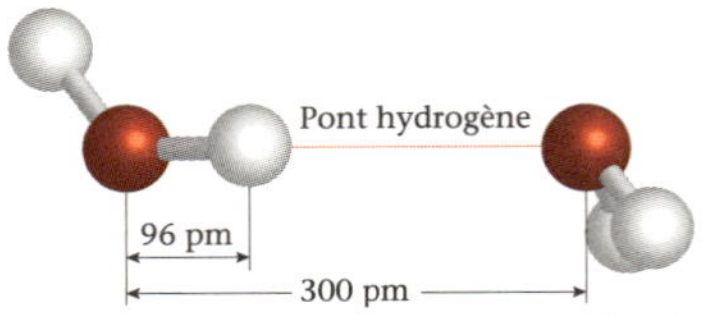

Pont hydrogène entre deux molécules d'eau

▶ Plus les molécules d'un soluté peuvent donner d'interactions avec celles d'un solvant et plus grande sera la **solubilité** dans ce solvant. Un soluté constitué de molécules polaires est donc soluble dans un solvant polaire. Un soluté constitué de molécules apolaires est soluble dans un solvant apolaire.

▶ La réaction associée à la dissolution d'un composé moléculaire dans l'eau est modélisée par une équation.

Exemple : dissolution du saccharose dans l'eau.

$$C_{12}H_{22}O_{11(s)} \xrightarrow{eau} C_{12}H_{22}O_{11(aq)}$$

3 Extraction par un solvant

C'est une technique qui consiste à extraire une espèce chimique d'une phase solide ou liquide par solubilisation dans un solvant.

▶ **L'extraction directe** consiste à mélanger un produit naturel (pétales de rose, écorces d'orange…) à un solvant dans lequel l'espèce chimique que l'on souhaite recueillir est très soluble.

▶ **L'extraction liquide-liquide** consiste à transférer une espèce chimique en solution aqueuse ou mélangée à de l'eau vers un autre solvant. En laboratoire, on utilise **une ampoule à décanter**, dans laquelle on observe deux phases.

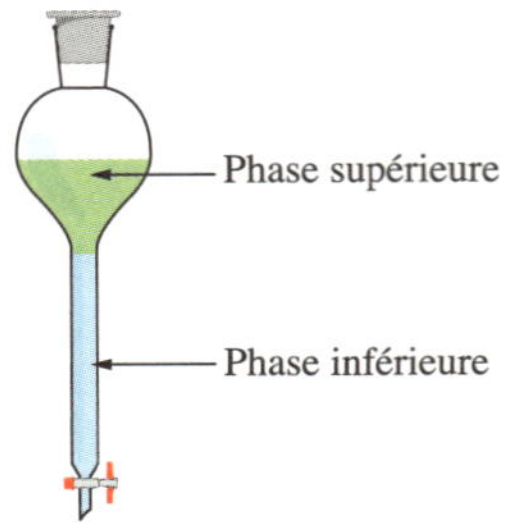

Ampoule à décanter

4 Tensioactifs

▶ Un tensioactif est composé de deux parties :

Queue apolaire formée d'une longue chaîne carbonée **hydrophobe** et **lipophile**, qui va établir avec les corps gras des **liaisons de Van der Waals**

Tête **polaire**, **hydrophile** qui va établir des **ponts hydrogène** avec l'eau

Exemple : ion palmitate

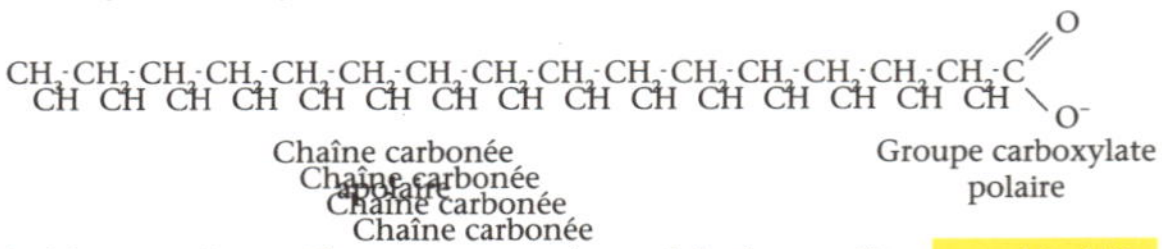

▶ Un tensioactif est une espèce chimique dite **amphiphile** car elle a une partie hydrophobe et une partie hydrophile.

▶ Le **savon** est un tensioactif. En présence de graisses constituant la « saleté » du linge, la partie hydrophobe du savon s'enfonce dans la tache de graisse (schéma 1). Le corps gras est décollé du tissu (schéma 2). Il se retrouve enfermé à l'intérieur de **micelles** qui se dispersent dans l'eau (schéma 3).

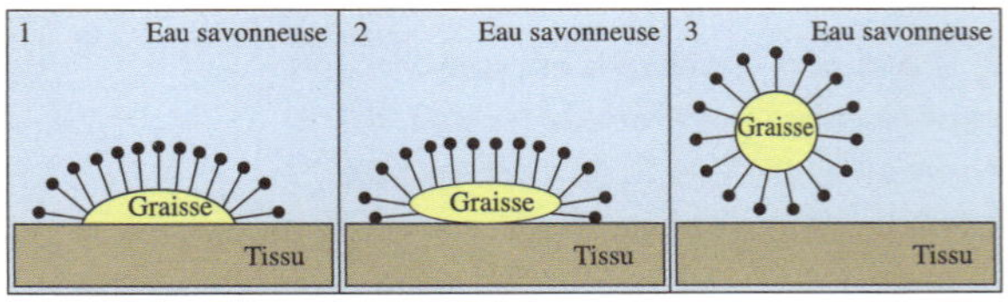

Schéma 1 **Schéma 2** **Schéma 3**

Méthode

1 Expliquer la solubilité du diiode dans différents solvants

Le diiode est un solide de formule I_2 peu soluble dans l'eau mais très soluble dans le cyclohexane C_6H_{12}. Justifier.

▶ Déterminer **le caractère polaire ou apolaire** du diiode.
La molécule de diiode est constituée de deux atomes identiques qui ont la même électronégativité : elle est apolaire.

▶ Déterminer **le caractère polaire ou apolaire des solvants** citées. L'eau est un solvant polaire. Les molécules de cyclohexane ne comportent que des atomes de carbone et d'hydrogène. Comme les liaisons C-H sont très peu polarisées, le cyclohexane est apolaire.

▶ **Conclure.**
Le diiode, apolaire, est plus soluble dans le cyclohexane, apolaire également, que dans l'eau, qui elle est polaire.

2 Interpréter un protocole d'extraction liquide-liquide

La Bétadine est une **solution aqueuse** antiseptique qui contient du diiode I_2. Pour extraire le diiode de la bétadine, on dispose des solvants suivants. Lequel doit-on choisir ?

Données :

	Solubilité du diiode ($g \cdot L^{-1}$)	Masse volumique ($g \cdot mL^{-1}$)	Miscibilité avec l'eau	
Eau	0,33	1,0		
Éthanol	170	0,79	oui	
Tétra-chloro-méthane	33	1,59	non	
Cyclo-hexane	28	0,78	non	

▶ Donner **les conditions** que doit remplir un solvant d'extraction. Le solvant initial (l'eau) et le solvant d'extraction ne doivent pas être miscibles : l'éthanol n'est pas adapté.

▶ Comparer **la solubilité** du diiode dans les différents solvants. Le diiode doit être beaucoup plus soluble dans le solvant d'extraction que dans l'eau. C'est le cas pour le cyclohexane et le tétrachloréthane.

▶ **Justifier** que le cyclohexane est **le solvant le plus adapté.**
Le cyclohexane est le moins dangereux car il ne présente pas le pictogramme à tête de mort qui signifie « toxique, poison ».

3 Calculer des concentrations d'ions en solution

On prépare un volume $V = 500$ mL d'une solution aqueuse en dissolvant $2,5 \times 10^{-2}$ mol de sulfate de fer III, solide ionique de formule $Fe_2(SO_4)_{3(s)}$. Déterminer les concentrations en quantité de matière des ions dans cette solution.

▶ **Écrire l'équation** de dissolution du sulfate de fer dans l'eau : $Fe_2(SO_4)_{3(s)} \rightarrow 2\, Fe^{3+}_{(aq)} + 3\, SO^{2-}_{4(aq)}$

▶ Réaliser un **tableau d'avancement :**

Équation de la réaction		$Fe_2(SO_4)_{3(s)}$	$\rightarrow 2\, Fe^{3+}_{(aq)}$	$+ 3\, SO^{2-}_{4(aq)}$
État du système	Avancement	Quantité de matière (mol)		
Initial	0	$2,5 \times 10^{-2}$	0	0
Final	x_{max}	$2,5 \times 10^{-2} - x_{max}$	$2x_{max}$	$3x_{max}$

À l'état final, le solide a été entièrement dissous. On a donc $2,5 \times 10^{-2} - x_{max} = 0$,
soit $x_{max} = 2,5 \times 10^{-2}$ mol.

▶ En déduire les concentrations molaires des ions :

$[Fe^{3+}] = n(Fe^{3+})/V = 2x_{max}/V$
$= 2 \times 2,5 \times 10^{-2}/0,500$
$= 0,10\ mol \cdot L^{-1}$.

$[SO_4^{2-}] = n(SO_4^{2-})/V = 3x_{max}/V$
$= 3 \times 2,5 \times 10^{-2}/0,500$
$= 0,15\ mol \cdot L^{-1}$.

Remarque

La concentration molaire de cette solution est : $c = 5,0 \times 10^{-2}\ mol \cdot L^{-1}$
On a : $[Fe^{3+}] = 2 \times c$
$[SO_4^{2-}] = 3 \times c$
Ce qui est cohérent avec les nombres stœchiométriques de l'équation de dissolution.

Exercice

★★ 10 min **On souhaite préparer un volume $V = 250$ mL d'une solution de chlorure de calcium de concentration $C(CaCl_2) = 0,10\ mol \cdot L^{-1}$.**

Donnée : $M(CaCl_2) = 111\ g \cdot mol^{-1}$.

a. Calculer la masse de chlorure de calcium à peser.

b. Donner la liste du matériel nécessaire pour préparer cette solution.

c. Écrire l'équation de la réaction de dissolution du chlorure de sodium $CaCl_2(s)$ dans l'eau.

d. Quelle est la concentration des ions calcium Ca^{2+} dans cette solution ? des ions chlorure Cl^- ?

Un tableau d'avancement peut aider, mais il n'est pas indispensable.

Structure des entités organiques

Cours

1 Squelette carboné

▶ On appelle **chaîne carbonée** ou **squelette carboné** l'enchaînement des atomes de carbone dans une molécule organique.

▶ Lorsque chaque atome de carbone n'est lié qu'à deux autres atomes de carbone au plus, la chaîne carbonée est **linéaire**.

▶ Lorsqu'au moins un atome de carbone est lié à plus de deux autres atomes de carbone, la chaîne carbonée est **ramifiée**.

▶ Une chaîne carbonée cyclique se referme sur elle-même.

2 Nomenclature des alcanes

▶ Les **alcanes** sont des composés organiques composés uniquement d'atomes de carbone et d'hydrogène. Leur chaîne carbonée est **saturée**, c'est-à-dire que toutes les liaisons C-C sont des liaisons simples.

▶ Le nom d'un alcane linéaire est constitué d'un préfixe qui dépend de la longueur de sa chaîne, suivi de la terminaison « ane ».

Nbre d'atomes de carbone	1	2	3
Nom de l'alcane linéaire	Méthane	Éthane	Propane

Nbre d'atomes de carbone	4	5	6
Nom de l'alcane linéaire	Butane	Pentane	Hexane

▶ Dans le cas d'un alcane ramifié, la chaîne carbonée la plus longue, appelée **chaîne principale**, donne son nom à l'alcane.

▶ Les noms des ramifications précédés de leur numéro de position, sont placés avant le nom de l'alcane.

À savoir

Les ramifications sont, dans la plupart des cas, des groupes méthyles ($-CH_3$) ou éthyles ($-CH_2-CH_3$).

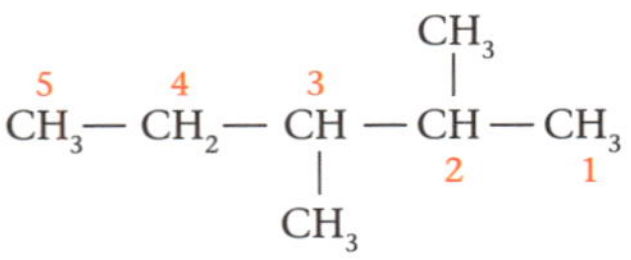

2,3-diméthylpentane

3 Groupes caractéristiques et familles

Les composés possédant le même **groupe caractéristique** appartiennent à la même famille et ont des propriétés chimiques similaires.

Définition

Un atome de carbone est **tétragonal** s'il forme quatre liaisons simples avec quatre atomes différents.
Dans une molécule, l'atome de carbone **fonctionnel** est celui qui porte le groupe caractéristique.

a. Les alcools

▶ Les molécules organiques portant un **groupe hydroxyle –OH** fixé sur un atome de carbone tétragonal appartiennent à la famille des **alcools**.

▶ Le nom d'un alcool est obtenu en remplaçant le « e » final du nom de l'alcane correspondant par la terminaison « **ol** », précédée, si nécessaire, du numéro de l'atome de carbone lié au groupe –OH.

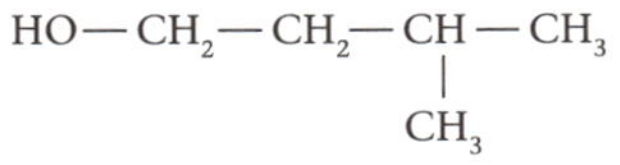

3-méthylbutan-1-ol

b. Composés carbonylés

▶ Les **composés carbonylés** sont des composés oxygénés comportant un **groupe carbonyle**.

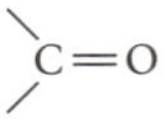

▶ Parmi ces composés, on distingue :

– les aldéhydes ;
L'atome de carbone fonctionnel est lié à au moins un atome d'hydrogène.

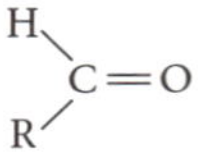

– les cétones.
L'atome de carbone fonctionnel n'est lié qu'à des atomes de carbone (R ou R' représentent des chaînes carbonées).

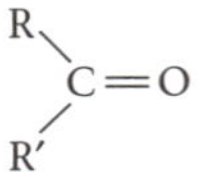

▶ On utilise la terminaison « **al** » pour nommer un aldéhyde et « **one** » pour nommer une cétone.

c. Acides carboxyliques

Les acides carboxyliques possèdent **un groupe carboxyle**. Le nom d'un acide est obtenu en remplaçant le « e » final de l'alcane correspondant par la terminaison « **oïque** » précédée du mot « **acide** ».

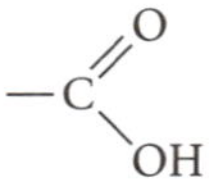

4 Spectroscopie infrarouge

▶ Les molécules organiques peuvent absorber des rayonnements infrarouges.

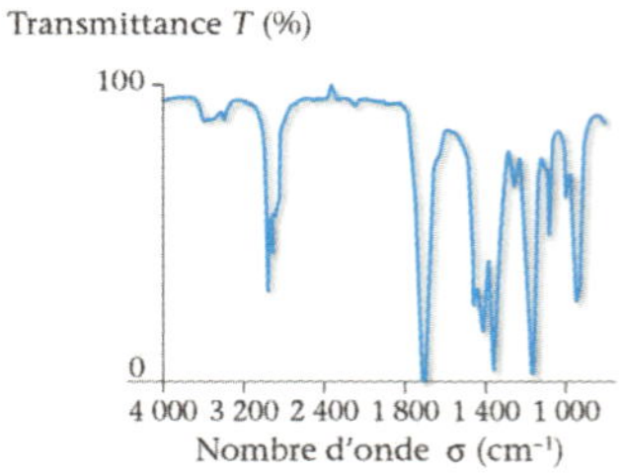

▶ Sur un **spectre infrarouge**, on porte en abscisse le **nombre d'onde σ, inverse de la longueur d'onde λ**, que l'on exprime généralement en **cm^{-1}**.
En ordonnée figure la **transmittance T**. C'est le rapport entre l'intensité lumineuse transmise par l'échantillon analysée

>>

>> et l'intensité lumineuse du rayonnement incident. Elle est exprimée en pourcentage.

▶ Les bandes d'absorption correspondant à des nombres d'onde supérieurs à 1400 cm^{-1} sont exploitables pour déterminer la présence d'un groupe caractéristique dans une molécule.

Dans le spectre de la butan-2-one, la bande d'absorption étroite vers 1 700 cm^{-1} est caractéristique de la liaison C=O.

▶ Lorsque des molécules sont liées par des ponts hydrogène, le nombre d'onde correspondant à la liaison –O–H diminue et la bande d'absorption s'élargit.

Table de données pour la spectroscopie infrarouge

Famille	Liaison	Nombre d'onde (cm^{-1})
Cétone	C=O	1 705-1 725
Aldéhyde	C=O	1 720-1 740
	C_{tri}–H*	2 700-2 900
Acide carboxylique	C=O	1 740-1 800
	O–H	2 500-3 200
Alcool	O–H lié	3 200-3 450
	O–H libre	3 600-3 700

* C_{tri} : Carbone trigonal (engagé dans une double liaison)

PHYSIQUE-CHIMIE

Méthode

1 Justifier le nom 3-méthylbutanal associé à la formule semi-développée

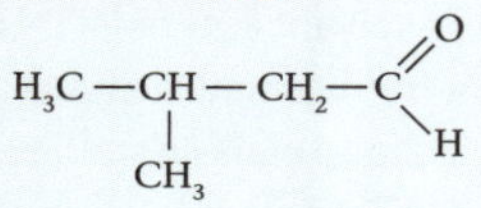

▶ Déterminer la famille à laquelle appartient ce composé. Cette molécule possède un groupe carbonyle. L'atome de carbone fonctionnel est lié à un atome de carbone et à un atome d'hydrogène : il s'agit d'un aldéhyde (terminaison en « al »).

▶ Déterminer le nombre d'atomes de carbone dans la chaîne principale. S'il y a 4 atomes de carbone, le nom de ce composé dérive du butane.

▶ Repérer la position du groupe méthyle. La chaîne carbonée étant numérotée en commençant par le carbone fonctionnel : il est sur le carbone n° 3.

2 Exploiter un spectre d'absorption IR

Identifier le groupe caractéristique d'une molécule à partir du spectre infrarouge donné ci-après.

À quelle famille appartient cette molécule ?

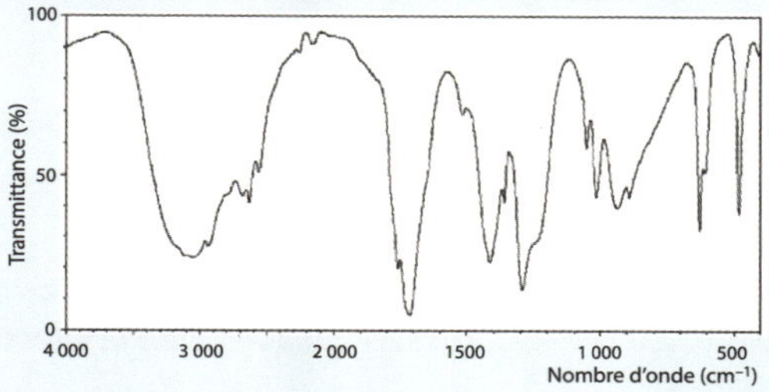

▶ Repérer, pour chacune des bandes d'absorption supérieure à 1 400 cm^{-1}, le nombre d'onde et rechercher la liaison correspondant à ce nombre d'onde.

D'après le tableau, la bande très large vers 3 000 cm^{-1} correspond à une liaison O–H. La bande étroite vers 1 700 cm^{-1} correspond à une liaison C=O.

▶ En déduire le groupe caractéristique de la molécule : la molécule possède un groupe carboxyle.

▶ Identifier sa famille : un acide carboxylique.

Exercices

1 ★ 5 min **Écrire la formule semi-développée des composés suivants :**

a. 3,3-diméthylbutan-2-one. **b.** méthylpropanal.

c. acide 3-méthylpentanoïque.

Commencer par écrire la chaîne carbonée la plus longue, placer le groupe caractéristique, puis les groupes méthyles et terminer en ajoutant les atomes d'hydrogène nécessaires.

2 ★★ 5 min

a. Représenter les formules semi-développée des molécules d'éthanol et d'éthanal.

b. Le spectre infrarouge ci-dessous correspond -il à la molécule d'éthanol ou d'éthanal ? Justifier.

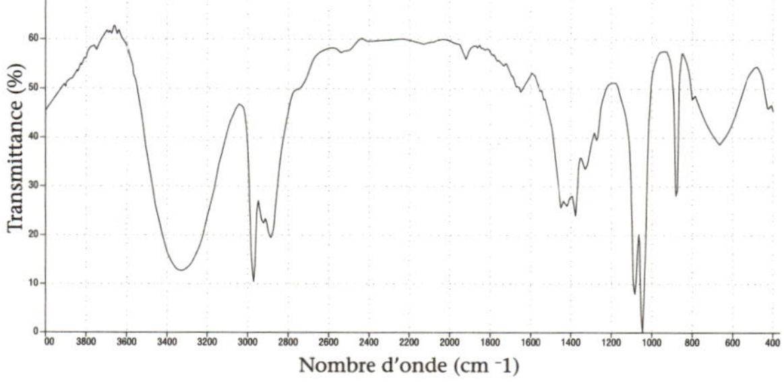

Synthèses d'espèces chimiques organiques

Cours

1 Transformation des réactifs

▶ Pour réaliser la synthèse d'une espèce chimique, il faut choisir les **réactifs** appropriés (solides, liquides, gazeux ou en solution) ainsi que leurs quantités.

▶ La plupart des synthèses organiques étant lentes, on utilise un **montage à reflux**.

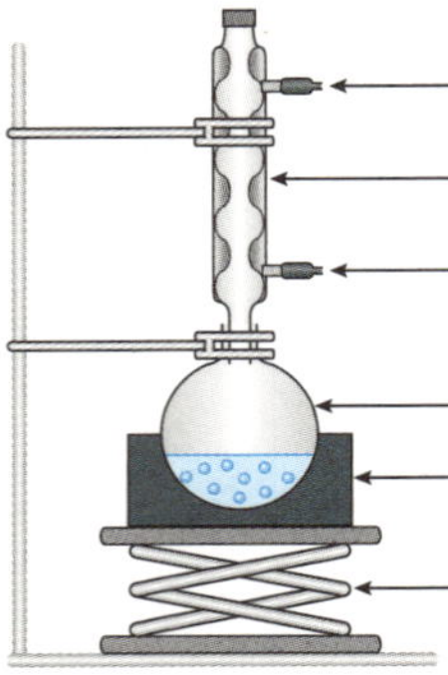

▶ On ajoute parfois un **catalyseur** qui n'apparaît pas dans l'équation de la réaction, mais qui augmente la vitesse de réaction.

2 Traitement des produits

▶ **Isolement** : lorsque la transformation chimique est terminée, il faut **extraire** le **produit** désiré du milieu réactionnel. Si le produit est liquide, il est extrait dans une **ampoule à décanter** avec un solvant adapté.
Si le produit est solide, il est isolé par **filtration**.

▶ **Purification** : le montage de **distillation** est utilisé pour purifier un liquide.

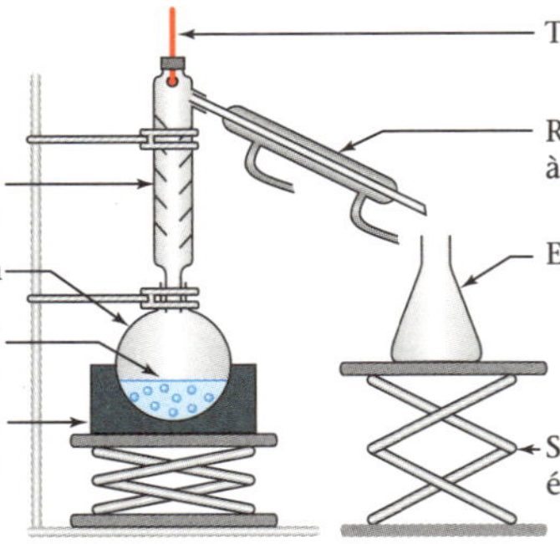

Dans le cas d'un **solide**, la purification se fait par **recristallisation** afin d'éliminer les impuretés par solubilisation dans un solvant.
Le solvant est choisi tel que les impuretés y soient solubles, à froid comme à chaud ; le produit à purifier y soit soluble à chaud mais cristallise à froid.

▶ **Analyse** : l'analyse d'un produit permet de **vérifier sa pureté** et de le **caractériser**. Elle peut se faire par chromatographie sur couche mince, par spectroscopie IR... pour les solides, par mesure de sa température de fusion sur banc Kofler.

3 Rendement d'une synthèse

Le calcul du **rendement** permet de déterminer l'efficacité d'une synthèse chimique.

$$\rho = \frac{\text{masse de produit obtenue expérimentalement}}{\text{masse maximale de produit théorique}}$$

Le rendement est un nombre sans unité, inférieur ou égal à 1, parfois exprimé en pourcentage.

Méthode

1 Identifier les différentes étapes d'un protocole

▶ Afin de synthétiser l'éthanoate de 3-méthylbutyle, dont la saveur et l'odeur sont ceux de la banane, on propose le protocole suivant :

a. Dans un ballon, introduire un volume $V_1 = 20$ mL de 3-méthylbutan-1-ol, puis un volume $V_2 = 25$ mL d'acide éthanoïque. Ajouter une spatule d'acide paratoluènesulfonique et quelques grains de pierre ponce. Chauffer à reflux pendant 20 min.

b. Verser le contenu du ballon dans une ampoule à décanter. Ajouter environ 50 mL d'eau salée (solution aqueuse saturée en chlorure de sodium) : 2 phases apparaissent. Agiter, laisser décanter, éliminer la phase aqueuse.

c. Laver la phase organique avec une solution saturée d'hydrogénocarbonate de sodium, agiter, laisser décanter. Éliminer la phase aqueuse. Récupérer la phase organique.

d. Distiller la phase organique et recueillir la fraction passant au-dessus de 135 °C.

e. Mesurer la masse et le volume du distillat.

▶ La **transformation des réactifs** est la première étape : **a.**
L'ampoule à décanter permet d'**isoler** l'éthanoate de 3-méthylbutyle : **b.**
On réalise une étape de **lavage** de la phase organique : **c.**
La distillation correspond à une étape de **purification** : **d.**
L'**analyse** du produit est réalisée par détermination de sa masse volumique : **e.**

2 Justifier le choix de la méthode de purification de la phase organique

Données : L'équation de la réaction s'écrit : 3-méthylbutan-1-ol + acide éthanoïque → éthanoate de 3-méthylbutyle + eau

$$C_5H_{12}O_{(l)} + C_2H_4O_{2(l)} \rightarrow C_7H_{14}O_{2(l)} + H_2O_{(l)}$$

	Formule brute	Masse volumique ($g \cdot mL^{-1}$)	Masse molaire ($g \cdot mol^{-1}$)	Température d'ébullition (°C)	Solubilité dans l'eau	Solubilité dans l'eau salée
3-méthylbutan-1-ol	$C_5H_{12}O$	0,81	88	131	Faible	Très faible
Acide éthanoïque	$C_2H_4O_2$	1,05	60	118	Grande	Grande
Éthanoate de 3-méthylbutyle	$C_7H_{14}O_2$	0,87	130	141	Très faible	Très faible

▶ La **phase organique** est sans doute composée :
– d'éthanoate de 3-méthylbutyle : c'est le produit souhaité, sa solubilité dans l'eau est très faible.
– de 3-méthylbutan-1-ol : c'est l'un des réactifs, il en reste probablement. D'après le tableau de données, sa solubilité dans l'eau est faible.

▶ La **distillation** va permettre de **séparer** ces deux espèces car elles ont des températures d'ébullition différentes. Le 3-méthylbutan-1-ol est le plus volatil, il distille vers 131 °C. Pour obtenir l'éthanoate de 3-méthylbutyle, il faudra attendre 141 °C.

3 Déterminer le rendement de la synthèse

On obtient une masse $m_{exp} = 15$ g d'éthanoate de 3-méthylbutyle.

▶ Rappeler la définition du rendement et l'expliciter pour la réaction étudiée :

$$\rho = \frac{\textbf{masse de produit obtenue expérimentalement}}{\textbf{masse maximale de produit théorique}}$$

Ici, le **produit** est l'éthanoate de 3-méthylbutyle. La masse de produit obtenue est déterminée par pesée : 15 g. La masse de produit théorique est à calculer.

▶ Déterminer les **quantités de matière initiale** des réactifs :

$$n = \frac{m}{M} = \rho \times \frac{V}{M}$$

$n(C_5H_{12}O) = \frac{0{,}81 \times 20}{88} = 0{,}18$ mol.

$n(C_2H_4O_2) = \frac{1{,}05 \times 25}{60} = 0{,}44$ mol.

▶ Établir **un tableau d'avancement**, déterminer l'avancement maximal :

Équation de la réaction		$C_5H_{12}O_{(l)}$ +	$C_2H_4O_{2(l)}$ →	$C_7H_{14}O_{2(l)}$ +	$H_2O_{(l)}$
État du système	**Avancement**	**Quantité de matière (mol)**			
Initial	0	0,18	0,44	0	
En cours	x	$0{,}18 - x$	$0{,}44 - x$	x	
Final	x_{max}	$0{,}18 - x_{max}$	$0{,}44 - x_{max}$	x_{max}	

Le réactif limitant est le 3-méthylbutan-1-ol, $x_{max} = 0{,}18$ mol.

▶ En **déduire la masse théorique maximale** d'éthanoate de 3-méthylbutyle que l'on pourrait obtenir :

$m(C_7H_{14}O_2) = n(C_7H_{14}O_2) \times M(C_7H_{14}O_2) = 0{,}18 \times 130 = 23$ g.

▶ **Calculer le rendement :** $\rho = \frac{15}{23} = 0{,}65$ ou 65 %.

Exercice

★★★ 20 min **Afin de synthétiser un savon, on introduit dans un ballon 15 mL d'oléine, 20 mL d'une solution d'hydroxyde de sodium concentrée, 20 mL d'éthanol et quelques grains de pierre ponce. On chauffe à reflux pendant 30 min. On verse ensuite le contenu du ballon dans un bécher contenant une solution saturée de chlorure de sodium. Le savon précipite, il apparaît sous forme solide.**

Cette technique est appelée relargage.

On réalise une filtration sous pression réduite à l'aide d'un Büchner.

a. Quels sont les réactifs utilisés ?

L'éthanol n'est pas un réactif, c'est un solvant qui favorise le contact entre les réactifs.

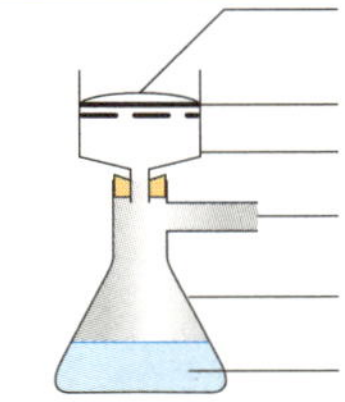

b. Quel est l'intérêt d'un chauffage à reflux ?

c. Justifier le rôle de la pierre ponce.

d. Légender ce schéma de filtration sous pression réduite avec les mots : papier filtre – fiole à vide – vers la trompe à eau – résidu solide – filtrat – entonnoir Büchner.

e. Pourquoi filtrer sous pression réduite ? Est-on intéressé par le résidu ou le filtrat ?

f. Qu'est-ce qu'une solution saturée de chlorure de sodium ?

g. Le savon est-il soluble dans l'eau ? dans une solution saturée de chlorure de sodium ?

Conversion de l'énergie stockée dans la matière organique

Cours

1 Énergie libérée lors d'une réaction de combustion

▶ Une combustion fait intervenir un combustible et un comburant (souvent le dioxygène de l'air).
Les combustibles fossiles (pétrole, gaz naturel, charbon) et la biomasse sont les combustibles les plus courants, ce sont des stocks d'énergie chimique.

Mot-clé

La biomasse regroupe l'ensemble des matières organiques d'origine végétale ou animale pouvant devenir des sources d'énergie : bois, végétaux, déchets agricoles...

▶ La combustion complète des alcanes et des alcools produit du dioxyde de carbone et de l'eau.
L'équation de combustion complète du méthanol s'écrit :

$$2\ CH_4O_{(g)} + 3\ O_{2(g)} \rightarrow 2\ CO_{2(g)} + 4\ H_2O_{(g)}$$

▶ La combustion est un cas particulier de réaction d'oxydoréduction. Le dioxygène est l'oxydant, le combustible est le réducteur.

▶ La combustion est une réaction chimique exothermique : le système réactionnel cède de l'énergie au milieu extérieur. L'énergie libérée est notée $\mathscr{E}$ et s'exprime en J ou en kJ. Elle est d'autant plus importante que la quantité de combustible est grande.

▶ L'énergie molaire de combustion $\mathscr{E}_{m,comb}$ est l'énergie libérée par mole de combustible transformé. Elle s'exprime en $J \cdot mol^{-1}$ ou $kJ \cdot mol^{-1}$.
$\mathscr{E}$ et $\mathscr{E}_{m,comb}$ sont liées par la relation : $\mathscr{E} = n \times \mathscr{E}_{m,comb}$
où n est la quantité de matière de combustible transformé (en mol).

2 Énergie molaire de réaction et énergies de liaison

▶ Lors d'une réaction chimique, des liaisons se rompent, d'autres se créent. L'énergie de liaison correspond à l'énergie à apporter pour briser une mole de liaisons covalentes entre deux atomes A et B.
Les énergies de liaison s'expriment en $kJ \cdot mol^{-1}$ et sont données pour des molécules qui se trouvent à l'état gazeux.

▶ Pour obtenir une valeur approchée de l'énergie molaire de combustion dans le cas où les réactifs sont à l'état gazeux, il faut calculer la différence entre l'énergie requise pour rompre les liaisons dans les réactifs et l'énergie requise pour former les liaisons dans les produits :

$$\mathscr{E}_{m,comb} = \Sigma D_{A\text{-}B\ formées} - \Sigma D_{A\text{-}B\ détruites}.$$

▶ Le pouvoir calorifique massique d'un combustible solide ou liquide représente l'énergie dégagée par la combustion complète d'un kilogramme de combustible. Il permet de comparer différentes énergies comme le bois, le gaz naturel, le gaz propane, le fioul, les granulés de bois... Il s'exprime en $J \cdot kg^{-1}$, $kJ \cdot kg^{-1}$, $MJ \cdot kg^{-1}$.

3 Combustion et environnement

▶ Le dioxyde de carbone est un gaz à effet de serre : l'augmentation des rejets de dioxyde de carbone due à l'activité humaine est responsable du réchauffement climatique.

▶ Lorsqu'une combustion est incomplète, au dioxyde de carbone et à l'eau s'ajoutent d'autres produits : du carbone, mais aussi le monoxyde de carbone qui est un gaz incolore, inodore et toxique.

Méthode

1 Écrire une équation de combustion

Écrire l'équation de la combustion complète du butane de formule brute C_4H_{10}.

▶ **Identifier les réactifs et les produits** de la réaction.
Les réactifs sont le butane et le dioxygène. La combustion étant complète, les produits sont le dioxyde de carbone et l'eau.

▶ **Écrire les formules** des réactifs dans le membre de gauche et les formules des produits dans le membre de droite, séparés par une flèche.

$$C_4H_{10(g)} + O_{2(g)} \rightarrow CO_{2(g)} + H_2O_{(g)}$$

Conservation de l'élément C :

$$C_4H_{10(g)} + O_{2(g)} \rightarrow 4\ CO_{2(g)} + H_2O_{(g)}$$

Conservation de l'élément H :

$$C_4H_{10(g)} + O_{2(g)} \rightarrow 4\ CO_{2(g)} + 5\ H_2O_{(g)}$$

Conservation de l'élément O :

$$C_4H_{10(g)} + \frac{13}{2} O_{2(g)} \rightarrow 4\ CO_{2(g)} + 5\ H_2O_{(g)}$$

En multipliant tout par 2 :

$$2C_4H_{10(g)} + 13\ O_{2(g)} \rightarrow 8\ CO_{2(g)} + 10\ H_2O_{(g)}$$

PHYSIQUE-CHIMIE

2 Estimer l'énergie molaire de réaction à partir des énergies des liaisons

Estimer l'énergie molaire de combustion du butane.

Données : énergies liaison : $D_{C-C} = 346\ kJ \cdot mol^{-1}$; $D_{C-H} = 412\ kJ \cdot mol^{-1}$; $D_{O=O} = 496\ kJ \cdot mol^{-1}$; $D_{C=O}$ (dans CO_2) $= 795\ kJ \cdot mol^{-1}$; $D_{O-H} = 463\ kJ \cdot mol^{-1}$.

▶ Écrire l'équation de combustion du butane pour une mole de butane, en utilisant les formules développées pour bien faire apparaître les liaisons.

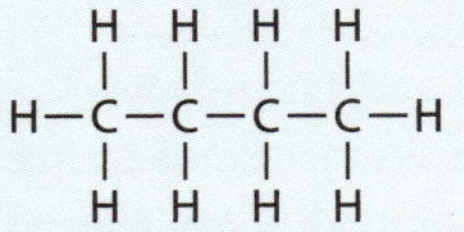 $+ \frac{13}{2}$ O=O → 4 O=C=O + 5 H-O-H

▶ Identifier les liaisons rompues.

Elles sont à gauche de l'équation, du côté des réactifs.

Il faut tenir compte de la rupture de 3 liaisons C–C ($3 \times 346\ kJ \cdot mol^{-1}$), de 10 liaisons C–H ($10 \times 412\ kJ \cdot mol^{-1}$), de $\frac{13}{2}$ liaisons O=O $\left(\frac{13}{2} \times 496\ kJ \cdot mol^{-1}\right)$.

▶ Comptabiliser le nombre de liaisons formées.

Elles sont du côté des produits.

8 liaisons C=O ($8 \times 795\ kJ \cdot mol^{-1}$) et 10 liaisons O-H ($10 \times 463\ kJ \cdot mol^{-1}$) se forment.

▶ En déduire l'énergie molaire de combustion.

$$\mathscr{E}_{m,comb} = \Sigma D_{\text{(liaisons formées)}} - \Sigma D_{\text{(liaisons rompues)}}$$

$$\mathscr{E}_{m,comb} = (8 \times 795 + 10 \times 463) - (3 \times 346 + 10 \times 412 + \frac{13}{2} \times 496)$$

$$= 10\ 990 - 8\ 382 = 2\ 608\ kJ \cdot mol^{-1}.$$

$\mathscr{E}_{m,comb} = 2,6\ MJ \cdot mol^{-1}$.

Exercices

1 ★ 5 min **Écrire l'équation de combustion complètes des molécules suivantes :**

a. hexane C_6H_{14}.

b. butan-1-ol $C_4H_{10}O$.

> Commencer par déterminer les nombres stœchiométriques des éléments C et H (ils n'interviennent chacun que dans un seul produit). Terminer par l'élément O.

2 ★★ 10 min **Le propane est un gaz inflammable utilisé comme combustible pour alimenter une cuisinière, un barbecue, etc.**

a. Écrire l'équation de la combustion complète du propane.

b. Calculer l'énergie molaire de combustion du propane.

c. Le propane se trouve en bouteilles de 13 kg. Déterminer l'énergie libérée lors de la combustion de tout le propane contenu dans la bouteille.

Données : $M(C) = 12\ g \cdot mol^{-1}$; $M(H) = 1,0\ g \cdot mol^{-1}$.

Énergies molaires de liaison : $D_{C-H} = 412\ kJ \cdot mol^{-1}$; $D_{O=O} = 496$ kJ · mol–1 ; $D_{C=O}$ (dans CO_2) $= 795\ kJ \cdot mol^{-1}$; $D_{O-H} = 463\ kJ \cdot mol^{-1}$; $D_{C-C} = 346\ kJ \cdot mol^{-1}$.

3 ★★★ 15 min

> De nombreux français utilisent le gaz naturel pour se chauffer. Les chaudières de première génération rejetaient du dioxyde de carbone et de la vapeur d'eau. Les chaudières actuelles, dites chaudières à condensation, permettent en plus de liquéfier la vapeur d'eau. Le passage de la vapeur d'eau à l'état liquide restitue de l'énergie. Le rôle de la chaudière à condensation est de récupérer une fraction de cette énergie de liquéfaction et de la transférer à l'eau du circuit de chauffe.
>
> Le **PCI** ou Pouvoir Calorifique Inférieur est la quantité de chaleur dégagée par la combustion complète d'un combustible avec obtention de vapeur d'eau. Le **PCS** ou Pouvoir Calorifique Supérieur est la quantité de chaleur dégagée par la combustion complète d'un combustible avec obtention d'eau liquide.

a. La liquéfaction est-elle une transformation exothermique ou endothermique ?

> Dans le langage courant, on utilise le terme condensation pour le changement d'état gaz-liquide (buée sur les fenêtres par exemple) alors que l'on devrait parler de liquéfaction.

b. Écrire l'équation de la réaction de combustion complète du méthane.

c. En déduire la quantité de matière puis la masse d'eau produite lors de la combustion de 1,0 kg de méthane.

d. Le PCS et le PCI diffèrent seulement par l'énergie correspond à la liquéfaction de l'eau. Le PCI du méthane vaut $50,0\ MJ \cdot kg^{-1}$.

Calculer le PCS du méthane en $MJ \cdot kg^{-1}$, puis en $kWh \cdot kg^{-1}$.

Données : énergie massique de liquéfaction de la vapeur d'eau : $L = 2\ 257\ kJ \cdot kg^{-1}$. $1\ kWh = 3,6 \times 10^6\ J$.

$M(C) = 12\ g \cdot mol^{-1}$; $M(H) = 1,0\ g \cdot mol^{-1}$; $M(O) = 16\ g \cdot mol^{-1}$.

Champs et forces

Cours

1 Notion de champp

▶ Un champ est une grandeur physique décrivant localement une propriété de la nature.

▶ Pour représenter un champ vectoriel, on utilise des lignes de champ. Elles sont tangentes en chaque point aux vecteurs champs associés et sont orientées dans le sens du champ.

▶ Un champ vectoriel est uniforme quand, dans une région de l'espace, les vecteurs sont égaux. Les lignes de champ sont alors parallèles.

2 Interaction et champ électrostatiques

▶ La charge électrique est la propriété de la matière qui produit les phénomènes d'électricité et de magnétisme. C'est un multiple de la charge élémentaire.

$q = n \cdot e$, n est un entier.

n est positif si la charge est positive, et négatif si la charge est négative.

▶ La loi de Coulomb exprime la force de l'interaction électrique entre deux particules chargées A (portant la charge électrique q_A) et B (de charge q_B) dont les centres sont distants de d :

$$F_e = k\frac{|q_A \cdot q_B|}{d^2}$$

Avec k constante de Coulomb, $k = 9{,}0 \times 10^9\ \text{N} \cdot \text{m}^2 \cdot C^{-2}$, q_A et q_B en Coulombs (C), d en mètres (m) et F en newtons (N). Ces forces ont pour direction la droite (AB).

– Si q_A et q_B sont de même signe, les forces sont répulsives.

– Si q_A et q_B sont de signes contraires les forces sont attractives.

▶ Un champ électrostatique, noté $\vec{E}$, est un champ vectoriel. Il est dirigé selon la force $\vec{F_e}$ qui modélise l'action mécanique qui s'exerce sur une charge q et a pour expression :

$$\vec{E} = \frac{\vec{F_e}}{q}$$

E est en newtons par coulomb ($\text{N} \cdot \text{C}^{-1}$) ou en volts par mètre ($\text{V} \cdot \text{m}^{-1}$), F est en newtons (N) et q en coulombs (C).

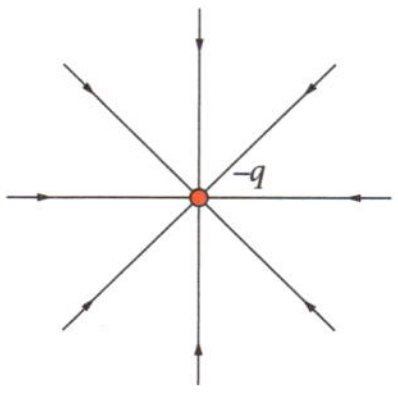

Lignes d'un champ électrostatique créé par une charge négative

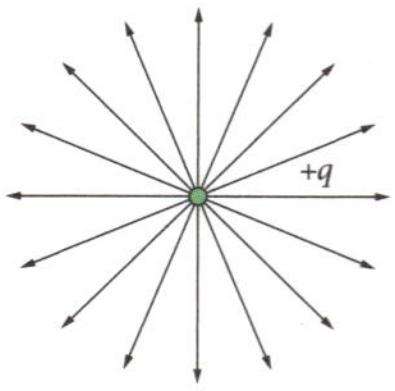

Lignes d'un champ électrostatique créé par une charge positive

Les lignes de champ sont orientées vers la charge source lorsque celle-ci est négative et en partent lorsqu'elle est positive.

▶ On parle d'influence électrostatique lorsqu'un conducteur se charge localement sous l'effet d'un champ électrique extérieur appliqué.

3 Interaction et champ gravitationnels

▶ Deux objets A et B, de masses respectives m_A et m_B, dont les centres sont séparés d'une distance d exercent l'un sur l'autre des forces d'attraction gravitationnelle dans des sens opposés mais ayant la même direction et la même intensité F_G. C'est la loi de gravitation universelle.

$$F_G = G\frac{m_A \cdot m_B}{d^2}$$

avec G constante de gravitation universelle, $G = 6{,}67 \times 10^{-11}\ \text{m}^3 \cdot \text{kg}^{-1} \cdot \text{s}^{-2}$, F_G en newtons (N), m_A et m_B en kilogrammes (kg) et d en mètres (m).

▶ Un objet massique exerce autour de lui une action mécanique d'attraction gravitationnelle sur tout autre objet massique. Il en résulte un champ de gravitation. C'est un champ vectoriel centripète : toutes les lignes de champ sont orientées vers le centre de l'objet massique à l'origine du champ.

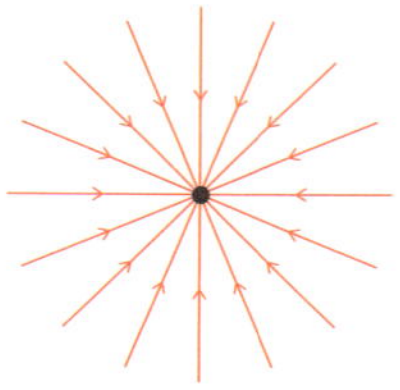

Lignes centripètes du champ de gravitation

▶ La relation entre le champ de gravitation $\vec{G}$ et la force gravitationnelle $\vec{F_G}$ subie par un objet de masse m est :

$$\vec{G} = \frac{\vec{F_G}}{m}$$

Méthode

1 Utiliser la loi de Coulomb

a. Calculer les valeurs F_e des forces d'interaction électrostatique entre le proton et l'électron d'un atome d'Hydrogène.
Ces forces sont-elles attractives ou répulsives ?

Données : $q_p = +\,1{,}6 \times 10^{-19}$ C ; $q_e = -1{,}6 \times 10^{-19}$ C ; $d = 0{,}053$ nm ; $F_g = 3{,}6 \times 10^{-47}$ N.

▶ On rappelle la loi de Coulomb et on l'utilise en sachant que la charge d'un électron est –e et celle du proton est +e :

$$F_e = k \times \frac{|q_p \cdot q_e|}{d^2} = k \times \frac{e^2}{d^2}$$

▶ Application numérique :

$$F_e = 9{,}0 \times 10^9 \times \frac{(1{,}6 \times 10^{-19})^2}{(0{,}053 \times 10^{-9})^2} = 8{,}2 \times 10^{-8}\ \text{N}.$$

Les forces sont attractives car électron et proton sont de signes opposés.

b. Donner les similitudes et les différences entre les forces électrostatique et gravitationnelle.

▶ Elles sont toutes deux de **portée illimitée** et de **valeur inversement proportionnelle au carré de la distance** : leur intensité décroît lorsque la distance augmente.

▶ Leurs différences : l'interaction **gravitationnelle** est toujours **attractive** quand l'interaction **électrostatique** peut être **attractive** ou **répulsive** selon le signe des charges. Celle-ci est également beaucoup plus intense :

$$\frac{F_e}{F_G} = \frac{8{,}2 \times 10^{-8}}{3{,}6 \times 10^{-47}} = 2{,}3 \times 10^{39}$$

2 Utiliser les expressions vectorielles de la force et du champ électrostatique

Un électron de charge $q = -e$ se trouve en un point A où règne un champ électrostatique $\vec{E}$.

De ce fait, il ressent une force électrostatique de norme $F_e = 2{,}6 \times 10^{-15}$ N.

Cette situation est représentée sur le schéma ci-dessus.

Caractériser le champ électrostatique au point A et le représenter à l'échelle 1,0 cm pour $4{,}0 \times 10^3\ \text{N} \cdot \text{C}^{-1}$.

▶ On utilise l'expression du champ électrostatique $\vec{E}$:

$$\vec{E} = \frac{\vec{F}_e}{q}$$

La direction du champ $\vec{E}$ est la même que celle de la force $\vec{F}_e$. Comme la charge q de l'électron est négative, le sens du champ est opposé à celui de la force.

La norme E du champ a pour valeur : $E = \frac{F_e}{|q|} = \frac{F_e}{e}$.

Application numérique :

$$E = \frac{2{,}6 \times 10^{-15}}{1{,}6 \times 10^{-19}} = 1{,}6 \times 10^4\ \text{N} \cdot \text{C}^{-1}.$$

▶ En utilisant l'échelle proposée, le vecteur champ électrostatique a une longueur de $\frac{1{,}0 \times 1{,}6 \times 10^4}{4{,}0 \times 10^3} = 4{,}0$ cm.

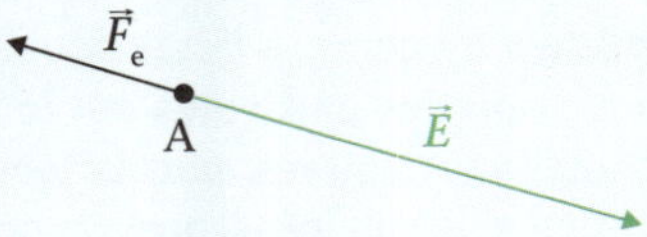

Exercices

Données : Constante de gravitation universelle :
$G = 6{,}67 \times 10^{-11}\ \text{m}^3 \cdot \text{kg}^{-1} \cdot \text{s}^{-2}$.
Masse de la Terre : $M_T = 5{,}98 \times 10^{24}$ kg.
Masse de la Lune : $M_L = 7{,}35 \times 10^{22}$ kg.
Distance entre le centre de la Lune et le centre de la Terre : $3{,}84 \times 10^8$ m.
Charge élémentaire : $e = 1{,}6 \times 10^{-19}$ C.
Constante de Coulomb, $k = 9{,}0 \times 10^9\ \text{N} \cdot \text{m}^2 \cdot \text{C}^{-2}$

1 ★ 3 min **Une tige PVC est électrisée par frottement avec un fragment de peau de chevrette. On approche ensuite cette tige d'un pendule électrostatique constitué d'une boule en aluminium suspendue par un fil isolant.**

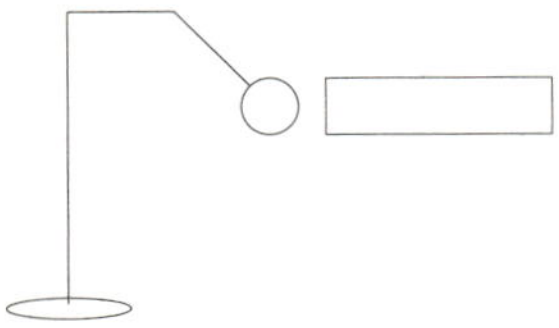

a. La tige est électrisée négativement. Pourquoi ?

b. Que se passe-t-il lorsque l'on approche la tige de la boule ? Justifier à l'aide du schéma agrandi ci-dessous.

2 ★★ 13 min **La Lune est l'unique satellite naturel de la Terre. Leurs centres sont en moyenne séparés d'une distance de $3{,}84 \times 10^5$ km.**

a. Expliquer pourquoi la Lune subit l'attraction de la Terre.

b. Calculer la force d'attraction gravitationnelle exercée par la Terre sur la Lune.

c. Représenter et décrire le champ de gravitation de la Terre sans souci d'échelle.

3 ★★★ 22 min **Trois particules chargées sont organisées en un triangle rectangle en A. La particule chargée placée en A porte la charge q_A. Elle y subit une force électrique $\vec{F}_e$ inclinée d'un angle $\alpha = 60{,}0°$ par rapport à l'horizontale et dirigée vers le haut.**

Données : AC = 4,0 cm et AB = 6,0 cm.
$q_A = -5{,}0$ nC ; $q_C = 14{,}0$ nC ;
$F_e = 6{,}0 \times 10^{-4}$ N.

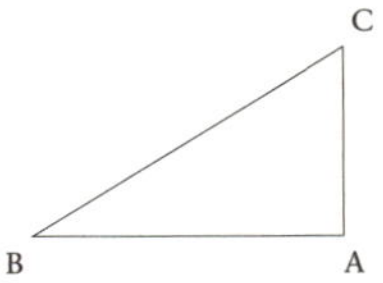

a. Déterminer les caractéristiques du champ électrique $\vec{E}_A$ qui règne en A.

b. Donner l'expression vectorielle de $\vec{E}_{C/A}$ et déterminer ses caractéristiques.

c. Comment est orienté le champ électrique $\vec{E}_{B/A}$? En déduire le signe de la charge q_B placée en B sans faire de calcul.

Description d'un fluide au repos

Cours

1 Description d'un fluide à l'aide de grandeurs macroscopiques

▶ Un fluide peut être considéré comme étant formé d'un grand nombre de particules matérielles, très petites et libres de se déplacer les unes par rapport aux autres. Un fluide n'a pas de forme propre. Parmi les fluides, on distingue les liquides et les gaz.

▶ Il est impossible de décrire un fluide à l'échelle microscopique, car les molécules sont si nombreuses qu'il faudrait connaître un trop grand nombre de paramètres (vitesse, position, masse...) On utilise donc pour décrire l'état d'un fluide des grandeurs macroscopiques, facilement accessibles à la mesure : la température T, le volume V, la quantité de matière n, la masse volumique ρ, la pression P...

▶ La température d'un corps, à l'état liquide ou gazeux, est liée à l'agitation des particules qui le constituent. Plus les particules sont agitées, plus la température est élevée. L'agitation moléculaire est aussi appelée agitation thermique.

▶ L'échelle légale de température est l'échelle de température absolue dont l'unité est le kelvin (K). L'échelle Kelvin est dite échelle absolue, car la température $T = 0$ K est la plus petite température qui puisse exister (elle correspond à une agitation nulle des particules).

La température absolue T et la température Celsius notée θ sont liées par la relation :

$$T(\text{K}) = \theta\,(°\text{C}) + 273{,}15.$$

▶ Chaque fluide possède sa propre masse volumique.

Si l'on comprime un fluide, on oblige les particules à se rapprocher les unes des autres, le volume du fluide diminue. Or, comme $\rho = \frac{m}{V}$, si V diminue, $\frac{m}{V}$ augmente, la masse volumique augmente.

▶ Dans un fluide, les molécules sont animées d'un mouvement permanent et désordonné dans toutes les directions. Cette agitation conduit à des chocs incessants entre elles et avec les parois du récipient qui les contient. L'effet de ces chocs sur les parois est appelé force pressante. La force pressante est dirigée perpendiculairement à la surface sur laquelle elle s'exerce. Elle est représentée par un vecteur noté $\vec{F}$.

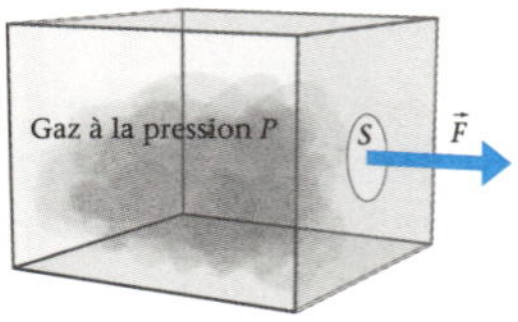

La pression P qu'un fluide exerce sur la surface S d'une paroi plane est définie par la relation :

$$P = \frac{F}{S}$$

avec P en pascals (symbole Pa), F en newtons (N) et S en mètres carrés (m²).

Certaines unités de pression, non légales, comme le bar (bar), l'atmosphère (atm) ou l'hectopascal (hPa) sont encore utilisées :

$$1 \text{ bar} = 10^5 \text{ Pa} ; 1 \text{ atm} = 1{,}013 \times 10^5 \text{ Pa} ; 1 \text{ hPa} = 10^2 \text{ Pa}.$$

La pression atmosphérique est la pression de l'air qui nous entoure. Sa valeur moyenne au niveau de la mer est $P = 1{,}013 \times 10^5$ Pa, soit environ 1 bar.

2 Loi de Mariotte

▶ Pour une quantité de matière donnée d'un gaz à température constante, le produit de la pression P par le volume V qu'il occupe est constant lors d'une compression ou d'une détente :

$$P \times V = \text{constante}$$

avec P la pression du gaz en pascals (Pa) et V le volume du gaz en mètres cubes (m³).

▶ On peut aussi formuler cette loi de la manière suivante : à température constante, si l'on modifie le volume d'une certaine quantité d'un gaz (d'une valeur V_1 à une valeur V_2), dans le même temps, sa pression varie d'une valeur P_1 à une valeur P_2 de telle manière que :

$$P_1 \times V_1 = P_2 \times V_2$$

3 Loi fondamentale de la statique des fluides

▶ Dans un liquide au repos :
- la pression est la même en tout point d'un plan horizontal ;
- la pression augmente avec la profondeur d'immersion.

▶ La différence de pression $P_A - P_B$ entre deux points A et B d'un liquide au repos situés à des profondeurs différentes est donnée par la relation :

$$P_A - P_B = \rho \cdot g \cdot (z_B - z_A)$$

P_A et P_B : pression du fluide (en Pa) ;
ρ : masse volumique du liquide (en kg · m⁻³) ;
g : intensité de la pesanteur (en N · kg⁻¹, avec $g = 9{,}8$ N · kg⁻¹) ;
z_A et z_B : altitudes des points A et B (en m).

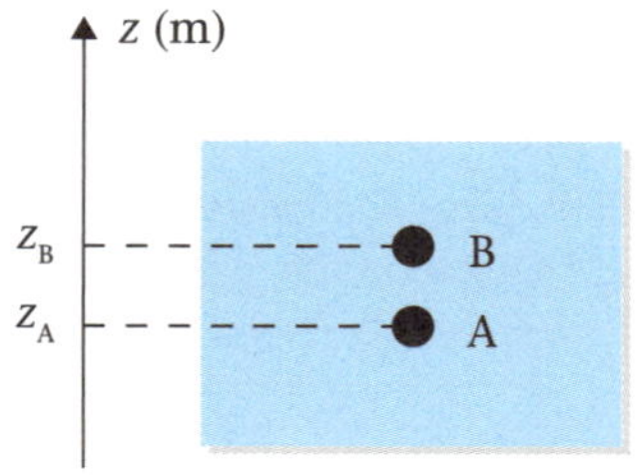

PHYSIQUE-CHIMIE

Méthode

1 Utiliser la relation exprimant la loi fondamentale de la statique des fluides

Déterminer la pression P_A en bars qui règne sous l'eau à 10,0 mètres de profondeur, puis à 20 m de profondeur.
La pression à la surface est $P_B = 1,0$ bar.
La masse volumique de l'eau est $\rho = 1,0 \times 10^3$ kg · m^{-3}.

▶ Écrire la relation littérale entre profondeur et pression.

$$P_A - P_B = \rho \cdot g \cdot (z_B - z_A)\text{, soit } P_A = P_B + \rho \cdot g \cdot (z_B - z_A).$$

▶ Réaliser les conversions nécessaires.

$$P_B = 1,0 \text{ bar} = 1,0 \times 10^5 \text{ Pa}.$$

▶ Réaliser l'application numérique.
À 10 m de profondeur : $z_B - z_A = 10$ m
$P_A = 1,0 \times 10^5 + 1,0 \times 10^3 \times 9,8 \times 10 = 2,0 \times 10^5$ Pa, soit 2,0 bars.
À 20 m de profondeur : $z_B - z_A = 20$ m
$P_A = 1,0 \times 10^5 + 1,0 \times 10^3 \times 9,8 \times 20 = 3,0 \times 10^5$ Pa, soit 3 bars.

Infos

Sous l'eau, la pression augmente d'environ 1 bar tous les 10 mètres. À 10 mètres de profondeur, la pression est donc de 2 bars : 1 bar de pression atmosphérique auquel on ajoute 1 bar dû au poids de la colonne d'eau de 10 mètres de hauteur.

2 Utiliser la loi de Mariotte

Une bulle d'air de volume 15 mL est rejetée par le détendeur d'un plongeur à 10 mètres sous la surface d'un lac. La pression régnant à cette profondeur est de $2,0 \times 10^5$ Pa. La pression atmosphérique P_B régnant à la surface du lac est de $1,0 \times 10^5$ Pa.
Calculer le volume de cette bulle lorsqu'elle atteint la surface (on suppose que la température ne change pas).

▶ Écrire la loi de Mariotte.

$$P_A \times V_A = P_B \times V_B$$

▶ Définir les grandeurs utilisées et donner leur valeur.
Au fond du lac, la pression sera notée P_A et le volume de la bulle d'air V_A.
En surface, la pression sera notée P_B et le volume de la bulle (que l'on recherche) V_B.
On a : $P_A = 2,0$ bar, $V_A = 15$ mL, $P_B = 1,0$ bar, $V_B = ?$

> On peut laisser P_A et P_B en bars, car c'est le rapport $\frac{P_A}{P_B}$ qui intervient et celui-ci n'a pas d'unité.
> En laissant V_A en mL, on obtient le résultat en mL.

▶ Donner l'expression littérale de V_B.

$$V_B = \frac{P_A \times V_A}{P_B}.$$

▶ Faire l'application numérique.

$$V_B = \frac{2,0 \times 15}{1,0} = 30 \text{ mL}.$$

3 Exploiter la relation $F = P \times S$

Le hublot du masque d'un plongeur a une surface de 140 cm^2 et la pression de l'eau autour du plongeur vaut 2,0 bars.
Calculer la force exercée par l'eau sur le hublot.

▶ Écrire la formule littérale utilisée. La force pressante et la pression sont liées par la relation : $F = P \times S$.

▶ Convertir les grandeurs.
$S = 140 \text{ cm}^2 = 140 \times 10^{-4} \text{ m}^2$ $\quad P = 2,0 \text{ bar} = 2,0 \times 10^5$ Pa.

▶ Écrire la relation avec les valeurs numériques.
$F = 2,0 \times 10^5 \times 140 \times 10^{-4} = 2,8 \times 10^3$ N.

Exercices

1 ★ 5 min **Un plongeur utilise une bouteille contenant 12 L d'air comprimé à 200 bars.**
Calculer le volume que prendrait l'air comprimé à la pression atmosphérique.

> Utiliser la loi de Mariotte.

2 ★★ 10 min **Lors d'une plongée en mer Méditerranée, le capteur de pression d'un plongeur indique $P = 5,2 \times 10^5$ Pa.**

a. La relation littérale entre profondeur et pression est $P_2 - P_1 = \rho \cdot g \cdot (z_1 - z_2)$.
À quelle profondeur le plongeur est-il descendu ?

> Attention aux unités : la pression en Pa, et la masse volumique en kg · m^{-3}.

b. Chacun de ses tympans a une surface $S = 0,60$ cm^2.
Calculer l'intensité de la force pressante qui s'exerce sur la face externe de chaque tympan.
Données :
$\rho_{eau} = 1,027$ kg · L^{-1}, $g = 9,81$ N · kg^{-1}, $P_{atm} = 1,013 \times 10^5$ Pa.

Mouvement d'un système

Cours

1 Force et vecteur variation de vitesse

▶ Lorsqu'un corps est soumis en même temps à plusieurs forces, l'effet résultant est le même que s'il n'était soumis qu'à une seule force appelée résultante.

Mathématiquement, la force résultante d'un système subissant n forces $\vec{F_1}$, $\vec{F_2}$, ..., $\vec{F_n}$ correspond à la somme vectorielle de tous les vecteurs forces qui s'appliquent à un corps.

Elle s'écrit : $\Sigma \vec{F_i}$.

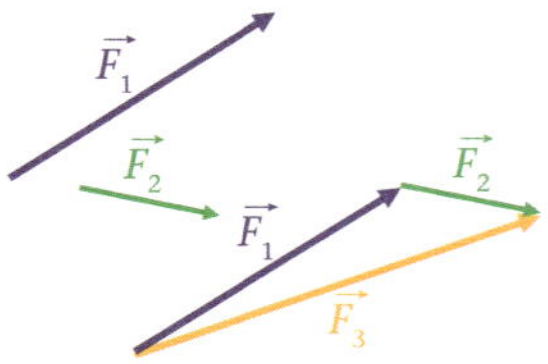

Addition de deux forces : $\vec{F_3} = \vec{F_1} + \vec{F_2}$

▶ La vitesse se définit par un vecteur caractérisé par sa direction, son sens et sa norme. Dans la plupart des mouvements, la vitesse varie au cours du temps, soit en norme, soit en direction, soit en sens, soit selon les trois à la fois.

Le vecteur $\Delta\vec{v_G}$ représente la variation du vecteur vitesse instantanée du centre d'inertie entre deux instants voisins t_{i-1} et t_{i+1}. Si, à l'instant t_{i-1}, le vecteur vitesse du système est $\vec{v_{i-1}}$ et $\vec{v_{i+1}}$ le vecteur vitesse à l'instant t_{i+1}, alors :

$$\Delta\vec{v_G} = \vec{v_{i+1}} - \vec{v_{i-1}}.$$

▶ La comparaison de ce vecteur avec la trajectoire du système permet de connaître la nature du mouvement :

– Dans un mouvement rectiligne accéléré, $\Delta\vec{v_G}$ a la même direction que la trajectoire et est dans le sens du mouvement.

– Dans un mouvement rectiligne ralenti, $\Delta\vec{v_G}$ a même direction que la trajectoire et est dans le sens opposé à celui du mouvement.

– Dans un mouvement circulaire uniforme, $\Delta\vec{v_G}$ a une direction perpendiculaire à la trajectoire et est orienté vers le centre de la trajectoire.

2 Expression approchée de la deuxième loi de Newton

▶ Lorsque le mouvement d'un système de masse m est étudié par rapport à un référentiel galiléen, la variation $\Delta\vec{v_G}$ du vecteur vitesse du centre d'inertie de ce système, calculée sur un intervalle de temps de faible durée, et le vecteur $\Sigma\vec{F}$ représentant la résultante des forces qui s'exercent sur ce système pendant cet intervalle de temps sont colinéaires et de même sens.

$$\Sigma\vec{F} = m\frac{\Delta\vec{v_G}(t)}{\Delta t}$$

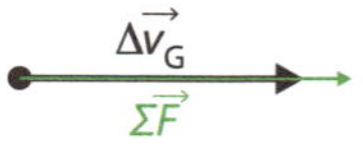

▶ Les référentiels galiléens sont les référentiels dans lesquels le principe d'inertie est vérifié.

▶ L'effet d'une force sur le mouvement d'un système dépend de sa masse. Plus la masse est faible, plus l'effet de la force est important. Cet effet est même rigoueursement proportionnel : il faut appliquer une force d'intensité double pour le même mouvement quand on double la masse.

Méthode

1 Déterminer le vecteur variation de vitesse $\Delta\vec{v}$

On trouve ci-dessous les positions d'un point M d'un mobile autoporteur tournant autour d'un axe O auquel il est attaché par un fil. Déterminer $\Delta\vec{v_3}$ en M_3.

Données : Δt = 25 ms ; échelle : 1 cm pour 0,5 cm ; échelle : 1 cm pour $7{,}5 \times 10^{-2}$ m·s^{-1}.

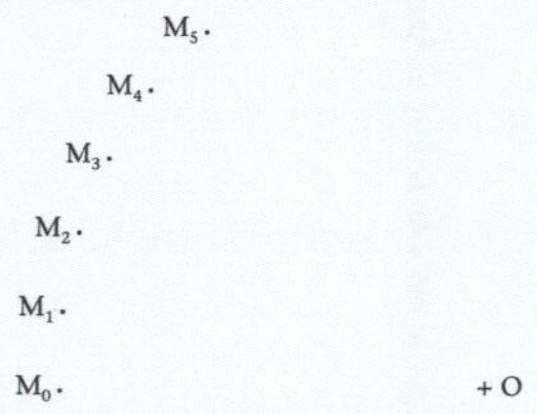

$\Delta\vec{v_3} = \Delta\vec{v_4} - \Delta\vec{v_2}$

▶ Calculer, à l'aide du tracé en tenant compte de l'échelle, la valeur v_2 de la vitesse du mobile autoporteur en M_2.

La norme du vecteur vitesse $\vec{v_2}$ est définie par : $v_2 = \frac{M_1M_3}{2\Delta t}$.

Sur le graphique : $M_1M_3 = 1{,}5 \times 10^{-2}$ m.

En réalité : $M_1M_3 = 1{,}5 \times 10^{-2} \times 0{,}5 = 7{,}5 \times 10^{-3}$ m.

$$v_2 = \frac{7{,}5 \times 10^{-3}\ \text{m}}{2 \times 25 \times 10^{-3}\ \text{s}} = 1{,}5 \times 10^{-1}\ \text{m·s}^{-1}.$$

▶ Calculer, à l'aide du tracé, la valeur v_4 de la vitesse du mobile autoporteur en M_4.

La norme du vecteur vitesse $\vec{v_4}$ est définie par : $v_4 = \frac{M_3M_5}{2\Delta t}$.

Sur le graphique : $M_3M_5 = 1{,}5 \times 10^{-2}$ m.

En réalité : $M_3M_5 = 1{,}5 \times 10^{-2} \times 0{,}5 = 7{,}5 \times 10^{-3}$ m.

$$v_4 = \frac{7{,}5 \times 10^{-3}\ \text{m}}{2 \times 25 \times 10^{-3}\ \text{s}} = 1{,}5 \times 10^{-1}\ \text{m·s}^{-1}.$$

▶ Tracer $\vec{v_4}$ en M_3 en respectant sa direction, son sens et sa norme, et en respectant l'échelle imposée par l'énoncé.

▶ Tracer le vecteur $-\vec{v_2}$ en M_3 de même direction et de même norme que $\vec{v_2}$ mais de sens contraire.

D'après l'échelle, $\vec{v_2}$ et $\vec{v_4}$ mesurent $\frac{1,5 \times 10^{-1}}{7,5 \times 10^{-2}} = 2$ cm.

▶ Construire l'addition vectorielle des deux vecteurs en utilisant par exemple la méthode du triangle.

▶ En déduire, en tenant compte de l'échelle adoptée, la valeur du vecteur variation de vitesse $\Delta\vec{v_3}$.

D'après la figure, le vecteur variation de vitesse $\Delta\vec{v_3}$ a pour longueur 0,8 cm.

D'après l'échelle, un vecteur de cette longueur a pour norme : $\Delta v_3 = 0,8 \times 7,5 \times 10^{-2} = 6,0 \times 10^{-2}$ m·s⁻¹.

La variation de vitesse est radiale et orientée vers 0 point d'attache du mobile.

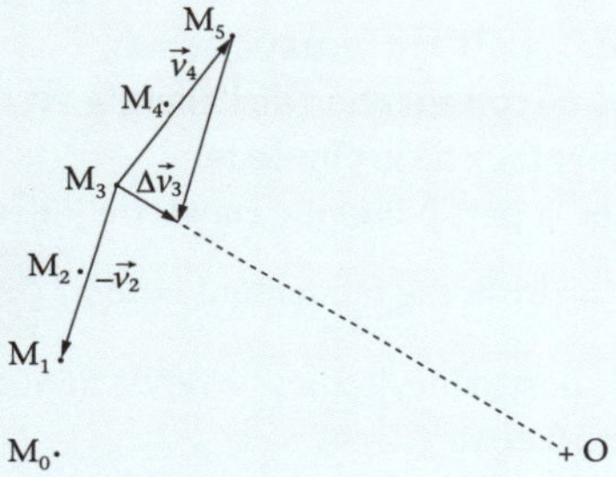

2 Déduire du vecteur variation de vitesse la somme des forces appliquées au système

Le mobile autoporteur dont on a relevé les positions a pour masse 625 g.

a. À quelles forces est-il soumis ?

b. Déduire de la variation du vecteur vitesse, les caractéristiques de la force résultante que subit le mobile autoporteur en M_3. Que peut-on dire de la relation entre son poids et la réaction du support ?

▶ **a.** Le mobile est soumis à :
- son poids $\vec{P}$, de direction verticale et de sens vers le bas ;
- la réaction normale $\vec{R_N}$ de direction verticale et orientée vers le haut ;
- la tension $\vec{T}$ exercée par le fil de direction (OM) et de sens vers 0.

▶ **b.** La variation $\Delta\vec{v_3}$ du vecteur vitesse du mobile et le vecteur $\Sigma\vec{F}$ représentant la résultante des forces qui s'exercent sur ce système sont colinéaires et de même sens. Ils sont liés par la relation :

$$\Sigma\vec{F} = m\frac{\Delta\vec{v_3}}{\Delta t}$$

La valeur de la somme des forces $\Sigma\vec{F}$ est celle de $m\frac{\Delta\vec{v_3}}{\Delta t}$.

Soit $\Sigma F = 625 \times 10^{-3}\ \text{kg} \times \frac{6,0 \times 10^{-2}\ \text{m}\cdot\text{s}^{-1}}{2 \times 25 \times 10^{-3}\ \text{s}} = 0,75$ N.

La résultante des forces a pour direction (OM) et est orientée vers 0, centre de la trajectoire. Elle a donc même direction et sens que tension $\vec{T}$. On peut en déduire que le poids $\vec{P}$ et la réaction normale $\vec{R_N}$ se compensent.

Exercices

1 ★ 8 min **Dans le bobsleigh à quatre, au départ, les coéquipiers poussent le bob pendant 50 mètres avant de monter à l'intérieur.**

Pourquoi poussent-ils le bob vide ? Ne serait-il pas plus judicieux que trois des sportifs poussent le bob alors que le pilote est déjà installé aux commandes ?

2 ★★★ 15 min **On a représenté ci-dessous les positions successives du centre d'un palet autoporteur sur une table horizontale, à intervalles de temps réguliers Δt = 20 ms, à une échelle 1/5.**

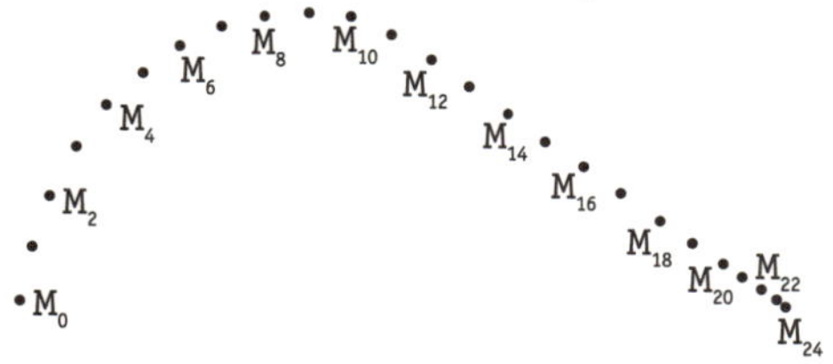

Quels sont la direction et le sens de la force modélisant l'ensemble des actions s'exerçant sur le solide en M_7 ?

3 ★★ 15 min **Un skieur s'élance sur une piste enneigée rectiligne faisant un angle α = 30,0° avec l'horizontale. Sa vitesse augmente alors progressivement. On suppose cependant qu'elle est suffisamment faible pour que la force de frottement de l'air soit négligeable devant les autres forces. On ne tient compte ni des frottements de la neige sur les skis, ni de la poussée d'Archimède exercée par l'air sur le skieur. Le mouvement du skieur, assimilable à un solide de poids P = 800 N, est étudié dans le référentiel terrestre supposé galiléen.**

a. Quels sont la direction et le sens du vecteur variation de $\Delta\vec{v_G}$ du centre d'inertie du skieur ?

b. En déduire la direction et le sens du vecteur somme des forces extérieures $\vec{F}$ appliquées au skieur.

c. Dresser l'inventaire des forces exercées sur le skieur et les représenter sur un schéma, sans soucis d'échelle.

d. Représenter, sur le même schéma, le vecteur $\vec{F}$ en tenant compte de la réponse à la question précédente.

e. En déduire la valeur de la réaction du sol vecteur $\vec{R_N}$.

Électricité et énergie

Cours

1 Courant électrique

▶ L'intensité du courant de symbole I correspond à la charge traversant une surface par unité de temps. $I = \frac{Q}{\Delta t}$ avec Q, la charge qui traverse le conducteur en coulombs (C), Δt le temps en secondes et I, l'intensité en ampères (A).

2 Énergie et puissance

a. Puissance

▶ La puissance électrique est une grandeur qui caractérise un transfert d'énergie. Sa valeur traduit la vitesse à laquelle s'opère le transfert. On l'obtient en utilisant la relation suivante : $P = \frac{E}{\Delta t}$ avec P, puissance en watts (W), E l'énergie électrique fournie ou reçue pendant la durée Δt en joules (J) et Δt la durée du transfert d'énergie en secondes (s).

▶ La puissance électrique est une grandeur électrique liée au couple intensité-tension.

On peut donc la calculer ainsi : $P = U \times I$ avec U la tension en volts, à laquelle est soumis l'appareil, I l'intensité en ampères du courant qui le traverse. P est la puissance en watts (W).

▶ La valeur de la puissance que peut fournir un générateur ou celle que peut consommer un récepteur quand l'appareil est en fonctionnement normal est sa puissance nominale.

Appareil	Puissance
Calculatrice	10^{-3} W
Lecteur mp3	1 W
Lampe fluorocompacte	10 W
Ordinateur portable, télévision	100 W
Appareil ménager	1 kW
Installation domestique	10 kW
Moteur de TGV	10 MW
Centrale nucléaire	1 GW

Ordres de grandeur de puissances nominales

b. Énergie

▶ Les appareils électriques sont des convertisseurs d'énergie. La consommation d'énergie dépend de la puissance de l'appareil en fonctionnement et de sa durée d'utilisation : $E = P \times \Delta t$, avec P, puissance en watts (W), E l'énergie électrique fournie ou reçue pendant la durée Δt en joules (J) et Δt la durée du transfert d'énergie en secondes (s).

Les factures d'électricité utilisent comme unité d'énergie le kilowattheure. Le wattheure est la valeur de l'énergie qui correspond à un transfert d'un watt pendant une heure : 1 Wh = 3 600 J.

c. Effet Joule

▶ On appelle effet Joule, le transfert thermique accompagnant le passage d'un courant électrique dans un conducteur lui opposant une résistance.

▶ Un conducteur est dit ohmique s'il transfère la totalité de l'énergie électrique qu'il reçoit sous forme d'énergie thermique au milieu extérieur.

▶ La puissance dissipée par effet joule à un instant donné, P_J : $F_J = R \times I^2$, avec P_J puissance en watts (W), R sa résistance en ohms (Ω) et I l'intensité du courant qui le traverse en ampères (A).

d. Rendement d'un convertisseur

▶ Le principe de conservation de l'énergie est un des principes fondamentaux de la physique.

Pour indiquer la part d'énergie convertie jugée utile pour l'utilisateur on utilise le rendement noté ρ : $\rho = \frac{E_{utile}}{E_{reçue}}$.

En raison des pertes inévitables, le rendement est toujours compris entre 0 et 1.

3 Source de tension

▶ Une source de tension réelle peut se représenter schématiquement comme un ensemble formé d'une source de tension E idéale, en série avec une résistance r représentant la résistance interne des éléments constituant la source.

Lorsque la source est branchée à un circuit extérieur, la tension U_{AB}, positive, aux bornes d'un générateur traversé par un courant d'intensité I sortant par la borne A, est donnée par la relation : $U_{AB} = E - rI$

avec U_{AB} la tension aux bornes du générateur en volts, E, sa force électromotrice, en volts (V), r, sa résistance interne, en ohms (Ω) et I, l'intensité du courant en ampères (A).

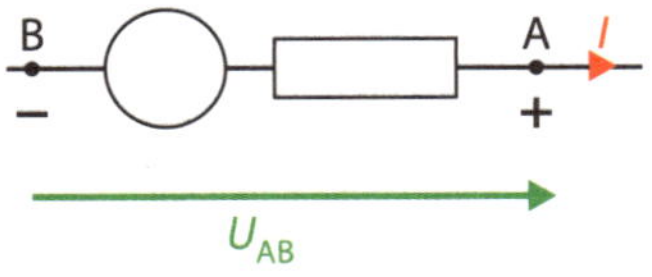

Symbole d'une source de tension réelle

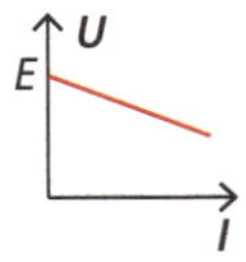

Caractéristique

>> ▶ Un générateur, comme une pile, convertit une partie de l'énergie chimique des réactifs présents en son sein en énergie électrique.
L'énergie électrique E fournie par le générateur pendant une durée de fonctionnement Δt est donnée par la relation :

$$E = U_{AB} I \Delta t.$$

▶ Pour obtenir le bilan de puissance, on divise l'expression du bilan énergétique par la durée Δt.
$P_E = U_{AB} I$: puissance totale transférée du générateur au reste du circuit.
$P_g = EI$: puissance convertie par le générateur.
$P_J = rI^2$: puissance dissipée dans le générateur par effet joule.

Méthode

1 Calculer l'énergie consommée

Un radiateur électrique branché sur le secteur porte une plaque sur laquelle on peut lire les indications suivantes : 2,0 kW, 230 V. Déterminer l'énergie nécessaire pour faire fonctionner ce radiateur pendant 12 heures par jour pendant une semaine.
Donner le résultat en joules et en wattheures.

▶ La relation liant l'énergie et la puissance est : $E = P \times \Delta t$.
▶ Application numérique :
– en joules, $E = 2{,}0 \times 10^3 \times 12 \times 7 \times 3\,600 = 6{,}0 \times 10^8$ J.
– en wattheures, $E = 2{,}0 \times 10^3 \times 12 \times 7 = 1{,}7 \times 10^5$ Wh.

2 Calculer l'énergie utile

Un appareil convertissant l'énergie électrique en énergie mécanique a un rendement de 65 %. Il reçoit une énergie électrique de 1,2 kWh.
Calculer la valeur de l'énergie mécanique produite.

▶ Le rendement d'un appareil électrique est donné par la relation : $\rho = \frac{E_{utile}}{E_{reçue}}$. Elle devient : $E_{utile} = E_{reçue} \times \rho$.
Ici le rendement a été exprimé en pourcentage. Sa valeur a été multipliée par 100.
▶ Application numérique : $E_{utile} = 1{,}2 \times 0{,}65 = 0{,}78$ kWh.

Exercices

1 ★ 8 min **Un courant constant de 3,00 A circule dans un circuit. Il s'interrompt au bout de 6,00 minutes lorsqu'on ouvre l'interrupteur.**

a. Quelle quantité de charges a parcouru ce circuit ?
b. Combien d'électrons ont donc été déplacés ?
Donnée : Charge de l'électron : $e = 1{,}6 \times 10^{-19}$ C.

2 ★★ 11 min **Un générateur de force électromotrice 9,0 V, de résistance interne 16 Ω fournit un courant d'intensité $I = 250$ mA.**

a. Calculer la valeur de la tension U_{PN} aux bornes de ce générateur.

Le générateur fonctionne pendant la durée $\Delta t = 30$ minutes.

b. Calculer l'énergie électrique qu'il fournit en wattheures.
c. Calculer la puissance de ce transfert d'énergie.

3 ★★ 11 min **On a relevé dans ce tableau les valeurs de l'intensité du courant qui traverse une pile de 4,5 V et de la tension entre ses bornes.**

U(V)	4,58	4,55	4,5	4,44	4,31	4,25	4,15
I(mA)	0	20	55	100	193	239	322

a. Tracer la caractéristique intensité-tension de cette pile.
b. Déterminer graphiquement la valeur de la fem E et de la résistance interne r.

4 ★★★ 15 min **On a relevé dans le tableau ci-dessous la tension entre les bornes d'un dipôle et l'intensité du courant qui le traverse.**

Tension en volts	0	1	2	3	4	5	6
Intensité en milliampères	0	4	8	11,5	16,3	21,3	23,4

a. Tracer la caractéristique intensité-tension de ce dipôle.
b. Le dipôle étudié est-il un conducteur ohmique ?
c. En déduire sa résistance R.
d. Le constructeur indique une valeur maximale supportable $P_{max} = 0{,}50$ W.
Déterminer les valeurs I_{max} et U_{max} à ne pas dépasser.

13 L'ÉNERGIE : CONVERSIONS ET TRANSFERTS

Travail d'une force et énergie

Cours

1 Travail d'une force

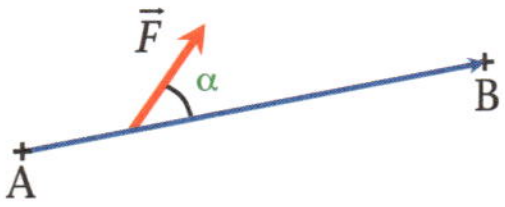

▶ Une force constante $\vec{F}$ conserve même direction, même sens et même intensité au cours du déplacement d'un système.

Son travail, lors d'un déplacement de son point d'application de A vers B est :

$$W_{AB}(\vec{F}) = \vec{F} \cdot \overrightarrow{AB} = F \times AB \times \cos(\vec{F}\,;\overrightarrow{AB}) = \vec{F} \times \overrightarrow{AB} \times \cos(\alpha)$$

où α est l'angle entre la force et le déplacement. Le travail $W_{AB}(\vec{F})$ s'exprime en joules (J), F la valeur de la force en newtons (N) et AB le déplacement en mètres (m).

▶ Le travail est une grandeur algébrique qui permet d'évaluer l'effet d'une force sur l'énergie mécanique d'un système en mouvement. Cet effet diffère selon l'orientation de la force $\vec{F}$ par rapport au déplacement $\overrightarrow{AB}$:

– si $\alpha \in [0°\,;90°[$, $W_{AB}(\vec{F}) > 0$ J : le travail de la force est positif, on dit qu'il est moteur. La force favorise le déplacement du système qui gagne de l'énergie.

– si $\alpha = 90°$, $W_{AB}(\vec{F}) = 0$ J : le travail est nul. La force ne travaille pas et n'a donc pas d'effet sur le déplacement.

– si $\alpha \in]90°\,;180°]$, $W_{AB}(\vec{F}) < 0$ J : le travail est dit résistant. La force s'oppose au déplacement.

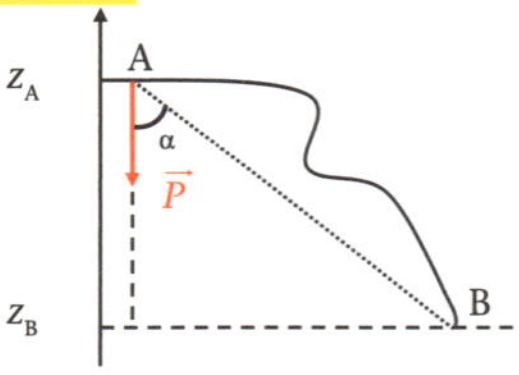

▶ Une force est dite conservative si son travail ne dépend pas du chemin suivi par son point d'application, mais uniquement de ses positions initiale et finale. Une telle force dérive de son énergie potentielle. Le poids est une force conservative.

Quand un objet passe de A à B : $W_{AB}(\vec{P}) = -\Delta E_{pp}$.

▶ Une force de frottement $\vec{f}$ est toujours opposée au déplacement. Son travail dépend de la trajectoire suivie.

$W_{AB}(\vec{f}) = \vec{f} \cdot \overrightarrow{AB} = -f \times AB < 0$: c'est un travail résistant.

2 Variations d'énergie au cours du mouvement

▶ On appelle énergie cinétique d'un mobile notée E_c, l'énergie qu'il possède du fait de son mouvement.

Pour un solide en translation, $E_c = \frac{1}{2}mv^2$ avec E_c en joules (J), la masse en kilogrammes (kg) et la vitesse v du mobile en mètres par seconde ($m \cdot s^{-1}$).

▶ **Théorème de l'énergie cinétique**

Dans un référentiel galiléen, la variation de l'énergie cinétique d'un solide, entre deux positions A et B, est égale à la somme des travaux des forces extérieures appliquées au solide entre ces positions :

$$\Delta E_c = E_{cB} - E_{cA} = \Sigma W(\overrightarrow{F_{ext}})$$

▶ Considérons une altitude z. Un solide de masse placé dans le champ de pesanteur terrestre $\vec{g}$ à une altitude z possède une énergie potentielle de pesanteur :

$E_{pp} = mg \cdot (z - z_0)$ avec z_0, l'altitude de référence et z en mètres, E_{pp} en joules (J), la masse m en kilogrammes (kg).

▶ L'énergie mécanique d'un système en un point est la somme de l'énergie cinétique et de l'énergie potentielle de ce système en ce point : $E_m = E_{pp} + E_c$.

▶ La variation de l'énergie mécanique d'un système, en mouvement entre deux points A et B, est égale à la somme des travaux des forces non conservatives qu'il subit au cours du mouvement : $\Delta E_m = E_m(B) - E_m(A) = \Sigma W_{AB}[(\overrightarrow{f_{nc}})]$.

▶ Lorsqu'un système n'est soumis, au cours de son mouvement, qu'à des forces conservatives et/ou des forces dont le travail est nul, son énergie mécanique se conserve.

$$\Delta E_m = 0 \text{ J et } \Delta E_c = -\Delta E_p$$

L'énergie cinétique se transforme en énergie potentielle et inversement au cours du mouvement.

▶ Si le système subit des frottements, son énergie mécanique diminue. Les frottements sont dits dissipatifs.

Méthode

1 Calculer la valeur du travail d'une force constante

Dans la situation suivante, une force constante $\vec{F}$ d'intensité 5,0 N est appliquée sur un solide ponctuel en mouvement sur une distance AB = 10 cm.

Indiquer la valeur du travail de la force $\vec{F}$.

Quel qualificatif s'applique à ce travail ?

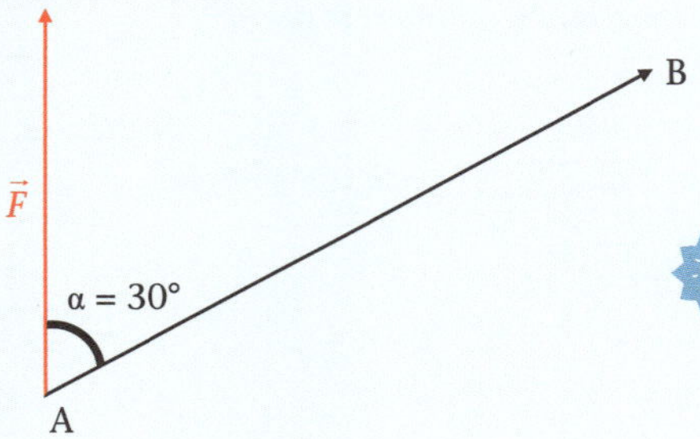

$$W_{AB}(\vec{F}) = \vec{F} \cdot \overrightarrow{AB} = F \times AB \times \cos(\vec{F}\,;\overrightarrow{AB}) = F \times AB \times \cos(\alpha)$$

$W_{AB}(\vec{F}) = 5{,}0 \times 10 \times 10^{-2} \times \cos(30°) = 4{,}3 \times 10^{-1}$ J.

$W_{AB}(\vec{F}) > 0$ J : le travail est moteur ; la force favorise le déplacement du solide.

Vérifier que la calculatrice est paramétrée en degré.

2 Exploiter la conservation de l'énergie mécanique.

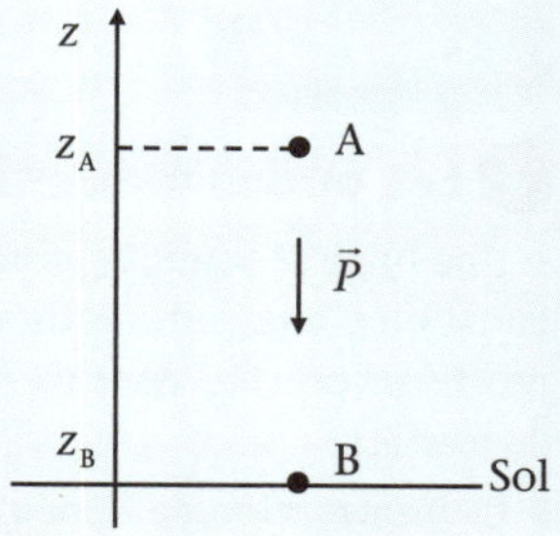

Une balle de masse $m = 300$ g est lancée verticalement vers le haut depuis le sol avec une vitesse $v_B = 6{,}0\ m \cdot s^{-1}$.
Quelle altitude maximale la balle atteint-elle ?
On supposera les frottements négligeables.
Donnée : intensité de pesanteur $g = 9{,}8\ m \cdot s^{-2}$.

▶ Les frottements étant négligées, la balle n'est soumise qu'à son poids qui est une force conservative.
On peut donc appliquer la conservation de l'énergie mécanique entre le point B du lancer et le point A où l'altitude est maximale.
On choisit le sol comme origine des altitudes.

$E_m(B) = E_m(A)$

$E_c(B) + E_{pp}(B) = E_c(A) + E_{pp}(A)$

▶ Dans un mouvement vertical la vitesse s'annule lorsque l'altitude est maximale donc $E_c(A)$ est nulle.
La balle part de B au sol donc $E_{pp}(B) = 0$ J.

$\frac{1}{2} m v_B^2 = m g z_A$

On obtient z_A, l'altitude maximale : $z_A = \dfrac{\frac{1}{2} v_B^2}{g}$

Application numérique : $z_A = \dfrac{\frac{1}{2} \times 6{,}0^2}{9{,}8} = 1{,}8$ m

> Il faut toujours éviter les calculs intermédiaires non demandés par l'énoncé.
> Des calculs intermédiaires avec des valeurs approchées peuvent mener à un résultat différent de celui attendu.

Exercices

1 ★ 10 min Un traineau de masse $m = 150$ kg est tiré par des chiens sur une piste horizontale entre deux points séparés de 400 m. L'attelage des chiens exerce une force de traction $\vec{F}$, de norme $F = 500$ N. Celle-ci fait un angle de 5° avec la direction de $\overrightarrow{AB}$. Les frottements de l'air sont négligés tandis que ceux dus à l'action de la neige sont constants et d'intensité $f = 2{,}0 \times 10^2$ N.

a. Calculer le travail de la force $\vec{F}$.
b. Calculer le travail de la force de frottement.
c. Préciser pour les forces évoquées si le travail est moteur ou résistant ?

2 ★★ 12 min Un jongleur lance une balle de masse $m = 100$ g verticalement, depuis une hauteur $h = 1{,}50$ m avec une vitesse initiale $V_0 = 9{,}0\ m \cdot s^{-1}$.

a. Calculer l'énergie mécanique initiale de la balle.
b. Les frottements sont supposés négligeables, quelle hauteur maximale la balle atteindra-t-elle ?
Donnée : $g = 9{,}81\ m \cdot s^{-2}$.

> Il est préférable d'annoncer le calcul que l'on va réaliser. L'application numérique doit toujours être précédée d'une relation littérale.

3 ★★★ 12 min Un parachutiste de masse $m = 75$ kg effectue un saut depuis un avion. Après une phase de chute libre, il ouvre son parachute puis parcourt sur une trajectoire rectiligne AB, les 150 derniers mètres de la descente avec une vitesse constante $v = 7{,}8$ m/s.

Donnée : $g = 9{,}81$ N/kg.
a. Quelles forces s'exercent sur le parachutiste et son parachute pendant les 150 derniers mètres de la descente ?
b. Déterminer l'expression de la variation de l'énergie mécanique du parachutiste entre le point A et le point B situé juste avant l'impact avec le sol.
c. Déterminer l'expression du travail de la force de frottement $\vec{f}$ sur le trajet de A vers B.
d. Calculer f en utilisant la variation de l'énergie mécanique.
e. Donner une autre méthode permettant de calculer la valeur du travail des forces de frottement de l'air.

Ondes mécaniques

Cours

1 Les ondes mécaniques progressives

▶ Une onde mécanique progressive correspond à la propagation d'une perturbation d'une grandeur physique, de proche en proche, dans un milieu matériel sans transport de matière.

▶ La propagation de l'onde mécanique se fait à partir de l'origine, dans toutes les directions que lui offre le milieu. On peut donc trouver des ondes à une, deux ou trois dimensions.

▶ On compare la direction de déplacement temporaire de la matière et celle de la propagation de l'onde :
– si les directions sont parallèles, on dit que l'onde est longitudinale ;
– si les directions sont perpendiculaires, on dit que l'onde est transversale.

▶ La célérité v en mètres par seconde ($m \cdot s^{-1}$) d'une onde progressive correspond à la vitesse de déplacement d'une perturbation dans le milieu de propagation.
Elle est égale au rapport de la distance d en mètres (m) parcourue sur la durée Δt du parcours en secondes (s):

$$v = \frac{d}{\Delta t}.$$

▶ La célérité d'une onde ne dépend pas des caractéristiques de la perturbation telle son amplitude. Elle dépend en revanche, des caractéristiques du milieu telles que sa densité, sa rigidité...

▶ Une perturbation arrive au point A à l'instant t_A, se propage, et arrive à l'instant t_B en un point B.

▶ Le retard de la perturbation noté τ est égale à la différence entre t_B et t_A : $\tau = t_B - t_A$.

▶ La relation entre le retard τ en secondes (s) de la perturbation, la célérité v de l'onde en mètres par seconde et la distance AB en mètres (m) entre les points est : $\tau = \frac{AB}{v}$.

2 Les ondes mécaniques périodiques

▶ Une onde progressive est dite périodique, lorsque la perturbation se reproduit, identique à elle-même, à intervalle de temps égaux T (en secondes) appelés période temporelle.

▶ Une onde progressive sinusoïdale est la propagation d'une perturbation décrite par une fonction sinusoïdale.

▶ Les ondes progressives périodiques présentent une double périodicité : temporelle T et spatiale λ.

▶ La périodicité spatiale λ est la plus petite distance séparant deux positions pour lesquelles les élongations sont en phase (elles atteignent leur maximum et leur minimum d'élongation en même temps).

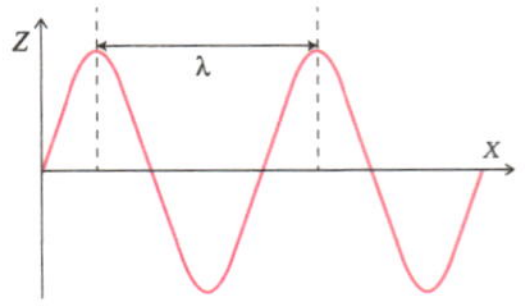

Lorsque l'onde est sinusoïdale, la périodicité spatiale peut être appelée longueur d'onde.

▶ La période temporelle T d'une onde périodique est la plus petite durée au bout de laquelle un phénomène périodique se reproduit de façon identique.

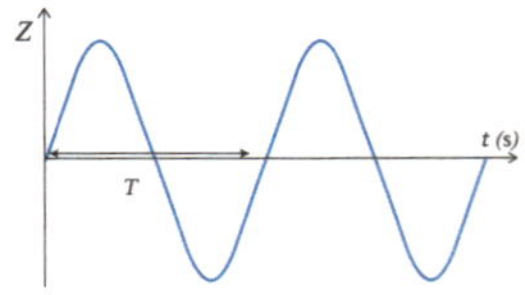

Pendant une durée égale à la période T, l'onde progresse d'une distance égale à sa périodicité spatiale λ.

▶ Ainsi, toute onde progressive périodique est caractérisée par la relation : $v = \frac{\lambda}{T}$, avec v la célérité de l'onde ($m \cdot s^{-1}$), T la périodicité temporelle (s) et λ la longueur d'onde (m).

▶ La fréquence f en hertz (Hz) de l'onde périodique est égale à l'inverse de sa période temporelle T : $f = \frac{1}{T}$.

Méthode

1 Calculer la distance parcourue par une perturbation

Lors d'un séisme, le sismogramme ci-contre a été réalisé à une station sismique dont on cherche à connaître la distance à l'épicentre.

Donnée : Célérité moyenne des ondes P : $v = 10\ km \cdot s^{-1}$.

Par lecture graphique, on obtient la durée Δt nécessaire aux ondes P pour parcourir la distance d, épicentre-station : $\Delta t = 40$ s.

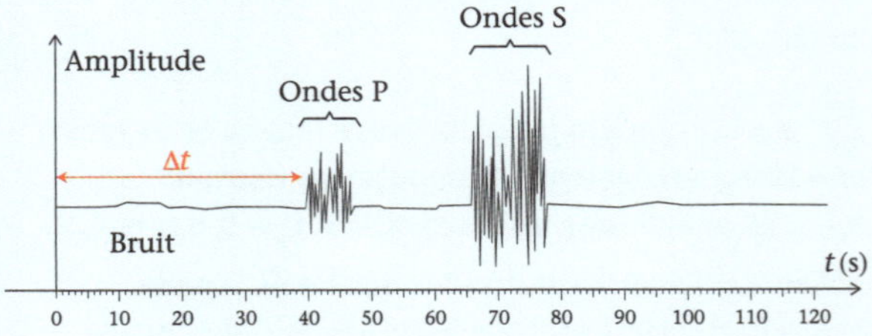

▶ On utilise la relation suivante : $d = v \times \Delta t$.

Application numérique : $d = 10 \times 40 = 4{,}0 \times 10^2$ km.

L'épicentre se situe donc à environ 400 km de la station.

2 Calculer la période d'une onde sinusoïdale

Un océanologue modélise la houle par une onde progressive sinusoïdale dont voici la représentation à un instant *t* :

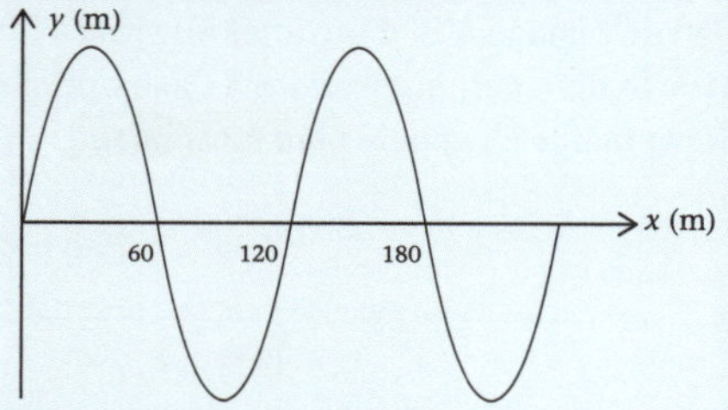

La houle se propage à une vitesse de 13 m · s⁻¹.
Déterminer la période de la houle.

La longueur d'onde λ de la houle est la plus petite distance qui sépare deux points du milieu dans le même état vibratoire.

Dans ce cas la plus petite distance séparant deux points dans le même état vibratoire (points situés aux graduations 0 et 120 m) est λ = 120 m.

Énoncer la définition de la longueur d'onde permet de justifier la lecture effectuée sur le schéma.

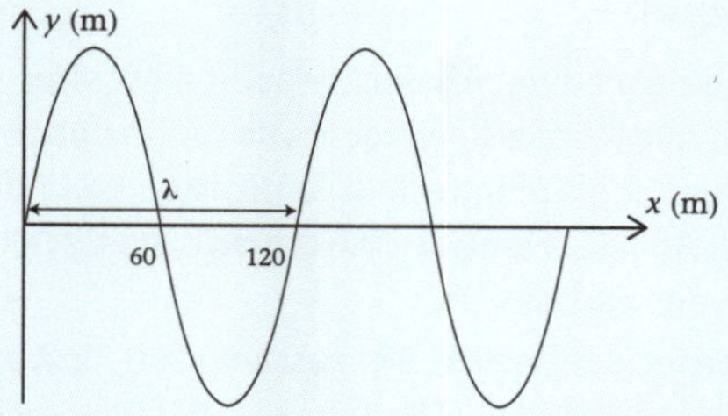

▶ **La période *T* d'une onde correspond à la durée écoulée lorsque cette onde parcourt une distance égale à la longueur d'onde. On utilise la relation suivante :**

$$T = \frac{\lambda}{v} = \frac{120}{13} = 9{,}2 \text{ s.}$$

Exercices

1 ★ 5 min **Une oreille moyenne distingue deux sons lorsqu'ils sont séparés par une durée d'au moins 0,10 s.**

À quelle distance d'un mur faut-il se placer pour percevoir l'écho qu'il renvoie ?

Donnée : $v_{air} = 340 \text{ m} \cdot \text{s}^{-1}$.

2 ★★ 10 min **Une onde progressive sinusoïdale se propage selon l'axe Ox à une célérité de $v = 4{,}0 \text{ m} \cdot \text{s}^{-1}$.**

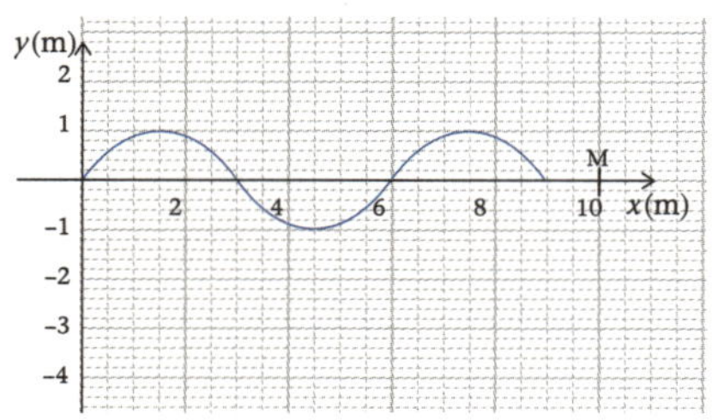

a. Donner les valeurs de l'amplitude y_{max}, de la longueur d'onde λ, de la période *T* et de la fréquence *f*.

b. Représenter *y*(*x*) à la date *t* = 1,5 s.

3 ★★★ 25 min **Le « radar de recul » d'une voiture fonctionne tel un sonar en utilisant des ultrasons. Dans ce dispositif, la production d'ultrasons est réalisée par des transducteurs piézoélectriques qui convertissent une énergie électrique en énergie mécanique et réciproquement. Les capteurs fonctionnent donc à la fois comme récepteurs et émetteurs. Cependant, ils ne sont réellement opérants comme récepteurs que lorsqu'ils ont cessé de fonctionner en tant qu'émetteurs. Ils génèrent des salves ultrasonores de durée $\Delta t_1 = 1{,}7$ ms avec une périodicité $\Delta t_2 = 12$ ms. Les informations que donnent les capteurs, permettent à l'afficheur du tableau de bord d'indiquer la distance entre l'arrière de la voiture et l'obstacle détecté pour des valeurs comprises entre 0,30 m et 2,0 m.**

La figure ci-dessous illustre le fonctionnement d'un capteur.

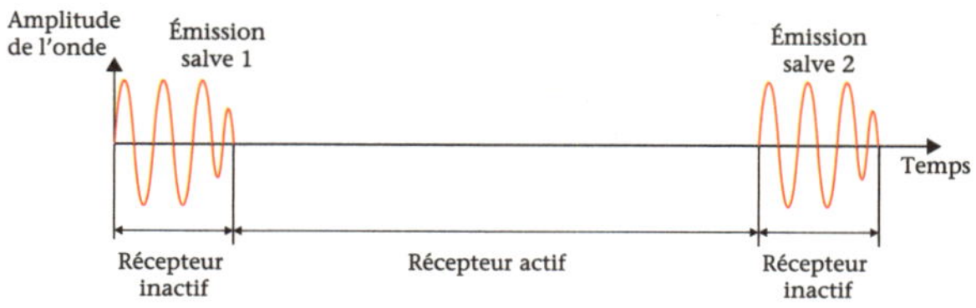

Donnée : Célérité du son dans l'air à 20 °C : $v = 343 \text{ m} \cdot \text{s}^{-1}$.

a. Indiquer les durées Δt_1 et Δt_2 en légende sur la figure ci-dessus.

b. Qu'est-ce qui contraint ce dispositif à une distance minimale $d_{min} = 0{,}30$ m ?

c. Quelle caractéristique du signal émis oblige le capteur à avoir une portée maximale ?

Image formée par une lentille

Cours

1 Construction graphique de l'image d'un objet

On considère un objet AB dont le point A est situé sur l'axe optique d'une lentille convergente de centre optique O. Afin de déterminer graphiquement la position de l'image A'B' de l'objet AB par la lentille convergente, on trace deux (ou trois) rayons particuliers.

▶ Le rayon incident issu de B et passant par O n'est pas dévié.

▶ Le rayon incident issu de B et parallèle à l'axe optique émerge de la lentille en passant par F'.

▶ Le rayon incident issu de B et passant par F émerge de la lentille parallèlement à l'axe optique.

F et F' sont les foyers objet et image de la lentille.

Si A est sur l'axe optique, alors A' est aussi sur l'axe optique.

Tout rayon issu de B passe par B'.

L'image est, comme l'objet, perpendiculaire à l'axe optique.

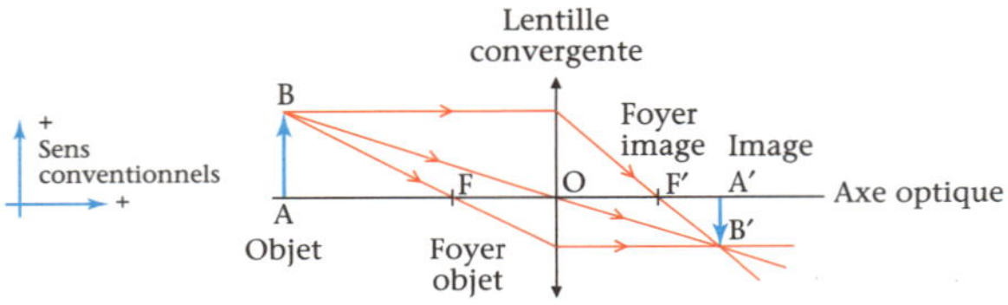

2 Relation de conjugaison

▶ En optique, on travaille avec des grandeurs algébriques. Les grandeurs algébriques sont des grandeurs qui ont un signe qui dépend du sens conventionnel positif horizontal et vertical que l'on a choisi.

Exemple : Sur le schéma précédent, quand on va de O vers A', on va dans le sens positif donc la grandeur $\overline{OA'}$ sera comptée positivement. Inversement, $\overline{A'O}$ sera comptée négativement.

▶ La position du point objet A situé sur l'axe optique et de son image A' par la lentille convergente sont liées par la relation de conjugaison :

$$\frac{1}{\overline{OA'}} - \frac{1}{\overline{OA}} = \frac{1}{f'}$$

$\overline{OA}$: distance algébrique lentille-objet.

$\overline{OA'}$: distance algébrique lentille-image.

f' : distance focale de la lentille.

▶ Un objet est considéré comme étant à l'infini lorsque la distance objet-lentille est très grande devant la distance focale de la lentille. Dans ce cas, $\frac{1}{\overline{OA}}$ tend vers 0, la relation de conjugaison $\frac{1}{\overline{OA'}} - \frac{1}{\overline{OA}} = \frac{1}{f'}$ devient $\frac{1}{\overline{OA'}} = \frac{1}{f'}$ soit $\overline{OA'} = f'$.

La position de l'image A'B' d'un objet AB situé à l'infini est située dans le plan perpendiculaire à l'axe optique contenant le foyer image F', appelé plan focal image.

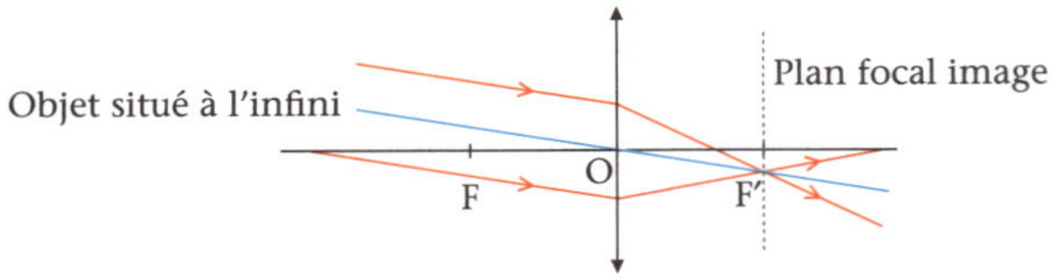

3 Relation de grandissement

▶ Le grandissement noté γ est le rapport de la taille de l'image à la taille de l'objet : $\gamma = \frac{\overline{A'B'}}{\overline{AB}}$

Si $\overline{A'B'}$ et $\overline{AB}$ ont le même signe, l'image est droite et $\gamma > 0$.

Si $\overline{A'B'}$ et $\overline{AB}$ sont de signe contraire, l'image est renversée et $\gamma < 0$.

Si $|\gamma| > 1$, l'image est plus grande que l'objet.

Exemple : si $\gamma = -3$, $\frac{\overline{A'B'}}{\overline{AB}} = -3$ soit $\overline{A'B'} = -3 \times \overline{AB}$.

L'image est renversée et trois fois plus grande que l'objet.

Unités

Dans les relations de conjugaison et de grandissement, les distances algébriques et la distance focale doivent être exprimées dans la même unité (m, mm, cm...) Le grandissement n'a pas d'unité.

▶ En appliquant le théorème de Thalès, on obtient la relation de grandissement :

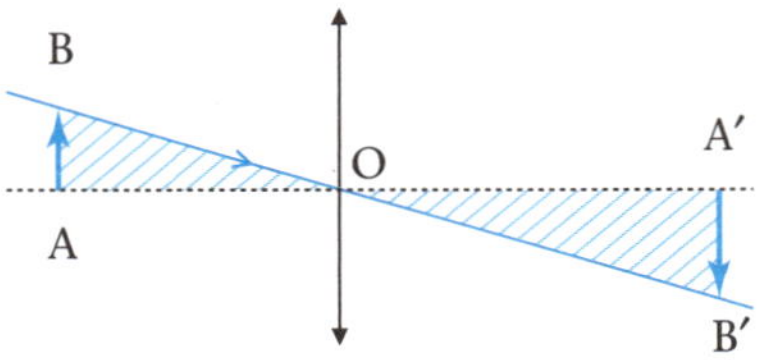

$$\frac{\overline{A'B'}}{\overline{AB}} = \frac{\overline{OA'}}{\overline{OA}}$$

4 Caractéristiques d'une image

▶ Sur le schéma précédent, l'image se forme après la lentille ($\overline{OA'} > 0$).

L'image est réelle, elle peut être recueillie sur un écran.

▶ Lorsqu'un objet est placé entre la lentille et son foyer objet, $\overline{OA'} < 0$. L'image est virtuelle, elle ne peut pas être recueillie sur un écran.

C'est le principe de la loupe.

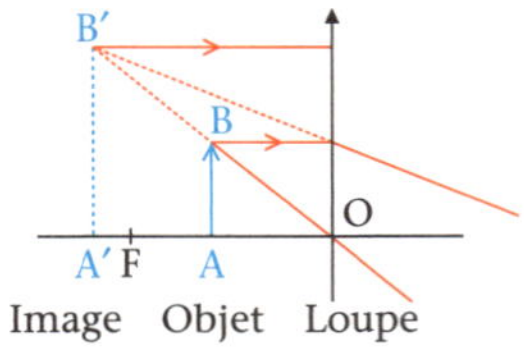

Méthode

1 Déterminer analytiquement la position d'une image

Un objet AB de hauteur 1,1 cm est situé à 30,0 cm d'une lentille convergente de distance focale $f' = 100$ mm. Déterminer la position de l'image A'B'.

▶ S'approprier l'énoncé pour savoir quelle est la grandeur recherchée.

La position de l'image par rapport à la lentille sera donnée par la distance $\overline{OA'}$, c'est donc elle que l'on recherche.

▶ Écrire la relation de conjugaison.

$$\frac{1}{\overline{OA'}} - \frac{1}{\overline{OA}} = \frac{1}{f'} \text{ soit } \frac{1}{\overline{OA'}} = \frac{1}{\overline{OA}} + \frac{1}{f'}$$

▶ Rechercher les grandeurs utiles dans l'énoncé et les exprimer sous forme de valeurs algébriques, dans la même unité.

$\overline{OA}$ est la distance algébrique entre la lentille et l'objet :

$$\overline{OA} = -30{,}0 \text{ cm.}$$

La distance focale doit être exprimée avec la même unité que : $f' = 100$ mm $= 10{,}0$ cm.

▶ Faire l'application numérique. La relation de conjugaison s'écrit :

$$\frac{1}{\overline{OA'}} = \frac{1}{-30{,}0} + \frac{1}{10{,}0} = 0{,}0667.$$

$\overline{OA'} = 15{,}0$ cm. L'image se forme à 15,0 cm de la lentille.

2 Déterminer la grandeur d'une image, son sens et sa nature

▶ Déterminer la taille et les caractéristiques de l'image dans le cas de l'exercice précédent.

▶ Écrire la relation de grandissement.

$$\frac{\overline{A'B'}}{\overline{AB}} = \frac{\overline{OA'}}{\overline{OA}} \text{ soit } \overline{A'B'} = \frac{\overline{AB} \times \overline{OA'}}{\overline{OA}}$$

▶ Donner les valeurs algébriques de $\overline{AB}$, $\overline{OA}$ et $\overline{OA'}$.

$\overline{AB}$ est la hauteur de l'objet : $\overline{AB} = 1{,}1$ cm ;

$\overline{OA'} = 15{,}0$ cm ;

$\overline{OA} = -30{,}0$ cm.

▶ Faire l'application numérique.

$$\overline{A'B'} = \frac{1{,}1 \times 15{,}0}{-30{,}0} = -0{,}55 \text{ cm}$$

▶ Le signe de $\overline{A'B'}$ et $\overline{OA'}$ permet de conclure sur le sens et la nature de l'image.

$\overline{A'B'} < 0$: L'image est renversée.

$\overline{A'B'} < \overline{AB}$: L'image est plus petite que l'objet.

$\overline{OA'} > 0$: L'image est réelle.

Exercices

1 ★ 20 min **Soit une lentille convergente de distance focale 20 cm et un objet de hauteur 10 mm placé 35 cm avant la lentille.**

a. Déterminer par le calcul la position de l'image.

> On recherche donc $\overline{OA'}$.
> De l'énoncé on peut déduire $\overline{OA}$ et f'.

b. Déterminer par le calcul la taille de l'image.

c. Retrouver les valeurs précédentes en réalisant une construction graphique.

2 ★★ 10 min **Un objet AB est situé devant une lentille convergente de centre optique O. L'image A'B' est formée sur un écran.**
On donne $\overline{OA}$ et $\overline{OA'}$ dans le tableau ci-dessous.

$\overline{OA}$ (cm)	−10	−15	−20	−30	−40
$\overline{OA'}$ (cm)	40	17	13	11	10

a. À l'aide d'un tableur ou d'une calculatrice, représenter $\frac{1}{\overline{OA'}}$ en fonction de $\frac{1}{\overline{OA}}$.

b. À l'aide de l'outil de modélisation, déterminer l'équation de la courbe modélisant les points obtenus expérimentalement.

c. En déduire la distance focale de la lentille.

3 ★★★ 20 min **Les appareils photos numériques sont équipés d'une lentille appelée *objectif* et d'un *capteur* sur lequel se forme l'image. Afin que l'image se forme toujours sur le capteur, quelle que soit la position de l'objet, l'appareil photographique réalise une *mise au point* en modifiant la distance entre la lentille et le capteur.**
On photographie un enfant de hauteur $h = 1{,}1$ m situé à 2,5 m de l'objectif. On assimile l'objectif à une lentille mince convergente de distance focale $f' = 50$ mm.

a. Calculer la distance entre l'objectif et le capteur pour que l'image de l'enfant soit nette.

b. Calculer la taille de l'image.

On prend cette fois en photo la tour Eiffel. Sa hauteur est AB = 324 m.

c. Sachant que le capteur utilisé est rectangulaire de format 24 × 36 mm, à quelle distance minimale doit-on se placer pour prendre la tour Eiffel en entier ?

Lumières colorées et couleurs des objets

Cours

1 Synthèse additive

▶ En utilisant seulement trois faisceaux colorés rouge, bleu et vert, il est possible de reconstituer la lumière blanche. Rouge, bleu et vert sont les couleurs primaires de la lumière. Leur mélange en différentes proportions donne toutes les autres couleurs. Cette méthode de création de nouvelles couleurs est appelée synthèse additive.

Synthèse additive : superposition de faisceaux de lumière

▶ Lorsque deux lumières de couleur primaire de même intensité se superposent, on obtient une lumière d'une couleur secondaire : cyan, magenta et jaune.

▶ Deux couleurs sont dites complémentaires si par synthèse additive elles donnent du blanc.
Les couples de couleurs complémentaires sont rouge et cyan, vert et magenta, bleu et jaune.

▶ La synthèse additive est le principe de composition des couleurs, utilisé notamment dans les écrans LCD. Chaque pixel de l'image est constitué de trois sous-pixels rouge, bleu et vert. Notre œil mélange les lumières colorées provenant de chacun d'eux. Ainsi, lorsque les trois sous-pixels voisins (rouge, bleu et vert) sont allumés, l'œil a une impression de blanc. Des millions de couleurs sont accessibles puisque la luminosité est réglable.

Écran LCD

▶ La vision des couleurs résulte de l'existence, sur la rétine, de trois types de cônes ayant chacun un spectre d'absorption différent : certains cônes sont plus sensibles au vert, d'autres au bleu, d'autres au rouge.
Notre sensibilité visuelle est dite trichromatique.

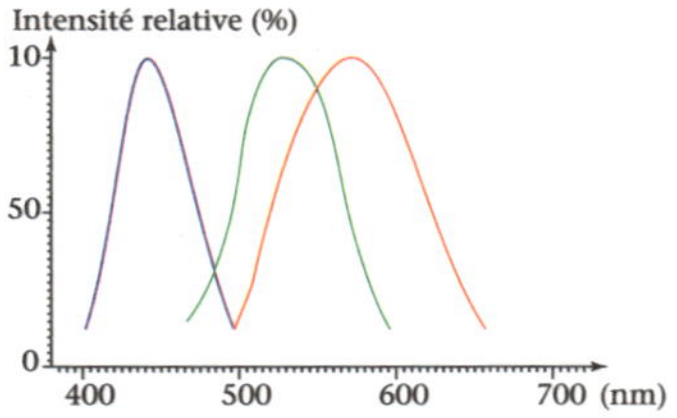

Sensibilité des trois types de cônes en fonction de la longueur d'onde

▶ Lorsqu'un type de cône est défectueux, la perception des couleurs est imparfaite ; on parle alors de daltonisme.

2 Synthèse soustractive

▶ Lorsque la lumière blanche traverse un filtre coloré, celui-ci absorbe certaines radiations et transmet (laisse passer) les autres.
Les filtres réalisent une synthèse soustractive.

▶ En synthèse soustractive, les trois couleurs primaires sont le cyan, le magenta et le jaune. Ces trois couleurs, mélangées dans des proportions convenables, suffisent pour recréer toutes les autres couleurs. Deux couleurs sont dites complémentaires si par synthèse soustractive leur superposition donne du noir.

▶ Notre œil perçoit des objets colorés car leur surface absorbe certaines radiations de la lumière incidente et diffuse les autres. Éclairé en lumière blanche, un objet qui diffuse toutes les couleurs et n'en absorbe aucune apparaît blanc. S'il les absorbe toutes et n'en diffuse aucune, il apparaît noir.

▶ La couleur d'un objet opaque dépend de la façon dont il est éclairé, des lumières qu'il absorbe et qu'il diffuse.

Mots-clés

- **La diffusion** est le phénomène par lequel un objet éclairé renvoie une partie de la lumière qu'il reçoit dans toutes les directions.
- **L'absorption** est le phénomène par lequel un objet éclairé absorbe une partie de la lumière qu'il reçoit.

Méthode

1 Prévoir l'effet de plusieurs filtres colorés sur une lumière incidente

Un éclairagiste dispose d'un unique projecteur de lumière blanche. Pour éclairer une scène en lumière rouge, il possède trois filtres colorés : cyan, magenta et jaune.

Quels filtres colorés utilisera-t-il ? Comment les placera-t-il ?

▶ Déterminer s'il est question de synthèse additive ou soustractive.
Les filtres sont éclairés par de la lumière blanche, et ils absorbent certaines radiations : il s'agit de synthèse soustractive.

▶ Parmi le rouge, le vert et le bleu, déterminer quelle couleur doit être transmise et quelles couleurs doivent être absorbées.
L'éclairagiste veut que seule la lumière rouge soit transmise. Il faut donc un filtre absorbant la lumière bleue et un autre absorbant la lumière verte.

▶ En déduire quel filtre coloré choisir sachant qu'un filtre transmet les radiations lumineuses correspondant à sa propre couleur et absorbe celles qui correspondent à sa couleur complémentaire.
L'éclairagiste va superposer un filtre magenta qui absorbera la lumière verte (le magenta est la couleur complémentaire du vert) et un filtre jaune qui absorbera la lumière bleue (le jaune est la couleur complémentaire du bleu).

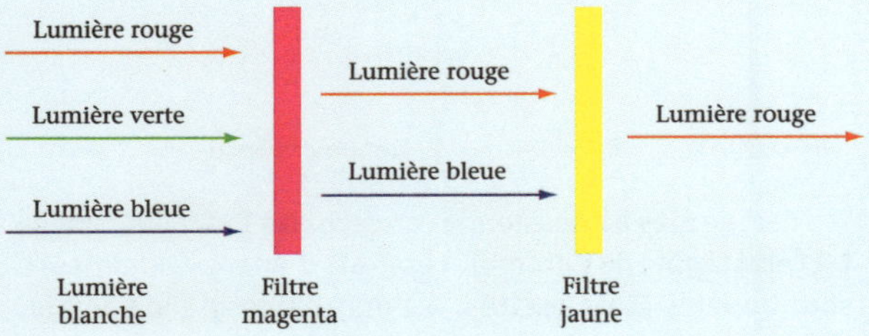

2 Interpréter la couleur d'un objet éclairé

Éclairé en lumière blanche, un citron paraît jaune. Comment ce citron paraîtra-t-il éclairé par une lumière verte ? bleue ?

▶ Rechercher, parmi les couleurs rouge, bleue et verte, quelles lumières colorées sont absorbées et quelles lumières colorées sont diffusées par le citron.
Un citron jaune, éclairé en lumière blanche, diffuse la lumière jaune, c'est-à-dire les lumières verte et rouge. La couleur qu'il absorbe est la couleur complémentaire du jaune, c'est-à-dire la lumière bleue.

▶ Rechercher les lumières diffusées par le citron lorsque la lumière incidente n'est pas de la lumière blanche.
Éclairé en lumière verte, ce citron apparaîtra vert puisqu'il diffuse la lumière verte.
Éclairé en lumière bleue, ce citron apparaîtra noir, car il absorbe la lumière bleue et ne diffuse aucune lumière.

Exercices

1 ★ 5 min
Pourquoi ne peint-on jamais les murs d'une pièce en noir ? Pourquoi les murs des maisons méditerranéennes sont-ils peints en blanc ?

2 ★★ 5 min **La quadrichromie est un procédé d'impression basé sur l'utilisation de quatre couleurs : le cyan, le jaune, le magenta et le noir.**
a. Quel type de synthèse des couleurs est utilisé dans une imprimante ?
b. Peut-on obtenir du noir avec les trois couleurs cyan, magenta et jaune ?

Deux raisons peuvent être évoquées.

c. Quel est l'intérêt d'utiliser également de l'encre noire ?
d. Pourquoi une imprimante utilise-t-elle des encres cyan, magenta et jaune plutôt que des encres rouge, verte et bleue ?

3 ★★ 10 min On observe la figure ci-contre avec un filtre rouge, puis avec un filtre bleu. Quel chiffre peut-on lire dans chacun des cas ? Justifier les réponses.

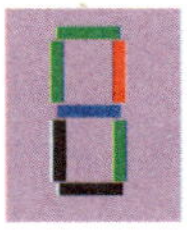

4 ★★★ 10 min **Les textiles blancs en vieillissant ont tendance à jaunir. Comment rendre alors un tissu ou un vêtement bien blanc ? Une solution efficace consiste à l'imprégner avec une molécule fluorescente, appelée azurant optique, qui absorbe les UV (ultraviolet) et réémet dans le bleu. Les azurants optiques, dont le premier brevet date de 1935, entrent désormais dans la composition de la plupart des lessives.**
a. Rechercher la définition du terme fluorescence.
b. Quelle est la couleur absorbée par du linge jauni ?
c. Expliquer pourquoi les azurants optiques redonnent un aspect blanc au linge jauni. De quel type de synthèse s'agit-il ?
d. Quelle perception avons-nous d'un tissu blanc non jauni imprégné d'azurant optique et éclairé à la lumière du jour ?

Interactions lumière-matière

Cours

1 La lumière

▶ La lumière est une onde périodique caractérisée par sa longueur d'onde dans le vide notée λ ou par sa fréquence ν.
Ces grandeurs sont liées par la relation : $\lambda = \frac{c}{\nu}$ avec λ en mètres, ν en hertz (Hz) et c la célérité de la lumière dans le vide $c = 3{,}00 \times 10^8$ m·s^{-1}.

▶ Dans l'air ou dans le vide, le domaine du visible est constitué par des rayonnements dont les longueurs d'onde sont comprises entre 400 nm et 800 nm. Il est bordé par le domaine des ultraviolets UV constitué des rayonnements dont les longueurs d'onde sont inférieures à 400 nm et le domaine des rayonnements infrarouges dont les longueurs d'onde sont supérieures à 800 nm.

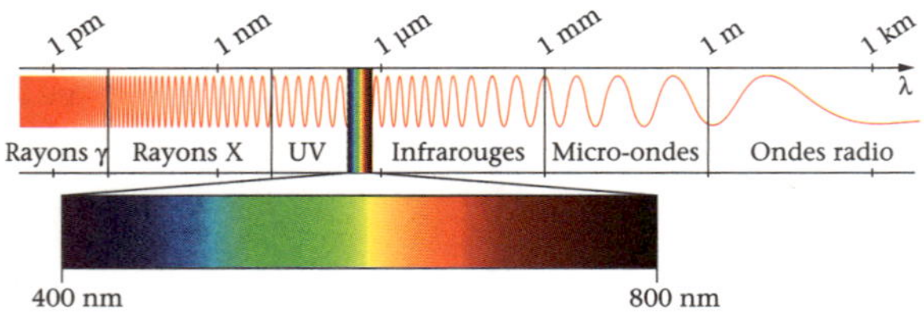

Longueur d'onde dans le vide des radiations visibles ou invisibles

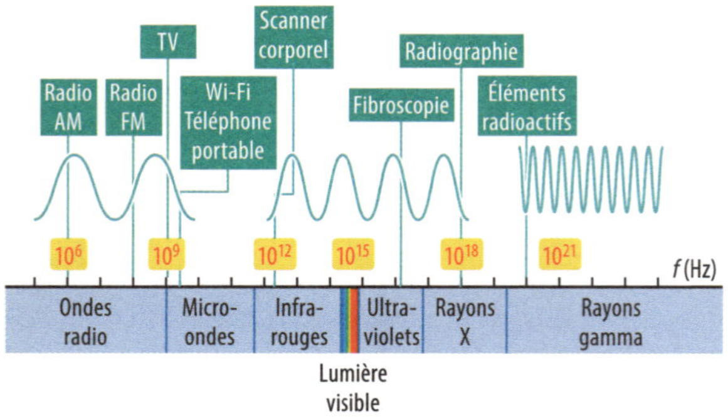

Ordres de grandeur des fréquences des ondes électromagnétiques et domaines d'utilisation

▶ Certains phénomènes ne peuvent s'expliquer que parce que l'énergie électromagnétique ne peut s'échanger que par « paquets » appelés quanta d'énergie transportés par des photons. Les photons sont des particules de masse et de charge nulles se déplaçant à la vitesse de la lumière. Un photon transporte une énergie E toujours positive qui dépend de la fréquence (de la longueur d'onde) de l'onde électromagnétique à laquelle il est associé :

$$E = h \cdot \nu = \frac{h \cdot c}{\lambda}$$

E : énergie en joules (J).
h : constante de Planck en joules seconde : $6{,}63 \cdot 10^{-34}$ J·s.
λ : longueur d'onde en mètres (m).
c : vitesse de la lumière dans le vide.
ν : fréquence en hertz (Hz).

2 Lumière et matière

▶ Un atome ne peut exister que dans certains états d'énergie bien définis : on dit que l'énergie d'un atome est quantifiée. Le diagramme de niveaux d'énergie d'un atome représente les niveaux d'énergie possibles de cet atome.
Ceux-ci sont notés E_n, avec n entier supérieur ou égal à 1.

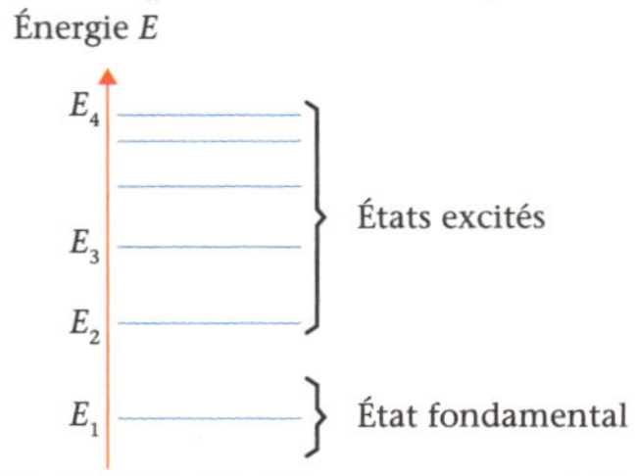

▶ L'état de plus basse énergie correspond à l'état fondamental (état stable de l'atome). Les états d'énergie supérieure sont appelés états excités. À l'état d'énergie maximale, l'atome est ionisé. Son énergie est nulle.

3 Les transitions d'énergie dans l'atome

▶ Un photon ne peut être absorbé par une entité chimique que s'il possède l'énergie E nécessaire à la transition énergétique ΔE de l'entité d'un niveau initial à un niveau final de plus haute énergie:

$$E = |\Delta E| = |E_f - E_i|.$$

▶ Ceci conduit, dans le domaine du visible, à l'observation des raies noires dans le spectre de raies d'absorption.

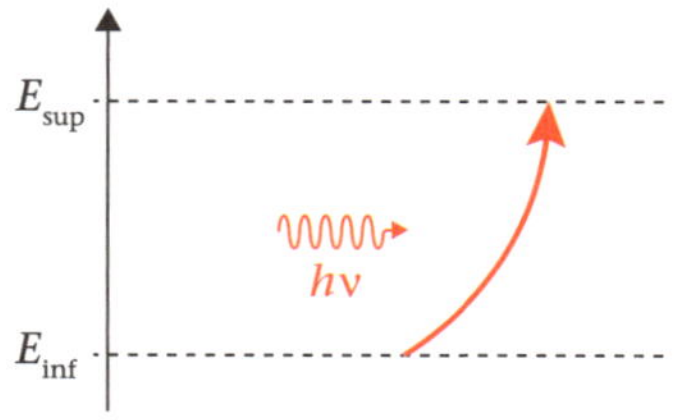

▶ Une entité excitée va très rapidement perdre de l'énergie pour revenir à son état fondamental. Ce faisant, elle émettra un photon chaque fois qu'elle change d'état.
Ceci conduit, dans le domaine du visible, à l'observation des raies de couleurs dans le spectre de raies d'émission.

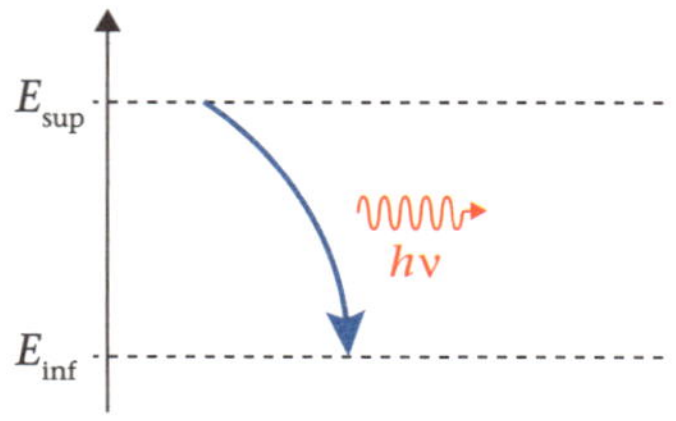

Méthode

1 Exploiter la relation entre fréquence et longueur d'onde

Dans un cabinet d'imagerie médicale se trouve un appareil de radiologie émettant des rayons X ayant une énergie de 41,4 keV. Calculer la fréquence et la longueur d'onde des rayons X émis par l'appareil.

Données :

1 eV = $1{,}60 \times 10^{-19}$ J. c = $3{,}00 \times 10^{8}$ m·s^{-3}. h = $6{,}63 \times 10^{-34}$ J·s.

▶ Convertie en joules, l'énergie du photon vaut :

$$E = 41{,}4 \times 10^{3} \times 1{,}60 \times 10^{-19} = 6{,}62 \times 10^{-15} \text{ J.}$$

▶ Comme $E = h \times \nu$, on a donc :

$$\nu = \frac{E}{h} = \frac{6{,}62 \times 10^{-15}}{6{,}63 \times 10^{-34}} = 1{,}00 \times 10^{19} \text{ Hz.}$$

▶ Et $\lambda = \frac{c}{\nu} = \frac{3{,}00 \times 10^{8}}{1{,}00 \times 10^{19}} = 3 \times 10^{-11}$ m.

2 Exploiter un diagramme de niveaux d'énergie

Les tubes au néon produisent une lumière rouge.
Le diagramme d'énergie de l'atome de néon est présenté ci-dessous.

Calculer la longueur d'onde dans le vide de la radiation correspondant à une transition du niveau 4 au niveau 3. Est-ce une radiation absorbée ou émise ? À quel domaine appartient-elle ?

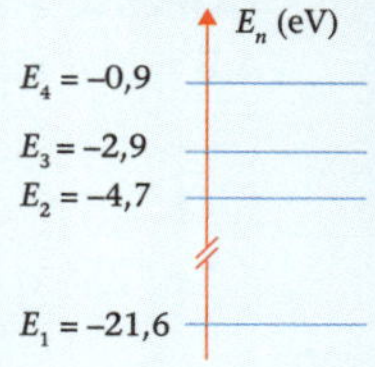

Données :

1 eV = $1{,}60 \times 10^{-19}$ J. c = $3{,}00 \times 10^{8}$ m·s^{-1}. h = $6{,}63 \times 10^{-34}$ J·s

▶ L'atome passe du niveau 4 au niveau 3, il perd donc de l'énergie en libérant un photon.

$$\Delta E = E_f - E_i = E_3 - E_4 = -2{,}9 - 0{,}9 = -2{,}0 \text{ eV.}$$

En joules, cette variation d'énergie a pour valeur :

$$\Delta E = -2{,}0 \times 1{,}60 \times 10^{-19} = -3{,}20 \times 10^{-19} \text{ J.}$$

Le signe « – » de la variation d'énergie indique une perte d'énergie par l'émission d'un photon.

▶ Ce qui correspond à l'émission d'un photon d'énergie E :

$$E = |\Delta E| = \frac{h \times c}{\lambda}, \text{ soit } \lambda = \frac{h \times c}{|\Delta E|}$$

$$\lambda = \frac{6{,}63 \times 10^{-34} \times 3{,}00 \times 10^{8}}{|-3{,}20 \times 10^{-19}|} = 6{,}22 \times 10^{-7} \text{ m} = 622 \text{ nm.}$$

Cette radiation comprise entre 400 nm et 800 nm appartient au domaine du visible.

Exercices

Données pour les exercices : 1 eV = $1{,}60 \times 10^{-19}$ J.
Célérité de la lumière dans le vide : $c = 3{,}00 \times 10^{8}$ m·s^{-1}.
Constante de Planck : $h = 6{,}63 \times 10^{-34}$ J·s.

Couleur	Longueur d'onde (nm)	Fréquence (THz)
Infrarouge	> 780	< 405
Rouge	-625-740	-480-405
Orange	-590-625	-510-480
Jaune	-565-590	-530-510
Vert	-520-565	-580-530
Bleu	-446-520	-690-580
Violet	-380-446	-790-690
Ultraviolet	< 380	> 790

1 ★ 8 min **Un photon est émis avec une énergie E = 50 keV.**

Déterminer la longueur d'onde de ce photon. Ce photon est-il un photon X ?

2 ★★ 12 min **Le diagramme ci-contre représente certains niveaux d'énergie de l'atome de lithium. Lors d'une transition depuis son premier niveau excité jusqu'à l'état fondamental, une raie est émise par une lampe à vapeur de lithium.**

a. Quelle est l'énergie du photon correspondant.

> Ne pas oublier de convertir l'énergie du photon en joule.

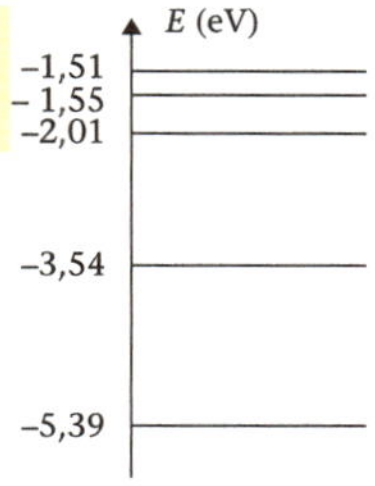

b. En déduire la valeur de la longueur d'onde dans le vide de la radiation associée. Si elle appartient au visible, préciser sa couleur.

3 ★★★ 15 min **Le diagramme d'énergie ci-contre représente les différents niveaux accessibles pour les électrons d'un atome de mercure.**

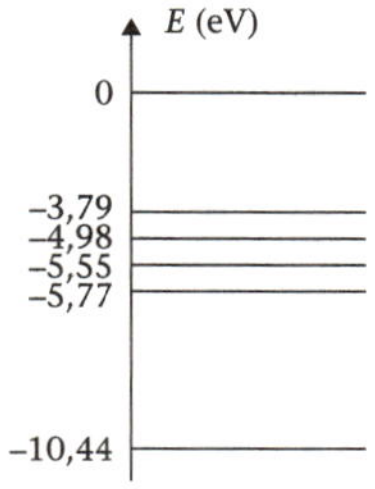

a. Donner la valeur de l'énergie de l'état fondamental et d'un des états excités.

b. Que représente l'état d'ionisation ? Quelle est la valeur de son énergie ?

c. Quelle énergie ΔE absorbe ou émet l'atome lorsqu'il passe de son niveau d'énergie E_3 au niveau d'énergie E_1 ?

d. Quelle doit être la fréquence ν de la radiation qui permet cette transition ?

e. Un photon de longueur d'onde λ = 610 nm peut-il être absorbé lors d'une transition entre deux niveaux d'énergie. Lesquels ?

1 **La masse molaire du cuivre est de 64 g · mol^{-1}. La masse d'un échantillon de cuivre contenant 4,0 mol d'atomes de cuivre est de :**

- ▢ **a.** 16 g.
- ▢ **b.** 64 g.
- ▢ **c.** 256 g.

2 **Une solution de saccharose de 100 mL a été préparée à partir de 1,5 × 10^{-2} mol de soluté. Sa concentration molaire est :**

- ▢ **a.** 0,015 mol · L^{-1}.
- ▢ **b.** 0,15 mol · L^{-1}.
- ▢ **c.** 1,5 mol · L^{-1}.

3 **La grandeur « avancement » qui permet de décrire quantitativement l'évolution d'un système chimique :**

- ▢ **a.** n'a pas d'unité.
- ▢ **b.** s'exprime en mol.
- ▢ **c.** s'exprime en mol · L^{-1}.

4 **L'absorbance A :**

- ▢ **a.** n'a pas d'unité.
- ▢ **b.** s'exprime en mol.
- ▢ **c.** s'exprime en mol · L^{-1}.

5 **La demi-équation d'oxydo réduction du couple $MnO^-_{4(aq)}/Mn^{2+}_{(aq)}$ s'écrit :**

- ▢ **a.** $MnO^-_{4(aq)} + 2e^- = Mn^{2+}_{(aq)} + 2O_{2(g)}$.
- ▢ **b.** $MnO^-_{4(aq)} + e^- = Mn^{2+}_{(aq)}$.
- ▢ **c.** $MnO^-_{4(aq)} + 8\,H^+ + 5\,e^- + Mn^{2+}_{(aq)} + 4\,H_2O_{(l)}$.

6 **Le soufre est plus électronégatif que l'hydrogène. La molécule de sulfure d'hydrogène H_2S, dont le modèle moléculaire est représenté ci-contre :**

- ▢ **a.** est polaire.
- ▢ **b.** est apolaire.
- ▢ **c.** possède des liaisons polarisées.

7 **Le composé ci-dessous appartient à la famille des :**

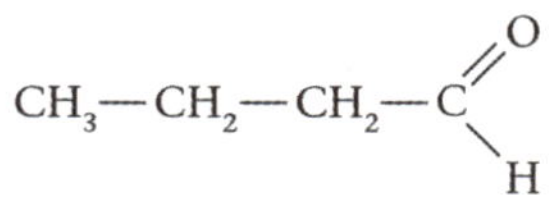

- ▢ **a.** aldéhydes.
- ▢ **b.** cétones.
- ▢ **c.** acides carboxyliques.

8 **Le nombre d'onde est :**

- ▢ **a.** l'opposé de la longueur d'onde.
- ▢ **b.** l'inverse de la longueur d'onde.
- ▢ **c.** s'exprime en cm.

9 **Lors d'une synthèse il se forme 0,36 mol d'un produit alors qu'au maximum 0,58 mol de ce produit est attendu. Le rendement de la synthèse est :**

- ▢ **a.** 0,36.
- ▢ **b.** 0,58 mol.
- ▢ **c.** 0,62.

10 **L'équation de combustion complète du propane s'écrit :**

- ▢ **a.** $C_3H_{8(g)} + 5O_{2(g)} \rightarrow 3CO_{2(g)} + 4H_2O_{(g)}$.
- ▢ **b.** $C_3H_{8(g)} + 7O_{2(g)} \rightarrow 3CO_{2(g)} + 4H_2O_{(g)}$.
- ▢ **c.** $C_3H_{8(g)} + 10O_{2(g)} \rightarrow 3CO_{2(g)} + 8H_2O_{(g)}$.

11 **L'aspartame est un édulcorant de synthèse de masse molaire moléculaire *M* = 294 g · mol^{-1}. La concentration d'une solution aqueuse d'aspartame est *c* = 2,00 × 10^{-3} mol · L^{-1}. Sa concentration en masse est :**

- ▢ **a.** 588 g · L^{-1}.
- ▢ **b.** 588 mg · L^{-1}.
- ▢ **c.** 6,80 × 10^{-6} g · L^{-1}.

Réponses !

1 : c - **2** : b - **3** : b - **4** : a - **5** : c - **6** : a, c - **7** : a - **8** : b - **9** : c - **10** : a - **11** : b

MOUVEMENTS ET INTERACTIONS

1 Les lignes de champ électrostatique :
- ☐ **a.** sont toujours orientées de la charge positive vers la charge négative.
- ☐ **b.** sont toujours orientées de la charge négative vers la charge positive.
- ☐ **c.** ne sont pas orientées.

2 Le champ de gravitation de la Terre :
- ☐ **a.** est dirigé vers le centre de la Terre.
- ☐ **b.** a une intensité constante à la surface de la Terre.
- ☐ **c.** est lié à la masse de la Terre.

3 La force électrostatique exercée sur une particule de charge *q* :
- ☐ **a.** est proportionnelle à la valeur du champ électrostatique.
- ☐ **b.** est de sens opposé au champ électrostatique si la charge *q* est positive.
- ☐ **c.** est de même sens que le champ électrostatique si la charge *q* est positive.

4 À l'échelle microscopique, dans un gaz, les particules sont :
- ☐ **a.** reliées les unes aux autres.
- ☐ **b.** en mouvement désordonné.
- ☐ **c.** immobiles.

5 La relation entre la pression P, la force pressante F et l'aire S d'une surface est :
- ☐ **a.** $F = \frac{S}{P}$
- ☐ **b.** $P = F \times S$
- ☐ **c.** $F = P \times S$

6 À température constante, lorsque la pression diminue, le volume d'une quantité de gaz :
- ☐ **a.** diminue.
- ☐ **b.** augmente.
- ☐ **c.** reste le même.

7 Un système soumis à un ensemble de forces qui se compensent :
- ☐ **a.** peut être immobile.
- ☐ **b.** peut être en mouvement rectiligne uniforme.
- ☐ **c.** peut être en mouvement circulaire uniforme.

8 Une force qui s'exerce sur un corps peut modifier :
- ☐ **a.** la masse de celui-ci.
- ☐ **b.** le sens de son mouvement.
- ☐ **c.** la valeur de sa vitesse.

9 Quand la résultante des forces extérieures que subit un système n'est pas nulle :
- ☐ **a.** le vecteur vitesse du centre d'inertie est colinéaire à cette résultante.
- ☐ **b.** le système accélère.
- ☐ **c.** le vecteur variation de vitesse du centre d'inertie est colinéaire à cette résultante.

10 Si on connaît la variation du vecteur vitesse entre deux instants très proches, alors on peut déterminer :
- ☐ **a.** la direction de la résultante des forces appliquées.
- ☐ **b.** le sens de la résultante des forces appliquées.
- ☐ **c.** la valeur de la vitesse en un point de la trajectoire.

11 Si une force horizontale et constante agit sur un mobile autoporteur immobile sur une table d'expérimentation, celui-ci :
- ☐ **a.** accélère si la valeur de la force exercée dépasse celle du poids du mobile.
- ☐ **b.** se déplace avec une vitesse constante.
- ☐ **c.** a une variation de vitesse constante au cours du temps.

Réponses

1 : a – **2** : a, c – **3** : a, c – **4** : b – **5** : c – **6** : b – **7** : a, b – **8** : b, c – **9** : c – **10** : a, b c – **11** : c

je me teste !

L'ÉNERGIE : CONVERSIONS ET TRANSFERTS

1 Le générateur d'un circuit :

- ☐ **a.** fournit de l'énergie électrique aux récepteurs.
- ☐ **b.** a un rendement égal à 1.
- ☐ **c.** est un convertisseur d'énergie.

2 La puissance d'un dipôle soumis à une tension de 5 V et traversé par un courant d'intensité 20 mA est :

- ☐ **a.** P = 0,1 W.
- ☐ **b.** P = 100 W.
- ☐ **c.** P = 250 W.

3 Un four de puissance 3 kW a consommé une énergie électrique de 4 500 Wh pendant la cuisson d'un plat. Il a fonctionné :

- ☐ **a.** 40 minutes.
- ☐ **b.** 1 h 30 minutes.
- ☐ **c.** 1 h 50 minutes.

4 Le rendement d'un convertisseur :

- ☐ **a.** est supérieur à 1 pour tous les appareils chauffants.
- ☐ **b.** est doublé si l'énergie reçue est multipliée par deux pour une même énergie utile.
- ☐ **c.** est le reflet de l'efficacité d'une chaîne énergétique.

5 L'effet Joule :

- ☐ **a.** est associé à un transfert thermique.
- ☐ **b.** n'existe que dans les conducteurs ohmiques.
- ☐ **c.** provoque un échauffement d'un conducteur ohmique.

6 Le travail d'une force constante dont le point d'application se déplace en ligne droite entre A et B :

- ☐ **a.** est toujours moteur.
- ☐ **b.** ne dépend que du point de départ et du point d'arrivée.
- ☐ **c.** est donné par la relation $W_{AB}(\vec{F}) = F \times AB \times \sin(\vec{F}\,;\,\vec{AB})$.

7 Une force qui s'exerce sur un point matériel est dite conservative si :

- ☐ **a.** son travail est nul lorsque le point effectue un aller-retour.
- ☐ **b.** son travail est indépendant du chemin suivi par le point matériel lors de son déplacement.
- ☐ **c.** elle permet au point de garder une vitesse constante.

8 Au cours du déplacement d'un point matériel, le travail d'une force de frottement d'intensité constante :

- ☐ **a.** est toujours résistant.
- ☐ **b.** est moteur lors d'une descente.
- ☐ **c.** ne dépend pas du chemin suivi.

9 La variation de l'énergie cinétique d'un point matériel se déplaçant de A à B est égale à la somme des travaux :

- ☐ **a.** des forces conservatives appliquées à ce point.
- ☐ **b.** des forces non conservatives appliquées à ce point.
- ☐ **c.** des forces conservatives et non conservatives appliquées à ce point.

10 Lors d'une chute libre, un point matériel :

- ☐ **a.** conserve son énergie mécanique.
- ☐ **b.** voit son énergie mécanique diminuer en même temps que son énergie potentielle de pesanteur.
- ☐ **c.** a une vitesse constante.

11 Le travail du poids d'un corps :

- ☐ **a.** est toujours dirigé verticalement.
- ☐ **b.** a toujours un effet sur le déplacement.
- ☐ **c.** est une grandeur algébrique.

Réponses !

1 : a, c – **2** : a – **3** : b – **4** : c – **5** : a, c – **6** : b – **7** : a, b – **8** : a – **9** : c – **10** : a – **11** : c

1 **La houle est une onde :**
- ☐ **a.** mécanique.
- ☐ **b.** progressive à une dimension.
- ☐ **c.** progressive à deux dimensions.

2 **Une onde se propage à la vitesse $v = 0{,}33\ m \cdot s^{-1}$ depuis la source S. Par rapport au point A, le point B est affecté par l'onde avec un retard τ de :**

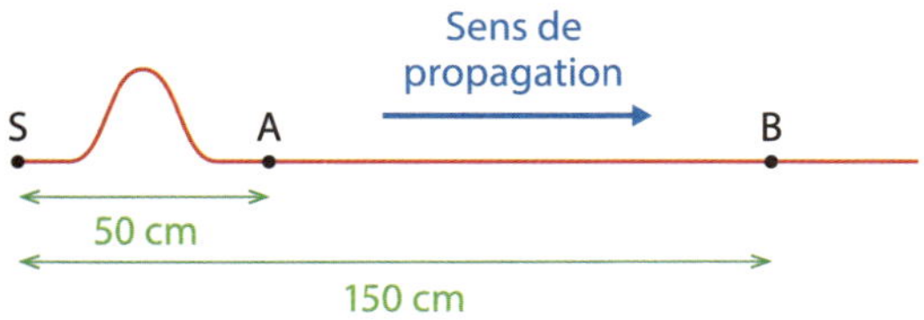

- ☐ **a.** 33 s.
- ☐ **b.** 3,0 s.
- ☐ **c.** 0,33 s.

3 **La longueur d'onde est :**
- ☐ **a.** le nombre de périodes par seconde.
- ☐ **b.** l'amplitude de l'onde.
- ☐ **c.** la distance parcourue par l'onde pendant une période.

4 **Sur le schéma ci-dessous :**

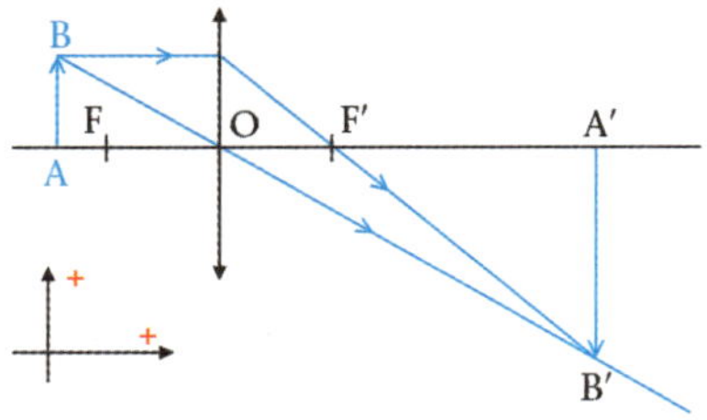

- ☐ **a.** $\overline{OA} < 0$.
- ☐ **b.** $\overline{OA'} < 0$.
- ☐ **c.** $\overline{A'B'} < 0$.

5 **Sur le schéma ci-dessus, l'image est trois fois plus grande que l'objet.**
Le grandissement γ vaut :
- ☐ **a.** 3.
- ☐ **b.** −3.
- ☐ **c.** 1/3.

6 **Quand on connaît la position de l'objet et la distance focale de la lentille, la relation de conjugaison permet de déterminer :**
- ☐ **a.** la taille de l'image.
- ☐ **b.** la position de l'image.
- ☐ **c.** la taille de l'objet.

7 **En synthèse additive, la superposition de deux faisceaux de lumière bleue et de lumière verte, de même intensité, donne :**
- ☐ **a.** du blanc.
- ☐ **b.** du noir.
- ☐ **c.** du cyan.

8 **Une lumière blanche émise par une source traverse un filtre absorbant les radiations vertes, puis parvient à un œil humain.**
L'œil perçoit une lumière de couleur :
- ☐ **a.** cyan.
- ☐ **b.** magenta.
- ☐ **c.** verte.

9 **La longueur d'onde d'une radiation de fréquence $2{,}7 \times 10^{16}$ Hz (domaine des UV) est :**
- ☐ **a.** 11 cm.
- ☐ **b.** $1{,}1 \times 10^{-8}$ m.
- ☐ **c.** 11 nm.

10 **La constante de Planck est $h = 6{,}63 \times 10^{-34}\ J \cdot s$.**
L'énergie d'un photon associé à une radiation verte de fréquence $\nu = 5{,}66 \times 10^{14}$ Hz est :
- ☐ **a.** $4{,}85 \times 10^{-20}$ J.
- ☐ **b.** $3{,}75 \times 10^{-19}$ J.
- ☐ **c.** 2,35 J.

11 **La célérité d'une onde mécanique progressive :**
- ☐ **a.** dépend de l'amplitude de la perturbation.
- ☐ **b.** dépend du milieu de propagation.
- ☐ **c.** diminue au cours de la propagation.

Réponses

1 : a, c - **2** : b - **3** : c - **4** : a, c - **5** : b -
6 : b - **7** : c - **8** : b - **9** : b, c - **10** : b -
11 : b.

FORMULAIRE

Quantité de matière et masse

$$n = \frac{m}{M}$$

n : quantité de matière en mol
m : masse en g
M : masse molaire en $g \cdot mol^{-1}$

Quantité de matière et volume molaire d'un gaz

$$n = \frac{V}{V_m}$$

V_m : volume molaire du gaz en $L \cdot mol^{-1}$
n : quantité de matière de gaz en mol
V : volume du gaz en L

Concentration en quantité de matière

$$c = \frac{n}{V}$$

c : concentration en quantité de matière en $mol \cdot L^{-1}$
n : quantité de matière dissoute en mol
V : volume de la solution en L

Concentration en masse

$$c_m = \frac{m}{V}$$

c_m : concentration en masse de soluté en $g \cdot L^{-1}$
m : masse de l'espèce chimique dissoute en g
V : volume de la solution en L

Masse volumique

$$\rho(A) = \frac{m(A)}{V(A)}$$

$\rho(A)$: masse volumique de l'espèce A en $g \cdot L^{-1}$
$m(A)$: masse de l'échantillon en g
$V(A)$: volume de l'échantillon en L

Concentration en masse et concentration en quantité de matière

$$c_m(A) = c(A) \times M(A)$$

$c_m(A)$: concentration en masse en $g \cdot L^{-1}$
$c(A)$: concentration en quantité de matière en $mol \cdot L^{-1}$
$M(A)$: masse molaire en $g \cdot mol^{-1}$

Loi de Beer-Lambert

$$A = \varepsilon \times l \times c$$

A : absorbance (sans unité)
ε : coefficient d'absorption molaire en $L \cdot mol^{-1} \cdot cm^{-1}$
l : épaisseur de solution traversée en cm
c : concentration en $mol \cdot L^{-1}$

Rendement

$$\eta = \frac{n_{exp}}{n_{max}}$$

η : rendement d'une synthèse (sans unité)
n_{exp} : quantité de matière de produit obtenu
n_{max} : quantité de matière attendue en mol

Loi de Coulomb

$$F = k \times \frac{|q_A \times q_B|}{d^2}$$

F : force électrostatique en N
k : constante de la loi de Coulomb
q_A et q_B : charges électriques en C
d : distance séparant les centres des charges en m

Loi d'interaction gravitationnelle

$$F = G \times \frac{m_A \times m_B}{d^2}$$

F : force d'interaction gravitationnelle en N
G : constante de gravitation universelle
m_A et m_B : masse des deux corps A et B en kg
d : distance séparant les centres de A et B en m

Force de gravitation et champ de gravitation

$$\vec{F} = m \times \vec{G}$$

$\vec{F}$: force de gravitation
m : masse en kg
$\vec{G}$: champ de gravitation

Expression approchée de la deuxième loi de Newton

$$\Sigma\vec{F} = m\,\frac{\Delta\vec{v_G}(t)}{\Delta t}$$

$\Sigma\vec{F}$: Somme des forces exercées sur un système de masse m.
m : en kg
$\Delta\vec{v_G}(t)$: variation du vecteur vitesse.
Δt : en secondes

Force électrostatique et champ électrostatique

$$\vec{F} = q \times \vec{E}$$

$\vec{F}$: force électrostatique
q : charge électrique en C
$\vec{E}$: champ électrostatique

Pression et force pressante

$$F = P \times S$$

F : force pressante en Newtons (N)
S : surface plane en m^2
P : pression en Pascals (Pa)

Loi de Mariotte

$$P_1 \times V_1 = P_2 \times V_2$$

P_1 et P_2 : pressions exprimées dans la même unité (pascal, hectopascal, bar...)
V_1 et V_2 : volumes exprimés dans la même unité (L, mL, m^3...)

Loi fondamentale de la statique des fluides

$$P_2 - P_1 = \rho \times g \times (z_1 - z_2)$$

P_1 et P_2 : pressions aux altitudes z_1 et z_2 en Pa
z_1 et z_2 : altitudes en m
ρ : masse volumique du fluide en $kg \cdot m^{-3}$
g : intensité de la pesanteur en $N \cdot kg^{-1}$

Intensité et débit de charges

$$I = \frac{Q}{\Delta t}$$

I : intensité dans un conducteur en A
Q : quantité de charges électriques traversant une section du conducteur électrique en C
Δt : durée en s

Loi d'Ohm

$$U = R \times I$$

U : tension aux bornes d'une résistance en V
R : résistance en Ohms (Ω)
I : intensité du courant électrique en A

Puissance électrique

$P = U \times I$

P : puissance fournie par un dipôle en W
U : tension aux bornes du dipôle en V
I : intensité du courant électrique traversant le dipôle en A

Puissance Joule

$P = R \times I^2$

P : puissance dissipée sous forme de chaleur en W
R : résistance en Ω
I : intensité du courant en A

Générateur réel de tension

$U_{AB} = E - rI$

U_{AB} : tension aux bornes du générateur en volts (V),
E : sa force électromotrice en volts (V),
r : sa résistance interne en ohms (Ω)
I : l'intensité du courant en ampères (A).

Rendement d'un convertisseur

$\eta = \frac{E_{utile}}{E_{apportée}}$

η : rendement sans unité (ou en pourcentage)
E_{utile} : en J
$E_{apportée}$: en J

Puissance et énergie électrique

$E = P \times \Delta t$

E : énergie électrique consommée ou produite par un appareil en J
P : puissance de l'appareil en W
Δt : durée de fonctionnement en s

Énergie cinétique

$E_c = \frac{1}{2} \times m \times v^2$

E_c : énergie cinétique d'un solide en J
m : masse du solide en kg
v : vitesse du solide en $m \cdot s^{-1}$

Énergie potentielle de pesanteur

$E_{pp} = m \times g \times z$

E_{pp} : énergie potentielle de pesanteur d'un solide en J
m : masse du solide en kg
g : intensité de la pesanteur en $N \cdot kg^{-1}$
z : altitude en m

Énergie mécanique

$E_m = E_{pp} + E_c$

E_m : énergie mécanique en J
E_{pp} : énergie potentielle de pesanteur en J
E_c : énergie cinétique en J

Travail d'une force

$W_{AB}(\vec{F}) = \vec{F} \cdot \overrightarrow{AB}$

$W_{AB}(\vec{F})$: travail en Joules (J)
$\vec{F}$: force
$\overrightarrow{AB}$: vecteur déplacement

Théorème de l'énergie cinétique

$$\Delta E_c = E_{cB} - E_{cA} = \frac{1}{2} m v_B^2 - \frac{1}{2} m v_A^2 = \Sigma W(\overrightarrow{F_{ext}})$$

Poids

$P = m \times g$

P : norme du poids en N
m : masse en kg
g : intensité de la pesanteur en $N \cdot kg^{-1}$

Distance parcourue et retard

$d = c \times \tau$

τ : retard en s
d : distance parcourue par la perturbation en m
c : célérité de l'onde en $m \cdot s^{-1}$

Longueur d'onde et période

$\lambda = c \times T$

λ : longueur d'onde en m
T : période en s
c : célérité de l'onde en $m \cdot s^{-1}$

Relation de conjugaison

$\frac{1}{\overline{OA'}} - \frac{1}{\overline{OA}} = \frac{1}{f'}$

$\overline{OA}$: distance algébrique lentille-objet en m
$\overline{OA'}$: distance algébrique lentille-image en m
f' : distance focale de la lentille en m

Relation de grandissement

$\gamma = \frac{\overline{A'B'}}{\overline{AB}} = \frac{\overline{OA'}}{\overline{OA}}$

γ : grandissement (sans unité)
$\overline{A'B'}, \overline{AB}, \overline{OA'}, \overline{OA}$: en m

Fréquence et période

$\nu = \frac{1}{T}$

ν : fréquence en Hz
T : période en s

Longueur d'onde et fréquence

$\lambda = \frac{c}{\nu}$

λ : longueur d'onde en m
ν : fréquence en Hz
c : célérité de l'onde en $m \cdot s^{-1}$

Énergie d'un photon

$\Delta E = h \times \nu$

ΔE : énergie d'un photon en J
ν : fréquence en Hz
h : constante de Planck en $J \cdot s$

1 Page 13

1 Quantité de matière n de sulfate d'aluminium : $n = C \times V$;
$n = 0,35 \times 500 \times 10^{-3} = 1,75 \times 10^{-1}$ mol.

2 a. En utilisant le tableau périodique, on obtient les valeurs des masses molaires atomiques :

$M(C_{20}H_6Na_2O_5Br_4) =$

$20 \times M(C) + 6 \times M(H) + 2 \times M(Na) + 5 \times M(O) + 4 \times M(Br)$

$M(C_{20}H_6Na_2O_5Br_4) =$

$20 \times 12,0 + 6 \times 1,01 + 2 \times 23,0 + 5 \times 16,0 + 4 \times 79,9 = 6,92 \times 10^2$ g · mol^{-1}.

b. Dans un volume V_1 de 100 mL, on a une masse m d'éosine. La concentration en éosine est donc :

$$C = \frac{n}{V} = \frac{m}{M \times V_1} = \frac{2,0}{6,92 \times 10^2 \times 100 \times 10^{-3}} = 2,9 \times 10^{-2} \text{ mol} \cdot \text{L}^{-1}.$$

On trouve donc dans un volume V de 2,0 mL une quantité de matière égale à : $n = C \times V$.
$n = 2,9 \times 10^{-2} \times 2,0 \times 10^{-3} = 5,8 \times 10^{-5}$ mol^{-1}.

3 a. Pour augmenter la précision de l'appareil et limiter l'incertitude sur les mesures on se place à la longueur d'onde pour laquelle le coefficient d'absorbance de la substance est maximum.
b. Il s'agit d'une radiation bleue. La couleur de la solution est la complémentaire du bleu, c'est à dire le jaune.

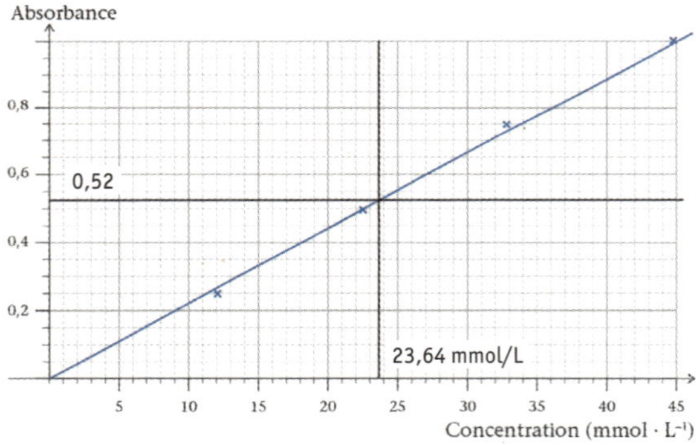

c. La représentation graphique de l'absorbance en fonction de la concentration est une droite qui passe par l'origine.
L'absorbance est donc proportionnelle à la concentration de la solution : la loi de Beer-Lambert est donc vérifiée.

d. L'équation de la droite est de la forme $A = k \cdot C$, où k est le coefficient directeur de la droite.

On obtient k avec $k = \frac{A}{C}$. Application numérique : $k = \frac{0,4}{1,8 \times 10^{-2}}$;
$k = 2,2 \times 10^1$ L · mol^{-1}.

La loi de Beer-Lambert est de la forme $A = \varepsilon \cdot l \cdot C$.
k correspond donc à $\varepsilon \cdot l$.

$$\varepsilon = \frac{k}{l} = \frac{2,2 \times 10^1}{1,0} = 2,2 \times 10^1 \text{ L} \cdot \text{mol}^{-1} \times \text{cm}^{-1}.$$

e. On regarde la valeur de l'abscisse pour le point de la droite dont l'ordonnée est égale à 0,52. On en déduit que la concentration de la solution inconnue est : 24 mmol · L^{-1}.

2 Page 15

1

Équation de la réaction		$Cu^{2+}_{(aq)}$	+ $2\,OH^-_{(aq)}$	→ $Cu(OH)_{2(s)}$
État du système	**Avancement**	**Quantité de matière (en mol)**		
Initial	$x = 0$	4,0	6,0	0
Intermédiaire	x	$4,0 - x$	$6,0 - 2x$	$0 + x$
Final	x_{max}	$4,0 - x_{max}$	$6,0 - 2x_{max}$	$0 + x_{max}$

2 a. Soit n la quantité de matière d'acide méthanoïque introduite : $n = C \times V$.
Application numérique : $n = 0,050 \times 2,0 = 1,0 \times 10^{-1}$ mol.

b. On peut dresser le tableau d'avancement suivant. Calculer la valeur de l'avancement maximal.

Équation de la réaction		$HCOOH + H_2O \rightleftarrows HCOO^- + H_3O^+$			
État du système	**Avancement**	**Quantité de matière (en mol)**			
Initial	$x = 0$	n	Excès	0	0
Intermédiaire	x	$n - x$	Excès	x	x
Final	x_{max}	$n - x_{max}$	Excès	x_{max}	x_{max}

L'eau est toujours en excès en solution aqueuse. L'avancement maximal est $x_{max} = n$.
Soit $x_{max} = 1,0 \times 10^{-1}$ mol · L^{-1}.

c. L'avancement final correspond à la quantité d'ion oxonium formée soit $x_f = C_{H_3O^+} \times V$.
Application numérique : $x_{fin} = 3,2 \times 10^{-3} \times 2,0 = 6,4 \times 10^{-3}$ mol.

d. La quantité finale d'ion méthanoate est égale à x_f. La concentration sera donc la même que celle des ions oxonium soit $C_{HOO^-} = 3,2 \times 10^{-3}$ mol · L^{-1}.
La quantité finale d'acide méthanoïque est égale à $n - x_f$.

$$C_{HCOOH_f} = \frac{n - x_f}{V}.$$

Application numérique :

$$C_{HCOOH_f} = \frac{1,0 \times 10^{-1} - 6,4 \times 10^{-3}}{2,0} = 4,7 \times 10^{-2} \text{ mol} \cdot \text{L}^{-1}.$$

e. La transformation est limitée.

3 a. $n = C \times V$; $n_1 = 5,0 \times 10^{-2} \times 25,0 \times 10^{-3} = 1,25 \times 10^{-3}$ mol ; $n_2 = 10,0 \times 10^{-2} \times 10,0 \times 10^{-3} = 1,00 \times 10^{-3}$ mol ; $n_3 = 2,0 \times 10^{-2} \times 5,0 \times 10^{-3} = 1,00 \times 10^{-2}$ mol.

b.

Équation de la réaction		$2\,MnO_4^- + 5\,H_2C_2O_4 + 6\,H^+ \rightarrow 2\,Mn^{2+} + 10\,CO_2 + 8\,H_2O$					
État du système	**Avancement**	**Quantité de matière (en mol)**					
Initial	$x = 0$	1,00	1,25	10	0	0	Solvant
Intermédiaire	x	$1,00 - 2x$	$1,25 - 5x$	$10 - 6x$	$2x$	$10x$	Solvant
Final	x_{max}	$1,00 - 2x_{max}$	$1,25 - 5x_{max}$	$10 - 6x_{max}$	$2x_{max}$	$10x_{max}$	Solvant

c. Hypothèse 1 : Si l'ion permanganate est le réactif limitant, alors il est totalement consommé donc $1,00 - 2x_{max} = 0$.

$$x_{max} = \frac{1,00}{2} = 5,00 \times 10^{-1} \text{ mmol}$$

Hypothèse 2 : Si l'acide oxalique est le réactif limitant, alors il est totalement consommé donc $1{,}25 - 5\,x_{max} = 0$.

$$x_{max} = \frac{1{,}25}{5} = 2{,}50 \times 10^{-1}\ \text{mmol}$$

Hypothèse 3 : Si l'ion H^+ est le réactif limitant, alors il est totalement consommé donc $10 - 6\,x_{max} = 0$.

$$x_{max} = \frac{10}{6} = 1{,}7\ \text{mmol}$$

On choisit l'hypothèse qui donne le plus petit avancement maximal. L'hypothèse 2 est la bonne : l'acide oxalique est le réactif limitant. $x_{max} = 2{,}50 \times 10^{-1}$ **mmol.**

d. Le mélange initial n'est pas stoechiométrique car tous les réactifs ne sont pas consommé en fin de réaction.

e. Il faut commencer par calculer le volume total de la solution afin de pouvoir utiliser la relation $C = \frac{n}{V}$.

$V_{total} = 25{,}0 + 10{,}0 + 5{,}0 = 40{,}0$ **mL.**

$$C = \frac{n_{MnO_4^- fin}}{V_{total}} = \frac{1{,}00 - 2x_{max}}{V_{total}}$$

$$C = \frac{(1{,}00 - 2 \times 2{,}50 \times 10^{-1}) \times 10^{-3}}{40{,}0 \times 10^{-3}} = 1{,}25 \times 10^{-2}\ \text{mol.}$$

Comme il reste des ions permanganate, la solution est encore violette.

3 Page 17

1 a. $Al^{3+}_{(aq)} + 3\ e^- = Al_{(s)}$.

b. $C_2H_4O_{2(aq)} + 4\ H^+_{(aq)} + 4\ e^- = C_2H_6O_{(aq)} + H_2O_{(l)}$.

2 a. Le dépôt rouge observé sur la lame de zinc est du cuivre solide.

b. La solution contient de moins en moins d'ions cuivre Cu^{2+} bleus.

c. Les demi-équations sont les suivantes : $Cu^{2+}_{(aq)} + 2\ e^- = Cu_{(s)}$ et $Zn^{2+}_{(aq)} + 2\ e^- = Zn_{(s)}$.

d. L'équation de la réaction qui a lieu entre la lame de zinc et les ions cuivre s'écrit donc : $Zn_{(s)} + Cu^{2+}_{(aq)} \rightarrow Zn^{2+}_{(aq)} + Cu_{(s)}$.

e. Les ions cuivre gagnent des électrons, ils sont réduits.

3 a. On ne choisit jamais un bécher ou un erlenmeyer pour prélever un liquide. Pour le vin blanc, l'énoncé précise le volume au dixième de mL (20,0 mL), cela signifie que l'on a besoin d'une grande précision : on utilise une pipette jaugée. Le volume d'acide sulfurique n'a pas besoin d'être très précis, il est donné au mL près (4 mL) : on utilise une éprouvette graduée.

b. Pour $V < V_E$, le diiode I_2 versé est totalement consommé dès son ajout. La solution reste très peu colorée. Pour $V \geqslant V_E$, il n'y a plus de dioxyde de soufre SO_2 dans le milieu réactionnel. Le diiode ajouté n'est plus consommé, il est en excès. Il forme avec l'empois d'amidon un complexe bleu intense. On repère l'équivalence par le changement de couleur, de quasi incolore à bleu foncé.

c. $I_{2(aq)} + 2e^- = 2\ I^-_{(aq)}$ — $I_{2(aq)} / I^-_{(aq)}$

$SO_{2(aq)} + 2\ H_2O_{(l)} = SO^{2-}_{4(aq)} + 4\ H^+_{(aq)} + 2e^-$ — $SO^{2-}_{4(aq)} / SO_{2(aq)}$

d. L'oxydant est le diiode I_2 qui gagne des électrons. Le dioxyde de soufre est le réducteur, il perd deux électrons.

e. À l'équivalence, les réactifs sont introduits dans les proportions stœchiométriques de l'équation du dosage : $n(SO_2) = n_E(I_2)$. Soit $C_1 \times V_1 = C_2 \times V_E$, C_1 étant la concentration molaire en dioxyde de soufre du vin.

$$C_1 = \frac{C_2 \times V_E}{V_1}$$

$$C_1 = \frac{1{,}00 \times 10^{-2} \times 6{,}28}{20{,}00} = 3{,}14 \times 10^{-3}\ \text{mol} \cdot \text{L}^{-1}.$$

f. Concentration en masse Cm en dioxyde de soufre : $Cm = C_1 \times M(SO_2)$; $M(SO_2) = 32{,}1 + 2 \times 16{,}0 = 64{,}1\ \text{g} \cdot \text{mol}^{-1}$.
$Cm = 3{,}14 \times 10^{-3} \times 64{,}1 = 0{,}201\ \text{g} \cdot \text{L}^{-1} = 201\ \text{mg} \cdot \text{L}^{-1}$. Selon la réglementation européenne, la concentration en masse en dioxyde de soufre ne doit pas dépasser 210 mg · L^{-1} dans un vin blanc. Cette concentration est donc conforme à la réglementation européenne.

4 Page 19

1 Les quatre liaisons simples autour du premier atome de carbone se répartissent de telle façon que le carbone soit au centre d'un tétraèdre : on parle de géométrie tétraédrique. Autour du second atome de carbone, la liaison double est traitée comme une liaison simple, et l'éloignement maximum correspond à une géométrie triangulaire plane.

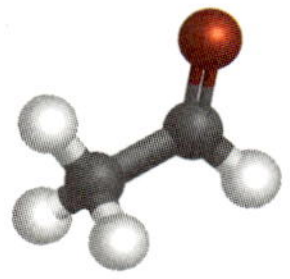

2 a. Pour l'azote N, on a $1s^22s^22p^3$, soit cinq électrons de valence. Pour l'hydrogène H, on a $1s^1$, soit un électron de valence. Le schéma de Lewis pour l'ammoniac NH_3 est donc :

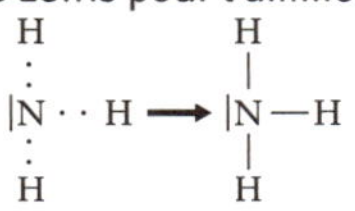

b. Pour le diazote N_2 : |N· ·N| ⟶ |N ≡ N|.

c. L'atome de sodium Na, avec $Z = 11$, possède 11 électrons, mais un seul électron de valence : $1s^22s^22p^63s^1$. Son schéma de Lewis est : Na•. L'ion sodium Na^+ possède 10 électrons et aucun électron de valence : $1s^22s^22p^63s^0$. Son schéma de Lewis est : □Na^+.

d. Pour le chlore Cl, on a $1s^22s^22p^63s^23p^5$, soit sept électrons externes : trois doublets non liants et un électron célibataire. Le schéma de Lewis pour le chlorure d'hydrogène HCl est donc : H—$\overline{\text{Cl}}$|.

e. La configuration électronique de l'atome d'azote est $1s^22s^22p^3$: il possède cinq électrons de valence. Chaque atome d'hydrogène apporte un électron de valence. L'ion NH_4^+ est positif, il lui manque un électron. Au total, il y a donc $5 + 4 - 1 = 8$ électrons externes. Par conséquent, il y a quatre doublets à placer sur le schéma de Lewis de l'ion NH_4^+.

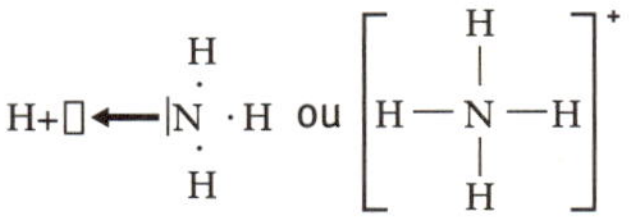

f. L'atome d'hydrogène apporte un électron de valence et l'atome d'oxygène apporte six électrons de valence. L'ion est négatif, ce qui indique qu'il y a un électron supplémentaire. Au total, il y a donc $1 + 6 + 1 = 8$ électrons externes. Par conséquent, il y a quatre doublets sur le schéma de Lewis de l'ion OH^-. Les quatre doublets se répartissent en un doublet liant et trois doublets non liants. L'oxygène est bien entouré de quatre doublets.

H—$\overline{\text{O}}$|$^-$

5 Page 21

a. La masse de chlorure de calcium à peser est :

$m(CaCl_2) = n(CaCl_2) \times M(CaCl_2) = c(CaCl_2) \times V \times M(CaCl_2)$
$= 0{,}10 \times 0{,}250 \times 111 = 2{,}8$ g.

b. Pour préparer cette solution, il faut une fiole jaugée de 250 mL, une coupelle de pesée, une spatule, un entonnoir, une balance et bien sûr une pissette d'eau distillée.

c. L'équation de dissolution doit respecter la conservation des éléments et des charges électriques :

$$CaCl_{2(s)} \rightarrow Ca^{2+}_{(aq)} + 2\ Cl^{-}_{(aq)}$$

d. D'après l'équation de dissolution, $[Ca^{2+}] = c(CaCl_2) = 0{,}10\ mol \cdot L^{-1}$ et $[Cl^{-}] = 2c(CaCl_2) = 0{,}20\ mol \cdot L^{-1}$.

6 Page 23

1 a. La chaîne carbonée la plus longue est constituée de 4 atomes de carbone : C-C-C-C. Il s'agit d'une cétone qui possède un groupe carbonyle sur le deuxième atome de carbone. Il y a deux groupes méthyles liés au carbone. On obtient la formule semi développée suivante :

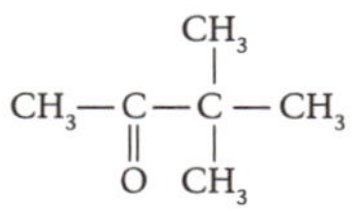

b. Il s'agit d'un aldéhyde dont la chaîne carbonée la plus longue est constituée de 3 atomes de carbone : C–C–CH=O. Le groupe méthyle ne peut être que sur l'atome de carbone n°2 :

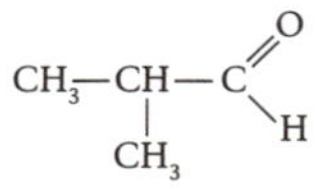

c.

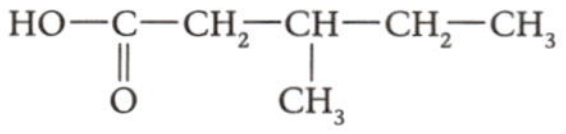

3 a. Éthanol : CH_3–CH_2–OH ; Éthanal :

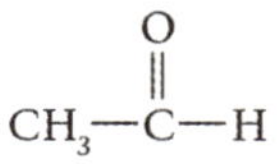

b. Le spectre IR présente une bande intense et large autour de 3 300 cm^{-1}, ce qui caractérise le groupe hydroxyle de l'éthanol. L'éthanal possède un groupe carbonyle, son spectre IR présenterait une bande intense et fine autour de 1 700 cm^{-1}.

7 Page 25

a. L'oléine et l'hydroxyde de sodium sont les réactifs.

b. Un montage à reflux permet de travailler à température élevée et ainsi d'accélérer la réaction chimique. Il permet d'éviter les pertes de réactifs et de produits. En effet, ceux-ci se vaporisent dans le ballon, se liquéfient dans le réfrigérant et retombent dans le mélange réactionnel. **c.** La pierre ponce régule l'ébullition en favorisant la formation de bulles au sein du mélange réactionnel.

d.

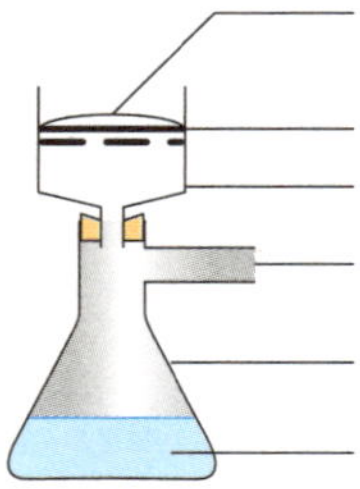

e. Une filtration sous pression réduite est plus rapide qu'une filtration classique et permet d'obtenir un résidu (donc un savon) plus sec.

f. Une solution saturée est une solution dans laquelle la concentration maximale de l'ion en solution est atteinte. Ici, on ne peut plus dissoudre de chlorure de sodium.

g. D'après le protocole, le savon est soluble dans l'eau, mais insoluble dans une solution saturée de chlorure de sodium.

8 Page 27

1 a. $2\ C_6H_{14(l)} + 19\ O_{2(g)} \rightarrow 12\ CO_{2(g)} + 14\ H_2O_{(g)}$

b. $C_4H_{10}O_{(l)} + 6\ O_{2(g)} \rightarrow 4\ CO_{2(g)} + 5\ H_2O_{(g)}$.

2 a. $C_3H_{8(g)} + 5\ O_{2(g)} \rightarrow 3\ CO_{2(g)} + 4\ H_2O_{(g)}$

b. Une réaction peut se résumer en liaisons brisées et en liaisons formées. En connaissant l'énergie de chaque liaison, on peut trouver l'énergie mise en jeu par différence entre la situation initiale et la situation finale.

Énergie absorbée par les ruptures de liaisons	Énergie dégagée par la formation de liaisons
2 liaisons C–C : 2 × 346 8 liaisons C–H : 8 × 412 5 liaisons O=O : 5 × 496	6 liaisons C=O : 6 × 795 8 liaisons O–H : 8 × 463
Total : 6 468 kJ · mol^{-1}	Total : 8 474 kJ · mol^{-1}

$\varepsilon_{m,comb} = 8\ 474 - 6\ 468 = 2\ 006\ kJ \cdot mol^{-1}$.

c. La masse molaire moléculaire du propane est $M(C_3H_8) = 44\ g \cdot mol^{-1}$.

$m(C_3H_8) = 13\ kg = 13 \times 10^3\ g$.

$n(C_3H_8) = \dfrac{m(C_3H_8)}{M(C_3H_8)}$.

L'énergie libérée par 13 kg de propane est donc :

$\varepsilon = n(C_3H_8) \times \varepsilon_{m,comb} = \dfrac{13 \times 10^3}{44} \times 2\ 006$.

$\varepsilon = 5{,}9 \times 10^5\ kJ = 5{,}9 \times 10^2\ MJ$.

3 a. Lors de la liquéfaction, l'eau fournit de l'énergie au milieu extérieur, c'est une transformation exothermique.

b. La combustion complète produit du dioxyde de carbone et de l'eau.

$CH_{4(g)} + 2\ O_{2(g)} \rightarrow CO_{2(g)} + 2\ H_2O_{(g)}$.

c. La quantité de matière de méthane correspondant à 1,0 kg est :

$n(CH_4) = \dfrac{m(CH_4)}{M(CH_4)} = \dfrac{10^3}{16} = 63$ mol.

Selon l'équation de la réaction, la combustion d'une mole de méthane produit 2 moles d'eau.

Par conséquent $n(H_2O) = 2 \times 63 = 126$ mol.

Ce qui correspond à une masse d'eau de $m(H_2O) = n(H_2O) \times M(H_2O)$.

$m(H_2O) = 126 \times 18 = 2{,}3 \times 10^3$ g = 2,3 kg.

d. L'énergie de liquéfaction de l'eau est $Q = m \times L = 2{,}3 \times 2\,257 = 5{,}2 \times 10^3$ kJ $= 5{,}2 \times 10^6$ J = 5,2 MJ. Afin d'obtenir le PCS, on additionne au PCI l'énergie de liquéfaction de l'eau : PCS = PCI + Q = 50,0 + 5,2 = 55,2 MJ.

9 Page 29

1 a. Les frottements ont permis à la tige de récupérer des électrons arrachés au fragment de peau de chevrette.

b. L'approche de la tige va repousser les électrons de la boule qui se charge par influence : les charges négatives vont se retrouver sur la partie de la boule la plus éloignée. La tige et la boule vont donc s'attirer.

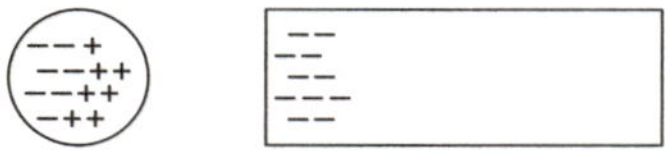

2 a. La Lune est dans le champ de gravitation de la Terre.

b. D'après la loi de gravitation universelle : $F_{T/L} = G\dfrac{m_T \times m_L}{d^2}$

Application numérique : il ne faut pas oublier de convertir la distance en mètres.

$$F_{T/L} = \frac{6{,}67 \times 10^{-11}\,(5{,}98 \times 10^{24} \times 7{,}35 \times 10^{22})}{(3{,}84 \times 10^8)^2}$$

$F_{T/L} = 1{,}99 \times 10^{20}$ N.

c. C'est un champ vectoriel centripète : toutes les lignes de champ sont orientées vers le centre de la Terre.

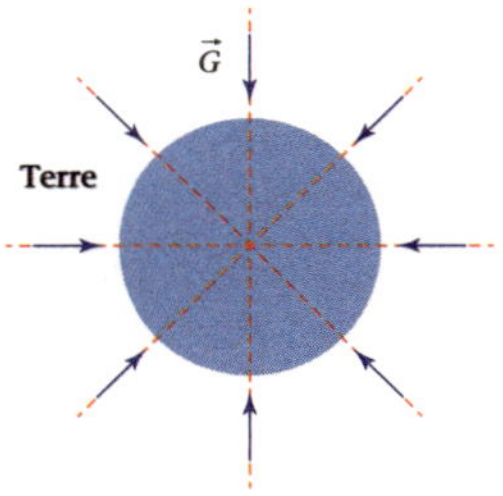

3 a. La force électrique $\vec{F_e}$ que subit la particule chargée placée en A et le champ $\vec{E_A}$ sont liés par la relation : $\vec{F_e} = q \times \vec{E_A} \cdot \vec{F_e}$ et $\vec{E_A}$ sont donc colinéaires. La charge q_A est négative, ils sont de sens opposés. Caractéristiques de $\vec{E_A}$: point d'application : A ; direction : elle fait un angle de 60° avec l'horizontale ; sens : opposé à $\vec{F_e}$ donc vers le bas ; valeur :

$$E_A = \frac{F_e}{|q|} = \frac{6{,}0 \times 10^{-4}}{|-5{,}0 \times 10^{-9}|} = 1{,}2 \times 10^5\ \text{N} \cdot \text{C}^{-1}.$$

b. Le champ électrique en A est la résultante de deux champs électriques $\overrightarrow{E_{C/A}}$ et $\overrightarrow{E_{B/A}}$ créés par les particules présentes en B et C.

$\overrightarrow{E_{C/A}} = \dfrac{\overrightarrow{F_{C/A}}}{q_A} = \dfrac{k \times q_C}{CA^2}\,\overrightarrow{u_{CA}}$, avec $\overrightarrow{u_{CA}}$ vecteur unitaire orienté de C vers A.

Caractéristiques de $\overrightarrow{E_{C/A}}$
direction : droite CA ;
sens : de C vers A car q_C est positive ;
intensité :

$$\overrightarrow{E_{C/A}} = \frac{k \times q_C}{CA^2} = \frac{9{,}0 \times 10^9 \times 14{,}0 \times 10^{-9}}{(4{,}0 \times 10^{-2})^2} = 7{,}9 \times 10^4\ \text{N} \cdot \text{C}^{-1}$$

c. Pour répondre à cette question, il est utile de réaliser un schéma de la situation.

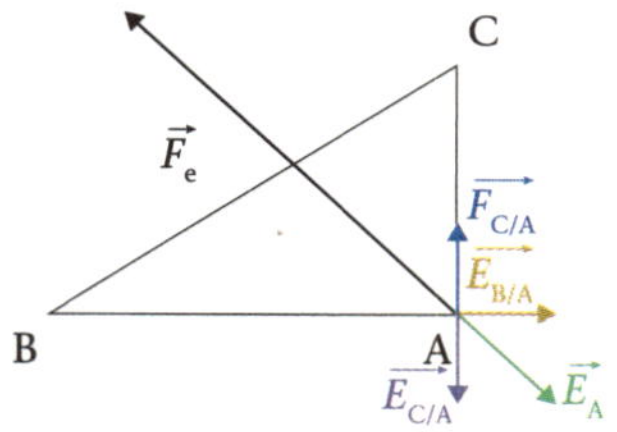

En A, $\overrightarrow{E_{C/A}}$ a pour direction (CA) et est orienté de C vers A, $\vec{E_A}$ a lui pour direction celle de $\vec{F_e}$ et pour sens l'inverse de ce vecteur soit vers le bas. $\vec{E_A}$ étant la somme des vecteurs, $\overrightarrow{E_{C/A}}$ et $\overrightarrow{E_{B/A}}$ doit donc avoir pour direction la droite (AB). Il doit avoir pour sens de B vers A donc q_B est positive.

10 Page 31

1 On utilise la loi de Mariotte : $P_1 \times V_1 = P_2 \times V_2$.
On a : P_1 = 200 bars ; V_1 = 12 L ; P_2 = 1 bar et on cherche V_2.

$V_2 = \dfrac{P_1 \times V_1}{P_2}$ $\quad V_2 = \dfrac{200 \times 12}{1} = 2\,400$ L ou plutôt $2{,}4 \times 10^3$ L avec deux chiffres significatifs.

2 a. La variation de pression en fonction de la profondeur (loi fondamentale de la statique des fluides) est donnée par : $P_2 - P_1 = \rho \cdot g \cdot (z_1 - z_2)$.

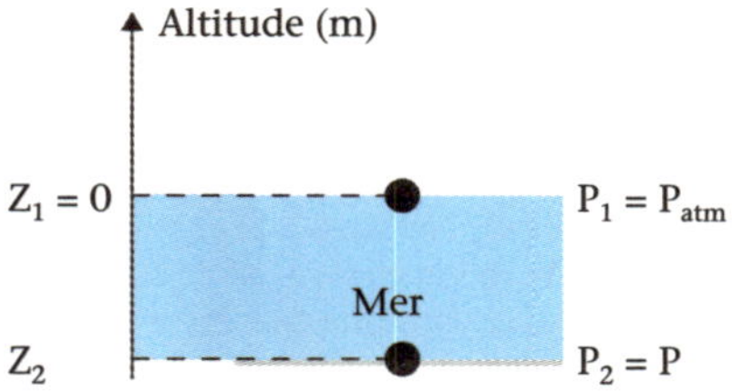

Soit en utilisant les notations de l'énoncé : $P - P_{atm} = \rho \cdot g \cdot (0 - z_2)$, soit $P - P_{atm} = -\rho \cdot g \cdot z_2$.

La masse volumique doit être en kg · m^{-3} (et l'altitude en mètres).

$\rho_{eau} = 1{,}027$ kg · L^{-1} = 1 027 kg · m^{-3}

soit $z_2 = \dfrac{P - P_{atm}}{-\rho \cdot g} = \dfrac{5{,}2 \times 10^5 - 1{,}013 \times 10^5}{-1\,027 \times 9{,}81} = -42$ m.

Le plongeur est à 42 mètres de profondeur.

b. $F = P \times S = 5{,}2 \times 10^5 \times 0{,}60 \times 10^{-4} = 31$ N.

11 Page 33

1 L'augmentation de la valeur de la vitesse est liée à l'augmentation de la valeur de la somme des forces qu'exercent les 4 sportifs sur le bobsleigh. Si le pilote monte dans le bobsleigh, la masse de l'engin augmente tandis que dans le même temps la force de poussée diminue : l'augmentation de la valeur de la vitesse s'en trouve affaiblie.

2 Pour répondre à cette question, il va falloir tout d'abord représenter le vecteur $\Delta\vec{v_7}$ au point M_7. $\Delta\vec{v_7} = \vec{v_8} - \vec{v_6}$.

La norme du vecteur vitesse $\vec{v_8}$ est définie par : $v_8 = \dfrac{M_7M_9}{2\Delta t}$.

Par lecture graphique : M_7M_9 = 0,7 cm.

Avec l'échelle, $M_7M_9 = 0{,}7 \times 5 = 3{,}5$ cm.

Donc $v_8 = \dfrac{3{,}5 \times 10^{-2}\ \text{m}}{2 \times 20 \times 10^{-3}\ \text{s}} = 8{,}8 \times 10^{-1}$ m · s^{-1}.

La norme du vecteur vitesse $\vec{v_6}$ est définie par : $v_6 = \frac{M_5M_7}{2\Delta t}$.

Par lecture graphique : $M_5M_7 = 0{,}7$ cm.

Avec l'échelle, $M_5M_7 = 0{,}7 \times 5 = 3{,}5$ cm.

Donc $v_6 = \frac{3{,}5 \times 10^{-2}\ \text{m}}{2 \times 20 \times 10^{-3}\ \text{s}} = 8{,}8 \times 10^{-1}\ \text{m} \cdot \text{s}^{-1}$.

Il faut maintenant représenter ces vecteurs. Avec l'échelle 1 cm pour 0,5 $\text{m} \cdot \text{s}^{-1}$, $\vec{v_6}$ et $\vec{v_8}$ mesurent 1,8 cm.

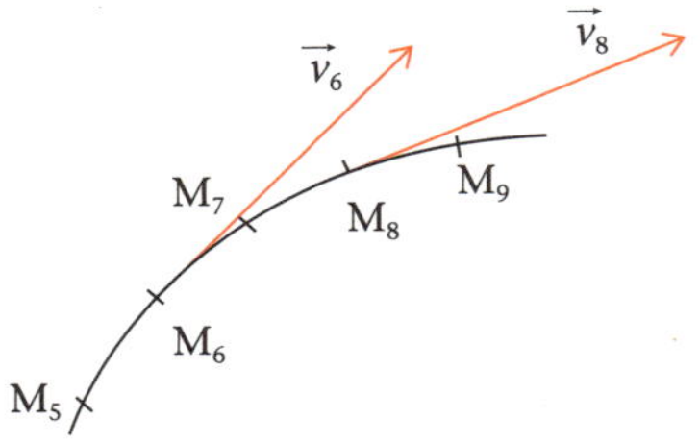

Pour construire le vecteur $\Delta\vec{v} = \vec{v_8} - \vec{v_6}$ au point M_7 : reporter $\vec{v_8}$ au point M_7, puis additionner le vecteur $-\vec{v_6}$ (de même direction et de sens opposé au vecteur $\vec{v_6}$).

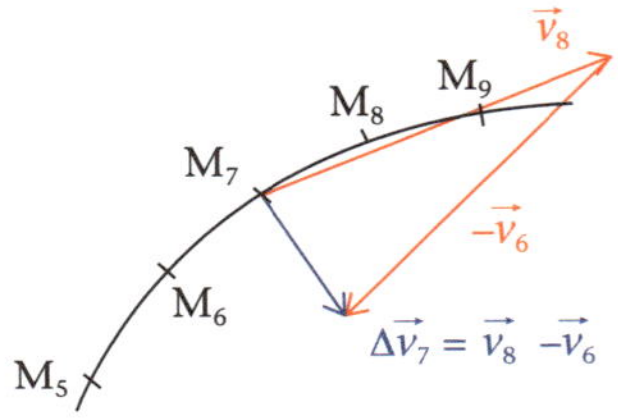

La force modélisant l'ensemble des actions qui s'exercent sur le solide en M_7 a même direction et même sens que le vecteur variation de vitesse $\Delta\vec{v_7}$.

3 **a.** $\Delta\vec{v_G}$ est parallèle à la piste dans le sens de la descente.

b. Lorsque le mouvement d'un système est étudié par rapport à un référentiel galiléen, la variation $\Delta\vec{v_G}$ du vecteur vitesse du centre d'inertie de ce système calculée sur un intervalle de temps de faible durée, et le vecteur $\vec{F}$ représentant la résultante des forces qui s'exercent sur ce système pendant cet intervalle de temps, sont colinéaires et de même sens.

On peut exprimer cette relation ainsi :

$\Delta\vec{v_G} = k \cdot \vec{F}$, avec k un réel positif.

c. Bilan des forces subies par le skieur : son poids et la réaction du support.

d. $\vec{F} = \vec{R_N} + \vec{P}$. Voir schéma ci-dessus.

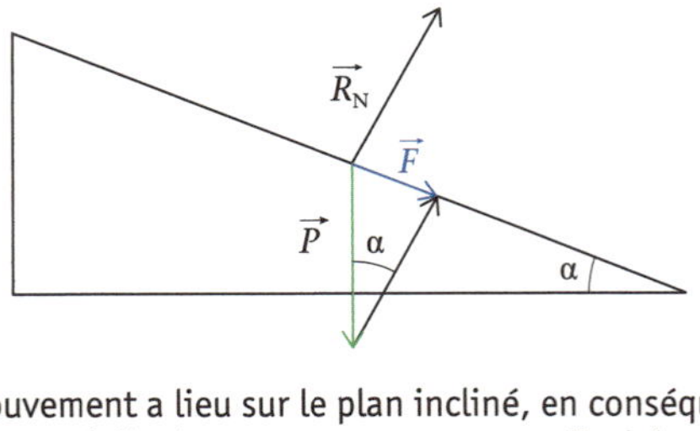

e. Le mouvement a lieu sur le plan incliné, en conséquence, la somme vectorielle des composantes perpendiculaires au plan incliné est nulle.

$0 = R_N - P \times \cos\alpha$

$R_N = P \times \cos\alpha$

Application numérique : $R_N = 800 \times \cos 30 = 6{,}93 \times 10^{-2}$ N.

12 Page 35

1 **a.** La relation $I = \frac{Q}{\Delta t}$ devient $Q = I \times \Delta t$.

Application numérique : $Q = 3{,}00 \times 6{,}00 \times 60 = 1{,}08 \times 10^3$ C.

b. Pour trouver le nombre d'électrons déplacés, il faut utiliser la relation suivante : $N = \frac{Q}{e}$.

Application numérique : $N = \frac{1{,}08 \times 10^3}{1{,}6 \times 10^{-19}} = 6{,}75 \times 10^{21}$ électrons.

2 **a.** La relation donnant la valeur de la tension aux bornes d'un générateur est : $U_{PN} = E - rI$.

Application numérique : 250 mA = 0, 250 A.

$U_{PN} = 9{,}0 - 16 \times 0{,}250$. $U_{PN} = 5{,}0$ V.

b. La relation donnant l'énergie électrique fournie à l'extérieur pendant une durée Δt de une demi-heure : $E = U_{PN}\, I \cdot \Delta t$.

Application numérique : $E = 5{,}0 \times 0{,}250 \times 0{,}50 = 0{,}63$ Wh.

c. La relation donnant la puissance est : $P = U_{PN} \times I$.

Application numérique : $P = 5{,}0 \times 0{,}250 = 1{,}3$ W.

3 **a.**

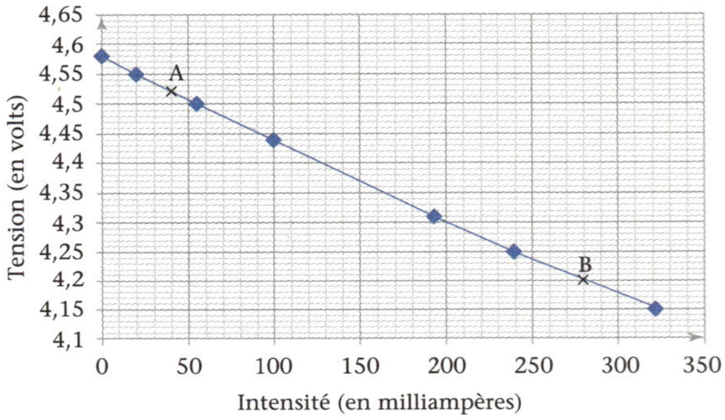

b. La relation donnant la tension aux bornes d'une pile en fonction de l'intensité du courant qui la traverse est : $U = E - rI$. $U = E$ pour $I = 0$ A. $E = 4{,}58$ V. r correspond au coefficient directeur de la représentation graphique tracée. r est l'opposé du coefficient directeur de la droite. On le détermine à l'aide de deux points. Soient A(4,52 ; 40 × 10^{-3}) et B (4,2 ; 280 × 10^{-3}), on a donc :

$$r = \frac{4{,}2 - 4{,}52}{280 \times 10^{-3} - 40 \times 10^{-3}} = 1{,}3\ \Omega.$$

4 **a.**

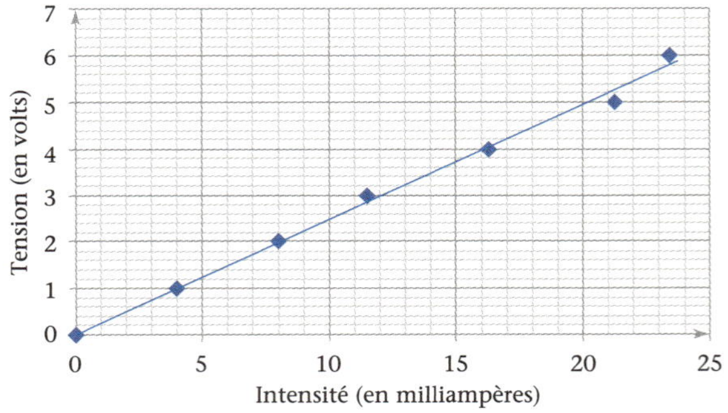

b. Le dipôle étudié est un conducteur ohmique. Sa caractéristique est une droite passant par l'origine.

c. On obtient la valeur de la résistance en calculant le coefficient directeur de la caractéristique.

Soit A le point de coordonnées (3,0 ; 12) et O l'origine du repère.

$R = \frac{3{,}0 - 0}{0{,}012 - 0} = 2{,}5 \times 10^2\ \Omega$.

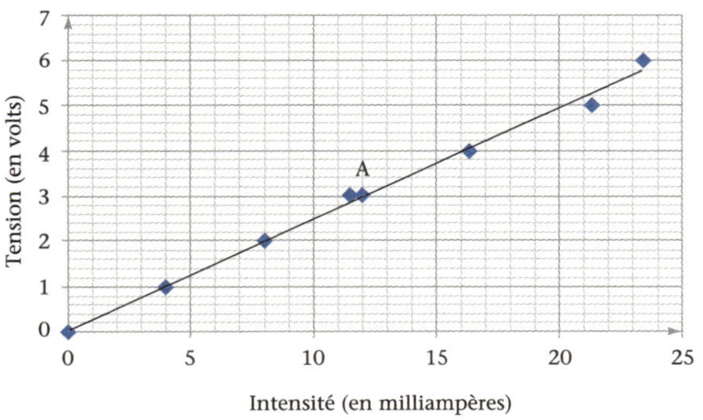

c. La relation $P_{max} = R \times I^2_{max}$ devient : $I_{max} = \sqrt{\frac{P_{max}}{R}}$.

Application numérique : $I_{max} = \sqrt{\frac{0{,}50}{250}} = 45$ mA.

$P_{max} = R \times \left(\frac{U_{max}}{R}\right)^2$,

d'où $U_{max} = \sqrt{P_{max} \times R}$.

Application numérique : $U_{max} = \sqrt{0{,}50 \times 250} = 11$ V.

13 Page 37

1 a. Travail de la force de traction :

$W_{AB}(\vec{F}) = \vec{F} \cdot \vec{AB} = F \times AB \times \cos(\vec{F}\,;\vec{AB})$.

$W_{AB}(\vec{F}) = 500 \times 400 \times \cos(5°) = 1{,}99 \times 10^5$ J.

b. Travail de la force de frottement ;

$W_{AB}(\vec{f}) = \vec{f} \cdot \vec{AB} = f \times AB \times \cos(180°) = -f \times AB$.

En effet $\vec{f}$ et $\vec{AB}$ sont colinéaires et de sens opposés.

$W_{AB}(\vec{f}) = -2{,}0 \times 10^2 \times 400 = -8{,}0 \times 10^4$ J.

c. Le travail de la force de traction est positif, il est donc moteur. Le travail de la force de frottement est négatif, il est résistant.

2 a. Soit A, le point où la balle quitte la main. On choisit le niveau du sol pour origine des énergies potentielles de pesanteur. Dans le référentiel terrestre supposé galiléen : à l'instant initial, la balle, de masse m, se déplace à la vitesse $\vec{v_0}$, verticale, orientée vers le haut.

Elle possède l'énergie cinétique : $Ec_A = \frac{1}{2} \times m \times v_0^2$.

À l'instant initial, la balle, de masse m, se situe à l'altitude h.

Elle possède donc l'énergie potentielle de pesanteur : $E_{ppA} = m \cdot g \cdot h$. Son énergie mécanique E_m(A) est donnée par l'expression suivante : $E_{m(A)} = E_{CA} + E_{ppA}$.

$E_{mA} = \frac{1}{2} \times m \times v_0^2 + m \times g \times h$.

Application numérique :

$E_{mA} = \frac{1}{2} \times 100 \times 10^{-3} \times 9{,}0^2 + 100 \times 10^{-3} \times 9{,}81 \times 1{,}50 = 5{,}5$ J.

b. Les frottements étant supposés négligeables, il y a conservation de l'énergie mécanique. Soit B, le point d'altitude maximale ; on aura $E_M(B) = E_M(A)$. Lorsque la balle atteint le point le plus haut, la valeur de la vitesse est nulle. Son énergie cinétique est donc nulle au point d'altitude z_B : $E_{CB} = 0$. $E_{ppB} = m \cdot g \cdot z_B$. Son énergie mécanique E_m(B) est donnée par l'expression suivante : $E_{MB} = E_{ppB} = m \cdot g \cdot z_B$.

Pour trouver z_B on utilise l'expression : $E_{mA} = m \cdot g \cdot z_B$ qui devient : $z_B = \frac{E_{mA}}{m \times g}$.

Application numérique : $z_B = \frac{5{,}5}{100 \times 10^{-3} \times 9{,}81} = 5{,}6$ m.

3 a. Le système formé par le parachutiste et son parachute est soumis à son poids et à la force de frottement de l'air.

b. Variation de l'énergie mécanique :
$\Delta E_m = E_{mB} - E_{mA}$. $\Delta E_m = E_{cB} + E_{ppB} - E_{cA} - E_{ppA}$.

Entre A et B le mouvement du parachutiste est rectiligne uniforme donc l'énergie cinétique ne varie pas : $E_{cB} - E_{cA} = 0$ J

D'où ΔE_m devient : $\Delta E_m = E_{ppB} - E_{ppA}$. Or le point B est situé au sol donc $\Delta E_m = -E_{ppA}$, et $\Delta E_m = -m \cdot g \cdot z_A$.

c. $W_{AB}(\vec{f}) = \vec{f} \cdot \vec{AB} = f \times AB \times \cos(180°)$. $W_{AB}(\vec{f}) = -f \times AB$.
Remarque : Lorsque l'énoncé demande de déterminer une expression, aucune application numérique n'est attendue.

d. La variation d'énergie mécanique ΔE_m, est égale à la somme des travaux des forces non conservatives :
$\Delta E_m = W_{AB}(\vec{f})$
$-m \cdot g \cdot z_A = -f \times AB$. Or $AB = z_A - z_B = z_A - 0 = z_A$
Donc $-m \cdot g \cdot z_A = -f \times z_A$ et $f = m \cdot g$.
Donc $f = 75 \times 9{,}81 = 7{,}4 \times 10^2$ N.

e. Le parachutiste a un mouvement rectiligne uniforme, d'après le principe d'inertie (première loi de Newton), il est soumis à des forces qui se compensent. Ainsi $\vec{P}$ et $\vec{f}$ doivent avoir la même direction, la même norme et des sens opposés pour se compenser. On doit donc avoir $\vec{P} = -\vec{f}$.
En projetant sur l'axe vertical, $P - f = 0$. $F = P = m \cdot g$.

14 Page 39

1 D est la distance séparant le mur et l'expérimentateur. Le son réalise un aller-retour (écho). Il parcourt donc la distance $2D$. Pour parcourir cette distance, la durée est Δt. D'après l'énoncé, pour percevoir l'écho il faut que : $\Delta t > 0{,}10$ s.
On doit donc avoir : $\frac{2D}{v} > 0{,}10$ et $D > \frac{0{,}10 \times v}{2}$.

On a $D > \frac{0{,}10 \times 340}{2}$, soit $D > 17$ m.

Il faut donc se situer au moins à 17 mètres pour distinguer l'écho.

2 a. Par lecture graphique, $y_{max} = 1$ m. La longueur d'onde représente la distance entre deux oscillations maximales par exemple : $\lambda = 6{,}0$ m.

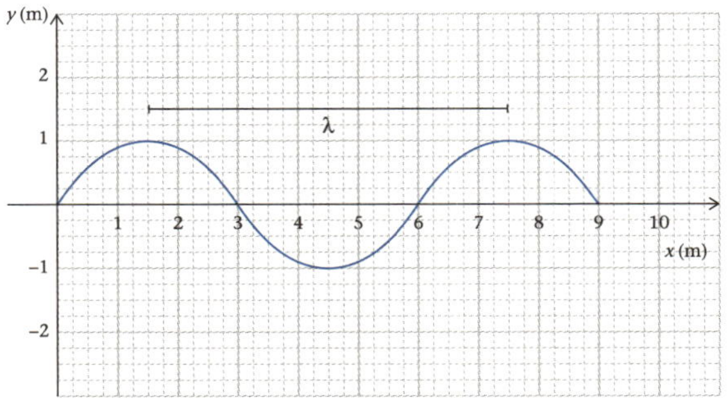

La période T et la vitesse de propagation de l'onde sont liées par la relation : $T = \frac{\lambda}{v}$.

Application numérique : $T = \frac{6{,}0}{4{,}0} = 1{,}5$ s.

La fréquence est l'inverse de la période : $f = \frac{1}{T} = \frac{1}{1{,}5}$.

Soit $f = 0{,}67$ Hz.

b. À l'instant $t = 1{,}5$ s, l'onde a progressé de
$\Delta x = v \times \Delta t = 4{,}0 \times (1{,}5 - 0{,}0) = 6{,}0$ m.

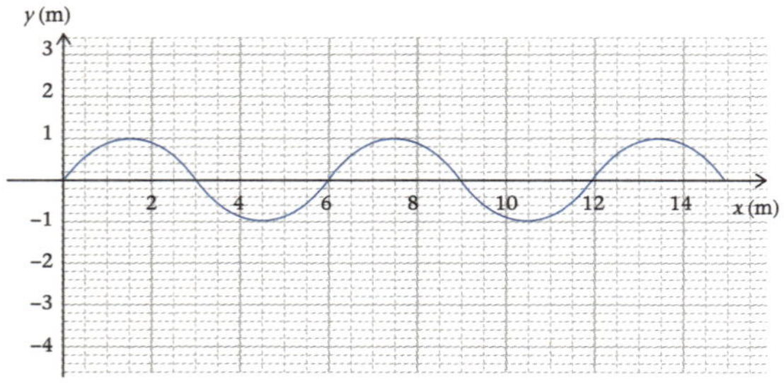

3 a.

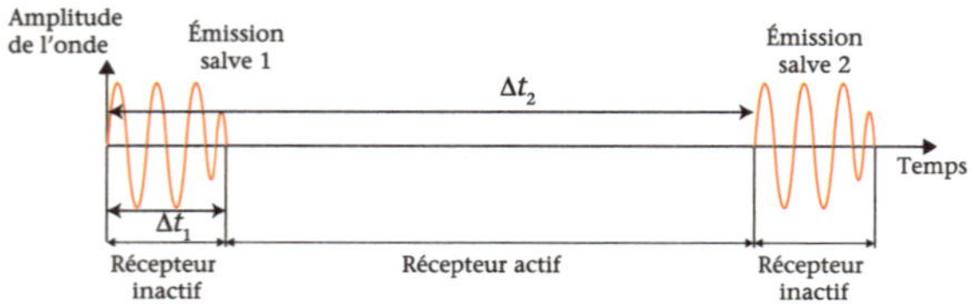

b. Soit un objet situé à distance minimale d inférieure à d_{min} de l'arrière de la voiture. L'onde ultrasonore émise devra parcourir la distance qui sera inférieure à $2d_{min}$ (le son effectue un aller-retour).

Soit Δt la durée de l'aller-retour de l'onde :

$\Delta t = \frac{2d}{v}$ et $\frac{2d}{v} < \frac{2d_{min}}{v}$. Donc $\Delta t < \frac{2d_{min}}{v}$.

Application numérique : $\Delta t < \frac{2 \times 0,30}{343}$

$\Delta t < 1,7 \times 10^{-3}$ s.

On a donc $\Delta t < \Delta t_1$.

Si un objet est plus près de l'arrière de la voiture que la distance minimale, la durée que met l'onde émise pour revenir au capteur est inférieure à Δt_1, les capteurs ne peuvent alors fonctionner correctement en tant que récepteur car ils n'ont pas fini d'émettre leur salve d'onde ultrasonore.

c. La portée maximale des capteurs d_{max} est de 2,0 m.

Soit Δt, la durée mise par la salve envoyée par le capteur pour revenir au récepteur :

$\Delta t = \frac{2d_{max}}{v}$.

Application numérique : $\Delta t = \frac{2 \times 2,0}{343} = 1,2 \times 10^{-2}$ s.

On a donc $\Delta t = \Delta t_2$.

La portée maximale du capteur est liée à la durée entre deux émissions de salves ultrasonores successives. Si l'obstacle est plus lointain, Δt devient donc plus grand que Δt_2. Dans ce cas, lorsqu'une salve est envoyée, son écho parvient au récepteur alors qu'il agit de nouveau comme un émetteur. Le capteur ne peut donc pas détecter l'écho.

15 Page 41

1 a. Relation de conjugaison : $\frac{1}{\overline{OA'}} - \frac{1}{\overline{OA}} = \frac{1}{f'}$.

Repérons les données de l'énoncé : $\overline{OA} = -35$ cm et $f' = 20$ cm.

$\overline{OA'}$ donnera la position de l'image par rappot à la lentille.

$\frac{1}{\overline{OA'}} = \frac{1}{f'} + \frac{1}{\overline{OA}}$

$\frac{1}{\overline{OA'}} = \frac{1}{20} + \frac{1}{-35}$

$\frac{1}{\overline{OA'}} = 0,021$

$\overline{OA'} = \frac{1}{0,021} = 47$ cm

L'image est situé à 47 cm de la lentille.

b. On recherche la taille de l'image soit $\overline{A'B'}$. Le grandissement γ est le rapport entre la taille de l'image et la taille de l'objet :

$\gamma = \frac{\overline{A'B'}}{\overline{AB}}$. Mais γ est aussi égal à $\frac{\overline{OA'}}{\overline{OA}}$.

$\frac{\overline{A'B'}}{\overline{AB}} = \frac{\overline{OA'}}{\overline{OA}}$ soit $\overline{A'B'} = \overline{AB} \times \frac{\overline{OA'}}{\overline{OA}}$

La taille de l'objet est : $\overline{AB} = 10$ mm = 1,0 cm

$\overline{A'B'} = \frac{1,0 \times 47}{-35} = -1,3$ cm.

c.

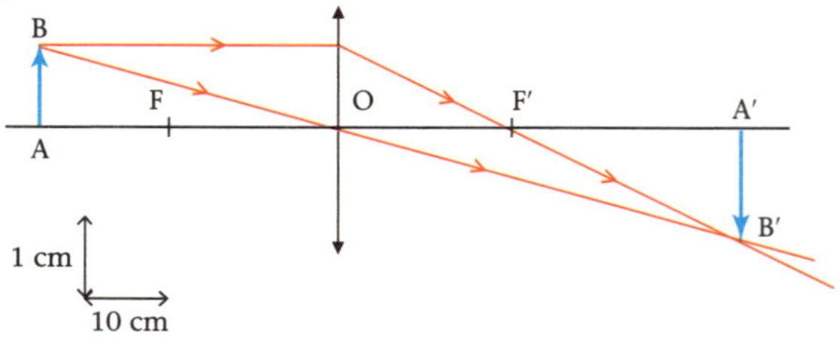

Graphiquement on retrouve $\overline{A'B'} = -1,3$ cm et $\overline{OA'} = 47$ cm.

2 a.

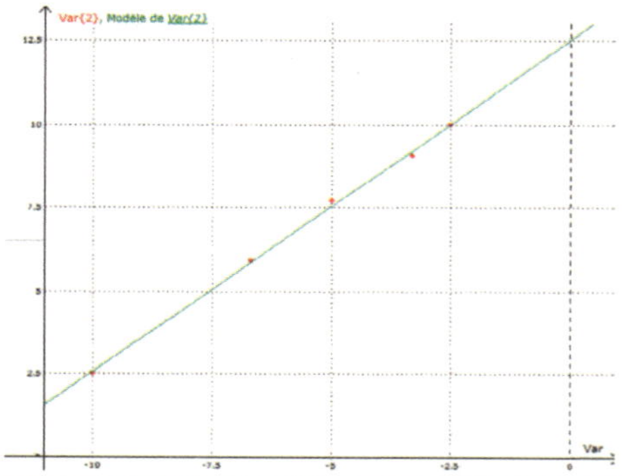

$\frac{1}{\overline{OA}}$ (m⁻¹)	-10	-6,7	-5,0	-3,3	-2,5
$\frac{1}{\overline{OA'}}$ (m⁻¹)	2,5	5,9	7,7	9,1	10

b. La courbe est une droite d'équation $y = 0,99x + 12,5$

Comme $y = \frac{1}{\overline{OA'}}$ et $x = \frac{1}{\overline{OA}}$, l'équation devient :

$\frac{1}{\overline{OA'}} = 0,99 \times \frac{1}{\overline{OA}} + 12,5$.

Ou encore $\frac{1}{\overline{OA'}} - 0,99 \times \frac{1}{\overline{OA}} = 12,5$.

c. On retrouve la relation de conjugaison : $\frac{1}{\overline{OA'}} - \frac{1}{\overline{OA}} = \frac{1}{f'}$

On en déduit donc $\frac{1}{f'} = 12,5$ m⁻¹ donc $f' = 0,080$ m = 8,0 cm

Remarque : $\frac{1}{f'}$ est l'ordonnée à l'origine.

3 a. La position du capteur sera donnée par la distance $\overline{OA'}$, c'est donc elle que l'on recherche.

La relation de conjugaison s'écrit : $\frac{1}{\overline{OA'}} - \frac{1}{\overline{OA}} = \frac{1}{f'}$

soit $\frac{1}{\overline{OA'}} = \frac{1}{\overline{OA}} + \frac{1}{f'}$

$\overline{OA}$ est la distance algébrique entre l'objectif et l'enfant : $\overline{OA} = -2,5$ m.

La distance focale doit être exprimée avec la même unité que $\overline{OA}$: $f' = 50$ mm $= 50 \times 10^{-3}$ m.

$\frac{1}{\overline{OA'}} = \frac{1}{-2,5} + \frac{1}{0,050} = 19,6$. $\overline{OA'} = 0,051$ m $= 5,1$ cm $= 51$ mm.

b. La formule du grandissement permet d'écrire : $\overline{A'B'} = \overline{AB} \times \frac{\overline{OA'}}{\overline{OA}}$.
$\overline{AB}$ est la taille de l'enfant : $\overline{AB} = 1,1$ m.

$\overline{OA'} = 51$ mm $= 51 \times 10^{-3}$ m. $\overline{OA} = -2,5$ m.

$\overline{A'B'} = 1,1 \times 51 \times 10^{-3}/(-2,5) = -2,2 \times 10^{-2}$ m $= -2,2$ cm.

c. On veut voir en entier la Tour Eiffel, son image $\overline{A'B'}$ ne doit pas dépasser 36 mm.
Utilisons la relation de conjugaison : $\frac{\overline{A'B'}}{\overline{AB}} = \frac{\overline{OA'}}{\overline{OA}}$.
On recherche $\overline{OA} \cdot \overline{OA} = \frac{\overline{AB}}{\overline{A'B'}} \times \overline{OA'}$.
$\overline{A'B'} = -36$ mm $= -36 \times 10^{-3}$ m.
La tour Eiffel peut être considérée comme étant infiniment éloignée de la lentille, son image se forme dans le plan focal image : $\overline{OA'} = 50$ mm $= 50 \times 10^{-3}$ m.
$\overline{AB} = 324$ m.
$\overline{OA} = \frac{-324}{36 \times 10^{-3}} \times 50 \times 10^{-3} = 450$ m.
Il faut être au moins à $4,5 \times 10^2$ m de la Tour Eiffel.

16 Page 43

1 a. Les murs peints en noir ne renvoient pas de lumière. Il faudra donc éclairer la pièce en plein jour si on veut bénéficier d'un minimum de confort lumineux.

b. Les surfaces claires renvoient plus de lumière que les surfaces sombres. Un corps sombre absorbe la lumière qu'il reçoit et par conséquent s'échauffe. Dans les pays méditerranéens on cherche à avoir une maison la plus fraîche qu'il soit. Le blanc est donc la couleur la plus adaptée.

2 a. Une imprimante utilise la synthèse soustractive.

b. En mélangeant les encres cyan, magenta et jaune, qui sont les trois couleurs primaires en synthèse soustractive, on obtient du noir.

c. Une imprimante utilise également de l'encre noire car les trois encres primaires ne permettent pas l'obtention d'un noir profond. L'encre noire améliore les contrastes et permet d'économiser les encres primaires (plus coûteuses).

d. En superposant les couleurs jaune, cyan et magenta, on obtient de nouvelles couleurs. Au contraire, en superposant des encres bleue, rouge ou verte, aucune lumière n'est transmise car chaque encre ne laisse passer qu'une seule lumière colorée et absorbe les autres.

3 Avec un filtre rouge, le fond coloré de la figure apparaît rouge, ainsi que le trait rouge. Les autres traits apparaissent noirs : on lira donc le chiffre 6 écrit en noir sur fond rouge. Avec un filtre bleu, le fond coloré apparaît bleu, comme le trait bleu. Les autres traits apparaissent noirs : on lit donc le chiffre 0 écrit en noir sur fond bleu.

4 a. La fluorescence est un processus par lequel une substance absorbe des radiations d'une certaine longueur d'onde et réémet simultanément des radiations ayant d'autres longueurs d'onde (plus grandes). Certains objets fluorescents de la vie courante (post-it, surligneurs...) transforment une partie des ultraviolets qu'ils reçoivent en lumière visible.

b. Du linge jauni diffuse de la lumière jaune et absorbe donc la couleur complémentaire du jaune : le bleu.

c. Les azurants optiques produisent de la lumière bleue qui vient se superposer à la lumière à la lumière jaune diffusée par le tissu pour donner du blanc. Il s'agit d'une synthèse additive.

d. Un tissu blanc non jauni, imprégné d'azurant optique et éclairé à la lumière du jour paraît blanc-bleuté. Il semble plus « éclatant » car nos yeux reçoivent davantage de lumière (visible) que celle qui tombe sur le tissu (en plus de celle renvoyée par le tissu, il y a celle due à la fluorescence).

17 Page 45

1 Convertie en joules, l'énergie de cette radiation vaut :
$E = 50 \times 10^3 \times 1,6 \times 10^{-19} = 8,0 \times 10^{-15}$ J.

Donc : $\lambda = \frac{h \times c}{E} = \frac{6,63 \times 10^{-34} \times 3,00 \times 10^8}{8,0 \times 10^{-15}} = 2,5 \times 10^{-11}$ m.
Ce photon appartient au domaine des rayons X.

2 a. Le premier niveau excité est le niveau E_2.
Lorsque l'atome de lithium passe du niveau d'énergie E_2 au niveau d'énergie E_1 (état fondamental), sa variation d'énergie vaut $\Delta E = E_1 - E_2$.
Application numérique : $\Delta E = -5,39 - (-3,54) = -1,85$ eV.
Le photon associé à cette transition a pour énergie : $E = |\Delta E| = 1,85$ eV.
Il faut convertir l'énergie du photon en joules pour répondre aux questions suivantes : 1 eV $= 1,60 \times 10^{-19}$ J.
$E = 1,85 \times 1,60 \times 10^{-19} = 2,96 \times 10^{-19}$ J.

b. Le photon d'énergie E est associé à une radiation lumineuse de longueur d'onde λ telle que : $\lambda = \frac{h \times c}{E}$.
Application numérique :
$\lambda = \frac{6,63 \times 10^{-34} \times 3,00 \times 10^8}{2,96 \times 10^{-19}} = 6,72 \times 10^{-7}$ m.
La longueur d'onde ($\lambda = 672$ nm) de la radiation émise correspond au rouge.

3 a. L'état fondamental est celui de plus basse énergie :
$E_1 = -10,44$ eV.
Les états excités ont pour énergie : $E_2 = -5,77$ eV, $E_3 = -5,5$ eV, $E_4 = -4,98$ eV, $E_5 = -3,73$ eV.

b. Lorsque $n \rightarrow \infty$, l'atome est ionisé : il a perdu un électron. L'énergie de l'atome est maximale ; elle est choisie nulle par convention.

c. $\Delta E = E_1 - E_3 = -10,44 - (-5,55) = -4,89$ eV.
Le résultat doit posséder deux chiffres après la virgule (règle de la soustraction). $\Delta E < 0$ donc l'atome émet de l'énergie. On peut aussi justifier l'émission d'énergie en utilisant le fait que la transition se fait d'un niveau d'énergie supérieur vers un niveau d'énergie inférieur.

d. Le photon associé à cette transition a pour énergie : $E = |\Delta E| = 4,89$ eV.

Il faut convertir son énergie en joules (J), puis on utilise : $v = \frac{E}{h}$.

Application numérique : $v = \frac{4,89 \times 1,60 \times 10^{-19}}{6,63 \times 10^{-34}} = 1,18 \times 10^{15}$ Hz.

e. Il faut tout d'abord calculer l'énergie du photon : $E = \frac{h \times c}{\lambda}$.
Application numérique :

$E = \frac{6,63 \times 10^{-34} \times 3,00 \times 10^8}{610 \times 10^{-9}} = 3,26 \times 10^{-19}$ J.

Soit, en électrons-volts : $E = \frac{3,26 \times 10^{-19}}{1,60 \times 10^{-19}} = 2,04$ eV.

Il s'agit ensuite de trouver une transition entre un niveau de basse énergie et un niveau d'énergie supérieur, correspondant à l'énergie calculée. Le photon absorbé entraine donc la transition entre les niveaux 2 et 5.

En effet : $\Delta E = |E_5 - E_2| = |-3,73 - (-5,77)|| = 2,04$ eV.

Les divisions cellulaires des eucaryotes

Cours

▶ Les eucaryotes sont formés de cellules compartimentées contenant des organites, dont le noyau.

▶ Ils se distinguent des procaryotes dont les cellules ne sont pas compartimentées (bactéries).

▶ Le matériel génétique est constitué d'ADN. Lorsque la cellule se divise, ce matériel est condensé en chromosomes, les molécules d'ADN sont alors enroulées autour de protéines et sur elles-mêmes. En dehors de la période de division, le matériel est décondensé (chromatine).

▶ Chez les organismes diploïdes, chaque chromosome est représenté en double exemplaire, chaque chromosome d'une paire est issu de l'un des parents, à l'exception des cellules reproductrices.

Comment la cellule se divise-t-elle ?

1 La mitose (division cellulaire) chez les eucaryotes

▶ Au début de la division cellulaire ou mitose, la cellule-mère d'eucaryote est en prophase. Le noyau disparaît alors que le matériel génétique se condense. Les chromosomes de la cellule-mère sont formés de deux brins, ou chromatides, reliées dans la région du centromère.

▶ Puis, sous l'action des fibres protéiques du fuseau de division, les chromosomes se disposent au milieu de la cellule dans un même plan. On parle de disposition en plaque équatoriale. C'est la métaphase. Les chromosomes sont au maximum de leur condensation.

▶ Puis les fibres du fuseau de division tirent sur chaque chromosome. Il y a une séparation des chromatides par clivage du centromère et ascension aux pôles de la cellule de deux lots de chromosomes à une seule chromatide. C'est l'anaphase.

▶ Pendant la télophase, le matériel génétique se décondense. Une membrane plasmique apparait et les 2 cellules-filles se séparent. L'enveloppe nucléaire de chaque nouveau noyau réapparaît.

Chaque cellule a hérité d'un lot identique de chromosomes à une chromatide.

2 Le cycle cellulaire

Comment la cellule peut-elle doubler son matériel génétique avant la mitose ? Il faut supposer qu'avant la division cellulaire, pendant l'interphase, chaque molécule d'ADN double. Un dosage de la quantité d'ADN permet de vérifier cette hypothèse.

L'interphase est subdivisée en trois phases.

▶ Pendant la phase G1, la quantité Q d'ADN montre que les futurs chromosomes sont à une seule chromatide.

▶ Au cours de la phase S de synthèse, le matériel génétique double, passant de Q à 2Q. Puis la cellule présente un gros noyau possédant deux fois plus d'ADN qu'en début d'interphase.

Variation de la quantité d'ADN au cours du cycle cellulaire

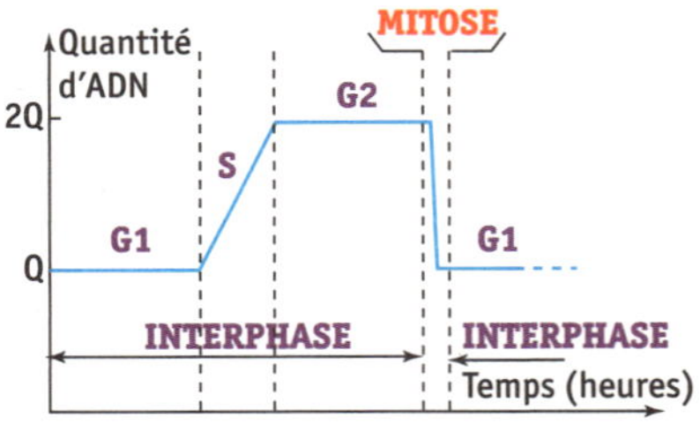

▶ C'est la phase G2 qui précède la mitose.

Durant toute cette interphase, les chromosomes restent invisibles car ils sont décondensés.

▶ Après la mitose, on retrouve une quantité Q d'ADN en phase G1 de chaque cellule-fille.

L'ensemble d'une interphase et d'une mitose constitue un cycle cellulaire. Sa durée varie selon la cellule eucaryote considérée. Pendant ce cycle, une cellule-mère a donné naissance à deux cellules filles qui présentent le même caryotype que la cellule initiale, tant par le nombre de chromosomes que par leur forme. On parle de reproduction conforme.

3 La méiose, une reproduction non conforme

Dans les tissus reproducteurs, la méiose est une suite de deux divisions précédées d'une seule réplication. Elle assure le passage d'une cellule diploïde (2n chromosomes) à quatre cellules haploïdes (n chromosomes) appelées gamètes.

▶ Au cours de la première division, il y a appariement des chromosomes homologues (prophase 1) puis séparation aléatoire des paires formées (métaphase 1, anaphase 1 et télophase 1). Cette division produit donc deux cellules à n chromosomes à deux chromatides à partir d'une cellule à 2n chromosomes à deux chromatides.

▶ Au cours de la deuxième division (prophase 2, métaphase 2, anaphase 2, télophase 2), il y a séparation des chromatides de chaque chromosome. Chaque cellule issue de la division précédente donne ainsi deux nouvelles cellules à n chromosomes à une chromatide.

La source de diversité se produit lors de la séparation aléatoire des chromosomes homologues puis des chromatides. Ainsi chaque gamète hérite d'une combinaison originale d'allèles.

Mots clés

- **Conforme :** identique à l'original ; s'applique pour la mitose qui produit 2 cellules génétiquement conformes à la cellule-mère.
- **Diploïde :** cellule possédant chaque chromosome par paire : l'un d'origine maternel, l'autre d'origine paternel.
- **Haploïde :** cellule ne possédant qu'un chromosome de chaque paire, soit n chromosomes.
- **Homologues :** qualifie une paire de chromosomes apportés par chaque parent et portant les mêmes gènes mais pas forcément les mêmes allèles.

Méthode

Extraire et exploiter des informations à partir d'un schéma

▶ Commencez par bien **lire la question** et **situer, si possible le document** (introduction, légendes, auteur...)

▶ **Partez toujours du document** avant d'expliquer ce qu'il exprime, en utilisant vos connaissances et non l'inverse. Ainsi, on peut dire « je vois sur le document que... et grâce à mes connaissances j'en déduis que... » et surtout pas « je sais que... comme le montre le document qui dit que... ».

▶ **Interprétez la schématisation** en vous aidant de la légende, sans jamais oublier qu'un schéma n'est qu'une **représentation très simplifiée** de la réalité qui ne cherche à dégager que certaines choses, alors que d'autres ne sont que des détails.

SVT

Exercices

1 ★★ 15 min **Les 2 schémas qui suivent représentent la mitose et la méiose.**
La cellule initiale est 2n = 2 chromosomes. L'un des chromosomes est rouge et son homologue est bleu.
À partir du schéma et de vos connaissances, comparez ces 2 divisions cellulaires.

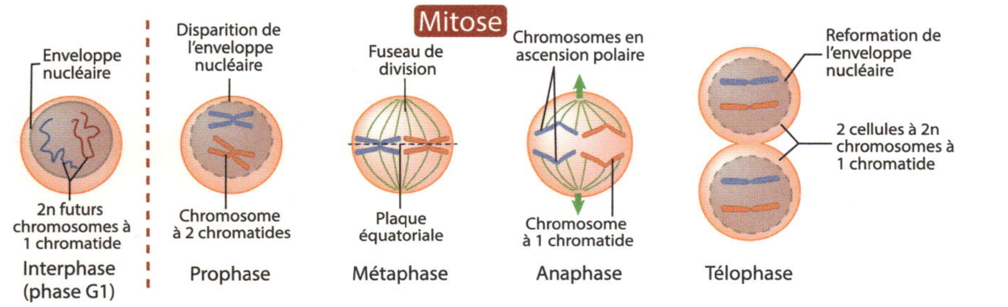

N'oubliez pas dans toute comparaison, de dégager également les points communs (pas seulement les différences).

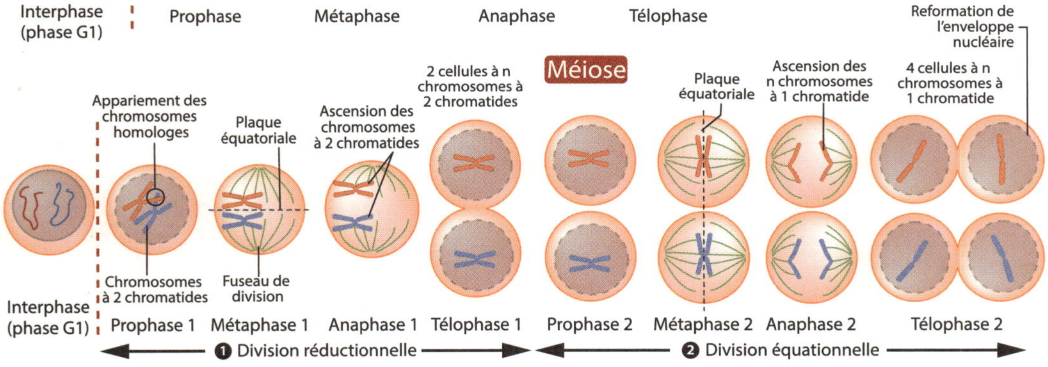

2 ★ 20 min **Observez la variation de l'ADN dans une cellule, au cours du temps.**

a. Justifiez que c'est une cellule sexuelle (germinale) qui est observée et non une cellule du corps (somatique).

b. Interprétez les variations de la quantité d'ADN. Vous localiserez les étapes du cycle cellulaire.

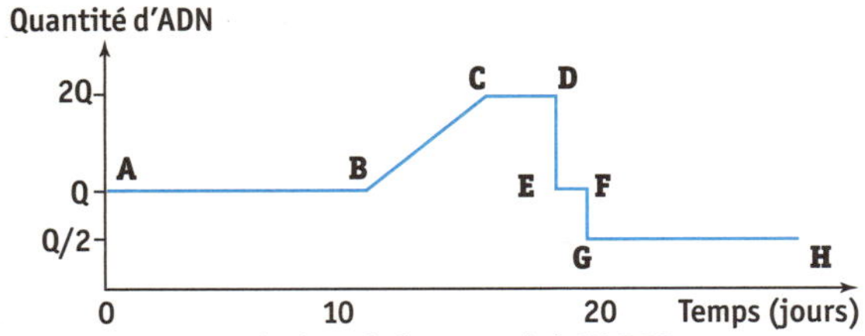

Variation de la quantité d'ADN au cours du temps dans une cellule

3 ★ 15 min **Attribuez des légendes aux lettres de ce schéma qui illustre l'évolution du matériel héréditaire dans une cellule.**

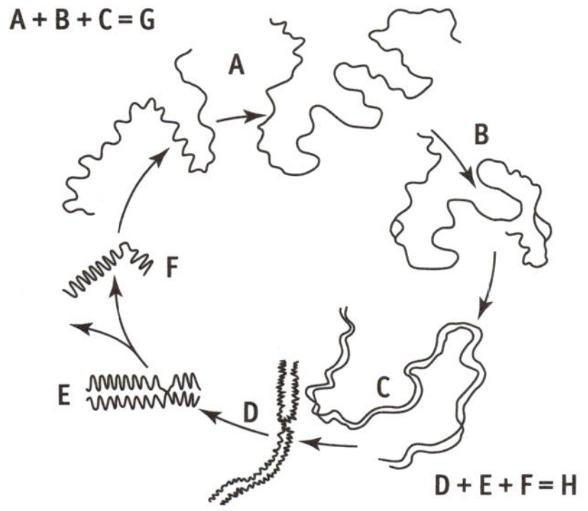

La réplication de l'ADN

Cours

La mitose permet de conserver l'information génétique de la cellule-mère vers les cellules filles. La lignée cellulaire génétiquement identique est un clone.
Comment est assurée la transmission de l'information génétique lors d'un cycle cellulaire ?

Définition

• ADN : acide désoxyribonucléique

1 L'ADN interphasique

- L'ADN est le support de l'information génétique. Cette macromolécule est une double hélice constituée d'un enchaînement de nucléotides.
- Un nucléotide est constitué d'un acide phosphorique, d'un sucre (le désoxyribose) et d'une base azotée (parmi quatre possibles). Les bases sont complémentaires : en face de la base azotée adénine (A), sur l'autre brin s'attache la thymine (T) et en face de la guanine (G), on trouve sur l'autre brin la cytosine (C).
- Dans une chromatide, une molécule d'ADN est enroulée autour d'un squelette protéique.

2 La réplication semi-conservative : une molécule d'ADN donne naissance à deux chromatides identiques

- Si le microscope optique ne permet pas de distinguer les nucléofilaments d'ADN en interphase, au microscope électronique, l'ADN est observable. En phase S (interphase), il présente des boucles, lieux où se voit la synthèse d'une nouvelle molécule d'ADN. Ce sont des yeux de réplication.

Réplication semi-conservative de l'ADN à l'interphase (phase S)

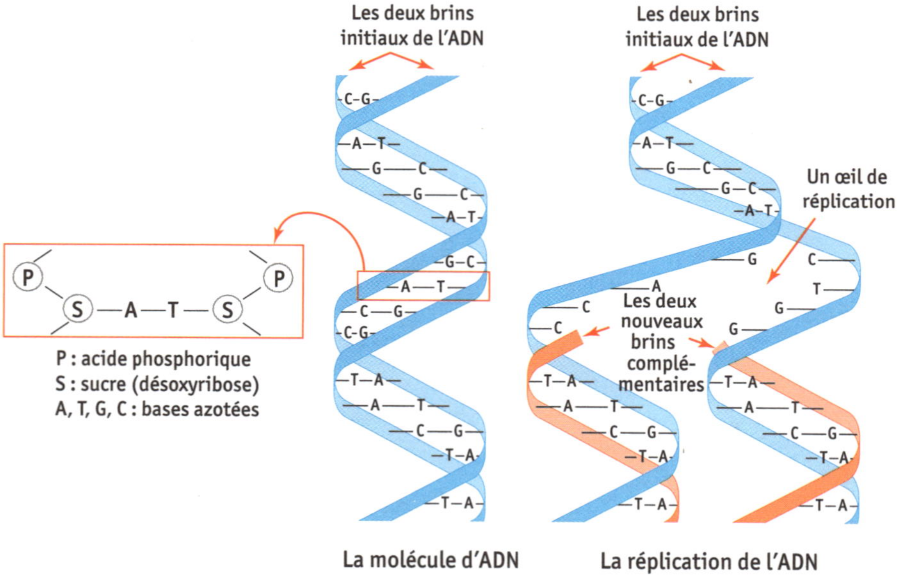

Bio

• Meselson et Stahl : généticiens américains qui ont réalisé l'expérience sur la culture de bactéries pour montrer la réplication semi-conservative de l'ADN.
• Taylor, Woods et Hughes : chercheurs américains qui sont arrivés à la même idée en marquant des racines de végétaux (fève) par radioactivité.

- La synthèse d'une nouvelle molécule d'ADN s'effectue grâce à l'apport d'énergie et d'enzymes (ADN polymérase) qui accélèrent la réaction. La double hélice d'ADN est d'abord déroulée et, à partir de chaque brin d'ADN libre, par complémentarité, un nouveau brin est formé. Comme la moitié de l'ancienne molécule d'ADN est conservée alors que l'autre brin est nouveau, on qualifie cette réplication de semi-conservative.

Ce phénomène préserve, par copie conforme (identique), la séquence des nucléotides. Les deux cellules-filles, provenant par mitose d'une cellule-mère, possèdent alors la même information génétique que la cellule qui leur a donné naissance et aussi la même information génétique entre elles.

Ainsi, la reproduction conforme qui permet à une cellule d'en former deux génétiquement semblables est due à la succession de l'interphase qui réplique l'ADN à l'identique, puis grâce à la mitose qui répartit chaque copie dans deux cellules différentes.

- Aujourd'hui, pour obtenir rapidement une grande quantité d'ADN identique, on utilise le principe de la réplication semi-conservative de l'ADN grâce à la PCR (réaction de polymérisation en chaîne). Cette méthode a trouvé son efficacité, entre autres, lors des recherches médicales et des enquêtes policières.

SVT

Méthode

Connaître quelques principes de la démarche scientifique

Votre cours, les travaux pratiques réalisés en classe et les exercices sont très souvent des illustrations de la démarche scientifique.
En vous familiarisant avec cette démarche, vos propres apprentissages et vos productions seront facilités :
- elle débute par une **observation** ;
- puis un **problème** est posé sur un point non expliqué de l'observation ;
- pour chercher à y répondre, une **hypothèse** provisoire est élaborée ;
- une **expérimentation** teste la solution explicative précédente, ou bien sert à collecter des **arguments** pour la valider ;
- en fonction des résultats, **l'hypothèse** est **validée ou non.** Dans ce dernier cas, une nouvelle réponse provisoire au problème soulevé est à reformuler.

Diagramme de la démarche expérimentale

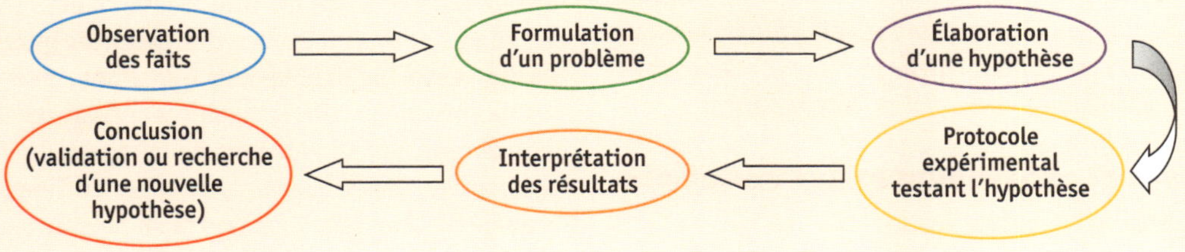

Exercices

1 ★ 20 min **Trouvez la ou les bonnes propositions.**

La molécule d'ADN :

a. est une macromolécule constituée d'une double hélice.
b. fait correspondre l'adénine à la thymine et la guanine à la cytosine.
c. contient un sucre, le ribose.
d. est répliquée au cours de la mitose

2 ★ 10 min **Schématisez la réplication de la portion de la molécule d'ADN simplifiée ci-dessous au cours de la phase S de l'interphase et donnez le résultat final.**

Fragment d'ADN (représentation simplifiée)

ATGCCCATGAATAC
TACGGGTACTTATG

3 ★★★ 60 min **Des bactéries sont cultivées sur un milieu contenant de l'azote lourd (^{15}N) durant plusieurs générations. Elles intègrent alors cet azote à leur molécule d'ADN qui devient lourde (génération G0). Elles sont ensuite transférées sur un milieu ne contenant que de l'azote léger (^{14}N), soit le temps d'une division des colonies (génération G1), soit pendant deux générations (génération G2). Après chaque génération, les molécules qui contiennent des atomes d'azote lourd (^{15}N) sont séparées de celles qui contiennent des atomes d'azote léger (^{14}N). Les résultats montrent, qu'après une génération, l'ADN des bactéries est hybride (ni lourd, ni léger). Après 2 divisions, la moitié des bactéries possède de l'ADN mixte alors que l'autre moitié présente de l'ADN léger. Pour comprendre comment la molécule d'ADN est répliquée, on pose trois hypothèses (a, b ou c).**

À partir des résultats expérimentaux obtenus, retrouvez l'hypothèse qui est retenue et expliquez pourquoi vous rejetez les deux autres hypothèses

Les hypothèses de la réplication de l'ADN

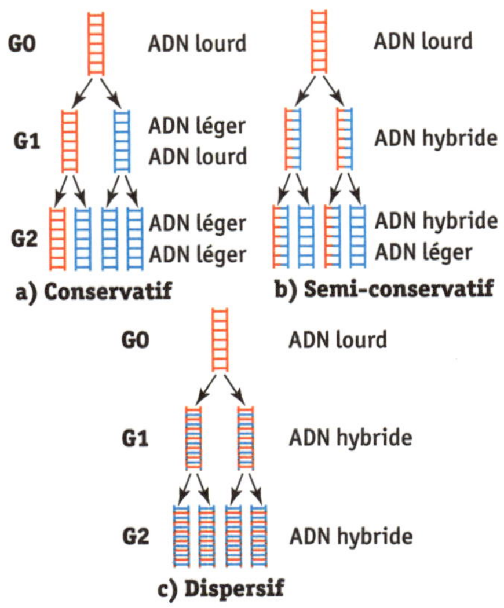

Bien commencer par l'exploitation des documents avant toute interprétation

La variabilité génétique

Cours

Toute modification de l'ADN est une mutation. Il en existe de plusieurs sortes.

▶ Si elles sont ponctuelles, on peut distinguer la substitution (si une ou plusieurs paires de bases sont remplacées par d'autres), la délétion (si au moins l'un des nucléotides est supprimé) ou l'addition d'une ou de plusieurs paires de bases.

▶ Si elles sont chromosomiques, ce peut être une inversion d'une portion de chromosome, une translocation (déplacement d'un morceau de chromosome sur un autre) ou la duplication d'une portion d'ADN. Si la formule chromosomique est anormale, on peut obtenir un ou plusieurs chromosomes en plus (ou polysomie) ou en moins (monosomie).

1 Causes et conséquences des mutations

a. Les causes des mutations

Les mutations se déclenchent le plus souvent lors de la réplication de l'ADN, mais elles peuvent aussi concerner un autre moment du cycle cellulaire comme, par exemple, celui de l'anaphase (mauvaise ascension des homologues). Ces mutations sont dues :

▶ soit au hasard, avec une fréquence qui varie selon le gène considéré (en moyenne une cellule sur 10^8) ;

▶ soit à l'action d'un agent mutagène externe qui augmente leur fréquence d'apparition (ondes électromagnétiques ou substances chimiques).

b. Les conséquences des mutations

▶ Lorsque des mutations surviennent dans des cellules somatiques (non reproductrices), la modification reste localisée aux cellules-filles ; on a alors un clone de cellules mutées. Si elles se déroulent dans les cellules germinales à l'origine d'un nouvel individu, c'est l'organisme entier nouveau qui sera concerné.

▶ Selon leur importance, les mutations peuvent ou non s'exprimer. Suivant leur nature et les gènes concernés, elles peuvent être :

– neutres, s'il n'y a aucune modification du phénotype ;

– bénéfiques, si cela tourne à l'avantage de l'individu qui en hérite ;

– négatives, voire mortelles, si les conséquences sont néfastes.

▶ Les mutations sont donc la cause de la diversité des allèles. La biodiversité des espèces dépend de ces mécanismes. La sélection s'exercera alors pour favoriser les espèces les plus compétitives.

Des enzymes assurent une réparation spontanée, efficace ou non, de nombreuses mutations cellulaires.

Des applications médicales utilisent les mutations. Ainsi, la maîtrise des biotechnologies a permis de modifier le patrimoine génétique de certains virus (OGM) et de s'en servir comme de véritables transporteurs du gène au sein des cellules malades. Aujourd'hui, pour soigner, on préfère utiliser un vecteur synthétique comme dans le cas de la mucoviscidose. Mais cette thérapie génique est encore à améliorer.

2 Parenté et diversité allélique des humains

Notre espèce possède environ 25 000 gènes. La diversité des allèles permet d'établir des parentés plus ou moins proches entre les populations humaines : plus l'ADN est proche entre deux individus, plus leur filiation est étroite. Par exemple, les populations de la région de Pékin sont très proches, génétiquement, de celles du Tibet. Pourtant un allèle du gène EPAS1 est très répandu chez les tibétains et rare chez les pékinois. Cet allèle est impliqué dans la résistance à la respiration en altitude. La sélection naturelle a progressivement sélectionné les individus possédant cet allèle en haute montagne.

En 2010, on a découvert en Sibérie, dans la grotte de Denissov, un reste fossile appartenant à la lignée humaine et daté de 40 000 ans environ. L'analyse d'un fragment d'os du dénisovien a montré la présence de l'allèle majoritaire chez les tibétains. La filiation de ce fossile avec les populations asiatiques a été établie. Il y a eu des croisements entre les dénisoviens et les homos sapiens (un même raisonnement a été fait avec les homos néandertaliens). L'allèle de résistance, d'abord abondant en Asie, n'est resté qu'au Tibet, là où il apportait une valeur sélective importante.

Mots clés

• **ADN polymérase** : enzyme permettant la synthèse de l'ARN messager, il assure l'ouverture de l'ADN, la mise en place des nucléotides complémentaires et la liaison des nucléotides successifs.

• **Allèle** : forme du gène ; ainsi A, B et O sont les 3 allèles du gène groupe sanguin. Si une espèce possède les mêmes gènes, les individus ne possèdent pas tous les mêmes allèles hérités de leurs parents.

• **Gène** : portion d'ADN ayant toujours la même position (même locus) et qui dirige la synthèse d'une protéine.

• **Génotype** : correspond à tous les allèles présents dans une cellule (ou étudiées pour un ou deux gènes précis).

• **Phénotype** : ensemble des caractères d'un individu, qui expriment l'interaction du génotype et de l'environnement. Le phénotype peut se définir à différentes échelles : de l'organisme (macroscopique), à la cellule, puis à la molécule

• **Polymorphisme** : on parle d'un gène polymorphe dans une population s'il possède au moins 2 allèles représentés avec plus de 1 % dans cette population. Ainsi, l'allèle A (forme du gène groupe sanguin) est très polymorphe en Europe de l'ouest (avec des fréquences de 25 à 30 %) alors qu'il est pratiquement absent en Amérique du Sud.

Méthode

Utiliser le logiciel « Génie génétique »

Ce logiciel libre de droit peut être téléchargé à l'adresse : http://acces.ens-lyon.fr/acces/logiciels/applications/geniegen. Il permet de comparer des nucléotides de molécules d'ADN différentes.

– Sélectionnez la **touche GenieGen**.
– Dans « **Fichier** » sélectionnez « Charger des séquences ».
– Dans « **Sauve** », ouvrez le fichier proposé, par exemple « **Hbb_H_mut.edi** ». Le logiciel affiche un brin de la molécule d'ADN (nommé 5' – 3').
– Pour sélectionner une séquence dans la liste proposée, **cochez la séquence** choisie et utilisez les **flèches** haut/bas pour mettre au-dessus des autres la séquence qui servira de référence.

Dans notre exemple, on veut comparer l'ADN de l'hémoglobine (Hbb_S) qui servira de référence à l'ADN d'un individu sain (Hbb_A).

– On compare l'ADN en prenant dans « **Affichage** » le mode « **Comparaison** ». Avec cette technique, aucun alignement n'est effectué. S'il y a des discontinuités, le menu « **Action** » puis « **Alignement** » permettra de supprimer les décalages résultants d'additions ou de délétions.

Exercices

1 ★★★ 45 min **Des levures (champignons microscopiques) forment des colonies dans une boîte de culture. On peut observer des souches de levures blanches et des souches de levures rouges.**

Exploitez chaque document afin de montrer le rôle du rayonnement ultraviolet sur les levures.

Doc. 1

La levure rouge possède l'allèle m d'un gène qui ne fonctionne pas et ne permet pas de fabriquer de l'adénine, une molécule non colorée. En revanche, une autre réaction est favorisée. Cette réaction assure la synthèse d'un produit rouge. La levure blanche possède l'allèle n du gène qui assure la synthèse d'adénine. Donc elle ne produit pas de produit rouge et reste blanche.

Doc. 2

Une analyse du gène de synthèse de l'adénine montre que sur 1 716 paires de nucléotides, sur un brin d'ADN, l'allèle n possède le nucléotide n° 103 avec de la guanine alors que l'allèle m ne permettant pas la synthèse d'adénine possède le nucléotide 103 avec de la thymine.

Doc. 3

Une culture de levures rouges est exposée aux rayons ultraviolets pendant des temps variables. On compte les différentes colonies et le résultat est donné par le graphique ci-après. *Remarque* : pour une exposition de 15 secondes, on n'observe plus de colonies de levures dans la boîte.

Doc. 4

Variation du nombre de colonies de levure en fonction de la durée d'exposition aux rayons ultraviolets

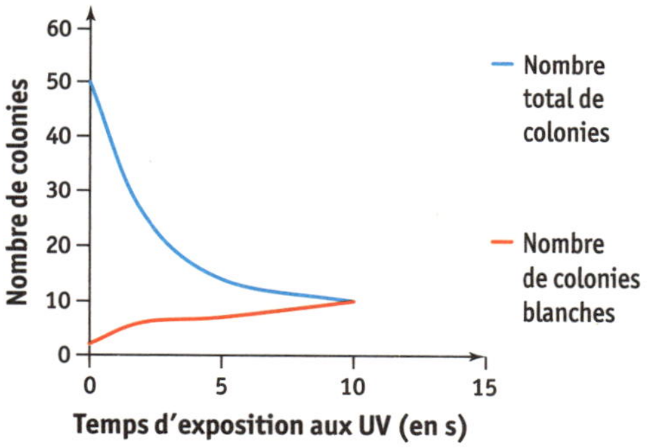

Appliquez à bien mettre en relation les documents entre eux ; attention à la compréhension du graphique qui montre 2 variables : le nombre total des colonies de levures et celles qui sont blanches.

2 ★★ 30 min **Téléchargez sur Internet le fichier « TIB1-TIB2-Han.edi » à partir du site qui vous a permis de vous procurer le logiciel Génie génétique. Les fichiers TIB1 et TIB2 représentent une portion d'ADN du gène EPAS1 chez 2 individus d'origine tibétaine et Han pour un habitant de la région de Pékin. Utilisez les fonctionnalités du logiciel et vos connaissances pour répondre aux questions suivantes :**

a. Qu'est-ce qui permet d'argumenter la très forte filiation de ces individus ?

b. Quel type de mutation est intervenue (vous prendrez pour référence la personne TIB1) ?

c. Sachant le rôle de ce gène pour résister à la baisse de pression atmosphérique en altitude, quel(s) individu(s) a(ont) hérité de cette capacité ?

Localisez les numéros concernés par cette mutation et nommez les bases.

3 ★ 20 min **À partir du logiciel « Génie génétique », comparez l'ADN des allèles A, B et O des groupes sanguins. C'est l'allèle A qui servira de référence.**

L'expression du patrimoine génétique

Cours

La molécule d'ADN est codée en séquences de nucléotides. Une protéine comprend une succession précise d'acides aminés. Comment l'ADN dirige-t-il la synthèse protéique ?

Quelques dates

- **1869** : Miescher isole l'ADN.
- **1944** : Avery établit un lien entre l'ADN et les gènes.
- **1953** : Watson et Crick découvrent la structure de l'ADN.
- **1958** : Astrachan et Volkin découvrent l'ARN.
- **1961** : Nirenberg et Matthaei déchiffrent le code génétique.
- **1965** : Jacob, Monod et Lwoff obtiennent un prix Nobel pour avoir associé les ribosomes dans la synthèse protéique.

1 La transcription s'effectue dans le noyau

▶ L'ADN est une macromolécule incapable de quitter le noyau. Pour diriger la synthèse protéique qui se déroule dans le cytoplasme, elle permet la fabrication d'une molécule messagère plus petite, **l'ARN messager** (noté ARNm). C'est la **transcription**. L'ARN messager n'a qu'un seul brin. À la place du désoxyribose, le sucre est du ribose. Les bases azotées sont celles de l'ADN à une exception près : l'uracile remplace la thymine. À partir du brin transcrit, chaque nucléotide de ce brin est remplacé dans l'ARNm par le nucléotide complémentaire (A-U, T-A, C-G, G-C). Ce mécanisme se déroule grâce à une enzyme (catalyseur), la transcriptase, et demande de l'énergie.

▶ Les cellules **d'eucaryotes** montrent une étape supplémentaire, la **maturation de l'ARN prémessager**. En effet, la majorité des **gènes sont morcelés** et possèdent des parties qui dirigent la synthèse protéique (les **exons**) et d'autres non (les **introns**). Dans un premier temps, la transcription du gène morcelé est totale. Puis, l'ARN prémessager subit une **excision** de ses introns (les parties du gène qui ne codent pas la protéine) et **l'épissage** (réunion) de ses exons (les parties qui codent pour la protéine). Après avoir subi cette **maturation**, l'ARN pré-messager est désormais un **ARN messager** (ARNm) qui sort du noyau. Mais un même ARN pré-messager peut subir, suivant le contexte, des maturations différentes et donc être à l'origine de plusieurs protéines différentes.

2 La traduction se déroule dans le cytoplasme

Une fois dans le cytoplasme, l'ARNm va être lu et traduit en protéine dans des **ribosomes** grâce à d'autres molécules responsables de la traduction (molécules apportant l'énergie, enzymes, autres ARN). Les nucléotides contenus dans l'ARNm vont être lus trois par trois ; chaque triplet est un **codon**. Ils vont être traduits en acides aminés selon le **code génétique**. Celui-ci est pratiquement **universel** (le même code concerne toutes les espèces). Comme il y a 64 codons possibles, un acide aminé peut être codé par plusieurs codons différents ; on dit que le code est redondant. La traduction commence toujours par le **codon initiateur** AUG (méthionine) et se termine toujours par l'un des trois **codons STOP** ou non-sens.

La synthèse d'une protéine

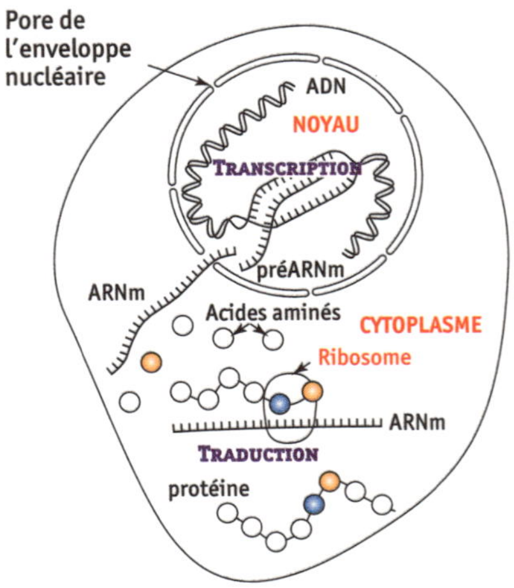

Le code génétique en ARNm

1re position	2e position U	2e position C	2e position A	2e position G	3e position
U	PHE	SER	TYR	CYS	U
	PHE	SER	TYR	CYS	C
	LEU	SER	STOP	STOP	A
	LEU	SER	STOP	TRP	G
C	LEU	PRO	HIS	ARG	U
	LEU	PRO	HIS	ARG	C
	LEU	PRO	GLN	ARG	A
	LEU	PRO	GLN	ARG	G
A	ILE	THR	ASN	SER	U
	ILE	THR	ASN	SER	C
	ILE	THR	LYS	ARG	A
	LEU	THR	LYS	ARG	G
G	VAL	ALA	ASP	GLY	U
	VAL	ALA	ASP	GLY	C
	VAL	ALA	GLU	GLY	A
	VAL	ALA	GLU	GLY	G

A : adénine ; U : uracile ; C : cytosine ; G : guanine ;
les abréviations de 3 lettres correspondent aux acides aminés codés ;
STOP est un triplet arrêtant la transcription.

Méthode

Élaborer un tableau comparatif à double entrée

– Commencez par établir les **points communs** et les **différences** entres les 2 éléments que vous comparez (à disposer dans les colonnes).
– Regroupez vos éléments dans des rubriques qui seront disposées en lignes pour que la lecture soit permise en **double-entrée.**
– Étudiez la **disposition** de votre travail (format portrait ou paysage).
– **Soyez concis :** dans des cases de tableau on ne peut pas rédiger ; il faut que ce soit synthétique mais lisible par tous.
– N'oubliez pas de mettre un **titre** à votre travail.
Exemple : tableau comparatif ADN/ARN

Acides nucléiques / Comparaisons		ADN	ARN
Points communs		Structure en nucléotides : base azoté, sucre, acide phosphorique ; 4 nucléotides dont 3 identiques (adénine, guanine, cytosine) ; Molécules codées par l'enchaînement séquencé des nucléotides ;	
Différences	Base azotée	Thymine	Uracile
	Sucre	Désoxyribose (ADN)	Ribose (ARN)
	Structure	Double hélice ; molécule longue	Simple brin ; molécule courte
	Durée de présence	Longue	Courte
	Localisation	Uniquement dans le noyau	Dans le noyau (nucléole) et dans le cytoplasme (ribosomes)
	Coloration localisant les molécules	Vert de méthyle (vert)	Pyronine (rouge)

Mots clés

- **Acide aminé :** protide de base contenant un groupement acide carboxylique (COOH) et un groupement amine (NH_2). Il existe une vingtaine d'acides aminés. Son accrochage à d'autres acides aminés lors de la synthèse protéique, forme un peptide. Celui-ci acquiert une structure spatiale formant une protéine.
- **Code génétique :** système de correspondance entre les codons de l'ARNm (et donc de l'ADN) et les acides aminés de la protéine en construction. Chaque acide aminé est codé par un ou plusieurs triplets de nucléotides.
- **Codon :** triplet de nucléotides porté par l'ARNm correspondant à un acide aminé rajouté dans la synthèse protéique ou à l'arrêt de la synthèse (codons UAA, UGA ou UAC). Le codon initiateur (AUG) correspond à la méthionine, premier acide aminé qui sera supprimé en fin de synthèse.
- **Protide :** famille de molécules (acides aminés, peptides et protéines).
- **Protéine :** macromolécule constituée d'un enchaînement d'acides aminés avec une structure dans l'espace qui lui est propre.
- **Ribosome :** structure cytoplasmique formée de deux sous-unités et réalisant la traduction.

SVT

Exercices

1 ★★ 45 min **À l'aide de vos connaissances, sous forme d'un tableau à double entrée, comparez la transcription et la traduction.**

2 ★ 15 min **Soit la séquence d'ARNm suivante : AUG UUU AAA GGG GAG UAG.**

a. Quelle est l'ADN qui a donné naissance à cet ARNm ?
b. En utilisant le tableau du code génétique, retrouvez la composition de la molécule fabriquée.

3 ★ 15 min **Pour soigner certains diabétiques, on injecte actuellement de l'insuline humaine produite par des bactéries, auxquelles on a injecté une séquence d'ADN correspondant au gène de l'insuline humaine. Cette insuline produite par ces bactéries est strictement identique à celle naturellement produite par l'homme.**

Comment expliquez-vous qu'une bactérie génétiquement modifiée puisse synthétiser de l'insuline humaine ?

On attend un vocabulaire adapté.

4 ★★ 30 min **On utilise le gène dirigeant la synthèse de la protéine du blanc d'œuf de la poule (ovalbumine). On essaie de joindre par complémentarité ce gène (brin transcrit) et l'ARN messager qui dirige la traduction de cette protéine dans la cellule.**

a. Comment expliquez-vous l'aspect de la molécule d'ADN ?
b. À quoi correspondent les boucles 1 à 7 ?

Expérience de complémentarité ADN/ARN
Schéma d'après une photographie au microscope électronique

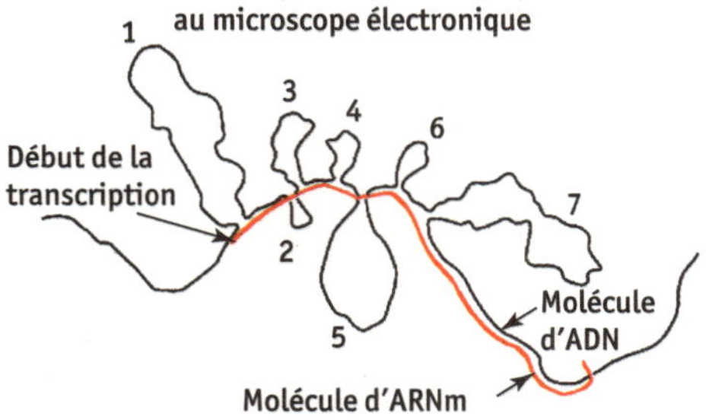

Les enzymes

Cours

Les enzymes sont des protéines fonctionnelles car elles permettent aux fonctions vitales du métabolisme de se dérouler.

1 Catalyse chimique et catalyse enzymatique

▶ On introduit dans un ballon une solution d'empois d'amidon (amidon + eau après ébullition) et 5 mL d'acide chlorhydrique concentré. L'ensemble est porté à 100 °C. Après plus de 30 min, on commence à constater la disparition de l'amidon (eau iodée reste orange) et l'apparition de sucres réducteurs (test à la liqueur de Fehling montrant un précipité rouge brique à chaud), issus de l'hydrolyse de l'amidon. Cette expérience donne les mêmes résultats à 35 °C mais après une heure seulement. En-dessous de cette température, l'hydrolyse ne se fait pas.

L'expérience est refaite en remplaçant l'acide chlorhydrique par une solution d'amylase pancréatique. Dès la 4e minute, à 35 °C, l'hydrolyse débute et à la 6e minute, l'amidon a disparu et a laissé place à des sucres réducteurs. À 100 °C, cette réaction ne se fait pas alors qu'à 20 °C et même à 10 °C, l'hydrolyse a lieu mais un peu plus lentement.

L'acide chlorhydrique, comme l'amylase, se retrouvent intacts en fin d'expérience. Ils ont accéléré la réaction : ce sont des catalyseurs.

Mais l'enzyme biologique est beaucoup plus efficace que le catalyseur chimique car la réaction est beaucoup plus rapide et se déroule à une température compatible avec la vie.

▶ Selon le type de réaction catalysée, on distingue des enzymes très variées : les hydrolases, qui utilisent de l'eau pour scinder la molécule ; les oxydoréductases, permettant des transferts d'électrons ; les transférases, assurant le passage d'un groupe d'atome d'une molécule à une autre ; les isomérases...

Mots clés

- **Catalyseur :** molécule qui active la vitesse d'une réaction et qui se retrouve intacte en fin de réaction.
- **Métabolisme :** ensemble des réactions chimiques et des transformations qui se déroulent à l'intérieur des cellules.
- **Spécificité :** propre à quelque chose. Celle d'action est la propriété d'une enzyme de catalyser une seule réaction chimique. Le site catalytique est responsable de cette spécificité d'action. Celle de la réaction est la propriété d'une enzyme à catalyser la transformation d'un seul substrat. Le site de fixation est responsable de la spécificité de substrat.

2 La réaction enzymatique

La catalyse enzymatique : exemple d'une hydrolase

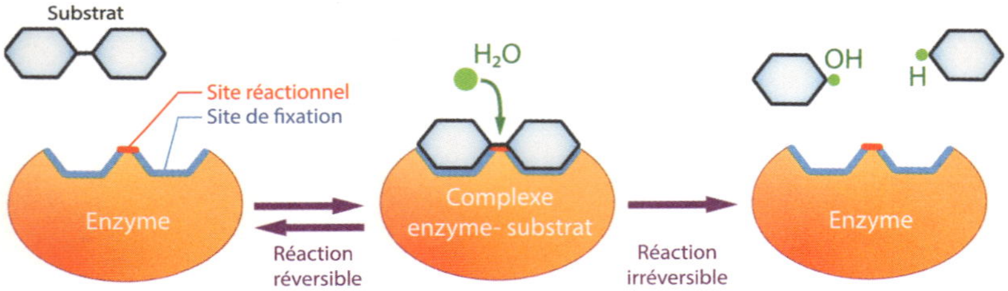

Le substrat est le réactif sur lequel agit l'enzyme. La catalyse enzymatique nécessite la formation transitoire d'un complexe enzyme-substrat qui dépend de la forme de l'enzyme et de son site actif. Ce complexe transitoire et réversible permet la transformation accélérée du substrat en produit.

Le site actif a une forme complémentaire du substrat. Il est constitué d'une zone de fixation qui lie les molécules et d'une zone réactionnelle (où se fait la réaction). C'est ce qui offre la double spécificité enzymatique :

– spécificité liée au substrat (une enzyme, un type de substrat),
– spécificité liée à la réaction (une enzyme ne catalyse qu'un type de réaction).

Toute modification de structure de l'enzyme, en particulier au niveau du site actif, perturbe son activité catalytique. C'est ce qui explique que des trop grandes températures dénaturent l'enzyme de façon irréversible en transformant la forme de la molécule.

3 La vitesse de la catalyse

La vitesse d'une réaction chimique est définie par la quantité de produit qui se forme par unité de temps ou par la quantité de substrat transformée par unité de temps. Cette vitesse est plus importante en début de réaction (Vi = vitesse initiale) puis diminue jusqu'à devenir nulle en fin de réaction lorsque tous les substrats ont été transformés en produits.

Pour une concentration d'enzyme donnée, la vitesse initiale de la réaction peut être augmentée en élevant la concentration en substrat jusqu'à atteindre une valeur limite appelée Vmax. Vmax est atteinte lorsqu'il y a saturation des enzymes qui sont toutes occupées par un substrat

Une fois Vmax atteinte, pour augmenter la vitesse initiale de la réaction il faut augmenter la concentration en enzyme.

Méthode

Exploiter un logiciel de modélisation de l'action d'une enzyme

Téléchargez le logiciel libre de droits, **lactase 2 :** https://www.pedagogie.ac-nice.fr//svt/productions/flash/lactase/installer_lactase2.exe

▶ Vous avez à votre disposition **plusieurs enzymes :**
- la lactase qui catalyse l'hydrolyse du lactose en 2 autres sucres, le glucose et le galactose ;
- la lactose synthétase assurant la réaction inverse ;
- la maltase catalysant l'hydrolyse du maltose en glucose ;
- et l'amylase permettant l'hydrolyse de l'amylose en maltose.
- Vous pouvez **modifier les paramètres** de l'expérience en changeant : les quantités de substrat ou d'enzymes initiales, le pH, la température. L'inhibition (empêchement) de la réaction est hors programme.
- La **visualisation** de la réaction est assurée par une animation moléculaire et par une courbe qui se construit au cours du temps sur les molécules concernées (substrat, produit).
- La rubrique « en savoir plus » doit satisfaire les plus curieux.

Exercices

1 ★★ 30 min **L'albinisme est dû à l'absence d'un pigment sombre, la mélanine, dans les cellules épidermiques, notamment celles se trouvant à la racine des poils. La synthèse de ce pigment est due à deux réactions chimiques successives dans le cytoplasme des cellules.**
1re réaction : une molécule précurseur P est transformée en tyrosine par une enzyme E1.
2e réaction : la tyrosine est transformée en mélanine par une autre enzyme E2.
L'analyse de la racine des cheveux de deux individus albinos A et B a montré la présence normale du précurseur P.
On plonge alors la racine de quelques cheveux de A et B dans une solution de tyrosine. La racine des cheveux de B devient sombre (présence de mélanine) mais la racine des cheveux de A reste incolore.
À partir de ces résultats, précisez quel est, ou pourrait être, l'équipement enzymatique des cellules des individus A et B expliquant leur albinisme.

Pour déterminer l'équipement enzymatique des cellules des individus A et B, vous devez d'abord identifier lequel des individus est capable de fabriquer de la mélanine à partir de tyrosine en sachant qu'il fabrique alors l'enzyme qui permet la transformation de tyrosine en mélanine... et c'est donc l'autre enzyme qu'il ne fabrique pas... L'autre individu fabrique l'autre enzyme, car il est peu probable que la chaîne de biosynthèse possède deux problèmes enzymatiques.

2 ★★ 30 min **Les cellules du navet contiennent une enzyme qui accélère la décomposition de l'eau oxygénée ou peroxyde d'hydrogène (H_2O_2). Cette enzyme est donc une peroxydase. Les produits obtenus sont de l'eau et du dioxygène :** $2\ H_2O_2 \xrightarrow{\text{Peroxydase}} O_2 + 2\ H_2O$

On cherche à savoir comment la vitesse de la réaction enzymatique peut être modifiée. On suppose que la concentration du substrat par rapport à celle de l'enzyme joue un rôle.

a. Quelle est la conséquence vérifiable impliquée par l'hypothèse ?

b. On mesure le dégagement de dioxygène toutes les minutes après l'introduction du substrat (H_2O_2) en comptant le nombre de bulles.

Dégagement de dioxygène en fonction du temps pour différentes concentrations de substrat

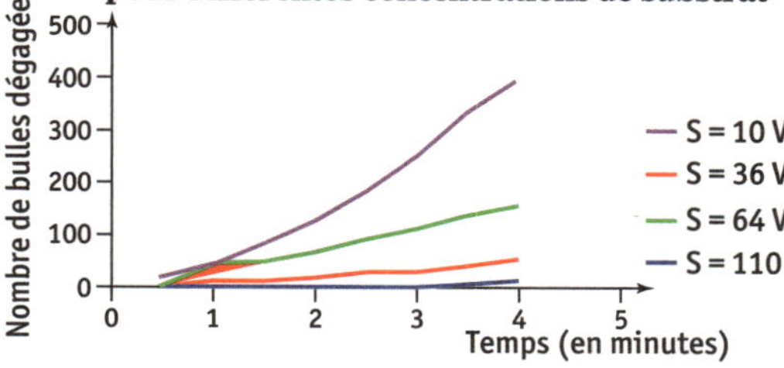

Que déduisez-vous de l'analyse des résultats obtenus ?

c. Si on remplace le peroxyde d'hydrogène par une solution d'empois d'amidon, le dégagement de dioxygène cesse. Comment interprétez-vous le changement dans le dégagement d'O_2 ?

3 ★★ 20 min **Ces molécules en 3 D sont obtenues à partir du logiciel Rastop. En 1, l'enzyme carboxypeptidase est avec son substrat spécifique. En 2, elle est seule. En 3, c'est l'enzyme exposée à la chaleur.**

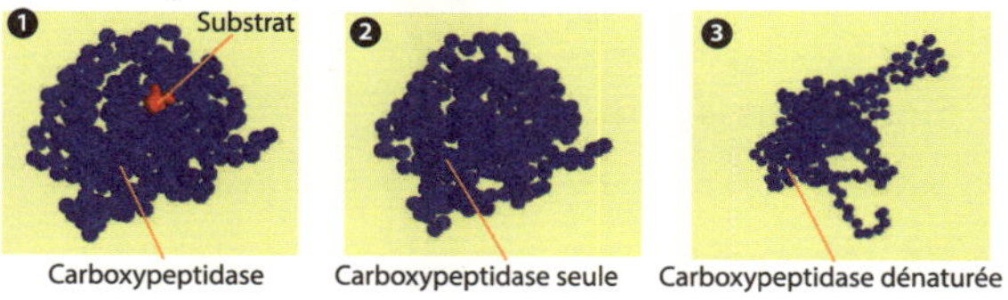

Expliquez pourquoi la chaleur supprime la propriété enzymatique de la carboxypeptidase ?

La structure du globe terrestre

Cours

1 Les deux lithosphères

Les altitudes moyennes des continents et des océans se répartissent en 2 grandes catégories. Cette distribution bimodale est due à des différences géologiques.

▶ La croûte continentale a 30 km d'épaisseur en moyenne. Même si en surface on constate une belle hétérogénéité des roches (sédimentaires, métamorphiques et magmatiques), en profondeur, elle est constituée majoritairement de granite, roche magmatique plutonique, riche en silice.

▶ La croûte océanique est de 10 km d'épaisseur environ, constituée en majorité de roches magmatiques pauvres en silice : le basalte (roche éruptive) et de son équivalent plutonique, le gabbro.

▶ La croûte repose sur le manteau constitué de péridotite, roche plutonique très pauvre en silice.

La discontinuité de Mohorovicic (ou Moho) située entre la croûte et le manteau a été mis en évidence par la propagation des ondes sismiques P.

La lithosphère englobe la croûte et la partie rigide du manteau.

2 De la lithosphère au centre de la Terre

▶ L'asthénosphère est un ensemble plus chaud, constitué du reste du manteau supérieur (jusqu'à 700 Km). La limite entre la lithosphère et l'asthénosphère (plus ductile) est une limite thermique, matérialisée par l'isotherme 1300 °C, située vers 100/120 km sous la Terre.

▶ La connaissance des roches se fait directement (forages, failles) ou indirectement (vitesse de propagations des ondes sismiques selon les matériaux).

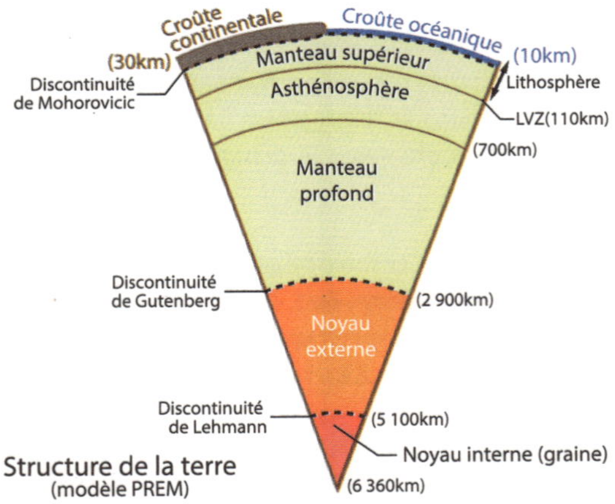

Structure de la terre (modèle PREM)

Remarque: l'échelle des épaisseurs de chaque couche n'est pas respectée

▶ Les ondes P émises par un séisme sont enregistrées normalement jusqu'à la distance épicentrale de 105°. Entre 105° et 142°, les ondes P ne sont plus observées, puis à 142°, elles réapparaissent. C'est le phénomène de zone d'ombre que Gutenberg explique comme le résultat de la réfraction des ondes P à travers une discontinuité marquant une chute brutale de la vitesse des ondes. La discontinuité physique entre manteau et noyau externe liquide est appelée la discontinuité de Gutenberg et se situe à 2 900 km de profondeur, le manteau représente donc 84 % du volume de la Terre. Il est constitué de fer.

▶ La discontinuité de Lehmann, située vers 5 100 km entre le noyau externe liquide et le noyau interne (ou graine solide), également ferrique, a été découverte en 1936. L'ensemble total du noyau représente 25 % de la masse terrestre.

▶ Essentiellement déterminée par les anomalies de propagation des ondes sismiques, cette visualisation structurale de la Terre est appelée modèle PREM (*Preliminary Reference Earth Model*).

3 Un ensemble dynamique

La tectonique des plaques étudie les mouvements de la lithosphère sur le manteau. C'est la chaleur interne du globe qui est responsable de ces mouvements. La température interne de la Terre croît avec la profondeur (gradient géothermique). Cette température interne montre des différences suivant les enveloppes internes de la Terre. Des anomalies ou hétérogénéités thermiques existent dans le manteau qui est animé de mouvements de convection, mécanisme efficace de transfert thermique et responsable de la tectonique des plaques.

Mots clés

- **Roche magmatique :** issue de matériaux en fusion ou magma.
- **Roche plutonique :** roche magmatique qui refroidit en profondeur ; elle est totalement cristallisée.
- **Roche éruptive (ou effusive) :** roche magmatique qui refroidit en surface ; elle est constituée de petits cristaux et d'un verre ou pâte non cristallisée prouvant un refroidissement rapide.
- **Roche sédimentaire :** roche de surface formant des dépôts ou strates, riche en fossiles.
- **Roche métamorphique :** roche issue de la transformation d'autres roches, sous l'action d'une élévation de température et/ou de pression. Elle montre souvent une structure particulière feuilletée.
- **Conduction :** mode de transfert de chaleur de proche en proche, sans déplacement de matière.
- **Convection :** mode de transfert de chaleur avec déplacement de matière, par mouvements ascendants de matières chaudes peu denses, compensé par des mouvements descendants de matières moins chaudes, plus denses. Il y a convection au sein du globe terrestre dans les zones ductiles ou fluides.

Méthode

Rédiger une fiche de synthèse

– **Élaborez** la fiche dès que le cours a été fait.
– **Commencez** par recenser les points essentiels du cours.
– **Écrivez** de façon très lisible ces notions, en les regroupant de façon logique. L'écriture est synthétique : une demi-page au maximum, fléchage, abréviations...
– **Apprenez** votre fiche. Si elle a été bien faite, cela sera aisé car sa réalisation permet de commencer à la mémoriser.

Exemple d'une fiche de synthèse

Théorie de Wegener sur la dérive des continents (1915)

– **Idée :** les continents fragmentés se déplacent à partir d'un continent unique (la Pangée).
– **Arguments :** concordance des côtes des continents et des structures géologiques, fossiles, paléoclimats.
– **Adversaires :** les partisans d'une théorie fixiste.
– **Et aujourd'hui :** ce sont les plaques lithosphériques qui sont mobiles ; d'autres arguments aboutissent à la tectonique des plaques.

SVT

Exercices

1 ★ 15 min **Vitesse des ondes P en fonction de la profondeur.**

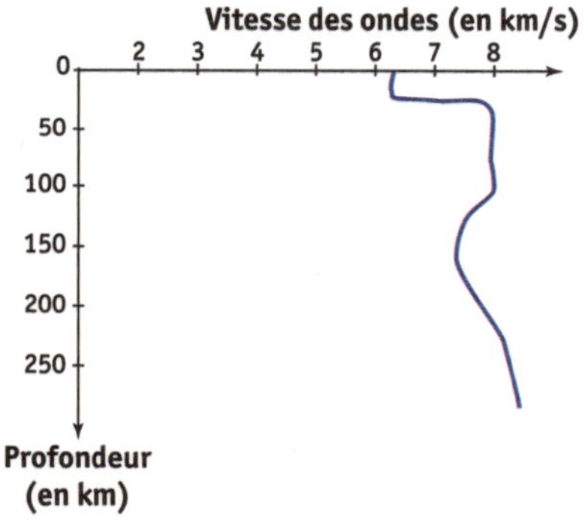

a. Que pouvez-vous dire de l'allure générale de ce graphique ?

b. À l'aide de vos connaissances, interprétez le document.

2 ★ 25 min **Ce tableau représente la variation de la température en fonction de la profondeur.**

Température (°C)	Profondeur (m)
10	0
39	– 1000
68	– 2000
101	– 3000
129	– 4000
158	– 5000
191	– 6000
221	– 7000
249	– 8000

a. Que constatez-vous ?

b. Calculez le gradient géothermique (élévation moyenne de la température pour 100 m).

c. En Alsace, on a relevé une température voisine de 200°C pour une eau située à 5 Km de profondeur. Que remarquez-vous sur cette mesure ?

d. Pourquoi a-t-on pu installer une centrale géothermique dans cette région ?

3 ★★ 25 min **Étude d'une roche.**
On commence par sa structure microscopique.

Schéma de la lame se roche observée au microscope polarisant

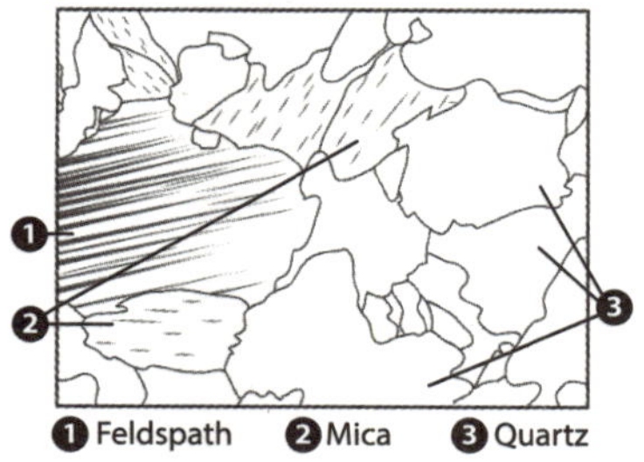

a. Que déduisez-vous de l'aspect de la roche ?

La masse des échantillons de roche est de 112 g. Avant immersion dans de l'eau, on lit 150 mL. Après immersion, on trouve 190 mL.

La masse volumique se calcule en divisant la masse, en grammes, par le volume, en cm³. Rappelons que 1 mL correspond à 1 cm³. Enfin, ne pas oublier que la densité d'un corps se rapportant à la masse volumique de l'eau, celle-ci n'a pas d'unité.

b. Calculez la densité de la roche.

Des calculs de densité de diverses roches donnent : basalte : 3 ; éclogite : 3,6 ; gabbro : 2,9 ; granite : 2,7 ; grès : 2 ; péridotite : 3,2.

c. À partir de vos connaissances et de ce qui précède, pouvez-vous localiser cette roche ?

Discutez votre conclusion.

Les zones de divergence lithosphérique

Cours

Divers arguments permettent de vérifier et de quantifier le déplacement des plaques lithosphériques.

1 Des preuves d'une mobilité horizontale

▶ Le magnétisme terrestre a changé au cours du temps avec des inversions du pôle magnétique. C'est le **paléomagnétisme** conservé dans les cristaux de magnétite lors de la formation des fonds océaniques. Les roches plutoniques gardent la trace de l'orientation des pôles. Par rapport à l'axe de la dorsale, la symétrie des inversions magnétiques confirme qu'il y a eu accrétion (ajout) de nouveaux matériaux de part et d'autre de l'axe de cette dorsale. La durée des inversions magnétiques et la distance de ces inversions jusqu'à la dorsale permettent de calculer la vitesse d'expansion des fonds océaniques.

▶ Par **forages,** on prélève et on détermine l'**âge des roches** par rapport à la dorsale, ce qui permet aussi de calculer cette vitesse d'expansion.

▶ Par positionnement de satellites, le **GPS** (Global Positioning System) mesure les vitesses de déplacement de ces plaques, avec une grande précision.

▶ Un **point chaud** est une région fixe située dans le manteau profond à partir duquel un **magma** remonte vers la surface et perfore la plaque. Sachant que son activité est quasiment permanente, les **alignements de volcans** traduisent le mouvement de cette plaque.

À une extrémité de l'alignement, on localise le volcan le plus récent, souvent actif alors que les autres, plus anciens, sont éteints. Cela met en évidence la direction, le sens du mouvement et la vitesse de déplacement de la plaque.

Le volcanisme de point chaud

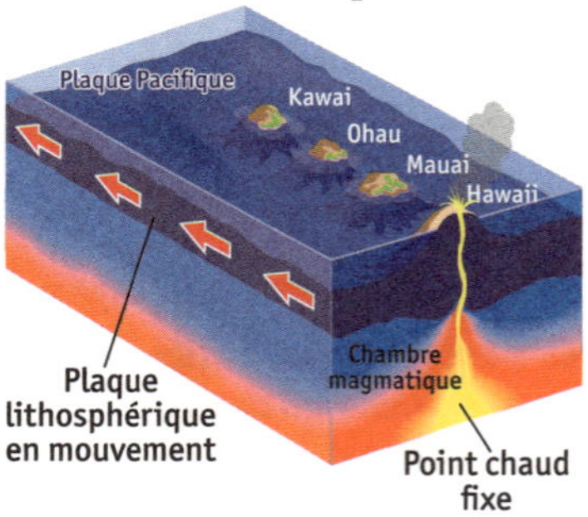

2 Les dorsales : des zones de divergence

▶ Les **mesures géodésiques** (coordonnées d'un point dans l'espace) rendent comptent de la topographie des fonds océaniques par les variations des champs de pesanteurs mesurés (gravimétrie). On utilise aussi des sonars (**bathymétrie**).

▶ Des **failles normales** matérialisent cette zone d'expansion marquée par des séismes superficiels.

▶ Dues aux courants de convection, les **remontés de l'asthénosphère** provoquent un **bombement** de la dorsale. Des prélèvements dans les zones de fracture au niveau de la dorsale montrent une succession de haut en bas de basaltes, de gabbros (croûte océanique) et de péridotites (manteau).

Une zone de divergence

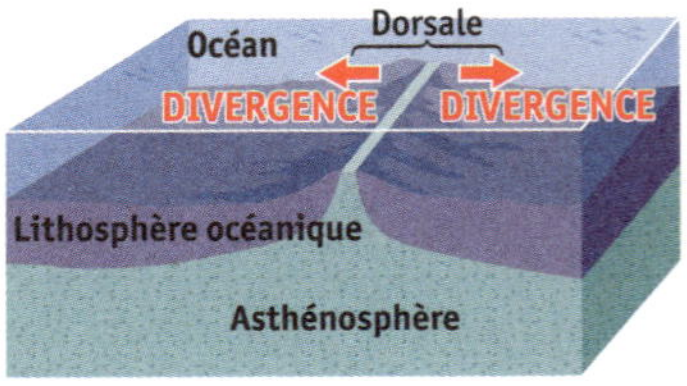

Très aminciе et fracturée à son point de naissance, la lithosphère océanique est le siège d'une infiltration et d'une circulation d'eau qui en modifie les minéraux. On parle de **métamorphisme hydrothermal** formant des minéraux hydratés et de nouvelles roches : la péridotite se transforme en serpentinite, les gabbros et basaltes contiennent de la hornblende et de la chlorite.

▶ Le **magmatisme** à l'aplomb des dorsales s'explique par la **décompression** du manteau. Dans certaines dorsales (dorsales dites « lentes ») l'activité magmatique est plus réduite et la divergence met directement à la surface des zones normalement invisibles du manteau.

> **Mots clés**
>
> • **Liquidus :** limite séparant une phase liquide et la phase où apparaissent des cristaux dans le liquide.
>
> • **Magma :** en profondeur, roche fondue. En surface, c'est de la lave.
>
> • **Solidus :** limite séparant une phase solide et la phase où apparaissent du liquide et des cristaux solides.

3 Le fonctionnement des dorsales

Les dorsales océaniques forment un relief sous-marin continu et sont le lieu de nombreux séismes peu profonds. Ces séismes sont causés par les failles dues aux phénomènes de divergence. Dans l'axe de la dorsale, il y a un **fossé d'effondrement bordé par les failles normales** qui délimitent des escaliers ou grabens. Le magma se forme à partir des péridotites de l'asthénosphère : la remontée des péridotites aboutit, par décompression à une **fusion partielle du manteau**.

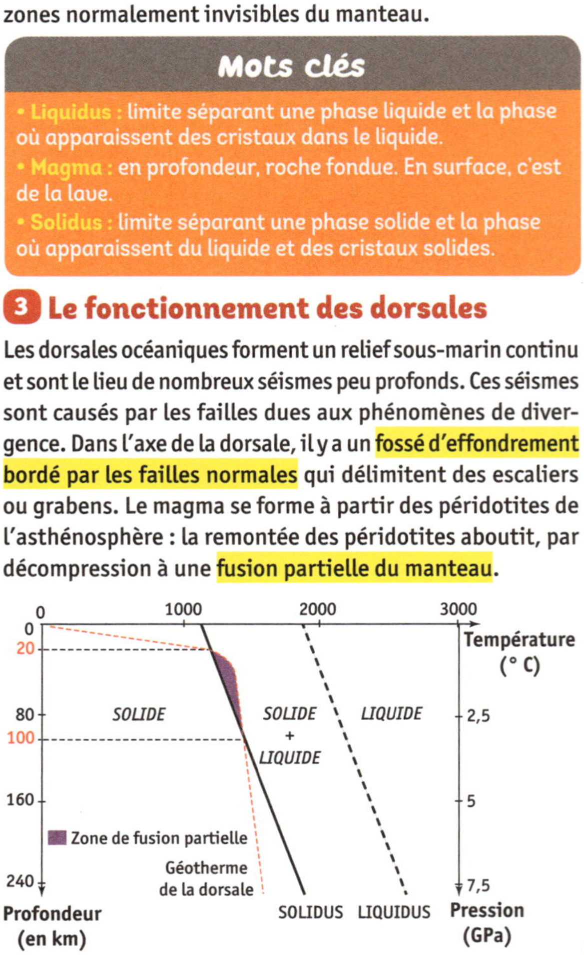

>> En effet, le géotherme au niveau de la dorsale traverse le solidus de la péridotite (qui commence à fondre entre 20 et 100 km de profondeur). Par un phénomène de cristallisation fractionnée, le liquide produit a une composition différente de celle de la péridotite initiale, à l'origine du magma.

La nouvelle lithosphère formée se refroidit en s'éloignant de l'axe, perd son eau et s'épaissit. Ce refroidissement provoque une augmentation progressive de sa densité.

Méthode

Mesurer le déplacement d'une plaque grâce au GPS

Allez à l'adresse http://www.educnet.education.fr/localisation/pedago/geologie/activite3.htm puis cliquez sur *Fichier de données*. Téléchargez les mesures de latitudes et de longitudes de la station (ville) à étudier.

▶ À partir de l'exemple de la station HÖFN, réalisez le graphe des déplacements des latitudes en fonction du temps.
Pour cela, dans un tableur type OpenOffice, **sélectionnez les données** des deux premières colonnes en les mettant en surbrillance. Cliquez sur A ou 1, colonne de gauche, puis B ou 2, colonne de droite. Par défaut, le tableur place en abscisses les données de la colonne de gauche. Dans le menu *Insertion*, choisissez *Diagramme*, et dans *Type de diagramme* prendre XY (dispersion).

▶ **Représentez** la droite de régression et l'équation de la droite correspondante. Elle représente, aux incertitudes près, le déplacement moyen de la station GPS en fonction du temps.
Pour cela, **sélectionnez la courbe** en cliquant dessus, puis dans le menu *Insertion*, *Courbe de tendance*. Pour afficher l'équation de cette droite, cliquez sur *Propriétés de l'objet*, *Type* et *Afficher l'équation*.

L'équation de la droite de régression est de la forme $y = ax + b$ où a représente la pente de la droite, c'est-à-dire ici la vitesse de déplacement de la station selon la longitude.
Faites de même en ce qui concerne la latitude.

▶ **Représentez** les vecteurs de déplacement. Par convention, le signe moins du coefficient directeur signifie « latitude sud » ou « longitude ouest » et l'absence de signe, « latitude nord » ou « longitude est ». **Tracez** sur papier millimétré les vecteurs de déplacement en longitude et en latitude puis construisez la résultante. **Mesurez** la longueur du vecteur obtenu pour obtenir la vitesse (pour trouver la norme du vecteur, on peut aussi utiliser le théorème de Pythagore).

Vecteur vitesse du déplacement de la plaque lithosphérique à Höfn

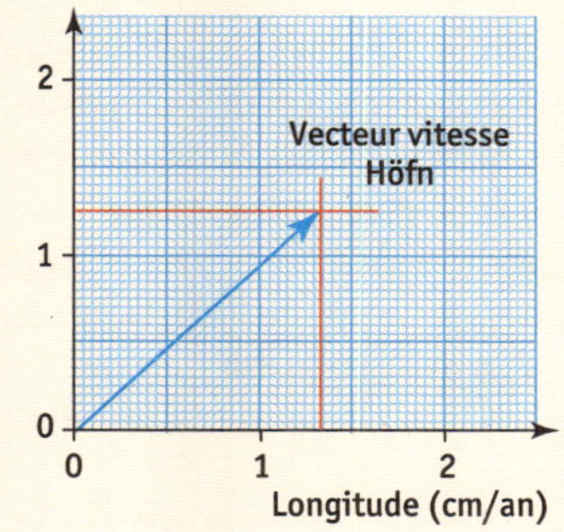

Exercices

1 ★★ 30 min **Les âges de différents prélèvements de sédiments en contact avec le basalte océanique sont reportés en fonction de la localisation du forage.**

Interprétez le document 1 et calculez la vitesse de cette expansion.

Doc. 1 Variation de l'âge des sédiments au contact du fond océanique en fonction de la distance à la dorsale
(le point a est le plus proche de la dorsale, le point h est le plus éloigné)

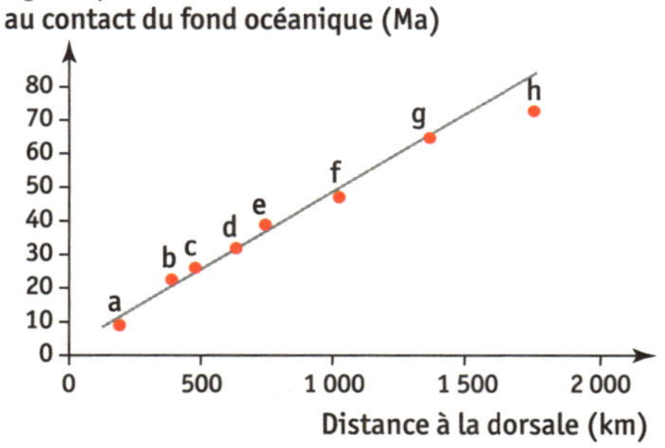

2 ★ 15 min

a. Sur une feuille de papier millimétré, tracez le vecteur d'un point dont les coordonnées GPS sont :
latitude $y = 2{,}123x - 4\,254{,}5$
et longitude $y = -1{,}1491x + 2\,302{,}8$.
b. Calculez alors la norme de ce vecteur.

Les zones de convergence lithosphérique

Cours

Le chapitre précédent a montré comment la dorsale permet la formation de la croûte océanique. Comment se forme la croûte continentale et comment disparaissent ces deux croûtes ?

1 Subduction et disparition de la lithosphère océanique

▶ La subduction est une zone où la lithosphère océanique plonge en profondeur sous une lithosphère océanique ou continentale.

Une zone de convergence

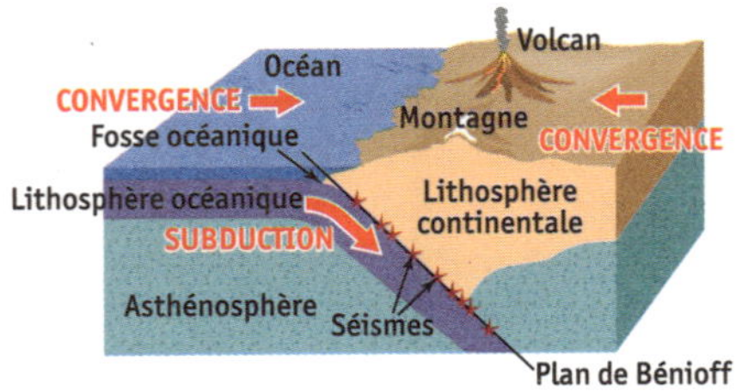

▶ À la limite de cette zone, on trouve des reliefs sous-marins négatifs (ou fosses océaniques) marquant ce plongement et des reliefs positifs (volcan, montagnes) sur la plaque chevauchante.

▶ Sous cette plaque, des foyers sismiques sont présents le long de l'enfoncement. Cette inclinaison, ou plan de Wadati-Bénioff, matérialise les frottements entre la plaque qui s'enfonce et la plaque qui chevauche.

▶ Un flux thermique négatif (abaissement local de la température) accompagne cet enfoncement de roches froides. Plus à l'intérieur, le flux devient positif (augmentation locale de la température) et accompagne un magmatisme important.

2 Subduction et formation de la croûte continentale

▶ Le volcanisme des zones de subduction est de type explosif : les roches mises en place sont diverses mais leurs minéraux viennent toujours de magmas hydratés car la lithosphère océanique est riche en eau, suite à son séjour sous les océans. Ces magmas sont issus de la fusion partielle du manteau situé sous la plaque chevauchante (entre 70 et 200 Km de profondeur) ; ils peuvent arriver en surface ou cristalliser en profondeur, sous forme de massifs plutoniques. Des modifications lors de leur ascension expliquent la diversité des roches observées.

▶ L'hydratation du manteau chevauchant est responsable de la fusion partielle des péridotites (suite à la modification du solidus à sec d'une péridotite à un solidus hydraté). Les fluides hydratant le manteau sont donc dus aux transformations minéralogiques affectant la lithosphère en subduction.

▶ L'augmentation de la densité de la lithosphère constitue un facteur permettant la subduction grâce aux mouvements descendants de la convection. Ceux-ci participent à leur tour à la mise en place des mouvements ascendants dans le manteau, vers les dorsales.

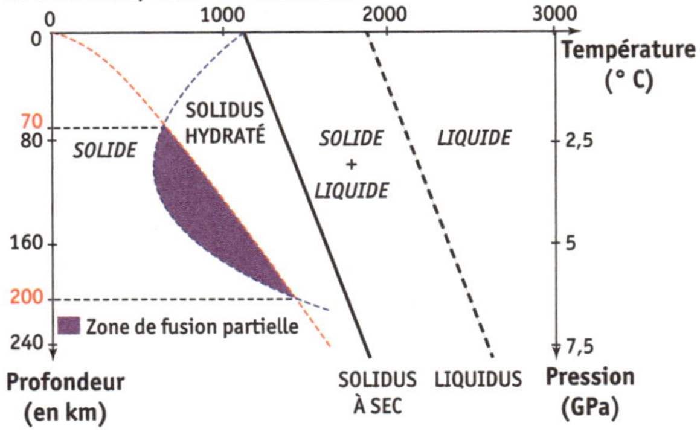

3 Les zones de collision

▶ La collision correspond à la rencontre de deux lithosphères continentales.

▶ L'affrontement de lithosphères de même densité conduit à un épaississement de la croûte. La racine crustale prouve l'enfoncement d'une lithosphère continentale. L'épaisseur de la croûte résulte d'un raccourcissement et d'un empilement des matériaux lithosphériques.

▶ Un ensemble de structures tectoniques déformant les roches caractérisent ces rapprochements :

– Les plis correspondent à des déformations non cassantes, plus en profondeur ;

– Les failles sont des contraintes cassantes, plus en surface ;

– Le déplacement d'un terrain sur un autre est un chevauchement. Si ce déplacement dépasse plusieurs Km, on parle de nappe de charriage.

▶ On peut rencontrer au sein des montagnes de collision, des restes de lithosphère océanique attestant de la fermeture d'un ancien océan. Ce sont des ophiolites.

▶ C'est l'érosion des reliefs qui assure la disparition de la croûte continentale.

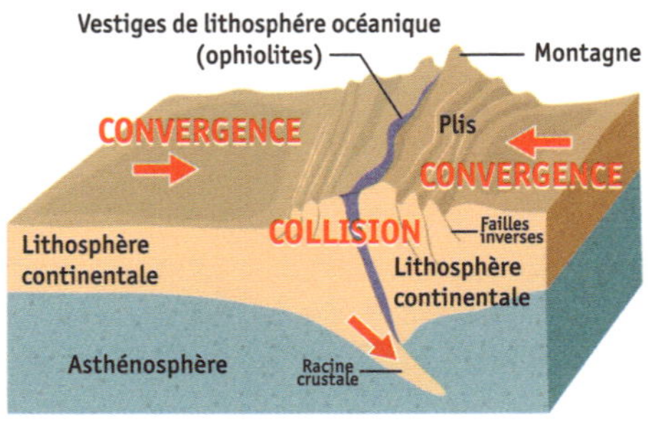

Quelques dates

1668 : Placet suppose que la différence d'altitude entre continents et océans a pour origine l'effondrement du centre d'un continent unique, créant l'océan Atlantique.

1858 : Snidder-Pellegrini explique les ressemblances entre les fossiles en Europe et en Amérique comme la présence d'un seul continent séparé après le déluge.

1910 : Taylor explique la similitude des côtes européennes et américaines par séparation d'un seul continent et formation de l'Atlantique.

1915 : Wegener présente sa théorie de la dérive des continents argumentée par des preuves paléontologiques, paléoclimatiques et géologiques.

1960 : de nouvelles découvertes permettent de mieux connaître les fonds océaniques (paléomagnétisme, échosondage, forages sous-marins, mesure des flux thermiques, GPS ...) et de confirmer le modèle de la tectonique des plaques.

Méthode

Réaliser une coupe avec « Tectoglob »

Libre de droit, ce logiciel permet de visualiser le mouvement des plaques lithosphériques et ses conséquences.

Vous disposez de cinq sous-menus, en particulier :

▶ 2e menu : on peut **ajouter** à la carte les séismes, les volcans, l'âge des fonds océaniques, la fenêtre *Coupe* (si une coupe a été faite).

On peut afficher la coupe faite et **exagérer le relief**.

La commande [A] permet d'ajouter un titre et des légendes.

Le sous-menu *Affichage/ Choix* donne accès au paramétrage concernant l'affichage de la **profondeur** et de la **magnitude** (intensité) des **séismes**, des **volcans**.

Enfin, on peut choisir un **fond de carte** précis ou standard.

▶ 3e menu : pour **tracer une coupe**, choisir le mode Tracé d'une coupe et la réaliser sur la carte avec la souris, puis valider. Sur chaque coupe, avec [\], on peut tracer une droite figurant le plan sismique dans les zones de subduction ; le pendage, c'est-à-dire l'angle de subduction, est affiché. Après avoir fermé la fenêtre *Coupe*, on peut la rouvrir et afficher la (ou les) coupe(s) tracée(s) avec le menu *Affichage/ Fenêtre coupe*.

▶ 5e menu : sert à se déplacer pour trouver un **point précis.** La fenêtre *Carte* est entourée de zones de défilement permettant de se **déplacer** en longitude, en latitude, et de **zoomer**. Lors des déplacements, la latitude (N, S), la longitude (E, O) et l'altitude s'affichent en bas de l'écran. Les noms des volcans peuvent aussi être affichés.

Exercices

1 ★ 45 min **Utilisez le logiciel « Tectoglob ».**

a. Affichez à l'écran :
- les données sismiques de magnitude supérieure à 1 ;
- les volcans ;
- un fond de carte précis.

b. Réalisez une coupe Ouest/Est de l'Amérique du Sud (affichez le relief au-dessus, exagérez le relief).

c. Légendez votre coupe.

2 ★★ 50 min **Le document 1 représente un secteur de l'océan Indien à proximité de la grande île de Sumatra. La bathymétrie (carte des profondeurs), la géophysique et la géologie de cette région sont figurées.**

Exploitez les informations fournies par le document pour montrer que cette région possède les caractéristiques d'une zone de subduction.

Doc. 1

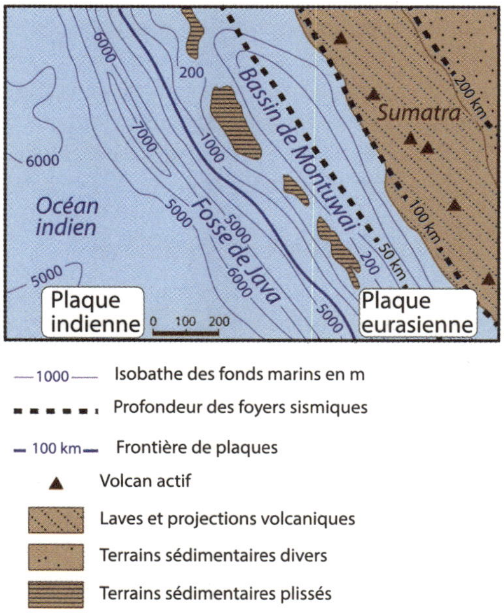

La structure et le fonctionnement des écosystèmes

Cours

1 La structure d'un écosystème

▶ En forêt, le premier maillon est constitué d'organismes réalisant la photosynthèse. Ces producteurs primaires alimentent un réseau de consommateurs ou producteurs secondaires, végétariens, carnivores ou omnivores. Pour fermer la chaîne, les décomposeurs recyclent la matière organique tombée sur le sol (cadavres, excréments) en matières minérales indispensables aux producteurs primaires ; c'est la minéralisation.
L'ensemble des chaînes alimentaires au sein d'un écosystème est un réseau trophique.

▶ Mais les relations entre les espèces ne sont pas uniquement trophiques, donc négatives, pour celui qui est mangé. Elles peuvent être :
- de compétition : les exigences en lumière sont différentes selon les espèces. On distingue des essences dites « de lumière » qui poussent dans les clairières, en bordure de forêt ou en début de printemps, avant que les arbres ne possèdent leur feuillage dense. D'autres sont des essences « d'ombre », qui ont une croissance maximale pour des faibles luminosités. Ce genre de compétition existe aussi pour l'eau et pour certains éléments minéraux (plantes calcicoles poussant sur des sols riches en calcaire, calcifuges dépérissant sur sol avec calcaire ou indifférentes, plus compétitives car le calcaire ne limite pas leur implantation). Ainsi, les facteurs abiotiques sont dits limitants car leur quantité limite le développement de la biocénose et c'est souvent une espèce qui arrive à nuire à une autre (en lui faisant de l'ombre par exemple).
- d'exploitation : c'est le cas de la prédation développée précédemment, mais aussi du parasitisme où une espèce se développe au dépend de son hôte, sans entraîner sa mort à court terme. Cette association est obligatoire pour le parasite ; son hôte est souvent très spécifique.
- de coopération si l'association est bénéfique : on distingue le mutualisme, si l'association reste facultative (nombreux insectes pollinisateurs et fleurs), le commensalisme, si l'un a un bénéfice sans nuire à l'autre (Pleurocoque, algue verte microscopique poussant sur la partie humide des troncs d'arbre) et la symbiose, obligatoire, à bénéfices réciproques (exemple du pin et du bolet qui ont des échanges entre le mycélium du champignon et les racines de l'arbre).

2 Le fonctionnement d'un écosystème

La biodiversité de l'écosystème dépend des interactions entre biosphère et biocénose. Mais un écosystème est en évolution permanente. Ainsi, le dynamisme des populations de cette biocénose, le fonctionnement de l'écosystème (production et flux de matières entre les divers réservoirs) et les interactions entre ces flux (de carbone, d'azote, d'eau...) et la biocénose, expliquent le dynamisme fragile des écosystèmes. Une partie de la matière est recyclée, notamment grâce au sol. L'effet des écosystèmes dans ces cycles géochimiques se mesure par des bilans d'entrée et de sortie de matière.

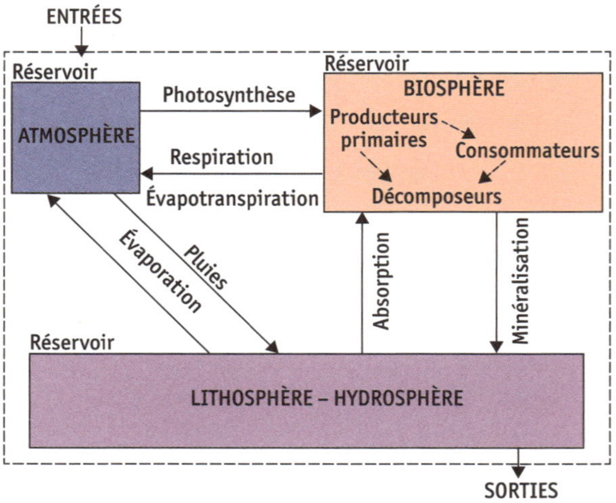

3 Bilan : un système en équilibre

Même sans l'action de l'Homme, les écosystèmes montrent une dynamique dans l'espace et dans le temps avec des perturbations (incendies, maladies) affectant les populations. La complexité du réseau d'interactions et la diversité fonctionnelle favorisent la résistance des écosystèmes à ces perturbations jusqu'à un certain seuil. La capacité de retrouver un état initial après perturbation, ou résilience, caractérise cet équilibre dynamique (appelé climax), susceptible d'être bousculé par des facteurs internes et externes. Pourtant, au-delà d'une certaine limite, le déséquilibre provoque des modifications irréversibles.

Mots clés

- **Réservoir :** lieu de stockage d'un élément terrestre (atmosphère, lithosphère, biosphère, hydrosphère).
- **Cycle géochimique :** processus de transports et de transformations d'un élément sur Terre.
- **Évapotranspiration :** perte d'eau par transpiration et évaporation de toute surface humide, d'un être vivant.

Méthode

Étudier un graphique

▶ Regardez le **titre**. S'il n'y en a pas, trouvez-en un en lisant les indications des axes et énoncez-le ainsi : variation de... (ce qu'il y a sur l'axe des ordonnées) en fonction de... (ce qu'il y a sur l'axe des abscisses). Ici, on observe la variation d'une croissance de cellules en fonction de la température du milieu.

▶ Repérez les **variations** de la valeur étudiée et exprimez-les de façon scientifique. Ainsi, un phénomène (lu sur y) augmente, diminue ou reste constant en fonction de (ce qui est lu sur x).

▶ **Décrivez** le graphique en donnant quelques **valeurs significatives** (entre lesquelles la variation du phénomène change). Dans l'exemple, on note une croissance d'abord nulle, puis très lente à partir de – 10 °C. La croissance s'accélère après 0 °C pour atteindre un maximum à 20 °C. Après, elle ralentit fortement jusqu'à 40 °C, devient très faible, puis nulle à 60 °C.

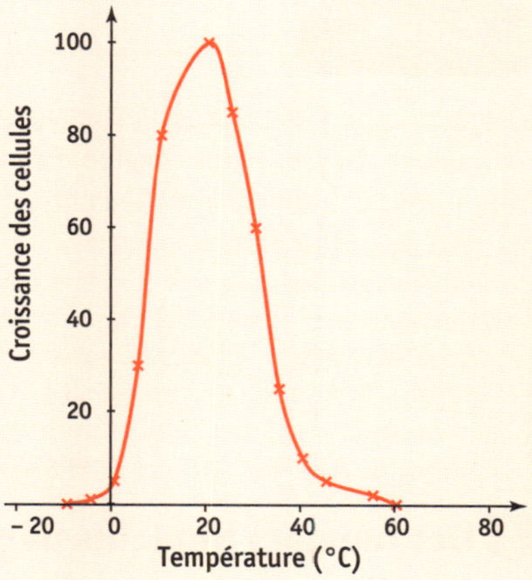

▶ Terminez par **interpréter** les variations observées à l'aide de votre logique (et de vos connaissances). Dans l'exemple, l'augmentation de la température favorise l'activité cellulaire jusqu'à 20 °C, où elle est optimale. Avant 20 °C, elle a un rôle de facteur limitant. Après 20 °C, elle devient néfaste à la croissance.

Exercices

1 ★ 15 min **Un chercheur récolte 2 plantes notées A et B dans un sous-bois. En laboratoire, il mesure l'intensité de leur photosynthèse en fonction de l'éclairage.**

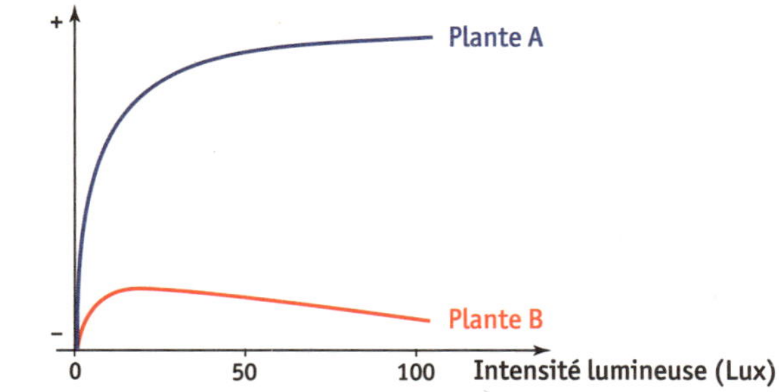

Expliquez pourquoi la plante A s'impose sur la plante B au début du printemps, alors que c'est la plante B qui domine dans le sous-bois pendant l'été.

Utilisez un vocabulaire adapté.

2 ★ 15 min **On a étudié la vitesse de croissance des racines d'une plante en fonction du pH du sol.**

Pourcentage de croissance des racines en fonction du pH du sol

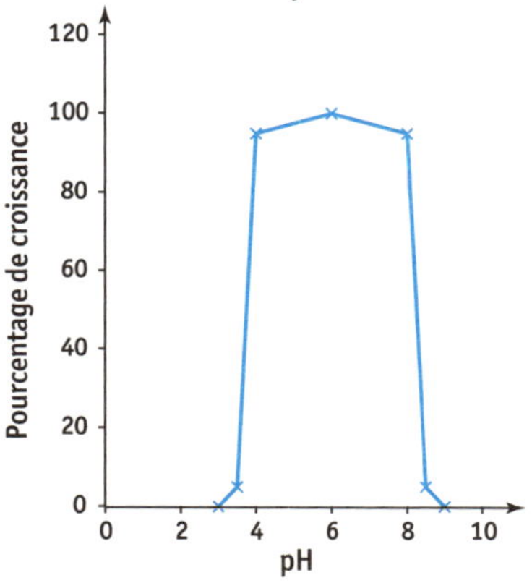

Pourquoi cette plante se rencontre-t-elle dans des sols acides, riches en silice et non sur des sols basiques, riches en calcaire ?

3 ★★ 30 min **Au début du XXe siècle, les lapins pullulaient dans les campagnes françaises, produisant de nombreux dégâts. On a réduit leur nombre en introduisant un parasite spécifique du lapin : la myxomatose, due à un virus transmis par certains insectes hématophages (puces, tiques, moustiques). En un an, la population de lapins a été exterminée et la végétation retrouva une bonne croissance. Sans leur proie de prédilection, les renards ont changé d'alimentation, s'attaquant aux oiseaux. Mais beaucoup de ces volatiles étant insectivores. En disparaissant, ils ont permis à des insectes ravageurs d'attaquer les plantes et de nouveau, les nuisances furent considérables.**

a. Discutez le fait que le virus de la myxomatose soit un parasite.
b. Interprétez les modifications des populations animales et végétales au cours du temps.

Appuyez-vous sur le texte pour utiliser des explications acquises à l'aide de votre cours.

La gestion des écosystèmes

Cours

L'Homme appartient aux écosystèmes. Il impacte son environnement. En reprenant l'exemple de la forêt, voyons les influences de l'Homme à son encontre.

Article 1 du code forestier français :

> « la gestion durable des forêts garantit leur diversité biologique, leur productivité, leur capacité de régénération, leur vitalité et leur capacité à satisfaire, pour l'avenir, les fonctions économiques, écologiques et sociale pertinentes, aux niveaux local, national et international, sans causer de préjudice à d'autres écosystèmes. »

1 Des impacts humains négatifs

En agissant sur les milieux naturels comme les forêts, l'Homme modifie son environnement :

- en **surexploitant** les ressources (exemple de la forêt amazonienne) ;
- en **modifiant le biotope local** (érosion des sols car l'arbre protège les sols par son feuillage et le retient par ses racines, pollutions, incendies...) ;
- en **modifiant le biotope global** (réchauffement climatique).

Cela a des conséquences importantes car les relations dans un écosystème sont complexes. Ainsi, de nombreux écosystèmes connaissent des impacts négatifs :

- perte de **biodiversité** (en France plus de 30 % des mammifères forestiers et plus de 15 % des oiseaux nicheurs sont menacés) ;
- **altérations de l' environnement** parfois irréversibles (désertification...) ;
- **diminution de la production.**

Mots clés

- **Relations intraspécifiques :** relations au sein d'une même espèce (comme les relations pour la reproduction).
- **Relations interspécifiques :** relations entre deux espèces différentes (comme la prédation, le parasitisme ou la symbiose).

2 Les apports bénéfiques de l'écosystème forestier

Par son **fonctionnement naturel**, la forêt offre un habitat exceptionnellement varié à la biodiversité faunistique et floristique (donc génétique). C'est aussi une grande variété de nourriture et les relations intraspécifiques comme interspécifiques en sont l'illustration. Le microclimat forestier créé est un régulateur des écarts thermiques.

L'Homme tire de nombreux bénéfices de cet écosystème :

- La forêt est un **protecteur environnemental**. La couverture forestière protège les sols mais assure aussi un rôle de filtre. Par exemple, les mousses et les lichens retiennent les polluants comme le plomb ou le fluor. La forêt est un filtre à nitrate, comme le prouve le reboisement des zones de captages de sources d'eau par l'Homme. La photosynthèse assure un stockage d'énormes quantités de CO_2.
- La forêt est un **producteur** indirect. Par la conservation de la fertilité des sols, elle favorise la croissance des producteurs primaires. Le maintien du couvert végétal protège le reste de la biocénose et conserve les flux de matière et d'énergie dans l'écosystème avec les autres réservoirs.
- Avec plus de 200 millions de visiteurs, la forêt métropolitaine possède un rôle **culturel** incontournable (ressourcement du promeneur, culture et tradition, légendes, relations avec l'art, milieu d'observations naturalistes...) L'homme essaye malgré tout de protéger cet écosystème de toute influence néfaste dont il est souvent à l'origine.

3 Gérer la forêt, une nécessité vitale

En 1866, le philosophe et biologiste Haeckel a qualifié la science qui étudie les relations entre les êtres vivants et leur environnement sous le terme d'écologie. La gestion rationnelle des écosystèmes est de la responsabilité humaine. Elle englobe à la fois les activités humaines et le maintien des fonctions naturelles de l'écosystème. Pour la forêt :

- Au niveau **naturel**, il faut des **prélèvements** pour mieux connaître les sols forestiers. Des mesures rendent compte du micro climat et de ses variations. La **surveillance** des peuplements est aussi faite, tant sur le plan quantitatif (nombre d'individus) que sur le plan qualitatif (nombre d'espèces).
- La surveillance d'une couverture forestière efficace, le repeuplement réfléchi des zones en manque, la protection des zones plus vulnérables (zones humides ou rocheuses), la **régulation des effectifs** des populations animales (végétariens ou carnivores), la **surveillance de nouvelles espèces introduites** contribuent à contrôler le rôle **protecteur** de l'Homme sur la forêt.
- La production forestière est améliorée par le développement des espèces à bois, en gardant un optimum d'exploitation, tout en maintenant un équilibre avec les autres essences, en respectant l'individualité de chaque arbre (et donc en n'abattant que les arbres matures), en privilégiant les soins des arbres, en utilisant des machines d'abattage qui respectent l'environnement...
- La France protège ses forêts en organisant les activités culturelles qui s'y déroulent. Ainsi, plus de 15 000 Km de chemins de randonnés sont développés dans les forêts, des espaces de détente localisés (tables, bancs) y sont aménagés ; des espèces remarquables sont conservées, des sorties botaniques sont souvent organisées, les forêts sont reliées à leurs légende (Brocéliande et la légende des chevaliers de la table ronde...)

Méthode

Réaliser un bon oral

Comme dans beaucoup de sujets, on attend de vous de réaliser un exposé oral ou de participer à une discussion.

▶ Pour prendre la parole en groupe, **commencez par bien écouter** les intervenants et **demandez l'autorisation pour intervenir.**

▶ **Exprimez-vous** de façon claire, précise et concise en vous adressant à tout le monde dans un bon français. **Tenez-vous** correctement, toujours face au public. **Restez bien dans le sujet abordé.**

▶ Pour un exposé, **respectez le temps** qui vous est attribué (entraînez-vous chez vous ou devant quelques amis en vous chronométrant).

▶ **Présentez un travail structuré** (le plan doit toujours être apparent au public). Il doit y avoir une courte introduction posant le problème et une conclusion.

▶ **Utilisez un vocabulaire adapté** à votre auditoire. Si possible, les supports illustrant vos propos doivent être variés et attractifs.

▶ **Dégagez-vous de vos notes** pour ne pas présenter une simple lecture et maîtrisez bien votre sujet pour pouvoir répondre à d'éventuelles questions.

SVT

Exercices

1 ★ 25 min **Le mercure est un élément naturellement présent dans le sol et les roches ainsi que dans les lacs, les cours d'eau et les océans. Au mercure provenant de ces sources naturelles s'ajoute le mercure rejeté dans l'environnement par les activités humaines. Le mercure est absorbé par l'organisme à travers son tube digestif. Le méthyl mercure* s'accumule alors dans les différents organes (foie, reins, cerveau). Il met plus de temps à être éliminé par les organismes qu'à être absorbé.**

Ce polluant, présent dans l'eau, se retrouve dans le plancton, lui-même ingéré par un herbivore, lui-même proie d'un super carnivore. Chaque maillon de la chaîne consomme une grande quantité d'êtres vivants du maillon précédent.

* *méthyl mercure = forme assimilée du mercure*

a. Schématisez la chaîne alimentaire.

b. Quelles sont les causes de cette bioaccumulation de mercure ?

Présence de mercure dans les différents maillons d'une chaîne alimentaire

	Plancton animal et végétal 	Invertébré aquatique (herbivore) 	Poisson prédateur (carnivore) 	Oiseau piscivore* (super carnivore) 
Facteur de concentration du méthyl mercure en référence à l'eau	8 000	20 000	28 000	270 000

* *piscivore = qui se nourrit de poissons*

D'après Ifremer et BRGM.

2 ★ 10 min **On cherche à introduire au sein d'un écosystème forestier une nouvelle espèce végétale rapportée de l'étranger.**

Trouvez trois précautions à prendre pour que cette introduction ne perturbe pas l'écosystème.

En cas de difficulté, utilisez internet, une encyclopédie papier ou numérique, des revues scientifiques... pour compléter votre réponse. Vérifiez toujours le garant scientifique de vos sources.

3 ★★ 30 min **Dans l'île de Trielen située au large du Finistère, il n'y a aucun habitant. Le <u>Pipit maritime</u> est un petit passériforme spécialisé dans la consommation de petits mollusques et crustacés qu'il trouve sur le littoral. Il nidifie dans les rochers où il pond 4 à 5 œufs. L'<u>Hirondelle rustique</u> construit un nid de boue sur les corniches de l'île. Elle pond de 3 à 6 œufs et souvent elle a une seconde ponte. Les parents nourrissent leurs petits d'insectes chassés en vol. Arrivé en France au XVIIIe siècle, le <u>Rat surmulot</u> a fait de gros ravages dans les populations d'oiseaux où il dévore les œufs et souvent les petits. Introduit au début du XXe siècle à Trielen. Son éradication totale a eu lieu en 1996.**

a. Quel est l'oiseau qui semble le plus sensible à la prédation du Rat surmulot ?

b. À partir du recensement observé, en quoi ces résultats confirment-ils votre hypothèse ?

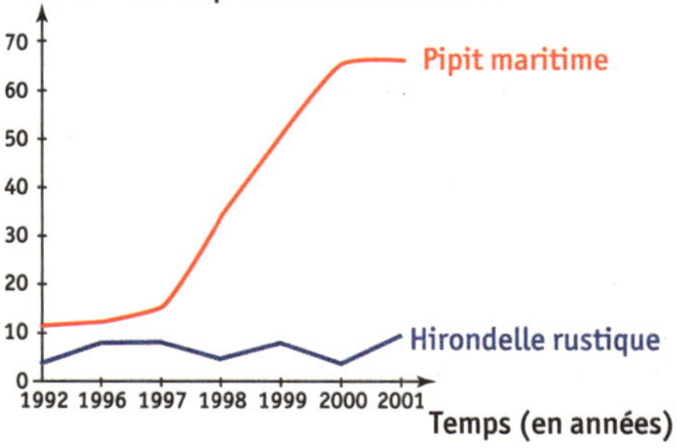

Les risques génétiques

Cours

Certaines maladies sont héréditaires car liées à un **ADN** présentant un défaut. Si leur déclenchement est inéluctable chez les individus concernés, d'autres affections sont consécutives à une influence négative de l'**environnement**.

1 Étude d'une maladie génétique : la mucoviscidose

▶ L'observation de l'arbre généalogique montre une fréquence anormalement élevée des personnes malades ce qui permet de supposer une **transmission génétique**. C'est une maladie liée au chromosome 7, non sexuel : on parle de maladie **autosomique**.

Échiquier de croisement correspondant

Mère / Père	1/2 +	1/2 −
1/2 +	1/4 (+//+),[sain]	(+//−),[sain]
1/2 −	(+//−),[sain]	1/4 (−//−),[malade]

Deux parents au phénotype sain peuvent donner naissance à un enfant malade : l'allèle muté (−) est **récessif** par rapport à l'allèle normal **dominant** (+). Seule la présence en double exemplaire de l'allèle récessif provoque la maladie. La personne atteinte est **homozygote** pour ce gène. Ses parents étaient **hétérozygotes**, porteurs sains.

En Europe, on estime à une fréquence de $\frac{1}{40}$ l'existence d'une personne hétérozygote, ce qui explique que l'affection soit répandue (un enfant sur 2 000 naissances environ).

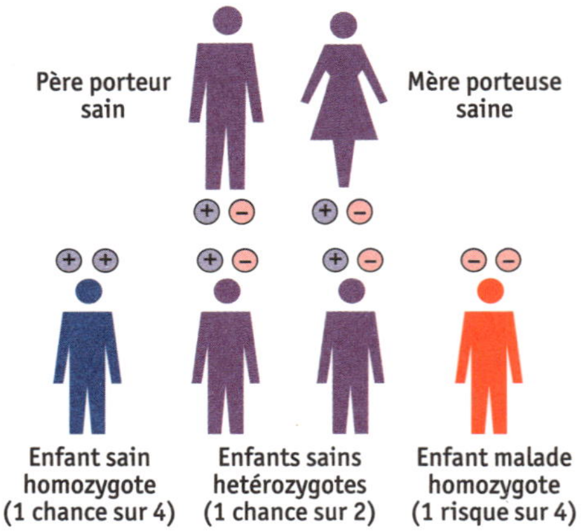

▶ Au niveau **macroscopique**, le phénotype montre une production de sueur particulièrement salée et des troubles respiratoires, digestifs et de l'appareil reproducteur. Au niveau **cellulaire**, les cellules du tissu superficiel (épithélium) produisent une protéine, le mucus, particulièrement visqueux. La protéine membranaire CFTR montre un phénotype **moléculaire** altéré qui interdit le passage des ions Cl− et d'eau, ce qui entraîne alors une augmentation de la viscosité du mucus.

▶ En l'absence de tout traitement permettant de soigner la maladie (traitement curatif), seul un **traitement palliatif** permettant de soulager le malade est possible. On agit essentiellement en drainant le mucus bronchique (kinésithérapie). Les complications digestives sont soulagées par une alimentation particulière et par des apports d'antibiotiques. On limite donc les effets de la maladie en agissant sur des **paramètres du milieu**.

▶ Parmi les espoirs thérapeutiques, la **thérapie génique** vise à corriger les cellules atteintes. On tente de faire retrouver une sécrétion normale de mucus en apportant l'allèle sain dans la cellule malade par un virus transformé qui injecte directement son génome dans les cellules. Malheureusement, notre immunité efficace élimine les cellules infectées et le gène transféré, mal intégré, est vite éliminé.

2 L'influence de l'environnement sur des individus prédisposés génétiquement

▶ Un **gène de susceptibilité ou de prédisposition** présente certains allèles qui rendent plus probables l'apparition d'une maladie en association avec des facteurs de l'environnement, sans que cela soit obligatoire.

▶ Ainsi, le **diabète de type 2** est dû à une insensibilité des cellules cibles (muscle, foie, tissu adipeux) à l'insuline. On parle d'insulino-résistance. C'est une **maladie héréditaire** puisque chez les vrais jumeaux, lorsque l'un est atteint, le second a un risque de l'être compris entre 50 et 90 %.

▶ Mais les gènes responsables n'expliquent pas à eux seuls l'apparition de la maladie. Une **alimentation trop riche et l'absence d'activité physique** montrent une augmentation du risque (80 % des patients atteints sont obèses).

Mots clés

- **Hétérozygote** : qualifie pour un gène, un individu portant deux allèles différents.
- **Homozygote** : qualifie pour un gène, un individu portant le même allèle.

Méthode

Étudier un arbre généalogique et prévoir un risque

L'étude d'un **arbre généalogique** permet de **prévoir le risque** de transmission de la maladie.

▶ Chaque **génération** est sur une ligne horizontale. Les **individus** sont numérotés. Pour éviter toute confusion on donne le numéro de la génération, puis le numéro de l'individu (I1, II1, II3, III6, IV3) etc.

Arbre généalogique d'une famille atteinte de mucoviscidose

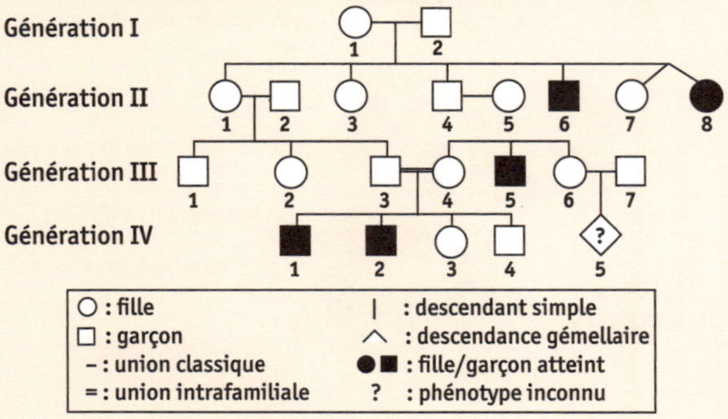

▶ Pour une transmission autosomique récessive comme la mucoviscidose, le **calcul de la probabilité** d'un couple d'avoir un descendant atteint de l'anomalie est simple. Pour un individu extérieur à la famille (III7), la probabilité qu'il soit porteur sain est celle de la population étudiée (soit $\frac{1}{40}$). S'il était hétérozygote, il a alors un risque sur deux de transmettre un gamète portant le mauvais allèle. Si un de ses descendants au moins est malade, il est obligatoirement porteur. La probabilité de transmettre un allèle atteint est de $\frac{1}{2}$. L'individu III6 ayant un frère atteint, leurs parents sont obligatoirement tous les deux hétérozygotes et la probabilité est alors de $\frac{2}{3}$ pour que III6 soit hétérozygote, sachant qu'il est lui-même non atteint ($\frac{2}{3}$ et non $\frac{1}{2}$ car le phénotype de l'individu II6 est sain). La probabilité pour que le couple III6/III7 donne naissance à un enfant atteint de l'anomalie (IV5) est alors la suivante : **probabilité de la mère d'être hétérozygote × probabilité du père d'être hétérozygote × probabilité de l'enfant à naître d'être homozygote malade :** $\frac{2}{3} \times \frac{1}{40} \times \frac{1}{4} = \frac{1}{240}$.

SVT

Exercices

1 ★★ 25 min **Transmission de la mucoviscidose.**

a. À partir de l'arbre généalogique précédent (cf. « méthode »), calculez le risque du couple III3/III4 d'avoir un cinquième enfant malade et comparez ce risque à celui pris par deux individus non apparentés et n'ayant pas de mucoviscidose familiale. Vous en déduirez l'explication de la forte réticence de la société à faire des unions entre personnes apparentées.

b. Retrouvez si les jumeaux II7 et II8 sont de vrais ou de faux jumeaux.

2 ★★ 45 min **Xérodermie pigmentaire**

Atteignant une personne sur un million en Europe de l'ouest, la xérodermie pigmentaire se caractérise par une hypersensibilité de la peau au soleil, des troubles oculaires et un risque multiplié par 1 000 de développer un cancer de la peau ou des yeux. Après exposition aux U.V., les mécanismes de réparation de l'ADN n'arrivent pas à supprimer les dimères* de thymine des enzymes réparant l'ADN. Les patients atteints sont déficients dans l'un des gènes codant les protéines participant au mécanisme de réparation de nucléotides. Au cours des mitoses successives, les mutations dues à l'environnement (U.V.) s'accumulent. La transmission de cette anomalie génétique est autosomique récessive.

Dès le plus jeune âge, la moitié des personnes atteinte montre une réaction cutanée excessive à l'exposition solaire. La peau sèche et épaisse présente des anomalies de la pigmentation. Des cancers de la peau surviennent pour plus d'une personne sur deux avant l'âge de 10 ans. Un tiers des malades montre des manifestations neurologiques sévères. L'espérance de vie de la personne atteinte dépasse rarement les 20 ans.
Aucun traitement n'existe aujourd'hui. En cas de risque génétique, un diagnostic prénatal est envisageable (avec IMG en cas de positivité). On ne peut que limiter les symptômes en appliquant des mesures préventives : supprimer toute exposition aux UV (ou du moins la réduire très fortement), utilisation de tenue intégrale, de crèmes solaire à indice de protection maximal.

**dimère de thymine : anomalie photochimique entraînant la liaison covalente de 2 thymines adjacentes, celles-ci se désolidarisant de l'adénine complémentaire.*

a. Définissez la transmission autosomique récessive.

b. Retrouvez l'expression du phénotype au niveau de l'individu, au niveau cellulaire et au niveau moléculaire.

c. En quoi le diagnostic prénatal présente-t-il un problème éthique ?

Les SVT rejoignent de nombreux problèmes de société qu'il faut bien dégager dans votre réponse.

Les cancers

Cours

1 Les origines des cancers

▶ Suite à une modification de l'ADN, les cellules peuvent se transformer. Elles se multiplient de façon anarchique en étant insensibles aux signaux de croissance et de mitose contrôlée. Elles perdent leurs caractères spécialisés et n'assurent plus leurs fonctions. Elles échappent au processus de mort cellulaire programmée. Ces cellules s'insinuent dans les tissus sains et stimulent les vaisseaux qui les alimentent. Elles forment ainsi le tissu tumoral pouvant donner naissance à des métastases qui coloniseront de nouveaux points du corps.

▶ Les facteurs de risques sont :
- génétiques pour 5 à 10 % des cancers (allèles de prédisposition, mutations) ;
- dûs à des infections pour 15 à 20 %, comme c'est le cas de certains virus (papillomavirus, virus d'Epstein Barr) ;
- comportementaux : 25 à 30 % sont déclenchés par le tabagisme, 30 à 35 % par le régime alimentaire (dont l'alcool) ;
- environnementaux pour 10 à 25 % (rayons ionisants, U.V., stress, sédentarité, pesticides...)

Comparaison de l'aspect de cellules saines et cancéreuses

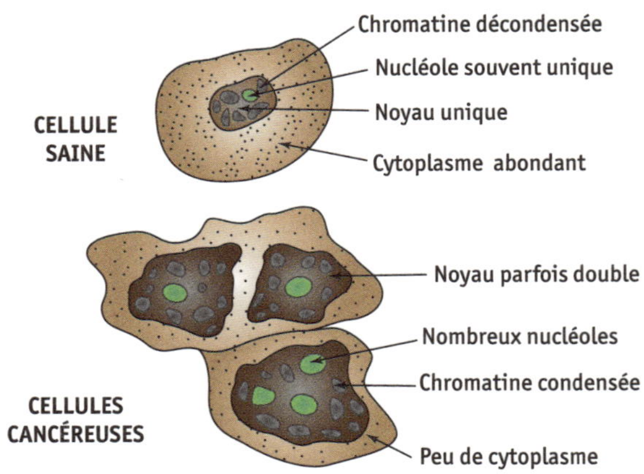

2 La prévention

La prévention se fait à différentes échelles.

▶ Tout acte préventif consiste d'abord à éliminer une cause à risque, un facteur de cancérisation ; c'est la prévention primaire (lutte contre le tabagisme, l'alcoolisme, conseils nutritionnels, vaccination contre le papillomavirus...)

▶ La prévention secondaire consiste à surveiller les personnes à risque (mammographie, coloscopie, analyse de la PSA pour la prévention du cancer de la prostate, frottis vaginal...)

▶ La prévention tertiaire s'adresse aux malades pour qu'ils abandonnent tout comportement à risque.

3 Les traitements et la guérison

▶ Trois types de traitements classiques existent et ils sont souvent combinés :
- La chirurgie permet de retirer les tissus tumoraux et souvent les tissus périphériques qui peuvent être contaminés.
- La radiothérapie détruit les tissus cancéreux. Si la lésion est profonde, on utilise souvent un rayonnement à haute énergie (bombe au cobalt). La curiethérapie se fait directement au contact avec la tumeur (introduction d'un fil d'iridium au sein du tissu). Pour des tumeurs de tissus superficiels, on utilise l'électron thérapie à basse énergie.
- Les médicaments anticancéreux traitent le cancer, mais aussi toute atteinte éventuelle métastasique. La chimiothérapie détruit les cellules tumorales mais aussi les tissus contaminés mais non encore détectés. Certains cancers étant dépendants des hormones (sein, prostate), on utilise une hormonothérapie bloquant l'action de l'hormone sur le tissu lésé. D'autres traitements sont encore du domaine de la recherche mais les résultats sont prometteurs (immunothérapie, thérapie génique...)

▶ En épidémiologie, on utilise des données statistiques pour suivre une maladie et envisager des campagnes de prévention. Donnée en pourcentage, la prévalence correspond au nombre total d'individus malades ou ayant été soignés pour une population précise, à un moment donné. Également en pourcentage, l'incidence est le nombre de nouveaux cas apparus par an sur la population totale.

Mots clés

- **Allèle de prédisposition :** forme d'un gène dont la présence augmente la probabilité de voir une transformation tumorale de la cellule.
- **Apoptose :** nom scientifique qualifiant la destruction programmée d'une cellule (caractéristique qui disparait chez une cellule cancéreuse).
- **Immunothérapie :** développement de molécules capables de stimuler ou de bloquer certains mécanismes immunitaires naturels en vue de soigner.
- **Métastase :** cellule détachée d'une tumeur qui colonise une autre partie du corps après avoir été transportée par le milieu intérieur (sang, lymphe).
- **Thérapie génique :** méthode pour remplacer le fonctionnement d'un allèle défectueux à l'origine de l'apparition d'une maladie.

Méthode

Exploiter et mettre en relation des documents

– **Lisez attentivement la question** posée avant de regarder les documents, à la lumière de ce qui est demandé.

– **Commencez** votre travail rédactionnel **par une introduction** posant le problème à résoudre et en définissant les termes du sujet.

– **Décrivez le document** proposé et **dégagez les points importants à expliquer**, en relation avec la question initiale. Pour un tableau ou un graphique, n'oubliez pas de vous appuyer si possible sur des valeurs chiffrées.

– Si vous avez un autre document procédez de la même façon et interprétez-le.

Ne faites jamais une description de chaque document puis une interprétation globale.

– Après avoir exploité chaque document, **mettez-les en relation** dans une synthèse pour répondre au problème posé.

– Évitez d'exploiter les documents dans un **ordre** différent de celui du sujet car ils sont souvent mis dans l'ordre logique du raisonnement attendu.

– **Surveillez votre rédaction** en évitant les phrases mal construites, les fautes d'orthographe, des expressions du langage parlé (comme « nous savons que », « il est évident que »...).

Ne mettez pas de guillemets pour encadrer une expression impropre (employez les mots corrects).

– **Soignez votre travail :** écriture lisible, mots importants soulignés à la règle, ne pas écrire dans la marge (réservée au correcteur), pas de ratures ni de surcharges...

Exercices

1 ★★ 30 min **Lisez le texte proposé, puis écrivez en quelques lignes les grandes idées qui se dégagent de votre lecture.**

Environnement, mutations et cancers

Présents dans la fumée de cigarettes, dans les vapeurs d'essence ou dans des environnements pollués, les hydrocarbures aromatiques sont des molécules capables de se lier à l'ADN en complexes hydrocarbures-ADN. Ces complexes favorisent des mutations de l'ADN et sont retrouvés en grande quantité dans le sang de personnes exposées ou atteintes de cancer comme celui du poumon. La protéine p53 se trouve impliquée dans le contrôle de l'expression d'autres gènes lors de différentes agressions cellulaires (expositions des cellules aux UV ou à des agents cancérigènes). Or, des mutations du gène p53 ont été identifiées dans la plupart des cancers humains, en particulier dans 70 % des cancers du poumon. Lorsque la molécule p53 est absente ou non fonctionnelle, les cellules ne contrôlent plus leur cycle cellulaire et elles peuvent proliférer : une tumeur cancéreuse peut ainsi se mettre en place.

D'après le sujet du Bac ES, Polynésie, 2004.

Utilisez un vocabulaire scientifique

2 ★★ 30 min **On a étudié la progression du nombre de cancers du sein découverts chez la femme entre 1975 et 2005.**

Évolution du nombre de cancers du sein entre 1975 et 2005

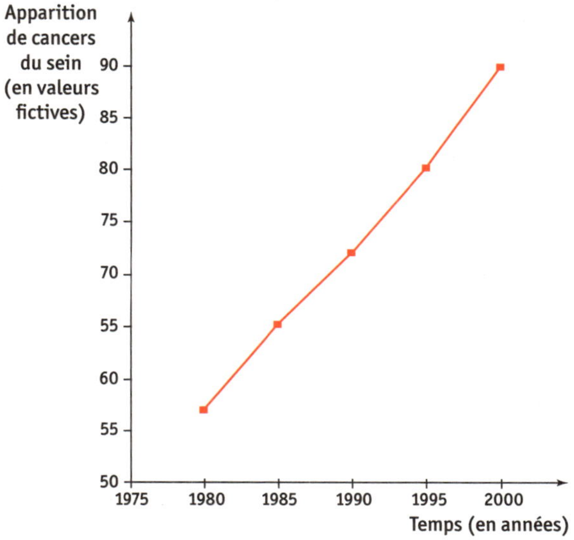

a. Exploitez le document proposé.

b. Pendant cette même période, la mortalité par cancer du sein chez la femme n'a pas augmenté.
Comment interprétez-vous cette information ?

Les bactéries et l'antibiothérapie

Cours

1 Fleming et la pénicilline

En revenant de vacances en 1928, Fleming reprend une culture bactérienne de Staphylocoques dorés qui n'avait pas été lavée et stérilisée. Elle était contaminée par une colonie de moisissure, le Penicillium notatum. Il observe une zone sans bactérie à la périphérie de la moisissure.

Au lieu de jeter la boite de Petri avec la culture contaminée, il se demande l'origine de cette zone sans bactérie. Il suppose que le Penicillium a émis une substance qui a empêché le développement des bactéries.

Pour le vérifier, il filtre la zone contenant la moisissure pour la supprimer mais pour garder éventuellement une substance piégée dans la gélose qui serait responsable de l'absence de bactérie. Sur une nouvelle culture de bactéries sur gélose, il met soit le filtrat obtenu, soit un extrait de gélose qui n'a jamais supporté de Penicillium.

Seul le premier filtrat montre l'absence de développement des Staphylocoques dorés. Fleming venait d'isoler le premier **antibiotique** émis par la moisissure, appelé plus tard pénicilline.

2 Les antibiotiques

▶ **Inactifs face aux virus**, les antibiotiques présentent soit un large spectre d'actions (contre de nombreuses espèces bactériennes), soit une action très spécifique contre un groupe voire une bactérie particulière. Il existe plusieurs **familles** d'antibiotiques qui se distinguent les unes des autres par :
- leur spectre d'action ;
- leur spectre d'activité selon le ou les organes cibles où l'antibiotique se concentrera ;
- leur voie d'utilisation (orale, pommade, injection...) ;
- leur mode d'emploi (une prise ou un traitement plus ou moins long dont la durée est à respecter) ;
- leurs contre-indications et/ou effets indésirables (femme enceinte, allergie, médicament incompatible...).

Antibiogramme

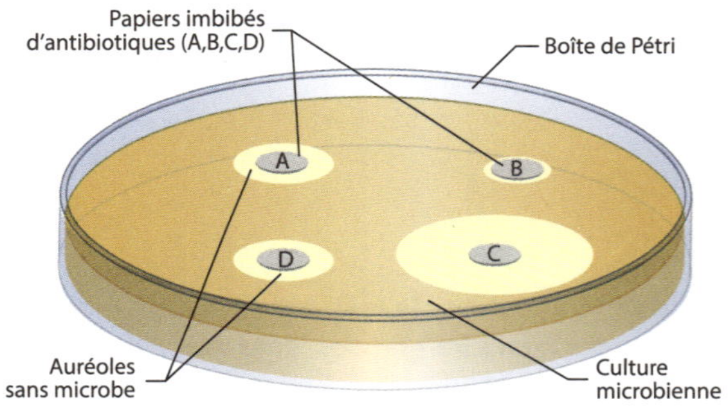

▶ Devant un germe isolé, le médecin peut rechercher l'antibiotique le plus efficace pour le patient en faisant faire un **antibiogramme** : on dispose sur la culture microbienne de petits disques imprégnés d'un antibiotique différent. Celui qui montrera une auréole la plus grande sera le plus efficace contre le germe.

3 L'antibiorésistance

Parmi les **mutations** qui se produisent au hasard dans les populations bactériennes, certaines donnent une **résistance** aux antibiotiques (en empêchant la molécule de pénétrer dans la bactérie), en la faisant ressortir de la cellule, en la détruisant...).

Sur une population bactérienne, un antibiotique va sélectionner des individus résistants et va éliminer les bactéries sensibles. L'utilisation exagérée de traitements antibiotiques, que ce soit pour la santé humaine ou en usage agronomique ou vétérinaire, conduit à **augmenter la fréquence des formes résistantes** dans les populations naturelles de bactéries, parfois simultanément résistantes à plusieurs antibiotiques. En effet, une résistance chez une bactérie même non inféodée à l'homme, peut se transmettre à des bactéries pathogènes de l'homme. Ceci se fait par **conjugaison** : un petit fragment d'ADN peut passer d'une cellule résistante à une cellule sensible, même entre deux espèces différentes.

Cela constitue un important **problème de santé publique** car le nombre d'antibiotiques connu à ce jour est limité, et de plus en plus de germes hyper résistants apparaissent. Ceci explique la fréquence plus élevée d'infections nosocomiales. De nouvelles pratiques doivent donc être recherchées (nouveaux antibiotiques, limitation des utilisations inconsidérées, utilisation de virus ou bactériophages s'attaquant aux bactéries...).

Mots clés

- **Boîte de Petri :** boîte cylindrique transparente peu profonde utilisée en microbiologie.
- **Gélose :** milieu nutritif solide permettant une culture bactérienne.
- **Infection nosocomiale :** infection contractée à la suite ou lors d'un séjour dans un établissement de soin (hôpital). Près d'un patient sur vingt en contracte une.

Méthode

Savoir exploiter un texte scientifique

Le texte scientifique a un caractère rationnel puisqu'il s'appuie sur la démarche scientifique.
Il permet de faire avancer les connaissances sur un sujet précis.

▶ Avant de commencer, **cherchez des renseignements** sur l'auteur du texte, sur le contexte qui a permis l'écrit, sur la nature de l'ouvrage d'où le texte est tiré.

▶ Lisez le texte proposé et recherchez éventuellement **les mots que vous ne comprenez pas** pour en trouver le sens précis.

▶ Par une seconde lecture, dégagez les **grandes idées.**

▶ **Résumez** ce que vous avez trouvé, en évitant la paraphrase et en trouvant, si possible, la démarche qui soutient le raisonnement de l'auteur, les problèmes posés.

SVT

Exercices

1 ★ 15 min **Relisez le cours et retrouvez les principales étapes de la démarche expérimentale menée par Fleming.**

Relisez la méthode chap. 2 sur la démarche expérimentale.

2 ★ 5 min **Observez le schéma de l'antibiogramme de la page ci-contre.**

Quel antibiotique le médecin préconisera-t-il à son patient ?

3 ★★ 45 min **Pour expliquer la formation de nouvelles cellules résistantes à un antibiotique, deux grandes théories s'affrontent :**
– selon Lamarck, c'est l'action de l'antibiotique qui induit la formation automatique d'un nombre précis de mutants dans la descendance bactérienne ;
– selon Darwin, les mutations se font de façon aléatoire (au hasard) sur la descendance bactérienne.
Pour vérifier la bonne hypothèse, on part de 4 tubes contenant une concentration identique de bactéries, que l'on soumet à une même quantité d'un antibiotique. On compte les cellules qui survivent, qui sont donc résistantes à l'antibiotique. Dans la première boîte, on trouve 3 colonies souches, dans la deuxième 1 seule souche, dans la troisième 13 colonies, et dans la dernière, 6 colonies sont survivantes.

a. Retrouvez la théorie qui explique la formation de cellules résistantes.

b. Quel est l'avantage compétitif de ces bactéries résistantes ?

c. Expliquez en quoi ces résistances nuisent à l'Homme.

4 ★★ 30 min **Les bactéries possèdent une enzyme qui assure l'élaboration de la paroi cellulaire. Pour élaborer cette paroi, l'enzyme catalyse l'association de 2 polypeptides. Si l'enzyme est absente, l'architecture de la paroi est déstabilisée et la bactérie éclate.**
Les β lactamines sont des antibiotiques. On compare la partie du gène de l'ADN codant pour la synthèse de cette enzyme :
– chez une bactérie A, sensible à l'antibiotique,
– chez une bactérie B résistante.

Les 13ers triplets de l'ADN bactérien transcrit, responsable de la synthèse de l'enzyme de la paroi

ADN bactérie A : ATG CCG GCT AGT TTT TAC CTA GTC ATC CTT TGC ATG CGT -------
ADN bactérie B : ATG CCG GCT AGT TTT TAC CTA GCC ATC CTT TGC ATG CGT -------

a. Retrouvez l'enzyme fabriquée lors de cette synthèse (code génétique chap. 4).

b. Expliquez l'action de l'antibiotique.

c. Que se passe-t-il chez les bactéries résistantes ?

L'immunité innée

Cours

Le système immunitaire assure une défense contre tout élément étranger ou non soi (microorganisme, venin, cellule cancéreuse...) Il fait intervenir des organes (vaisseaux sanguins, ganglions lymphatiques), des cellules (cellules du sang, des tissus) et des molécules (ADN, récepteurs du non soi, histamine, facteurs de coagulation...)
Ce système comprend deux étages de défenses aux stratégies différentes : l'immunité innée et l'immunité adaptative. L'immunité innée est la première à intervenir dans la réaction immunitaire.
L'immunité innée existe dès la naissance. Elle ne nécessite donc aucun apprentissage et se déclenche immédiatement, de façon stéréotypée (de façon identique). Elle dépend de mécanismes génétiques très conservés au cours de l'évolution.

Étapes de la réaction inflammatoire

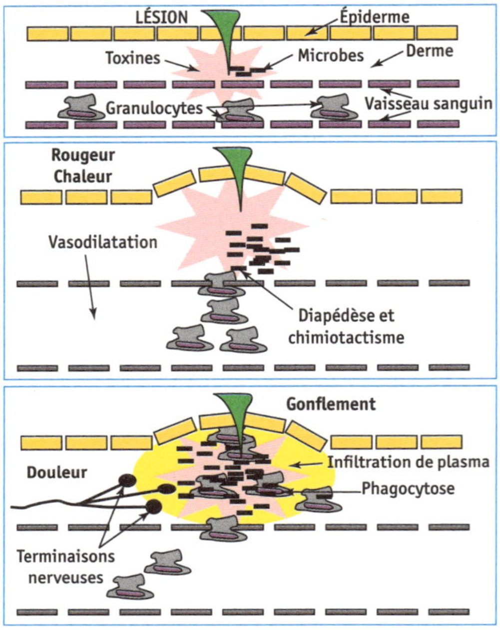

1 La réaction inflammatoire

C'est une réponse localisée à la détection d'un élément du non soi.
Suite à la pénétration de microbes et la libération de toxines, le non-soi est détecté par les récepteurs membranaires situés à la surface des mastocytes et des cellules dendritiques, qui libèrent des messagers chimiques (les interleukines). Il y a vasodilatation des capillaires (dilation des vaisseaux) ce qui provoque rougeur et chaleur.
Cette vasodilatation favorise le passage des granulocytes qui quittent le sang. Ils sont attirés par les molécules du non soi et par celles qui sont libérées par les cellules lésées : c'est une locomotion orientée par chimiotactisme. Cette infiltration du plasma provoque alors un gonflement de l'épiderme.
D'autres molécules libérées stimulent les terminaisons nerveuses, provoquant de la douleur et éventuellement de la fièvre. En cas de lésion et écoulement sanguin, des facteurs de coagulation déclenchent la formation d'un caillot.

2 La phagocytose

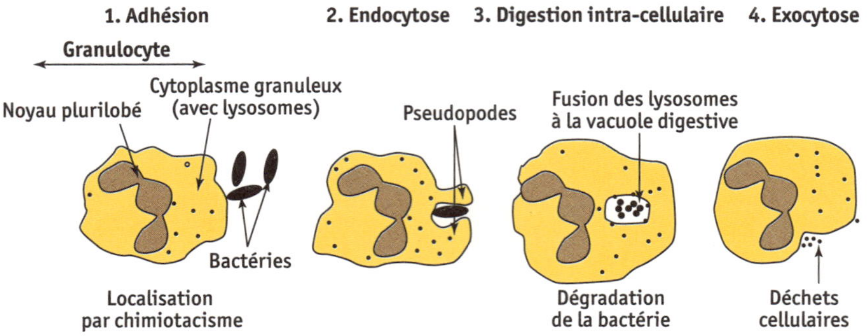

La phagocytose permet l'élimination des éléments du non soi, par les cellules phagocytaires : les granulocytes, les monocytes (ou macrophages) et les cellules dendritiques.
– Adhésion (1) : il y a adhérence du non soi sur les récepteurs membranaires.
– Endocytose (2) : la cellule phagocytaire émet des prolongements – ou pseudopodes – qui encerclent l'élément du non soi. Une vacuole de phagocytose (digestive) se forme.
– Digestion intracellulaire (3) : dans le cytoplasme du phagocyte, des lysosomes contiennent de nombreuses enzymes digestives. Ils déversent leur contenu dans la vacuole et une digestion intracellulaire se déroule. Cela provoque la lyse (destruction) des éléments étrangers.
– Exocytose (4) : certains déchets non digérés sont exocytés hors de la cellule.

▶ Pour éviter les inconvénients de l'infection, les scientifiques ont mis au point des molécules contre la fièvre (ex. antipyrétiques), contre la douleur (ex. le paracétamol) et des anti-inflammatoires (ex. l'aspirine ou l'ibuprofène).

▶ Dans les ganglions lymphatiques, une coopération entre les cellules dendritiques ou les macrophages, qui présentent une portion très spécifique du non soi, l'antigène, et des lymphocytes, va préparer la formation éventuelle d'une réponse immunitaire spécifique.

Méthode

Reconnaître les cellules immunitaires

▶ L'observation microscopique d'un frottis de sang nécessite une coloration car les leucocytes (globules blancs) sont peu visibles. Parmi les leucocytes on distingue :

– les **granulocytes** (A) ont un noyau plurilobé. Leur cytoplasme est riche en organites, ce qui leur donne un aspect granuleux.

– les **monocytes** (C) sont les plus grands leucocytes, leur noyau a souvent une forme de haricot. Comme les granulocytes, ils font la phagocytose : dans les tissus, ils se transforment en très grosses cellules avec de nombreuses expansions cytoplasmiques, les **macrophages**.

– les **lymphocytes** (B) sont des petits leucocytes. Leur noyau occupe presque tout l'intérieur du cytoplasme.
Ils n'interviennent pas dans l'immunité innée mais dans l'immunité adaptative.

– les cellules les plus nombreuses sont les **hématies** (D). Cellules sans noyau, en forme de disque biconcave, elles contiennent le pigment respiratoire d'hémoglobine.

– l'ensemble de ces cellules nage dans le liquide ou **plasma** (E).

▶ D'autres cellules tissulaires, non circulantes, interviennent dans l'immunité innée. Ce sont les **cellules dendritiques** avec de très longs prolongements. Effectuant aussi la phagocytose, ces cellules préparent à la réponse immunitaire adaptative. Les **mastocytes** sont des cellules très riches en vésicules contenant diverses molécules dont l'histamine. La libération de ces substances produit une vasodilatation et favorise l'attraction des cellules défensives vers la zone lésée.

Lame de sang coloré vue au microscope optique

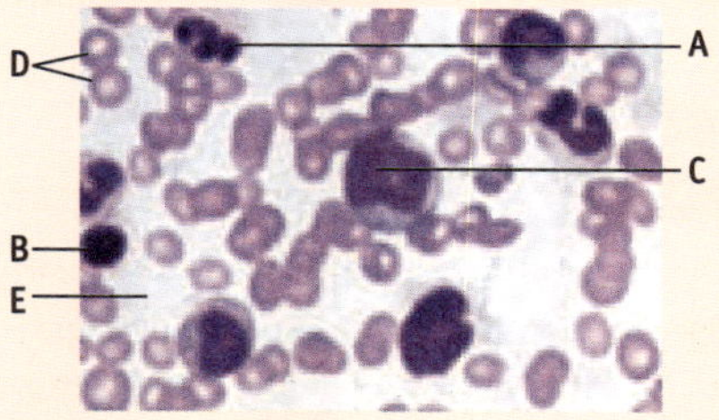

Mots clés

Lymphe : liquide dérivé du sang, sans les hématies qui baigne les cellules et qui retourne au sang par les vaisseaux lymphatiques.

Organes lymphoïdes : lieux de production et de maturation des lymphocytes - voir chapitre suivant - (primaires : moelle osseuse et thymus) et d'initiation de l'immunité adaptative (secondaires : ganglions lymphatiques du cou, abdomen, aisselles...)

Exercices

1 ★ 20 min **Afin d'étudier l'effet de l'aspirine sur la synthèse d'un médiateur de l'inflammation (une interleukine), on administre 120 mg d'aspirine (prétraitement) à des sujets infectés par le virus de la grippe, puis on arrête le traitement. Pendant l'expérience, on suit la concentration sanguine de ce médiateur de l'inflammation au cours du temps (Doc. 1).**

En quoi ces mesures confirment-elles ou pas le rôle anti-inflammatoire de l'aspirine ?

Doc. 1 Taux sanguin de médiateur de l'inflammation

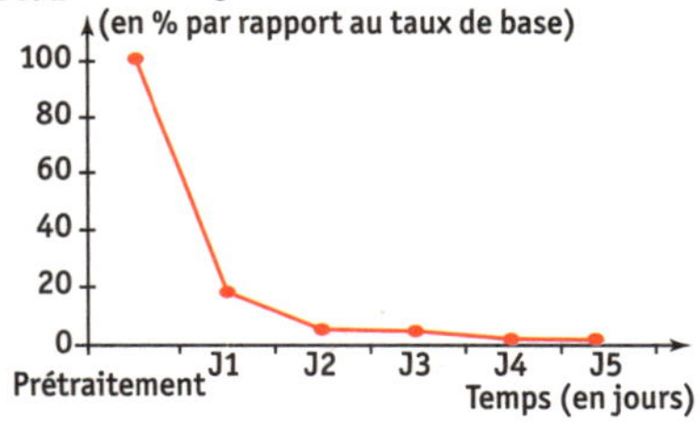

2 ★★ 25 min **Lorsqu'un microorganisme réussit à franchir la barrière naturelle de la peau, une réaction inflammatoire est déclenchée. Divers acteurs, comme les mastocytes, interviennent. Dans certains cas, la réponse faite par les mastocytes peut être initiée par des agents externes non pathogènes, les allergènes. Dans le cas d'une réaction allergique, des gonflements plus ou moins importants ou œdèmes se mettent en place. Si l'œdème affecte les voies respiratoires (œdème de Quincke), la situation peut devenir dangereuse pour le patient. Au cours de leur activité, ces cellules montrent une forte exocytose des granulations cytoplasmiques.**

Doc. 2 : mastocyte au repos (photographie au microscope électronique à transmission)

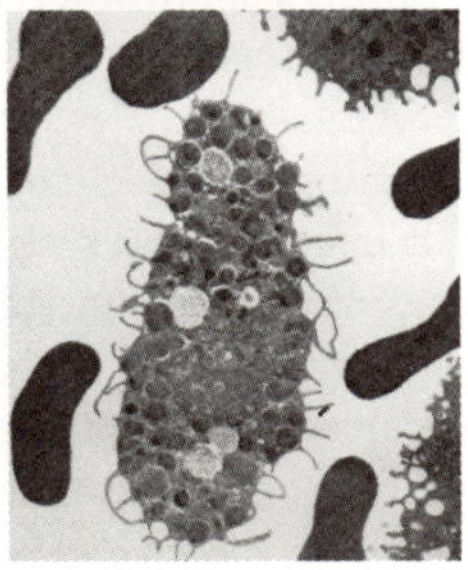

Doc. 3 : contenu et rôles des molécules contenues dans les granulations cytoplasmiques des mastocytes

Molécules	Actions
Histamine	Vasodilatation Augmentation de la perméabilité des capillaires Chimiotactisme des granulocytes
Protéases	Activation des molécules du **complément***
ECF, NCF	Chimiotactisme des granulocytes

* Complément : ensemble constitué d'une vingtaine de protéines non spécifiques fabriquées dans le foie et circulant dans le milieu intérieur ; elles sont activées en cascade. Elles assurent la lyse des molécules du non soi.

Avant de commencer, relisez la méthode « Exploiter et mettre en relation des documents » chap. 12.

Exploitez les documents 2 et 3 pour identifier comment les mastocytes peuvent déclencher un œdème de Quincke.

Les mécanismes de l'immunité adaptative

Cours

L'immunité adaptative se déclenche après quelques jours de latence. Elle est dirigée de façon spécifique contre un agresseur précis, avec plus ou moins d'efficacité selon l'individu agressé et selon l'agresseur.

1 La phase effectrice

▶ Transformés en plasmocytes, certains lymphocytes B (qui maturent dans la moelle osseuse) sécrètent des immunoglobulines ou anticorps.
Ces protéines (les anticorps) sont formées de 4 chaînes d'acides aminés : 2 lourdes (plus longues) et 2 légères (plus courtes), unies par des ponts disulfures. Tous les anticorps ont une partie constante et une partie variable. Les deux branches du « Y » constituent cette partie variable. Elles sont spécifiques et complémentaires d'un même antigène (bactérie, virus, toxine, poison...) contre lequel elles sont dirigées.

▶ Les deux zones terminales de l'anticorps se lient à l'antigène pour former un complexe immun. Le complexe antigène-anticorps empêche la dispersion de l'antigène et sa multiplication. Il favorise la phagocytose en aidant l'adhérence de l'antigène au phagocyte (par fixation de la partie libre de l'anticorps sur sa membrane). Il active aussi le complément.

Formation du complexe immun

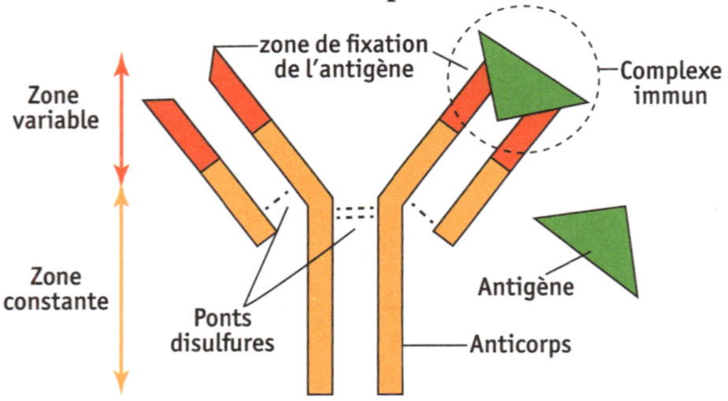

▶ D'autres lymphocytes T (fabriqués dans la moelle osseuse mais matures dans le thymus) possèdent des récepteurs membranaires au soi modifié.
Quand une cellule est infectée par un virus, elle présente sur sa membrane une molécule du soi associée à du non soi. Ce soi modifié est repéré par les récepteurs des lymphocytes T cytotoxiques. Ceux-ci vont libérer des perforines aboutissant à la lyse cellulaire par formation de pores (orifices dans la membrane plasmique) ou des molécules qui provoquent la mort cellulaire (apoptose) pour détruire cette cellule parasitée. Remarque : une cellule tumorale est également détruite par les LT cytotoxiques car son soi se transforme en soi modifié.

2 Le déroulement

▶ La reconnaissance de l'antigène (sélection clonale) se fait :
– soit grâce des récepteurs membranaires situés sur les pré lymphocytes B qui seront sélectionnés,
– soit par une cellule présentatrice de l'antigène qui peut être une cellule infectée ou un phagocyte tissulaire de l'immunité innée (macrophage ou cellule dendritique). Celle-ci présente le soi modifié à des pré lymphocytes T portant le récepteur au soi modifié spécifique.

Sélection du lymphocyte B

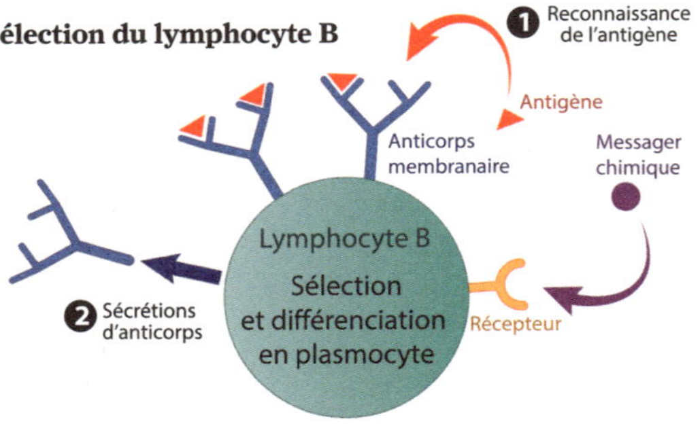

Sélection des lymphocytes T

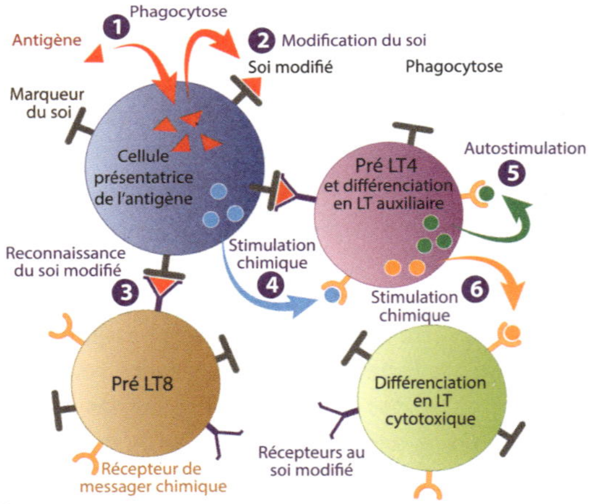

▶ La stimulation des pré lymphocytes (par fixation de l'antigène ou par un messager chimique) déclenche des mitoses. Ces reproductions conformes permettent la multiplication des lymphocytes sélectionnés. On parle d'amplification clonale.
– Lors de la phase de différenciation, les lymphocytes B immatures se transforment en plasmocytes fabriquant les anticorps, après stimulation par des molécules sécrétées par les LT4 auxiliaires (appelés aussi CD4, par référence à leurs récepteurs membranaires) et/ou par contact direct avec l'antigène.
– Une autre population de lymphocytes, les LT8 (appelés aussi CD8, par référence à leurs récepteurs membranaires) formeront des lymphocytes cytotoxiques après stimulation par les LT4. Quant aux LT4, ils deviennent auxiliaires après une autostimulation.

>>

>> ▶ Ces trois types de cellules (LB, LT4 et LT8) forment aussi des cellules à durée de vie plus longue, les cellules mémoires, qui seront activées lors d'une seconde rencontre avec l'antigène.
– La latence entre l'introduction d'un antigène et la phase effectrice (aboutissant à la destruction de l'antigène) s'explique par les différentes étapes de la réaction immunitaire.
– Cette immunité adaptative s'acquiert au gré des rencontres entre l'individu et les antigènes ; elle est donc différente d'un individu à un autre, contrairement à l'immunité innée qui est constante car invariable.

SVT

Méthode

Visualiser des molécules en 3D

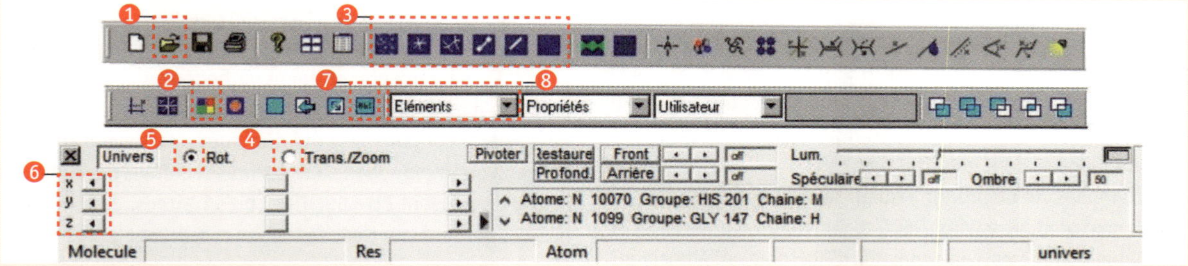

Téléchargez le logiciel Rastop : http://acces.ens-lyon.fr/biotic/rastop/html/telechargement.htm puis **le fichier iggtotal.pdb** à partir du site : https://app.box.com/s/fxh0or4kj4s27504znw3

Dans Rastop, **ouvrez le fichier** (1) ;

– Dans la palette (2), **colorez le fond** (au choix) et prendre blanc (plus facile à lire).

– Sélectionnez un **mode de représentation** (3) : boules et bâtonnets.

– Sous l'écran, en cochant la case Trans Zoom (4) et en jouant sur l'axe z, vous pouvez **agrandir** la molécule.
Vous distinguerez les atomes et leurs couleurs dédiées.
On peut aussi **tourner** la molécule dans l'espace grâce aux axes x, y et z (6), après avoir coché la case Rot (5).

- **Colorez chaque chaîne** en sélectionnant dans le menu, Atomes et en choisissant « colorer par » et « chaîne ».

- Dans ABC (7) vous pouvez **sélectionner une partie de la molécule** et la représenter autrement. Par exemple, écrire dans la case Eléments (8) « 10-18 » signifie que vous sélectionnez du 10e au 18e acide aminé de chaque chaîne. Vous pouvez alors choisir de colorer ces atomes d'une couleur particulière ou de changer la représentation (en sphère par exemple).

Exercice

1 ★★ 30 min **À partir du Doc. 1, montrez que la neutralisation de la toxine diphtérique résulte de la formation d'un complexe immun spécifique.**

Pensez aux molécules portées par la membrane des Lymphocytes B.

Doc. 1

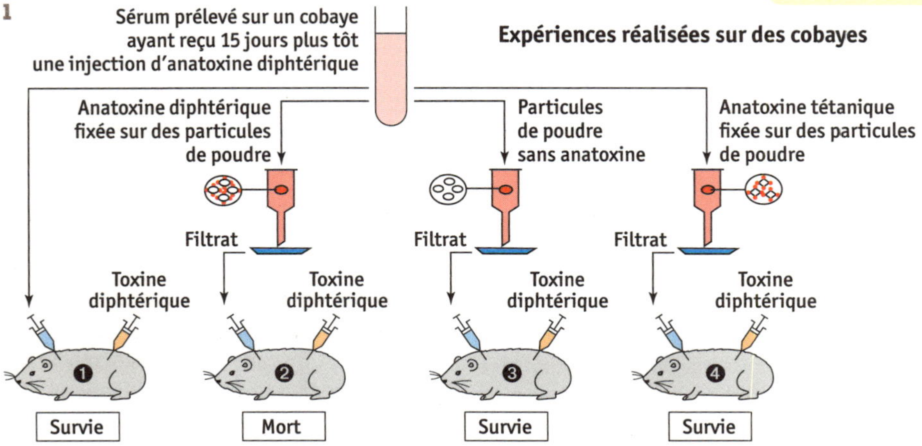

L'immunité adaptative et la santé

Cours

1 Peu de gènes, une quantité infinie de molécules produites

▶ Alors que le génome humain ne contient que quelques dizaines de milliers de gènes, il existe des millions d'anticorps différents. Il n'y a pas assez de gènes dans une cellule humaine pour expliquer une telle diversité des anticorps et de leurs récepteurs.

▶ Chaque lymphocyte mature exprime un patrimoine génétique quasiment unique, né de la recombinaison génétique aléatoire de segments de gènes. Ainsi, à un instant donné, il existe dans l'organisme de nombreux clones de lymphocytes T et B qui diffèrent par leur récepteur spécifique pour l'antigène. Ces pré lymphocytes sont qualifiés de naïfs.

▶ Un lymphocyte ne produira qu'un seul type d'anticorps. La cellule peut produire environ 9600 chaînes lourdes différentes et 1000 chaînes légères. Ces fragments d'ADN peuvent également ensuite subir des mutations.

2 La mémoire immunitaire

Lors d'un premier contact avec un antigène, la réponse immunitaire de l'organisme, encore appelée réponse primaire, n'est pas toujours très efficace : elle est lente à s'installer, peu intense et ne dure pas très longtemps.

Lors d'un second contact avec le même antigène ou réponse secondaire, la réponse est quasi immédiate, elle est plus intense et durable.

Le premier contact ayant été mémorisé au cours de la différenciation, les cellules mémoire se multiplient et se différencient lors d'un second contact avec le même antigène. Leur durée de vie est très longue.

3 Des moyens de lutte

a. La vaccinothérapie

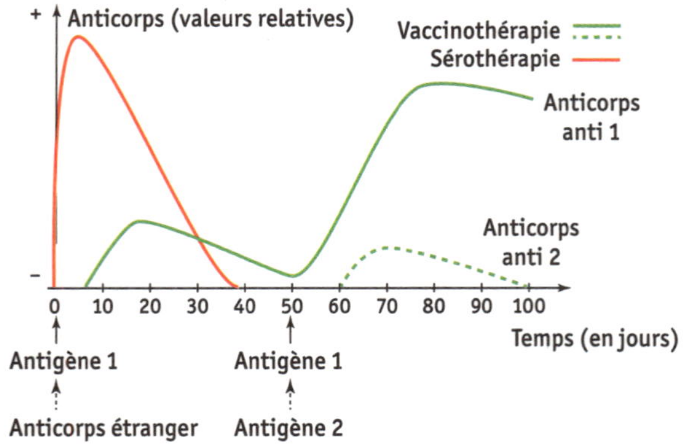

▶ En prévention d'une agression microbienne, le vaccin introduit dans l'organisme un antigène dérivé non pathogène d'un agent microbien, dans le but d'entraîner une défense préventive contre la maladie en cause. Cette immunité est plus ou moins durable ce qui justifie les vaccinations de rappel. L'antigène introduit par le vaccin provoque une réponse immunitaire primaire et la multiplication de lymphocytes mémoire dirigés contre celui-ci. Si l'individu rencontre à nouveau l'agent pathogène, ces cellules mémoire déclenchent une réponse immunitaire secondaire.

La vaccination est donc spécifique : elle n'agit que pour une maladie donnée avec une protection durable.

▶ Plusieurs techniques peuvent être utilisées pour préparer un vaccin. On peut injecter un agent pathogène non virulent, soit parce qu'il a été préalablement tué, soit parce que sa toxicité vis-à-vis de l'organisme a été diminuée, mais ayant toujours son pouvoir immunogène. Les toxines sécrétées par certaines bactéries peuvent être purifiées puis traitées, de telle sorte qu'elles perdent leur toxicité tout en conservant leurs propriétés antigéniques. Les vaccins peuvent également contenir des protéines antigéniques non toxiques purifiées, ou produites par génie génétique à partir du gène correspondant, isolé chez le pathogène.

Une perspective nouvelle de vaccination s'ouvre actuellement : la vaccination génétique.

▶ On rajoute très souvent des adjuvants qui fournissent les signaux de danger nécessaires à l'activation de la réaction innée. L'organisme est alors préparé au déclenchement de la réaction adaptative. Contre une maladie qui se transmet, la prévention reste la meilleur technique (éviter la contamination : stérilisation, lavage des mains, préservatif, vaccination…)

Mots clés

- **Adjuvant :** molécule ajoutée au vaccin pour lui donner une plus grande efficacité en aidant à déclencher la réaction immunitaire innée.
- **Pathogène :** vecteur de maladie.

b. La sérothérapie

Le sérum consiste à injecter directement dans un organisme infecté, l'anticorps fabriqué par un autre individu. Son action curative est immédiate, mais l'anticorps devient rapidement inefficace car il est étranger à l'organisme et donc combattu (fabrication d'anticorps anti-anticorps), et non synthétisé par l'organisme receveur (donc peu durable).

c. L'immunothérapie

L'immunothérapie, qui consiste à stimuler ou à modifier les défenses immunitaires, est actuellement en plein essor. Le soin antitumoral a bénéficié de médiateurs immunitaires, des cellules immunitaires transformées qui facilitent la réponse adaptative, des immunomodulateurs qui réduisent les réactions allergiques… On parle de vaccin thérapeutique (mais il n'est plus préventifici). Il a des résultats appréciables contre le VIH et pour combattre certains cancers.

Méthode

Comprendre le test d'Ouchterlony

▶ La rencontre entre un anticorps et son antigène spécifique provoque la formation d'un complexe immun visualisable in vitro par un arc de précipitation.
On introduit, par un **puits central** dans un milieu gélosé, un antigène à déterminer. On dispose autour des **puits périphériques équidistants**, dans lesquels on introduit divers anticorps dont on connaît la spécificité antigénique.
=> Il y aura un **arc de précipitation** (complexe immun) entre l'anticorps et l'antigène qui permettra de connaître la nature de l'antigène.

▶ Par exemple : on cherche à savoir si un lapin (S) a été mis en contact avec une protéine extraite du sang d'un bovidé. On dispose de sang de lapin S testé avec de la protéine provenant de différents animaux : de la protéine de bœuf B, de cheval C, de lapin L, d'un élan E et d'un d'alligator A. À partir des résultats obtenus sur le test d'Ouchterlony (Doc. 1), validez votre hypothèse.

Doc. 1

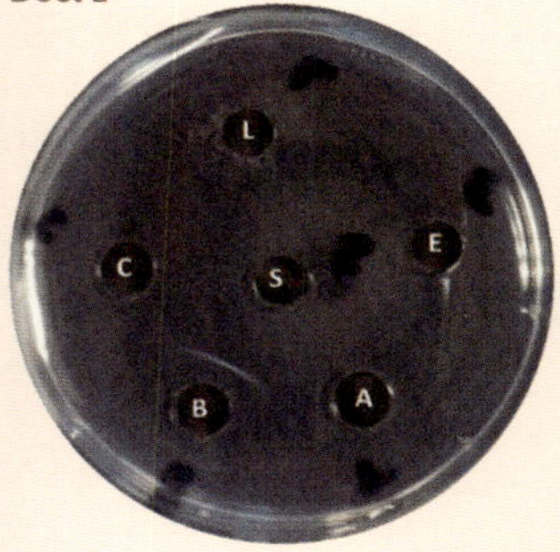

Réponse : On observe un arc de précipitation entre le sang du lapin testé et l'antigène B de bœuf.
Le sang S de ce lapin contient bien des anticorps contre cette protéine, ce qui indique qu'il a déjà été en contact avec cet antigène et a développé des anticorps, expliquant ainsi la formation d'un complexe immun. Les autres protéines ne sont pas détectées par le sang du lapin, car il n'a pas été en contact avec elles. Quant à la protéine L, elle ne donne aucune réaction car c'est une molécule appartenant au soi du lapin.

SVT

Exercices

1 ★★ 45 min **Sous forme d'un tableau à double entrée, comparez la vaccinothérapie et la sérothérapie.**

Cf. Méthode chap. 4.

2 ★ 30 min **La salmonellose est une intoxication alimentaire provoquée par des bactéries flagellées*, les Salmonelles, qui induisent dans l'organisme la production d'anticorps anti-flagelles. Ce graphique présente l'évolution de la concentration des anticorps anti-flagelles dans le sérum** d'un rat, ayant subi deux injections de flagelles de Salmonelles à six semaines d'intervalle.**

* bactérie flagellée : bactérie pourvue d'un filament à rôle locomoteur.

** sérum : liquide du sang obtenu après coagulation ; il ne contient pas de cellules sanguines et se différencie également du plasma par l'absence de la protéine ayant entraîné la formation du caillot.

Évolution de la concentration des anticorps

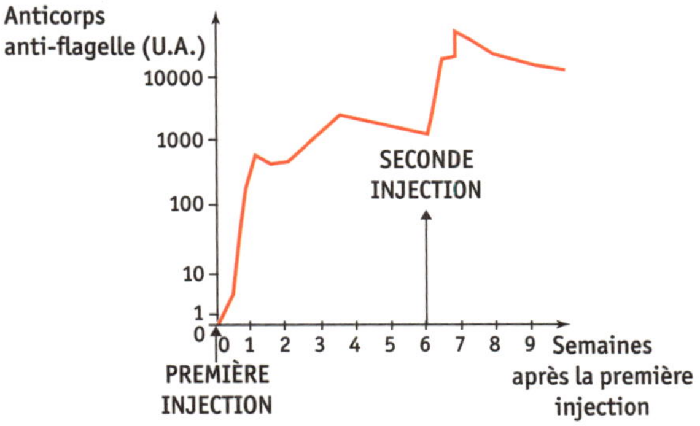

En exploitant le résultat de cette expérience, justifiez le fait que, lors de la pénétration répétée d'antigènes, l'organisme met en jeu une mémoire immunitaire.

3 ★ 25 min **Une personne a été mordue par une vipère aspic. Il existe 5 populations de vipères produisant des venins différents. On prélève un peu de venin dans la morsure et on fait un test d'Ouchterlony pour connaître l'anticorps à injecter au patient.**

a. Va-t-on faire une vaccinothérapie ou une sérothérapie ?

b. Expliquez les résultats obtenus.

Test d'Ouchterlony

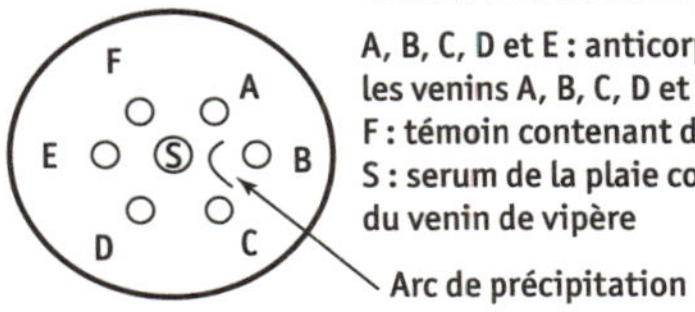

A, B, C, D et E : anticorps contre les venins A, B, C, D et E
F : témoin contenant de l'eau distillée
S : serum de la plaie contenant du venin de vipère

je me teste !

LA TERRE, LA VIE ET L'ORGANISATION DU VIVANT

1 La mitose :
- ☐ **a.** correspond au cycle cellulaire.
- ☐ **b.** est subdivisée en 4 phases.
- ☐ **c.** permet de produire des cellules reproductrices.

2 Contrairement à la mitose, la méiose est :
- ☐ **a.** une reproduction conforme.
- ☐ **b.** produit des cellules diploïdes.
- ☐ **c.** constituée d'une série de 2 divisions successives.

3 Pendant la phase S de l'interphase :
- ☐ **a.** la quantité d'ADN double.
- ☐ **b.** les chromosomes sont visibles au microscope optique.
- ☐ **c.** la cellule se divise.

4 Outre l'apport de nucléotides, la synthèse d'une nouvelle molécule d'ADN nécessite :
- ☐ **a.** uniquement de l'énergie.
- ☐ **b.** que l'intervention de certaines enzymes.
- ☐ **c.** l'apport d'énergie et d'enzymes.

5 La réplication de l'ADN est qualifiée de :
- ☐ **a.** semi-conservative.
- ☐ **b.** dispersive.
- ☐ **c.** conservative.

6 Un nucléotide est constitué :
- ☐ **a.** d'un ribose, d'une base azotée et d'un acide phosphorique.
- ☐ **b.** d'une base azotée et de sa base complémentaire.
- ☐ **c.** d'un brin d'ADN.

7 Plus deux populations d'une même espèce sont affiliées :
- ☐ **a.** plus la sélection naturelle est efficace.
- ☐ **b.** plus leur ADN est proche.
- ☐ **c.** plus les croisements reproducteurs entre ces populations sont improbables.

8 La trisomie 21 ou syndrome de Down est :
- ☐ **a.** est une mutation par substitution.
- ☐ **b.** correspond à une mutation neutre.
- ☐ **c.** est une polysomie.

9 Un agent mutagène :
- ☐ **a.** augmente la fréquence des ondes électromagnétiques.
- ☐ **b.** n'agit que sur des cellules somatiques.
- ☐ **c.** peut avoir une conséquence chromosomique ponctuelle.

10 La transcription de l'ADN en ARN :
- ☐ **a.** se fait dans le noyau.
- ☐ **b.** utilise les 2 brins de la double hélice d'ADN.
- ☐ **c.** se déroule indistinctement dans un sens de lecture ou dans le sens inverse.

11 Le code génétique :
- ☐ **a.** possède 62 cases possibles.
- ☐ **b.** correspond aux nucléotides d'ARN lus deux par deux.
- ☐ **c.** montre trois codons STOP.

12 Les gènes morcelés :
- ☐ **a.** permettent de produire de nombreuses protéines à partir d'un seul gène.
- ☐ **b.** se découpent en fragments ou exons.
- ☐ **c.** sont plus répandus dans les cellules bactériennes que dans les cellules humaines.

13 La catalyse enzymatique :
- ☐ **a.** est incompatible avec le vivant.
- ☐ **b.** est une réaction irréversible.
- ☐ **c.** est indépendante de la température du milieu.

14 Le site actif d'une enzyme :
- ☐ **a.** correspond à une simple zone de fixation de l'enzyme et du substrat.
- ☐ **b.** est seulement le lieu où se déroule la réaction.
- ☐ **c.** renferme à la fois un site de fixation et un site réactionnel.

15 La vitesse d'une réaction enzymatique :
- ☐ **a.** est indépendante de la quantité de relative de substrat et d'enzyme.
- ☐ **b.** est différente selon le pH du milieu.
- ☐ **c.** a une croissance infinie.

Réponses !

1 : b - **2** : c - **3** : a - **4** : c - **5** : a - **6** : a - **7** : b - **8** : c - **9** : c - **10** : a - **11** : c - **12** : a - **13** : b - **14** : c - **15** : b.

1 L'asthénosphère :

- ▢ **a.** est constituée de roches sédimentaires.
- ▢ **b.** permet le mouvement des plaques lithosphériques.
- ▢ **c.** est liquide.

2 Le gabbro :

- ▢ **a.** est une roche métamorphique.
- ▢ **b.** est une roche entièrement cristallisée.
- ▢ **c.** caractérise la croûte continentale.

3 La discontinuité de Lehmann sépare :

- ▢ **a.** la croûte du manteau.
- ▢ **b.** le noyau du manteau.
- ▢ **c.** le noyau interne du noyau externe.

4 Le Moho :

- ▢ **a.** se situe plus profondément sous la croûte continentale que sous la croûte océanique.
- ▢ **b.** se situe à une profondeur moyenne de 100 Km.
- ▢ **c.** est le lieu de tous les foyers sismiques.

5 Une roche éruptive :

- ▢ **a.** ne peut se connaître que de façon indirecte, par forage.
- ▢ **b.** est synonyme de roche métamorphique.
- ▢ **c.** appartient à la famille des roches magmatiques.

6 Une dorsale :

- ▢ **a.** est marquée de failles inverses.
- ▢ **b.** est une frontière de convergence.
- ▢ **c.** n'est pas forcément immergée.

7 Le paléomagnétisme :

- ▢ **a.** s'appuie sur les changements du magnétisme terrestre au cours des temps géologiques.
- ▢ **b.** assure la datation des roches sédimentaires.
- ▢ **c.** étudie la faune et la flore du passé.

8 Dans une dorsale, la fusion partielle du manteau :

- ▢ **a.** est due à un décalage du solidus des péridotites hydratées.
- ▢ **b.** provient de la remontée des péridotites dont le solidus recoupe le géotherme.
- ▢ **c.** est provoquée par le fossé d'effondrement de la dorsale.

9 La cristallisation fractionnée d'un magma :

- ▢ **a.** illustre un changement d'état d'une roche sédimentaire en fusion.
- ▢ **b.** permet de comprendre une composition chimique différente du magma et de la roche éruptive à qui elle donne naissance.
- ▢ **c.** sépare le solidus du liquidus.

10 Le métamorphisme hydrothermale :

- ▢ **a.** donne naissance à des serpentinites à partir des péridotites.
- ▢ **b.** est une décompression du manteau.
- ▢ **c.** assure le passage du gabbro au basalte.

11 Le magmatisme d'une zone de subduction :

- ▢ **a.** est dû au décalage du solidus des péridotites hydratées.
- ▢ **b.** correspond au recoupement du liquidus avec le géotherme.
- ▢ **c.** donne naissance à des roches basaltiques.

12 Dans un plissement de terrains :

- ▢ **a.** la déformation est cassante.
- ▢ **b.** les contraintes qui lui ont donnée naissance sont peu profondes.
- ▢ **c.** on a un épaississement de la croûte.

13 Un chevauchement :

- ▢ **a.** correspond à une sortie géologique à cheval.
- ▢ **b.** se transforme en nappe de charriage si le déplacement est de plusieurs Km.
- ▢ **c.** qualifie une faille compressive.

14 Une ophiolite :

- ▢ **a.** correspond à un vestige de lithosphère océanique sur une lithosphère continentale.
- ▢ **b.** est le nom d'une roche caractéristique d'un massif montagneux.
- ▢ **c.** est un serpent répandu en haute montagne.

SVT

Réponses

1 : b - **2** : b - **3** : c - **4** : a - **5** : c - **6** : c - **7** : a - **8** : b - **9** : b - **10** : a - **11** : a - **12** : c - **13** : b - **14** : a.

je me teste !

ENJEUX CONTEMPORAINS DE LA PLANÈTE

1 Soit le réseau alimentaire simplifié dans une pinède. La coccinelle est :

- ☐ **a.** un consommateur de 3ème ordre.
- ☐ **b.** un consommateur de 2ème ordre.
- ☐ **c.** un consommateur de 1er ordre.

2 Dans le réseau schématisé ci-dessus, une chasse trop importante des passereaux a entraîné, après quelques mois, la destruction importante de cette forêt. Ceci s'explique par :

- ☐ **a.** la baisse des rapaces qui ont moins de proies voit l'augmentation des chenilles consommant le pin.
- ☐ **b.** sans prédateurs l'effectif des araignées augmente. La population de coccinelle diminuant, les pucerons augmentent donc le pin est très consommé.
- ☐ **c.** c'est la suite de perturbations en chaîne provoquée par la baisse des passereaux qui a provoqué la destruction de la pinède en favorisant à la fois la pullulation des chenilles et des pucerons.

3 Un réseau trophique :

- ☐ **a.** est constitué de producteurs et de décomposeurs.
- ☐ **b.** est formé d'une chaîne de producteurs primaires et de consommateurs.
- ☐ **c.** ne contient que des consommateurs et de décomposeurs.

4 Le lichen est une association entre une algue et des filaments mycéliens de champignon. Chaque être vivant bénéficie de cette association et leur union est devenue obligatoire :

- ☐ **a.** c'est un parasitisme.
- ☐ **b.** c'est un commensalisme.
- ☐ **c.** c'est une symbiose.

5 On peut lire dans certaines revues scientifiques que la prédation est un parasitisme qui tourne mal. En effet :

- ☐ **a.** le parasite se fait dominer par son hôte.
- ☐ **b.** la mort de l'hôte oblige le parasite à trouver un autre organisme à parasiter.
- ☐ **c.** l'organisme parasité se défend trop de l'attaque de son parasite.

6 Un producteur primaire :

- ☐ **a.** échange avec l'atmosphère du CO_2 et de l'O_2.
- ☐ **b.** n'échange avec l'atmosphère que du CO_2.
- ☐ **c.** n'échange avec l'atmosphère que de l'O_2.

7 L'Homme établit avec les autres espèces de son environnement, des relations :

- ☐ **a.** de parasitisme.
- ☐ **b.** d'exploitation.
- ☐ **c.** interspécifiques.

8 Sur un milieu naturel, on peut dire que l'Homme a une action négative :

- ☐ **a.** en conservant la biodiversité.
- ☐ **b.** en modifiant l'environnement.
- ☐ **c.** en contrôlant les effectifs des populations de certains écosystèmes vulnérables.

9 Lorsqu'un polluant chimique peut être ingéré par un organisme :

- ☐ **a.** il n'y a aucun risque si les valeurs sont très faibles.
- ☐ **b.** il y a risque de concentration en bout de chaîne ce qui devient très toxique pour les derniers maillons dont l'Homme.
- ☐ **c.** il est toujours éliminé car les enzymes d'un être vivant sont très efficaces.

10 Une espèce invasive est constituée d'êtres vivants :

- ☐ **a.** souvent très prolifiques qui n'ont pas ou peu de concurrence.
- ☐ **b.** très toxiques pour tout organisme qui en consomment.
- ☐ **c.** très fragiles que l'Homme doit absolument protéger.

11 Le développement durable :

- ☐ **a.** est long à s'installer.
- ☐ **b.** est à opposer à la préservation de l'environnement.
- ☐ **c.** concilie le développement économique et la préservation de l'environnement.

Réponses !

1 : b - **2** : c - **3** : a - **4** : c - **5** : b - **6** : a - **7** : c - **8** : b - **9** : b - **10** : a - **11** : c.

je me teste !

CORPS HUMAIN ET SANTÉ

1 Si l'allèle d'un gène, vecteur d'une maladie, est dominant par rapport à un allèle qualifié de sain :

- ▢ **a.** un individu malade est forcément homozygote pour ce gène.
- ▢ **b.** seuls les individus hétérozygotes sont malades.
- ▢ **c.** une personne malade est soit homozygote, soit hétérozygote.

2 Soit deux parents hétérozygotes pour un gène dont un allèle donne une maladie alors que l'autre allèle est sain. La probabilité qu'un enfant à naitre soit malade est de :

- ▢ **a.** 1/2.
- ▢ **b.** 1/4.
- ▢ **c.** 1/8.

3 Certaines maladies qui atteignent des enfants possédant un allèle de prédisposition :

- ▢ **a.** ne se déclenchent que s'il y a un facteur environnemental précis présent.
- ▢ **b.** se déclenchent obligatoirement chez lez personnes homozygotes pour cet allèle.
- ▢ **c.** peuvent ne pas se déclencher même en présence du facteur environnemental associé.

4 Face à un cancer, l'acte chirurgical :

- ▢ **a.** est l'un des traitements possibles.
- ▢ **b.** est un traitement obligatoire.
- ▢ **c.** est à proscrire.

5 Une métastase :

- ▢ **a.** correspond à un cancer bénin.
- ▢ **b.** provoque la colonisation d'autres parties du corps par les cellules tumorales.
- ▢ **c.** est un traitement local d'un cancer.

6 Un antibiogramme permet :

- ▢ **a.** de rechercher la bactérie responsable de la maladie.
- ▢ **b.** de tester la résistance du patient à l'antibiotique.
- ▢ **c.** de trouver l'antibiotique le plus efficace contre une bactérie précise.

7 L'antibiorésistance d'une souche bactérienne :

- ▢ **a.** est un problème imaginé par certaines firmes pharmaceutiques pour vendre plus de médicaments.
- ▢ **b.** peut se faire par conjugaison entre une bactérie résistante et une autre non, même d'espèce différente.
- ▢ **c.** correspond à la rareté d'application d'une antibiothérapie.

8 L'immunité innée :

- ▢ **a.** n'existe que chez l'Homme.
- ▢ **b.** ne se déroule pas toujours de la même façon chez tout le monde.
- ▢ **c.** dépend de mécanismes génétiques.

9 Lors de la phagocytose :

- ▢ **a.** l'endocytose précède la phase d'adhésion.
- ▢ **b.** les lysosomes déversent leurs contenus dans les vacuoles de phagocytose.
- ▢ **c.** les pseudopodes n'ont aucun rôle dans le déplacement des phagocytes.

10 Un anticorps est formé de :

- ▢ **a.** deux chaînes protéiques en forme de Y.
- ▢ **b.** quatre chaînes protéiques, deux longues et deux courtes.
- ▢ **c.** deux branches terminées par quatre sites de fixation de l'antigène.

11 Le lymphocyte CD4 :

- ▢ **a.** assure la mémoire immunitaire.
- ▢ **b.** sécrète des perforines.
- ▢ **c.** stimule les pré lymphocytes B et TCD8.

12 Le lymphocyte CD8 activé reconnait les cellules qu'il va détruire car :

- ▢ **a.** elles portent les récepteurs du soi.
- ▢ **b.** ce sont des antigènes.
- ▢ **c.** elles présentent un soi modifié.

13 Lors d'une vaccination, la réponse primaire :

- ▢ **a.** se fait sans temps de latence.
- ▢ **b.** est plus intense que la réponse secondaire.
- ▢ **c.** reste spécifique à l'antigène injecté.

Réponses !

1 : c - **2** : b - **3** : c - **4** : a - **5** : b - **6** : c - **7** : b - **8** : c - **9** : b - **10** : b - **11** : c - **12** : c - **13** : c.

1 page 61

1 Comparons la division de cellules somatiques (mitose) et la division de cellules germinales (méiose).
Ces deux divisions débutent par des chromosomes à deux chromatides, après l'interphase. Le noyau disparait et les chromosomes apparaissent. La métaphase montre toujours une disposition en plaque équatoriale, l'anaphase est toujours une ascension polaire après clivage des centromères. En télophase, il y a despiralisation de l'ADN. C'est le fuseau de division qui assure les mouvements des chromosomes.
Mais de nombreuses différences distinguent ces deux divisions. Alors que la mitose forme deux cellules génétiquement identiques à la cellule mère, la méiose assure une réduction chromatique et les cellules filles sont haploïdes (contrairement à la diploïdie de la cellule mère). La mitose renouvelle les cellules alors que la méiose qui se déroule à la maturité sexuelle, dans les gonades, forme des gamètes par deux divisions successives. En prophase 1 il y a appariement des chromosomes homologues (pas en mitose) et l'anaphase 1 sépare les chromosomes homologues contrairement à l'anaphase de mitose qui sépare les chromatides.
Ainsi, malgré certaines homologies, ces deux divisions sont très différentes et les cellules produites ont des destinées également différentes.
2 **a.** Dans une cellule somatique, en fin de division, on retrouve la quantité d'ADN de la cellule initiale (Q). Ici, on a en G une quantité d'ADN de Q/2. C'est donc une division qui a formé des gamètes.
b. AB : phase G1 de l'interphase. La molécule d'ADN est une double hélice déspiralisée (chromatine).
BC : l'ADN se réplique ; c'est la phase S de l'interphase.
CD : chaque brin d'ADN est dupliqué. On se trouve en phase G2 de l'interphase et quand la condensation est faite, la méiose débute et donc on est en prophase 1 puis en métaphase 1.
DE : séparation des chromosomes homologues (anaphase 1).
EF : les deux cellules filles se séparent (télophase 1), puis les chromosomes se respiralisent (prophase 2 et se remettent en plaque équatoriale (métaphase 2).
FG : séparation des chromatides par clivage du centromère (anaphase 2).
GH : despiralisation de l'ADN et formation des quatre gamètes (télophase 2) et les gamètes formés se retrouvent en interphase.
3 A : phase G1 ; B : phase S ; C : phase G2 ; D : prophase ; E : metaphase ; F : anaphase ; G : interphase ; H : mitose.

2 page 63

1 **a.** et **b.**
2

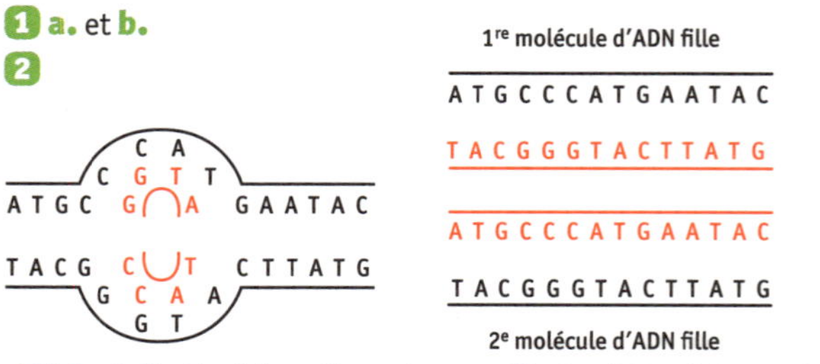

Œil de réplication (phase S) — **Deux molécules d'ADN (phase G2)**

3 À la génération G1, l'ADN est hybride. L'hypothèse conservative est rejetée car on aurait dû avoir 1/2 normal et 1/2 hybride. À la génération G2, on obtient 1/2 d'ADN léger, 1/2 d'ADN mixte. Avec la réplication dispersive, on aurait dû avoir de l'ADN mixte. La seule hypothèse correcte est la réplication semi-conservative.

3 page 65

1 Les levures ont 2 couleurs différentes. Quelle est l'influence de l'environnement sur l'expression de la couleur ?
Dans le doc. 1, les levures de phénotype [rouge] ont l'allèle *m* car elles ne fabriquent pas l'adénine ; les levures de phénotype [blanc] ont l'allèle *n* du même gène. Le doc. 2 montre que la mutation de l'allèle *m* s'explique par le remplacement du nucléotide n° 103 (sur 1 716). T est remplacée par G permettant la synthèse d'adénine responsable du phénotype blanc. Le doc. 3 illustre le rôle des rayons UV sur les levures. L'existence de levures blanches avant l'exposition (2 colonies) montre qu'il doit y avoir des mutations spontanées de l'allèle *m* en *n*. En présence d'UV, le nombre de colonies de levures blanches augmente (10 colonies après une exposition de 10 secondes). Mais le nombre total de levure baisse (de 50 colonies sans exposition à 10 colonies pour une exposition de 10 secondes). Au-delà, les UV sont mortels (on parle de dose létale). Ainsi, les UV ont un **rôle mutagène** sur le gène étudié mais également un **pouvoir létal** à forte dose.
2 **a.** Sur les 2 427 bases azotées, le Tibétain 2 est identique au Chinois Han et le Tibétain 1 diffère uniquement par 2 nucléotides.
b. Ce sont des substitutions. En 1, l'adénine est remplacée par la guanine. En 765, la guanine est remplacée par l'adénine.
c. Le Chinois Han n'ayant pas cette capacité de résistance et le Tibétain 2 ayant le même allèle, c'est le Tibétain 1 qui a hérité cette résistance à la baisse de pression atmosphérique en altitude.
3 Éléments de comparaison des allèles B et O par rapport à l'allèle A : Nombre de nucléotides codant – B : 1 062 (comme l'allèle A). O : 351.
Différences – B : 523. Substitution, C remplace D. O : 258. Délétion, suppression de D (décalage).
Conséquences – B : 175e acide aminé différent. Arginine remplacée par glycine. O : UAA codon stop. Protéine raccourcie.
Remarque : les protéines A et B ont 353 acides aminés ; à cause du codon stop, la protéine O n'a que 116 acides aminés.

4 page 67

1

Mécanismes / Comparaisons		Transcription	Traduction
Points communs		Molécules communes : ARN messager, enzymes, énergie Codage de l'information (ADN/ARNm et ARNm/protéine) Amplification du message : une molécule en donne plusieurs	
Différences	Lieu	Dans le noyau	Dans le cytoplasme (grâce aux ribosomes)
	Résultat	ADN/ARN pré messager	1/ ADN pré messager/ ARN messager 2/ ARN messager/ protéine
	Codage	Adénine/Uracile, Thymine/Adénine Guanine/Cytosine ; Cytosine/ Guanine	Triplet de ribonucléotides/acide aminé (ou codon stop)

2 a. TAC AAA TTT CCC CTC ATC ; **b.** LEU – PHE – LYS – GLY – GLU (puis STOP).

3 Si l'ADN codant l'insuline humaine, injecté à la bactérie, permet la synthèse d'insuline humaine, c'est que le code génétique est universel.

4 a. La molécule d'ARN messager ne s'adapte pas bien au brin d'ADN qui lui a donné naissance ce qui explique ces boucles. L'ARN messager est une molécule plus courte. Elle vient d'un ARN pré-messager ayant subi une maturation.

b. Les boucles d'ADN ou introns sont les parties qui ne seront pas représentées dans l'ARN messager.

5 page 69

1 Pour déterminer l'équipement enzymatique des cellules des individus A et B, il faut d'abord identifier lequel des individus est capable de fabriquer de la mélanine à partir de tyrosine (B) en sachant qu'il fabrique alors l'enzyme (E2) qui permet la transformation de tyrosine en mélanine... et c'est donc l'autre enzyme (E1) qu'il ne fabrique pas... L'autre individu (A) fabrique l'autre enzyme car il est peu probable que la chaîne de biosynthèse possède deux problèmes enzymatiques.

2 a. Si mon hypothèse est vraie, l'expérience doit montrer que si j'augmente la concentration en substrat (sans modifier la quantité d'enzyme), je devrai observer une modification de la vitesse de transformation du substrat.

b. Pour de faibles quantités de substrat (Peroxyde d'hydrogène à 10 ou à 36 V), la vitesse de la réaction enzymatique est faible (50 bulles ou moins en 4 minutes). En augmentant la concentration en substrat, la vitesse de la catalyse augmente (en 4 min, 150 bulles de dioxygène dégagées pour une concentration de 64 V et 400 bulles pour une concentration de 110 V). ***Remarque*** : à un moment, toute l'enzyme sera utilisée et en continuant à augmenter la concentration en substrat à transformer, on aura un plateau puis une baisse de la vitesse de la catalyse.

c. L'arrêt de la catalyse en remplaçant le substrat confirme que la réaction enzymatique est spécifique du substrat.

3 Que l'enzyme fixe ou pas son substrat, la forme spatiale de la molécule ne change pratiquement pas. Soumise à la chaleur, la structure de l'enzyme étant dénaturée, on comprend qu'elle n'ait plus d'activité car le site enzymatique est abîmé.

6 page 71

1 a. La vitesse de l'onde P est variable. Elle augmente brusquement vers 25 km et se stabilise à 8 km/s. Puis vers 120 km, elle chute et retrouve sa valeur de 8 km/s vers 220 km.

b. La variation brutale vers 25 km correspond à la discontinuité de Mohorovicic. Entre 25 et 120 km, la vitesse des ondes P avoisinent 8 km/s. C'est le manteau lithosphérique rigide. Entre 120 et 220 km, la zone montre une certaine ductilité (LVZ) puis on se trouve dans l'asthénosphère.

2 a. Plus la profondeur augmente, plus la température augmente.

b. Le gradient géothermique moyen est de 3 °C pour 100 m.

c. En Alsace, le gradient géothermique est de 4 °C pour 100 m, il est donc plus élevé.

d. La chaleur du globe plus élevée a permis d'exploiter en Alsace une énergie géothermique.

3 a. La roche étant totalement cristallisée, est une roche plutonique au lent refroidissement, en profondeur.

b. m = 112 g.
V = 190 – 150 soit 40 mL.
D = 112/40 soit 2,8.

c. La roche est riche en silice (quartz). Sa densité est donc à rapprocher de celle du granite (et non de celle du gabbro). C'est une roche de la croûte continentale.

7 page 73

1 Plus on s'éloigne de la dorsale, plus l'âge du 1er sédiment au contact avec le plancher basaltique est vieux. Ceci confirme l'expansion des fonds océaniques à partir de la dorsale. Vitesse de l'expansion (calcul entre les points c et g) $\partial d/\partial t$ soit 1 350 – 500 donc 850 km/65 – 25 donc 40 Ma ; 850/40 = 21,5 mm/an environ.

2 a.

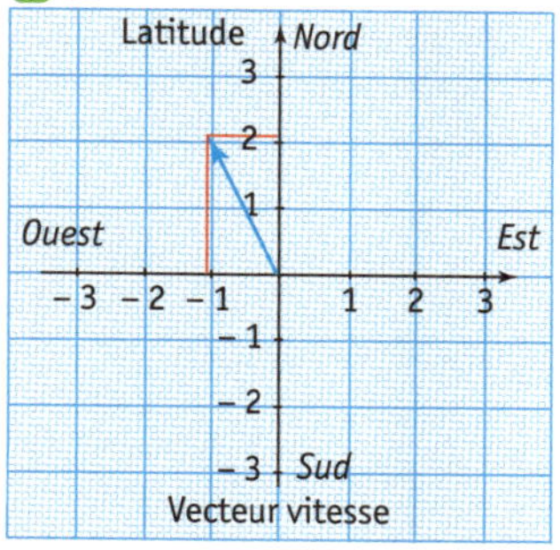

b. Norme du vecteur vitesse : $\sqrt{2{,}123^2+1{,}1491^2}$

$= \sqrt{4{,}507+1{,}320}$

$= \sqrt{5{,}827} = \mathbf{2{,}41}.$

8 page 75

1

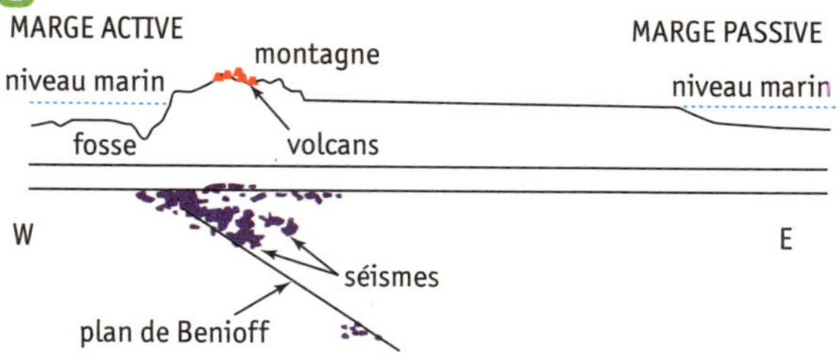

COUPE AMÉRIQUE DU SUD

2 Après une introduction situant le problème à résoudre, le travail devra mettre en évidence le plan de Benioff (sud-ouest/nord-est), le volcanisme, le relief positif (îles) et en parallèle, le relief négatif (fosse).

Remarque : celle-ci est peu visible, marquée par des sédiments océaniques plissés formant le prisme d'accrétion. Votre travail se termine par une conclusion confirmant la subduction.

9 page 77

1 La plante A pousse bien quand l'intensité lumineuse dépasse les 50 lux. L'optimum de croissance de la plante B se situe vers 20 lux. Après, l'intensité photosynthétique baisse donc le facteur lumière devient négatif. Au début du printemps, la forêt n'ayant pas encore de feuillage dense, c'est la plante A qui profite le plus des fortes luminosités. En été, le sous-bois devient sombre à cause des arbres et donc la plante B pousse beaucoup mieux.

2 La croissance optimale de la plante se fait entre des pH de 4 et de 8 avec un maximum à 6. Le graphique indique donc une préférence de la plante pour des sols acides, riches en silice.

3 **a.** Le virus de la myxomatose vivant au dépend du lapin, c'est un parasite. Mais comme l'animal parasité meurt de cette maladie, cela se rapproche d'une prédation.

b. Au début du XXe siècle, sans prédateur assez efficace, la population de lapins pullule. Grâce à la myxomatose, le consommateur de premier ordre diminue ce qui permet aux plantes de retrouver une bonne croissance. Mais cela désavantage les renards, consommateurs de lapins. En changeant leur alimentation pour des oiseaux, les renards garantissent leur survie. La baisse des oiseaux favorise alors la pullulation des insectes qui sont moins consommés. Les ravageurs des plantes provoquent de gros dégâts dans les plantes (donc les cultures). Finalement cette lutte n'a pas eu l'effet escompté car les végétaux sont ravagés par les insectes au lieu d'être consommés par les lapins.

10 page 79

1 **a. Chaîne alimentaire simplifiée dans un océan**
(→ est mangé par) :

Plancton végétal (P) → Plancton animal (C1)
Plancton végétal (P) → (C2) Invertébrés aquatiques
Plancton animal (C1) → (C2) Invertébrés aquatiques
(C2) Invertébrés aquatiques → (C3) Poissons prédateurs → (C3) Oiseaux piscivores

Remarque : par soucis de lisibilité, les décomposeurs n'ont pas été schématisés.

b. Le mercure ne s'éliminant pas, il y a une concentration de ce polluant en bout de chaîne.

2 Quelques précautions envisageables : l'espèce nouvelle doit être saine ; elle ne doit pas être trop facilement détruite par la biocénose locale ; elle ne doit pas trop concurrencer jusqu'à éliminer les espèces locales ; il faut éviter d'implanter la nouvelle espèce sur une grande surface ; la nouvelle espèce ne doit pas être trop expansive (reproduction) ; sa reproduction doit être possible de façon naturelle ; sa dégradation doit être facile grâce aux décomposeurs locaux

3 **a.** L'augmentation du Pipit maritime à partir de 1997 (effectif passant de 15 à 65 en 3 ans) alors que l'Hirondelle rustique reste sous les 10 couples, correspond au moment où le Rat surmulot a été éradiqué. C'est donc le Pipit maritime qui profite plus de la disparition du rongeur.

b. Dans les rochers, le nid du Pipit est plus facile à atteindre que celui de l'Hirondelle rustique situé dans les corniches ; la reproduction de cette dernière est plus importante (2 pontes contre une seule pour le Pipit). Enfin, par sa consommation sur terre, le Pipit est plus vulnérable à la prédation par le Rat que l'Hirondelle qui chasse en l'air. Cette hypothèse se confirme donc par la biologie de ces animaux.

11 page 81

1 **a.** Risque du couple III3/III4 : 2/3 2/3 ¼ = 4/36 = 1/9. Risque pour 2 individus non apparentés, sans mucoviscidose familiale : 1/40 1/40 1/4 = 1/6 400. Le risque de la transmission d'une maladie génétique entre 2 personnes apparentées est tel que la société réprouve ce genre d'union.

b. Les jumeaux II7 et II8 sont de même sexe. L'une est saine et l'autre est malade. Elles n'ont pas le même équipement allélique ; ce sont deux fausses jumelles.

2 **a.** La transmission autosomique indique que le gène étudié est porté par un autosome (chromosome non sexuel). Si elle est récessive c'est que l'allèle responsable de la maladie est récessif : pour que l'enfant développe la maladie, il faut que les 2 parents lui aient transmis cet allèle.

b. Au niveau macroscopique, on observe la sensibilité de la peau, les troubles oculaires et les risques de cancer accrus. Pour le niveau cellulaire, on note les anomalies de pigmentation. Le niveau moléculaire est l'incapacité de réparer l'ADN.

c. Détecter la maladie avant la naissance provoque un problème d'éthique concernant l'éventuelle interruption de grossesse.

12 page 83

1 Le texte met en évidence des facteurs de risques d'un cancer des poumons. Parmi les facteurs environnementaux, certains éléments inhalés sont à l'origine de cancers pulmonaires. Parmi les facteurs génétiques, des mutations du gène p53 sont responsables de la perturbation du cycle cellulaire permettant une prolifération de cellules tumorales.

2 **a.** Le nombre de cancers du sein passe de 57 en 1980, à 90 en 2000. Cette augmentation de 57,9 % environ en 20 ans s'explique par une augmentation des facteurs environnementaux cancérigènes et aussi par une recherche plus grande des causes de maladies. **b.** La stabilité de la mortalité est due à une amélioration de la détection et des soins.

13 page 85

1 Observation d'une auréole sans microbe autour d'une moisissure issue d'une contamination accidentelle de culture. - Problème : quelle est l'origine de cette mortalité microbienne ? - Hypothèse : Flemming suppose qu'une substance émise par le Pénicillium en est à l'origine. - Expérience : il extrait la substance. Sur une culture de microbe, il répand cet extrait et fait une expérience témoin sans cet extrait. - Résultats : la substance extraite agit sur les bactéries contrairement au montage témoin : il y a confirmation de l'hypothèse.

2 L'auréole étant plus importante autour de la pastille C, c'est l'antibiotique qui sera prescrit.

3 **a.** Les résultats montrent de grandes variations dans le nombre de colonies survivantes ce qui confirme le côté aléatoire de cette acquisition. C'est donc l'hypothèse de Darwin qui est vérifiée.

b. Les bactéries résistantes ne seront pas gênées par une forte population de microbe puisque les bactéries sensibles auront été détruites. Ces bactéries pourront vite se multiplier. **c.** Les microbes résistants ne seront pas détruits par l'antibiotique et donc la maladie sera très difficile à combattre.

4 **a.** Bactérie A : UAC GGC CGA UCA AAA AUG GAU CAG UAG idem pour bactérie B sauf le 8e triplet où on aura CGG.
Enzyme A : TYR, GLY, ARG, SER, LYS, LEU, ASP, GLN, Enzyme B idem mais le dernier acide aminé est ARG.

b. L'antibiotique empêche l'action de l'enzyme. La bactérie ne peut pas associer ses polypeptides et la paroi éclate.

c. La bactérie B résistante a une enzyme légèrement différente. L'antibiotique ne peut pas agir donc la paroi est maintenue.

14 page 87

1 L'aspirine est capable de supprimer l'inflammation. C'est donc un médicament anti-inflammatoire. Chez les sujets infectés par le virus de la grippe, on voit qu'à la suite de l'administration d'aspirine, le taux sanguin de médiateur de l'inflammation diminue jusqu'à devenir presque nul après deux jours. L'aspirine supprime l'inflammation en empêchant la production de médiateur de l'inflammation. Cependant sans groupe témoin dans l'expérience, on ne peut pas être sûr que cette baisse de l'inflammation est bien due à l'aspirine.

2 On cherche à comprendre le rôle des mastocytes dans le déclenchement d'un œdème de Quincke. Au repos (doc 2) le mastocyte a un cytoplasme chargé de granulations. Celle-ci contiennent de nombreuses molécules. Lors de l'agression d'un élément étranger, il y a dégranulation qui libère ces substances dans les tissus par exocytose. L'histamine assure la vasodilatation des capillaires (afflux sanguin), la sortie du plasma et des leucocytes (lymphe interstitielle) ; avec l'ECF et la NCF, les granulocytes sont attirés vers la zone de l'inflammation et les protéases activent le complément assurant la destruction du non soi. Une libération exagérée de ces molécules va provoquer une réponse amplifiée à l'origine de l'œdème de Quincke.

15 page 89

1 Le cobaye 1 a reçu le sérum du cobaye ayant reçu 15 jours plus tôt une injection d'anatoxine diphtérique, puis la toxine diphtérique ; il survit. Le sérum contenait des anticorps antidiphtérie qui ont neutralisé les antigènes. On dépose le sérum du cobaye ayant reçu 15 jours plus tôt l'injection sur de l'anatoxine diphtérique, puis on filtre. L'injection de filtrat au cobaye 2, puis celle de toxine, entraîne sa mort. On en déduit que le filtrat ne contenait pas d'anticorps. Ceux-ci se sont donc fixés sur les particules de poudre contenant les anatoxines diphtériques, avant la filtration. Dans le cas du cobaye 3, les particules de poudre étaient sans anatoxine ; le filtrat contenait donc des anticorps libres ; le cobaye 3 survit à l'injection de la toxine par formation des complexes immuns. Pour le cobaye 4, les particules de poudre contiennent de l'anatoxine tétanique fixée ; celle-ci n'est pas spécifique aux anticorps antidiphtérie contenus dans le sérum prélevé au cobaye ayant reçu 15 jours plus tôt une injection d'anatoxine diphtérique. Le filtrat injecté contient donc encore des anticorps libres antidiphtérie ; ainsi le cobaye 4 survit à l'injection de la toxine par formation des complexes immuns. Ceci prouve que les anticorps formant des complexes immuns sont circulants et libres (immunoglobulines), et qu'ils sont spécifiques d'un antigène ; ils sont moléculairement complémentaires.

16 page 91

1

Caractéristiques \ Techniques	VACCINOTHÉRAPIE	SÉROTHÉRAPIE
Produit injecté	Antigène	Anticorps
Activité de l'organisme	Actif : le corps fabrique l'anticorps	Passif : le corps subit l'injection
Durée de l'action	Longue, durable	Courte
Mode d'installation de la défense	Lente	Protection immédiate
Finalité de la technique	Préventif (au cas où...)	Curatif (pour soigner contre l'agression)

2 Un antigène est une molécule ou une partie d'un microorganisme étranger qui déclenche une réaction de défense, ou réponse immunitaire comme, par exemple, la production d'anticorps anti-flagelle de Salmonelles Les données sur le taux d'anticorps anti-flagelle de Salmonelle montrent-elles l'existence d'une mémoire immunitaire ? Suite à une première injection de flagelle, c'est à dire suite à un premier contact avec l'antigène, on observe une production d'anticorps anti-flagelle (il s'agit d'une échelle logarithmique !) : 5 UA en 3-4 jours durant la 1ère semaine, puis environ 200 UA à la fin de la 1re semaine. Au bout d'un mois le taux d'anticorps stagne vers 2 000 UA environ. Suite au premier contact, il y a une production progressive et limitée d'anticorps. Après une deuxième injection de flagelle, on observe une production d'anticorps anti-flagelle car dans les 3 jours qui suivent l'injection on passe de 1 000 à 10 000 UA. Au bout de la semaine qui suit ce 2e contact, le taux est d'environ 50 000 UA. Donc au 2e contact, il y a une production très rapide d'anticorps ; le taux d'anticorps au bout d'une semaine après ce 2e contact est d'environ 250 fois supérieur à celui qui apparaît dans la semaine qui suit le 1er contact. La comparaison des deux réponses met en évidence que l'organisme réagit beaucoup plus rapidement et plus intensément lors du 2e contact. Tout se passe comme si l'organisme avait mémorisé l'antigène flagelle lors du 1er contact. Le développement de cette mémoire immunitaire rend l'organisme beaucoup plus efficace pour lutter contre les Salmonelles. C'est le principe même de la vaccination.

3 **a.** Le venin déjà présent dans le corps, il faut faire une sérothérapie.
b. L'arc de précipitation étant entre le sérum du patient et l'anticorps B, c'est une vipère B qui a mordu le patient et donc il faut lui injecter un sérum B.

1 HISTOIRE DE L'INFORMATIQUE

Repères historiques

Cours

1 De l'antiquité au XIXe siècle – la préhistoire de l'informatique

▶ Un algorithme est un ensemble d'opérations et de règles opératoires pour effectuer une opération. Les algorithmes apparaissent dès l'antiquité avec, par exemple, les travaux d'Euclide (–300 av. J.C.), le père de la géométrie.

▶ Jusqu'à la fin du XIXe siècle, des développements dans les domaines de l'algorithmique, des données, des langages et des machines poseront les bases nécessaires à l'émergence de l'informatique. On voit apparaître aussi les premières machines à calculer.

– Au IXe siècle, le persan Al Khwarizmi écrit le premier ouvrage d'algèbre. C'est son nom latinisé (Algoritmi) qui est à l'origine du mot algorithme.
– 1642 : Blaise Pascal crée la Pascaline, première machine à calculer.
– 1673 : Leibniz ajoute la multiplication et la division à la Pascaline.
– 1703 : Leibniz fait un exposé sur le calcul binaire devant l'Académie des sciences.
– 1801 : le métier à tisser Jacquard est la première machine programmable grâce à des cartes perforées.
– 1843 : dans ses notes sur la machine analytique, Ada Lovelace publie ce que l'on considère comme le premier programme informatique.
– En 1844, Georges Boole publie son algèbre de Boole.
– En 1890, commercialisation des premières machines à calculer électrique Hollerith.

2 Première moitié du XXe siècle – les fondements de l'informatique

Dans cette période, les fondements théoriques de la science informatique et les innovations matérielles posent les fondations qui permettront de faire basculer la société de l'ère industrielle à l'âge numérique.
– 1904 : premiers tubes à vide, des diodes utilisées pour redresser un courant alternatif.
– 1907 : premières triodes, tubes à vide permettant l'amplification d'un signal électronique.
– 1924 : fondation de la société IBM.
– 1936 : Alan Turing publie son article sur la machine universelle.
– 1936 : formalisation par Alonzo Church du lambda calcul, système qui fonde les concepts mathématiques de fonction et d'application, qui seront la base de l'informatique.
– 1938 : thèse de Claude Shannon qui fait le parallèle entre un circuit électrique et l'algèbre booléenne.

3 La seconde guerre mondiale – la grande accélération

Durant la seconde guerre mondiale, des efforts importants sont déployés pour automatiser des tâches de calcul. La seconde guerre mondiale est la première guerre du renseignement, du chiffrement, où les mathématiques et l'informatique ont joué un rôle important.

▶ En Angleterre, l'armée tente par tous les moyens de casser le code secret des allemands pour découvrir la position des sous-marins. Le projet *Colossus*, sous la direction de Thomas Flowers, et en collaboration avec Alan Turing, aboutit à la construction de 8 ordinateurs qui mènent à bien cette tâche.

▶ Aux États Unis, le projet Manhattan et les études balistiques utilisent une grande puissance de calcul. Les ordinateurs utilisés sont électromécaniques. Les recherches engagées aboutiront à l'ordinateur ENIAC en 1945, qui lui, est électronique. Cet ordinateur réalise une table de trajectoire de tir en 3 secondes, là ou un humain avec une calculatrice de bureau met 12 heures et les ordinateurs électromécaniques mettent 15 minutes.

▶ John Von Neumann commence ses travaux sur l'architecture des ordinateurs. L'architecture de Von Neumann est celle qui est utilisée par la quasi-totalité des ordinateurs de nos jours.

4 De 1945 à 1971 – l'ère des transistors

L'électronique du début du siècle fonctionnait avec des tubes à vide et des triodes. En 1947 apparaît le premier transistor bipolaire. En 1958, IBM propose l'IBM 7044, premier ordinateur avec des transistors, conduisant à une réduction de taille colossale par rapport aux machines à tube à vide. En 1959 apparaît le premier circuit intégré qui ouvre la porte à l'informatique moderne.

>>

5 De 1970 à 1995 – la micro-informatique

Jusqu'ici, les ordinateurs étaient des machines immenses réservées aux scientifiques, à la recherche ou aux militaires. Sur cette période, grâce aux circuits intégrés, les processeurs permettent de faire rentrer l'informatique dans les entreprises, puis les foyers.

– 1971 : Intel commercialise le premier microprocesseur. Sur une seule puce, il y a la puissance de calcul de l'ENIAC qui pesait 30 tonnes et occupait 160 m² au sol.
– 1977 : Apple commercialise l'APPLE II, premier micro-ordinateur vendu à grande échelle.
– 1981 : IBM commercialise l'IBM PC.
– 1995 : Microsoft publie son système d'exploitation Windows 95, premier système réellement grand public.

6 De 1995 à 2007 l'ère Internet

Windows 95, puis Windows 98, sont les premiers systèmes qui permettent de se connecter relativement facilement à Internet. Internet a démarré relativement tôt mais ce n'est qu'à partir de la fin des années 1990 qu'il rencontre le grand public.

– 1969 : création d'Internet.
– 1989 : environ 100 000 ordinateurs sur Internet.
– 1992 : environ un million d'ordinateurs sur Internet.
– 1988 : création de la société Google.
– 1999 : lancement de l'ADSL en France par France Telecom.
– 2001 : création de Wikipedia.

7 De 2007 à nos jours – le « *web* 2.0 »

▶ Les usages d'internet se généralisent et les sites web deviennent de plus en plus riches et interactifs. L'expression « *Web* 2.0 » s'impose en 2007.

▶ Parallèlement, l'informatique sort des ordinateurs et envahit les objets nomades.

– 2007 : le web 2.0 s'impose.
– 2007 : commercialisation de l'Iphone, premier smartphone à écran tactile.
– 2008 : premier MOOC.
– 2010 : apparition de la notion d'informatique dans le nuage (*cloud computing*).
– 2010 : présentation de l'Ipad.
– 2011 : les ventes de smartphones dépassent les ventes d'ordinateurs.
– 2014 : le nombre de sites *web* dans le monde dépasse le milliard.

8 De 2010 à nos jours – l'avènement de l'IA

Parallèlement à la pénétration de l'informatique dans nos vies, l'intelligence artificielle (IA) se développe rapidement. Même si les recherches ont démarré depuis des dizaines d'années, la puissance de calcul et les apports théoriques (*deep learning*, réseaux de neurones) ont permis de faire rentrer l'intelligence artificielle dans le quotidien.

– 2010 : Google annonce avoir effectué 225 000 kilomètres avec 7 véhicules pilotés de façon autonome.
– 2015 : le programme d'intelligence artificielle Alpha Go bat pour la première fois un joueur professionnel de Go.
– 2017 : Alpha Go bat le champion du monde de Go.

NUM. ET SCIENCES INFORMATIQUES

Memento

Période	Concepts apparaissant	Innovation matérielle
Antiquité au XIXe	Algorithmique, langage binaire, logique	Machines à calculer
Première moitié du XXe	Machine universelle , lambda calcul	Tubes à vide et triodes
Seconde guerre mondiale	Architecture de Von Neumann	Premiers ordinateurs
1945 à 1970	Création d'Internet	Transistors, circuits intégrés
1970 à 1995	Micro informatique	Processeur
1995 à 2007	Internet grand public, moteur de recherche et wikipedia	Modem, ADSL
2007 à nos jours	*Web* 2.0, MOOC	Smartphone
2010 à nos jours	Intelligence Artificielle (IA)	Google car

Codage de l'information

Cours

1 Représentation des entiers positifs dans une base *b*

Nous utilisons de façon naturelle le système de numération décimal, utilisant la **base 10**.

Ainsi, on peut décomposer le nombre 9 543 de la façon suivante : $9\,543 = 9 \times 10^3 + 5 \times 10^2 + 4 \times 10^1 + 3 \times 10^0$

On pourra écrire $9\,543 = \overline{9\,543}^{10}$, ou $9\,543 = (9\,543)_{10}$.

a. Écriture d'un entier positif en base *b*

Soit b un entier tel que $b \geqslant 2$. Tout nombre entier positif n peut s'écrire de manière unique sous la forme :

$$n = a_k b^k + a_{k-1} b^{k-1} + \dots + a_1 b^1 + a_0 b^0 = a_k a_{k-1} \dots a_1 a_{0-b}$$

où les **coefficients a_i** (appelés **chiffres**) sont des entiers compris entre 0 et $b - 1$ et **k est l'entier tel que $b^k \leqslant n < b^{k+1} - 1$**.

Par exemple, on a l'encadrement suivant : $2^4 \leqslant 20 < 2^5 - 1$.

Dans la base $b = 2$, on pourra décomposer 20 en puissances de 2, jusqu'à $k = 4$.

b. Binaire et hexadécimal

En informatique, on utilise essentiellement la **base 2** ou la **base 16**.

▶ En base 2, ou système **binaire** ($b = 2$), les **chiffres a_i sont 0 et 1** (*cf.* méthode 1).

$$20 = 1 \times 2^4 + 0 \times 2^3 + 1 \times 2^2 + 0 \times 2^1 + 0 \times 2^0$$

On note : $20 = \overline{10\,100}^2 = (10\,100)_2$.

On peut aussi faire précéder le nombre de ***0b*** : 20 = 0*b*10100.

▶ En base 16, ou système **hexadécimal** ($b = 16$), les chiffres a_i sont :

0	1	2	3	4	5	6	7	8	9	A	B	C	D	E	F

On peut décomposer 31 442 de la façon suivante :

$$31\,442 = 7 \times 16^3 + 10 \times 16^2 + 13 \times 16^1 + 2 \times 16^0$$

On note aussi : $31\,442 = \overline{7AD2}^{16} = (7AD2)_{16}$.

On peut aussi faire précéder le nombre de ***0x*** :

31 442 = 0*x*7AD2.

c. Codage informatique des nombres entiers

▶ En informatique, dans une machine, toutes les informations sont codées sous forme d'une suite de « 0 » et de « 1 ». Chaque chiffre d'un nombre écrit en base 2 est appelé **bit** (*binary digit*).

▶ Le bit de droite d'un nombre est appelé bit de ***poids faible***, celui de gauche le bit de ***poids fort***. Dans l'exemple du paragraphe précédent, le bit de poids faible de $(10\,100)_2$ est 0 et le bit de poids fort est 1.

▶ Un **octet** (en anglais : *byte*) est une suite de 8 bits.

Par exemple, le nombre 20 s'écrit$(10\,100)_2$ en base 2 et on rajoute le nombre de bits nécessaires pour obtenir un octet : $(00\,010\,100)_2$.

▶ Tous les caractères utilisables par l'ordinateur sont codés en binaire sur un octet.

Le codage d'un entier par un ordinateur se fait en général sur 32 bits ou 64 bits.

2 Représentation des entiers relatifs

Un entier relatif est un entier naturel muni d'un signe positif ou négatif.

▶ On utilise une représentation dans laquelle le bit de poids le plus fort sert à représenter le signe. Ainsi le bit de poids fort vaut :

- 0 pour un entier positif ;
- 1 pour un entier négatif.

▶ Les autres bits représentent la valeur absolue du nombre en binaire s'il est positif ou de son complément à 1 s'il est négatif (*cf.* méthode 2).

Exemple : $(+51)_{10} = (00110011)_2$

$(-51)_{10} = (11001101)_2$

La méthode du **complément à deux** permet de coder un entier relatif en binaire (voir encadré méthode 2).

3 Représentation des nombres réels

Un nombre réel est un nombre qui possède une partie entière et une partie décimale séparées par une virgule.

On convient de fixer un nombre de bits pour représenter la partie entière du réel et un nombre de bits pour la partie décimale.

Ainsi, pour coder certains réels positifs sur 8 bits, on convient que les 4 premiers bits (ceux de gauche) représentent la partie entière et les 4 derniers bits représentent la partie décimale.

L'octet 10 111 101 code donc le réel $2^3 + 2^1 + 2^0 + 2^{-1} + 2^{-2} + 2^{-4}$ c'est-à-dire 11,812 5.

4 Somme et produit de deux entiers

Comme dans le système décimal, on peut poser des opérations en base 2 : il faut juste remarquer qu'**on reporte la retenue sur le bit suivant lorsque le résultat d'une opération partielle donne une valeur plus grande ou égale à 2**.

a. Addition

On veut additionner les nombres $(101\ 101)_2$ et $(1\ 001)_2$.
Il y aura des retenues lorsque la somme de deux bits sera égale à 2.

+	0	1
0	0	1
1	1	0 on retient 1

```
  1       1
  1 0 1 1 0 1
+       1 0 0 1
-------------
  1 1 0 1 1 0
```

Ainsi on a : $(101\ 101)_2 + (1\ 001)_2 = (110110)_2$.

b. Multiplication

On veut multiplier les deux nombres $(1\ 101)_2$ et $(101)_2$.
Il y aura des retenues lorsque la somme de deux bits sera égale à 2.

×	0	1
0	0	0
1	0	1

```
        1       1
            1 1 0 1
×             1 0 1
-------------------
1   1   1   1
            1 1 0 1
+         0 0 0 0
+       1 1 0 1
-------------------
1 0 0 0 0 0 1
```

Ainsi on a : $(1\ 101)_2 \times (101)_2 = (1\ 000\ 001)_2$.

Méthode

1 Passer de la base 10 à la base 2

Pour passer de la base décimale à la base 2, on effectue une succession de divisions euclidiennes par 2, et on s'arrête lorsque le quotient devient nul.

Exemple : On veut écrire 29 en base 2.

```
29 | 2     14 | 2     7 | 2     3 | 2     1 | 2
 1 | 14 ↗   0 | 7 ↗   1 | 3 ↗   1 | 1 ↗   1 | 0
←──────────────────────────────────────────────
                 Sens de lecture
```

L'écriture binaire du chiffre est donnée par les restes de chaque division (chiffres en rouge), en lisant le nombre en commençant le bit de poids fort (la dernière division) jusqu'au bit de poids faible (la première division).
Ainsi, dans notre exemple, 29 s'écrit en binaire : $11\ 101^2$.

2 Représenter un entier relatif (méthode du complément à 2)

On désire écrire la représentation binaire du nombre relatif −12 sur 8 bits.

▶ On écrit +12 en binaire : 0000 1100,
car $12 = 1 \times 2^3 + 1 \times 2^2 + 0 \times 2^1 + 0 \times 2^0$;

▶ On échange tous les 1 avec des 0 et inversement : 1111 0011 ;

▶ On ajoute 1 au nombre binaire 1111 0011 obtenu précédemment, et on obtient : 1111 1100.
La représentation binaire de −12 sur 8 bits est donc 1111 1100.

3 Passer de la base 2 à la base 16

Pour convertir plus rapidement un octet (8 bits) écrit en binaire en hexadécimal, il suffit de regrouper les bits par paquets de quatre, comme ci-dessous.

binaire	0101	1100
décimal	5	12
hexadécimal	5	C

Le nombre binaire 01011100 s'écrit donc 5C en hexadécimal.

Exercices

1 ★ 10 min **Trouver la représentation :**

a. en base 2 des nombres : 1, 6, 15, 117, 204.

b. en base 16 des nombres : 1, 34, 1 000, 786 580.

c. en base 10 des nombres entiers positifs suivants :

$\overline{11\ 100\ 101}^2$; $\overline{2B30F}^{16}$; *0b*110011 ; 0x*E*92

2 ★★ 20 min

a. Poser et effectuer les additions suivantes :
$(10\ 110)_2 + (111)_2$; $(1\ 011)_2 + (100)_2$; $(11\ 001)_2 + (101)_2$; $(101\ 101)_2 + (1\ 001)_2$

b. Poser et effectuer les multiplications suivantes :
$(1101)_2 \times (100)_2$; $(1001)_2 \times (111)_2$; $(11\ 110)_2 \times (101)_2$; $(10\ 010)_2 \times (100)_2$

3 ★★★ 30 min

a. Convertir 79 et 22 en binaire sur 8 bits.

b. Calculer leurs compléments à 2 pour obtenir les représentations de −79 et −22.

c. Calculer en binaire les opérations suivantes : 79 + 22 ; 79 − 22 ; −79 + 22 ; −79 − 22 ; 79 × 22.

d. Convertir ces résultats en décimal pour vérifier les calculs précédents.

Représentation de l'information

Cours

1 Le type booléen

a. Valeurs booléennes

▶ Un booléen en logique et en programmation informatique est un type de variable à deux états. En langage machine, on utilise le bit pour représenter des booléens : ainsi un 0 représentera la valeur *faux* et un 1 représentera la valeur *vrai*.

▶ En langage de programmation Python, le type d'une telle variable est *bool*. Les deux valeurs possibles sont *True* ou *False*.

b. Fonctions booléennes

L'algèbre de Boole utilise principalement 3 opérateurs, appelés opérateurs booléens ou opérateurs logiques ou fonctions booléennes : NON, ET, et OU.

– L'opérateur NON correspond au complément à 1 d'une condition.

– L'opérateur ET correspond à l'intersection de deux conditions.

– L'opérateur OU correspond à la réunion de deux conditions.

c. Tables de vérité

Ces opérateurs de base peuvent s'exprimer par des tables de vérité :

p	NON (p)
0	1
1	0

p	q	ET (p,q)
0	0	0
0	1	0
1	0	0
1	1	1

p	q	OU (p,q)
0	0	0
0	1	1
1	0	1
1	1	1

À partir de ces trois opérateurs de base, on peut exprimer toutes les fonctions booléennes possibles, que l'on représentera aussi par des tables de vérité.

Notations : en algèbre de Boole, on pourra symboliser :

– L'opérateur NON par une barre au-dessus de la variable, par exemple $NON(p) = \overline{p}$.

– L'opérateur ET par un $\cdot$, par exemple $ET(p,q) = p \cdot q$.

– L'opérateur OU par un +, par exemple $OU(p,q) = p + q$.

À retenir

Soient *p* et *q* deux variables de type booléen :

- **NON** *p* : permet d'obtenir le contraire de *p*.
- *p* **OU** *q* : si *p* est vrai ou *q* est vrai alors (*p* **OU** *q*) est vrai, faux sinon.
- *p* **ET** *q* : si *p* est vrai et *q* est vrai alors (*p* **ET** *q*) est vrai, faux sinon.

2 Représentation d'un texte en machine

L'ordinateur est un système qui ne manipule que des bits, c'est-à-dire des 0 et des 1. Il faut donc trouver un moyen de représenter les lettres sous forme de nombre. Il existe différentes charset (*encoding*) , des codes qui associent à un jeu de caractères d'un alphabet, une représentation numérique pour chaque caractère de ce jeu.

a. ASCII

Le code ASCII (*American Standard Code for Information Interchange*) est l'un des plus anciens codes utilisés pour représenter du texte en informatique.

Il se base sur un tableau contenant les caractères les plus utilisés en langue anglaise : les lettres de l'alphabet en majuscule (de A à Z) et en minuscule (de a à z), les chiffres de 0 à 9, les signes de ponctuation, quelques symboles et certains caractères spéciaux invisibles (espace, retour-chariot, tabulation, etc.)

Exemple : Le caractère A est codé en ASCII par le nombre 65 (dans notre système décimal habituel), qui correspond à 0100 0001 en binaire ou à 41 en hexadécimal.

Dec	Hex	Char	Dec	Hex	Char	Dec	Hex	Char
32	20	Space	64	40	@	96	60	`
33	21	!	65	41	A	97	61	a
34	22	"	66	42	B	98	62	b
35	23	#	67	43	C	99	63	c
36	24	$	68	44	D	100	64	d
37	25	%	69	45	E	101	65	e

Chaque caractère d'un texte codé en ASCII occupe alors un octet. Ainsi, un texte de 5 000 caractères occupe 5 ko.

b. ISO-8859-1

Appelé aussi *latin-1* ou « *Occidental* », cette norme ISO-8859-1 est très courante dans les pays latins et sur le Web. Elle permet de coder 191 caractères de l'alphabet latin qui avaient été jugés essentiels dans l'écriture (bien que quelques caractères fort utiles, comme par exemple œ en français, n'y figurent pas).

Dans les pays occidentaux, cette norme est utilisée par de nombreux systèmes d'exploitation, dont Linux et Windows. Elle a donné lieu à quelques extensions et adaptations, dont *Windows-1252* (appelée ANSI) et *ISO 8859-15* (qui prend en compte le symbole €).

c. Unicode

La généralisation de l'utilisation d'Internet dans le monde a nécessité une prise en compte d'un nombre beaucoup plus important de caractères. Ainsi, il est devenu indispensable de représenter tous les caractères spécifiques aux différentes langues. De nouveaux codes sont régulièrement attribués pour de nouveaux caractères : latins (accentués ou non), grecs, cyrilliques, thaï, hiragana...

La table ASCII permet ainsi de coder seulement 128 caractères, en utilisant les valeurs de 0 à 127. Rapidement insuffisante pour écrire d'autres langues, ASCII a été étendue et d'autres tables sont apparues. Unicode, par exemple, utilise un nombre bien plus grand de valeurs. Cette table comportant quelques 110 000 caractères, glyphes et symboles, il est alors impossible de représenter la majorité des caractères à l'intérieur de deux ou trois octets.

Méthode

Établir la table de vérité de la fonction booléenne XOR

On considère l'opérateur booléen suivant : $\overline{p}\cdot q+\overline{q}\cdot p$.

On dresse la table de vérité en décomposant l'opérateur en plusieurs étapes intermédiaires respectant les priorités opératoires :

		NON (p)	NON (q)	ET (non p, q)	ET (p, non q)	OU (ET (non p, q), ET (p, non q))
p	q	$\overline{p}$	$\overline{q}$	$\overline{p}\cdot q$	$\overline{q}\cdot p$	$\overline{p}\cdot q+\overline{q}\cdot p$
0	0	1	1	0	0	0
0	1	1	0	1	0	1
1	0	0	1	0	1	1
1	1	0	0	0	0	0

Remarque : cet opérateur est appelé **XOR**. On note ***XOR***$(p, q)=\overline{p}\cdot q+\overline{q}\cdot p$.

Il correspond à la réunion de deux conditions privée de leur intersection. On l'appelle le OU exclusif.

Exercices

1 ★ 10 min **Lois de Morgan. Soient p et q deux variables de type booléen.**

a. Écrire la table de vérité de $\overline{p+q}$ et celle de $\overline{p}\cdot\overline{q}$.
Que constate-t-on ?

b. Écrire la table de vérité de $\overline{p\cdot q}$ et celle de $\overline{p}+\overline{q}$.
Que constate-t-on ?

2 ★ 10 min

a. Compléter la table de vérité ci-dessous :

p	q	$\overline{p}$	$\overline{p}+q$	$p+q$	$(\overline{p}+q)\cdot(p+q)$
0	0				
0	1				
1	0				
1	1				

b. Quelle égalité remarque-t-on ?

3 ★ 10 min **Au lycée Ainessy, à partir de la 1re, les élèves peuvent choisir une spécialité « mathématiques » ou une spécialité « NSI ».**
On note p, q, et r les variables booléennes suivantes :
– $p=1$ si l'élève est en 1re ;
– $q=1$ si l'élève suit la spécialité « mathématiques »
– $r=1$ si l'élève suit la spécialité « NSI »

a. Quels sont les élèves pour lesquels $p\cdot q=1$?

b. Quels sont les élèves pour lesquels $\overline{p}\cdot q\cdot r=1$?

c. Dresser la table de vérité de $\overline{p}\cdot r+p\cdot r$. Que constate-t-on ?

4 ★ 10 min **Dans la console Python, saisir les lignes suivantes et compléter celles en pointillés.**

a. >>> $8<9$
....

b. >>> $2<1$
....

c. >>> $(8<9)$ and $(2<1)$
....

d. >>> x = 36
>>> $(x>13)$ and $(x<27)$
....

e. >>> x = 20
>>> $(x>13)$ and $(x<27)$
....

5 ★★★ 20 min **Le codage de César est une méthode de cryptage utilisée par Jules César pour ses correspondances.**

a. Écrire un programme Python *codage* dans lequel l'utilisateur saisit une chaîne de caractères. Le programme retourne une chaîne de caractères dont les lettres sont décalées de trois rangs dans l'alphabet.
Par exemple, « bac » sera transformée en « edf ».
On utilisera pour cela les fonctions *ord* et *chr* qui permettent respectivement la conversion des caractères en code ASCII ou en *Unicode*.
On pourra tester le programme avec la chaîne « SCIENCESINFORMATIQUES », qui doit devenir « VFLHQFHVLQIRUPDWLTXHV ».

b. Écrire le programme Python ***décodage*** associé.

Types construits : P-uplets, listes et dictionnaires

Cours

Outre les types de données de base (entiers, chaînes de caractère, booléens), il existe dans tous les langages de programmation des types complexes construits à partir de ces types de base.

1 P-uplets

▶ **p-uplet** (*tuple* en anglais) : ensemble fini et ordonné d'éléments.

▶ Ordonné signifie que les éléments sont repérés par un ordre, qu'ils sont numérotés. Le numéro de l'élément s'appelle son **indice**. Par convention, les indices commencent à 0. Un ensemble de p éléments aura donc des indices allant de 0 à p − 1.

a. Déclaration d'un p-uplet

Il y a deux façons différentes de déclarer un p-uplet : on peut énumérer les éléments à l'aide des parenthèses, ou sans les parenthèses. Pour plus de clarté, les parenthèses sont à privilégier.

```
mon_tuple = (3,5,8) # Première possibilité
mon_tuple = 3,5,8 # Seconde possibilité
```

b. Lecture des éléments d'un p-uplet

On accède à l'élément d'indice i en mettant l'indice entre **crochets**. En reprenant l'exemple précédent, le code ci-dessous affichera 5 (qui est l'élément d'indice 1, donc le second élément de l'uplet (3,5,8), le premier ayant 0 pour indice).

```
print(mon_tuple[1])
```

c. Non modification

Une fois créé, un p-uplet ne peut plus être modifié.

```
mon_tuple[0]=9 # ERREUR : opération interdite
```

d. Utilisation des p-uplets

Les p-uplets sont utilisés essentiellement dans deux contextes :

▶ Pour effectuer des **affectations multiples** (affecter des valeurs à plusieurs variables en même temps. Les deux syntaxes ci-contre sont possibles.

```
(a,b,c) = mon_tuple
a,b,c = mon_tuple
```

▶ Pour pouvoir **renvoyer plusieurs valeurs** au sein d'une fonction. En effet, un return ne permet de renvoyer qu'un seul élément. Mais cet élément peut être un p-uplet.

Voici par exemple une fonction qui renvoie le diviseur et le reste dans la division euclidienne.

```
def divEuclide(a,b):
    quotient = a // b
    reste = a % b
    return (quotient,reste)
```

2 Listes

a. Déclaration d'une liste et accès aux éléments

Une **liste** est une séquence ordonnée (comme un p-uplet) modifiable. On utilise les crochets au lieu des parenthèses. Par exemple, la fonction len() permet de retourner le nombre d'éléments d'une liste.

```
ma_liste = [1,3,7]
ma_liste[1] = 4 # la liste contient maintenant 1, 4 et 7
print(len(ma_liste)) # affiche 3
```

Info

Les listes peuvent contenir des nombres, des chaînes de caractères, mais aussi des listes. Cela permet d'avoir des tableaux en deux dimensions, et on accède aux éléments en utilisant les doubles crochets. `tableau[ligne][colonne]`

b. Fonctions et méthodes liées aux listes

Les listes peuvent être manipulées de multiples façons. Deux opérations courantes à retenir, pour ajouter et pour retirer des éléments.

▶ Pour **ajouter** un élément à la fin d'une liste on utilise **append()**.

▶ Pour **retirer** un élément d'une liste, on utilise le mot clef **del**.

```
ma_liste=["a","c","d"]
ma_liste.append("z") # la liste contient
maintenant a,c,d,z
del ma_liste[2] # Je viens de supprimer le d
```

3 Dictionnaires

▶ Un **dictionnaire** est un ensemble d'éléments qui ne sont plus numérotés mais triés grâce à des **mots clefs**. On peut dire que c'est une liste dont chaque élément est composé d'une **clef** et d'une **valeur**.

▶ Voici la syntaxe pour **déclarer un dictionnaire** : on note **les accolades** qui entourent le dictionnaire, **les deux points** entre clef et valeur et **la virgule** entre les éléments.

```
mon_dico = {«nom»: «Dupont», «prenom»:
«Dominique», «date de naissance»: «29/02/1981»}
```

▶ Pour **accéder à un élément** d'un dictionnaire, on utilise la clef mise entre les crochets. Les éléments d'un dictionnaire peuvent être modifiés.

```
print(mon_dico[«nom»]) # Affiche Dupont
mon_dico[«nom»]=»Martin» # Le nom a été changé
en Martin
```

Méthode

1 Parcourir une séquence ou un dictionnaire

Lorsqu'on applique une opération identique à tous les éléments d'une liste : on parle du parcours d'une liste.

a. Parcours d'une séquence (p-uplet, liste)

On utilise l'instruction for avec le mot clef in. Pour afficher les éléments d'une liste, on utilise les instructions ci-contre.

```
for element in ma_liste :
print(element)
```

b. Parcours d'un dictionnaire

Le parcours d'un dictionnaire peut être fait de trois façons :
- en utilisant les mots clefs (parcours par défaut) ;
- en parcourant les valeurs (en utilisant le mot clef values) ;
- ou en utilisant les deux (grâce au mot clef item, qui signifie objet).

Voici les trois syntaxes possibles :

```
for e in mon_dict :
    print (e) # Affiche les clefs du dictionnaire
for e in mon_dict.values():
    print (e) # Affiche les valeurs des éléments
for clef,valeur in mon_dict.items() :
    print (clef+» : «+valeur) # Affiche les couples clef/valeur
```

2 Créer une liste par compréhension

Créer une liste par compréhension consiste à utiliser les éléments d'une autre liste pour fabriquer une liste particulière d'un seul coup. La première liste est souvent créée en utilisant la fonction *range()*.

Voici deux exemples :
– la création d'une liste des carrés des nombres entre 1 et 12 ;
– la création d'une liste des carrés des nombres impairs entre 1 et 25 (pour rappel, l'opérateur % (modulo) donne le reste de la division entière).

```
carres = [ p*p for p in range(1,13) ]
carres_impairs = [ p*p for p in range(1,26) if p % 2 == 1 ]
```

Info

Pour générer une liste de n nombres, on utilise la fonction range(n).
La liste générée contiendra tous les nombres de 0 à n-1.

```
ma_liste = range(4) # ma liste contient 0,1,2,3
```

NUM. ET SCIENCES INFORMATIQUES

Exercices

1 ★ 5 min **Une liste est construite comme suit :**

```
ma_liste = [13, 11, 36, 5, 9, 89, 9]
```

a. Quelle est la valeur du deuxième élément de la liste ?
b. Quel est l'indice du dernier élément de la liste ?
c. Comment remplacer le 2e élément de la liste par 17 ?
d. Comment remplacer ma_liste[3] par la somme de ma_liste[2] et ma_liste[4] ?

2 ★★ 5 min **Soit une liste L.**
a. Écrire un programme qui permet d'afficher la liste dans l'ordre inverse (en partant de la fin).
Afficher enfin la somme des éléments de la liste.
b. Essayer de le faire en utilisant une seule boucle (si ce n'était pas le cas au a).

3 ★★ 5 min **Soit une liste L.**
Écrire une fonction Python qui retourne un booléen *vrai* si la moyenne arithmétique est au-dessus de 10, *faux* sinon.

4 ★★★ 15 min **On considère la liste L créée par L = range(0,10).**
a. Écrire le contenu de cette liste.
b. En utilisant la compréhension de liste, ajouter 1 à chaque élément.
c. Ajouter 11 à la fin de la liste.
d. Par compréhension, supprimer de la liste tous les éléments pairs.
e. Par compréhension, mettre tous les éléments de la liste au carré.

5 ★★★ 5 min **En utilisant les p-uplets, (sans utiliser de variable supplémentaire), intervertir le premier et le dernier élément d'une liste L donnée.**

6 ★★ 15 min **Le stock d'un maraîcher est stocké dans un dictionnaire Python avec les produits en clef et le nombre d'unités en valeur.**
Un second dictionnaire python contient les produits en clef et le prix unitaire en valeur.

```
stocks={"melon":5,"fraises":10,"patates":7.5}
valeurs={"melon":5.8,"fraises":8.1,"patates":3}
```

Écrire le programme qui donne la valeur de l'ensemble du stock.

Organisation et structuration des données

Cours

1 Organisation de données

De nos jours, nous disposons d'une énorme quantité d'informations. Elles sont stockées dans des formats facilement accessibles et partagés, tels que des emails, des fichiers de type texte ou tableur, des collections d'images, de sons ou de vidéos, etc.

Le plus souvent, les données sont organisées sous la forme de tableaux.

Par exemple :

Prénom	Date de naissance	Classe	LV2	Spécialité 1
Pierre	07/01/2003	1C	Anglais	NSI
Julie	15/09/2004	1A	Espagnol	Mathématiques
Karim	13/11/2004	1B	Allemand	SES

En informatique, on dit que ces données sont non structurées. Ces informations sont représentées ou stockées sans format prédéfini et sont principalement destinées à être interprétées par des humains.

2 Données structurées

a. Cas général

▶ Les données structurées sont organisées de façon à être traitées automatiquement et efficacement par un logiciel, mais non nécessairement par un humain. Elles sont généralement stockées et affichées en colonnes et en lignes, ce qui permet aux algorithmes et autres outils d'exploration des données d'y accéder et de les analyser via une recherche.

▶ On peut utiliser des fichiers pour stocker un ensemble de données liées entre elles. Ces données doivent pouvoir être conservées de manière persistante et structurées afin de pouvoir être exploitées par des programmes et/ou des utilisateurs différents. C'est le rôle de la base de données. Ces fichiers peuvent avoir plusieurs formats, le plus connu étant le format CSV.

b. Le format CSV

▶ Le format *Comma-Separated Values* (CSV) est un format de fichier informatique de type tableur. Chaque champ, ou colonne provenant d'un tableau, est séparé par une virgule (*comma*) ou un point-virgule.

▶ Le tableau précédent est représenté comme suit dans un fichier que l'on nommera dans notre exemple *eleves.csv* :

Prénom,Date de naissance,Classe,LV2,Spécialité 1
Pierre,07/01/2003,1C,Anglais,NSI
Julie,15/09/2004,1A,Espagnol,Mathématiques
Karim,13/11/2004,1B,Allemand,SES

– *Prénom, Date de naissance, Classe, LV2* et *Spécialité 1* sont appelés des descripteurs de données.

– « Pierre », « Julie » et « Karim » sont les valeurs du descripteur « Prénom ».

Chaque ligne du fichier eleves.csv pourra être représentée sous forme de liste Python (*cf.* chap. 13) pour être traitée ultérieurement avec des programmes écrits en Python.

▶ La fonction principale des fichiers CSV est de permettre la portabilité des données d'un programme à un autre.

Un fichier *.csv* présente l'avantage d'être au format texte, donc lisible par n'importe quel programme. Réciproquement, le fichier texte au format *.csv* peut être créé par n'importe quel logiciel ou programme, puis importé dans un tableur où il ne reste plus qu'à refaire la mise en page.

Méthode

Le module CSV en Python

▶ Il est possible d'importer des **bibliothèques** (appelées aussi modules) de fonctions prédéfinies en Python (*cf.* chap. 13). Le module *csv* permet de lire et d'écrire des fichiers ayant l'extension *.csv* très facilement.

▶ On reprend le fichier *eleves.csv* du paragraphe précédent qui contient 4 listes de 5 valeurs (la ligne comportant les descripteurs fait partie de ces 4 listes) :

Prénom,Date de naissance,Classe,LV2,Spécialité 1
Pierre,07/01/2003,1C,Anglais,NSI
Julie,15/09/2004,1A,Espagnol,Mathématiques
Karim,13/11/2004,1B,Allemand,SES

a. Lecture d'un fichier CSV

▶ Dans un éditeur *Python* (appelé aussi IDLE pour *Integrated DeveLopment Environment*), on saisit les lignes de codes suivantes :

```
import csv
fichier = open(«eleves.csv», «r») # On ouvre le fichier source
lecteur = csv.reader(fichier) # On crée un objet « lecteur »
for row in lecteur:# On parcourt chaque ligne du fichier
        print (row)    # On affiche chaque ligne
fichier.close() # On ferme le fichier source « eleves.csv »
```

▶ En exécutant ce programme, on obtient dans la console l'affichage suivant :

```
>>>
['', '', '', '', '']
['Prénom', 'Date de naissance', 'Classe', 'LV2', 'Spécialité 1']
['Pierre', '07/01/2003', '1C', 'Anglais', 'NSI']
['Julie', '15/09/2004', '1A', 'Espagnol', 'Mathématiques']
['Karim', '13/11/2004', '1B', 'Allemand', 'SES']
```

Cela correspond au contenu du fichier *eleves.csv* affiché ligne par ligne.

b. Écriture d'un nouveau fichier CSV

▶ Si l'on veut écrire dans un fichier, on utilisera le programme ci-dessous :

```
import csv

# On crée un fichier source « nouveau_fichier.csv »
fichier = open(«nouveau_fichier.csv», «w»,newline= ‘’)

# On crée un objet « ecrire »
ecrire = csv.writer(fichier)

# On crée une ligne dans le fichier
ecrire.writerow([«Emma»,«15/07/2004»,«1D»,«Mandarin»,»NSI»])

# On ferme le fichier source « nouveau_fichier.csv »
fichier.close()
```

Pour vérifier et afficher le contenu du fichier ainsi créé, on pourrait utiliser le script du paragraphe **a.** On obtiendrait alors l'affichage suivant dans la console :

```
>>>
['Emma', '15/07/2004', '1D', 'Mandarin', 'NSI']
```

Infos Python

La fonction **open** de Python permet d'ouvrir un fichier. Elle possède plusieurs attributs dont les principaux sont :
'**r**' ouvre le fichier en mode lecture (par défaut).
'**w**' ouvre le fichier en mode écriture, écrasant au préalable les données existantes.
'**x**' crée un nouveau fichier et l'ouvre en mode écriture.
'**a**' ouvre le fichier en mode écriture, ajoutant des données à la fin du fichier.
Exemple :

```
fichier = open(«nouveau_fichier.csv», «r»,newline= ‘’)
```

L'instruction ci-dessus permettra d'ouvrir le fichier uniquement en lecture (pour ne faire aucune modification).

NUM. ET SCIENCES INFORMATIQUES

Exercices

1 ★ 20 min **Le site *data.gouv.fr* est une plateforme ouverte des données publiques françaises.**

Pour les questions a. à d., utiliser les fonctionnalités de recherche d'un logiciel de tableur.

a. Faire une recherche à l'aide des mots-clés « vœux APB » et télécharger le fichier au format *.csv* intitulé « APB Vœux de poursuite d'étude et admissions ».

b. Citer 4 descripteurs de ce document.

c. Trouver les lignes correspondant à l'établissement « *ESAA Boulle* ».

d. Combien de formations situées dans le Cantal sont répertoriées dans ce fichier ?

Un établissement a été oublié dans la liste : « Écoles Supérieures de l'Informatique ». On souhaite ajouter cette école dans le fichier csv.

e. À l'aide d'un éditeur Python, écrire un programme qui permet d'ajouter la ligne suivante correspondant aux 5 premiers descripteurs : *2019,XXXXXX,ESI,69,Lyon.*

Les séparateurs et délimiteurs varient selon les logiciels tableurs utilisés. Il peut s'agir de la virgule ou du point-virgule. Dans ce cas, on utilise l'attribut *delimiter* comme dans l'exemple ci-après :

```
# On crée un objet « ecrire »
ecrire = csv.writer(fichier,delimiter =';')
```

2 ★★★ 45 min

a. Créer un fichier *resultats.csv* listant tous les élèves de votre classe de NSI, triés dans l'ordre alphabétique du nom.

Les descripteurs sont :
- *NOM : nom de l'élève,*
- *PRENOM : prénom de l'élève,*
- *AGE : âge de l'élève,*
- *MOYENNE : moyenne de NSI du premier trimestre sur 20.*

b. Écrire une fonction *sup_moy* qui lit le fichier CSV et qui retourne le nombre d'élèves ayant une moyenne supérieure à 10.

c. Écrire une fonction *moyenne* qui lit le fichier CSV et qui retourne la moyenne de la classe.

d. Écrire une fonction *moy_max* qui lit le fichier CSV et qui retourne la meilleure moyenne de la classe.

e. Écrire une fonction *tri_res* qui trie les résultats issus du fichier « *resultats.csv* » suivant la moyenne par ordre croissant et qui sauvegarde le résultat dans un nouveau fichier CSV « resultats-tries.csv ».

Page web et interactivité : HTML et Javascript

Cours

1 HTML

a. Principe du langage

▶ Dans un **navigateur web**, la page qui s'affiche est un fichier texte écrit dans un langage particulier : le HTML (*HyperText Markup Langage*). Ce langage est composé d'**éléments**. Un élément est composé soit d'une paire de **balises** (< >) encadrant un contenu, soit (plus rarement) d'une unique balise que l'on appelle **balise orpheline**.

Élément p (paragraphe)	Élément hr
<p> Ceci est un paragraphe HTML </p>	<hr>
balise ouvrante / balise fermante	balise orpheline

▶ Une balise HTML peut contenir des **attributs** (qui sont parfois obligatoires) qui donnent des indications aux navigateurs (par exemple la cible d'un lien ou l'URL d'une image à afficher).

Les balises et les attributs ne sont jamais affichés. Ils donnent des informations au navigateur pour qu'il construise l'affichage de la page web.

```
<a href="http://editions-bordas.fr"> Le site web </a>
```
attribut qui indique l'adresse du lien

▶ Un autre langage utilisé, le langage **CSS** (*Cascading Style Sheets*), permet de gérer l'apparence de la page web.

Principales balises HTML

- **html** : encadre l'ensemble du document.
- **head** : méta informations sur le document.
- **body** : le corps du document.
- **p** : paragraphe.
- **h1, h2, ..., h6** : les titres (header) de niveau 1 à 6.
- **div** : une division de la page. Utilisé pour les css.
- **img** : balise image, attribut src obligatoire.
- **a** : balise de lien (ancre). Attribut href obligatoire.
- **script** : balise délimitant un code en javascript.

b. Interactivité

Alors que les pages HTML sur le web ne contenaient que du texte et des liens dans les premières versions du langage, celui-ci a rapidement évolué vers des contenus **interactifs**. Les sites web sont devenus pour certains de véritables applications (ce que l'on a appelé le **web 2.0**).

On peut signaler en particulier les éléments HTML suivants qui sont interactifs :

▶ les liens hypertextes **<a>** (qui renvoient vers une autre page quand on clique dessus) ;

▶ les formulaires **<forms>** avec l'ensemble de leurs contenus :

– Les entrées **<input>** qui permettent de saisir texte et nombres ;

– Les boutons **<button>** qui permettent d'interagir avec la plage sélectionnée en cliquant dessus.

2 Javascript

L'outil qui a vraiment permis de rendre les pages web interactives a été l'intégration d'un langage de programmation dans les navigateurs : le **Javascript**. Il est incorporé dans une page web grâce à la balise <script>. Cette balise peut contenir du code JavaScript. Elle permet aussi d'intégrer un code JavaScript dont l'URL est donnée par l'attribut *src*.

```
<script>
  alert("javascript en action")
</script>
<script src="js/monscript.js"></script>
```

a. Accès aux éléments

▶ En Javascript, on peut accéder au contenu de la page en utilisant le **DOM** (*Document Object Model*) qui hiérarchise les éléments HTML d'une page sous la forme d'une arborescence. On peut lire le contenu d'un élément qui serait sélectionné grâce à son **identifiant (id)**.

Par exemple, le code suivant récupère le nom dans un formulaire et l'affiche dans une fenêtre surgissante.

```
champNom = document.getElementById(«name»);
alert(«Le nom est «+champNom.value);
```

▶ De façon plus générale, l'objet document peut retourner n'importe quel élément à partir de sélecteurs CSS (par type d'élément, par classe, par identificateur). La méthode **querySelector()** retourne le premier élément identifié. Cela permet par exemple d'accéder à la valeur d'un champ d'entrée d'un formulaire. La méthode **querySelectorAll()** les retourne tous sous forme de liste.

Par exemple, voici un code qui modifie tous les titres pour les mettre en rouge, et cache la div HTML ayant pour identifiant (id) *commentaire* :

```
titres = document.querySelectorAll(«h1»);
titres.foreach(function(titre) {
  titre.style.color='red';
});
paragraphe = document.querySelector("#commentaire");
paragraphe.style.display='none';
```

>>

b. Événements

Javascript permet de programmer des réactions aux événements qui se produisent sur une page web, c'est cette fonctionnalité qui permet de la rendre interactive. Tous les types d'événements peuvent être pris en compte pour produire des applications riches.

Principaux événements Javascript

- **Click :** un clic de souris sur l'élément.
- **Mouseover :** la souris passe sur l'élément.
- **Mouseout :** la souris quitte l'élément.
- **Keydown :** une touche du clavier est enfoncée.
- **Change :** le contenu d'un élément a changé (saisie par exemple).

Méthode

Rendre une page réactive à un événement

Il existe deux moyens en Javascript pour rendre un élément HTML réactif à un événement.
Considérons le code HTML suivant qui affiche deux boutons.

```
<button id="bouton1"> Bouton 1 </button>
<button id="bouton2"> Bouton 2 </button>
```

▶ On incorpore directement une action qui sera effectuée lorsque l'on clique sur le bouton. L'événement à prendre en compte est le « click » de souris, et l'attribut HTML correspondant sera donc « onClick ».
Ici, une fenêtre surgissante affiche le texte « bouton 1 cliqué » :

```
<button id="bouton1" onClick="alert('bouton 1 cliqué')">
Bouton 1 </button>
```

▶ On peut aussi rajouter la gestion de l'événement en l'ajoutant grâce à une méthode Javascript. On commence par définir une fonction qui correspondra à la gestion de l'événement. Cette fonction peut être placée dans un fichier Javascript séparé ou dans le document HTML.

```
function bouton2clicked() {
    alert('bouton 2 cliqué')
}
```

▶ Ensuite, on rajoute un gestionnaire d'évènement à l'élément HTML. Cela se fait grâce à la méthode ***addEventListener()*** qui s'applique aux objets HTML éléments.
Cette méthode a deux arguments : **le type d'événement** qui doit être surveillé d'une part, et **le nom de la fonction** qui sera appelée.

```
document.querySelector('#bouton2').
addEventListener('click',bouton2clicked);
```

L'avantage de cette seconde méthode est de pouvoir regrouper dans le fichier Javascript tout ce qui touche à l'interactivité, sans avoir à modifier le fichier HTML. Toute l'information sur le comportement interactif se trouve ainsi à un seul endroit.

Exercices

1 ★ 10 min **Bonjour le monde !**

a. Créer un fichier html qui contient un bouton. Lorsque l'on clique sur le bouton, il affiche « bonjour le monde » dans une fenêtre surgissante.

b. Modifier le fichier pour rajouter un champ d'entrée qui prend un nom d'utilisateur. Quand on clique sur le bouton, le programme affiche « Bonjour, *utilisateur* ! » (avec le nom de l'utilisateur).

2 ★★ 10 min **Une page HTML contient juste un titre dans une balise <h1> et un paragraphe dans une balise <p>.**

Modifier la page pour insérer un code Javascript qui va centrer le titre lorsque l'on clique dessus et remplacer le texte « paragraphe original » par « Paragraphe *modifié* » *(avec le mot corrigé en italique)* lorsque l'on clique sur le paragraphe.

```
<html>
<body>
  <h1>Titre</h1>
  <p> Paragraphe original</p>
</body>
</html>
```

3 ★★★ 15 min **Dans un document html, il y a un code javascript qui contient un tableau avec des définitions de couleurs html, comme par exemple :**

```
couleurs =["#12B134","#DD1","#0F0"];
```

On a un bouton qui va être destiné à changer la couleur de tous les paragraphes présents dans la page en faisant tourner les couleurs du tableau. Ce bouton a pour id HTML *changeCol*.

Écrire le code Javascript (qui est dans un fichier séparé) qui va faire en sorte que le bouton effectue le changement de couleur.

Notion de client/serveur - le protocole HTTP

Cours

1 Principe du protocole

▶ Lorsque nous utilisons un navigateur pour naviguer sur le web, nous établissons une communication entre notre machine et une machine distante. Nous créons une **relation client serveur** entre ces deux points. Le navigateur sur notre machine est le **client**. Sur la machine distante, il y a une application qui s'appelle un **serveur** web qui répond aux **requêtes** envoyées par les navigateurs.

▶ Le dialogue entre le navigateur et le serveur web se fait suivant un **protocole** nommé HTTP (*HyperText Transfert Protocol*). **Un protocole est un ensemble de règles** qui régissent l'échange de données.

▶ Sur les **URL** (*Uniform Ressource Location*), on pourra trouver deux déclinaisons du protocole : HTTP et HTTPS (*cf.* ci-dessus : le protocole HTTPS est souvent indiqué par un cadenas dans les barres d'adresse des navigateurs, car le S final signifie « sécurisé »). HTTPS est le même protocole que le HTTP, mais les données sont chiffrées grâce à une couche supplémentaire, le **TLS** (*Transport Layer Security*). Sans ce chiffrement, une personne qui espionne le réseau peut facilement découvrir les identifiants et les mots de passe qui transitent en texte brut dans les communications. Avec ce protocole, la communication est protégée

2 Déroulement de la communication

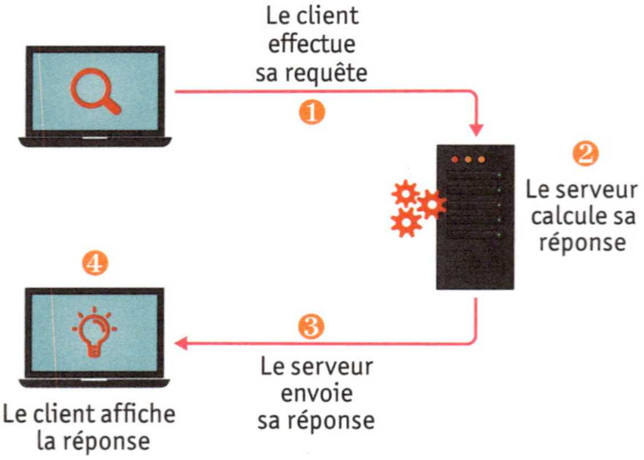

❶ Le navigateur effectue une requête en indiquant quelle page il souhaite obtenir.
❷ Le serveur va construire la réponse (par exemple interroger une base de données). Cette construction se fera en utilisant les paramètres fournis par le client lors de sa requête
❸ Il renvoie la réponse au client.
❹ Le client va finalement afficher la réponse.

L'ensemble de ces opérations ne prendra potentiellement que quelques millisecondes

La réponse peut être une page HTML qui contiendra peut-être des appels à d'autres fichiers (images intégrées dans la page, feuille de style CSS, fichiers Javascript, etc.) que le navigateur va faire directement. Ainsi, l'affichage de l'ensemble de la page nécessitera peut-être plusieurs requêtes et réponses.

a. Format d'une requête

Une requête HTTP a toujours la même forme :
– une 1re ligne avec la commande, l'URL et la version du protocole. Les commandes les plus classiques sont GET, POST (voir ci-après) et HEAD ;
– une 2e ligne avec l'en-tête de la requête, qui contient un ensemble de paramètres donnés sous la forme nom : valeur (comme par exemple host : www.editions-bordas.fr ; cookie : nomCookie=valeur, etc.) ;
– une ligne vide ;
– puis le corps de la requête, qui contient en particulier les données dans le cas d'une requête de type POST.

b. Format d'une réponse

Le serveur web répond à la requête, également selon une structure prédéfinie :
– une 1re ligne indique le **statut de la réponse** avec **un code sur 3 chiffres** : les codes en 1xx sont des informations, les 2xx des réussites (le plus courant est le 200 OK), les 3xx des redirections, le 4xx indique une erreur côté client (ex. : 404, page inexistante) et le 5xx une erreur sur le serveur ;
– **plusieurs lignes d'en-tête** indiquant par exemple la version du protocole, le type de contenu (html, json, xml, image...) et sa longueur, le serveur web, etc. ;
– enfin, une ligne vide, puis le contenu éventuel de la réponse.

3 Les formulaires

▶ Les **formulaires** HTML sont un des vecteurs principaux d'interaction entre un utilisateur et un site web ou une application. La plupart du temps, ces données sont envoyées à des serveurs web, mais la page peut aussi les intercepter et les utiliser elle-même.

Voici un exemple de formulaire pour envoyer un message :

```
<form action='/traitement.php' method='post'>
    <label for='name'>Nom :</label>
    <input type='text' id='name' name='user_name' />
    <textarea>Tapez ici votre message</textarea>
    <button type='submit'>Envoyer le message</button>
</form>
```

– La balise <input> correspond à un champ de saisie dans lequel on mettra ici le nom de l'utilisateur.
– La balise <textarea> correspond à un texte libre que l'utilisateur peut saisir.
– La balise <button> va afficher un bouton.
L'attribut **type** est fixé à ***submit***, ce qui indique que cliquer sur le bouton va soumettre le formulaire.
Lorsque le formulaire est soumis, une requête est envoyée au serveur avec l'ensemble des éléments du formulaire en paramètres.

▶ La balise **<form>** qui englobe le formulaire a deux attributs.
– Le premier, action, indique la page demandée au serveur.
– Le second, method, indique si les paramètres de la requête doivent être envoyés sous forme de POST ou de GET.

▶ Il est utile de distinguer les processus qui s'effectuent côté client ou côté serveur.
– Côté client, c'est la manipulation de l'affichage, l'envoi de requêtes et tout ce qui est fait par Javascript qui s'exécute sur le client ;
– Côté serveur, c'est ce qui relève de la manipulation des données hébergées sur le serveur, et du calcul de la réponse à la requête du client.
Initialement, on peut penser que l'on interroge le serveur uniquement quand la page change. Cependant, avec le web 2.0, l'utilisation d'AJAX (*Asynchronous Javascript and XML*) permet d'effectuer une requête grâce à Javascript, puis de modifier une partie du contenu de la page. La page est modifiée en contact avec le serveur sans que l'intégralité de la page soit reconstruite, rendant l'expérience plus fluide.

Méthode

Doit-on utiliser GET ou POST ?

Dans quel cas doit-on utiliser les méthodes GET et les méthodes POST pour créer un formulaire ?
Les points suivants sont à considérer sur les requêtes de type GET et les requêtes POST :

	Requêtes GET	Requêtes POST
Conservation dans le cache du navigateur ou d'un proxy.	Oui	Non
Conservation dans l'historique du navigateur avec les paramètres, ou dans un marque page	Oui	Paramètres non conservés dans l'historique du navigateur ou dans le marque-page.
Restriction de longueur	Oui	Sans limite de taille
Type de caractères autorisé	Caractères ASCII	Caractères quelconques

Dans le cas d'une requête GET, les paramètres seront ajoutés à l'URL.
▶ Pour ces raisons, les requêtes GET ne devraient jamais être utilisées pour envoyer des données sensibles (comme des mots de passe par exemple). En théorie, le standard HTTP stipule que les requêtes GET ne doivent être utilisées que pour demander des informations, jamais pour les modifier (compte tenu du fait qu'elles puissent être en cache).
▶ Dans le standard HTTP, la requête POST est utilisée pour créer ou modifier des données sur le serveur. Dans la pratique, elle est aussi utilisée pour transmettre les données sensibles.
Il ne faut pas croire qu'une requête POST offre plus de sécurité qu'une requête GET, au-delà de l'affichage des paramètres dans le navigateur ou dans des URL. Pour sécuriser une transmission, il faut surtout utiliser le protocole HTTPS plutôt que le protocole HTTP.

Exercices

1 ★ 10 min **Donner la signification des codes de retour http suivants qui sont parmi les plus courants : 100, 200, 202, 206, 301, 302, 304, 400, 401, 403, 404, 500, 501.**

Une recherche sur Internet est possible.

2 ★★ 10 min **Construire un formulaire simple qui, dans une page html, va :**
– demander le nom, le prénom, un pseudo et une adresse mail ;
– proposer un bouton de validation qui enverra vers la page valid_inscription.php ;
– proposer un bouton d'annulation qui renvoie vers une page d'accueil accueil.php grâce à un code javascript.

Architecture des matériels et systèmes d'exploitation

Cours

1 Le modèle de Von Neumann

▶ Les premières machines à calculer (telles que la *Pascaline* conçue en 1642 par Blaise Pascal), ancêtres de l'ordinateur, étaient essentiellement constituées d'engrenages mécaniques. L'invention de l'électricité couplée à la mécanique fait faire de nouveaux progrès et permet ainsi d'évoluer de la machine à calculer aux premiers ordinateurs.

▶ En 1945, John von Neumann et ses collaborateurs proposent un modèle fondamental de calculateur à programme enregistré. Ainsi, au lieu de coder les instructions et les données sur un support externe (par exemple, sur un ruban dans le cas de la machine Enigma de Alan Turing), ces informations sont enregistrées dans une structure de stockage unique dans la mémoire de l'ordinateur.

▶ Ce modèle est composé de :
– un micro-processeur, constitué d'une Unité Arithmétique et Logique et d'une unité de contrôle ;
– une mémoire, elle-même scindée en deux catégories, la mémoire vive et la mémoire de masse ;
– des interfaces d'entrées/sorties qui permettent de communiquer avec l'extérieur.

Le dessin ci-dessous schématise le modèle de *Von Neumann* :

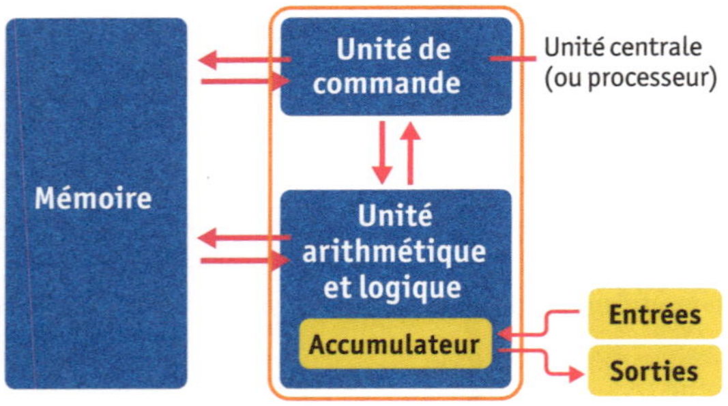

Les différents organes du système sont reliés par des voies de communication appelées bus.
Même si certaines technologies ont évolué depuis, ce modèle reste encore aujourd'hui d'une étonnante actualité.

2 Architecture matérielle

▶ De nos jours, un ordinateur est avant tout un ensemble de composants électroniques reliés entre eux sur une carte mère (circuit imprimé contenant les principaux composants) sur laquelle sont branchés des périphériques d'entrée ou de sortie (clavier, souris, imprimante, etc.) C'est la partie matérielle que l'on appelle *Hardware*.
Mais il y a deux éléments indispensables au fonctionnement de tout ordinateur, la mémoire et le processeur.

a. La mémoire

Une mémoire est une ressource matérielle permettant de stocker de l'information. Les principales caractéristiques d'une mémoire sont la capacité, le temps d'accès, le débit et la volatilité (les données sont perdues si la mémoire n'est plus alimentée en courant). Il existe différents types de mémoires :

▶ RAM (*Random Access Memory*) : mémoire volatile située dans les barrettes mémoire (dispositif électronique de stockage de données), aussi appelée mémoire vive. C'est la mémoire utilisée par les différents logiciels pour un stockage temporaire. La RAM se situe sur la carte mère de l'ordinateur.

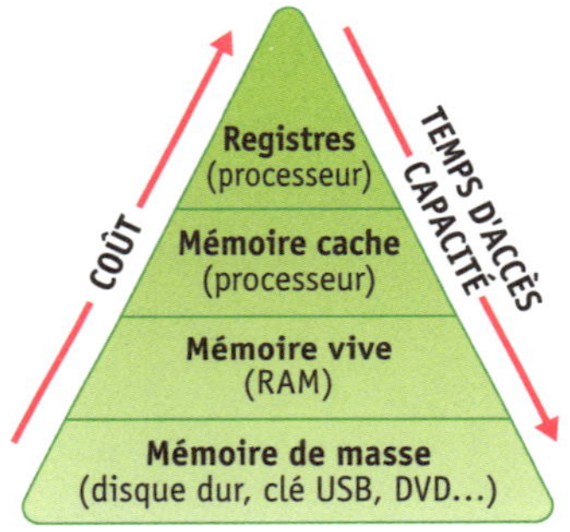

▶ ROM (*Read Only Memory*) : mémoire non volatile, située sur la carte mère. Cette mémoire de masse utilisée pour stocker, entre autre, les informations nécessaires au démarrage de l'ordinateur. Il existe aussi des mémoires internes au processeur.

b. Le processeur

▶ Le processeur est l'élément principal de l'ordinateur. Il est aussi appelé CPU (*Central Processing Unit*). Il est constitué essentiellement :
– d'une Unité Arithmétique et Logique (UAL) : circuit complexe qui assure le traitement des opérations logiques (*OR, AND, NOT, XOR*, etc.) et les calculs arithmétiques (addition, soustraction...) ;
– d'une Unité de Contrôle (UC) : lit et décode les instructions, gère le compteur de programme, envoie les ordres d'exécution d'instructions élémentaires à l'UAL.

▶ Les deux unités comprennent des registres (mémoires très rapides) pour stocker les données chargées depuis la mémoire (le programme, les autres données), le compteur de programme, l'instruction à exécuter, les résultats, etc. Un processeur peut contenir plusieurs registres, qui disposent d'adresses de cases mémoires.

>>

▶ On trouve aussi dans le processeur une mémoire cache, où sont rangées les données récemment utilisées. Il sera alors beaucoup plus rapide de les chercher dans la mémoire cache que dans la mémoire vive pour les réutiliser fréquemment.

3 Du langage machine au processeur

▶ Le processeur d'un ordinateur n'est capable d'interpréter qu'une suite de bits que l'on appelle langage machine. Il est composé d'instructions et de données à traiter codées en binaire.

▶ Le développeur conçoit des programmes informatiques dans un langage de programmation (ou langage de haut niveau). Selon le langage utilisé, ce programme est transformé (ou compilé) en un programme compréhensible par la machine.

▶ En parallèle, il existe des langages d'assemblage (appelés langages de bas niveau) qui se rapprochent plus du langage binaire (ou langage machine) que seul un ordinateur peut comprendre. Le développeur peut être amené à utiliser ces langages de bas niveau surtout dans les domaines de l'informatique industrielle.

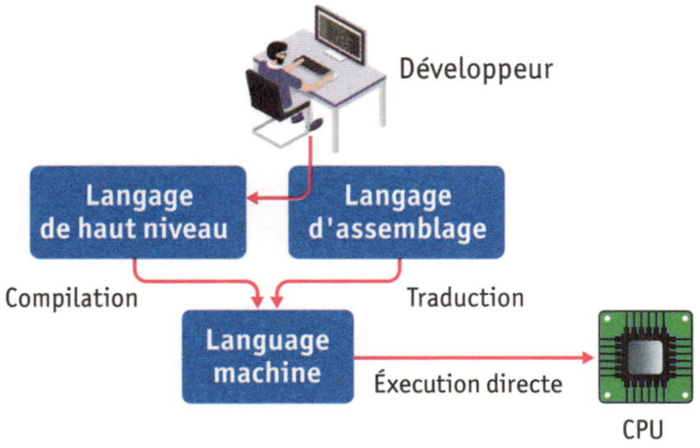

4 Le système d'exploitation

La partie logicielle ou *Software* est l'ensemble des programmes ou des commandes présentes dans l'ordinateur lui indiquant comment exécuter une tâche spécifique.
Le système d'exploitation permet de dissocier les programmes et le matériel, afin notamment de faciliter la gestion des ressources et d'offrir à l'utilisateur une interface homme-machine simplifiée.

a. Définition

Le système d'exploitation (noté parfois OS pour *Operating System*) est un programme qui permet d'interagir avec le processeur et de déclencher les opérations et les calculs que l'utilisateur a lancés.

b. Composants

Le système d'exploitation est composé d'un ensemble d'applications permettant de gérer les interactions avec le matériel. On distingue les éléments suivants :

- le noyau (*kernel*) : logiciel gérant la mémoire, les processus (programmes en cours d'exécution), les fichiers et les entrées-sorties principales ;
- l'interpréteur de commande (*shell*) : logiciel faisant office d'interface entre le système et l'utilisateur. Il permet à ce dernier de saisir des instructions au clavier qui seront interprétées ;
- le système de fichiers (*file system*) : structure d'organisation et de gestion des fichiers dans une arborescence.

c. Fonctions

Pour effectuer les actions demandées, le système d'exploitation alloue les ressources (composants matériels ou logiciels d'un ordinateur) du système de façon à :
- partager les ressources du processeur entre les différents programmes grâce à un algorithme d'ordonnancement ;
- gérer la mémoire vive en allouant de la mémoire à chaque application ;
- gérer les entrées/sorties en contrôlant l'accès des programmes aux ressources matérielles par l'intermédiaire des pilotes ;
- gérer l'exécution des applications en leur affectant les ressources nécessaires à leur bon fonctionnement ;
- sécuriser l'exécution des programmes en garantissant que les ressources ne sont utilisées que par les programmes et utilisateurs possédant les droits adéquats ;
- sécuriser l'accès en lecture et écriture des fichiers par les utilisateurs et les applications.

d. Caractéristiques

Un système d'exploitation est dit multi-tâche ou *multi-threaded* lorsque plusieurs tâches (également appelées processus) peuvent être exécutées simultanément.
Le multiprocessing est une technique consistant à faire fonctionner plusieurs processeurs en parallèle afin d'obtenir une puissance de calcul plus importante que celle obtenue avec un processeur plus performant, ou bien afin d'augmenter la disponibilité du système (en cas de panne d'un processeur).

e. Systèmes d'exploitation libres ou propriétaires

Contrairement aux logiciels libres, les logiciels propriétaires ne permettent pas d'exercer certaines actions, appelées libertés logicielles :
- étude de son code source ;
- modification et amélioration du code source ;
- exécution du logiciel pour tout type d'utilisation ;
- distribution de copies logicielles à d'autres personnes.

Parmi les plus utilisés, *Unix*, *Windows* et *Mac OS* sont des systèmes d'exploitation propriétaires alors que GNU/Linux et ses différentes distributions sont des systèmes d'exploitation libres.

NUM. ET SCIENCES INFORMATIQUES

Méthode

1 Transformer une séquence d'instructions en langage machine

On souhaite transformer cette séquence d'instructions du programme *Python* en langage machine :
Dans cet exemple, le processeur utilisé possède deux registres de mémoire que l'on appellera *A* et *B*.
Nous allons suivre instruction par instruction le déroulement de ce programme.

```
x = 5
y = 4
x = 3*(x + y)
```

▶ Pour échanger des données avec la mémoire, le processeur utilise deux procédés :
– ***chargement (LOAD)*** : transfert de l'état d'une case mémoire dans un registre.
Ex. : pour **charger** dans le registre *A*, on notera ***LDA***.
– ***stockage (STORE)*** : transfert de l'état d'un registre dans une case mémoire.
Ex. : pour **stocker** dans le registre *B*, on notera ***STB***.
Dans notre exemple, on suppose que la valeur de la variable *x* est rangée dans la case mémoire d'adresse 1 et celle de *y* dans la case mémoire d'adresse 2.

▶ Pour effectuer l'addition *x* + *y*, on utilise l'instruction *ADD* et pour multiplier par 3, on **répète trois fois l'instruction *ADD***.
La séquence d'instructions *Python* correspondant au programme est la suivante :

Instruction	Que se passe-t-il dans la mémoire et les registres ?	Registre *A*	Registre *B*	Case mémoire 1	Case mémoire 2
LDA 1	On charge le contenu de *x*, située dans la case mémoire 1, dans le registre *A*.	5		5	4
LDB 2	On charge le contenu de *y*, située dans la case mémoire 2, dans le registre *B*.	5	4	5	4
ADD A	On additionne *A* et *B* dans *A*.	9	4	5	4
STA 2	On stocke le contenu de *A* dans la case mémoire 2.	9	4	5	9
LDB 2	On charge le contenu de la case mémoire 2 dans *B*.	9	9	5	9
ADD A	On additionne *A* et *B* dans *A*.	18	9	5	9
ADD A	On additionne *A* et *B* dans *A*.	27	9	5	9
STA 2	On stocke le contenu de *A* dans la case mémoire 2.	27	9	5	27

2 Utiliser un interpréteur en ligne de commande

Il existe plusieurs interpréteurs en ligne de commande :
– le *Bourne shell* (*sh*) : interpréteur originel des environnements Unix ;
– le *Bourne-Again shell* (*bash*) que l'on retrouve sur de nombreuses distributions GNU/Linux, ainsi que sur les ordinateurs ayant un système d'exploitation *Mac OS* ;
– le *Power shell* : interpréteur propre à Windows.
Dans cette partie, on pourra lancer l'application **Terminal** de l'ordinateur qui permet d'interpréter les lignes de commandes saisies par l'utilisateur (ou éventuellement utiliser une version sur Internet d'interpréteur de commande : *online command prompt*).

▶ Saisir la commande *pwd*.
Le chemin complet, depuis la racine du disque dur jusqu'au répertoire dans lequel on travaille (appelé chemin absolu), s'affiche à l'écran.

On obtient :

```
[root@localhost ~]# pwd
/root
[root@localhost ~]#
```

▶ Saisir la commande *mkdir NSI*. Rien n'apparaît à l'écran.
Pour vérifier la création de ce répertoire (appelé aussi « dossier »), on tape la commande *ls – l*.
On a ainsi créé un répertoire NSI dans le répertoire dans lequel on se trouve, appelé répertoire courant.

```
[root@localhost ~]# mkdir NSI
[root@localhost ~]# ls –l
total 12
drwxr-xr-x   2 root   root     37 Apr 14 15:20 NSI
drwxr-xr-x   3 root   root    163 Aug 21 2018 dos
-rw-r--r--   1 root   root    242 Jul 15 2017 hello.c
[root@localhost ~]#
```

▶ Saisir la commande *cd NSI*, puis la commande *mkdir IMAGES*. On s'est placé dans le répertoire *NSI* pour y créer un sous-répertoire *IMAGES*.

▶ À l'aide d'Internet, télécharger une image du pingouin Tux (logo de Linux). Saisir la commande *cd* , puis vérifier à l'aide de la commande *ls – l* que le fichier image précédent est présent dans le répertoire de l'utilisateur.

```
drwxr-xr-x  3 root    root     60 Apr 14 15:20 NSI
-rw-------  1 1000    root  39594 Apr 14 15:41 Tux.png
drwxr-xr-x  3 root    root    163 Aug 21 2011 dos
-rw-r--r--  1 root    root    242 Jul 15  2017 hello.c
[root@localhost ~]#
```

▶ Saisir la commande *mv Tux.png NSI/IMAGES/*, puis vérifier, à l'aide de la commande *ls -l NSI/IMAGES/*, que le fichier Tux.png a bien été déplacé dans le sous-répertoire *IMAGES*.

Exercices

1 ★ 15 min **Écrire une séquence d'instructions en langage machine permettant de calculer l'expression *x* – 2 + 3*y*.**

Données : Les valeurs *x* et *y* sont contenues respectivement dans les cases mémoires 107 et 108. Le résultat est stocké dans la case mémoire d'adresse 109.

On pourra utiliser l'instruction *DEC* qui soustrait 1.

2 ★ 15 min **En s'aidant de l'exemple et en testant sur l'ordinateur, écrire la description des quelques instructions de base utilisées en lignes de commande ci-dessous.**

La commande *man* [*instruction*] permet d'afficher la documentation détaillée.

Commande	Description
cd	permet de changer de répertoire. Ex. : cd *NSI*
cd.	
pwd	
rmdir	
mv	
rm	
rm –R	
cp	

3 ★★ 25 min

a. Dans votre répertoire personnel, créer les répertoires et fichiers selon l'arborescence suivante.

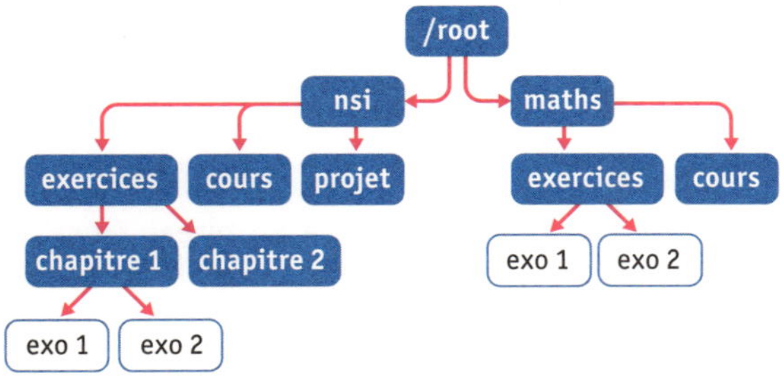

On pourra utiliser la commande *touch exo1* pour créer un fichier vide appelé *exo1*.

b. Se placer dans le répertoire *maths/cours*.
– Saisir la commande qui permet d'afficher le nom du répertoire courant.
– Saisir la commande qui permet de revenir à la racine de l'utilisateur.

c. Supprimer le sous-répertoire *cours* contenu dans *maths*.
– Supprimer le sous-répertoire *exercices* de *maths*.
– Pourquoi l'action a-t-elle échoué ?
– Supprimer en une commande le répertoire *exercices* de *maths*.

d. Déplacer le fichier exo1 dans le répertoire projet et supprimer les répertoires cours et exercices.

e. Renommer le fichier *exo1* en *exercice1*.

f. Dessiner l'arborescence des fichiers contenus dans le répertoire personnel de manière théorique.

4 ★★ 20 min **Les droits et permissions d'accès de chaque fichier sont codés sur les 10 premiers caractères de chaque ligne visualisée à l'aide de la commande *ls -l*.**
On considère l'affichage ci-dessous :

```
drwxr-xr-x  3 root  root   163 Aug 21 2011 dos
-rw-r--r--  1 root  root   242 Jul 15 2017 hello.c
```

a. On considère les premiers caractères de la ligne 1 : *drwxr-xr-x*
– Que signifie le caractère *d* ?
– À qui s'appliquent les droits *rwx* des caractères 2 à 4 ?
– À qui s'appliquent les droits *r-x* des caractères 5 à 7 ?

b. À qui s'appliquent les droits *r--* des trois derniers caractères de la deuxième ligne ?

c. Reprendre l'arborescence présentée dans la Méthode et répondre aux questions suivantes :
– Exécuter la commande « *chmod 700 hello.c* ». Qu'a-t-on modifié ?
– Exécuter la commande « *chmod 744 dos* ». Qu'a-t-on modifié ?

Architecture de réseaux

Cours

1 Les réseaux

On appelle réseau informatique, un ensemble d'équipements informatiques connectés entre eux par des liaisons physiques. Ces machines distantes échangent des informations sous forme de données binaires.

a. Les composants d'un réseau

Un réseau local peut être constitué des éléments suivants :

▶ le câble réseau : il peut être en cuivre, appelé RJ45 ou *Ethernet*, ou en fibre optique.

▶ la carte réseau : c'est l'interface entre l'ordinateur et le câble du réseau. Elle prépare, envoie et contrôle les données sur le réseau.

▶ le répéteur : c'est un équipement qui sert à régénérer (ou augmenter la puissance) d'un signal Wifi par exemple. Il permet ainsi d'étendre la couverture du réseau sans qu'aucun câble supplémentaire ne soit rajouté.

▶ le concentrateur (*hub* en anglais) : c'est un boîtier constitué de plusieurs ports Ethernet. Il permet la connexion de plusieurs appareils en régénérant le signal (en amplifiant le signal Wifi par exemple), et en ne faisant que répercuter les données émises par l'un vers tous les autres équipements qui lui sont reliés.

▶ le commutateur (*switch* en anglais) : c'est un boîtier muni de plusieurs ports Ethernet. Il distribue les trames directement aux machines destinataires, contrairement au *hub*.

▶ le routeur : c'est un équipement qui permet de relier plusieurs réseaux. Par exemple, tous les ordinateurs du réseau d'un domicile connecté par câble (LAN) ou sans-fil (WLAN) sont connectés au réseau Internet par l'intermédiaire d'un routeur (comme par exemple les « box » des fournisseurs d'accès à Internet).

▶ l'armoire ou panneau de brassage : on y trouve tous les composants actifs (*hub*, *switch*, routeur, etc.) d'un réseau et toutes les arrivées des câbles d'un secteur.

b. Les protocoles

▶ Un protocole de communication est un ensemble de règles et de procédures régissant la manière d'échanger des informations entre les équipements du réseau. Ces règles doivent être respectées pour que le message soit correctement transmis et compris.

▶ Afin de faciliter la communication et d'éviter les erreurs pendant la transmission, les informations sont divisées en paquets (ou trames) au lieu d'être envoyées en un seul bloc.

▶ Selon les échanges d'informations à effectuer, différents protocoles existent.

– Par exemple, pour échanger des fichiers, on utilisera le protocole FTP (*File Transfer Protocol*).

– Sur Internet, les règles utilisées font partie d'un ensemble de protocoles hiérarchisés que l'on appelle TCP/IP (*Transmission Control Protocol/Internet Protocol*).

Ils interviennent à des niveaux différents que l'on appelle « couches » :

- le fractionnement des messages en paquets ;
- l'utilisation d'un système d'adresses ;
- l'acheminement des données sur le réseau (routage), IP ;
- le contrôle des erreurs de transmission de données, TCP.

TCP/IP se base sur la notion d'adressage IP, c'est-à-dire le fait de fournir une adresse IP à chaque machine du réseau pour acheminer des paquets de données.

c. Encapsulation des données

À chaque fois qu'un protocole reçoit une donnée d'une couche supérieure, celui-ci ajoute des informations (ou en-tête), qu'il place au début de la donnée, créant ainsi une nouvelle donnée.

C'est ce que l'on appelle l'encapsulation. La nouvelle donnée est envoyée à la couche directement inférieure (si elle existe) selon le schéma suivant :

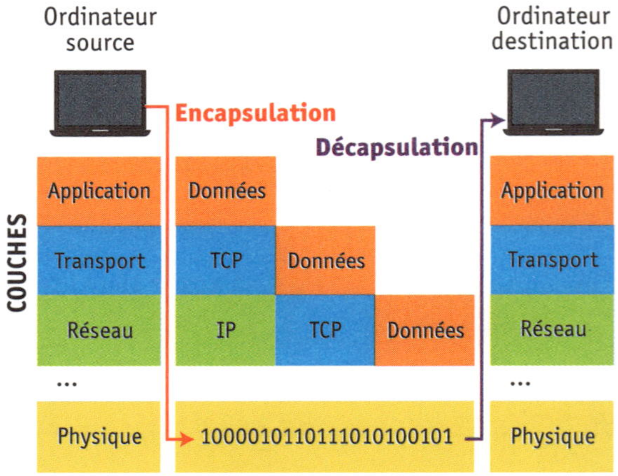

Inversement, à chaque fois qu'un protocole reçoit une donnée d'une couche inférieure, il enlève les données d'entête correspondant à son protocole. C'est la décapsulation. Ensuite, il envoie la donnée décapsulée à la couche directement supérieure (si elle existe). Ce procédé permet de garantir l'intégrité des données.

d. Adressage

▶ Tous les appareils connectés à un réseau (local ou Internet) sont équipés d'une carte réseau identifiée dès sa fabrication par une adresse MAC (*Media Access Control*) >>

unique. On parle d'adresse physique car elle constitue une sorte de plaque d'immatriculation activée dès la fabrication en usine et elle est difficilement modifiable.
Une adresse MAC est de la forme *00:1B:44:11:3A:B7*.

▶ Une fois connectée à un réseau (local ou Internet), cette carte reçoit une adresse IP constituée d'une suite de 4 nombres entiers séparés par un point. Chaque nombre est compris entre 0 et 255 et est codé sur un octet. Exemple : *192.168.0.1* peut représenter l'adresse IP d'un routeur. Lorsque l'on est connecté à Internet, le fournisseur d'accès affecte une adresse IP qui peut être statique (on dit aussi IP fixe car c'est toujours la même) ou dynamique, c'est-à-dire qu'elle change à chaque connexion.
L'adresse IP a un rôle d'identification et permet l'acheminement (ou routage) des paquets de données d'un ordinateur connecté à un réseau local ou à Internet.

2 Interface Homme Machine

▶ Une interface Homme-Machine, ou IHM, est l'ensemble des composants matériels et logiciels utilisés par l'homme pour communiquer avec une machine.

On utilise principalement deux grands types d'IHM :
- l'interface graphique (GUI ou *Graphic User Interface*) : elle permet à l'utilisateur d'interagir avec l'ordinateur en manipulant des objets graphiques grâce à la souris ou le clavier par exemple ;
- l'interface utilisateur naturelle (NUI ou *Natural User Interface*) : elle utilise les comportements humains comme le toucher (reconnaissance d'empreinte digitale), la vision (reconnaissance faciale pour débloquer un téléphone par exemple), la voix (reconnaissance vocale utilisée par les assistants personnels intelligents), etc.

Pour communiquer avec la machine, ces IHM nécessitent l'utilisation de périphériques.

▶ Un périphérique informatique est un objet qui se relie à un ordinateur afin d'ajouter une ou plusieurs fonctions. Il peut être :
- **local :** lorsqu'il est branché directement à un ordinateur (ex. : un clavier, un casque audio) ;
- **en réseau :** lorsqu'il est branché à un réseau informatique et qu'il communique avec un serveur (ex. : imprimante partagée sur le réseau plusieurs ordinateurs).

NUM. ET SCIENCES INFORMATIQUES

Méthode

Distinguer les périphériques d'entrée et de sortie

On peut classer un périphérique en 3 types :

▶ **les périphériques d'entrée :** ils recueillent des informations (ou données) de **l'utilisateur vers la machine.** Exemples : clavier (saisie de texte), souris (pointage), scanner (numérisation de documents), micro (acquisition de son), capteurs utilisés en robotique ;

▶ **les périphériques de sortie :** ils envoient des informations (images, sons, données) depuis les appareils (écran, imprimante, haut-parleur, etc.) vers l'utilisateur ;

▶ **les périphériques d'entrée-sortie :** ils opèrent aussi bien en écriture qu'en lecture, comme un disque dur ou une clé USB qui permettent aussi bien de stocker des données (sortie) que de les lire (entrée).

Exercice

★ 10 min **Associer chaque élément du réseau ci-contre aux définitions vues dans le cours :**
- câble réseau
- carte réseau
- répéteur
- concentrateur
- commutateur
- routeur
- armoire ou panneau de brassage

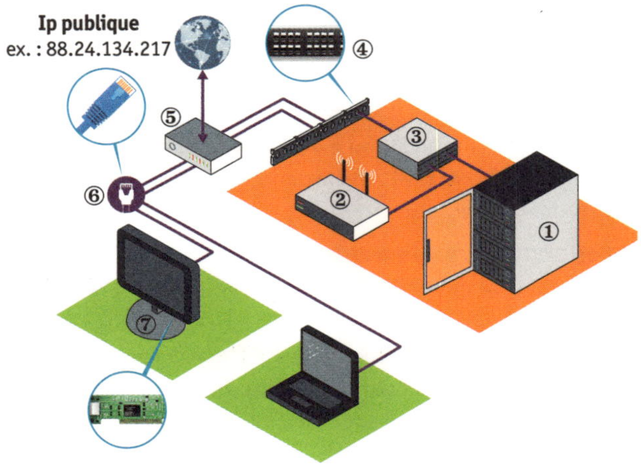

10 LANGAGES ET PROGRAMMATION

Constructions élémentaires - Diversité et unité des langages de programmation

Cours

▶ La programmation consiste à créer une séquence d'instructions pour qu'un ordinateur résolve un problème ou exécute une tâche. La plupart des langages de programmation ont des caractéristiques communes.

▶ On distingue différents types de langages.

– Des **langages de programmation** qui servent à développer des programmes conçus à partir d'algorithmes. Parmi les plus utilisés aujourd'hui, on trouve Python, C++, JAVA.

– Des **langages de description** qui servent à **structurer** et mettre en forme des documents. Par exemple, les langages HTML ou CSS utilisés pour décrire des pages WEB, ensuite interprétées par les navigateurs internet.

– Des **langages de requête** qui servent à traiter certaines informations d'une base de données. Ex. : le langage *SQL*.

1 Unité des langages de programmation

Les notions principales de la programmation sont **les variables et les structures de contrôle**.

a. Les variables

▶ Une variable est **une information temporaire** que l'on stocke dans la mémoire vive de l'ordinateur. Elle peut changer pendant le déroulement du programme.

▶ Elle a **deux caractéristiques** principales :

– **une valeur** : c'est la donnée stockée ;

– **un nom** : qui permet d'y avoir accès.

▶ L'**affectation** est une opération qui permet d'attribuer une valeur à une variable. Lors d'une affectation, il faut imaginer qu'il existe, dans l'ordinateur, une case mémoire appelée *x*. L'instruction *x* = "Bob" consiste à remplir la case mémoire *x* avec la valeur Bob.

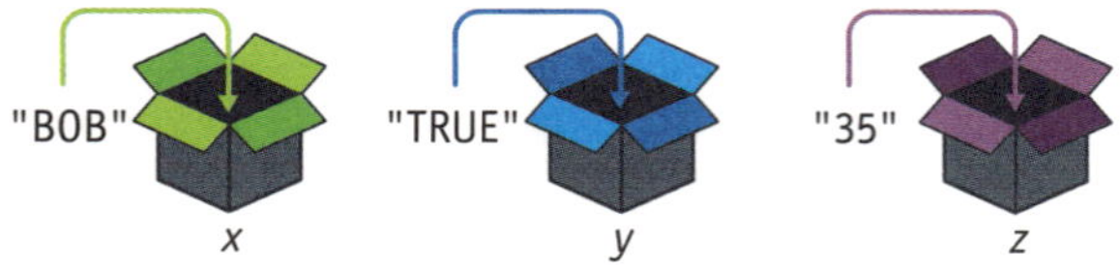

Si *x* contient déjà une valeur, celle-ci est écrasée.

Exemple : Après l'affectation $z = 35$, la variable z contiendra la valeur *35*. Après l'affectation $t = 4 + z$, la variable t contiendra la valeur *39*.

b. Les structures de contrôle

Afin d'organiser et de hiérarchiser les instructions à effectuer par la machine, on utilise des structures de contrôle.

▶ Les conditions : une **instruction conditionnelle** permet de vérifier les saisies effectuées par l'utilisateur et d'effectuer une certaine action selon une certaine condition.

• *Ex. en Python :*

```
# On effectue exactement 5 fois l'instruction print(x)
si note > 10:
        print (« Vous êtes admis au Baccalauréat.» )
else :
        print (« Vous êtes ajourné.» )
```

▶ Une **boucle** est une structure de contrôle permettant d'exécuter une ou plusieurs instructions **un nombre de fois défini ou variable**. Il en existe plusieurs types :

– La boucle **« Tant que »** : répète une ou plusieurs instructions tant qu'une condition est satisfaite. Elle est très utile quand on ne connaît pas, a priori, le nombre de répétitions qu'il faut exécuter pour obtenir le résultat voulu. On dit que c'est une boucle **non bornée**.

Attention aux boucles infinies (non bornées) car celles-ci ne se terminent jamais, par exemple une boucle dans laquelle on a oublié d'incrémenter un compteur.

• *Ex. en Python :*

```
# On affecte la valeur 0 à x
x = 0
# On répète l'affichage de la variable x tant que la condition
x < 10 est vérifiée (autrement dit, jusqu'à ce que la condition
x >= 10 soit vraie)
while x < 10 :
    print (x)
```

La valeur de *x* ne change pas dans la boucle et reste égale à 0, ce programme ne s'arrêtera donc jamais !

– La boucle **« Pour »** : on l'utilise **lorsqu'on connaît exactement le nombre de répétitions** d'une ou plusieurs instructions. C'est une boucle **bornée**.

On peut effectuer des boucles « Pour » :

• avec **un compteur** : permet de réaliser une boucle associée à une variable entière qui sera incrémentée (ou décrémentée) automatiquement à chaque itération.

• *Ex. en Python :*

```
# On effectue exactement 5 fois l'instruction print(x)
while compteur in range(5):
    print («NSI»)
```

• avec un **itérateur** : c'est un objet qui permet de réaliser une boucle parcourant tous les éléments contenus dans une structure de données (par exemple une liste).

Ex. en Python :

```
# On effectue exactement 5 fois l'instruction print(x)
for spécialité in [«SES», «mathématiques», «NSI»]:
    print (spécialité)
```

>>

2 Diversité des langages de programmation

▶ Le langage « machine » utilisé par le processeur de l'ordinateur correspond à des données codées par une suite de 0 et de 1. Ainsi, le langage « machine » n'est pas compréhensible par l'être humain qui lui, utilisera donc un langage « informatique » destiné à décrire l'ensemble des actions consécutives qu'un ordinateur doit exécuter. Il faut donc le traduire pour le rendre intelligible du point de vue du processeur.

▶ On classe les langages informatiques en deux catégories :

– les langages « interprétés » : un programme écrit dans un langage interprété a besoin d'un programme auxiliaire (l'interpréteur) pour traduire ligne par ligne les instructions du programme.

– les langages « compilés » : un programme écrit dans un langage dit « compilé » va être traduit une fois pour toutes par un programme annexe (le compilateur) afin de générer un nouveau fichier qui sera exécutable.

On peut comparer quelques propriétés de deux langages de haut niveau : Python et C++ (très utilisés aujourd'hui).

Langage	Python	C++
Nature du langage	Langage interprété	Langage compilé
Déclaration des variables	facultatif	Déclaration et initialisation (variables typées)
Affectation	=	=
Comparaison	==	==
Incrémentation	i=i+1 ou i+=1	i=i+1 ou i+=1 ou i++

Condition	if test 1 :
	Instruction 1
	else :
	Instruction 2
	# attention à l'indentation
		if (condition 1)
		{
		bloc instruction 1 ;
		}
		else
		{
		bloc instruction 2 ;
		}

Boucle bornée	for *i* in range (nombre itérations) :
	Instruction 1
	# attention à l'intention
		for (initialialisation ; test ; incrément)
		{
		bloc instruction 1
		}

Méthode

Écrire un programme en utilisant une condition

On veut écrire un programme en Python qui demande le prénom et l'âge de l'utilisateur, puis qui affiche « Bonjour » suivi de ce prénom, et « Vous êtes majeur » si l'âge est supérieur ou égal à 18, ou « Tu es mineur » si l'âge est strictement inférieur à 18. Explications ligne par ligne :

```
3 name = input("Quel est votre prénom ?")
4 age = int(input("Quel est votre âge ?"))
5
6 print("Bonjour",name,".")
7
8 if age < 18:
9     print("Tu es mineur.")
10 else:
11     print("Vous êtes majeur.")
```

▶ **Ligne 3 :** la commande input permet de dialoguer avec l'utilisateur (*cf.* chap. 6) en affichant la question dans la console de l'utilisateur ET en attendant sa réponse.

→ La réponse saisie sera affectée à la variable appelée *name*. Elle sera de type chaîne de caractères.

▶ **Ligne 4 :** actions similaires à la ligne 3. De plus, la commande int convertit la chaîne de caractères saisie par l'utilisateur en nombre entier.

▶ **Ligne 6 :** print affiche dans la console la chaîne de caractères Bonjour, suivie de la variable *name* et d'un point.

On remarque l'utilisation :

– de **guillemets** pour afficher du texte tel quel ;

– d'une **virgule** pour **concaténer** (mettre bout à bout) des chaînes de caractères et des variables.

▶ **Ligne 8 :** la condition if compare la valeur de la variable *âge* avec le nombre entier 18.

▶ **Ligne 9 :** si la condition de la ligne 8 est vraie alors la chaîne de caractères Tu es mineur s'affiche dans la console. On remarque l'indentation de cette commande.

▶ **Ligne 11 :** la chaîne de caractères Tu es majeur s'affiche dans la console.

Exercices

1 ★★ 10 min **Écrire un programme en Python qui affiche 150 fois la phrase suivante : « Les boucles en Python ce n'est pas si difficile » On utilisera obligatoirement une boucle.**

2 ★★ 15 min **a.** Écrire un programme en Python qui demande un nombre compris entre 10 et 20, jusqu'à ce que la réponse convienne. En cas de réponse supérieure à 20, on fera apparaître un message : « plus petit ! » et, si le nombre inférieur à 10 « plus grand ! ».

b. Modifier le programme précédent afin qu'il renvoie le nombre d'essais nécessaires pour deviner le nombre inconnu.

Fonctions et mise au point de programmes

Cours

1 Les fonctions

Une fonction (ou sous-programme) est un ensemble d'instructions pouvant être appelé depuis plusieurs endroits du programme. Elles vont être réutilisées pour améliorer la structure du programme principal et sa lisibilité.
En *Python*, on définit une fonction avec le mot clé *def*.

a. Prototypage d'une fonction

▶ Pour prototyper (ou définir) une fonction, on lui attribue :
- un nom ;
- la liste de ses paramètres ;
- la description des différentes instructions à réaliser.

La syntaxe générale est la suivante :

```
def nom_fonction (parametre_1,parametre_2,...):
    bloc d'instructions
```

On distingue deux types de fonctions :

▶ les procédures, qui ne retournent pas de résultat.

```
def carre_1 (n):
    print("Le carré de",n,"est",n*n)
```

▶ les fonctions proprement dites, qui retournent un résultat (en général par le biais d'une instruction *return*) exploitable par le programme.

```
def carre_2 (n):
    return(n*n)
```

En *Python* cette distinction n'existe pas car il n'existe que des fonctions : les procédures ne sont que des fonctions particulières qui retournent la valeur spéciale *None* lorsque l'instruction *return* n'est pas utilisée. Par exemple, *print* est une procédure alors que *len* (qui retourne la longueur d'une chaîne de caractères) est une fonction.

b. Préconditions et postconditions

▶ Les préconditions sont des conditions que doivent impérativement vérifier les paramètres d'entrée de la fonction juste avant son exécution.

▶ Les postconditions sont celles que doivent impérativement vérifier les paramètres de sortie de la fonction après son exécution.

Exemple :

```
def calcul_racine_carree (n):
# précondition : le nombre doit être positif
    assert n >=0
# postcondition : le carré de la valeur retournée est égal à n
    assert __return__*__return__== n
    # __return__ : la valeur retournée
    return(sqrt(n))
```

c. Paramètres

Une fonction peut posséder un ou plusieurs arguments (ou paramètres) séparés par une virgule. Cette liste d'arguments est appelée « paramètres formels », par opposition aux paramètres utilisés dans le programme pour appeler la fonction, eux-mêmes appelés alors « paramètres effectifs ». Elle renvoie ensuite une valeur dépendant de ces paramètres.

Exemple : cette fonction possède deux paramètres x et n :

```
def calcul_puissance (x,n):
    return(x**n)
```

Dans certains cas, une fonction peut ne pas recevoir de paramètre du tout.

d. Portée d'une variable

▶ Une fonction peut utiliser directement des variables définies par le programme principal. Ce sont les variables globales.

▶ En revanche, pour faire des calculs intermédiaires par exemple, une fonction peut utiliser des variables qui lui sont propres. Ce sont des variables locales. Elles ne sont accessibles que dans la fonction qui les définit et les utilise.

Exemple :

```
# Nb_personne est une variable globale
Nb_personne = int(input('Quel est le nombre de personnes ?')

# prix_petitdejeuner n'a pas de paramètre
def prix_petitdejeuner ():
    # n est une variable locale
    n = int(input('Quel est le nombre de petit-déjeuners ?')
    print('le prix à payer est ',n*Nb_personne*7)
prix_petitdejeuner(5)
```

2 Bibliothèque

▶ *Python* offre de très nombreuses fonctions prédéfinies pour réaliser des tâches courantes. Ces fonctions sont regroupées dans ce que l'on appelle des modules ou bibliothèques. Par exemple *turtle* (pour tracer et représenter des figures), *math* (pour effectuer des calculs de racines carrrées...), *random* (pour effectuer des calculs avec des nombres aléatoires...), *os* (pour traiter les répertoires...) ou *tkinter* (pour créer des interfaces graphiques...).
Une fois la bibliothèque importée dans *Python*, on accède à de nouvelles fonctions. On peut importer certaines fonctions d'une bibliothèque ou le module complet.
Par exemple, pour importer toutes les fonctions du module *random* on écrit : `from random import *`

>>

>> ▶ Cette façon d'importer toutes les fonctions est pratique quand on utilise la console, mais peu recommandée dans les programmes, car elle nuit aux performances et à la lisibilité. Ainsi, pour utiliser une fonction spécifique, il vaut mieux importer seulement la fonction explicitement.
Par exemple, pour tirer au hasard un nombre entre 1 et 6, on utilise l'instruction suivante : `random.randint(1,6)`

3 Jeux de tests

▶ Pour confirmer qu'un programme s'exécute correctement jusqu'au bout en répondant aux attentes de son cahier des charges, on crée des étapes de contrôle intermédiaire : ce sont des jeux de tests. Lorsqu'on teste un programme, on ne se contente donc pas seulement de vérifier que la donnée en entrée donne le résultat attendu en sortie, mais on s'assure que le programme reste valide même en cas d'amélioration de ce dernier par exemple.

▶ On définit alors le jeu de tests comme une suite d'actions et de résultats attendus, ayant pour objectif la validation d'une fonctionnalité du programme.

▶ On peut créer soi-même ses propres tests, ou utiliser certains modules conçus spécifiquement, comme *unittest* ou *Pytest* par exemple pour Python. En général, les tests sont créés sous forme de fonctions.

NUM. ET SCIENCES INFORMATIQUES

Méthode

1 Appels de fonctions

Exemple 1

Pour afficher le carré d'un nombre, on a créé la **procédure** carre_1 ci-contre :

```
def carre_1 (n):
    print("Le carré de",n,"est",n*n)
```

On obtient l'affichage suivant en appelant carre_1(5) :

```
>>> Le carré de 5 est 125
```

Exemple 2

Pour afficher le carré d'un nombre, on a créé la **fonction** carre_2 ci-contre qui retournera une valeur.

```
def carre_2 (n):
    return(n*n)
```

On obtient l'affichage suivant en appelant carre_2(5) :

```
>>> Le carré de 5 est 125
```

2 Préconditions et postconditions

On considère la suite (u_n) définie pour tout entier naturel par : $u_n = 2n + 3$.

Cette fonction n-ième permet de calculer le terme de la suite (u_n) :

```
def calcul_terme (n):
    return (2n+3)
```

En effectuant un jeu de tests, un utilisateur obtient −7 après avoir lancé *calcul_terme*(−5). Cette postcondition n'est pas valide puisque, dans le contexte de l'exercice (uniquement pour des entiers naturels), le terme u_{-5} n'existe pas.

Ainsi, la fonction calcul_terme( ) ne devrait pas renvoyer de résultat. Pour cela, il faut ajouter des préconditions dans la fonction précédente comme ci-contre :

```
def calcul_terme (n):
    assert type(n) is int
    assert n >=0
    return (2*n+3)
```

Exercices

1 ★★ 20 min

a. Écrire la fonction *etoiles(n)* qui affiche *n* étoiles sur une ligne (sans saut de ligne à la fin).

b. Écrire la fonction *blancs(p)* qui affiche *p* blancs sur une ligne (sans saut de ligne à la fin).

c. Écrire la fonction *etoiles_bl(n)* qui affiche *n* étoiles avec un espace entre elles (sans espace au début et sans saut de ligne à la fin).

d. Écrire les fonctions *carre(n)* : qui affiche un carré de *n* étoiles sur *n*.

Exemple :

```
carre(3)
* * *
* * *
* * *
```

2 ★★ 15 min **Une société de location de voitures propose à ses clients deux contrats :**

– Contrat 1 : un forfait de 50 € puis 0,40 € par km parcouru.

– Contrat 2 : 0,80 € par km parcouru.

a. Écrire deux fonctions, *prix_1(x) et prix_2(x)* qui renvoient le prix payé avec chaque contrat pour x kilomètres parcourus.

b. En utilisant les deux fonctions précédentes, écrire une fonction *plus_avantageux(x)* qui, renvoie le numéro du contrat le plus avantageux.

Recherche et tris dans un tableau

Cours

▶ L'exploitation des bases de données, qui contiennent désormais des quantités très importantes d'informations, nécessite de disposer de nombreux algorithmes ou programmes.

▶ On considère qu'un algorithme est **optimal** lorsqu'il **répond correctement** au problème posé, qu'il est **rapide** (temps de calcul minimal) et qu'il **utilise une quantité de mémoire réduite**.

Par exemple, pour calculer le prix obtenu après deux réductions successives de 15 % sur un prix initial de 200 €, deux algorithmes sont proposés :

Algorithme	prix = 200 t = 15 prix = prix – prix * t/100 prix = prix – prix * t/ 100	prix = 200 t = 15 CM = 1 – t/100 Prix = prix * CM * CM
Complexité	2 *variables* 4 affectations 6 opérations	3 variables 4 affectations 4 opérations

CM = coefficient multiplicateur

Le premier algorithme utilise moins d'espace mémoire (seulement 2 variables) mais demande d'effectuer davantage d'instructions élémentaires que le second. Il prendra plus de temps pour effectuer ces calculs.

Ces deux indicateurs (mémoire et temps) définissent la **complexité** (ou **coût**) d'un algorithme.

1 Coût algorithmique

▶ On appelle « **coût d'un algorithme** » l'ordre de grandeur du nombre d'instructions élémentaires (**affectations**, **comparaisons**, **opérations arithmétiques**) que doit effectuer un algorithme pour résoudre un problème donné. Ce coût donne une indication de la rapidité de l'algorithme. Cet ordre de grandeur se mesure en fonction de la taille n des données étudiées.

On parlera de :

– **coût linéaire**, lorsque le coût est proportionnel à la taille n du tableau. On dit que le coût est de l'ordre de n.

Exemple :

La boucle ci-contre exécute $2n$ instructions (2 instructions pour tout i jusqu'à n donc $2 \times n$ instructions).

```
for i in range (n) :
    t[i] = t[i] + 3
    s = s + t[i]
```

– **coût quadratique** s'il est proportionnel au carré de n. On dit que le coût est de l'ordre de n^2.

Exemple :

Pour chaque i, la boucle exécute $3n$ instructions pour les n valeurs de j, soit $3\,n^2$ instructions.

```
for i in range (n):
    for j in range (n):
        temp[i][j] = a[i][j]
        a[i][j] = b[i][j]
        b[i][j] = temp[i][j]
```

2 Recherche séquentielle

La **recherche séquentielle** est un **algorithme** permettant de **trouver une valeur dans un tableau**. Elle consiste à comparer, les uns après les autres, tous les éléments du tableau avec l'élément recherché.

On arrête la recherche si :

– l'élément a été trouvé ;

– tous les éléments ont été passés en revue et l'objet n'a pas été trouvé.

Cette recherche a un coût linéaire, car il y aura au maximum n comparaisons pour un tableau de longueur n.

Méthode

1 Tri par sélection

Pour un tri dans l'ordre croissant, cette méthode consiste à :

– chercher le plus petit élément d'une liste pour le mettre en 1er ;

– chercher le plus petit élément de la sous-liste en commençant par le 2e élément pour le placer en 2e position de la liste, etc.

▶ **Terminaison et validité d'un algorithme :** dans le tri par sélection, on cherche le plus petit élément de chaque sous-liste qui contient un élément de moins à chaque étape jusqu'à obtenir une sous-liste vide. Ainsi, le nombre d'étapes étant fini, on dit que le tri par sélection se termine.

▶ Pour valider cet algorithme, on ajoute une instruction qui reste vraie tout au long du programme, c'est-à-dire avant et après le tri par sélection dans le cas présent. On appelle cette instruction un **invariant de boucle.**

Pour le tri par sélection, on choisira comme invariant l'instruction : la sous-liste des premiers éléments est triée. À chaque étape i :

– les $i - 1$ éléments de gauche sont triés ;

– on recherche le $i^{ème}$ élément parmi les $n - (i - 1)$ éléments à droite ; on le place en position i.

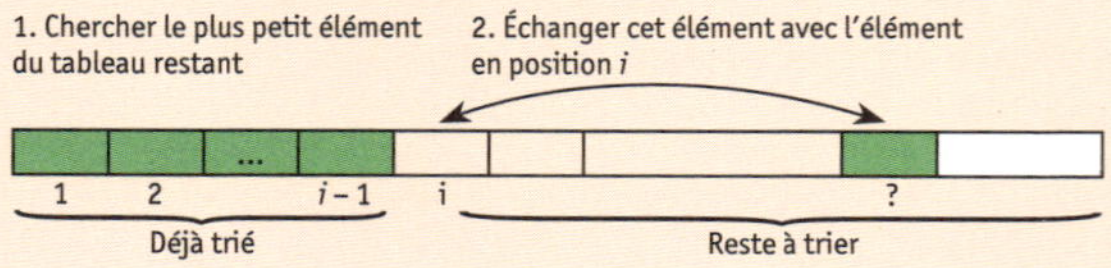

Illustrons cette méthode pour trier le tableau suivant :

15	22	7	3	21	18

On cherche le plus petit élément. Il est actuellement en 4e position (c'est 3). On l'échange alors avec le 1er élément (le nombre 15). Le tableau devient :

3	22	7	15	21	18

On cherche maintenant le plus petit élément à partir du 2e (puisque le 1er est maintenant bien placé). Il est en 3e position (c'est 7). On échange donc le 2e avec le 3e, ce qui donne :

3	7	22	15	21	18

On cherche le plus petit élément à partir du 3e (les deux premiers sont maintenant bien placés), et on l'échange avec le 3e élément. On obtient :

3	7	15	22	21	18

Et ainsi de suite, jusqu'à ce que le tableau soit trié.

3	7	15	18	21	22

Cet algorithme, appelé aussi **tri par extraction**, est assez simple mais il a un coût d'ordre quadratique. Ainsi, il n'est pas considéré comme étant efficace.

2 Tri par insertion

On peut comparer cette méthode à la façon de ranger un jeu de cartes mélangées en prenant les cartes au fur et à mesure et en plaçant chaque nouvelle carte directement à sa place.
Le tri par insertion (ici dans l'ordre croissant) procède donc de la manière suivante.

– On commence au 2e élément de la liste en le comparant au 1er : s'il est plus petit, on échange alors les deux éléments.

– On compare ensuite le 3e élément avec le 2e : s'il est plus petit, on échange alors les deux éléments. On le compare alors avec le 1er : s'il est plus petit, on échange alors les deux éléments, etc. Ainsi, on déplace d'un rang vers la gauche chaque élément du 2e au dernier, jusqu'à ce qu'il soit placé correctement dans la liste.

▶ **Terminaison et validité d'un algorithme :**
Dans le tri par insertion, on compare chaque élément avec le précédent. Le nombre de comparaisons est fini. On dit que le tri par insertion se termine.

▶ Afin de valider cet algorithme de tri par insertion, on choisira comme invariant l'instruction suivante : la sous-liste des premiers éléments est triée.
À chaque étape i, on sélectionne l'élément $i+1$:
– on le compare avec l'élément i : s'il est plus petit, on les échange ;
– puis on compare l'élément $i+1$ avec l'élément $i-1$: s'il est plus petit, on les échange ;
– etc. jusqu'à ce que l'élément $i+1$ soit à la bonne place.
Illustrons cette méthode pour trier le même tableau.

Ci-dessous les premières étapes :

Étape 1	15	22	7	3	21	18
Étape 2	15	22	7	3	21	18
Étape 3	15	7	22	3	21	18
Étape 4	7	15	22	3	21	18

Et ainsi de suite, jusqu'à ce que l'on insère le dernier élément du tableau (nombre 18).
Le tri par insertion est considéré comme le tri le plus efficace sur des tableaux de petite taille. Il est aussi très rapide lorsque les données sont déjà presque triées.
Comme le tri par sélection, il a un coût d'ordre quadratique.

NUM. ET SCIENCES INFORMATIQUES

Exercices

1 ★ 10 min
a. Appliquer l'algorithme de **tri par sélection** et dérouler les étapes à la main pour trier la liste d'entiers suivants par ordre croissant : L = [3, 1, 7, 9, 4, 12, 5].
b. Appliquer l'algorithme de **tri par insertion** et dérouler les étapes à la main pour trier la liste d'entiers suivants par ordre croissant : L = [5, 14, 2, 7, 6, 3, 8].

2 ★ 15 min **Écrire (en Python) une fonction *min_liste(L)* qui retourne la valeur minimale de la liste L passée en paramètre.**

3 ★ 15 min **Écrire (en Python) une fonction *moyenne_liste(L)* qui retourne la moyenne de la liste L passée en paramètre.**

4 ★★ 25 min
a. Écrire une fonction *rech_seq(t,n,x)* qui effectue une recherche séquentielle de *x* (entier) parmi les *n* éléments d'un tableau *t* non trié et qui renvoie l'indice de sa première occurrence.
Exécuter l'algorithme avec les données suivantes :
n = 10 ; t = [11, 7, 31, 9, 15, 8, 22, 30, 18, 13] ; x = 18.
b. Comment faut-il modifier l'algorithme si l'on n'est pas sûr que la valeur *x* appartienne au tableau ?

Quelques exemples usuels d'algorithmes

Cours

Un algorithme est une suite finie et non ambiguë d'opérations ou d'instructions permettant de résoudre une classe de problèmes. Certaines classes de problèmes classiques se résolvent grâce à des algorithmes bien connus.

1 Recherche dichotomique

▶ La recherche d'un élément dans une liste est un problème usuel. Dans le cas où l'on ne dispose d'aucune information particulière sur la structure de la liste, la seule solution est de parcourir toute la liste pour savoir si elle contient l'élément.

▶ Dans le cas d'une liste de longueur N, il faudra en moyenne effectuer N comparaisons. Cette recherche « bête » a donc une complexité algorithmique en $O(n)$. Il est possible d'améliorer grandement la recherche si la liste est préalablement triée, grâce à la recherche dichotomique.

Complexité algorithmique

La complexité d'un algorithme évalue le nombre d'opérations à faire pour résoudre un problème sur un échantillon de taille N, N étant un grand nombre. Cette évaluation n'est pas un calcul précis mais un calcul de l'ordre de grandeur qui prend en compte les opérations les plus importantes.
Les ordres de grandeur les plus couramment rencontrés sont :
$O(n)$ (linéaire),
$O(n^2)$ (quadratique),
$O(\log(n))$ (logarithmique).

a. Principe de l'algorithme

Lorsque la liste est triée, il est facile de rechercher la solution.
On utilise la dichotomie : on réduit de moitié le champ d'investigation à chaque étape.
On coupe le tableau en deux parties.

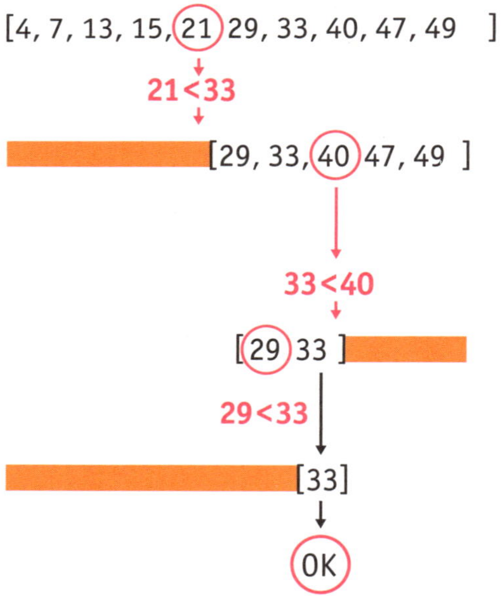

On compare le milieu du tableau avec le nombre recherché. Trois possibilités :

– Le milieu est plus petit que notre nombre. On recherche uniquement sur la partie droite.
On compare le milieu du tableau avec le nombre recherché.

– Le milieu est plus grand que le nombre. On recherche notre nombre uniquement sur la moitié gauche.
On compare le milieu du tableau avec le nombre recherché.

– Le milieu correspond au nombre recherché. On a fini.
Enfin, si on ne peut plus diviser le tableau car il ne reste qu'une case et que le nombre n'est toujours pas trouvé, c'est qu'il n'est pas dans le tableau.

Le schéma ci-contre représente les 5 étapes pour chercher le nombre 33 dans une liste de 10 éléments.
La recherche du nombre 35 aurait abouti en 5 étapes aussi, indiquant que 35 n'est pas présent.

b. Correction de l'algorithme

▶ Prouver la correction d'un algorithme signifie prouver qu'il va nécessairement aboutir au résultat demandé en un nombre fini d'étapes.

▶ La preuve de la correction de la recherche dichotomique se fait en utilisant un variant de boucle. C'est une grandeur qui évolue au cours de la boucle et va décroître.
Ici, le variant de boucle est la taille de la liste sur laquelle on effectue la recherche. Au début de la recherche, la taille de la liste est N. À chaque étape, on coupe la liste en deux. Si à une étape k la taille de la liste est m, à l'étape $k + 1$ elle sera $E = m/2$.

▶ La taille de la liste de recherche est donc un entier strictement décroissant. Ce qui signifie qu'en un nombre fini d'étapes, la liste deviendra vide et le problème de la recherche sera résolu.

c. Complexité de l'algorithme

À chaque étape, on divise la taille de la liste par 2. Si on effectue au total p opérations, cela signifie que 2^p est plus petit que N. On sait que $2^p < N$ est équivalent à $p < \log_2(N)$.
C'est un algorithme dont la complexité est logarithmique. Dit autrement, faire une recherche sur un million de nombres prend seulement 10 fois plus de temps que sur 1 000 nombres, alors que l'algorithme standard prendrait 1 000 fois plus de temps. Le seul inconvénient de cet algorithme est que la liste de départ doit être triée. Si elle ne l'est pas, cela signifie qu'on doit commencer par la trier, ce qui là aussi, a un coût et peut s'avérer non rentable.

Logarithme

Une fonction mathématique dont la croissance est très lente. Le logarithme en base 2 (noté $\log_2(x)$) d'un nombre va augmenter de 1 à chaque fois que le nombre est multiplié par 2.
$\log_2(1)$ vaut 0, donc si on multiplie par 2 10 fois de suite, on aura 1 024 et le logarithme vaut 10. Si on multiplie encore par 1 024, on dépasse le million et le logarithme ne vaut que 20 !

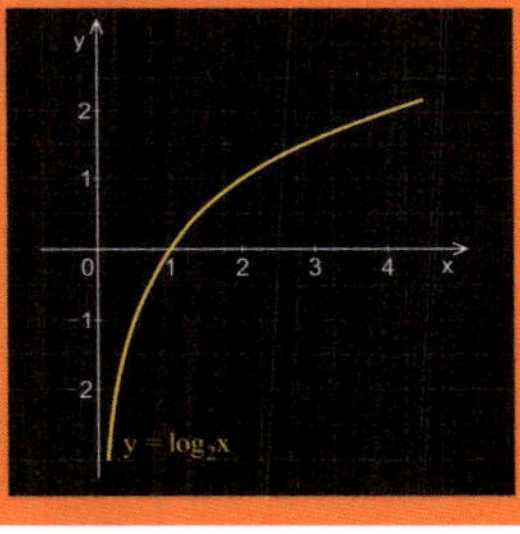

d. Conclusion

L'algorithme de recherche dichotomique est un algorithme d'optimisation. Il aboutit à la résolution d'un problème de façon certaine, avec beaucoup plus de rapidité sur les grands jeux de données que l'algorithme naïf classique.

2 Algorithmes gloutons

C'est un algorithme qui, pour résoudre un problème d'optimisation, commence par utiliser « les plus gros morceaux ». Il faut imaginer que l'algorithme va se « gaver » littéralement de ce qu'il a à disposition jusqu'à n'en plus pouvoir. Deux problèmes classiques se résolvent par des algorithmes gloutons : le problème du rendu de monnaie et le problème du sac à dos.

a. Le problème du rendu de monnaie

C'est un problème concret très simple, que l'on peut imaginer dans notre quotidien. On effectue un paiement et le caissier doit rendre la monnaie.

▶ Comment, compte tenu des devises disponibles (par exemple des billets de 5, 10, 20, 100 et 200 €, ainsi que les pièces de 1 et 2 €), va-t-il rendre la monnaie pour donner le plus petit nombre de pièces et billets ?
L'algorithme est le suivant :
- parcourir les moyens de paiement du plus gros au plus petit ;
- tant qu'un moyen de paiement est utilisable, l'utiliser ;
- quand il ne l'est plus, passer au suivant.

Par exemple pour 234 €, on donne 200 € (reste 34). On ne peut donner qu'un seul billet de 200 €, 2 ferait 400 €, c'est trop. Ceux de 100 et 50 ne sont plus utilisables (reste seulement 34). On donne 20 (reste 14). Puis 10, puis 2 et encore 2.

$$234 = 200 + 20 + 10 + 2 + 2$$

▶ On pourrait prouver que l'algorithme du rendu de monnaie donne toujours la solution optimale dans le système monétaire européen.
Imaginons par contre un système avec des pièces de 1, 3 et 4 €. Pour rendre 6 € de monnaie, la meilleure solution serait de rendre deux fois 3 €. Notre algorithme donne 4, 1 et 1 €.

b. Le problème du sac à dos

Ce problème peut être vu comme une généralisation du problème de rendu de monnaie. On dispose d'un sac à dos qui permet de porter un poids maximum. Dans notre exemple, ce sera 45 kg. On dispose d'un ensemble d'objet, chacun ayant un poids et une valeur.

▶ On veut remplir le sac à dos de sorte qu'il ait la plus grande valeur possible.

L'algorithme glouton utilisé est le suivant :

– on classe les objets en utilisant le rapport valeur/poids (leur densité de valeur) ;

– on procède ensuite, comme pour les pièces, en remplissant au maximum avec les objets ayant la plus grande densité de valeur ;

– quand l'objet de la densité de valeur la plus élevée ne peut plus rentrer, on passe au suivant et ce, jusqu'à avoir épuisé la liste.

Par exemple, j'ai un sac à dos qui peut contenir 45 kg, et j'ai le tableau d'objets suivants :

Numéro d'objet	A	B	C	D	E
Valeur Vi	12	11	14	6	2
Poids Pi	16	15	20	12	5
Rapport Vi/Pi	0,75	0,73	0,7	0,5	0,4

Je commence par mettre l'objet n° A : je peux le mettre 2 fois (32 kg), il me reste 13 kg.
L'objet B ne rentre pas, il est trop lourd. De même pour l'objet C.
L'objet D rentre. On rajoute 12 kg.
Il ne reste plus qu'un seul kg. Plus aucun objet ne rentre.

c. Limitation de l'algorithme glouton

▶ Dans le cas du problème du sac à dos, on n'est pas sûr du tout que l'algorithme glouton donne la solution optimale.
En effet, si on reprend notre exemple, la valeur totale obtenue par l'algorithme glouton est 12 + 12 + 6 = 30.
En utilisant 3 fois l'objet 2, on aboutit à 45 kg et un total de valeur de 33, ce qui un est meilleur résultat.

▶ Le problème du sac à dos est un problème dit NP-complet. Cela signifie que la seule solution est d'étudier toutes les combinaisons, ce qui donne une complexité algorithmique exponentielle. L'algorithme glouton ne donne pas nécessairement la meilleure solution, mais une solution raisonnable en un temps limité.

3 Algorithme des k plus proches voisins

C'est un algorithme que l'on range dans la catégorie des algorithmes d'apprentissage. Il est un des premiers algorithmes utilisés en intelligence artificielle.

Étudions l'exemple le plus classique ; les « Données d'Iris de Fisher ». En 1936, Fisher publie une étude qui se base sur un jeu de données de 50 iris de trois espèces différentes : les iris setosa, virginica et versicolor. Dans ces trois espèces, la largeur et la longueur des pétales et des sépales sont étudiées. Les données sont historiques, disponibles sur Internet et très souvent utilisées pour apprendre la machine learning.

Intéressons-nous uniquement à la longueur et la largeur des pétales. Si on affiche l'ensemble des données sous forme d'un graphe, on obtient le graphe ci-dessous.

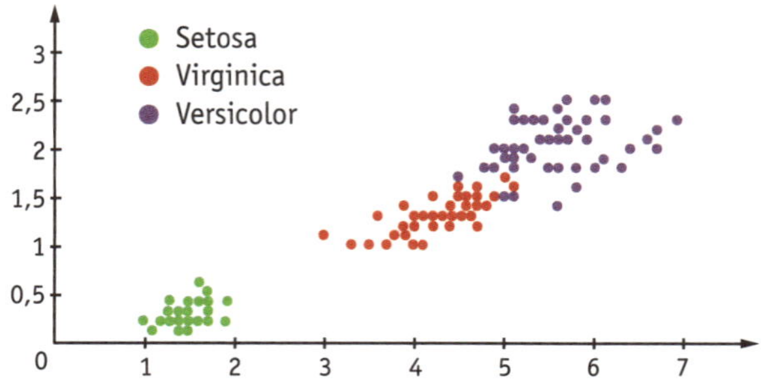

On voit nettement que les iris sont regroupés suivant leur espèce.

>> Lorsque l'on découvre un nouvel iris dans un champ, pour déterminer à laquelle des trois espèces il appartient, on va appliquer l'algorithme suivant :
- on calcule la distance séparant l'iris inconnu de l'ensemble des autres iris sur le graphe ;
- on classe ces distances ;
- on regarde à quelle classe appartiennent les k plus proches voisins (les 3 ou les 5 plus proches par exemple), et c'est cette classe qui sera attribuée à l'iris inconnu.

Conclusion : c'est un algorithme très simple, mais qui demande de parcourir un grand jeu de données. Il est consommateur de ressources et il n'est pas du tout garanti que le résultat soit correct. Mais il a le mérite de la simplicité.

Méthode

La recherche dichotomique et le rendu de monnaie sont des algorithmes qu'il faut savoir écrire en langage Python.

Comment programmer en Python la recherche dichotomique ?

On considère une liste L triée dans laquelle on doit faire une recherche dichotomique.

▶ On ne va pas créer une nouvelle liste comme dessinée dans l'exemple, mais utiliser **deux variables auxiliaires** :
- une qui indique le début de la liste de recherche,
- une qui indique la fin de la liste de recherche.

▶ Voici une fonction dichotomique qui retourne **vrai** si l'élément est dans la liste, faux sinon.

▶ On notera bien le **milieu+1** et le **milieu–1** dans le code. En effet, si le milieu n'est pas le bon chiffre, on peut l'enlever. Sans cette précaution, on peut tourner infiniment avec une liste de longueur 2 !

```
def dichotomique(x,L) :
    debut = 0
    fin = len(L)-1
    while fin-debut>0 :
        milieu = (debut+fin)//2
        if L[milieu]==x :
            return True
        elif L[milieu]<x :
        debut=milieu+1
        else :
        fin=milieu-1
        return False
```

Exercice

★★ 15 min **Écrire un programme en python pour l'algorithme du « Rendu de monnaie ».**
Le rendu de monnaie nécessite juste d'avoir la liste des devises et la somme.

je me teste !

NUMÉRIQUE ET SCIENCES INFORMATIQUES

1 Internet a été fondé :

- ☐ **a.** en 1936.
- ☐ **b.** en 1969.
- ☐ **c.** en 1971.
- ☐ **d.** en 1995.

2 L'Iphone, premier smartphone tactile, date de :

- ☐ **a.** 1998.
- ☐ **b.** 2003.
- ☐ **c.** 2007.
- ☐ **d.** 2009.

3 Le projet qui a permis de décrypter les messages secrets des allemands pendant la seconde guerre mondiale s'appelait :

- ☐ **a.** Thor.
- ☐ **b.** Magneto.
- ☐ **c.** Colossus.
- ☐ **d.** Enigma.

4 Quels sont les chiffres de la base 5 ?

- ☐ **a.** 1, 2, 3, 4 et 5
- ☐ **b.** A, B, C, D et E
- ☐ **c.** 0, 1, 2, 3 et 4
- ☐ **d.** 50, 51, 52, 53 et 54

5 Avec un octet, combien de nombres entiers naturels peut-on coder ?

- ☐ **a.** 16.
- ☐ **b.** 128.
- ☐ **c.** 256.
- ☐ **d.** 64.

6 Avec la méthode du complément à 2, la représentation binaire du nombre relatif −9 est :

- ☐ **a.** 1111 0111
- ☐ **b.** 0000 1001
- ☐ **c.** 1111 0110
- ☐ **d.** 1111 1001

7 Quel signifie ASCII ?

- ☐ **a.** *American Standard Code for International Interchange.*
- ☐ **b.** *American Scientific Code for Information Interchange.*
- ☐ **c.** *American Security Code for Information Interchange.*
- ☐ **d.** *American Standard Code for Information Interchange.*

8 Quelle fonction logique correspond à cette table de vérité ?

p	q	S
0	0	1
0	1	0
1	0	0
1	1	0

- ☐ **a.** OU ($p \cdot q$)
- ☐ **b.** ET ($p \cdot q$)
- ☐ **c.** NON (OU ($p \cdot q$))
- ☐ **d.** NON (ET ($p \cdot q$))

9 On considère le programme Python suivant :

```
i = 10*2
i = i+1
print(i == i/2)
```

Qu'affiche la console lorsqu'on exécute ce programme ?

- ☐ **a.** True
- ☐ **b.** False
- ☐ **c.** 10.5
- ☐ **d.** 21

10 Un p-uplet est :

- ☐ **a.** Un ensemble fini, ordonné et modifiable d'éléments.
- ☐ **b.** Une liste finie, ordonnée et non modifiable d'élément.
- ☐ **c.** Un ensemble fini, ordonné et non modifiable d'éléments.
- ☐ **d.** Une liste finie, non ordonnée et modifiable d'éléments.

11 Les listes peuvent contenir :

- ☐ **a.** uniquement des nombres.
- ☐ **b.** uniquement des données de même type.
- ☐ **c.** n'importe quel type de variable Python sauf des listes.
- ☐ **d.** n'importe quel type de variable Python.

12 La compréhension de liste consiste à :

- ☐ **a.** trier des éléments d'une liste selon un ou plusieurs critères.
- ☐ **b.** chercher un ou plusieurs éléments dans une liste pour les afficher.
- ☐ **c.** utiliser les éléments d'une autre liste pour en fabriquer une nouvelle d'un seul coup.
- ☐ **d.** afficher les valeurs d'une liste qui ne peuvent pas en faire partie.

Réponses

1 : b - **2** : c - **3** : c - **4** : c - **5** : b - **6** : a - **7** : d - **8** : c - **9** : b - **10** : a - **11** : d - **12** : c.

1 Que signifie l'acronyme CSV ?

- ▢ **a.** *Common Separated Values.*
- ▢ **b.** *Common Standard Values.*
- ▢ **c.** *Comma Separated Values.*
- ▢ **d.** *Comma Standard Verification.*

2 Un fichier au format CSV peut être exploité par un logiciel de :

- ▢ **a.** traitement de texte.
- ▢ **b.** retouche d'images.
- ▢ **c.** tableur.
- ▢ **d.** exploration du web (Navigateur Internet).

3 Un fichier enregistré au format CSV :

- ▢ **a.** est lisible par n'importe quel programme.
- ▢ **b.** est spécifique pour les ordinateurs portables.
- ▢ **c.** permet la diffusion de documents formatés qui n'ont pas vocation à être modifiés.
- ▢ **d.** autorise l'enrichissement du texte.

Pour les questions 4 à 6, on considère le fichier *coordonnees.csv* contenant les données suivantes :

Ville, Latitude, Longitude
Singapour, 1.35°N, 103.82°E
Paris, 48.86°N, 2 .35°E
Capetown, 33.02°S, 18.42°E

4 Dans le fichier CSV ci-dessus, *Singapour*, *Paris* et *Capetown* représentent des :

- ▢ **a.** données.
- ▢ **b.** valeurs.
- ▢ **c.** descripteurs.
- ▢ **d.** villes.

5 Dans le fichier CSV ci-dessus, *Ville*, *Latitude*, *Longitude* représentent des :

- ▢ **a.** colonnes.
- ▢ **b.** valeurs.
- ▢ **c.** descripteurs.
- ▢ **d.** données.

6 Un élève a écrit l'instruction Python suivante :
file = open('coordonnees.csv','a')
Cette instruction permet :

- ▢ **a.** de créer un nouveau fichier *coordonnees.csv.*
- ▢ **b.** d'ouvrir le fichier *coordonnees.csv* en mode lecture.
- ▢ **c.** d'ouvrir le fichier *coordonnees.csv* en mode écriture en écrasant les données existantes.
- ▢ **d.** d'ouvrir le fichier *coordonnees.csv* en mode écriture en ajoutant les données à la fin du fichier.

7 La balise <head< définit :

- ▢ **a.** l'en tête de la page à l'écran.
- ▢ **b.** la liste des choses à avoir en tête.
- ▢ **c.** des informations sur le document.
- ▢ **d.** des informations sur le titre principal.

8 La balise <div> définit :

- ▢ **a.** le nombre d'unités contenues dans le texte.
- ▢ **b.** le bloc de section d'un document.
- ▢ **c.** la diversité des instructions données d'une fonction.
- ▢ **d.** le retour à la ligne dans un texte.

9 Javascript rend une page web interactive :

- ▢ **a.** grâce aux directives.
- ▢ **b.** grâce à la gestion des évènements.
- ▢ **c.** grâce à la balise interact.
- ▢ **d.** grâce au clavier.

NUM. ET SCIENCES INFORMATIQUES

Réponses

1 : c - **2** : c - **3** : a - **4** : b - **5** : c - **6** : d - **7** : c - **8** : b - **9** : b.

je me teste !

INTERACTIONS ENTRE L'HOMME ET LA MACHINE WEB

1 Parmi les sigles suivants, lequel ne représente pas un protocole de l'internet ?

- ▢ **a.** ftp.
- ▢ **b.** ntp.
- ▢ **c.** ptt.
- ▢ **d.** smtp.

2 Au sujet du protocole HTTPS :

- ▢ **a.** HTTPS est le protocole HTTP avec une couche TLS supplémentaire.
- ▢ **b.** HTTPS est un protocole complétement différent de http.
- ▢ **c.** HTTPS est un protocole HTTP stabilisé pour des échanges critiques.
- ▢ **d.** HTTPS est un protocole réservé aux échanges bancaires.

3 Une requête HTTP :

- ▢ **a.** va appeler obligatoirement une page HTML.
- ▢ **b.** peut éventuellement appeler plusieurs fichiers à la fois.
- ▢ **c.** commence par une ligne contenant une commande.
- ▢ **d.** a une taille limitée.

4 Les ordinateurs sont construits suivant une architecture de :

- ▢ **a.** Von Neumann.
- ▢ **b.** Turing.
- ▢ **c.** Intel.
- ▢ **d.** Itanium.

5 L'Unité Arithmétique et logique :

- ▢ **a.** effectue des calculs.
- ▢ **b.** décode les instructions.
- ▢ **c.** modifie des registres.
- ▢ **d.** stocke des données.

6 Un registre est une zone située :

- ▢ **a.** en mémoire centrale.
- ▢ **b.** dans le processeur.
- ▢ **c.** dans l'UAL.
- ▢ **d.** dans le séquenceur.

7 Il traduit les instructions écrites dans un langage évolué en instructions exécutables :

- ▢ **a.** un compilateur.
- ▢ **b.** le langage assembleur.
- ▢ **c.** le langage machine.
- ▢ **d.** le développeur.

8 Lors de l'encapsulation :

- ▢ **a.** chaque couche rajoute un en-tête aux données de la couche inférieure.
- ▢ **b.** chaque couche rajoute un en-tête aux données de la couche supérieure.
- ▢ **c.** ces données sont remplacées par des en-têtes.
- ▢ **d.** chaque en-tête correspond à un protocole.

9 Quel composant réseau utilise-t-on comme traducteur de protocole entre deux réseaux différents ?

- ▢ **a.** une carte réseau.
- ▢ **b.** un routeur.
- ▢ **c.** un switch.
- ▢ **d.** un *hub*.

10 Quelle(s) est(sont) la(es) fonction(s) d'un routeur ?

- ▢ **a.** trouver une route pour atteindre un réseau.
- ▢ **b.** distribuer les trames.
- ▢ **c.** contrôler les données du réseau.
- ▢ **d.** interconnecter plusieurs réseaux.

Réponses !

1 : c - **2** : a - **3** : c - **4** : a - **5** : a - **6** : b - **7** : a - **8** : b - **9** : b - **10** : a

1 **Quelles valeurs seront affichées si on exécute le programme ci-contre ?**

- ☐ **a.** 8 -2.
- ☐ **b.** 2 8.
- ☐ **c.** -2 8.
- ☐ **d.** 8 2.

2 **Quelles valeurs seront affichées si on exécute le programme ci-contre ?**

```
x = 1
while x < 7 :
  x = x + 1
  print(x, end=" ")
```

- ☐ **a.** 1234567
- ☐ **b.** 123456
- ☐ **c.** 23456
- ☐ **d.** 234567

3 **Quelles valeurs seront affichées si on exécute le programme ci-contre ?**

```
n = 0
for i in range(1,6):
  nombre += 1
print(nombre)
```

- ☐ **a.** 12345
- ☐ **b.** 7
- ☐ **c.** 6
- ☐ **d.** 123456

4 **Pour déterminer la rapidité d'un algorithme, on compte :**

- ☐ **a.** le nombre d'opérations.
- ☐ **b.** le nombre de déclarations.
- ☐ **c.** les kilo-octets d'algorithme.
- ☐ **d.** les micro-secondes.

5 **Le programme Python ci-contre contient :**

```
prix = 200
t = 15
prix = prix – prix * t /100
prix = prix – prix * t / 100
```

- ☐ **a.** 2 variables, 4 affectations, 6 opérations.
- ☐ **b.** 2 variables, 2 affectations, 2 opérations.
- ☐ **c.** 4 variables, 2 affectations, 6 opérations.
- ☐ **d.** 4 variables, 4 affectations, 4 opérations.

6 **Dire qu'un algorithme a une complexité mémoire de type linéaire signifie que :**

- ☐ **a.** le coût de l'algorithme s'analyse ligne par ligne.
- ☐ **b.** le coût est proportionnel au carré de la taille *n* du tableau à trier.
- ☐ **c.** le coût est proportionnel à la taille *n* du tableau à trier.
- ☐ **d.** le coût est inversement proportionnel à la taille *n* du tableau à trier.

Pour les questions 7 à 9.
On suppose que l'on a écrit le programme Python ci-contre.

```
t = [10, 8, 15, 14, 11]
def calcul_moyenne():
  for i in range (len(t)):
    assert 0<= t[i] <=20
  N = len(t)
  moy = 0
  for i in range(1, N + 1):
    moy += t[i - 1]
  moy /= N
  assert min(t) <= moy <= max(t)
  return(moy)
print(calcul_moyenne())
```

7 **Combien la fonction calculant la moyenne possède-t-elle de paramètres ?**

- ☐ **a.** 0
- ☐ **b.** 5
- ☐ **c.** 2
- ☐ **d.** 1

8 ***moy* est :**

- ☐ **a.** une variable locale.
- ☐ **b.** le nom de la fonction calculant la moyenne.
- ☐ **c.** une condition.
- ☐ **d.** une variable globale.

9 **assert min(t) <= moy <= max(t) est :**

- ☐ **a.** une précondition.
- ☐ **b.** une fonction.
- ☐ **c.** une condition.
- ☐ **d.** une postcondition.

10 **Une recherche dichotomique :**

- ☐ **a.** est un problème NP complet.
- ☐ **b.** a une complexité logarithmique.
- ☐ **c.** ne garantit pas le résultat.
- ☐ **d.** va trouver le milieu d'une liste.

11 **Un algorithme qui utilise la méthode des *k* plus proches voisins :**

- ☐ **a.** ne garantit pas le meilleur résultat.
- ☐ **b.** utilise les *k* ordinateurs voisins sur le réseau.
- ☐ **c.** échantillonne de façon aléatoire *k* fois.
- ☐ **d.** est un algorithme en complexité linéaire.

Réponses

Réponses : **1** : c - **2** : d - **3** : c - **4** : a - **5** : a - **6** : c - **7** : a - **8** : a - **9** : d - **10** : b - **11** : a.

NUM. ET SCIENCES INFORMATIQUES

2 Page 103

1 a. $1 = 1 \times 2^0 = \overline{1}^2 = 0b1$

$6 = 1 \times 2^2 + 1 \times 2^1 + 0 \times 2^0 = \overline{110}^2 = 0b110$

$15 = 1 \times 2^3 + 1 \times 2^2 + 1 \times 2^1 + 1 \times 2^0 = \overline{1\,111}^2 = 0b1111$

$117 = 1 \times 2^6 + 1 \times 2^5 + 1 \times 2^4 + 1 \times 2^2 + 1 \times 2^0 = \overline{1\,110\,101}^2$
$= 0b1110101$

$204 = 1 \times 2^7 + 1 \times 2^6 + 1 \times 2^3 + 1 \times 2^2 = \overline{11\,001\,100}^2 = 0b1100110C$

b. $1 = 1 \times 16^0 = \overline{1}^{16} = 0x1$

$34 = 2 \times 16^1 + 2 \times 16^0 = \overline{22}^{16} = 0x22$

$1\,000 = 3 \times 16^2 + 14 \times 16^1 + 8 \times 16^0 = \overline{3E8}^{16} = 0x3E8$

$786\,580 = 12 \times 16^4 + 9 \times 16^1 + 4 \times 16^0 = 0xC0094$

c. $\overline{11\,100\,101}^2 = 1 \times 2^7 + 1 \times 2^6 + 1 \times 2^5 + 1 \times 2^2 + 1 \times 2^0 = 229$

$\overline{2B30F}^{16} = 2 \times 16^4 + 11 \times 16^3 + 3 \times 16^2 + 15 \times 16^0 = 34\,734\,095$

$0b110011 = 1 \times 2^5 + 1 \times 2^4 + 1 \times 2^1 + 1 \times 2^0 = 51$

$0xE92 = 14 \times 16^2 + 9 \times 16^1 + 2 \times 16^0 = 3\,730$

2 a. $(1\,0110)_2 + (111)_2 = (1\,1101)_2$

$(1011)_2 + (100)_2 = (1111)_2$

$(1\,1001)_2 + (101)_2 = (1\,1110)_2$

$(10\,1101)_2 + (1001)_2 = (11\,0110)_2$

b. $(1101)_2 \times (100)_2 = (11\,0100)_2$

$(1001)_2 \times (111)_2 = (11\,1111)_2$

$(1\,1110)_2 \times (101)_2 = (1001\,0110)_2$

$(1\,0010)_2 \times (100)_2 = (100\,1000)_2$

3 a. $79 = \overline{0100\,1111}^2$

$22 = \overline{0001\,0110}^2$

b. $-79 = \overline{1011\,0001}^2$

$-22 = \overline{1110\,1010}^2$

c. $79 + 22 = \overline{0110\,0101}^2$

$79 - 22 = \overline{0011\,1001}^2$

$-79 + 22 = \overline{1100\,0111}^2$

$-79 - 22 = \overline{1001\,1011}^2$

$79 \times 22 = \overline{110\,1100\,1010}^2$

d. $\overline{0110\,0101}^2 = 101$

$\overline{0011\,1001}^2 = 57$

$\overline{1100\,0111}^2 = -57$

$\overline{1001\,1011}^2 = -101$

$\overline{0110\,1100\,1010}^2 = 1\,738$

3 Page 105

1 a.

p	q	$p \cdot q$	$\overline{p + q}$
0	0	0	1
0	1	1	0
1	0	1	0
1	1	1	0

p	q	$\overline{p}$	$\overline{q}$	$\overline{p} \cdot \overline{q}$
0	0	1	1	1
0	1	1	0	0
1	0	0	1	0
1	1	0	0	0

Ce sont les mêmes tables, donc on a l'égalité suivante :

$$\overline{p + q} = \overline{p} \cdot \overline{q}.$$

b.

p	q	$\overline{p} \cdot \overline{q}$	$\overline{p \cdot q}$
0	0	0	1
0	1	0	1
1	0	0	1
1	1	1	0

p	q	$\overline{p}$	$\overline{q}$	$\overline{p} + \overline{q}$
0	0	1	1	1
0	1	1	0	1
1	0	0	1	1
1	1	0	0	0

Ce sont les mêmes tables de vérité, donc on a l'égalité suivante :

$$\overline{p \cdot q} = \overline{p} + \overline{q}.$$

2 a.

p	q	$\overline{p}$	$\overline{p} + q$	$p + q$	$(\overline{p} + q) \cdot (p + q)$
0	0	1	1	0	0
0	1	1	1	1	1
1	0	0	0	1	0
1	1	0	1	1	1

b. On remarque l'égalité suivante : $(\overline{p} + q) = (p + \overline{q}) = q$.

3 a. Ce sont les élèves de 1re et qui suivent la spécialité « mathématiques ».

b. Ce sont les élèves qui ne sont pas en 1re et qui suivent la spécialité « mathématiques » et qui suivent la spécialité « NSI ».

c.

p	r	$\overline{p}$	$\overline{p} \cdot r$	$p \cdot \overline{r}$	$\overline{p} \cdot r + p \cdot \overline{r}$
0	0	1	0	0	0
0	1	1	1	0	1
1	0	0	0	0	0
1	1	0	0	1	1

On remarque l'égalité suivante : $\overline{p} \cdot r = p \cdot \overline{r} = r$.
Il s'agit de la table représentant les élèves suivant la spécialité « NSI ».

4 a. TRUE **b.** FALSE **c.** FALSE **d.** FALSE **e.** TRUE

5

```python
# Codage de César

phrase = input("Entrer une phrase à coder :")

phrase = list(phrase)


for lettre in phrase:
    print(chr(ord(lettre)+3),end="")


# Décodage de César

phrase = input("Entrer une phrase à coder :")

phrase = list(phrase)


for lettre in phrase:
    print(chr(ord(lettre)-3),end="")
```

4 Page 107

1 Le deuxième élément de la liste vaut 11. La liste a 7 éléments. L'indice du dernier élément est donc 6 (on commence à 0).
Pour fixer le second élément à 17, on utilise :

```
ma_liste[1] = 17
```

Pour remplacer par la somme des éléments voisins, on utilise :

```
ma_liste[3] = ma_liste[2] + ma_liste[4]
```

2

```
somme = 0
for i in range(len(L)):
  print(L[len(L)-1-i])
  somme = somme + L[len(L)-1-i]
print(somme)
```

Toute la difficulté de cet exercice réside dans la limite des indices.
Si un tableau a 10 éléments, la fonction len() retourne 10.
Ses indices vont de 0 à 9.
La fonction range(n) retourne la liste des entiers de 0 à n−1 (n est exclus).

Pour un tableau de 10 éléments, les indices devront aller de 9 à 0. Il en faut 10.
La fonction range donne les nombres de 0 à 9. On prendre donc la longueur diminuée de 1 (10 – 1 qui vaut 9) diminué de i.

3

```
def moyenne_ok(L):
  somme = 0
  for elem in L:
    somme = somme + elem
  return (somme / len(L) > 10)
```

Pour le return, on peut directement renvoyer le résultat du test qui est un booléen. C'est plus simple que d'écrire un test « si c'est plus que 10 renvoyer vrai, sinon renvoyer faux ».

4 **a.** La liste contient 0,1,2,3,4,5,6,7,8,9.
b. L = [p+ 1 for p in L]
c. L .append(11)
d. L = [p for p in L if p % 2 = 1] # on utilise le modulo.
e. L = [p**2 for p in L]

5 La solution est simple mais demande de bien comprendre les p-uplets et les listes. Il faut utiliser le code suivant :

```
(L[len(L)-1],L[0]) = (L[0],L[len(L)-1])
```

6

```
valeur_stock=0
for clef in stocks :
  valeur_stock = valeur_stock + stocks[clef]*valeurs[clef]
print(valeur_stock)
```

Ce programme est très sensible aux incohérences (si un article est présent dans les valeurs mais pas dans le stock, ou en cas d'orthographe erronée par exemple).

5 Page 109

1 **b.** 4 descripteurs possibles de ce document sont : « Session », « Département », « Académie » et « Filières de formation ».
c. Il y a 24 lignes dans lesquelles apparaissent l'établissement « ESAA Boulle ».
d. Il y a 40 occurrences sur le mot « Cantal ».
e.

```
import csv

# On ouvre le fichier « apb_voeux.csv » en mode APPEND
fichier = open("apb_voeux.csv", "a",newline= '')

# On crée un objet « ecrire »
ecrire = csv.writer(fichier)

# On ajoute la ligne voulue à la fin du fichier
ecrire.writerow(["2019","XXXXXX","ESI","69","Lyon"])

fichier.close()
```

2 **a.**

```
import csv

fichier = open("resultats.csv", "r")

lecteur = csv.reader(fichier)

liste_noms=[]
liste_prenoms=[]
liste_ages=[]
liste_moyennes=[]

for row in lecteur:

    liste_noms.append(row[0])
    liste_prenoms.append(row[1])
    liste_ages.append(row[2])
    liste_moyennes.append(row[3])

taille_liste = len(liste_noms)


liste_n=[]
for i in range(1,taille_liste):
    liste_n.append(liste_noms[i])

liste_pre=[]
for i in range(1,taille_liste):
    liste_pre.append(liste_prenoms[i])

liste_a=[]
for i in range(1,taille_liste):
    liste_a.append(liste_ages[i])

liste_moy=[]
for i in range(1,taille_liste):
    liste_moy.append(int(liste_moyennes[i]))
```

b.

```python
def sup_moy():
    compteur = 0
    for i in range(1,taille_liste-1):
        if int(liste_moyennes[i]) >= 10:
            compteur +=1
    return(compteur)

print("Il y a",sup_moy(),"élèves qui ont plus de 10 de moyenne.")
```

c.

```python
def moyenne():
    moyenne = 0
    for i in range(1,taille_liste-1):
        moyenne = moyenne + int(liste_moyennes[i])

    return(moyenne/taille_liste)

print("La moyenne de la classe est :",round(moyenne(),2))
```

d.

```python
def moyenne_max():
    max = 0
    for i in range(1,taille_liste-1):
        if max < int(liste_moyennes[i]):
            max = int(liste_moyennes[i])

    return(max)

print("La moyenne maximale de la classe est :",moyenne_max())
```

e.

```python
def tri_res(noms, prenoms, ages, notes):

    n = len(notes)-1
    for i in range(n):
            indice_max=n-i
            for j in range(0,n-i):

                if notes[j]>notes[indice_max]:
                    indice_max = j

            t1 = notes[indice_max]
            notes[indice_max ] = notes[n-i]
            notes[n-i]= t1

            t2 = noms[indice_max]
            noms[indice_max ] = noms[n-i]
            noms[n-i]= t2

            t3 = prenoms[indice_max]
            prenoms[indice_max ] = prenoms[n-i]
            prenoms[n-i]= t3

            t4 = ages[indice_max]
            ages[indice_max ] = ages[n-i]
            ages[n-i]= t4


    fichier = open("resultats_tries.csv", "w",newline= '')

    ecrire = csv.writer(fichier)

    ecrire.writerow(["NOM","PRENOM","AGE","NOTE"])
    for i in range(n):
        ecrire.writerow([noms[i],prenoms[i],ages[i], notes[i] ])

    fichier.close()

tri_res(liste_n, liste_pre, liste_a, liste_moy)
```

6 Page 111

1

```html
<html>
<body>
 <input id="nom" placeholder="Entrez votre nom">
 <button type="button" onClick="bonjour()">Saluer </button>
</body>
<script>
 function bonjour() {
  alert("Bounjour," + document.querySelector("#nom").value + "!");
 }
</script>
</html>
```

2

```html
<html>
<body>
  <h1 onclick="centrage_h1()">Titre</h1>
  <p onclick="modif_paragraphe()"> Paragraphe original</p>
</body>
<script>
  function centrage_h1() {
    titre = document.querySelector("h1");
    titre.setAttribute("align", "center");
  }
  function modif_paragraphe() {
    par = document.querySelector("p");
    par.innerHTML = "Paragraphe <i>modifié<\/i>.";
  }
</script>
</html>
```

Remarque : la méthode *querySelector()* de l'objet document ne sélectionne que la première occurrence, ce qui dans notre cas convient.

3

```javascript
var numCouleur=0;
function changeCouleur() {
  numCouleur = (numCouleur +1) % couleurs.length;
  document.querySelectorAll("p").forEach(function(p){
    p.style.color = couleurs[numCouleur];
  })
};
document.addEventListener('DOMContentLoaded', function() {
  document.querySelector('#changeCol').
  addEventListener('click',changeCouleur);
});
```

Notez bien l'évènement rajouté sur « DOMContentLoaded ». Il est utilisé car, sans lui, le code javascript pourrait être exécuté avant que le DOM soit construit, et le bouton d'id « changeCol » ne serait pas encore connu du navigateur.

7 Page 113

1 Signification des codes de réponse http les plus courants :
100 : Continue,
attente de la suite de la requête.
200 : OK,
requête traitée avec succès.
202 : ACCEPTED,
requête traitée mais sans garantie du résultat.
206 : PARTIAL CONTENT,
une partie seulement de la ressource a été transmise.
301 : MOVED PERMANENTLY,
ressource déplacée de façon permanente.
302 : FOUND,
ressource déplacée de façon temporaire.
304 : NOT MODIFIED,
document non modifié depuis la dernière recherche.
400 : BAD REQUEST,
erreur de syntaxe dans la requête.
401 : UNAUTHORIZED,
une authentification est nécessaire pour accéder à la ressource.
403 : FORBIDDEN,
l'authentification est réussie mais l'utilisateur n'a pas les droits suffisants pour accéder à cette ressource.
404 : NOT FOUND,
la ressource n'existe pas.
500 : INTERNAL SERVER ERROR,
erreur interne du serveur.
501 : NOT IMPLEMENTED,
la requête demande une fonctionnalité qui n'existe pas sur ce serveur.

2 Formulaire

```
<form action='./valid_inscription.php' method='post'>
  Nom :<input type='text' id='nom' name='nome'><br>
  Prénom : <input type='text' id='prenom' name='prenom'><br>
  Pseudonyme : <input type='text' id='pseudo' name='pseudo'><br>
  Courriel : <input type='text' id='courriel' name='courriel'><br>
  <button type='button' onClick='location.href='./accueil.
  html''>Annuler l'inscription</button>
    <button type='submit'>Demander l'inscription</button>
  </form>
```

Ce formulaire est très basique. On pourrait l'améliorer au niveau de la présentation notamment en utilisant des labels pour les entrées, en indiquant des types pour les entrées.

8 Page 117

1 LDA 108 / LDB 108 / ADD A / ADD A/ LDB 107 / DEC B / DEC B / ADD A / STA 109

2

Commande	Description
cd	Permet de changer de repertoire *Exemple* : cd *NSI*
cd .	Permet de retourner au fichier parent
pwd	Affiche le nom du repertoire courant
rmdir	Efface un répertoire obligatoirement vide *Exemple* : rmdir IMAGES
mv	Déplace ou renomme un fichier ou un répertoire *Exemple 1* : mv Tux.png NSI/IMAGES (déplacement de Tux.png) *Exemple 2* : mv Tux.png Pingouin.png (renommage de Tux.png)
rm	Efface un fichier *Exemple* : rmdir Tux.png
rm -R	Efface le contenu du répertoire et de lui-même *Exemple* : rm -R IMAGES
cp	Copie un fichier *Exemple* : cp Tux.png IMAGES

3 **a.** mkdir nsi maths
cd nsi
mkdir cours exercices projet
cp -R nsi/exercices/ maths/
cp -R nsi/cours/ maths/
cd nsi/exercices
mkdir chapitre1 chapitre2
cd nsi/exercices/chapitre 1
touch exo1 exo2
cp /root/nsi/exercices/chapitre1/* /root/maths/exercices

b.
cd/maths/cours
pwd
cd

c.
rmdir maths/cours
rmdir maths/exercices
Le répertoire maths/exercices n'est pas vide
rm –R maths/exercices

d. mv /root/nsi/exercices/chapitre1/exo1 /root/nsi/projet
rm –R /root/nsi/exercices /root/nsi/cours

e. mv /root/nsi/projet/exo1 /root/nsi/projet/exercice1

f.

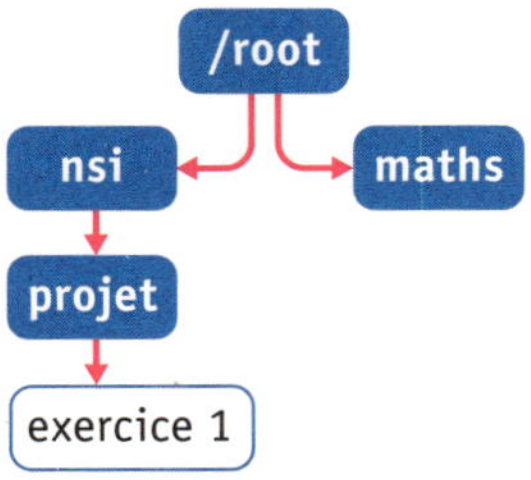

4 **a.**
– Le premier caractère d signifie que l'élément est un répertoire.
– Le premier caractère - signifie que l'élément est un fichie.
– Les droits des caractères 2 à 4 s'appliquent au propriétaire du répertoire dos.
– Les droits des caractères 5 à 7 s'appliquent au groupe du propriétaire du répertoire dos.

b.
Les droits r-- des caractères s'appliquent aux autres utilisateurs du fichier hello.c.

c.
– On a donné les droits d'exécution au propriétaire, on a enlevé les droits de lecture au groupe et aux autres utilisateurs.
– On a enlevé les droits d'exécution au groupe et aux autres utilisateurs.

9 Page 119

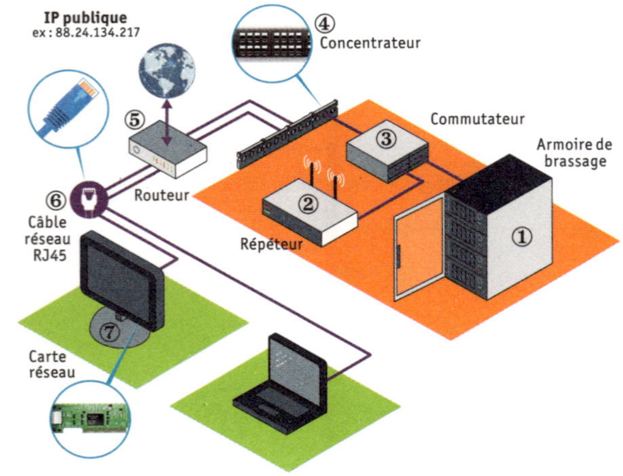

10 Page 121

1

```
for loop in range(150):
    print(loop,"Les boucles en Python c'est pas si difficile !")
```

2 a.

```
nb = int(input("Saisir un nombre :"))

while nb<10 or nb > 20 :
    if nb < 10 :
        nb = int(input("Plus grand !"))
    else:
        nb = int(input("Plus petit !"))

print("Bravo !")
```

b.

```
nb = int(input("Saisir un nombre :"))

compteur = 0

while nb<10 or nb > 20 :
    if nb < 10 :
        nb = int(input("Plus grand !"))
    else:
        nb = int(input("Plus petit !"))

    compteur += 1

print("Bravo, vous avez trouvé en",compteur,"coups !")
```

11 Page 123

1 a.

```
def etoiles(n):
  print(n*»*»)
```

b.

```
def blancs(p):
  print(p*» «)
```

c.

```
def etoiles_bl(n):
  print(n*»* «)
```

d.

```
def carre(n):
  for k in range(n):
    etoiles_bl(n)
```

2 a.

```
def prix_1(x):
  return(50+0.4*x)
def prix_2(x):
  return(0.8*x)
```

b.

```
def plus_avantageux(x):
  if prix_1(x) < prix_2(x):
    return(1)
  else:
    return(2)
```

12 Page 125

1 a.

Étape 1	1	3	7	9	4	12	5
Étape 2	1	3	7	9	4	12	5
Étape 3	1	3	4	9	7	12	5
Étape 4	1	3	4	5	7	12	9
Étape 5	1	3	4	5	7	12	9
Étape 6	1	3	4	5	7	9	12

b.

Étape 1	5	14	2	7	6	3	8
Étape 2	2	5	14	7	6	3	8
Étape 3	2	5	7	14	6	3	8
Étape 4	2	5	6	7	14	3	8
Étape 5	2	3	5	6	7	14	8
Étape 6	2	3	5	6	7	8	14

2

```
def min_liste(L):
  min=L[0]
  for i in L:
    if min > i :
      min = i
  return min
```

3

```
def moyenne_liste(L):
  s=0
  for elm in L:
    s += elm
  return s/len(L)
```

4 a.

```
def rech_seq(t,n,x):
  i = 0
  while ( t[i] != x ):
    i += 1
  return (i)
```

b. Il faut ajouter la possibilité de terminer la boucle si l'on est arrivé au dernier élément du tableau.

13 Page 129

On commence par définir la liste des pièces et billets à utiliser. Attention, on commence par la plus grande unité (le billet de 200 euros).
La liste est vide initialement.
On paie avec la devise la plus grosse tant que c'est possible (tant qu'elle est plus importante que la somme à payer).
On l'ajoute à la liste et on diminuer la somme à payer d'autant.
On passe à la devise suivante
Voici l'algorithme en Python :

```
def paiement(somme):
  devises = [200, 100, 50, 20, 10, 5, 2, 1]
  rendu = []
  for d in devises:
    while somme >= d :
      somme = somme - d
      rendu.append(d)
  return rendu
```

1 ALGÈBRE
Équations du second degré

Cours

> **Info**
> On parle souvent de polynôme du second degré plutôt que de fonction polynôme du second degré.

1 Fonction polynôme du second degré

▶ On appelle **fonction polynôme du second degré** une fonction f définie sur $\mathbb{R}$ par $f(x) = ax^2 + bx + c$ où a, b et c sont des nombres réels et où a est non nul.
L'expression donnée ci-dessus est la **forme développée** de f.
▶ On peut aussi écrire f sous **forme canonique**, c'est-à-dire sous la forme $f(x) = a(x-\alpha)^2 + \beta$.
Dans la forme canonique, la variable x n'apparaît qu'une seule fois.
Il arrive aussi qu'on dispose d'une **forme factorisée** de f : $f(x) = a(x-x_1)(x-x_2)$.
Exemple : Soit P la fonction polynôme du second degré définie sur $\mathbb{R}$ par $P(x) = 2x^2 - 16x + 30$.
On a : $a = 2$, $b = -16$ et $c = 30$.
En développant, on peut vérifier que la forme canonique de P est $P(x) = 2(x-4)^2 - 2$.
En effet : $2(x-4)^2 - 2 = 2(x^2 - 8x + 16) - 2$
$= 2x^2 - 16x + 32 - 2$
$= 2x^2 - 16x + 30.$
On peut aussi vérifier que la forme factorisée de P est $P(x) = 2(x-3)(x-5)$.
En effet : $2(x-3)(x-5) = 2(x^2 - 5x - 3x + 15)$
$= 2(x^2 - 8x + 15)$
$= 2x^2 - 16x + 30.$
▶ Soit f une fonction polynôme. On dit qu'un nombre x est une **racine** de f si **$f(x) = 0$**.
Exemple : 3 est une racine du polynôme défini à l'exemple précédent.
En effet, on a : $P(3) = 2 \times 3^2 - 16 \times 3 + 30 = 0$.

2 Discriminant et résolution d'équations du second degré

Soit P un polynôme du second degré défini par $P(x) = ax^2 + bx + c$.
Le **discriminant** de P est le nombre noté Δ et égal à : **$b^2 - 4ac$**.
▶ Si $\Delta < 0$, l'équation $P(x) = 0$ n'a pas de solution réelle.
▶ Si $\Delta = 0$, l'équation $P(x) = 0$ a une seule solution : $x_0 = \dfrac{-b}{2a}$.
▶ Si $\Delta > 0$, l'équation $P(x) = 0$ a deux solutions : $x_1 = \dfrac{-b-\sqrt{\Delta}}{2a}$ et $x_2 = \dfrac{-b+\sqrt{\Delta}}{2a}$.

3 Factorisation et signe d'un polynôme du second degré

On garde les notations du paragraphe précédent.
▶ Si $\Delta < 0$, on ne peut pas factoriser le polynôme P.
Le polynôme P garde alors toujours le même signe, celui de a.
▶ Si $\Delta = 0$, alors on a : $P(x) = a(x-x_0)^2$.
Dans ce cas, P est du signe de a pour tout $x \neq x_0$.
▶ Si $\Delta > 0$, alors on a : $P(x) = a(x-x_1)(x-x_2)$.
On peut alors dresser le tableau de signe ci-dessous où on a supposé que $x_1 < x_2$.

x	$-\infty$	x_1		x_2	$+\infty$
Signe de $x - x_1$	$-$	0	$+$	|	$+$
Signe de $x - x_2$	$-$	|	$-$	0	$+$
Signe de $a(x-x_1)(x-x_2)$	Signe de a	0	Signe opposé de a	0	Signe de a

On peut retenir que P est du **signe de a « à l'extérieur des racines »**.

4 Somme et produit des racines

On peut observer que :

$(x-x_1)(x-x_2)=x^2-x_1x-x_2x+x_1x_2$

$=x^2-(x_1+x_2)x+x_1x_2.$

Si on note $s=x_1+x_2$ et $p=x_1x_2$, on a : $(x-x_1)(x-x_2)=x^2-sx+p$.

Chercher deux nombres dont on connaît la somme s et le produit p revient donc à chercher les racines du polynôme x^2-sx+p.

Remarque

Dans le cas général, si le polynôme ax^2+bx+c a deux racines, leur somme vaut $\frac{-b}{a}$ et leur produit vaut $\frac{c}{a}$.

Exos résolus

1 Déterminer la forme canonique d'un polynôme du second degré

a. Soit f la fonction polynôme définie sur $\mathbb{R}$ par $f(x)=x^2-6x-16$.
Déterminer la forme canonique de f.

RÉSOLUTION

On identifie le début de l'expression de f à une identité remarquable.

Ainsi, $x^2-6x=x^2-2\times3x$ est le début de l'identité remarquable : $x^2-6x+3^2=(x-3)^2$.

On peut alors écrire :

$f(x)=x^2-6x-16$

$=x^2-6x+3^2-3^2-16$

$=(x-3)^2-9-16$

$=(x-3)^2-25.$

Rappel

Identités remarquables :

$(x+y)^2=x^2+2xy+y^2$

$(x-y)^2=x^2-2xy+y^2$

$(x-y)(x+y)=x^2-y^2$

b. En déduire les racines de f.

RÉSOLUTION

Chercher les racines de f consiste à résoudre l'équation $f(x)=0$.

$f(x)=0 \Leftrightarrow (x-3)^2-25=0$

$\Leftrightarrow (x-3)^2=25$

$\Leftrightarrow x-3=5$ ou $x-3=-5$

$\Leftrightarrow x=8$ ou $x=-2.$

Les racines de f sont -2 et 8.

On peut le vérifier en calculant $f(-2)$ et $f(8)$.

2 Résoudre une équation du second degré à l'aide du discriminant

Résoudre l'équation $x^2-6x-16=0$ à l'aide du discriminant.

RÉSOLUTION

On a : $a=1$, $b=-6$ et $c=-16$.

On calcule le discriminant :

$\Delta=b^2-4ac$

$=(-6)^2-4\times1\times(-16)$

$=100.$

Le discriminant est positif donc l'équation a deux solutions :

$x_1=\frac{-b-\sqrt{\Delta}}{2a}=\frac{-(-6)-\sqrt{100}}{2\times1}=-2$ et

$x_2=\frac{-b+\sqrt{\Delta}}{2a}=\frac{-(-6)+\sqrt{100}}{2\times1}=8.$

Attention

Ne pas oublier les signes lors de l'identification des coefficients a, b et c !

MATHS

Exos résolus

3 Étudier une équation de degré 3

Soit P le polynôme défini par $P(x)=2x^3-2x^2-4x+4$.

a. Montrer que 1 est une racine de P.

RÉSOLUTION

$P(1)=2\times1^3-2\times1^2-4\times1+4=0$ donc 1 est bien une racine de P.

b. Déterminer les coefficients a, b et c tels que $P(x)=(x-1)(ax^2+bx+c)$.

RÉSOLUTION

$$P(x)=(x-1)(ax^2+bx+c)\Leftrightarrow P(x)=ax^3+bx^2+cx-ax^2-bx-c$$
$$\Leftrightarrow 2x^3-2x^2-4x+4=ax^3+bx^2+cx-ax^2-bx-c$$

On identifie alors dans les deux membres de l'égalité les coefficients de degré 3, de degré 2, de degré 1 et les constantes :

$$\begin{cases}a=2\\b-a=-2\\c-b=-4\\-c=4\end{cases}\Leftrightarrow\begin{cases}a=2\\b-2=-2\\c-b=-4\\c=-4\end{cases}$$
$$\Leftrightarrow\begin{cases}a=2\\b=0\\-4-0=-4\\c=-4\end{cases}$$
$$\Leftrightarrow\begin{cases}a=2\\b=0\\c=-4\end{cases}$$

c. En déduire toutes les racines de P.

RÉSOLUTION

$$P(x)=0\Leftrightarrow(x-1)(2x^2-4)=0$$
$$\Leftrightarrow x-1=0 \text{ ou } 2x^2-4=0$$
$$\Leftrightarrow x=1 \text{ ou } 2x^2=4$$
$$\Leftrightarrow x=1 \text{ ou } x^2=2$$
$$\Leftrightarrow x=1 \text{ ou } x=\sqrt{2} \text{ ou } x=-\sqrt{2}.$$

Les trois racines de P sont : $-\sqrt{2}$, 1 et $\sqrt{2}$.

Remarque

- Une équation polynômiale de degré n a au plus n solutions réelles.
- **Jean Le Rond d'Alembert** (1717-1783) est un brillant mathématicien connu du grand public comme une figure de proue des Lumières ayant contribué à la rédaction de l'Encyclopédie aux côtés de Denis Diderot. On lui doit la première véritable ébauche du *théorème fondamental de l'algèbre* qui permet d'établir que tout polynôme de degré n a au plus n racines réelles.

Exercices

1 ★ 5 min **Compléter les identités remarquables suivantes.**

a. $x^2+8x+\ldots=(x+\ldots)^2$

b. $x^2-9x+\ldots=(x-\ldots)^2$

c. $4x^2+12x+\ldots=(\ldots+\ldots)^2$

2 ★★ 5 min **Soient f, g et h les fonctions polynômes définies sur $\mathbb{R}$ par $f(x)=3x^2-30x+72$, $g(x)=x^2+6x-15$ et $h(x)=x^2-5x+0{,}25$.**

a. Montrer que $f(x)=3(x-5)^2-3$.

b. Déterminer les formes canoniques de g et h.

3 ★ 20 min **Résoudre les équations suivantes dans $\mathbb{R}$.**

a. $3x^2-5x+2=0$.

b. $-2x^2+7x+4=0$.

c. $x^2-4x+4=0$.

d. $x^2-2x+3=0$.

e. $4x^2-5x=0$.

f. $4x^2-9=0$.

g. $x^2+1=4x$.

L'utilisation du discriminant n'est pas toujours nécessaire !

4 ★ 5 min **Quand cela est possible, donner la forme factorisée et le signe des polynômes suivants.**

a. $P(x)=3x^2-5x+2$.

b. $Q(x)=-2x^2+7x+4$.

c. $R(x)=x^2-4x+4$.

d. $S(x)=x^2-2x+3$.

5 ★★ 10 min

a. On considère un triangle de côtés 3, 4 et 6. Ce triangle est-il rectangle ?

b. Est-il possible d'ajouter une même longueur à chacun des côtés de ce triangle et d'obtenir un triangle rectangle ?

6 ★★ 10 min **Le prix d'une œuvre d'art a augmenté de t % une année puis de $2t$ % l'année suivante. En tout, le prix a augmenté de 108 %.**

a. Toto pense que $t=36$. Montrer que Toto se trompe.

b. Déterminer la valeur de t cherchée.

7 ★★ 10 min **Lors d'une soirée, chaque convive a serré la main à tous les autres deux fois. En tout, 156 poignées de mains ont été échangées.**

Combien y avait-il de convives ?

8 ★★ 10 min **Des enfants se partagent équitablement 360 bonbons. S'il y avait six enfants de moins, chacun recevrait deux bonbons de plus.**

Combien y a-t-il d'enfants ?

9 ★★ 10 min

a. Trouver tous les polynômes du second degré dont les racines sont 3 et 4.

b. Parmi ces polynômes, trouver celui qui vaut 3 en 0.

10 ★★ 10 min **On a représenté ci-dessous les polynômes P, Q, et R tels que :**

$P(x)=0,5x^2-2,5x-3$;

$Q(x)=-x^2+2x+8$;

$R(x)=0,25x^2-2x+8$.

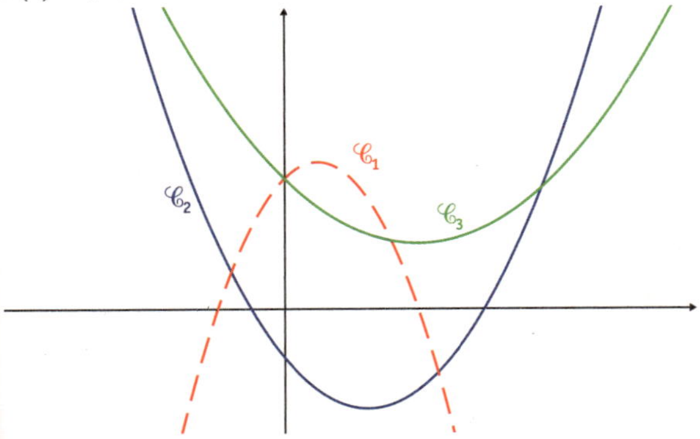

Associer chaque polynôme à sa courbe sans utiliser la calculatrice.

11 ★★ 10 min **Trouver deux nombres dont la somme vaut 12 et le produit vaut 15.**

12 ★★ 10 min **Un portrait (rectangulaire) de D'Alembert signé Quentin de la Tour et exposé au Louvre a pour périmètre 201,6 cm et pour aire 2 519 cm².**

Quelles sont ses dimensions ?

13 ★★ 15 min

a. Trouver deux nombres réels différents dont la somme est égale au produit.

b. Si la somme de deux nombres réels différents est égale à leur produit, quelles sont les valeurs possibles de cette somme ?

14 ★★ 15 min

a. En posant $X=x^2$, résoudre l'équation $2x^4-14x^2+24=0$.

b. Même question avec l'équation $x^4+2x^2-3=0$.

15 ★★★ 15 min **Soit P le polynôme défini sur $\mathbb{R}$ par $P(x)=3x^3-18x^2+27x-6$.**

a. Montrer que 2 est une racine de P.

b. Déterminer les réels a, b et c tels que $P(x)=(x-2)(ax^2+bx+c)$.

c. Déterminer finalement toutes les racines de P.

16 ★★★ 30 min **Dans un cylindre de rayon 3 cm et de hauteur 7 cm, on verse de l'eau jusqu'à une hauteur de 2,5 cm. On plonge alors dans l'eau une boule de rayon r qui ne flotte pas et on constate que l'eau la recouvre exactement.**

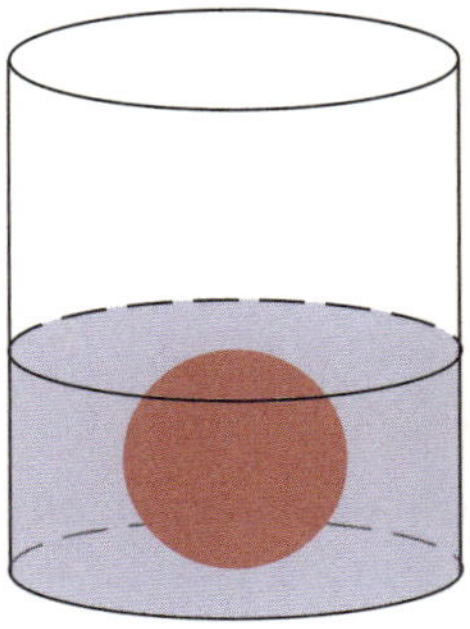

Volume d'un cylindre : $\pi r^2 h$

Volume d'une sphère : $\frac{4}{3}\pi r^3$

a. Montrer que r est une solution de l'équation $P(x)=0$ où $P(x)=4x^3-54x+67,5$.

b. À l'aide d'un tableau de valeurs, trouver une racine x_0 de P.

c. Déterminer les réels a, b et c tels que $P(x)=(x-x_0)(ax^2+bx+c)$.

d. Trouver finalement toutes les valeurs possibles de r.

2

ALGÈBRE

Génération d'une suite

Cours

Info

On dit que les phénomènes décrits par des suites sont des phénomènes discrets alors que ceux décrits par des fonctions définies sur des intervalles sont dits continus.

1 Définition d'une suite numérique

Une **suite** u est une **fonction définie sur l'ensemble des entiers naturels $\mathbb{N}$**, ou sur une partie de $\mathbb{N}$.
L'entier naturel n a pour image par u le réel $u(n)$, plus souvent noté u_n.
On l'appelle le **terme de rang n** ou **d'indice n** de la suite u.
La suite u est notée $(u(n))$, ou plus souvent (u_n).

2 Modes de génération d'une suite numérique

On peut définir une suite **explicitement** : le terme général u_n est donné **directement en fonction de n**. On peut ainsi calculer n'importe quel terme de la suite dès lors que l'on connaît n.
On peut définir une suite **par récurrence** : la suite (u_n) est entièrement définie par la donnée de son ou ses premier(s) terme(s) et d'une relation qui permet d'exprimer chaque terme **en fonction du, ou des précédent(s)**.

3 Représentation graphique et approche intuitive de la notion de limite

Graphiquement, la suite u est représentée dans un repère $(O\,;\vec{i},\vec{j})$ par les points de coordonnées $(n\,;u_n)$.
Si les termes d'une suite u se rapprochent **aussi près que l'on veut d'une valeur ℓ** on dit que la suite u a pour limite ℓ quand n tend vers $+\infty$. On écrit cela : $\lim\limits_{n\to+\infty} u_n=\ell$.
Graphiquement, les points de coordonnées $(n\,;u_n)$ se rapprochent de la droite d'équation $y=\ell$.
Exemple :

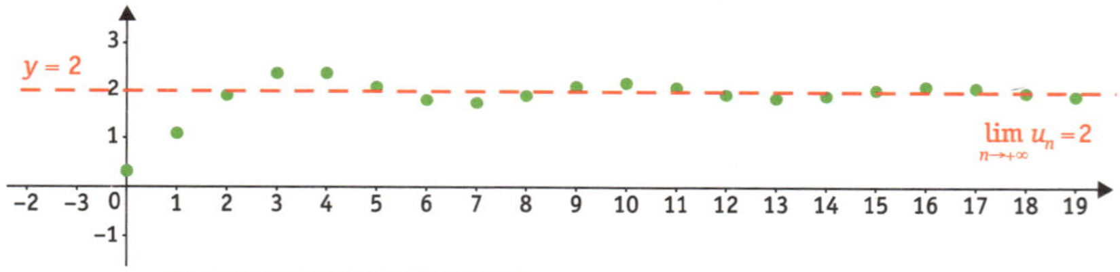

Si les termes d'une suite u sont **aussi grands que l'on veut** à partir d'un certain rang, on dit que la suite u a pour limite $+\infty$ quand n tend vers $+\infty$. On écrit cela : $\lim\limits_{n\to+\infty} u_n=+\infty$.

4 Sens de variation d'une suite

Une suite u est **croissante** si, **pour tout entier naturel n**, on a : $u_n \leq u_{n+1}$.
Une suite u est **décroissante** si, **pour tout entier naturel n**, on a : $u_n \geq u_{n+1}$.
Si on remplace les inégalités larges par des inégalités strictes, on parle de suite strictement croissante ou strictement décroissante.

Exos résolus

1 Calculer les termes d'une suite

a. Soit u la suite définie pour tout entier naturel n par $u_n=2^n-1$.
Calculer u_0, u_1, u_2 et u_3.

RÉSOLUTION

$u_0=2^0-1=1-1=0$;
$u_1=2^1-1=2-1=1$;
$u_2=2^2-1=4-1=3$;
$u_3=2^3-1=8-1=7$.

b. Soit v la suite définie par $v_0=2$ et, pour tout entier naturel n, $v_{n+1}=2v_n+1$.
Calculer v_1, v_2 et v_3.

RÉSOLUTION

On utilise la relation de récurrence : pour calculer un terme, on utilise la valeur du terme précédent.
$v_1=v_{0+1}=2v_0+1=2\times2+1=5$;
$v_2=v_{1+1}=2v_1+1=2\times5+1=11$;
$v_3=v_{2+1}=2v_2+1=2\times11+1=23$.

2 Conjecturer la valeur d'une limite

Soit u la suite définie pour tout entier naturel n par $u_n = \dfrac{3n+4}{2n+1}$. Conjecturer la valeur de $\lim\limits_{n \to +\infty} u_n$.

Info

Une conjecture est un résultat qu'on pense vrai mais qui n'est pas démontré.

RÉSOLUTION

On peut dresser un tableau de valeurs à l'aide de la calculatrice.

On obtient par exemple : $u_0 = 4$; $u_{10} \approx 1{,}619$; $u_{100} \approx 1{,}512$; $u_{1000} \approx 1{,}501$; $u_{10000} \approx 1{,}5001$; etc.

On observe alors que les termes de la suite u semblent se rapprocher de 1,5 et on peut donc penser que $\lim\limits_{n \to +\infty} u_n = 1{,}5$.

Exercices

1 ★ 10 min **Soit (u_n) la suite définie pour tout entier naturel n par $u_n = 3n^2 - 6n + 2$.**

a. Calculer u_0, u_1, u_2 et u_3.

b. Exprimer u_{n+2} en fonction de n.

c. Exprimer $u_{n+1} - u_n$ en fonction de n.

Attention à bien écrire ce qui doit l'être en indice ! u_{n+1} ne veut pas dire $u_n + 1$.

2 ★ 5 min **Soit (u_n) la suite définie sur $\mathbb{N}$ par $u_n = n^3 - 3n^2 + 2n + 5$.**

Cette suite est-elle constante ?

Une suite est constante si tous ses termes sont égaux.

3 ★ 5 min **Dans chaque cas, calculer u_1, u_2 et u_3.**

a. $u_0 = 3$ et $u_{n+1} = u_n^2 - 5$.

b. $u_0 = 0$ et $u_{n+1} = \dfrac{3 + u_n}{1 - u_n}$.

c. $u_0 = 3$ et $u_{n+1} = u_n^2 - n$.

4 ★ 5 min **Soit (u_n) la suite définie par $u_0 = 100$ et, pour tout entier naturel n, $u_{n+1} = 0{,}9u_n + 20$.**

a. Calculer u_1, u_2 et u_3.

b. Quelle formule faut-il saisir et copier vers le bas en B3 dans la feuille de calcul ci-dessous pour faire apparaître les termes de la suite (u_n) ?

	A	B
1	n	u_n
2	0	100
3	1	
4	2	
5	3	

c. En réalisant la feuille de calcul ci-dessus, conjecturer la valeur de $\lim\limits_{n \to +\infty} u_n$.

5 ★★ 5 min **Clément veut réaliser une pyramide de pièces d'un euro sur le modèle suivant où chaque petit cylindre est constitué de 5 pièces.**

On note u_n le nombre de cylindres utilisés pour une pyramide de n étages.

a. Calculer u_1, u_2 et u_3.

b. Écrire un programme en langage Python permettant de calculer u_n pour tout entier naturel n.

c. Clément dispose de 1600 pièces. Utiliser le programme précédent pour déterminer combien d'étages Clément peut construire au maximum.

6 ★★★ 20 min **Pour chaque entier naturel n, on note u_n le nombre de façons de paver un rectangle de dimension $2 \times n$ avec des dominos de dimension 1×2.**

a. Calculer u_1, u_2 et u_3.

b. Expliquer pourquoi, pour tout entier naturel n, on a : $u_{n+2} = u_{n+1} + u_n$.

c. Pour tout entier naturel n, on note $v_n = \dfrac{u_{n+1}}{u_n}$.

Quelles formules doit-on saisir en B4 et en C2 dans la feuille de calcul ci-dessous pour faire apparaître les termes des suites (u_n) et (v_n) ?

	A	B	C
1	n	u_n	v_n
2	1	1	
3	2	2	
4	3		

d. Donner une valeur approchée de $\lim\limits_{n \to +\infty} v_n$.

MATHS

3 ALGÈBRE

Suites arithmétiques

Cours

1 Définition d'une suite arithmétique et sens de variation

Une suite (u_n) est dite arithmétique s'il existe un réel r tel que, pour tout entier naturel n, $u_{n+1}=u_n+r$.
Le réel r est la raison de la suite (u_n).
Autrement dit, pour passer d'un terme de la suite au suivant, on ajoute toujours le même nombre r.
L'accroissement est constant.
Si r est positif, la suite (u_n) est croissante.
Si r est négatif, la suite (u_n) est décroissante.

2 Expression explicite

Soit (u_n) une suite arithmétique de raison r.
Pour tout entier naturel n on a : $u_n=u_0+nr$.
On a aussi $u_n=u_1+(n-1)r$ et plus généralement, $u_n=u_p+(n-p)r$.

3 Somme des termes d'une suite arithmétique

La somme des n premiers entiers naturels est donnée par la formule :

$$1+2+3+\cdots+n=\frac{n(n+1)}{2}.$$

Plus généralement, si on souhaite calculer la somme S des termes consécutifs d'une suite arithmétique, on peut appliquer la formule :

$$S=\frac{(\text{premier terme}+\text{dernier terme})\times\text{nombre de termes}}{2}.$$

À savoir

- Pour une suite arithmétique (u_n) de raison r on a : $u_n=f(n)$ où f est la fonction affine définie par $f(x)=rx+u_0$.
- Pour calculer la somme des termes d'une suite arithmétique il faut d'abord disposer des valeurs du premier et du dernier terme.

Exos résolus

1 Calculer les termes d'une suite arithmétique

a. Soit u la suite arithmétique de raison $r=3$ telle que $u_{12}=84$. Calculer u_{13}.

RÉSOLUTION

Par définition d'une suite arithmétique on a :
$u_{13}=u_{12}+r=84+3=87$.

b. Soit v la suite arithmétique de raison $r=0,5$ telle que $v_0=4$. Calculer v_{37}.

RÉSOLUTION

On a : $v_{37}=v_0+37r=4+37\times0,5=22,5$.

c. Soit w la suite arithmétique de raison $r=-1,25$ telle que $w_1=93$. Calculer w_{45}.

RÉSOLUTION

On a : $w_{45}=w_1+(45-1)r=93+44\times(-1,25)=38$.

Astuce

Pour savoir quelle formule utiliser, il faut regarder quel est le terme dont on dispose : celui de rang 0 ou celui de rang 1 ?

2 Calculer la somme des termes d'une suite arithmétique

**Soit u la suite arithmétique de raison 3 et de premier terme $u_0=12$.
Calculer $S=u_0+u_1+...+u_{25}$.**

RÉSOLUTION

On commence par calculer le dernier terme :
$u_{25}=u_0+25r=12+25\times3=87$.

On a donc : $S=\frac{(u_0+u_{25})\times26}{2}$

$=\frac{(12+87)\times26}{2}=1\,287$.

Attention, il y a bien 26 termes dans la somme, il ne faut oublier u_0 !

Exercices

1 ★ 10 min

a. Soit a la suite arithmétique de raison $r=4,5$ telle que $a_{12}=47$.
Donner la valeur de a_{13}.

b. Soit b la suite arithmétique de raison $r=2,25$ telle que $b_0=10$.
Donner la valeur de b_{48}.

c. Soit c la suite arithmétique de raison $r=-1,5$ telle que $c_1=90$.
Donner la valeur de c_{23}.

d. Soit u la suite arithmétique de raison $r=2,5$ et de premier terme $u_0=16$.
Calculer $S=u_0+u_1+u_2+\ldots+u_{10}$.

2 ★ 5 min **Soit (u_n) une suite telle que $u_0=24$, $u_1=36,85$, $u_2=49,7$ et $u_3=62,45$.**

Cette suite est-elle arithmétique ? Justifier.

3 ★ 5 min

a. Donner l'expression explicite de la suite arithmétique de premier terme $u_0=15$ et de raison $r=4$.

b. Donner l'expression explicite de la suite arithmétique de premier terme $u_1=28$ et de raison $r=1,4$.

c. Donner l'expression explicite de la suite arithmétique de premier terme $u_7=120$ et de raison $r=-0,2$.

4 ★ 5 min **Déterminer graphiquement l'expression explicite de chacune des suites arithmétiques représentées ci-dessous.**

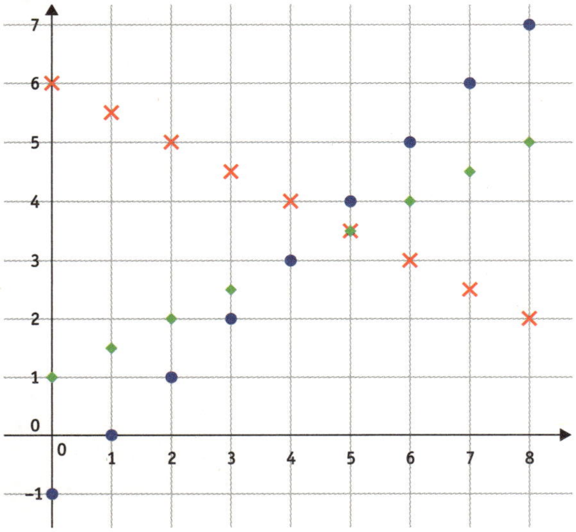

5 ★ 10 min **Thierry mange actuellement 120 carrés de chocolat par mois. Pour se ménager, il décide de diminuer sa quantité de 3 carrés par mois. On note u_n le nombre de carrés de chocolat qu'il mangera le n-ième mois.**

a. Donner la nature de la suite u et exprimer u_n en fonction de l'entier naturel n.

b. Combien Thierry aura-t-il mangé de carrés de chocolat au total dans un an ? dans deux ans ?

6 ★★ 20 min **On construit la figure suivante avec des allumettes.**

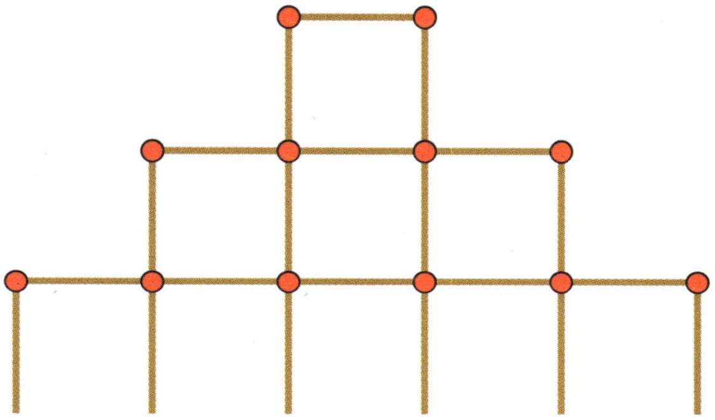

On note u_n le nombre d'allumettes pour réaliser le n-ième étage en partant du haut.
Ainsi, on a : $u_1=3$, $u_2=7$, $u_3=11$, etc.
On note S_n le nombre total d'allumettes pour réaliser un assemblage de n étages.

a. Expliquer pourquoi la suite (u_n) est arithmétique et préciser sa raison.

b. Donner l'expression explicite de (u_n).

c. Donner l'expression explicite de (S_n).

d. M. Pignon a utilisé 8 001 allumettes pour réaliser une construction comme celles étudiées ici.
Combien compte-t-elle d'étages ?

7 ★★★ 30 min **Soit (u_n) la suite définie par $u_0=4$ et, pour tout entier naturel n, $u_{n+1}=\dfrac{u_n}{1+2u_n}$.**

a. Calculer u_1, u_2, u_3 et u_4.

b. Pour tout entier naturel n, on pose $v_n=\dfrac{4}{u_n}$.
Calculer v_0, v_1, v_2, v_3 et v_4.

c. Quelle semble être la nature de la suite (v_n) ?
Démontrer cette conjecture.

d. En déduire alors l'expression explicite de (u_n).

e. Calculer u_{25} et u_{100}.

f. Conjecturer la valeur de $\lim\limits_{n\to+\infty} u_n$.

MATHS

4 ALGÈBRE

Suites géométriques

Cours

1 Définition d'une suite géométrique et sens de variation

Une suite (u_n) est dite **géométrique** s'il existe un réel q tel que, pour tout entier naturel n, $u_{n+1}=u_n\times q$. Le réel q est la **raison** de la suite (u_n).
Autrement dit, pour passer d'un terme de la suite au suivant, **on multiplie toujours par le même nombre q**.

La suite (u_n) est croissante si son premier terme est positif et si $q\geq 1$.
La suite (u_n) est décroissante si son premier terme est positif et si $0\leq q\leq 1$.
La suite (u_n) est décroissante si son premier terme est négatif et si $q\geq 1$.
La suite (u_n) est croissante si son premier terme est négatif et si $0\leq q\leq 1$.

Info

On note souvent la raison q car elle est égale au quotient $\frac{u_{n+1}}{u_n}$.

2 Expression explicite

Soit (u_n) une suite géométrique de raison q.
Pour tout entier naturel n on a : $u_n=u_0\times q^n$.
On a aussi $u_n=u_1\times q^{n-1}$ et plus généralement, $u_n=u_p\times q^{n-p}$.

Info

- On peut faire le parallèle entre toutes ces formules et celles utilisées pour les suites arithmétiques.
- Les suites géométriques peuvent croître (ou décroître) très rapidement. On parle alors de croissance (ou de décroissance) exponentielle. Voir aussi la fonction exponentielle, chap. 9.

3 Somme des termes d'une suite géométrique

La somme des premières puissances d'un nombre q distinct de 1 est donnée par la formule :

$$1+q+q^2+\cdots+q^n=\frac{1-q^{n+1}}{1-q}.$$

Plus généralement, si on souhaite calculer la somme S des termes consécutifs d'une suite géométrique de raison q, on peut appliquer la formule :

$$S=\text{premier terme}\times\frac{1-q^{\text{nombre de termes}}}{1-q}.$$

Exos résolus

1 Calculer les termes d'une suite géométrique

a. Soit u la suite géométrique de raison $q=3$ telle que $u_{12}=84$. Calculer u_{13}.

RÉSOLUTION

Par définition d'une suite géométrique on a :
$u_{13}=u_{12}\times q=84\times 3=252$.

b. Soit v la suite géométrique de raison $q=0{,}5$ telle que $v_0=2048$. Calculer v_{10}.

RÉSOLUTION

On a : $v_{10}=v_0\times q^{10}=2048\times 0{,}5^{10}=2$.

c. Soit w la suite géométrique de raison $q=1{,}02$ telle que $w_1=10000$. Calculer w_{15}.

RÉSOLUTION

On a : $w_{15}=w_1\times q^{15-1}=10000\times 1{,}02^{14}\approx 13194{,}79$.

Astuce

Pour savoir quelle formule utiliser, il faut regarder quel est le terme dont on dispose : celui de rang 0 ou celui de rang 1 ?

2 Calculer la somme des termes d'une suite géométrique

Soit u la suite géométrique de raison $q=1{,}2$ et de premier terme $u_0=100$.
Calculer $S=u_0+u_1+\ldots+u_{20}$.

RÉSOLUTION

On a : $S=u_0\times\frac{1-q^{21}}{1-q}$

$=100\times\frac{1-1{,}2^{21}}{1-1{,}2}$

$\approx 22\,503$.

Attention

Il y a bien 21 termes dans la somme, il ne faut pas oublier u_0 !

Exercices

1 ★ 5 min

a. Soit u la suite géométrique de raison $q=1{,}5$ telle que $u_5=58$. Donner la valeur de u_6.
b. Soit v la suite géométrique de raison $q=1{,}8$ telle que $v_0=10$. Donner la valeur de v_{12} à 0,01 près.
c. Soit w la suite géométrique de raison $q=0{,}5$ telle que $w_1=81\,920$. Donner la valeur de w_{15}.

2 ★ 5 min **Soit v la suite géométrique de raison $q=0{,}75$ et de premier terme $v_1=163\,840$.**

On note $S_n=v_1+v_2+v_3+\dots+v_n$.
a. Calculer S_8.
b. Conjecturer la valeur de $\lim\limits_{n\to+\infty} S_n$.

3 ★★ 10 min **Soit u la suite géométrique de raison positive telle que $u_1=4$ et $u_3=8$.**

Calculer u_2.

4 ★ 5 min

a. Donner l'expression explicite et le sens de variation de la suite géométrique de premier terme $u_0=15$ et de raison $q=4$.
b. Donner l'expression explicite et le sens de variation de la suite géométrique de premier terme $u_1=28$ et de raison $q=0{,}8$.
c. Donner l'expression explicite et le sens de variation de la suite géométrique de premier terme $u_7=-12$ et de raison $q=0{,}2$.

5 ★★ 10 min DÉMONSTRATION **Soit q un nombre réel différent de 1 et soit n un entier naturel.**
On note $S=1+q+q^2+\dots+q^n$.
a. Calculer qS puis simplifier $S-qS$.
b. Déduire du résultat précédent l'expression de S donnée dans le cours.

6 ★ 10 min **Sibylle place 1000 € sur un compte en 2019. Le taux de rémunération de ce compte est de 2 %.**

On note u_n la somme disponible sur le compte en $2019+n$.
a. Quelle est la nature de la suite (u_n) ? Donner son expression explicite.
b. À partir de quelle année Sibylle disposera-t-elle de plus de 2000 € sur son compte ?

Augmenter une quantité de t % revient à la multiplier par $1+t$ %.
Diminuer une quantité de t % revient à la multiplier par $1-t$ %.

7 ★ 10 min **Le crocodile américain de Floride est une espèce menacée. On estime que la population était réduite à 1200 individus en 2018.**

Un groupe de scientifiques pense que la population de crocodiles américains de Floride risque de diminuer de 7 % tous les ans.
On note a_n le nombre de crocodiles en $2018+n$ selon ce modèle.
a. Exprimer a_n en fonction de n.
b. En supposant cette modélisation valide, calculer le nombre de crocodiles que l'on pourra recenser en 2030.

8 ★★★ 30 min ***Cet exercice fait suite au précédent.***
Pour éviter l'extinction complète de l'espèce, on propose de rendre à l'état sauvage 140 individus issus de parcs animaliers tous les ans.

On note u_n le nombre de crocodiles en $2018+n$ selon ce nouveau modèle.
On a donc $u_0=1200$ et $u_{n+1}=0{,}93u_n+140$.

a. Calculer u_1. En déduire le nombre de crocodiles que comptera le parc en 2020.

b. Appliquer l'algorithme suivant avec $P=1350$.

```
n ← 0
U ← 1200
Tant que U ≤ P
    | U ← 0,93U + 140
    | n ← n + 1
Fin Tant que
Afficher n
```

On pose maintenant $v_n=u_n-2000$.

c. Montrer que la suite v est géométrique de raison 0,93.

d. Donner alors l'expression explicite de (v_n) puis celle de (u_n).

e. Selon ce modèle, la population de crocodiles américains des Everglades dépassera-t-elle un jour les 2500 individus ?

f. Selon ce modèle, en quelle année la population comptera-t-elle plus de 1900 individus ?

g. Quelle instruction peut-on ajouter dans l'algorithme juste avant l'affichage pour qu'il indique directement l'année cherchée ?

MATHS

5 ANALYSE

Généralités sur les fonctions

Cours

Histoire

Le concept de fonction a mis plusieurs siècles à se construire mais le premier à utiliser le terme est le philosophe Gottfried Leibniz (1646-1716).

1 Définition d'une fonction

▶ Définir une **fonction** f sur un intervalle I à valeurs dans $\mathbb{R}$, c'est associer à chaque réel x de I un seul réel y. On note $f: x \mapsto y = f(x)$ (et cela se lit : « la fonction f qui à x associe y égal à $f(x)$).

▶ On dit que y est l'**image** de x par f et que x est un **antécédent** de y par f.

▶ L'ensemble I, qui est l'ensemble des réels x qui ont une image par la fonction f, est appelé **ensemble de définition** de f.

2 Courbe représentative d'une fonction

Dans un repère du plan, la courbe représentative $\mathscr{C}$ de la fonction f définie sur I est l'ensemble des points M de coordonnées $(x ; y)$ tels que $x \in I$ et $y = f(x)$.

On dit que la courbe $\mathscr{C}$ a pour équation $y = f(x)$ dans le repère du plan.

3 Sens de variation d'une fonction

Soit I un intervalle de $\mathbb{R}$ et soit f une fonction définie sur I.

▶ Dire que f est **strictement croissante** sur I signifie que, pour tous réels a et b de I :

si $a < b$, alors $f(a) < f(b)$.

▶ Dire que f est **strictement décroissante** sur I signifie que, pour tous réels a et b de I :

si $a < b$, alors $f(a) > f(b)$.

Étudier le sens de variation d'une fonction consiste à déterminer les intervalles sur lesquels la fonction est soit strictement croissante, soit strictement décroissante.

Les résultats de cette étude sont ensuite résumés dans un tableau de variation.

Info

On peut aussi définir la croissance ou la décroissance d'une fonction au sens large en utilisant des inégalités larges à la place des inégalités strictes.

4 Maximum et minimum d'une fonction

Soit I un intervalle de $\mathbb{R}$, a un nombre réel de I et f une fonction définie sur I.

▶ Dire que $f(a)$ est le **maximum** de f sur I signifie que, pour tout réel x de I, $f(x) \leq f(a)$.

▶ Dire que $f(a)$ est le **minimum** de f sur I signifie que, pour tout réel x de I, $f(x) \geq f(a)$.

Exos résolus

Déterminer le minimum d'une fonction et lire un graphique

Soit f la fonction définie sur [0 ; 5] par $f(x) = 0,25x^2 - x + 2$.

On donne sa courbe représentative $\mathscr{C}_f$ ci-contre.

a. Démontrer que le minimum de f sur [0 ; 5] vaut 1 et qu'il est atteint en 2.

RÉSOLUTION

On doit prouver que, pour tout $x \in [0 ; 5]$, $f(x) \geq 1$.

$f(x) - 1 = 0,25x^2 - x + 2 - 1$

$= 0,25x^2 - x + 1$

$= (0,5x - 1)^2$

On constate alors que, pour tout $x \in [0 ; 5]$, $f(x) - 1 \geq 0$ et donc que $f(x) \geq 1$.

De plus, $f(2) = 0,25 \times 2^2 - 2 + 2 = 1$.

Ainsi, le minimum de f vaut bien 1 et il est atteint en 2.

b. Déterminer graphiquement les variations de f et dresser son tableau de variation.

RÉSOLUTION

La fonction f est décroissante sur [0 ; 2] et croissante sur [2 ; 5].

x	0	2	5
Variations de f	2 ↘	1	↗ 3,25

Exercices

1 ★ 10 min **On considère la fonction f définie sur [0 ; 5] représentée ci-dessous.**

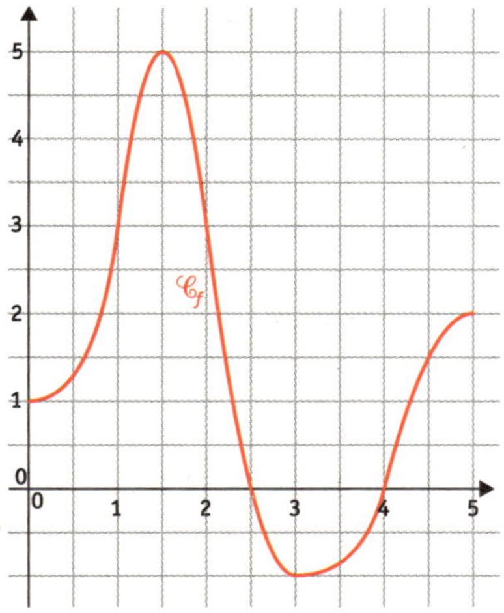

Déterminer graphiquement :

a. l'image par f de 1 et de 5 ;

b. les antécédents par f de 0 ;

c. les solutions de l'équation $f(x) = 2$;

d. les solutions de l'inéquation $f(x) > 3$;

e. le minimum et le maximum de f sur [0 ; 5] ;

f. le tableau de variations de f ;

g. le tableau de signes de f.

2 ★ 5 min **On donne le tableau de variation d'une fonction g définie sur l'intervalle [–2 ; 8].**

x	–2	0	4	8
Variations de g	3 ↘	1 ↗	6 ↘	4

a. Quel est le minimum de g sur [4 ; 8] ?

b. Quel est le minimum de g sur [–2 ; 8] ?

c. Quel est le maximum de g sur [–2 ; 8] ?

d. Comparer : $g(1)$ et $g(3)$; $g(6)$ et $g(7)$; $g(-1)$ et $g(5)$.

3 ★★ 10 min

a. Démontrer que la fonction affine f définie sur $\mathbb{R}$ par $f(x) = 0,7x - 10$ est croissante sur $\mathbb{R}$.

b. Démontrer que la fonction affine f définie sur $\mathbb{R}$ par $f(x) = -2x + 6$ est décroissante sur $\mathbb{R}$.

c. Soit f une fonction affine définie sur $\mathbb{R}$ par $f(x) = mx + p$. Montrer que f est croissante si m est positif et décroissante si m est négatif.

4 ★★ 10 min **Soit f la fonction définie sur]0 ; +∞[par $f(x) = 5 + \frac{1}{x}$.**

a. Montrer que $f(b) - f(a) = \frac{a-b}{ab}$.

b. Montrer que f est strictement décroissante sur]0 ; +∞[.

5 ★★★ 5 min

> La fonction carré est définie sur $\mathbb{R}$ par $f(x) = x^2$.

a. Rappeler les variations de la fonction carré sur $\mathbb{R}$.

b. Démontrer les résultats énoncés à la question précédente.

6 ★★ 20 min **Soit f la fonction définie sur [1 ; 5] par $f(x) = -x^2 + 6x - 5$ et dont on donne la représentation graphique ci-dessous.**

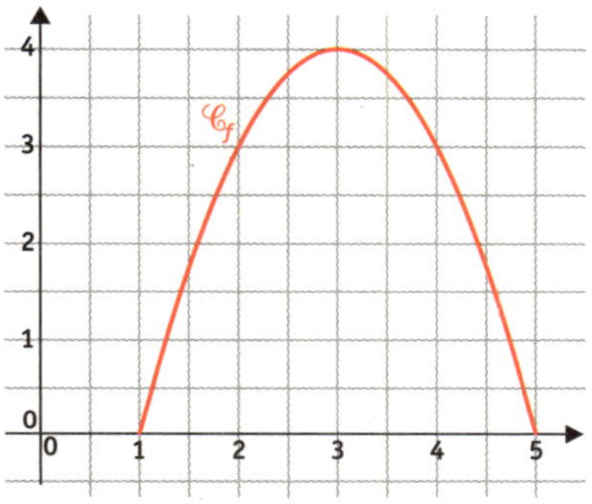

a. Conjecturer la valeur du maximum de f et la valeur en laquelle il est atteint.

b. Montrer que, pour tout $x \in [1 ; 5]$, $f(x) = -(x-3)^2 + 4$.

c. Démontrer alors la conjecture émise à la question **a.**

d. Résoudre les équations $f(x) = 0$ et $f(x) = 3$.

7 ★★★ 20 min **Soit f la fonction définie sur [–0,5 ; 7] par $f(x) = x - 1,5 + \frac{4}{x+1}$.**

On donne sa courbe représentative $\mathscr{C}_f$ ci-dessous.

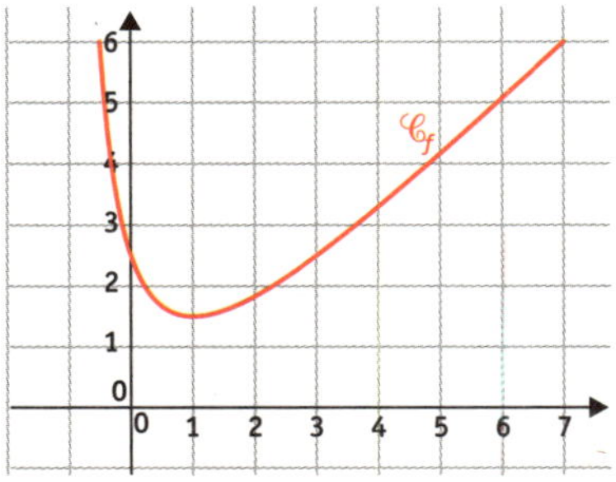

a. Les points A(0 ; 2,5), B(6 ; 5) et C(9 ; 7,9) appartiennent-ils à $\mathscr{C}_f$? Justifier.

b. Déterminer graphiquement le tableau de variations de f.

c. Démontrer que, pour tout $x \in [-0,5 ; 7]$

$$f(x) - 1,5 = \frac{(x-1)^2}{x+1}.$$

d. Démontrer que le minimum de f sur [–0,5 ; 7] vaut 1,5 et qu'il est atteint en 1.

MATHS

6 ANALYSE
Nombre dérivé

Cours

1 Taux d'accroissement d'une fonction

Soit f une fonction définie sur un intervalle I.
Soient a et $a+h$ deux réels distincts de I.

Le taux d'accroissement (ou taux de variation) de f entre a et $a+h$ est le nombre $\frac{f(a+h)-f(a)}{h}$.

2 Nombre dérivé d'une fonction en un point.

Le nombre dérivé de f en a est la limite, si elle existe, du taux d'accroissement $\frac{f(a+h)-f(a)}{h}$ lorsque h tend vers 0.
On le note $f'(a)$.

On dit alors que f est dérivable en a.

Histoire

Leibniz et Newton se sont disputé la paternité de la notion de dérivée. L'un et l'autre s'appuyaient sur une approche intuitive de l'infiniment petit.

3 Tangente à une courbe

Soit f une fonction définie sur un intervalle I dont on note $\mathscr{C}_f$ la courbe représentative dans un repère. On suppose que f est dérivable en $a \in I$.
Soit A le point de $\mathscr{C}_f$ d'abscisse a et soit M le point de $\mathscr{C}_f$ d'abscisse $a+h$.
Lorsque h tend vers 0, M se rapproche de A et la droite (AM) se rapproche de la tangente à $\mathscr{C}_f$ au point A. Le coefficient directeur de la sécante (AM) se rapproche de $f'(a)$.
Autrement dit, la tangente à $\mathscr{C}_f$ en A est la droite T passant par A et de coefficient directeur $f'(a)$.
Elle a pour équation : $y=f'(a)(x-a)+f(a)$.

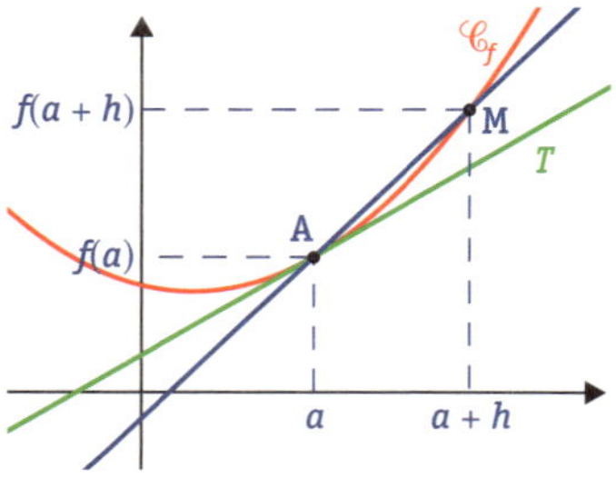

Exos résolus

À savoir

Le coefficient directeur (ou la pente) de la droite (AM) est égal à $\frac{y_M - y_A}{x_M - x_A}$.

1 Calculer un nombre dérivé

Soit f la fonction définie sur [0 ; 3] par $f(x)=x^2-2$.
Calculer le nombre dérivé de f en 1, noté $f'(1)$.

RÉSOLUTION

On calcule le taux d'accroissement de f entre 1 et $1+h$:

$$\frac{f(1+h)-f(1)}{h}=\frac{(1+h)^2-2-(1^2-2)}{h}=\frac{1+2h+h^2-2+1}{h}=\frac{2h+h^2}{h}=\frac{2h}{h}+\frac{h^2}{h}=2+h.$$

Lorsque h tend vers 0, l'expression $2+h$ tend vers 2 donc $f'(1)=2$.

2 Déterminer graphiquement un nombre dérivé

Soit f une fonction définie sur $\mathbb{R}$ dont on donne ci-contre la courbe représentative $\mathscr{C}_f$ et deux tangentes aux points d'abscisse 1 et 4.
Déterminer graphiquement $f'(1)$ et $f'(4)$.

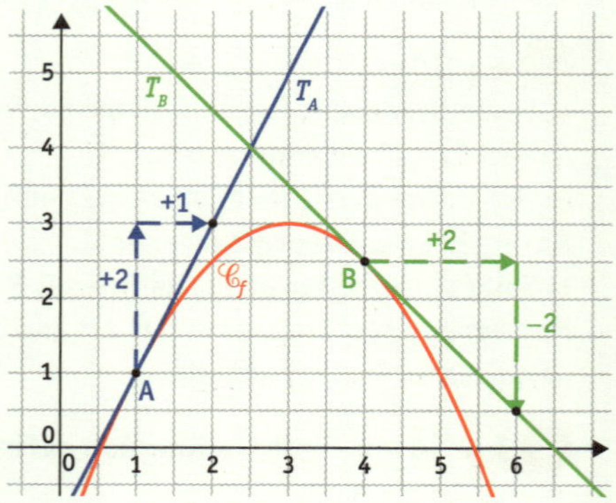

RÉSOLUTION

Le nombre dérivé $f'(a)$ est égal au coefficient directeur de la tangente à $\mathscr{C}_f$ au point d'abscisse a.
Pour lire le coefficient directeur d'une droite on choisit deux points de celle-ci et on calcule le **quotient du « déplacement vertical » par le « déplacement horizontal »**.
Le coefficient directeur de T_A est égal à : $\frac{2}{1}=2$ donc $f'(1)=2$. Le coefficient directeur de T_B est égal à : $\frac{-2}{2}=-1$ donc $f'(4)=-1$.

Remarque : Le choix des points sur la droite n'a pas d'importance mais il faut fait attention au sens des déplacements.

Exercices

1 ★ 5 min **Soit f la fonction définie sur $\mathbb{R}$ par : $f(x) = 0{,}5(x^3 - 3x + 2)$.**

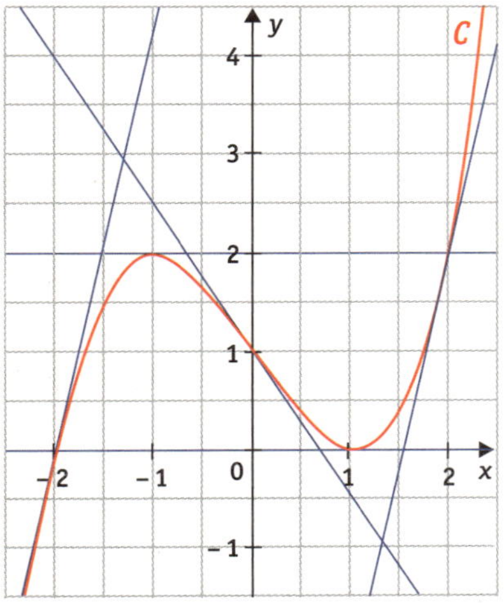

Sur la figure, on a tracé sa courbe représentative C ainsi que les tangentes à C aux points d'abscisses – 2, – 1, 0, 1 et 2.

a. Lire graphiquement les coefficients directeurs de ces cinq tangentes.

b. En déduire les nombres dérivés de f en – 2, – 1, 0, 1 et 2.

2 ★ 5 min **On donne la courbe C représentant une fonction g sur l'intervalle $]0 ; 5]$.**

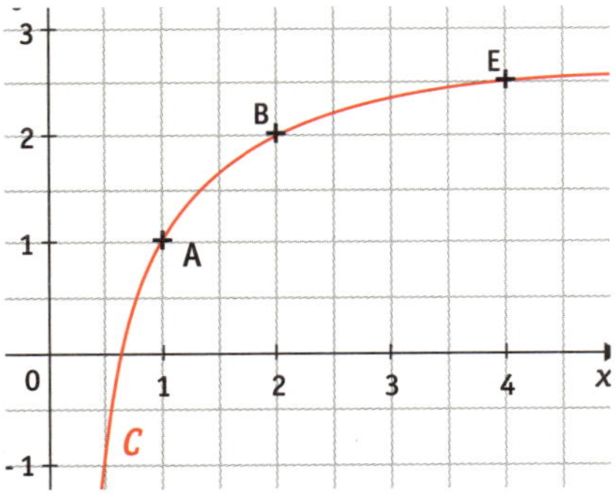

On sait que :

$g(1) = 1$; $g(2) = 2$; $g(4) = 2{,}5$;
$g'(1) = 2$; $g'(2) = 0{,}5$; $g'(4) = 0{,}125$.

Tracer les tangentes à la courbe C aux points A, B et E d'abscisses respectives 1, 2 et 4.

3 ★★ 10 min **Soit f la fonction définie sur $\mathbb{R}$ par $f(x) = x^3$.**

Calculer le nombre dérivé de f en 2.

On rappelle l'identité remarquable : $(a+b)^3 = a^3 + 3a^2b + 3ab^2 + b^3$.

4 ★ 5 min **On donne la courbe C représentant une fonction g sur l'intervalle $[-4 ; 2[$.**

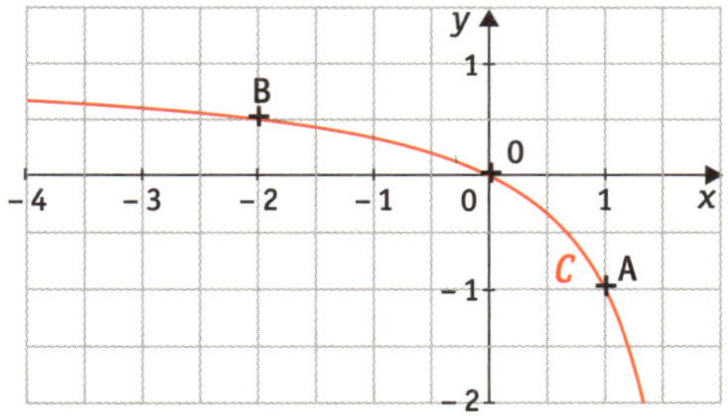

On sait que :

$g(0) = 0$; $g(1) = -1$; $g(-2) = 0{,}5$;
$g'(0) = -0{,}5$; $g'(1) = -2$; $g'(-2) = -0{,}125$.

Tracer les tangentes à la courbe C aux points 0, A et B d'abscisses respectives 0, 1 et – 2.

5 ★★★ 5 min **Soit f la fonction définie sur $\mathbb{R}$ par $f(x) = \dfrac{1}{x}$.**

Calculer le nombre dérivé de f en 0,5.

6 ★ 10 min **Dans chacune des questions suivantes, f est une fonction dérivable en tout réel et dont on note $\mathscr{C}_f$ la courbe représentative.**

a. On sait que $f(5) = 3$ et $f'(5) = -2$.
Donner une équation de la tangente à $\mathscr{C}_f$ au point d'abscisse 5.

b. On sait que $f(-3) = 0$ et $f'(-3) = 4$.
Donner une équation de la tangente à $\mathscr{C}_f$ au point d'abscisse –3.

c. On sait que $f(2) = 1{,}5$ et $f'(2) = 0$.
Donner une équation de la tangente à $\mathscr{C}_f$ au point d'abscisse 2.

7 ★★ 10 min **Soit $\mathscr{C}_f$ la courbe représentative d'une fonction f. On sait que la tangente à $\mathscr{C}_f$ au point d'abscisse 3 est parallèle à l'axe des abscisses et que la tangente à $\mathscr{C}_f$ au point d'abscisse 5 a pour équation $y = 2x + 4$.**

Déterminer $f'(3)$, $f'(5)$ et $f(5)$.

8 ★★★ 20 min DÉMONSTRATION **Soit f la fonction définie sur $[0 ; +\infty[$ par $f(x) = \sqrt{x}$.**

a. Soit h un réel strictement positif.
Calculer le taux d'accroissement de f entre 0 et $0 + h$.
En déduire que f n'est pas dérivable en 0.

b. Calculer $f'(1)$.

On pourra penser à multiplier le numérateur et le dénominateur du taux d'accroissement par $\sqrt{1+h} + 1$.

MATHS

Calculs de dérivées

Cours

1 Fonction dérivée

Soit f une fonction définie sur un intervalle I. Si f est dérivable en tout réel x de I, on dit que f est dérivable sur I.
La fonction dérivée de f est la fonction f' qui, à tout x de I, associe le nombre $f'(x)$.

2 Dérivées des fonctions usuelles

$f(x) = \dots$	Intervalle I	$f'(x) = \dots$
k (k est une constante)	$\mathbb{R}$	0
x	$\mathbb{R}$	1
ax, $a \in \mathbb{R}$	$\mathbb{R}$	a
x^2	$\mathbb{R}$	$2x$
x^3	$\mathbb{R}$	$3x^2$
x^n ($n \in \mathbb{N}^*$)	$\mathbb{R}$	nx^{n-1}
$\dfrac{1}{x}$	$\mathbb{R}^*$	$\dfrac{-1}{x^2}$
$\sqrt{x}$	$\mathbb{R}_+^*$	$\dfrac{1}{2\sqrt{x}}$

3 Règles de dérivation

Soient u et v deux fonctions dérivables sur un intervalle I et soit λ un nombre réel.

▶ **Somme :**
la fonction $u+v$ est dérivable sur I et $(u+v)'=u'+v'$.

▶ **Produit par un réel :**
la fonction λu est dérivable sur I et $(\lambda u)'=\lambda u'$.

▶ **Produit :**
la fonction uv est dérivable sur I et $(uv)'=u'v+uv'$.

▶ **Inverse :**
la fonction $\dfrac{1}{v}$ est dérivable là où elle est définie et $\left(\dfrac{1}{v}\right)'=\dfrac{-v'}{v^2}$.

▶ **Quotient :**
la fonction $\dfrac{u}{v}$ est dérivable là où elle est définie et $\left(\dfrac{u}{v}\right)'=\dfrac{u'v-uv'}{v^2}$.

Rappel
$\mathbb{R}^*=]-\infty\,;0[\cup]0\,;+\infty[$ et $\mathbb{R}_+^*=]0\,;+\infty[$.

Exos résolus

1 Calculer la dérivée d'une somme, d'un produit

a. Soit f la fonction définie sur $\mathbb{R}$ par $f(x) = x^2 + x + 5$. Calculer la dérivée de f.

RÉSOLUTION

f se présente sous la forme d'une somme de trois fonctions $u : x \mapsto x^2$, $v : x \mapsto x$ et $w : x \mapsto 5$.
▶ La dérivée d'une somme est la somme des dérivées.
Or $u'(x) = 2x$; $v'(x) = 1$ et $w'(x) = 0$.
Donc $\boldsymbol{f'(x) = 2x + 1}$.

b. Soit g la fonction définie sur $\mathbb{R}$ par $g(x) = 3x^2(x^2 + x + 5)$. Calculer la dérivée de g.

RÉSOLUTION

g se présente sous la forme d'un produit de deux fonctions (la deuxième étant la fonction f du a.)
▶ On applique la formule $(uv)' = u'v + uv'$.
On pose $u(x) = 3x^2$ et $v(x) = x^2 + x + 5$; la fonction u est le produit de la fonction carré par un réel, donc :
$u'(x) = 3 \times 2x$ et $v'(x) = 2x + 1$.
$g'(x) = 6x(x^2 + x + 5) + 3x^2(2x + 1)$.
Après développement : $\boldsymbol{g'(x) = 12x^3 + 9x^2 + 30x}$.

2 Calculer la dérivée d'un quotient

Soit f la fonction définie sur $[-2\,;9]$ par $f(x)=\dfrac{3x-7}{2x+5}$.

Calculer la dérivée de f.

RÉSOLUTION

f se présente sous la forme d'un quotient, dont le dénominateur ne s'annule pas sur $[-2\,;9]$.

▶ On applique la formule $\left(\dfrac{u}{v}\right)'=\dfrac{u'v-uv'}{v^2}$.

▶ On pose $u(x) = 3x - 7$ et $v(x) = 2x + 5$;
▶ on a alors $u'(x) = 3$ et $v'(x) = 2$.

$$f'(x)=\frac{3\times(2x+5)-(3x-7)\times 2}{(2x+5)^2}$$

$$=\frac{6x+15-6x+14}{(2x+5)^2};$$

soit $\boldsymbol{f'(x)=\dfrac{29}{(2x+5)^2}}$.

Exercices

1 ★ 5 min **Pour chacune des fonctions suivantes, donner l'expression de sa dérivée là où elle est dérivable.**

a. $f(x) = 5x^2 - 7x + 8$.

b. $g(x) = x^4 + 4x^3 + \frac{1}{x}$.

c. $h(x) = \sqrt{x} - \frac{3}{x} + 3x^2$.

d. $s(x) = \frac{x^4}{4} + \frac{x^3}{3} + \frac{x^2}{2} - \frac{5}{x}$.

2 ★★ 10 min **Même consigne qu'à l'exercice n° 1.**

a. $f(x) = (x+2)(3x-1)$

b. $g(x) = x(x^2+1)$

c. $h(x) = x\sqrt{x}$

3 ★★ 10 min **Soit f la fonction définie sur $\mathbb{R}$ par : $f(x) = (2x^2 - 3x + 1)(x^2 + 2)$.**

Calculer la dérivée de f :

a. en utilisant la formule de dérivée d'un produit ;

b. en développant d'abord $f(x)$.

4 ★★ 10 min **Même consigne qu'à l'exercice n° 1.**

a. $f(x) = \frac{x+2}{3x+4}$

b. $g(x) = \frac{4-5x}{2x+1}$

c. $h(x) = \frac{x+1}{x^2+1}$

5 ★★ 10 min **Soit n un entier naturel non nul.**

Soit f la fonction définie sur $\mathbb{R}^*$ par $f(x) = \frac{1}{x^n}$.

Démontrer que $f'(x) = \frac{-n}{x^{n+1}}$.

6 ★★ 10 min **Soit u une fonction définie et dérivable sur un intervalle I.**

On note u^2 la fonction définie sur I par $u^2(x) = (u(x))^2$.

a. Montrer que $(u^2)' = 2u'u$.

b. Appliquer cette formule pour calculer la dérivée de la fonction f définie sur $\mathbb{R}$ par $f(x) = (x^2 + x + 1)^2$.

7 ★★★ 20 min

a. Soit f la fonction carré.

Montrer que, pour tout réel x, on a : $f'(x) = 2x$.

b. Soit f la fonction inverse.

Montrer que, pour tout réel x, on a : $f'(x) = \frac{-1}{x^2}$.

8 ★★ 10 min **On lâche une bille d'un des derniers étages de la tour Perret à Amiens, à 80 mètres de hauteur.**

On admet que la distance parcourue par la bille (en mètres) en fonction du temps (en secondes) est donnée par : $d(t) = 5t^2$.

a. À quel instant la bille va-t-elle toucher le sol ?

b. Calculer la vitesse moyenne de la bille dans l'intervalle de temps [3,5 ; 4].

Reprendre ce calcul dans les intervalles [3,9 ; 4] et [3,999 ; 4].

c. Quelle semble être la vitesse instantanée de la bille 4 secondes après avoir été lâchée ?

d. Déterminer $d'(t)$ puis calculer $d'(4)$.
Que remarque-t-on ?
Comment l'expliquer ?

9 ★★ 10 min

a. Soit f la fonction de courbe représentative $\mathscr{C}_f$ et définie sur $\mathbb{R}$ par $f(x) = x^2 - 2x + 3$.
Déterminer l'équation réduite de la tangente à $\mathscr{C}_f$ au point d'abscisse 4.

b. Soit g la fonction de courbe représentative $\mathscr{C}_g$ et définie sur $\mathbb{R}$ par $g(x) = x - x^3$.
Déterminer l'équation réduite de la tangente à $\mathscr{C}_g$ au point d'abscisse 2.

10 ★★★ 10 min

Donner une fonction du second degré dont la tangente à la courbe représentative au point de coordonnées (2 ; 1) est horizontale.

Dérivation et variations de fonctions

Cours

Info
Un extremum est un minimum ou un maximum.

1 Signe de la dérivée et sens de variation

Soit f une fonction définie et dérivable sur un intervalle I et soit f' sa dérivée.

- f **est croissante** sur I si, et seulement si, f' **est positive** sur I.
- f **est décroissante** sur I si, et seulement si, f' **est négative** sur I.
- f **est constante** sur I si, et seulement si, f' **est nulle** sur I.

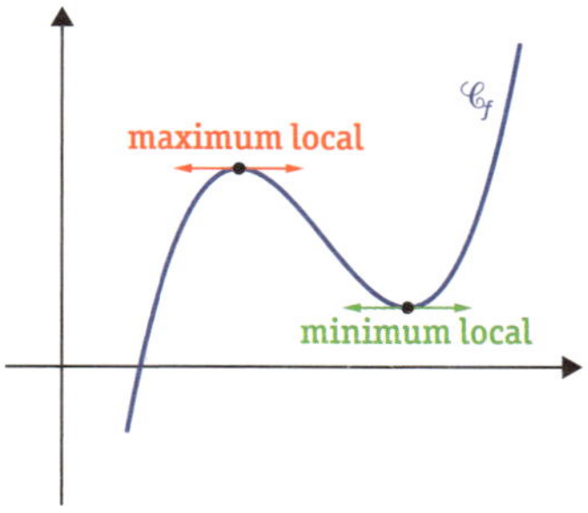

2 Extremum local d'une fonction

Soit f une fonction définie et dérivable sur un intervalle I et soit f' sa dérivée.
Soit a un élément de I.
Si $f'(a)=0$ et si f' change de signe en a, alors f admet un **extremum local** en ce point.

3 Rappel sur le signe d'une fonction affine

Soit f une fonction affine définie sur $\mathbb{R}$ par $f(x)=ax+b$.
Le signe de f est donné par le tableau suivant.

x	$-\infty$		$\frac{-b}{a}$		$+\infty$
Signe de $ax+b$		Signe opposé de a	0	Signe de a	

Exos résolus

1 Étudier les variations d'une fonction polynôme de degré 3

Soit f la fonction définie sur [0 ; 5] par $f(x)=x^3-6x^2+9x+2$.
Dresser le tableau de variations de f.

RÉSOLUTION

- On calcule la dérivée de f : $f'(x)=3x^2-12x+9$.
- On étudie le signe de cette dérivée.

C'est une fonction polynôme du second degré.
On pose : $a=3$, $b=-12$ et $c=9$.
On calcule le discriminant :

$$\Delta=b^2-4ac=(-12)^2-4\times3\times9=36.$$

Le discriminant est positif donc f' a deux racines :

$$x_1=\frac{-b-\sqrt{\Delta}}{2a}=1 \text{ et } x_2=\frac{-b+\sqrt{\Delta}}{2a}=3.$$

Comme a est positif, on en déduit que f' est positive sur [0 ; 1], négative sur [1 ; 3] et positive sur [3 ; 5].
Il s'en suit que f est croissante sur [0 ; 1], décroissante sur [1 ; 3] et croissante sur [3 ; 5].

- On calcule ensuite les images de f en 0, 1, 3 et 5 :

$f(0)=0^3-6\times0^2+9\times0+2=2$
$f(1)=1^3-6\times1^2+9\times1+2=6$
$f(3)=3^3-6\times3^2+9\times3+2=2$
$f(5)=5^3-6\times5^2+9\times5+2=22$.

- On peut résumer tout cela dans un tableau :

x	0		1		3		5
Signe de $f'(x)$		+	0	−	0	+	
Variations de f	2	↗	6	↘	2	↗	22

2 Déterminer un extremum local

Soit f la fonction définie sur]0 ; 100] par $f(x)=x+\frac{900}{x}$.
Montrer que f admet un minimum pour une certaine valeur a et calculer ce minimum.

RÉSOLUTION

On calcule la dérivée de f :

$$f'(x)=1-\frac{900}{x^2}=\frac{x^2-900}{x^2}=\frac{(x-30)(x+30)}{x^2}.$$

Sur l'intervalle]0 ; 100], les expressions x^2 et $x+30$ sont positives donc f' est du signe de $x-30$.
f' s'annule donc et change de signe en $x=30$.
Elle est négative si $x<30$ et positive si $x>30$.
On en déduit que f admet un minimum en $a=30$;
ce minimum vaut $f(30)=30+\frac{900}{30}=60$.

Exercices

1 ★ 10 min **Étudier le signe de chacune des fonctions suivantes sur $\mathbb{R}$.**

a. $f(x)=4x+12$

b. $g(x)=18-3x$

c. $h(x)=x^2-2x-3$.

d. $s(x)=2x^2-x+4$

2 ★ 10 min

a. Dresser le tableau de variations de la fonction f définie sur $\mathbb{R}$ par $f(x)=x^2-5x+2$.

b. Dresser le tableau de variations de la fonction g définie sur $\mathbb{R}$ par $g(x)=-3x^2+15x+4$.

3 ★★ 5 min DÉMONSTRATION

Soit f une fonction polynôme du second degré définie sur $\mathbb{R}$ par $f(x)=ax^2+bx+c$.

a. Calculer la dérivée de f.

b. En déduire les variations de f en fonction du réel a.

On pourra retenir qu'une fonction polynôme du second degré f définie par $f(x)=ax^2+bx+c$ est :
- décroissante puis croissante si a est positif,
- croissante puis décroissante si a est négatif.

Elle change de sens de variation en $\frac{-b}{2a}$.

4 ★★ 30 min **Dans chaque cas, dresser le tableau de variations de la fonction.**

a. Soit f la fonction définie sur $[-1\,;5]$ par $f(x)=-2x^3+10{,}5x^2+12x-1$.

b. Soit g la fonction définie sur $[0\,;5]$ par $g(x)=x^3-1{,}5x^2-18x+20$.

5 ★★ 5 min **Soit f la fonction définie sur $\mathbb{R}$ par $f(x)=x^4-8x^3+10x^2+2$.**

a. Calculer la dérivée f' de f et la factoriser.

b. En déduire le tableau de variations de f.

6 ★★ 5 min **Soit f une fonction définie et dérivable sur $\mathbb{R}$.**

On sait que si f admet un extremum local en a, alors $f'(a)=0$.

La réciproque de cette proposition est-elle vraie ? Justifier.

7 ★★ 5 min **Soit f la fonction définie sur $[0\,;2]$ par $f(x)=x^3-2{,}97x^2+2{,}94x-0{,}97$.**

a. Faire apparaître la courbe représentative de f à l'écran d'une calculatrice.
Quelle conjecture peut-on faire quant au sens de variation de f ?

b. Calculer $f'(x)$.

c. Étudier le signe de $f'(x)$ et commenter la conjecture faite à la question 1.

8 ★★ 20 min **Soit f la fonction définie sur $\mathbb{R}\setminus\{2\}$ par $f(x)=\frac{x-4}{x-2}$ et soit $\mathcal{H}$ sa courbe représentative dans un repère orthonormé.**

a. Calculer la dérivée f' de f et en déduire le tableau de variations de f.

b. Déterminer les coordonnées des points d'intersection de $\mathcal{H}$ avec les deux axes.

c. Donner les équations réduites des tangentes à $\mathcal{H}$ en ces points.

9 ★★★ 10 min **Soit f la fonction définie sur $\mathbb{R}$ par $f(x)=x^3+x^2+ax$.**

Quelles sont les valeurs de a pour lesquelles la fonction f est croissante sur $\mathbb{R}$?

10 ★★★ 20 min *D'après Bac Métropole juin 2012*

Le plan est muni d'un repère orthonormé $(O\,;\vec{i},\vec{j})$.
On considère une fonction f dérivable sur l'intervalle $[-3\,;2]$.
On dispose des informations suivantes :
- **$f(0)=-1$.**
- **la dérivée f' de la fonction f admet la courbe représentative $\mathcal{C}'$ ci-dessous.**

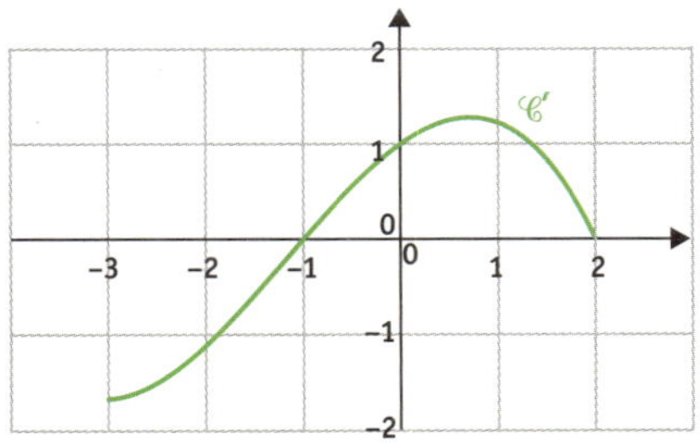

Pour chacune des affirmations suivantes, dire si elle est vraie ou fausse et justifier la réponse.

a. Pour tout réel x de l'intervalle $[-3\,;-1]$, $f'(x)\leq 0$.

b. La fonction f est croissante sur l'intervalle $[-1\,;2]$.

c. Pour tout réel x de l'intervalle $[-3\,;2]$, $f(x)\geq -1$.

d. Soit $\mathcal{C}$ la courbe représentative de la fonction f.
La tangente à la courbe $\mathcal{C}$ au point d'abscisse 0 passe par le point de coordonnées $(1\,;0)$.

MATHS

Fonction exponentielle

Cours

1 Définition de la fonction exponentielle

Il existe une unique fonction définie et dérivable sur $\mathbb{R}$ égale à sa dérivée et qui vaut 1 en 0.

Cette fonction est appelée **fonction exponentielle** et est notée **exp**.

On a donc $\exp' = \exp$ et $\exp(0) = 1$.

On peut établir que, pour tout réel x, on a alors $\exp(x) \neq 0$ et $\exp(-x) = \dfrac{1}{\exp(x)}$.

2 Relation fonctionnelle

▶ On note e l'image de 1 par la fonction exponentielle : $e = \exp(1) \approx 2,718$.

Pour tout réel x, on note $\exp(x) = e^x$.

▶ On peut alors en déduire les formules suivantes :

$e^0 = 1$ $\qquad e^{-a} = \dfrac{1}{e^a}$

$e^{a+b} = e^a e^b$ $\qquad e^a e^{-a} = 1$

$e^{a-b} = \dfrac{e^a}{e^b}$ $\qquad e^{na} = (e^a)^n,\ n \in \mathbb{Z}$

▶ Soit a un nombre réel. La suite (u_n) définie pour tout entier naturel n par $u_n = e^{na}$ est donc géométrique de premier terme 1 et de raison e^a (Voir chap. 4).

Info

Comme π, le nombre e n'est pas rationnel et n'est la racine d'aucun polynôme à coefficient entier. On dit que ces nombres sont transcendants.

3 Étude de la fonction exponentielle

La fonction exponentielle est **strictement croissante** et **strictement positive sur $\mathbb{R}$**.

x	$-\infty$ $\qquad$ $+\infty$
Signe de $\exp'(x)$	+
Variations de exp	↗

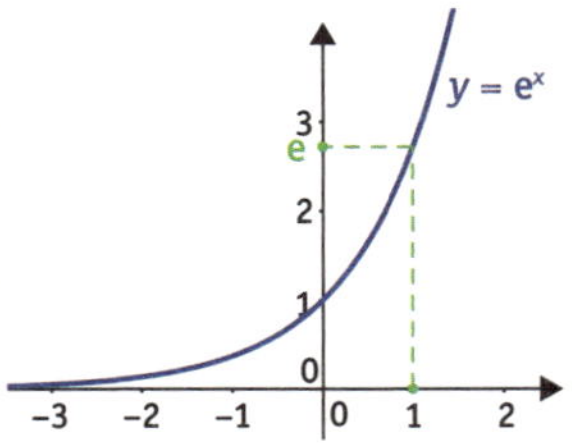

Quels que soient les réels a et b on a donc :

▶ $e^a = e^b \Leftrightarrow a = b$

▶ $e^a < e^b \Leftrightarrow a < b$.

4 Complément sur la dérivation

Soient a et b deux nombres réels. On considère la fonction affine $x \mapsto ax + b$ définie sur un intervalle I et à valeurs dans un intervalle J. Soit g une fonction dérivable sur J.

▶ La fonction $x \mapsto g(ax+b)$ est dérivable sur I et a pour dérivée la fonction $x \mapsto ag'(ax+b)$.

▶ En particulier, la fonction f définie sur $\mathbb{R}$ par $f(x) = e^{ax+b}$ est dérivable et sa dérivée f' est définie par $f'(x) = ae^{ax+b}$.

Plus généralement, si u est une fonction dérivable sur I, alors e^u est dérivable sur I et $(e^u)' = u'e^u$.

Exos résolus

1 Dériver une fonction faisant intervenir l'exponentielle

a. Soit f la fonction définie sur $\mathbb{R}$ par $f(x) = \dfrac{e^x - 1}{e^x + 1}$. Calculer la dérivée de f.

RÉSOLUTION

On utilise la formule $\left(\dfrac{u}{v}\right)' = \dfrac{u'v - uv'}{v^2}$ avec $u(x) = e^x - 1$ et $v(x) = e^x + 1$.

On a $u'(x) = e^x$ et $v'(x) = e^x$. Ainsi :

$$f'(x) = \frac{e^x(e^x+1) - (e^x-1)e^x}{(e^x+1)^2} = \frac{e^{2x} + e^x - e^{2x} + e^x}{(e^x+1)^2} = \frac{2e^x}{(e^x+1)^2}.$$

b. Soit g la fonction définie sur $\mathbb{R}$ par $g(x) = 4e^{5-2x}$. Calculer la dérivée de g.

RÉSOLUTION

g est de la forme $4 \times e^{ax+b}$ avec $a = -2$ et $b = 5$.

On a donc $g'(x) = 4 \times (-2)e^{5-2x} = -8e^{5-2x}$.

Histoire

Le Suisse Leonhard Euler (1707-1783) est un des plus grands mathématiciens. Il a introduit beaucoup de notations pratiques encore utilisées aujourd'hui : c'est notamment le cas pour la notation e, proposée en 1728.

2 Étudier une fonction faisant intervenir l'exponentielle

Étudier les variations sur $\mathbb{R}$ des fonctions f et g de l'exercice précédent.

RÉSOLUTION

Pour tout réel x, le numérateur et le dénominateur de $f'(x)$ sont strictement positifs. Ainsi, f' est strictement positive sur $\mathbb{R}$ et f est strictement croissante sur $\mathbb{R}$.

Pour tout réel x, e^{5-2x} est strictement positif donc $g'(x) = -8e^{5-2x}$ est strictement négatif.

Ainsi, g est strictement décroissante sur $\mathbb{R}$.

Exercices

1 ★ 5 min **Simplifier les expressions suivantes.**

$A = e^{-2}e^{3x-1}$ $B = \dfrac{e^{3x+2}}{e^{2x+5}}$

$C = 4e^{-x}e^{x}+1$ $D = (e^{x})^2 - e^{2x}$

2 ★ 5 min **Calculer les dérivées des fonctions suivantes, définies sur $\mathbb{R}$.**

$f(x) = xe^{x}$ $g(x) = 12e^{0{,}1x-2}$

$h(x) = \dfrac{3}{e^{x}+1}$ $s(x) = (6x-2)e^{0{,}5x-1}$

3 ★ 5 min **Soit k un nombre réel strictement positif.**
Soient f et g les fonctions définies sur $\mathbb{R}$ par $f(x) = e^{-kx}$ et $g(x) = e^{kx}$.

a. Déterminer le sens de variation de f et de g.
b. Représenter graphiquement ces deux fonctions.

4 ★★ 5 min

a. Étudier les variations de la fonction f de l'exercice 2.
b. Étudier les variations de la fonction s de l'exercice 2.

5 ★★★ 30 min **Les muqueuses de la bouche et de la langue sont dotées de récepteurs R qui entrent en jeu dans la sensation de brûlure lors de l'ingestion de certains aliments. Ces récepteurs peuvent en effet être occupés par des molécules de capsaïcine présentes en grande quantité dans les piments.**
Marie propose à Louis de goûter à une savoureuse spécialité un peu pimentée.
On admet que la sensation de brûlure est supportable pour Louis si le taux de récepteurs occupés par la capsaïcine est inférieur à 1 %.
On note f la fonction qui au temps t (exprimé en secondes) associe le taux de récepteurs R de Louis occupés par des molécules de capsaïcine (en pourcentage).
On admet que pour tout $t \geq 0$, $f(t) = 2{,}8t^2e^{-0{,}08t-1}$.

a. Montrer que, pour tout réel t, $f'(t) = 2{,}8t(2-0{,}08t)e^{-0{,}08t-1}$.
b. Dresser le tableau de signe de f' et le tableau de variation de f sur $[0\,;+\infty[$.
c. À quel instant t le taux de récepteurs R de Louis occupés par des molécules de capsaïcine est-il le plus élevé ? Donner une approximation de ce taux en pourcentage, à 0,01 % près.
d. Pendant un peu plus d'une seconde, avant de prendre de vives couleurs, Louis a cru que l'aliment avait une saveur agréable. Comment expliquer ce phénomène à l'aide du modèle mathématique donné ci-dessus ?
e. Déterminer le nombre de secondes à partir duquel la sensation de brûlure éprouvée par Louis redevient supportable après l'ingestion de l'aliment.

6 ★★★ 30 min **Soit f la fonction définie sur $\mathbb{R}$ par $f(x) = (x^2-2x-2)e^{x}$.**
On note $\mathscr{C}_f$ sa courbe représentative.

a. Démontrer que pour tout réel x, $f'(x) = (x-2)(x+2)e^{x}$.
b. Dresser le tableau de signe de f' et le tableau de variation de f.
c. La tangente à $\mathscr{C}_f$ en 1 passe-t-elle par l'origine ? Justifier.

7 ★★★ 10 min DÉMONSTRATION

On démontre ici que la fonction exponentielle est unique et qu'elle ne s'annule pas sur $\mathbb{R}$.

Soit v une fonction dérivable sur $\mathbb{R}$ et telle que $v(0) = 1$ et $v' = v$.
Soit f la fonction définie sur $\mathbb{R}$ par $f(x) = v(x)v(-x)$.

a. Montrer que, pour tout réel x, $f'(x) = 0$.
b. En déduire que v ne s'annule pas sur $\mathbb{R}$ et que, pour tout réel x, $v(-x) = \dfrac{1}{v(x)}$.

On considère maintenant une autre fonction u dérivable sur $\mathbb{R}$ et telle que $u(0) = 1$ et $u' = u$.
On pose $g = \dfrac{u}{v}$.

c. Montrer que, pour tout réel x, $g'(x) = 0$.
Que peut-on en déduire ?

8 ★★★ 15 min DÉMONSTRATION **Soient a et b deux réels.**
Le but de l'exercice est de démontrer la relation fonctionnelle $\exp(a+b) = \exp(a)\exp(b)$.
Soit g la fonction définie sur $\mathbb{R}$ par $g(x) = \exp(a+b-x)\exp(x)$.

a. Montrer que g est une fonction constante.
b. En déduire que $\exp(a+b) = \exp(a)\exp(b)$.

9 ★★★ 10 min DÉMONSTRATION **On rappelle qu'on a démontré à l'exercice 7 que la fonction exponentielle ne s'annule pas sur $\mathbb{R}$.**

Démontrer que la fonction exponentielle est strictement positive sur $\mathbb{R}$. En déduire son sens de variation.

On pourra utiliser la relation fonctionnelle.

MATHS

Dérivation et résolution de problèmes

Cours

1 Plan d'étude d'une fonction dérivable

Soit f une fonction d'une variable x.

▶ On détermine, s'il n'est pas donné, l'ensemble de définition de f.

▶ On calcule la dérivée f' de f (si f est dérivable).

▶ On étudie le signe de $f'(x)$ selon les valeurs de x.

▶ On en déduit le sens de variation de f sur chaque intervalle de l'ensemble de définition.

▶ On résume tous les résultats obtenus dans un tableau de variation.

2 Positions relatives de deux courbes

Soient f et g deux fonctions définies sur un intervalle I dont on note respectivement $\mathscr{C}_f$ et $\mathscr{C}_g$ leurs courbes représentatives dans un repère.

On dit que $\mathscr{C}_f$ est au-dessus de $\mathscr{C}_g$ sur I si $f(x) \geq g(x)$ pour tout x appartenant à I.

▶ Déterminer la position relative de ces deux courbes revient donc à étudier le signe de $f(x) - g(x)$ pour tout x appartenant à I.

Exos résolus

1 Étudier une fonction rationnelle

Soit f la fonction définie sur $]2\,;+\infty[$ par $f(x)=\dfrac{x^2-x-3}{x-2}$. Étudier les variations de f.

RÉSOLUTION

▶ On calcule la dérivée de f grâce à la formule $\left(\dfrac{u}{v}\right)' = \dfrac{u'v - uv'}{v^2}$

On a $u(x) = x^2 - x - 3$ et $v(x) = x - 2$ donc $u'(x) = 3 - 1$ et $v'(x) = 1$.

Ainsi : $f'(x) = \dfrac{(2x-1)\times(x-2)-(x^2-x-3)\times 1}{(x-2)^2}$

$= \dfrac{2x^2-4x-x+2-x^2+x+3}{(x-2)^2} = \dfrac{x^2-4x+5}{(x-2)^2}$.

Le numérateur est un polynôme du second degré dont le discriminant vaut : $\Delta = (-4)^2 - 4 \times 1 \times 5 = -4$.

Il est négatif donc le numérateur est du signe du coefficient devant x^2, c'est-à-dire 1.

On a donc le tableau suivant :

x	2 $\qquad\qquad$ $+\infty$
Signe de x^2-4x+5	+
Signe de $(x-2)^2$	+
Signe de $f'(x)$	+
Variations de f	↗

2 Établir une inégalité en étudiant une fonction

Soit f la fonction définie sur $]-1\,;5]$ par $f(x)=\dfrac{3}{x+1}$.

Déterminer un encadrement de $f(x)$ lorsque x décrit $[0\,;1]$.

RÉSOLUTION

On calcule la dérivée de f en utilisant la formule $\left(\dfrac{1}{v}\right)' = \dfrac{-v'}{v^2}$.

On obtient : $f'(x) = \dfrac{-3}{(x+1)^2}$.

La dérivée étant négative, la fonction f est décroissante sur $]-1\,;5]$.

On en déduit que si $0 \leq x \leq 1$, alors $f(0) \geq f(x) \geq f(1)$.

Or $f(0) = 3$ et $f(1) = 1{,}5$.

Lorsque x décrit $[0\,;1]$, on obtient donc : $1{,}5 \leq f(x) \leq 3$.

3 Étudier la position relative de deux courbes

Soient f et g deux fonctions définies sur $]0\,;+\infty[$ par $f(x) = x$ et $g(x) = 2 - \dfrac{1}{x}$.

On note $\mathscr{C}_f$ et $\mathscr{C}_g$ leurs courbes représentatives dans un repère.

Déterminer la position relative de $\mathscr{C}_f$ et $\mathscr{C}_g$.

RÉSOLUTION

Pour tout x strictement positif, on pose

$h(x) = f(x) - g(x) = x - 2 + \dfrac{1}{x}$.

On a $h'(x) = 1 - \dfrac{1}{x^2} = \dfrac{x^2-1}{x^2}$.

On a donc le tableau suivant :

x	0		1		$+\infty$
Signe de x^2-1		−	0	+	
Signe de x^2		+	|	+	
Signe de $h'(x)$		−	0	+	
Variations de h		↘	0	↗	

On en déduit que, pour tout x strictement positif, $f(x) - g(x) \geq 0$ et donc $f(x) \geq g(x)$.

Autrement dit, $\mathscr{C}_f$ est au-dessus de $\mathscr{C}_g$.

4 Résoudre un problème d'optimisation

Une étude a montré que le prix x demandé pour un spectacle (en euros) et le nombre de spectateurs y étaient liés approximativement par la relation $y = 40 + \frac{9000}{x^2}$, pour $x \in [5 ; 30]$.

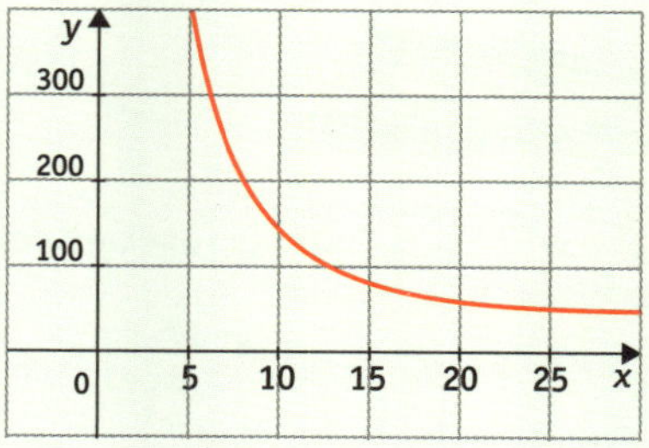

La figure montre la courbe représentant la fonction :

$$f : x \mapsto 40 + \frac{9000}{x^2}.$$

On note $R(x)$ la recette d'un spectacle en fonction du prix x en euros.

a. Déterminer le prix permettant d'obtenir la recette maximale et le prix permettant d'obtenir la recette minimale.

RÉSOLUTION

La recette est égale au produit du prix par le nombre de spectateurs, soit $x \times y$;
la recette en fonction du prix x s'écrit donc $R(x) = x \times \left(40 + \frac{9000}{x^2}\right) = 40x + \frac{9000}{x}$.

▶ On étudie les variations de la fonction R.
Cette fonction est dérivable sur [5 ; 30] et a pour dérivée : $R'(x) = 40 - \frac{9000}{x^2}$.

D'où, après mise au même dénominateur : $R'(x) = \frac{40(x^2 - 225)}{x^2}$.

On factorise : $R'(x) = \frac{40(x-15)(x+15)}{x^2}$.

Le signe de $R'(x)$ sur [5 ; 30] est celui de $x - 15$.
La dérivée est donc négative sur [5 ; 15] et positive sur [15 ; 30].
Donc la fonction R est décroissante sur [5 ; 15] et croissante sur [15 ; 30].
▶ On dresse son tableau de variation :

x	5		15		30
Signe de $R'(x)$		–	0	+	
Variations de R	2 000	↘	1 200	↗	1 500

La recette maximale de 2 000 € est donc obtenue pour un prix de 5 € et la recette minimale de 1 200 € est obtenue pour un prix de 15 €.

b. Déterminer la fourchette de prix permettant d'obtenir une recette supérieure à 1 500 €.

RÉSOLUTION

On résout l'inéquation $R(x) > 1\,500$:

$$R(x) > 1500 \Leftrightarrow 40x + \frac{9000}{x} > 1500$$
$$\Leftrightarrow 40x^2 + 9000 > 1500x$$
$$\Leftrightarrow 40x^2 - 1500x + 9000 > 0.$$

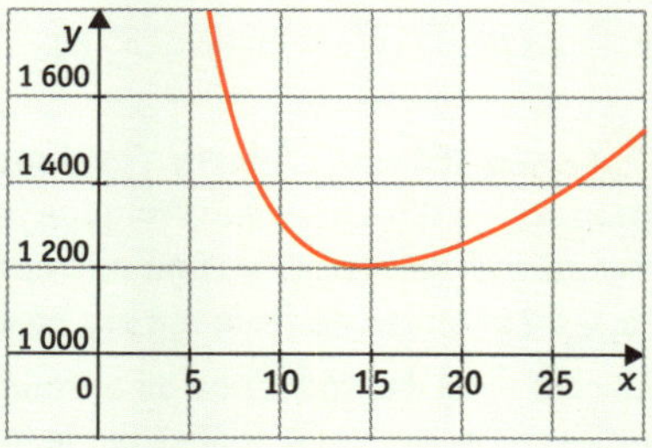

On est face à l'étude du signe d'un polynôme du second degré dont le discriminant vaut : $\Delta = (-1\,500)^2 - 4 \times 40 \times 9\,000 = 810\,000$
Ce polynôme a donc deux racines réelles :

$$\frac{-(-1500) - \sqrt{810000}}{2 \times 40} = 7{,}5 \text{ et } \frac{-(-1500) + \sqrt{810000}}{2 \times 40} = 30$$

D'après le tableau de variation de R, la fourchette de prix permettant d'obtenir une recette supérieure à 1 500 € est donc, en euros, **[5 ; 7,50[**.

Dérivation et résolution de problèmes

Exercices

1 ★★ 20 min **Soit f la fonction définie sur $\mathbb{R}\setminus\{-1\}$ par :**

$$f(x)=\frac{x^2+3}{x+1}.$$

a. Étudier les variations de f.

b. Vérifier que f peut s'écrire sous la forme :

$$f(x)=x-1+\frac{4}{x+1}.$$

Quelles sont les positions relatives de la courbe $\mathscr{C}$ représentative de f et de la droite d d'équation $y=x-1$? Justifier la réponse et vérifier sur une calculatrice.

2 ★★ 20 min **Soit f la fonction définie sur $\mathbb{R}$ par $f(x)=x^3-6x^2+8x$.**

On note $\mathscr{C}_f$ la courbe représentative de f dans un repère.

a. Montrer que la tangente T à $\mathscr{C}_f$ au point d'abscisse 2 a pour équation réduite $y=-4x+8$.

La tangente à $\mathscr{C}_f$ au point d'abscisse a a pour équation : $y=f'(a)(x-a)+f(a)$.

b. Pour tout réel x, on pose : $h(x)=x^3-6x^2+12x-8$. Étudier les variations de h.

c. Étudier les positions relatives de T et $\mathscr{C}_f$.

3 ★★ 10 min **En étudiant les variations d'une fonction, montrer que pour tout réel x, on a :**

$$x^2\geq 2x-1.$$

4 ★★ 15 min **Dans le cadre de greffes d'organes, les médicaments antirejet sont dosés en fonction de la superficie corporelle de l'individu. Pour les enfants, cette superficie corporelle (en m²) est donnée en fonction du poids x (en kg) de l'enfant par :**

$$S(x)=\frac{4x+7}{x+90}.$$

Déterminer un encadrement de la surface corporelle des enfants pesant entre 10 kg et 35 kg.

5 ★★★ 50 min **Thierry s'est lancé dans la production d'un nouveau fromage baptisé « *Parfums des Hauts-de-France* ». Son entreprise peut produire de 0 à 11 tonnes de fromage par mois.**

Le coût total de production de ce fromage, exprimé en milliers d'euros, est modélisé par la fonction C définie sur $[0\,;11]$ par $C(x)=x^3-12x^2+61x$, où x est la quantité produite exprimée en tonnes.
On supposera que tout ce qui est fabriqué est vendu.

La courbe représentative $\mathscr{C}$ de la fonction C est donnée ci-dessous.

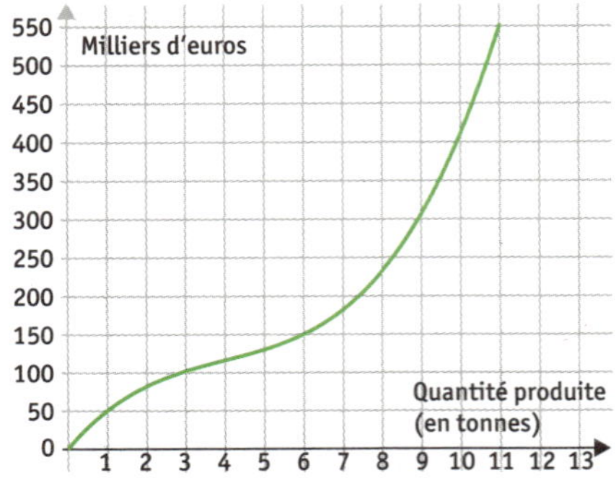

Partie A : Étude graphique du bénéfice

Après une étude de marché, Thierry fixe le prix de vente de son fromage à 40 €/kg.
On note R la fonction qui à x associe la recette, en milliers d'euros, réalisée par la vente de x tonnes de fromage.

a. Donner l'expression de $R(x)$ en fonction de x.

b. Représenter la fonction R dans le repère ci-dessus sur l'intervalle $[0\,;11]$.

c. Déterminer graphiquement l'intervalle dans lequel doit se trouver la quantité de fromage à fabriquer pour que l'entreprise réalise un bénéfice.

Partie B : Étude algébrique du bénéfice

On note B la fonction qui à x associe le bénéfice, en milliers d'euros, réalisés par la vente de x tonnes de fromage.

a. Montrer que pour tout $x\in[0\,;11]$, $B(x)=-x^3+12x^2-21x$.

b. Donner l'expression de $B'(x)$ en fonction de x.
En déduire les variations de B sur $[0\,;11]$.

c. Déterminer alors le montant maximal (en euros) du bénéfice que peut réaliser l'entreprise de Thierry et préciser pour quelle quantité de fromage produite il est atteint.

Partie C : Étude des fonctions coûts

On rappelle qu'en économie, la fonction coût marginal C_m est donnée par : $C_m(x)=C'(x)$.
On rappelle aussi que la fonction coût moyen est définie par : $C_M(x)=\dfrac{C(x)}{x}$.

a. Donner l'expression de $C_m(x)$ en fonction de x.

b. Donner l'expression de $C_M(x)$ en fonction de x.

c. Pour quelle quantité produite x_0 le coût moyen est-il minimal ? Justifier.

d. Montrer qu'en x_0 le coût moyen est égal au coût marginal.

e. Montrer que la tangente à $\mathscr{C}$ au point d'abscisse x_0 passe par l'origine.

Les propriétés mises en évidence dans les deux dernières questions sont en fait vraies quelle que soit la fonction coût total.

6 ★★★ 50 min **Un ethnologue s'est intéressé à la construction des tipis dans plusieurs tribus nord-amérindiennes des Grandes Plaines. Il a remarqué que le diamètre est pratiquement toujours égal à 6,50 m et que la hauteur s'élève en général à 4,50 m. Cet exercice a pour but de montrer que le choix de ces dimensions n'est pas le fruit du hasard.**

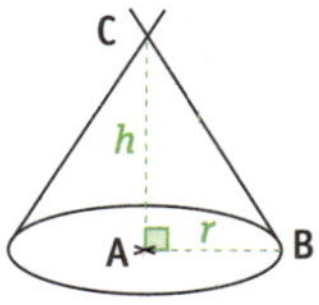

On assimile un tipi à un cône parfait.
Supposons que les Indiens cherchent à construire un tipi d'un volume de 50 m³.
On note r le rayon du tipi et h sa hauteur.

a. Montrer que $r^2 = \dfrac{150}{\pi h}$.

> Le volume d'un cône est donnée par la formule : $V = \dfrac{1}{3}\pi r^2 h$.

On note S la fonction définie sur [1 ; 10] qui à h associe le carré de l'aire en m² de peau de bison nécessaire pour recouvrir la surface latérale du tipi.

b. Montrer que $S(h) = 150\pi\left(\dfrac{150}{\pi} \times \dfrac{1}{h^2} + h\right)$.

> L'aire d'un secteur circulaire de rayon R et de longueur d'arc p est égale à $\dfrac{1}{2}pR$.

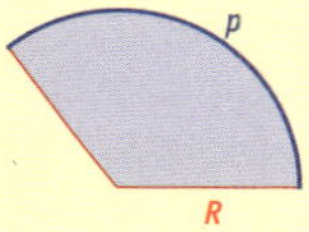

c. Montrer que $S'(h) = 150\pi\left(1 - \dfrac{300}{\pi} \times \dfrac{1}{h^3}\right)$.

d. Déterminer le signe de $S'(h)$ en fonction de h.

e. Expliquer pourquoi les tipis ont presque toujours les dimensions indiquées dans l'énoncé.

> On pourra utiliser le fait que la fonction cube est strictement croissante sur $\mathbb{R}$.
> Pour tout réel a, on note $\sqrt[3]{a}$ l'unique réel dont le cube est égal à a.

7 ★★★ 20 min **Une piste de kart est représentée dans le graphique ci-dessous par la courbe $\mathscr{C}_f$ de la fonction f définie sur [0 ; 4] par $f(x) = -x^2 + 4x$.**

On note T_a la tangente à $\mathscr{C}_f$ au point d'abscisse a.

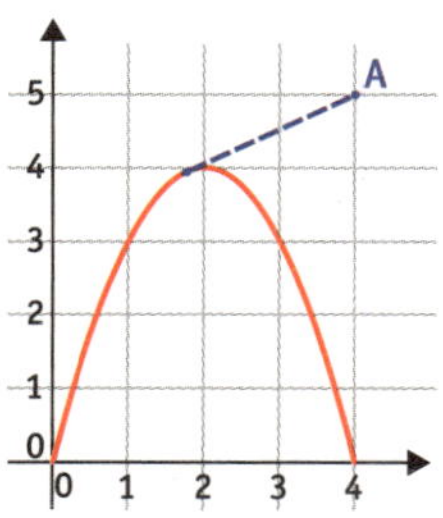

a. Montrer que l'équation réduite de T_a est : $y = (-2a + 4)x + a^2$.

b. Mario se lance sur le circuit depuis l'origine du repère ! Hélas, il ne maîtrise pas son véhicule, sort du circuit, suit la tangente représentée en pointillé et se fracasse contre l'arbre représenté par le point A de coordonnées (4 ; 5).
Déterminer l'abscisse exacte du point à partir duquel Mario est sorti du circuit.

8 ★★★ 50 min

Partie A : Approche graphique

On considère la fonction f définie sur [0 ; 80] dont on donne la courbe représentative $\mathscr{C}$ ci-dessous.

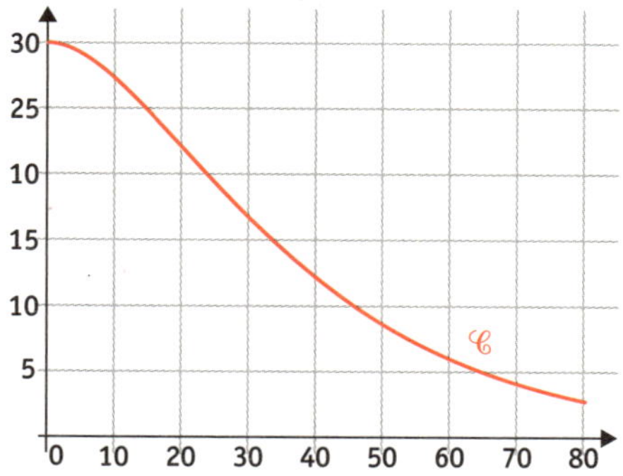

a. Donner une valeur approchée de $f(60)$.

b. Résoudre graphiquement l'inéquation $f(x) \geq 10$.

Partie B : Approche algébrique

On admet maintenant que la fonction f est définie pour tout réel x de l'intervalle [0 ; 80] par :

$$f(x) = (1{,}5x + 30)e^{-0{,}05x}.$$

a. Montrer que, pour tout x appartenant à [0 ; 80], on a : $f'(x) = -0{,}075xe^{-0{,}05x}$.

b. En déduire le tableau de variation de f sur [0 ; 80]. On indiquera les images arrondies à l'unité près.

c. On admet que l'équation $f(x) = 10$ admet alors une unique solution α dans l'intervalle [0 ; 80].
À l'aide de la calculatrice, déterminer un encadrement de α d'amplitude 0,01.

Partie C : Interprétation dans un contexte économique

Une boucherie souhaite s'installer à Niort.
Elle étudie le marché local avant de se lancer dans la production de pâté de ragondin.
La quantité annuelle demandée par les consommateurs, en centaines de boîtes de pâté, en fonction du prix au kilogramme x en euros, est donné par la fonction f définie dans les parties A et B.

a. D'après ce modèle, combien de boîtes, à l'unité près, la boucherie vendra-t-elle si elle fixe le prix du kilogramme à 60 € ?

b. La boucherie souhaite vendre au moins 1 000 boîtes de pâté par an.
Quel est le prix maximum au kilogramme qu'elle puisse fixer pour atteindre cet objectif ?

9 ★★★ 20 min **Déterminer la fonction polynôme f de degré 3 dont le tableau de variations est suivant :**

x	$-\infty$	0	3	$+\infty$
Variations de f	↗	9	↘ 6	↗

Fonctions trigonométriques

Cours

1 Cercle trigonométrique

On se place dans un repère $(0\,;\vec{i},\ \vec{j})$.

▶ Le **cercle trigonométrique** $\mathscr{C}$ est le cercle centré en 0, de rayon 1, et orienté dans le sens positif ou direct, c'est-à-dire dans le sens inverse des aiguilles d'une montre.
On note I le point de coordonnées (1 ; 0) et K le point de coordonnées (1 ; 1). L'ensemble des nombres réels peut être représenté par la droite (IK) munie du repère (I ; K).

▶ On peut imaginer qu'on enroule la droite (IK) sur le cercle trigonométrique $\mathscr{C}$ à partir du point I. Tout réel x repéré sur la droite (IK) vient alors s'appliquer sur un point M de $\mathscr{C}$. Ce point est **l'image du réel x sur le cercle trigonométrique**.

La longueur de l'arc $\widehat{IM}$ est alors égale à x.

▶ Le point M est aussi associé à tous les réels de la forme $x + 2k\pi$ où $k \in \mathbb{Z}$.

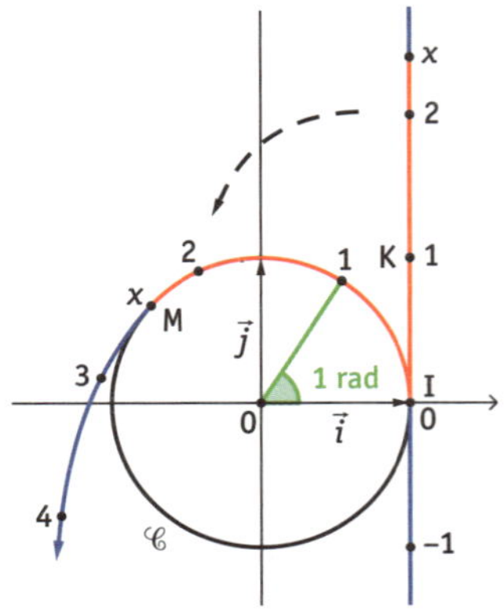

▶ Soit N le point image du réel 1 sur le cercle trigonométrique. On dit que l'angle $\widehat{ION}$ mesure 1 **radian**. On note cette unité rad.
Quand on donne la mesure d'un angle sans préciser l'unité, on sous-entend qu'elle est en radians.

▶ La longueur d'un arc de cercle est proportionnelle à son angle. Ainsi, la longueur d'un arc de cercle de rayon r et d'angle θ rad est égale à θr. Si $\theta = 2\pi$, on retrouve la formule donnant le périmètre d'un cercle.

À savoir

Le périmètre d'un cercle de rayon r est égal à $2\pi r$. Le périmètre du cercle trigonométrique est donc égal à 2π.

2 Sinus et cosinus d'un nombre réel

Soit x un nombre réel et soit M le point repéré par x sur le cercle trigonométrique.

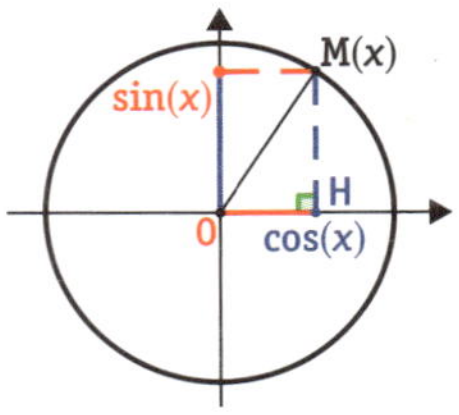

▶ Le cosinus de x, noté $\cos(x)$, et le sinus de x, noté $\sin(x)$, sont respectivement l'abscisse et l'ordonnée du point M dans le repère $(0\,;\vec{i},\ \vec{j})$.

▶ Ces définitions sont cohérentes avec la trigonométrie du triangle rectangle. En effet, sur le dessin ci-dessus OM = 1 (c'est le rayon du cercle trigonométrique) et dans le triangle rectangle OHM, on a $\cos\left(\widehat{HOM}\right) = \dfrac{OH}{OM} = OH = x_M$ et $\sin\left(\widehat{HOM}\right) = \dfrac{MH}{OM} = MH = y_M$.

Info

Info : $\cos^2(x)$ est une notation pour désigner le carré de $\cos(x)$.

▶ On retrouve alors la formule $\cos^2(x) + \sin^2(x) = 1$.

▶ Comme M est un point du cercle trigonométrique (de rayon 1), on a :
$-1 \leq \cos(x) \leq 1$ et $-1 \leq \sin(x) \leq 1$.

▶ On dispose des valeurs remarquables ci-dessous :

Degrés	0°	30°	45°	60°	90°	180°
Radians	0	$\frac{\pi}{6}$	$\frac{\pi}{4}$	$\frac{\pi}{3}$	$\frac{\pi}{2}$	π
cosinus	1	$\frac{\sqrt{3}}{2}$	$\frac{\sqrt{2}}{2}$	$\frac{1}{2}$	0	–1
sinus	0	$\frac{1}{2}$	$\frac{\sqrt{2}}{2}$	$\frac{\sqrt{3}}{2}$	1	0

Plus généralement, on peut retenir les valeurs inscrites sur le cercle trigonométrique ci-dessous.

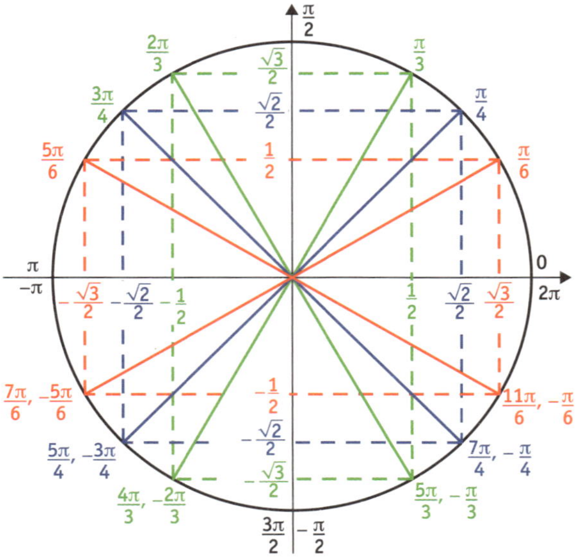

3 Angles associés

La figure ci-dessous permet d'obtenir par symétrie les formules qui suivent.

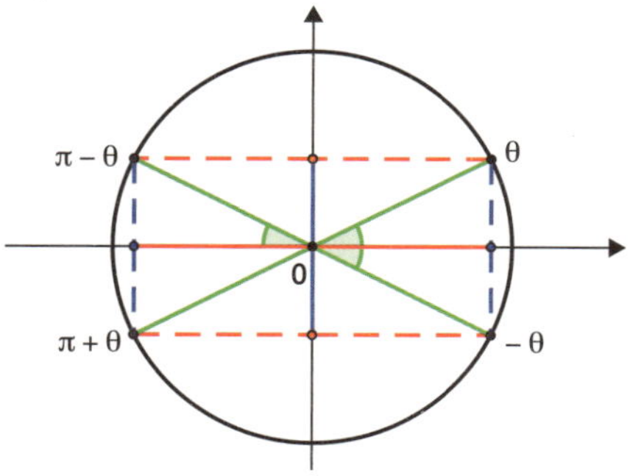

$\cos(-\theta) = \cos(\theta)$ $\sin(-\theta) = -\sin(\theta)$
$\cos(\pi - \theta) = -\cos(\theta)$ $\sin(\pi - \theta) = \sin(\theta)$
$\cos(\pi + \theta) = -\cos(\theta)$ $\sin(\pi + \theta) = -\sin(\theta)$

La figure ci-dessous permet d'obtenir les formules suivantes.

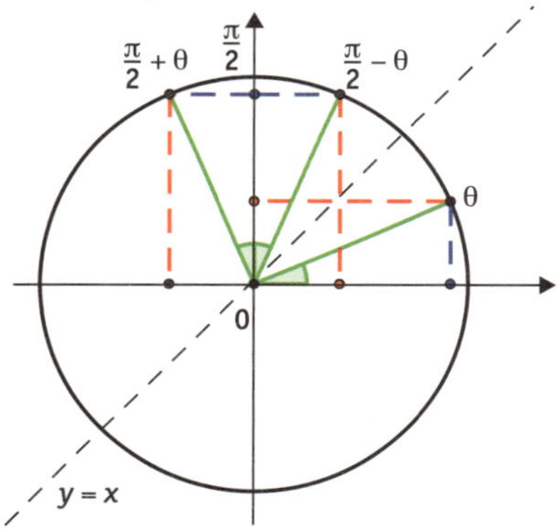

$\cos\left(\frac{\pi}{2} - \theta\right) = \sin(\theta)$ $\sin\left(\frac{\pi}{2} - \theta\right) = \cos(\theta)$

$\cos\left(\frac{\pi}{2} + \theta\right) = -\sin(\theta)$ $\sin\left(\frac{\pi}{2} + \theta\right) = \cos(\theta)$

4 Parité et périodicité de fonctions

Soit f une fonction définie sur $\mathbb{R}$. On dit que :

▶ f est **paire** si, pour tout réel x, on a : $f(-x) = f(x)$;

▶ f est **impaire** si, pour tout réel x, on a : $f(-x) = -f(x)$.

La courbe représentative d'une fonction paire est symétrique par rapport à l'axe des ordonnées. Celle d'une fonction impaire est symétrique par rapport à l'origine.

▶ On dit que f est **périodique de période T** si pour tout réel x on a $f(x+T) = f(x)$.

La courbe représentative d'une fonction périodique reste inchangée par la translation de vecteur de coordonnées $\begin{pmatrix} T \\ 0 \end{pmatrix}$.

À savoir

Si f est périodique de période T, elle est aussi périodique de période $2T$. Usuellement, la période d'une fonction f est la plus petite période positive de cette fonction.

5 Fonctions sinus et cosinus

▶ La **fonction cosinus** est la fonction définie sur $\mathbb{R}$ et qui à tout réel x associe son cosinus.

▶ La **fonction sinus** est la fonction définie sur $\mathbb{R}$ et qui à tout réel x associe son sinus.

▶ Le périmètre du cercle trigonométrique est égal à 2π donc les réels x et $x + 2\pi$ ont le même point image sur le cercle trigonométrique.

Les fonctions sinus et cosinus sont donc **périodiques de période 2π** :

pour tout réel x, $\cos(x + 2\pi) = \cos(x)$ et $\sin(x + 2\pi) = \sin(x)$.

▶ La fonction **cosinus est paire** : pour tout réel x, $\cos(-x) = \cos(x)$.

▶ La fonction **sinus est impaire** : pour tout réel x, $\sin(-x) = -\sin(x)$.

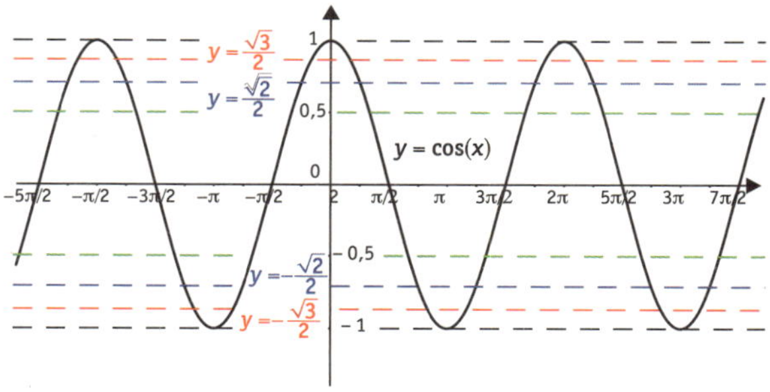

x	0		π		2π
Variations de cos	1	↘	−1	↗	1

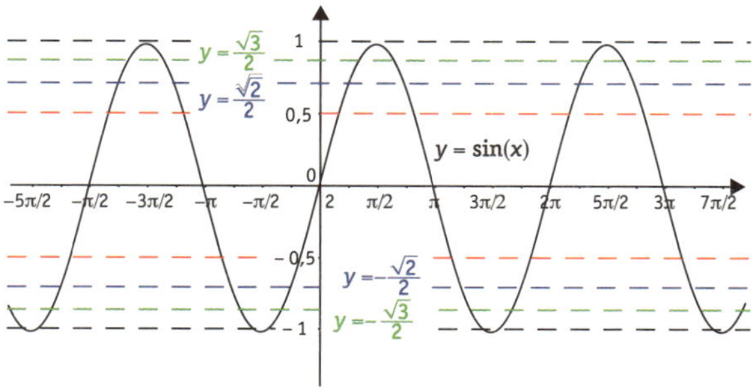

x	0		$\frac{\pi}{2}$		$\frac{3\pi}{2}$		2π
Variations de sin	0	↗	1	↘	−1	↗	0

MATHS

Fonctions trigonométriques

Exos résolus

1 Convertir des mesures d'angles en degrés et en radians

a. Donner la mesure en radian d'un angle de 200°.

RÉSOLUTION

On sait qu'un angle de 180° mesure π radians.
Par proportionnalité, un angle de 200° mesure donc : $\frac{200\times\pi}{180}=\frac{10\pi}{9}$ rad.

b. Donner la mesure en degré d'un angle de $\frac{5\pi}{12}$ radians.

RÉSOLUTION

On sait qu'un angle de 180° mesure π radians.
Par proportionnalité, un angle de $\frac{5\pi}{12}$ radians mesure donc :

$$\frac{\frac{5\pi}{12}\times180}{\pi}=\frac{5\times180}{12}=75°.$$

2 Déterminer des valeurs de sinus et cosinus d'angles associés

Soit a le réel de l'intervalle $[0\,;\pi]$ tel que $\cos(a)=0{,}8$.

a. Calculer $\sin(a)$.

RÉSOLUTION

On utilise la formule $\cos^2(x)+\sin^2(x)=1$.

$\cos^2(a)+\sin^2(a)=1 \Leftrightarrow \sin^2(a)=1-\cos^2(a)$
$\Leftrightarrow \sin^2(a)=1-0{,}8^2$
$\Leftrightarrow \sin^2(a)=0{,}36.$

Comme $a\in[0\,;\pi]$, $\sin(a)$ est positif et donc $\sin(a)=\sqrt{0{,}36}=0{,}6$.

Attention
Il faut faire attention au signe du sinus avant de conclure trop vite.

b. Donner les valeurs de $\cos(\pi-a)$ et $\sin(\pi+a)$.

RÉSOLUTION

On peut s'aider du dessin ci-contre ou utiliser les formules du cours.
$\cos(\pi-a)=-\cos(a)=-0{,}8.$
$\sin(\pi+a)=-\sin(a)=-0{,}6.$

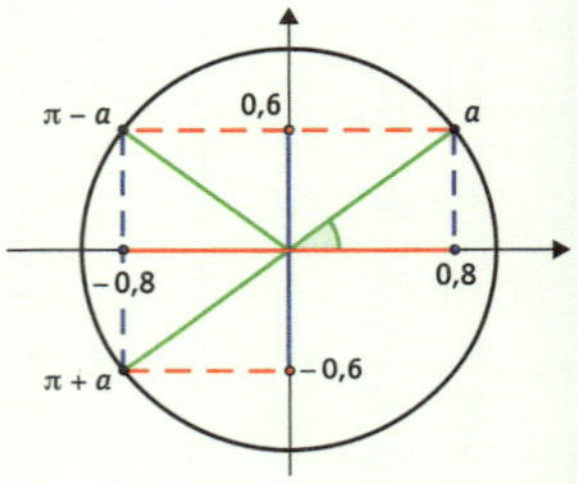

Exercices

1 ★ 5 min **On considère le cercle trigonométrique ci-dessous.**

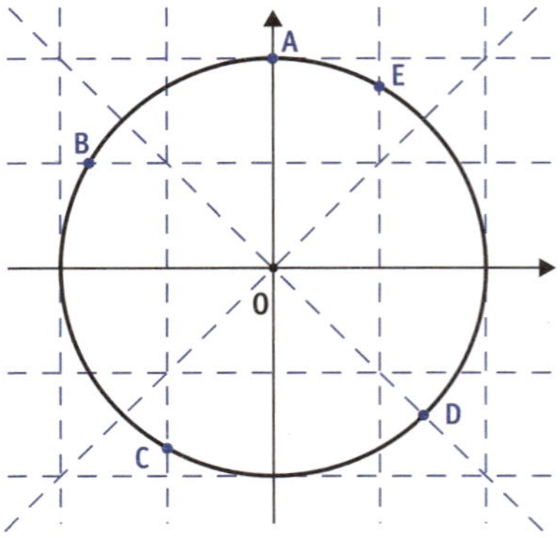

a. Donner les réels de l'intervalle $]-\pi\,;\pi]$ qui correspondent aux points A, B, C, D et E.

b. Placer sur le cercle trigonométrique ci-dessus les points F, G, H, I et J correspondant respectivement aux réels $\frac{3\pi}{2}$, $\frac{-7\pi}{4}$, $\frac{7\pi}{6}$, 20π et $\frac{11\pi}{4}$.

2 ★ 5 min

a. Convertir en radians les mesures suivantes : 135°, 15° et 64°.

b. Convertir en degrés les mesures suivantes données en radians : $\frac{11\pi}{24}$; $\frac{7\pi}{6}$; 1 et $\frac{5\pi}{18}$

3 ★ 5 min **En s'aidant d'un cercle trigonométrique, donner les valeurs suivantes :**

$\cos\left(\frac{2\pi}{3}\right)$ $\quad$ $\sin\left(-\frac{\pi}{3}\right)$

$\cos\left(\frac{5\pi}{4}\right)$ $\quad$ $\sin\left(\frac{3\pi}{4}\right)$

$\cos\left(-\frac{\pi}{2}\right)$ $\quad$ $\sin\left(\frac{5\pi}{6}\right)$

$\cos(-3\pi)$ $\quad$ $\sin\left(-\frac{11\pi}{6}\right)$

4 ★★ 10 min DÉMONSTRATION

a. Montrer que la diagonale d'un carré de côté a a pour longueur $a\sqrt{2}$.

b. En déduire les valeurs de $\cos\left(\frac{\pi}{4}\right)$ et $\sin\left(\frac{\pi}{4}\right)$.

5 ★★ 10 min DÉMONSTRATION

a. Montrer que hauteur d'un triangle équilatéral de côté a est égale à $\frac{\sqrt{3}}{2}a$.

b. En déduire les valeurs de $\cos\left(\frac{\pi}{3}\right)$ et $\sin\left(\frac{\pi}{3}\right)$.

6 ★★ 10 min **Soit x le réel de $\left[0\,;\,\frac{\pi}{2}\right]$ tel que $\sin(x)=0{,}96$.**

a. Calculer $\cos(x)$.

b. Donner les valeurs suivantes :

$\cos(-x)$

$\sin\left(\frac{\pi}{2}-x\right)$

$\sin(\pi-x)$

$\cos\left(\frac{\pi}{2}-x\right)$

$\cos(\pi+x)$

$\cos\left(\frac{\pi}{2}+x\right)$

7 ★ 5 min

a. Compléter la courbe représentative de la fonction f ci-dessous sachant que f est paire et périodique de période 4.

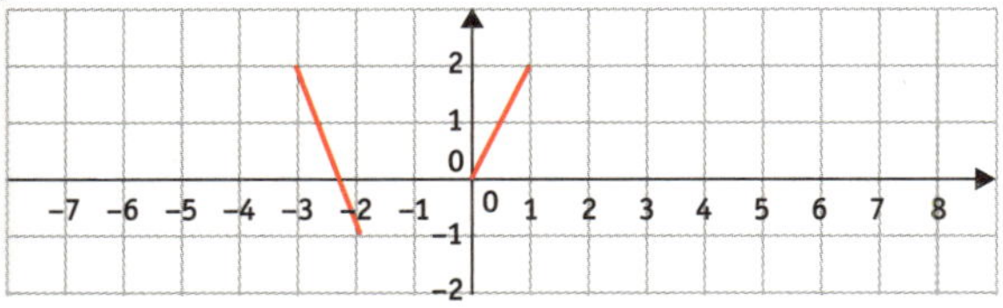

b. Compléter la courbe représentative de la fonction f ci-dessous sachant que f est impaire et périodique de période 3.

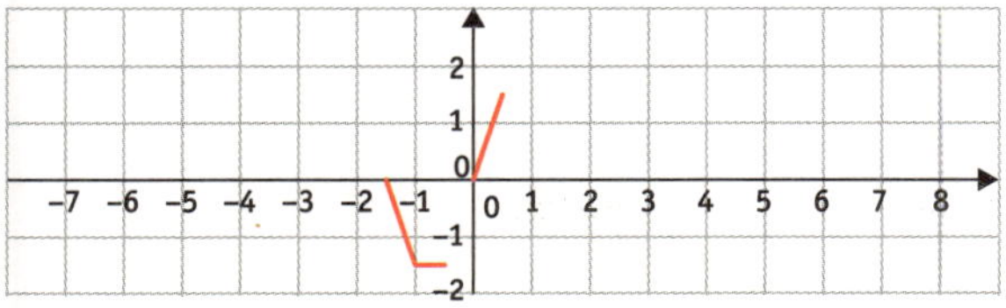

8 ★ 5 min **À l'aide du cercle trigonométrique, déterminer :**

a. tous les nombres réels x tels que $\cos(x)=\frac{1}{2}$;

b. tous les nombres réels x tels que $\sin(x)=-\frac{\sqrt{2}}{2}$.

9 ★★ 5 min **Toto fait du vélo. Il pédale sur une ligne droite mais roule sur un chewing-gum qui reste collé à son pneu avant d'un diamètre de 60 cm.**

La trajectoire du chewing-gum décrit la courbe d'une fonction périodique f représentée ci-dessous.

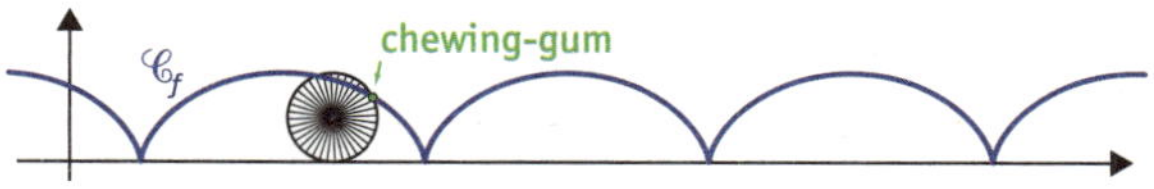

a. Quel est le minimum de f sur son ensemble de définition ? Et son maximum ?

b. Quelle est la période exacte de f ?

10 ★ 5 min **On admet que les fonctions sinus et cosinus sont dérivables sur $\mathbb{R}$.**

a. Donner le tableau de signe de $\cos'$ sur $[0\,;\,2\pi]$.

b. Donner le tableau de signe de $\sin'$ sur $[0\,;\,2\pi]$.

11 ★★★ 15 min

a. Soit ABC un triangle rectangle en A.

On note β l'angle $\widehat{ABC}$.

Montrer que $\tan(\beta)=\frac{\sin(\beta)}{\cos(\beta)}$.

La fonction tangente est définie par $\tan x=\frac{\sin(x)}{\cos(x)}$.

b. Calculer les images par la fonction tangente de 0, $\frac{\pi}{6}$, $\frac{\pi}{4}$ et $\frac{\pi}{3}$.

c. Pour quelles valeurs de x la fonction tangente est-elle définie ?

d. Montrer que la fonction tangente est impaire.

e. Montrer que la fonction tangente est périodique de période π.

MATHS

12 GÉOMÉTRIE
Calcul vectoriel dans le plan

Cours

Histoire

• Même si la notion existe implicitement depuis longtemps pour décrire des forces en physique, il a fallu attendre les travaux d'Hermann Grassmann (1809-1877) pour que les vecteurs soient mieux compris. À son époque, Grassmann était surtout connu pour ses travaux de linguistique.

• Michel Chasles (1793-1880), dont le nom est gravé sur la tour Eiffel, est particulièrement reconnu pour ses travaux en géométrie. Il a enseigné à l'École Polytechnique et à la Sorbonne.

1 Translation, vecteurs et égalité vectorielle

▶ Une **translation** transforme sans déformation une figure en la faisant glisser parallèlement à une droite, dans un sens et selon une direction donnée. ABCD est un parallélogramme si et seulement si la translation qui transforme A en B transforme également D en C.

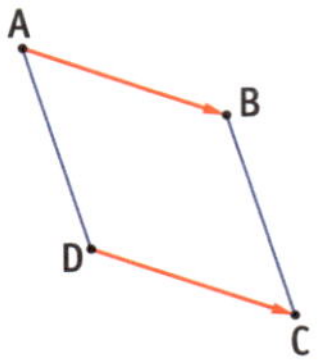

▶ On appelle **vecteur $\overrightarrow{AB}$** le vecteur associé à cette translation. Il est caractérisé par sa **direction** (celle de la droite (AB)), son **sens** (celui de A vers B) et sa **longueur** (ou **norme**) AB. On peut le noter : $\vec{u} = \overrightarrow{AB}$.

▶ Deux vecteurs $\overrightarrow{AB}$ et $\overrightarrow{DC}$ sont égaux si C est l'image de D par la translation qui transforme A en B.

▶ Le vecteur $\overrightarrow{AA}$ est appelé **vecteur nul**. On le note $\vec{0}$.

2 Somme de deux vecteurs

Soient deux vecteurs $\vec{u} = \overrightarrow{AB}$ et $\vec{v} = \overrightarrow{BC}$.

La somme $\vec{u} + \vec{v}$ est le vecteur $\overrightarrow{AC}$ associé à la translation résultant de l'enchaînement des translations de vecteur $\vec{u}$ et de vecteur $\vec{v}$.

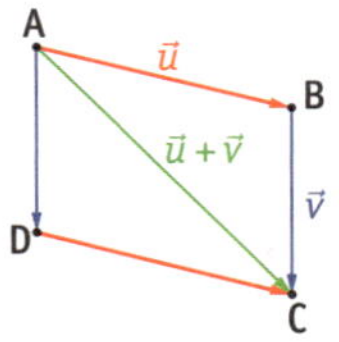

▶ **Relation de Chasles** : Soient A, B et C trois points du plan. On a : $\overrightarrow{AB} + \overrightarrow{BC} = \overrightarrow{AC}$.

▶ ABCD est un parallélogramme si, et seulement si, $\overrightarrow{AB} + \overrightarrow{AD} = \overrightarrow{AC}$.

3 Coordonnées et norme d'un vecteur

Soit (O ; I, J) un repère du plan.

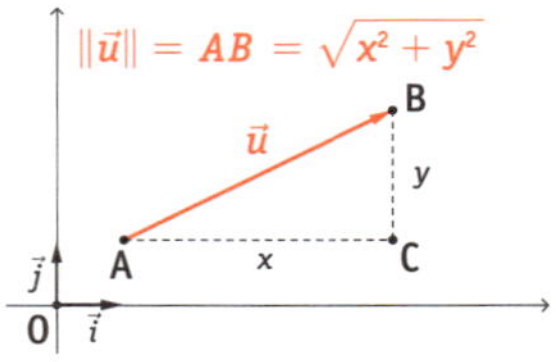

▶ Soit M le point de coordonnées $(x\,;y)$. Si $\vec{u} = \overrightarrow{OM}$, alors $\vec{u}$ a pour coordonnées $\begin{pmatrix} x \\ y \end{pmatrix}$.

La norme de $\vec{u}$ se note $\|\vec{u}\|$ et on a : $\|\vec{u}\| = \sqrt{x^2 + y^2}$.

▶ Soient $A(x_A\,;y_A)$ et $B(x_B\,;y_B)$ deux points du plan. **$\overrightarrow{AB}$ a pour coordonnées $\begin{pmatrix} x_B - x_A \\ y_B - y_A \end{pmatrix}$.**

▶ Soient $\vec{u}\begin{pmatrix} x \\ y \end{pmatrix}$ et $\vec{v}\begin{pmatrix} x' \\ y' \end{pmatrix}$ deux vecteurs. Les coordonnées de $\vec{u} + \vec{v}$ sont $\begin{pmatrix} x + x' \\ y + y' \end{pmatrix}$.

4 Produit d'un vecteur par un nombre réel

Soit $\vec{u}$ un vecteur non nul et soit k un nombre réel non nul.

Le produit de k par $\vec{u}$ est le vecteur $k\vec{u}$:

▶ de même direction que $\vec{u}$,

▶ de même sens que $\vec{u}$ si $k > 0$ et de sens contraire si $k < 0$,

▶ de norme égale à $|k| \times \|\vec{u}\|$.

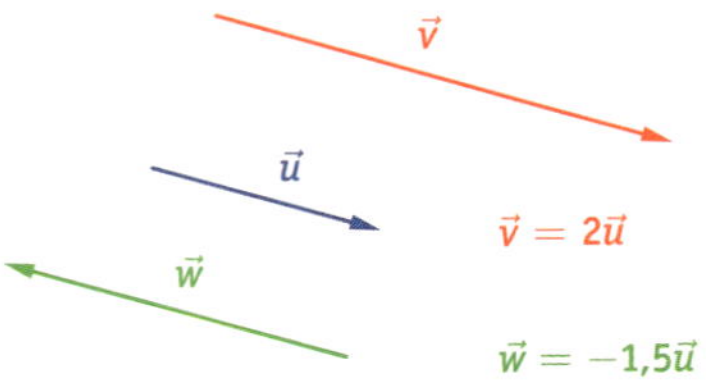

Si $\vec{u} = 0$ ou $k = 0$, alors $k\vec{u} = \vec{0}$.

▶ Dans un repère $(O\,;\vec{i},\vec{j})$, si $\vec{u}$ a pour coordonnées $\begin{pmatrix} x \\ y \end{pmatrix}$, $k\vec{u}$ a pour coordonnées $\begin{pmatrix} kx \\ ky \end{pmatrix}$.

5 Vecteurs colinéaires et déterminant

▶ Deux vecteurs non nuls $\vec{u}$ et $\vec{v}$ sont **colinéaires** s'il existe un nombre réel k tel que **$\vec{v} = k\vec{u}$**.

Le vecteur nul est colinéaire à tous les autres.

▶ On se place dans un repère $(O;\vec{i},\vec{j})$. Le déterminant des vecteurs $\vec{u}\begin{pmatrix}x\\y\end{pmatrix}$ et $\vec{v}\begin{pmatrix}x'\\y'\end{pmatrix}$ est le nombre réel défini par :

$$\det(\vec{u},\vec{v})=\begin{vmatrix}x & x'\\ y & y'\end{vmatrix}=xy'-yx'.$$

▶ Deux vecteurs sont colinéaires si, et seulement si leur déterminant est égal à 0.

6 Alignement et parallélisme

▶ Trois points A, B et C sont alignés si, et seulement si, les vecteurs $\overrightarrow{AB}$ et $\overrightarrow{AC}$ sont colinéaires.
▶ Les droites (AB) et (CD) sont parallèles si, et seulement si, les vecteurs $\overrightarrow{AB}$ et $\overrightarrow{CD}$ sont colinéaires.

Exos résolus

1 Démontrer l'alignement de trois points

Dans un repère $(O;\vec{i},\vec{j})$, on considère les points A(−1 ; 7), B(3 ; 1) et C(5 ; −2).

Démontrer que les points A, B et C sont alignés.

RÉSOLUTION

$\overrightarrow{AB}$ a pour coordonnées $\begin{pmatrix}x_B-x_A\\y_B-y_A\end{pmatrix}=\begin{pmatrix}3-(-1)\\1-7\end{pmatrix}=\begin{pmatrix}4\\-6\end{pmatrix}$.

$\overrightarrow{AC}$ a pour coordonnées $\begin{pmatrix}x_C-x_A\\y_C-y_A\end{pmatrix}=\begin{pmatrix}5-(-1)\\-2-7\end{pmatrix}=\begin{pmatrix}6\\-9\end{pmatrix}$.

On a : $\det(\overrightarrow{AB},\overrightarrow{AC})=\begin{vmatrix}4 & 6\\ -6 & -9\end{vmatrix}=4\times(-9)-(-6)\times6=0.$

Les vecteurs $\overrightarrow{AB}$ et $\overrightarrow{AC}$ sont colinéaires donc les points A, B et C sont alignés.

2 Démontrer le parallélisme de deux droites

Cette question fait suite à la précédente.
On considère maintenant les points D(−2 ; 4,5) et F(1 ; 0).

Démontrer que les droites (AB) et (DF) sont parallèles.

RÉSOLUTION

$\overrightarrow{DF}$ a pour coordonnées $\begin{pmatrix}x_F-x_D\\y_F-y_D\end{pmatrix}=\begin{pmatrix}1-(-2)\\0-4,5\end{pmatrix}=\begin{pmatrix}3\\-4,5\end{pmatrix}$.

On a : $\det(\overrightarrow{AB},\overrightarrow{DF})=\begin{vmatrix}4 & 3\\ -6 & -4,5\end{vmatrix}=4\times(-4,5)-(-6)\times3=0.$

Les vecteurs $\overrightarrow{AB}$ et $\overrightarrow{DF}$ sont colinéaires donc les droites (AB) et (DF) sont parallèles.

3 Utiliser la relation de Chasles pour décomposer des vecteurs

ABC est un triangle.
Soit les points Z, U et T tels que $\overrightarrow{AZ}=-6\overrightarrow{AC}$, $\overrightarrow{AU}=4,5\overrightarrow{AB}$ et $\overrightarrow{CT}=3\overrightarrow{CB}$.

a. Exprimer $\overrightarrow{ZU}$ en fonction de $\overrightarrow{AB}$ et $\overrightarrow{AC}$.

RÉSOLUTION

On utilise la relation de Chasles pour décomposer les vecteurs et faire apparaître ceux sur lesquels l'énoncé donne des informations. On peut aussi utiliser le fait que l'opposé du vecteur $\overrightarrow{ZA}$ est le vecteur $\overrightarrow{AZ}$ et que $\overrightarrow{ZA}=-\overrightarrow{AZ}$.

$$\begin{aligned}\overrightarrow{ZU}&=\overrightarrow{ZA}+\overrightarrow{AU}\\&=-\overrightarrow{AZ}+\overrightarrow{AU}\\&=6\overrightarrow{AC}+4,5\overrightarrow{AB}.\end{aligned}$$

b. Exprimer $\overrightarrow{ZT}$ en fonction de $\overrightarrow{AB}$ et $\overrightarrow{AC}$.

RÉSOLUTION

$$\begin{aligned}\overrightarrow{ZT}&=\overrightarrow{ZA}+\overrightarrow{AC}+\overrightarrow{CT}\\&=-\overrightarrow{AZ}+\overrightarrow{AC}+3\overrightarrow{CB}\\&=6\overrightarrow{AC}+\overrightarrow{AC}+3(\overrightarrow{CA}+\overrightarrow{AB})\\&=6\overrightarrow{AC}+\overrightarrow{AC}+3\overrightarrow{CA}+3\overrightarrow{AB}\\&=6\overrightarrow{AC}+\overrightarrow{AC}-3\overrightarrow{AC}+3\overrightarrow{AB}\\&=4\overrightarrow{AC}+3\overrightarrow{AB}.\end{aligned}$$

c. Démontrer que Z, U et T sont alignés.

RÉSOLUTION

On constate que :

$$\begin{aligned}1,5\overrightarrow{ZT}&=1,5(4\overrightarrow{AC}+3\overrightarrow{AB})\\&=6\overrightarrow{AC}+4,5\overrightarrow{AB}\\&=\overrightarrow{ZU}.\end{aligned}$$

Autrement dit, $\overrightarrow{ZU}$ et $\overrightarrow{ZT}$ sont colinéaires donc Z, U et T sont alignés.

MATHS

12 GÉOMÉTRIE
Calcul vectoriel dans le plan

Exercices

1 ★ 5 min **La figure ci-dessous est constituée de dix petits triangles équilatéraux.**

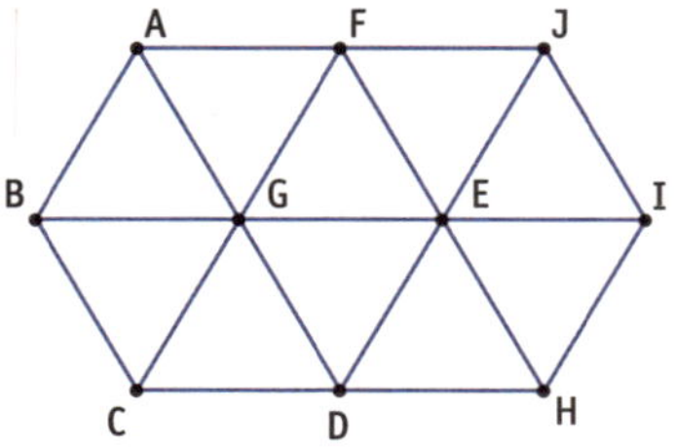

a. Donner trois vecteurs égaux à $\overrightarrow{AJ}$.
b. Donner trois vecteurs égaux à $\overrightarrow{BF}$.

2 ★ 5 min

a. Soient quatre points M, N, O, P tels que $\overrightarrow{MN} = \overrightarrow{OP}$.
Dans quels cas le quadrilatère proposé est-il un parallélogramme ?

☐ MNOP ☐ MNPO ☐ MONP ☐ MOPN

b. EFGH est un parallélogramme.
On peut affirmer que :

☐ $\overrightarrow{EF} = \overrightarrow{GH}$ ☐ $\overrightarrow{EF} = \overrightarrow{HG}$ ☐ $\overrightarrow{EH} = \overrightarrow{FG}$ ☐ $\overrightarrow{FG} = \overrightarrow{HE}$

Il ne faut pas hésiter à dessiner un parallélogramme au brouillon !

3 ★ 5 min **ABCD et ABEF sont deux parallélogrammes.**

a. Faire une figure.
b. Montrer que CDFE est aussi un parallélogramme.

4 ★ 5 min **Sur la figure ci-dessous, on a tracé les médianes du triangle ABC et placé le centre de gravité G du triangle.**

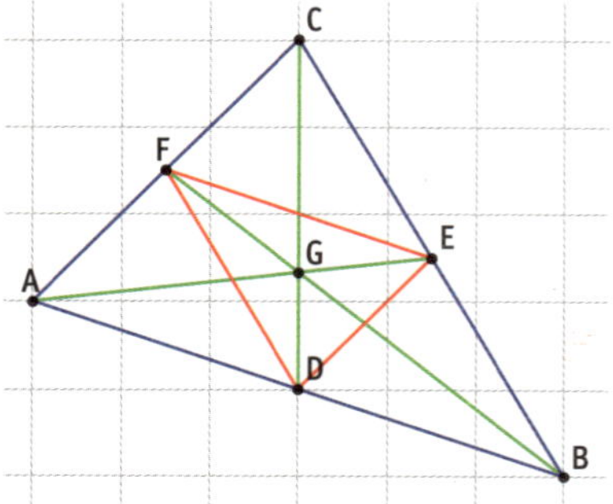

Par lecture graphique, compléter les égalités vectorielles à l'aide de points de la figure.

$\overrightarrow{DB} + \overrightarrow{DF} =$ ...... $\overrightarrow{DA} + \overrightarrow{FC} =$ ......

$\overrightarrow{GD} + \overrightarrow{CG} =$ ...... $\overrightarrow{DE} + \overrightarrow{FA} =$ ......

5 ★★ 5 min **Dans un repère, on considère les points A(4 ; 2), B(7 ; –2), C(–4 ; 5) et D(0 ; 3).**

a. Calculer les coordonnées de $\overrightarrow{AB}$, $\overrightarrow{CD}$ et $\overrightarrow{CA}$.
b. Calculer les coordonnées de $\overrightarrow{AB} + \overrightarrow{CD}$ et $\overrightarrow{CD} + \overrightarrow{CA}$.
c. Calculer les normes de $\overrightarrow{AB}$, $\overrightarrow{CD}$ et $\overrightarrow{CA}$.

6 ★★ 10 min **Soient A(1 ; –2), B(–3 ; 4) et C(5 ; 6).**

a. Calculer les coordonnées du point D pour que ABCD soit un parallélogramme.
b. Déterminer les coordonnées du point E tel que $\overrightarrow{AE} = \overrightarrow{BD}$.
c. Montrer que D est le milieu de [EC].

7 ★★ 10 min **Soient $\vec{u}$ et $\vec{v}$ deux vecteurs quelconques du plan.**

La formule $\|\vec{u} + \vec{v}\| = \|\vec{u}\| + \|\vec{v}\|$ est-elle vraie ? Justifier.

8 ★ 5 min **On se place dans un repère $(O ; \vec{i}, \vec{j})$. Dans chaque cas, démontrer que les vecteurs $\vec{u}$ et $\vec{v}$ sont colinéaires en trouvant une constante k telle que $\vec{v} = k\vec{u}$.**

a. $\vec{u}\begin{pmatrix}2\\3\end{pmatrix}$ et $\vec{v}\begin{pmatrix}8\\12\end{pmatrix}$. **b.** $\vec{u}\begin{pmatrix}-9\\12\end{pmatrix}$ et $\vec{v}\begin{pmatrix}3\\-4\end{pmatrix}$.

c. $\vec{u}\begin{pmatrix}\sqrt{2}\\\sqrt{6}\end{pmatrix}$ et $\vec{v}\begin{pmatrix}\sqrt{6}\\3\sqrt{2}\end{pmatrix}$.

9 ★ 5 min **On se place dans un repère $(O ; \vec{i}, \vec{j})$. Dans chacun des cas suivants, dire si les vecteurs $\vec{u}$ et $\vec{v}$ sont colinéaires ou non.**

a. $\vec{u}\begin{pmatrix}1\\5\end{pmatrix}$ et $\vec{v}\begin{pmatrix}0{,}4\\2\end{pmatrix}$. **b.** $\vec{u}\begin{pmatrix}4\\7\end{pmatrix}$ et $\vec{v}\begin{pmatrix}1{,}7\\3\end{pmatrix}$.

c. $\vec{u}\begin{pmatrix}4\\-8\end{pmatrix}$ et $\vec{v}\begin{pmatrix}-1\\2\end{pmatrix}$.

10 ★ 10 min **Dans chacun des cas, dire si les points A, B et C sont alignés.**

a. A(10 ; 12), B(–15 ; 7) et C(22 ; 15).
b. A(5 ; 0), B(1 ; 3) et C(–4 ; 7).
c. A(6 ; –7), B(–14 ; 33) et C(46 ; –87).

11 ★★ 10 min **Dans chacun des cas, dire si les droites (OA) et (BC) sont parallèles.**

a. A(8 ; 16), B(1 ; 7) et C(22 ; 49).
b. A(–2 ; 4), B(–5 ; 3) et C(16 ; –40).
c. A(4 ; 12), B(1 ; 2) et C(–9 ; –28).

12 ★ 10 min **Dans le repère ci-dessous, on considère les points suivants :**

A(2 ; 9), B(10 ; 4), C(23 ; −4), D(2 ; 17) et E(36 ; −4).

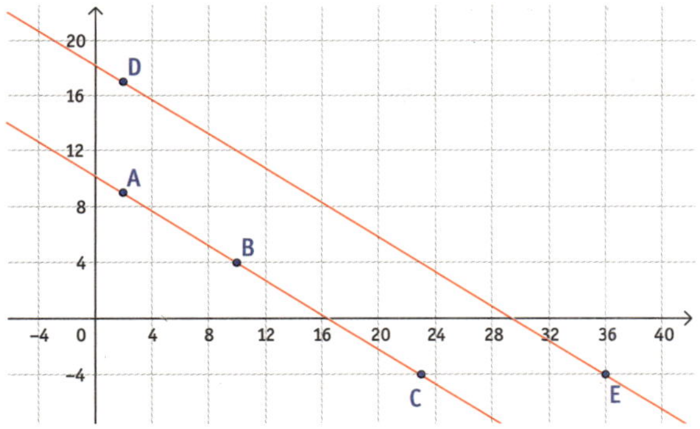

a. Les points A, B et C sont-ils alignés ?

b. Les droites (AC) et (DE) sont-elles parallèles ?

13 ★★ 15 min **On considère les points suivants : A(3 ; 4), B(5 ; −2) et C(0 ; 1).**

a. Calculer les coordonnées du vecteur $\overrightarrow{OP}$ défini par : $\overrightarrow{OP} = 21\overrightarrow{OA} - 10\overrightarrow{OB} + 13\overrightarrow{OC}$.

b. Soit K le milieu de [BC]. Montrer que les droites (OP) et (KA) sont parallèles.

14 ★★ 15 min **Sur le dessin ci-dessous, ABCD est un carré et les triangles DEC et BFC sont équilatéraux.**

Démontrer que A, E et F sont alignés.

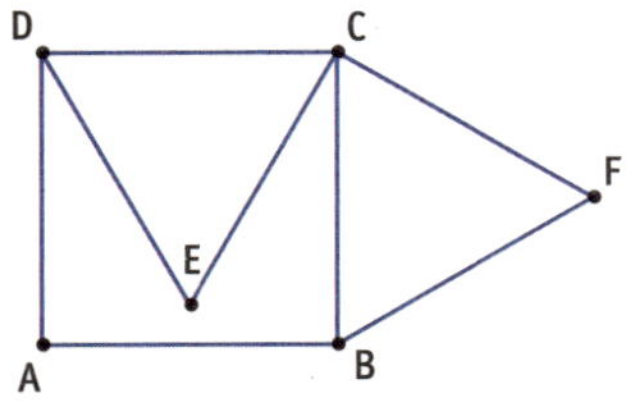

On pourra se placer dans le repère $\left(A ; \overrightarrow{AB}, \overrightarrow{AD}\right)$. On rappelle que la hauteur d'un triangle équilatéral de côté a est égale à $\frac{\sqrt{3}}{2}a$.

15 ★★★ 15 min **Dans un repère, on considère les points A(2 ; 3), B(15 ; 10) et C(4 ; 6).**

Le point D est un point de l'axe des abscisses tel que (AB) et (CD) sont parallèles.
Déterminer les coordonnées exactes du point D.

16 ★★ 15 min **Soit ABCD un quadrilatère et soit M_1 un point. On note M_2 le symétrique de M_1 par rapport à A. On note M_3 le symétrique de M_2 par rapport à B. On note M_4 le symétrique de M_3 par rapport à C. On note M_5 le symétrique de M_4 par rapport à D.**

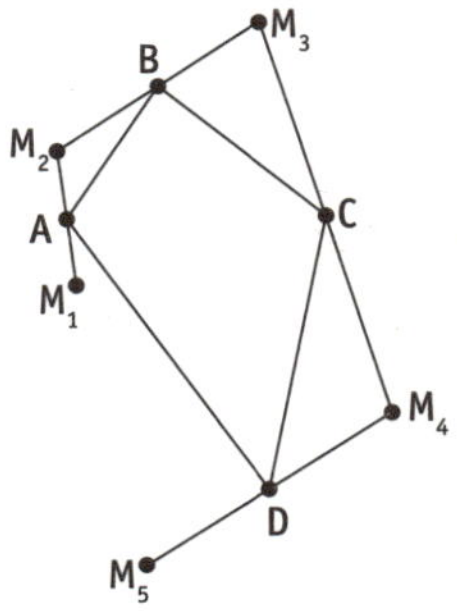

Histoire

Le résultat démontré ici est une formulation possible d'un théorème de Pierre Varignon (1654-1722), un des mathématiciens les plus reconnus en France à son époque. De par ses échanges avec les plus grands scientifiques européens, il a contribué à la diffusion de nouvelles idées, comme le calcul différentiel.

a. Montrer que $\overrightarrow{M_3M_1} = 2\overrightarrow{BA}$. On admettra qu'on peut aussi montrer que $\overrightarrow{M_3M_5} = 2\overrightarrow{CD}$.

b. Montrer que M_1 et M_5 sont confondus si, et seulement si, ABCD est un parallélogramme.

17 ★ 10 min **On se place dans le repère ci-dessous.**

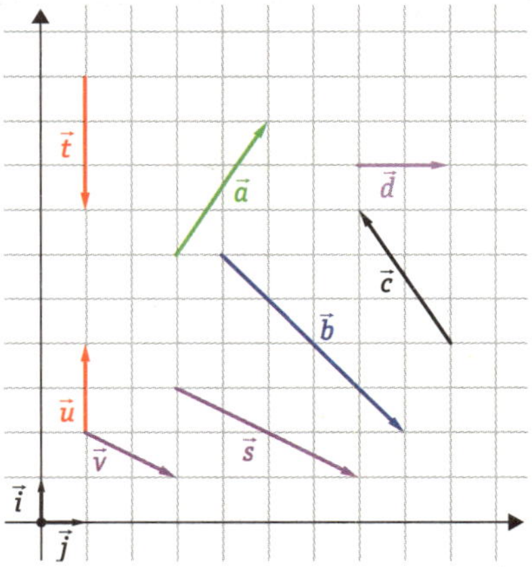

Exprimer les vecteurs suivants en fonction de $\vec{u}$ et $\vec{v}$.

$\vec{a} = ...\vec{u} + ...\vec{v}$ $\vec{b} = ...$ $\vec{c} = ...$

$\vec{d} = ...$ $\vec{s} = ...$ $\vec{t} = ...$

18 ★★★ 15 min **ABCD est un parallélogramme. Soit *k* un nombre réel. Les points R, S, T et U sont tels que : $\overrightarrow{AR} = k\overrightarrow{AB}$, $\overrightarrow{BS} = k\overrightarrow{BC}$, $\overrightarrow{CT} = k\overrightarrow{CD}$ et $\overrightarrow{DU} = k\overrightarrow{DA}$.**

a. Exprimer le vecteur $\overrightarrow{RS}$ en fonction des vecteurs $\overrightarrow{AB}$ et $\overrightarrow{BC}$.

b. Décomposer le vecteur $\overrightarrow{UT}$ en fonction des vecteurs $\overrightarrow{AD}$ et $\overrightarrow{DC}$.

c. Démontrer que RSTU est un parallélogramme.

19 ★★★ 15 min **OIE est un triangle quelconque. P est le point défini par : $\overrightarrow{OP} = \frac{2}{7}\overrightarrow{OI} + \frac{5}{7}\overrightarrow{OE}$.**

Montrer que P, I et E sont alignés.

MATHS

Produit scalaire

Cours

1 Définition du produit scalaire et orthogonalité

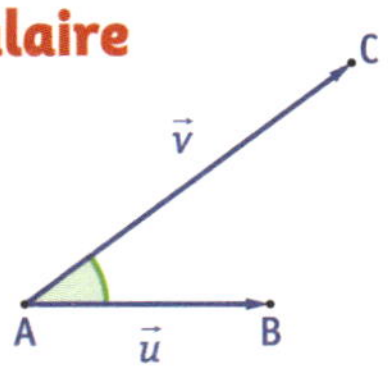

Soient $\vec{u}$ et $\vec{v}$ deux vecteurs non nuls.
On pose $\vec{u}=\overrightarrow{AB}$ et $\vec{v}=\overrightarrow{AC}$.
Le **produit scalaire** de $\vec{u}$ et $\vec{v}$ est le nombre réel $\vec{u}\cdot\vec{v}$ défini par :

$$\vec{u}\cdot\vec{v}=AB\times AC\times\cos\left(\widehat{BAC}\right).$$

▶ Si l'un des deux vecteurs est nul, alors le produit scalaire $\vec{u}\cdot\vec{v}$ est égal à 0.

▶ On a $\vec{u}\cdot\vec{u}=AB\times AB\times\cos(0)=AB^2$.

▶ On note $\vec{u}^2$ le nombre $\vec{u}\cdot\vec{u}$.
Ce nombre est le carré scalaire de $\vec{u}$ et $\vec{u}^2=\|\vec{u}\|^2$.

▶ On dit que deux vecteurs non nuls $\overrightarrow{AB}$ et $\overrightarrow{AC}$ sont **orthogonaux** si les droites (AB) et (AC) sont perpendiculaires.
Le vecteur nul est orthogonal à tous les autres.

▶ Ainsi, **$\vec{u}$ et $\vec{v}$ sont orthogonaux si, et seulement si, leur produit scalaire est nul**.

2 Autres expressions du produit scalaire

On se place dans un repère orthonormé.
▶ Si $\vec{u}$ et $\vec{v}$ ont pour coordonnées $\begin{pmatrix}x\\y\end{pmatrix}$ et $\begin{pmatrix}x'\\y'\end{pmatrix}$ alors

$$\vec{u}\cdot\vec{v}=xx'+yy'.$$

Ainsi, $\vec{u}$ et $\vec{v}$ sont orthogonaux si, et seulement si, $xx'+yy'=0$.

▶ Quels que soient les vecteurs $\vec{u}$ et $\vec{v}$, on a :

$$\vec{u}\cdot\vec{v}=\frac{1}{2}\left(\|\vec{u}+\vec{v}\|^2-\|\vec{u}\|^2-\|\vec{v}\|^2\right).$$

3 Règles de calcul

Soient $\vec{u}$, $\vec{v}$ et $\vec{w}$ trois vecteurs et soit k un nombre réel. On a :
▶ $\vec{u}\cdot\vec{v}=\vec{v}\cdot\vec{u}$
▶ $\vec{u}\cdot\left(\vec{v}+\vec{w}\right)=\vec{u}\cdot\vec{v}+\vec{u}\cdot\vec{w}$
▶ $\left(k\vec{u}\right)\cdot\vec{v}=k\times\left(\vec{u}\cdot\vec{v}\right)$

4 Produit scalaire et projection

Soit H le projeté orthogonal de C sur la droite (AB).
On a $\overrightarrow{AB}\cdot\overrightarrow{AC}=\overrightarrow{AB}\cdot\overrightarrow{AH}$.
▶ Si $\overrightarrow{AB}$ et $\overrightarrow{AH}$ sont de même sens, alors $\overrightarrow{AB}\cdot\overrightarrow{AC}=AB\times AH$.
▶ Si $\overrightarrow{AB}$ et $\overrightarrow{AH}$ sont de sens contraire, alors $\overrightarrow{AB}\cdot\overrightarrow{AC}=-AB\times AH$.

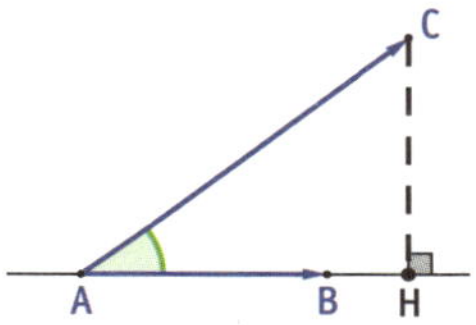

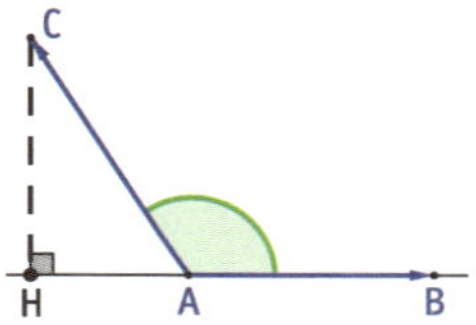

Exos résolus

Calculer des produits scalaires

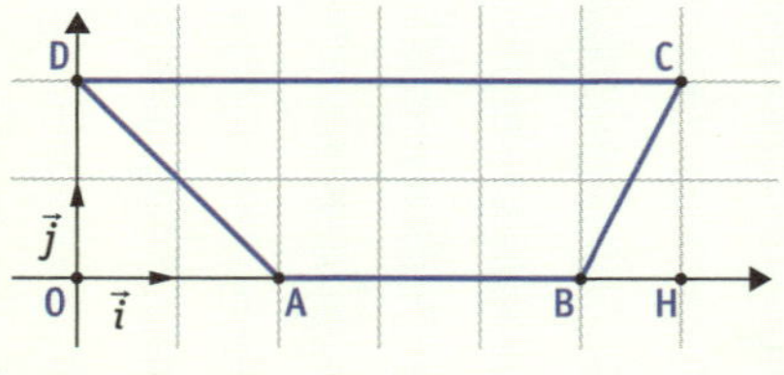

Dans le repère orthonormé $(O\,;\vec{i},\,\vec{j})$, ci-contre on considère le trapèze ABCD.
H et O sont les projetés orthogonaux de C et D sur (AB).
L'angle $\widehat{BAD}$ mesure 135° ou $\frac{3\pi}{4}$ radians.

a. Calculer $\overrightarrow{AB}\cdot\overrightarrow{AD}$ à l'aide de la définition du produit scalaire.

RÉSOLUTION

On a $AB=3$ et $AD=2\sqrt{2}$ (AD est la diagonale d'un carré de côté 2).

$$\overrightarrow{AB}\cdot\overrightarrow{AD}=AB\times AD\times\cos\left(\frac{3\pi}{4}\right)=3\times2\sqrt{2}\times\frac{\sqrt{2}}{2}=12.$$

b. Calculer $\overrightarrow{AB}\cdot\overrightarrow{CD}$.

RÉSOLUTION

On a $\overrightarrow{CD}=-2\overrightarrow{AB}$. Ainsi : $\overrightarrow{AB}\cdot\overrightarrow{CD}=\overrightarrow{AB}\cdot\left(-2\overrightarrow{AB}\right)=-2\times AB^2=-18$.

c. Calculer $\overrightarrow{AB}\cdot\overrightarrow{AC}$ et $\overrightarrow{AB}\cdot\overrightarrow{AD}$ à l'aide de projections orthogonales.

RÉSOLUTION

▶ $\overrightarrow{AB}$ et $\overrightarrow{AH}$ sont de même sens donc :
$\overrightarrow{AB}\cdot\overrightarrow{AC}=\overrightarrow{AB}\cdot\overrightarrow{AH}=AB\times AH=3\times4=12$.

▶ $\overrightarrow{AB}$ et $\overrightarrow{AO}$ sont de sens contraire donc :
$\overrightarrow{AB}\cdot\overrightarrow{AD}=\overrightarrow{AB}\cdot\overrightarrow{AO}=-AB\times AO=-3\times2=-6$.

d. Calculer $\overrightarrow{CA}\cdot\overrightarrow{CB}$ en utilisant la relation de Chasles et le point H.

RÉSOLUTION

$\overrightarrow{CA}\cdot\overrightarrow{CB}=(\overrightarrow{CH}+\overrightarrow{HA})\cdot(\overrightarrow{CH}+\overrightarrow{HB})$
$=\overrightarrow{CH}\cdot\overrightarrow{CH}+\overrightarrow{CH}\cdot\overrightarrow{HB}+\overrightarrow{HA}\cdot\overrightarrow{CH}+\overrightarrow{HA}\cdot\overrightarrow{HB}$

Or $\overrightarrow{HB}$ et $\overrightarrow{HA}$ sont orthogonaux à $\overrightarrow{CH}$ donc :
$\overrightarrow{CA}\cdot\overrightarrow{CB}=CH^2+0+0+HA\times HB=4+4\times1=8.$

e. Calculer $\overrightarrow{AD}\cdot\overrightarrow{BC}$ à l'aide des coordonnées.

RÉSOLUTION

$\overrightarrow{AD}$ et $\overrightarrow{BC}$ ont pour coordonnées $\begin{pmatrix}-2\\2\end{pmatrix}$ et $\begin{pmatrix}1\\2\end{pmatrix}$.
On a donc :
$\overrightarrow{AD}\cdot\overrightarrow{BC}=-2\times1+2\times2=2.$

Exercices

1 ★★ 10 min **ABCD est un parallélogramme de centre O tel que $\widehat{BAD}=\dfrac{\pi}{3}$ radians, AB = 6 et AD = 3.**

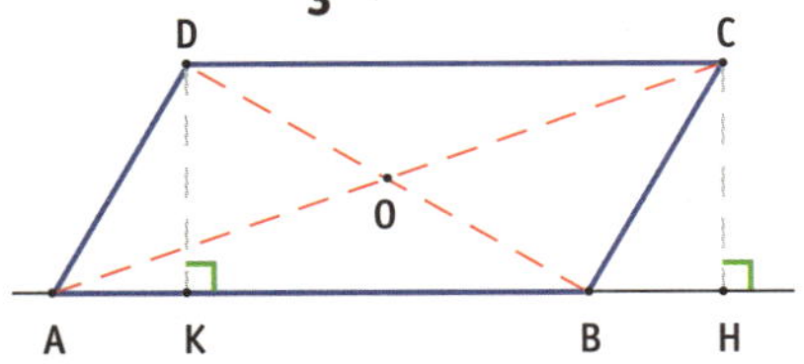

a. Calculer $\overrightarrow{AB}\cdot\overrightarrow{AD}$.
b. On appelle H et K les projetés orthogonaux respectifs de C et D sur la droite (AB).
Calculer les longueurs AK et AH. En déduire $\overrightarrow{AB}\cdot\overrightarrow{AC}$.
c. Montrer que $DK=\dfrac{3\sqrt{3}}{2}$.
d. Calculer $\overrightarrow{BD}\cdot\overrightarrow{BC}$ après avoir décomposé les deux vecteurs à l'aide de la relation de Chasles.

2 ★★ 15 min **On considère le trapèze ABCD représenté ci-dessous dans un repère orthonormé $(O;\vec{i},\vec{j})$.**

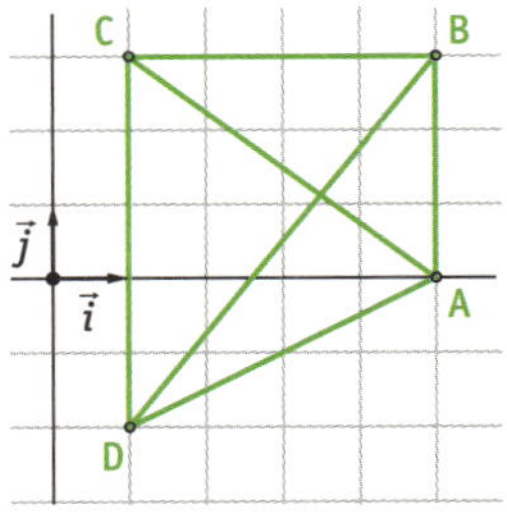

a. Calculer les produits scalaires :

$\overrightarrow{AB}\cdot\overrightarrow{AC}$ $\quad\overrightarrow{CA}\cdot\overrightarrow{CB}$
$\overrightarrow{AB}\cdot\overrightarrow{AD}$ $\quad\overrightarrow{AD}\cdot\overrightarrow{BC}$
$\overrightarrow{AB}\cdot\overrightarrow{CD}$ $\quad\overrightarrow{AC}\cdot\overrightarrow{BD}$

b. Les droites (AC) et (BD) sont-elles perpendiculaires ?

3 ★★ 5 min **Soit un triangle ABC tel que AB = 4, AC = 7 et $\overrightarrow{AB}\cdot\overrightarrow{AC}=-14$.**
Déterminer la valeur exacte en radians de l'angle $\widehat{BAC}$.

4 ★★ 10 min **Dans un repère orthonormé $(O;\vec{i},\vec{j})$, on considère les points A(4 ; 0) et B(1 ; 3).**
a. Calculer $\overrightarrow{OA}\cdot\overrightarrow{OB}$.
b. En déduire une valeur approchée à 0,1° près de $\widehat{AOB}$.

5 ★★★ 10 min **Soient A(1 ; 2) et B(4 ; 8) deux points et soit C un point de l'axe des abscisses.**
Déterminer les coordonnées de C sachant que ABC est rectangle en A.

6 ★★ 15 min **Dans chaque cas, calculer $\overrightarrow{AB}\cdot\overrightarrow{AC}$.**
a. Le point B appartient à [AC], AB = 4 et BC = 7.
b. ABC est un triangle isocèle en A tel que AB = 12 et $\widehat{ABC}=30°$.
c. ABC est un triangle équilatéral de côté 3.
d. Les points A, B et C ont pour coordonnées respectives (3 ; 1), (4 ; 1) et (5 ; 9).
e. ABC est un triangle tel que AB = 4, AC = 5 et BC = 6.

7 ★★ 10 min **Soit ABCD un carré. Soient H un point de [AB] et K un point de [AD] tels que AH = AK. Soit M le milieu de [KB].**
a. Faire un schéma.
b. On se place dans le repère orthonormé $(A;\overrightarrow{AB},\overrightarrow{AD})$.
On note a l'abscisse de H (et donc l'ordonnée de K).
Calculer les coordonnées de M.
c. Montrer que (DH) et (AM) sont perpendiculaires.

8 ★★★ 10 min DÉMONSTRATION
a. Soient $\vec{u}$ et $\vec{v}$ deux vecteurs. Montrer que :

$$\|\vec{u}-\vec{v}\|^2=\|\vec{u}\|^2-2\vec{u}\cdot\vec{v}+\|\vec{v}\|^2$$
$$\text{et } \|\vec{u}+\vec{v}\|^2=\|\vec{u}\|^2+2\vec{u}\cdot\vec{v}+\|\vec{v}\|^2.$$

b. Démontrer alors le théorème suivant :
Si ABCD est un parallélogramme, alors la somme des carrés de ses quatre côtés est égale à la somme des carrés de ses diagonales.

Histoire

Ce résultat est connu depuis l'Antiquité mais les démonstrations de l'époque sont plus difficiles à suivre. Le calcul vectoriel et la notion de produit scalaire ne se sont développés qu'au XIXe siècle et on constate toute leur efficacité dans cette situation.

MATHS

Applications du produit scalaire

Cours

1 Théorème de la médiane

Soient A et B deux points du plan.
On note I le milieu de [AB].
Pour tout point M du plan, on a :

$$MA^2 + MB^2 = 2MI^2 + \frac{1}{2}AB^2.$$

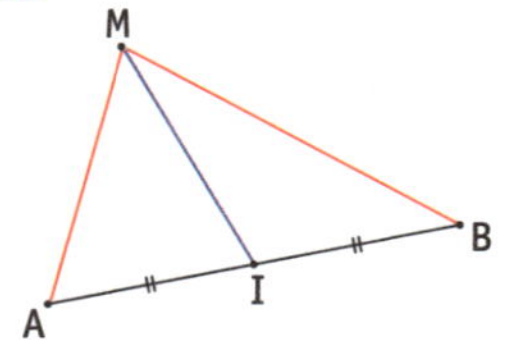

2 Calculs d'angles et de longueurs

Soient $\vec{u}$ et $\vec{v}$ deux vecteurs. On a : $\|\vec{u}+\vec{v}\|^2 = (\vec{u}+\vec{v})^2 = \|\vec{u}\|^2 + 2\vec{u}\cdot\vec{v} + \|\vec{v}\|^2$.

En particulier, si ABC est un triangle, on a :

$BC^2 = \|\overrightarrow{BA}+\overrightarrow{AC}\|^2 = BA^2 + 2\overrightarrow{BA}\cdot\overrightarrow{AC} + AC^2$

$= AB^2 - 2\overrightarrow{AB}\cdot\overrightarrow{AC} + AC^2.$

Avec les notations du dessin ci-dessous, on en déduit le théorème d'Al-Kashi :

$a^2 = b^2 + c^2 - 2bc\cos(\widehat{A})$.

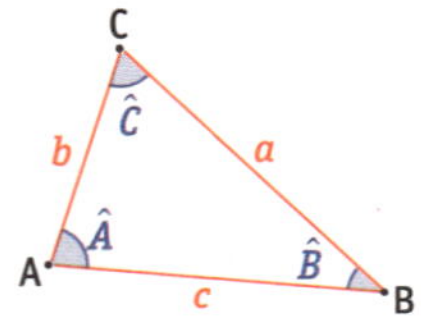

On a aussi :

$b^2 = a^2 + c^2 - 2ac\cos(\widehat{B})$

$c^2 = a^2 + b^2 - 2ab\cos(\widehat{C})$.

Si l'angle $\widehat{A}$ est droit, on retrouve l'énoncé du théorème de Pythagore.

3 Cercles et produit scalaire

On se place dans un repère orthonormé $(0\,;\vec{i},\,\vec{j})$.
Le cercle $\mathscr{C}$ de diamètre [AB] est l'ensemble des points tels que $\overrightarrow{MA}\cdot\overrightarrow{MB} = 0$.
Le cercle $\mathscr{C}$ a donc une équation de la forme :

$$(x_A - x)(x_B - x) + (y_A - y)(y_B - y) = 0.$$

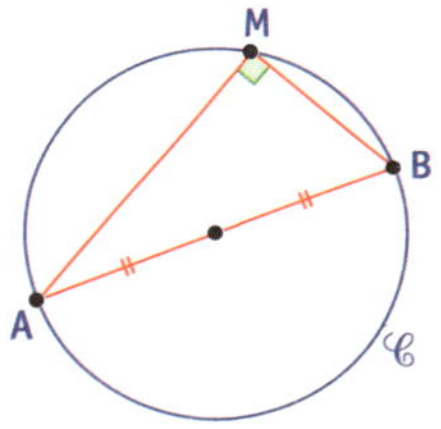

Histoire

Ce théorème est aussi connu sous le nom de théorème d'Apollonius. Apollonius de Perge (262 av. J.-C. - 190 av. J.-C.) est particulièrement connu pour ses travaux sur les coniques (les courbes obtenues par section d'un cône).

Histoire

Jemchid Al-Kashi est un mathématicien et astronome perse qui a principalement travaillé à Samarcande. On trouve une formulation du théorème qui porte son nom dans un ouvrage qu'il a publié en 1428, les *Clés de l'arithmétique*. Il aussi donné une valeur approchée de π dont la précision ne sera améliorée que 170 ans plus tard. Il est considéré comme le dernier grand mathématicien du monde arabe médiéval.

Histoire

Cette caractérisation des cercles par des triangles rectangles est connue depuis Thalès.

Exos résolus

1 Utiliser le théorème de la médiane

Soient A et B deux points du plan tels que AB = 6. Déterminer l'ensemble *E* des points M du plan tels que MA² + MB² = 26.

RÉSOLUTION

Soit I le milieu du segment [AB].
D'après le théorème de la médiane on a :

$MA^2 + MB^2 = 26 \Leftrightarrow 2MI^2 + \frac{1}{2}AB^2 = 26$

$\Leftrightarrow 2MI^2 + \frac{1}{2}\times 6^2 = 26$

$\Leftrightarrow MI^2 = 4$

On a donc MI = 2.
Autrement dit, l'ensemble *E* est le cercle de centre I et de rayon 2.

2 Utiliser le théorème d'Al-Kashi

**Soit ABC un triangle tel que AB = 4 cm, AC = 5 cm et $\widehat{A} = 60°$.
Calculer la valeur exacte de BC.**

RÉSOLUTION

D'après le théorème d'Al-Kashi, on a :

$BC^2 = AB^2 + AC^2 - 2\times AB\times AC\times\cos(\widehat{A})$

$= 4^2 + 5^2 - 2\times 4\times 5\times\frac{1}{2} = 21.$

On a donc $BC = \sqrt{21} \approx 4{,}6$ cm.

Exercices

1 ★ 10 min

a. Le triangle ANE est tel que $AN = 8$, $AE = 4$ et $\widehat{A} = 72°$. Calculer la longueur NE à 0,01 près.

b. Le triangle RAT est tel que $RA = 6$, $RT = 4$ et $\widehat{R} = \frac{\pi}{3}$. Calculer la longueur AT.

c. Le triangle BOA est tel que $BO = 4$, $BA = \sqrt{13}$ et $OA = 3$. Calculer la mesure de l'angle $\widehat{O}$.

2 ★ 10 min **Soit ABCD un parallélogramme tel que $AB = 10$, $BC = 4$ et $\widehat{B} = 36°$.**

Calculer les longueurs de ses diagonales.

3 ★★ 10 min **ABC est un triangle tel que $AB = 6$, $BC = 4$ et $AC = 8$.**

I est le milieu de [AB].

a. Calculer CI.

b. Calculer une mesure approchée en degrés des angles $\widehat{BAC}$ et $\widehat{ABC}$.

En déduire une mesure approchée de l'angle $\widehat{ACB}$.

4 ★ 10 min **Soient A et B deux points du plan tels que $AB = 6$ et soit I le milieu de [AB].**

a. Déterminer l'ensemble E des points M du plan tels que $MA^2 + MB^2 = 68$.

b. Étudier, selon les valeurs du nombre réel positif k, l'ensemble E_k des points M du plan tels que $MA^2 + MB^2 = k$.

5 ★★ 15 min DÉMONSTRATION **Soient A et B deux points du plan. On note I le milieu de [AB].**

Soit M un point quelconque du plan.

a. Montrer que $MA^2 = MI^2 + 2\overrightarrow{MI}\cdot\overrightarrow{IA} + \frac{1}{4}AB^2$.

b. Démontrer alors le théorème de la médiane :

$MA^2 + MB^2 = 2MI^2 + \frac{1}{2}AB^2$.

6 ★★ 15 min **Dans un repère orthonormé, on considère les points $A(-2\,;-1)$ et $B(4\,;7)$.**

Soit $M(x\,;y)$ un point quelconque du plan.

a. Calculer en fonction de x et y le produit scalaire $\overrightarrow{MA}\cdot\overrightarrow{MB}$.

b. Déterminer l'ensemble E des points M du plan tels que $\overrightarrow{MA}\cdot\overrightarrow{MB} = 0$.

c. Déterminer les coordonnées des points d'intersection de E avec l'axe des abscisses.

d. Déterminer les coordonnées des points d'intersection de E avec l'axe des ordonnées.

7 ★★ 60 min **Soit ABC un triangle.**

On note A′ le milieu de [BC], B′ le milieu de [AC] et C′ le milieu de [AB].
On note G le centre de gravité du triangle (intersection des médianes).
On note O le centre du cercle circonscrit du triangle (intersection des médiatrices).

a. On se place dans le repère $\left(A\,;\overrightarrow{AB},\overrightarrow{AC}\right)$.
Donner les équations réduites des droites (BB′) et (CC′).
En déduire les coordonnées de G, puis que $\overrightarrow{AG} + \overrightarrow{BG} + \overrightarrow{CG} = \overrightarrow{0}$.

b. Établir que $3\overrightarrow{OG} = \overrightarrow{OA} + \overrightarrow{OB} + \overrightarrow{OC}$.

c. Montrer que $\overrightarrow{CB}\cdot\overrightarrow{CO} = \overrightarrow{BC}\cdot\overrightarrow{BO}$.

Penser aux projections orthogonales.

d. On note maintenant H le point tel que $\overrightarrow{OH} = \overrightarrow{OA} + \overrightarrow{OB} + \overrightarrow{OC}$.
En remarquant que $\overrightarrow{AH} = \overrightarrow{AO} + \overrightarrow{OH}$, montrer que $\overrightarrow{AH}\cdot\overrightarrow{BC} = 0$.
On admettra qu'on peut aussi obtenir $\overrightarrow{BH}\cdot\overrightarrow{AC} = 0$ et $\overrightarrow{CH}\cdot\overrightarrow{AB} = 0$.

e. Montrer que H est à l'intersection des trois hauteurs de ABC.
Ce point s'appelle l'orthocentre de ABC.

f. Montrer que O, G et H sont alignés.

À savoir

La droite sur laquelle sont alignés le centre de gravité, le centre du cercle circonscrit et l'orthocentre d'un triangle est la droite d'Euler.

MATHS

15 GÉOMÉTRIE
Vecteur normal à une droite

Cours

1 Rappels sur les équations de droites

On se place dans un repère $(0 ; \vec{i}, \vec{j})$.

▶ Soient A et B deux points distincts du plan.
Le vecteur $\overrightarrow{AB}$ est un **vecteur directeur** de la droite (AB).

▶ Une **équation de droite** est une **égalité** vérifiée par les coordonnées des points de cette droite, et uniquement de ces points-là.

▶ Toute droite du plan admet une **équation cartésienne** de la forme $ax+by+c=0$ où a, b et c sont des nombres réels avec $(a ; b) \neq (0 ; 0)$.
Réciproquement, toute équation de la forme $ax+by+c=0$ où a, b et c sont des nombres réels avec $(a ; b) \neq (0 ; 0)$, **décrit une droite de vecteur directeur** $\vec{u}\begin{pmatrix}-b\\a\end{pmatrix}$.

▶ Soit Δ une droite qui n'est pas parallèle à l'axe des ordonnées.
Δ a une **équation réduite** de la forme $y=mx+p$ où m et p sont des réels.

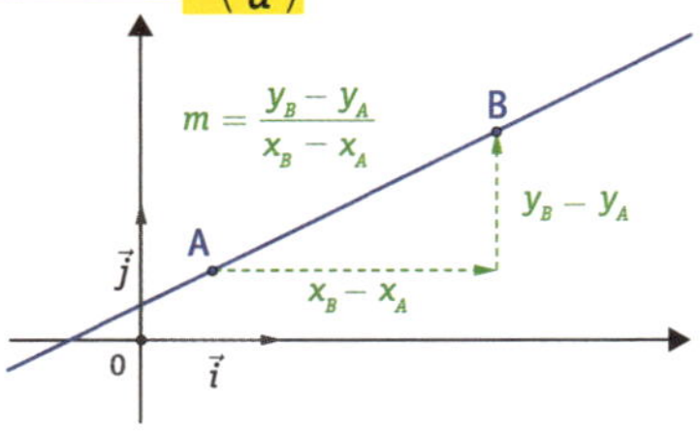

Le nombre m est le **coefficient directeur** (ou la **pente**) de la droite et le nombre p son **ordonnée à l'origine**.
Si Δ passe par les points $A(x_A ; y_A)$ et $B(x_B ; y_B)$, alors

$$m=\frac{y_B-y_A}{x_B-x_A}.$$

2 Vecteur normal à une droite

On se place maintenant dans un repère orthonormé.

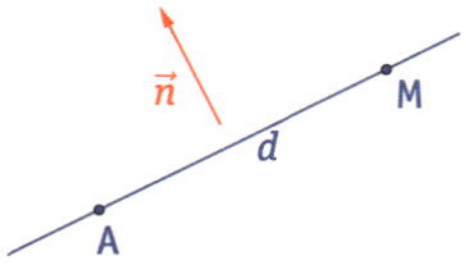

▶ On dit qu'un vecteur non nul $\vec{n}$ est **normal à une droite** d s'il dirige une droite perpendiculaire à d.

▶ La droite d passant par un point A et admettant pour vecteur normal le vecteur $\vec{n}$ est l'ensemble des points M du plan tels que $\overrightarrow{AM}\cdot\vec{n}=0$.

▶ Une équation de la droite de vecteur normal $\vec{n}\begin{pmatrix}a\\b\end{pmatrix}$ est de la forme $ax+by+c=0$ où a, b et c sont des nombres réels.
Réciproquement, si une droite d a une équation de la forme $ax+by+c=0$, alors elle admet pour vecteur normal le vecteur $\vec{n}\begin{pmatrix}a\\b\end{pmatrix}$.

Exos résolus

1 Déterminer une équation de droite connaissant un point et un vecteur normal

Soit d la droite passant par A(4 ; 1) et de vecteur normal $\vec{n}\begin{pmatrix}2\\3\end{pmatrix}$.
Déterminer une équation de d.

RÉSOLUTION

▶ **Première méthode :**
M appartient à d si, et seulement si $\overrightarrow{AM}\cdot\vec{n}=0$.
$\overrightarrow{AM}$ a pour coordonnées $\begin{pmatrix}x-4\\y-1\end{pmatrix}$. Ainsi :

$$\begin{aligned} M\in d &\Leftrightarrow \overrightarrow{AM}\cdot\vec{n}=0\\ &\Leftrightarrow (x-4)\times2+(y-1)\times3=0\\ &\Leftrightarrow 2x+3y-11=0. \end{aligned}$$

▶ **Deuxième méthode :**
Comme $\vec{n}\begin{pmatrix}2\\3\end{pmatrix}$ est normal à d, d a une équation de la forme $2x+3y+c=0$.
Comme A appartient à d, on a :

$$\begin{aligned} 2x_A+3y_A+c=0 &\Leftrightarrow 2\times4+3\times1+c=0\\ &\Leftrightarrow c=-11. \end{aligned}$$

d a donc pour équation $2x+3y-11=0$.

2 Déterminer les coordonnées du projeté orthogonal d'un point sur une droite

Soit Δ la droite d'équation $x-2y+3=0$.
Soit A le point de coordonnées (9 ; 1).
Calculer les coordonnées du projeté orthogonal H de A sur Δ.

RÉSOLUTION

Notons $(x ; y)$ les coordonnées de H.
Comme H appartient à Δ, on a $x-2y+3=0$.
La droite Δ a pour vecteur normal $\vec{n}\begin{pmatrix}1\\-2\end{pmatrix}$.
$\overrightarrow{AH}$ a pour coordonnées $\begin{pmatrix}x-9\\y-1\end{pmatrix}$. H est le projeté orthogonal de A sur Δ donc $\overrightarrow{AH}$ et $\vec{n}$ sont colinéaires. Leur déterminant est donc nul et :

$$\begin{aligned} \det(\overrightarrow{AH},\vec{n})=0 &\Leftrightarrow (x-9)\times(-2)-(y-1)\times1=0\\ &\Leftrightarrow -2x-y+19=0 \end{aligned}$$

On résout alors le système suivant :

$$\begin{cases} x-2y+3=0\\ -2x-y+19=0 \end{cases} \Leftrightarrow \begin{cases} x=2y-3\\ -2(2y-3)-y+19=0 \end{cases} \Leftrightarrow \begin{cases} x=2y-3\\ -5y+25=0 \end{cases} \Leftrightarrow \begin{cases} x=2\times5-3=7\\ y=5 \end{cases}$$

H a pour coordonnées (7 ; 5).

Exercices

Dans tous les exercices, on se place dans un repère orthonormé $(O;\vec{i},\vec{j})$.

1 ★ 10 min **On considère le point A(6 ; 3) et le vecteur $\vec{n}\begin{pmatrix}-4\\1\end{pmatrix}$.**

a. Déterminer une équation de la droite d passant par A et ayant pour vecteur normal $\vec{n}$.

b. Déterminer une équation de la droite d' passant par A et ayant pour vecteur directeur $\vec{n}$.

2 ★★ 20 min **On considère les trois points A(−2 ; 1), B(4 ; −1) et C(2 ; 5).**

a. Déterminer une équation de la droite d passant par A et perpendiculaire à (BC).

b. Déterminer une équation de la droite (BC).

c. Soit H le point d'intersection de d et de (BC). Déterminer les coordonnées de H.

d. Calculer l'aire du triangle ABC.

3 ★★ 20 min **On considère deux points E(3 ; 1) et F(0 ; 4).**

a. Déterminer l'équation réduite de la médiatrice d de [EF].

b. Déterminer une équation du cercle $\mathscr{C}$ de diamètre [EF].

c. Vérifier que le point A(0 ; 1) appartient à $\mathscr{C}$ et déterminer une équation de la tangente à $\mathscr{C}$ au point A.

4 ★ 5 min **Donner un vecteur directeur et un vecteur normal de chacune des droites suivantes.**

$d_1 : 3x-2y+1=0$

$d_2 : 4x+y-5=0$

$d_3 : y=2x-1$

$d_4 : y=-x+3$

5 ★ 5 min **Soient d et d' les droites d'équations respectives $3x-2y+1=0$ et $4x+6y=0$.**

Ces droites sont-elles perpendiculaires ?

6 ★★ 15 min **Soit d la droite d'équation $y=3x$. Soit A le point de coordonnées (11 ; 3).**

a. Donner un vecteur normal $\vec{n}$ à d.

b. Déterminer une équation de la droite Δ passant par A et de vecteur directeur $\vec{n}$.

c. Déduire des questions précédentes les coordonnées du point H, projeté orthogonal de A sur la droite d.

7 ★★ 30 min **On considère les points H(−10 ; 0), K(10 ; 0), A(8 ; 6), B(−6 ; 8), C(8 ; −6) et D(−6 ; −8).**

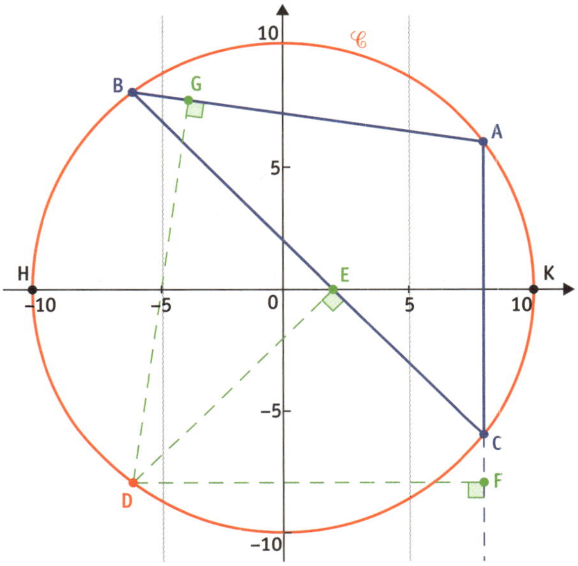

a. Déterminer une équation du cercle $\mathscr{C}$ de diamètre [HK].

b. Vérifier que A, B, C et D appartiennent au cercle $\mathscr{C}$.

c. Donner une équation cartésienne de la droite (AC). En déduire les coordonnées du point F, projeté orthogonal de D sur (AC).

d. Déterminer une équation cartésienne de (BC). Déterminer ensuite les coordonnées du point E, projeté orthogonal de D sur (BC).

e. Vérifier que le point G de coordonnées (−3,76 ; 7,68) est le projeté orthogonal de D sur (AB).

f. Montrer que les points E, F et G sont alignés.

Histoire

Le résultat démontré est un cas particulier du théorème de Simson : les projetés orthogonaux d'un point du cercle circonscrit à un triangle sur les côtés de ce dernier sont alignés.
Robert Simson (1687-1768) est un médecin et géomètre écossais mais la démonstration de ce théorème serait due à son compatriote William Wallace (1768-1843).

MATHS

16 GÉOMÉTRIE

Cercles et paraboles

Cours

1 Équation de cercles

On se place dans un repère orthonormé $(O\,;\vec{i},\,\vec{j})$.
Soit R un nombre réel positif.
Le cercle $\mathscr{C}$ de centre $\Omega(x_\Omega\,;y_\Omega)$ et de rayon R est l'ensemble des points $M(x\,;y)$ du plan tels que $\Omega M=R$. Or on a :

$\Omega M=R \Leftrightarrow \Omega M^2=R^2$
$\Leftrightarrow (x-x_\Omega)^2+(y-y_\Omega)^2=R^2$.

Le cercle $\mathscr{C}$ de centre $\Omega(x_\Omega\,;y_\Omega)$ et de rayon R a donc pour équation :

$$(x-x_\Omega)^2+(y-y_\Omega)^2=R^2.$$

Le cercle $\mathscr{C}$ de diamètre [AB] est l'ensemble des points tels que $\overrightarrow{MA}\cdot\overrightarrow{MB}=0$.
Le cercle $\mathscr{C}$ a donc une équation de la forme :

$$(x_A-x)(x_B-x)+(y_A-y)(y_B-y)=0.$$

Histoire

Avec les ellipses et les hyperboles, les cercles et les paraboles sont des exemples de coniques, les courbes obtenues en coupant un cône. Ces courbes sont très étudiées depuis l'Antiquité (par Apollonius, Pappus) puis plus tard par Blaise Pascal (1623-1662) puis Jean-Victor Poncelet (1788-1867).

2 Paraboles

Soient a, b et c trois nombres réels, a étant non nul.
La fonction polynôme du second degré f définie sur $\mathbb{R}$ par $f(x)=ax^2+bx+c$ a pour courbe représentative une parabole $\mathscr{P}$ d'équation $y=ax^2+bx+c$.
Cette parabole a un axe de symétrie parallèle à l'axe des ordonnées et d'équation $x=-\dfrac{b}{2a}$.
Le sommet de la parabole $\mathscr{P}$ est le point d'intersection de $\mathscr{P}$ et de son axe de symétrie.
Il a donc pour abscisse $-\dfrac{b}{2a}$ et pour ordonnée $f\left(-\dfrac{b}{2a}\right)$.

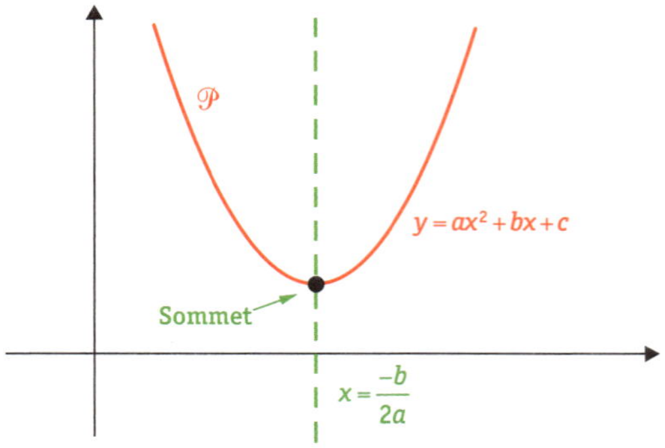

Exos résolus

1 Déterminer le centre et le rayon d'un cercle d'équation donnée

Dans un repère orthonormé $(O\,;\vec{i},\,\vec{j})$, on considère le cercle $\mathscr{C}$ d'équation $x^2+y^2+6x-4y-3=0$.
Déterminer son rayon et les coordonnées de son centre.

RÉSOLUTION

On rappelle les identités remarquables : $(x+a)^2=x^2+2ax+a^2$ et $(x-a)^2=x^2-2ax+a^2$.
On fait apparaître des identités remarquables dans l'équation donnée. Ainsi :

$x^2+6x=x^2+2\times 3x=x^2+2\times 3x+3^2-3^2=(x+3)^2-9$

$y^2-4y=y^2-2\times 2y=y^2-2\times 2y+2^2-2^2=(y-2)^2-4.$

On a alors :

$x^2+y^2+6x-4y-3=0 \Leftrightarrow x^2+6x+y^2-4y-3=0$
$\Leftrightarrow (x+3)^2-9+(y-2)^2-4-3=0$
$\Leftrightarrow (x+3)^2+(y-2)^2=16$
$\Leftrightarrow (x-(-3))^2+(y-2)^2=4^2$

$\mathscr{C}$ a donc pour rayon 4 et pour centre $\Omega(-3\,;2)$.

2 Déterminer l'axe et le sommet d'une parabole d'équation donnée

On considère la parabole $\mathscr{P}$ d'équation $y=0{,}5x^2-4x+9$.
Donner une équation de son axe et les coordonnées de son sommet.

RÉSOLUTION

On a $a=0{,}5$, $b=-4$ et $c=9$.
On a $\dfrac{-b}{2a}=\dfrac{4}{2\times 0{,}5}=4$.
$\mathscr{P}$ a donc pour axe de symétrie la droite d'équation $x=4$.
On a : $0{,}5\times 4^2-4\times 4+9=1$.
Le sommet de $\mathscr{P}$ a donc pour coordonnées $(4\,;1)$.

Exercices

On se place dans un repère orthonormé $(O\,;\vec{i},\,\vec{j})$.

1 ★ 10 min **On considère la parabole $\mathcal{P}$ d'équation $y=-x^2-10x-20$.**

a. Donner une équation de son axe et les coordonnées de son sommet.

b. Déterminer les coordonnées des points d'intersection de $\mathcal{P}$ avec la droite d d'équation $y=1$.

2 ★ 10 min **On considère la parabole $\mathcal{P}$ d'équation $y=ax^2+bx+c$.**

a. Rappeler la formule donnant l'abscisse de son sommet.

b. Établir une formule simple donnant l'ordonnée de son sommet.

3 ★ 5 min

a. Donner une équation du cercle de centre A(4 ; 3) et de rayon 5.

b. Ce cercle passe-t-il par l'origine du repère ?

4 ★★ 10 min **On donne ci-dessous trois équations de cercles.**

Dans chaque cas, donner le rayon et les coordonnées du centre.

$(E_1) : x^2+y^2-16x-8y-89=0$.

$(E_2) : x^2+y^2-10x+2y+19=0$.

$(E_3) : x^2+y^2=1$.

5 ★★ 20 min **On considère le cercle $\mathscr{C}$ d'équation :**

$$(E) : x^2+y^2+4x-12y+15=0.$$

a. Le point A(2 ; 4) appartient-il à $\mathscr{C}$?

b. Déterminer les coordonnées du centre Ω et le rayon R de $\mathscr{C}$.

c. Donner un point à coordonnées entières de $\mathscr{C}$.

d. Le cercle $\mathscr{C}$ coupe-t-il l'axe des ordonnées ?
Si oui, donner les coordonnées exactes du ou des points d'intersection en simplifiant les résultats.
Si non, justifier.

6 ★★★ 30 min **Dans un repère orthonormé, on considère les points : A(0 ; 0), B(6 ; 0) et C(7 ; 7).**

Donner une équation du cercle $\mathscr{C}$ passant par A, B et C.

7 ★★★ 30 min **On note $\mathscr{C}$ le cercle d'équation $x^2+y^2-18y+56=0$.**
On note $\mathcal{P}$ la parabole d'équation $y=x^2-4$.

a. Montrer que si un point $M(x\,;y)$ est situé à l'intersection de $\mathscr{C}$ et $\mathcal{P}$, alors on a : $y^2-17y+60=0$.

b. En déduire les coordonnées des points d'intersection de $\mathscr{C}$ et $\mathcal{P}$.

c. Déterminer les points d'intersection de $\mathscr{C}$ et de la parabole Γ d'équation : $y=-0{,}5x^2+22$.

8 ★★★ 15 min **Soit A le point de coordonnées (3 ; 1). Soit Γ l'ensemble des points $M(x\,;y)$ à égale distance de A et de l'axe des abscisses.**

Montrer que Γ est une parabole et donner son équation.

On dit que la parabole Γ a pour foyer A et pour directrice l'axe des abscisses.

9 ★★★ 20 min **On considère la parabole $\mathcal{P}$ d'équation $y=x^2$. Soient A, B, C et D quatre points de $\mathcal{P}$ d'abscisses respectives a, b, c et d. On suppose que (AB) et (CD) sont parallèles.**

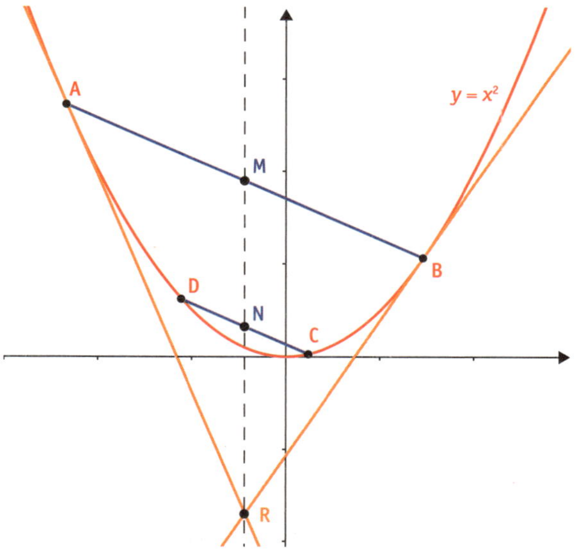

a. Montrer que les milieux M de [AB] et N de [CD] ont la même abscisse k.

b. Montrer que l'équation de la tangente T_A à $\mathcal{P}$ en A a pour équation réduite : $y=2ax-a^2$.
En déduire l'équation réduite de la tangente T_B à $\mathcal{P}$ en B.

c. Montrer que le point d'intersection R de T_A et T_B est sur la droite d'équation $x=k$.

d. Vérifier que la droite (AB) a pour équation réduite $y=(a+b)x-ab$.

MATHS

Notions de probabilité

Cours

1 Probabilité d'un événement

Une expérience est dite **aléatoire** si elle a plusieurs **issues** possibles. En première, on ne considère que le cas où le nombre d'issues est fini. À chaque expérience, une seule issue se réalise sans que l'on puisse savoir à l'avance laquelle.

- On appelle **univers** l'ensemble de toutes les issues associées à l'expérience.
- Définir une **loi de probabilité** c'est associer à chacune des n issues possibles e_i un nombre réel p_i **compris entre 0 et 1** avec la condition : $p_1+p_2+\dots+p_n=1$.

Dans la pratique, les probabilités correspondent aux fréquences théoriques observées quand on répète l'expérience un très grand nombre de fois.

- Un **événement** A est un ensemble d'issues.
- La **probabilité d'un événement A** est le nombre $P(\text{A})$ égal à la somme des probabilités des issues qui le constituent.
- Dans le cas où l'on associe à chacune des n issues la même probabilité p, on dit qu'on est en situation d'**équiprobabilité**.

La probabilité de chaque issue est alors donnée par $p=\frac{1}{n}$.
La probabilité d'un événement A réalisé par m issues est donnée par $P(\text{A})=\frac{m}{n}$.

Histoire

On estime souvent que la théorie des probabilités est née de l'étude de jeu d'argent proposée par le chevalier de Méré à Blaise Pascal (1623-1662). Ce dernier a échangé à ce sujet de nombreuses lettres avec le magistrat Pierre de Fermat (1601-1665).

2 Union, intersection, événement contraire

- L'**événement impossible** (noté $\varnothing$) n'est réalisé par aucune issue. Il a pour probabilité 0.
- L'**événement certain** est réalisé par toutes les issues. Il a pour probabilité 1.

Soient A et B deux événements.

- L'**événement contraire** (parfois aussi appelé « complémentaire ») de A est constitué des **issues qui ne réalisent pas A**. Il est noté $\overline{\text{A}}$ et on a : $P(\overline{\text{A}})=1-P(\text{A})$.
- L'**intersection** de A et B est l'événement noté $\text{A}\cap\text{B}$ constitué des issues qui réalisent A et B. Si $\text{A}\cap\text{B}=\varnothing$, les événements A et B sont dits **incompatibles**.
- La **réunion** de A et B est l'événement noté $\text{A}\cup\text{B}$ constitué des issues qui réalisent A ou B (ou les deux à la fois).

On a : $P(\text{A}\cup\text{B})=P(\text{A})+P(\text{B})-P(\text{A}\cap\text{B})$.

Exos résolus

1 Déterminer la probabilité d'un événement

Dans une classe de seconde 27 élèves mangent au self et 9 élèves mangent chez eux. Un professeur interroge un élève au hasard.
Quelle est la probabilité que cet élève mange au self ?

RÉSOLUTION

L'expression « au hasard » signifie qu'on est dans une situation d'équiprobabilité.
Soit S l'événement « le professeur interroge un élève qui mange au self ».
Le nombre d'élèves qui réalisent l'événement S est 27.
Le nombre total d'élèves dans la classe est de 36.
La probabilité de l'événement S est donc égale à : $P(S)=\frac{27}{36}=0{,}75$.
La probabilité d'interroger un élève qui mange au self est de 75 %.

2 Calculer la probabilité de la réunion ou de l'intersection de deux événements

On lance un dé parfaitement équilibré. On note A et B les événements « le numéro obtenu est pair » et « le numéro obtenu est un multiple de 3 ».
Calculer la probabilité des événements A, B, $\text{A}\cap\text{B}$ et $\text{A}\cup\text{B}$.

RÉSOLUTION

On a : $\text{A}=\{2\,;4\,;6\}$, $\text{B}=\{3\,;6\}$ et $\text{A}\cap\text{B}=\{6\}$.

On a donc : $P(\text{A})=\frac{3}{6}=\frac{1}{2}$, $P(\text{B})=\frac{2}{6}=\frac{1}{3}$ et, comme il n'y a qu'un seul élément dans $\text{A}\cap\text{B}$, $P(\text{A}\cap\text{B})=\frac{1}{6}$.

$$P(\text{A}\cup\text{B})=P(\text{A})+P(\text{B})-P(\text{A}\cap\text{B})$$
$$=\frac{1}{2}+\frac{1}{3}-\frac{1}{6}=\frac{3}{6}+\frac{2}{6}-\frac{1}{6}=\frac{4}{6}=\frac{2}{3}.$$

Exercices

1 ★ 15 min **On choisit au hasard une famille de trois enfants. Dans tout cet exercice, on considérera qu'on est dans une situation d'équiprobabilité, c'est-à-dire qu'il y a autant de chances d'avoir un garçon qu'une fille à la naissance. On notera F pour dire qu'un enfant est une fille et G pour un garçon. Par exemple, si une famille a trois garçons, on notera GGG. Les trois lettres sont écrites dans l'ordre des naissances. On note A l'événement : « il y a au moins deux garçons », B l'événement : « l'aînée est une fille », C l'événement : « il y a au moins deux filles » et D l'événement : « il y a trois garçons ».**

a. Déterminer l'ensemble Ω de toutes les issues possibles à l'aide d'un arbre.

b. Décrire en français l'événement contraire de D.

> Attention, le mot « contraire » a un sens précis en probabilités ! L'événement contraire d'un événement A contient toutes les issues qui ne réalisent pas A.

c. Donner toutes les issues qui constituent les événements : A, B, $\overline{B}$, $A \cap B$, $A \cup B$, et $\overline{A \cup B}$.

d. Comment qualifier les événements $A \cup C$ et $A \cap C$?

e. Les événements A et C sont-ils incompatibles ?

2 ★ 15 min **Dans un sac, on met six jetons portant chacun une des lettres S, P, I, R, O et U. Pénélope tire au hasard un jeton qu'elle dispose devant elle, puis un deuxième jeton qu'elle met à droite du premier.**

a. Quel est le nombre de « mots » de deux lettres que Pénélope peut obtenir ?
(On ne regarde pas si les « mots » on un sens)

b. Quelle est la probabilité d'obtenir le mot PI ?

c. Nathanaelle recommence l'expérience, mais elle tire cette fois-ci trois jetons successivement selon la méthode précédente.
Quelle est la probabilité d'obtenir le mot ROI ?

d. Quelle est la probabilité d'obtenir un mot s'écrivant avec les trois lettres I, O et R ?

e. Arthur décide quant à lui de tirer les six jetons.
Quelle est la probabilité qu'il obtienne le mot SOUPIR ?

3 ★ 10 min **Sylvain a préparé des petits pots maison pour sa fille Margaux. On sait que 35 % des petits pots contiennent de la carotte, 30 % des petits pots contiennent de la viande et 10 % des petits pots contiennent les deux. On choisit un petit pot au hasard.**

a. Quelle est la probabilité que le petit pot contienne de la viande ou des carottes ?

b. Quelle est la probabilité que le petit pot ne contienne ni viande ni carotte ?

4 ★★ 10 min **Une enquête menée auprès des loups a permis d'établir que :**

- **83 % aiment le gigot,**
- **57 % aiment les côtelettes,**
- **41 % aiment le gigot et les côtelettes.**

a. Quelle est la probabilité qu'un loup aime le gigot ou les côtelettes ?

b. Quelle est la probabilité qu'un loup n'aime ni le gigot, ni les côtelettes ?

c. Quelle est la probabilité qu'un loup aime le gigot mais pas les côtelettes ?

5 ★★ 15 min **Pour chacune des questions suivantes, une seule réponse est exacte.**

Indiquer laquelle et justifier.

a. Si $P(A)=0,7$; $P(B)=0,2$ et $P(A \cup B)=0,35$ alors $P(A \cap B)$ est égal à :
☐ 0,5. ☐ 0,55.
☐ Il manque des informations pour répondre.

b. Si A et B sont incompatibles et si $P(A)=0,17$ et $P(B)=0,56$ alors $P(A \cup B)$ est égal à :
☐ 0,73. ☐ 0,39.
☐ Il manque des informations pour répondre.

c. Si $P(A)=0,7$ et $P(A \cap B)=0$ alors :
☐ $P(B)=0,3$. ☐ $\overline{A}=B$.
☐ A et B sont incompatibles.

d. Si $P(A \cap B)=0,5$ et $P(A \cup B)=0,9$ alors :
☐ $P(A)+P(B)=1,4$.
☐ Il y a une erreur dans les données.
☐ A et B sont incompatibles.

e. Si $P(A)=0,81$ et $P(B)=0,18$ alors :
☐ Il y a plus d'issues qui réalisent B que A.
☐ Il y a plus d'issues qui réalisent A que B.
☐ Il manque des informations pour répondre.

f. On lance un dé non truqué et bien équilibré dix fois de suite et on obtient les résultats suivants : 6, 4, 6, 6, 6, 2, 5, 3, 6, 6. On lance le dé une onzième fois.
☐ Il est plus prudent de parier sur la sortie du 6.
☐ Il est plus prudent de parier sur la sortie du 1.
☐ Aucune des deux réponses précédentes n'est exacte.

g. Bérénice est une jeune femme très brillante de 32 ans. Elle était première de sa promotion lors de ses études en littérature hispanophone. Elle était alors très impliquée dans des associations écologiques et d'aide aux plus défavorisés.
☐ Il est plus probable que Bérénice soit aujourd'hui employée de banque qu'employée de banque et militante altermondialiste.
☐ La réponse précédente est fausse.
☐ Il manque des données pour savoir si la première réponse est juste.

MATHS

Probabilités conditionnelles

Cours

Rappel
Deux événements A et B sont incompatibles si $A \cap B = \varnothing$.

1 Notion de conditionnement

Soient A et B deux événements de probabilités non nulles d'une même expérience aléatoire.

▶ La **probabilité conditionnelle de l'événement B par rapport à l'événement A**, ou encore probabilité de B sachant A, est le nombre noté $P_A(B)$ défini par : $P_A(B) = \frac{P(A \cap B)}{P(A)}$.

$P_A(B)$ est la probabilité que l'événement B se réalise en supposant que A est déjà réalisé.

Comme toute probabilité, ce nombre est toujours compris entre 0 et 1.

▶ Si A et B sont deux événements de probabilités non nulles, on a donc :

$$P(A \cap B) = P(A) \times P_A(B)$$

et

$$P(A \cap B) = P(B) \times P_B(A)$$

2 Formule des probabilités totales

On dit que des événements constituent une **partition** d'un ensemble E si l'union de ces événements est égale à E et si ces événements sont incompatibles deux à deux.

Lorsqu'on connaît la probabilité conditionnelle d'un événement A par rapport à des événements B, C et D constituant une partition de l'univers Ω, on a la **formule des probabilités totales** :

$$P(A) = P(A \cap B) + P(A \cap C) + P(A \cap D)$$
$$= P(B) \times P_B(A) + P(C) \times P_C(A) + P(D) \times P_D(A)$$

En particulier, on a : $P(A) = P(A \cap B) + P(A \cap \overline{B})$.

3 Indépendance de deux événements

Deux événements A et B de probabilités non nulles sont **indépendants** si la réalisation de l'un n'influe pas sur la réalisation de l'autre, donc si une des égalités suivantes est vérifiée : $P(A) = P_B(A)$; $P(B) = P_A(B)$; $P(A) \times P(B) = P(A \cap B)$.

Exos résolus

1 Utiliser un arbre pondéré

Jim pratique la pêche à la mouche dans les sauvages rivières du Montana et aimerait y attraper quelques truites. En bon connaisseur de la faune locale, il sait que sur dix poissons pêchés, six sont des truites.
Par ailleurs, en vue de la préservation des espèces, la législation oblige les pêcheurs à remettre à l'eau les spécimens juvéniles quelle que soit l'espèce concernée.
En ce moment, 30 % des truites sont juvéniles et cette proportion descend à 20 % pour les autres poissons.
Jim pêche un poisson.
On note T l'événement : « le poisson pêché est une truite » et J l'événement : « le poisson est juvénile » ;

a. Représenter la situation décrite par un arbre pondéré.

RÉSOLUTION

L'énoncé indique que $P(T) = \frac{6}{10} = 0{,}6$, $P_T(J) = 0{,}3$ et $P_{\overline{T}}(J) = 0{,}2$.

On trouve les autres probabilités en appliquant la « règle des nœuds » : la somme des probabilités indiquées sur les branches d'un arbre issues d'un même nœud est égale à 1.

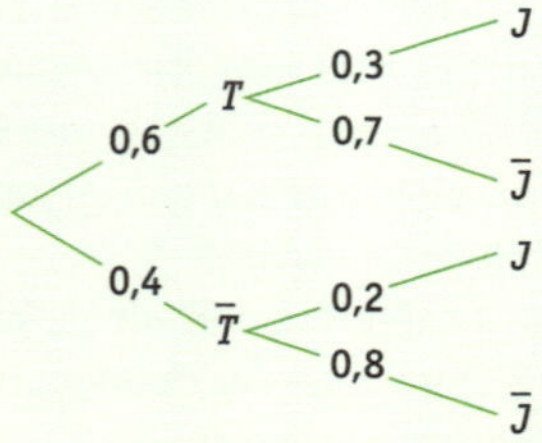

b. Calculer $P(T \cap J)$. Donner une interprétation concrète du résultat.

RÉSOLUTION

L'événement $T \cap J$ correspond au premier chemin de l'arbre.
On obtient sa probabilité en multipliant les probabilités indiquées sur les branches de ce chemin.
$P(T \cap J) = P(T) \times P_T(J) = 0{,}6 \times 0{,}3 = 0{,}18$.
La probabilité de pêcher une truite juvénile est de 0,18.

c. Calculer la probabilité de pêcher un poisson juvénile.

RÉSOLUTION

Il faut tenir compte de tous les chemins menant à J.
On utilise la formule des probabilités totales :
$P(J) = P(T \cap J) + P(\overline{T} \cap J) = 0{,}18 + P(\overline{T}) \times P_{\overline{T}}(J)$
$= 0{,}18 + 0{,}4 \times 0{,}2 = 0{,}18 + 0{,}08 = 0{,}26$.

2 Établir si deux événements sont indépendants ou non

On reprend la situation décrite dans l'exercice précédent. Les événements T et J sont-ils indépendants ?

RÉSOLUTION

On a $P_T(J) = 0{,}3$ et $P(J) = 0{,}26$.
$P_T(J) \neq P(J)$ donc les événements T et J ne sont pas indépendants. On peut aussi établir ce résultat en remarquant que $P(T) \times P(J) = 0{,}6 \times 0{,}26 = 0{,}156$ alors que $P(T \cap J) = 0{,}18 \neq 0{,}156$.

Exercices

1 ★ 10 min **Un biologiste étudie une population d'oiseaux installés sur un archipel comptant deux îles. Certains spécimens de cette population présentent des pattes bleues et les autres des pattes orange. On sait que la population compte 32 000 individus dont 19 200 nichent dans l'île du Nord. On sait également que 4 800 des 11 200 individus ayant les pattes bleues nichent dans l'île du Sud. En pleine mer, le biologiste détecte la présence d'un de ces oiseaux.**

a. Compléter le tableau ci-dessous avec les données de l'énoncé.

	Pattes bleues	Pattes orange	Total
Île du Nord	...	...	...
Île du Sud	...	...	...
Total	...	...	...

b. Quelle est la probabilité que l'oiseau niche dans l'île du Sud ?

c. Quelle est la probabilité que l'oiseau ait les pattes orange ?

d. Le biologiste a pu approcher l'oiseau et constater qu'il a les pattes orange. Quelle est la probabilité qu'il niche dans l'île du Sud ?

2 ★★ 15 min **Michel adore les papillotes. Il en a acheté un énorme paquet qui contient 60 % de papillotes au chocolat noir et d'autres au chocolat au lait. Chaque papillote contient un petit papier sur lequel est inscrit soit une citation, soit un proverbe traditionnel. Parmi les papillotes au chocolat noir, 30 % contiennent un proverbe traditionnel et parmi les papillotes au chocolat au lait, 80 % contiennent des citations. Michel choisit au hasard une papillote dans son paquet. On note :**

- N l'événement : « la papillote est au chocolat noir » ;
- L l'événement : « la papillote est au chocolat au lait » ;
- C l'événement : « une citation est inscrite sur le papier » ;
- T l'événement : « un proverbe traditionnel est inscrit sur le papier ».

a. Représenter la situation par un arbre de probabilités complété.

b. Michel choisit une papillote au hasard. Il pense qu'il a une chance sur quatre de tomber sur un proverbe traditionnel. A-t-il raison ?

c. Michel ouvre la papillote et découvre une citation. Quelle est la probabilité que cette papillote soit au chocolat noir ?

d. Les événements N et C sont-ils indépendants ?

3 ★★★ 20 min **Un laboratoire pharmaceutique a changé la formule de son médicament *Géométrox*. Les données disponibles sur l'ancienne formule du médicament ont permis d'établir que 17 % des patients traités avec l'ancienne formule du *Géométrox* subissent des effets secondaires indésirables. Actuellement, 10 % des patients poursuivent leur traitement avec l'ancienne formule, les autres sont traités avec la nouvelle formule. On note p la proportion des patients qui subissent des effets secondaires parmi ceux qui sont traités avec la nouvelle formule. On choisit un patient traité au *Géométrox* au hasard. On note :**

- A l'événement : « le patient est traité avec l'ancienne formule du *Géométrox* » ;
- N l'événement : « le patient est traité avec la nouvelle formule du *Géométrox* » ;
- E l'événement : « le patient subit des effets secondaires indésirables ».

a. Compléter l'arbre pondéré ci-dessous.

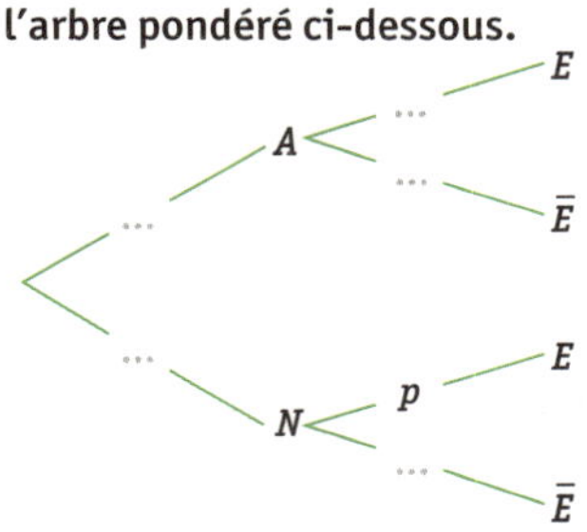

b. Montrer que la probabilité de l'événement E est donnée par $P(E) = 0{,}017 + 0{,}9p$.

On observe que, depuis cette nouvelle commercialisation, la proportion de patients sujets aux effets secondaires est globalement passée à 80 %.

c. Calculer alors la valeur de p.

d. Un patient choisi au hasard est victime d'effets secondaires.

Calculer la probabilité, arrondie à 10^{-3} près, qu'il soit traité avec la nouvelle formule du *Géométrox*.

4 ★★★ 20 min **Une enquête a été réalisée dans une ville de la côte est des États-Unis à propos des prochaines élections présidentielles. On sait que :**

- 70 % des électeurs de cette ville se déclarent démocrates, les autres se déclarent républicains ;
- 10 % des électeurs démocrates prévoient de s'abstenir ;
- ce score monte à 30 % pour les électeurs républicains.

Martin, un jeune journaliste français envoyé sur place, croise un électeur de cette ville qui déclare ne pas vouloir s'abstenir.

Martin affirme qu'il n'y a qu'une chance sur quatre que cet électeur soit républicain ; a-t-il raison ? Justifier.

Variables aléatoires

Cours

1 Notion de variable aléatoire

Soit Ω l'ensemble des issues d'une expérience aléatoire.
Définir une variable aléatoire X sur Ω c'est associer un nombre réel à chaque issue de Ω.
On ne considérera ici que le cas où le nombre d'issues de Ω est fini.

2 Loi d'une variable aléatoire, calculs de probabilités

Soit X une variable aléatoire définie sur un univers Ω.
L'événement « $X=x_i$ » est l'ensemble des issues de Ω qui sont associées à la valeur x_i.
L'événement « $X\leq x_i$ » est l'ensemble des issues de Ω qui sont associées à une valeur inférieure ou égale à x_i.
De même, on peut définir les événements « $X\geq x_i$ », « $X<x_i$ » ou « $X>x_i$ ».

▶ La probabilité de l'événement « $X=x_i$ », notée $P(X=x_i)$, est la probabilité de l'événement constitué de toutes les issues de Ω associées à la valeur x_i.

Soit X une variable aléatoire définie sur un univers Ω.
On note Ω' l'ensemble des valeurs prises par X. Ω' est un ensemble fini de n nombres réels : $\Omega'=\{x_1, x_2, \ldots, x_n\}$.

▶ La loi de probabilité de la variable aléatoire X est la donnée de toutes les probabilités $P(X=x_i)$ où x_i prend toutes les valeurs de Ω', de x_1 jusqu'à x_n.

On présente souvent ces données sous forme de tableau :

x_i	x_1	x_2	...	x_n
$P(X=x_i)$	p_1	p_2	...	p_n

▶ La somme de toutes ces probabilités est égale à 1 :
$P(X=x_1)+P(X=x_2)+\ldots+P(X=x_n)=p_1+p_2+\ldots+p_n=1$.

3 Utilisation du symbole $\sum$

▶ Pour écrire des sommes dépendant d'un paramètre qui prend des valeurs entières successives, on peut utiliser le symbole Σ (sigma).

La somme $S=a_1+a_2+\ldots+a_n$ peut s'écrire $S=\sum_{k=1}^{k=n} a_k$.

▶ On indique à l'intérieur du symbole sigma (on dit aussi symbole somme), l'expression des termes en fonction du paramètre k, en dessous la plus petite valeur prise par le paramètre et au-dessus la plus grande valeur prise par le paramètre.

Exemples :

$$\sum_{k=1}^{k=5} \frac{1}{k}=\frac{1}{1}+\frac{1}{2}+\frac{1}{3}+\frac{1}{4}+\frac{1}{5}$$

$$\sum_{k=3}^{k=8} 2k=2\times3+2\times4+2\times5+2\times6+2\times7+2\times8$$

$$\sum_{k=0}^{k=9} 3^k=3^0+3^1+3^2+3^3+3^4+3^5+3^6+3^7+3^8+3^9$$

4 Espérance, variance et écart type d'une variable aléatoire

Soit X une variable aléatoire qui prend un nombre fini de valeurs $x_1, x_2, \ldots, x_n$.
Pour tout entier k entre 1 et n, on note $p_k=P(X=x_k)$.

▶ L'espérance de X, notée $E(X)$, est définie par :

$$E(X)=\sum_{k=1}^{k=n} x_k P(X=x_k)=x_1p_1+x_2p_2+\cdots+x_np_n$$

Dans le cadre d'un jeu, c'est le score moyen qu'on peut espérer.

Info

L'espérance est le résultat moyen obtenu si on répète un très grand nombre de fois l'expérience aléatoire.

▶ La **variance** de X, notée $V(X)$, est définie par :

$$V(X)=\sum_{k=1}^{k=n}(x_k-E(X))^2P(X=x_k)$$
$$=(x_1-E(X))^2p_1+(x_2-E(X))^2p_2+\cdots+(x_n-E(X))^2p_n$$

▶ L'**écart type** de X, noté $\sigma(X)$, est la racine carrée de la variance :

$$\sigma(X)=\sqrt{V(X)}.$$

Info

• **La variance** permet de mesurer la dispersion des résultats autour de l'espérance, c'est-à-dire du résultat moyen. On prend en compte les carrés des écarts à l'espérance.
• **L'écart type** permet aussi de mesurer la dispersion des résultats autour de l'espérance. Il est exprimé dans la même unité que l'espérance.

Exos résolus

1 Établir la loi de probabilité d'une variable aléatoire

On considère l'expérience aléatoire consistant à lancer un dé classique à six faces bien équilibré.
On propose le jeu suivant :
– Chaque joueur mise 4 € pour pouvoir jouer.
– S'il tombe sur le 1, le 2 ou le 3, il ne gagne rien du tout.
– S'il tombe sur le 4 ou le 5, il gagne 4 €.
– S'il tombe sur le 6, il gagne 13 €.
On appelle X la variable aléatoire égale au gain total du joueur, en tenant compte de la mise de départ.

a. Quelles sont les valeurs prises par la variable aléatoire X ?

RÉSOLUTION

Si le joueur obtient 1, 2 ou 3 au dé, il perd sa mise ; la variable X prend la valeur -4.
Si le joueur obtient 4 ou 5 au dé, il a payé 4 euros et regagné sa mise ; la variable X prend la valeur 0.
Si le joueur obtient 6 au dé, il a payé 4 euros et en a gagné 13 ; la variable X prend la valeur 9.
Les valeurs prises par X sont donc -4, 0 et 9.

b. Donner la loi de probabilité de X sous forme de tableau.

RÉSOLUTION

La probabilité d'obtenir 1, 2 ou 3 est égale à $\frac{3}{6}=\frac{1}{2}$.
On a : $P(X=-4)=\frac{1}{2}$.

La probabilité d'obtenir 4 ou 5 est égale à $\frac{2}{6}=\frac{1}{3}$.
On a : $P(X=0)=\frac{1}{3}$.
La probabilité d'obtenir 6 est égale à $\frac{1}{6}$. On a : $P(X=9)=\frac{1}{6}$.

On peut résumer ces résultats dans un tableau :

x_i	-4	0	9
$P(X=x_i)$	$\frac{1}{2}$	$\frac{1}{3}$	$\frac{1}{6}$

2 Calculer des probabilités avec une variable aléatoire

On considère le jeu décrit dans le premier exercice résolu.
Calculer $P(X\geq 0)$ et $P(X<5)$.

RÉSOLUTION

L'événement « $X\geq 0$ » est constitué des issues 4, 5 et 6. On a :
$P(X\geq 0)=P(X=0)+P(X=9)=\frac{1}{3}+\frac{1}{6}=\frac{1}{2}$.

L'événement « $X<5$ » est constitué des issues 1, 2, 3, 4 et 5.
On a : $P(X<5)=P(X=-4)+P(X=0)=\frac{1}{2}+\frac{1}{3}=\frac{5}{6}$.

3 Calculer l'espérance et l'écart type d'une variable aléatoire

On considère le jeu décrit dans le premier exercice résolu.

a. Calculer l'espérance de X et interpréter le résultat.

RÉSOLUTION

$$E(X)=-4\times P(X=-4)+0\times P(X=0)+9\times P(X=9)$$
$$=-4\times\frac{1}{2}+0\times\frac{1}{3}+9\times\frac{1}{6}=-0{,}50\text{ €}.$$

L'espérance de X vaut $-0{,}50$.
Cela signifie que, si on joue un très grand nombre de fois à ce jeu, on perdra en moyenne 50 centimes par partie.

MATHS

Exos résolus

b. Calculer l'écart type de X.

RÉSOLUTION

On commence par calculer la variance de X. Ici, la variance est exprimée en €².

$$V(X)=(-4-E(X))^2\times P(X=-4)+(0-E(X))^2\times P(X=0)+(9-E(X))^2\times P(X=9)$$
$$=(-4-(-0{,}5))^2\times\frac{1}{2}+(0-(-0{,}5))^2\times\frac{1}{3}+(9-(-0{,}5))^2\times\frac{1}{6}$$
$$=(-3{,}5)^2\times\frac{1}{2}+0{,}5^2\times\frac{1}{3}+9{,}5^2\times\frac{1}{6}$$
$$=21{,}25.$$

Ainsi, l'écart type de X est : $\sigma(X)=\sqrt{V(X)}=\sqrt{21{,}25}\approx 4{,}61$ €.

4 Étudier une succession d'épreuves indépendantes

On tire au hasard une carte dans un jeu de 32 cartes. On regarde si c'est une figure, on la remet dans le paquet et on tire une deuxième carte au hasard.
On s'intéresse au nombre de figures obtenues après les deux tirages indépendants.

a. Représenter la situation par un arbre pondéré.

RÉSOLUTION

On note F l'événement : « la carte est une figure ».
En tout, il y a 12 figures pour 32 cartes.

On a donc $P(F)=\frac{12}{32}=0{,}375$ et $P(\overline{F})=1-P(F)=1-0{,}375=0{,}625$.

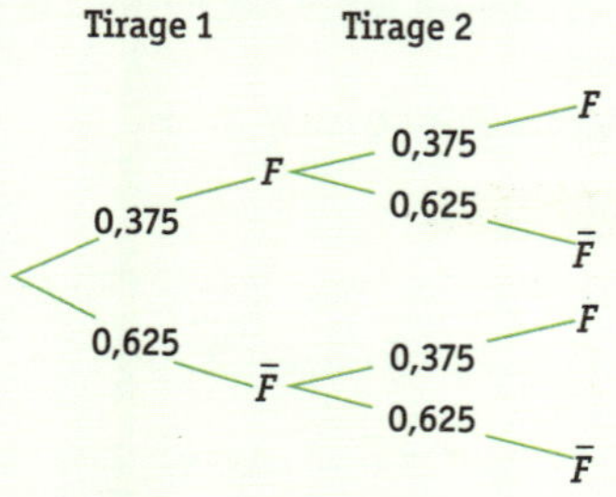

b. On note X la variable aléatoire égale au nombre de figures obtenues.
Donner la loi de probabilité de X.

RÉSOLUTION

En suivant le premier chemin de l'arbre, on obtient deux figures.

On a alors : $P(X=2)=0{,}375\times 0{,}375=\frac{9}{64}$.

En suivant les deux chemins suivants, on obtient une seule figure.

On a alors : $P(X=1)=0{,}375\times 0{,}625+0{,}625\times 0{,}375=\frac{15}{32}$.

En suivant le dernier chemin de l'arbre, on n'obtient aucune figure.

On a alors : $P(X=0)=0{,}625\times 0{,}625=\frac{25}{64}$.

On peut résumer ces résultats dans un tableau :

x_i	0	1	2
$P(X=x_i)$	$\frac{25}{64}$	$\frac{15}{32}$	$\frac{9}{64}$

Info

- Des épreuves sont dites indépendantes si le résultat de l'une n'a aucune influence sur le résultat de l'autre.
- Dans un jeu de 32 cartes on trouve, pour chaque couleur (cœur, pique, carreau, trèfle), cinq nombres (as, 7, 8, 9, 10) et trois figures (valet, dame, roi).

Histoire

- Christiaan Huygens (1629-1695) est un mathématicien néerlandais à qui on doit notamment la notion d'espérance en probabilités.
- Johann König (1712-1757) est un mathématicien allemand, membre de l'Académie des sciences de Paris. Il a eu pour élève Émilie du Châtelet, brillante scientifique proche de Voltaire et à qui l'on doit la traduction en français des travaux de Newton.

Voir exercice 8.

Exercices

1 ★ 10 min **La loi de probabilité d'une variable aléatoire X est donnée dans le tableau suivant.**

x_i	2	4	5	7	12
$P(X=x_i)$	0,1	0,3	0,3	0,1	…

a. Déterminer la probabilité manquante.
b. Calculer $P(X \leq 4)$, $P(X > 5)$, $P(X \geq 5)$ et $P(X < 10)$.
c. Calculer l'espérance de X.
d. Calculer l'écart type de X.

2 ★ 10 min **Sandra et Arnaud jouent à la version anglaise du Scrabble. Le jeu comporte 100 jetons dont deux jokers qui ne rapportent aucun point. La répartition des autres jetons est donnée ci-dessous :**

A_1	B_3	C_3	D_2	E_1	F_4	G_2	H_4	I_1	J_8	K_5	L_1	M_3
9	2	2	4	12	2	3	2	9	1	1	4	2

N_1	O_1	P_3	Q_{10}	R_1	S_1	T_1	U_1	V_4	W_4	X_8	Y_4	Z_{10}
6	8	2	1	6	4	6	4	2	2	1	2	1

Par exemple, il y a 9 jetons pour la lettre A et chacun rapporte 1 point (nombre donné en indice).
Arnaud tire un jeton au hasard. On note X la variable aléatoire égale au nombre de points indiqués sur le jeton.

a. Donner la loi de probabilité de X sous forme de tableau.
b. Calculer $P(X \geq 4)$ et $P(X \leq 5)$.
c. Calculer l'espérance de X.
d. Calculer l'écart type de X.

3 ★ 10 min **Marie-Christine a acheté un ticket de jeu à gratter. Au dos du ticket, il est indiqué : *« sur 4 500 000 tickets : 647 544 lots de 2 €, 450 008 lots de 4 €, 225 008 lots de 8 €, 44 992 lots de 18 €, 2 112 lots de 30 €, 415 lots de 200 €, 9 lots de 1 000 € et 4 lots de 20 000 €. »* On note X la variable aléatoire égale au gain de Marie-Christine.**

a. Calculer $P(X \geq 4)$.
b. Quel est le gain moyen que peut espérer gagner Marie-Christine ?
c. Calculer $\sigma(X)$.

4 ★★ 10 min **Un confiseur commercialise des cacahuètes enrobées de chocolats de différentes couleurs. On admet que parmi ces bonbons, un sur cinq est de couleur rouge. Thierry pioche deux bonbons dans son paquet. À l'aide d'un arbre pondéré, calculer la probabilité que Thierry obtienne :**

a. deux bonbons rouges ;
b. deux bonbons d'une autre couleur ;
c. au moins un bonbon rouge.

5 ★★ 10 min **Un forain organise un jeu avec une roue de loterie. La roue compte un secteur vert, trois secteurs jaunes et n secteurs blancs, tous de la même taille. En misant 3 €, un joueur peut faire tourner la roue. S'il tombe sur le secteur vert il gagne un lot de 15 €, s'il tombe sur un secteur jaune il gagne un lot de 5 € et s'il tombe sur un secteur blanc il ne gagne rien du tout. On note X_n la variable aléatoire égale au gain total du joueur.**

a. Donner la loi de probabilité de X_n.
b. Pour compenser ses frais divers, le forain estime qu'il doit gagner au moins deux euros par partie.
Autrement dit, il veut avoir : $E(X_n) \leq -2$.
Déterminer le nombre minimum de secteurs blancs à prévoir pour que le forain rentre dans ses frais.

6 ★★ 10 min **Une rivière sort régulièrement de son lit. On estime la probabilité de devoir faire face à une crue chaque année à 10 %.**

Quelle est la probabilité de devoir faire face à au moins une crue sur deux années successives ?
On pourra s'aider d'un arbre.

7 ★★★ 30 min **On propose les deux jeux suivants :**

- ***Jeu n° 1 :***

Pour une mise de 7 €, le joueur lance deux dés classiques et remporte, en euros, la somme des deux valeurs indiquées.

- ***Jeu n° 2 :***

Pour une mise de 10 €, le joueur lance deux dés classiques et remporte, en euros, le produit des deux valeurs indiquées.
On note respectivement X et Y les variables aléatoires égales au gain total du joueur dans les jeux 1 et 2.

Quel jeu est le plus « rentable » ?
Quel jeu est le plus risqué ?
Justifier par des calculs probabilistes après avoir donné les lois de probabilités de X et Y.

8 ★★★ 20 min DÉMONSTRATION **Soit X une variable aléatoire prenant deux valeurs : x_1 et x_2.**

a. Montrer que $V(X) = E(X^2) - E(X)^2$.
b. Démontrer la même formule dans le cas général (pour une variable aléatoire prenant n valeurs) en utilisant le symbole Σ.
Ce résultat est le théorème de König-Huyghens.

MATHS

Algorithmes et programmation

Cours

1 Notion d'algorithme

Un algorithme est une suite finie et ordonnée d'instructions à réaliser qui s'appliquent à un nombre fini de données afin de produire un résultat. Ce résultat doit être obtenu en un nombre fini d'étapes.
Un algorithme se décompose en trois grandes parties : l'entrée ou l'initialisation des données, le traitement des données et enfin la sortie qui fournit le résultat.

2 Notions de programme, de variable et de fonction

- Un programme est la traduction d'un algorithme dans un langage informatique qui permet de faire exécuter les instructions par un ordinateur.
- Les programmes s'appuient sur la notion de variable. Une variable informatique peut être vue comme un emplacement de mémoire dans lequel on stocke une valeur qu'il est possible de modifier. Les variables peuvent être de plusieurs types : nombre entier, nombre flottant (avec une virgule), chaîne de caractères, ou encore booléen (un type de variable destiné à représenter une valeur de vérité et ne prenant que deux valeurs possibles : vrai ou faux).
- Pour indiquer qu'on donne une valeur a à une variable x, on écrit : « $x \leftarrow a$ » ce qui se lit « x prend la valeur a » ; on dit qu'on a affecté la valeur a à la variable x.
- Une fonction est un bloc d'instructions qui a reçu un nom. Le résultat renvoyé par une fonction dépend des paramètres d'entrée appelés arguments de la fonction.

3 Langage Python

Voici les traductions de certaines opérations classiques en langage Python.

- L'affectation $a \leftarrow b$ s'écrit a = b.
- Le test d'égalité s'écrit == .
- Les opérations +, −, × et / s'écrivent +, -, * et / .
- a^n s'écrit a**n.
- a%b donne le reste dans la division du nombre a par le nombre b.
- $\sqrt{a}$ s'écrit sqrt(a).
- len(C) donne la longueur de la chaîne de caractères C.
- C[k] donne le $(k+1)^{\text{ème}}$ élément de la chaîne de caractères C.
- Pour séparer des commandes, on peut passer à la ligne ou utiliser un point-virgule.

Rappel

Dans le langage Python, le début des instructions à répéter est repéré par les deux points (« : ») et la fin est signalée par l'indentation (le décalage des instructions vers la droite).

4 Si… Alors… Sinon…

Lors de la conception d'un algorithme, on peut être amené à vouloir conditionner l'exécution de certaines instructions à la réalisation d'une certaine condition.

La structure « Si… Alors… Sinon » permet d'effectuer des instructions différentes suivant qu'une condition est réalisée ou non.

Si *condition C*
  Alors *liste d'instructions 1*
  Sinon *liste d'instructions 2*
Fin Si

Si la *condition C* est vérifiée alors on applique uniquement la liste d'instructions 1.

Si la *condition C* n'est pas vérifiée alors on applique uniquement la liste d'instructions 2.

Il est possible de ne pas prévoir de partie « Sinon ». Dans ce cas, si la *condition C* n'est pas vérifiée, alors on passe directement aux instructions qui suivent le Fin Si.

>> Dans le langage Python, il n'y a pas d'instruction particulière pour signaler la fin d'une instruction conditionnelle.
On n'écrit donc pas de « Fin Si ».
C'est l'indentation des lignes de code vers la droite (les espaces) qui permet de délimiter les blocs d'instructions.

Algorithme	Traduction en Python

Si *condition C*
    Alors *liste d'instructions 1*
    Sinon *liste d'instructions 2*
Fin Si
	if *condition C*:
	  instructions A
	else:
	  instructions B

Exos résolus

1 Appliquer une liste d'instructions

Soient a et b deux variables. On considère l'algorithme ci-contre. Indiquer dans un tableau les valeurs prises successivement par les variables a et b lorsqu'on exécute cet algorithme.

```
1  a ← 2
2  b ← 3
3  a ← a + b
4  b ← b + 1
5  b ← a × b
6  a ← a² – b
```

RÉSOLUTION

Les deux premières lignes de l'algorithme indiquent que les variables a et b sont initialisées à 2 et 3.
La ligne 3 indique qu'on affecte à la variable a la valeur $a + b$, c'est-à-dire $2 + 3$, soit 5.
La ligne 4 indique qu'on affecte à la variable b la valeur $b + 1$, c'est-à-dire $3 + 1$, soit 4.
La ligne 5 indique qu'on affecte à la variable b la valeur $a \times b$, c'est-à-dire maintenant 5×4, soit 20.
La ligne 6 indique qu'on affecte à la variable a la valeur $a^2 - b$, c'est-à-dire maintenant $5^2 - 20$, soit 5.

a	b
2	3
5	4
5	20

2 Appliquer des instructions conditionnelles

On considère la fonction Python ci-contre.

```
1  def f(a):
2      if a<25:
3          if a>10:
4              a=20-a
5          else:
6              a=0.5*a+5
7      else:
8          if a<40:
9              a=2*a-55
10         else:
11             a=0.25*a+15
12     return(a)
```

a. Déterminer le résultat obtenu si on applique cette fonction aux nombres 5, 23 et 48.

RÉSOLUTION

▶ On applique f avec a=5. La condition de la ligne 2 est vérifiée donc on passe à la ligne 3.
La condition de la ligne 3 n'est pas vérifiée donc on passe ligne 5.
À la ligne 6, la variable a prend la valeur 0,5 × 5 + 5, soit 7,5.

▶ On applique f avec a=23. La condition de la ligne 2 est vérifiée donc on passe à la ligne 3.
La condition de la ligne 3 est vérifiée donc on passe ligne 4.
La variable a prend alors la valeur 20 – 23, soit –3.

▶ On applique f avec a=48. La condition de la ligne 2 n'est pas vérifiée donc on passe à la ligne 7. La condition de la ligne 8 n'est pas vérifiée donc on passe ligne 10. À la ligne 11, la variable a prend la valeur 0,25 × 48 + 15, soit 27.

b. Donner une valeur pour laquelle on appliquera les instructions de la ligne 9.

RÉSOLUTION

Pour appliquer la ligne 9, il faut que la variable a vérifie la condition de la ligne 8 mais pas celle de la ligne 2.
Il faut donc choisir une valeur dans l'intervalle [25 ; 40[.

Algorithmes et programmation

Exercices

1 ★ 10 min **On considère l'algorithme de « L'exercice résolu 1 ».**

a. Donald pense que si on entre une valeur x dans la variable a et une valeur y dans la variable b au début de l'algorithme alors, en fin d'exécution, la variable a contiendra $x + y$. A-t-il raison ?

b. On échange maintenant les troisième et quatrième lignes de l'algorithme. Boris pense que cela ne change rien au résultat final. Est-ce vrai ?

2 ★ 10 min **On considère cette fonction Python.**

```
from math import *
def prog(x,y) :
    a=x**2
    b= 2*x+y
    a=a+y*b
    b=sqrt(a)*(b-7)
    return(b)
```

a. Déterminer le résultat affiché si on saisit la commande >>>prog(3,2).

b. Ted affirme que le résultat obtenu est toujours égal à la somme des deux nombres saisis. A-t-il raison ?

> La commande return permet de renvoyer un résultat (éventuellement utilisable dans un autre calcul). from math import * permet d'avoir accès à certaines fonctions comme sqrt par exemple.

3 ★ 5 min **On considère le programme ci-dessous.**

Qu'obtient-on si on demande les valeurs des variables c, d et e ?

```
from math import *
a=7;b=5
c=(a*b-b)/3
d=c**2
e=(d+3)%5
```

4 ★ 10 min **Claire est en voyage aux États-Unis. Elle regarde un bulletin météo et remarque que les températures indiquées à New-York, Dallas et Seattle sont de 68, 86 et 50 degrés Fahrenheit.**

La fonction ci-dessous, saisie dans le langage Python, permet de convertir une température donnée en degrés Fahrenheit en degrés Celsius.

```
def fahrenheit_en_celsius import (tf):
    tc=(tf–32)/1.8
    return(tc)
```

a. En exécutant cette fonction, déterminer les températures indiquées à New-York, Dallas et Seattle en degrés Celsius.

b. Écrire une fonction en langage Python, qui convertit les degrés Celsius en Fahrenheit.

5 ★ 15 min

a. Compléter la fonction en langage Python ci-dessous qui, étant donné les coordonnées de deux points A et B du plan, donne une valeur approchée de la longueur AB.

```
from math import *
def longueur(xA,yA,xB,yB) :

        return(L)
```

b. Compléter la fonction en langage Python ci-dessous qui, étant donné les coordonnées de deux points A et B du plan, donne les coordonnées du milieu du segment [AB].

```
from math import *
def milieu(xA,yA,xB,yB) :


        return(xI,yI)
```

c. Écrire une fonction en langage Python qui, étant donné les coordonnées de deux points A et B du plan, donne les coefficients a, b et c d'une équation cartésienne $ax + by + c = 0$ de la droite (AB).

> Voir chapitres 12 et 16 pour des rappels de géométrie.

6 ★ 10 min **Dans une grande ville, les étudiants peuvent bénéficier du mode de tarification mensuel suivant pour les transports en commun :**

- **chaque trajet de moins d'une heure est facturé 1,20 € pour les 40 premiers trajets ;**
- **tous les trajets qui suivent (le 41e, le 42e, etc.) sont gratuits.**

La fonction Python ci-dessous permet de calculer le montant à payer en fin de mois en fonction du nombre de trajets effectués.

```
1 def tarifs(trajets):
2     if trajets<40:
3         coût=trajets* 1.2
4     else:
5         coût=48
6     return(coût)
```

a. Expliquer pourquoi la variable *coût* prend la valeur 48 ligne 5.

b. Quels résultats obtient-on en saisissant tarif(20) et tarif(50) ?

7 ★ 10 min **On considère cette fonction Python.**

```
def transmot(C):
    L=len(C)
    D=C[0]+C[1]+C[L-2]+C[L-1]
    return(D)
```

Qu'obtient-on si on saisit dans la console les commandes ci-dessous ?

a. >>> transmot('bonjour les amis')

b. >>> transmot('copain')

c. >>> transmot('bol avec eau et sodium')

d. >>> transmot('tu')

Les espaces sont considérées comme des caractères.

8 ★ 10 min **On considère la fonction écrite en langage Python ci-dessous.**

```
def transforme_mot(C):
    D=C[0]+C[1]+C
    return(D)
```

a. Qu'obtient-on si on saisit les commandes ci-dessous ?

>>> transforme_mot('bar')

>>> transforme_mot('bulle')

b. Écrire en langage Python une fonction trans_mot qui, étant donné une chaîne de caractères C, renvoie la chaîne C suivie de ses deux derniers caractères.

Par exemple, l'application de cette fonction donnerait :

>>> trans_mot('monpa')

'monpapa'

c. Qu'obtient-on si on saisit >>> trans_mot('monton') ?

9 ★★ 15 min **Étienne participe à une course. Le départ de la course a lieu à 9h30 et tous les concurrents finissent la course en moins de 12 heures. Le programme écrit en Python ci-dessous permet d'afficher le temps mis par un athlète pour finir la course quand on saisit son heure d'arrivée.**

```
def timing(h,m):
    if m>=30:
        h=..............
        m=..............
    else:
        h=..............
        m=..............
    print(h, 'h et ',m, 'min.')
```

Voici les résultats affichés pour des arrivées à 13h43 et 13h17 :

```
>>> timing(13,43)
4 h et 13 min.
>>> timing(13,17)
3 h et 47 min.
```

Compléter les instructions manquantes dans le programme.

10 ★★ 15 min

a. Écrire un algorithme qui, étant donné les coordonnées de quatre points A, B, C et D, indique si les droites (AB) et (CD) sont perpendiculaires.

On peut utiliser le produit scalaire

b. Proposer un exemple de jeu de données pour lequel le résultat affiché est négatif.

c. Proposer un exemple de jeu de données pour lequel le résultat affiché est positif.

11 ★★ 15 min

a. Écrire en langage Python une fonction qui, étant donné deux nombres a et b, affiche le plus grand.

b. Écrire en langage Python une fonction qui, étant donné trois nombres a, b et c, affiche le plus grand.

Proposer des exemples de nombres permettant de tester tous les cas de figure envisageables.

12 ★★★ 15 min **Marie a décidé de se mettre au sport et se rend à son école en vélo. Pour se changer les idées, elle prévoit d'aller voir un film au cinéma de quartier en sortant des cours. Le cinéma (C) et l'école (E) sont situés sur le même axe routier à 300 mètres l'un de l'autre. On note V l'endroit où Marie dépose son vélo et x l'abscisse de ce point V.**

La situation est modélisée ainsi :

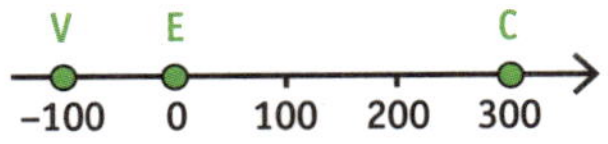

On note f la fonction qui à x associe la distance parcourue par Marie pour effectuer le parcours vélo-école-cinéma-vélo.

a. Calculer la distance parcourue par Marie pour : $x = -20$, $x = 60$ et $x = 400$.

b. Parmi les programmes suivants, déterminer quel est le seul qui permet de calculer correctement la distance parcourue par Marie.

```
def prog1(x):
    if x<0:
        y=2*x+600
    else:
        if x>300:
            y=2*x
        else:
            y=600
    return(y)
```

```
def prog2(x):
    if x>300:
        y=2*x
    else:
        if x<300:
            y=600
        else:
            y=600-2*x
    return(y)
```

```
def prog3(x):
    if x<0:
        y=600-2*x
    else:
        if x<300:
            y=600
        else:
            y=2*x
    return(y)
```

21

ALGORITHMIQUE ET PROGRAMMATION

Boucles « Pour » et « Tant que »

Cours

1 Boucle « Pour »

Lorsqu'on désire répéter un certain nombre de fois, connu à l'avance, un bloc d'instructions donné, on peut utiliser une boucle « Pour ».

> **Pour** k variant de 1 à n faire
> *Bloc d'instructions à répéter*
> **Fin Pour**

Ici, la variable k prend les valeurs 1, puis 2, 3, 4... jusque n. Cette variable permet de contrôler le nombre de répétitions. Lorsque l'on veut répéter les instructions pour k allant de 0 à n, on peut saisir « for k in range(n+1) » plutôt que « for k in range(0,n+1) ».

Algorithme	Traduction en Python
Pour k variant de d à n faire *Bloc d'instructions à répéter* **Fin Pour**	for k in range(d,n+1): *instructions à répéter*

Histoire

Le langage Python a été développé à la fin des années 1980 par **Guido van Rossum** (né en 1956) et a été nommé ainsi sous forme de clin d'œil à la série télévisée *Monty Python's flying circus*.

2 Boucle « Tant que »

Lorsqu'on désire répéter un certain nombre de fois un bloc d'instructions donné, et ce jusqu'à ce qu'une certaine condition ne soit plus vérifiée, on peut utiliser une boucle « Tant que ».

> **Tant que** *condition C*
> *Bloc d'instructions à répéter*
> **Fin Tant que**

Ici, on arrête d'exécuter le bloc d'instructions dès que la *condition C* n'est plus vérifiée. Cette condition permet de contrôler le nombre de répétitions.

Algorithme	Traduction en Python
Tant que *condition C* *Bloc d'instructions à répéter* **Fin Tant que**	while *condition C*: *instructions à répéter*

Exos résolus

1 Utiliser une boucle « Pour » pour calculer une somme

Écrire un algorithme permettant de calculer la somme des carrés des entiers allant de 1 jusqu'à 100.

RÉSOLUTION

- On utilise une variable S pour calculer la somme voulue.
- On commence par donner la valeur 0 à S.
- On lui ajoute ensuite le carré de 1 : S prend la valeur $S+1^2=0+1=1$.
- On lui ajoute ensuite le carré de 2 : S prend la valeur $S+2^2=1+4=5$.
- On lui ajoute ensuite le carré de 3 : S prend la valeur $S+3^2=5+9=14$.
- On continue ainsi jusqu'au carré de 100.
- Finalement, l'algorithme et sa traduction en langage Python s'écrivent :

$S \leftarrow 0$
Pour k variant de 1 à 100 faire
$S \leftarrow S+k^2$
Fin Pour
Afficher S

```
S=0
for k in range (1,101):
    S=S+k**2
print(S)
```

2 Appliquer une boucle « Tant que »

On considère la fonction Python ci-contre.

Déterminer le résultat obtenu si on saisit algo(1.8).

```
1 def algo(N):
2     S=1
3     k=1
4     while S<N:
5         k=k+1
6         S=S+1/k
7     return(k)
```

RÉSOLUTION

- Les lignes 2 et 3 indiquent que les variables S et k sont initialisées à 1.
- La condition de la ligne 4 est vérifiée car 1 < 2,2 donc on applique les instructions des lignes 5 et 6 :
k prend la valeur 1 + 1 = 2 et S prend la valeur $1+\frac{1}{2}=\frac{3}{2}$.
- La condition de la ligne 4 est vérifiée car $\frac{3}{2}<2,2$ donc on applique à nouveau les instructions des lignes 5 et 6 :
k prend la valeur 2 + 1 = 3 et S prend la valeur $\frac{3}{2}+\frac{1}{3}=\frac{11}{6}$.
- Cette fois-ci, la condition de la ligne 4 n'est plus vérifiée car $\frac{11}{6}\approx 1,83 \geq 1,8$.

On passe donc à l'instruction de la ligne 7. Le résultat affiché est donc : 3.

Exercices

1 ★★ 15 min

a. Appliquer l'algorithme suivant en remplissant un tableau.

```
Total ← 0
Pour k allant de 1 à 8 faire
  Total ← Total + k
Fin Pour
```

b. Exprimer en français ce que représente la valeur contenue dans la variable « Total » à la fin de l'exécution de cet algorithme.

c. Écrire en langage Python une fonction somme qui, étant donné un entier naturel n, renvoie la somme des entiers de 1 à n.

2 ★ 10 min

a. Comment traduit-on en langage Python l'instruction « Pour i allant de 0 à 15 » ?

b. Quelles sont les valeurs prises par la variable k lors de l'instruction for k in range(4,10) ?

c. Combien de valeurs différentes prend la variable j lors de l'instruction for j in range(1,50) ?

3 ★★ 15 min **Willy a décidé de se remettre au sport. Cette semaine, il fait 400 mètres de nage libre et décide que chaque semaine, il en fera 25 de plus.**

a. Combien de mètres nagera Willy la quatrième semaine ? Combien en aura-t-il parcourus au total ?

b. Compléter l'algorithme ci-dessous afin que la variable *Total* contienne, en fin d'exécution, la distance totale parcourue par Willy au bout de 52 semaines.

```
distance ← .........
Total ← .........
Pour i allant de 2 à 52 faire
    distance ← .........
    Total ← .........
Fin Pour
```

c. Traduire cet algorithme en langage Python et indiquer la distance totale parcourue par Willy dans 52 semaines.

4 ★★★ 10 min

a. Quel résultat va s'afficher si on exécute le programme Python ci-dessous ?

```
a=1
while a**2<2:
    a=a+0.1
print(a-0.1,a)
```

La commande « print » permet d'afficher un résultat.

b. Indiquer en français ce que représente le résultat obtenu.

c. Proposer une version modifiée du programme précédent pour obtenir un encadrement d'amplitude 0,001 de $\sqrt{5}$.

5 ★★★ 15 min **Arthur joue avec des briques en plastique. Il réalise des empilements sur le modèle ci-dessous.**

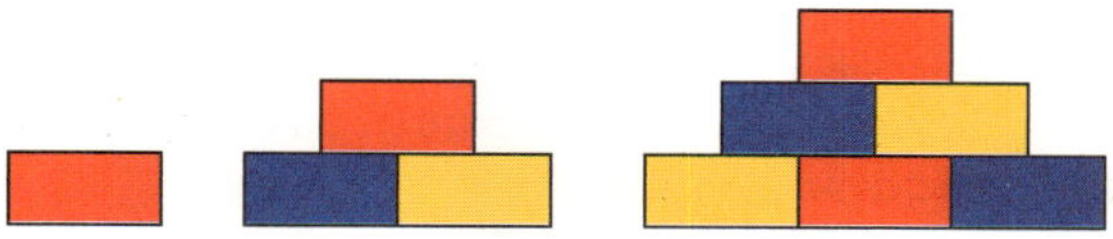

Le premier empilement compte une brique, le deuxième 3, le troisième 6, etc.

a. Écrire un programme *Briques* qui, étant donné le nombre n de briques disponibles, affiche le nombre d'étages maximum de l'empilement qu'Arthur puisse réaliser.

b. Modifier le programme précédent pour qu'il affiche aussi le nombre de briques restantes.

6 ★★★ 20 min **Charlotte place 2 000 € sur un compte. Chaque année, son capital augmente de 2 % et elle retire 20 €.**

a. Quel sera le capital disponible sur le compte de Charlotte dans un an ? dans deux ans ?

b. Écrire un programme qui, étant donné une somme S fixée, détermine le nombre minimum d'années à attendre pour que le capital disponible soit supérieur ou égal à S.

c. Combien d'années doit attendre Charlotte pour doubler son capital ?

7 ★★★ 15 min **En programmant un algorithme dans le langage Python, déterminer le plus petit entier n tel que $1{,}005^n > 7\,500$.**

Histoire

- Le mot « algorithme » vient de la latinisation du nom d'**Al Khwarizmi**, célèbre représentant de l'école de Bagdad sous le califat d'Al Mamoun (vers 800).
- **Ada Lovelace** (1815-1852) est la première à écrire de véritables programmes informatiques. Ils étaient destinés à une machine inventée par Charles Babbage et qui peut être vue comme l'ancêtre de l'ordinateur… mais qui n'a, hélas, pas été construite du vivant de son concepteur.

MATHS

Traitement des listes

Cours

Attention
range n'est en fait pas du même type qu'une liste.

1 Notion de liste

▶ Dans le langage Python, une liste est une série de valeurs séparées par des virgules placée entre crochets. L'indexation des valeurs commence à 0.
Par exemple, si L=[1,6,8,5], L[0] est égal à 1 et L[3] est égal à 5.

▶ La commande list(range(d,n+1)) permet de construire une liste d'entiers allant de d jusqu'à n.
Par exemple, list(range(1,4)) renvoie la liste [1,2,3].

▶ La liste vide, qui se note [], permet souvent de construire une liste sans connaître à l'avance son nombre d'éléments.

2 Manipulation des listes

Sous Python, on peut utiliser différentes méthodes sur les listes.
Dans tous les exemples qui suivent, on a L=[1,6,8,5].

▶ ajouter un élément à la fin :
en saisissant L.append(4), L devient [1,6,8,5,4].

▶ ajouter plusieurs éléments à la fin :
en saisissant L.extend([4,5]), L devient [1,6,8,5,4,5].

▶ insérer un élément en rang n (attention on commence à 0) :
en saisissant L.insert(2,12), L devient [1,6,12,8,5].

▶ supprimer un élément de rang n :
en saisissant L.pop(2), L devient [1,6,5].

▶ renverser une liste :
en saisissant L.reverse(), L devient [5,8,6,1].

▶ trier une liste :
en saisissant L.sort(), L devient [1,5,6,8].

▶ compter le nombre d'éléments de L égaux à x :
en saisissant L.count(8), on obtient 1.

▶ obtenir le minimum ou le maximum des éléments :
min(L) donne 1 et max(L) donne 8.

▶ additionner les éléments : sum(L) donne 20.

▶ obtenir la longueur d'une liste : len(L) donne 4.

3 Construction de listes par compréhension

La construction d'une liste par compréhension est un mécanisme qui permet de construire une liste à partir d'une autre.

Exemple :
Lx=[3,7,2,9,8,0,1]
Ly=[x**2 for x in Lx]
La liste Ly est : [9,49,4,81,64,0,1].

Il est possible de restreindre l'instruction à certains éléments.

Exemple :
Lz=[x**2 for x in Lx if x>4]
La liste Lz est : [49,81,64], l'instruction n'a été appliquée qu'aux éléments vérifiant la condition $x > 4$.

Exos résolus

1 Manipuler les éléments d'une liste

Quelle est la valeur de L une fois les instructions ci-contre exécutées ?

```
1 L=list(range(0,4))
2 L.append(9)
3 L.reverse()
4 L.pop(1)
5 L.insert(3,max(L))
```

RÉSOLUTION

À la ligne 1, L vaut [0,1,2,3].
À la ligne 2, L vaut [0,1,2,3,9].
À la ligne 3, L vaut [9,3,2,1,0].
À la ligne 4, L vaut [9,2,1,0].
À la ligne 5, max(L) vaut 9 et donc L vaut [9,2,1,9,0].

2 Générer une liste

Soit P la fonction définie sur $\mathbb{R}$ par $P(x) = x^2 - x$.
On dispose de la fonction Python :

```
def P(x):
    return(x**2-x)
```

a. Écrire une fonction Python qui, étant donné une liste L de réels x, renvoie la liste des valeurs de $P(x)$ en procédant par ajouts successifs.

RÉSOLUTION

```
def listeP(L):
    ListeY=[]
    for x in L:
        ListeY.append(P(x))
    return(ListeY)
```

On initialise la liste à renvoyer à la liste vide. On utilise ensuite une boucle pour et la méthode append.

b. Reprendre la question précédente en procédant par compréhension.

RÉSOLUTION

```
def listeP(L):
    return([P(x) for x in L])
```

Exercices

1 ★ 5 min **Quelle est la valeur de L une fois les instructions suivantes exécutées ?**

```
L=list(range(2,6))
L.reverse()
L.pop(0)
L.insert(2,0)
```

2 ★★ 10 min

a. Que permet d'obtenir l'instruction suivante ?
sum([1/n for n in list(range(1,10))])

b. Calculer en une seule instruction la somme des cubes des entiers de 1 à 100.

c. Calculer en une seule instruction le carré de la somme des entiers de 1 à 100.

3 ★★★ 20 min **Soit f une fonction dérivable sur $\mathbb{R}$ de courbe représentative $\mathscr{C}$. On note T la tangente à $\mathscr{C}$ au point A d'abscisse a. Au voisinage de A, $\mathscr{C}$ et T sont proches donc, pour une petite valeur du réel h, on a $f(a+h) \approx f(a) + hf'(a)$.**

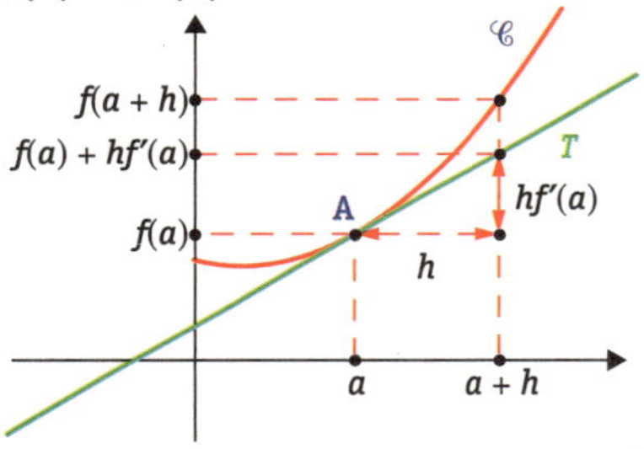

Soit n un entier naturel non nul. On pose $h = \frac{1}{n}$, et pour tout entier naturel k, $x_k = \frac{k}{n}$ et $y_k = \exp(x_k)$.

a. Montrer que $y_0 = 1$, $y_n = e$ et que $y_{k+1} \approx \left(1+\frac{1}{n}\right)y_k$.

b. On pose maintenant $u_0 = 1$ et $u_{k+1} = \left(1+\frac{1}{n}\right)u_k$.
Donner l'expression de u_k en fonction des entiers k et n.

c. Pour tout entier n non nul, on pose maintenant $v_n = \left(1+\frac{1}{n}\right)^n$.
Construire sous Python la liste des 1 000 premiers termes de la suite (v_n).
Quelle semble être la limite de cette suite ?

> La méthode mise en œuvre ici est appelée « méthode d'Euler ».

4 ★★★ 30 min **On lance trois dés bien équilibrés et on s'intéresse à la somme des nombres obtenus.**

a. Quelles sont les issues possibles de cette expérience aléatoire ?
Créer la liste issues de toutes les issues possibles.

b. Créer une liste L de 1 000 simulations de cette expérience aléatoire.
Le résultat d'un dé peut être simulé par l'instruction randint(1,6).

c. Quelle instruction permet de compter le nombre d'occurrences du résultat 10 dans la liste L ?

d. Créer la liste freq des fréquences d'apparition de chacune des issues possibles dans la liste L.

e. On note f_i la fréquence d'apparition de l'entier i dans les résultats obtenus par simulation.
Compléter les instructions suivantes afin de calculer la somme $m = \sum_{i=3}^{i=18} i \times f_i$.

```
m=0
for i in range (0,16):
    m=...
```

> Les listes issues et freq contiennent bien 16 éléments, numérotés de 0 à 15. C'est pourquoi la boucle « pour » s'effectue ici sur range(0,16).

f. Compléter les instructions suivantes afin de calculer la somme $V = \sum_{i=3}^{i=18} f_i \times (x_i - m)^2$.

```
V=0
for i in range (0,16):
    V=...
```

g. Effectuer plusieurs simulations et donner une valeur approchée de $E(X)$ et $\sigma(X)$ où X est la variable aléatoire égale au résultat du lancer de trois dés.

5 ★★★ 20 min **Un damier d'une rangée de carrés est dessiné avec des traits en pointillé. On repasse en bleu certaines arêtes de manière à pouvoir relier, d'une unique façon, n'importe quel sommet des carrés du damier à n'importe quel autre en suivant un tracé bleu.**

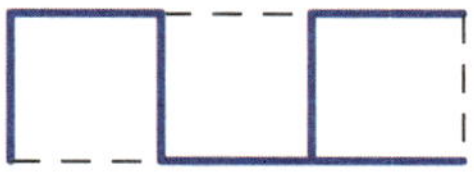

a. De combien de façons différentes peut-on tracer les traits bleus si le damier ne compte qu'un seul carré ?

b. Dessiner les 15 solutions pour un damier de deux carrés.

c. On note u_n le nombre de solutions pour un damier de n carrés.
On admet qu'une analyse du problème permet d'obtenir la relation suivante :
$u_n = 3u_{n-1} + 2(u_{n-2} + u_{n-3} + \ldots + u_1) + 3$.
En déduire que $u_n = u_{n-1} + 2(u_{n-1} + u_{n-2} + u_{n-3} + \ldots + u_1) + 3$.

d. On souhaite maintenant écrire dans le langage Python une fonction qui, étant donné un entier n supérieur ou égal à 2, renvoie la liste des n premières valeurs de (u_n).
Compléter l'instruction manquante dans le programme ci-dessous.

```
def valeurs(n):
    L=[4,15]
    for k in range(1,n-1):
        L.append(...............)
    return(L)
```

e. Combien vaut u_{10} ?

MATHS

FORMULAIRE

ALGÈBRE

Calcul littéral

Identités remarquables :

$(a+b)^2=a^2+2ab+b^2$ $\quad$ $(a-b)^2=a^2-2ab+b^2$

$(a-b)(a+b)=a^2-b^2$

Autres identités :

$(a+b)^3=a^3+3a^2b+3ab^2+b^3$

$(a-b)^3=a^3-3a^2b+3ab^2-b^3$

$(a+b+c)^2=a^2+b^2+c^2+2ab+2ac+2bc$

Racines carrées

Si a et b sont des nombres réels positifs.

$\sqrt{a\times b}=\sqrt{a}\times\sqrt{b}$ $\quad$ $\sqrt{\dfrac{a}{b}}=\dfrac{\sqrt{a}}{\sqrt{b}}$ $\quad$ $\left(\sqrt{a}\right)^2=a$

Pour tout réel x : $\sqrt{x^2}=|x|$.

Puissances

Soient m et n deux nombres entiers relatifs et a et b deux nombres réels différents de 0.

$a^m a^n=a^{m+n}$ $\quad$ $\left(a^m\right)^n=a^{mn}$ $\quad$ $a^n b^n=(ab)^n$

$a^{-n}=\dfrac{1}{a^n}$ $\quad$ $\dfrac{a^m}{a^n}=a^{m-n}$ $\quad$ $\dfrac{a^n}{b^n}=\left(\dfrac{a}{b}\right)^n$

Équations du second degré

On considère l'équation $ax^2+bx+c=0$

Discriminant : $\Delta=b^2-4ac$.

- Si $\Delta<0$: pas de solution réelle.
- Si $\Delta=0$: une seule solution : $x_0=\dfrac{-b}{2a}$.
- Si $\Delta>0$: deux solutions : $x_1=\dfrac{-b-\sqrt{\Delta}}{2a}$ et $x_2=\dfrac{-b+\sqrt{\Delta}}{2a}$.

Taux d'évolution

Taux d'évolution de y_1 à y_2 : $t=\dfrac{y_2-y_1}{y_1}$.

Coefficient multiplicateur associé à t : $k=1+t=\dfrac{y_2}{y_1}$.

On a : $t=k-1$, $y_2=k\times y_1$ et $y_1=\dfrac{y_2}{k}$.

ANALYSE

Suites

Suites arithmétiques :

$u_{n+1}=u_n+r$ $\quad$ $u_n=u_0+nr$ $\quad$ $u_n=u_1+(n-1)r$

$1+2+3+\cdots+n=\dfrac{n(n+1)}{2}$.

Somme des termes :

$S=\dfrac{(\text{premier terme}+\text{dernier terme})\times\text{nombre de termes}}{2}$.

Suites géométriques :

$u_{n+1}=u_n\times q$ $\quad$ $u_n=u_0\times q^n$ $\quad$ $u_n=u_1\times q^{n-1}$

$1+q+q^2+\cdots+q^n=\dfrac{1-q^{n+1}}{1-q}$.

Somme des termes :

$S=\text{premier terme}\times\dfrac{1-q^{\text{nombre de termes}}}{1-q}$.

Dérivation

Équation de la tangente à $\mathscr{C}_f$ au point d'abscisse a :

$y=f'(a)(x-a)+f(a)$.

$f(x)=\dots$	Intervalle I	$f'(x)=\dots$
k (k est une constante)	$\mathbb{R}$	0
x	$\mathbb{R}$	1
ax, $a\in\mathbb{R}$	$\mathbb{R}$	a
x^2	$\mathbb{R}$	$2x$
x^3	$\mathbb{R}$	$3x^2$
x^n ($n\in\mathbb{N}^*$)	$\mathbb{R}$	nx^{n-1}
$\dfrac{1}{x}$	$\mathbb{R}^*$	$\dfrac{-1}{x^2}$
$\sqrt{x}$	$\mathbb{R}_+^*$	$\dfrac{1}{2\sqrt{x}}$
e^x	$\mathbb{R}$	e^x
e^{ax+b}	$\mathbb{R}$	ae^{ax+b}

Soient u et v deux fonctions dérivables sur un intervalle I et soit λ un nombre réel.

$(u+v)'=u'+v'$. $\quad$ $(\lambda u)'=\lambda u'$.

$(uv)'=u'v+uv'$. $\quad$ $\left(\dfrac{1}{v}\right)'=\dfrac{-v'}{v^2}$.

$\left(\dfrac{u}{v}\right)'=\dfrac{u'v-uv'}{v^2}$.

Fonction exponentielle

$e^0=1$ $\quad$ $e^{-a}=\dfrac{1}{e^a}$ $\quad$ $e^{a+b}=e^a e^b$

$e^a e^{-a}=1$ $\quad$ $e^{a-b}=\dfrac{e^a}{e^b}$ $\quad$ $e^{na}=\left(e^a\right)^n$, $n\in\mathbb{Z}$

Trigonométrie

$\cos\hat{B}=\dfrac{c}{a}$; $\sin\hat{B}=\dfrac{b}{a}$ et $\tan\hat{B}=\dfrac{b}{c}$.

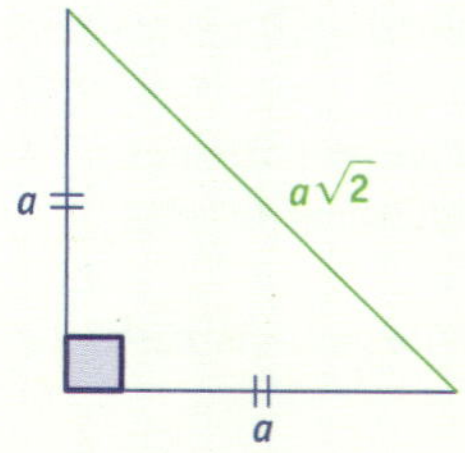

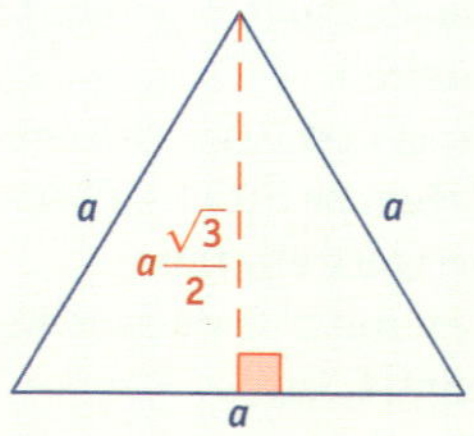

Degrés	0°	30°	45°	60°	90°	180°
Radians	0	$\frac{\pi}{6}$	$\frac{\pi}{4}$	$\frac{\pi}{3}$	$\frac{\pi}{2}$	π
cosinus	1	$\frac{\sqrt{3}}{2}$	$\frac{\sqrt{2}}{2}$	$\frac{1}{2}$	0	–1
sinus	0	$\frac{1}{2}$	$\frac{\sqrt{2}}{2}$	$\frac{\sqrt{3}}{2}$	1	0

Pour tout réel x :

$\cos^2(x)+\sin^2(x)=1$

$\cos(-x)=\cos(x)$ $\quad$ $\sin(-x)=\sin(x)$

$\cos(\pi-x)=-\cos(x)$ $\quad$ $\sin(\pi-x)=\sin(x)$

$\cos(\pi+x)=-\cos(x)$ $\quad$ $\sin(\pi+x)=-\sin(x)$

GEOMÉTRIE

Calculs dans le plan et vecteurs

Les coordonnées du milieu de [AB] sont :

$$\left(\frac{x_A+x_B}{2}\,;\,\frac{y_A+y_B}{2}\right).$$

Dans un repère orthonormé : $AB=\sqrt{(x_B-x_A)^2+(y_B-y_A)^2}$.

ABCD est un parallélogramme si, et seulement si, $\overrightarrow{AB}=\overrightarrow{DC}$.

ABCD est un parallélogramme si, et seulement si, $\overrightarrow{AB}+\overrightarrow{AD}=\overrightarrow{AC}$.

Relation de Chasles : $\overrightarrow{AB}+\overrightarrow{BC}=\overrightarrow{AC}$.

$\overrightarrow{AB}$ a pour coordonnées : $\begin{pmatrix}x_B-x_A\\y_B-y_A\end{pmatrix}$.

Soient $\vec{u}\begin{pmatrix}x\\y\end{pmatrix}$ et $\vec{v}\begin{pmatrix}x'\\y'\end{pmatrix}$ deux vecteurs.

$\vec{u}+\vec{v}$ a pour coordonnées : $\begin{pmatrix}x+x'\\y+y'\end{pmatrix}$.

Dans un repère orthonormé : $\|\vec{u}\|=\sqrt{x^2+y^2}$.

$\det(\vec{u},\vec{v})=\begin{vmatrix}x & x'\\y & y'\end{vmatrix}=xy'-yx'$.

$\vec{u}$ et $\vec{v}$ sont colinéaires si, et seulement si, $\det(\vec{u},\vec{v})=0$.

Coefficient directeur de la droite (AB) : $\frac{y_B-y_A}{x_B-x_A}$.

La droite d'équation $ax+by+c=0$ a pour vecteur directeur $\vec{u}\begin{pmatrix}-b\\a\end{pmatrix}$ et pour vecteur normal $\vec{n}\begin{pmatrix}a\\b\end{pmatrix}$.

Produit scalaire :

Dans un repère orthonormé :

- $\overrightarrow{AB}\cdot\overrightarrow{AC}=AB\times AC\times\cos(\widehat{BAC})$
- Si $\vec{u}$ et $\vec{v}$ ont pour coordonnées $\begin{pmatrix}x\\y\end{pmatrix}$ et $\begin{pmatrix}x'\\y'\end{pmatrix}$ alors $\vec{u}\cdot\vec{v}=xx'+yy'$.
- $\vec{u}\cdot\vec{v}=\frac{1}{2}\left(\|\vec{u}+\vec{v}\|^2-\|\vec{u}\|^2-\|\vec{v}\|^2\right)$.
- Soit H le projeté orthogonal de C sur la droite (AB) : $\overrightarrow{AB}\cdot\overrightarrow{AC}=\overrightarrow{AB}\cdot\overrightarrow{AH}$.

Théorème de la médiane :

On note I le milieu de [AB].

Pour tout point M : $MA^2+MB^2=2MI^2+\frac{1}{2}AB^2$.

Théorème d'Al-Kashi :

$a^2=b^2+c^2-2bc\cos(\hat{A})$.

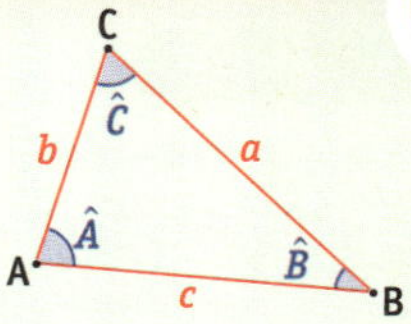

Cercles et paraboles

- Le cercle $\mathscr{C}$ de centre $\Omega(x_\Omega\,;y_\Omega)$ et de rayon R a pour équation : $(x-x_\Omega)^2+(y-y_\Omega)^2=R^2$.
- Le cercle $\mathscr{C}$ de diamètre [AB] a pour équation : $(x_A-x)(x_B-x)+(y_A-y)(y_B-y)=0$.
- La parabole d'équation $y=ax^2+bx+c$ a pour axe de symétrie la droite d'équation $y=-\frac{b}{2a}$.

PROBABILITÉS ET STATISTIQUES

Soient A et B deux événements.

$P(A\cup B)=P(A)+P(B)-P(A\cap B)$.

- Probabilité de l'événement contraire : $P(\overline{A})=1-P(A)$.
- Probabilité de B sachant A : $P_A(B)=\frac{P(A\cap B)}{P(A)}$.

$P(A\cap B)=P(A)\times P_A(B)=P(B)\times P_B(A)$

- Formule des probabilités totales :

$P(A)=P(A\cap B)+P(A\cap C)+P(A\cap D)$
$\quad=P(B)\times P_B(A)+P(C)\times P_C(A)+P(D)\times P_D(A)$

En particulier : $P(A)=P(A\cap B)+P(A\cap\overline{B})$.

- Conditions d'indépendance :

$P_A(B)=P(B)$ ou $P(A\cap B)=P(A)\times P(B)$

Soit X une variable aléatoire.

On note $p_k=P(X=k)$.

- Espérance : $E(X)=\sum_{k=1}^{k=n}x_kp_k$
- Variance : $V(X)=\sum_{k=1}^{k=n}p_k\left(x_k-E(X)\right)^2$
- Écart type : $\sigma(X)=\sqrt{V(X)}$.

ALGORITHMIQUE ET PROGRAMMATION

Langage Python

- affectation ($a\leftarrow b$) : a = b
- test d'égalité : ==
- a^n : a**n
- reste dans la division de a par b : a%b
- quotient dans la division de a par b : a//b
- $\sqrt{a}$: sqrt(a)
- longueur de la chaîne de caractères C : len(C)
- $(k+1)^{\text{ème}}$ caractère de la chaîne C : C[k]
- afficher : print
- retourner : return
- si… alors… : if … :
- sinon… : else:
- tant que… faire : while … :
- pour k allant de d à n faire : for k in range(d,n+1):

1 Page 142

1 **a.** $x^2+8x+16=(x+4)^2$ **b.** $x^2-9x+20,25=(x-4,5)^2$
c. $4x^2+12x+9=(2x+3)^2$

2 **a.** $3(x-5)^2-3=3(x^2-10x+25)-3$
$=3x^2-30x+75-3$
$=3x^2-30x+72=f(x)$.

b. $x^2+6x-15=x^2+6x+3^2-3^2-15$
$=(x+3)^2-9-15$
$=(x+3)^2-24$.

$x^2-5x+0,25=x^2-5x+2,5^2-2,5^2+0,25$
$=(x-2,5)^2-6,25+0,25$
$=(x-2,5)^2-6$.

3 **a.** On a : $a=3$, $b=-5$ et $c=2$.
On a donc : $\Delta=(-5)^2-4\times3\times2=1$.
Le discriminant est positif donc il y a deux solutions :
$x_1=\dfrac{-(-5)-\sqrt{1}}{2\times3}=\dfrac{2}{3}$ et $x_2=\dfrac{-(-5)+\sqrt{1}}{2\times3}=1$.

b. On a : $a=-2$, $b=7$ et $c=4$.
On a donc : $\Delta=7^2-4\times(-2)\times4=81$.
Le discriminant est positif donc il y a deux solutions :
$x_1=\dfrac{-7-\sqrt{81}}{2\times(-2)}=4$ et $x_2=\dfrac{-7+\sqrt{81}}{2\times(-2)}=-\dfrac{1}{2}$.

c. On a : $a=1$, $b=-4$ et $c=4$.
On a donc : $\Delta=(-4)^2-4\times1\times4=0$.
Le discriminant est nul donc il y a une seule solution :
$x_0=\dfrac{-(-4)}{2\times1}=2$.
On pouvait aussi reconnaître une identité remarquable :
$x^2-4x+4=0 \Leftrightarrow (x-2)^2=0$
$\Leftrightarrow x-2=0$
$\Leftrightarrow x=2$.

d. On a : $a=1$, $b=-2$ et $c=3$.
On a donc : $\Delta=(-2)^2-4\times1\times3=-8$.
Le discriminant est négatif donc il n'y a pas de solutions réelles.

e. On a : $a=4$, $b=-5$ et $c=0$.
On a donc : $\Delta=(-5)^2-4\times4\times0=25$.
Le discriminant est positif donc il y a deux solutions :
$x_1=\dfrac{-(-5)-\sqrt{25}}{2\times4}=0$ et $x_2=\dfrac{-(-5)+\sqrt{25}}{2\times4}=\dfrac{5}{4}$.
On pouvait aussi factoriser :
$4x^2-5x=0 \Leftrightarrow x(4x-5)=0$
$\Leftrightarrow x=0$ ou $4x-5=0$
$\Leftrightarrow x=0$ ou $x=\dfrac{5}{4}$.

f. On a : $a=4$, $b=0$ et $c=-9$.
On a donc : $\Delta=0^2-4\times4\times(-9)=144$.
Le discriminant est positif donc il y a deux solutions :
$x_1=\dfrac{-0-\sqrt{144}}{2\times4}=-\dfrac{3}{2}$ et $x_2=\dfrac{-0+\sqrt{144}}{2\times4}=\dfrac{3}{2}$.
On pouvait aussi procéder ainsi :
$4x^2-9=0 \Leftrightarrow 4x^2=9$
$\Leftrightarrow x^2=\dfrac{9}{4}$
$\Leftrightarrow x=\sqrt{\dfrac{9}{4}}=\dfrac{3}{2}$ ou $x=-\sqrt{\dfrac{9}{4}}=-\dfrac{3}{2}$.

g. $x^2+1=4x \Leftrightarrow x^2-4x+1=0$.
On a : $a=1$, $b=-4$ et $c=1$. On a donc : $\Delta=(-4)^2-4\times1\times1=12$.
Le discriminant est positif donc il y a deux solutions :
$x_1=\dfrac{-(-4)-\sqrt{12}}{2\times1}=\dfrac{4-2\sqrt{3}}{2}=2-\sqrt{3}$ et $x_2=\dfrac{-(-4)+\sqrt{12}}{2\times1}=2+\sqrt{3}$.

4 **a.** D'après l'exercice 3, les racines de P sont $x_1=\dfrac{2}{3}$ et $x_2=1$.
On a donc : $P(x)=3\left(x-\frac{2}{3}\right)(x-1)$. Voici le tableau de signe de P :

x	$-\infty$		$\frac{2}{3}$		1		$+\infty$
Signe de $P(x)$		+	0	–	0	+	

b. D'après l'exercice 3, les racines de Q sont $x_1=4$ et $x_2=-\dfrac{1}{2}$.
On a donc : $Q(x)=-2(x-4)\left(x+\frac{1}{2}\right)$.
Voici le tableau de signe de Q :

x	$-\infty$		$-\frac{1}{2}$		4		$+\infty$
Signe de $Q(x)$		–	0	+	0	–	

c. D'après l'exercice 3, l'unique racine de R est 2.
On a donc : $R(x)=(x-2)^2$.
Voici le tableau de signe de R :

x	$-\infty$		2		$+\infty$
Signe de $R(x)$		+	0	+	

d. D'après l'exercice 3, S n'a pas de racines réelles donc on ne peut pas le factoriser.
Comme $a>0$, $S(x)$ est positif pour toute valeur réelle de x.

5 **a.** On a $3^2+4^2=25$ et $6^2=36$ donc, d'après le théorème de Pythagore, le triangle considéré n'est pas rectangle.
b. Notons x la longueur cherchée. On veut donc résoudre l'équation (E) : $(3+x)^2+(4+x)^2=(6+x)^2$.
(E) $\Leftrightarrow 9+6x+x^2+16+8x+x^2=36+12x+x^2$
$\Leftrightarrow 2x^2+14x+25=36+12x+x^2$
$\Leftrightarrow x^2+2x-11=0$.
On a : $a=1$, $b=2$ et $c=-11$.
Ainsi, $\Delta=2^2-4\times1\times(-11)=48$.
Le discriminant est positif donc l'équation (E) a deux solutions :
$x_1=\dfrac{-2-\sqrt{48}}{2\times1}=-1-2\sqrt{3}$ et $x_2=\dfrac{-2+\sqrt{48}}{2\times1}=-1+2\sqrt{3}$.
La première solution n'est pas recevable dans le contexte car on cherche une longueur, c'est-à-dire une valeur positive.
En ajoutant $-1+2\sqrt{3}$ à chaque côté du triangle, on obtient bien un triangle rectangle.

6 **a.** Augmenter une quantité de 36 % revient à multiplier par $1+36\,\%=1,36$.
Augmenter une quantité de $2\times36\,\%$ revient à multiplier par $1+72\,\%=1,72$.
Ainsi, le coefficient multiplicateur associé aux deux hausses successives est égal à $1,36\times1,72=2,3392$ alors qu'augmenter une quantité de 108 % revient à la multiplier par $1+108\,\%=2,08$.
b. On cherche t tel que :
$(1+t\,\%)(1+2t\,\%)=2,08 \Leftrightarrow 1+0,01t+0,02t+0,0002t^2=2,08$
$\Leftrightarrow 0,0002t^2+0,03t-1,08=0$
On a : $a=0,0002$, $b=0,03$ et $c=-1,08$.
On a donc : $\Delta=b^2-4ac=0,001764$.
Le discriminant est positif donc il y a deux solutions :
$x_1=\dfrac{-0,03-\sqrt{0,001764}}{2\times0,0002}=-180$ et $x_2=\dfrac{-0,03+\sqrt{0,001764}}{2\times0,0002}=30$.
Comme on cherche une valeur positive, la solution est $t=30$.

7 Notons n le nombre de convives. Chaque personne sert la main aux $n-1$ autres. En effectuant le produit $n\times(n-1)$ chaque poignée de mains échangée est comptée deux fois.
On a donc : $n\times(n-1)=156 \Leftrightarrow n^2-n-156=0$.
On a : $a=1$, $b=-1$ et $c=-156$.
Ainsi, $\Delta=(-1)^2-4\times1\times(-156)=625$.

Le discriminant est positif donc l'équation a deux solutions :
$x_1=\frac{-(-1)-\sqrt{625}}{2\times1}=-12$ et $x_2=\frac{-(-1)+\sqrt{625}}{2\times1}=13$.
Il y avait donc 13 personnes.

8 Notons x le nombre d'enfants. On a donc :
$$\frac{360}{x}+2=\frac{360}{x-6}\Leftrightarrow 360+2x=\frac{360x}{x-6}$$
$$\Leftrightarrow(360+2x)(x-6)=360x$$
$$\Leftrightarrow 360x-2160+2x^2-12x=360x$$
$$\Leftrightarrow 2x^2-12x-2160=0.$$
On a : $a=2$, $b=-12$ et $c=-2160$.
Ainsi, $\Delta=(-12)^2-4\times2\times(-2160)=17\,424$.
Le discriminant est positif donc l'équation a deux solutions :
$x_1=\frac{-(-12)-\sqrt{17\,424}}{2\times2}=-30$ et $x_2=\frac{-(-12)+\sqrt{17\,424}}{2\times2}=36$.
Il y a donc 36 enfants.

9 **a.** Les polynômes cherchés sont de la forme :
$P(x)=a(x-3)(x-4)$.
b. On veut : $P(0)=3\Leftrightarrow a(0-3)(0-4)=3$
$$\Leftrightarrow 12a=3$$
$$\Leftrightarrow a=\frac{3}{12}=\frac{1}{4}.$$
Finalement, le polynôme cherché est :
$P(x)=\frac{1}{4}(x-3)(x-4)=\frac{1}{4}x^2-\frac{7}{4}x+3.$

10 Le discriminant de P vaut : $(-2,5)^2-4\times0,5\times(-3)=12,25$. Il est positif donc P a deux racines. Sa courbe représentative coupe deux fois l'axe des abscisses.
De plus, $P(0)=-3$ est négatif. La seule courbe qui convient pour P est donc $\mathscr{C}_2$.
Le discriminant de R vaut $(-2)^2-4\times0,25\times8=-4$. Il est négatif donc R n'a pas de racine réelle et sa courbe représentative ne coupe donc pas l'axe des abscisses. La seule courbe qui convient pour R est donc $\mathscr{C}_3$.
La courbe de Q est donc $\mathscr{C}_1$. On peut d'ailleurs vérifier que le discriminant est positif et que $Q(0)$ est positif aussi.

11 Les deux nombres cherchés sont les racines du polynôme : $x^2-12x+15$. On a : $a=1$, $b=-12$ et $c=15$.
Ainsi, $\Delta=(-12)^2-4\times1\times15=84$.
Le discriminant est positif donc l'équation a deux solutions :
$x_1=\frac{-(-12)-\sqrt{84}}{2\times1}=6-\sqrt{21}$ et $x_2=\frac{-(-12)+\sqrt{84}}{2\times1}=6+\sqrt{21}$.
On peut vérifier : $x_1+x_2=6-\sqrt{21}+6+\sqrt{21}=12$ et
$x_1x_2=\left(6-\sqrt{21}\right)\left(6+\sqrt{21}\right)=6^2-\left(\sqrt{21}\right)^2=36-21=15$.

12 Notons x et y les dimensions du tableau.
On a : $x+y+x+y=201,6$ donc $x+y=100,8$.
On a aussi : $xy=2519$. On cherche donc deux nombres dont la somme vaut 100,8 et le produit 2519.
Ces nombres sont les racines du polynôme $x^2-100,8x+2519$.
On a : $a=1$, $b=-100,8$ et $c=2519$.
Ainsi, $\Delta=(-100,8)^2-4\times1\times2519=84,64$.
Le discriminant est positif donc l'équation a deux solutions :
$x_1=\frac{-(-100,8)-\sqrt{84,64}}{2\times1}=45,8$ et $x_2=\frac{-(-100,8)+\sqrt{84,64}}{2\times1}=55$.
Le tableau mesure 55 cm sur 45,8 cm.

13 **a.** On cherche deux nombres x et y tels que $x+y=xy$.
On a alors : $x+y=xy\Leftrightarrow x-xy=-y$
$$\Leftrightarrow x(1-y)=-y$$
$$\Leftrightarrow x=\frac{-y}{1-y}.$$
Ainsi, si on choisit par exemple $y=3$, on trouve $x=\frac{-3}{1-3}=1,5$.
On peut d'ailleurs vérifier : $3+1,5=4,5$ et $3\times1,5=4,5$.
b. Notons S la somme des deux nombres. On a $S=x+y=xy$.
Les nombres x et y sont donc les racines du polynôme : x^2-Sx+S.
Ce polynôme doit avoir deux racines différentes donc son discriminant est strictement positif.
Son discriminant vaut : $(-S)^2-4\times1\times S=S^2-4S$.
Il faut donc chercher les valeurs de S pour lesquelles S^2-4S est positif. On a : $S^2-4S=0\Leftrightarrow S(4-S)=0$
$$\Leftrightarrow S=0 \text{ ou } S=4.$$
On a donc le tableau de signes ci-dessous :

S	$-\infty$		0		4		$+\infty$
Signe de S^2-4S		+	0	−	0	+	

La somme cherchée peut donc prendre toutes les valeurs strictement négatives ou strictement supérieures à 4.

14 **a.** Si $X=x^2$, alors $X^2=x^4$. Ainsi :
$2x^4-14x^2+24=0\Leftrightarrow 2X^2-14X+24=0$ et $X=x^2$
On a : $a=2$, $b=-14$ et $c=24$.
Ainsi, $\Delta=(-14)^2-4\times2\times24=4$.
Le discriminant est positif donc l'équation en X a deux solutions :
$X_1=\frac{-(-14)-\sqrt{4}}{2\times2}=3$ et $X_2=\frac{-(-14)+\sqrt{4}}{2\times2}=4$.
On a donc : $x^2=3$ ou $x^2=4$.
Il s'en suit que $x=-\sqrt{3}$ ou $\sqrt{3}$ ou $x=-2$ ou 2.
Autrement dit, les solutions cherchées sont -2, $-\sqrt{3}$, $\sqrt{3}$ et 2.
b. En suivant la même démarche qu'au-dessus, on trouve $X=1$ ou $X=-3$. On a donc $x^2=1$ ou $x^2=-3$. L'équation $x^2=1$ donne $x=1$ ou $x=-1$ et l'équation $x^2=-3$ ne donne aucune solution (car le carré d'un nombre réel est positif).

15 **a.** $P(2)=3\times2^3-18\times2^2+27\times2-6=0$.
b. $P(x)=(x-2)(ax^2+bx+c)$
$$\Leftrightarrow 3x^3-18x^2+27x-6=ax^3+bx^2+cx-2ax^2-2bx-2c$$
Par identification des coefficients, on a :
$$\begin{cases}a=3\\b-2a=-18\\c-2b=27\\-2c=-6\end{cases}\Leftrightarrow\begin{cases}a=3\\b-6=-18\\c-2b=27\\c=3\end{cases}\Leftrightarrow\begin{cases}a=3\\b=-12\\3-2\times(-12)=27\\c=3\end{cases}\Leftrightarrow\begin{cases}a=3\\b=-12\\c=3\end{cases}$$
c. $P(x)=0\Leftrightarrow(x-2)(3x^2-12x+3)=0$
$$\Leftrightarrow x-2=0 \text{ ou } 3x^2-12x+3=0$$
Résolvons l'équation du second degré.
On a : $a=3$, $b=-12$, $c=3$. Ainsi, $\Delta=(-12)^2-4\times3\times3=108$.
Le discriminant est positif il y a deux solutions :
$x_1=\frac{-(-12)-\sqrt{108}}{2\times3}=2-\sqrt{3}$ et $x_2=\frac{-(-12)+\sqrt{108}}{2\times3}=2+\sqrt{3}$.
Les racines de P sont donc : 2, $2-\sqrt{3}$ et $2+\sqrt{3}$.

16 **a.** Le volume d'eau est égal à : $\pi\times3^2\times2,5=22,5\pi$ cm^3.
Le volume de la sphère est égal à : $\frac{4}{3}\pi r^3$ cm^3.
Le volume du cylindre de hauteur égale à celle de la sphère est : $\pi\times3^2\times2r=18r\pi$ cm^3.
On a donc : $22,5\pi+\frac{4}{3}\pi r^3=18r\pi\Leftrightarrow22,5+\frac{4}{3}r^3=18r$
$$\Leftrightarrow 67,5+4r^3=54r$$
$$\Leftrightarrow 4r^3-54r+67,5=0$$
b. Si on dresse un tableau de valeurs de P avec un pas de 0,5, on trouve :

x	$P(x)$
0	67,5
0,5	41
1	17,5
1,5	0
2	−8,5

Ainsi, on constate que 1,5 est une racine de P.

c. $P(x)=(x-1{,}5)(ax^2+bx+c)$

$\Leftrightarrow 4x^3-54x+67{,}5=ax^3+bx^2+cx-1{,}5ax^2-1{,}5bx-1{,}5c$

Par identification des coefficients, on a :

$$\begin{cases} a=4 \\ b-1{,}5a=0 \\ c-1{,}5b=-54 \\ -1{,}5c=67{,}5 \end{cases} \Leftrightarrow \begin{cases} a=4 \\ b-6=0 \\ c-1{,}5b=-54 \\ c=-45 \end{cases} \Leftrightarrow \begin{cases} a=4 \\ b=6 \\ -45-1{,}5\times 6=-54 \\ c=-45 \end{cases}$$

$$\Leftrightarrow \begin{cases} a=4 \\ b=6 \\ c=-45 \end{cases}$$

d. $P(x)=0 \Leftrightarrow (x-1{,}5)(4x^2+6x-45)=0$

$\Leftrightarrow x-1{,}5=0$ ou $4x^2+6x-45=0$

Résolvons l'équation du second degré.

On a : $a=4$, $b=6$, $c=-45$. Ainsi, $\Delta=6^2-4\times4\times(-45)=756$.

Le discriminant est positif il y a deux solutions :

$x_1=\dfrac{-6-\sqrt{756}}{2\times4}=-\dfrac{3+3\sqrt{21}}{4}$ et $x_2=\dfrac{-6+\sqrt{756}}{2\times4}=\dfrac{-3+3\sqrt{21}}{4}$.

La solution x_1 est négative.

Finalement, il y a deux solutions au problème : 1,5 et $\dfrac{-3+3\sqrt{21}}{4}\approx 2{,}69$.

2 Page 145

1 a. $u_0=3\times0^2-6\times0+2=2$. $u_1=3\times1^2-6\times1+2=-1$.
$u_2=3\times2^2-6\times2+2=2$. $u_3=3\times3^2-6\times3+2=11$.

b. $u_{n+2}=3(n+2)^2-6(n+2)+2$
$=3(n^2+4n+4)-(6n+12)+2$
$=3n^2+12n+12-6n-12+2$
$=3n^2+6n+2$.

c. $u_{n+1}-u_n=(3(n+1)^2-6(n+1)+2)-(3n^2-6n+2)$
$=(3(n^2+2n+1)-6n-6+2)-3n^2+6n-2$
$=3n^2+6n+3-6n-6+2-3n^2+6n-2$
$=6n-3$.

2 $u_0=0^3-3\times0^2+2\times0+5$. De même, on a : $u_1=u_2=u_3=5$ mais $u_4=29$ donc (u_n) n'est pas constante.

3 a. $u_1=u_{0+1}=u_0{}^2-5=3^2-5=4$.
$u_2=u_{1+1}=u_1{}^2-5=4^2-5=11$. $u_3=u_{2+1}=u_2{}^2-5=11^2-5=116$.

b. $u_1=u_{0+1}=\dfrac{3+u_0}{1-u_0}=\dfrac{3+0}{1-0}=3$. $u_2=u_{1+1}=\dfrac{3+u_1}{1-u_1}=\dfrac{3+3}{1-3}=-3$.

$u_3=u_{2+1}=\dfrac{3+u_2}{1-u_2}=\dfrac{3+(-3)}{1-(-3)}=0$.

c. $u_1=u_{0+1}=u_0{}^2-0=3^2-0=9$. $u_2=u_{0+1}=u_1{}^2-1=9^2-1=80$.
$u_3=u_{2+1}=u_2{}^2-2=80^2-2=6398$.

4 a. $u_1=u_{0+1}=0{,}9u_0+20=0{,}9\times100+20=110$.
$u_2=u_{1+1}=0{,}9u_1+20=0{,}9\times110+20=119$.
$u_3=u_{2+1}=0{,}9u_2+20=0{,}9\times119+20=127{,}1$.

b. Il faut saisir : « =0,9*B2+20 ».

c. En réalisant la feuille de calcul sur ordinateur, on observe que les termes se rapprochent de plus en plus de 200. On peut donc penser que $\lim\limits_{n\to+\infty} u_n=200$.

5 a. Chaque étage est constitué d'un « carré » de cylindres ; celui du sommet est de côté 1, celui juste en dessous de côté 2, celui encore en dessous côté 3, etc. Ainsi, on a : $u_1=1$; $u_2=1+2^2=5$ et $u_3=1+2^2+3^2=14$.

b. On observe que $u_{n+1}=u_n+(n+1)^2$. On peut donc écrire le programme ci-dessous.

```
def Pyramide(n):
    Total=0
    for k in range (0,n+1):
        Total=Total+k**2
    return(Total)
```

c. Avec 1600 pièces, Clément peut construire 320 cylindres de 5 pièces.

Pyramide(9) donne 285 et Pyramide(10) donne 385 donc Clément peut construire une pyramide de 9 étages au maximum.

6 a. En regardant les dessins ci-dessous, on a : $u_1=1$, $u_2=2$ et $u_3=3$.

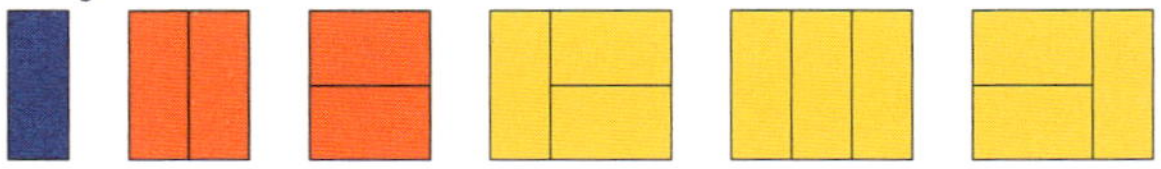

b. Essayons de paver un rectangle de dimension $2\times(n+2)$.
On peut commencer à gauche par un domino debout puis compléter avec un rectangle de dimension $2\times(n+1)$ ou commencer par deux dominos couchés l'un sur l'autre et compléter avec un rectangle de dimension $2\times n$. On a donc bien : $u_{n+2}=u_{n+1}+u_n$.

c. En B4, on peut saisir « =B2+B3 » et en C2 on peut saisir : « =B3/B2 ».

d. En réalisant la feuille de calcul sur ordinateur on constate que les valeur de v_n se rapprochent de 1,61803399... Pour information, la valeur exacte de $\lim\limits_{n\to+\infty} v_n$ est le nombre d'or : $\dfrac{1+\sqrt5}{2}$.

3 Page 147

1 a. $a_{13}=a_{12}+r=47+4{,}5=51{,}5$.

b. $b_{48}=b_0+48\times r=10+48\times2{,}25=118$.

c. $c_{23}=c_1+(23-1)r=90+22\times(-1{,}5)=57$.

d. $u_{10}=u_0+10r=16+2{,}5\times10=41$.

On a donc $S=\dfrac{(u_0+u_{10})\times11}{2}=\dfrac{(16+41)\times11}{2}=313{,}5$.

2 On a $u_1-u_0=12{,}85$ et $u_2-u_1=12{,}85$ mais $u_3-u_2=12{,}75$.
La suite (u_n) n'est donc pas arithmétique.

3 a. $u_n=u_0+nr=15+4n$.

b. $u_n=u_1+(n-1)r=28+(n-1)\times1{,}4=28+1{,}4n-1{,}4$
$=26{,}6+1{,}4n$.

c. $u_n=u_7+(n-7)r=120+(n-7)\times(-0{,}2)=120-0{,}2n+1{,}4$
$=121{,}4-0{,}2n$.

4 Pour la suite en bleu (ronds), on lit sur l'axe des ordonnées que $u_0=-1$. De plus, on a $u_1=0$ donc la raison vaut $u_1-u_0=1$.
Ainsi, on a : $u_n=u_0+nr=-1+n$.
Pour la suite en vert (losanges), on lit sur l'axe des ordonnées que $u_0=1$. De plus, on a $u_1=1{,}5$ donc la raison vaut $u_1-u_0=0{,}5$.
Ainsi, on a : $u_n=u_0+nr=1+0{,}5n$.
Pour la suite en rouge (croix), on lit sur l'axe des ordonnées que $u_0=6$. De plus, on a $u_1=5{,}5$ donc la raison vaut $u_1-u_0=-0{,}5$.
Ainsi, on a : $u_n=u_0+nr=6-0{,}5n$.

Remarque : Les suites arithmétiques sont représentées par des points alignés sur une droite d. Ainsi, u_0 est égal à l'ordonnée à l'origine de d et la raison de la suite est égal au coefficient directeur de d. On retrouve ici le lien entre suite arithmétique et fonction affine.

5 a. À chaque étape, on ajoute la même quantité (−3 ici) donc la suite étudiée est arithmétique. De plus, on a $u_1=120$. On a donc, pour tout entier naturel n :
$u_n=u_1+(n-1)r=120+(n-1)\times(-3)=120-3n+3=123-3n$.

b. Notons $S_{12}=u_1+u_2+\ldots+u_{12}$ et $S_{24}=u_1+u_2+\ldots+u_{24}$.
On a : $u_{12}=123-3\times12=87$ et $u_{24}=123-3\times24=51$.
Ainsi, on a :

$S_{12}=\dfrac{(120+87)\times12}{2}=1242$ et $S_{24}=\dfrac{(120+51)\times24}{2}=2052$.

Dans un an, Thierry aura mangé 1242 carrés de chocolat et dans deux ans il en aura mangé 2052.

6 a. À chaque étape, on ajoute 2 allumettes en angle droit à droite et à gauche de chaque étage donc (u_n) est arithmétique de raison 4.

b. On a : $u_n=u_1+(n-1)r=3+(n-1)\times4=3+4n-4=4n-1$.

c. $S_n = u_1 + u_2 + \dots + u_n = \dfrac{(u_1+u_n)\times n}{2} = \dfrac{(3+4n-1)\times n}{2}$
$= \dfrac{(4n+2)\times n}{2} = \dfrac{4n^2+2n}{2} = 2n^2+n.$

d. On résout l'équation : $2n^2+n=8001$ qui équivaut à $2n^2+n-8001=0$. On a : $a=2$, $b=1$ et $c=-8001$.
Le discriminant de cette équation vaut :
$\Delta = 1^2 - 4\times 2\times(-8001) = 64009$.
Le discriminant est positif donc l'équation a deux solutions :
$x_1 = \dfrac{-1-\sqrt{64009}}{2\times 2} = -63{,}5$ et $x_2 = \dfrac{-1+\sqrt{64009}}{2\times 2} = 63$.
M. Pignon a réalisé une construction de 63 étages.

7 a. $u_1 = \dfrac{u_0}{1+2u_0} = \dfrac{4}{1+2\times 4} = \dfrac{4}{9}$. $u_2 = \dfrac{u_1}{1+2u_1} = \dfrac{\frac{4}{9}}{1+2\times\frac{4}{9}} = \dfrac{4}{17}$.

$u_3 = \dfrac{u_2}{1+2u_2} = \dfrac{\frac{4}{17}}{1+2\times\frac{4}{17}} = \dfrac{4}{25}$. $u_4 = \dfrac{u_3}{1+2u_3} = \dfrac{\frac{4}{25}}{1+2\times\frac{4}{25}} = \dfrac{4}{33}$.

b. Calculer $v_0 = \dfrac{4}{u_0} = \dfrac{4}{4} = 1$. $v_1 = \dfrac{4}{u_1} = \dfrac{4}{\frac{4}{9}} = 9$. De même, on trouve $v_2 = 17$, $v_3 = 25$ et $v_4 = 33$.

c. La suite (v_n) semble arithmétique de raison 8.
Pour démontrer cela, il faut montrer que $v_{n+1} = v_n + 8$ pour tout entier naturel n.

$v_{n+1} = \dfrac{4}{u_{n+1}} = \dfrac{4}{\frac{u_n}{1+2u_n}} = 4\times\dfrac{1+2u_n}{u_n} = 4\times\left(\dfrac{1}{u_n}+\dfrac{2u_n}{u_n}\right)$
$= \dfrac{4}{u_n} + \dfrac{8u_n}{u_n} = v_n + 8.$

La suite (v_n) est bien arithmétique de raison 8.

d. On a $v_n = v_0 + nr = 1 + 8n$.
Par ailleurs, comme $v_n = \dfrac{4}{u_n}$, on a : $u_n = \dfrac{4}{v_n} = \dfrac{4}{1+8n}$.

e. $u_{25} = \dfrac{4}{1+8\times 25} = \dfrac{4}{201} \approx 0{,}0199$. $u_{100} = \dfrac{4}{1+8\times 100} = \dfrac{4}{801} \approx 0{,}005$.

f. En dressant un tableau de valeurs à la calculatrice ou en calculant u_n pour de grandes valeurs de n, on peut penser que $\lim\limits_{n\to+\infty} u_n = 0$.

4 Page 149

1 a. $u_6 = u_5 \times q = 58\times 1{,}5 = 87$.
b. $v_{12} = v_0 \times q^{12} = 10\times 1{,}8^{12} \approx 11\,568{,}31$.
c. $w_{15} = w_1 \times q^{15-1} = 81\,920 \times 0{,}5^{14} = 5$.

2 a. On a $S_n = v_1 \times \dfrac{1-0{,}75^n}{1-0{,}75}$ donc

$S_8 = 163\,840 \times \dfrac{1-0{,}75^8}{1-0{,}75} = 589\,750$.

b. On a $S_n = 163\,840 \times \dfrac{1-0{,}75^n}{1-0{,}75} = 655\,360(1-0{,}75^n)$.

En dressant un tableau de valeurs avec la calculatrice et en regardant les résultats obtenus pour de grandes valeurs de n, on peut penser que $\lim\limits_{n\to+\infty} S_n = 655\,360$.

3 Si on note q la raison cherchée, on a $8 = 4\times q^2$.
On a donc $q^2 = 2$ et $q = \sqrt{2}$ d'où $u_2 = 4\sqrt{2}$.

4 a. $u_n = 15\times 4^n$. Comme $u_0 > 0$ et $q \geq 1$, (u_n) est croissante.
b. $u_n = 28\times 0{,}8^{n-1}$. Comme $u_1 > 0$ et $0 \leq q \leq 1$, (u_n) est décroissante.
c. $u_n = -12\times 0{,}2^{n-7}$. Comme $u_7 < 0$ et $0 \leq q \leq 1$, (u_n) est croissante.

5 a. On a : $qS = q + q^2 + q^3 + \ldots + q^{n+1}$. On a donc :

$S - qS = 1 + q + q^2 + \dots + q^n - \left(q + q^2 + q^3 + \dots + q^{n+1}\right)$
$= 1 + \cancel{q} + \cancel{q^2} + \dots + \cancel{q^n} - \cancel{q} - \cancel{q^2} - \cancel{q^3} - \dots - q^{n+1} = 1 - q^{n+1}.$

b. D'après le résultat précédent on a :
$S - qS = 1 - q^{n+1} \Leftrightarrow (1-q)S = 1 - q^{n+1}$
$\Leftrightarrow S = \dfrac{1-q^{n+1}}{1-q}.$

Remarque : Comme $q \neq 1$, $1 - q \neq 0$.

6 a. Augmenter une quantité de 2 %, c'est la multiplier par $1 + 2\,\% = 1{,}02$. La suite (u_n) est donc géométrique de raison 1,02 et $u_n = 1000\times 1{,}02^n$. **b.** On dresse un tableau de valeurs à la calculatrice et on trouve : $u_{35} \approx 1999{,}89$ et $u_{36} \approx 2039{,}89$. Il faut donc attendre 36 ans, soit l'année 2055.

7 a. Diminuer une quantité de 7 %, c'est la multiplier par $1 - 7\,\% = 0{,}93$. La suite (a_n) est donc géométrique de raison 0,93 et $a_n = 1200\times 0{,}93^n$. **b.** L'année 2030 correspond à $n = 12$ car $2030 = 2018 + 12$. On a $a_{12} = 1200\times 0{,}93^{12} \approx 502$. Selon ce modèle, le nombre de crocodiles en 2030 sera donc d'environ 502.

8 a. $u_1 = 0{,}93u_0 + 140 = 0{,}93\times 1200 + 140 = 1256$.
$u_2 = 0{,}93u_1 + 140 \approx 1308$. Selon ce modèle, il y aura donc 1308 crocodiles en 2020.
b. On a :

n	0	1	2	3
U	1200	1256	1308,08	1356,5144

Le résultat affiché est donc 3.
c. Comme $v_n = u_n - 2000$, on a $u_n = v_n + 2000$. On a aussi :
$v_{n+1} = u_{n+1} - 2000$
$= 0{,}93u_n + 140 - 2000$
$= 0{,}93u_n - 1860$
$= 0{,}93(v_n + 2000) - 1860$
$= 0{,}93v_n + 1860 - 1860 = 0{,}93v_n.$
La suite v est donc géométrique de raison 0,93.
d. On a $v_0 = u_0 - 2000 = 1200 - 2000 = -800$.
On a donc : $v_n = v_0 \times q^n = -800\times 0{,}93^n$.
Il s'en suit que : $u_n = 2000 + v_n = 2000 - 800\times 0{,}93^n$.
e. Comme $u_n = 2000 - 800\times 0{,}93^n < 2000$ pour tout entier naturel n, la population de comptera jamais plus de 2500 individus dans ces conditions.
f. On peut dresser un tableau de valeurs à la calculatrice. On trouve alors $u_{28} \approx 1895$ et $u_{29} \approx 1902$. Le seuil est donc dépassé pour $n = 29$, c'est-à-dire partir de $2018 + 29 = 2047$.
g. On peut ajouter : $n \leftarrow 2018 + n$.

5 Page 151

1 a. Pour lire les images, « on part de l'axe des abscisses ».
On trouve : $f(1) = 3$ et $f(5) = 2$.
b. On lit les antécédents de 0 à l'intersection de la courbe et de l'axe des abscisses. On trouve 2,5 et 4.
c. On lit les abscisses des points d'intersection de la courbe et de la droite d'équation $y = 2$ (parallèle à l'axe des abscisses). On trouve environ 0,8, environ 2,1 et 5.
d. L'ensemble des solutions est $]1\,;\,2[$.
e. Le minimum vaut -1 (atteint en 3) et le maximum vaut 5 (atteint en 1,5).
f. et **g.** Voici les tableaux attendus.

x	0	1,5	3	5
Variations de f	1 ↗	5 ↘	−1 ↗	2

x	0		2,5		4		5
Signe de $f(x)$		+	0	−	0	+	

2 **a.** Le minimum de g sur [4 ; 8] est 4. **b.** Le minimum de g sur [−2 ; 8] est 1. **c.** Le maximum de g sur [−2 ; 8] est 6.
d. $g(1) < g(3)$ car g est strictement croissante sur [0 ; 4].
$g(6) > g(7)$ car g est strictement décroissante sur [4 ; 8].
$g(-1)$ est compris entre 1 et 3 et $g(5)$ est compris entre 4 et 6 donc $g(-1) < g(5)$.

3 **a.** Soient a et b deux nombres réels tels que $a < b$.
$f(b) - f(a) = 0{,}7b - 10 - (0{,}7a - 10) = 0{,}7b - 0{,}7a = 0{,}7(b-a)$.
Comme $a < b$, on a $b - a > 0$ et donc $f(b) - f(a) > 0$.
On en déduit que $f(a) < f(b)$. Donc f est croissante sur $\mathbb{R}$.
b. Soient a et b deux nombres réels tels que $a < b$.
$f(b) - f(a) = -2b + 6 - (-2a + 6) = -2b + 2a = -2(b-a)$.
Comme $a < b$, on a $b - a > 0$ et donc $f(b) - f(a) < 0$.
On en déduit que $f(a) > f(b)$. Donc f est décroissante sur $\mathbb{R}$.
c. Soient a et b deux nombres réels tels que $a < b$.
$f(b) - f(a) = mb + p - (ma + p) = mb - ma = m(b-a)$.
Comme $a < b$, on a $b - a > 0$ et donc $f(b) - f(a)$ est du signe de m.
On en déduit que si m est positif on a $f(a) < f(b)$, et si m est négatif on a $f(a) > f(b)$. Autrement dit, f est croissante sur $\mathbb{R}$ si m est positif et décroissante sinon.

4 **a.** $f(b) - f(a) = 5 + \frac{1}{b} - \left(5 + \frac{1}{a}\right) = 5 + \frac{1}{b} - 5 - \frac{1}{a} = \frac{1}{b} - \frac{1}{a}$
$= \frac{a}{ab} - \frac{b}{ab} = \frac{a-b}{ab}$.
b. Soient a et b deux nombres réels strictement positifs tels que $a < b$. On a alors $a - b < 0$ et donc $f(b) - f(a) = \frac{a-b}{ab} < 0$.
Il s'en suit que $f(b) < f(a)$. Autrement dit, f est strictement décroissante sur $]0 ; +\infty[$.

5 **a.** La fonction carré est strictement décroissante sur $]-\infty ; 0]$ et strictement croissante sur $[0 ; +\infty[$.
b. Soient a et b deux nombres réels tels que $a < b$.
On a : $b^2 - a^2 = (b-a)(b+a)$. Connaître le signe de $b - a$ et de $b + a$ permet donc de connaître le signe de $b^2 - a^2$.
1er cas : a et b sont positifs. Dans ce cas, $b + a$ et $b - a$ sont positifs et donc $b^2 - a^2$ est positif aussi. Il s'en suit que $a^2 < b^2$; autrement dit la fonction carré est strictement croissante sur $[0 ; +\infty[$.
2e cas : a et b sont négatifs. Dans ce cas, $b + a$ est négatif et $b - a$ est positif et donc $b^2 - a^2$ est négatif. Il s'en suit que $a^2 > b^2$; autrement dit la fonction carré est strictement décroissante sur $]-\infty ; 0]$.

6 **a.** On peut penser que le maximum de f vaut 4 et qu'il est atteint en 3.
b. Pour tout $x \in [1 ; 5]$, on a :
$-(x-3)^2 + 4 = -(x^2 - 6x + 9) + 4$
$= -x^2 + 6x - 9 + 4$
$= -x^2 + 6x - 5 = f(x)$.
c. On a $f(3) = -3^2 + 6 \times 3 - 5 = 4$. Pour tout $x \in [1 ; 5]$, on a :
$f(3) - f(x) = 4 - (-(x-3)^2 + 4) = (x-3)^2 \geq 0$.
Il s'en suit que $f(x) \leq f(3)$.
Ainsi, le maximum de f vaut bien 4 et il est atteint en 3.
d. $f(x) = 0 \Leftrightarrow -(x-3)^2 + 4 = 0$
$\Leftrightarrow (x-3)^2 = 4$
$\Leftrightarrow x - 3 = 2$ ou $x - 3 = -2$
$\Leftrightarrow x = 5$ ou $x = 1$.
$f(x) = 3 \Leftrightarrow -(x-3)^2 + 4 = 3$
$\Leftrightarrow (x-3)^2 = 1$
$\Leftrightarrow x - 3 = 1$ ou $x - 3 = -1$
$\Leftrightarrow x = 4$ ou $x = 2$.
Remarque : On peut aussi utiliser la forme développée de f et le discriminant (voir chapitre 1).

7 **a.** $x_A = 0 \in [-0{,}5 ; 7]$ et $f(0) = 0 - 1{,}5 + \frac{4}{0+1} = 2{,}5 = y_A$ donc A appartient à $\mathscr{C}_f$. $f(x_B) = f(6) = 6 - 1{,}5 + \frac{4}{6+1} \approx 5{,}07 \neq y_B$ donc B n'appartient pas à $\mathscr{C}_f$. $x_C = 9 \notin [-0{,}5 ; 7]$ donc C n'appartient pas à $\mathscr{C}_f$.

b.

x	−0,5	1	7
Variations de f	6 ↘	1,5	↗ 6

c. Pour tout $x \in [-0{,}5 ; 7]$, on a :
$f(x) - 1{,}5 = x - 1{,}5 + \frac{4}{x+1} - 1{,}5$
$= x - 3 + \frac{4}{x+1}$
$= \frac{(x-3)(x+1)}{x+1} + \frac{4}{x+1}$
$= \frac{x^2 + x - 3x - 3 + 4}{x+1}$
$= \frac{x^2 - 2x + 1}{x+1}$
$= \frac{(x-1)^2}{x+1}$.

d. On a : $f(1{,}5) = 1 - 1{,}5 + \frac{4}{1+1} = 1{,}5$.
D'après la question précédente, pour tout $x \in [-0{,}5 ; 7]$, on a :
$f(x) - f(1) = \frac{(x-1)^2}{x+1} \geq 0$.
On a donc $f(x) \geq f(1)$.
Autrement dit, le minimum de f sur $[-0{,}5 ; 7]$ vaut 1,5 et il est atteint en 1.

6 Page 153

1 La méthode à suivre est celle du deuxième exercice résolu. On trouve : $f'(-2) = 4{,}5$, $f'(-1) = 0$, $f'(0) = -1{,}5$, $f'(1) = 0$ et $f'(2) = 4{,}5$.

2

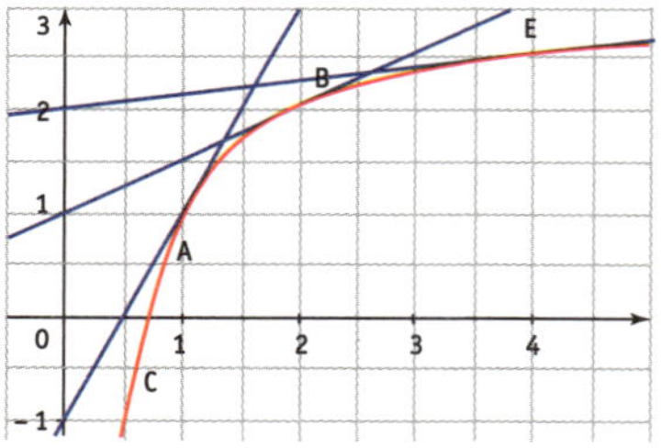

3 $\frac{(2+h)^3 - 2^3}{h} = \frac{8 + 12h + 6h^2 + h^3 - 8}{h}$
$= \frac{12h + 6h^2 + h^3}{h} = 12 + 6h + h^2$.
Lorsque h se rapproche de 0, l'expression $12 + 6h + h^2$ se rapproche de 12. On en déduit que $f'(2) = 12$.

4

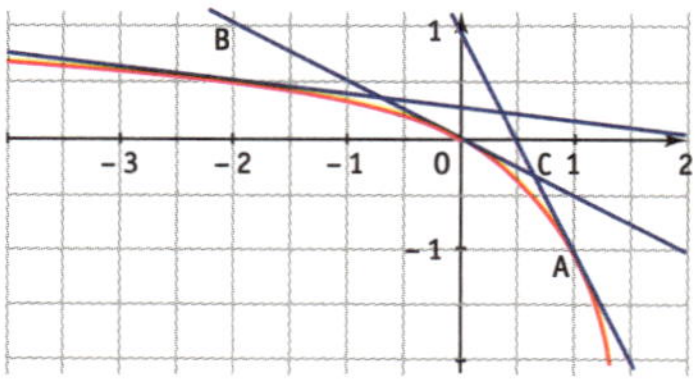

5 On calcule le taux d'accroissement de f entre 0,5 et $0{,}5 + h$.

$$\frac{f(0{,}5+h)-f(0{,}5)}{h}=\frac{\frac{1}{0{,}5+h}-\frac{1}{0{,}5}}{h}=\frac{\frac{0{,}5-(0{,}5+h)}{(0{,}5+h)\times 0{,}5}}{h}=\frac{\frac{-h}{(0{,}5+h)\times 0{,}5}}{h}=\frac{-1}{(0{,}5+h)\times 0{,}5}=\frac{-1}{0{,}25+0{,}5h}.$$

Lorsque h se rapproche de 0, l'expression $\frac{-1}{0{,}25+0{,}5h}$ se rapproche de $\frac{-1}{0{,}25}$ soit -4. On en déduit que $f'(0{,}5)=-4$.

6 **a.** La tangente a pour équation :
$y=f'(5)(x-5)+f(5) \Leftrightarrow y=-2(x-5)+3$
$\Leftrightarrow y=-2x+10+3$
$\Leftrightarrow y=-2x+13.$

b. La tangente a pour équation :
$y=f'(-3)(x-(-3))+f(-3) \Leftrightarrow y=4(x+3)+0$
$\Leftrightarrow y=4x+12.$

c. La tangente a pour équation :
$y=f'(2)(x-2)+f(2) \Leftrightarrow y=0\times(x-2)+1{,}5$
$\Leftrightarrow y=1{,}5.$

7 Comme la tangente à $\mathscr{C}_f$ au point d'abscisse 3 est parallèle à l'axe des abscisses, elle a pour coefficient directeur 0 et on a donc $f'(3)=0$.
La tangente à $\mathscr{C}_f$ au point d'abscisse 5 a pour coefficient directeur 2 donc $f'(5)=2$.
Le point d'abscisse 5 de cette tangente a pour ordonnée : $y=2\times 5+4=14$. On en déduit donc que $f(5)=14$.
Remarque : La tangente à $\mathscr{C}_f$ au point d'abscisse 5 passe par le point d'abscisse 5 de $\mathscr{C}_f$.

8 **a.** $\frac{f(0+h)-f(0)}{h}=\frac{\sqrt{0+h}-\sqrt{0}}{h}=\frac{\sqrt{h}}{h}=\frac{\sqrt{h}}{\sqrt{h}\times\sqrt{h}}=\frac{1}{\sqrt{h}}.$

Lorsque h se rapproche de 0, $\sqrt{h}$ se rapproche aussi de 0 et donc l'expression $\frac{1}{\sqrt{h}}$ devient aussi grande que l'on veut, elle ne se rapproche d'aucune valeur. La fonction racine carrée n'est donc pas dérivable en 0.
Remarque : Graphiquement, on peut observer que la courbe représentative de cette fonction admet bien une tangente à sa courbe au point d'abscisse 0 (l'origine du repère) mais elle est verticale et on ne peut donc pas calculer son coefficient directeur.

b. On calcule le taux d'accroissement de f entre 1 et $1+h$.

$$\frac{\sqrt{1+h}-\sqrt{1}}{h}=\frac{\sqrt{1+h}-1}{h}=\frac{(\sqrt{1+h}-1)(\sqrt{1+h}+1)}{h(\sqrt{1+h}+1)}=\frac{(\sqrt{1+h})^2-1^2}{h(\sqrt{1+h}+1)}=\frac{1+h-1}{h(\sqrt{1+h}+1)}=\frac{h}{h(\sqrt{1+h}+1)}=\frac{1}{\sqrt{1+h}+1}.$$

Lorsque h se rapproche de 0, l'expression $\frac{1}{\sqrt{1+h}+1}$ se rapproche de $\frac{1}{\sqrt{1}+1}$ soit $\frac{1}{2}$. On en déduit que $f'(1)=\frac{1}{2}$.

7 Page 155

1 **a.** $f'(x)=5\times 2x-7+0=10x-7.$

b. $g'(x)=4x^3+4\times 3x^2+\frac{-1}{x^2}=4x^3+12x^2-\frac{1}{x^2}.$

c. $h'(x)=\frac{1}{2\sqrt{x}}-3\times\frac{-1}{x^2}+3\times 2x=\frac{1}{2\sqrt{x}}+\frac{3}{x^2}+6x.$

d. $s'(x)=\frac{1}{4}\times 4x^3+\frac{1}{3}\times 3x^2+\frac{1}{2}\times 2x-5\times\frac{-1}{x^2}=x^3+x^2+x+\frac{5}{x^2}.$

2 Dans tout cet exercice, on utilise la formule : $(uv)'=u'v+uv'$.

a. On pose $u(x)=x+2$ et $v(x)=3x-1$.
On a $u'(x)=1$ et $v'(x)=3$. Ainsi : $f'(x)=1\times(3x-1)+(x+2)\times 3$
$=3x-1+3x+6$
$=6x+5.$

b. On pose $u(x)=x$ et $v(x)=x^2+1$.
On a $u'(x)=1$ et $v'(x)=2x$. Ainsi : $g'(x)=1\times(x^2+1)+x\times 2x$
$=x^2+1+2x^2$
$=3x^2+1.$

c. On pose $u(x)=x$ et $v(x)=\sqrt{x}$.
On a $u'(x)=1$ et $v'(x)=\frac{1}{2\sqrt{x}}$. Ainsi : $h'(x)=1\times\sqrt{x}+x\times\frac{1}{2\sqrt{x}}$
$=\sqrt{x}+\frac{1}{2}\sqrt{x}$
$=\frac{3}{2}\sqrt{x}.$

(en effet, on rappelle que $\frac{x}{\sqrt{x}}=\frac{\sqrt{x}\sqrt{x}}{\sqrt{x}}=\sqrt{x}$)

3 **a.** On pose $u(x)=2x^2-3x+1$ et $v(x)=x^2+2$.
On a $u'(x)=4x-3$ et $v'(x)=2x$. Ainsi :
$f'(x)=(4x-3)(x^2+2)+(2x^2-3x+1)\times 2x$
$=4x^3+8x-3x^2-6+4x^3-6x^2+2x=8x^3-9x^2+10x-6.$

b. On développe d'abord $f(x)$:
$f(x)=(2x^2-3x+1)(x^2+2)=2x^4+4x^2-3x^3-6x+x^2+2$
$=2x^4-3x^3+5x^2-6x+2.$
On retrouve alors bien : $f'(x)=8x^3-9x^2+10x-6$.

4 Dans tout cet exercice, on utilise la formule $\left(\frac{u}{v}\right)'=\frac{u'v-uv'}{v^2}$.

a. On pose $u(x)=x+2$ et $v(x)=3x+4$.
On a $u'(x)=1$ et $v'(x)=3$. Ainsi : $f'(x)=\frac{1\times(3x+4)-(x+2)\times 3}{(3x+4)^2}$
$=\frac{3x+4-3x-6}{(3x+4)^2}$
$=\frac{-2}{(3x+4)^2}.$

b. On pose $u(x)=4-5x$ et $v(x)=2x+1$.
On a $u'(x)=-5$ et $v'(x)=2$. Ainsi : $g'(x)=\frac{-5\times(2x+1)-(4-5x)\times 2}{(2x+1)^2}$
$=\frac{-10x-5-8+10x}{(2x+1)^2}$
$=\frac{-13}{(2x+1)^2}.$

c. $h(x)=\frac{x+1}{x^2+1}$. On pose $u(x)=x+1$ et $v(x)=x^2+1$.
On a $u'(x)=1$ et $v'(x)=2x$. Ainsi : $h'(x)=\frac{1\times(x^2+1)-(x+1)\times 2x}{(x^2+1)^2}$
$=\frac{x^2+1-2x^2-2x}{(x^2+1)^2}$
$=\frac{-x^2-2x+1}{(x^2+1)^2}.$

5 On pose $v(x)=x^n$. On a $v'(x)=nx^{n-1}$.
On applique la formule $\left(\frac{1}{v}\right)'=\frac{-v'}{v^2}$. On a alors :

$$f'(x)=\frac{-nx^{n-1}}{(x^n)^2}=\frac{-nx^{n-1}}{x^{2n}}=\frac{-n}{x^{2n-(n-1)}}=\frac{-n}{x^{2n-n+1}}=\frac{-n}{x^{n+1}}.$$

6 a. On applique la formule $(uv)'=u'v+uv'$ avec $v=u$.
On trouve alors : $(u^2)'=u'u+uu'=2u'u$.
b. On pose $u(x)=x^2+x+1$. On a alors : $f'(x)=2(2x+1)(x^2+x+1)$.
7 a. On calcule le taux d'accroissement entre x et $x+h$.

$$\frac{f(x+h)-f(x)}{h}=\frac{(x+h)^2-x^2}{h}=\frac{x^2+2xh+h^2-x^2}{h}$$
$$=\frac{2xh+h^2}{h}=2x+h.$$

Lorsque h tend vers 0, l'expression $2x+h$ tend vers $2x$ donc $f'(x)=2x$.
b. On calcule le taux d'accroissement entre x et $x+h$.

$$\frac{f(x+h)-f(x)}{h}=\frac{\frac{1}{x+h}-\frac{1}{x}}{h}=\frac{\frac{x-(x+h)}{x(x+h)}}{h}=\frac{\frac{-h}{x(x+h)}}{h}$$
$$=\frac{-1}{x(x+h)}=\frac{-1}{x^2+xh}.$$

Lorsque h tend vers 0, l'expression $\frac{-1}{x^2+xh}$ tend vers $\frac{-1}{x^2}$ donc $f'(x)=\frac{-1}{x^2}$.
8 a. On cherche à quel instant la bille aura parcouru 80 mètres.
$d(t)=80 \Leftrightarrow 5t^2=80$
$\Leftrightarrow t^2=16$
$\Leftrightarrow t=4$ (car t est positif).
La bille touchera le sol au bout de 4 secondes.
b. On rappelle que la vitesse est égale au quotient de la distance parcourue par le temps écoulé.
Sur [3,5 ; 4], la vitesse moyenne est donc égale à :

$$\frac{d(4)-d(3{,}5)}{4-3{,}5}=\frac{5\times 4^2-5\times 3{,}5^2}{0{,}5}=37{,}5\ \mathrm{m\cdot s^{-1}}.$$

Sur [3,9 ; 4] on trouve 39,5 $\mathrm{m\cdot s^{-1}}$ et sur [3,999 ; 4] on trouve 39,995 $\mathrm{m\cdot s^{-1}}$.
c. Au vu des résultats précédents, on peut penser que la vitesse instantanée au bout de 4 secondes est de 40 mètres par seconde.
d. $d'(t)=5\times 2t=10t$ et $d'(4)=10\times 4=40$. La vitesse instantanée est donnée par la dérivée de la fonction d.
En effet, le calcul de la vitesse moyenne sur l'intervalle $[t\,;t+h]$ est égale à $\frac{d(t+h)-d(t)}{t+h-t}=\frac{d(t+h)-d(t)}{h}$. On retrouve ici le taux d'accroissement de la fonction d ce qui explique pourquoi nombre dérivé et vitesse instantanée ne sont que deux visions différentes d'une même notion.
9 a. On a : $f'(x)=2x-2$.
On a $f'(4)=2\times 4-2=6$ et $f(4)=4^2-2\times 4+3=11$.
La tangente étudiée a pour équation :
$y=f'(4)(x-4)+f(4) \Leftrightarrow y=6(x-4)+11$
$\Leftrightarrow y=6x-24+11$
$\Leftrightarrow y=6x-13$.
b. On a : $g'(x)=1-3x^2$.
On a $g'(2)=1-3\times 2^2=-11$ et $g(2)=2-2^3=-6$.
La tangente étudiée a pour équation :
$y=g'(2)(x-2)+g(4) \Leftrightarrow y=-11(x-2)-6$
$\Leftrightarrow y=-11x+22-6$
$\Leftrightarrow y=-11x+16$.
10 Soit f la fonction cherchée. Son expression algébrique est de la forme : $f(x)=ax^2+bx+c$.
Comme $\mathscr{C}_f$ passe par le point A(2 ; 1), on a : $f(x_A)=y_A$.
On a donc $4a+2b+c=1$ et donc $c=1-4a-2b$.
Par ailleurs, la tangente à $\mathscr{C}_f$ en A est horizontale donc $f'(2)=0$.
Comme $f'(x)=2ax+b$, on a $4a+b=0$ et donc $b=-4a$.
On cherche donc trois nombres a, b, c tels que $4a+2b+c=1$ et $4a+b=0$.
En posant (par exemple) $a=1$, on trouve alors $b=-4$ et $c=1-4\times 1-2\times(-4)=5$.
La fonction définie par $f(x)=x^2-4x+5$ est donc une solution du problème.

8 Page 157

1 a. $4x+12=0 \Leftrightarrow x=\frac{-12}{4}=-3$.

x	$-\infty$		-3		$+\infty$
Signe de $f(x)$		$-$	0	$+$	

b. $18-3x=0 \Leftrightarrow x=\frac{18}{3}=6$.

x	$-\infty$		6		$+\infty$
Signe de $g(x)$		$+$	0	$-$	

c. On a : $a=1$, $b=-2$ et $c=-3$. On a : $\Delta=b^2-4ac=16>0$.
h a deux racines : $x_1=\frac{-b-\sqrt{\Delta}}{2a}=-1$ et $x_1=\frac{-b+\sqrt{\Delta}}{2a}=3$.

x	$-\infty$		-1		3		$+\infty$
Signe de $h(x)$		$+$	0	$-$	0	$+$	

d. On a : $a=2$, $b=-1$ et $c=4$. On a : $\Delta=b^2-4ac=-31<0$.

x	$-\infty$		$+\infty$
Signe de $s(x)$		$+$	

2 a. On a : $f'(x)=2x-5$. La dérivée de f s'annule en $\frac{5}{2}=2{,}5$.
On a : $f(2{,}5)=2{,}5^2-5\times 2{,}5+2=-4{,}25$.

x	$-\infty$		2,5		$+\infty$
Signe de $f'(x)$		$-$	0	$+$	
Variations de f		↘	$-4{,}25$	↗	

b. On a : $g'(x)=-6x+15$. La dérivée de f s'annule en $\frac{15}{6}=2{,}5$.
On a : $g(2{,}5)=-3\times 2{,}5^2+15\times 2{,}5+4=22{,}75$.

x	$-\infty$		2,5		$+\infty$
Signe de $g'(x)$		$+$	0	$-$	
Variations de g		↗	22,75	↘	

3 a. $f'(x)=2ax+b$. **b.** $2ax+b=0 \Leftrightarrow x=\frac{-b}{2a}$.

x	$-\infty$		$\frac{-b}{2a}$		$+\infty$
Signe de $f'(x)$		Signe opposé de a	0	Signe de a	

On en déduit que f est décroissante puis croissante si a est positif ou croissante puis décroissante si a est négatif. Elle change de sens de variation en $\frac{-b}{2a}$.
4 a. On a : $f'(x)=-6x^2+21x+12$.
On a : $a=-6$, $b=21$ et $c=12$. On a : $\Delta=b^2-4ac=729>0$.
Il y a deux racines : $x_1=\frac{-b-\sqrt{\Delta}}{2a}=-2$ et $x_2=\frac{-b+\sqrt{\Delta}}{2a}=-\frac{1}{2}$.

x	-1		$-0{,}5$		4		5
Signe de $f'(x)$		$-$	0	$+$	0	$-$	
Variations de f	$-0{,}5$	↘	$-4{,}125$	↗	87	↘	71,5

b. On a : $g'(x)=3x^2-3x-18$. On a : $a=3$, $b=-3$ et $c=-18$.
On a : $\Delta=b^2-4ac=225>0$.

Il y a deux racines : $x_1=\dfrac{-b-\sqrt{\Delta}}{2a}=-2$ et $x_2=\dfrac{-b+\sqrt{\Delta}}{2a}=3$.

x	0		3		5
Signe de $f'(x)$	0	−	0	+	
Variations de g	20 ↘		−20,5	↗	17,5

Remarque : Attention, une des deux racines de f' n'est pas dans l'ensemble de définition considéré.

5 a. $f'(x)=4x^3-24x^2+20x=4x(x^2-6x+5)$.
b. Cherchons le signe de x^2-6x+5.
On a : $a=1$, $b=-6$ et $c=5$. On a : $\Delta=b^2-4ac=16>0$.

Il y a deux racines : $x_1=\dfrac{-b-\sqrt{\Delta}}{2a}=1$ et $x_2=\dfrac{-b+\sqrt{\Delta}}{2a}=5$.

Finalement, on a le tableau suivant :

x	$-\infty$		0		1		5		$+\infty$
Signe de $4x$		−	0	+		+		+	
Signe de x^2-6x+5		+		+	0	−	0	+	
Signe de $f'(x)$		−	0	+	0	−	0	+	
Variations de f		↘	2	↗	5	↘	−123	↗	

6 Soit f la fonction cube. On a $f'(x)=3x^2$ et donc $f'(0)=0$. Pourtant, f est strictement croissante sur $\mathbb{R}$ et n'a donc pas d'extremum local en 0. La réciproque de la proposition est donc fausse.

7 a. On obtient la courbe ci-contre.
On peut penser que f est croissante sur $[0 ; 2]$.

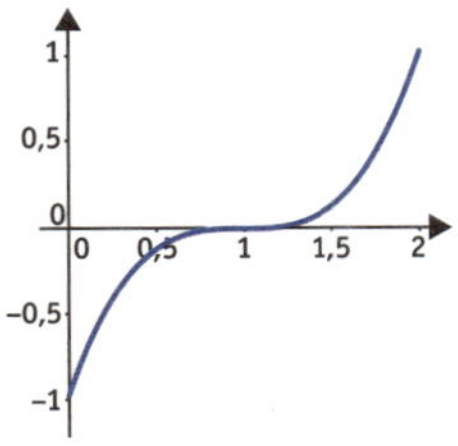

b. $f'(x)=3x^3-5,94x+2,94$.
c. Cherchons le signe de $f'(x)=3x^3-5,94x+2,94$.
On a : $a=3$, $b=-5,94$ et $c=2,94$.
On a : $\Delta=b^2-4ac=3,6\times10^{-3}>0$.
Il y a deux racines :
$x_1=\dfrac{-b-\sqrt{\Delta}}{2a}=0,98$ et $x_2=\dfrac{-b+\sqrt{\Delta}}{2a}=1$.

x	0		0,98		1		2
Signe de $f'(x)$		+	0	−	0	+	
Variations de f	−0,97	↗	4×10^{-6}	↘	0	↗	1,03

La conjecture était fausse. À l'œil nu, il est difficile d'observer la décroissance de la fonction entre 0,98 et 1 car la différence entre les images de ces deux nombres est très petite.

8 a. On a $u(x)=x-4$ et $v(x)=x-2$. On a : $u'(x)=1$ et $v'(x)=1$.

On a donc : $f'(x)=\dfrac{1\times(x-2)-(x-4)\times1}{(x-2)^2}=\dfrac{x-2-x+4}{(x-2)^2}=\dfrac{2}{(x-2)^2}$.

On a alors le tableau suivant :

x	$-\infty$		2		$+\infty$
Signe de 2		+		+	
Signe de $(x-2)^2$		+	0	+	
Signe de $f'(x)$		+	‖	+	
Variations de f		↗	‖	↗	

b. $f(0)=\dfrac{0-4}{0-2}=2$ donc le point d'intersection A de $\mathscr{H}$ et de l'axe des ordonnées a pour coordonnées $(0 ; 2)$.
$f(x)=0 \Leftrightarrow x=4$ donc le point d'intersection B de $\mathscr{H}$ et de l'axe des abscisses a pour coordonnées $(4 ; 0)$.

c. On a $f(0)=2$ et $f'(0)=\dfrac{2}{(0-2)^2}=0,5$. La tangente en A a donc pour équation :
$y=f'(0)(x-0)+f(0) \Leftrightarrow y=0,5x+2$.

On a $f(4)=0$ et $f'(4)=\dfrac{2}{(4-2)^2}=0,5$. La tangente en B a donc pour équation : $y=f'(4)(x-4)+f(4) \Leftrightarrow y=0,5(x-4)$.
$\Leftrightarrow y=0,5x-2$.

9 On a : $f'(x)=3x^2+2x+a$. f est croissante si f' est positive. f' étant une fonction polynôme du second degré dont le coefficient devant x^2 est positif, elle est positive si, et seulement si, son discriminant est négatif.
On a : $\Delta=2^2-4\times3\times a=4-12a$.

$\Delta\leq0 \Leftrightarrow 4-12a\leq0$
$\Leftrightarrow 4\leq12a$
$\Leftrightarrow \dfrac{1}{3}\leq a$.

Les valeurs de a qui conviennent sont toutes celles qui sont supérieures ou égales à $\dfrac{1}{3}$.

10 a. Sur $[-3 ; -1]$, la courbe $\mathscr{C}'$ est sous l'axe des abscisses donc l'affirmation est vraie.
b. Sur $[-1 ; 2]$, le graphique indique que f' est positive donc f est croissante. L'affirmation est vraie.
c. D'après le graphique, f' s'annule et change de signe en −1, elle est négative puis positive ; f admet donc un minimum en −1 et est strictement croissante sur $[-1 ; 0]$. Or $f(0)=-1$ donc $f(-1)<-1$. L'affirmation est fausse.
d. On a $f(0)=-1$ et, d'après le graphique, $f'(0)=1$.
La tangente étudiée a donc pour équation :
$y=f'(0)(x-0)+f(0) \Leftrightarrow y=x-1$.
Le point $A(1 ; 0)$ appartient bien à cette tangente car $y_A=x_A-1$.
L'affirmation est vraie.

9 Page 159

1 $A=e^{-2}e^{3x-1}=e^{-2+3x-1}=e^{3x-3}$.

$B=\dfrac{e^{3x+2}}{e^{2x+5}}=e^{3x+2-(2x+5)}=e^{x-3}$.

$C=4e^{-x}e^{x}+1=4e^{-x+x}+1=4e^0+1=4\times1+1=5$.
$D=(e^x)^2-e^{2x}=e^{2x}-e^{2x}=0$.

2 f est de la forme uv avec $u(x)=x$ et $v(x)=e^x$. On a $u'(x)=1$ et $v'(x)=e^x$. Ainsi : $f'(x)=1\times e^x+x\times e^x=(1+x)e^x$.
$g'(x)=12\times0,1e^{0,1x-2}=1,2e^{0,1x-2}$.

h est de la forme $3\times\dfrac{1}{v}$ avec $v(x)=e^x+1$. On a $v'(x)=e^x$. Ainsi :

$h'(x)=3\times\dfrac{-e^x}{\left(e^x+1\right)^2}=\dfrac{-3e^x}{\left(e^x+1\right)^2}$.

s est de la forme uv avec $u(x)=6x-2$ et $v(x)=e^{0,5x-1}$. On a $u'(x)=6$ et $v'(x)=0,5e^{0,5x-1}$. Ainsi :

$s'(x)=6\times e^{0,5x-1}+(6x-2)\times0,5e^{0,5x-1}=\left(6+(6x-2)\times0,5\right)e^{0,5x-1}$
$=(6+3x-1)e^{0,5x-1}=(3x+5)e^{0,5x-1}$.

3 a. f est de la forme e^{ax+b} avec $a=-k$ et $b=0$.
Pour tout réel x, on a donc : $f'(x)=-ke^{-kx}$. Ainsi, $f'(x)<0$ pour tout réel x car k et e^{-kx} sont positifs. f est donc strictement décroissante sur $\mathbb{R}$. Pour tout réel x, $g'(x)=ke^{kx}>0$. f est donc strictement croissante sur $\mathbb{R}$.
b. Voici le dessin obtenu pour $k=0,5$ (par exemple).

MATHS

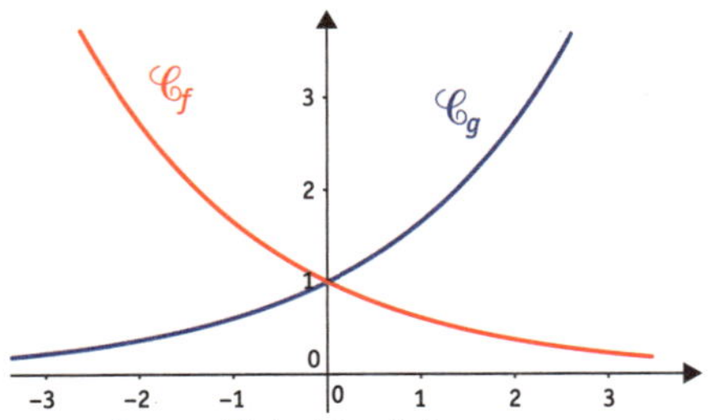

4 a. On rappelle que $f'(x)=(1+x)e^x$.
Les résultats sont résumés dans le tableau ci-dessous.

x	$-\infty$		-1		$+\infty$
Signe de $1+x$		$-$	0	$+$	
Signe de e^x		$+$		$+$	
Signe de $f'(x)$		$-$	0	$+$	
Variations de f			$-e^{-1}$		

b. On rappelle que $s'(x)=(3x+5)e^{0,5x-1}$.
Les résultats sont résumés dans le tableau ci-dessous.

x	$-\infty$		$-\frac{5}{3}$		$+\infty$
Signe de $3x+5$		$-$	0	$+$	
Signe de $e^{0,5x-1}$		$+$		$+$	
Signe de $s'(x)$		$-$	0	$+$	
Variations de s			$-12e^{-\frac{11}{6}}$		

5 a. La fonction f est de la forme $2,8uv$ avec $u(t)=t^2$ et $v(t)=e^{-0,08t-1}$. On a $u'(t)=2t$ et $v'(t)=-0,08e^{-0,08t-1}$.
Finalement, on a : $f'(t)=2,8(2te^{-0,08t-1}+t^2\times(-0,08e^{-0,08t-1}))$
$=2,8(2t-0,08t^2)e^{-0,08t-1}$
$=2,8t(2-0,08t)e^{-0,08t-1}$.

b. Voici les tableaux complétés :

t	0		25		$+\infty$
Signe de $2,8t$	0	$+$		$+$	
Signe de $2-0,08t$		$-$	0	$+$	
Signe de $e^{-0,08t-1}$		$+$		$+$	
Signe de $f'(x)$	0	$-$	0	$+$	
Variations de f	0		$1750e^{-3}$		

c. La sensation de brûlure est la plus élevée au bout de 25 secondes. Le taux de récepteurs occupés est alors de $f(25)=1750e^{-3}\approx 87,13$ soit environ 87,13 %.

d. On a $f(0)=0$, $f(1)=2,8e^{-0,08-1}\approx 0,95<1$
et $f(2)=2,8\times 4e^{-0,08\times 2-1}=11,2e^{-1,16}\approx 3,51>1$.
Compte-tenu des variations de la fonction f, on peut donc affirmer que la sensation de brûlure est supportable pendant un peu plus d'une seconde.

d. On utilise la table de valeur de la calculatrice. On a $f(120)\approx 1,005$ et $f(121)\approx 0,943$.
La sensation de brûlure sera donc supportable au bout de 121 secondes (soit 2 min 01 s).

6 a. On utilise la formule $(uv)'=u'v+uv'$ avec $u(x)=x^2-2x-2$ et $v(x)=e^x$. On a $u'(x)=2x-2$ et $v'(x)=e^x$.
Ainsi, $f'(x)=(2x-2)e^x+(x^2-2x-2)e^x=e^x(2x-2+x^2-2x-2)$
$=e^x(x^2-4)=e^x(x-2)(x+2)$.

b. Voici les tableaux complétés.

x	$-\infty$		-2		2		$+\infty$
Signe de $x-2$		$-$		$-$	0	$+$	
Signe de $x+2$		$-$	0	$+$		$+$	
Signe de e^x		$+$		$+$		$+$	
Signe de $f'(x)$		$+$	0	$-$	0	$+$	
Variations de f		↗	$6e^{-2}$	↘	$-2e^2$	↗	

c. L'équation réduite de la tangente à $\mathscr{C}_f$ en 1 est :
$y=f'(1)(x-1)+f(1)\Leftrightarrow y=-3e(x-1)-3e$
$\Leftrightarrow y=-3ex+3e-3e$
$\Leftrightarrow y=-3ex$.
L'ordonnée à l'origine est nulle donc cette tangente passe bien par l'origine.

7 a. La dérivée de $x\mapsto v(-x)$ est $x\mapsto -v'(-x)$. En appliquant la formule de dérivation d'un produit, on trouve donc :
$f'(x)=v'(x)v(-x)+v(x)\times(-v'(-x))=v'(x)v(-x)-v(x)v'(-x)=0$ car $v'=v$.

b. La dérivée de f est nulle donc f est constante. Comme $f(0)=v(0)v(0)=1$ on en déduit que $f(x)=1$ pour tout réel x. On a donc $v(x)v(-x)=1$ pour tout réel x et donc $v(-x)=\frac{1}{v(x)}$.

c. g est bien définie et dérivable sur $\mathbb{R}$ car u et v le sont et v ne s'annule pas sur $\mathbb{R}$. On a : $g'=\frac{u'v-uv'}{v^2}=\frac{uv-uv}{v^2}=0$ car $u'=u$ et $v'=v$.
La fonction g est donc constante et égale à $g(0)=\frac{u(0)}{v(0)}=\frac{1}{1}=1$.
On en déduit donc que u et v sont en fait égales.
Il n'existe donc qu'une seule fonction dérivable sur $\mathbb{R}$ qui vaut 1 en 0 et qui est égale à sa dérivée.

8 a. g est de la forme uv avec $u(x)=\exp(a+b-x)$ et $v(x)=\exp(x)$.
On a $u'(x)=-\exp(a+b-x)$ et $v'(x)=\exp(x)$. Ainsi :
$g'(x)=-\exp(a+b-x)\exp(x)+\exp(a+b-x)\exp(x)=0$.
La fonction g est donc constante.

b. $g(0)=\exp(a+b-0)\exp(0)=\exp(a+b)$ et
$g(b)=\exp(a+b-b)\exp(b)=\exp(a)\exp(b)$.
Comme g est constante, on a $g(0)=g(b)$ et donc
$\exp(a+b)=\exp(a)\exp(b)$.

9 Soit x un nombre réel.
On a $\exp(x)=\exp\left(\frac{x}{2}+\frac{x}{2}\right)=\exp\left(\frac{x}{2}\right)\exp\left(\frac{x}{2}\right)=\left(\exp\left(\frac{x}{2}\right)\right)^2$.
Comme la fonction exponentielle ne s'annule pas, $\left(\exp\left(\frac{x}{2}\right)\right)^2$ est strictement positif. Il s'en suit donc que la fonction exponentielle est strictement positive sur $\mathbb{R}$. Comme $\exp'=\exp$, la fonction exponentielle est aussi strictement croissante sur $\mathbb{R}$.

10 Page 162

1 a. $f'(x)=\frac{(x+3)(x-1)}{x^2+2x-3}$.

x	$-\infty$		-3		-1		1		$+\infty$
Signe de $f'(x)$		$+$	0	$-$	‖	$-$	0	$+$	
Variations de f		↗	-6	↘	‖	↘	2	↗	

b. $x-1+\frac{4}{x+1}=\frac{(x-1)(x+1)+4}{x+1}=\frac{x^2+3}{x+1}=f(x)$, donc $f(x)-(x-1)=\frac{4}{x+1}$.
La position relative de $\mathscr{C}$ et de d est donnée par le signe de $\frac{1}{x+1}$; donc si $x<-1$, C est au-dessous de d et si $x>-1$, C est au-dessus de d.

2 **a.** On a $f'(x)=3x^2-12x+8$.
On a donc $f'(2)=3\times 2^2-12\times 2+8=-4$.
On a $f(2)=2^3-6\times 2^2+8\times 2=0$. La tangente T a pour équation :
$$y=f'(2)(x-2)+f(2) \Leftrightarrow y=-4(x-2)$$
$$\Leftrightarrow y=-4x+8.$$
b. On a : $h'(x)=3x^2-12x+12$.
On étudie le signe de $h'(x)$. On a $a=3$, $b=-12$ et $c=12$.
On a : $\Delta=b^2-4ac=0$. Il y a donc une seule racine : $\dfrac{-b}{2a}=2$.
Comme a est positif, h' est donc positive sur $\mathbb{R}$.
On en déduit que h est croissante sur $\mathbb{R}$.
c. On a : $f(x)-(-4x+8)=x^3-6x^2+8x+4x-8$
$=x^3-6x^2+12x-8=h(x)$.
Comme h est croissante sur $\mathbb{R}$ et comme $h(2)=0$, on en déduit que h est négative sur $]-\infty\,;2]$ et positive sur $[2\,;+\infty[$.
Ainsi, sur $]-\infty\,;2]$, $f(x)-(-4x+8)\leq 0$ et donc $f(x)\leq(-4x+8)$.
Autrement dit, $\mathscr{C}_f$ est en dessous de T sur $]-\infty\,;2]$.
De même, on en conclut que $\mathscr{C}_f$ est au-dessus de T sur $[2\,;+\infty[$.

3 Pour tout réel x, on pose $f(x)=x^2-2x+1$.
On a : $f'(x)=2x-2$. On a donc :

x	$-\infty$		1		$+\infty$
Signe de $f'(x)$		–	0	+	
Variations de f		↘	0	↗	

On en déduit que, pour tout réel x, on a $f(x)\geq 0$, ce qui équivaut à $x^2\geq 2x-1$.

4 La fonction S n'est pas définie pour $x\leq 0$ (on ne peut pas considérer un enfant ayant un poids négatif !) C'est une fonction dont le dénominateur ne s'annule pas pour $x>0$ donc S est dérivable sur $]0\,;+\infty[$.
Calculons la dérivée de la fonction S.
$$S'(x)=\frac{4\times(x+90)-(4x+7)\times 1}{(x+90)^2}=\frac{4x+360-4x-7}{(x+90)^2}=\frac{353}{(x+90)^2}.$$
Cette dérivée est positive donc la fonction S est croissante sur $]0\,;+\infty[$. On a donc : $S(10)\leq S(x)\leq S(35)$. Par ailleurs $S(10)=0,47$ et $S(35)=1,176$.
La surface corporelle d'un enfant pesant entre 10 et 35 kg est donc comprise entre 0,47 et 1,176 m².

5 **A-a.** $R(x)=40x$. **A-b.** Voici le dessin attendu.

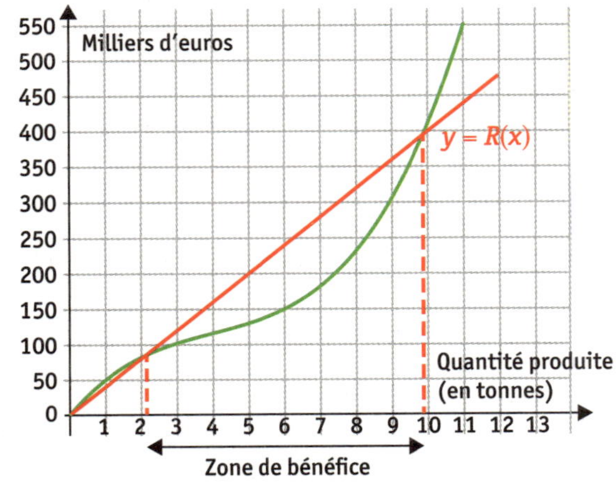

A-c. Graphiquement, on peut penser qu'il faut produire entre 2,1 et 9,9 tonnes de fromage.
B-a. $B(x)=R(x)-C(x)$
$=40x-(x^3-12x^2+61x)$
$=40x-x^3+12x^2-61x$
$=-x^3+12x^2-21x.$

B-b. $B'(x)=-3x^2+24x-21$.
On étudie le signe de cette dérivée. On a : $a=-3$, $b=24$ et $c=-21$. On a : $\Delta=b^2-4ac=324$.
Le discriminant est positif, il y a donc deux racines :
$$x_1=\frac{-b-\sqrt{\Delta}}{2a}=7 \text{ et } x_2=\frac{-b+\sqrt{\Delta}}{2a}=1.$$
On a donc le tableau suivant :

x	0		1		7		11
Signe de $B'(x)$		–	0	+	0	–	
Variations de B	0	↘	–10	↗	98	↘	–110

B-c. Le bénéfice maximal est de 98 000 € et il est atteint pour une production de 7 tonnes.
C-a. $C_m(x)=C'(x)=3x^2-24x+61$.
C-b. $C_M(x)=\dfrac{x^3-12x^2+61x}{x}=x^2-12x+61$.
C-c. Le coût moyen est donné par un polynôme du second degré. On a : $a=1$, $b=-12$ et $c=61$. Le minimum est atteint en $x_0=\dfrac{-b}{2a}=6$.
Remarque : Voir exercice n° 3 du chapitre 8.
C-d. $C_m(6)=3\times 6^2-24\times 6+61=25$ et $C_M(6)=6^2-12\times 6+61=25$.
C-e. On a $C'(6)=C_m(6)=25$ et $C(6)=6^3-12\times 6^2+61\times 6=150$.
La tangente à $\mathscr{C}$ au point d'abscisse 6 a donc pour équation :
$$y=C'(6)(x-6)+C(6)\Leftrightarrow y=25(x-6)+150$$
$$\Leftrightarrow y=25x-150+150$$
$$\Leftrightarrow y=25x$$
L'ordonnée à l'origine de cette tangente est nulle donc elle passe bien par l'origine.

6 **a.** Le volume du tipi est de 50 m³ donc on a :
$$\frac{1}{3}\pi r^2h=50\Leftrightarrow r^2h=\frac{50\times 3}{\pi}\Leftrightarrow r^2=\frac{150}{\pi h}.$$
b. On utilise les notations de l'encadré et du dessin donnés dans l'exercice. Le rayon R de la portion de disque correspond à la longueur BC. D'après le théorème de Pythagore, on a donc $R^2=r^2+h^2$. La longueur d'arc p correspond au périmètre de la base du tipi donc $p=2\pi r$. On a donc :
$$S(h)=\left(\frac{1}{2}\times 2\pi r\times\sqrt{r^2+h^2}\right)^2=\pi^2r^2\left(r^2+h^2\right)=\pi^2\times\frac{150}{\pi h}\left(\frac{150}{\pi h}+h^2\right)$$
$$=150\pi\left(\frac{150}{\pi}\times\frac{1}{h^2}+h\right)$$
c. $S'(h)=150\pi\left(\dfrac{150}{\pi}\times\dfrac{-2}{h^3}+1\right)=150\pi\left(1-\dfrac{300}{\pi}\times\dfrac{1}{h^3}\right).$
d. On résout l'inéquation $S'(h)\geq 0$.
$$S'(h)\geq 0\Leftrightarrow 150\pi\left(1-\frac{300}{\pi}\times\frac{1}{h^3}\right)\geq 0$$
$$\Leftrightarrow 1-\frac{300}{\pi}\times\frac{1}{h^3}\geq 0$$
$$\Leftrightarrow 1\geq\frac{300}{\pi}\times\frac{1}{h^3}$$
$$\Leftrightarrow h^3\geq\frac{300}{\pi}$$
$$\Leftrightarrow h\geq\sqrt[3]{\frac{300}{\pi}}$$
On a donc le tableau suivant :

h	1		$\sqrt[3]{\frac{300}{\pi}}$		10
Signe de $S'(h)$		–	0	+	

e. D'après le tableau précédent, on constate que S est décroissante sur $\left[1\,;\sqrt[3]{\frac{300}{\pi}}\right]$ et croissante sur $\left[\sqrt[3]{\frac{300}{\pi}}\,;10\right]$.

La surface de peau utilisée est donc minimale pour $h=\sqrt[3]{\frac{300}{\pi}}\approx 4{,}57$ m. On sait que $r^2=\frac{150}{\pi h}$. Si $h=\sqrt[3]{\frac{300}{\pi}}$, on a donc $2r=2\sqrt{\frac{150}{\pi\sqrt[3]{\frac{300}{\pi}}}}\approx 6{,}46$ m.

On retrouve les dimensions courantes des tipis. Ces dimensions permettent de minimiser la surface de peau de bison utilisée.

7 a. On a : $f'(x)=-2x+4$.

L'équation réduite de T_a est :

$y=f'(a)(x-a)+f(a)\Leftrightarrow y=(-2a+4)(x-a)-a^2+4a$

$\Leftrightarrow y=(-2a+4)x+2a^2-4a-a^2+4a$

$\Leftrightarrow y=(-2a+4)x+a^2$.

b. Soit a l'abscisse cherchée. Comme T_a passe par le point A, on a : $y_A=(-2a+4)x_A+a^2\Leftrightarrow 5=(-2a+4)\times 4+a^2$

$\Leftrightarrow 5=-8a+16+a^2$

$\Leftrightarrow 0=a^2-8a+11$.

Calculons le discriminant de cette équation :

$\Delta=(-8)^2-4\times 1\times 11=20$.

Le discriminant est positif donc il y a deux solutions : $a_1=\frac{-(-8)-\sqrt{20}}{2}=4-\sqrt{5}$ et $a_2=4+\sqrt{5}$.

Compte tenu de la situation décrite par le graphique, seule la solution a_1 est acceptable.

8 A-a. $f(60)\approx 6$. **A-b.** On trouve $x\in[0\,;46]$.

B-a. On pose $u(x)=1{,}5x+30$ et $v(x)=e^{-0{,}05x}$. On a : $u'(x)=1{,}5$ et $v'(x)=-0{,}05e^{-0{,}05x}$.

$f'(x)=1{,}5e^{-0{,}05x}+(1{,}5x+30)\times(-0{,}05)e^{-0{,}05x}$

$=(1{,}5+(1{,}5x+30)\times(-0{,}05))e^{-0{,}05x}$

$=(1{,}5-0{,}075x-1{,}5)e^{-0{,}05x}$

$=-0{,}075xe^{-0{,}05x}$.

B-b. Voici le tableau attendu.

x	0	80
Signe de $-0{,}075x$	−	
Signe de $e^{-0{,}05x}$	+	
Signe de $f'(x)$	−	
Variations de f	30 ↘	3

B-c. On dresse un tableau de valeurs de f à la calculatrice avec un pas de 0,01. On trouve alors $f(45{,}78)\approx 10{,}001$ et $f(45{,}79)\approx 9{,}998$. On a donc $\alpha\in[45{,}78\,;45{,}79]$.

C-a. $f(60)=(1{,}5\times 60+30)e^{-0{,}05\times 60}=120e^{-3}\approx 5{,}97$.

La boucherie vendra environ 597 boîtes.

C-c. D'après la partie B, le prix cherché est de 45,78 €.

9 L'expression algébrique de f est de la forme $f(x)=ax^3+bx^2+cx+d$. On a donc $f'(x)=3ax^2+2bx+c$.

D'après le tableau, on sait que $f(0)=9$.

Or $f(0)=a\times 0^3+b\times 0^2+c\times 0+d=d$ donc $d=9$.

On sait aussi que f admet un maximum local en 0 donc $f'(0)=0$.

Or $f'(0)=3a\times 0^2+2b\times 0+c=c$. On a donc $c=0$.

Par ailleurs, on a : $f(3)=27a+9b+3c+d=27a+9b+9$.

On a aussi : $f'(3)=3a\times 9+2b\times 3+c=27a+6b$.

Le tableau indique que $f(3)=6$ et, comme il y a un minimum local en 3, $f'(3)=0$. On a donc :

$\begin{cases}27a+9b+9=6\\27a+6b=0\end{cases}\Leftrightarrow\begin{cases}-6b+9b+9=6\\27a=-6b\end{cases}$

$\Leftrightarrow\begin{cases}3b=-3\\27a=-6b\end{cases}$

$\Leftrightarrow\begin{cases}b=-1\\27a=-6\times -1\end{cases}\Leftrightarrow\begin{cases}b=-1\\a=\frac{6}{27}=\frac{2}{9}\end{cases}$

Finalement, on a trouvé $f(x)=\frac{2}{9}x^3-x^2+9$.

11 Page 166

1 a. A, B, C, D et E correspondent respectivement à $\frac{\pi}{2}$, $\frac{5\pi}{6}$, $-\frac{2\pi}{3}$, $-\frac{\pi}{4}$ et $\frac{\pi}{3}$.

b. Voici le dessin complété.

Pour les points G, I et J, on est amené à effectuer plus d'une fois le tour du cercle trigonométrique.

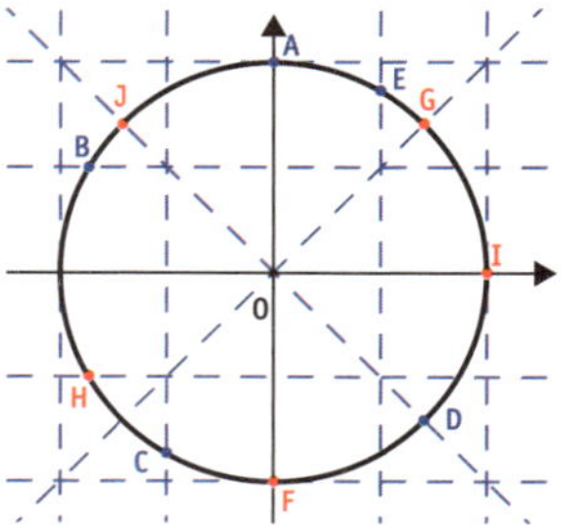

2 a. Un angle de 135° mesure $\frac{135\times\pi}{180}=\frac{3\pi}{4}$ radians. Un angle de 15° mesure $\frac{15\times\pi}{180}=\frac{\pi}{12}$ radians. Un angle de 64° mesure $\frac{64\times\pi}{180}=\frac{16\pi}{45}$ radians.

b. Un angle de $\frac{11\pi}{24}$ rad mesure $\frac{\frac{11\pi}{24}\times 180}{\pi}=82{,}5°$.

Un angle de $\frac{7\pi}{6}$ rad mesure $\frac{\frac{7\pi}{6}\times 180}{\pi}=210°$.

Un angle de 1 rad mesure $\frac{1\times 180}{\pi}\approx 57{,}3°$.

Un angle de $\frac{5\pi}{18}$ rad mesure $\frac{\frac{5\pi}{18}\times 180}{\pi}=50°$.

3 Il suffit d'utiliser le cercle trigonométrique de la partie cours.

$\cos\left(\frac{2\pi}{3}\right)=-\frac{1}{2}$ $\quad\sin\left(-\frac{\pi}{3}\right)=-\frac{\sqrt{3}}{2}$ $\quad\cos\left(\frac{5\pi}{4}\right)=-\frac{\sqrt{2}}{2}$

$\sin\left(\frac{3\pi}{4}\right)=\frac{\sqrt{2}}{2}$ $\quad\cos\left(-\frac{\pi}{2}\right)=0$ $\quad\sin\left(\frac{5\pi}{6}\right)=\frac{1}{2}$

$\cos(-3\pi)=-1$ $\quad\sin\left(-\frac{11\pi}{6}\right)=\frac{1}{2}$

4 a. On note ABCD le carré considéré. Comme ABD est rectangle en A, le théorème de Pythagore donne : $BD^2=a^2+a^2=2a^2$ et donc $BD=\sqrt{2a^2}=a\sqrt{2}$.

b. On a $\cos\left(\frac{\pi}{4}\right)=\cos\widehat{ABD}=\frac{AB}{BD}=\frac{a}{a\sqrt{2}}=\frac{1}{\sqrt{2}}=\frac{\sqrt{2}}{2}$.

De même, $\sin\left(\frac{\pi}{4}\right)=\frac{\sqrt{2}}{2}$.

5 a. On note ABC le triangle équilatéral et H le milieu de [BC]. Dans le triangle rectangle ABH, le théorème de Pythagore donne : $AH^2=AB^2-BH^2=a^2-\left(\frac{1}{2}a\right)^2=a^2-\frac{1}{4}a^2=\frac{3}{4}a^2$.

On a donc $AH=\sqrt{\frac{3}{4}a^2}=\frac{\sqrt{3}}{2}a$.

b. $\cos\left(\frac{\pi}{3}\right)=\cos\widehat{HBA}=\frac{BH}{BA}=\frac{\frac{1}{2}a}{a}=\frac{1}{2}$ et

$\sin\left(\frac{\pi}{3}\right)=\sin\widehat{HBA}=\frac{AH}{BA}=\frac{\frac{\sqrt{3}}{2}a}{a}=\frac{\sqrt{3}}{2}$.

6 a. On utilise la formule $\cos^2(x)+\sin^2(x)=1$.

$\cos^2(a)+\sin^2(a)=1 \Leftrightarrow \cos^2(x)=1-\sin^2(x)$
$\Leftrightarrow \cos^2(x)=1-0{,}96^2$
$\Leftrightarrow \cos^2(x)=0{,}0784.$

Comme $a\in\left[0\,;\,\frac{\pi}{2}\right]$, cos($a$) est positif et donc

$\cos(a)=\sqrt{0{,}0784}=0{,}28.$

b. On utilise les formules du cours (ou le cercle trigonométrique).

$\cos(-x)=0{,}28$ $\quad\sin\left(\frac{\pi}{2}-x\right)=0{,}28$ $\quad\sin(\pi-x)=0{,}96$

$\cos\left(\frac{\pi}{2}-x\right)=0{,}96$ $\quad\cos(\pi+x)=-0{,}28$ $\quad\cos\left(\frac{\pi}{2}+x\right)=-0{,}96$

7 **a.** La courbe doit être symétrique par rapport à l'axe des ordonnées et inchangée par la translation de vecteur $\vec{u}\begin{pmatrix}4\\0\end{pmatrix}$.

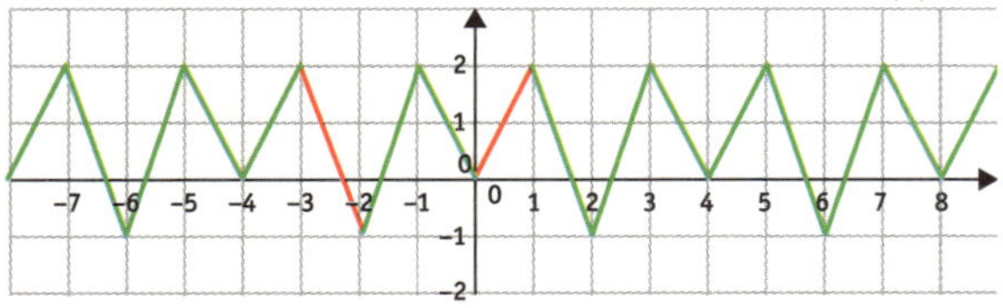

b. La courbe doit être symétrique par rapport à l'origine et inchangée par la translation de vecteur $\vec{u}\begin{pmatrix}3\\0\end{pmatrix}$.

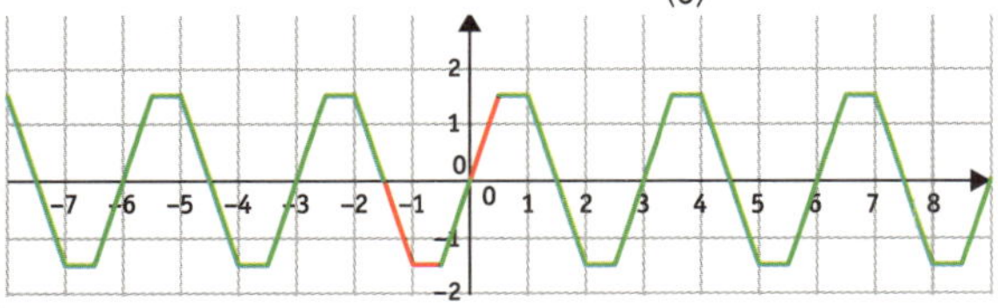

8 On considère le cercle ci-contre.

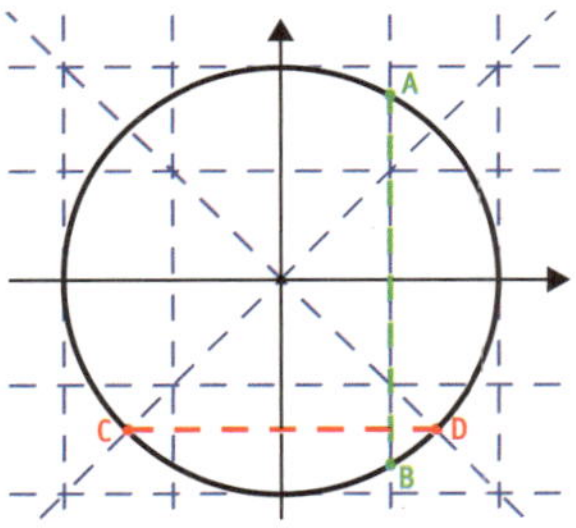

a. Les réels cherchés ont pour image sur le cercle trigonométrique les points A et B.
Les nombres cherchés sont donc $\frac{\pi}{3}+2k\pi$ et $-\frac{\pi}{3}+2k\pi$ où $k\in\mathbb{Z}$.
b. Les réels cherchés ont pour image sur le cercle trigonométrique les points C et D.
Les nombres cherchés sont donc $-\frac{\pi}{4}+2k\pi$ et $-\frac{3\pi}{4}+2k\pi$ où $k\in\mathbb{Z}$.

9 **a.** Le minimum de f vaut 0 (quand le chewing-gum touche la route). Le maximum de f vaut 60 cm (c'est le diamètre de la roue). **b.** La période de f est égale au périmètre de la roue, soit 60π cm.

10 On utilise le fait qu'une fonction dérivable est croissante si, et seulement si, sa dérivée est positive et décroissante si, et seulement si, sa dérivée est décroissante.

a.

x	0		π		2π
Signe de cos′	0	−	0	+	0

b.

x	0		$\frac{\pi}{2}$		$\frac{3\pi}{2}$		2π
Signe de sin′		+	0	−	0	+	

Remarque : On a en fait cos′ = − sin et sin′ = cos.

11 **a.** $\frac{\sin(\beta)}{\cos(\beta)}=\frac{\frac{AC}{BC}}{\frac{AB}{BC}}=\frac{AC}{AB}=\tan(\beta).$

b. $\tan(0)=\frac{\sin(0)}{\cos(0)}=\frac{0}{1}=0$; $\tan\left(\frac{\pi}{6}\right)=\frac{\sin\left(\frac{\pi}{6}\right)}{\cos\left(\frac{\pi}{6}\right)}=\frac{\frac{1}{2}}{\frac{\sqrt{3}}{2}}=\frac{1}{\sqrt{3}}=\frac{\sqrt{3}}{3}$;

$\tan\left(\frac{\pi}{4}\right)=\frac{\sin\left(\frac{\pi}{4}\right)}{\cos\left(\frac{\pi}{4}\right)}=\frac{\frac{\sqrt{2}}{2}}{\frac{\sqrt{2}}{2}}=1$; $\tan\left(\frac{\pi}{3}\right)=\frac{\sin\left(\frac{\pi}{3}\right)}{\cos\left(\frac{\pi}{3}\right)}=\frac{\frac{\sqrt{3}}{2}}{\frac{1}{2}}=\sqrt{3}$.

c. La fonction tangente est définie partout où le cosinus ne s'annule pas, c'est-à-dire pour toute valeur réelle différente de $\frac{\pi}{2}+k\pi$ où $k\in\mathbb{Z}$.

d. $\tan(-x)=\frac{\sin(-x)}{\cos(-x)}=\frac{-\sin(x)}{\cos(x)}=-\tan(x)$ donc la fonction tangente est impaire.

e. $\tan(x+\pi)=\frac{\sin(x+\pi)}{\cos(x+\pi)}=\frac{-\sin(x)}{-\cos(x)}=\frac{\sin(x)}{\cos(x)}=\tan(x)$ donc la fonction tangente est périodique de période π.

12 Page 170

1 **a.** $\overrightarrow{AJ}=\overrightarrow{BE}=\overrightarrow{GI}=\overrightarrow{CH}$. **b.** $\overrightarrow{BF}=\overrightarrow{GJ}=\overrightarrow{CE}=\overrightarrow{DI}$.
2 **a.** MNPO et MOPN. **b.** $\overrightarrow{EF}=\overrightarrow{HG}$ et $\overrightarrow{EH}=\overrightarrow{FG}$.
3 **a.** Voici la figure attendue.

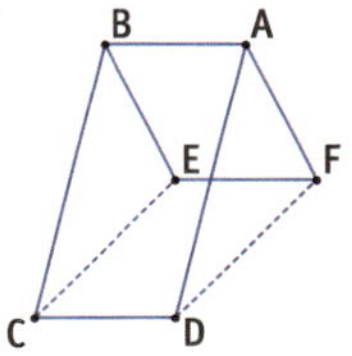

b. ABCD est un parallélogramme donc $\overrightarrow{AB}=\overrightarrow{DC}$. ABEF est un parallélogramme donc $\overrightarrow{AB}=\overrightarrow{FE}$. On a donc $\overrightarrow{FE}=\overrightarrow{DC}$ et il s'en suit que CDFE est un parallélogramme.
4 $\overrightarrow{DB}+\overrightarrow{DF}=\overrightarrow{DE}$; $\overrightarrow{DA}+\overrightarrow{FC}=\overrightarrow{DF}$; $\overrightarrow{GD}+\overrightarrow{CG}=\overrightarrow{CD}$; $\overrightarrow{DE}+\overrightarrow{FA}=\overrightarrow{DD}=\vec{0}$.

5 **a.** $\overrightarrow{AB}$ a pour coordonnées $\begin{pmatrix}x_B-x_A\\y_B-y_A\end{pmatrix}=\begin{pmatrix}7-4\\-2-2\end{pmatrix}=\begin{pmatrix}3\\-4\end{pmatrix}$.

$\overrightarrow{CD}$ a pour coordonnées $\begin{pmatrix}x_D-x_C\\y_D-y_C\end{pmatrix}=\begin{pmatrix}0-(-4)\\3-5\end{pmatrix}=\begin{pmatrix}4\\-2\end{pmatrix}$.

$\overrightarrow{CA}$ a pour coordonnées $\begin{pmatrix}x_A-x_C\\y_A-y_C\end{pmatrix}=\begin{pmatrix}4-(-4)\\2-5\end{pmatrix}=\begin{pmatrix}8\\-3\end{pmatrix}$.

b. $\overrightarrow{AB}+\overrightarrow{CD}$ a pour coordonnées $\begin{pmatrix}3\\-4\end{pmatrix}+\begin{pmatrix}4\\-2\end{pmatrix}=\begin{pmatrix}3+4\\-4-2\end{pmatrix}=\begin{pmatrix}7\\-6\end{pmatrix}$.

$\overrightarrow{CD}+\overrightarrow{CA}$ a pour coordonnées $\begin{pmatrix}4\\-2\end{pmatrix}+\begin{pmatrix}8\\-3\end{pmatrix}=\begin{pmatrix}4+8\\-2-3\end{pmatrix}=\begin{pmatrix}12\\-5\end{pmatrix}$.

c. $\|\overrightarrow{AB}\|=\sqrt{3^2+(-4)^2}=\sqrt{9+16}=\sqrt{25}=5.$

$\|\overrightarrow{CD}\|=\sqrt{4^2+(-2)^2}=\sqrt{16+4}=\sqrt{20}=2\sqrt{5}.$

$\|\overrightarrow{CA}\|=\sqrt{8^2+(-3)^2}=\sqrt{64+9}=\sqrt{73}.$

6 **a.** Pour que ABCD soit un parallélogramme, il faut que $\overrightarrow{AB}=\overrightarrow{DC}$.

$\overrightarrow{AB}$ a pour coordonnées $\begin{pmatrix}x_B-x_A\\y_B-y_A\end{pmatrix}=\begin{pmatrix}-3-1\\4-(-2)\end{pmatrix}=\begin{pmatrix}-4\\6\end{pmatrix}$.

$\overrightarrow{DC}$ a pour coordonnées $\begin{pmatrix}x_C-x_D\\y_C-y_D\end{pmatrix}=\begin{pmatrix}5-x_D\\6-y_D\end{pmatrix}$.

On a donc $\begin{pmatrix}5-x_D\\6-y_D\end{pmatrix}=\begin{pmatrix}-4\\6\end{pmatrix}$ et donc D a pour coordonnées (9 ; 0).

b. $\overrightarrow{AE}$ a pour coordonnées $\begin{pmatrix}x_E-x_A\\y_E-y_A\end{pmatrix}=\begin{pmatrix}x_E-1\\y_E+2\end{pmatrix}$.

$\overrightarrow{BD}$ a pour coordonnées $\begin{pmatrix}x_D-x_B\\y_D-y_B\end{pmatrix}=\begin{pmatrix}9-(-3)\\0-4\end{pmatrix}=\begin{pmatrix}12\\-4\end{pmatrix}$.

On a donc $\begin{pmatrix}x_E-1\\y_E+2\end{pmatrix}=\begin{pmatrix}12\\-4\end{pmatrix}$ et donc E a pour coordonnées (13 ; −6).

c. Le milieu de [EC] a pour coordonnées :

$\left(\frac{x_E+x_C}{2}\,;\,\frac{y_E+y_C}{2}\right)=\left(\frac{13+5}{2}\,;\,\frac{-6+6}{2}\right)=(9\,;\,0).$

D est bien le milieu de [EC].

MATHS

7 Considérons par exemple les vecteurs $\vec{u}\begin{pmatrix}3\\4\end{pmatrix}$ et $\vec{v}\begin{pmatrix}12\\5\end{pmatrix}$.

Le vecteur $\vec{u}+\vec{v}$ a pour coordonnées $\begin{pmatrix}3+12\\4+5\end{pmatrix}=\begin{pmatrix}15\\9\end{pmatrix}$.

$\|\vec{u}\|=\sqrt{3^2+4^2}=5$, $\|\vec{v}\|=\sqrt{12^2+5^2}=13$,

$\|\vec{u}+\vec{v}\|=\sqrt{15^2+9^2}=\sqrt{306}=3\sqrt{34}$.

En revanche, $\|\vec{u}\|+\|\vec{v}\|=5+13=18$.

La formule proposée est fausse.

8 **a.** $\vec{v}=4\vec{u}$. **b.** $\vec{v}=-\dfrac{1}{3}\vec{u}$. **c.** $\vec{v}=\sqrt{3}\,\vec{u}$.

9 **a.** $\det(\vec{u},\vec{v})=1\times2-5\times0{,}4=0$ donc $\vec{u}$ et $\vec{v}$ sont colinéaires. **b.** $\det(\vec{u},\vec{v})=4\times3-7\times1{,}7=0{,}1\neq0$ donc $\vec{u}$ et $\vec{v}$ ne sont pas colinéaires. **c.** $\det(\vec{u},\vec{v})=4\times2-(-8)\times(-1)=0$ donc $\vec{u}$ et $\vec{v}$ sont colinéaires.

10 **a.** $\det(\overrightarrow{AB},\overrightarrow{AC})=\begin{vmatrix}-25 & 12\\-5 & 3\end{vmatrix}=-15\neq0$. Les vecteurs $\overrightarrow{AB}$ et $\overrightarrow{AC}$ ne sont pas colinéaires donc les points A, B et C ne sont pas alignés. **b.** $\det(\overrightarrow{AB},\overrightarrow{AC})=\begin{vmatrix}-4 & -9\\3 & 7\end{vmatrix}=-1\neq0$. Les vecteurs $\overrightarrow{AB}$ et $\overrightarrow{AC}$ ne sont pas colinéaires donc les points A, B et C ne sont pas alignés. **c.** $\det(\overrightarrow{AB},\overrightarrow{AC})=\begin{vmatrix}-20 & 40\\40 & -80\end{vmatrix}=0$. Les vecteurs $\overrightarrow{AB}$ et $\overrightarrow{AC}$ sont colinéaires donc les points A, B et C sont alignés.

11 **a.** $\det(\overrightarrow{OA},\overrightarrow{BC})=\begin{vmatrix}x_B-x_0 & x_C-x_B\\y_B-y_0 & y_C-y_B\end{vmatrix}=\begin{vmatrix}8 & 21\\16 & 42\end{vmatrix}=0$. Les vecteurs $\overrightarrow{OA}$ et $\overrightarrow{BC}$ sont colinéaires donc (OA) et (BC) sont parallèles. **b.** $\det(\overrightarrow{OA},\overrightarrow{BC})=\begin{vmatrix}-2 & 21\\4 & -43\end{vmatrix}=2\neq0$. Les vecteurs $\overrightarrow{OA}$ et $\overrightarrow{BC}$ ne sont pas colinéaires donc (OA) et (BC) ne sont pas parallèles. **c.** $\det(\overrightarrow{OA},\overrightarrow{BC})=\begin{vmatrix}4 & -10\\12 & -30\end{vmatrix}=0$. Les vecteurs $\overrightarrow{OA}$ et $\overrightarrow{BC}$ sont colinéaires donc (OA) et (BC) sont parallèles.

12 **a.** $\det(\overrightarrow{AB},\overrightarrow{AC})=\begin{vmatrix}x_B-x_A & x_C-x_A\\y_B-y_A & y_C-y_A\end{vmatrix}=\begin{vmatrix}8 & 21\\-5 & -13\end{vmatrix}$

$=8\times(-13)-(-5)\times21=1\neq0$.

Les vecteurs $\overrightarrow{AB}$ et $\overrightarrow{AC}$ ne sont pas colinéaires donc, contrairement aux apparences, A, B et C ne sont pas alignés. Ici, le point C est en fait très proche de la droite (AB) mais pas dessus.

b. $\det(\overrightarrow{AC},\overrightarrow{DE})=\begin{vmatrix}21 & 34\\-13 & -21\end{vmatrix}=-1\neq0$. Les vecteurs $\overrightarrow{AC}$ et $\overrightarrow{DE}$ ne sont pas colinéaires donc, contrairement aux apparences, (AC) et (DE) ne sont pas parallèles (il faudrait les prolonger assez loin de la feuille pour constater qu'elles se croisent).

13 **a.** Les coordonnées de $\overrightarrow{OP}$ sont :

$21\begin{pmatrix}3\\4\end{pmatrix}-10\begin{pmatrix}5\\-2\end{pmatrix}+13\begin{pmatrix}0\\1\end{pmatrix}=\begin{pmatrix}21\times3-10\times5+13\times0\\21\times4-10\times(-2)+13\end{pmatrix}=\begin{pmatrix}13\\117\end{pmatrix}$.

b. Les coordonnées de K sont : $\left(\dfrac{x_B+x_C}{2}\ ;\ \dfrac{y_B+y_C}{2}\right)=(2{,}5\ ;\ -0{,}5)$.

$\overrightarrow{KA}$ a pour coordonnées : $\begin{pmatrix}3-2{,}5\\4-(-0{,}5)\end{pmatrix}=\begin{pmatrix}0{,}5\\4{,}5\end{pmatrix}$.

$\det(\overrightarrow{OP},\overrightarrow{KA})=\begin{vmatrix}13 & 0{,}5\\117 & 4{,}5\end{vmatrix}=13\times4{,}5-117\times0{,}5=0$. Les vecteurs $\overrightarrow{OP}$ et $\overrightarrow{KA}$ sont colinéaires donc (OP) et (KA) sont parallèles.

14 On se place dans le repère $(A\ ;\overrightarrow{AB},\overrightarrow{AD})$. En suivant les notations ci-contre et en tenant compte du rappel de l'énoncé, on a :

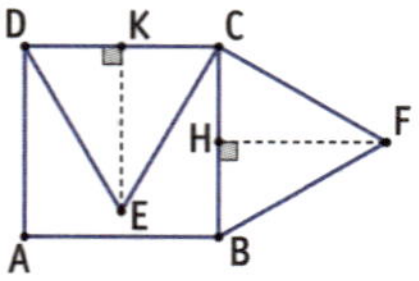

- $x_E=x_K=\dfrac{1}{2}$ et $y_E=AD-EK=1-\dfrac{\sqrt{3}}{2}$;
- $x_F=AB+HF=1+\dfrac{\sqrt{3}}{2}$ et $y_F=y_H=\dfrac{1}{2}$.

Ainsi, E et F ont pour coordonnées respectives $\left(\dfrac{1}{2}\ ;1-\dfrac{\sqrt{3}}{2}\right)$ et $\left(1+\dfrac{\sqrt{3}}{2}\ ;\dfrac{1}{2}\right)$. Le point A est l'origine du repère ; il a pour coordonnées (0 ; 0). Pour démontrer que A, E et F sont alignés, on va démontrer que $\overrightarrow{AE}$ et $\overrightarrow{AF}$ sont colinéaires.

$\overrightarrow{AE}$ a pour coordonnées : $\begin{pmatrix}x_E-x_A\\y_E-y_A\end{pmatrix}=\begin{pmatrix}\frac{1}{2}-0\\1-\frac{\sqrt{3}}{2}-0\end{pmatrix}=\begin{pmatrix}\frac{1}{2}\\1-\frac{\sqrt{3}}{2}\end{pmatrix}$.

$\overrightarrow{AF}$ a pour coordonnées : $\begin{pmatrix}x_F-x_A\\y_F-y_A\end{pmatrix}=\begin{pmatrix}1+\frac{\sqrt{3}}{2}-0\\\frac{1}{2}-0\end{pmatrix}=\begin{pmatrix}1+\frac{\sqrt{3}}{2}\\\frac{1}{2}\end{pmatrix}$.

On a donc :

$$\det(\overrightarrow{AE},\overrightarrow{AF})=\begin{vmatrix}\frac{1}{2} & 1+\frac{\sqrt{3}}{2}\\1-\frac{\sqrt{3}}{2} & \frac{1}{2}\end{vmatrix}=\frac{1}{2}\times\frac{1}{2}-\left(1-\frac{\sqrt{3}}{2}\right)\left(1+\frac{\sqrt{3}}{2}\right)$$

$$=\frac{1}{4}-\left(1-\frac{3}{4}\right)=\frac{1}{4}-\frac{1}{4}=0.$$

Les vecteurs $\overrightarrow{AE}$ et $\overrightarrow{AF}$ sont donc colinéaires et les points A, E et F sont donc alignés.

15 Le point D est sur l'axe des abscisses dont il a pour coordonnées $(x\ ;0)$.

$\overrightarrow{AB}$ a pour coordonnées : $\begin{pmatrix}x_B-x_A\\y_B-y_A\end{pmatrix}=\begin{pmatrix}15-2\\10-3\end{pmatrix}=\begin{pmatrix}13\\7\end{pmatrix}$

$\overrightarrow{CD}$ a pour coordonnées : $\begin{pmatrix}x_D-x_C\\y_D-y_C\end{pmatrix}=\begin{pmatrix}x-4\\0-6\end{pmatrix}=\begin{pmatrix}x-4\\-6\end{pmatrix}$

Comme (AB) et (CD) sont parallèles, $\overrightarrow{AB}$ et $\overrightarrow{CD}$ sont colinéaires et leur déterminant est nul.

$\det(\overrightarrow{AB},\overrightarrow{CD})=0 \Leftrightarrow \begin{vmatrix}13 & x-4\\7 & -6\end{vmatrix}=0$

$\Leftrightarrow 13\times(-6)-7(x-4)=0$

$\Leftrightarrow -78-7x+28=0$

$\Leftrightarrow -7x=50$

$\Leftrightarrow x=-\dfrac{50}{7}$.

D a donc pour coordonnées : $\left(-\dfrac{50}{7}\ ;0\right)$.

16 **a.** M_3 le symétrique de M_2 par rapport à B donc $\overrightarrow{M_3M_2}=2\overrightarrow{BM_2}$. M_2 le symétrique de M_1 par rapport à A donc $\overrightarrow{M_2M_1}=2\overrightarrow{M_2A}$.

$\overrightarrow{M_3M_1}=\overrightarrow{M_3M_2}+\overrightarrow{M_2M_1}=2\overrightarrow{BM_2}+2\overrightarrow{M_2A}$

$=2\left(\overrightarrow{BM_2}+\overrightarrow{M_2A}\right)$

$=2\overrightarrow{BA}$.

b. On utilise les résultats précédents.

M_1 et M_5 sont confondus $\Leftrightarrow \overrightarrow{M_3M_1}=\overrightarrow{M_3M_5}$

$\Leftrightarrow 2\overrightarrow{BA}=2\overrightarrow{CD}$

$\Leftrightarrow \overrightarrow{BA}=\overrightarrow{CD}$

$\Leftrightarrow$ ABCD est un parallélogramme.

17 Le dessin ci-contre permet d'obtenir les réponses.

$\vec{a}=2\,\vec{u}+\vec{v}$

$\vec{b}=-\vec{u}+2\vec{v}$

$\vec{c}=\vec{u}-\vec{v}$

$\vec{d}=0{,}5\vec{u}+\vec{v}$

$\vec{s}=2\vec{v}$

$\vec{t}=-1{,}5\vec{u}$

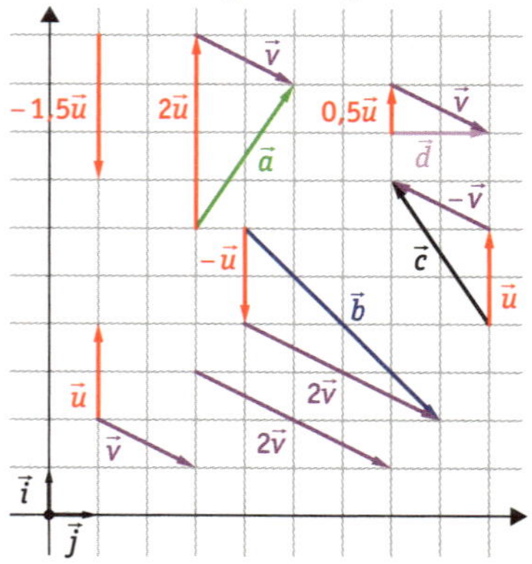

18 **a.** On utilise la relation de Chasles.

$\overrightarrow{RS}=\overrightarrow{RA}+\overrightarrow{AB}+\overrightarrow{BS}=-k\overrightarrow{AB}+\overrightarrow{AB}+k\overrightarrow{BC}=(1-k)\overrightarrow{AB}+k\overrightarrow{BC}$.

b. On utilise la relation de Chasles.
$\overrightarrow{UT}=\overrightarrow{UD}+\overrightarrow{DC}+\overrightarrow{CT}=k\overrightarrow{AD}+\overrightarrow{DC}-k\overrightarrow{DC}=k\overrightarrow{AD}+(1-k)\overrightarrow{DC}$.

c. ABCD est un parallélogramme donc $\overrightarrow{AB}=\overrightarrow{DC}$ et $\overrightarrow{BC}=\overrightarrow{AD}$.
Ainsi : $\overrightarrow{RS}=(1-k)\overrightarrow{AB}+k\overrightarrow{BC}=(1-k)\overrightarrow{DC}+k\overrightarrow{AD}=\overrightarrow{UT}$.
RSTU est donc aussi un parallélogramme.

19 On exprime $\overrightarrow{PI}$ et $\overrightarrow{PE}$ en fonction de $\overrightarrow{OI}$ et $\overrightarrow{OE}$ en utilisant la relation de Chasles.

$\overrightarrow{PI}=\overrightarrow{PO}+\overrightarrow{OI}=-\left(\frac{2}{7}\overrightarrow{OI}+\frac{5}{7}\overrightarrow{OE}\right)+\overrightarrow{OI}=\frac{5}{7}\overrightarrow{OI}-\frac{5}{7}\overrightarrow{OE}$.

$\overrightarrow{PE}=\overrightarrow{PO}+\overrightarrow{OE}=-\left(\frac{2}{7}\overrightarrow{OI}+\frac{5}{7}\overrightarrow{OE}\right)+\overrightarrow{OE}=-\frac{2}{7}\overrightarrow{OI}+\frac{2}{7}\overrightarrow{OE}$.

Ainsi, dans le repère $(0\,;\overrightarrow{OI},\overrightarrow{OE})$ les coordonnées de $\overrightarrow{PI}$ et $\overrightarrow{PE}$ sont $\begin{pmatrix}\frac{5}{7}\\-\frac{5}{7}\end{pmatrix}$ et $\begin{pmatrix}-\frac{2}{7}\\\frac{2}{7}\end{pmatrix}$. On a $\det(\overrightarrow{PI},\overrightarrow{PE})=\frac{5}{7}\times\frac{2}{7}-\left(-\frac{5}{7}\right)\times\left(-\frac{2}{7}\right)=0$ donc $\overrightarrow{PI}$ et $\overrightarrow{PE}$ sont colinéaires et donc P, I et E sont alignés.

13 Page 173

1 a. $\overrightarrow{AB}\cdot\overrightarrow{AD}=AB\times AD\times\cos(\widehat{BAD})=6\times3\times\cos\left(\frac{\pi}{3}\right)=9$.

b. On se place dans le triangle AKD rectangle en K.
On a $AK=AD\cos(\widehat{BAD})=3\times\cos\left(\frac{\pi}{3}\right)=1{,}5$.
Ainsi, $AH=AB+BH=7{,}5$. $\overrightarrow{AB}$ et $\overrightarrow{AC}$ sont colinéaires et de même sens donc $\overrightarrow{AB}\cdot\overrightarrow{AC}=AB\times AC=6\times7{,}5=45$.

c. On se place dans le triangle AKD rectangle en K.
On a $DK=AD\sin(\widehat{BAD})=3\times\sin\left(\frac{\pi}{3}\right)=\frac{3\sqrt{3}}{2}$.

d. On utilise le fait que les vecteurs $\overrightarrow{BK}$ et $\overrightarrow{HC}$ d'une part et $\overrightarrow{KD}$ et $\overrightarrow{BH}$ d'autre part sont orthogonaux.

$$\begin{aligned}\overrightarrow{BD}\cdot\overrightarrow{BC}&=(\overrightarrow{BK}+\overrightarrow{KD})\cdot(\overrightarrow{BH}+\overrightarrow{HC})\\&=\overrightarrow{BK}\cdot\overrightarrow{BH}+\overrightarrow{BK}\cdot\overrightarrow{HC}+\overrightarrow{KD}\cdot\overrightarrow{BH}+\overrightarrow{KD}\cdot\overrightarrow{HC}\\&=-BK\times BH+0+0+KD\times HC\\&=-4{,}5\times1{,}5+\frac{3\sqrt{3}}{2}\times\frac{3\sqrt{3}}{2}=-6{,}75+\frac{27}{4}=0.\end{aligned}$$

2 a. B est le projeté orthogonal de C sur (AB) donc $\overrightarrow{AB}\cdot\overrightarrow{AC}=\overrightarrow{AB}\cdot\overrightarrow{AB}=AB^2=3^2=9$.
Soit H le projeté orthogonal de D sur (AB).
On a $\overrightarrow{AB}\cdot\overrightarrow{AD}=\overrightarrow{AB}\cdot\overrightarrow{AH}=-AB\times AH=-3\times2=-6$.
$\overrightarrow{AB}$ et $\overrightarrow{CD}$ sont colinéaires et de sens contraires donc $\overrightarrow{AB}\cdot\overrightarrow{CD}=-AB\times CD=-3\times5=-15$.
B est le projeté orthogonal de A sur (BC) donc $\overrightarrow{CA}\cdot\overrightarrow{CB}=\overrightarrow{CB}\cdot\overrightarrow{CB}=CB^2=16$.
On peut projeter A et D sur (BC). Ainsi, $\overrightarrow{AD}\cdot\overrightarrow{BC}=\overrightarrow{BC}\cdot\overrightarrow{BC}=16$. On peut aussi utiliser les coordonnées, comme dans le cas qui suit.
$\overrightarrow{AC}$ a pour coordonnées $\begin{pmatrix}-4\\3\end{pmatrix}$ et $\overrightarrow{BD}$ a pour coordonnées $\begin{pmatrix}-4\\-5\end{pmatrix}$ donc $\overrightarrow{AC}\cdot\overrightarrow{BD}=(-4)\times(-4)+3\times(-5)=1$.

b. $\overrightarrow{AC}\cdot\overrightarrow{BD}\neq0$ donc (AC) et (BD) ne sont pas perpendiculaires.

3 $\overrightarrow{AB}\cdot\overrightarrow{AC}=AB\times AC\times\cos(\widehat{BAC})=4\times7\times\cos(\widehat{BAC})=28\cos(\widehat{BAC})$.
On a donc $28\cos(\widehat{BAC})=-14$ d'où $\cos(\widehat{BAC})=-\frac{1}{2}$ et donc $\widehat{BAC}=\frac{2\pi}{3}$.

4 a. $\overrightarrow{OA}$ a pour coordonnées $\begin{pmatrix}4\\0\end{pmatrix}$ et $\overrightarrow{OB}$ a pour coordonnées $\begin{pmatrix}1\\3\end{pmatrix}$.
Ainsi $\overrightarrow{OA}\cdot\overrightarrow{OB}=4\times1+0\times3=4$.

b. $OA=\sqrt{4^2+0^2}=4$ et $OB=\sqrt{1^2+3^2}=\sqrt{10}$.
On a $\overrightarrow{OA}\cdot\overrightarrow{OB}=OA\times OB\times\cos(\widehat{AOB})=4\sqrt{10}\cos(\widehat{AOB})$.
Ainsi $4\sqrt{10}\cos(\widehat{AOB})=4$, et $\cos(\widehat{AOB})=\frac{4}{4\sqrt{10}}$.
À la calculatrice, on trouve alors $\widehat{AOB}\approx71{,}6°$.

5 Comme C est sur l'axe des abscisses, ses coordonnées sont de la forme $(x\,;0)$. ABC est rectangle en A donc $\overrightarrow{AB}\cdot\overrightarrow{AC}=0$.
$\overrightarrow{AB}$ a pour coordonnées $\begin{pmatrix}4-1\\8-2\end{pmatrix}=\begin{pmatrix}3\\6\end{pmatrix}$ et $\overrightarrow{AC}$ a pour coordonnées $\begin{pmatrix}x-1\\0-2\end{pmatrix}=\begin{pmatrix}x-1\\-2\end{pmatrix}$.

$$\begin{aligned}\overrightarrow{AB}\cdot\overrightarrow{AC}=0&\Leftrightarrow3(x-1)+6\times(-2)=0\\&\Leftrightarrow3x-3-12=0\\&\Leftrightarrow3x=15\\&\Leftrightarrow x=5.\end{aligned}$$
C a pour coordonnées $(5\,;0)$.

6 a. $\overrightarrow{AB}\cdot\overrightarrow{AC}=AB\times AC=4\times(4+7)=44$.

b. ABC est un triangle isocèle en A et $\widehat{ABC}=30°$ donc $\widehat{BAC}=180°-2\times30°=120°$.
$\overrightarrow{AB}\cdot\overrightarrow{AC}=AB\times AC\times\cos(120°)=12\times12\times\frac{-1}{2}=-72$.

c. $\overrightarrow{AB}\cdot\overrightarrow{AC}=AB\times AC\times\cos(60°)=3\times3\times\frac{1}{2}=4{,}5$.

d. $\overrightarrow{AB}$ a pour coordonnées $\begin{pmatrix}4-3\\1-1\end{pmatrix}=\begin{pmatrix}1\\0\end{pmatrix}$ et $\overrightarrow{AC}$ a pour coordonnées $\begin{pmatrix}5-3\\9-1\end{pmatrix}=\begin{pmatrix}2\\8\end{pmatrix}$.
$\overrightarrow{AB}\cdot\overrightarrow{AC}=1\times2+0\times8=2$.

e. L'astuce consiste ici à calculer $\overrightarrow{BA}\cdot\overrightarrow{AC}$ à l'aide des normes.

$$\begin{aligned}\overrightarrow{BA}\cdot\overrightarrow{AC}&=\frac{1}{2}\left(\|\overrightarrow{BA}+\overrightarrow{AC}\|^2-\|\overrightarrow{BA}\|^2-\|\overrightarrow{AC}\|^2\right)=\frac{1}{2}(BC^2-BA^2-AC^2)\\&=\frac{1}{2}(6^2-4^2-5^2)=-2{,}5.\end{aligned}$$
Ainsi, $\overrightarrow{AB}\cdot\overrightarrow{AC}=2{,}5$.

7 a. Voir schéma.

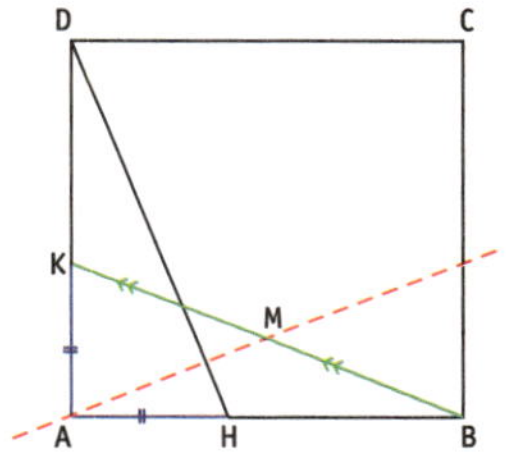

b. $x_M=\frac{x_B+x_K}{2}=\frac{1+0}{2}=\frac{1}{2}$ et $y_M=\frac{y_B+y_K}{2}=\frac{0+a}{2}=\frac{a}{2}$.

c. $\overrightarrow{DH}$ a pour coordonnées $\begin{pmatrix}a-0\\0-1\end{pmatrix}=\begin{pmatrix}a\\-1\end{pmatrix}$ et $\overrightarrow{AM}$ a pour coordonnées $\begin{pmatrix}\frac{1}{2}\\\frac{a}{2}\end{pmatrix}$. $\overrightarrow{DH}\cdot\overrightarrow{AM}=a\times\frac{1}{2}+(-1)\times\frac{a}{2}=0$ donc (DH) et (AM) sont perpendiculaires.

8 a. On a : $\|\vec{u}-\vec{v}\|^2=(\vec{u}-\vec{v})\cdot(\vec{u}-\vec{v})=\vec{u}\cdot\vec{u}-\vec{u}\cdot\vec{v}-\vec{v}\cdot\vec{u}+\vec{v}\cdot\vec{v}$
$=\|\vec{u}\|^2-2\vec{u}\cdot\vec{v}+\|\vec{v}\|^2$.
L'autre égalité s'obtient de la même façon.

b. On utilise les résultats précédents.
$AC^2=\|\overrightarrow{AB}+\overrightarrow{BC}\|^2=AB^2+2\overrightarrow{AB}\cdot\overrightarrow{BC}+BC^2$.
Par ailleurs, comme ABCD est un parallélogramme, on a $\overrightarrow{DB}=\overrightarrow{DC}+\overrightarrow{CB}=\overrightarrow{AB}-\overrightarrow{BC}$. Ainsi :
$DB^2=\|\overrightarrow{AB}-\overrightarrow{BC}\|^2=AB^2-2\overrightarrow{AB}\cdot\overrightarrow{BC}+BC^2$.
Finalement, on a bien :

$$\begin{aligned}AC^2+DB^2&=AB^2+2\overrightarrow{AB}\cdot\overrightarrow{BC}+BC^2+AB^2-2\overrightarrow{AB}\cdot\overrightarrow{BC}+BC^2\\&=AB^2+BC^2+AB^2+BC^2\\&=AB^2+BC^2+CD^2+DA^2.\end{aligned}$$

14 Page 175

1 a. D'après le théorème d'Al-Kashi, on a :
$NE^2=AN^2+AE^2-2\times AN\times AE\times\cos(72°)=80-64\cos(72°)$
et la calculatrice donne $NE\approx7{,}76$.

b. D'après le théorème d'Al-Kashi, on a :
$AT^2=RA^2+RT^2-2\times RA\times RT\times\cos\left(\frac{\pi}{3}\right)=52-48\times\frac{1}{2}=28$
et donc $AT=\sqrt{28}=2\sqrt{7}$.

MATHS

c. D'après le théorème d'Al-Kashi, on a :

$$BA^2 = OA^2 + BO^2 - 2\times OA\times BO\times \cos(\hat{O}) \Leftrightarrow 13 = 25 - 24\cos(\hat{O})$$
$$\Leftrightarrow \cos(\hat{O}) = \frac{1}{2}$$

et donc $\hat{O} = 60°$.

2 D'après le théorème d'Al-Kashi, on a :
$AC^2 = BA^2 + BC^2 - 2\times BA\times BC\times \cos\hat{B} = 116 - 80\cos(36°)$.
On a donc $AC \approx 7{,}16$.
Comme ABCD est un parallélogramme, $\hat{A} = 180° - \hat{B} = 144°$.
D'après le théorème d'Al-Kashi, on a :
$BD^2 = AB^2 + AD^2 - 2\times AB\times AD\times \cos\hat{A} = 116 - 80\cos(144°)$.
On a donc $BD \approx 13{,}44$.

3 a. D'après le théorème de la médiane, on a :

$$CA^2 + CB^2 = 2CI^2 + \frac{1}{2}AB^2 \Leftrightarrow 8^2 + 4^2 = 2CI^2 + \frac{1}{2}\times 6$$
$$\Leftrightarrow CI^2 = 31$$

On a donc $CI = \sqrt{31}$.

b. D'après le théorème d'Al-Kashi, on a :

$$BC^2 = AB^2 + AC^2 - 2\times AB\times AC\times \cos\hat{A} \Leftrightarrow 16 = 100 - 96\cos\hat{A}$$
$$\Leftrightarrow \cos\hat{A} = \frac{84}{96}$$

La calculatrice donne alors : $\widehat{BAC} \approx 29°$.
La même démarche permet de trouver $\widehat{ABC} \approx 104{,}5°$.
Ainsi, $\widehat{ACB} = 180° - \widehat{BAC} - \widehat{ABC} \approx 46{,}5°$.

4 a. D'après le théorème de la médiane on a :

$$MA^2 + MB^2 = 68 \Leftrightarrow 2MI^2 + \frac{1}{2}AB^2 = 68$$
$$\Leftrightarrow 2MI^2 + \frac{1}{2}\times 6^2 = 68$$
$$\Leftrightarrow MI^2 = 25$$

On a donc MI = 5. Autrement dit, l'ensemble E est le cercle de centre I et de rayon 5.

b. D'après le théorème de la médiane on a :

$$MA^2 + MB^2 = k \Leftrightarrow 2MI^2 + \frac{1}{2}AB^2 = k$$
$$\Leftrightarrow 2MI^2 + 18 = k$$
$$\Leftrightarrow MI^2 = \frac{k-18}{2}$$

Si $k > 18$, E_k est le cercle de centre I et de rayon $\sqrt{\frac{k-18}{2}}$.
Si $k = 18$, E_k est réduit au point I.
Si $k < 18$, E_k est l'ensemble vide.

5 a. $MA^2 = \left(\overrightarrow{MI} + \overrightarrow{IA}\right)^2 = MI^2 + 2\overrightarrow{MI}\cdot\overrightarrow{IA} + IA^2$.

Or I est le milieu de [AB] donc $IA = \frac{1}{2}AB$ et $IA^2 = \left(\frac{1}{2}AB\right)^2 = \frac{1}{4}AB^2$.

On a donc bien : $MA^2 = MI^2 + 2\overrightarrow{MI}\cdot\overrightarrow{IA} + \frac{1}{4}AB^2$.

b. Comme à la question **a.**, on peut démontrer que $MB^2 = MI^2 + 2\overrightarrow{MI}\cdot\overrightarrow{IB} + \frac{1}{4}AB^2$.
On a alors :

$$MA^2 + MB^2 = MI^2 + 2\overrightarrow{MI}\cdot\overrightarrow{IA} + \frac{1}{4}AB^2 + MI^2 + 2\overrightarrow{MI}\cdot\overrightarrow{IB} + \frac{1}{4}AB^2$$
$$= 2MI^2 + 2\overrightarrow{MI}\cdot\left(\overrightarrow{IA} + \overrightarrow{IB}\right) + \frac{1}{2}AB^2.$$

I étant le milieu de [AB], on a $\overrightarrow{IA} + \overrightarrow{IB} = \vec{0}$ donc on a bien $MA^2 + MB^2 = 2MI^2 + \frac{1}{2}AB^2$.

6 a. $\overrightarrow{MA}$ et $\overrightarrow{MB}$ ont pour coordonnées $\begin{pmatrix}-2-x\\-1-y\end{pmatrix}$ et $\begin{pmatrix}4-x\\7-y\end{pmatrix}$.
On a donc :

$$\overrightarrow{MA}\cdot\overrightarrow{MB} = (-2-x)(4-x) + (-1-y)(7-y)$$
$$= x^2 + y^2 - 2x - 6y - 15.$$

b. L'ensemble E est le cercle de diamètre [AB].
Pour information, son centre a pour coordonnées (1 ; 3) et son rayon est égal à 5.

c. Sur l'axe des abscisses, on a $y = 0$. On résout donc l'équation : $x^2 + 0^2 - 2x - 6\times 0 - 15 \Leftrightarrow x^2 - 2x - 15 = 0$. En appliquant la méthode du discriminant, on trouve $\Delta = 64$ puis $x = -3$ ou 5.
Les coordonnées des points d'intersection de E avec l'axe des abscisses sont donc (–3 ; 0) et (5 ; 0).

d. Sur l'axe des ordonnées, on a $x = 0$. On résout donc l'équation : $0^2 + y^2 - 2\times 0 - 6y - 15 \Leftrightarrow y^2 - 6y - 15 = 0$.
En appliquant la méthode du discriminant, on trouve $\Delta = 96$ puis $y = 3 \pm 2\sqrt{6}$.
Les coordonnées des points d'intersection de E avec l'axe des ordonnées sont donc $\left(0\,;3-2\sqrt{6}\right)$ et $\left(0\,;3+2\sqrt{6}\right)$.

7 a. Dans le repère $\left(A\,;\overrightarrow{AB},\overrightarrow{AC}\right)$, les coordonnées de A, B et C sont (0 ; 0), (1 ; 0) et (0 ; 1).
Par lecture graphique, (BB′) a pour équation $y = -\frac{1}{2}x + \frac{1}{2}$ et (CC′) a pour équation $y = -2x + 1$.
Pour trouver les coordonnées de G, on résout l'équation $-\frac{1}{2}x + \frac{1}{2} = -2x + 1$. On trouve $x = \frac{1}{3}$ et donc $y = -2\times\frac{1}{3} + 1 = \frac{1}{3}$.
G a pour coordonnées $\left(\frac{1}{3}\,;\frac{1}{3}\right)$. Les coordonnées de $\overrightarrow{AG}$, $\overrightarrow{BG}$ et $\overrightarrow{CG}$ sont $\left(\frac{1}{3}\,;\frac{1}{3}\right)$, $\left(-\frac{2}{3}\,;\frac{1}{3}\right)$ et $\left(\frac{1}{3}\,;-\frac{2}{3}\right)$.

Les coordonnées de $\overrightarrow{AG} + \overrightarrow{BG} + \overrightarrow{CG}$ sont donc :
$\left(\frac{1}{3} - \frac{2}{3} + \frac{1}{3}\,;\frac{1}{3} + \frac{1}{3} - \frac{2}{3}\right) = (0\,;0)$.
On a donc bien $\overrightarrow{AG} + \overrightarrow{BG} + \overrightarrow{CG} = \vec{0}$.

b.

$$3\overrightarrow{OG} = \overrightarrow{OG} + \overrightarrow{OG} + \overrightarrow{OG}$$
$$= \overrightarrow{OA} + \overrightarrow{AG} + \overrightarrow{OB} + \overrightarrow{BG} + \overrightarrow{OC} + \overrightarrow{CG}$$
$$= \overrightarrow{OA} + \overrightarrow{OB} + \overrightarrow{OC} + \overrightarrow{AG} + \overrightarrow{BG} + \overrightarrow{CG}$$
$$= \overrightarrow{OA} + \overrightarrow{OB} + \overrightarrow{OC} + \vec{0}$$
$$= \overrightarrow{OA} + \overrightarrow{OB} + \overrightarrow{OC}.$$

c. A′ est le projeté de O sur (BC) donc
$\overrightarrow{CB}\cdot\overrightarrow{CO} = \overrightarrow{CB}\cdot\overrightarrow{CA'} = CB\times CA' = CB\times\frac{1}{2}CB = \frac{1}{2}CB^2$.
A′ est le projeté de O sur (BC) donc
$\overrightarrow{BC}\cdot\overrightarrow{BO} = \overrightarrow{BC}\cdot\overrightarrow{BA'} = BC\times BA' = BC\times\frac{1}{2}BC = \frac{1}{2}BC^2$.
On a donc bien l'égalité voulue.

d.

$$\overrightarrow{AH}\cdot\overrightarrow{BC} = \left(\overrightarrow{AO} + \overrightarrow{OH}\right)\cdot\overrightarrow{BC}$$
$$= \overrightarrow{AO}\cdot\overrightarrow{BC} + \overrightarrow{OH}\cdot\overrightarrow{BC}$$
$$= \overrightarrow{AO}\cdot\overrightarrow{BC} + \left(\overrightarrow{OA} + \overrightarrow{OB} + \overrightarrow{OC}\right)\cdot\overrightarrow{BC}$$
$$= \overrightarrow{AO}\cdot\overrightarrow{BC} + \overrightarrow{OA}\cdot\overrightarrow{BC} + \overrightarrow{OB}\cdot\overrightarrow{BC} + \overrightarrow{OC}\cdot\overrightarrow{BC}$$
$$= \overrightarrow{AO}\cdot\overrightarrow{BC} + \overrightarrow{OA}\cdot\overrightarrow{BC} - \overrightarrow{BC}\cdot\overrightarrow{BO} + \overrightarrow{CB}\cdot\overrightarrow{CO}$$
$$= -\overrightarrow{BC}\cdot\overrightarrow{BO} + \overrightarrow{CB}\cdot\overrightarrow{CO}$$
$$= 0$$

e. D'après le résultat précédent $\overrightarrow{AH}\cdot\overrightarrow{BC} = 0$ donc (AH) et (BC) sont perpendiculaires. Autrement dit, H est sur la hauteur de ABC issue de A. On établit de même que H est sur la hauteur issue de B et sur la hauteur issue de C.

f. On a $3\overrightarrow{OG} = \overrightarrow{OA} + \overrightarrow{OB} + \overrightarrow{OC} = \overrightarrow{OH}$ donc $\overrightarrow{OG}$ et $\overrightarrow{OH}$ sont colinéaires et O, G et H sont alignés.

15 Page 177

1 a. Soit $M(x\,;y)$ un point du plan. Le vecteur $\overrightarrow{AM}$ a pour coordonnées $\begin{pmatrix}x-6\\y-3\end{pmatrix}$.

$$M\in d \Leftrightarrow \overrightarrow{AM}\cdot\vec{n} = 0$$
$$\Leftrightarrow (x-6)\times(-4) + (y-3)\times 1 = 0$$
$$\Leftrightarrow -4x + y + 21 = 0.$$

b.

$$M\in d' \Leftrightarrow \overrightarrow{AM} \text{ et } \vec{n} \text{ sont colinéaires}$$
$$\Leftrightarrow \det\left(\overrightarrow{AM},\vec{n}\right) = 0$$
$$\Leftrightarrow (x-6)\times 1 - (y-3)\times(-4) = 0$$
$$\Leftrightarrow x + 4y - 18 = 0.$$

2 a. $\overrightarrow{BC}$ a pour coordonnées $\begin{pmatrix}2-4\\5-(-1)\end{pmatrix}=\begin{pmatrix}-2\\6\end{pmatrix}$.
d a donc une équation de la forme $-2x+6y+c=0$.
$A\in d \Leftrightarrow -2x_A+6y_A+c=0$
$\Leftrightarrow c=2x_A-6y_A=-10$.
Finalement, d a pour équation $-2x+6y-10=0$.

b. $M(x\,;y)\in(BC)\Leftrightarrow \overrightarrow{BM}\begin{pmatrix}x-4\\y+1\end{pmatrix}$ et $\overrightarrow{BC}\begin{pmatrix}-2\\6\end{pmatrix}$ sont colinéaires
$\Leftrightarrow (x-4)\times6-(y+1)\times(-2)=0$
$\Leftrightarrow 6x+2y-22=0$.

c. On résout le système suivant :

$$\begin{cases}-2x+6y-10=0\\6x+2y-22=0\end{cases}\Leftrightarrow\begin{cases}-6x+18y-30=0\\6x+2y-22=0\end{cases}\Leftrightarrow\begin{cases}-6x+18y-30=0\\20y-52=0\end{cases}\Leftrightarrow\begin{cases}-6x+18y=30\\20y=52\end{cases}\Leftrightarrow\begin{cases}-6x+18\times2{,}6=30\\y=2{,}6\end{cases}\Leftrightarrow\begin{cases}-6x=-16{,}8\\y=2{,}6\end{cases}\Leftrightarrow\begin{cases}x=2{,}8\\y=2{,}6\end{cases}$$

H a pour coordonnées (2,8 ; 2,6).

d. $HA=\sqrt{(x_A-x_H)^2+(y_A-y_H)^2}=\sqrt{25{,}6}$.
$BC=\sqrt{(x_C-x_B)^2+(y_C-y_B)^2}=\sqrt{40}$.
L'aire de ABC est donc égale à : $\dfrac{BC\times HA}{2}=\dfrac{\sqrt{40}\times\sqrt{25{,}6}}{2}=16$.

3 a. La médiatrice d de [EF] est perpendiculaire à [EF] et passe par son milieu I.
I a pour coordonnées : $\left(\dfrac{x_E+x_F}{2}\,;\dfrac{y_E+y_F}{2}\right)=(1{,}5\,;2{,}5)$.

Soit $M(x\,;y)$ un point du plan. $\overrightarrow{IM}$ a pour coordonnées $\begin{pmatrix}x-1{,}5\\y-2{,}5\end{pmatrix}$.
$\overrightarrow{EF}$ a pour coordonnées $\begin{pmatrix}0-3\\4-1\end{pmatrix}=\begin{pmatrix}-3\\3\end{pmatrix}$.

$M\in d\Leftrightarrow \overrightarrow{IM}\cdot\overrightarrow{EF}=0$
$\Leftrightarrow (x-1{,}5)\times(-3)+(y-2{,}5)\times3=0$
$\Leftrightarrow -3x+3y-3=0$
$\Leftrightarrow y=x+1$.

b. $\mathscr{C}$ a pour équation :
$(x-x_E)(x-x_F)+(y-y_E)(y-y_F)=0\Leftrightarrow(x-3)x+(y-1)(y-4)=0$
$\Leftrightarrow x^2+y^2-3x-5y+4=0$.

c. $x_A{}^2+y_A{}^2-3x_A-5y_A+4=0^2+1^2-3\times0-5\times1+4=0$
donc $A\in\mathscr{C}$.
La tangente T à $\mathscr{C}$ passant par A est la perpendiculaire à (AI) passant par A où I est le milieu de [EF] (et donc le centre du cercle).
Elle admet pour vecteur normal $\overrightarrow{AI}\begin{pmatrix}1{,}5\\1{,}5\end{pmatrix}$.

T a donc une équation de la forme $1{,}5x+1{,}5y+c=0$.
$A\in T\Leftrightarrow 1{,}5x_A+1{,}5y_A+c=0$
$\Leftrightarrow 1{,}5+c=0$
$\Leftrightarrow c=-1{,}5$.
Finalement, T a pour équation $1{,}5x+1{,}5y-1{,}5=0$ (et pour équation réduite $y=-x+1$).

4 Une droite d'équation $ax+by+c=0$ a pour vecteur normal $\vec{n}\begin{pmatrix}a\\b\end{pmatrix}$ et pour vecteur directeur $\vec{v}\begin{pmatrix}-b\\a\end{pmatrix}$.
d_1 a pour vecteur normal $\overrightarrow{n_1}\begin{pmatrix}3\\-2\end{pmatrix}$ et pour vecteur directeur $\overrightarrow{v_1}\begin{pmatrix}2\\3\end{pmatrix}$.
d_2 a pour vecteur normal $\overrightarrow{n_2}\begin{pmatrix}4\\1\end{pmatrix}$ et pour vecteur directeur $\overrightarrow{v_2}\begin{pmatrix}-1\\4\end{pmatrix}$.
$y=2x-1\Leftrightarrow -2x+y+1=0$ donc d_3 a pour vecteur normal $\overrightarrow{n_3}\begin{pmatrix}-2\\1\end{pmatrix}$ et pour vecteur directeur $\overrightarrow{v_3}\begin{pmatrix}-1\\-2\end{pmatrix}$.
$y=-x+3\Leftrightarrow x+y-3=0$ donc d_4 a pour vecteur normal $\overrightarrow{n_4}\begin{pmatrix}1\\1\end{pmatrix}$ et pour vecteur directeur $\overrightarrow{v_4}\begin{pmatrix}-1\\1\end{pmatrix}$.

5 d a pour vecteur directeur $\vec{v}\begin{pmatrix}2\\3\end{pmatrix}$ et d' a pour vecteur directeur $\vec{v'}\begin{pmatrix}-6\\4\end{pmatrix}$. $\vec{v}\cdot\vec{v'}=2\times(-6)+3\times4=0$.
$\vec{v}$ et $\vec{v'}$ sont orthogonaux donc d et d' sont perpendiculaires.

6 a. $y=3x\Leftrightarrow -3x+y=0$ donc d a pour vecteur normal $\vec{n}\begin{pmatrix}-3\\1\end{pmatrix}$.

b. Δ a une équation de la forme $x+3y+c=0$.
$A\in\Delta\Leftrightarrow x_A+3y_A+c=0$
$\Leftrightarrow 11+3\times3+c=0$
$\Leftrightarrow c=-20$.
Finalement, Δ a pour équation $x+3y-20=0$.

c. H est à l'intersection de d et Δ. Ses coordonnées vérifient donc le système suivant :

$$\begin{cases}x+3y-20=0\\y=3x\end{cases}\Leftrightarrow\begin{cases}x+3\times3x-20=0\\y=3x\end{cases}\Leftrightarrow\begin{cases}10x=20\\y=3x\end{cases}\Leftrightarrow\begin{cases}x=2\\y=6\end{cases}$$

H a pour coordonnées (2 ; 6).

7 a. $\mathscr{C}$ a pour équation :
$(x-x_H)(x-x_K)+(y-y_H)(y-y_K)=0\Leftrightarrow(x+10)(x-10)+y^2=0$
$\Leftrightarrow x^2+y^2=100$.

b. $x_A{}^2+y_A{}^2=8^2+6^2=100$ donc A appartient à $\mathscr{C}$.
On procède de la même façon pour B, C et D.

c. A et C ont la même abscisse : 8. La droite (AC) est donc parallèle à l'axe des ordonnées et a pour équation : $x=8$. Il s'en suit que F a pour coordonnées $(8\,;y_D)=(8\,;-8)$.

d. (BC) a pour vecteur directeur $\overrightarrow{BC}$ de coordonnées $\begin{pmatrix}8-(-6)\\-6-8\end{pmatrix}=\begin{pmatrix}14\\-14\end{pmatrix}$.
(BC) a donc une équation de la forme $14x+14y+c=0$.
$B\in(BC)\Leftrightarrow 14x_B+14y_B+c=0$
$\Leftrightarrow 28+c=0$
$\Leftrightarrow c=-28$.
(BC) a donc pour équation $14x+14y-28=0$ qui est équivalente à $x+y-2=0$.
Notons d la perpendiculaire à (BC) passant par D. d a pour vecteur normal $\overrightarrow{BC}$. Elle a donc une équation de la forme $14x-14y+c=0$.
$D\in d\Leftrightarrow 14x_D-14y_D+c=0$
$\Leftrightarrow 28+c=0$
$\Leftrightarrow c=-28$.
d a donc pour équation $14x-14y-28=0$ qui est équivalente à $x-y-2=0$.
Les coordonnées de E vérifient donc le système suivant :

$$\begin{cases}x+y-2=0\\x-y-2=0\end{cases}\Leftrightarrow\begin{cases}x+y-2=0\\2x-4=0\end{cases}\Leftrightarrow\begin{cases}y=0\\x=2\end{cases}$$

E a pour coordonnées (2 ; 0).

e. $\overrightarrow{AB}$ a pour coordonnées $\begin{pmatrix}-6-8\\8-6\end{pmatrix}=\begin{pmatrix}-14\\2\end{pmatrix}$.

$\overrightarrow{AG}$ a pour coordonnées $\begin{pmatrix}-3{,}76-8\\7{,}68-6\end{pmatrix}=\begin{pmatrix}-11{,}76\\1{,}68\end{pmatrix}$.

$\det\left(\overrightarrow{AB},\overrightarrow{AG}\right)=-14\times1{,}68-2\times(-11{,}76)=0$ donc $\overrightarrow{AB}$ et $\overrightarrow{AG}$ sont colinéaires. Il s'en suit que G est bien sur la droite (AB).

$\overrightarrow{DG}$ a pour coordonnées $\begin{pmatrix}-3{,}76-(-6)\\7{,}68-(-8)\end{pmatrix}=\begin{pmatrix}2{,}24\\15{,}68\end{pmatrix}$.

MATHS

$\overrightarrow{DG}\cdot\overrightarrow{AB}=2{,}24\times(-14)+15{,}68\times2=0$ donc (DG) et (AB) sont perpendiculaires.
Finalement, G est bien le projeté orthogonal de D sur (AB).

f. $\overrightarrow{EG}$ a pour coordonnées $\begin{pmatrix}-3{,}76-2\\7{,}68-0\end{pmatrix}=\begin{pmatrix}-5{,}76\\7{,}68\end{pmatrix}$.

$\overrightarrow{EF}$ a pour coordonnées $\begin{pmatrix}8-2\\-8-0\end{pmatrix}=\begin{pmatrix}6\\-8\end{pmatrix}$.

$\det\left(\overrightarrow{EG},\overrightarrow{EF}\right)=-5{,}76\times(-8)-7{,}68\times6=0$ donc $\overrightarrow{EG}$ et $\overrightarrow{EF}$ sont colinéaires.
Les points E, F et G sont donc bien alignés.

16 Page 179

1 a. On a $a=-1$, $b=-10$ et $c=-20$. On a : $\dfrac{-b}{2a}=\dfrac{-(-10)}{2\times(-1)}=-5$.
L'axe de la parabole a pour équation $x=-5$. L'ordonnée du sommet est donc égale à : $y=-(-5)^2-10\times(-5)-20=5$.
Le sommet de $\mathcal{P}$ a pour coordonnées $(-5\,;5)$.

b. On résout l'équation $-x^2-10x-20=1$ qui équivaut $-x^2-10x-21=0$. On a : $a=-1$, $b=-10$ et $c=-21$.
Le discriminant vaut : $\Delta=b^2-4ac=16$. Il est positif donc il y a deux solutions : $x_1=\dfrac{10-\sqrt{16}}{2\times(-1)}=-3$ et $x_2=\dfrac{10+\sqrt{16}}{2\times(-1)}=-7$.
Les coordonnées points d'intersection de $\mathcal{P}$ avec la droite d sont $(-3\,;1)$ et $(-7\,;1)$.

2 a. $x=\dfrac{-b}{2a}$.

b. $y=a\left(\dfrac{-b}{2a}\right)^2+b\left(\dfrac{-b}{2a}\right)+c=a\dfrac{b^2}{4a^2}-\dfrac{b^2}{2a}+c$
$=\dfrac{b^2}{4a}-\dfrac{2b^2}{4a}+\dfrac{4ac}{4a}=\dfrac{-b^2+4ac}{4a}=\dfrac{-\Delta}{4a}$.

3 a. Ce cercle a pour équation $(x-x_A)^2+(y-y_A)^2=5^2$ soit $(x-4)^2+(y-3)^2=25$.

b. $(0-4)^2+(0-3)^2=16+9=25$ donc ce cercle passe bien par l'origine.

4 $(E_1)\Leftrightarrow x^2-16x+y^2-8y-89=0$
$\Leftrightarrow x^2-16x+8^2-8^2+y^2-8y+4^2-4^2-89=0$
$\Leftrightarrow(x-8)^2-64+(y-4)^2-16-89=0$
$\Leftrightarrow(x-8)^2+(y-4)^2=169$.
Le cercle est de centre $(8\,;4)$ et de rayon $\sqrt{169}=13$.
$(E_2)\Leftrightarrow x^2-10x+y^2+2y+19=0$
$\Leftrightarrow x^2-10x+5^2-5^2+y^2+2y+1^2-1^2+19=0$
$\Leftrightarrow(x-5)^2-25+(y+1)^2-1+19=0$
$\Leftrightarrow(x-5)^2+(y+1)^2=7$
Le cercle est de centre $(5\,;-1)$ et de rayon $\sqrt{7}$.
$(E_3)\Leftrightarrow(x-0)^2+(y-0)^2=1^2$.
Le cercle est de centre $O(0\,;0)$ et de rayon 1.

5 a. $x_A{}^2+y_A{}^2+4x_A-12y_B+15=2^2+4^2+4\times2-12\times4+15=-5\neq0$.
Le point A n'appartient donc pas au cercle étudié.

b. $(E)\Leftrightarrow x^2+4x+y^2-12y+15=0$
$\Leftrightarrow x^2+4x+2^2-2^2+y^2-12y+6^2-6^2+15=0$
$\Leftrightarrow(x+2)^2-4+(y-6)^2-36+15=0$
$\Leftrightarrow(x+2)^2+(y-6)^2=25$
$\mathcal{C}$ est donc le cercle de centre $\Omega(-2\,;6)$ et de rayon $R=\sqrt{25}=5$.

c. Voici tous les points à coordonnées entières de $\mathcal{C}$ (un seul suffisait) : $(-2\,;1)$ $(1\,;2)$ $(2\,;3)$ $(3\,;6)$ $(2\,;9)$ $(1\,;10)$ $(-2\,;11)$ $(-5\,;10)$ $(-6\,;9)$ $(-7\,;6)$ $(-6\,;3)$ $(-5\,;2)$
On peut les trouver par tâtonnement ou en traçant le cercle.

d. Un point situé sur l'axe des ordonnées a pour abscisse 0.
Chercher un point $M(0\,;y)$ appartenant à $\mathcal{C}$ revient à résoudre l'équation : $y^2-12y+15=0$.

On a : $a=1$, $b=-12$ et $c=15$.
Calculons le discriminant : $\Delta=(-12)^2-4\times1\times15=84$.
Le discriminant est positif donc il y a deux solutions :

$\dfrac{-(-12)-\sqrt{84}}{2\times1}=\dfrac{12-2\sqrt{21}}{2}=6-\sqrt{21}$ et $6+\sqrt{21}$.

Les coordonnées des points étudiés sont donc : $\left(0\,;6-\sqrt{21}\right)$ et $\left(0\,;6+\sqrt{21}\right)$.

6 1re méthode :
En plaçant les points dans un repère, on peut conjecturer que le cercle cherché est celui de centre $\Omega(3\,;4)$ et de rayon 5.
Dans ce cas, $\mathcal{C}$ aurait pour équation : $(x-3)^2+(y-4)^2=25$.
Il ne reste plus qu'à vérifier que ce résultat est correct :
$(x_A-3)^2+(y_A-4)^2=(0-3)^2+(0-4)^2$
$=9+16=25$;
$(x_B-3)^2+(y_B-4)^2=(6-3)^2+(0-4)^2$
$=9+16=25$;
$(x_C-3)^2+(y_C-4)^2=(7-3)^2+(7-4)^2$
$=16+9=25$.
L'équation proposée est donc bien correcte.

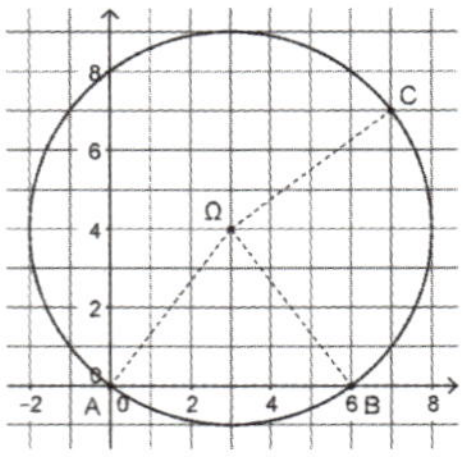

2e méthode :
On cherche une équation de la forme : $x^2+y^2+ax+by+c=0$.

$$\begin{cases}A\in\mathcal{C}\\B\in\mathcal{C}\\C\in\mathcal{C}\end{cases}\Leftrightarrow\begin{cases}0^2+0^2+a\times0+b\times0+c=0\\6^2+0^2+6a+b\times0+c=0\\7^2+7^2+7a+7b+c=0\end{cases}\Leftrightarrow\begin{cases}c=0\\36+6a=0\\98+7a+7b=0\end{cases}$$

$$\Leftrightarrow\begin{cases}c=0\\a=-6\\98-42+7b=0\end{cases}\Leftrightarrow\begin{cases}c=0\\a=-6\\56+7b=0\end{cases}\Leftrightarrow\begin{cases}c=0\\a=-6\\b=-8\end{cases}$$

$\mathcal{C}$ a pour équation : $x^2+y^2-6x-8y=0$.

3e méthode : On cherche une équation de la forme : $(x-\alpha)^2+(y-\beta)^2=\gamma$.
On résout un système comme dans la deuxième méthode et on retrouve $\alpha=3$, $\beta=4$ et $\gamma=25$.

4e méthode : On peut déterminer l'équation de deux médiatrices de ABC et chercher leur point d'intersection pour déterminer le centre Ω du cercle. Il ne reste alors plus qu'à calculer une des trois longueurs ΩA, ΩB ou ΩC pour trouver le rayon.
Pour information, la médiatrice de [BC] a pour équation $x+7y=31$, celle de [AC] a pour équation $x+y=7$, et celle de [AB] a pour équation $x=3$.

7 a. Si M est sur $\mathcal{P}$ alors on a $y=x^2-4$ et donc $x^2=4+y$.
En injectant ce résultat dans l'équation de $\mathcal{C}$ on trouve :
$y+4+y^2-18y+56=0\Leftrightarrow y^2-17y+60=0$.

b. On résout l'équation $y^2-17y+60=0$ à l'aide du discriminant.
On trouve $\Delta=49$ et les solutions sont $y_1=5$ et $y_2=12$.
On a donc $x^2=4+y_1=9$ ou $x^2=4+y_2=16$.
Si $x^2=9$ alors $x=3$ et si $x^2=16$ alors $x=4$.
Finalement, les coordonnées des points d'intersection sont : $(3\,;5)$, $(-3\,;5)$, $(4\,;2)$ et $(-4\,;2)$.

c. On suit le même raisonnement qu'aux questions précédentes.
L'équation de Γ donne $x^2=44-2y$. En injectant ce résultat dans l'équation de $\mathcal{C}$ on est amené à résoudre l'équation $y^2-20y+100=0$ qui équivaut à $(y-10)^2=0$. La seule solution de cette équation est 10. On en déduit alors que $x^2=44-2\times10=24$. On a donc $x=\pm\sqrt{24}=\pm2\sqrt{6}$.
Les coordonnées des points d'intersection sont $\left(2\sqrt{6}\,;10\right)$ et $\left(-2\sqrt{6}\,;10\right)$.

8 La distance de M à l'axe des abscisses est égale à $|y|$.
De plus, on a :
$AM^2=(x-x_A)^2+(y-y_A)^2=(x-3)^2+(y-1)^2$
$=x^2-6x+9+y^2-2y+1.$
On cherche donc les points M dont les coordonnées vérifient l'équation :
$(E) \Leftrightarrow x^2-6x+9+y^2-2y+1=|y|^2$
$\Leftrightarrow x^2-6x+10=2y$
$\Leftrightarrow 0{,}5x^2-3x+5=y.$
Γ est donc la parabole d'équation $y=0{,}5x^2-3x+5$.

9 **a.** Comme A est sur $\mathscr{P}$ on a $y_A={x_A}^2=a^2$. De même, on a $y_B=b^2$, $y_C=c^2$ et $y_D=d^2$.
Comme (AB) et (CD) sont parallèles, $\overrightarrow{AB}\begin{pmatrix}b-a\\b^2-a^2\end{pmatrix}$ et $\overrightarrow{CD}\begin{pmatrix}d-c\\d^2-c^2\end{pmatrix}$ sont colinéaires.
Leur déterminant est donc nul et on a :
$\det(\overrightarrow{AB},\overrightarrow{CD})=0 \Leftrightarrow (b-a)(d^2-c^2)-(b^2-a^2)(d-c)=0$
$\Leftrightarrow (b-a)(d^2-c^2)=(b^2-a^2)(d-c)$
$\Leftrightarrow (b-a)(d-c)(d+c)=(b-a)(b+a)(d-c)$
$\Leftrightarrow d+c=a+b$
$\Leftrightarrow \dfrac{c+d}{2}=\dfrac{a+b}{2}$
$\Leftrightarrow x_N=x_M.$

b. Soit f la fonction définie sur $\mathbb{R}$ par $f(x)=x^2$. On a $f'(x)=2x$.
Ainsi, T_A a pour équation :
$y=f'(a)(x-a)+f(a) \Leftrightarrow y=2a(x-a)+a^2$
$\Leftrightarrow y=2ax-2a^2+a^2$
$\Leftrightarrow y=2ax-a^2.$
De même, T_B a pour équation $y=2bx-b^2$.

c. Compte-tenu des résultats précédents, l'abscisse x de R vérifie :
$2ax-a^2=2bx-b^2 \Leftrightarrow 2ax-2bx=a^2-b^2$
$\Leftrightarrow 2(a-b)x=(a+b)(a-b)$
$\Leftrightarrow x=\dfrac{(a+b)(a-b)}{2(a-b)}$
$\Leftrightarrow x=\dfrac{a+b}{2}=k.$
R est bien sur la droite d'équation $x=k$.

d. On constate que $(a+b)x_A-ab=(a+b)a-ab=a^2+ba-ab=a^2=y_A$ donc A est bien sur la droite d'équation $y=(a+b)x-ab$.
De même, $(a+b)x_B-ab=(a+b)b-ab=ab+b^2-ab=b^2=y_B$ donc B est bien sur la droite d'équation $y=(a+b)x-ab$.
Finalement, (AB) a bien pour équation $y=(a+b)x-ab$.
Remarque : On peut montrer que le point d'intersection S de (BC) et (AD) et le point d'intersection T de (AC) et (BD) sont aussi sur la droite d'équation $x=k$.

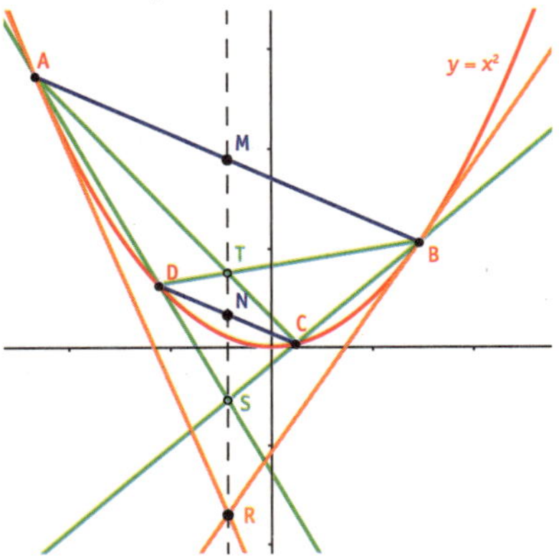

17 Page 181

1 **a.** $\Omega=\{FFF ; FFG ; FGF ; FGG ; GFF ; GFG ; GGF ; GGG\}$.

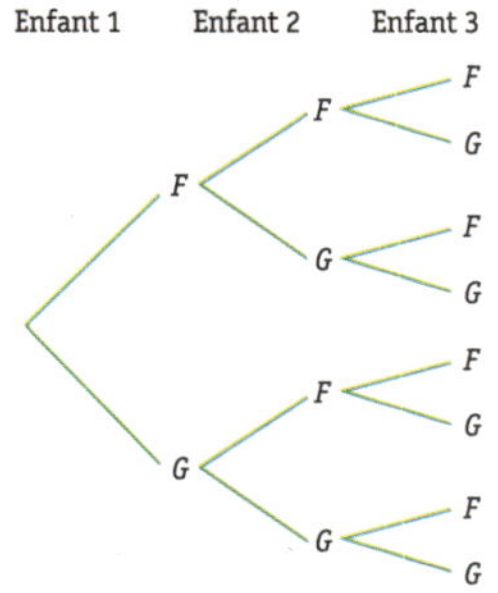

b. Le contraire de D est : « Il y a au moins une fille ».
c. $A=\{GGG ; GGF ; FGG ; GFG\}$.
$B=\{FFF ; FFG ; FGF ; FGG\}$.
$\overline{B}=\{GFG ; GFF ; GGF ; GGG\}$.
$A\cap B=\{FGG\}$.
$A\cup B=\{GGG ; GGF ; FGG ; GFG ; FFF ; FFG ; FGF\}$.
$\overline{A\cup B}=\{GFF\}$.
d. $A\cup C=\Omega$ donc $A\cup C$ est un événement certain.
$A\cap C=\varnothing$ donc $A\cap C$ est un événement impossible.
e. Les événement A et C sont incompatibles car $A\cap C=\varnothing$.

2 **a.** Il y a 6 choix pour la première lettre puis 5 pour la deuxième. En tout, il y a donc $6\times5=30$ mots de deux lettres.
b. Obtenir le mot PI est une issue parmi les 30 comptées précédemment et on est dans une situation d'équiprobabilité donc la probabilité est de $\dfrac{1}{30}$.
c. Le nombre d'issues est égal à $6\times5\times4=120$. La probabilité cherchée est donc $\dfrac{1}{120}$.
d. Il y a six façons d'ordonner les lettres I, O et R : IOR, IRO, OIR, ORI, RIO et ROI.
La probabilité cherchée est donc égale à $\dfrac{6}{120}=\dfrac{1}{20}$.
e. Il y a $6\times5\times4\times3\times2\times1=720$ issues possibles. La probabilité cherchée est donc égale à $\dfrac{1}{720}$.

3 **a.** On note C et V les événements « le petit pot contient des carottes » et « le petit pot contient de la viande ».
$P(C\cup V)=P(C)+P(V)-P(C\cap V)=0{,}3+0{,}35-0{,}1=0{,}55$.
La probabilité que le petit pot contienne de la viande ou des carottes est de 0,55.
b. $P(\overline{C\cup V})=1-P(C\cup V)=1-0{,}55=0{,}45$.
La probabilité que le petit pot ne contienne ni viande ni carottes est de 0,45.

4 On note G l'événement « le loup aime le gigot » et C l'événement « le loup aime les côtelettes ».
a. $P(G\cup C)=P(G)+P(C)-P(G\cap C)=0{,}83+0{,}57-0{,}41=0{,}99$.
La probabilité qu'un loup aime le gigot ou les côtelettes est de 0,99.
b. $P(\overline{G\cup C})=1-P(G\cup C)=1-0{,}99=0{,}01$. La probabilité qu'un loup n'aime ni le gigot, ni les côtelettes, est de 0,01.
c. $P(G\cap\overline{C})=P(G)-P(G\cap C)=0{,}83-0{,}41=0{,}42$.
La probabilité qu'un loup aime le gigot mais pas les côtelettes est de 0,42.

5 **a.** $P(A\cap B)=P(A)+P(B)-P(A\cup B)=0{,}7+0{,}2-0{,}35=0{,}55$.
b. Si A et B sont incompatibles, alors $P(A\cap B)=0$. On a donc $P(A\cup B)=P(A)+P(B)-P(A\cap B)=0{,}17+0{,}56-0=0{,}73$.
c. $P(A\cap B)=0$ donc $A\cap B=\varnothing$; A et B sont incompatibles.
d. On a $P(A\cup B)=P(A)+P(B)-P(A\cap B)$ donc :
$P(A)+P(B)=P(A\cup B)+P(A\cap B)=0{,}5+0{,}9=1{,}4$.
e. Il manque des informations pour répondre.
En effet, quand on n'est pas dans une situation d'équiprobabilité, les probabilités ne sont pas forcément liées aux nombres d'issues.

Par exemple, si on joue deux fois de suite avec une pièce truquée pour laquelle la probabilité d'obtenir pile est de 0,9, alors la probabilité d'obtenir deux fois pile (événement réalisée par l'issue PP) est de $0,9\times0,9=0,81$ et la probabilité d'obtenir une fois pile (événement réalisé par les deux issues PF et FP) est de $0,9\times0,1+0,1\times0,9=0,18$. Voir aussi chapitres 18 et 19.

f. Aucune des deux premières réponses n'est exacte.
En effet, le dé est supposé bien équilibré ; les résultats précédents n'ont aucune influence sur les résultats à venir. Le 1 et 6 ont tous les deux la même probabilité d'être obtenu au prochain tirage.

g. Notons B l'événement « Bérénice est employée de banque » et M l'événement « Bérénice est militante altermondialiste ».
La première proposition affirme que $P(\mathrm{B})>P(\mathrm{B}\cap\mathrm{M})$ ce qui est bien vrai car l'événement $\mathrm{B}\cap\mathrm{M}$ est contenu dans l'événement B.

18 Page 183

1 a.

	Pattes bleues	Pattes orange	Total
Île du Nord	6 400	12 800	19 200
Île du Sud	4 800	8 000	12 800
Total	11 200	20 800	32 000

b. La probabilité que l'oiseau niche dans l'île du Sud est égale à : $\dfrac{12\,800}{32\,000}=0,4$. **c.** La probabilité que l'oiseau ait les pattes orange est égale à : $\dfrac{20\,800}{32\,000}=0,65$. **d.** La probabilité cherchée est égale à : $\dfrac{8\,000}{20\,800}=\dfrac{5}{13}\approx0,38$.

2 a. Voici l'arbre attendu.

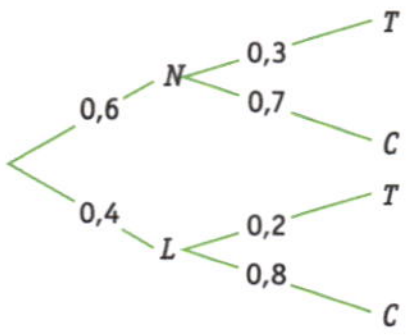

b. $P(T)=P(N\cap T)+P(L\cap T)$
$=P(N)\times P_N(T)+P(L)\times P_L(T)$
$=0,6\times0,3+0,4\times0,2$
$=0,18+0,08$
$=0,26\neq0,25$.
Michel a tort.

c. $P_C(N)=\dfrac{P(C\cap N)}{P(C)}=\dfrac{P(N)\times P_C(N)}{1-P(T)}$
$=\dfrac{0,6\times0,7}{1-0,26}=\dfrac{0,42}{0,74}\approx0,568$.
La probabilité que la papillote ouverte par Michel soit au chocolat noir est d'environ 0,568.

d. $P_C(N)\neq P(N)$ donc les événements N et C ne sont pas indépendants.

3 a. Voici l'arbre attendu.

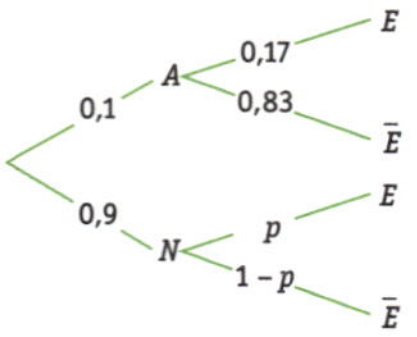

b. D'après la formule des probabilités totales, on a :
$P(E)=P(A\cap E)+P(N\cap E)$
$=0,1\times0,17+0,9\times p$
$=0,017+0,9p$.

c. $P(E)=0,80\Leftrightarrow0,017+0,9p=0,80$
$\Leftrightarrow0,9p=0,783$
$\Leftrightarrow p=\dfrac{0,783}{0,9}=0,87$.

d. $P_E(N)=\dfrac{P(N\cap E)}{P(E)}=\dfrac{0,9\times0,87}{0,80}\approx0,979$.

4 On note :
- D l'événement : « l'électeur est démocrate » ;
- R l'événement : « l'électeur est républicain » ;
- A l'événement : « l'électeur choisit de s'abstenir ».

Représentons la situation par un arbre :

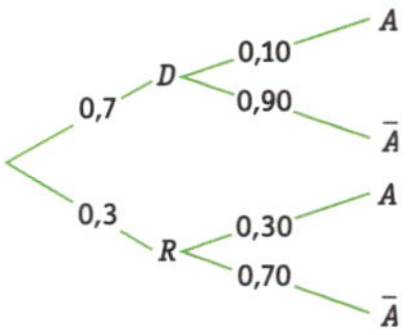

Martin affirme que $P_{\bar{A}}(R)=\dfrac{1}{4}$.

On va donc calculer $P_{\bar{A}}(R)=\dfrac{P(\bar{A}\cap R)}{P(\bar{A})}$.

On a :
$P(R\cap\bar{A})=P(R)\times P_R(\bar{A})=0,3\times0,7=0,21$.
On a aussi :
$P(\bar{A})=P(D\cap\bar{A})+P(R\cap\bar{A})$
$=P(D)\times P_D(\bar{A})+0,21$
$=0,7\times0,9+0,21$
$=0,84$.
On en déduit donc que :
$P_{\bar{A}}(R)=\dfrac{P(\bar{A}\cap R)}{P(\bar{A})}=\dfrac{0,21}{0,84}=0,25=\dfrac{1}{4}$.
Martin a donc bien raison !

19 Page 187

1 a. La somme des probabilités doit être égale à 1 donc on a :
$P(X=12)=1-(0,1+0,3+0,3+0,1)=0,2$.

b. $P(X\leq4)=P(X=2)+P(X=4)=0,1+0,3=0,4$.
$P(X>5)=P(X=7)+P(X=12)=0,1+0,2=0,3$.
$P(X\geq5)=P(X=5)+P(X=7)+P(X=12)=0,3+0,1+0,2=0,6$.
$P(X<10)=1-P(X=12)=1-0,2=0,8$.

c. $E(X)=2\times0,1+4\times0,3+5\times0,3+7\times0,1+12\times0,2=6$.

d. $V(X)=(2-6)^2\times0,1+(4-6)^2\times0,3+(5-6)^2\times0,3+(7-6)^2\times0,1+(12-6)^2\times0,2=10,4$.
$\sigma(X)=\sqrt{10,4}\approx3,22$.

2 a. Il faut compter le nombre de pions qui rapporte 0, 1, 2, 3, 5, 8 ou 10 points et diviser par 100 (le nombre total de jetons) car on peut considérer qu'on est dans une situation d'équiprobabilité.

k	0	1	2	3	4	5	8	10
$P(X=k)$	0,02	0,68	0,07	0,08	0,1	0,01	0,02	0,02

b. $P(X\geq4)=0,1+0,01+0,02+0,02=0,15$.
$P(X\leq5)=0,02+0,68+0,07+0,08+0,1+0,01=0,96$.

c. $E(X)=0\times0,02+1\times0,68+2\times0,07+3\times0,08+4\times0,1+5\times0,01+8\times0,02+10\times0,02=1,87$.

d. On calcule la variance en appliquant la formule :
$V(X)=\sum_{k=1}^{k=n}\left(x_k-E(X)\right)^2P\left(X=x_k\right)$.
On trouve alors $V(X)=3,3131$ et donc $\sigma(X)=\sqrt{3,3131}\approx1,82$.

3 a.
$P(X\geq4)=\dfrac{450\,008+225\,008+44\,992+2\,112+415+9+4}{4\,500\,000}\approx0,16$.

b. La somme totale des gains est donnée par :
$647\,544\times2+450\,008\times4+225\,008\times8+44\,992\times18+2\,112\times30+15\times200+9\times1\,000+4\times20\,000=5\,940\,400$ €.
Le gain moyen est donc de : $E(X)=\dfrac{5\,940\,400}{4\,500\,000}\approx1,32$ €.

c. Le calcul à la main est très fastidieux, mieux vaut utiliser ici le menu statistique de la calculatrice. Il suffit juste de calculer le nombre de tickets ne rapportant rien (il y en a 3 129 908) pour pouvoir indiquer dans la calculatrice le nombre de lots à 0 €. On trouve alors $\sigma(X)\approx19,2$ €.

4 On note R pour l'obtention d'un bonbon rouge. On peut supposer que le paquet est assez grand pour que les tirages soient assimilés à des tirages avec remise.

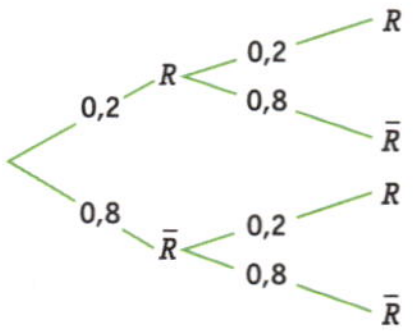

Voici l'arbre qui représente la situation.

a. La probabilité d'obtenir deux bonbons rouges est de : $0{,}2\times0{,}2=0{,}04$.

b. La probabilité d'obtenir deux bonbons d'une autre couleur est de : $0{,}8\times0{,}8=0{,}64$.

c. La probabilité qu'au moins un des bonbons soit de couleur rouge est égale à : $0{,}2\times0{,}8+0{,}8\times0{,}2+0{,}8\times0{,}8=0{,}96$.

On peut aussi voir cet événement comme le contraire de celui étudié à la question **a.** Ainsi, la probabilité cherchée est égale à : $1-0{,}04=0{,}96$.

5 **a.** Il y a en tout $4+n$ secteurs. On tient compte de la mise dans le calcul du gain.

k	-3	2	12
$P(X_n=k)$	$\frac{n}{4+n}$	$\frac{3}{4+n}$	$\frac{1}{4+n}$

b. $E(X_n)=-3\times\frac{n}{4+n}+2\times\frac{3}{4+n}+12\times\frac{1}{4+n}=\frac{18-3n}{4+n}$.

$$\begin{aligned}E(X_n)\leq-2 &\Leftrightarrow \frac{18-3n}{4+n}\leq-2\\ &\Leftrightarrow 18-3n\leq-2(4+n) \text{ car } n \text{ est positif}\\ &\Leftrightarrow 18-3n\leq-8-2n\\ &\Leftrightarrow 26\leq n\end{aligned}$$

Il faut au moins 26 secteurs blancs.

6 On note C l'événement « la rivière est en crue ». Voici l'arbre qui représente la situation.

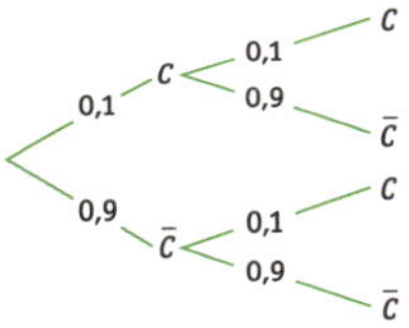

La probabilité cherchée est donc égale à : $0{,}1\times0{,}1+0{,}1\times0{,}9+0{,}9\times0{,}1=0{,}19$.

On peut aussi passer par l'événement contraire : « faire face a au moins une crue sur les deux années » est le contraire de « ne faire face à aucune crue sur les deux années ». En adoptant, ce point de vue, la probabilité cherchée se calcule ainsi : $1-0{,}9\times0{,}9=1-0{,}81=0{,}19$.

7 **Étudions le jeu n° 1.** Les résultats possibles sont résumés dans le tableau ci-dessous :

1er dé \ 2e dé	1	2	3	4	5	6
1	2	3	4	5	6	7
2	3	4	5	6	7	8
3	4	5	6	7	8	9
4	5	6	7	8	9	10
5	6	7	8	9	10	11
6	7	8	9	10	11	12

Par exemple, il n'y a qu'une seule façon sur les 36 décrites dans le tableau d'obtenir 12. Le gain du joueur est alors égal à $12-7=5$ €. Ainsi, $P(X=5)=\frac{1}{36}$.

En tenant compte de la mise du joueur, on a donc la loi de probabilité suivante :

k	-5	-4	-3	-2	-1	0	1	2	3	4	5
$P(X=k)$	$\frac{1}{36}$	$\frac{2}{36}$	$\frac{3}{36}$	$\frac{4}{36}$	$\frac{5}{36}$	$\frac{6}{36}$	$\frac{5}{36}$	$\frac{4}{36}$	$\frac{3}{36}$	$\frac{2}{36}$	$\frac{1}{36}$

À l'aide de la calculatrice on trouve alors : $E(X)=0$€ et $\sigma(X)\approx2{,}4$ €.

Étudions le jeu n° 2. Les résultats possibles sont résumés dans le tableau ci-dessous :

1er dé \ 2e dé	1	2	3	4	5	6
1	1	2	3	4	5	6
2	2	4	6	8	10	12
3	3	6	9	12	15	18
4	4	8	12	16	20	24
5	5	10	15	20	25	30
6	6	12	18	24	30	36

En tenant compte de la mise du joueur, on a donc la loi de probabilité suivante :

k	-9	-8	-7	-6	-5	-4	-2	-1	0	2	5	6	8	10	14	15	20	26
$P(Y=k)$	$\frac{1}{36}$	$\frac{2}{36}$	$\frac{2}{36}$	$\frac{3}{36}$	$\frac{2}{36}$	$\frac{4}{36}$	$\frac{2}{36}$	$\frac{1}{36}$	$\frac{2}{36}$	$\frac{4}{36}$	$\frac{2}{36}$	$\frac{1}{36}$	$\frac{2}{36}$	$\frac{2}{36}$	$\frac{2}{36}$	$\frac{1}{36}$	$\frac{2}{36}$	$\frac{1}{36}$

À l'aide de la calculatrice on trouve alors : $E(Y)=2{,}25$ € et $\sigma(Y)\approx8{,}94$ €.

Le deuxième jeu est donc plus rentable car $E(Y)>E(X)$ mais il est aussi plus risqué car $\sigma(Y)>\sigma(X)$.

8 **a.** On note $p_i=P(X=x_i)$.

$$\begin{aligned}V(X)&=(x_1-E(X))^2p_1+(x_2-E(X))^2p_2\\ &=\left(x_1^2-2x_1E(X)+E(X)^2\right)p_1+\left(x_2^2-2x_2E(X)+E(X)^2\right)p_2\\ &=x_1^2p_1-2x_1p_1E(X)+E(X)^2p_1+x_2^2p_2-2x_2p_2E(X)+E(X)^2p_2\\ &=x_1^2p_1+x_2^2p_2-2x_1p_1E(X)-2x_2p_2E(X)+E(X)^2p_1+E(X)^2p_2\\ &=x_1^2p_1+x_2^2p_2-2E(X)(x_1p_1+x_2p_2)+E(X)^2(p_1+p_2)\\ &=E(X^2)-2E(X)E(X)+E(X)^2\times1\\ &=E(X^2)-2E(X)^2+E(X)^2\\ &=E(X^2)-E(X)^2.\end{aligned}$$

b.

$$\begin{aligned}V(X)&=\sum_{k=1}^{k=n}(x_k-E(X))^2p_k\\ &=\sum_{k=1}^{k=n}\left(x_k^2-2x_kE(X)+E(X)^2\right)p_k\\ &=\sum_{k=1}^{k=n}\left(x_k^2p_k-2x_kp_kE(X)+E(X)^2p_k\right)\\ &=\sum_{k=1}^{k=n}x_k^2p_k+\sum_{k=1}^{k=n}(-2x_kp_kE(X))+\sum_{k=1}^{k=n}E(X)^2p_k\\ &=\sum_{k=1}^{k=n}x_k^2p_k-2E(X)\sum_{k=1}^{k=n}x_kp_k+E(X)^2\sum_{k=1}^{k=n}p_k \text{ en factorisant}\\ &=E(X^2)-2E(X)E(X)+E(X)^2\times1\\ &=E(X^2)-2E(X)^2+E(X)^2\\ &=E(X^2)-E(X)^2.\end{aligned}$$

20 Page 190

1 **a.** Donald a tort. Avec les valeurs 1 et 2 on obtient :

a	b
1	2
3	3
0	9

b. Boris a tort. Avec 2 et 3 on obtiendrait :

a	b
2	3
6	4
12	24

2 **a.** Le résultat affiché si on saisit la commande >>>prog(3,2) est : 5

a	b
9	8
25	5

b. Si on exécute le même programme avec x = 2 et y = 3 (par exemple), on trouve 0. Ted n'a donc pas raison.

3 Ligne 2, les variables a et b prennent les valeurs 7 et 5.
Ligne 3, la variable c prend la valeur $(7\times5-5)/3=10$.
Ligne 4, la variable d prend la valeur $10^2=100$.
Ligne 5, la variable e prend la valeur du reste dans la division euclidienne de 100+3 par 5. On trouve 3.
On trouve donc dans l'ordre 10, 100 et 3.

4 **a.** Il fait 20° C à New-York, 30° C à Dallas et 10° C à Seattle.

b.

```
def celsius_en_fahrenheit (tc):
    tf=tc*1.8+32
    return(tf)
```

5 a.

```
from math import *
def longueur(xA,xB,yA,yB):
    L=sqrt((xB-xA)**2+(yB-yA)**2)
    return(L)
```

b.

```
from math import *
def milieu(xA,xB,yA,yB):
    xI=(xA+xB)/2
    yI=(yA+yB)/2
    return(xI,yI)
```

c. La droite (AB) a donc une équation de la forme $ax+by+c=0$. Comme $A\in(AB)$, on a : $ax_A+by_A+c=0$ et donc $c=-ax_A-by_A$.

La droite (AB) a pour vecteur directeur $\overrightarrow{AB}\begin{pmatrix}x_B-x_A\\y_B-y_A\end{pmatrix}$.

On a donc $a=y_B-y_A$ et $b=-(x_B-x_A)$.

```
from math import *
def équation(xA,xB,yA,yB):
    a=yB-yA
    b=-(xB-xA)
    c=-a*xA-b*yA
    return(a,b,c)
```

6 a. Le coût de 40 trajets est de $40\times1{,}20=48$ €. Les suivants sont gratuits, donc le maximum que les étudiants peuvent payer est 48 €. **b.** tarif(20) donne 24 et tarif(50) donne 48.

7 a. 'bois' **b.** 'coin' **c.** 'boum' **d.** 'tutu'

8 a. 'babar' et 'bubulle'.

b.

```
def trans_mot(C):
    L= len(C)
    D=C+C[L-2]+C[L-1]
    return(D)
```

c. 'montonon'

9 Il faut s'appuyer sur les exemples pour comprendre le calcul à effectuer. Pour calculer l'écart entre les heures d'arrivées et l'heure de départ (9h30), on peut soustraire 10 heures et ajouter une demi-heure. Un phénomène de retenue apparaît si le nombre de minutes est supérieur à 30 dans l'heure d'arrivée.

- 13h17 – 9h30 = 13h17 – 10h + 0h30 = 3h17 + 0h30 = 3h43
- 13h43 – 9h30 = 13h43 – 10h + 0h30 = 3h43 + 0h30 = 3h et 73 minutes = 3h + 1h + 13min = 4h13

```
def timing(h,m):
    if m>=30:
        h=h-9
        m=m-30
    else:
        h=h-10
        m=m+30
    print(h, 'h et ',m, 'min.')
```

10 a. On note $\begin{pmatrix}x\\y\end{pmatrix}$ les coordonnées de $\overrightarrow{AB}$ et $\begin{pmatrix}x'\\y'\end{pmatrix}$ les coordonnées de $\overrightarrow{CD}$. Il faut vérifier si $\overrightarrow{AB}\cdot\overrightarrow{CD}=0$.

$x\leftarrow x_B-x_A$
$y\leftarrow y_B-y_A$
$x'\leftarrow x_D-x_C$
$y'\leftarrow y_D-y_C$
Si $xx'+yy'=0$ alors :
    Afficher : « (AB) et (CD) sont perpendiculaires. »
Sinon
    Afficher : « (AB) et (CD) ne sont pas perpendiculaires. »
Fin Si

b. A(0 ; 0), B(1 ; 2), C(2 ; 3) et D(4 ; 1) par exemple.
c. A(0 ; 0), B(1 ; 2), C(2 ; 3) et D(4 ; 2) par exemple.

11 a. Réponse ci-dessous.

```
def max(a,b):
    if a>b:
        return(a)
    else:
        return(b)
```

b. Voici une réponse possible :

```
def max(a,b,c):
    if a>b:
        if a>c:
            return(a)
        else:
            return(c)
    else:
        if b>c:
            return(b)
        else:
            return(c)
```

Pour tester si un tel programme est correct, on peut vérifier que le résultat affiché est bon pour max(1,2,3), max(1,3,2), max(2,1,3), max(2,3,1), max(3,1,2) et max(3,2,1).

12 a. Si $x=-20$, la distance parcourue est égale à $20+300+320=640$.
Si $x=60$, la distance parcourue est égale à $60+300+240=600$.
Si $x=400$, la distance parcourue est égale à $400+300+100=800$.
b. prog1(-20) donne 560 et prog2(-20) donne 600. C'est donc le dernier programme qui est correct.

21 Page 193

1 a. Voici le tableau complété.

k	Total
	0
1	1
2	3
3	6
4	10
5	15
6	21
7	28
8	36

b. L'algorithme permet d'obtenir la somme des entiers de 1 jusqu'à 8.

c.

```
def somme(n):
    Total=0
    for k in range(1,n+1):
        Total=Total+k
    return(Total)
```

2 a. for i in range(0,16) ou for i in range(16). **b.** 4, 5, 6, 7, 8 et 9.
c. La variable prend les valeurs 1, 2, 3 jusque 49 soit 49 valeurs en tout.

3 a. La quatrième semaine, Willy nagera 475 mètres. En tout, il aura parcouru : $400+425+450+475=1\,750$ mètres.

b. *distance* ← 400
Total ← 400
Pour *i* allant de 2 à 52 faire
    distance ← *distance* + 25
    Total ← *Total* + *distance*
Fin Pour

c. Voici la traduction Python. On trouve un total de 53 950 mètres.

```
distance=400
Total=400
for k in range(2,53):
    distance=distance+25
    Total=Total+distance
```

4 a. En exécutant le programme à la main, on trouve :

a	Condition $a^2<2$
1	VRAIE
1,1	VRAIE
1,2	VRAIE
1,3	VRAIE
1,4	VRAIE
1,5	FAUSSE

Le résultat affiché est donc : 1,4 et 1,5.
Sous Python, on peut obtenir 1.4000000000000004 et 1.5000000000000004.
Cela est dû à la façon dont sont représentés les nombres informatiquement.

b. Le résultat obtenu est un encadrement d'amplitude 0,1 de $\sqrt{2}$, c'est-à-dire les bornes d'un intervalle contenant $\sqrt{2}$ et dont la différence est égale à 0,1.

c.

```
a=1
while a**2<5:
    a=a+0.001
print(a-0.001,a)
```

5 a.

```
def briques(n):
    S=0
    k=0
    while S<=n:
        k=k+1
        S=S+k
    return(k-1)
```

La variable S permet de compter le nombre de briques utilisées en ajoutant un étage au fur et à mesure. La variable k permet de compter le nombre d'étages construits. On renvoie $k - 1$ car la dernière valeur de k est la plus petite valeur pour laquelle le nombre total de briques utilisées (variable S) est strictement supérieur à n.

b.

```
def briques2(n):
    S=0
    k=0
    while S<=n:
        k=k+1
        S=S+k
    reste=n-(S-k)
    return(k-1,reste)
```

On reprend l'idée générale du programme précédent en utilisant une variable supplémentaire pour calculer le nombre de briques restantes.

6 a. Dans un an, la somme disponible sera de : $2000 \times 1{,}02 - 20 = 2020$ €. Dans deux ans, la somme disponible sera de : $2020 \times 1{,}02 - 20 = 2040{,}40$ €.

b.

```
def Charlotte(S):
    capital=2000
    n=0
    while capital<S:
        capital=capital*1.02-20
        n=n+1
    return(n)
```

c. On trouve 56 années.

```
>>> Charlotte(4000)
56
```

7 Le programme ci-dessous donne comme résultat : 1789.

```
x=1.005
n=1
while x**n<=7500:
    n=n+1
print(n)
```

22 Page 195

1 À la ligne 1, L vaut [2,3,4,5]. À la ligne 2, L vaut [5,4,3,2]. À la ligne 3, L vaut [4,3,2]. À la ligne 4, L vaut [4,3,0,2].

2 a. list(range(1,10)) donne la liste des entiers de 1 à 9. On génère ensuite en compréhension les inverses des entiers de 1 à 9 puis on les additionne. L'instruction permet donc d'obtenir la somme des inverses des entiers de 1 à 9.

b. sum([n**3 for n in list(range(1,101))]) donne 25 502 500.

c. sum(list(range(1,101)))**2 donne aussi 25 502 500.

Remarque : Cette égalité reste vraie pour tout autre entier que 100.

3 a. $y_0 = \exp(x_0) = \exp\left(\frac{0}{n}\right) = \exp(0) = 1.$

$y_n = \exp(x_n) = \exp\left(\frac{n}{n}\right) = \exp(1) = e.$

On considère la relation $f(a+h) \approx f(a) + hf'(a)$ avec $f = \exp$.

On a $\exp' = \exp$.

On a donc $\exp\left(x_k + \frac{1}{n}\right) \approx \exp(x_k) + \frac{1}{n}\exp(x_k)$.

Comme $x_k + \frac{1}{n} = \frac{k}{n} + \frac{1}{n} = \frac{k+1}{n} = x_{k+1}$ et

$\exp(x_k) + \frac{1}{n}\exp(x_k) = \left(1+\frac{1}{n}\right)\exp(x_k)$,

on a : $\exp(x_{k+1}) \approx \left(1+\frac{1}{n}\right)\exp(x_k)$ et donc $y_{k+1} \approx \left(1+\frac{1}{n}\right)y_k$.

b. (u_k) est une suite géométrique de raison $1+\frac{1}{n}$ donc $u_k = u_0\left(1+\frac{1}{n}\right)^k = \left(1+\frac{1}{n}\right)^k$.

c. On saisit [(1+1/n)**n for n in range(1,1001)].
Le dernier terme de la liste est 2.7169239322355936.
On peut penser que la limite de cette suite est égale à e.
Il se trouve que c'est bien le cas mais la convergence est lente.

4 a. On peut obtenir chacun des entiers de 3 à 18 (en obtenant 3 fois le 1 ou 3 fois le 6).
issues=list(range(3,19))

b. L=[randint(1,6)+randint(1,6)+randint(1,6) for x in range(0,1000)]

c. L.count(10)

d. freq=[L.count(x)/1000 for x in issues]

e. m=m+issues[i]*freq[i]

Remarque : On peut obtenir ce résultat de façon plus concise en Python : sum[x*y for x,y in zip(issues,freq)]

f. V=V+freq[i]*(issues[i]-m)**2

Remarque : On peut obtenir ce résultat de façon plus concise en Python :
sum[y*(x-m)**2 for x,y in zip(issues,freq)]

g. Les instructions de la question **e.** permettent d'obtenir une estimation de l'espérance et celles de la question **f.** permettent d'obtenir une estimation de la variance, et donc de l'écart type en en prenant la racine carrée.
On peut donc exécuter la liste d'instructions suivantes :

```
issues=list(range)(3,19))
L=[randint(1,6)+randint(1,6)+randint(1,6) for x in range(0,1000)]
freq=[L.count(x)/1000 for x in issues]
m=0
for i in range(0,16):
    m=m+issues[i]*freq[i]
V=0
for i in range(0,16):
    V=V+freq[i]*(issues[i]-m)**2
s=sqrt(V)
print(m,s)
```

Après plusieurs simulations, on peut penser que $E(X) \approx 10{,}5$ et $\sigma(X) \approx 2{,}96$.

5 a. Il y a quatre solutions : 

b. Dans les trois premières lignes ci-dessous, on retrouve les dessins de la première question sur le deuxième carré.

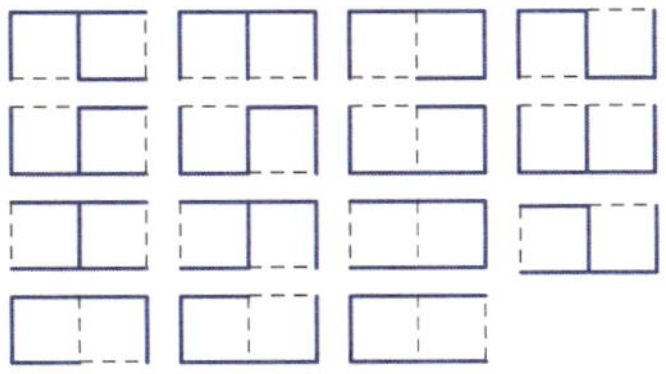

c. On a : $u_n = 3u_{n-1} + 2(u_{n-2} + u_{n-3} + \ldots + u_1) + 3$
$= u_{n-1} + 2u_{n-1} + 2(u_{n-2} + u_{n-3} + \ldots + u_1) + 3$
$= u_{n-1} + 2(u_{n-1} + u_{n-2} + u_{n-3} + \ldots + u_1) + 3$
en factorisant par 2.

d. On utilise la relation de la question précédente :
L.append(L[k]+2*sum(L)+3)

e. On trouve $u_{10} = 564\,719$.

Les relations logiques

Cours

Les relations logiques au sein d'un énoncé jouent un rôle essentiel. Ce sont elles qui structurent le propos et assurent sa cohérence.

1 Opposition et concession

L'opposition entre deux éléments au sein d'un énoncé n'est pas toujours radicale. Elle peut s'exprimer de façon plus nuancée, pour marquer simplement une restriction ou une concession.

***Quoique** le XVIe siècle français soit caractérisé par un espoir humaniste, il comporte aussi un versant sombre, notamment à partir des guerres de religion.*

La conjonction de subordination « quoique » marque que l'on reconnaît un fait tout en le mettant à distance, pour ensuite le nuancer ou le réfuter.

Opposition	Concession	Restriction
mais, cependant, pourtant, néanmoins, en revanche, au contraire alors que, tandis que, or…	malgré, en dépit de, quoique, bien que, même si, ce n'est pas que, certes, bien sûr, il est vrai que, toutefois…	mis à part, en dehors de, hormis, à défaut de, excepté…

2 Cause et conséquence

Cause et conséquence fonctionnent ensemble, mais attention à établir la relation logique dans la bonne direction.

▶ La cause exprime l'origine, la raison d'un fait ou d'une idée. Pour introduire une cause :
- *car ;*
- *parce que ;*
- *puisque ;*
- *par ;*
- *grâce à ;*
- *en effet ;*
- *en raison de ;*
- *du fait de ;*
- *dans la mesure où ;*
- *en raison de*, etc.

▶ La conséquence exprime le résultat.
Pour introduire une conséquence :
- *ainsi ;*
- *c'est pourquoi ;*
- *en conséquence ;*
- *si bien que ;*
- *de sorte que ;*
- *donc ;*
- *alors ;*
- *par conséquent ;*
- *d'où*, etc.

À noter

Attention à la différence entre conséquence et but : la conséquence est entraînée par une cause alors que le but est ce que l'on vise.
Dans son essai « Les Cannibales », Montaigne rappelle le sens étymologique du mot « sauvage » pour déplacer les préjugés de son époque à l'égard des Indiens du Nouveau Monde (« pour » marque le but).

3 Condition et hypothèse

La condition exprime une circonstance nécessaire pour qu'un fait se réalise. L'hypothèse est elle la formulation d'une supposition dont on va tirer les conséquences.
Mais il n'est pas toujours évident de les distinguer l'une de l'autre.
Montaigne suggère ironiquement à la fin de son essai « Les Cannibales » *que les Indiens pourraient apparaître comme civilisés s'ils portaient des « hauts-de-chausse ».*
La proposition subordonnée exprime ici la condition.

▶ Expression de la condition :
- *si ;*
- *à la condition que ;*
- *pourvu que*, etc.

▶ Expression de l'hypothèse :
- *si ;*
- *dans l'hypothèse où ;*
- *en supposant que ;*
- *en admettant que ;*
- *au cas où*, etc.

4 Les relations implicites

La logique d'un propos peut rester implicite. C'est alors au lecteur de la déduire en étant attentif au contexte, au sens, à la ponctuation (les deux points ont ainsi des valeurs variées), à la disposition du texte, à la présence d'un certain lexique (par exemple appréciatif ou dépréciatif).

Méthode

Structurer la progression de son propos : quels outils ?

Pour hiérarchiser ses idées	premièrement, deuxièmement, en premier lieu, en second lieu... ; tout d'abord, ensuite, enfin ; d'une part... d'autre part ; non seulement... mais encore...
Pour ajouter une idée à une autre	de plus, par ailleurs, en outre, de surcroît...
Pour préciser ou nuancer une idée	c'est-à-dire, en d'autres termes, autrement dit, voire, ou plutôt, plus exactement, à vrai dire...
Pour introduire un cas ou un exemple précis	ainsi, comme, c'est le cas de, par exemple, en particulier, notamment...
Pour conclure son idée	ainsi, en somme, donc, par conséquent, en guise de conclusion, pour conclure...

Exercices

1 ★★★ 30 min **Identifiez la progression logique des extraits suivants, en veillant à expliciter, si le cas se présente, les relations implicites.**

Ces textes, extraits d'œuvres du XVIe au XVIIIe siècles, peuvent désarçonner par leur lexique et leurs tournures syntaxiques différents de nos usages. Prenez le temps de les lire plusieurs fois et de comprendre leur sens avant de faire l'exercice.

Texte 1

Chez nous, les caractères sont tous uniformes, parce qu'ils sont forcés : on ne voit point les gens tels qu'ils sont, mais tels qu'on les oblige d'être ; dans cette servitude du cœur et de l'esprit, on n'entend parler que la crainte, qui n'a qu'un langage, et non pas la nature, qui s'exprime si différemment, et qui paraît sous tant de formes.

MONTESQUIEU, *Les Lettres persanes*, Lettre LXIII, 1721.

Texte 2

Il arrivera possible que mon travail fera naître à d'autres personnes l'envie de porter la chose plus loin. Tant s'en faut que cette matière soit épuisée, qu'il reste encore plus de fables à mettre en vers que je n'en ai mis. J'ai choisi véritablement les meilleures, c'est-à-dire celles qui m'ont semblé telles ; mais, outre que je puis m'être trompé dans mon choix, il ne sera pas bien difficile de donner un autre tour à celles-là mêmes que j'ai choisies ; et, si ce tour est moins long, il sera sans doute plus approuvé.

Jean de LA FONTAINE, *Fables*, Préface, 1668-1693.

Texte 3

L'étrangeté de ces inventions me met en tête cette autre fantaisie : que c'est une espèce de pusillanimité[1] aux monarques, et un témoignage de ne sentir point assez ce qu'ils sont, de travailler à se faire valoir et paraître par des dépenses excessives. [...] Nous avons des contes merveilleux de la frugalité[2] de nos Rois autour de leur personne, et en leurs dons ; grands Rois en crédit, en valeur et en fortune[3]. Démosthène combat à outrance la loi de sa ville qui assignait les deniers publics aux pompes des jeux et de leurs fêtes ; il veut que leur grandeur se montre en quantité de vaisseaux bien équipés et bonnes armées bien fournies. Et l'on a raison d'accuser Théophraste d'avoir établi, en son livre Des richesses, un avis contraire, et maintenu qu'une telle nature[4] de dépense était le vrai fruit de l'opulence. [...]. Outre cela, il semble aux sujets, spectateurs de ces triomphes, qu'on leur fait montre de leurs propres richesses et qu'on les festoie à leurs dépens. Car les peuples présument volontiers des Rois, comme nous faisons de nos valets, qu'ils doivent prendre soin de nous apprêter en abondance tout ce qu'il nous faut, mais qu'ils n'y doivent aucunement toucher de leur part.

Michel de MONTAIGNE, *Essais*, « Des Coches », III, 6, version modernisée.

1. Irresponsabilité.
2. Simplicité.
3. Destin.
4. Une dépense excessive et ostentatoire.

2 ★★ 20 min **Relisez l'extrait des *Essais* proposé dans l'exercice 1 et répondez en dix lignes à la question suivante en structurant votre propos à l'aide de liens logiques entre vos idées. À quelle critique des dépenses des rois se livre ici Montaigne ?**

FRANÇAIS

Les subordonnées conjonctives circonstancielles

Rappel

Une proposition subordonnée est **dépendante** d'une proposition principale. Elle est introduite par une **conjonction de subordination** (ou locution conjonctive lorsque le lien subordonnant est constitué de plusieurs mots).

Cours

1 Les subordonnées causales (expression de la cause)

▶ On peut distinguer deux formes de relation causale selon que le fait donné comme cause dans la subordonnée est déterminé par le locuteur ou qu'il est une cause établie, déjà connue de tous, indépendamment du seul locuteur. Comparez ces deux exemples :

« ***Parce que*** *vous êtes un grand seigneur, vous vous croyez un grand génie* » (Le Mariage de Figaro)

Puisque *vous êtes un grand seigneur, vous vous croyez un grand génie.*

▶ Les nuances dans la relation causale :

Cause formulée objectivement	parce que, puisque, comme, étant donné que, vu que, du fait que…
Cause supposée	soit que… soit que…
Cause niée avant que ne soit donnée la cause réelle	non que… mais
Cause présentée comme une allégation	sous prétexte que…
Fait antécédent interprété comme cause	dès lors que, du moment que…
Cause accentuée	surtout que, d'autant plus que…

2 Les subordonnées consécutives (expression de la conséquence)

▶ On distingue deux types de liens selon que la principale exprime ou non une idée d'intensité : *si…que, tellement…que, tant de…que, au point que… / de (telle) sorte que, en sorte que, de façon que, si bien que…*

▶ La consécutive est à l'indicatif quand la conséquence est effective : *J'ai tant travaillé que ce devoir* ***est*** réussi.
Elle est au subjonctif quand la conséquence est espérée ou supposée : *Je peux croire que j'ai assez travaillé pour que ce devoir* ***puisse*** *être réussi.*

3 Les subordonnées finales (expression de la fin, du but)

Conséquence et but sont proches. La différence est que le but suppose toujours une intention. Les subordonnées finales sont toujours au subjonctif.
J'ai travaillé ***pour que*** *ce devoir* ***soit*** réussi (dans cet exemple, il ne s'agit pas comme dans le cas précédent d'une conséquence espérée, mais d'un but visé).

4 Les subordonnées hypothétiques et de condition (introduites par *si*)

On peut distinguer :
– la condition simple : ***Si*** *Julien parle, je parlerai aussi.*
– la condition assortie d'un souhait : ***Pourvu qu'****il parle, je serai heureux.*
– l'hypothèse : quand l'hypothèse ne correspond pas à une réalité présente ou passée, « si » est suivi de l'indicatif imparfait ou plus que parfait : *Si Julien* ***parlait****, tout serait perdu. / S'il* ***avait parlé****, tout aurait été perdu* (ce qui suppose que Julien ne parle pas ou n'a pas parlé).
Quand l'hypothèse engage l'avenir ou une conséquence immédiate, « si » est suivi de l'indicatif présent : *S'il* ***parle****, tout est perdu.*

5 Les subordonnées concessives (expression de la concession)

Quand s'exprime une conséquence contraire par rapport à ce qui est attendu ou une implication surprenante, la subordonnée est appelée concessive. Elle est généralement au subjonctif. Elle est introduite par *bien que, encore que, quoique* ou, si elle comporte une idée d'intensité, par *quelque, quel que, qui que, quoi que.*
Bien qu'*il parlât, tout fut perdu /* ***Quelque parole qu'****il dise, tout est perdu/* ***Quoi qu'****il dise, tout est perdu*

Méthode

Exprimer l'hypothèse de façon nuancée

Éventualité pure	quand	*Quand (bien même) il parlerait, cela ne servirait à rien.*
Supposition simple	à supposer que, au cas où, en admettant que	*En admettant qu'il parle, cela ne servirait à rien.*
Supposition et restriction	à moins que	*À moins qu'il ne parle, tout est perdu.*
Supposition et alternative	soit que... soit que..., que... que..., selon que... ou que...	*Soit qu'il se taise soit qu'il parle, tout est perdu.*

Exercice

1 ★★ 30 min

a. Identifiez les subordonnées circonstancielles soulignées dans ces deux extraits de *La Princesse de Clèves*.

b. Transformez la proposition infinitive en gras en proposition subordonnée, et précisez sa fonction.

Texte 1

La magnificence et la galanterie n'ont jamais paru en France avec tant d'éclat que dans les dernières années du règne de Henri II. Ce prince était galant, bien fait, et amoureux : quoique sa passion pour Diane de Poitiers, duchesse de Valentinois, eût commencé il y avait plus de vingt ans, elle n'en était pas moins violente, et il n'en donnait pas des témoignages moins éclatants.
Comme il réussissait admirablement dans tous les exercices du corps, il en faisait une de ses plus grandes occupations : c'était tous les jours des parties de chasse et de paume, des ballets, des courses de bagues, ou de semblables divertissements. [...].
La présence de la reine autorisait la sienne : cette princesse était belle, quoiqu'elle eût passé la première jeunesse ; elle aimait la grandeur, la magnificence, et les plaisirs. [...]
L'humeur ambitieuse de la reine lui faisait trouver une grande douceur à régner. Il semblait qu'elle souffrît sans peine l'attachement du roi pour la duchesse de Valentinois, et elle n'en témoignait aucune jalousie ; mais elle avait une si profonde dissimulation qu'il était difficile de juger de ses sentiments ; et la politique l'obligeait d'approcher cette duchesse de sa personne, **afin d'en approcher aussi le roi**.

Madame de Lafayette, *La Princesse de Clèves*, 1678.

Texte 2

Ce mariage avait eu beaucoup d'obstacles par les promesses que M. de Montmorency avait faites à mademoiselle de Piennes, une des filles d'honneur de la reine ; et, bien que le roi les eût surmontés avec une patience et une bonté extrême, ce connétable ne se trouvait pas encore assez appuyé, s'il ne s'assurait de madame de Valentinois, et s'il ne la séparait de MM. de Guise, dont la grandeur commençait à donner de l'inquiétude à cette duchesse [...]. Elle haïssait particulièrement le cardinal de Lorraine ; il lui avait parlé avec aigreur, et même avec mépris ; elle voyait qu'il prenait des liaisons avec la reine, de sorte que le connétable la trouva disposée à s'unir avec lui [...]. Le connétable ne crut pas trouver d'obstacles dans l'esprit de M. d'Anville pour un mariage, comme il en avait trouvé dans l'esprit de M. de Montmorency ; mais, quoique les raisons lui en fussent cachées, les difficultés n'en furent guère moindres. M. d'Anville était éperdument amoureux de la reine dauphine ; et, quelque peu d'espérance qu'il eût dans cette passion, il ne pouvait se résoudre à prendre un engagement qui partagerait ses soins.

Madame de Lafayette, *La Princesse de Clèves*, 1678.

FRANÇAIS

Le verbe

Cours

1 Valeurs temporelles

Le temps d'un verbe permet de situer un fait avant (antériorité), pendant (simultanéité) ou après (postériorité) le moment de référence de l'énoncé.
Deux temps doivent attirer plus particulièrement l'attention :

a. Le présent

Il peut renvoyer au moment même de l'énonciation, avoir une valeur de vérité générale (présent gnomique), marquer une habitude, ou encore avoir, selon le contexte, une valeur de passé récent ou de futur proche. Enfin, dans un récit au passé, l'emploi du présent a pour fonction de mettre en relief une action, comme si elle avait lieu dans le temps même de la narration.

b. Le conditionnel

Le conditionnel présent exprime le futur dans un texte au passé.

Le conditionnel passé ajoute l'idée d'achèvement : *Je pensais que vous l'****auriez lu****.*

Il permet aussi de traduire une éventualité passée, non réalisée : *Vous auriez lu* Les Fleurs du Mal, *vous sauriez ce que signifie le spleen.*

2 Valeurs aspectuelles

Le temps du verbe sert aussi à indiquer un aspect, c'est-à-dire la façon dont est envisagé dans son déroulement le procès, l'action.

a. Aspect accompli/ aspect non accompli

Les formes simples (non conjuguées avec un auxiliaire) expriment un aspect non accompli (l'action est envisagée comme en cours) : *Je* ***lis*** Les Fleurs du Mal, alors qu'avec les formes composées (conjuguées avec l'auxiliaire *être* ou *avoir*), le procès est envisagé après la fin de l'action, on se situe après coup. On parle alors d'aspect accompli : ***J'ai lu*** Les Fleurs du Mal.

> **Aspect en contexte**
>
> Certaines indications temporelles liées au verbe nuancent la façon dont est envisagée l'action : **aspect semelfactif** (présente une action comme ayant lieu une seule fois) : *Hier, j'ai lu les Fleurs du Mal* ; **aspect itératif** (présente une action comme se répétant) : *Je lisais Les Fleurs du Mal tous les matins* ; **aspect duratif** (présente une action comme durant) : *J'ai lu longtemps Les Fleurs du Mal.*

b. Aspect global/sécant

Avec le présent, le passé simple ou le futur, l'action est envisagée de l'extérieur, comme un tout indivisible (aspect global) : *Je* ***lus*** Les Fleurs du Mal *en dix jours*, alors qu'à l'imparfait, elle est vue de l'intérieur, en coupe (aspect sécant, *secare* en latin veut dire « couper »), dans un moment de son déroulement : *Je* ***lisais*** Les Fleurs du Mal.

Méthode

Choisir un mode verbal

a. Modaliser son propos

Les modes personnels (indicatif, subjonctif, impératif) donnent une indication sur la position du locuteur par rapport à son propos, c'est ce que l'on appelle la **modalisation**.
– L'**indicatif** pose l'action indiquée par le verbe (son procès) comme appartenant à l'**ordre du vrai pour le locuteur ou de ce qui est effectivement réalisé.**
– Le **subjonctif** envisage le procès comme appartenant à l'**ordre des possibles pour le locuteur** (c'est le mode du virtuel, du potentiel, mais aussi de la contradiction entre ce qui est et ce que l'on voudrait qui soit).
– L'**impératif** correspond à une **injonction** (ordre, prière ou défense) lancée à celui à qui on parle pour qu'il réalise (ou non) l'action exprimée par le verbe.
– La **valeur modale du temps conditionnel** : le conditionnel peut marquer un **degré d'incertitude** ou une **volonté d'atténuation** du propos.

b. Adopter le mode approprié

- « **si** » n'est jamais suivi d'un verbe au conditionnel,
- « **dans le cas où** » est toujours suivi du conditionnel,
- « **après que** » est toujours suivi de l'indicatif (l'action a eu lieu, elle est effective),
- « **avant que** » est toujours suivi du subjonctif (l'action n'est pas encore effective par rapport à celle de la principale).

Exercices

1 ★ 5 min **Précisez les valeurs du présent dans ce quatrain de « Au lecteur ».**

> C'est l'Ennui ! — l'œil chargé d'un pleur involontaire,
> Il rêve d'échafauds en fumant son houka.
> Tu le connais, lecteur, ce monstre délicat,
> — Hypocrite lecteur, — mon semblable, — mon frère !

Charles Baudelaire, *Les Fleurs du Mal*, 1857-61.

2 ★ 5 min **Précisez la valeur du conditionnel dans ce quatrain du poème « Le guignon ».**

> Pour soulever un poids si lourd,
> Sisyphe, il faudrait ton courage !
> Bien qu'on ait du cœur à l'ouvrage,
> L'Art est long et le Temps est court.
> [...]

Charles Baudelaire, *Les Fleurs du Mal*, 1857-61.

3 ★★ 15 min **Identifiez les temps des verbes dans l'extrait suivant de « 1909 » d'Apollinaire et précisez pour chaque verbe la valeur temporelle et aspectuelle du temps utilisé.**

Juste avant la publication d'*Alcools*, Apollinaire supprima toute la ponctuation de son recueil.

> N'entendra-t-on jamais sonner minuit
>
> La dame en robe d'ottoman violine
> Et en tunique brodée d'or
> Décolletée en rond
> Promenait ses boucles
> Son bandeau d'or
> Et traînait ses petits souliers à boucles
>
> Elle était si belle
> Que tu n'aurais pas osé l'aimer
> [...]

Guillaume Apollinaire, *Alcools*, « 1909 », 1913.

4 ★★ 15 min **Identifiez les temps verbaux dans les deux strophes suivantes de « Don Juan aux enfers » et précisez pour chacun sa valeur aspectuelle.**

> Quand Don Juan descendit vers l'onde souterraine
> Et lorsqu'il eut donné son obole à Charon,
> Un sombre mendiant, l'œil fier comme Antisthène,
> D'un bras vengeur et fort saisit chaque aviron.
>
> Montrant leurs seins pendants et leurs robes ouvertes,
> Des femmes se tordaient sous le noir firmament,
> Et, comme un grand troupeau de victimes offertes,
> Derrière lui traînaient un long mugissement.
> [...]

Charles Baudelaire, *Les Fleurs du Mal*, 1857-61.

5 ★★★ 20 min **Identifiez les temps des verbes dans l'extrait suivant de « À Villequier » et précisez pour chaque verbe la valeur temporelle et aspectuelle du temps utilisé.**

Le livre IV des *Contemplations* est tout entier consacré au deuil de Léopoldine, la fille du poète, noyée dans la Seine. Le poète s'adresse ici à Dieu.

> Considérez encor que j'avais, dès l'aurore,
> Travaillé, combattu, pensé, marché, lutté,
> Expliquant la nature à l'homme qui l'ignore,
> Éclairant toute chose avec votre clarté ;
>
> Que j'avais, affrontant la haine et la colère,
> Fait ma tâche ici-bas,
> Que je ne pouvais pas m'attendre à ce salaire,
> Que je ne pouvais pas
>
> Prévoir que, vous aussi, sur ma tête qui ploie,
> Vous appesantiriez votre bras triomphant,
> Et que, vous qui voyiez comme j'ai peu de joie,
> Vous me reprendriez si vite mon enfant !
> [...]

Victor Hugo, *Les Contemplations*, Livre IV, 1856.

4 ÉTUDE DE LA LANGUE
L'interrogation indirecte

Cours

1 Interrogation directe/ indirecte

Une interrogative indirecte est une proposition subordonnée que l'on peut trouver notamment après certains verbes de pensée, de parole ou de sensation.
– Interrogation directe : *Comment La Fontaine allie-**t-il** dans ses fables pensée et imagination ?*
– Interrogation indirecte : *On se demandera **comment** La Fontaine allie dans ses fables pensée et imagination.*

À noter

Une interrogative indirecte n'est jamais suivie d'un point d'interrogation, contrairement aux interrogations directes.

2 Interrogation totale et interrogation partielle

▶ L'interrogation peut porter sur l'ensemble de la proposition qui suit, elle est alors introduite par la conjonction « si ». Elle est alors dite totale.
– Interrogation directe : *Est-ce que La Fontaine allie dans ses fables pensée et imagination ?*
– Interrogation indirecte totale : *On se demandera **si** La Fontaine subordonne la pensée à l'imagination.*

▶ L'interrogation peut ne porter que sur un sujet, un attribut, un complément, etc. Elle est alors dite partielle.
*On examinera **qui** a pu être choqué par* Les Fleurs du Mal *en 1857.*

3 Les outils interrogatifs

▶ Comme dans le cas de l'interrogation directe partielle, les mots interrogatifs peuvent être :
– des déterminants : *quel (quelle, quels, quelles) / combien de*, qui accompagnent le nom qui les suit.
– des pronoms : *qui* (sujet) / *que* (COD), *duquel* (*de laquelle, desquels, desquelles*), *auquel* (*à laquelle, auxquels, auxquelles*), parfois introduits par une préposition : à qui, *de quoi, etc.*
– des adverbes : *quand, où, comment, pourquoi, combien.*

▶ Ces mots ont alors une fonction dans la subordonnée interrogative.
*On verra **comment** La Fontaine allie dans ses fables pensée et imagination.*
Ici, « comment » est complément de manière du verbe « allier ».

4 Modes et temps

▶ Le mode indicatif est de règle dans le cas de l'interrogation indirecte mais on peut aussi trouver le mode infinitif.
*Je ne sais **que penser**.*

▶ Dans les interrogatives indirectes, les temps suivent les règles de la concordance.
*Je me **demandais** si La Fontaine **s'était inspiré** d'Ésope pour toutes ses fables.*

Méthode

Passer d'une interrogation directe à une interrogation indirecte

▶ Une interrogation directe suppose une inversion du sujet ou une reprise du sujet par la forme - *t-il* ou *-t-elle*. Dans l'interrogative indirecte, l'**ordre des mots est rétabli** comme dans une phrase affirmative.

▶ Quand on transforme une interrogation directe totale, le mot interrogatif de l'interrogation indirecte est **si**.

▶ Quand on transforme une interrogation directe partielle, le mot interrogatif est repris (avec parfois quelques adaptations) : ***Que*** *veut-il ?* devient *Je me demande **ce qu'**il veut.*

▶ On respecte la concordance des temps gouvernée par le verbe introducteur.
*La Fontaine **a-t-il** écrit ses fables pour plaire aux Grands de la cour ?*
*Je me demande si **La Fontaine a écrit** ses fables pour plaire aux Grands de la cour.*
*Je **me suis demandé** si La Fontaine **avait écrit** ses fables pour les Grands de la cour.*
*Où **écrivit-il** ses fables ?*
*Je me demande où **il écrivit** ses fables.*

Exercices

1 ★★ 15 min **Transformez les interrogatives directes de l'extrait suivant de « À qui donc sommes-nous ? » en interrogatives indirectes.**

Un exemple pour servir de modèle : « Vautour fatalité, tiens-tu la race humaine ? » → Le poète demande à la « fatalité » si elle tient « la race humaine ». N'oubliez pas les guillemets citationnels pour les passages repris à l'identique du texte de Hugo.

À qui donc sommes-nous ? Qui nous a ? qui nous mène ?
Vautour fatalité, tiens-tu la race humaine ?
Oh ! parlez, cieux vermeils,
L'âme sans fond tient-elle aux étoiles sans nombre ?
Chaque rayon d'en haut est-il un fil de l'ombre
Liant l'homme aux soleils ?

Est-ce qu'en nos esprits, que l'ombre a pour repaires,
Nous allons voir rentrer les songes de nos pères ?
Destin, lugubre assaut !
Ô vivants, serions-nous l'objet d'une dispute ?
L'un veut-il notre gloire, et l'autre notre chute ?
Combien sont-ils là-haut ?
[...]

Victor Hugo, *Les Contemplations*, Livre IV, 1856.

2 ★★ 15 min **Transformez ces problématiques de commentaire ou de dissertation en interrogatives indirectes. Toutes portent sur *Les Contemplations* de Hugo.**

Variez les possibilités de verbes introducteurs (*voir, demander, se demander, comprendre, tenter de comprendre, d'analyser etc.*)

a. Sur quoi porte l'interrogation du poète dans l'extrait proposé ?
b. À qui s'adresse successivement le « je » dans ce passage ?
c. Comment peut-on comprendre la formule « Mémoires d'une âme » ?
d. Est-ce que l'on peut considérer « Réponse à un acte d'accusation » comme un poème révolutionnaire ?
e. *Les Contemplations* sont-elles un recueil entièrement élégiaque ?

FRANÇAIS

3 ★★★ 20 min **Lisez attentivement cet extrait du *Mariage de Figaro* et formulez trois projets de lecture pour une explication de texte, d'abord sous forme de questions directes, puis sous forme de questions indirectes.**

Figaro, *seul, se promenant dans l'obscurité, dit du ton le plus sombre.*
Ô femme ! femme ! femme ! créature faible et décevante !... Nul animal créé ne peut manquer à son instinct : le tien est-il donc de tromper ?... Après m'avoir obstinément refusé quand je l'en pressais devant sa maîtresse ; à l'instant qu'elle me donne sa parole ; au milieu même de la cérémonie... Il riait en lisant, le perfide ! et moi, comme un benêt... Non, monsieur le comte, vous ne l'aurez pas... vous ne l'aurez pas. Parce que vous êtes un grand seigneur, vous vous croyez un grand génie !... noblesse, fortune, un rang, des places, tout cela rend si fier ! Qu'avez-vous fait pour tant de biens ? vous vous êtes donné la peine de naître, et rien de plus : du reste, homme assez ordinaire ! tandis que moi, morbleu, perdu dans la foule obscure, il m'a fallu déployer plus de science et de calculs pour subsister seulement, qu'on n'en a mis depuis cent ans à gouverner toutes les Espagnes ; et vous voulez jouter !... On vient... c'est elle... ce n'est personne. — La nuit est noire en diable, et me voilà faisant le sot métier de mari, quoique je ne le sois qu'à moitié ! *(Il s'assied sur un banc.)*
[...]

Pierre-Augustin Caron de Beaumarchais,
Le Mariage de Figaro, Acte V, Scène 3, Bordas, 2017.

5

ÉTUDE DE LA LANGUE

L'expression de la négation

Cours

1 Négation totale ou partielle

On distingue :
– négation totale : La Princesse de Clèves ***n'est pas*** *un roman héroïque.*
– négation partielle, qui implique soit une limitation (ne... guère, ne...plus, ne... jamais), soit une restriction (ne... que) : *On* ***ne*** *lit* ***plus*** La Princesse de Clèves. / *On* ***ne*** *lit* ***plus que*** La Princesse de Clèves. (on parle, en ce dernier cas, de négation restrictive ou de restriction exclusive).

2 Portée de la négation

La négation peut porter :
– sur le syntagme verbal : *Je* ***ne*** *lis* ***pas*** La Princesse de Clèves.
– sur un autre élément, le nom par exemple : *Je lis* Le Rouge et le Noir ***et non*** La Princesse de Clèves.
Elle peut apparaître dans des phrases nominales : *Pas un seul petit morceau. / De mouche ou de vermisseau.* (« La Cigale et la Fourmi »)

3 Emploi de « ne »

▶ L'adverbe « ne », employé seul, est obligatoire dans les phrases où *aucun, rien, personne, nul* sont sujets ou compléments :
Aucun ***n'****a lu le roman.*
Nul ***ne*** *l'a lu.*
Je ***ne*** *le dirai à personne.*
▶ Il est aussi obligatoire quand sont sujets ou compléments des mots coordonnés par *ni*.
Ni lui ni moi ***ne*** *l'avons lu.*

Attention

Ne pas omettre à l'écrit, comme à l'oral, l'adverbe « ne » quand la négation porte sur le syntagme verbal, surtout après le pronom « on » :
On n'accepta pas l'invraisemblance de la scène d'aveu dans La Princesse de Clèves.

▶ Avec des verbes comme, *cesser, savoir, pouvoir, oser*, mis à la forme négative, on peut employer soit « ne...pas », soit simplement « ne ». Il en va de même dans : *si je ne me trompe, si je ne crains de.*
Je ***ne*** *cesse de penser à ce roman.*

▶ On emploie enfin « ne » dans certaines tournures où il n'a aucune valeur négative, par exemple derrière des verbes de crainte, après les locutions conjonctives du type *de peur que* ou *avant que*, ou dans des constructions comparatives. On parle en ce cas de valeur explétive. Dans ces cas, le « ne » peut toujours être supprimé sans que la phrase devienne incorrecte ou change de sens.
Je lirai ce roman avant que l'année ***ne*** *soit finie.*
Il dévora ce roman plutôt qu'il ***ne*** *le lut.*

Méthode

Bien manier les tournures négatives

a. Clarifier la négation

Tous les élèves n'ont pas lu le roman peut être une phrase ambiguë. Selon ce que l'on veut dire, mieux vaut dire ou écrire : *Aucun élève n'a lu le roman* ou bien *Les élèves n'ont pas tous lu le roman.*

b. Mettre en relief

On peut utiliser la mise en relief par la locution ***ce n'est pas*** pour mettre en évidence la négation portant sur un élément précis d'une phrase.
Ce n'est pas toujours d'Ésope que s'inspire La Fontaine.
Ce n'est pas Hugo qui écrivit « Le dormeur du val ».
Ce n'est pas au XVIII*e siècle que fut publié* Alcools.

c. Construire correctement une phrase interro-négative

Ne penses-tu pas que c'est un bon roman ? qui est à différencier de *Penses-tu que ce n'est pas un bon roman ?*

Exercices

1 ★ 5 min **La négation peut aussi s'exprimer lexicalement, par le jeu de préfixes comme *non-*, *dé*, *mé*, *in*, *il*, *ir*, *a* ou *an*. Exprimez à la forme négative les mots suivants :**

connaître – responsabilité – normal – réaliste – informer – adroit – parfait

2 ★★ 15 min **Lisez attentivement cet extrait de la fable « Le dépositaire infidèle », soulignez les négations, expliquez leur valeur et reformulez dans vos propres mots chacune de ces phrases ou expressions (ou pour le dire autrement, paraphrasez le texte).**

L'usage du « ne » est différent au XVIIe siècle. On l'excepte parfois alors que son absence paraîtrait aujourd'hui incorrecte.

Des légions de menteurs :
« Tout homme ment », dit le sage.
S'il n'y mettait seulement
Que les gens du bas étage,
On pourrait aucunement
Souffrir ce défaut aux hommes ;
Mais que tous tant que nous sommes
Nous mentions, grand et petit,
Si quelque autre l'avait dit,
Je soutiendrais le contraire ;
Et même qui mentirait
Comme Ésope et comme Homère,
Un vrai menteur ne serait :
Le doux charme de maint songe
Par leur bel art inventé,
Sous les habits du mensonge
Nous offre la vérité.
L'un et l'autre a fait un livre
Que je tiens digne de vivre
Sans fin, et plus, s'il se peut.
Comme eux ne ment pas qui veut.
[...]

Jean de La Fontaine, *Fables*, Livre IX, 1668.

3 ★★ 10 min **Que met-elle en valeur la tournure négative dans l'expression soulignée dans cette première phrase de *La Princesse de Clèves* ?**

La magnificence et la galanterie <u>n'ont jamais paru en France avec tant d'éclat que</u> dans les dernières années du règne de Henri second.
[...]

Madame de La Fayette, *La Princesse de Clèves*, 1678.

4 ★★★ 20 min **Expliquez le fonctionnement et la valeur des négations dans les segments de phrases soulignés dans l'extrait suivant.**

Quand le roi Pyrrhus passa en Italie, après qu'il eut reconnu l'ordonnance de l'armée que les Romains lui envoyaient au-devant : « <u>Je ne sais</u>, dit-il, quels barbares sont ceux-ci (car les Grecs appelaient ainsi toutes les nations étrangères), mais la disposition de cette armée que je vois <u>n'est aucunement</u> barbare. » Autant en dirent les Grecs de celle que Flaminius fit passer en leur pays, et Philippe, voyant d'un tertre l'ordre et distribution du camp romain en son royaume, sous Publius Sulpicius Galba. Voilà comment il se faut garder de s'attacher aux opinions vulgaires, et les faut juger par la voix de la raison, <u>non par la voix commune</u>.
J'ai eu longtemps avec moi un homme qui avait demeuré dix ou douze ans en cet autre monde qui a été découvert en notre siècle, en l'endroit où Villegagnon prit terre, qu'il surnomma la France antarctique. Cette découverte d'un pays infini semble être de considération. <u>Je ne sais si</u> je me puis <u>répondre qu'il ne s'en fasse</u> à l'avenir quelque autre, tant de personnages plus grands que nous ayant été trompés en celle-ci. J'ai peur que nous ayons les yeux plus grands que le ventre, et <u>plus de curiosité que nous n'avons de capacité</u>. Nous embrassons tout, mais <u>nous n'étreignons que du vent</u>. Platon introduit Solon racontant avoir appris des prêtres de la ville de Saïs, en Égypte, que, jadis et avant le déluge, il y avait une grande île, nommée Atlantide, droit à la bouche du détroit de Gibraltar, qui tenait plus de pays que l'Afrique et l'Asie toutes deux ensemble, et que les rois de cette contrée-là, <u>qui ne possédaient pas seulement cette île mais s'étaient étendus dans la terre</u> ferme si avant qu'ils tenaient de la largeur d'Afrique jusqu'en Égypte et de la longueur de l'Europe jusqu'en la Toscane, entreprirent d'enjamber jusque sur l'Asie et subjuguer toutes les nations qui bordent la mer Méditerranée jusqu'au golfe de la mer Majeur.

Michel de Montaigne, *Essais*, « Des Cannibales », 1580.

FRANÇAIS

Du romantisme à la modernité poétique (XIXe siècle)

Cours

1 La révolution romantique

a. Le coup de tonnerre des *Méditations poétiques*

▶ En dépit du développement d'une prose poétique avec Rousseau puis Chateaubriand, le XVIIIe siècle a globalement figé la poésie dans une versification usée et dans une rhétorique artificielle. En mars 1820, paraissent les *Méditations poétiques*, œuvre d'un jeune poète à peu près inconnu, Lamartine. C'est un succès immédiat : les lecteurs ont l'impression d'avoir d'un coup changé d'atmosphère, de découvrir une poésie radicalement neuve.

▶ En effet, la poésie ne se définit plus par sa conformité à des conventions ou comme une inspiration venue des dieux ou des muses : sa source s'est intériorisée et singularisée. Elle s'écrit depuis « les fibres mêmes du cœur de l'homme, touchées et émues par les innombrables frissons de l'âme et de la nature » (première préface des *Méditations*). Son lyrisme, véritable chant intérieur, se fonde sur l'expression de l'émotion intime du poète et de son rapport singulier, parfois douloureux, parfois émerveillé, au monde.

b. Un nouveau chant poétique

▶ Dès lors, même s'il n'y a pas de rupture avec le vers mesuré et rimé, il n'y a plus de modèles à imiter : « Je n'imitais plus personne, je m'exprimais moi-même pour moi-même. Ce n'était pas un art, c'était un soulagement de mon propre cœur, qui se berçait de ses propres sanglots » (préface des *Méditations*). Cette poésie est donc originale dans la mesure où elle a pour seule origine un être particulier et ses émotions.

▶ C'est aussi la relation au lecteur qui se trouve déplacée. La poésie n'apparaît plus lointaine ; par elle, s'établit un dialogue entre le poète et son lecteur, entre un homme et un autre : « Le public entendit une âme sans la voir, et vit un homme au lieu d'un livre » (Lamartine). Hugo s'en souviendra dans sa préface des *Contemplations* en 1856, en les qualifiant de « mémoires d'une âme » et en s'exclamant : « Est-ce donc la vie d'un homme ? Oui, et la vie des autres hommes aussi. [...] Prenez donc ce miroir, et regardez-vous-y. On se plaint quelquefois des écrivains qui disent moi. Parlez-nous de nous, leur crie-t-on. Hélas ! quand je vous parle de moi, je vous parle de vous. Comment ne le sentez-vous pas ? ».

▶ Le lyrisme romantique doit donc être compris non comme le repli du poète sur lui-même, mais comme un chant qui venu de l'intérieur entre en écho et en résonance avec le monde. Il y a à la fois intériorisation et expansion.

Citation à retenir

« Qu'est-ce que *Les Contemplations* ? C'est ce qu'on pourrait appeler, si le mot n'avait quelque prétention, *Les Mémoires d'une âme*. »
Hugo, préface des *Contemplations*.

c. La revendication d'un absolu

▶ Si les *Méditations* font renaître la poésie française, Lamartine n'est pas un cas isolé en ce début de XIXe siècle. Sa poésie s'inscrit dans un mouvement d'abord diffus puis de plus en plus perceptible, qui va porter le nom de romantisme. Une sensibilité nouvelle et une conception différente de l'art et de sa place dans le monde ont en effet émergé à la fin du XVIIIe siècle, notamment dans un cercle de très jeunes gens, poètes et philosophes (Schlegel, Novalis), à Iéna, en Allemagne. C'est ce que l'on appelle le premier romantisme allemand : il fait de la poésie un absolu, c'est-à-dire un art à la fois autonome et embrassant tous les autres arts, toute la connaissance et toute la pensée. Certes, la poésie française du début du XIXe siècle ne s'inscrit pas en filiation de ce romantisme allemand, mais elle reçoit, notamment par la publication de *De la littérature* et de *De L'Allemagne* de Germaine de Staël, les influences indirectes de ses principes et de son élan.

▶ Plus largement, au tournant des XVIIIe et XIXe siècles, c'est notre idée moderne de littérature qui voit le jour. Jusque-là, on ne parlait pas de littérature mais de « Belles-lettres », incluant poésie, histoire, ouvrages érudits etc. C'est là une révolution considérable : ce que l'on appelle désormais « littérature » revendique son indépendance, son autonomie et sa liberté. C'est ce que signifie d'abord la formule de « l'art pour l'art », employée par Hugo, avant que, dans la seconde moitié du XIXe siècle, le Parnasse (Théodore de Banville, Leconte de Lisle) n'en fasse une recherche exclusive de la forme belle.

d. Un mouvement culturel défini ?

▶ On peut considérer le romantisme français comme un mouvement aux bornes définies (entre 1820 et 1848), qui se développerait en deux ou trois temps autour de figures centrales comme Lamartine, Hugo, Vigny, Musset, Sainte-Beuve. >>

▶ Il y aurait un premier romantisme, révolutionnaire en poésie (par exemple dans sa volonté de se libérer du carcan de l'alexandrin et de revendiquer le droit de faire entrer tous les mots en poésie, exprimée par Hugo dans « Réponse à un acte d'accusation », *Les Contemplations*) mais fidèle politiquement à la monarchie restaurée en 1815.

▶ Puis se développerait un second romantisme qui, dans la logique de la liberté défendue pour l'art, conduit ces mêmes poètes à se rapprocher des idées libérales qui aboutissent à la révolution de juillet 1830 et à l'instauration d'une monarchie parlementaire. Enfin, avec la déception de cette monarchie libérale, s'affirment les convictions républicaines, fondées sur l'héritage de la Révolution française. Révolution poétique et révolution politique se rejoignent alors. Et le second Empire (1852-1870) trouvera comme principal opposant Hugo lui-même, depuis son exil de Guernesey.

e. Ou le creuset de la poésie moderne ?

▶ Mais on peut aussi envisager la révolution romantique dans une acception plus large, débordant ce strict cadre chronologique (*Les Contemplations* publiées en 1856, sont une œuvre romantique) en tant que fondatrice de toutes les formes de poésie moderne : « Qui dit romantisme dit art moderne – c'est-à-dire intimité, spiritualité, couleur, aspiration vers l'infini », écrira Baudelaire.

▶ En effet, au-delà des positions politiques affichées au début du siècle, la révolution romantique est toute entière fille de la Révolution de 1789. Avec le romantisme, la poésie s'affirme, non comme une affaire de technique et de virtuosité mais comme un rapport sensible et énergique au monde et aux êtres. Elle réalise l'union de l'intelligible et du sensible, de la matière et de l'idée. En un mot, la poésie pense. Elle croit en la puissance des mots (Hugo parle ainsi du « verbe » sur le modèle du verbe créateur divin), en sa capacité à agir, à s'adresser à l'humanité, et à changer le monde par la force même de l'émotion. D'où la figure du poète-mage, guide des peuples, que construit la poésie hugolienne.

▶ Enfin, la poésie va se concevoir en termes de marginalité. En effet, si la poésie est bien dans le monde, parmi les êtres humains et pour eux, le poète ne peut faire naître sa parole singulière qu'en se situant en marge du monde des hommes et de la société, non pas séparé d'eux, mais à côté d'eux, dans une forme d'isolement et de solitude nécessaire, qui garantissent son autonomie. Cette marginalité se déclinera, selon les moments, en révolte (Lautréamont), désespoir (Musset), folie (Nerval) ou encore malédiction (Verlaine, *Les Poètes maudits*, 1884).

2 La modernité poétique

a. Le cas Baudelaire

▶ Sainte Beuve dira de Baudelaire qu'il constitue « la pointe extrême du Kamtchatka romantique ». La poésie des *Fleurs du Mal* (1857-1861) traduit en effet un déchirement entre l'idéal et le *spleen* (mot anglais signifiant « rate »), sorte d'ennui et de cafard profonds, entre le bas qui sans cesse aspire le poète et le haut vers lequel il tend, et une révolte de l'être contre tout ce qui le borne (l'espace, le temps). Ce sont là des éléments qui sembleraient rattacher Baudelaire au romantisme. Mais le romantisme y est en réalité emporté au-delà de lui-même et *Les Fleurs du Mal* en saluent le crépuscule dans leur « Coucher du soleil romantique ».

Citation à retenir

« Ô vous, soyez témoins que j'ai fait mon devoir
Comme un parfait chimiste et comme une âme sainte.
Car j'ai de chaque chose extrait la quintessence,
Tu m'as donné ta boue et j'en ai fait de l'or. »

Baudelaire, projet inachevé d'épilogue pour l'édition de 1861 des *Fleurs du Mal*.

▶ Il y a tout d'abord une excentricité (au sens de ce qui s'éloigne du centre) radicale de la poésie baudelairienne, qui se distingue de la marginalité romantique. Elle se tient dans le travail opéré dans la langue par le poète, mélange de concentration dans la forme restreinte, d'explosion dans la dynamique du vers, d'électrisation par le rythme et le jeu des sonorités. Ce que le poète Jules Laforgue exprimera en parlant de « Baudelaire yankee », avec ses « *très* » devant ses adjectifs, ses attaques sonores et sa poésie nerveuse au sein même de l'alexandrin racinien retrouvé (car Baudelaire est aussi un classique). C'est ce même souci qui le pousse à « plonger [...] au fond de l'inconnu pour trouver du nouveau » (« Le Voyage ») et au poème en prose dans *Le Spleen de Paris* (1869, publication posthume) à la recherche d'une « prose poétique, musicale, sans rythme et sans rime, assez souple et assez heurtée pour s'adapter aux mouvements lyriques de l'âme, aux ondulations de la rêverie, aux soubresauts de la conscience ».

▶ Baudelaire déplace aussi le rapport à la poésie lyrique : d'une part, on trouve une forme d'autodérision du poète (accentuée encore dans *Le Spleen de Paris*), voire de mise à la torture du « je » (dans le poème « L'héautontimorouménos » signifiant bourreau de soi-même), d'autre part, le lyrisme devient impersonnel, neutre (rejetant de toute confidence intime, le poète peut écrire dans *Le Spleen de Paris* : « Je suis un vieux boudoir plein de roses fanées »). Sa poésie amoureuse se fait érotique, en dehors des normes morales du temps (d'où le procès de 1857).

▶ Enfin, la poésie baudelairienne affiche un goût du moderne qui ne se confond pas avec la société détestée dans laquelle vit le poète. Baudelaire apparaît ainsi comme « le damné quotidien de la capitale » (Laforgue), attentif aux figures éphémères et parfois terribles qui y apparaissent (« À une passante », « Les Sept vieillards »), sensible à cette poésie de la ville, et refusant toutes les conventions bourgeoises. C'est donc un rapport singulier à son époque et au réel qu'entretient le poète : « Tu m'as donné ta boue et j'en ai fait de l'or », qui peut s'entendre comme la proposition d'une nouvelle alchimie poétique.

b. La langue au travail

▶ Le romantisme avait peu touché au vers. À partir du tournant baudelairien, la modernité s'élabore dans la recherche de nouvelles pratiques d'écriture : mètre impair (Verlaine), vers libre, poème en prose (initié par Aloysius Bertrand en 1842 avec *Gaspard de la nuit* et porté à son sommet par Baudelaire et Rimbaud avec ses *Illuminations*).

▶ La plongée dans l'inconnu et le désir du nouveau prennent chez Rimbaud, le poète voyant, les voies d'une écriture subversive, hors des conventions qui régissent les usages ordinaires de la langue, dans une explosion des formes et des structures syntaxiques. Chez Mallarmé, il s'agit de refaire par le travail même du vers (coupes, silences, sons) un « vocable neuf » (« Le vers qui de plusieurs vocables refait un mot total, neuf, étranger à la langue et comme incantatoire, achève cet isolement de la parole », *Crise de vers*), dans une confrontation sans cesse relancée à l'espace de la page (« Un coup de dés n'abolira jamais le hasard »).

▶ Le symbolisme, courant poétique de la fin du XIXe, caractérise plus globalement, dans le sillage de Mallarmé (non que l'on puisse qualifier directement celui-ci de symboliste), une attitude poétique qui refuse de réduire le monde à ses phénomènes physiques et à sa réalité rationnelle. Le poème devient le lieu où peuvent s'établir (selon l'étymologie grecque, *symbalein* signifiant « rassembler ») des rapprochements entre les signes dispersés qu'offre le monde.

Méthode

La versification

a. Vers et syntaxe

Le vers commence traditionnellement par une majuscule et se termine par un blanc.

– Un groupe syntaxique peut déborder d'un vers sur l'autre : on parle alors **d'enjambement.**

– Lorsqu'un fragment bref de ce groupe syntaxique est reporté au début du vers suivant, l'enjambement forme un **rejet** ; lorsqu'il est situé à la fin du vers antérieur, c'est un **contre-rejet.**

b. La métrique

▶ Le mètre est déterminé par le **nombre de syllabes prononcées.** Le « e » placé entre consonnes au sein d'un vers se prononce.

*Lui/, na/guè/**re**/si/beau//qu'il/est/co/mi/que et/laid !* (Baudelaire, *L'Albatros*).

▶ Par ailleurs, un mot peut comporter une **diérèse** (deux voyelles en contact sont prononcées en deux syllabes : « *Or/ient* »).

▶ On distingue **différents mètres :** le monosyllabe (une syllabe), le dissyllabe (2), le trissyllabe (3), le tétrasyllabe (4), le pentasyllabe (5), l'hexasyllabe (6), l'heptasyllabe (7), l'octosyllabe (8), le décasyllabe (9) et l'alexandrin (12).

c. Césures et coupes

▶ La **césure** (matérialisée par le signe //) est la coupe majeure d'un vers de plus de huit syllabes : elle le divise en deux hémistiches (qui malgré l'étymologie signifiant « demi-vers », peuvent être inégaux, par exemple un décasyllabe se scinde en 4/6 ou 6/4). À la césure médiane de l'alexandrin (6/6), la poésie romantique substitue parfois trois groupes égaux de syllabes (soit 4/4/4) : c'est ce que l'on nomme le **trimètre romantique.**

▶ La **coupe** (représentée par le signe /) est déterminée par les syllabes accentuées (en gras dans l'exemple ci-dessous). L'accent d'intensité ou **accent tonique** tombe sur la dernière syllabe d'un ensemble de mots ou sur l'avant-dernière si la dernière se termine par un *e* (le *e*, même prononcé, n'est jamais accentué)

*Lui, nagu**è**/re **si beau**,// qu'il est co**mi**/que et **laid** !*

Par convention on notera ce rythme 3/3/4/2 (on compte le nombre de syllabes entre chaque coupe).

d. Rimes et strophes

▶ La **rime** peut porter sur la reprise d'un seul phonème (rime pauvre : *vouloir/ pouvoir*) ou de plusieurs (rime riche : *revoir/ pouvoir*).

L'agencement rimique varie : rimes plates ou suivies de type AABB, rimes croisées de type ABAB, rimes embrassées de type ABBA.

▶ La **strophe** constitue un groupement de vers perceptible selon l'agencement rimique et/ou le blanc typographique : distique (deux vers), tercet (3), quatrain (4), quintil (5), sizain (6), huitain (8), dizain (10).

Exercices

1 ★★ 30 min

a. En quoi ce poème se présente-t-il comme un sonnet ? Quelles irrégularités constatez-vous dans le schéma des rimes ?

b. Identifiez le mètre employé, soulignez les « e » qui doivent être prononcés.

c. Placez pour chaque vers césures et coupes.

d. Entraînez-vous à lire le poème à voix haute en faisant entendre la mesure du vers.

La vie antérieure

J'ai longtemps habité sous de vastes portiques
Que les soleils marins teignaient de mille feux,
Et que leurs grands piliers, droits et majestueux,
Rendaient pareils, le soir, aux grottes basaltiques.

Les houles, en roulant les images des cieux,
Mêlaient d'une façon solennelle et mystique
Les tout-puissants accords de leur riche musique
Aux couleurs du couchant reflété par mes yeux.

C'est là que j'ai vécu dans les voluptés calmes,
Au milieu de l'azur, des vagues, des splendeurs
Et des esclaves nus, tout imprégnés d'odeurs,

Qui me rafraîchissaient le front avec des palmes,
Et dont l'unique soin était d'approfondir
Le secret douloureux qui me faisait languir.

Charles BAUDELAIRE, *Les Fleurs du Mal*, 1857.

Le sonnet compte 14 vers isométriques disposés en deux quatrains et deux tercets (qui sont liés par le système des rimes et constituent de fait un sizain). La disposition des rimes suit le schéma régulier abba abba ccd ede (ou, pour les tercets, la variante introduite au XVIe siècle par Marot : ccd eed). Au XIXe siècle, les poètes jouent avec le modèle en introduisant dans la forme fixe de nombreuses irrégularités

2 ★★ 15 min **Lisez attentivement la préface des *Contemplations* de Victor Hugo, datée de mars 1856. Comment le poète y définit-il son recueil ? Pour quelles raisons ?**

Si un auteur pouvait avoir quelque droit d'influer sur la disposition d'esprit des lecteurs qui ouvrent son livre, l'auteur des Contemplations se bornerait à dire ceci : Ce livre doit être lu comme on lirait le livre d'un mort.
Vingt-cinq années sont dans ces deux volumes. Grande mortalis ævi spatium[1]. L'auteur a laissé, pour ainsi dire, ce livre se faire en lui. La vie, en filtrant goutte à goutte à travers les événements et les souffrances, l'a déposé dans son cœur. Ceux qui s'y pencheront retrouveront leur propre image dans cette eau profonde et triste, qui s'est lentement amassée là, au fond d'une âme.
Qu'est-ce que les Contemplations ? C'est ce qu'on pourrait appeler, si le mot n'avait quelque prétention, les Mémoires d'une âme.
Ce sont, en effet, toutes les impressions, tous les souvenirs, toutes les réalités, tous les fantômes vagues, riants ou funèbres, que peut contenir une conscience, revenus et rappelés, rayon à rayon, soupir à soupir, et mêlés dans la même nuée sombre. C'est l'existence humaine sortant de l'énigme du berceau et aboutissant à l'énigme du cercueil ; c'est un esprit qui marche de lueur en lueur en laissant derrière lui la jeunesse, l'amour, l'illusion, le combat, le désespoir, et qui s'arrête éperdu « au bord de l'infini ». Cela commence par un sourire, continue par un sanglot, et finit par un bruit du clairon de l'abîme.
Une destinée est écrite là jour à jour.

Victor HUGO, *Les Contemplations*, 1856.

1. Citation de Tacite : « Longue durée dans la vie d'un mortel ».

3 ★★★ 30 min **Dans un projet d'épilogue des *Fleurs du Mal*, Baudelaire semble caractériser l'écriture poétique comme une alchimie : « Tu m'as donné ta boue, et j'en ai fait de l'or ».**

a. Qu'est-ce que l'alchimie ?

b. À qui s'adresse selon vous ici le poète (qui désigne le « tu » ?)

c. Lisez le poème « Une charogne » (dans le recueil ou sur internet) et expliquez en quoi cette formule du projet d'épilogue convient bien selon vous pour exprimer ce qui se réalise dans ce poème.

Du surréalisme à la poésie contemporaine (XXe-XXIe siècles)

Cours

1 Apollinaire, une écriture en liberté ?

Apollinaire n'est pas surréaliste mais a forgé ce mot « surréalisme » dans *Les Mamelles de Tirésias* et les poètes surréalistes verront en lui un précurseur.

a. L'ancien et le nouveau

Publié en 1913, comme *La Prose du transsibérien* de Cendrars, *Alcools* de Guillaume Apollinaire marque un tournant dans la modernité en ce début de XXe siècle.

▶ D'une part, ce recueil revendique l'attachement à une tradition poétique :
– le titre « *Alcools* » le situe dans la filiation de l'ivresse poétique antique, celle qui s'empare du poète sous l'effet de l'inspiration (l'enthousiasme poétique signifiant littéralement que le poète est possédé par les dieux) ;
– le poète s'inscrit dans le double sillage d'Orphée, figure d'un lyrisme à la fois enchanteur et élégiaque (l'élégie est un chant de douleur et de deuil) et de Dionysos, dieu du vin, de l'ivresse, du festin ;
– il multiplie les références mythologiques et culturelles à un monde ancien.

Rappel

Par sa lyre, Orphée a la capacité de charmer les animaux et les êtres inanimés. Il parvient grâce à son lyrisme à arracher Eurydice, sa femme morte le jour même de ses noces, aux enfers, mais, lorsqu'Eurydice sort des enfers, contrairement à l'avertissement donné par les dieux, Orphée se retourne et la perd à jamais. Il ne peut dès lors que chanter sa douleur.

Orphée jouant de la lyre

▶ D'autre part, il s'inscrit dans l' « esprit nouveau » de son temps par :
– la revendication de la liberté poétique : effacement de toute marque de ponctuation, diversification formelle inédite, mêlant vers réguliers, vers démesurés, vers libres, qui fait de son recueil une synthèse du travail de déconstruction de la tradition poétique effectuée tout au long du siècle précédent ;
– la multiplication de motifs du monde moderne, par exemple la Tour Eiffel, l'aviation, les automobiles, etc.

b. Une refondation du lyrisme

▶ La poésie d'Apollinaire est pleinement lyrique, notamment dans la place accordée à la poésie amoureuse. Il y a moins chez lui désir de subvertir le lyrisme que volonté de le refonder et de l'élargir à la poésie du monde moderne. Il est toujours associé à une énergie, à l'image du « galop soudain des étoiles » (« Le Brasier »), et se fait volontiers visuel, ce que réaliseront pleinement les *Calligrammes*.

▶ *Alcools* accorde un rôle fondamental au travail de la mémoire (« Mon beau navire, ô ma mémoire »), avec un regard qui se retourne sur un passé perdu et des allusions autobiographiques (par exemple, « À la santé » fait allusion à l'emprisonnement du poète). Mais cette poésie personnelle inscrit moins un « je » clairement identifiable qu'une voix souvent incertaine, qui se fonde davantage dans l'adresse aux êtres aimés, à des figures anonymes, au monde entier (dans le poème final « Vendémiaire ») que dans la confidence. La poésie est un appel et par elle, c'est tout un monde, ancien et moderne, qui se lève.

2 Du surréalisme à la seconde guerre mondiale

a. L'aventure surréaliste

▶ Après la première guerre mondiale, et après le mouvement contestataire Dada du début du siècle, le surréalisme vient affirmer dans les années 1920 une révolte radicale devant un monde qui a prouvé son absurdité. Autour des figures majeures de Breton, Éluard, Desnos et Aragon, sous l'influence notamment de la psychanalyse et du marxisme, le groupe surréaliste se donne deux impératifs : « changer le monde », « changer la vie ».

André Breton

▶ Comme l'affirment les deux *Manifeste du surréalisme* (1924 et 1929), la poésie entend se libérer ainsi de tous les carcans qui viennent brider son expression, notamment du contrôle de la raison. Le surréalisme accorde ainsi une grande attention au jeu de l'inconscient (hypnose, écriture automatique, récits de rêves), aux images qui viennent secouer le rapport au monde et révéler une « surréalité », au pouvoir magique de médiatrice de la femme.

b. La poésie dans la seconde guerre mondiale

▶ Pour beaucoup, la poésie, plus ou moins clandestine, devient le lieu et le moyen d'une résistance au nazisme. Aragon publie ainsi en 1942 *Les Yeux d'Elsa* où il développe une « poésie de contrebande » (à double entente qui permet de chanter de façon indirecte une France libre et combattante). Le poème « Liberté » d'Éluard est quant à lui parachuté pour appeler à l'espoir. Mais cette poésie engagée rencontre aussi la critique. Benjamin Péret (*Le Déshonneur des poètes*), tout en reconnaissant la nécessité du combat, voit dans ces écritures une forme de trahison de la poésie elle-même, qui ne serait plus qu'un moyen mise au service d'une cause.

▶ À côté de cette poésie dite de résistance, René Char, depuis le maquis où il a pris les armes et dirige un groupe de résistants, écrit les *Feuillets d'Hypnos*, qu'il ne publiera qu'après la guerre, et qui ne cessent de rappeler que la poésie elle-même, en tant que poésie et non dans son « message », en tant qu'elle dit le monde vivant contre la barbarie, est une « contre-terreur ».

c. La poésie de la négritude

De part et d'autre de la seconde guerre mondiale, se développe, autour d'Aimé Césaire, poète martiniquais et de Léopold Sedar Senghor, poète sénégalais (les deux se rencontrent avant-guerre à Paris où ils sont étudiants), une poésie en langue française qui se revendique et s'affirme comme celle de la négritude, reprenant et renversant ce mot lancé initialement comme une insulte raciste.

Ainsi, *Cahier d'un retour au pays natal* de Césaire est d'abord publié en 1939, puis repris en 1947 et 1956. C'est un vaste poème qui mêle prose, vers libres, et parfois versets (à l'image de la poésie de Saint John Perse, lui aussi originaire des Antilles) et où s'élève progressivement un chant de la négritude, qui se met « debout » et acquiert une portée universelle. Le poème est aussi traversé (comme le sera plus tard l'œuvre d'Édouard Glissant) des images de la traite négrière et de l'esclavage.

Citation à retenir

« Ma bouche sera la bouche des malheurs qui n'ont point de bouches. Ma voix la liberté de celles qui s'affaissent au cachot du désespoir. »
Aimé Césaire,
Cahier d'un retour au pays natal, 1947.

La poésie de Senghor, par exemple dans *Chants d'ombre* (1945) ou dans *Éthiopiques* (1956) se fait, quant à elle, chant de l'Afrique, alors colonisée, dans la langue même du colonisateur européen.

3 Écritures poétiques après 1945

▶ Après la seconde guerre mondiale, la poésie oscille entre la réinscription dans une certaine tradition versifiée (Aragon ne cesse de dire son attachement au vers rimé, Bonnefoy donne un nouvel élan au vers) et l'affirmation de l'écriture poétique comme lieu d'une expérience toujours nouvelle :
- travail sur l'objet et le mot chez Ponge,
- chansons de Prévert,
- jeux de l'Oulipo (qui s'appuie sur l'invention de contraintes comme ressorts de l'écriture),
- éclatements et discontinuités dans le vers libre comme dans la prose (par exemple chez Michaux ou Char qui développe une poésie du fragment, une « parole en archipel),
- incertitude de la voix poétique (qui parle ?),
- réflexion sur la dimension spatiale de la poésie (travail du blanc, de la typographie, etc.).

Henri Michaux

▶ La poésie contemporaine explore ainsi des voies inédites et singulières, d'une très grande variété. On peut penser aux élégies d'Emmanuel Hocquard, au blanchiment de la page chez Anne-Marie Albiach, aux ciné-poèmes de Pierre Alféri ou encore chez Dominique Fourcade au travail d'une écriture au contact du réel où « tout arrive », où il y a à dire le rapport entre les choses :
« nous avons à les dire, à dire leurs juxtapositions respectives les unes par rapport aux autres et à dire les liens sans plus hiérarchiser, sans plus aucune idéologie » (*Improvisations et arrangements*, 2018).

FRANÇAIS

Méthode

Lire des écritures poétiques modernes et contemporaines

a. Vers libres et poèmes en prose

▶ Le **vers libre** ne reconduit plus les mesures habituelles du vers, son rythme est autre (il autorise une lecture plus proche de la prononciation orale courante) ; il peut ne plus être rimé, ni même jouer d'assonances ; seuls le blanc et le retour à la ligne le délimitent.

▶ Le **poème en prose**, ou la **prose-poème**, qui a renoncé au vers, peut être un texte bref qui se déploie sur l'espace de la page, ou bien être développé sur plusieurs pages, voire sur tout un livre. Sa « poéticité » tient au travail opéré dans et sur la langue, notamment le travail du rythme, par le son (**échos sonores**, **allitérations** - reprises d'un même son consonantique – et **assonances** – reprises d'un même son vocalique), la musicalité, les constructions syntaxiques (**symétries, parallélismes, répétitions, anaphores**), son système interne de tensions et de relances qui en assurent le mouvement.

b. Le rapport à la langue

▶ La **grammaire :** la poésie ne se soumet pas aux normes grammaticales, ce qui ne veut pas dire qu'elle en ignore les règles : absence de majuscules en début de vers, ordre des mots lié à la contrainte du vers ou au travail rythmique, musical et sémantique, ponctuation parfois supprimée ou aléatoire. Plus exactement on pourrait dire que chaque poème, dans ses ruptures et ses écarts, invente sa propre grammaire.

▶ Le **mot** : dans toutes ses composantes, sémantiques, graphiques et sonores, le mot est le **matériau même de la poésie.** Il n'y a **pas de mot *a priori* poétique.** Ainsi, Ponge consacre tout un poème au mot « cageot » (« À mi-chemin de la cage au cachot la langue française a cageot »). Inscrit dans un réseau sémantique et musical, le **mot se charge alors dans le poème de résonances inédites, inconnues** (selon le vœu de Mallarmé de « donner un sens neuf aux mots de la tribu »).

▶ La **question des images** : la qualité poétique d'un texte peut aussi tenir à la **présence d'images** (comparaison, métaphore, allégorie, personnification). Ainsi, le poème en prose offre souvent un réseau métaphorique dense. L'image peut établir un rapport inattendu entre les éléments du monde depuis lequel apparaît une réalité nouvelle (ainsi l'oxymore unit deux réalités opposées) : « L'image est une création pure de l'esprit. [...] Plus les rapports des deux réalités seront lointains et justes, plus l'image sera forte, plus elle aura de puissance émotive et de réalité poétique » (Breton, *Manifeste du surréalisme*). Mais l'**image n'est pas un critère de poésie** ; certains poèmes ne comportent aucune image ou privilégient la déclinaison métonymique (pour faire par exemple le tour d'un objet). Ainsi, la poésie contemporaine renonce parfois à la métaphore et surtout à la comparaison, senties comme pure rhétorique.

Mots-clés

Anaphore : reprise d'un mot en début de vers ou de séquences syntaxiques.
Parallélisme : reprise d'une même construction syntaxique.
Métonymie : figure de substitution qui consiste à désigner une chose par une autre avec laquelle elle entretient une relation de proximité.
Comparaison : mise en relation d'un comparé et d'un comparant par un outil de comparaison (« la terre est bleue comme une orange », Eluard).
Métaphore : elle fait l'économie du lien comparatif et souvent il ne subsiste plus que le comparant (« Le vent et la forêt qui pleurent/ Toutes leurs larmes.. », *Alcools*).
Oxymore : union de deux termes opposés dans une même expression (« le soleil noir », Nerval).

Exercices

1 ★★ 15 min En quoi ce début de poème vous semble-t-il révélateur d'une modernité poétique propre au début du XXe siècle ?

Écrit durant les premiers mois de l'année 1913, *La Prose du transsibérien* se présente comme le récit d'un voyage du poète-narrateur de Moscou à Kharbine, en compagnie de Jeanne, la petite prostituée. La publication est le fruit d'une collaboration artistique avec Sonia Delaunay qui le met en forme et l'illustre.

En ce temps-là j'étais en mon adolescence
J'avais à peine seize ans et je ne me souvenais déjà plus
[de mon enfance
J'étais à 16 000 lieues du lieu de ma naissance
J'étais à Moscou, dans la ville des mille et trois clochers
[et des sept gares
Et je n'avais pas assez des sept gares et des mille et trois
[tours
Car mon adolescence était si ardente et si folle
Que mon cœur tour à tour brûlait comme le temple
[d'Éphèse ou comme la Place Rouge de Moscou quand
le soleil se couche.
Et mes yeux éclairaient des voies anciennes.
Et j'étais déjà si mauvais poète
Que je ne savais pas aller jusqu'au bout.
[...]

Blaise Cendrars, *La Prose du transsibérien et de la petite Jehanne de France*, Éditions des Hommes nouveaux, 1913.

2 ★★★ 30 min

a. En quoi le poème décrit-il l'expérience de ce qu'est une huître ?

b. Quel rapport pourrait s'établir dans le texte entre ce que peut être un poème et une huître ?

L'huître

L'huître, de la grosseur d'un galet moyen, est d'une apparence plus rugueuse, d'une couleur moins unie, brillamment blanchâtre. C'est un monde opiniâtrement clos. Pourtant on peut l'ouvrir : il faut alors la tenir au creux d'un torchon, se servir d'un couteau ébréché et peu franc, s'y reprendre à plusieurs fois. Les doigts curieux s'y coupent, s'y cassent les ongles : c'est un travail grossier. Les coups qu'on lui porte marquent son enveloppe de ronds blancs, d'une sorte de halos.

A l'intérieur l'on trouve tout un monde, à boire et à manger : sous un firmament (à proprement parler) de nacre, les cieux d'en dessus s'affaissent sur les cieux d'en dessous, pour ne plus former qu'une mare, un sachet visqueux et verdâtre, qui flue et reflue à l'odeur et à la vue, frangé d'une dentelle noirâtre sur les bords.

Parfois très rare une formule perle à leur gosier de nacre, d'où l'on trouve aussitôt à s'orner.

Francis Ponge, « L'Huître », *Le Parti pris des choses*,

3 ★★★ 30 min

a. Lisez le poème à voix haute plusieurs fois.

b. En vous appuyant sur les éléments qui vous surprennent, dégagez quelques caractéristiques majeures de l'écriture poétique de ce texte.

c. Quel rapport le poète établit-il entre lui-même et l'automne ? En quoi renouvelle-t-il selon vous ce thème traditionnel ?

Automne malade et adoré
Tu mourras quand l'ouragan soufflera dans les roseraies
Quand il aura neigé
Dans les vergers

Pauvre automne
Meurs en blancheur et en richesse
De neige et de fruits mûrs
Au fond du ciel
Des éperviers planent
Sur les nixes[1] nicettes[2] aux cheveux verts et naines
Qui n'ont jamais aimé

Aux lisières lointaines
Les cerfs ont bramé

Et que j'aime ô saison que j'aime tes rumeurs
Les fruits tombant sans qu'on les cueille
Le vent et la forêt qui pleurent
Toutes leurs larmes en automne feuille à feuille
Les feuilles
Qu'on foule
Un train
Qui roule
La vie
S'écoule

Guillaume Apollinaire, *Alcools*, 1913.

1. Nymphes des eaux dans les légendes germaniques.
2. Néologisme.

4 ★★★ 30 min Identifiez la forme poétique de ce texte. En quoi vous semble-t-elle relever d'une modernité poétique ?

Naissance à l'orage

Toute la face ronde
Au coin sombre du ciel
L'épée
la mappemonde
sous les rideaux de l'air

Des paupières plus longues
Dans la chambre à l'envers
Un nuage s'effondre

La nuit sort d'un éclair

Pierre Reverdy, *Plupart du temps*,

FRANÇAIS

La littérature d'idées au XVIe siècle

Cours

1 De nouveaux mondes

a. « Notre monde vient d'en trouver un autre » (Montaigne)

▶ La fin du XVe siècle et le début du XVIe siècle sont marqués par de grandes expéditions qui entraînent les Européens vers la découverte de terres inconnues : voyages de Christophe Colomb vers le Nouveau Monde entre 1492 et 1502, de Vasco de Gama sur la route des Indes, de Jacques Cartier au Canada, ou encore de Magellan autour du monde. Ces voyages comme l'exploration de ces terres nouvelles qui leur fait suite, donnent lieu à des comptes-rendus et à des récits qui nourrissent la pensée et l'imaginaire du XVIe siècle.

▶ Ils conduisent aussi à remettre en question l'ethnocentrisme européen et à une pensée relative des peuples, des civilisations et des valeurs. Les représentations du monde et de l'homme changent. C'est dans ce contexte que l'on peut saisir l'enjeu des essais de Montaigne « Des Cannibales » et « Des Coches ».

Les « cannibales » dont parle l'essai de Montaigne sont les Indiens Tupimamba du Brésil, et représentent pour l'opinion occidentale l'horreur d'un monde sauvage. Ce titre est une provocation : Montaigne s'appuie sur ce mot devenu effrayant, alors qu'il vient d'un mot indien signifiant « hardi », « courageux », pour en retourner au fil de l'essai les stéréotypes : les Indiens du Brésil sont sauvages en ce qu'ils sont proches de la nature mais ils ne sont ni sauvages ni barbares au sens d'une absence de mœurs. Leur cannibalisme même obéit à un rituel symbolique. Et l'essai propose une leçon de relativisme : « chacun appelle barbarie ce qui n'est pas de son usage ». Montaigne fait par ailleurs le tableau d'une société indienne, riche, structurée, et lui oppose la civilisation européenne pervertie.

b. La fin du géocentrisme

C'est également la perception de l'univers qui se modifie. Les recherches de Copernic et de Galilée introduisent la théorie d'un univers organisé autour du soleil (héliocentrisme), dont la Terre n'est plus le centre. Cette remise en cause du géocentrisme est une autre modification des repères à partir desquels on avait jusqu'ici pensé la place de l'homme dans l'univers et son rôle.

Copernic

c. Le corps humain

Enfin, c'est le corps humain lui-même qui est exploré, avec les travaux en chirurgie réalisés par Amboise Paré ou avec ceux de Vésale qui offre la synthèse de ce nouveau savoir dans son traité d'anatomie, *La Fabrique du corps humain* (1534).

2 De la Réforme aux guerres de religion

a. Naissance du protestantisme

▶ La publication en 1517 par Luther de ses « 95 thèses » ouvre un nouveau courant de pensée religieuse : la Réforme. Contestant le pouvoir de l'Église de Rome et du pape, Luther invite les hommes à rentrer en contact direct avec Dieu par la seule lecture des textes saints.

Martin Luther

De nouvelles traductions de la Bible voient le jour, favorisées par l'intérêt des humanistes pour les textes anciens. L'imprimerie, en plein essor, va faciliter leur diffusion. En France, Calvin reprend puis déplace les thèses de Luther.

▶ Les idées de Luther et de Calvin vont fonder ce qui peu à peu va se nommer globalement protestantisme, mouvement qui se sépare de l'Église romaine.

Pour des motifs peut-être d'abord plus politiques que religieux, en Angleterre le roi Henri VIII conteste lui aussi l'autorité du pape et fonde l'anglicanisme.

>>

b. Humanisme et évangélisme

Ces approches nouvelles donnent lieu chez les humanistes à un courant de pensée et de pratiques des textes, l'évangélisme, soucieux de débarrasser les textes sacrés des commentaires et interprétations dont l'Église les avait progressivement encombrés. Réformés (comme Henri Estienne), ou non (comme Rabelais ou Marguerite de Navarre), les humanistes partagent généralement un regard critique sur les pratiques du clergé catholique.

Marguerite de Navarre

c. Quarante ans de guerres de religion

▶ En France, divergences religieuses et rivalités politiques s'accentuent à la mort d'Henri II en 1559, et aboutissent, à partir de 1562, à la guerre civile (huit guerres au total) entre catholiques et protestants. Ronsard prend position, de façon parfois virulente, pour le camp catholique à travers ses *Discours*.

▶ Les massacres, notamment contre les protestants, comme ceux commis le 24 août 1572, jour de la Saint Barthélémy, vont marquer durablement les consciences : le XVIIe siècle vivra pour une grande part à l'ombre de ce traumatisme de guerres civiles qui auront fait des centaines de milliers de morts.

▶ Commencés pendant le conflit et publiés en 1617, *Les Tragiques* d'Agrippa d'Aubigné, protestant, poète en armes, témoignent de ces temps d'extrême violence (dont « Des Cannibales » de Montaigne offre aussi la trace) tout en prolongeant par la voie de la poésie un combat vengeur contre les catholiques.

▶ En 1598, est promulgué par Henri IV, chef des protestants converti au catholicisme pour accéder au trône de France, un édit de tolérance religieuse, l'édit de Nantes.

3 Un siècle de bouillonnement intellectuel

▶ Sous le nom général d'humanisme, se manifeste partout en Europe une vie intellectuelle intense. Les humanistes sont non seulement des érudits, des traducteurs, mais également des écrivains et des penseurs qui ne cessent de s'interroger sur l'homme et le monde, souvent de façon très libre, hors des cadres religieux et universitaires qui voudraient imposer leurs normes et leurs règles. Il s'agit de combattre la barbarie de l'ignorance : obscurantisme, superstitions, faux-savoirs et préjugés.

Mot clé

L'**humanisme** se caractérise en premier lieu par l'étude et l'enseignement des lettres grecques et latines (les *studia humanitatis*). Il en vient à désigner pour le XVIe siècle un mouvement intellectuel qui place en son centre une pensée de l'homme.

▶ Les humanistes croient en la perfectibilité de l'homme et attachent une importance essentielle à l'éducation, comme en témoignent les textes de Rabelais ou de Montaigne. C'est aussi au rôle de l'expérience dans la recherche de la vérité, contre un savoir exclusivement livresque, que l'humanisme accorde une place de premier plan.

▶ C'est enfin une haute exigence pour l'humanité qui se dessine. D'Érasme (*Éloge de la folie*) à Montaigne (*Essais*), en passant par La Boétie (*Discours de la servitude volontaire*), reconnaissance de l'autre, amitié, liberté, faculté de juger, exercice de la pensée critique, souci de la maîtrise de la langue, volonté d'échange et de dialogue, sont autant de voies par lesquelles chaque homme est invité à réaliser son humanité : « Chaque homme porte la forme entière de l'humaine condition » (Montaigne).

▶ L'œuvre d'Étienne de la Boétie, *Discours de la servitude volontaire*, écrite en 1548, peut être considérée comme emblématique de la complexité d'une époque et des questions qui la traversent. Ce texte a une résonance à la fois politique et philosophique. Le titre, paradoxal, installe l'idée que la servitude n'est pas ce qui est imposée par le tyran, mais ce que les hommes s'imposent à eux-mêmes : il y a chez eux une volonté de servitude, et c'est cette volonté de servitude qui fait le tyran. Cet essai affronte donc une énigme : pourquoi les hommes renoncent-ils volontairement à leur liberté ? La Boétie rattache cette énigme à la naissance de l'État moderne qui induit relations de pouvoir et renoncement à la liberté. Il y a là, pour La Boétie, une dénaturation de l'homme. Ce qui est naturel en effet, pour lui, est une société sans divisions, à l'image de celles du Nouveau Monde. En faisant émerger cette énigme, La Boétie ne prêche pas la révolte, mais il fait penser, autrement, et c'est cela qui est révolutionnaire en soi. Seule l'amitié, relation entre égaux, échapperait à la logique de la servitude.

FRANÇAIS

Méthode

Lire un essai de Montaigne

a. Se renseigner sur l'œuvre et l'auteur

▶ Les *Essais* de Montaigne, né en 1533, sont l'œuvre d'une vie. Ils sont publiés entre 1580 (pour les deux premiers livres) et 1595 (date de la publication posthume des trois livres, par Marie de Gourmay, alors que Montaigne qui en préparait l'édition est mort en 1592).

▶ Montaigne n'est pas un érudit coupé du monde et indifférent à son époque. Les *Essais* sont un **texte plein d'énergie dans une époque pourtant terrible**, celle des guerres de religion. Dans ce contexte Montaigne est d'ailleurs chargé en 1574 d'une mission diplomatique entre Henri de Guise, côté protestant, et Henri de Navarre, côté catholique. Il voyage également en Europe, découvre la variété du monde et écrit un *Journal de voyage*. Il est élu maire de Bordeaux.

Montaigne

▶ Les *Essais* sont une œuvre d'une **grande mobilité**, très libre : non seulement parce que Montaigne y aborde sans ordre ni programme préétabli n'importe quel thème, mais aussi parce qu'il ne cessera d'ajouter au fil des éditions à ce qui a déjà été écrit et que son style y va, comme il le dit, « à sauts et à gambade ».

▶ C'est une œuvre qui peut désarçonner : la pensée naît en effet du mouvement même de l'écriture, avec de nombreuses digressions. Elle peut dérouter aussi par une **langue qui n'est plus la nôtre** (choisissez plutôt une version modernisée) et par les **nombreuses citations** des auteurs de l'antiquité avec lesquels Montaigne dialogue. Il est donc nécessaire d'accepter d'abord d'entrer dans cette écriture.

b. Étudier un essai

▶ **Interroger le sens du titre** et la signification que le chapitre lui donne. Par exemple, le titre « Des Cannibales » désigne d'abord les Indiens du Brésil et leurs pratiques anthropophagiques, en apparence « barbares », mais le terme prend au fil de l'essai d'autres connotations et s'avère bien plus polysémique.

▶ **Lire en s'aidant des notes** de bas de page en acceptant aussi, dans un premier temps, de ne pas tout comprendre.

▶ **Noter** dans un cahier personnel, ou sur une fiche, au fur et à mesure, **les thèmes et les idées majeurs** qui apparaissent (avec la référence des pages).

▶ Noter aussi des **expressions** ou des **phrases** qui vous semblent **essentielles**.

À retenir

Au centre du livre I se trouve la figure de **La Boétie**, l'ami trop tôt disparu, auteur d'une œuvre pour laquelle Montaigne avait une grande admiration : *Discours de la servitude volontaire.* Ce livre I est même construit comme un tombeau pour La Boétie.

▶ Après la lecture, **rédiger librement dans votre cahier personnel vos réponses aux questions suivantes** (vous serez ainsi prêts pour l'étude en classe) :
– quel est le sujet de cet essai ?
– quel est le point de vue de Montaigne sur ce sujet ?
– quels passages ont retenu mon attention ? Pourquoi ?
– quelles expressions m'ont frappé ? Pourquoi ?
– qu'ai-je appris de cette lecture ?
– à quoi cet essai m'a-t-il invité à réfléchir, c'est-à-dire quelles questions m'a-t-il conduit à me poser ?
– quelles conclusions puis-je tirer de ma réflexion ?
– en quoi cet essai me paraît-il significatif de l'humanisme du XVIe siècle ?

Exercices

1 ★★ 15 min **Après avoir lu attentivement cet extrait, expliquez en quelques phrases quelle image Montaigne y donne du Nouveau Monde et ce qu'il révèle du rapport des Européens avec ce monde. Invite-t-il à conclure à la supériorité de la civilisation européenne sur la civilisation indienne ?**

Notre monde vient d'en trouver un autre (et qui nous répond si c'est le dernier de ses frères, puisque les Démons, les Sibylles[1], et nous, avons ignoré celui-ci jusqu'à cette heure ?) non moins grand, plein, et membru que lui : toutefois si nouveau et si enfant, qu'on lui apprend encore son a, b, c ; il n'y a pas cinquante ans qu'il ne savait ni lettres, ni poids, ni mesure, ni vêtements, ni blés, ni vignes. Il était encore tout nu, au giron, et ne vivait que des moyens de sa mère nourrice. Si nous concluons bien de notre fin, et ce poète de la jeunesse de son siècle, cet autre monde ne fera qu'entrer en lumière, quand le nôtre en sortira. L'univers tombera en paralysie ; l'un membre sera perclus, l'autre en vigueur. Bien crains-je que nous aurons bien fort hâté sa déclinaison et sa ruine par notre contagion, et que nous lui aurons bien cher vendu nos opinions et nos arts. C'était un monde enfant ; si ne l'avons-nous pas fouetté et soumis à notre discipline par l'avantage de notre valeur et forces naturelles, ni ne l'avons pratiqué par notre justice et bonté, ni subjugué par notre magnanimité[2]. La plupart de leurs réponses, et des négociations faites avec eux, témoignent qu'ils ne nous devaient rien en clarté d'esprit naturelle et en pertinence.

Michel de MONTAIGNE, *Essais*, « Des Coches », Livre III, 1580.

1. Prophétesses.
2. Grandeur d'âme.

2 ★★★ 15 min **Lisez l'extrait suivant puis répondez aux questions.**

a. Pourquoi Montaigne se désole-t-il de la venue de ces trois Indiens en France ?

b. Que demande le roi aux Indiens ? En quoi cela est-il révélateur d'une certaine arrogance et d'un ethnocentrisme ?

c. Reformulez les deux points sur lesquels les Indiens expriment leur étonnement. Le lecteur peut-il à son tour en être étonné ?

Trois d'entre eux[1], ignorant combien coûtera un jour à leur repos et à leur bonheur la connaissance des corruptions de deçà[2], et que de ce commerce naîtra leur ruine, comme je présuppose qu'elle soit déjà avancée, bien misérables de s'être laissés piper[3] au désir de la nouvelleté et avoir quitté la douceur de leur ciel pour venir voir le nôtre, furent à Rouen[4], du temps que le feu roi Charles IX[5] y était.
Le roi parla à eux longtemps ; on leur fit voir notre façon, notre pompe, la forme d'une belle ville. Après cela, quelqu'un en demanda leur avis et voulut savoir d'eux ce qu'ils y avaient trouvé de plus admirable. Ils répondirent trois choses, d'où j'ai perdu la troisième, et en suis bien marri[6] ; mais j'en ai encore deux en mémoire : ils dirent qu'ils trouvaient en premier lieu fort étrange que tant de grands hommes, portant barbe, forts et armés, qui étaient autour du roi (il est vraisemblable qu'ils parlaient des Suisses[7] de sa garde), se soumissent à obéir à un enfant, et qu'on ne choisissait plutôt quelqu'un d'entre eux pour commander ; secondement (ils ont une façon de leur langage telle qu'ils nomment les hommes moitié les uns des autres) qu'ils avaient aperçu qu'il y avait parmi nous des hommes pleins et gorgés de toutes sortes de commodités, et que leurs moitiés étaient mendiants à leurs portes, décharnés de faim et de pauvreté, et trouvaient étrange comme ces moitiés-ci nécessiteuses pouvaient souffrir une telle injustice qu'ils ne prissent les autres à la gorge ou missent le feu à leurs maisons.

Michel de MONTAIGNE, *Essais*, « Des Cannibales », Livre I, 1580.

1. Il s'agit de trois indiens du Brésil.
2. De l'Europe.
3. Tromper.
4. Sans doute en 1562.
5. Roi de France alors âgé de 12 ans.
6. Fâché.
7. Garde du roi de France.

FRANÇAIS

La littérature d'idées au XVIIe siècle

Cours

1 Un siècle complexe

a. Baroque et classique

▶ Le mot « classique » n'est pas une étiquette commode. D'une part, c'est a posteriori, à partir du XVIIIe siècle, que le XVIIe siècle est qualifié de « classique » et d'autre part ce que nous appelons « classicisme » ne recouvre qu'imparfaitement le XVIIe siècle. Une grande part de l'art et de la littérature apparaît comme décalée, bizarre, irrégulière ; c'est elle que le XIXe siècle qualifiera de « baroque ». Le baroque est moins un principe esthétique que l'expression d'une sensibilité et d'un rapport inquiet au monde, à ses métamorphoses, à son instabilité, à son théâtre des apparences.

▶ De fait, la littérature et la pensée du XVIIe siècle sont parfois en tension entre sensibilité « baroque » et idéal « classique ». Les sermons et oraisons funèbres de Bossuet (évêque attaché à la cour royale, où il célébra les messes d'enterrement des Grands) s'appuient ainsi sur l'inquiétude ressentie face à une existence fragile, éphémère, pour en révéler la vanité (le caractère vain et illusoire) et élever vers la vérité (celle de notre condition mortelle, celle de Dieu).

La Fontaine

b. Le « siècle de Louis XIV » (Voltaire) ?

▶ Le XVIIe siècle n'est pas tout entier celui de Louis XIV, le roi Soleil. C'est oublier que son règne personnel ne commence qu'en 1661, et que c'est avec Henri IV puis Louis XIII que se met d'abord en place l'absolutisme. C'est aussi oublier que le XVIIe siècle prend son élan à l'ombre des guerres de religion du XVIe siècle et que la marche en avant de l'absolutisme vacilla avec l'épisode de la Fronde (fronde des parlements puis des Grands seigneurs) entre 1648 et 1653, alors que Louis XIV est mineur.

▶ Mais la figure de Louis XIV est objectivement centrale : il favorise notamment le foisonnement et le rayonnement de tous les arts qui viennent contribuer à la grandeur de son règne, parce qu'un règne pour lui doit être grand : construction de Versailles, mécénat, pensions versées aux artistes, création des académies, etc. Le pouvoir royal censure peu ou moins que l'on ne l'a parfois dit pour des motifs politiques (c'est davantage la censure religieuse qui opère), même si on observe un durcissement au fil du règne. Ainsi La Fontaine ne fut jamais reçu à Versailles en raison de son soutien à Fouquet, intendant des finances que Louis XIV fit arrêter au début de son règne, mais il put toujours librement publier ses fables.

▶ C'est pourquoi il serait faux de penser le recours aux figures animales dans les *Fables* comme un moyen de déjouer la censure (sauf à supposer que le roi et les censeurs ne sauraient pas bien lire). De même, les fables ne sont pas une critique politique de la monarchie. La Fontaine n'envisage aucun autre pouvoir possible que celui-ci.
Bien entendu le texte a souvent une tonalité satirique, mais le regard est d'abord celui d'un poète et d'un moraliste, qui met au jour le fonctionnement souvent terrible du pouvoir, des sociétés et de l'homme.

▶ Le règne du roi Soleil est aussi un règne sombre, marqué par des guerres constantes qui affaiblissent le royaume et aggravent les famines, ainsi que par des persécutions religieuses multiples, contre les libertins, les jansénistes, et les protestants (avec la révocation de l'Édit de Nantes en 1685).
Un certain nombre d'œuvres ouvrent aussi à une réflexion politique sur les dérives de ce règne. Publiées à titre posthume, les *Mémoires* de Saint Simon témoignent de l'envers du siècle.

À retenir

Le jansénisme est un courant de pensée religieuse qui s'appuie sur les thèses de Jansénius (1585-1638), évêque flamand, disciple de Saint Augustin (354-430).
L'idée fondamentale est que le salut ne peut résulter que de la grâce divine et non de l'action humaine. Il convient donc de renoncer à toute vie mondaine et de se consacrer à la méditation. Ce courant remet en cause certains dogmes catholiques, le pouvoir temporel de l'Église et celui des jésuites. Pascal s'inscrit dans ce courant.

2 Le « classicisme » : élévation de l'homme et processus de civilisation

a. L'admiration des Anciens

▶ Au XVIIe siècle, le terme « classique » (qui signifie de « première classe ») désignait non les écrivains contemporains mais les grands auteurs de l'Antiquité, qui sont des modèles à imiter. *Les Caractères* de La Bruyère s'écrivent ainsi sur l'imitation de ceux de Théophraste, et les *Fables* de La Fontaine sont d'abord un exercice de poésie, par la mise en vers des fables antiques.

▶ La majeure part de la littérature du XVIIe siècle s'élabore en effet dans l'admiration des Anciens ; ceux-ci sont perçus comme constituant un idéal de beauté, d'harmonie et de profondeur dans la pensée ; la philosophie d'Aristote ou les préceptes d'Horace sont revisités pour constituer une théorie classique de l'art (dont l'*Art poétique* de Boileau offre une synthèse).

▶ La seconde moitié du XVIIe siècle est enfin marquée par la « querelle des Anciens et des Modernes » : toute la question est de savoir si les Anciens sont ou non des modèles indépassables. Ainsi en 1687, dans le *Siècle de Louis le Grand*, Perrault vanta la supériorité de l'époque moderne sur l'Antiquité. La Fontaine répondit par une défense des anciens dans son *Épître à Huet*. À la fin du siècle, s'impose une modernité qui reconnaît la culture antique comme une étape fondamentale de l'humanité mais n'en fait plus un absolu.

b. Rationalisme et cartésianisme

▶ Le « classicisme » est d'abord un rationalisme, dont participe pleinement le cartésianisme issu de la philosophie de Descartes (*Discours de la méthode*, 1637 ; *Méditations métaphysiques*, 1641). Il est fondé sur l'intellect et la volonté de connaissance : goût du raisonnement, recherche de la vérité, primauté de l'esprit et de l'âme sur le corps, source de troubles et de passions à maîtriser. C'est le projet des *Fables* de La Fontaine où l'imagination, le pouvoir de fabulation (qui est tout à la fois fiction et art de la parole), est inséparable d'une pensée rationnelle. Elle en constitue un ressort.

▶ L'élaboration de règles pour l'art n'est pas à comprendre comme une volonté d'emprisonner la pensée et la création, mais comme une discipline pour tendre vers la vérité et la rendre sensible au public. L'un des premiers principes du classicisme est ainsi celui de l'utilité de l'art : il faut plaire et instruire.

▶ Ce rationalisme accompagne aussi le développement d'un courant libertin, qui ne se résume pas à un anticonformisme moral et religieux au plan des mœurs. Le libertinage est d'abord une pensée critique, indépendante des dogmes et s'appuyant sur la leçon des faits et de l'expérience.

c. Nature humaine et universalité

▶ Le classicisme témoigne en second lieu d'une volonté de tendre vers l'universalité : ce qui intéresse c'est la nature humaine, non telle qu'elle est, mais telle qu'elle devrait être. Il s'agit de s'élever, de dépasser ce qui nous rive aux contingences de l'existence pour atteindre une vérité supérieure de la condition humaine.

▶ Dans cette perspective, le XVIIe siècle valorise un art impersonnel ; il se méfie de ce qui relèverait de l'épanchement trop intime du créateur (le philosophe Pascal dira ainsi que « le moi est haïssable »).

d. Un processus de civilisation

▶ Le classicisme développe donc un art de la mesure et de la civilité, qui fonde un idéal social et humain : l'honnête homme. La littérature apparaît ainsi comme participant d'un processus de civilisation.

▶ C'est en ce sens que l'on peut parler d'une littérature morale : il ne s'agit nullement d'être moralisateur, mais de s'attacher à l'étude des mœurs et des passions humaines pour comprendre et pour s'élever. Le spectacle tragique des passions, chez Racine, suscite pitié et crainte, pour mieux s'en libérer, dans une réinterprétation de la « catharsis », purgation des passions, développée par Aristote. C'est aussi un regard lucide, ironique et souvent tranchant qui est porté sur la nature humaine et sur les mœurs, par exemple dans les *Maximes* de La Rochefoucauld ou dans les *Lettres* de Madame de Sévigné. Les comédies de Molière offrent quant à elles un tableau critique des mœurs du siècle ; le rire, toujours subversif, est une secousse de la pensée.

Molière

FRANÇAIS

3 Genres et formes

▶ Il serait artificiel de distinguer des genres et des formes où serait privilégiée la littérature d'idées. Une pièce de Molière, ou un roman de Madame de Lafayette sont des lieux de pensée de l'homme et du monde, et on peut opérer une lecture politique du théâtre de Corneille.

▶ Cependant, au XVIIe siècle, certains types d'œuvres s'affichent explicitement comme débat des idées. C'est le cas des contes de Perrault qui allient le merveilleux et la réflexion morale, des fables de La Fontaine, qui relèvent de l'apologue, du roman philosophique développé par Fénelon à la fin du siècle.

▶ La fable est un court récit généralement en vers, parfois en prose, qui engage une moralité explicite ou implicite. C'est un récit allégorique, qui met en scène des animaux symbolisant le monde des hommes, des éléments naturels ou des hommes (plus exactement des types humains). Elle vise en ce sens à plaire et à instruire dans un même mouvement (« *placere et docere* », dit-on selon la formule latine). Elle développe ainsi un art de la séduction et de la jubilation par la variété même de son écriture. Elle n'a pas pour but d'inculquer des règles de conduite et des leçons de morale mais inspire au lecteur une sagesse, et conduit à une réflexion sur l'homme et le monde.

▶ Quant au conte, développé notamment par Perrault, il est merveilleux en ce qu'il projette dans un ailleurs souvent indéfini (« il était une fois dans un royaume... ») ; il suscite certes la rêverie, mais offre aussi une image souvent cruelle des schémas sociaux et humains, et se clôt par une moralité sans concession.

▶ Enfin l'écriture fragmentaire (celle des *Pensées* de Pascal, des *Maximes* de La Rochefoucauld, des *Caractères* de La Bruyère) favorise l'implicite et la suspension du jugement. La brièveté et la discontinuité de la forme sont à la fois une élégance de l'esprit (il s'agit de ne pas être lourd ni pédant) et le geste d'une pensée en mouvement, par définition ouverte et inachevable : de fragments en fragments, elle se relance.

Méthode

Préparer l'explication d'une fable

L'explication linéaire d'une fable prend appui sur un certain nombre de repères préalables indispensables :

a. La découverte du texte

- **Lire** attentivement la fable.
- **Rechercher le sens des expressions difficiles**, en s'aidant des notes et d'un dictionnaire.
- Que met en évidence le titre ? Quel est le **sujet** de la fable ? Quel est le **registre dominant** : dramatique, comique, épique ?
- Comment la fable **s'organise-t-elle** : place du récit, présence et place d'un discours, formulation et place d'une moralité, si elle est explicite.

b. L'art de raconter une histoire

- **Résumer** l'histoire : que se passe-t-il ?
- Comment le récit s'organise-t-il ? Quelle place y occupent les **dialogues** ?
- Quels types de **personnages** apparaissent ? Quels sont leur rôle et leurs caractéristiques ?

c. L'écriture poétique

- Quels **vers** sont employés ? Quels effets produit la **variation métrique** dans le rythme du récit, dans la mise en valeur d'un épisode, etc. ?
- Comment s'élabore la **musicalité du texte** : rimes, jeux sonores, etc. ?

d. L'élucidation des enjeux de la fable

- Quelle est la **morale** ? Est-elle implicite ou explicite ?
- En quoi la fable invite-t-elle au **jugement critique** ?

Exercices

1 ★★★ 45 min **Lisez attentivement cette fable, puis prenez appui sur les questions proposées en méthode pour préparer une explication de texte.**

Avant de commencer, éclairez les allusions mythologiques : Troie, Xanthe, Hélène, et le sens du mot « Fortune ».

Les deux coqs

Deux coqs vivaient en paix : une Poule survint,
Et voilà la guerre allumée.
Amour, tu perdis Troie ; et c'est de toi que vint
Cette querelle envenimée,
Où du sang des Dieux même on vit le Xanthe teint.
Longtemps entre nos Coqs le combat se maintint :
Le bruit se répandit par tout le voisinage.
La gent qui porte crête au spectacle accourut.
Plus d'une Hélène au beau plumage
Fut le prix du vainqueur ; le vaincu disparut.
Il alla se cacher au fond de sa retraite,
Pleura sa gloire et ses amours,
Ses amours qu'un rival tout fier de sa défaite
Possédait à ses yeux. Il voyait tous les jours
Cet objet rallumer sa haine et son courage.
Il aiguisait son bec, battait l'air et ses flancs,
Et, s'exerçant contre les vents,
S'armait d'une jalouse rage.
Il n'en eut pas besoin. Son vainqueur sur les toits
S'alla percher, et chanter sa victoire.
Un vautour entendit sa voix :
Adieu les amours et la gloire.
Tout cet orgueil périt sous l'ongle du vautour.
Enfin par un fatal retour
Son rival auprès de sa poule
S'en revint faire le coquet :
Je laisse à penser quel caquet,
Car il eut des femmes en foule.
La Fortune se plaît à faire de ces coups ;
Tout vainqueur insolent à sa perte travaille.
Défions-nous du sort, et prenons garde à nous
Après le gain de la bataille.

Jean de La Fontaine, *Fables*, Livre 7, 1678.

2 ★★★ 10 min **Selon vous, à quel conte célèbre la moralité suivante correspond-elle ? Quel sens lui donnez-vous ?**

Moralité

On voit ici que de jeunes enfants,
Surtout de jeunes filles,
Belles, bien faites et gentilles,
Font très mal d'écouter toute sorte de gens,
Et que ce n'est pas chose étrange
S'il en est tant que le loup mange.
Je dis le loup, car tous les loups
Ne sont pas de la même sorte ;
Il en est d'une humeur accorte,
Sans bruit, sans fiel et sans courroux,
Qui, privés, complaisants et doux,
Suivent les jeunes Demoiselles
Jusque dans les maisons, jusque dans les ruelles ;
Mais hélas ! qui ne sait que ces loups doucereux
De tous les loups sont les plus dangereux.

3 ★★★ 30 min **La fable intitulée « Le pouvoir des fables » se termine sur ces vers : « Le monde est vieux, dit-on : je le crois, cependant /Il le faut amuser encor comme un enfant. ». Lisez cette fable, puis dites dans un court paragraphe quelle réflexion vous inspirent ces deux vers.**

La littérature d'idées au XVIIIe siècle

Cours

1 « Qu'est-ce que les Lumières ? »

▶ En 1784, le philosophe allemand Kant, en réponse à cette question « Qu'est-ce que les Lumières ? » qui fournit le titre de son article, propose une devise : « Aie le courage de te servir de ton propre entendement ! ».

▶ Ce mouvement des Lumières est en effet avant tout l'adoption d'une attitude intellectuelle : se servir de sa raison, librement, en se dégageant des dogmes, des superstitions, des préjugés. Il est inséparable de la naissance des sciences modernes (perfectionnement des instruments de mesure, développement de la biologie, méthode expérimentale, volonté d'expliquer le monde par des lois physiques).

▶ Les écrivains majeurs du XVIIIe siècle, Montesquieu, Voltaire, Diderot, Rousseau, sont tous philosophes des Lumières. Ils déploient leur réflexion dans des voies différentes et parfois divergentes, mais ont en commun la volonté d'exercer leur esprit critique dans tous les domaines.

Voltaire

2 Enjeux de l'esprit critique

a. Savoirs

C'est sur l'expérience, l'observation de la nature (Buffon, *Histoire naturelle*) et la connaissance des lois physiques que doit se fonder pour les Lumières le savoir scientifique. La science est la voie par laquelle on peut s'opposer aux préjugés des hommes et aux erreurs des dogmes. Elle est aussi l'une des clés du bonheur de l'homme sur terre, à partir de découvertes aussi essentielles que l'électricité. C'est leur foi dans le progrès qu'affirment ainsi, à l'exception sans doute de Rousseau, les philosophes du XVIIIe siècle.

b. Politique et société

▶ En politique, s'effectue la critique de la monarchie absolue, de la tyrannie, du despotisme. Si Montesquieu est favorable à une monarchie parlementaire de type anglais, si Diderot et Voltaire réfléchissent à la possibilité d'un despotisme éclairé, Rousseau ouvre la voie du « contrat social » depuis laquelle se réfléchiront les options démocratiques.

▶ Dans le domaine social, Voltaire dénonce, dans ses lettres, pamphlets et contes philosophiques, la peine de mort, la torture, le servage et l'esclavage ; beaucoup (comme Diderot dans son *Supplément au voyage de Bougainville*) révèlent aussi combien l'on peut apprendre de sociétés autres : le XVIIIe siècle prolonge ainsi par d'autres voies la critique de l'ethnocentrisme initiée au XVIe siècle ; c'est enfin à une réflexion sur les inégalités que se livre très largement Rousseau, réflexion qui rejoint une interrogation sur la place du mérite contre la naissance (que l'on retrouve aussi dans le célèbre monologue du *Le Mariage de Figaro*).

▶ Ainsi s'élabore une réflexion aux enjeux sociaux et politiques neufs : comment construire le bonheur de l'homme sur Terre ? Comment les hommes peuvent-ils inventer par eux-mêmes et construire pour eux-mêmes une possibilité de vivre ensemble ? En somme, comment faire société ? Et quelle relation, quel contrat peuvent unir entre eux les hommes, c'est-à-dire l'individu et la société ? Ce sont ces questions qui guideront dans ses principes la Révolution de 1789.

L'affaire Calas

En 1761, **Jean Calas**, un protestant, est accusé d'avoir tué son fils qui voulait se convertir au catholicisme. Il est condamné et exécuté. Voltaire se lance dans une campagne de défense et de réhabilitation de Calas et publie *Le Traité sur la tolérance*.

c. Religion

Dans le domaine religieux, il s'agit de lutter contre les superstitions et l'intolérance. Voltaire entreprend ainsi un combat contre « l'infâme » c'est-à-dire le fanatisme religieux, poison des sociétés humaines. Comme Montesquieu, il est partisan d'un déisme, qui reconnaît l'existence d'un principe divin et la valeur civique de la religion libérée des dogmes et des rites. Le pouvoir de l'Église, sa corruption et son obscurantisme sont mis en cause, dans *Les Lettres persanes* comme dans *L'Ingénu* ou *Zadig* notamment.

Enfin, Diderot s'interroge de façon plus audacieuse sur le danger de toute religion, il n'hésite pas à affirmer son matérialisme et son athéisme.

3 Des genres et des formes

Les œuvres témoignent d'un désir de vulgarisation, de diffusion et de partage des idées et de la démarche philosophique.

a. *L'Encyclopédie*

Entre 1751 et 1772, Diderot et le mathématicien d'Alembert se lancent dans une entreprise colossale qui entend faire la somme de tous les savoirs de leur temps et les examiner de façon critique. *L'Encyclopédie* comportera dix-sept volumes de textes et onze de planches illustrées.

b. Les fictions philosophiques : contes et romans

- À travers personnages, situations, aventures, la fiction fonctionne comme laboratoire et illustration de la pensée philosophique.

- Le roman épistolaire de Montesquieu, *Les Lettres persanes*, opère ainsi sur deux plans et par le jeu du croisement des lettres, une critique du despotisme, d'une part à travers les lettres d'Usbek et de Rica, deux Persans en voyage qui dévoilent pendant leur long séjour en France les errances et les abus de la monarchie absolue et d'autre part depuis les aventures du sérail en Perse où Usbek entend régner, à distance, en maître tyrannique.

- Ce sont l'arbitraire, la corruption, les préjugés et l'injustice qui font l'objet par exemple de *L'Ingénu* de Voltaire (œuvre au carrefour du roman et du conte philosophique), depuis le regard, ici encore étranger, de son héros, un Indien huron.

Diderot

c. Le dialogue et la lettre

- Le dialogue philosophique (Diderot, *Dialogue d'un philosophe avec la maréchale de* ***) comme la lettre (*Lettre sur les aveugles*) sont des formes ouvertes, qui mettent un jeu un exercice de la parole fondée sur l'échange et le débat.

- Le dialogue philosophique a ainsi une dimension argumentative dans sa volonté de convaincre et de persuader l'autre. Mais il peut aussi avoir une fonction plus délibérative : différentes solutions s'offrent aux personnages interlocuteurs ; pour chacune, le dialogue permet d'en peser la valeur, d'en mesurer les avantages, les limites, les conséquences, afin de déterminer éventuellement celle qui semble la meilleure et de prendre, selon l'action proposée, une décision.

Le dialogue délibératif est alors la voie par lequel l'auteur développe, à travers ses personnages, sa propre réflexion et ses propres interrogations.

- Le rôle du lecteur est ici particulièrement intéressant : aucune réponse ne lui est d'emblée fournie. Dans l'éventail des arguments et des contre-arguments offerts par le dialogue, c'est au lecteur de former son propre jugement.

Dans son *Dictionnaire philosophique*, Voltaire introduit ainsi sa pensée sous la forme d'un dialogue. Il peut ainsi affirmer : « Les livres les plus utiles sont ceux dont les lecteurs font eux-mêmes la moitié ; ils étendent les pensées dont on leur présente le germe ».

d. Le théâtre

Enfin, le théâtre de Marivaux se fonde sur des expérimentations qui font écho à la pensée de son époque. Ainsi *L'Ile des esclaves* fonctionne comme une utopie provisoire où maîtres et esclaves échangent leurs places, tandis que dans *La Colonie*, les femmes revendiquent le pouvoir.

Marivaux

FRANÇAIS

Méthode

Lire une fiction philosophique

La lecture d'une fiction philosophique proposée comme œuvre intégrale nécessite un travail personnel de repérage et de questionnement.

a. Genre et tonalités

– De quel **genre** relève l'œuvre proposée : conte, roman, théâtre, dialogue fictif ? Justifier.
– Quels sont les **registres** et tonalités dominants : comique, satirique, pathétique, tragique ?

b. L'histoire

– **Préciser le cadre spatio-temporel** de l'histoire : où et quand se déroule-t-elle ?
– **Identifier** ses principales **étapes**.
– **Comparer le début et la fin** : quelle évolution constatez-vous ?

c. Le système des personnages

– **Repérer les personnages** principaux.
– Les classer selon leur fonction dans le récit : héros, destinataire, adjuvants, opposants.
– Identifier les types ou problèmes humains auxquels ils renvoient.

d. L'enjeu philosophique

– **Déterminer les éléments** qui rattachent l'œuvre à une fiction philosophique.
– **Identifier le problème philosophique abordé** : apparaît-il dans le titre ? Certains personnages sont-ils les porte-parole d'une thèse précise sur ce problème ? Comment leur réflexion évolue-t-elle au fil de l'œuvre ?
– Quelle en est la dimension critique ? Sur quoi porte-t-elle ? Situer cette critique dans la perspective des Lumières.
– Aboutit-on à une « leçon philosophique » explicite ? Quelles conclusions le lecteur peut-il tirer de cette fiction ?

Exercices

1 ★★ 10 min

a. Quel est le sujet de cette lettre ?

b. Quels indices révèlent le regard distancié et critique de Rica ?

L'œil neuf : on nomme ainsi le procédé qui consiste à placer des réalités connues du lecteur sous le regard d'un personnage étranger à ce monde, qui pose donc sur lui un « œil neuf ».

Rica à Ibben

Le roi de France est le plus puissant prince de l'Europe. Il n'a point de mines d'or comme le roi d'Espagne son voisin ; mais il a plus de richesses que lui, parce qu'il les tire de la vanité de ses sujets, plus inépuisable que les mines. On lui a vu entreprendre ou soutenir de grandes guerres, n'ayant d'autres fonds que des titres d'honneur à vendre ; et, par un prodige de l'orgueil humain, ses troupes se trouvoient payées, ses places munies, et ses flottes équipées.
D'ailleurs ce roi est un grand magicien : il exerce son empire sur l'esprit même de ses sujets ; il les fait penser comme il veut. S'il n'a qu'un million d'écus dans son trésor, et qu'il en ait besoin de deux, il n'a qu'à leur persuader qu'un écu en vaut deux, et ils le croient. S'il a une guerre difficile à soutenir, et qu'il n'ait point d'argent, il n'a qu'à leur mettre dans la tête qu'un morceau de papier est de l'argent, et ils en sont aussitôt convaincus. Il va même jusqu'à leur faire croire qu'il les guérit de toutes sortes de maux en les touchant, tant est grande la force et la puissance qu'il a sur les esprits.
Ce que je te dis de ce prince ne doit pas t'étonner : il y a un autre magicien plus fort que lui, qui n'est pas moins maître de son esprit qu'il l'est lui-même de celui des autres. Ce magicien s'appelle le pape : tantôt il lui fait croire que trois ne sont qu'un ; que le pain qu'on mange n'est pas du pain, ou que le vin qu'on boit n'est pas du vin, et mille autres choses de cette espèce.

Montesquieu, *Lettres persanes*, 1721.

2 ★★★ 40 min **Étudiez les textes suivants en répondant aux questions.**

a. Quel est le thème commun abordé par les trois textes ?

b. Quel est le point de vue exposé sur ce thème dans chaque texte ? Peut-on dégager une position commune ?

c. De quel genre littérature relève chaque œuvre ? À quelle forme correspond chaque texte ? Quelle est la valeur de ces choix littéraires pour la diffusion des idées philosophiques ?

Texte 1

L'Ingénu est enfermé à la prison de la Bastille où il fait la connaissance de Gordon.

— Ah ! monsieur Gordon, s'écria l'Ingénu, vous n'aimez donc pas votre marraine ? Si vous connaissiez comme moi Mlle de Saint-Yves, vous seriez au désespoir. » À ces mots il ne put retenir ses larmes, et il se sentit alors un peu moins oppressé. « Mais, dit-il, pourquoi donc les larmes soulagent-elles ? Il me semble qu'elles devraient faire un effet contraire.

— Mon fils, tout est physique en nous, dit le bon vieillard ; toute sécrétion fait du bien au corps ; et tout ce qui le soulage soulage l'âme : nous sommes les machines de la Providence. »

L'Ingénu, qui, comme nous l'avons dit plusieurs fois, avait un grand fonds d'esprit, fit de profondes réflexions sur cette idée, dont il semblait qu'il avait la semence en lui-même. Après quoi il demanda à son compagnon pourquoi sa machine était depuis deux ans sous quatre verrous. « Par la grâce efficace, répondit Gordon ; je passe pour janséniste : j'ai connu Arnauld et Nicole ; les jésuites nous ont persécutés. Nous croyons que le pape n'est qu'un évêque comme un autre ; et c'est pour cela que le P. de la Chaise a obtenu du roi, son pénitent, un ordre de me ravir, sans aucune formalité de justice, le bien le plus précieux des hommes, la liberté.

— Voilà qui est bien étrange, dit l'Ingénu ; tous les malheureux que j'ai rencontrés ne le sont qu'à cause du pape. À l'égard de votre grâce efficace, je vous avoue que je n'y entends rien ; mais je regarde comme une grande grâce que Dieu m'ait fait trouver dans mon malheur un homme comme vous, qui verse dans mon cœur des consolations dont je me croyais incapable.»

VOLTAIRE, *L'Ingénu*, Chapitre X, 1767.

Texte 2

LA MARÉCHALE. – N'êtes-vous pas monsieur Diderot ?
DIDEROT. – Oui, madame.
LA MARÉCHALE. – C'est donc vous qui ne croyez rien ?
DIDEROT. – Moi-même.
LA MARÉCHALE. – Cependant votre morale est d'un croyant.
DIDEROT. – Pourquoi non, quand il est honnête homme ?
LA MARÉCHALE. – Et cette morale-là, vous la pratiquez ?
DIDEROT. – De mon mieux.
LA MARÉCHALE. – Quoi ! vous ne volez point, vous ne tuez point, vous ne pillez point ?
DIDEROT. – Très rarement.
LA MARÉCHALE. – Que gagnez-vous donc à ne pas croire ?
DIDEROT. – Rien du tout, madame la Maréchale. Est-ce qu'on croit parce qu'il y a quelque chose à gagner ?

Denis DIDEROT, *Entretien d'un philosophe avec la Maréchale de ****, 1776.

Texte 3

RÉFUGIÉS

C'est ainsi que l'on nomme les protestants français que la révocation de l'édit de Nantes a forcés de sortir de France, et de chercher un asile dans les pays étrangers, afin de se soustraire aux persécutions qu'un zèle aveugle et inconsidéré leur faisait éprouver dans leur patrie. Depuis ce temps, la France s'est trouvé privée d'un grand nombre de citoyens, qui ont porté à ses ennemis des arts, des talents et des ressources dont ils ont souvent usé contre elle. [...] Louis XIV, en persécutant les protestants, a privé son royaume de près d'un million d'hommes industrieux, qu'il a sacrifiés aux vues intéressées et ambitieuses de quelques mauvais citoyens, qui sont les ennemis de toute liberté de penser, parce qu'ils ne peuvent régner qu'à l'ombre de l'ignorance. L'esprit persécuteur devrait être réprimé par tout gouvernement éclairé [...].

Encyclopédie, « Réfugiés », 1751-1766.

FRANÇAIS

L'aventure du roman

Cours

1 L'évolution du genre romanesque

a. La Renaissance : le roman humaniste

La Renaissance consacre deux écrivains de romans parodiques et réalistes : en France, Rabelais, avec *Gargantua* et *Pantagruel* ; en Espagne, au début du XVIIe siècle, Cervantès avec *Don Quichotte de la Manche*.

b. Le XVIIe siècle : le triomphe du « romanesque » ?

▶ Siècle du théâtre, il considère souvent le roman comme un genre mineur et frivole, un divertissement créé par des nobles oisifs pour un public féminin. Ainsi, le roman offre généralement le récit d'aventures amoureuses. Dans le cercle de la préciosité, milieu aristocratique et cultivé, le roman se distingue par sa longueur (par exemple, *L'Astrée*, d'Honoré d'Urfé, comprend plus de 5 000 pages), ses péripéties sans nombre, le merveilleux et l'héroïsme de ses personnages.

▶ Pourtant, *La Princesse de Clèves* de Mme de Lafayette (1678) apparaît comme le fondement du roman moderne. En effet, l'auteure – même si elle fréquente le cercle des précieuses - choisit un contexte historique, celui de la cour des Valois (« dans les dernières années du règne de Henri second ») et explore la psychologie des personnages, les tourments de la passion et la lutte de la vertu. La raison doit gouverner les passions, et le livre acquiert ainsi une dimension morale, une fonction didactique.

c. Le siècle des Lumières : l'illusion romanesque en action

S'il garde encore quelques préjugés sur le roman, il offre une grande variété dans la forme et l'esthétique romanesques. La portée morale y est affirmée (*Manon Lescaut* de Prévost ou *Paul et Virginie* de Bernardin de Saint-Pierre) à travers le récit d'une vie présentée comme réelle ; mais cette dimension moralisatrice est souvent malmenée (le roman épistolaire de Laclos ou les écrits de Sade). C'est aussi le XVIIIe siècle qui dévoile, dans l'écriture même du roman, les artifices du récit (*Jacques le Fataliste*, Diderot) et annonce les romans d'apprentissage du XIXe siècle, sous l'influence du romantisme allemand.

À noter

Le terme « roman » désigne au Moyen Âge les textes écrits en langue romane ou en langue vulgaire par opposition à ceux écrits en latin, qu'ils soient en vers ou en prose, narratifs ou non. Progressivement, le roman désigne un genre littéraire, celui des romans de chevalerie médiévaux (XIIe siècle).

d. Le XIXe siècle : le roman-roi

▶ C'est le XIXe siècle qui consacre le roman : les nouveaux modes de diffusion permettent un lectorat de plus en plus important, et les critères du genre se consolident. La société devient le sujet du roman, elle est traitée dans une perspective réaliste et naturaliste : observer, se documenter, comprendre, décrire mais aussi dénoncer sont les objectifs des romanciers, comme le montrent les œuvres de Hugo, Balzac, Flaubert, Maupassant ou Zola. Cependant, le roman du XIXe siècle reflète aussi, par la multitude des sous-genres qui le composent, la complexité de son écriture. Cette variété manifeste aussi la liberté que revendiquent les auteurs en matière d'écriture romanesque.

▶ Le roman d'apprentissage constitue aussi un phénomène important du XIXe siècle. Issu du « Bildungsroman » (ou roman de formation, en allemand), il retrace généralement l'itinéraire d'un jeune homme qui veut s'élever dans la société. *Bel-Ami* de Maupassant, *Le Rouge et le Noir* de Stendhal, ou *L'Éducation sentimentale* de Flaubert, en sont des exemples.

e. Le XXe siècle : le roman en question

Le goût pour le roman se poursuit au XXe siècle, mais le regard des romanciers sur la société, sur le réel, se fait plus critique, voire plus pessimiste : affirmation de la nécessité d'un engagement ou désillusion face aux atrocités révélées lors des guerres mondiales. La forme romanesque même de l'œuvre est mise en cause : le Nouveau Roman (représenté par Robbe-Grillet, Butor ou Sarraute) rejette le réalisme du XIXe siècle et brouille les repères traditionnels du lecteur.

f. Les principales étapes du genre romanesque

Siècles	Caractéristiques	Exemples
XIIe	Roman en vers, il s'inspire des mythes et légendes (exemple de la matière de Bretagne). Ce genre de mythe s'inspire de l'épopée.	*Perceval*, Chrétien de Troyes.
XVIe	Roman satirique, il tourne en dérision les motifs traditionnels, le monde de la chevalerie. Ce genre mêle réel et imaginaire.	*Pantagruel*, *Gargantua*, de Rabelais.

XVIIe	• Développement du roman psychologique : aventures amoureuses « romanesques » dans la sphère privée, analyse approfondie des sentiments ; • Roman comique, plus réaliste, voire triviale.	*La Princesse de Clèves*, Mme de Lafayette. *Le Roman comique*, Scarron.
XVIIIe	• Roman de l'émotion, de l'expression de soi : il annonce le romantisme ; • Récit d'une vie aventureuse ; • Romans qui critiquent la société de l'Ancien-Régime.	*La Nouvelle Héloïse*, Rousseau. *La vie de Marianne*, Marivaux. *La Religieuse*, Diderot.
XIXe	• Roman réaliste : il décrit la société, les milieux qui la composent avec un souci d'effet de réel ; • Roman naturaliste : défini dans le « roman expérimental » de Zola, il s'appuie sur les théories scientifiques pour étudier les lois de l'hérédité et le déterminisme social.	*La Comédie humaine*, Balzac. *Le Rouge et le Noir*, Stendhal. *Madame Bovary*, Flaubert. *Pierre et Jean*, Maupassant. *Les Rougon-Macquart*, Zola.
XXe	• Romans dits « psychologiques » ; • Romans historiques, récits de guerre ou romans engagés ; • Œuvres du Nouveau Roman : une nouvelle conception du réalisme.	*Les Faux-Monnayeurs*, Gide. *La Condition humaine*, Malraux. *La Peste*, Camus. *Les Gommes*, Robbe-Grillet.

2 Le personnage du roman

a. Son statut : un être à l'existence illusoire

▶ Le personnage de roman, qu'il soit fictif ou inspiré d'un personnage réel, est une création de l'auteur et n'existe que dans le cadre du récit, de l'histoire racontée : c'est un « être de papier », pour reprendre l'expression de Paul Valéry.

▶ Pourtant, le romancier attribue traditionnellement à son personnage les caractéristiques d'un être réel : il lui donne un nom, une fonction ou position sociale, en dresse le portrait physique et moral, lui invente un passé et un entourage. Cette caractérisation peut se faire de façon directe (portrait par exemple) ou indirecte (à travers notamment le comportement et les actions des personnages, mais aussi les discours rapportés – voir le rôle du dialogue, du monologue intérieur pour ne citer que quelques exemples).

b. Ses fonctions

▶ Le personnage se définit aussi par la fonction, le rôle qu'il joue dans l'action et ses relations avec les autres personnages. Dans le schéma actantiel, il peut être sujet ou objet de l'action, destinateur ou destinataire, adjuvant ou opposant.

▶ Le personnage romanesque acquiert aussi un sens lié à ce qu'il représente ou symbolise dans l'univers de l'œuvre romanesque.

▶ Entre incarnation d'un groupe, individu autonome ou porte-parole de l'auteur, on note une évolution du personnage au fil des siècles. Il est d'abord le héros des romans médiévaux, preux chevalier incarnant les valeurs de la courtoisie, de la bravoure et de la fin'amor, soit l'idéal de cette société aristocratique.
Porteur de valeurs collectives, il n'acquiert une certaine individualité que progressivement. Il peut ainsi permettre l'expression de soi, tout en étant aussi l'incarnation d'un type, d'un caractère ou d'une classe sociale, comme on peut le voir dans les romans balzaciens du XIXe siècle. Ainsi, Rastignac représente le provincial ambitieux, arrivé à Paris, qui s'élève dans l'échelle sociale.
Les personnages de Zola expérimentent les théories naturalistes de leur créateur, dans une nouvelle forme de destin que sont les lois héréditaires et le déterminisme social (voir *Le Roman expérimental*). Le personnage romanesque devient alors le support et la voix permettant à l'écrivain d'explorer la société et de rendre compte de sa vision du monde. Par exemple, le parcours rédempteur de Jean Valjean dans *Les Misérables* illustre les convictions religieuses, humanistes et sociales de Victor Hugo.

c. L'antihéros, une image de l'Homme

Le personnage peut être aussi un antihéros, voire un être privé d'identité, réduit à une initiale (K. dans *Le Château* de Kafka), un regard, une parole, un pronom. La remise en cause du statut du personnage traditionnel est une des constantes du Nouveau Roman, au XXe siècle, mais on la retrouve aussi dans les œuvres romanesques de Joyce ou de Beckett (*L'Innommable*, 1953). Dénonciation de l'illusion réaliste ou symbole d'une communication impossible, de l'absurdité du monde, le personnage romanesque porte le questionnement fondamental de l'homme sur son existence et son rapport au monde.

FRANÇAIS

Méthode

Analyser les procédés narratifs d'un texte romanesque

a. Étudier le statut du narrateur et le point de vue choisi

– En s'appuyant sur les indices personnels, repérer et analyser le **statut du narrateur** : est-il explicitement **présent**, **effacé** ?
– Des **interventions** ou **marques de jugement** du narrateur sont-elles perceptibles ? Qui ou que concernent-elles ? Quelles informations, quelle orientation vous donnent-elles ?
– Le texte (extrait ou roman intégral) présente-t-il **différents points de vue** ? lesquels ? Quel est l'effet recherché ?

> **À noter**
>
> Le point de vue narratif peut être :
> • **externe :** narration d'éléments uniquement perceptibles de l'extérieur. Il donne l'illusion de l'objectivité.
> • **interne :** l'histoire est présentée à travers la subjectivité d'un personnage (vision limitée).
> • **omniscient :** le narrateur sait tout et voit tout, il a une vision complète de l'univers dans lequel évoluent les personnages.

b. Analyser la structure narrative

– Dégager les **différentes étapes de la narration.**
– Repérer les éventuels **récits enchâssés**, les **digressions** et s'interroger sur **leurs effets** : caractérisation des personnages, ralentissement volontaire de l'action, effet de rupture.
– Repérer et analyser les **perturbations dans la chronologie du récit** : présence d'analepses, de prolepses, d'ellipses temporelles.
– Étudier en parallèle le rythme de la narration : quand le récit s'accélère-t-il ? ralentit-il ? Comment (description, retour en arrière, commentaire du narrateur...) ? Pour quel effet ?
– Dégager la **stratégie du romancier.**
– Expliciter les éléments précédemment relevés et étudiés, en les reliant aux enjeux du texte romanesque : en quoi les choix narratifs mis en œuvre participent-ils du projet de l'auteur ?

c. Étudier un personnage de roman

– Dégager les caractéristiques générales.
– Le personnage est-il éponyme ? Est-il le **personnage principal** ?
– Est-il précisément caractérisé ? Si oui, quels sont ses attributs (âge, sexe, nom, fonction, statut social, traits physiques, moraux, psychologiques...) ?
– Comment est-il présenté (caractérisation directe et indirecte) ? Repérer dans le roman les passages importants.
– Le personnage est-il un **narrateur de l'histoire** ? Sinon, qui nous le présente ?

d. Étudier la présence et l'évolution du personnage

– Sa présence est-elle **constante**, **régulière** ? Étudier les variations.
– Quel rôle joue-t-il par rapport à l'action ? par rapport aux autres personnages ?
– Le personnage évolue-t-il (socialement, psychologiquement,...) ? Si oui, quels sont les moteurs de cette évolution (ou dégradation) ?

e. S'interroger sur le sens, la fonction symbolique du personnage

– Ce personnage offre-t-il l'image d'un **héros** ? Est-il au contraire un individu quelconque ? un **antihéros** ? Permet-il le processus d'identification ?
– Représente-t-il un **type social** ? Son action ou son comportement ont-ils une **dimension morale** ?
– Ce personnage a-t-il une **valeur symbolique, philosophique** ? Si oui, laquelle ?
– Le roman délivre-t-il, à travers ce personnage, un **message** (voir les romans engagés) ?
– Quelle **vision du monde** donne-t-il au lecteur ?

Exercices

1 ★★ 25 min

a. Comment les deux personnages sont-ils décrits ? Relevez et analysez des procédés d'écriture précis.

b. Quelle est l'importance du lexique du regard ? En quoi peut-on parler de « coup de foudre » ?

c. Qu'annonce cette scène ?

Il s'agit de la première rencontre entre les deux protagonistes, la princesse de Clèves (qui vient de se fiancer avec le prince de Clèves) et le duc de Nemours.

Elle passa tout le jour des fiançailles chez elle à se parer, pour se trouver le soir au bal et au festin royal qui se faisait au Louvre. Lorsqu'elle arriva, l'on admira sa beauté et sa parure ; le bal commença et, comme elle dansait avec Monsieur de Guise, il se fit un assez grand bruit vers la porte de la salle, comme de quelqu'un qui entrait, et à qui on faisait place. Madame de Clèves acheva de danser et, pendant qu'elle cherchait des yeux quelqu'un qu'elle avait dessein de prendre, le Roi lui cria de prendre celui qui arrivait. Elle se tourna et vit un homme qu'elle crut d'abord ne pouvoir être que Monsieur de Nemours, qui passait par-dessus quelques sièges pour arriver où l'on dansait. Ce prince était fait d'une sorte qu'il parut difficile de n'être pas surprise de le voir quand on ne l'avait jamais vu, surtout ce soir-là, où le soin qu'il avait pris de se parer augmentait encore l'air brillant qui était dans sa personne ; mais il était difficile aussi de voir Madame de Clèves pour la première fois sans avoir un grand étonnement. Monsieur de Nemours fut tellement surpris de sa beauté que, lorsqu'il fut proche d'elle, et qu'elle lui fit la révérence, il ne put s'empêcher de donner des marques de son admiration. Quand ils commencèrent à danser, il s'éleva dans la salle un murmure de louanges. Le Roi et les Reines se souvinrent qu'ils ne s'étaient jamais vu, et trouvèrent quelque chose de singulier de les voir danser ensemble sans se connaître. Ils les appelèrent quand ils eurent fini, sans leur laisser le loisir de parler à personne, et leur demandèrent s'ils n'avaient pas bien envie de savoir qui ils étaient, et s'ils ne s'en doutaient point.

– Pour moi, Madame, dit Monsieur de Nemours, je n'ai pas d'incertitude ; mais comme Madame de Clèves n'a pas les mêmes raisons pour deviner qui je suis que celles que j'ai pour la reconnaître, je voudrais que votre Majesté eût la bonté de lui apprendre mon nom.

– Je crois, dit Madame La Dauphine, qu'elle le sait aussi bien que vous savez le sien.

– Je vous assure, Madame, reprit Madame de Clèves qui paraissait un peu embarrassée, que je ne devine pas si bien que vous pensez.

– Vous devinez fort bien, répondit Madame la Dauphine ; et il y a même quelque chose d'obligeant pour Monsieur de Nemours à ne vouloir pas avouer que vous le connaissez déjà sans l'avoir jamais vu.

Madame de La Fayette, *La Princesse de Clèves*, 1678.

2 ★★ 15 min Quelles caractéristiques des personnages souligne cet extrait du roman ? À partir de quels procédés ?

Aidez-vous de la méthode et pensez qu'un auteur peut jouer sur différents points de vue.

Engagé comme précepteur chez Mme de Rênal, Julien Sorel se présente devant la demeure.

Avec la vivacité et la grâce qui lui étaient naturelles quand elle était loin des regards des hommes, Mme de Rênal sortait par la porte-fenêtre du salon qui donnait sur le jardin, quand elle aperçut près de la porte d'entrée la figure d'un jeune paysan presque encore enfant, extrêmement pâle et qui venait de pleurer. Il était en chemise bien blanche, et avait sous le bras une veste fort propre de ratine violette.

Le teint de ce petit paysan était si blanc, ses yeux si doux, que l'esprit un peu romanesque de Mme de Rênal eut d'abord l'idée que ce pouvait être une jeune fille déguisée, qui venait demander quelque grâce à M. le maire. Elle eut pitié de cette pauvre créature, arrêtée à la porte d'entrée, et qui évidemment n'osait pas lever la main jusqu'à la sonnette. Mme de Rênal s'approcha, distraite un instant de l'amer chagrin que lui donnait l'arrivée du précepteur. Julien, tourné vers la porte, ne la voyait pas s'avancer. Il tressaillit quand une voix douce dit tout près de son oreille :

– Que voulez-vous ici, mon enfant ?

Stendhal, *Le Rouge et le Noir*, 1830.

3 ★★ 25 min Comment le discours de Julien Sorel se fait-il dénonciation de la société de 1830 ? Pourquoi le personnage est-il nécessairement condamné ? Que représente-t-il alors ?

Julien Sorel a tiré sur Mme de Rênal. Voici son discours au moment de son procès.

« Messieurs les jurés,

« L'horreur du mépris, que je croyais pouvoir braver au moment de la mort, me fait prendre la parole. Messieurs, je n'ai point l'honneur d'appartenir à votre classe, vous voyez en moi un paysan qui s'est révolté contre la bassesse de sa fortune.

« Je ne vous demande aucune grâce, continua Julien en affermissant sa voix. Je ne me fais point illusion, la mort m'attend : elle sera juste. J'ai pu attenter aux jours de la femme la plus digne de tous les respects, de tous les hommages. Mme de Rênal avait été pour moi comme une mère. Mon crime est atroce, et il fut prémédité. J'ai donc mérité la mort, messieurs les jurés. Quand je serais moins coupable, je vois des hommes qui, sans s'arrêter à ce que ma jeunesse peut mériter de pitié, voudront punir en moi et décourager à jamais cette classe de jeunes gens qui, nés dans une classe inférieure, et en quelque sorte opprimés par la pauvreté, ont le bonheur de se procurer une bonne éducation, et l'audace de se mêler à ce que l'orgueil des gens riches appelle la société.

« Voilà mon crime, messieurs, et il sera puni avec d'autant plus de sévérité, que, dans le fait, je ne suis point jugé par mes pairs. Je ne vois point sur les bancs des jurés quelque paysan enrichi, mais uniquement des bourgeois indignés... »

Pendant vingt minutes, Julien parla sur ce ton ; il dit tout ce qu'il avait sur le coeur ; l'avocat général, qui aspirait aux faveurs de l'aristocratie, bondissait sur son siège ; mais malgré le tour un peu abstrait que Julien avait donné à la discussion, toutes les femmes fondaient en larmes. Mme Derville elle-même avait son mouchoir sur ses yeux. Avant de finir, Julien revint à la préméditation, à son repentir, au respect, à l'adoration filiale et sans bornes que, dans les temps plus heureux, il avait pour Mme de Rênal... Mme Derville jeta un cri et s'évanouit.

Stendhal, *Le Rouge et le Noir*, 1830.

FRANÇAIS

Du récit intime au témoignage du monde

Cours

1 L'autobiographie

a. Qu'est-ce que l'autobiographie ?

▶ Selon la définition de Philippe Lejeune, critique littéraire, l'autobiographie est le « récit rétrospectif, en prose, qu'une personne réelle fait de sa propre existence, lorsqu'elle met l'accent sur sa vie individuelle, en particulier sur l'histoire de sa personnalité ». Elle se distingue ainsi des formes biographiques proches comme le journal intime ou les mémoires et relève de la littérature par ses qualités esthétiques.

▶ Dans la deuxième moitié du XXe siècle, l'autobiographie remet cependant souvent en cause la structure chronologique et devient un récit plus morcelé, plus éclaté.

b. Quelles sont les motivations de l'auteur ?

▶ Plusieurs motivations engendrent l'écrit autobiographique : besoin de parler de soi, volonté de dresser, au terme d'une existence, le bilan de sa vie, d'analyser le parcours psychologique, sentimental ou intellectuel suivi, désir de mieux se comprendre ou de se justifier face aux lecteurs et au monde. L'autobiographie relève ainsi du registre lyrique en tant qu'expression privilégiée du « moi », mais elle peut prendre aussi une dimension argumentative.

▶ Explicitement ou, plus rarement, implicitement, l'auteur définit un « pacte autobiographique » (Philippe Lejeune), qui établit la relation auteur-lecteur : il explique ses motivations et s'engage à se décrire selon la réalité, sans mensonge ou déformation volontaires. Le lecteur est présenté comme un témoin, un confident ou quelqu'un que l'on veut convaincre. S'instaure ainsi un dialogue fictif entre le narrateur et le lecteur.

c. Les difficultés de l'écriture autobiographique

L'écart temporel entre l'événement passé et le moment de l'écriture, les transformations involontaires des souvenirs, la défaillance de la mémoire peuvent présenter une image déformée du passé. De plus, les motivations de l'auteur peuvent remettre en cause l'objectivité, toujours relative, de la narration et du discours.

Enfin, le travail sur l'écriture peut dénaturer le souvenir en empêchant toute spontanéité, et le portrait du personnage semble figé. Ainsi, l'écriture autobiographique est une entreprise difficile par le sujet même de l'œuvre, la connaissance de soi, et par le pacte autobiographique qu'elle met en place.

2 Les mémoires

▶ Les mémoires sont le récit qu'une personne fait des événements dont elle a été le témoin ou auxquels elle a participé.

▶ À la différence de l'autobiographie, qui est centrée sur l'expression du « moi » et développe un itinéraire individuel, les mémoires s'inscrivent dans une perspective plus large : le récit de la vie se fait en relation avec les événements historiques contemporains de l'auteur.

▶ Ainsi, les mémoires dressent, à travers le regard du narrateur-personnage, une peinture de la société, voire une critique de celle-ci. Le personnage se raconte mais, en tant que témoin privilégié ou personne active, il peut aussi relater et commenter des faits historiques et sociaux. Les observations, analyses et jugements du narrateur sur les événements vécus viennent s'ajouter à un récit souvent chronologique.

▶ Les mémoires ont donc souvent pour auteur une personne réelle connue, qui a joué un rôle important dans sa société, notamment un rôle historique ou politique. La qualité littéraire de ces écrits, le style, le questionnement de la mémoire et le souci de parler de l'homme à travers soi, permettent aux mémoires d'atteindre le statut d'œuvre littéraire. Ainsi, nous pouvons citer les *Mémoires*, de Saint-Simon (fin du règne de Louis XIV et période de la Régence), *Mémoires d'outre-tombe*, de Chateaubriand dans lesquels l'auteur évoque sa vie personnelle, mais aussi les événements historiques majeurs auxquels il a assisté (de la Révolution française à la Monarchie de Juillet), et *Mémoires d'une jeune fille rangée*, de Simone de Beauvoir, qui révèle, à travers les vingt premières années de l'auteure, la société de cette époque et l'anticonformisme du personnage-narrateur.

Chateaubriand

▶ L'écriture des mémoires répond à plusieurs motivations :
– se raconter,
– laisser une trace écrite de son existence (et par là dépasser la mort pour atteindre une forme d'immortalité, comme le voulait Chateaubriand),
– livrer un témoignage personnel sur des événements, une classe sociale ou une époque, témoignage qui donnera lieu à une réflexion politique ou philosophique sur l'homme et la société.

▶ L'écriture peut aussi mêler Histoire et fiction. Ainsi, *Les Mémoires d'Hadrien* (1951) est une œuvre fictive, écrite par l'auteure Marguerite Yourcenar qui choisit de faire le récit de la vie de l'empereur romain Hadrien (Ier siècle après J.-C.) à la première personne, sous la forme d'une lettre.

Marguerite Yourcenar

Méthode

1 Analyser un texte autobiographique

a. S'interroger sur le « je »

Le « je » renvoie à la fois à l'auteur, au narrateur et au personnage, qui sont la même personne réelle. Mais, selon les passages (narration ou discours), il désigne des « **moi** » **différents** : est-ce le **narrateur** qui parle ou le **personnage** qui agit ?

b. Distinguer discours, ou commentaire, et narration

L'**étude des temps** est indispensable. Le **récit** (ou la narration des événements) sera fait avec les temps du passé (imparfait, passé simple...) ou le présent de narration, tandis que le **commentaire** (ou le discours du narrateur) utilisera le présent d'énonciation, le futur ou le passé composé. Cette distinction permet de repérer l'**événement raconté**, qui appartient **au passé**, et l'**analyse**, faite par le narrateur, qui appartient **au présent** de l'écriture. Ce regard *a posteriori* révèle ainsi la distance entre le personnage, qui vit les événements, et le narrateur, qui les interprète et qui analyse le personnage qu'il était.

c. Étudier les choix stratégiques et esthétiques de l'auteur

– Comment l'auteur choisit-il de **présenter les événements**, de **se mettre en scène** ?
– Quelles périodes de son existence privilégie-t-il ? Pourquoi ?
– Quels procédés d'écriture, quel ton, quel style choisit-il ? Pourquoi ?

2 Analyser un extrait de mémoires

▶ Les **mémoires**, comme les formes biographiques – l'autobiographie en particulier –, **revendiquent une écriture sincère.** Mais il ne faut pas oublier que tout témoignage est soumis aux aléas de la mémoire et comporte une **part irréductible de subjectivité**. La connaissance de la biographie de l'auteur est utile et permet de mieux comprendre la façon dont les événements sont relatés et commentés.

▶ L'**analyse de l'écriture et de ses enjeux**, reste, comme pour tout texte littéraire, essentielle. Il s'agit ainsi de :
– **dégager l'idée générale**, le thème du texte ;
– **repérer les indices personnels utilisés** : est-ce un écrit centré sur le « je » ou perçoit-on un élargissement ? Le narrateur-personnage est-il explicitement présent ? Quel est son statut : témoin, acteur ?
– **distinguer le récit du commentaire**, à l'aide des indices temporels (temps des verbes, locutions temporelles...) ;
– **analyser le récit** : quel en est l'objet ? Comment est-il traité ?
– **analyser le commentaire du narrateur** : porte-t-il un regard critique ? admiratif ? (Justifier précisément la réponse) ;
– s'interroger alors sur la **subjectivité du regard** ;
– **analyser les procédés d'écriture** en les reliant au thème du texte et aux enjeux du passage : quelles sont les motivations de l'écrivain-narrateur ?

FRANÇAIS

Exercices

1 ★★ 30 min

a. Distinguez, dans le texte 1, les passages relevant du récit et ceux appartenant au commentaire. Étudiez l'évolution du portrait.

b. Dégagez l'organisation du portrait dans le texte 2. Montrez comment s'enchaînent description physique et notations morales, éléments objectifs et remarques subjectives.

c. Comparez les textes 1 et 2. Quelles sont les différences de ton et de style ? Que révèlent-elles sur les motivations des auteurs, les enjeux du portrait ?

d. Recherchez le tableau intitulé *Portrait de Michel Leiris*, peint par Francis Bacon (1976). Comment le tableau rend-il compte des caractéristiques énoncées par Leiris ?

Texte 1

J'arrive enfin ; je vois Mme de Warens. Cette époque de ma vie a décidé de mon caractère ; je ne puis me résoudre à la passer légèrement. J'étais au milieu de ma seizième année. Sans être ce qu'on appelle un beau garçon, j'étais bien pris dans ma petite taille ; j'avais un joli pied, la jambe fine, l'air dégagé, la physionomie animée, la bouche mignonne, les sourcils et les cheveux noirs, les yeux petits et même enfoncés, mais qui lançaient avec force le feu dont mon sang était embrasé. Malheureusement je ne savais rien de tout cela, et de ma vie il ne m'est arrivé de songer à ma figure que lorsqu'il n'était plus temps d'en tirer parti. Ainsi j'avais avec la timidité de mon âge celle d'un naturel très aimant, toujours troublé par la crainte de déplaire. D'ailleurs, quoique j'eusse l'esprit assez orné, n'ayant jamais vu le monde, je manquais totalement de manières, et mes connaissances, loin d'y suppléer, ne servaient qu'à m'intimider davantage, en me faisant sentir combien j'en manquais.

Jean-Jacques Rousseau, *Les Confessions*, Livre II, 1782.

Rousseau

Texte 2

Je viens d'avoir trente-quatre ans, la moitié de la vie. Au physique, je suis de taille moyenne, plutôt petit. J'ai des cheveux châtains coupés court afin d'éviter qu'ils ondulent, par crainte aussi que ne se développe une calvitie menaçante. Autant que je puisse en juger, les traits caractéristiques de ma physionomie sont : une nuque très droite, tombant verticalement comme une muraille ou une falaise, marque classique (si l'on en croit les astrologues) des personnes nées sous le signe du Taureau ; un front développé, plutôt bossué, aux veines temporales exagérément noueuses et saillantes. Cette ampleur de front est en rapport (selon le dire des astrologues) avec le signe du Bélier ; et en effet je suis né un 20 avril, donc aux confins de ces deux signes : le Bélier et le Taureau. Mes yeux sont bruns, avec le bord des paupières habituellement enflammé ; mon teint est coloré ; j'ai honte d'une fâcheuse tendance aux rougeurs et à la peau luisante. Mes mains sont maigres, assez velues, avec des veines très dessinées ; mes deux majeurs, incurvés vers le bout, doivent dénoter quelque chose d'assez faible ou fuyant dans mon caractère.

Ma tête est plutôt grosse pour mon corps ; j'ai les jambes un peu courtes par rapport à mon torse, les épaules trop étroites relativement aux hanches. Je marche le haut du corps incliné en avant ; j'ai tendance, lorsque je suis assis, à me tenir le dos voûté ; ma poitrine n'est pas très large et je n'ai guère de muscles. J'aime à me vêtir avec le maximum d'élégance ; pourtant, à cause des défauts que je viens de relever dans ma structure et de mes moyens qui, sans que je puisse me dire pauvre, sont plutôt limités, je me juge d'ordinaire profondément inélégant ; j'ai horreur de me voir à l'improviste dans une glace car, faute de m'y être préparé, je me trouve à chaque fois d'une laideur humiliante.

Michel Leiris, *L'Âge d'homme*, © Éditions Gallimard, 1939.

2 ★★ 20 min **Étudiez le caractère prophétique du passage. Quel rôle Chateaubriand se donne-t-il ?**

Grâce à l'exorbitance de mes années, mon monument est achevé. Ce m'est un grand soulagement ; je sentais quelqu'un qui me poussait : le patron de la barque sur laquelle ma place est retenue m'avertissait qu'il ne me restait qu'un moment pour monter à bord. Si j'avais été le maître de Rome, je dirais, comme Sylla, que je finis mes Mémoires la veille même de ma mort ; mais je ne conclurai pas mon récit par ces mots comme il conclut le sien : « J'ai vu en songe un de mes enfants qui me montrait Metella, sa mère, et m'exhortait à venir jouir du repos dans le sein de la félicité maternelle ». Si j'eusse été Sylla, la gloire ne m'aurait jamais pu donner le repos et la félicité.

Des orages nouveaux se formeront ; on croit pressentir des calamités qui l'emporteront sur les afflictions dont nous avons été accablés ; déjà, pour retourner au champ de bataille, on songe à rebander ses vieilles blessures. Cependant, je ne pense pas que des malheurs prochains éclatent : peuples et rois sont également recrus ; des catastrophes imprévues ne fondront pas sur la France : ce qui me suivra ne sera que l'effet de la transformation générale. On touchera sans doute à des stations pénibles ; le monde ne saurait changer de face sans qu'il y ait douleur. Mais encore, un coup, ce ne seront point des révolutions à part ; ce sera la grande révolution allant à son terme. Les scènes de demain ne me regardent plus ; elles appellent d'autres peintres : à vous, messieurs.

En traçant ces derniers mots, ce 16 novembre 1841, ma fenêtre, qui donne à l'ouest sur les jardins des Missions étrangères, est ouverte : il est six heures du matin ; j'aperçois la lune pâle et élargie ; elle s'abaisse sur la flèche des Invalides à peine révélée par le premier rayon doré de l'Orient : on dirait que l'ancien monde finit, et que le nouveau commence. Je vois les reflets d'une aurore dont je ne verrai pas se lever le soleil. Il ne me reste qu'à m'asseoir au bord de ma fosse ; après quoi je descendrai hardiment, le crucifix à la main, dans l'éternité.

F. R. de Chateaubriand, *Mémoires d'outre-tombe*, 1848-1850.

3 ★★ 15 min **Ceci constitue l'incipit des *Mémoires d'Hadrien*. Quel portrait fait-il de lui-même ? En quoi la peinture de ce « moi » est-elle aussi peinture de la condition humaine ?**

Relisez la présentation de l'œuvre dans la partie Cours et réfléchissez au titre du parcours associé : « Soi-même comme un autre ».

Mon cher Marc,

Je suis descendu ce matin chez mon médecin Hermogène, qui vient de rentrer à la Villa après un assez long voyage en Asie. L'examen devait se faire à jeun : nous avions pris rendez-vous pour les premières heures de la matinée. Je me suis couché sur un lit après m'être dépouillé de mon manteau et de ma tunique. Je t'épargne des détails qui te seraient aussi désagréables qu'à moi-même, et la description du corps d'un homme qui avance en âge et s'apprête à mourir d'une hydropisie du cœur. Disons seulement que j'ai toussé, respiré, et retenu mon souffle selon les indications d'Hermogène, alarmé malgré lui par les progrès si rapides du mal, et prêt à en rejeter le blâme sur le jeune Iollas qui m'a soigné en son absence. Il est difficile de rester empereur en présence d'un médecin, et difficile aussi de garder sa qualité d'homme. L'œil du praticien ne voyait en moi qu'un monceau d'humeurs, triste amalgame de lymphe et de sang. Ce matin, l'idée m'est venue pour la première fois que mon corps, ce fidèle compagnon, cet ami plus sûr, mieux connu de moi que mon âme, n'est qu'un monstre sournois qui finira par dévorer son maître. Paix...

Marguerite Yourcenar, *Mémoires d'Hadrien*, © Éditions Gallimard, 1951.

Buste de l'empereur romain Hadrien

Les formes théâtrales et leur évolution

Cours

1 L'évolution des genres théâtraux

▶ Au XVIIe siècle, le théâtre baroque (dont Corneille est un des principaux représentants avec les tragi-comédies) cède peu à peu la place au théâtre classique. Inspiré de l'Antiquité, ce dernier vise un idéal d'harmonie, d'équilibre, de sobriété. Les règles des trois unités, ainsi que celles de vraisemblance et de bienséance en découlent. Deux grands genres sont ainsi clairement différenciés : la tragédie et la comédie.
La tragédie appartient au genre noble, elle est écrite en alexandrins et composée de cinq actes. Elle met en scène un héros tragique qui est déchiré entre raison et passion, devoir et amour, ou un personnage qui, dominé par sa passion, dans une situation de crise ou de conflit, marqué par le sceau de la fatalité, finit dans la déchéance ou dans la mort (*Phèdre* de Racine).
La comédie est au contraire un genre considéré comme mineur, en prose et en trois actes. Les situations mises en scène relèvent de la sphère domestique ou privée, et le dénouement est heureux. Molière entreprend cependant de renouveler le genre en lui donnant ses lettres de noblesse et une portée plus forte : il s'agit de « corriger les mœurs par le rire » et d'offrir au spectateur le miroir critique de sa société. Ainsi, la comédie *Tartuffe* est écrite en alexandrins, compte cinq actes, et met en scène l'hypocrisie religieuse.

▶ Au XVIIIe siècle, le mouvement philosophique des Lumières donne naissance au drame bourgeois : ce dernier est écrit en prose et s'adapte davantage à un public issu de la bourgeoisie. Il a une fonction moralisatrice car, pour Diderot, il doit toucher le spectateur par sa dimension pathétique et élever son âme.
La comédie aussi évolue, devient plus complexe. Marivaux s'intéresse au langage amoureux, aux relations humaines dans une dimension sentimentale et psychologique (*Le Jeu de l'amour et du hasard*). Beaumarchais s'attache à un théâtre riche en rebondissements ou coups de théâtre, devenant satirique et contestataire dans *Le Mariage de Figaro*.

▶ Le drame romantique (ou théâtre romantique) du XIXe siècle revendique la liberté dans l'art et refuse nombre de contraintes du théâtre classique. Ainsi, Victor Hugo (notamment dans la préface de *Cromwell*) préconise le mélange des genres, l'abandon de la règle d'unité de temps et de lieu, valorise l'alliance du « sublime » et du « grotesque » pour montrer l'homme et la société dans leur totalité. Les pièces *Hernani* et *Ruy Blas* en sont des exemples. Le héros romantique est un personnage éclaté (dualité du personnage) et contradictoire, en quête de lui-même.

▶ Le vaudeville, genre populaire, est présent au XIXe siècle et se poursuit au début du XXe. Les deux auteurs les plus connus sont Feydeau et Labiche.

▶ Le XXe et XXIe siècles sont marqués par l'éclatement et la diversité des formes théâtrales. On peut malgré tout distinguer quelques tendances.
La réécriture de tragédies antiques constitue un premier fait marquant du début du XXe siècle. Dans un contexte politique et historique inquiétant, les dramaturges puisent leur inspiration dans les grands mythes du théâtre antique : Cocteau, dans *La Machine infernale* (1932), reprend le mythe d'Œdipe ; Giraudoux, dans *La Guerre de Troie n'aura pas lieu* (1935), révèle son inquiétude face à une seconde guerre mondiale qui se dessine.

▶ Un théâtre engagé et politique se révèle aussi à travers deux figures, celles de Sartre (*Les Mouches* – reprise du mythe d'Oreste ; *Les Mains sales*, mettant en scène la révolte et le meurtre politique) et celle de Camus (*Caligula* – liant l'empereur romain et la philosophie de l'absurde, et *Les Justes* s'inspirant d'un fait historique réel pour réfléchir sur l'acte terroriste).

▶ Le Nouveau théâtre, souvent appelé « théâtre de l'absurde », met en scène une conception souvent pessimiste de la condition humaine, où le comique révèle paradoxalement le tragique. Rejetant les codes habituels des personnages (stéréotypés), du discours (parole difficile, insignifiante, voire absurde) et de l'action (absence d'intrigue), il nous peint une humanité incapable de communiquer, sans espoir car évoluant dans un monde où tout dieu est absent et cherchant désespérément un sens à son existence. Deux noms émergent : Ionesco, qui privilégie dans ses pièces la tragédie du langage et l'absence de communication (*La Cantatrice chauve*) et Beckett (*En attendant Godot, Fin de partie, Oh les beaux jours*) qui révèle le néant de l'existence, en unissant tragique et comique.

Samuel Beckett

▶ Le théâtre contemporain pousse encore davantage l'exploration de nouvelles formes avec une parole fragmentée, voire absente, des brouillages temporels, etc.
Il peut aussi peindre avec la société avec ironie (*Art*, de Yasmina Reza) ou en dénonçant sa violence (théâtre de Koltès).

2 Les composantes du texte théâtral

Le texte théâtral comprend un discours entre différents personnages et des didascalies (indications scéniques). Le lecteur se trouve face à un double énoncé : d'un côté celui attribué par l'auteur aux personnages (le discours, c'est-à-dire les paroles prononcées par les personnages), de l'autre celui pris en charge directement par l'auteur (les didascalies).

a. Les différentes formes de discours théâtral

Les formes de discours théâtral sont variées :
– le dialogue proprement dit, où l'on distingue la répartie (réplique brève), la tirade (longue réplique), la stichomythie (échange rapide de répliques très brèves), le polylogue, où différentes voix mènent un ou plusieurs dialogues dans le même temps, le faux dialogue où les personnages en réalité ne communiquent pas ;
– le monologue (un personnage parle seul sur scène) ;
– l'aparté, où, au milieu d'un dialogue, un personnage parle pour lui-même ou au public sans que l'autre personnage soit censé l'entendre.

Vers ou prose ?

Ce choix dépend des époques et du genre. Ainsi, au XVIIe siècle, l'alexandrin est réservé aux tragédies et aux comédies sérieuses (mais *Dom Juan* est en prose) ; au XIXe siècle, le drame romantique privilégie souvent la prose pour affirmer sa modernité.

b. La double énonciation

L'autre particularité du langage théâtral est que le discours d'un personnage s'adresse à la fois à un autre personnage et au public (il y a un double destinataire). La parole du personnage peut donc recouvrir un double sens : l'un pour le personnage, l'autre pour le public. C'est le cas en particulier du quiproquo, où seul le spectateur comprend la réalité de la situation de confusion dans laquelle sont plongés les personnages. De plus, derrière chaque parole, c'est le dramaturge qui en dernier lieu s'adresse à son public : le contenu comme l'objectif de son discours ne recoupent pas ceux du discours du personnage. Ainsi, lorsque, dans *Tartuffe*, le faux dévot s'adresse à Elmire, son discours a pour but de la séduire ; ce que Molière révèle, lui, au public, c'est l'hypocrisie du faux dévot.

FRANÇAIS

Méthode

1 Analyser un monologue

▶ Pour l'étude d'un monologue, il convient toujours d'être attentif à certains points.
– À quel moment de l'**action** ce monologue prend-il place ? Il intervient souvent à un moment où le personnage se trouve face à un problème à résoudre (d'où la **dimension délibérative** du monologue) ou encore lorsqu'il est plongé dans une confusion intérieure extrême (d'où la **ponctuation expressive**).
– Quelles sont les **caractéristiques de l'énonciation** ? Bien entendu, le public semble être le destinataire privilégié du monologue, mais le monologue est d'abord un **dialogue de soi à soi** (emploi du « tu » pour se désigner soi-même). Il peut aussi s'adresser à un destinataire absent (usage de l'apostrophe).
– Quels sont ses enjeux ? Le monologue permet d'avoir **accès à l'intériorité du personnage**. Les émotions suscitées chez le spectateur sont donc à analyser. De plus, sa valeur délibérative implique des conséquences sur l'action à venir : quelle décision est prise ? Quels sont ses effets ? Enfin, dans le théâtre moderne, le monologue peut être le signe d'un **repli sur soi**, d'une **impossibilité à communiquer avec l'autre**.

2 Analyser le rôle des didascalies et leur évolution

a. Identifier leur objet

Les **didascalies** permettent au lecteur d'**accéder au langage paraverbal et non verbal**, elles peuvent **guider la mise en scène** et l'**interprétation du rôle** par le comédien. Elles donnent des indications sur les gestes, les déplacements, l'intonation, le décor, la lumière, etc.

b. Comprendre leur fonction et leur sens dans la signification globale de l'œuvre

À la différence du théâtre classique, le théâtre romantique puis moderne abonde en didascalies. Chez Ionesco et chez Beckett, elles ont une part irréductible du texte théâtral. Elles ne sont pas de simples indications scéniques, elles participent au sens de la pièce : elles viennent dire par leur abondance l'échec ou l'impuissance du langage verbal, ou confèrent au corps et à ce qu'il exprime une place nouvelle. Elles révèlent aussi combien le théâtre est à voir autant qu'à entendre, et bien plus qu'à lire.

3 Analyser la parole

Au théâtre, « **dire c'est faire** ». Dire, c'est moins dire quelque chose qu'agir sur l'autre. C'est pourquoi la situation de communication doit toujours être cernée : pourquoi tel personnage prend-il la parole ? Que veut-il obtenir de l'autre ?
De plus, les paroles elles-mêmes peuvent être directement des actions : malédiction, prière, ordre, serment...
Les **fonctions conative** (agir sur le destinataire du message) et **phatique** (assurer la communication) du langage sont essentielles au théâtre.

4 Analyser la relation maître-valet et son évolution

▶ Dans la comédie classique du XVIIe, et encore au XVIIIe siècle, le valet – personnage type - joue généralement le **rôle d'adjuvant** : il aide son maître dans la quête amoureuse de ce dernier. Le valet est rusé et mène l'action, mais son rôle reste socialement secondaire.
Analyser le titre est souvent alors intéressant : *Les Fourberies de Scapin*, titre d'une comédie de Molière, montre un valet caractérisé par ses « fourberies », c'est-à-dire ses ruses et tromperies. Le valet est essentiellement malin et débrouillard, et aidera son maître à surmonter les obstacles.

▶ Le XVIIIe siècle montre une évolution. *L'Île des esclaves* de Marivaux propose une société dans laquelle les maîtres et les valets échangent leur rôle. Ainsi, le maître prend conscience de son autorité violente, de son pouvoir excessif. **Analyser le dénouement** permet aussi de voir que les convenances sociales, un instant bouleversées, sont rétablies mais les personnages ont évolué dans leur attitude et leur sentiment.
Le Mariage de Figaro, de Beaumarchais, constitue un exemple particulièrement intéressant. Le titre nous montre que l'intrigue amoureuse n'est plus celle du maître, mais du valet.
Étudier le schéma actantiel montre aussi que, à la différence des comédies classiques, le valet n'est plus l'adjuvant du maitre : les deux personnages (et leur fonction) sont opposés.
L'**étude de leurs échanges** montre alors un conflit. Le **contexte historique** (la pièce est représentée quelques années avant la Révolution française) permet aussi de comprendre le discours de Figaro, son désir d'élévation sociale, sa critique des privilèges aristocratiques.

5 Étudier le tragique et son évolution

▶ Le héros tragique **dans l'Antiquité et le théâtre classique** est un être victime d'une malédiction divine (Œdipe) mais il lui reste une part de liberté. Il est donc **à la fois coupable et innocent**, et inspire au spectateur **horreur et pitié** (c'est le principe de la « catharsis » cher à Aristote). Il se caractérise aussi par l'*hubris* (la démesure) et le *furor* (ou fureur). Au centre du conflit, entre liberté et fatalité, le héros cornélien finit par vaincre tandis que le héros racinien ne peut que combattre vainement son destin, impuissant, soumis à sa passion.

À noter

Le mot « **passion** » renvoie, par son étymologie, à la souffrance. C'est donc un sentiment destructeur, contre lequel lutte vainement la raison. En ce sens, il se différencie de l'amour.

▶ Dans le **théâtre de l'absurde** du XXe siècle, **le tragique est lié à la condition humaine** : dans un monde sans dieu(x), l'homme cherche désespérément un sens à une existence dont la fin est inéluctablement la mort. Mais le tragique est souvent paradoxalement mis en scène et révélé par le comique. Il convient donc d'**étudier les liens entre tragique et comique.**

Exercices

1 ★★ 20 min **En vous aidant de la partie « Méthode » sur le tragique, montrez que le personnage de Phèdre est caractéristique de l'héroïne tragique.**

Phèdre vient d'avouer indirectement à Oenone les sentiments qu'elle éprouve pour Hippolyte, fils de son époux Thésée.

ŒNONE

Juste ciel ! tout mon sang dans mes veines se glace !
O désespoir ! o crime ! ô déplorable race !
Voyage infortuné ! Rivage malheureux,
Fallait-il approcher de tes bords dangereux !

PHÈDRE

Mon mal vient de plus loin. A peine au fils d'Egée
Sous ses lois de l'hymen je m'étais engagée,
Mon repos, mon bonheur semblait être affermi ;
Athènes me montra mon superbe ennemi :
Je le vis, je rougis, je pâlis à sa vue ;
Un trouble s'éleva dans mon âme éperdue ;
Mes yeux ne voyaient plus, je ne pouvais parler ;
Je sentis tout mon corps et transir et brûler ;
Je reconnus Vénus et ses feux redoutables,
D'un sang qu'elle poursuit, tourments inévitables.
Par des vœux assidus je crus les détourner :
Je lui bâtis un temple, et pris soin de l'orner ;
De victimes moi-même à toute heure entourée,
Je cherchais dans leurs flancs ma raison égarée :
D'un incurable amour remèdes impuissants !
En vain sur les autels ma main brûlait l'encens :
Quand ma bouche implorait le nom de la déesse,
J'adorais Hippolyte ; et, le voyant sans cesse,
Même au pied des autels que je faisais fumer,
J'offrais tout à ce dieu que je n'osais nommer.
Je l'évitais partout. O comble de misère !
Mes yeux le retrouvaient dans les traits de son père.
Contre moi-même enfin j'osai me révolter :
J'excitai mon courage à le persécuter.
Pour bannir l'ennemi dont j'étais idolâtre,
J'affectai les chagrins d'une injuste marâtre ;
Je pressai son exil ; et mes cris éternels
L'arrachèrent du sein et des bras paternels.
Je respirais, Œnone ; et, depuis son absence,
Mes jours moins agités coulaient dans l'innocence ;
Soumise à mon époux, et cachant mes ennuis,
De son fatal hymen je cultivais les fruits.
Vaines précautions ! Cruelle destinée !
Par mon époux lui-même à Trézène amenée,
J'ai revu l'ennemi que j'avais éloigné :
Ma blessure trop vive aussitôt a saigné.
Ce n'est plus une ardeur dans mes veines cachée :
C'est Vénus tout entière à sa proie attachée.
J'ai conçu pour mon crime une juste terreur :
J'ai pris la vie en haine et ma flamme en horreur ;
Je voulais en mourant prendre soin de ma gloire,
Et dérober au jour une flamme si noire :
Je n'ai pu soutenir tes larmes, tes combats :
Je t'ai tout avoué ; je ne m'en repens pas,
Pourvu que, de ma mort respectant les approches,
Tu ne m'affliges plus par d'injustes reproches,
Et que tes vains secours cessent de rappeler
Un reste de chaleur tout prêt à s'exhaler.

RACINE, *Phèdre*, Acte I, Scène 3, 1677.

2 ★★ 20 min

a. **Analysez l'extrait suivant en vous appuyant sur le questionnaire pour l'analyse du monologue de la partie « Méthode ».**
b. **Vous montrerez ensuite la relation maître-valet ici présentée.**

Figaro, se croyant trahi par sa fiancée Suzanne, laisse libre cours à son désespoir et sa colère.

FIGARO, *seul, se promenant dans l'obscurité, dit du ton le plus sombre.*

Non, monsieur le comte, vous ne l'aurez pas… vous ne l'aurez pas. Parce que vous êtes un grand seigneur, vous vous croyez un grand génie !… noblesse, fortune, un rang, des places, tout cela rend si fier ! Qu'avez-vous fait pour tant de biens ? vous vous êtes donné la peine de naître, et rien de plus : du reste, homme assez ordinaire ! tandis que moi, morbleu, perdu dans la foule obscure, il m'a fallu déployer plus de science et de calculs pour subsister seulement, qu'on n'en a mis depuis cent ans à gouverner toutes les Espagnes ; et vous voulez jouter !… On vient… c'est elle… ce n'est personne. — La nuit est noire en diable, et me voilà faisant le sot métier de mari, quoique je ne le sois qu'à moitié ! (*Il s'assied sur un banc.*) Est-il rien de plus bizarre que ma destinée ! Fils de je ne sais pas qui ; volé par des bandits ; élevé dans leurs mœurs, je m'en dégoûte et veux courir une carrière honnête ; et partout je suis repoussé ! J'apprends la chimie, la pharmacie, la chirurgie ; et tout le crédit d'un grand seigneur peut à peine me mettre à la main une lancette vétérinaire ! — Las d'attrister des bêtes malades, et pour faire un métier contraire, je me jette à corps perdu dans le théâtre : me fussé-je mis une pierre au cou ! Je broche une comédie dans les mœurs du sérail : auteur espagnol, je crois pouvoir y fronder Mahomet sans scrupule : à l'instant un envoyé… de je ne sais où se plaint que j'offense dans mes vers la Sublime Porte, la Perse, une partie de la presqu'île de l'Inde, toute l'Égypte, les royaumes de Barca, de Tripoli, de Tunis, d'Alger et de Maroc ; et voilà ma comédie flambée, pour plaire aux princes mahométans, dont pas un, je crois, ne sait lire, et qui nous meurtrissent l'omoplate, en nous disant : *Chiens de chrétiens !* — Ne pouvant avilir l'esprit, on se venge en le maltraitant. — Mes joues creusaient, mon terme était échu : je voyais de loin arriver l'affreux recors, la plume fichée dans sa perruque ; en frémissant je m'évertue. Il s'élève une question sur la nature des richesses ; et comme il n'est pas nécessaire de tenir les choses pour en raisonner, n'ayant pas un sou, j'écris sur la valeur de l'argent, et sur son produit net : aussitôt je vois, du fond d'un fiacre, baisser pour moi le pont d'un château-fort, à l'entrée duquel je laissai l'espérance et la liberté. (*Il se lève.*) Que je voudrais bien tenir un de ces puissants de quatre jours, si légers sur le mal qu'ils ordonnent, quand une bonne disgrâce a cuvé son orgueil ! Je lui dirais… que les sottises imprimées n'ont d'importance qu'aux lieux où l'on en gêne le cours ; que, sans la liberté de blâmer, il n'est point d'éloge flatteur ; et qu'il n'y a que les petits hommes qui redoutent les petits écrits. (*Il se rassied.*)

BEAUMARCHAIS, *Le Mariage de Figaro*, Acte V, Scène 3, Bordas, 2017.

La représentation théâtrale

Cours

Le texte théâtral est écrit pour être dit et représenté. Sa représentation est donc essentielle, et rares sont les textes théâtraux destinés à la lecture (les pièces de Musset, par exemple, réunies dans *Théâtre dans un fauteuil*, ont finalement été représentées).
La représentation est donc aussi une pratique artistique et sociale, dont les codes évoluent selon les époques, les cultures, les pays.

Mot clé

Mimesis : Aristote définit le théâtre, dans son ouvrage *Poétique* (IV av. J.-C.), comme une « imitation des hommes en action ».

1 Les éléments matériels de la représentation

▶ Le lieu théâtral : il peut être varié (théâtre fermé, en plein air, etc.) et sa nature même impose des contraintes. De même, l'espace scénique (notamment ses dimensions) est une composante essentielle pour les choix de mise en scène et pour le jeu des acteurs.

▶ La scène peut ainsi être clairement séparée du public (scène à l'italienne où la scène est face au public), ou au contraire les deux lieux peuvent se combiner, se mêler (par exemple, Ariane Mnouchkine, dans la mise en scène de *1793*, fait évoluer les acteurs au milieu du public).

▶ Le décor : il peut s'appuyer sur le texte même ou dépendre des options de lecture du metteur en scène. Ce dernier peut décider d'un décor réaliste (d'époque) ou à valeur plus symbolique.

▶ Les costumes : là encore, plusieurs possibilités s'offrent au metteur en scène, libre de choisir des costumes d'époque, d'introduire au contraire des décalages chronologiques, ou de privilégier une symbolique.

▶ Les objets et accessoires : leur présence sur la scène peut être liée au texte et à l'action même (ils ont alors une fonction actantielle, et peuvent être l'objet même de l'action – c'est le cas des chaises dans la pièce du même nom d'Eugène Ionesco – ou un adjuvant : par exemple, un personnage nommé Chérubin se cache derrière un fauteuil pour ne pas être vu du Comte dans *Le Mariage de Figaro*, de Beaumarchais).
L'accessoire peut aussi jouer un rôle plus symbolique par sa seule présence sur scène : ainsi, une statue pourrait rappeler, dans la tragédie, la présence et la puissance des dieux.

▶ La lumière et la bande-son : indiquées ou non dans le texte, elles sont un élément du langage scénique. Ainsi, dans *Rhinocéros* d'Ionesco, la bande-son peut introduire, sans que le spectateur les voie, la présence des rhinocéros.

2 La mise en scène

▶ Depuis la fin du XIXe siècle, le metteur en scène a une fonction essentielle dans le passage du texte à la représentation. Auparavant, c'étaient souvent les auteurs eux-mêmes qui dirigeaient les acteurs, ou bien ils déléguaient ce travail à un simple directeur de troupe. C'est le metteur en scène qui aujourd'hui orchestre tout : le choix des comédiens, leur jeu, ainsi que les options de représentation du texte, depuis la mise en espace jusqu'aux éléments visuels et sonores. Le nom du metteur en scène devient ainsi important, presqu'autant que celui de l'auteur. En outre, certains d'entre eux portent un idéal : par exemple, Antoine Vitez défend l'idée d'« un théâtre élitaire pour tous ».

Le Jeu de l'amour et du hasard **de Marivaux, mise en scène de Catherine Hiegel, 2018.**

▶ Toute mise en scène est alors une lecture, une interprétation du texte. Elle peut s'efforcer, comme l'exigent parfois certains auteurs modernes, de respecter au mieux les didascalies introduites au côté du discours ou, comme c'est plus souvent le cas, opérer un véritable travail de création qui confère à la pièce un ensemble de significations qui ne correspondent pas nécessairement aux intentions de l'auteur. Un metteur en scène peut même parfois modifier le texte de l'auteur. Ainsi, chaque mise en scène différente d'une pièce en renouvelle l'approche. Anne >>

Ubersfeld, historienne du théâtre, n'hésite pas à affirmer : « L'une des caractéristiques les plus étonnantes du texte théâtral, la moins visible mais peut-être la plus importante, c'est son caractère incomplet. [...] Ce sera le travail du metteur en scène de donner des réponses. »

▶ Enfin, chaque représentation donnée d'une même mise en scène constitue, en elle-même, un moment particulier et ne ressemble ni à la précédente, ni à la suivante : le jeu des comédiens se modifie (en fonction d'éléments inhérents à leur personne même ou en fonction des réactions du public), l'ambiance de la salle varie selon les spectateurs qui la composent (tel effet perçu comme comique par le public un soir pourra très bien manquer sa cible le lendemain).

3 Le jeu du comédien

▶ L'improvisation, issue de la *commedia dell'arte*, constitue une pratique particulière : l'acteur improvise à partir d'un canevas et du type de personnage qu'il incarne.
▶ Le jeu d'acteur, en dehors de ce cas particulier, est lié à des conceptions différentes, voire opposées : ainsi, Diderot, au XVIIIe siècle, oppose dans son ouvrage *Paradoxe sur le comédien*, le comédien qui « joue d'âme » et celui qui joue « de raison ». Le premier est inconstant car il s'appuie sur les émotions ressenties, le second est privilégié car il s'appuie sur l'observation et fournit un jeu égal, maîtrisé. Au contraire, Constantin Stanislavki, metteur en scène de la fin du XIXe siècle, prône un jeu instinctif dans lequel l'acteur ressent les émotions du personnage qu'il incarne. Cette démarche influencera le jeu de l'*Actor Studio*.
Brecht, de son côté, prône la distanciation : le comédien, d'une certaine manière, « joue faux » afin de provoquer, par ce décalage, la réflexion du spectateur.
▶ Enfin, le jeu du comédien a considérablement évolué au fil des siècles : la déclamation et un jeu relativement statique, caractéristiques des tragédies classiques, a laissé la place à une démarche plus dynamique.

Méthode

Proposer une mise en scène d'un extrait de pièce de théâtre

Rédiger des propositions de mise en scène constitue un travail d'écriture possible. Pour préparer ce type d'exercice, on doit :
– **lire attentivement le texte** : à quel genre théâtral appartient-il ? Quel est le registre dominant ? Comporte-t-il des didascalies ? Sur quels éléments du langage paraverbal ou non verbal ? Le dialogue propose-t-il des pistes, des contraintes pouvant orienter la mise en scène (soyez attentif, par exemple, à la ponctuation) ? ;
– **réfléchir préalablement au sens que l'on veut donner à cette scène**, à l'effet que l'on veut produire sur le spectateur ;
– **organiser la recherche** en suivant les différents aspects du langage théâtral (ton, silence, cris, pleurs, rires, bruitage, décor, costume, âge des acteurs, accessoires, lumières, position et gestuelle...) ;
– **rédiger une copie, en exposant d'abord ses objectifs** : sens de la scène, effet à produire sur le spectateur ;
– puis en distinguant deux parties, l'une regroupant les indications sur le langage non verbal, l'autre regroupant les indications sur le langage paraverbal, en justifiant toujours ses choix par rapport au texte proposé ;
– conclure en faisant le bilan de la mise en scène proposée (ce qu'elle met en valeur, ce qu'elle risque de laisser de côté, les difficultés posées par certains choix).

À retenir

L'analyse du jeu d'un comédien doit être attentive au langage du corps – langage non verbal (déplacement, gestuelle, mimiques, etc.) et à la mise en voix du texte – langage verbal et paraverbal – (débit, rythme, intonation, silence, etc.).

Exercices

1 ★ 10 min **Observez attentivement les deux images. Quelles sont les différences dans l'apparence et le jeu des deux actrices ? Qu'en déduisez-vous sur les choix de mises en scène et de jeu d'acteurs ?**

Sarah Bernhardt dans le rôle de Phèdre en 1893.

***Phèdre*, mise en scène de Gilbert Ponte, 2010.**

2 ★★★ 30 min **Lisez attentivement l'extrait suivant. Puis, imaginez et écrivez les indications que, en tant que metteur en scène, vous donneriez aux deux comédiens pour les guider dans leur jeu.**

Le Comte veut écarter son valet Figaro en l'envoyant à Londres, ceci pour obtenir les faveurs de Suzanne, fiancée de Figaro. Mais ce dernier est informé des intentions de son maître. Se met alors en place un duel verbal.

[...]

LE COMTE, *à part*. — Il veut venir à Londres ; elle n'a pas parlé.
FIGARO, *à part*. — Il croit que je ne sais rien ; travaillons-le un peu dans son genre.
LE COMTE. — Quel motif avait la comtesse pour me jouer un pareil tour ?
FIGARO. — Ma foi, monseigneur, vous le savez mieux que moi.
LE COMTE. – Je la préviens sur tout, et la comble de présents.
FIGARO. — Vous lui donnez, mais vous êtes infidèle. Sait-on gré du superflu à qui nous prive du nécessaire ?
LE COMTE. — ... Autrefois tu me disais tout.
FIGARO. — Et maintenant je ne vous cache rien.
LE COMTE. — Combien la comtesse t'a-t-elle donné pour cette belle association ?
FIGARO. — Combien me donnâtes-vous pour la tirer des mains du docteur ? Tenez, monseigneur, n'humilions pas l'homme qui nous sert bien, crainte d'en faire un mauvais valet.
LE COMTE. — Pourquoi faut-il qu'il y ait toujours du louche en ce que tu fais ?
FIGARO. — C'est qu'on en voit partout quand on cherche des torts.
LE COMTE. — Une réputation détestable !
FIGARO. — Et si je vaux mieux qu'elle ? Y a-t-il beaucoup de seigneurs qui puissent en dire autant ?
LE COMTE. — Cent fois je t'ai vu marcher à la fortune, et jamais aller droit.

Figaro. — Comment voulez-vous ? La foule est là : chacun veut courir, on se presse, on pousse, on coudoie, on renverse ; arrive qui peut, le reste est écrasé. Aussi c'est fait ; pour moi, j'y renonce.
Le Comte. — À la fortune ? *(À part.)* Voici du neuf.
Figaro. *(À part.)* — À mon tour maintenant. *(Haut.)* Votre Excellence m'a gratifié de la conciergerie du château ; c'est un fort joli sort : à la vérité, je ne serai pas le courrier étrenné des nouvelles intéressantes ; mais, en revanche, heureux avec ma femme au fond de l'Andalousie...
Le Comte. — Qui t'empêcherait de l'emmener à Londres ?
Figaro. — Il faudrait la quitter si souvent, que j'aurais bientôt du mariage par-dessus la tête.
Le Comte. — Avec du caractère et de l'esprit, tu pourrais un jour t'avancer dans les bureaux.
Figaro. — De l'esprit pour s'avancer ? Monseigneur se rit du mien. Médiocre et rampant, et l'on arrive à tout.
Le Comte. — ...Il ne faudrait qu'étudier un peu sous moi la politique.
Figaro. — Je la sais.
Le Comte. — Comme l'anglais : le fond de la langue !
Figaro. — Oui, s'il y avait ici de quoi se vanter. Mais feindre d'ignorer ce qu'on sait, de savoir tout ce qu'on ignore ; d'entendre ce qu'on ne comprend pas, de ne point ouïr ce qu'on entend ; surtout de pouvoir au delà de ses forces ; avoir souvent pour grand secret de cacher qu'il n'y en a point ; s'enfermer pour tailler des plumes, et paraître profond quand on n'est, comme on dit, que vide et creux ; jouer bien ou mal un personnage ; répandre des espions et pensionner des traîtres ; amollir des cachets, intercepter des lettres, et tâcher d'ennoblir la pauvreté des moyens par l'importance des objets : voilà toute la politique, ou je meure !
Le Comte. — Eh ! c'est l'intrigue que tu définis !
Figaro. — La politique, l'intrigue, volontiers ; mais, comme je les crois un peu germaines, en fasse qui voudra ! *J'aime mieux ma mie, oh gai !* comme dit la chanson du bon roi.

[...]

Beaumarchais, *Le Mariage de Figaro*, Acte III, Scène 5, Bordas, 2017.

3 ★ 10 min Observez attentivement cette image de mise en scène pour *Oh les beaux jours*, de Beckett. Qu'en déduisez-vous sur le jeu de la comédienne ?

***Oh les beaux jours* de Samuel Beckett, mise en scène de Roger Blin, 1963.**

FRANÇAIS

L'explication linéaire

Cours

▶ L'explication linéaire d'un texte constitue l'une des étapes du baccalauréat oral (voir chapitre 18).

▶ Elle porte sur un texte littéraire relativement court, environ une vingtaine de lignes continues.

▶ Elle consiste à suivre le déroulement du texte, en marquant les principales étapes. Elle se différencie en cela du commentaire littéraire (écrit du baccalauréat) qui, généralement, dégage des axes d'étude en déstructurant le texte.

Définition

Le mot « **explication** » est issu du latin *explicare* « déployer, déplier ». Au sens figuré, il s'agit donc de mettre à plat, de déplier, un texte replié, enroulé sur lui-même.

Méthode

1 Élaborer une explication linéaire

a. Lire attentivement le texte et le paratexte

▶ Il faut s'assurer que le texte est **bien compris.**

▶ Les **informations du paratexte** permettent de situer l'extrait dans une époque, dans un courant littéraire, dans l'œuvre de l'auteur et éclairent donc la lecture du texte.

b. Observer la disposition typographique du texte

Cela donne des indications sur le **genre du texte**, mais aussi sur **sa structure** : alinéa, construction en paragraphes ou strophes, espaces par exemple.

c. Dégager les caractéristiques principales de l'extrait

Il faut notamment se poser la question de ce qui fait l'**unité du passage** : scène d'aveu au théâtre, première rencontre dans un roman, monologue intérieur d'un personnage, portrait, etc.

d. Repérer la structure interne du passage

Il faut repérer **la structure interne du passage**, ainsi que les différentes étapes, la progression ou la dynamique du texte de manière précise, et dégager **l'idée principale de chaque étape** (cela peut consister à donner un titre). Le plan de l'extrait détermine le plan de l'analyse. On utilise donc la disposition en paragraphes par exemple, mais on doit aussi repérer les connecteurs logiques.

e. Analyser dans le détail les différentes étapes

▶ Il faut **repérer et analyser les procédés d'écriture** en suivant le déroulement du texte. On s'intéressera par exemple aux champs lexicaux, aux types de phrases, au rythme, aux sonorités, aux figures stylistiques, aux temps verbaux, au système d'énonciation ou de narration, etc.

▶ Il ne faut pas oublier les **instruments d'analyse** liés au **genre du texte** : écriture poétique, théâtrale, argumentative…

▶ Il ne faut pas non plus oublier **d'analyser et d'interpréter les repérages effectués** : c'est ce qui vous permet de dégager le sens et les enjeux du texte.

▶ Inversement, toute analyse ou interprétation doit être **justifiée par le texte.**

▶ Il faut veiller à ne pas simplement juxtaposer des remarques. Il s'agit en effet de montrer un mouvement, une dynamique, une évolution et de relier les analyses entre elles pour dégager le(s) sens du texte. Il est ainsi pertinent de **dégager un axe directeur d'étude** (voire une problématique) qui permettra d'assurer la cohésion de l'explication.

2 Réaliser l'explication linéaire à l'oral

La durée de l'exercice étant de 8 min (2 min sont auparavant consacrées à la lecture de l'extrait), toute l'attention doit se porter sur l'analyse du texte.

▶ **Brève phase introductive**, permettant de dégager les caractéristiques principales de l'extrait.

▶ **Présentation rapide de la structure** du texte et donc de la structure de l'étude (la première déterminant la seconde).

▶ **Étude linéaire du texte** : il faut entrer dans le détail du texte, mais sans le morceler ou l'émietter. L'objectif consiste à **allier remarques générales et analyses précises**, à suivre l'ordre du texte mais sans en être esclave.

▶ Ne pas oublier de **citer le texte** pour justifier une remarque.

▶ Utiliser régulièrement et de manière pertinente des **connecteurs logiques** pour montrer la progression de votre étude.

▶ **Phase conclusive** qui permet de synthétiser les remarques pour mettre en évidence ce qui fait l'intérêt du texte.

Attention

Ne pas relire le texte par « petits bouts » en pointant ponctuellement des procédés d'écriture. C'est l'**écueil du morcellement**.

Exercice

★★ 60 min **a.** Appliquez aux deux textes la méthode « Élaborer une explication linéaire » (environ 30 min par texte).

b. Entraînez-vous à l'oral sur le texte de votre choix (8 min).

Texte 1

Figaro, qui était contraint d'épouser Marceline, apprend brutalement qu'elle est sa mère, et que Bartholo est son père.

MARCELINE, *montrant Bartholo.* — Voilà ton père.
FIGARO, *désolé.* — O o oh ! aïe de moi !
MARCELINE. — Est-ce que la nature ne te l'a pas dit mille fois ?
FIGARO. — Jamais.
LE COMTE, *à part.* — Sa mère !
BRID'OISON. — C'est clair, i-il ne l'épousera pas.
BARTHOLO. — Ni moi non plus.
MARCELINE. — Ni vous ! Et votre fils ? Vous m'aviez juré…
BARTHOLO. — J'étais fou. Si pareils souvenirs engageaient, on serait tenu d'épouser tout le monde.
BRID'OISON. — E-et si l'on y regardait de si près, pè-ersonne n'épouserait personne.
BARTHOLO. — Des fautes si connues ! une jeunesse déplorable !
MARCELINE, *s'échauffant par degrés.* — Oui, déplorable, et plus qu'on ne croit ! Je n'entends pas nier mes fautes, ce jour les a trop bien prouvées ! mais qu'il est dur de les expier après trente ans d'une vie modeste ! J'étais née, moi, pour être sage, et je le suis devenue sitôt qu'on m'a permis d'user de ma raison. Mais dans l'âge des illusions, de l'inexpérience et des besoins, où les séducteurs nous assiègent, pendant que la misère nous poignarde, que peut opposer une enfant à tant d'ennemis rassemblés ? Tel nous juge ici sévèrement, qui, peut-être, en sa vie a perdu dix infortunées !
FIGARO. — Les plus coupables sont les moins généreux ; c'est la règle.
MARCELINE, *vivement.* — Hommes plus qu'ingrats, qui flétrissez par le mépris les jouets de vos passions, vos victimes ! c'est vous qu'il faut punir des erreurs de notre jeunesse ; vous et vos magistrats, si vains du droit de nous juger, et qui nous laissent enlever, par leur coupable négligence, tout honnête moyen de subsister. Est-il un seul état pour les malheureuses filles ? Elles avaient un droit naturel à toute la parure des femmes : on y laisse former mille ouvriers de l'autre sexe.
FIGARO, *en colère.* — Ils font broder jusqu'aux soldats !
MARCELINE, *exaltée.* — Dans les rangs même plus élevés, les femmes n'obtiennent de vous qu'une considération dérisoire ; leurrées de respects apparents, dans une servitude réelle ; traitées en mineures pour nos biens, punies en majeures pour nos fautes ! Ah ! sous tous les aspects, votre conduite avec nous fait horreur ou pitié !
FIGARO. — Elle a raison !
LE COMTE, *à part.* — Que trop raison !
BRID'OISON. — Elle a, mon-on Dieu, raison.

BEAUMARCHAIS, *Le Mariage de Figaro*, Acte IV, Scène 16, Bordas, 2017.

Texte 2

Quand le ciel bas et lourd pèse comme un couvercle
Sur l'esprit gémissant en proie aux longs ennuis,
Et que de l'horizon embrassant tout le cercle
Il nous verse un jour noir plus triste que les nuits ;

Quand la terre est changée en un cachot humide,
Où l'Espérance, comme une chauve-souris,
S'en va battant les murs de son aile timide
Et se cognant la tête à des plafonds pourris ;

Quand la pluie étalant ses immenses traînées
D'une vaste prison imite les barreaux,
Et qu'un peuple muet d'infâmes araignées
Vient tendre ses filets au fond de nos cerveaux,

Des cloches tout à coup sautent avec furie
Et lancent vers le ciel un affreux hurlement,
Ainsi que des esprits errants et sans patrie
Qui se mettent à geindre opiniâtrement.

– Et de longs corbillards, sans tambours ni musique,
Défilent lentement dans mon âme ; l'Espoir,
Vaincu, pleure, et l'Angoisse atroce, despotique,
Sur mon crâne incliné plante son drapeau noir.

BAUDELAIRE, « Spleen », *Les Fleurs du Mal*, 1857.

16 LE BAC : ORAL ET ÉCRIT
La lecture de l'image

Cours

▶ Dans le cadre de vos études en français, vous pouvez être amené(e) à analyser un document iconographique, quel que soit l'objet d'étude concerné. Il est donc nécessaire de posséder quelques bases d'analyse spécifiques.

▶ On distingue différents types d'image :
- l'image fixe : tableau, photographie, dessin, affiche, bande dessinée…
- l'image mobile : film (avec acteurs, dessin animé…).

▶ La lecture analytique de l'image se construit, comme pour un texte, de l'observation à l'interprétation. Ainsi, un questionnement précis, utilisant des instruments d'analyse adaptés, est utile pour l'étude de l'image.

Méthode

Élaborer une lecture analytique de l'image

a. Identifier la situation d'énonciation

Un peintre, un photographe, un dessinateur, **produisent un énoncé** (l'image), et **cherchent à atteindre un destinataire** (le lecteur, le spectateur…). Le **lieu** et le **moment** de production de l'image sont aussi à étudier (contexte historique, politique, courant pictural dominant…).

b. Observer l'image

▶ Quel est **son contenu** : abstrait ou figuratif ? Quelle est la **nature du sujet** (genre) : paysage, portrait, nature morte, sujet religieux, historique… ?

▶ A-t-elle **un titre** ? Intègre-t-elle **un texte** ? Si oui, quelle est **sa fonction** ?

▶ Quelle est **la technique utilisée** : dessin, gravure, collage, photographie… ?

▶ Quel est **le format choisi** (cadre) : rectangle, carré, rond, ovale ? Quelles sont **ses dimensions** ?

▶ Quel est **le point de vue** (la focalisation) **choisi** ? Quel est l'**angle choisi** : frontal (œil au niveau du sujet), plongée (œil au-dessus du sujet) ou contre-plongée ?

▶ **Étudier le cadrage** : quels sont les éléments représentés dans le champ (espace délimité par le cadre) ? Un hors-champ (espace n'apparaissant pas dans le champ) est-il suggéré ?

▶ **Étudier la profondeur de champ** : utilisation du premier plan, des plans intermédiaires, de l'arrière-plan. Comment l'**espace est-il suggéré** : succession de plans, utilisation des perspectives ?

▶ Quel est le **plan choisi** : plan général (panoramique), plan moyen (personnage en pied), plan rapproché, gros plan (cadre le visage) ?

▶ **Étudier la construction de l'image et la répartition des formes dans le cadre** : les lignes (horizontales, verticales, courbes, diagonales…) ; Y a-t-il des lignes de force ?

▶ **Étudier la lumière et les couleurs** :
- l'éclairage (intensité, provenance, contrastes, jeux d'ombre et de lumière) ;
- le choix du noir et blanc ou de la couleur, pourquoi ? ;
- l'étude des couleurs : chaudes, froides, primaires, secondaires, complémentaires ; examen de l'intensité de la couleur, des contrastes et de leurs valeurs symboliques.

c. Interpréter les repérages

▶ Comme pour un texte, les **repérages** doivent servir à une **interprétation de l'image.** Il faut donc aussi s'interroger sur les choix du peintre, du dessinateur, du photographe. **Dégager les enjeux de l'image**, c'est comprendre l'**effet recherché** par le producteur de l'image en analysant les procédés utilisés.

▶ Ainsi, plusieurs procédés développent des effets similaires : dans le portrait en pied d'un monarque, les éléments du décor, le choix de l'éclairage et des couleurs, l'utilisation de la profondeur de champ et des plans, la construction de l'image participent à la **célébration du personnage représenté.**

Exercices

1 ★★ 30 min

a. Analysez ce tableau en vous servant du questionnaire de la page précédente. Interrogez-vous sur le sens très précis du terme « vanité », utilisé dans le titre.

b. Faites des recherches sur le mouvement baroque. Vous pouvez aussi lire l'extrait d'*Hamlet* (pièce de Shakespeare) dans lequel le personnage prononce la célèbre phrase « To be or not to be » en regardant un crâne.

c. Vous mettrez ensuite en évidence l'enjeu du tableau, le but recherché par le peintre.

Simon Renard de Saint-André, *Vanité*, 1613-1677.

2 ★ 15 min **Picasso réalise ce tableau en 1937, à la demande du gouvernement de la République espagnole. Il « représente » la tragédie qui touche la ville basque de Guernica, bombardée par l'aviation allemande, au service de Franco. Vous montrerez comment Picasso témoigne, à travers ce tableau, de ce drame.**

Pablo Picasso, *Guernica*, 1937.

Pistes de travail

a. Vous pouvez rechercher d'autres tableaux :
- sur le thème de la vanité,
- sur le thème de la guerre,

et analyser les différences de traitement dans la représentation du thème.

b. Pensez, lorsque vous étudiez une œuvre littéraire, à vous intéresser aux couvertures choisies selon les éditions. C'est assez souvent révélateur des différentes perceptions de l'ouvrage.

c. En poésie, sont souvent associés poèmes et iconographies. Recherchez ainsi quelques exemples sur *Les Fleurs du Mal* de Baudelaire ou *Alcools* d'Apollinaire.

La lecture cursive

Cours

▶ La lecture cursive est une lecture personnelle que vous effectuez en dehors du temps scolaire, mais qui est en lien avec l'enseignement du français et les cours. Elle ne constitue pas une lecture facultative puisqu'elle peut faire l'objet d'une évaluation à l'oral du baccalauréat (voir chapitre 18).

▶ Comme l'œuvre concernée ne sera pas étudiée de manière détaillée en cours, vous devez garder une trace de cette lecture, vous devez en maîtriser le contenu, et être capable d'échanger sur cette œuvre au moment de l'entretien du bac.

▶ La lecture d'une œuvre intégrale doit être une lecture active :
- ne morcelez pas la lecture en l'étalant trop dans le temps : vous perdriez toute vision globale de l'œuvre ;
- annotez au fur et à mesure les passages importants ou qui vous marquent ;
- repérez, avec des systèmes de marque-pages, les passages-clés de l'œuvre : apparition d'un personnage, scène de rencontre, description d'un lieu essentiel, tournant dans l'œuvre, discours d'un personnage qui éclaire le projet de l'auteur, etc. ;
- soyez particulièrement attentif/ve au dénouement.

Méthode

Élaborer une fiche de lecture

Voici un exemple de fiche qui vous permet d'exploiter au mieux votre lecture.

Présentation de l'œuvre
- Titre
- Auteur
- Date d'écriture
- Date de publication (s'il y a un écart temporel avec la date de publication)

Contextes
- Biographie de l'auteur (les éléments essentiels + ceux éclairant l'œuvre lue)
- Contexte historique (en relation avec l'œuvre)
- Contexte littéraire (appartenance à un mouvement littéraire par exemple)

Caractéristiques de l'œuvre
(À adapter selon le genre de l'œuvre : poésie, roman, théâtre, argumentation)
- Genre (voire sous-genre)
- Nombre de chapitres/d'actes/de poèmes ou de sections
- Analyse de la structure
- Bref résumé
- Thèmes principaux de l'œuvre
- Personnages-clés et leurs fonctions
- Caractéristiques de l'écriture

Passages-clés
- Moments importants à retenir

Remarques sur le dénouement
- Quelques citations

Réception de l'œuvre
- Accueil par le public
- Accueil par la critique
- Adaptations au cinéma
- Inspiration pour d'autres œuvres (littéraires, picturales...)

Appréciation personnelle argumentée (étape importante – cf. oral)

Lien avec l'objet d'étude vu en cours

Exercices

1 ★ 15 min **Que révèlent les titres d'œuvres suivants sur le genre, la tonalité, le thème, le lieu, l'époque de la fiction, le type de personnage, etc. ?**

Les Lettres persanes – Meurtre au comité central – Poèmes saturniens – Ruy Blas – L'illusion comique – Mémoires d'Hadrien – Histoire de la folie à l'âge classique – Journal d'un curé de campagne

2 ★ 15 min **Répondez aux questions suivantes :**

a. *Les Liaisons dangereuses* sont un roman épistolaire. Qu'est-ce qu'un roman épistolaire ? Citez deux autres romans épistolaires.

b. *Les Regrets* sont un recueil poétique du XVe siècle. Citez un autre titre de recueil de cette époque.

c. *Manon Lescaut* est l'histoire d'une passion fatale. Citez deux autres romans de la passion fatale.

d. *Andromaque* est une tragédie. Citez deux autres tragédies du XVIIe siècle.

e. *Gargantua* est un roman humaniste. Citez deux autres œuvres humanistes.

f. *L'Espoir* de Malraux a pour thème la guerre d'Espagne. Citez un peintre ayant traité ce thème.

3 ★ 10 min **Attribuez à chacune des œuvres suivantes son auteur :**

– Œuvres : *Les Fleurs du mal, Les Regrets, Lucien Leuwen, Rhinocéros, Voyage au bout de la nuit, Les Lettres persanes, Aurélien, Le Neveu de Rameau.*
– Auteurs : Montesquieu, Céline, du Bellay, Ionesco, Diderot, Stendhal, Aragon, Baudelaire.

4 ★★ 15 min **À propos de la dernière œuvre littéraire que vous avez lue, appliquez-vous le questionnaire suivant. Ce sera un test de votre lecture. Pensez à argumenter, à être capable de justifier.**

– Quelle est la date de parution de l'œuvre (au minimum, le siècle) ?
– Quelles autres œuvres l'auteur a-t-il écrites ?
– Quel est le courant littéraire auquel appartient l'œuvre ?
– Quel est son genre ?
– Quel est son sujet ?
– Quels sont les noms des personnages principaux ?
– Quelle est la trame de l'histoire (les principales étapes) ?
– Quel en est le dénouement ?

5 ★★ 25 min

a. Cherchez la définition des courants littéraires suivants : l'humanisme, le baroque, la philosophie des Lumières, le romantisme, le réalisme, le surréalisme, le théâtre de l'absurde.

b. Qui sont les personnages littéraires suivants : Œdipe, Lancelot, Emma Bovary, Ulysse, le Cid, Carmen, Nana, Sganarelle, Monsieur Jourdain, Candide ?

c. Situez dans le temps les auteurs suivants (indiquez les siècles) et, si possible, associez-leur une œuvre au moins :

– Victor Hugo
– Montesquieu
– Chrétien de Troyes
– Voltaire
– Louis Aragon
– Jean Racine
– Pierre de Ronsard
– Denis Diderot
– Émile Zola
– Gustave Flaubert
– François Rabelais
– Honoré de Balzac
– Paul Verlaine
– Jean de La Fontaine
– Paul Éluard

L'oral au baccalauréat

Cours

▶ L'épreuve orale du bac comporte deux temps :
– une phase de préparation de 30 min ;
– une phase de passage de 20 min (décomposée elle-même en deux temps)

▶ L'examinateur s'appuie sur le descriptif d'activités que votre professeur(e) a fourni. Ce descriptif rend compte du travail et de toutes les activités menées avec vous pendant l'année de 1re.

Déroulement de l'épreuve

a. Accueil et préparation

L'examinateur vous accueille et vous indique :
– le texte et le passage du texte retenu, avec une éventuelle sélection du passage à expliquer si le texte dépasse le format d'une vingtaine de lignes de prose continue (cela peut donc être plus long pour un poème ou un extrait théâtral) ;
– la question de grammaire posée, qui ne peut concerner qu'un passage de l'extrait faisant l'objet de l'explication de texte (analyse syntaxique d'une courte phrase ou d'une partie de phrase).
Ces éléments vous sont indiqués par écrit. Vous avez ensuite un temps de préparation de 30 min.

b. Phase de passage : 20 min, en deux temps

▶ **Première partie de l'épreuve orale :** exposé sur un des textes du descriptif :
– vous faites une lecture à voix haute juste, pertinente et expressive du texte choisi par l'examinateur, après l'avoir situé brièvement dans l'œuvre ou le parcours associé. Cette partie est notée sur 2 points ;
– vous proposez une explication linéaire du passage choisi par l'examinateur. Cette partie est notée sur 8 points (voir chapitre 15 sur l'explication linéaire) ;
– vous répondez à la question de grammaire posée par l'examinateur au moment du tirage. Cette partie est notée sur 2 points.

▶ **Seconde partie de l'épreuve :** présentation de l'œuvre choisie par vous, parmi celles étudiées en classe ou parmi les lectures cursives obligatoires, et entretien avec l'examinateur (voir chapitre 17 sur la lecture cursive) :
– vous présentez brièvement l'œuvre que vous avez retenue et vous exposez les raisons de votre choix ;
– entretien : vous répondez aux questions de l'examinateur qui évaluera votre capacité à dialoguer, à nuancer et à étoffer votre réflexion, à défendre votre point de vue.

À noter

Le coefficient est de 5, quelle que soit la série.
Première partie de l'épreuve :
• durée : 12 minutes
• note sur 12 points
Seconde partie de l'épreuve :
• durée : 8 minutes
• note sur 8 points

Méthode

Bien se préparer à l'oral du bac

a. Les révisions pour l'oral

▶ **Planifier les révisions** bien à l'avance :
– faire peu de textes à la fois, pour éviter de les confondre ;
– à la fin d'une séquence ou d'un objet d'étude, revoir l'ensemble des textes, sans oublier les cours d'introduction, les bilans, les contrôles ou devoirs en relation avec la séquence ;
– prévoir une période finale pour revoir l'ensemble des textes et œuvres.

Conseil

Plus vous travaillez ***de façon régulière et à long terme***, plus vous diminuez la tension du travail dans l'urgence, rarement efficace pour ce type d'épreuves.

▶ Se faire des **fiches** pour chaque texte étudié (ne marquer que l'essentiel, les points importants de l'analyse et les éléments que vous avez du mal à retenir).

▶ Lors des révisions des textes, **travaillez toujours avec le texte sous les yeux** : vous devez faire sans cesse le lien entre l'analyse et les références précises au texte. N'oubliez pas qu'au moment de l'oral, **vous devrez justifier vos remarques** par des repérages et des citations du texte, et ceci de façon rapide et efficace.

Conseil

Soignez particulièrement la ***lecture des textes poétiques***. Dans la versification classique, il est indispensable d'appliquer la règle du « e muet » final, de marquer les diérèses ou de mettre en relief les enjambements, pour ne donner que quelques exemples.

▶ Entraînez-vous à **lire à voix haute** les textes : votre lecture doit rendre compte de votre compréhension du passage. Veillez à adapter le rythme et le ton au registre de l'extrait ; sachez, par exemple, donner vie à une scène animée. Évitez de trébucher sur les noms propres ou les termes un peu complexes : les erreurs ponctuelles sont évidemment excusables, mais ne donnez pas l'impression à l'examinateur que vous découvrez un mot pour la première fois... Respectez aussi la ponctuation.

▶ Relisez **en diagonale** les œuvres intégrales étudiées et les œuvres complémentaires (les fiches de lecture constituent aussi une aide non négligeable).

▶ Pensez à la **lecture cursive** que vous présenterez à l'oral (selon l'objet d'étude) et préparez votre **argumentation.**

b. Conseils techniques

▶ **Préparez vos manuels et livres** en marquant par exemple avec des repères les pages concernées par les extraits : vous éviterez ainsi de vous déconcentrer le jour du bac.

▶ **Préparez vos textes** dans une pochette ou trieur, en les regroupant selon les séquences. Le but est toujours d'éviter une tension inutile dans les premières minutes de l'examen.

▶ N'oubliez pas de gommer toutes les annotations sur les textes qui doivent **être vierges.**

c. Le jour de l'oral

▶ **Apportez** votre montre, vos textes, vos manuels et vos œuvres complètes, ainsi que les papiers officiels nécessaires (descriptif d'activités, pièce d'identité et convocation). Pensez à éteindre votre téléphone. Ne laissez pas vos cours ou fiches de révision avec vos textes.

▶ **Gérez votre temps de préparation :** ces 30 minutes vous permettent de préparer l'explication linéaire et la question de grammaire. Ne rédigez pas, écrivez en prise de notes.

▶ Vous pouvez préparer la **lecture cursive** que vous présenterez :

– **La 1re partie** : lors de l'explication linéaire, pensez **à justifier** vos remarques par des références et citations du texte.
N'oubliez pas **l'analyse stylistique**, essentielle dans l'étude d'un texte littéraire.
Ayez donc constamment le texte « à portée d'yeux ».
Ne bâclez pas la **conclusion.**
Votre **brouillon** (prise de notes) est une **aide ponctuelle.** Il ne doit pas être lu.

– **La 2e partie** : exprimez-vous clairement, en utilisant un **lexique précis.** Pensez à relier vos remarques lors de la présentation de la lecture cursive.
Soyez attentif/ve aux questions de l'examinateur et ne répondez pas par des bribes de phrases : **développez de manière autonome votre propos.** Votre connaissance des œuvres, des notions, votre culture littéraire acquises lors des cours sont alors essentiels.

Exercice

★★ **Voici un petit mémo pour votre préparation durant l'année. Cochez au fil des semaines ce que vous faites :**

- ☐ Je me prépare à l'oral en participant en classe.
- ☐ Je m'entraîne en effectuant les préparations données par le professeur.
- ☐ Je lis les œuvres étudiées ou proposées en complément sans me contenter de lire un vague résumé.
- ☐ Je relis avant chaque cours le cours précédent.
- ☐ Je vérifie le vocabulaire que je ne suis pas certain/e de connaître.
- ☐ Je relis chaque séquence terminée.
- ☐ Je prépare régulièrement des fiches de synthèse.
- ☐ Je m'entraîne avec des camarades à un jeu de questions/réponses.

Le commentaire de texte

Cours

▶ Le commentaire est l'un des deux sujets proposés à l'écrit du baccalauréat. Il porte sur un texte littéraire, en lien avec un des objets d'étude du programme de la classe de 1re.
Il s'agit de composer un devoir qui présente, de manière organisée, ce que vous avez retenu de sa lecture, et justifie par des analyses précises votre interprétation et vos jugements personnels. Le texte proposé pour le commentaire n'est pas extrait d'une des œuvres au programme.

À noter

L'épreuve écrite dure **4 heures** et vous donne le choix entre un commentaire ou une dissertation. La copie est notée sur 20. Le coefficient est de 5, quelle que soit la série.

Méthode

Élaborer et rédiger un commentaire

a. Mettre en rapport le texte étudié avec l'objet d'étude

Le texte que vous commentez trouve place dans un ensemble :
– il **correspond** d'abord à l'un des **objets d'étude du programme**, et cela doit immédiatement vous donner des pistes sur **son écriture et ses enjeux** ;
– enfin, le travail que vous avez effectué durant l'année vous aidera à **situer ce texte par rapport à un contexte culturel.**

b. Préparer le travail d'analyse

▶ Pour préparer le commentaire, on doit adopter des outils et des mécanismes similaires à ceux de la lecture analytique : **observez le texte, analysez-le, interprétez-le.**

▶ Il convient donc de **savoir questionner le texte** pour en fournir une interprétation.
– À quel genre appartient ce texte ? Quelles caractéristiques de ce genre présente-t-il ?
– Quelles formes de discours comporte-t-il ? Quels en sont les procédés d'écriture significatifs ?
– Quel(s) est (sont) son (ses) thème(s) ? Le traitement du thème vous semble-t-il original ou traditionnel ?
– Quel(s) en est (sont) le (les) registre(s) dominant(s) ? Quels éléments vous semblent représentatifs de ce registre ?

▶ Pour vos analyses, pensez toujours au système d'énonciation/de narration, aux champs lexicaux, aux figures de style, aux temps verbaux, aux connecteurs logiques et spatio-temporels, à la syntaxe (ponctuation, structure des phrases), etc.

▶ Ce questionnement doit permettre de formuler des **hypothèses sur le sens du texte, de dégager ses enjeux** (pourquoi a-t-il été écrit ? Quels sont ses objectifs ?), d'en comprendre la visée (quel effet cherche-t-il à produire chez le lecteur ?). Vous devez ainsi **dégager une problématique**, ou un **axe directeur d'étude** qui vous aidera à bâtir le plan et assurer une cohérence à votre étude.

c. Organiser le commentaire

– Le commentaire doit comporter une **introduction**, qui présente le texte et le situe dans l'histoire littéraire, un **développement structuré**, dans lequel on distingue différentes étapes, et une conclusion, qui fait le bilan de l'étude.
– **Quelques erreurs sont à éviter** : un commentaire ligne à ligne (cela montre que vous ne parvenez pas à analyser le texte dans son ensemble), l'absence totale de plan ou un commentaire qui se contente d'observer le texte.
– Le développement peut être organisé de différentes manières. Pensez à formuler la problématique littéraire posée par le texte ; cela permet souvent de **dégager un plan cohérent, qui présente les éléments de réponse à cette problématique.**

d. Rédiger le commentaire

La rédaction obéit aux **règles habituelles de l'expression écrite.** La difficulté est d'articuler analyse, citations du texte et interprétation.

À noter

Pensez à utiliser un **lexique précis**, à citer entre guillemets, à préciser vos **références** (numéros de ligne, de vers), à aérer la présentation (sautez des lignes entre les parties, faites des paragraphes avec alinéas).

Exercices

1 ★★ 40 min **Appliquez à cet extrait le questionnement présent dans la partie « Méthode » puis proposez un plan détaillé.**

Vous pouvez vous aider de la Méthode sur l'analyse d'un monologue théâtral chapitre 13.

Dans une petite ville, les habitants ont atteint de « rhinocérite », maladie contagieuse et métaphore de la barbarie et du totalitarisme. Ils se transforment peu à peu en rhinocéros, et seul Bérenger n'est pas atteint. Voici son monologue, qui clôt la pièce.
(Lorsqu'il accroche les tableaux, on s'aperçoit que ceux-ci représentent un vieillard, une grosse femme, un autre homme. La laideur de ces portraits contraste avec les têtes des rhinocéros qui sont devenues très belles. Bérenger s'écarte pour contempler les tableaux.)

Je ne suis pas beau, je ne suis pas beau. *(Il décroche les tableaux, les jette par terre avec fureur, il va vers la glace.)* Ce sont eux qui sont beaux. J'ai eu tort ! Oh ! comme je voudrais être comme eux. Je n'ai pas de corne, hélas ! Que c'est laid, un front plat. Il m'en faudrait une ou deux, pour rehausser mes traits tombants. Ça viendra peut-être, et je n'aurai plus honte, je pourrai aller tous les retrouver. Mais ça ne pousse pas ! *(Il regarde les paumes de ses mains.)* Mes mains sont moites. Deviendront-elles rugueuses ? *(Il enlève son veston, défait sa chemise, contemple sa poitrine dans la glace.)* J'ai la peau flasque. Ah, ce corps trop blanc, et poilu ! Comme je voudrais avoir une peau dure et cette magnifique couleur d'un vert sombre, une nudité décente, sans poils, comme la leur ! *(Il écoute les barrissements.)* Leurs chants ont du charme, un peu âpre, mais un charme certain ! Si je pouvais faire comme eux. *(Il essaye de les imiter.)* Ahh, ahh, brr ! Non, ça n'est pas ça ! Essayons encore, plus fort ! Ahh, ahh, brr ! non, non, ce n'est pas ça, que c'est faible, comme cela manque de vigueur ! Je n'arrive pas à barrir. Je hurle seulement Ahh, ahh, brr ! Les hurlements ne sont pas des barrissements ! Comme j'ai mauvaise conscience, j'aurais dû les suivre à temps. Trop tard maintenant ! Hélas, je suis un monstre, je suis un monstre. Hélas, jamais je ne deviendrai rhinocéros, jamais, jamais ! Je ne peux plus changer. Je voudrais bien, je voudrais tellement, mais je ne peux pas. Je ne peux plus me voir. J'ai trop honte ! *(Il tourne le dos à la glace.)* Comme je suis laid ! Malheur à celui qui veut conserver son originalité ! *(Il a un brusque sursaut.)* Eh bien tant pis ! Je me défendrai contre tout le monde ! Ma carabine, ma carabine ! *(Il se retourne face au mur du fond où sont fixées les têtes des rhinocéros, tout en criant:)* Contre tout le monde, je me défendrai ! Je suis le dernier homme, je le resterai jusqu'au bout ! Je ne capitule pas !

RIDEAU

Eugène Ionesco, *Rhinocéros*, Acte III, scène finale, © Éditions Gallimard, 1959.

2 ★★ 40 min **Analysez le texte en appliquant le questionnement de la partie « Méthode » et proposez un plan détaillé.**

Relisez les caractéristiques de la modernité poétique dans le chapitre 6.

Nuit rhénane

Mon verre est plein d'un vin trembleur comme une flamme
Écoutez la chanson lente d'un batelier
Qui raconte avoir vu sous la lune sept femmes
Tordre leurs cheveux verts et longs jusqu'à leurs pieds

Debout chantez plus haut en dansant une ronde
Que je n'entende plus le chant du batelier
Et mettez près de moi toutes les filles blondes
Au regard immobile aux nattes repliées

Le Rhin le Rhin est ivre où les vignes se mirent
Tout l'or des nuits tombe en tremblant s'y refléter
La voix chante toujours à en râle-mourir[1]
Ces fées aux cheveux verts qui incantent[2] l'été

Mon verre s'est brisé comme un éclat de rire

Guillaume Apollinaire, « Rhénanes », *Alcools*, 1913.

1. Néologisme d'Apollinaire.
2. Enchantent.

FRANÇAIS

La dissertation

Cours

▶ Les textes officiels définissent ainsi le sujet de dissertation au baccalauréat écrit : « La dissertation consiste à conduire une réflexion personnelle organisée sur une question littéraire portant sur l'une des œuvres et sur le parcours associé figurant dans le programme national limitatif. Pour développer son argumentation, le candidat s'appuie sur sa connaissance de l'œuvre et des textes étudiés dans le cadre de l'objet d'étude concerné, ainsi que sur ses lectures et sa culture personnelle. »

À noter

Comme pour le commentaire, l'épreuve dure **4 heures** et la copie est notée sur 20.

▶ Vous serez donc interrogé sur une œuvre (et son parcours associé) que vous aurez étudiée en cours, dans le cadre d'un des objets d'étude (roman, poésie, théâtre, ou argumentation).

▶ Il peut donc vous être demandé de soutenir, de réfuter, de discuter un point de vue ou d'explorer un thème, une notion.

▶ La dissertation est composée de trois étapes principales : introduction, développement, conclusion. Le développement est constitué de parties et celles-ci sont divisées en paragraphes.

Méthode

Élaborer une dissertation

a. Analyser le sujet

▶ **Repérer les éléments importants de l'intitulé :** le verbe, qui vous indique le travail à effectuer (« étayez », « réfutez », « discutez », « analysez »...), le domaine à étudier, la formulation de la consigne.

Par exemple, « vous montrerez en quoi... » invite à étayer la thèse, tandis que l'expression « dans quelle mesure... » vous demande de la discuter.

Une **question fermée** invite à **discuter** (plan dialectique). Une **question ouverte** invite à **explorer une notion** ou à **défendre un point de vue.**

▶ **Dégager la problématique**, c'est-à-dire la question à laquelle on vous demande de répondre. Elle détermine la suite de votre travail et est essentielle pour éviter le hors-sujet.

b. Rechercher les arguments ou les exemples

▶ Le sujet de la dissertation s'appuyant sur une **œuvre étudiée** et son **parcours associé**, cette recherche paraît plus facile. Cependant, il ne s'agit pas de reprendre de manière indistincte des connaissances. Votre recherche doit se faire en fonction du sujet, du problème qu'il soulève, **en vérifiant chaque fois la pertinence de vos références et de vos affirmations.**

▶ L'argument soutient votre affirmation, l'exemple vient l'illustrer. Ce dernier ne doit pas être simplement allusif, mais doit témoigner de votre connaissance de l'œuvre.

c. Bâtir le plan

▶ Il faut **se servir de la problématique comme point de départ.** Le développement est l'élaboration, étape par étape, de la réponse à la question initiale. **Chaque partie constitue donc un élément de réponse.**

▶ L'ordre des parties dépend du type de sujet. Pour **discuter une thèse**, le **plan** classique est : **thèse**, **antithèse**, **synthèse.** Le devoir prend donc souvent la forme d'un raisonnement concessif en trois étapes.

S'il s'agit d'**explorer une notion**, on mettra en évidence ses principales caractéristiques, en allant **du plus évident vers le plus complexe.**

d. Construire l'introduction et la conclusion

▶ Ces étapes, essentielles, doivent être particulièrement soignées :
- l'**introduction** amène le **sujet**, pose la **problématique** et annonce le **plan** ;
- la **conclusion** effectue le **bilan de l'étude** en **répondant à la problématique** ; cette réponse peut être nuancée.

e. Rédiger le devoir

- Être particulièrement attentif/ve à la **correction de la langue** (syntaxe et orthographe).
- Soigner le lien entre les remarques, les transitions entre les parties et entre les paragraphes : la réflexion doit apparaître comme un **enchaînement logique d'analyses** et non comme une juxtaposition de remarques.
- Prendre toujours le temps de **relire le travail.**
- Ne pas oublier que l'**expression**, l'**orthographe** sont aussi **évaluées.**

Exercices

1 ★★ 20 min **Analysez les sujets en vous appuyant sur la démarche indiquée dans la partie « Méthode ».**

Poésie

a. Victor Hugo écrit dans la préface des *Contemplations* : « Est-ce donc la vie d'un homme ? Oui, et la vie des autres hommes aussi [...] Ah ! insensé qui crois que je ne suis pas toi. »
En quoi cette affirmation se trouve-t-elle vérifiée dans l'œuvre étudiée ?

b. « Car j'ai de chaque chose extrait la quintessence, Tu m'as donné ta boue et j'en ai fait de l'or » écrit Baudelaire dans son recueil poétique *Les Fleurs du Mal*.
Vous expliquerez cette démarche poétique en vous appuyant sur votre connaissance de l'œuvre.

c. Pierre Brunel a intitulé *Apollinaire entre deux mondes* l'étude qu'il consacre à ce poète.
Dans quelle mesure cette expression vous semble-t-elle vérifiée dans le recueil *Alcools* ?

Littérature d'idées

a. Comment la démarche de Montaigne, dans les deux chapitres étudiés des *Essais*, invite-t-elle à un autre regard sur l'Ancien monde et le Nouveau ?

b. La fable peut se définir comme un court récit, en vers ou en prose, destiné à illustrer un précepte ou une morale. Cela vous semble-t-il rendre compte de votre lecture des *Fables* de La Fontaine ?

c. En quoi la technique du regard extérieur est-elle particulièrement efficace pour susciter la réflexion du lecteur dans les *Lettres persanes* de Montesquieu ?

Roman et récit

a. En quoi l'histoire de la princesse de Clèves, dans le roman de Mme de Lafayette, est-elle révélatrice de la société du XVIIe siècle et de ses valeurs morales ?

b. Le personnage de Julien Sorel est-il le héros d'un roman d'apprentissage ? Vous répondrez à cette question en vous appuyant sur votre étude du roman de Stendhal, *Le Rouge et le Noir*.

c. En quoi l'autobiographie fictive que constitue les *Mémoires d'Hadrien* permet-elle la connaissance de soi ?

Théâtre

a. Dans *Dionysos, Apologie pour le théâtre*, Pierre-Aime Touchard définit le théâtre comme le lieu de « la libération vertigineuse des sentiments ».
Dans quelle mesure cette affirmation vous paraît-elle rendre compte de la tragédie de Racine, *Phèdre*, que vous avez étudiée cette année ?

b. La comédie de Beaumarchais, *Le Mariage de Figaro*, est-elle révolutionnaire ?

c. Vous expliquerez ce propos de Beckett en vous appuyant sur la pièce *Oh les beaux jours* : « Rien n'est plus drôle que le malheur [...], c'est la chose la plus comique au monde ».

2 ★★ 40 min **Proposez un plan détaillé pour les sujets liés aux œuvres que vous avez étudiées.**

FRANÇAIS

HISTOIRE LITTÉRAIRE

1000 — 1100 — 1200 — 1300 — 1400

ART ROMAN

ART GOTHIQUE

La Chanson de Roland
XIe siècle

Marie de France
Lais
Fin du XIIe siècle

Chrétien de Troyes
Lancelot
XIIe siècle

Guillaume de Lorris
Le Roman de la Rose
1230

Rutebeuf
Les *Dits*
1260

Guillaume de Machaut
Prise d'Alexandrie
1370

Christine de Pisan
La Cité des Dames
1404-1405

Le Moyen Âge

- Le Moyen Âge invente le roman par l'épopée, qui mêle histoire et légendes. Le nom « roman » désigne, à l'origine, de la poésie versifiée écrite en langue romane, le français.
- *Érec* et *Énide* (1165), de Chrétien de Troyes, est le premier roman qui nous soit parvenu traitant du cycle du roi Arthur.
- Le récit *La Conquête de Constantinople* (1207) de Villehardouin est la première chronique historique française.
- Les chansons de geste sont des récits mettant en scène un homme héroïque. Elles vantent les prouesses martiales des guerriers.
- Le roman courtois (*Le Roman de la Rose*), versifié tout comme la chanson de geste, présente un homme amoureux séduisant une noble dame.
- La littérature médiévale est une littérature d'élite. Elle est diffusée oralement, ce qui explique sa forme versifiée, qui la rend plus agréable à entendre et plus facile à apprendre.

Charles d'Orléans
Rondeaux
XVe siècle

Pierre de Ronsard
Les Amours
1552

Joachim Du Bellay
Les Regrets
1558

Début des guerres de Religion
1562

Fin des guerres de Religion
1598

1500 — RENAISSANCE — 1600

François Villon
Le Testament
1461

Rabelais
Pantagruel
1532

Début de l'anglicanisme
1534

Marguerite de Navarre
Heptaméron
1559

Michel de Montaigne
Essais
1580-1588

FRANÇAIS

Le XVIe siècle

- Des intellectuels (Guillaume Budé, Érasme) traduisent, commentent et diffusent les textes antiques, renouvelant les formes du récit.
- Les différentes formes du discours, théorisées par Aristote, renaissent en littérature : l'épidictique (l'éloge ou le blâme), le judiciaire (convaincre) et le délibératif (discours politique).
- Le roman satirique connaît un âge d'or durant la période humaniste avec *Pantagruel* (1532) et *Gargantua* (1534), de Rabelais.
- Avec les massacres de civils perpétrés durant les guerres de Religion (1562-1598) par les catholiques et les protestants, les poètes réagissent différemment, soit en s'engageant et en développant une poésie du combat (Agrippa d'Aubigné), soit en produisant des écrits théoriques sur la place de l'homme dans la société (La Boétie).
- Les *Essais* de Montaigne développent un discours sur soi et sur l'homme totalement nouveau, absent jusque-là en littérature.

FRISE

HISTOIRE LITTÉRAIRE

Agrippa d'Aubigné
Les Tragiques
1616

René Descartes
Discours de la méthode
1637

Molière
L'École des Femmes
1662

Mme de La Fayette
La Princesse de Clèves
1678

Jean de La Fontaine
Fables
1678

1600 — 1700

BAROQUE

CLASSICISME

Honoré d'Urfé
L'Astrée
1607

Assassinat d'Henri IV
1610

Pierre Corneille
Cinna
1641

Blaise Pascal
Les Pensées
1670

Jean Racine
Phèdre
1677

Jean de La Bruyère
Les Caractères
1688

Le XVIIe siècle

- Le roman précieux, long récit sentimental où les personnages développent un comportement particulièrement raffiné, naît au XVIIe siècle avec *L'Astrée* d'Honoré d'Urfé.
- Avec *La Princesse de Clèves,* de Mme de La Fayette, apparaît le roman psychologique, centré sur les motivations intérieures des personnages, leurs hésitations et leurs sentiments complexes.
- Le théâtre baroque s'illustre dans la première moitié du XVIIe siècle, caractérisé par des intrigues enchâssées et un jeu fondé sur l'illusion.
- Durant le règne personnel de Louis XIV (1661-1715), le théâtre classique est à son apogée, représenté par Molière pour la comédie (*Le Misanthrope*), et par Racine pour la tragédie(*Phèdre*). Le théâtre classique, en 5 actes et respectant la bienséance, doit suivre la règle des 3 unités de lieu, de temps et d'intrigue.
- Molière développe en parallèle la Grande Comédie grâce à sa pièce *L'École des femmes*, avec un théâtre traitant de thèmes sérieux, souhaitant édifier le public par le rire.

Marivaux
La Double Inconstance
1723

Abbé Prévost
Histoire du Chevalier des Grieux et de Manon Lescaut
1731

Voltaire
L'Ingénu
1767

Denis Diderot
Jacques le Fataliste
1778

Début de la Révolution française
1789

1800

LES LUMIÈRES

Montesquieu
Lettres persanes
1721

Saint Simon
Les Mémoires
1739

Jean-Jacques Rousseau
Les Confessions
1765-1770

Beaumarchais
Le Mariage de Figaro
1784

Exécution de Louis XVI
1793

FRANÇAIS

Le XVIIIe siècle

- Les romans épistolaires se multiplient au XVIIIe siècle, tantôt contestataires (*Lettres persanes,* de Montesquieu), tantôt libertins (*Les Liaisons dangereuses,* de Choderlos de Laclos).
- *Jacques le Fataliste* (1778) de Diderot annonce le roman moderne, où l'intrigue est secondaire, pour mettre en valeur des récits annexes moraux et philosophiques.
- Le drame bourgeois naît au XVIIIe siècle comme un intermédiaire entre la tragédie et la comédie, avec des pièces telle que *Le Fils naturel* de Diderot.
- La comédie devient peu à peu le lieu de la contestation et de l'expression de nouvelles revendications révolutionnaires (*Le Mariage de Figaro* de Beaumarchais), qui peuvent être perçues comme une anticipation de la Révolution française.
- Les philosophes des Lumières, opposés à l'intolérance, s'engagent activement dans les différents débats de société en développant une littérature polémique à l'occasion de grandes affaires retentissantes, tel Voltaire et son *Traité de la tolérance* (1763) pour l'affaire Calas (1761).

FRISE

HISTOIRE LITTÉRAIRE

1800

Mme de Staël
Corinne
1807

George Sand
Indiana
1832

Honoré de Balzac
Le Père Goriot
1835

Eugène Labiche
Un chapeau de paille d'Italie
1851

Victor Hugo
Les Contemplations
1856

ROMANTISME

Alphonse de Lamartine
Les Méditations poétiques
1820

Stendhal
Le Rouge et le Noir
1830

Alfred de Musset
Les Caprices de Marianne
1833

Aloysius Bertrand
Gaspard de la nuit
1842

Chateaubriand
Mémoires d'Outre-tombe
1849

Gérard de Nerval
Les Chimères
1854

Le XIXe siècle

- Le XIXe siècle est l'ère du roman, qui domine dans tous les mouvements littéraires de ce siècle, excepté dans le Parnasse, mouvement poétique de l'art pour l'art.
- Le mouvement du romantisme se caractérise par une expression des sentiments dans les arts, en réaction à la doctrine de la raison professée par les philosophes des Lumières.
- Les romans historiques, récits ayant pour toile de fond des événements réels, se multiplient. Cela peut être le lieu de l'écriture de soi, tel que Chateaubriand dans ses *Mémoires d'Outre-tombe*.
- Le réalisme, mouvement exclusivement fondé sur le roman, se diffuse avec les œuvres de Balzac. Le roman réaliste représente la réalité sans filtres, en mettant en scène la société contemporaine et ses vices.
- Les naturalistes, tels que Zola, analysent leur société en menant une expérience scientifique et sociale au sein de leurs romans.

Gustave Flaubert
Madame Bovary
1857

Paul Verlaine
Poèmes saturniens
1866

Émile Zola
Germinal
1885

Arthur Rimbaud
Illuminations
1886-1895

1900

NATURALISME / RÉALISME

SYMBOLISME / PARNASSE

Charles Baudelaire
Les Fleurs du Mal
1857

Jules Verne
Vingt mille lieues sous les mers
1869

Guy de Maupassant
Bel-Ami
1885

Alfred Jarry
Ubu Roi
1896

Georges Feydeau
Le dindon
1896

- La poésie romantique se développe loin des contraintes formelles classiques, tout en enrichissant ses vers du vocabulaire courant. Les thèmes poétiques se renouvellent également, en mettant en scène des parias et des âmes seules.
- Aloysius Bertrand dans son *Gaspard de la nuit* (1842) crée le vers libre, en poursuivant le refus des contraintes formelles de la poésie.
- Les artistes veulent lier les arts entre eux, notamment la poésie, la peinture et la musique.
- Le symbolisme renouvelle la poésie par son approche et sa sensibilité à l'égard des objets à représenter. Le poète est désormais oracle qui révèle aux hommes les sens cachés.
- Le drame romantique, abandonnant les règles des unités de temps et de lieu, entre dans son âge d'or. Ses représentations font l'objet d'une lutte réelle entre les partisans du théâtre classique, et ceux du théâtre romantique (bataille d'Hernani, 1830).

HISTOIRE LITTÉRAIRE

Marcel Proust
Du côté de chez Swann
1913

André Breton
Manifeste du surréalisme
1924

Louis-Ferdinand Céline
Voyage au bout de la nuit
1932

Aimé Césaire
Cahier d'un retour au pays natal
1939

Jean-Paul Sartre
Les Mouches
1943

Primo Levi
Si c'est un homme
1947

1900

SURRÉALISME

Guillaume Apollinaire
Alcools
1913

Paul Éluard
Capitale de la douleur
1926

Jean Giraudoux
La Guerre de Troie n'aura pas lieu
1935

Francis Ponge
Le Parti pris des choses 1942

Albert Camus
L'Étranger
1942

Léopold Sédar Senghor
Chants d'ombre
1945

Le xxe siècle

- Le roman autobiographique se développe et évolue vers l'autofiction.
- Les auteurs du xxe siècle sont à la recherche d'un nouveau langage capable d'exprimer des sentiments nouveaux et des idées nouvelles.
- Le roman s'oriente vers l'absurde : les actions des personnages ne sont motivées par aucun fil logique (*L'Étranger* de Camus).
- Le mouvement du nouveau roman remet en cause la construction du roman en le menant vers une abstraction complète de l'intrigue et une absence de personnages.
- Les derniers nouveaux romanciers (*Enfance*, Sarraute) et certains romanciers contemporains (Modiano) s'intéressent à la biographie dans un roman sans personnages.
- En poésie, Apollinaire et Cendrars vont plus loin encore dans la contestation de la valeur formelle de la poésie, en supprimant la ponctuation de leurs recueils.

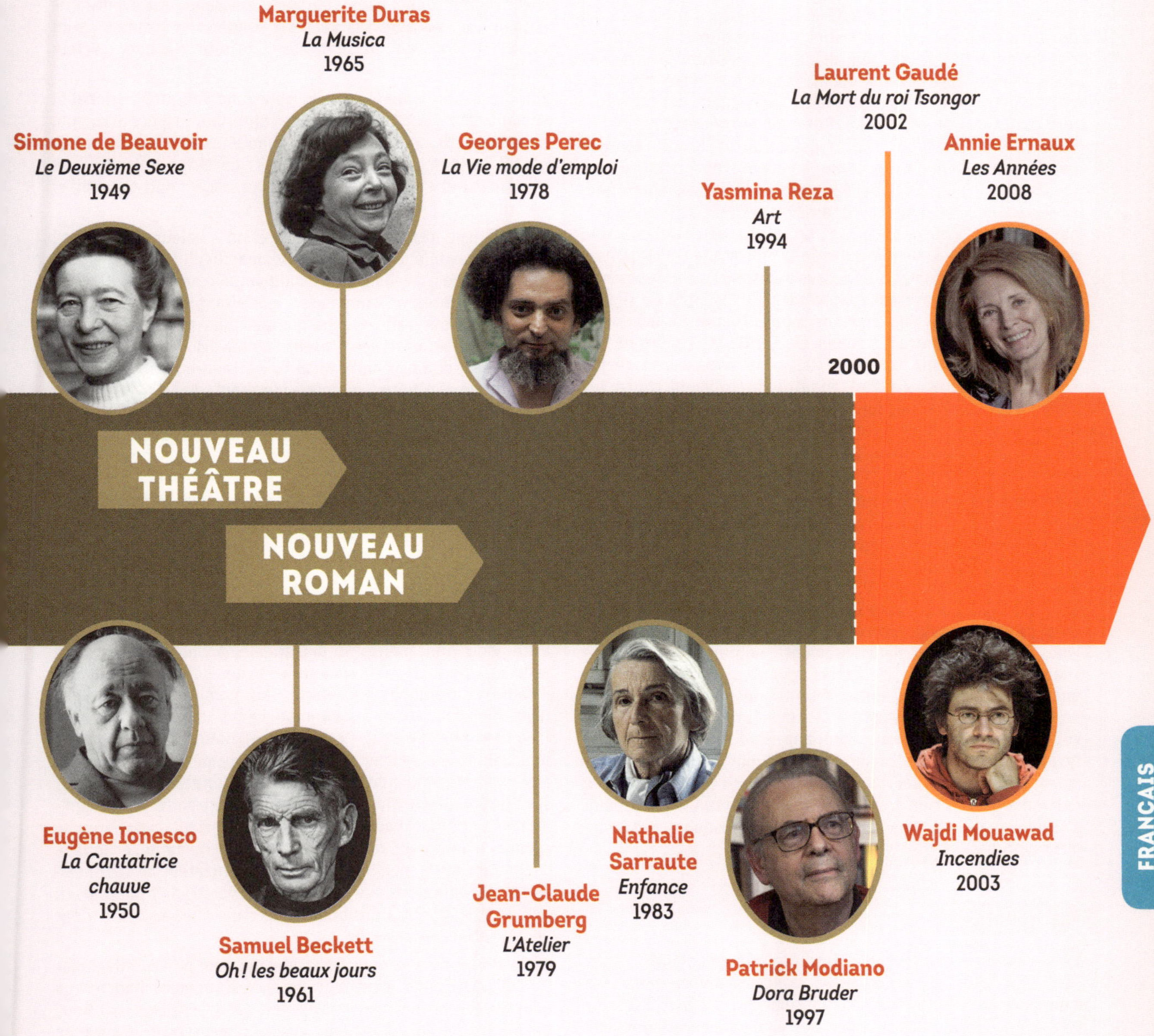

- Après le choc de la Première Guerre mondiale, les poètes retirent le sens de leurs poèmes.
- Le surréalisme renouvelle en profondeur les thèmes de la poésie, en cultivant l'insolite et en multipliant les comparaisons surprenantes.
- La poésie engagée se développe durant la Seconde Guerre mondiale, où les auteurs prolongent leur combat armé dans les mots (Aragon).
- La poésie sert de champ d'expression et de lutte contre le colonialisme français (Césaire).
- Au théâtre, les auteurs réécrivent les mythes antiques en leur insufflant une résonance avec les enjeux de société contemporains.
- Le théâtre devient le lieu de l'engagement politique ou philosophique des auteurs (*Les Mouches*, de Sartre).
- Le théâtre de l'absurde naît du choc des deux guerres mondiales. Les pièces mettent en scène l'absurdité de la vie humaine, avec des actions sans continuité ni intrigue.

1 page 221

1 **Texte 1.** Un fait (« les caractères uniformes en Perse »), suivi de sa cause (« parce que ») dont l'explication est introduite par les deux points. Au sein de cette explication il y a deux oppositions (l'une entre « tels qu'ils sont » et « tels qu'on les oblige à être » et l'autre entre le comportement uniforme inspiré par la crainte et la variété des comportements naturels). **Texte 2.** Une éventualité (la poursuite du travail du fabuliste par d'autres), suivie de sa cause, à valeur explicative (matière inépuisable), puis raisonnement concessif sur les choix faits (« certes [implicite] mais... »), avec un système de progression par addition (« outre que »), et un raisonnement depuis une condition. **Texte 3.** Un fait qui crée la polémique (l'irresponsabilité des rois qui font des dépenses excessives). Par opposition à ces monarques, présentation d'exemples positifs de simplicité et d'économie chez certains. Opposition entre le combat de Démosthène contre les dépenses inutiles et le point de vue de Théophraste (qui fait de la dépense fastueuse la simple conséquence de la richesse). Ajout d'un argument contre les dépenses excessives des rois (l'opinion du peuple qui voit cette dépense excessive comme le vol de ses propres richesses), suivi d'une relation explicative (cause), introduite par « car », avec laquelle Montaigne prend ses distances.

2 Montaigne se livre à une critique nuancée de la dépense excessive des rois pour leur gloire personnelle. Il commence par établir qu'il y a une irresponsabilité coupable des monarques et un manquement à leurs devoirs, mais note que les contre-exemples sont nombreux. Il donne ensuite les termes du débat, en s'appuyant sur deux points de vue contraires d'Anciens : celui de Démosthène qui combat les dépenses inutiles et frivoles au profit des investissements militaires et celui de Théophraste pour qui les fastes royaux sont simple conséquence de la richesse. Enfin, Montaigne relaie l'opinion du peuple qui interprète les dépenses royales comme un véritable vol à son encontre, mais en prenant ses distances, comme le révèle le verbe « présumer » : le peuple voudrait que le monarque soit à son service comme le sont les valets, qu'il offre l'abondance sans rien en retirer. Or, sous-entend Montaigne, il y a là erreur de raisonnement de l'opinion puisqu'un monarque n'est pas un valet.

2 page 223

1 **a.** **Texte 1** : concessive introduite par « quoique » ; causale introduite par « comme » ; concessive introduite par « quoique » ; consécutive introduite par « si... que ». **Texte 2** : concessive introduite par « bien que » ; deux conditionnelles ; finale introduite par « de sorte que » ; concessive introduite par « quoique » ; concessive « quelque peu que ». **b.** Afin que le roi s'en approchât également. Il s'agit d'une subordonnée de but.

3 page 225

1 Vers 1 et 2 : présent de vérité générale ; vers 3 : présent d'énonciation.

2 Le conditionnel exprime ici un irréel du présent, il a une valeur modale – voir programme de seconde – (« il faudrait ton courage ! » suggère que le poète ne l'a pas en réalité).

3 « entendra » : futur, postériorité par rapport au moment de l'énonciation, aspect non accompli et global ; « promenait », « traînait » : imparfait, antériorité, aspect accompli et sécant ; « était » : imparfait, antériorité, verbe d'état ; « n'aurais pas osé » : conditionnel passé, permet d'envisager une éventualité passée non réalisée. Les verbes « sonner » et « aimer » sont quant à eux au présent de l'infinitif (aucune valeur aspectuelle).

4 « descendit » : passé simple, aspect non accompli, global et semelfactif ; « eut donné » : passé antérieur, aspect accompli, et semelfactif ; « saisit » : passé simple, aspect non accompli, global et semelfactif ; « montrant » : participe présent ; « se tordaient » et « traînaient » : imparfait, aspect non accompli et sécant.

5 « Considérez » : impératif présent, valeur injonctive ; « j'avais travaillé, combattu, pensé, marché, lutté » : plus-que-parfait, aspect accompli ; « Expliquant » : participe présent ; « ignore » : présent gnomique ; « Éclairant » : participe présent ; « j'avais fait » : plus-que-parfait, aspect accompli ; « affrontant » : participe présent ; « pouvais » (2 fois) : imparfait, aspect non accompli, sécant ; « attendre » et « prévoir » : présent de l'infinitif ; « ploie » : présent, valeur de présent d'énonciation, aspect non accompli et global ; « appesantiriez » et « reprendriez » : conditionnel présent, valeur de futur dans le passé (concordance avec l'imparfait « pouvait » et « voyiez ») ; « voyiez » : imparfait, aspect non accompli, sécant ; « ai » : présent, valeur de présent d'énonciation, aspect non accompli et global.

4 page 227

1 Le poète se demande « qui donc nous sommes », « qui nous a » et « qui nous mène ». Il demande au « vautour fatalité » si celui-ci « tient la race humaine » et aux « cieux vermeils » si « l'âme sans fond tient aux étoiles sans nombre » et si « chaque rayon d'en haut est un fil de l'ombre liant l'homme aux soleils ». Il se demande si « en nos esprits, que l'ombre a pour repaires, nous allons voir rentrer les songes de nos pères ». Il demande aux « vivants » si « nous ne serions pas l'objet d'une dispute », si « l'un veut notre gloire », et « l'autre notre chute », et « combien » ils « sont là-haut ». *Remarque* : il convient ici de harder le pronom « nous » qui renvoie à la condition humaine, à laquelle appartient aussi, comme le poète, l'énonciateur de ces interrogatives indirectes. Ce serait différent (transformation en « ils ») si le « nous » désignait un groupe plus restreint, dont l'énonciateur serait exclu.

2 **a.** Nous pouvons nous demander sur quoi porte l'interrogation du poète dans l'extrait proposé. **b.** Il convient d'analyser à qui s'adresse successivement le « je » dans ce passage. **c.** Nous essaierons de voir comment on peut comprendre la formule « Mémoires d'une âme » . **d.** Nous verrons si l'on peut considérer « Réponse à un acte d'accusation » comme un poème révolutionnaire. **e.** Nous nous demanderons si les *Les Contemplations* sont un recueil entièrement élégiaque.

3 Questions directes : Comment le désarroi de Figaro s'exprime-t-il dans ce passage ? En quoi ce monologue a-t-il une valeur critique ? Dans quelle mesure peut-on y lire une révolte du valet contre la condition qui lui est faite ?
Questions indirectes : Nous nous demanderons tout d'abord comment le désarroi de Figaro s'exprime dans ce passage. Puis nous nous interrogerons sur le fait de savoir en quoi ce monologue a une valeur critique. Enfin, nous tenterons de comprendre dans quelle mesure on peut y lire une révolte du valet contre la condition qui lui est faite.

5 page 229

1 méconnaître – irresponsabilité – anormal – irréaliste – désinformer – maladroit – imparfait.

2 Attention au piège : dans une phrase affirmative au XVIIe siècle, « aucunement » (vers 5) n'a pas de valeur négative mais signifie « jusqu'à un certain point ».
« S'il n'y mettait seulement/ Que les gens du bas étage » : négation restrictive (si seuls les gens de basse condition étaient considérés comme des menteurs par le sage).
« Et même qui mentirait [...]/ Un vrai menteur ne serait » : négation totale avec ellipse de « pas » (celui qui mentirait à la manière d'Ésope ou d'Homère, c'est-à-dire en inventant des histoires fabuleuses, ne serait pas un vrai menteur).
« Comme eux ne ment pas qui veut » : négation totale (il ne suffit pas de le vouloir pour parvenir à mentir comme Ésope ou Homère, c'est-à-dire en inventant des fables).

3 La formule négative de la première phrase accompagnée d'une comparaison « n'ont jamais paru avec tant d'éclat que » signifie que les dernières années du règne de Henri II sont exceptionnelles, qu'elles n'ont jamais été égalées en éclat et en magnificence, ce qui est une façon de suggérer que le règne de Louis IV, durant lequel écrit madame de Lafayette est inférieur.

4 « Je ne sais » : négation totale, ellipse de « pas » ; « n'est aucunement barbare » : négation totale (n'est barbare d'aucune manière) ; « non par la voix commune » : négation portant sur le complément de manière (non pas en suivant l'opinion publique) ; « Je ne sais » : négation totale (je ne sais pas) ; si je me puis répondre qu'il ne s'en fasse : négation totale (si je puis être certain qu'à l'avenir il ne s'en fasse pas quelque autre) ; « plus de curiosité que nous n'avons de capacité » : négation explétive ; « nous n'étreignons que du vent » : négation restrictive (formule qui signifie que l'on ne réussit à se saisir de rien) ; « qui ne possédaient pas seulement cette île mais s'étaient étendus dans la terre » : négation restrictive (qui ne possédaient pas que cette île mais aussi...)

6 page 233

1 **a.** Le sonnet est irrégulier par la disposition et les variations des rimes dans les quatrains : ABBA/ B'AAB' (avec rime en [ieu] et non en [eu] au v.5) au lieu du schéma régulier : ABBA ABBA. **b.** Le mètre employé : alexandrins ; mots où le « e » doit être prononcé (voir ci-dessous).

c. Coupes et césures :

J'ai longtemps/ habité //sous de vas/tes portiques
Que les soleils/ marins// teignaient/ de mille feux,
Et que leurs grands piliers//, droits/ et majestueux,
Rendaient pareils/, le soir//, aux grot/tes basaltiques.

Les hou/les, en roulant// les ima/ges des cieux,
Mêlaient/ d'une façon //solennelle/ et mystique
Les tout-puissants/ accords// de leur ri/che musique
Aux couleurs/ du couchant //reflété/ par mes yeux.

C'est là que j'ai vécu// dans les voluptés/ calmes,
Au milieu de l'azur//, des va/gues, des splendeurs
Et des escla/ves nus,// tout imprégnés/ d'odeurs,

Qui me rafraîchissaient// le front /avec des palmes,
Et dont l'uni/que soin// était/ d'approfondir
Le secret/ douloureux// qui me faisait/ languir.

2 Hugo définit son livre comme « le livre d'un mort », comme s'il l'écrivait d'outre-tombe, comme une sorte de bilan de toute sa vie, et de tout ce qu'il a pensé et ressenti dans sa vie. C'est pourquoi il peut dire qu'il est « les mémoires d'une âme », comme s'il y avait recueilli tout ce qui a été enfoui au fond de lui au fil de toute une vie (ses questions, ses joies, ses peines). La suite de la préface donne un synonyme du mot « âme », pour Hugo il s'agit de la conscience. C'est aussi le livre de la « destinée » humaine, non pas seulement la sienne mais celle de tous les hommes, tendue entre deux énigmes : celle du berceau et celle du cercueil.

3 **a.** L'alchimie est une science occulte qui rêve à une possible transmutation des métaux, notamment la transformation des métaux vils, de peu de valeur, en or. C'est cette valeur d'alchimie que donne Baudelaire à sa poésie. **b.** Le « tu » peut désigner à la fois le lecteur et le monde. **c.** Dans « Une charogne », l'écriture poétique opère la transformation d'un cadavre immonde en objet esthétique.

7 page 237

1 Ce poème s'inscrit dans une modernité poétique, tant par son écriture (vers libre, inscription de chiffres) que par les références au train et aux gares.

2 **a.** Expérience visuelle de sa forme, et de couleur ; expérience pratique de sa fermeture et de son ouverture ; entrée dans l'intériorité de l'huître qui vient relancer les sensations et les sens (vue, odorat, goût) ; surprise de la « petite forme » qui « perle » (qui renvoie à la perle que peut contenir une huître). **b.** Un rapport d'analogie pourrait être établi entre l'huître et le poème : petite forme (« grosseur d'un galet moyen », « formule »), close (« monde clos »), parfois hermétique (la difficulté à ouvrir l'huître pourrait convoquer le rapport du lecteur au poème) qui comprend en elle « tout un monde ». Enfin, le « gosier » fonctionne comme référence au « boire » et au « manger » mais aussi au dire.

3 **b.** Il s'agit d'un poème en vers libres, hétérométriques (qui n'ont pas la même mesure), où les rimes ne sont pas systématiquement présentes ; les six derniers vers sont tous de deux syllabes et par leur disposition semblent représenter typographiquement le mouvement des feuilles comme l'écoulement de la vie. On notera aussi que comme dans tout le recueil la ponctuation a été blanchie. **c.** Le poète établit une relation de proximité avec l'automne « que j'aime tes rumeurs ». L'automne constitue sa saison mentale, teintée de mélancolie face au temps qui passe et face au sentiment de la perte de toutes choses. Ce thème traditionnel est renouvelé par l'écriture poétique qui dans sa disposition typographique même dit le mouvement de l'automne vers la disparition, l'effacement de ce qui a été (l'été, bien nommé).

4 Il s'agit d'un poème en vers libres, qui adopte une disposition originale du vers sur l'espace de la page rompant avec l'alignement à gauche, et avec tout alignement, les majuscules systématiques en début de vers. Le blanc typographique devient pleinement un élément du poème.

8 page 241

1 L'extrait témoigne d'un émerveillement pour ce Nouveau monde, considéré à égalité de « l'Ancien monde » (« non moins grand, plein et membru »). Il s'agit d'un monde neuf, encore « enfant ». Il n'y a pas chez Montaigne une volonté

FRANÇAIS

d'infériorisation, il reconnaît au contraire la valeur d'un monde qui sait être proche de la nature, et dont les habitants n'ont rien à envier aux Européens au plan de l'usage de la raison (« clarté », « pertinence »). Il pronostique ainsi la vigueur de ce monde jeune alors que l'Europe vieillit et agonisera bientôt (pessimisme lié aussi aux temps terribles des guerres de religion). Mais, Montaigne exprime aussi une crainte : que la civilisation européenne vienne contaminer ce Nouveau monde, le corrompre et le ruiner.

2 **a.** Montaigne craint que le « commerce » c'est-à-dire le contact avec la civilisation européenne, ici française, ne soit néfaste aux Indiens (« corruptions », « ruine »). Il pense ainsi que le « désir de nouveauté » qui a fait venir les Indiens en France est un piège et une illusion trompeuse. **b.** Charles IX ne témoigne d'aucune curiosité pour les Indiens ; il ne les rencontre pas au sens vrai du mot ; il exhibe seulement à leurs yeux le faste de la civilisation française et ne s'intéresse qu'à ce qu'ils peuvent y admirer. Un seul monde existe pour lui : le sien. **c.** Les Indiens s'étonnent que des adultes obéissent à un enfant (le roi Charles IX a alors 12 ans) et qu'il y ait autant d'inégalités de richesse entre les hommes d'un même peuple sans que la pauvreté ne pousse à la révolte. Le lecteur contemporain de Montaigne est lui-même étonné de ce renversement de point de vue qui le conduit à regarder son propre monde depuis les yeux et le jugement des Indiens.

9 page 245

1 Par les allusions mythologiques le texte se présente comme une parodie de la guerre de Troie : guerre entre Grecs et Troyens pour Hélène (deux coqs, une poule). Le titre suggère immédiatement l'idée de la rivalité et du combat : il n'y a qu'un coq dans une basse-cour. Il annonce donc le sujet de la fable : la guerre. Le registre dominant est l'épique, ou du moins une parodie du style épique, et donc par la parodie, la fable est également comique. Le récit sans dialogue est suivi de quatre vers qui explicitent la moralité. L'histoire tient en peu de mots : la guerre entre deux coqs est allumée par l'apparition d'une poule que chacun d'eux veut séduire. L'un l'emporte, l'autre se désole, et prépare sa vengeance. Il n'en a pas le temps. Le vainqueur par orgueil, pour proclamer sa victoire, monte sur un toit et est emporté par un vautour et le vaincu prend sa place. Le récit, resserré autour de quatre personnages (les deux coqs rivaux, la poule, symbole de la belle Hélène, et le vautour, symbole du destin), enchaîne rapidement les étapes avec une alternance d'imparfaits et de passés simples qui mettent en valeur les rebondissements de l'action. La variation métrique (alexandrin et octosyllabe) tout comme la variété des schémas métriques (rimes plates, croisées, embrassées alternent) contribue au dynamisme de la fable avec des effets de ralentissement et d'accélération. La moralité rappelle la toute-puissance du destin (ou du hasard) qui se joue des hommes au moment même où tout semble leur réussir. Rappelant la vanité de toute chose, et notamment de la gloire guerrière, La Fontaine invite les hommes (et peut-être le roi lui-même, Louis XIV multipliant les guerres) à se méfier « du gain de la bataille » qui peut se retourner contre le vainqueur lorsqu'il se croit tout-puissant. Il y a là une leçon de prudence et de modestie. La fable invite ainsi à réfléchir aux illusions de la puissance dont se bercent les hommes.

2 C'est la moralité du *Petit Chaperon rouge*. Elle invite les jeunes filles à se méfier des « loups » c'est-à-dire des hommes, et notamment de ceux qui feignent la douceur pour mieux les approcher et les séduire.

3 Ces deux vers révèlent le pouvoir des fables. Il faut plaire et distraire pour être écouté des hommes et pour les instruire.

10 page 248

1 **a.** Cette lettre a pour sujet le roi Louis XIV et le pape. **b.** Différents indices montrent que Rica découvre un univers qu'il ne connait pas, que son regard est donc distancié. Ainsi, la façon dont le roi gouverne son peuple et se procure de l'argent relève pour lui de la magie (déflation, monnaie papier, thaumaturgie – miracle de la guérison par simple apposition des mains). Rica met donc au jour le fait que le pouvoir de Louis XIV ne s'appuie que sur la capacité à produire des illusions. La religion catholique relève pour lui, elle aussi, de la magie : dogme de la trinité catholique (« trois ne font qu'un », un même Dieu en trois personnes : le Père, le Fils, le Saint Esprit), mystère de l'eucharistie (le pain est le corps du Christ et le vin le sang du Christ).

2 **a.** La religion. **b.** **Texte 1** : dénonciation des persécutions pour des motifs religieux, ici les jansénistes. **Texte 2** : athéisme, et indépendance entre foi et morale. **Texte 3** : dénonciation de l'intolérance religieuse (persécution des protestants), conception de l'homme comme une « machine », défendue par Gordon (alors que pour la religion catholique l'homme est d'abord une « âme »). Ces trois textes manifestent un rapport critique à la religion et une liberté de pensée et de croyance (ou de non-croyance). **c.** **Texte 1** : conte philosophique, passage de dialogue entre deux personnages, qui permet de diffuser les idées des Lumières par le biais de la fiction. **Texte 2** : dialogue philosophique, qui permet de diffuser les idées par le biais de la parole en débat. **Texte 3** : article de l'*Encyclopédie*, qui est une œuvre de vulgarisation des connaissances (ici historiques et sociales) et de leur examen.

11 page 252

1 **a.** Les deux personnages sont décrits de manière méliorative (hyperboles, procédés d'insistance notamment), le caractère exceptionnel de leur beauté est souligné à plusieurs reprises. **b.** Le passage alterne les jeux de regard entre la princesse et le duc de Nemours. Chacun est surpris par l'autre (cf. lexique), dans cette idéalisation des personnages. Mais la Cour constitue aussi un autre regard, jouant le rôle du spectateur conquis par le couple qui se forme sous ses yeux. **c.** Ce topos de la première rencontre, dans un bal de surcroît, annonce un coup de foudre.

2 Cet extrait du roman de Stendhal permet une découverte des personnages à travers le point de vue interne de Madame de Rênal. Ce point de vue révèle au lecteur autant le personnage vu que celui qui voit. Julien apparaît comme un « jeune paysan », un « enfant », « pâle », « qui venait de pleurer ». Sont ainsi mises en valeur des caractéristiques à la fois sociales, physiques (avec des détails que l'on peut relever) et morales (modestie, fragilité, jeunesse). Le second paragraphe accentue encore cette image par le rapprochement qui est établi entre Julien et « une jeune fille déguisée », « une pauvre créature ». Ce jugement de Madame de Rênal renvoie aux sentiments qu'elle éprouve face au jeune homme : surprise, pitié, attendrissement. Ils dessinent ainsi les contours du personnage féminin : maternité, sensibilité, humanité, et un certain naturel.

3 Julien Sorel ne cherche pas à échapper à la sentence, il le déclare clairement. Il reconnaît sa condamnation comme juste :

« Mon crime est atroce, et il fut prémédité. » Mais il accuse les jurés de partialité : ces derniers ne cherchent pas de circonstance atténuante (la jeunesse de Julien), car ils ne punissent pas un criminel qui a tiré sur sa maîtresse, mais celui qui a cherché à progresser dans la société. On remarque le passage du « moi » à « cette classe de jeunes gens... ». Le message se fait donc politique : les jurés sont des « bourgeois indignés » dont l'objectif est d'empêcher toute personne du peuple ou du monde paysan de s'élever.

12 page 256

1 **a.** Première phrase de l'extrait : récit ; deuxième phrase : discours ; récit (plus précisément portrait) pour le reste du texte, avec de brefs passages au discours (« Sans être ce qu'on appelle un beau garçon » ; « et de ma vie il ne m'est arrivé de songer à ma figure que lorsqu'il n'était plus temps d'en tirer parti »). Le portrait est d'abord physique (« petite taille », « un joli pied », « la jambe fine », etc.) mais la description des yeux permet le passage au portrait psychologique (« qui lançaient avec force le feu dont mon sang était embrasé »). **b.** Le portrait, d'abord physique, focalise sur différentes parties du corps (« une nuque très droite » « un front développé, plutôt bossué ») et évolue ensuite en une interprétation psychologique de chaque partie écrite (astrologie par exemple : « selon le dire des astrologues »). Les éléments apparemment objectifs (« mes deux majeurs incurvés vers le bout ») donnent lieu à des remarques subjectives (« doivent dénoter... caractère ») comme si l'extérieur révélait l'intérieur. **c.** L'autoportrait de Rousseau enfant est plutôt flatteur (lexique mélioratif), à la différence de celui de Leiris qui semble une auto-dépréciation (« laideur humiliante ») et dans lequel la formulation est essentiellement négative. La démarche et la motivation des auteurs sont différentes : l'évocation d'un passé nostalgique pour Rousseau lui permet de développer des thèmes récurrents dans son autobiographie : difficulté à évoluer en société, candeur de l'enfant. En revanche, l'autoportrait de Leiris concerne l'homme, et la démarche semble être, après le constat négatif, la recherche d'une thérapie par l'écriture. **d.** Le tableau présente un visage déformé de l'écrivain, effectivement peu flatteur, qui reprend sous une forme hyperbolique les éléments présents dans le texte (front, veines...). Ce brouillage de la physionomie, cette peinture d'un visage tourmenté renvoient aussi à l'intériorité déjà présente dans le portrait fait par l'écrivain, comme si le peintre Francis Bacon voulait peindre l'intériorité de Leiris en faisant son portrait.

2 Chateaubriand utilise le futur et dresse l'image du monde à venir : « Des orages nouveaux se formeront... ». Il se pose en peintre d'une époque (cf. le rôle des mémoires), en témoin d'un monde appelé à disparaître en même temps que lui. Il reporte donc la tâche sur de nouveaux écrivains pour décrire un nouveau monde (« à vous messieurs »).

3 L'auteure fait l'éloge de l'empereur Hadrien à travers une autobiographie fictive, sous la forme d'une longue lettre à son petit-fils adoptif, Marc-Aurèle. Le personnage relate une visite chez son médecin. Apparaît alors à nos yeux un homme malade, proche de la mort (« mon corps [...] monstre sournois qui finira par dévorer son maître »). La modestie, la simplicité et le souci de l'autre (« je t'épargne des détails... ») caractérisent l'empereur. Comme ce dernier l'explique, il n'est plus que « un homme qui avance en âge », il n'est plus empereur puisqu'il s'est « dépouillé » de ses attributs. Il le souligne lui-même : « Il est difficile de rester empereur en présence d'un médecin ». Ainsi, malgré son statut supérieur, il souffre, il avance inéluctablement vers la mort, comme tout homme.

13 page 261

1 Cette tirade de Phèdre place son amour pour Hippolyte sous le double signe de la culpabilité et de la malédiction. Champs lexicaux de l'amour et de la haine de soi, de la honte, se mêlent. On relèvera aussi le lexique du destin, de la fatalité. Tous les efforts de Phèdre (exil, pour vaincre cette passion sont restés sans effet : « Vaines précautions ! Cruelle destinée ! »). En effet, Phèdre se présente comme une victime irresponsable car victime de la malédiction divine : les références à Vénus, aux dieux qui se vengent à travers elle de sa famille le prouvent. Enfin la force destructrice de cette passion renvoient à la « furor », caractéristique de l'héroïne tragique.

2 **a.** Figaro, caché dans l'obscurité, se croyant trahi par sa fiancée, attend de surprendre Suzanne et le Comte. Il laisse donc libre cours à ses sentiments dans ce monologue, qui révèle une colère mêlée de désespoir. La ponctuation expressive met en évidence la force et la confusion des sentiments qui l'assaillent. Le ressentiment personnel envers le Comte qui veut lui prendre sa fiancée s'associe à une dénonciation des privilèges des aristocrates, ces derniers se croyant en tout supérieurs. Figaro interpelle donc un destinataire absent, le Comte, comme si ce dernier était en face de lui. Dans le contexte historique de la pièce, un valet ne pourrait ainsi parler à son maître : la forme du monologue est donc indispensable. Les premières lignes prennent donc une dimension politique, contestation de la monarchie et d'une société fondée sur le privilège de la naissance. Puis, le monologue devient plus mélancolique (mais sans oublier l'ironie) dans ce récit de vie qui est l'exemple de l'inégalité et l'injustice sociales (non reconnaissance du mérite), d'une société autoritaire (cf. la censure). **b.** Nous avons ici un exemple de la révolte du valet contre son maître, pour des raisons personnelles mais qui s'élargit en un pamphlet contre une classe sociale imbue de son pouvoir. Figaro, initialement dévoué à son maître car ayant confiance en lui, se sent trahi, à la fois en tant qu'individu et qu'être social. Son discours devient donc politique : nous sommes à la veille de la Révolution française.

14 page 264

1 Première image - Le costume que porte Sarah Bernhardt est fait de longs voiles clairs superposés, pour traduire une forme d'évanescence du personnage. La pose, la gestuelle, sont à l'image de la déclamation, emphatiques. Deuxième image – Le costume est ici plus sombre et plus sobre, la posture indique aussi un jeu plus énergique. Ces éléments révèlent l'évolution du jeu de l'acteur théâtral, plus porté vers une forme de naturel.

2 Pistes de travail : regrouper les indications selon leur catégorie (gestuelle, déplacements, intonations...) et selon les personnages. Repérer et travailler sur les apartés. Comprendre que, dans cette scène, les deux personnages dissimulent ce qu'ils savent et cherchent à comprendre ou deviner ce que sait l'autre. C'est donc un jeu de « cache-cache » verbal où le personnage interprète ce que l'autre vient de dire et change de jeu en conséquence.

3 Dans cette pièce de Beckett, le personnage de Winnie, incarné par Madeleine Renaud, reste durant toute la représentation partiellement enterrée dans un amas qui grandit d'un acte à l'autre. Le jeu de l'acteur concernera donc davantage le mouvement des bras (dans le premier acte) et les objets dont elle peut s'emparer autour d'elle (un parapluie, un sac à main), les mimiques et la parole.

15 page 267

a. Texte 1. Les premiers échanges, brefs, révèlent la réaction de surprise des différents personnages, essentiellement la déception. La réplique de Bartholo « Ni moi non plus » fait évoluer la scène vers un discours féministe, celui de Marceline. La didascalie « *s'échauffant par degrés* » montre la colère qui saisit Marceline. L'attitude de Bartholo est révélatrice d'un comportement sexiste plus général, d'une domination des hommes, ces derniers considérant les femmes comme des objets. On notera, pour justifier ces analyses, la généralisation du discours : le « je » devient « nous » ou « les femmes », et l'accusation initialement destinée à Bartholo s'adresse, au-delà des personnages présents, à tous les hommes : « vous ». Le passage des temps du passé au présent de vérité générale participe de ce mouvement. Le discours se fait oratoire et convaincant (« traitées en mineures pour nos biens, traitées en majeures pour nos fautes »). Il s'agit là encore de dénoncer des inégalités, celles entre les hommes et les femmes, au-delà des classes sociales. Cette diatribe remporte l'adhésion de tous, comme le montrent les dernières répliques.
Texte 2. Une première observation du poème nous permet de repérer cinq strophes, les trois premières marquées par l'anaphore de « Quand », (annonçant les subordonnées temporelles) et la dernière isolée par un tiret. Les trois premiers quatrains évoquent les circonstances génératrices du *spleen* (« le ciel », « la terre », « la pluie »), le quatrième marque la crise violente qui frappe le « je » conduisant, dans le cinquième, à un anéantissement proche de la mort. Le poème est donc construit selon un processus d'aggravation qui souligne un emprisonnement progressif. L'étude du lexique (pesanteur, animaux, obscurité, mort...) permet de repérer les caractéristiques de ce *spleen*, accentuées par les sonorités (gutturales et dentales). L'aggravation cauchemardesque montre que le *spleen* touche à la fois le corps, l'esprit et l'âme : c'est aussi la victoire de l'angoisse, dont la dernière strophe nous donne une image morbide.

16 page 269

1 a. Ce tableau est une nature morte qui a pour titre *Vanité*. Ce terme renvoie ici à la fugacité de l'existence, à la fragilité de la vie, à l'aspect illusoire des divertissements face à la réalité de la mort. Au centre du tableau, le crâne, symbole de la mort, est entouré d'éléments symboliques : plaisirs de la vie et divertissements – le savoir et l'écriture (livre, lunettes, papier et encrier) ; la richesse (les pièces). Cependant, ceux-ci sont dominés par d'autres symboles montrant la fragilité de l'existence : le papillon auprès de fleurs qui se fanent, qui renvoie à la vie éphémère ; le sablier, qui marque la fuite du temps, le livre (contraste des couleurs et lumière), lui-même ouvert à la page « Le tombeau des plaisirs » ; et surtout le crâne (lumière) évoquant le squelette, la décomposition du corps, le tombeau et le cimetière (caractère concret de la mort terrestre).
c. Il s'agit pour le peintre, à travers ce tableau, de rappeler à l'homme sa condition mortelle et la vanité (le caractère vain) des divertissements.

2 Ce tableau ne met en scène aucun soldat ou aucun bombardier. L'accent est donc mis sur la douleur et la souffrance des personnages, dans un univers noir et blanc. L'absence de perspective classique tord les corps, disproportionnés, et amplifie la souffrance. Les personnages humains, des femmes et des enfants, sont les victimes du massacre (enfant mort dans les bras de sa mère, femme s'échappant d'une maison en flammes...). On peut distinguer d'autres personnages comme, la statue du soldat brisée au premier plan, épée dérisoire, arme d'une autre époque ; le cheval et le taureau, que certains ont interprété comme le symbole du fascisme (le cheval) s'emparant de l'Espagne (le taureau).

17 page 271

1 Les *Lettres persanes* : roman épistolaire et exotisme. *Meurtre au comité central* : roman policier et thème politique. Science-fiction et qualité du héros. *Poèmes saturniens* : recueil poétique et tonalité mélancolique. *Ruy Blas* : Nom du héros espagnol. *L'illusion comique* : comédie et genre baroque. *Mémoires d'Hadrien* : autobiographie fictive, roman historique et nom du narrateur. *Histoire de la folie à l'âge classique* : essai sur la folie. *Journal d'un curé de campagne* : autobiographie fictive, profession du narrateur.

2 a. Le roman épistolaire se compose d'une succession de lettres qui servent de véhicule à la narration. *Les Lettres persanes, La Nouvelle Héloïse*. **b.** *Sonnets pour Hélène* **c.** *Carmen, Les Liaisons dangereuses*. **d.** *Phèdre, Bérénice*. **e.** *Essais, Le Prince*. **f.** Picasso (voir chapitre 16).

3 *Les Fleurs du mal* (Baudelaire), *Les Regrets* (Du Bellay), *Lucien Leuwen* (Stendhal), *Rhinocéros* (Ionesco), *Voyage au bout de la nuit* (Céline), *Les Lettres persanes* (Montesquieu), *Aurélien* (Aragon), *Le Neveu de Rameau* (Diderot).

5 a. Une fois vos recherches effectuées, retenez les principales caractéristiques de chacun, sachez les situer de manière chronologique, et mémorisez quelques œuvres importantes pour chaque courant ou mouvement littéraire.
b. Œdipe : héros mythologique (victime de la malédiction divine, tue son père, épouse sa mère). Lancelot : chevalier de la Table ronde. Emma Bovary : héroïne de Flaubert, confond vie réelle et vie rêvée. Ulysse : héros de l'*Odyssée* d'Homère. Le Cid : héros cornélien, amant de Chimène. Carmen : héroïne de Mérimée, figure de la femme fatale. Nana : héroïne de Zola, prostituée. Sganarelle : valet dans les comédies de Molière (*Dom Juan*). Monsieur Jourdain : personnage de bourgeois ridicule dans *Le Bourgeois gentilhomme* de Molière. Candide : héros naïf du conte de Voltaire.
c. XIIe : Chrétien de Troyes (ex. *Lancelot ou le Chevalier de la charrette, Yvain ou le Chevalier au lion*). XVIe : Pierre de Ronsard (ex. *Les Amours*), François Rabelais (ex. *Pantagruel, Gargantua)*. XVIIe : Jean Racine (ex. *Andromaque, Britannicus, Phèdre*), Jean de La Fontaine (ex. *Fables*). XVIIIe : Montesquieu (ex. *Lettres persanes*), Voltaire (ex. *Candide ou l'Optimisme, L'Ingénu*), Diderot (ex. *Jacques le Fataliste et son maître)*. XIXe : Victor Hugo (ex. *Les Misérables*), Émile Zola (ex. *Nana, Germinal*), Gustave Flaubert (ex. *Madame Bovary, L'Éducation sentimentale*), Honoré de Balzac (ex. *La Peau de chagrin*), Paul Verlaine (ex. *Poèmes saturniens*). XXe : Paul Éluard (ex. *Capitale de la douleur)*, Louis Aragon (ex. *Aurélien*).

19 page 275

1 Lorsque Bérenger prononce ce monologue, nous sommes à la fin de la pièce. Le personnage est le dernier homme : il n'a pas été touché par la rhinocérite. Première étape : une grande partie de sa parole déplore son absence de métamorphose (cf. exclamations et registre de la plainte). Le paradoxe vient de l'inversion des valeurs : le laid devient beau, l'animal devient la référence, et Bérenger exprime aussi la volonté de ressembler au plus grand nombre. Deuxième étape : il convient aussi de s'interroger sur ce que symbolise le rhinocéros : la corne évoque l'attaque, le danger, la violence ; les caractéristiques physiques qui définissent le rhinocéros évoquent aussi la dureté, la bestialité que semble regretter Bérenger qui ne parvient pas à devenir rhinocéros. Troisième étape : mais le dernier mouvement du texte marque une rupture ; la plainte disparaît pour laisser place à la révolte, à l'affirmation de l'humanité. Bérenger, dernier homme, symbolise ainsi l'ultime résistance face à la violence, au Mal.

2 En 1901, Apollinaire, précepteur en Allemagne, est fasciné par les légendes rhénanes. Ce poème fait partie d'un ensemble qui, dans *Alcools*, unit les poèmes de cette inspiration. Première étape : le poète met en place un cadre (la nuit, peut-être dans un cabaret, le « je » boit un verre et entend un chant). Les paroles de ce chant renvoient aux récits légendaires des Ondines, femmes enchanteresses et dangereuses (caractéristiques négatives). Deuxième étape : le poète cherche à échapper à cette parole envoûtante en convoquant des images positives (la ronde comme cercle de protection, les caractéristiques opposées des « filles ») et rassurantes. Dans la troisième étape, les repères se troublent, comme le montrent les répétitions soulignant l'ivresse (peut-être réelle mais surtout poétique) qui saisit le poète, le monde qui l'entoure, dans un jeu de reflet (vers 9-10) des images et aussi des sonorités, des éléments naturels (eau, terre, ciel). La voix envoûtante est là. Le dernier vers (homophonie avec « verre ») marque l'éclatement, dans une image étrange et suggestive.

20 page 277

1 **Poésie** **a.** L'expression « En quoi cette affirmation se trouve-t-elle vérifiées dans l'ouvre étudiée ? » demande d'étayer, de soutenir, de justifier le point de vue exprimé dans la citation. Cette dernière affirme que faire le récit de la vie d'un homme est en fait l'histoire de tous les hommes. Le « je » du poète est ainsi semblable au « toi » du lecteur. Ainsi, il faut montrer que le lyrisme (appliqué au recueil), s'il est expression des sentiments personnels, est aussi l'expression de sentiments universels.
b. Cette opération d'alchimie constitue le projet poétique de Baudelaire. Les verbes de la consigne demandent donc de justifier, par une étude précise du recueil, comment le poète extrait les « fleurs » du « mal », fait du laid un objet poétique et donc le transforme en beau.
c. L'expression « Dans quelle mesure... » vous invite à nuancer ou discuter ce point de vue, en deux ou trois parties. Il s'agit de montrer la tension entre mythe et réel, tradition et modernité dans ce recueil d'Apollinaire.
Littérature d'idées **a.** « Comment » oriente la réponse vers l'étude des procédés (écriture, registre, point de vue, démarche argumentative...).
b. La thèse exprimée doit être défendue, justifiée, mais aussi dépassée : les *Fables* de La Fontaine sont des récits particulièrement inventifs, et elles invitent aussi à une réflexion, elles ne sont pas seulement une leçon.
c. Il s'agit dans ce sujet de démontrer l'efficacité du regard extérieur : « en quoi... ». Transformation de l'interrogation en affirmation pour dégager la thèse à défendre.
Roman et récit **a.** Il s'agit de justifier l'idée que le récit de la princesse de Clèves est porteur des valeurs du siècle classique (importance de la vertu et de la raison contre les sentiments notamment).
b. La question fermée invite à discuter, à peser le pour et le contre de la thèse exprimée (rappel : pour trouver la thèse, transformer la question en affirmation). Il faut aussi s'interroger sur les notions de « héros » et de « roman d'apprentissage ».
c. Il s'agit de justifier le fait qu'une autobiographie (même fictive) parce qu'elle révèle et analyse les sentiments du « je » personnage, permet aussi au lecteur de mieux se connaître.
Théâtre **a.** « Dans quelle mesure... » demande à discuter, nuancer la thèse exprimée ; à rapprocher de la notion d'*hubris* et de *furor*, caractéristiques de la tragédie antique et classique.
b. Question fermée, donc raisonnement dialectique (il s'agit de discuter) : montrer les ancrages traditionnels de la pièce, pour ensuite montrer son aspect novateur, voire révolutionnaire, dans la dramaturgie et dans le discours.
c. « Expliquez » invite à justifier. La difficulté vient du paradoxe exprimé par Beckett. Il s'agit donc de montrer comment tragique et comique peuvent s'unir, et comment paradoxalement le comique peut révéler le tragique.

1 L'Europe face aux révolutions

Cours

1 La Révolution française et l'Empire : une nouvelle conception de la nation

a. L'affirmation de la nation (1789-1792)

▶ En 1789, les Français mettent fin à la monarchie absolue et à la société d'Ancien Régime en considérant que les sujets sont des citoyens. Dès lors, l'ensemble des citoyens (la nation) est la seule source de l'autorité politique. On parle de souveraineté nationale. Elle se fonde sur des principes proclamés dans la *Déclaration des Droits de l'Homme et du Citoyen* (respect des libertés fondamentales, égalité devant la loi...). La monarchie absolue est remplacée par une monarchie constitutionnelle qui fait de Louis XVI un roi qui tient son pouvoir de la nation.

▶ Les femmes s'engagent également dans cette volonté de bâtir une France nouvelle. Elles participent de manière active aux événements révolutionnaires. Par ailleurs, elles revendiquent les mêmes droits politiques que les hommes. C'est par exemple le cas d'Olympe de Gouges, de Charlotte Corday ou encore de Manon Roland.

Citation

« La volonté générale s'est prononcée contre [la noblesse], la constitution est faite. La nation s'ensevelirait sous ses ruines, s'il était quelque puissance capable de renverser cette constitution qu'elle veut maintenir. Vous-même, Sire, en acceptant cette constitution, vous avez lié votre sort au sien [...]. »

Madame Roland, *Mémoires*, tome 2, 1793

b. Une nation en armes (1792-1799)

▶ La première rupture avec la monarchie intervient dès 1791 lorsqu'en juin, Louis XVI et la famille royale tentent de fuir à l'étranger. Cela est vécu comme une trahison. La journée du 10 août 1792 est l'aboutissement politique de cette perte de confiance de la nation envers le roi, puisqu'il est déchu de tous ses pouvoirs par les députés et emprisonné. Très rapidement, le 21 septembre 1792, la république est proclamée, c'est-à-dire un régime politique dans lequel le pouvoir n'est pas dans les mains d'un monarque.

▶ De manière concomitante, les révolutionnaires déclarent la guerre à l'Autriche. Une contre-offensive est alors organisée par la quasi-totalité des monarchies européennes. Les défaites se succèdent et contribuent également à la fin de la monarchie en France. Cela précipite le procès du roi. Louis XVI est reconnu coupable de conspiration contre la France et la Révolution. Il est guillotiné le 21 janvier 1793. Avec le soutien du peuple (les « sans-culottes »), se met alors en place la Terreur pour sauver la république des menaces contre-révolutionnaires à la fois extérieures et intérieures.

Citation

« Louis n'est point un accusé. Vous n'êtes point des juges. Vous n'êtes, vous ne pouvez être que des hommes d'État, et les représentants de la nation. [...] Je prononce à regret cette fatale vérité... mais Louis doit mourir, parce qu'il faut que la patrie vive. »

Robespierre à la tribune de la Convention [Assemblée nationale] le 3 décembre 1792

c. La nation française à la conquête de l'Europe (1799-1815)

▶ Arrivé au pouvoir en France en 1799 par un coup d'État, Napoléon Bonaparte prolonge les guerres révolutionnaires en réalisant la conquête de territoires. En 1804, sacré empereur des Français sous le nom de Napoléon Ier, il fonde ainsi un empire en Europe dont l'un des objectifs est la diffusion d'idées nouvelles comme l'égalité devant la loi par le *Code civil*. Ce code napoléonien est notamment introduit en Hollande, dans les royaumes italiens et allemands ou sur le territoire polonais.

▶ Dans un premier temps, la Grande Armée napoléonienne est accueillie en libératrice. Mais, très vite, ces troupes deviennent une armée d'occupation. Des peuples européens, comme les Espagnols en 1808, se soulèvent contre cette domination française en contradiction avec l'idée de nation portée par la Révolution.

▶ Alors que la France affirmait le droit des peuples à disposer d'eux-mêmes, elle est devenue une puissance oppressive. Cela précipite la chute du Premier empire et l'exil de Napoléon Ier.

Citation

« Les Romains donnaient leurs lois à leurs alliés ; pourquoi la France ne ferait-elle pas adopter les siennes en Hollande [...]. Cela resserre les liens des nations d'avoir les mêmes lois civiles [...] »

Lettre de Napoléon Ier à son frère Louis, roi de Hollande, le 13 novembre 1807

>>

2 L'Europe entre restauration et révolution (1814-1848)

a. La restauration de l'Europe des princes (1814-1815)

▶ La carte de l'Europe est redessinée par les puissances victorieuses de Napoléon Ier lors du congrès de Vienne. L'Autriche, avec son chancelier Metternich, anime les négociations avec l'Angleterre, la Prusse et la Russie. L'objectif principal est de clore la Révolution française en rétablissant un ordre monarchique européen toujours au détriment du droit des peuples. De plus, sans tenir compte des souhaits des populations, les frontières des États européens sont redessinées.

▶ Dans ce nouveau cadre diplomatique, la France est ramenée à ses frontières de 1789, perdant le bénéfice des conquêtes de la période révolutionnaire. D'un point de vue politique, une monarchie est remise en place. Mais il s'agit d'une monarchie constitutionnelle car elle octroie une charte qui encadre le pouvoir royal. Toutefois de nombreuses libertés sont limitées par Louis XVIII, puis surtout par Charles X, d'autant qu'ils gardent le titre de « roi de France ».

Citation

« Il n'existe en Europe qu'une seule affaire, c'est la Révolution. [...] L'intérieur de tous les pays européens est travaillé par une fièvre ardente. [...] C'est la guerre à mort entre les anciens et les nouveaux principes, entre l'ancien et le nouvel ordre social. »

Metternich, Mémoires publiées en 1884

b. Les aspirations des peuples dans les années 1820

▶ Mais les idées révolutionnaires ont fait leur chemin. À l'échelle européenne, cela se traduit par un double mouvement de la part de peuples. Il y a, d'une part, un mouvement libéral qui réclame davantage de libertés politiques et civiles et qui s'oppose aux régimes monarchiques autoritaires. Il y a d'autre part, un mouvement national, qui correspond à la lutte d'un peuple pour se libérer d'une domination étrangère.

▶ Cela débouche sur l'affirmation des nationalismes. On peut ici évoquer la guerre d'indépendance grecque face à la domination ottomane, dont l'un des symboles est le massacre de Chios en 1822. Les habitants de cette île se révoltent contre les Turcs musulmans, mais ces derniers brisent le mouvement. La Grèce obtient toutefois son indépendance en 1829. Plus généralement, les peuples européens affirment leur droit à disposer d'eux-mêmes.

Citation

« La nation grecque prend le ciel et la terre à témoin que, malgré la domination affreuse des Turcs, elle existe encore. Elle s'est trouvée dans la nécessité absolue de prendre les armes pour conserver son existence. »

Aléxandros Mavrokordátos,
président du Congrès [Assemblée nationale grecque],
le 15 janvier 1822

c. L'Europe en révolution(s) : 1830 et 1848

▶ En 1830, une première série de révolutions touche l'Europe. Mais seuls les Belges, qui se révoltent contre la Hollande, gagnent leur indépendance. Les autres contestations sont écrasées par l'Autriche, la Prusse et la Russie. Quant à la France, la révolution dite des « Trois Glorieuses » (27, 28 et 29 juillet) permet l'instauration de la monarchie de Juillet avec une nouvelle charte plus libérale que la précédente. Ainsi, Louis-Philippe est titré « roi des Français » et adopte le drapeau tricolore.

Citation

« Le régime légal est [...] interrompu, celui de la force est commencé. Dans la situation où nous sommes placés, l'obéissance cesse d'être un devoir. [...] Aujourd'hui donc, des ministres criminels ont violé la légalité. Nous sommes dispensés d'obéir. »

Adolphe Thiers, Protestation des 44 journalistes,
le 26 juillet 1830

▶ En 1848, une seconde série de révolutions appelée le « printemps des peuples » déstabilise l'ordre européen établi. En France, la monarchie de Juillet est remplacée par la Deuxième république. En Europe, des peuples se soulèvent afin d'obtenir l'unité et l'indépendance nationales. Ces patriotes sont par exemple très actifs en Italie, dans les régions occupées par l'Autriche. Mais c'est un échec, puisque l'équilibre général du Congrès de Vienne reste inchangé.

HISTOIRE

Méthode

Savoir lire, comprendre et apprécier un document iconographique

Pour la compréhension d'un événement ou d'une époque historique, les images n'ont pas qu'un rôle esthétique. Elles peuvent donner du sens. Ce sont des documents historiques qui doivent être étudiés avec la même rigueur méthodologique qu'un texte.

DELACROIX Eugène, *La Liberté guidant le peuple*, 1830, peinture à l'huile, 260 x 325 cm, Musée du Louvre, Paris.

a. Identifier et présenter un document iconographique

▶ **Nature et sujet.** Il s'agit d'une peinture à l'huile de grande dimension représentant une scène d'insurrection et de barricades.

▶ **Auteur, date de réalisation et, si possible, destinataires.** Eugène Delacroix (1798-1863) est un peintre français. Il est considéré comme chef de file du courant romantique (exaltation des sentiments face à la raison en s'inspirant de l'actualité politique et sociale). Réalisé en 1830, il a été présenté au public dès 1831 lors d'une exposition artistique à Paris (le Salon).

▶ **Contexte de réalisation.** Cette représentation est un hommage aux combattants qui ont mis fin au règne de Charles X quelques mois plus tôt lors de la révolution des « Trois glorieuses » (27, 28 et 29 juillet 1830).

b. Décrire et analyser l'image

▶ **Composition générale (les différents plans, ce qui est mis en valeur, comment…).** On peut parler d'une composition en pyramide, centrée sur une figure féminine, en partie dénudée. Elle est entourée et suivie par de nombreux combattants armés. Au premier plan, des corps gisent au sol et témoignent de la violence de cette révolution. A l'arrière-plan, dans la fumée, les tours de la cathédrale Notre-Dame-de-Paris nous permettent de localiser la scène dans la capitale.

▶ **Signification des principaux éléments représentés.** La femme porte un bonnet phrygien et un drapeau tricolore : on peut y voir sans aucun doute un rappel des événements révolutionnaires de 1789. Cette « Marianne » est donc le symbole allégorique du peuple français et de son aspiration à la liberté. A sa droite, un ouvrier (en chemise blanche) et un bourgeois (en redingote noire) incarnent l'union de la nation dans ce combat. A sa gauche, un jeune garçon (portant un béret) témoigne de la participation de toutes les catégories du peuple à ce mouvement révolutionnaire.

c. Expliquer le sens général de l'image, l'objectif et les intentions de l'auteur

▶ **S'aider du titre, de la légende mais aussi et surtout de ses connaissances sur la situation historique évoquée.** Cette peinture historique est une représentation de la révolte des Parisiens à la suite des mesures liberticides (censure de la presse, restriction du droit de vote, dissolution de la Chambre des députés) prises par le roi Charles X. De manière idéalisée, Eugène Delacroix apporte ici son soutien aux idées libérales de cette insurrection populaire.

Exercices

SORRIEU Frédéric, *La République universelle, démocratique et sociale - Le Pacte*, 1848, lithographie gouachée, 31 x 45 cm, Musée Carnavalet, Paris.

1 ★ 10 min Étape 1. Identifier et présenter un document iconographique.

a. Quel est le sujet représenté ici ? Quel est son support artistique ?

b. Par qui et quand a-t-il été réalisé ?

c. D'après vos connaissances, que se passe-t-il en France et en Europe au moment de sa réalisation ?

2 ★★ 15 min Étape 2. Décrire et analysez l'image.

a. Quel pays est en tête de ce défilé ? Quels éléments témoignent de son histoire révolutionnaire ?

b. Au premier plan, quels sont les peuples qui participent à ce défilé ? En quoi évoquent-ils les mouvements libéraux et nationaux ?

c. Comment la diversité sociale des révolutionnaires européens est-elle représentée ? Quel mot indique l'idéal qui doit les unir quel que soit leur pays d'origine ?

d. Qui domine toute la scène en arrière-plan ? Que fait-il ?

3 ★★★ 15 min Étape 3. Expliquer le sens général de l'image, l'objectif et les intentions de l'auteur.

a. Que faut-il comprendre par « République universelle » ?

b. Que faut-il comprendre par « République démocratique » ?

c. Que faut-il comprendre par « République sociale » ?

d. Quel message veut faire passer ainsi l'artiste ?

SYNTHÈSE

L'EUROPE FACE AUX RÉVOLUTIONS

1 La Révolution française et l'Empire : une nouvelle conception de la nation (1789-1815)

Mise en place d'une monarchie constitutionnelle (1789-1792)

- Nation souveraine qui s'affirme
- Bases politiques d'une France nouvelle (*Déclaration des Droits de l'Homme et du Citoyen*)

Première république (1792-1799)

- Nation fragile et divisée
- Menaces contre-révolutionnaires extérieures et intérieures

Napoléon Bonaparte au pouvoir (1799-1815)

- Nation encadrée par un régime autoritaire
- Contradictions dans la volonté d'exporter la Révolution en Europe

2 L'Europe entre restauration et révolution (1815-1848)

Congrès de Vienne (1814-1815)

- Restauration de l'ordre monarchique
- Diffusion des idées révolutionnaires : affirmation des libertés et des nations

Révolutions de 1830 : des insurrections à la portée limitée

- Monarchie de Juillet en France
- Indépendance de la Belgique

Révolutions de 1848 : « le printemps des peuples »

- Deuxième république en France
- Émergence de nations (Allemagne, Italie)

je me teste !

1 Qui possède la souveraineté nationale ?

- ▢ **a.** L'ensemble des citoyens comme seule source de l'autorité politique.
- ▢ **b.** Le roi en tant que représentant de la nation.
- ▢ **c.** Le président de la République en tant que représentant élu de la nation.

2 Qu'est-ce qu'une monarchie constitutionnelle ?

- ▢ **a.** Une monarchie où le roi a tous les pouvoirs.
- ▢ **b.** Une monarchie où les pouvoirs du roi sont limités.
- ▢ **c.** Une monarchie absolue de droit divin.

3 Qu'affirme la *Déclaration des Droits de l'Homme et du Citoyen* de 1789 ?

- ▢ **a.** Que les hommes sont libres.
- ▢ **b.** Que les hommes sont égaux en droits.
- ▢ **c.** Que les hommes sont libres et égaux en droits.

4 Comment peut-on définir une république ?

- ▢ **a.** Un mode de gouvernement dans lequel le pouvoir est exercé par le peuple.
- ▢ **b.** Un régime politique dans lequel le pouvoir n'est pas dans les mains d'un monarque.
- ▢ **c.** Un régime politique dans lequel des élections sont organisées.

5 Comment se nomme le texte juridique mis en place par Napoléon Bonaparte en 1804 qui rend les citoyens égaux devant la loi ?

- ▢ **a.** La *Charte constitutionnelle.*
- ▢ **b.** Le *Code civil.*
- ▢ **c.** La *Déclaration des Droits de l'Homme et du Citoyen.*

6 Quel est l'objectif principal du Congrès de Vienne de 1814-1815 ?

- ▢ **a.** La mise en place d'une coalition européenne pour maintenir Napoléon Ier au pouvoir.
- ▢ **b.** La poursuite de la Révolution française à l'échelle européenne.
- ▢ **c.** Le rétablissement d'un ordre monarchique ancien en Europe.

7 Qu'est-ce qu'un mouvement libéral au XIXe siècle ?

- ▢ **a.** Un mouvement qui souhaite l'établissement d'une république.
- ▢ **b.** Un mouvement qui réclame l'indépendance pour son peuple.
- ▢ **c.** Un mouvement qui cherche à limiter le pouvoir des princes.

8 Qu'est-ce qu'un mouvement national au XIXe siècle ?

- ▢ **a.** Un mouvement dans lequel chaque nation est à égalité de droits avec les autres.
- ▢ **b.** Un mouvement en faveur de la mise en place d'un État-nation pour chaque peuple.
- ▢ **c.** Un mouvement dans lequel une nation se libère d'un régime autoritaire.

9 Quel surnom a-t-on donné à la révolution de 1830 en France ?

- ▢ **a.** Les « Trois glorieuses ».
- ▢ **b.** Les « Trente glorieuses ».
- ▢ **c.** La « Glorieuse révolution ».

10 Qu'est-ce que le « printemps des peuples » ?

- ▢ **a.** L'ensemble des révolutions qui touchent l'Europe à la suite de la Révolution française.
- ▢ **b.** L'ensemble des révolutions qui touchent l'Europe en 1830.
- ▢ **c.** L'ensemble des révolutions qui touchent l'Europe en 1848.

11 Par quoi est remplacée en France la monarchie de Juillet en 1848 ?

- ▢ **a.** La Deuxième république.
- ▢ **b.** Le Second empire.
- ▢ **c.** La Troisième république.

HISTOIRE

Réponses

1 : a - **2** : b - **3** : c - **4** : b - **5** : b - **6** : c - **7** : c - **8** : b - **9** : a - **10** : c - **11** : a

2 La France dans l'Europe des nationalités

Cours

1 Deuxième République et Second Empire : la difficile entrée dans l'âge démocratique

a. Les grandes avancées démocratiques de la IIe République

▶ Proclamée en février 1848 par Alphonse de Lamartine, la IIe République institue le suffrage universel pour tous les citoyens de sexe masculin de plus de 21 ans (les femmes restent exclues du droit de vote), rétablit la liberté de la presse, supprime la peine de mort pour raison politique, affirme le droit du travail et abolit définitivement l'esclavage dans les colonies, sous l'influence de Victor Schœlcher. La journée de travail est réduite et des ateliers nationaux sont créés pour occuper les ouvriers sans emploi.

b. L'échec du projet républicain conduit à la proclamation du Second Empire

▶ Ces mesures déplaisent aux possédants. Lors des élections législatives, les républicains modérés et conservateurs, majoritaires, forment le parti de l'Ordre. La dissolution des ateliers nationaux entraîne la révolte des ouvriers parisiens au mois de juin 1848. La répression se solde par des milliers de morts et de déportations.

▶ Le 10 décembre 1848, Louis-Napoléon Bonaparte, candidat du parti de l'Ordre, est élu président de la République. Le suffrage universel est réduit par une loi de mai 1850 qui pose des conditions excluant 30% des citoyens du corps électoral, essentiellement des ouvriers. Louis-Napoléon Bonaparte, élu pour quatre ans, ne peut pas se représenter immédiatement car la Constitution l'interdit. Le « prince-président », bénéficiant du soutien de l'armée, provoque, le 2 décembre 1851, un coup d'État.

c. Un pouvoir autoritaire et personnel

▶ Le Second Empire est proclamé le 2 décembre 1852. Le président, dont le mandat est de dix ans, est responsable uniquement devant le pays qu'il peut consulter par plébiscite. Détenteur du pouvoir exécutif, il contrôle le pouvoir législatif. Napoléon III, qui bénéficie du soutien de l'armée, de l'Église et de la bourgeoisie, exerce un pouvoir personnel. Le suffrage masculin est maintenu mais seuls les candidats partisans du régime peuvent apposer des affiches et distribuer des bulletins de vote à leurs noms.

▶ La liberté de la presse est suspendue. Les détracteurs du régime sont emprisonnés ou condamnés à l'exil, comme c'est le cas pour Edgard Quinet ou Victor Hugo, qui dénonce le Second Empire dans *Les Châtiments*. Face aux progrès des républicains, Napoléon III accorde le droit de grève aux ouvriers (1864), libéralise la presse et autorise les réunions publiques. Mais, le Second Empire est emporté par sa défaite face à la Prusse (1870).

Biographie

George Sand, pseudonyme d'Amantine Aurore Lucile Dupin (1804-1876) :
Dès 1837, elle écrit des articles à tendance socialiste et défend le droit à l'insurrection lors de la Révolution de 1848. Elle adopte un costume masculin mais se présente comme non-féministe. Elle prend la défense des prisonniers politiques exilés par Napoléon III.

2 Industrialisation et accélération des transformations économiques et sociales

a. Modernisation et expansion économique

▶ La France s'industrialise rapidement dans la seconde moitié du XIXe siècle. L'usage des machines à vapeur s'intensifie, la production de matériel ferroviaire et la construction de ponts provoquent un développement rapide de l'industrie métallurgique. La mécanisation touche fortement l'industrie de transformation, notamment le textile.

▶ La mobilisation d'importants capitaux est indispensable pour permettre la création de grandes entreprises. À côté des banques traditionnelles apparaissent des banques d'affaires comme celle créée par les frères Pereire : ils lancent des sociétés et peuvent verser à leurs actionnaires des dividendes considérables. De grandes banques de dépôt, comme le Crédit Lyonnais, tissent un réseau bancaire national et régional et fournissent des capitaux aux entreprises.

▶ Le préfet Haussmann modernise Paris. Il assainit et aère la capitale grâce au percement de larges avenues et de grandes places rayonnantes facilitant la circulation. Des logements vétustes sont remplacés par des immeubles à étages dont l'esthétique uniforme donne naissance au « style haussmannien ». Ces chantiers, en offrant de nombreux emplois, accélèrent l'exode rural. L'agriculture demeure néanmoins le secteur économique employant le plus de main-d'œuvre. Grâce au développement des moyens de transport, les paysans peuvent facilement commercialiser leurs marchandises.

>>

>>

Mots-clés

- **Coup d'État :** prise du pouvoir par la force.
- **Plébiscite :** consultation directe du peuple appelé à répondre par oui ou par non à une mesure prise par un chef d'État.
- **Prolétaire :** personne qui n'a comme ressource que la rémunération qu'il tire de sa force de travail.
- ***Risorgimento* :** « renaissance » ou « résurrection » de la grandeur italienne.

b. La question du sort des ouvriers

▶ Un nouveau type d'ouvrier, le prolétaire, employé dans les usines des grandes villes, se trouve dans une totale dépendance du patronat. Ses conditions de travail sont particulièrement pénibles (journées de travail longues et épuisantes, salaires bas, absence de protection face aux accidents, chômage non indemnisé) et son milieu de vie très insalubre. Les ouvriers tentent d'améliorer leur sort en recourant souvent à la grève, autorisée sous conditions en 1864.

3 La France et la construction de nouveaux États nationaux en Europe

▶ Les patriotes italiens souhaitent unifier leur pays. Ils confient la réalisation du *Risorgimento* au roi de Piémont-Sardaigne, Victor-Emmanuel II, et à son ministre, Cavour, à la tête d'un État libéral en voie d'industrialisation. Pour mener à bien ce projet, il faut libérer le nord de l'Italie de la tutelle de l'Autriche.

a. Le rôle de l'alliance française dans l'unité italienne

▶ En juillet 1858, lors de l'entrevue de Plombières, Cavour s'assure le soutien de Napoléon III, qui aidera militairement le Piémont en échange de la cession de Nice et de la Savoie et à condition que le pouvoir temporel du pape sur Rome et ses environs soit préservé. Cavour déclenche la guerre d'indépendance en avril 1859. Les Franco-Piémontais remportent les victoires de Magenta et de Solferino. Le Piémont reçoit la Lombardie.

▶ Des révoltes en Italie centrale aboutissent au rattachement de plusieurs duchés au Piémont. Garibaldi (patriote italien soutenu par Cavour) lance l'expédition des Mille : les « Chemises rouges » débarquent en Sicile et la conquièrent. Napoléon autorise les troupes piémontaises à passer à travers les États du Pape pour empêcher Garibaldi de marcher sur Rome.

▶ Le roi Victor-Emmanuel II, reçu triomphalement à Naples par Garibaldi, est proclamé roi d'Italie en avril 1861. L'Autriche cède la Vénétie en 1866 à la France qui la rétrocède à l'Italie. Mais, en 1867, Napoléon III stoppe Garibaldi qui veut conquérir les États pontificaux. Victor-Emmanuel II doit attendre la défaite de Napoléon à Sedan en 1870 pour pouvoir enfin faire de Rome la capitale de l'Italie.

L'unification de la nation italienne (1859-1870)

b. La naissance de l'Allemagne construite sur la défaite militaire de la France

▶ En 1815, le territoire allemand est très fragmenté. Otto von Bismarck, chancelier de Prusse, étend peu à peu la domination de son pays grâce à des annexions. Après avoir battu les Autrichiens lors de la bataille de Sadowa (1866), il reconstitue une vaste Confédération d'Allemagne du Nord. Mais, pour unir la totalité des Allemands, il parvient à les engager, contre un ennemi commun : Napoléon III.

▶ Napoléon III déclare la guerre à la Prusse en juillet 1870. Les États du Sud de l'Allemagne se solidarisent avec les Prussiens. Après avoir essuyé plusieurs défaites, l'empereur des Français capitule à Sedan (2 septembre 1870). C'est la fin du Second Empire. Par le traité de Francfort, la France vaincue doit céder l'Alsace et le nord de la Lorraine aux Allemands. Le 18 janvier 1871, l'Empire allemand (*Reich*) est proclamé dans la galerie des Glaces de Versailles et le roi de Prusse devient *kaiser*.

Méthode

Répondre à une question problématisée

« Quelles sont les grandes transformations économiques et sociales de la France durant le Second Empire ? »

a. Analyser le sujet

▶ Repérer les **mots-clés** : « *grandes transformations économiques ET sociales* », « *quelles* », « *la France* », « *Second Empire* ».

▶ Cerner, à partir de ces mots et dates-clés, les **contours du sujet** (contexte géographique et historique, bornes chronologiques, thématiques à aborder) :

– *Grandes transformations économiques ET sociales* : insister sur les phénomènes majeurs qui concernent le domaine économique (en évoquant les évolutions vers un enrichissement ou un appauvrissement) et aussi le domaine social (en renvoyant aux classes sociales). Si des interactions existent, les mettre en relief.

– *Quelles* : bien définir les phénomènes marquant un changement, en utilisant un lexique le plus précis possible (industrialisation – mécanisation – bourgeoisie – ouvriers – paysans – exode rural).

– *La France* : se limiter à cet exemple national, si des comparaisons sont possibles avec d'autres pays, elles seront réservées à la conclusion.

– *Second Empire* : se concentrer sur la période 1852 - 1870, même si un rappel des évolutions de la première moitié du XIXe siècle est ponctuellement envisageable. Éventuellement, présenter rapidement cette période.

b. Cerner les limites chronologiques et spatiales du sujet

▶ *Durant la période allant de 1852 à 1870 et qui correspond au Second Empire marqué par le règne autoritaire de Napoléon III, soucieux du développement de son pays, la France connaît des transformations économiques et sociales importantes.*

c. Élaborer le plan

▶ Réfléchir au meilleur **type de plan** pour traiter le sujet (chronologique, thématique ou chrono-thématique) : dans la mesure où les bornes chronologiques du sujet sont bien définies et que l'on attend la mise en valeur et l'explication des phénomènes, un **plan thématique** semble le plus adéquat.

d. Rédiger l'introduction au brouillon

▶ **Reprendre les idées** dégagées grâce à l'analyse des mots-clés relevés, en les organisant.

▶ **Mettre en avant** ce qu'il faut traiter :

L'industrialisation entamée au début du XIXe siècle s'accélère de façon rapide, grâce à une mécanisation des manufactures et de l'agriculture. Cette évolution, rendue possible grâce à la naissance d'un puissant secteur bancaire, permet l'enrichissement d'une bourgeoisie qui soutient le régime politique en place. Les villes accueillent de plus en plus d'ouvriers et se transforment, provoquant un fort exode rural.

▶ **Annoncer le plan :**

Nous verrons d'abord comment la France a poursuivi son industrialisation durant le Second Empire, puis de quelles façons ce phénomène a modifié de façon accélérée la société. Enfin, nous montrerons comment le monde rural a été affecté par toutes ces transformations économiques et sociales.

Exercices

1 ★★ 15 min **Analyser le sujet et élaborer un plan.**

Question problématisée n° 1 : Comment a évolué le suffrage en France entre 1848 et 1870 ?

a. Prenez connaissance de la question problématisée n°1 et notez les réflexions que vous inspirent ses mots et dates-clés, dans l'ordre suivant : « suffrage » – « en France entre 1848 et 1870 » – « comment » – « a évolué »

b. En vous appuyant sur votre analyse du sujet, notez au brouillon les bases d'un plan vous permettant de fournir une réponse construite à la question problématisée n° 1.

Mobilisez vos connaissances en termes de dates, d'informations essentielles et de mots-clés. Ne rédigez pas. N'oubliez pas de mentionner les différents régimes politiques qui devront être évoqués dans votre développement.

2 ★★ 20 min Analyser un sujet et élaborer l'introduction.

Question problématisée n° 2 : Quel rôle la France a-t-elle joué dans l'unification italienne ?

a. Prenez connaissance de la question problématisée n° 2 et réfléchissez à son intitulé en suivant les conseils ci-dessous.

À chaque fois, notez au brouillon vos idées. À partir du brouillon, dégagez les grandes lignes de votre future introduction.
- déterminez les bornes chronologiques du sujet ;
- rappelez le contexte (géographie politique de l'Italie) et présentez les acteurs politiques de l'époque (États et personnages impliqués) ;
- expliquez pourquoi la France avait un intérêt à se mêler des affaires italiennes.

b. En vous appuyant sur l'analyse du sujet que vous venez d'effectuer, choisissez le type de plan vous permettant de traiter au mieux la question problématisée. Justifiez votre choix en mobilisant vos connaissances.

c. Concevez le corps de la réponse à la question problématisée.
Pour cela, mobilisez vos connaissances pour décrire le rôle joué par la France dans le processus d'unification de la nation italienne : reliez les informations données ci-dessous pour les faire correspondre aux quatre dates proposées.

Si vous avez opté pour un plan chronologique, vos idées seront énoncées selon l'ordre de succession des dates dans le temps.

Rôles de la France dans le processus d'unification italienne	Dates des interventions de la France dans le processus d'unification italienne
Napoléon III stoppe la finalisation de l'unification de l'Italie afin de protéger le pouvoir du pape sur Rome et ses environs. •	• 1859
L'implication militaire de la France dans la guerre d'indépendance italienne et aux deux grandes victoires de Magenta et de Solferino •	• 1866
Victor-Emmanuel II attend la chute du Second Empire pour pouvoir incorporer les États pontificaux à la nation italienne, au grand dam du pape. •	• 1867
La France joue un rôle d'intermédiaire entre l'Autriche et le royaume de Piémont-Sardaigne en lui rétrocédant la Vénétie, qui lui avait été cédée par l'Autriche après sa défaite de Sadowa face à la Prusse. •	• 1870

HISTOIRE

SYNTHÈSE

LA FRANCE DANS L'EUROPE DES NATIONALITÉS

1 Deuxième République et Second Empire : la difficile entrée dans l'âge démocratique

IIe République (1848)

- De grandes réformes démocratiques (février – avril 1848)
- Création du Parti de l'Ordre (républicain) contre les réformes ouvrières
- Mouvement insurrectionnel ouvrier (juin 1848)
- Louis-Napoléon Bonaparte est élu Président de la République (10 décembre 1848)
- **Coup d'État** (décembre 1851)
- **Second Empire** (1852) (pouvoir autoritaire de Napoléon III)

2 Industrialisation et accélération des transformations économiques et sociales

Modernisation et expansion économique sous le Second Empire

- Développement des industries métallurgique et textile
- Hausse de l'emploi et exode rural
- Chantiers de modernisation de Paris par Haussmann
- Ouvriers prolétaires (conditions de vie et de travail insalubres)

3 La France et la construction de nouveaux États nationaux en Europe

La politique extérieure du Second Empire

En Italie

– Appui diplomatique accordé au royaume de Piémont-Sardaigne lors de l'entrevue de Plombières (juillet 1848)
– Guerre d'indépendance : victoires de Magenta et Solférino (juin 1859)
– Obtention de la Savoie et de Nice, cédés par le royaume de Piémont-Sardaigne (1860)
– Soutien au pape

En Allemagne

– Déclaration de guerre à la Prusse (19 juillet 1870) : le chancelier Bismarck mobilise les États allemands du sud
– Défaite militaire de Sedan (1er septembre 1870) et chute du Second Empire
– L'Alsace et une partie de la Lorraine cédées à la Prusse
– Unification de l'Empire allemand proclamé à Versailles (18 janvier 1871)

je me teste !

1 **Quelle est la forme du suffrage mis en place par le gouvernement de la IIe République ?**

- ☐ **a.** Le suffrage censitaire.
- ☐ **b.** Le suffrage universel masculin pour les hommes de plus de 21 ans.
- ☐ **c.** Le suffrage universel.

2 **Qui a fait adopter l'abolition de l'esclavage dans les colonies françaises en 1848 ?**

- ☐ **a.** Victor Schœlcher.
- ☐ **b.** Louis-Napoléon Bonaparte.
- ☐ **c.** Victor Hugo.

3 **Quelle mesure sociale sera supprimée en juin 1848, suscitant une révolte des ouvriers ?**

- ☐ **a.** L'indemnisation du chômage.
- ☐ **b.** Le remboursement des frais médicaux.
- ☐ **c.** La création d'ateliers nationaux.

4 **Le 10 décembre 1848, Louis-Napoléon Bonaparte devient :**

- ☐ **a.** Président de la République.
- ☐ **b.** Empereur des Français.
- ☐ **c.** Chef du Corps Législatif.

5 **Le Coup d'État renversant la IIe République a lieu :**

- ☐ **a.** Le 2 décembre 1850.
- ☐ **b.** Le 2 décembre 1851.
- ☐ **c.** Le 2 décembre 1852.

6 **En 1864, quel droit la loi Ollivier autorise-t-elle ?**

- ☐ **a.** Le droit au travail.
- ☐ **b.** Le droit à la santé.
- ☐ **c.** Le droit de grève.

7 **Qu'est-ce qu'un plébiscite ?**

- ☐ **a.** Vote direct du corps électoral par oui ou par non sur une mesure du pouvoir.
- ☐ **b.** Vote qui n'est valable que si le résultat est obtenu à au moins 75% des voix.
- ☐ **c.** Les votes blancs sont transformés en votes en faveur du pouvoir.

8 **Quel recueil de poèmes, écrit par Victor Hugo, dénonce le régime de Napoléon III ?**

- ☐ **a.** *La Légende des Siècles.*
- ☐ **b.** *Les Châtiments.*
- ☐ **c.** *Les Misérables.*

9 **Ce préfet, nommé par Napoléon III, a complètement remodelé Paris :**

- ☐ **a.** Pereire.
- ☐ **b.** Quinet.
- ☐ **c.** Haussmann.

10 **Cet État enclenche le processus d'unification de l'Italie :**

- ☐ **a.** Les États pontificaux.
- ☐ **b.** La Lombardie-Vénétie.
- ☐ **c.** Le royaume de Piémont-Sardaigne.

11 **Cette victoire n'a pas été remportée par Napoléon III, mais par Napoléon Ier :**

- ☐ **a.** Magenta.
- ☐ **b.** Rivoli.
- ☐ **c.** Solferino.

12 **C'est le patriote italien se lance dans une expédition hâtant l'unification italienne :**

- ☐ **a.** Garibaldi.
- ☐ **b.** Orsini.
- ☐ **c.** Verdi.

13 **En quelle année la guerre entre la France et la Prusse éclate-t-elle ?**

- ☐ **a.** 1866.
- ☐ **b.** 1870.
- ☐ **c.** 1871.

14 **La France cède à la Prusse...**

- ☐ **a.** Le Nord et le territoire de Belfort.
- ☐ **b.** L'Alsace et une partie de la Lorraine.
- ☐ **c.** La Savoie et Nice.

15 **Où l'Empire allemand est-il proclamé ?**

- ☐ **a.** Dans la galerie des Glaces à Versailles.
- ☐ **b.** Dans la salle du conseil municipal de Paris.
- ☐ **c.** Au château de Charlottenbourg à Berlin.

Réponses !

1 : b - **2** : a - **3** : c - **4** : a - **5** : b - **6** : c - **7** : a - **8** : b - **9** : c - **10** : c - **11** : b - **12** : a - **13** : b - **14** : b - **15** : a

3 La Troisième République avant 1914

Cours

1 La mise en œuvre du projet républicain

▶ La République est proclamée le 4 septembre 1870 alors que la guerre contre la Prusse se poursuit. Refusant la défaite, le peuple de Paris se soulève en mars 1871 et élit une Commune révolutionnaire. De petits artisans et ouvriers, dont des femmes comme Louise Michel, luttent pour leurs droits. Cette République démocratique et sociale est écrasée en mai 1871 par les troupes d'Adolphe Thiers, nouveau chef de l'État. Il s'agit d'organiser la IIIe République : des lois constitutionnelles sont adoptées en 1875.

Biographie

Louise Michel (1830-1905) : Institutrice républicaine qui fut l'une des figures de proue de la Commune, à la fois ambulancière et combattante sur les barricades en 1848. Elle incite les Communards à affirmer leurs droits et libertés. Lors de l'écrasement de l'insurrection, elle est arrêtée et déportée en Nouvelle-Calédonie.

▶ Les républicains modérés deviennent majoritaires à la Chambre des députés (1876), au Sénat et à la présidence de la République (1879) : la IIIe République se stabilise. Pour unir les Français autour des valeurs républicaines, il faut renforcer la démocratie. En 1881, la liberté de presse et de réunion est rétablie. En 1882, les conseils municipaux peuvent élire le maire. Les syndicats sont autorisés en 1884. Mais le droit de vote n'est pas accordé aux femmes, malgré le combat de quelques féministes, comme Hubertine Auclert.

▶ Des symboles hérités de la Révolution française sont mis en valeur : la *Marseillaise* devient l'hymne national (1879), le 14 juillet devient fête nationale (1880). Des bustes et statues de Marianne apparaissent dans les mairies et sur les places publiques. En juin 1885, les funérailles de Victor Hugo sont suivies par plus de deux millions de personnes jusqu'au Panthéon. La République rend ainsi hommage au défenseur de sa devise (Liberté, Égalité, Fraternité).

▶ La laïcisation de l'enseignement permet de réduire l'influence de l'Église. Seule l'école peut former des citoyens attachés à la République. L'école devient obligatoire, gratuite et laïque (lois Ferry, 1881 et 1882). Les crucifix disparaissent des salles de classe, le catéchisme des programmes. L'extension du service militaire obligatoire (1899 et 1905) est aussi destinée à renforcer le sentiment républicain.

▶ L'affaire Dreyfus divise la République. Les antidreyfusards n'acceptent aucune remise en cause de l'armée qui a condamné le capitaine d'état-major Dreyfus à la déportation à vie, en 1894, accusé d'être un espion juif au profit de l'Allemagne ; ils se proclament nationalistes et font preuve d'antisémitisme. Derrière l'écrivain Émile Zola, des professeurs, instituteurs, avocats, médecins, luttent pour le triomphe de la justice et la vérité : ces dreyfusards créent, en 1898, la « Ligue des droits de l'Homme » et parviennent à faire réviser le procès de Dreyfus, gracié en 1906.

▶ Les républicains radicaux, très anticléricaux, sont au pouvoir en 1902. En 1905, la loi de séparation des Églises et de l'État est adoptée. Elle proclame la liberté de conscience et garantit le libre exercice des cultes, le gouvernement n'en rétribuant plus aucun.

Mots-clés

- **Anticlérical :** qui est opposé au clergé.
- **Nationalistes (les) :** qui font passer leur attachement à la France avant toute autre idée.

2 Permanences et mutations de la société française jusqu'en 1914

▶ La France souhaite apparaître comme une grande puissance industrielle à l'échelle mondiale grâce à deux expositions universelles organisées à Paris. Ces manifestations, attirant un très large public, constituent de véritables vitrines à la gloire des nations participantes. En 1889, l'architecture métallique est à l'honneur avec le Palais des Machines et la tour Eiffel. En 1900, c'est le palais de l'Électricité qui est le « clou » de l'exposition.

▶ Toutefois, l'économie du pays repose encore massivement sur l'agriculture. En 1900, 60 % des Français sont des ruraux, 58 % des actifs sont des paysans qui sont, soit ouvriers agricoles, soit exploitants. Des entrepreneurs agricoles détenant des capitaux s'imposent de plus en plus face aux exploitations familiales, grâce à l'utilisation d'un outillage moderne, mobilisant moins de main-d'œuvre (batteuses mécaniques, tracteurs...). Les ouvriers agricoles, privés de travail, vont s'installer en ville : cet exode rural dépeuple peu à peu les campagnes.

▶ De nombreux immigrés (Italiens, Espagnols), pauvres et peu qualifiés, s'installent en France pour travailler dans les mines, les usines textiles ou l'industrie lourde (Belges), dans le bâtiment, les transports ou comme ouvriers agricoles. Entre 1851 et 1881, leur nombre passe de 400 000 à 1 million. De 1881 à 1911, on compte environ 150 000 étrangers supplémentaires. Leur présence suscite parfois des manifestations d'hostilité dans la population.

De grandes cités ouvrières créées par des entreprises concentrent les travailleurs dans les « pays noirs », où l'on trouve des gisements de charbon et de minerais de fer. La commune du Creusot, dédiée à la sidérurgie, se développe sous l'impulsion de la famille Schneider : les ouvriers (environ 14 000 vers 1900) y sont très encadrés. Ils utilisent les logements, les écoles et infrastructures construits par le patron, confronté, en 1899, à une grève générale réclamant une augmentation des salaires. Les luttes sociales menées par les ouvriers sont inspirées par l'idéologie socialiste. Le 1er mai 1891, une manifestation réclamant les 8 heures de travail par jour est réprimée dans le sang lors d'une fusillade de la troupe contre les ouvriers, à Fourmies (Nord).

La forte présence dans les usines de machines-outils permet de moins recourir à la force physique du travailleur. Aussi, l'embauche des femmes dans les manufactures augmente, notamment dans le secteur du textile. Bien moins payées que les hommes, elles ne bénéficient pas de congés maternité et sont souvent mal considérées car elles s'occupent moins de leur foyer et de leurs enfants.

3 Métropoles et colonies

Au XIXe siècle, la France se lance à la conquête de territoires coloniaux en Afrique et en Asie afin de marquer sa puissance. Cela génère des rivalités avec l'Angleterre (incident de Fachoda au Soudan, 1898) et l'Allemagne (crises du Maroc, 1905 et 1911).

Infos

La crise de Fachoda (1898) : En 1898, 20 000 soldats britanniques remontant le Nil rencontrent l'expédition française menée par le commandant Marchand dans la zone de Fachoda et exigent une évacuation des lieux. L'incident diplomatique manque de déclencher une guerre entre la France et le Royaume-Uni.

La possession de colonies représente un débouché pour les produits industriels de la métropole, ainsi qu'une source d'approvisionnement en matières premières. Militaires, banques et entreprises en quête de nouveaux profits, scientifiques, explorateurs, missionnaires évangélisateurs et colonialistes convaincus d'une supériorité de l'« homme blanc » participent à cette occupation de terres lointaines.

Les conquêtes se font parfois dans une très grande violence, comme pour l'Algérie, à partir de 1830, quand une expédition militaire ordonnée par le roi Charles X s'empare d'Alger puis du territoire environnant. En 1848, l'Algérie est annexée à la République française et divisée en trois départements (Alger, Oran, Constantine).

Mais la domination coloniale divise les républicains. En 1885, un vif débat oppose Jules Ferry et Georges Clemenceau à l'Assemblée nationale. Le premier, qui a engagé la conquête du Tonkin, est critiqué par le second, qui explique que la politique coloniale de la France coûte

L'empire colonial français à la veille de 1914

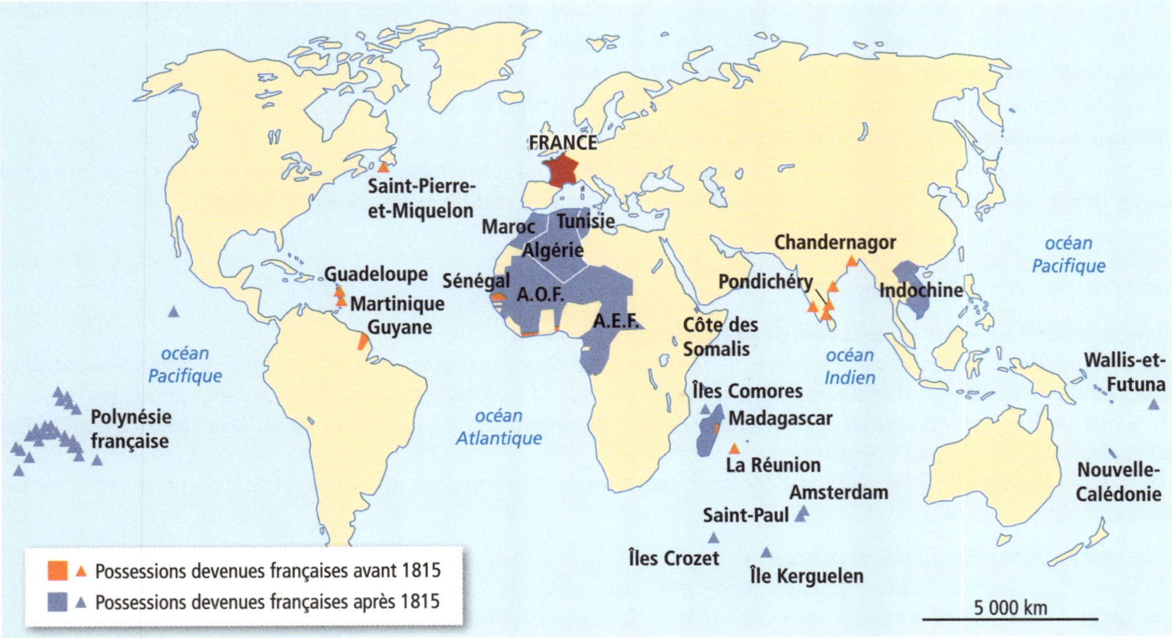

plus qu'elle ne rapporte et qu'elle ne sert que les intérêts de financiers soucieux de s'enrichir. Clemenceau s'oppose à l'idée que des « races supérieures » devraient civiliser des « races inférieures ».

▶ D'une manière générale, dans tout l'empire français, les populations colonisées sont asservies. Les Français nés en Europe ne sont pas considérés au même titre que les indigènes. Ces derniers vivent dans des quartiers séparés, comme à Saigon (Indochine), et sont juridiquement inégaux. Des lois constituant le code de l'indigénat, d'abord mis en place en Algérie, sont étendues à toutes les colonies en 1881. En contradiction avec le principe de la séparation des pouvoirs, les administrateurs coloniaux peuvent rendre la justice et appliquer des sanctions dont ni la forme ni la durée ne sont précisées.

Infos

Avec un empire de plus de 10 millions de km² peuplé par près de 50 millions d'habitants, la France est le deuxième empire colonial du monde à la veille de la Première Guerre mondiale.

Méthode

Rédiger le développement de la réponse à la question problématisée

« Quels furent les motivations et les effets de la politique d'expansion coloniale menée par la France entre 1830 et 1914 ? »

a. Le développement

Le **développement** est divisé en plusieurs parties. Avant de se lancer dans la rédaction, il faut définir le plan au brouillon. Chaque partie doit présenter une grande idée, argumentée à l'aide d'exemples précis (fait(s), date(s), localisation, acteur(s)).

▶ **Suivre le plan** du brouillon : la structure de ce plan doit être bien visible.

▶ Introduire chaque partie par la **présentation du thème** (plutôt que de mettre un titre) et terminer chaque partie par une **phrase de transition** annonçant la suivante.

▶ Utiliser des **connecteurs logiques** tels que : *tout d'abord, dans un premier temps, parce que, car, en effet, de plus, par ailleurs, mais, ensuite, cependant, enfin*... Cela rend la lecture du texte plus fluide et lui donne du sens.

▶ Faire des **phrases courtes** et **précises** pour être clair.

▶ Employer des notions historiques et des mots de vocabulaire acquis en cours.

▶ Rédiger au **présent**, parfois au passé, mais jamais au futur.

▶ Ne pas utiliser la première personne du singulier : le but étant de **relater des faits** et non de donner son propre point de vue. Il faut être le plus objectif possible, prendre du recul et être critique lorsque cela est possible.

▶ Soigner l'orthographe et la syntaxe.

Exemple d'idées clés à développer :

I. Une volonté d'affirmer la puissance de la France dans le monde

– Concurrence entre puissances européennes dans la conquête d'empires coloniaux – recherche d'un accroissement de la puissance économique – les colonies fournissent des débouchés industriels et fournissent des matières premières.

– Frictions entre puissances européennes en rivalité pour la conquête coloniale – l'incident de Fachoda (1898) a failli causer une guerre entre la France et le Royaume-Uni.

– La France se taille un immense empire colonial – possède des territoires en Afrique, en Asie – présence maritime sur plusieurs océans.

II. Des fondements idéologiques contestés

– La conquête coloniale est aussi due à des scientifiques explorateurs et à des missionnaires évangélisateurs – certains sont convaincus du droit de l'« homme blanc » à dominer le monde en raison de sa « supériorité ».

– Les théories racialistes divisent les républicains – Clemenceau dénonce la fausseté de l'existence de « races supérieures ».

– Clemenceau dénonce la conquête du Tonkin car elle coûterait plus cher à la France qu'elle ne lui rapporterait d'argent – le sort des indigènes provoque l'indignation de certains.

III. Des populations indigènes durement dominées
– Grande violence de la conquête militaire – exemple de l'Algérie – appropriation des territoires conquis sous une forme administrative.
– Asservissement des populations colonisées – inégalité de traitement entre Européens d'origine et indigènes des colonies – ségrégation spatiale entre ces deux populations dans les villes coloniales.
– Code de l'indigénat étendu à toutes les colonies en 1881 – les administrateurs coloniaux se voient attribuer de très larges pouvoirs pour contrôler les populations indigènes.

b. La conclusion

La **conclusion** est la partie terminale de votre travail. Elle ne doit pas être négligée car elle influence le correcteur, de façon positive ou négative, dans son évaluation. Elle doit être préparée d'abord au brouillon. Il faut penser à intégrer divers éléments :

▶ Un **bilan-synthèse** de l'argumentation, donnant une réponse à la question problématisée, sans répéter tout ce qui a été dit auparavant.
Exemple : Pour conclure, on peut dire que les causes ayant mené la France à mener une politique d'expansion coloniale ont été multiples, mais que toutes ont entraîné des effets souvent problématiques à plus ou moins long terme : l'image d'un pays à la pointe de la défense des droits de l'Homme qui était celle de la France a été durablement ternie tandis que pour les populations dominées, exposées à diverses formes de violences et d'exploitation, la colonisation a représenté immédiatement un énorme traumatisme.

▶ Une **description des conséquences** de ce dont vous avez parlé, si vous les connaissez.
Exemple : En se lançant dans des conquêtes coloniales, la France a cherché à conserver son prestige de grande puissance mais a couru le risque d'entrer en guerre avec d'autres nations européennes. L'asservissement des populations indigènes qu'elle a pratiqué contrevient aux principes fondamentaux de la République, notamment au principe d'égalité.

▶ Une **ouverture** : replacer le sujet dans un contexte plus large, en changeant de point de vue.
Exemple : La France a perdu son empire colonial dans la seconde moitié du XXème siècle. Les populations indigènes, inspirées notamment par les principes républicains, ont lutté pour être reconnues à égalité avec les colons, ce qui fit naître en elles un désir d'indépendance.

Exercices

1 ★★ 20 min **Rédiger le développement d'une réponse à une question problématisée.**

Voici un plan chrono-thématique qui peut permettre de répondre à la question problématisée suivante : Comment la IIIe République est-elle parvenue à unir tous les Français ?

I. Démocratiser la République
II. Mettre en avant des symboles hérités de 1789
III. Former des citoyens à l'école

a. Rédigez le corps de chacune de ces parties.

Donnez à chaque fois des faits précis associés à des dates ; utilisez les notions historiques et un lexique historique adaptés.

2 ★★ 10 min **Rédiger la conclusion (10 lignes environ) de la réponse à la même question problématisée.**

a. Synthétisez l'action de la IIIe République en faveur de l'union des Français, en soulignant quels moyens d'action elle a mis en œuvre.

b. Ouvrez sur l'avenir, en expliquant qu'à partir de 1894 des divisions ont déchiré la société française (précisez lesquelles). Vous pouvez aussi ouvrir sur la situation présente, en décrivant quelle est la persistance de l'héritage que les Français ont reçu de la IIIe République.

c. Citez un élément démocratique que la IIIe République n'a pas mis en œuvre, pour souligner les limites de ses efforts pour construire une culture républicaine partagée par l'ensemble de la population.

Si vous en avez connaissance, vous pouvez expliquer à quel moment cet élément démocratique fut mis en place en France.

SYNTHÈSE

LA IIIe RÉPUBLIQUE AVANT 1914

1 La mise en œuvre du projet républicain

Développer une culture républicaine

Un renforcement de la démocratie
- Liberté de la presse (1881)
- Les conseils municipaux élisent les maires (1882)
- Autorisation des syndicats (1884)

Mise en valeur de symboles hérités de la Révolution française
- La *Marseillaise* (1879)
- Le 14 juillet, fête nationale (1880)
- Popularisation de la figure de Marianne

Une laïcisation del'enseignement et de l'État
- L'école publique devient laïque (loi Ferry de 1882)
- La séparation des Églises et de l'État est affirmée (loi de 1905)

2 Permanences et mutations de la société française jusqu'en 1914

Caractéristiques de la société française (1870-1914)

- Un monde rural toujours dominant, une agriculture toujours prospère
- Un pays industrialisé qui se donne à voir lors d'expositions universelles (1889, 1900)
- Un monde ouvrier concentré en partie dans des cités-ouvrières, engagé dans des luttes sociales

3 Métropoles et colonies

La colonisation

Des rivalités entre États
La possession des territoires d'Afrique et d'Asie tendent les relations entre États européens (ex : Fachoda, 1898)

Les acteurs d'une conquête souvent violente
Militaires, capitalistes, scientifiques, missionnaires, colonialistes animés par des théories racialistes

Des débats opposant :
- Des colonialistes comme Jules Ferry.
- Des anticolonialistes comme Georges Clemenceau

Un traitement inégal des populations
Les indigènes ne bénéficient pas du même statut juridique que les Français nés en France (code de l'indigénat, 1881)

je me teste !

1 **Les lois constitutionnelles mettant en place la IIIᵉ République datent de :**
- ▢ **a.** 1870.
- ▢ **b.** 1875.
- ▢ **c.** 1879.

2 **Quelle mesure démocratique n'a pas été adoptée par la IIIᵉ République ?**
- ▢ **a.** Liberté de la presse.
- ▢ **b.** Droit de vote accordé aux femmes.
- ▢ **c.** Autorisation des syndicats.

3 **Quel grand écrivain français bénéficie de funérailles nationales en 1885 ?**
- ▢ **a.** Victor Hugo.
- ▢ **b.** Émile Zola.
- ▢ **c.** George Sand.

4 **Quel processus consiste à réduire l'influence de l'Église dans certains domaines ?**
- ▢ **a.** Industrialisation.
- ▢ **b.** Prolétarisation.
- ▢ **c.** Laïcisation.

5 **Ils défendent l'innocence du capitaine Dreyfus :**
- ▢ **a.** Dreyfusards.
- ▢ **b.** Antidreyfusards.
- ▢ **c.** Nationalistes.

6 **La loi de 1905 sur la séparation des Églises et de l'État prévoit :**
- ▢ **a.** L'interdiction des religions dans l'espace public.
- ▢ **b.** La liberté de conscience.
- ▢ **c.** L'impossibilité des catholiques à devenir fonctionnaires.

7 **Lors de quelle exposition universelle l'électricité est-elle mise à l'honneur ?**
- ▢ **a.** 1878.
- ▢ **b.** 1889.
- ▢ **c.** 1900.

8 **En 1900, la population française compte :**
- ▢ **a.** 50 % de ruraux.
- ▢ **b.** 60 % de ruraux.
- ▢ **c.** 70 % de ruraux.

9 **Les travailleurs immigrant en France entre 1850 et 1914 sont majoritairement :**
- ▢ **a.** Algériens, Marocains et Tunisiens.
- ▢ **b.** Polonais, Roumains et Bulgares.
- ▢ **c.** Belges, Italiens et Espagnols.

10 **Quelle famille d'industriels a développé Le Creusot ?**
- ▢ **a.** Schneider.
- ▢ **b.** Krupp.
- ▢ **c.** de Wendel.

11 **Une fusillade a eu lieu dans cette ville, le 1er mai 1891, pour mettre fin à une manifestation d'ouvriers :**
- ▢ **a.** Le Creusot.
- ▢ **b.** Paris.
- ▢ **c.** Fourmies.

12 **En 1898, dans la zone de Fachoda (Soudan) une rivalité coloniale oppose :**
- ▢ **a.** La France et l'Angleterre.
- ▢ **b.** La France et l'Allemagne.
- ▢ **c.** La France et la Belgique.

13 **La conquête de l'Algérie par la France a commencé en :**
- ▢ **a.** 1810.
- ▢ **b.** 1830.
- ▢ **c.** 1870.

14 **Le code de l'indigénat prévoit de traiter les indigènes :**
- ▢ **a.** De façon juridiquement égale aux Français nés en France.
- ▢ **b.** En leur accordant certains privilèges.
- ▢ **c.** En les soumettant aux autorités françaises.

HISTOIRE

Réponses !

1 : b – **2** : b – **3** : a – **4** : c – **5** : a – **6** : b – **7** : c – **8** : b – **9** : c – **10** : a – **11** : c – **12** : a – **13** : b – **14** : c

4 La Première Guerre mondiale

Cours

1 Un conflit d'une ampleur inédite

a. D'un attentat politique à une guerre mondiale

▶ Le 28 juin 1914, l'assassinat de l'héritier du trône d'Autriche-Hongrie, l'archiduc François-Ferdinand, par un jeune nationaliste serbe, déclenche un mécanisme conduisant à la guerre le 1er août. Les ambitions territoriales des nations et les jeux d'alliances embrasent l'Europe : la Triple-Entente (Royaume-Uni, France, Russie) affronte les Empires centraux (Allemagne, Autriche-Hongrie).

Le conflit se mondialise progressivement, puisqu'Empire ottoman (1914) et Bulgarie (1915) rallient les Empires centraux, tandis que Japon (1914), Italie (1915), Roumanie et Portugal (1916), puis Chine et États-Unis (1917) rejoignent l'Entente. Parallèlement, les populations colonisées d'Asie et d'Afrique sont mobilisées, notamment au sein des armées françaises et britanniques.

b. L'Europe, cœur des combats

▶ À l'Ouest, après la guerre de mouvement jusqu'en 1915, le front se stabilise en une longue guerre de position et d'usure (tranchées) jusqu'en 1917 et l'entrée en guerre des États-Unis. À l'Est, le front est mobile jusqu'en 1917, lorsque la Russie, emportée dans l'élan révolutionnaire communiste d'octobre, se retire du conflit. À la périphérie, les opérations se multiplient (guerre sous-marine dans l'Atlantique, offensives au Proche-Orient).

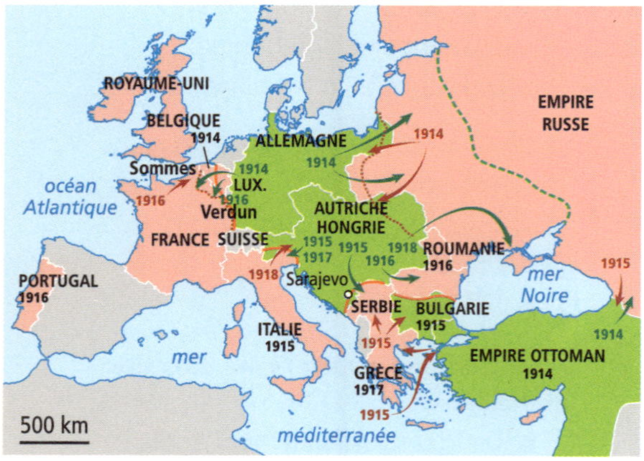

Les forces en présence

- Puissances de l'Entente et leurs alliés
- Puissances centrales et leurs alliés
- Territoires neutres
- 1915 Date d'entrée en guerre

Les étapes du conflit

- Front fin 1914
- Front en novembre 1918
- Avancée allemande en Russie (mars 1918)
- 1916 Principales offensives alliées
- 1916 Principales offensives des puissances centrales

L'Europe en guerre

c. Une violence extrême

▶ L'armement industriel, sans cesse plus perfectionné, expose les soldats à une puissance de feu effroyable, dont la dureté est aggravée par l'âpreté des conditions de vie dans les tranchées, malgré le développement de liens de camaraderie. De grandes offensives, comme celles de la Somme et de Verdun (1916) ou du Chemin des Dames (1917), en France, tentent d'inverser le rapport de force mais s'avèrent peu efficaces. Durement vécues par les troupes, elles nourrissent découragement et révolte : en France, des mutineries sont réprimées en 1917. Les populations civiles ne sont pas épargnées, victimes de violences diverses dans les zones occupées, voire de massacres : dans l'Empire ottoman, l'état-major organise le génocide des Arméniens (1915-1916), jugés rétifs à l'union nationale turque depuis la fin du XIXe siècle et suspectés de sympathie pour l'ennemi.

2 Les sociétés dans la guerre totale

a. Une mobilisation sans précédent

▶ L'engagement volontaire (1,5 millions d'hommes au Royaume-Uni) et la conscription rassemblent environ 60 millions de combattants sur toute la durée du conflit. Ainsi, tout Européen est concerné par la guerre (hommes civils, femmes et enfants). Le moral des troupes et de l'arrière est alors encadré (censure, « bourrage de crâne », diabolisation de l'ennemi), afin d'entretenir le dévouement patriotique et la solidarité combattante. Les historiens débattent ainsi pour évaluer la part de consentement et de contrainte des esprits mobilisés dans l'effort de guerre.

b. Une guerre totale

▶ Les moyens déployés sont sans précédent et engagent toutes les sphères de la société, dont les efforts sont coordonnés par les États : sciences et techniques (armement, gaz, médecine), économie (planification, emprunts, industries d'armement), politique (« Unions sacrées » des principaux partis politiques). Le combat se situe donc aussi à l'arrière, où les agriculteurs et agricultrices œuvrent pour le ravitaillement des soldats qu'améliorent des associations de charité, tandis que les usines emploient de nombreuses femmes (« munitionnettes »). Les conditions de vie se dégradent et deviennent particulièrement éprouvantes, conduisant à un mouvement de grèves en 1917, pour une meilleure reconnaissance des travailleurs.

c. Une brutalisation des sociétés

▶ L'expérience combattante (« boucherie » des offensives, conditions de vie des tranchées), l'omniprésence du front >>

>> à l'arrière (presse, lettres de poilus, retours de mutilés, annonces de décès, jeux guerriers) et les violences d'occupation (réquisitions, arrestations, viols, massacres) font émerger une véritable culture de guerre : psychologies et comportements, imprégnés par la guerre, sont animés par ses fins.

3 Sortir de la guerre : la paix des vainqueurs

a. La fin des combats

▶ Le conflit s'achève lentement par la victoire de l'Entente et de ses alliés. Les Empires centraux tombent : de septembre à novembre 1918 sont signés les armistices avec l'Empire ottoman, la Bulgarie, l'Autriche-Hongrie, puis, le 11 novembre 1918, avec l'Allemagne, à Rethondes. Certains conflits frontaliers prolongent néanmoins les combats : guerres russo-polonaise et gréco-turque de 1920 à 1921.

b. L'organisation de la paix

▶ Largement inspirés des « 14 points » énoncés par le président américain Thomas W. Wilson le 8 janvier 1918, les traités de paix, dont le traité de Versailles (1919), bouleversent la carte de l'Europe : disparition des Empires multinationaux (Empire ottoman, Autriche-Hongrie) et accession à plusieurs revendications nationales (restitution de l'Alsace et de la Moselle à la France, naissance de la Tchécoslovaquie, de la Hongrie, de la Yougoslavie, de la Pologne et des États baltes). À Versailles, l'Allemagne est jugée responsable du conflit : réarmement limité, frais de réparation, occupation de la Rhénanie. Pour éviter tout nouveau conflit mondial, la Société des Nations (SDN) voit le jour à Genève le 10 janvier 1920, défendant le libre commerce et la négociation ouverte entre les nations afin d'assurer la sécurité collective.

c. Des sociétés traumatisées

▶ Avec 15 à 20 millions de morts (dont 9 à 10 millions de soldats), des destructions colossales et une désorganisation des sociétés, le bilan est lourd et le traumatisme profond, particulièrement en Europe. La reconstruction doit être matérielle, mais aussi morale. Cimetières, monuments aux morts, témoignages et cérémonies nourrissent des mémoires contrastées de la Grande Guerre, entre glorification du sacrifice patriotique (flamme du soldat inconnu en 1920 à Paris), bellicisme revanchard (mouvements nationalistes allemands humiliés par le traité de Versailles) et pacifisme intégral (espérant avoir traversé la « Der des ders »).

L'Europe au sortir des traités de paix

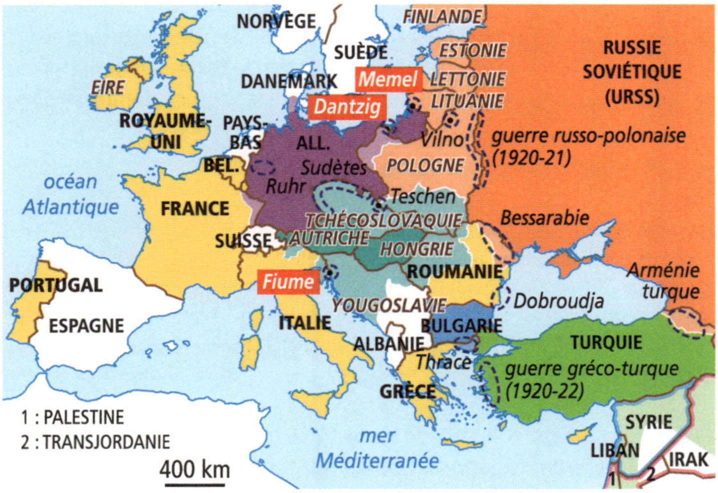

Les États à l'issue des traités de 1919-1921

Les États vaincus et leurs pertes
- L'Allemagne et ses pertes
- L'Autriche-Hongrie et ses pertes
- La Bulgarie et ses pertes
- L'Empire ottoman et ses pertes
- La Russie et ses pertes

- **États vainqueurs**
- *ESTONIE* Nouveaux États
- Frontières de 1924

Le remise en cause des traités (1920-1923)
- Zones de tension

Zones sous contrôle de la SDN
- *Dantzig* Villes libres
- Mandats britanniques
- Mandats français

HISTOIRE

Méthode

Porter un regard critique sur les documents

En histoire, la critique des documents consiste à **en évaluer la portée et les limites pour la compréhension du passé**, à partir d'un examen rationnel et argumenté, appuyé sur des connaissances. Il ne saurait donc être question de les soumettre à des jugements de valeurs et opinions personnelles.

Sujet : Le cas des témoignages sur l'expérience du front durant la Grande Guerre.

▶ Les **témoignages** constituent une catégorie de sources de premier ordre, particulièrement depuis le XIXe siècle, avec la diffusion de la maîtrise de l'écrit, puis les enregistrements audiovisuels. Mais tout témoignage requiert au moins deux précautions critiques :

– **subjectif et partiel**, voire falsifié, intentionnellement ou par les déformations de la mémoire, il doit être confronté à d'autres documents pour éviter une généralisation abusive des faits qu'il rapporte ;

– **formulé *a posteriori***, il faut analyser le contexte dans lequel il est produit pour apprécier la distance qui le sépare des faits.

Doc. 1

Des fusants* sortent du ciel, des explosifs sortent de la terre. C'est un effroyable rideau qui nous sépare du monde, nous sépare du passé et de l'avenir. (...)

On trébuche, on se retient les uns aux autres, dans de grands flots de fumée. (...) J'ai entrevu des faces étranges qui poussaient des espèces de cris, qu'on apercevait sans les entendre dans l'anéantissement du vacarme. Un brasier avec d'immenses et furieuses masses rouges et noires tombait autour de moi, creusant la terre, l'ôtant de dessous mes pieds, et me jetant de côté comme un jouet rebondissant. Je me rappelle avoir enjambé un cadavre qui brûlait, tout noir, avec une nappe de sang vermeil qui grésillait sur lui, et je me souviens aussi que les pans de la capote** qui se déplaçait près de moi avaient pris feu et laissaient un sillon de fumée.

Henri Barbusse, *Le Feu*, 1916, Flammarion, 1992.

* Obus. ** Manteau.

▶ Paru pendant la guerre, l'ouvrage de Barbusse témoigne publiquement de son expérience du front. Cet extrait veut traduire l'horreur, le chaos infernal du front, où les armes modernes déchaînent les éléments : « des fusants sortent du ciel, des explosifs sortent de la terre », le « feu », les « flots de fumée » habitent le texte. L'impression ainsi rendue est irréelle et, en plus des faits tangibles, renseigne sur le vécu personnel du combattant qu'est Barbusse durant la guerre de position.

Doc. 2

« Dans le secteur voisin, on a retrouvé de nos camarades dont le nez avait été coupé et dont les yeux avaient été crevés avec ces baïonnettes à scie. Puis on leur avait rempli de sciure la bouche et le nez et on les avait ainsi étouffés (...). À vrai dire, la baïonnette a perdu de son importance. Il est maintenant de mode chez certains d'aller à l'assaut simplement avec des grenades et une pelle. La pelle bien aiguisée est une arme plus commode et beaucoup plus utile ; (...) spécialement si l'on frappe obliquement entre les épaules et le cou, on peut facilement trancher jusqu'à la poitrine. »

Erich-Maria Remarque, *À l'ouest rien de nouveau*, © 1929, 2009, Éditions Stock pour la traduction française.

▶ Proche du premier (violence des combats, présence de la mort), ce témoignage apporte d'autres éléments. L'auteur est allemand, ce qui indique une similitude des expériences combattantes des deux côtés de la ligne de front. Le texte insiste sur la violence, qui s'accompagne d'une déshumanisation de l'ennemi et la brutalisation des combattants. Rédigé plus de dix ans après la guerre, il témoigne de la persistance du traumatisme chez son auteur, et informe donc sur la portée du conflit durant la période de l'entre-deux-guerres.

Doc. 3

« Avant-hier – et cela a duré deux jours (...) – Français et Allemands se sont serré la main ; incroyable, je vous dis ! Pas moi, j'en aurais eu regret.

Voilà comment cela est arrivé (...). Ils nous demandent de nous rendre « pour la frime ». (...) Ils sortent alors de leurs tranchées, sans armes, rien du tout, officier en tête ; nous en faisons autant et cela a été une visite d'une tranchée à l'autre, échange de cigares, cigarettes, et à cent mètres, d'autres se tiraient dessus (...). »

Lettre de Gervais Morillon à ses parents, le 14 décembre 1914, censurée, extraite de *Paroles de poilus*, Librio-Radio France, D.R., 1998.

▶ Lettre privée de 1914, ce document retranscrit une situation vécue presque immédiatement. Le contexte de sa production et celui des faits relatés se confondent donc. L'arrière est directement informé par les soldats, mais sous le contrôle d'une hiérarchie qui censure. La scène contraste fortement avec celles des documents 1 et 2, car elle évoque une brève fraternisation avec l'ennemi. Cette lettre pose ainsi la question de la représentativité des témoignages : l'expérience marginale de l'aveu du témoin (« incroyable ») ne peut être généralisée, mais vient nuancer la profondeur de la brutalisation des combattants dès 1914.

Exercice

★★ 20 min **Observer le document suivant et répondre aux questions.**

Un ancien combattant allemand peint la Grande Guerre.

Otto Dix, *La guerre*, tempéra sur bois, 1929-1932, Galerie Neue Meister, Dresde.

a. Pourquoi ce document peut-il être considéré comme un témoignage ?

b. Quelle est la structure générale de l'œuvre ?

c. Quelle vision de la Grande Guerre Otto Dix propose-t-il ici ?

d. Dans quelle mesure peut-on rapprocher ce document des témoignages proposés dans la partie Méthode ?

SYNTHÈSE

LA PREMIÈRE GUERRE MONDIALE

1 Un conflit d'une ampleur inédite

Alliances et rivalités nationales en Europe (Triple-Entente et Empire centraux)

+

Attentat nationaliste de Sarajevo (28 juin 1914)

+

Mobilisation des colonies (Asie et Afrique œuvrent pour l'Entente)

+

Entrée en guerre des États-Unis (1917)

→ **Guerre mondiale**

2 La société dans la guerre totale

Guerre totale

« Unions sacrées » des principaux partis politiques

+

Mobilisation des sociétés civiles

+

Armées de masse (conscription)

+

Armement industriel

3 Sortir de la guerre

Renforcement des sentiments patriotiques et des revendications nationales

+

Culture de guerre (expérience du front directe et indirecte + occupation)

+

Importance du bilan humain (15 à 20 millions de morts)

+

Traumatisme collectif

→ **Paix contrastée**

Responsabilisation de l'Allemagne	Reconnaissance de nations nouvelles
Démantèlement des Empires	SDN (1920) et pacifisme

je me teste !

1 **L'Empire ottoman s'engage aux côtés :**
- ▢ **a.** Des pays de l'Entente.
- ▢ **b.** Des Empires centraux.

2 **Les territoires coloniaux sont :**
- ▢ **a.** Mobilisés au service de leurs métropoles.
- ▢ **b.** Généralement étrangers au conflit.
- ▢ **c.** Des terrains majeurs d'affrontements militaires.

3 **L'« arrière » désigne :**
- ▢ **a.** L'espace des tranchées, au contact de la ligne de front.
- ▢ **b.** Le camp adverse, au-delà du front.
- ▢ **c.** Tous les territoires civils situés derrière le front.

4 **Relever les événements se déroulant durant l'année 1917 :**
- ▢ **a.** La Russie quitte le conflit.
- ▢ **b.** L'Italie entre en guerre.
- ▢ **c.** Bataille de Verdun.
- ▢ **d.** Répression des mutineries dans l'armée française.
- ▢ **e.** Les États-Unis entrent en guerre.

5 **À partir de 1915, les Arméniens sont :**
- ▢ **a.** Entrés en guerre.
- ▢ **b.** Expulsés de l'Empire ottoman.
- ▢ **c.** Victimes d'un génocide.
- ▢ **d.** Auteurs d'un génocide.

6 **Relever la définition la plus appropriée de « guerre totale » :**
- ▢ **a.** Guerre mobilisant tous les moyens défensifs et offensifs des armées.
- ▢ **b.** Guerre mobilisant toutes les dimensions de la société engagée.
- ▢ **c.** Guerre dont l'intention est la destruction totale de l'adversaire.

7 **Le 11 novembre 1918 est le jour de :**
- ▢ **a.** L'arrêt des combats.
- ▢ **b.** La capitulation des Empires centraux.
- ▢ **c.** La paix sur le front de l'Ouest.

8 **Qui énonce les « 14 points » préparant la paix ?**
- ▢ **a.** Georges Clemenceau.
- ▢ **b.** Thomas Woodrow Wilson.
- ▢ **c.** Lloyd George.

9 **Le traité de Versailles est signé en :**
- ▢ **a.** 1918.
- ▢ **b.** 1919.
- ▢ **c.** 1920.
- ▢ **d.** 1921.

10 **Relever les dispositions du traité de Versailles :**
- ▢ **a.** Occupation de la Rhénanie.
- ▢ **b.** Administration du territoire allemand par les vainqueurs.
- ▢ **c.** Réarmement limité de l'Allemagne.
- ▢ **d.** Restitution de l'Alsace et de la Moselle à la France.
- ▢ **e.** Financement des réparations de guerre.

11 **Les traités de paix... :**
- ▢ **a.** Rétablissent la situation antérieure au conflit.
- ▢ **b.** Réduisent le nombre d'États-nation en Europe.
- ▢ **c.** Démembrent les puissances vaincues.

12 **SDN signifie :**
- ▢ **a.** Société des nations.
- ▢ **b.** Société de négociation.
- ▢ **c.** Société pour la défense des nations.

13 **Quelles sont les missions de la SDN ?**
- ▢ **a.** Assurer la sécurité collective.
- ▢ **b.** Intervenir militairement pour imposer la paix.
- ▢ **c.** Favoriser la négociation internationale.
- ▢ **d.** Œuvrer au développement du commerce.

Réponses !

1 : b - **2** : a - **3** : c - **4** : a, d, e - **5** : c - **6** : b - **7** : a - **8** : b - **9** : b - **10** : a, c, d, e - **11** : c - **12** : a - **13** : a, c, d

Urbanisation et métropolisation dans le monde

Cours

1 La généralisation de l'urbanisation

▶ L'urbanisation connaît une croissance rapide. Le taux d'urbanisation dans le monde était de 30 % en 1950, il est de 55 % en 2016. En moyenne le taux de croissance de la population urbaine est de 2 % par an depuis 2010.

▶ Deux facteurs principaux expliquent la croissance de la population urbaine. D'une part, l'exode rural, c'est-à-dire l'installation des ruraux dans les villes. D'autre part, l'accroissement naturel de la population des villes.

2 La transition urbaine

La croissance du nombre de citadins indique le passage d'une société rurale à une société urbaine, c'est la transition urbaine. Aujourd'hui, la transition urbaine mondiale est en cours. En 2007, pour la première fois le nombre de citadins atteint la moitié de la population mondiale. Cependant, si la part des ruraux diminue, leur nombre continue d'augmenter. Selon l'ONU, le nombre de ruraux devrait commencer à baisser à partir de 2030.

3 Une urbanisation inégale dans le monde

▶ Certains pays ont achevé leur transition urbaine tandis que d'autres sont en cours. Les taux d'urbanisation sont très contrastés à l'échelle planétaire. L'Europe, le continent américain, le Moyen Orient et l'Océanie ont la majorité de leur population vivant en ville. Dans la plupart de ces pays, le taux d'urbanisation est supérieur à 75 % et il ne progresse quasiment plus.

▶ L'Afrique et la plus grande partie de l'Asie ont encore une population majoritairement rurale. Ces régions les moins urbanisées sont celles qui ont les taux de croissance de la population urbaine les plus élevés. Par exemple, dans les pays en développement le taux de croissance atteint 2,5 % par an, jusqu'à 4 % dans les pays les moins avancés (PMA).

4 Une métropolisation croissante

▶ Les villes ont un rôle primordial dans le fonctionnement des territoires. Elles concentrent les hommes et les activités. Elles sont également des carrefours de communication, c'est-à-dire qu'elles se situent à la rencontre des grands axes de transport et mettent les territoires en relation.

À savoir

Il existe un classement du rayonnement des métropoles dans le monde (*Global power city index*). La hiérarchie repose sur 70 indicateurs. En 2017, les cinq premières métropoles sont Londres, New York, Tokyo, Paris et Singapour.

▶ Certaines villes disposent de fonctions urbaines traditionnelles (services) et de fonctions stratégiques (siège des grandes entreprises, laboratoires de recherche, institutions nationales ou internationales, centres culturels, etc.). Ces villes exercent alors un rayonnement particulier, elles sont des métropoles.

▶ La métropole peut avoir un rayonnement régional, national voire international. Plus le rayonnement est grand, plus elle dispose de fonctions stratégiques rares. Les métropoles avec le rayonnement le plus important sont des villes mondiales.

5 Le renforcement des métropoles

▶ Les métropoles attirent et concentrent les activités et les populations, c'est le processus de métropolisation. Aujourd'hui, 40 % de la population urbaine du monde vit dans une ville de plus d'un million d'habitants dont 20 % dans une ville de plus de 5 millions.

▶ La métropolisation contribue à l'augmentation des très grandes villes. Les agglomérations de plus de 10 millions d'habitants sont des mégapoles. En 1950, il existait deux mégapoles (New-York et Tokyo), elles sont une trentaine en 2017.

Méthode

Lire et analyser une carte

▶ **Présenter la carte**

Repérer :
- le **territoire** représenté et son **échelle** (planisphère, continent, État, région, etc.) ;
- la **nature de la carte** (carte analytique, carte par anamorphose, carte de synthèse, etc.) ;
- le **titre** qui donne le sujet de la carte ;

À savoir

La carte par anamorphose représente les territoires en fonction de l'importance du phénomène présenté et non en fonction d'une échelle. Par exemple plus le pays est peuplé plus sa surface est importante.

– l'ancienneté des données cartographiées et leur **source** (origine des données) ;
– éventuellement l'**auteur** et les **destinataires.**

Lire la légende

Relever :
– la **nature des données :** quantitative (ex. taux de chômage ou produit intérieur brut – PIB) ou qualitative (aéroport, mégalopole) ;
– les **figurés** utilisés (figuré ponctuel, de surface ou linéaire) ;
– l'**organisation** de la légende.

Observer le contenu de la carte

Pour cela, partir **du plus général au plus précis.** Par exemple pour une carte des densités de population d'un État. Relever l'inégale répartition des densités à l'échelle du territoire, puis localiser les zones de fortes et de faibles densités.

Expliquer la carte

Il faut utiliser les connaissances pour éclairer le contenu de la carte. Tout d'abord, il nécessaire de **définir les données** présentées. Par exemple, pour une carte de l'indice de développement humain (IDH) il est indispensable de définir cet indicateur. Ensuite, il faut apporter des **éléments pour comprendre les localisations.** Par exemple, la faible connexion de l'Afrique au réseau internet s'explique par le faible niveau de développement et de richesse de ce continent.

Exercice

★★ 25 min

a. Présentez la carte.

b. Lisez la légende et précisez les parties de la légende.

c. Observez la carte. Indiquez la répartition de l'urbanisation, des métropoles et des mégalopoles.

Les mégalopoles sont de vastes régions urbaines qui s'étendent sur plusieurs centaines de kilomètres, composées de plusieurs métropoles et peuplées de plusieurs dizaines de millions d'habitants.

d. Expliquez la carte. Pourquoi l'urbanisation est-elle plus faible en Afrique et en Asie ? Pourquoi les métropoles de plus de 10 millions d'habitants sont-elles les plus nombreuses en Asie ? Comment expliquer la forte croissance des métropoles en Asie et en Afrique et la faible croissance en Europe et au Japon ?

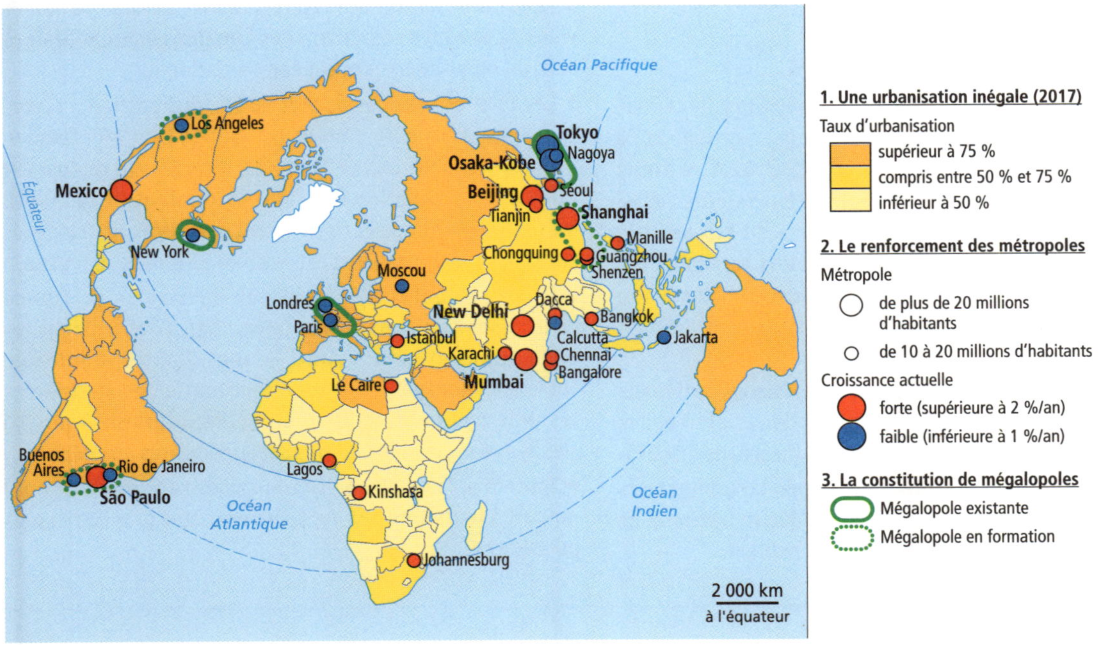

GÉOGRAPHIE

L'inégale métropolisation du territoire français

Cours

1 Paris domine le réseau urbain français

▶ En France, seule la métropole parisienne peut être considérée comme une métropole de rang mondial : une ville mondiale.

▶ Paris est la ville primatiale du réseau urbain français, c'est-à-dire qu'elle domine le réseau urbain. Dans le cas de Paris, il s'agit de macrocéphalie urbaine, c'est-à-dire de la large domination d'une seule et très grande métropole sur les autres villes.

▶ Si, dans les années 1960 et 1970, il a été question de réduire le poids de Paris pour équilibrer le territoire français, cette politique est révolue et Paris renforce son rayonnement pour faire face à la concurrence des autres métropoles mondiales. Le projet du Grand Paris répond à cet objectif.

À savoir

Le Grand Paris est un vaste projet visant à aménager l'agglomération parisienne pour lui permettre de relever les défis du XXIe siècle. Cela comprend des infrastructures de transports, des espaces verts, des services, des zones d'activités.

2 L'exceptionnelle concentration des pouvoirs et des activités dans la métropole parisienne

▶ L'aire urbaine de Paris, ce qui correspond à la ville centre, aux banlieues et à la couronne périurbaine, regroupe 18 % de la population française en 2017, soit 12,1 millions d'habitants. La métropole est également la plus riche, elle assure 29 % du PIB de la France, 4 % du PIB de l'UE. Dans l'agglomération, la part des emplois tertiaires est très élevée. Ceci étant lié à la très forte concentration des activités de commandement (politique, financier, économique, culturel).

▶ La métropole concentre les pouvoirs politiques nationaux (Élysée, Matignon, Assemblée nationale, Sénat, etc.) et des institutions internationales (siège de l'Unesco, de l'OCDE).

▶ Paris concentre les pouvoirs culturels en accueillant des équipements sportifs et culturels de niveau national et international, les sièges des principaux médias.

La Défense, premier quartier des affaires européen.

▶ La métropole a un pouvoir économique important grâce aux sièges sociaux de grandes firmes transnationales (FTN), à la présence de la bourse de Paris, d'industries de pointe et de haute technologie (technopôle de Saclay) et du quartier des affaires de la Défense qui est le premier quartier des affaires européen.

3 Le développement des métropoles régionales

▶ Avec l'affirmation des régions et de l'Europe, certaines villes de province accueillent des fonctions métropolitaines avec un rayonnement européen ou national.

▶ Les 13 aires urbaines de plus de 500 000 habitants (Lyon, Toulouse, Strasbourg, Bordeaux, Nantes, Lille, Montpellier, Rennes, Grenoble, Toulon, Marseille, Nice, Rouen) regroupent 20 % de la population française et assurent 22 % du PIB français. Ces métropoles ne rivalisent pas avec Paris, mais elles structurent et dynamisent le territoire à l'échelle régionale.

▶ Les métropoles de l'ouest et du sud de la France connaissent un dynamisme important. Elles attirent les populations et les activités. Rennes, Nantes, Bordeaux, Toulouse, Montpellier et Lyon font partie des métropoles les plus dynamiques avec un solde migratoire positif (les arrivées de populations sont supérieures aux départs).

▶ Toutefois, les métropoles françaises sont en retrait par rapport à leurs voisines européennes, plus grandes et plus puissantes.

Méthode

Réaliser un schéma en géographie

a. Le schéma en géographie

▶ Le **schéma** est un des exercices de la deuxième partie des épreuves communes de contrôle continu en histoire géographie. Pour cet exercice, les consignes et les données servant à l'élaboration de cette production sont fournies.

▶ Il ne faut pas confondre schéma et croquis. Ce sont deux types de **productions graphiques** différents.

▶ Le schéma ne cherche pas la précision des localisations, **aucun fond de carte ne sera fourni.** En revanche, il doit présenter les structures, les dynamiques, l'organisation d'un territoire.

▶ Le schéma sert à montrer sa capacité à **localiser** et identifier des espaces géographiques et à **synthétiser** des informations.

b. Construction d'un schéma

▶ Un schéma comporte une **légende** plus ou moins détaillée, un **titre** et une **nomenclature** (ensemble des noms de villes, cours d'eau, d'espaces maritimes...).

▶ À la différence du croquis, vous devez réaliser vous-même les contours de l'espace concerné, en les simplifiant.

▶ **Sélectionner** les informations les plus importantes. Le nombre d'informations est volontairement limité, rarement plus de 10, car un trop grand nombre d'informations peut réduire la lisibilité du schéma.

▶ **Classer** les informations dans deux ou trois thèmes, qui formeront les parties de la légende.

▶ **Dessiner** dans la légende pour chaque information un figuré. Le figuré doit être adapté à l'information qui va être cartographiée. Par exemple la dimension et l'intensité des couleurs doivent être proportionnelles à l'importance du phénomène étudié.

▶ **Placer** les figurés sur votre schéma en soignant la réalisation. Il est préférable de commencer par les figurés de surface puis ajouter les figurés ponctuels et linéaires.

▶ Pour réaliser un schéma, il faut se familiariser avec les **contours de l'espace** à représenter. Durant l'année, il est indispensable d'apprendre à tracer les principaux espaces étudiés en utilisant des formes géométriques simples, tout en conservant l'allure générale du territoire représenté.

▶ Un schéma réussi doit être **lisible et esthétique** (choix des couleurs, soin). Il doit être **démonstratif**, c'est-à-dire répondre au sujet et à la problématique.

À savoir

En fonction de l'information à cartographier, il faudra choisir parmi trois types de figurés :

- **de surface**, pour représenter l'intensité et l'extension d'un phénomène ;
- **ponctuels**, pour représenter la localisation d'un phénomène ;
- **linéaire**, pour indiquer des limites, des réseaux, des flux, des dynamiques.

GÉOGRAPHIE

Exercice

★ 20 min **À partir du cours, réalisez un schéma sur le sujet : « La métropolisation du territoire français ».**

a. Tracez sur une feuille les contours de la France en vous inspirant d'une carte trouvée sur internet ou dans un manuel.

b. Relevez dans le cours les informations et organiser la légende.

c. Réalisez le schéma.

d. Compléter la nomenclature.

e. Dans la légende vous devez faire figurer la domination de Paris et les métropoles régionales.

SYNTHÈSE

LA MÉTROPOLISATION

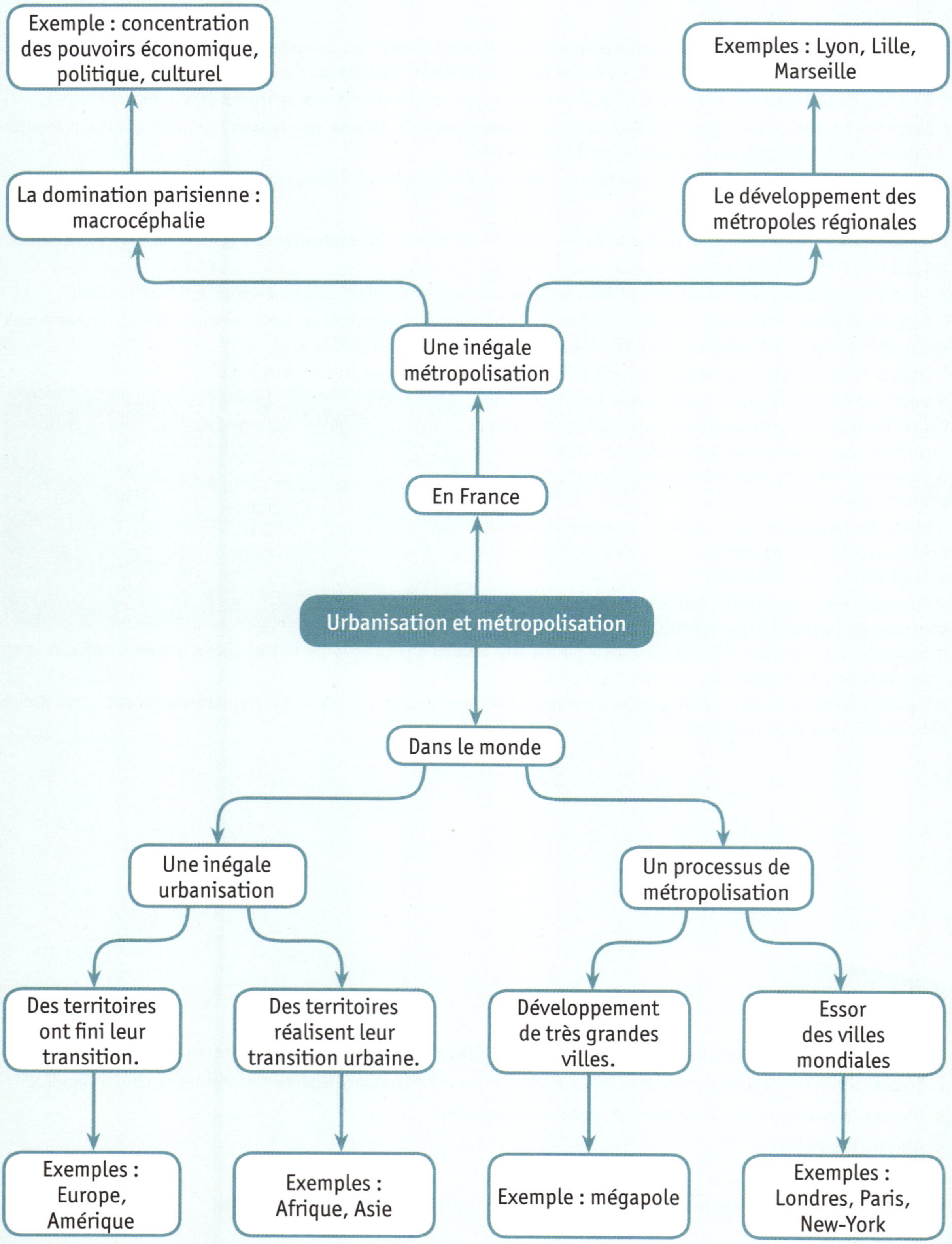

je me teste !

1 **Quelle est la part des urbains dans le monde en 2016 ?**
- ☐ **a.** 30 %.
- ☐ **b.** 50 %.
- ☐ **c.** 55 %.

2 **Quelle métropole dispose du rayonnement mondial le plus important selon le classement Global power city index ?**
- ☐ **a.** Londres.
- ☐ **b.** New York.
- ☐ **c.** Tokyo.

3 **Quel continent a achevé sa transition urbaine ?**
- ☐ **a.** L'Asie.
- ☐ **b.** L'Afrique.
- ☐ **c.** L'Europe.

4 **Lequel de ces continents n'a pas achevé sa transition urbaine ?**
- ☐ **a.** L'Océanie.
- ☐ **b.** L'Afrique.
- ☐ **c.** L'Amérique.

5 **Une ville de plus de 10 millions d'habitants est :**
- ☐ **a.** une mégapole.
- ☐ **b.** une mégalopole.
- ☐ **c.** une métropole.

6 **Qu'est-ce qu'une ville mondiale ?**
- ☐ **a.** Une ville peuplée de diverses origines.
- ☐ **b.** Une ville jumelée avec des villes du monde entier.
- ☐ **c.** Une ville qui a un rayonnement planétaire.

7 **Le quartier des affaires des métropoles concentre des activités :**
- ☐ **a.** industrielles.
- ☐ **b.** de services supérieurs.
- ☐ **c.** commerciales et culturelles.

8 **Un territoire urbain composé d'une ville centre, de sa banlieue et d'une couronne périurbaine est :**
- ☐ **a.** une métropole.
- ☐ **b.** une aire urbaine.
- ☐ **c.** une région urbaine.

9 **Combien y avait-il de mégapole en 1950 ?**
- ☐ **a.** 2.
- ☐ **b.** 10.
- ☐ **c.** 30.

10 **Quelle part de la population française l'aire urbaine de Paris regroupe-t-elle ?**
- ☐ **a.** 10 %.
- ☐ **b.** 18 %.
- ☐ **c.** 25 %.

11 **Comment s'appelle le projet qui doit moderniser l'agglomération parisienne ?**
- ☐ **a.** Le Grand défi.
- ☐ **b.** Le Grand Paris.
- ☐ **c.** Paris 2024.

12 **Lequel de ces lieux symbolise le pouvoir culturel de Paris ?**
- ☐ **a.** Le technopôle de Saclay.
- ☐ **b.** L'Opéra de Paris.
- ☐ **c.** La bourse de Paris.

13 **Lequel de ces lieux symbolise le pouvoir économique de Paris ?**
- ☐ **a.** La Défense.
- ☐ **b.** Le stade de France.
- ☐ **c.** Le palais de l'Élysée.

14 **Lequel de ces lieux symbolise le pouvoir politique de Paris ?**
- ☐ **a.** L'assemblée nationale.
- ☐ **b.** Le musée du Louvres.
- ☐ **c.** La tour Eiffel.

15 **Laquelle de ces métropoles régionales a le solde migratoire le plus élevé ?**
- ☐ **a.** Montpellier.
- ☐ **b.** Marseille.
- ☐ **c.** Nice.

GÉOGRAPHIE

Réponses !

1 : c – **2** : a – **3** : c – **4** : b – **5** : a – **6** : c –
7 : b – **8** : b – **9** : a – **10** : b – **11** : b –
12 : b – **13** : L – **14** : a – **15** : a

3

UNE DIVERSIFICATION DES ESPACES ET DES ACTEURS DE LA PRODUCTION

Diversité et recomposition des espaces productifs dans le monde

Cours

Un espace productif est un espace aménagé et mis en valeur sur lequel se sont développées des activités économiques.

À savoir

L'agriculture regroupe un ensemble d'activités produisant des plantes et des animaux. C'est un secteur très important car il permet de fournir l'essentiel de l'alimentation humaine et de nombreux produits utilisés par les industries, par exemple le coton. La moitié de la population active mondiale travaille dans ce secteur.

1 Diversité et recomposition des espaces productifs agricoles

▶ Les espaces agricoles sont extrêmement variés dans le monde. On peut distinguer deux modèles dominants : l'agriculture traditionnelle et l'agriculture productiviste.

▶ Dans les espaces agricoles traditionnels les méthodes ont peu évolué, les produits chimiques et les machines sont rares et les rendements faibles. Ce sont de petites exploitations produisant des cultures destinées le plus souvent à l'autoconsommation (agriculture vivrière). Cette agriculture est largement pratiquée en Afrique, en Amérique du Sud et en Asie.

▶ L'agriculture productiviste veut produire beaucoup en peu de temps et sur des espaces réduits. Pour cela les agriculteurs fournissent une forte intensité de travail, utilisent des produits chimiques et des machines. Les rendements sont élevés et les productions sont largement commercialisées. C'est le cas des espaces agricoles des pays développés, du Brésil, de l'Asie du Sud-est.

2 Recomposition des espaces productifs industriels

▶ L'industrie est un moteur de l'activité économique en termes de richesse créée et d'emplois. Elle exerce un effet d'entraînement pour les autres activités.

▶ L'industrie regroupe des activités extrêmement variées allant de la production automobile, à la chimie, en passant par le textile, l'agroalimentaire, la métallurgie, les technologies de pointe, etc.

▶ Les espaces productifs industriels sont nés avec l'industrialisation dès le milieu du XIXe siècle. Les usines sont alors installées à proximité des gisements de matières premières (ex : les pays noirs en Europe) ou proches des foyers de consommation.

▶ Aujourd'hui, dans le cadre de la mondialisation et des transformations technologiques, les industries ont d'autres logiques d'implantation. On assiste à une littoralisation des espaces industriels. Pour profiter de l'arrivée des composants et des possibilités d'exportation, les usines s'installent sur les littoraux dans des zones franches ou dans des zones industrialo portuaires (ZIP).

▶ Les industries participent également à la métropolisation. Elles dépendent de l'innovation et s'implantent dans les technopôles. Ces territoires qui regroupent des universités, des laboratoires et des entreprises sont installés en périphérie des métropoles.

La ZIP du port d'Amsterdam.

3 L'importance des espaces productifs tertiaires

▶ Les services sont les plus nombreux là où les entreprises et la population sont importantes. Les métropoles concentrent l'essentiel des espaces productifs tertiaires.

▶ Les activités les plus prestigieuses (sièges sociaux des grandes entreprises, grandes banques, bourses, compagnie d'assurance, cabinet d'audit, etc.) s'installent dans l'hypercentre des métropoles, dans les quartiers des affaires (Central Business District, CBD).

▶ Les activités touristiques s'implantent en fonction des atouts d'un territoire. Le patrimoine culturel, l'ensoleillement, la présence de la mer ou de la montagne favorisent le développement de sites touristiques.

>>

4 L'exemple de Singapour : l'articulation de la finance, de la production et des flux

- Singapour est un archipel à l'extrême sud de la péninsule malaise. C'est une cité-État de 5,7 millions d'habitants (2017). Cet ancien comptoir britannique devenu indépendant en 1965 a connu un développement spectaculaire depuis un demi-siècle.
- Trois secteurs économiques assurent 75 % du PIB : les activités financières et les services aux entreprises, l'industrie manufacturière et la construction, et les activités de commerce, logistique et communication.
- Singapour est l'une des quatre premières places financières internationales. Les activités de production à Singapour sont également importantes. Ces dernières années, la production monte en gamme et les activités d'assemblage nécessitant une main-d'œuvre peu qualifiée laissent place à des activités de haute technologie.
- Le port de Singapour est le 2e plus important port pour le transport de conteneurs au monde, derrière Shanghai. Ces installations permettent à Singapour d'exporter ses productions et d'être un hub qui redistribue les marchandises principalement en direction de l'Asie.

Méthode

Élaborer l'introduction d'une réponse à une question problématisée

À savoir

La réponse à une question problématisée doit permettre au candidat de montrer qu'il a acquis des capacités d'analyse, qu'il maîtrise des connaissances, qu'il sait les sélectionner et les organiser de manière à répondre à une question de cours.

- La réponse à une question problématisée commence toujours par **un paragraphe d'introduction** d'une dizaine de lignes. Il présente le **sens du sujet** et **l'idée générale** (ou idée-directrice) qu'il va falloir justifier par la suite grâce à des arguments. Cette idée directrice doit être sous forme interrogative, c'est la **problématique.**
- Avant de rédiger l'introduction, lire attentivement l'énoncé et le recopier sur son brouillon. Entourer les **mots-clés**, les **limites** du sujet et les **mots de liaison**. En géographie, déterminer les **limites spatiales** du sujet, le monde, la France, la Chine, etc. Il s'agit d'**éviter le hors sujet.**
- Donner du sens aux **mots de liaisons** (et, dans) qui peuvent être essentiels pour le traitement de la question.
- Une fois cette opération réalisée, **définir les mots-clés** du sujet au brouillon. Mettre les termes en relation.
- Rédiger l'introduction au brouillon. Pour cela, utiliser le travail préparatoire fait précédemment.
- Commencer l'introduction par une phase qui doit annoncer le sujet et qui justifie le fait de s'interroger sur un tel sujet. C'est la **phrase d'accroche**. En géographie, on peut utiliser des données statistiques, un exemple géographique, un fait d'actualité.
- Ensuite, rédiger la **définition des termes du sujet** en montrant les enjeux du sujet et son intérêt. C'est la partie la plus longue de l'introduction. Éviter de proposer une série de définitions.
- À la fin de cette étape, préciser la problématique, qui peut être la **reprise du sujet**.
- Enfin, il est important d'**annoncer le plan**, de la façon la plus habile possible.

Exercice

★ 20 min **En vous aidant du cours, rédigez l'introduction du sujet : « Comment la mondialisation recompose-t-elle les espaces productifs dans le monde ?**

a. Lisez attentivement le sujet et le recopier sur le brouillon.
b. Entourez les mots-clés, les connecteurs et les limites du sujet.
c. Définissez les différents termes au brouillon.
d. Rédigez l'introduction à l'aide de l'étape précédente.

L'étape de l'analyse du sujet au brouillon est fondamentale pour la suite de l'exercice. Il ne faut absolument pas se précipiter et commencer à rédiger sans avoir réfléchi au sujet. Pour une épreuve de 1 heure vous pouvez y consacrer au moins 5 minutes.

L'internationalisation des systèmes productifs

À savoir

Il existe environ 83 000 firmes transnationales aujourd'hui, ayant 810 000 filiales étrangères, et employant 70 millions de salariés.

Cours

1 La décomposition internationale des processus productifs (DIPP)

▶ Le temps où une entreprise réalisait l'intégralité des tâches de production sur un site où la matière première était extraite est révolu. La réalisation d'un produit s'organise dans des chaînes de valeur ajoutée. C'est-à-dire que le processus de production fait intervenir un ensemble d'entreprises pour passer de la matière première au produit final.

▶ Les entreprises, pour augmenter leur efficacité et leur rentabilité, vont rechercher les territoires les plus favorables à la production. Elles utilisent alors la nouvelle division internationale du travail (NDIT), qui consiste à sélectionner les territoires en fonction des avantages qu'ils offrent.

▶ Par exemple, elles vont installer les activités de recherche et de conception dans un territoire qui offre une main-d'œuvre qualifiée. Les matières premières proviennent des territoires producteurs, elles sont transformées en composants par des pays qui maîtrisent les procédés technologiques. L'assemblage du produit est effectué dans des usines installées là où la main-d'œuvre est peu coûteuse. La commercialisation, les services après ventes sont implantés dans des métropoles qui bénéficient de bonnes infrastructures de communication et de services performants.

2 Des processus productifs à l'origine de flux

▶ La DIPP est possible grâce aux progrès des réseaux de transports et de communications et à la diffusion du modèle libéral dans le monde.

▶ La production d'un bien peut-être décomposée en plusieurs segments réalisés sur des territoires éloignés parfois de plusieurs milliers de kilomètres.

▶ Ces processus productifs sont à l'origine de flux extrêmement variés et importants. Ce sont des flux invisibles (informations, capitaux) et des flux matériels (matières premières, composants, produits finis) qui se déroulent entre le siège de l'entreprise, ses filiales, ses fournisseurs, ses sous-traitants et ses clients.

▶ Aujourd'hui, les flux les plus importants relient les trois principales aires de puissances de la planète : l'Europe, l'Amérique du Nord et l'Asie Orientale.

3 Les acteurs des processus de production

▶ Les firmes transnationales (FTN) jouent un rôle majeur. Les FTN sont des entreprises ayant au moins une filiale à l'étranger. Elles sont au cœur de l'organisation des chaînes de valeur ajoutée.

▶ Les FTN utilisent la mondialisation à leur profit, elles mettent les territoires en concurrence pour accueillir leurs activités. Pour cela, elles exploitent les disparités de niveau de développement et de réglementation entre les États pour profiter des avantages comparatifs. Elles contribuent à relocaliser les activités sur des territoires plus compétitifs.

▶ Les acteurs publics, les États, les autorités régionales, les métropoles jouent également un rôle dans l'attractivité d'un territoire.

▶ En effet, ces acteurs peuvent, par leurs choix politiques, favoriser l'implantation des entreprises. En construisant des infrastructures (port, aéroport), en développant la recherche (université, technopôle), en ayant une politique fiscale attractive (impôts réduits, zone franche).

▶ Les acteurs publics vont renforcer les atouts d'un territoire pour le rendre attractif.

4 La Silicon Valley : un espace productif intégré à l'échelle mondiale

▶ La Silicon Valley est un pôle d'industries de pointe situé au sud de la baie de San Francisco en Californie (États-Unis). Ce technopôle doit son succès à son incroyable capacité d'innovation. Historiquement orientée vers l'informatiques et les semi-conducteurs, l'activité se développe actuellement dans les domaines des nanotechnologies, de l'intelligence artificielle, de la biotechnologie et des énergies renouvelables.

▶ Plus de 11 000 entreprises de haute technologie sont installées dans la Silicon Valley. Avec quelques-unes des FTN les plus riches et les plus innovantes de la planète : (Apple, Google, HP, Intel, Yahoo, Adobe, etc.), ces firmes représentent 20 % de l'activité mondiale des technologies de l'information (Internet, médias).

▶ Dans la décomposition internationale des processus productifs (DIPP), la Silicon Valley assure les fonctions de recherche et d'innovation. La production est sous-traitée ailleurs, dans des territoires ou la main d'œuvre est moins coûteuse (Mexique et Asie).

▶ Par exemple, la firme Apple emploie, dans son siège de Cupertino, dans la Silicon Valley, 12 000 salariés qui assurent la préproduction (création, design) et la postproduction (marketing, publicité). L'essentiel des produits de la marque sont assemblés par des sous-traitants en Asie avec des composants fabriqués par plusieurs fournisseurs dans le monde.

Méthode

Réaliser un croquis géographique

Le croquis est la **réponse cartographique** à une problématique autour de quelques grandes idées avec une localisation des phénomènes étudiés.

a. Comprendre le sujet

▶ L'exercice du croquis de l'épreuve continue de contrôle continu comprend **un titre**, **un texte** qui présente une situation géographique et **un fond de carte.**

▶ Il faut lire attentivement le sujet et le texte pour identifier les **limites géographiques** et la **nature du sujet.**

▶ Au brouillon, relever les informations importantes et leur localisation.

À savoir

Un croquis réussi doit être lisible et esthétique. Il doit être démonstratif, c'est-à-dire répondre au sujet et à la problématique. Il doit être précis, notamment pour les localisations. Le croquis doit comprendre un titre et une nomenclature, c'est-à-dire les noms des éléments présents (villes, fleuves, États, etc.) et ceux qui permettent de situer les phénomènes représentés (mer, océans, etc.).

b. Réaliser la légende

▶ À partir de la liste d'informations relevées au brouillon, Il faut les **classer** dans deux ou trois thèmes, qui formeront les parties de la légende.

▶ Le nombre d'informations est volontairement limité, rarement plus d'une dizaine, car un trop grand nombre d'informations peut réduire la lisibilité de la production graphique. Pour chaque idée de la légende, il faut choisir **un figuré.**

c. Réalisation graphique

▶ Il est préférable de commencer par les figurés de surface puis ajouter les figurés ponctuels et linéaires.

▶ Pour réaliser graphiquement le croquis, il est impératif d'utiliser **un matériel adapté.** Sont à proscrire : crayon à papier, les feutres épais fluo. Les crayons de couleur sont indispensables pour réaliser les surfaces colorées. Les feutres fins servent pour les hachures, la nomenclature (noms de lieux), les figurés linéaires et ponctuels.

Exercice

★★ 25 min **À partir du texte proposé, réalisez un croquis sur le sujet : « La production de l'IPhone ».**

a. Lisez attentivement le texte et relever au brouillon les informations qui permettent de traiter le sujet.

b. Construisez la légende.

c. Réalisez le croquis.

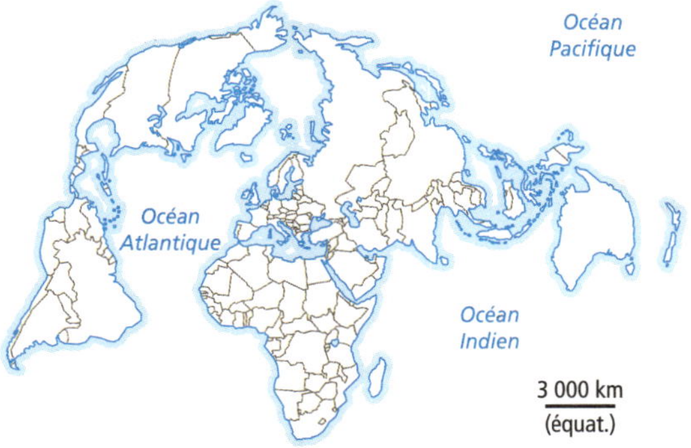

La production de l'iPhone

Apple est créée en 1976, dans la Silicon Valley, près de San Francisco en Californie. En 2007, l'entreprise spécialisée dans la commercialisation d'ordinateurs personnels et de logiciels informatiques, lance un téléphone tactile connecté l'iPhone. Ce produit connaît un succès planétaire. En 2018, il s'est vendu à plus d'un milliard d'exemplaire. Conçus à Cupertino au siège de la FTN, les composants sont produits aux États-Unis, en Europe et surtout en Asie (Japon, Corée du Sud, Chine, Taiwan). Le téléphone est assemblé par l'entreprise taïwanaise Foxconn à Longhua en Chine. La production est ensuite expédiée par avion.

Pour distribuer l'iPhone, la FTN dispose de 506 magasins installés essentiellement dans les pays développés (Amérique du Nord, Europe, Japon Australie) et dans des pays émergents (Chine, Brésil, Mexique...). Les flux générés par la production et la distribution de l'iPhone sont très importants et très variés (capitaux, données, composants, matières premières, produits finis, etc.).

GÉOGRAPHIE

Recomposition des espaces productifs français

Cours

1 Les espaces productifs agricoles

▶ Le secteur agricole emploie que 3 % de la population active française et assure 3,5 % du PIB, mais il occupe 54 % de la superficie du territoire métropolitain.

▶ Les exploitations agricoles se sont modernisées, leur nombre a fortement baissé, passant en 30 ans de 1 million à 450 000. Elles se sont également spécialisées dans certaines productions, améliorant la productivité et le rendement.

▶ Les espaces agricoles de grandes cultures céréalières (Bassin parisien), d'élevage hors-sol (Bretagne), de cultures maraîchères et arboriculture (Méditerranée) et de viticulture (Champagne, Bordelais, Bourgogne) sont bien intégrés aux marchés européens et mondiaux.

▶ Les régions de polyculture associant élevage et céréales, notamment en zone de montagne, connaissent davantage de difficultés

2 De profondes mutations en cours

Dans leur majorité, les espaces agricoles ont développé une agriculture productiviste en liaison avec les industries agroalimentaires. Ce modèle agricole est aujourd'hui remis en cause du fait des atteintes à l'environnement et des difficultés rencontrées par les agriculteurs. Une agriculture plus durable se développe en limitant les produits chimiques et en privilégiant la qualité à la quantité (ex : agriculture biologique).

3 Les espaces productifs industriels

▶ L'industrie emploie 14 % de la population active (20 % avec la construction et les travaux publics) et réalise 20 %, du PIB français. Traditionnellement, la ligne Le Havre-Marseille opposait une France industrielle à l'est à une France rurale à l'ouest. Aujourd'hui, les espaces industriels sont présents sur l'ensemble du territoire français.

▶ Les espaces industriels traditionnels du nord et de l'est (textile, métallurgie, sidérurgie) sont en reconversion. Avec la concurrence étrangère, les usines ferment et sont délocalisées à l'étranger.

4 Une nouvelle géographie industrielle

Pour résister à la concurrence, les industries misent sur l'innovation. Les espaces industriels se développent à la périphérie des métropoles et participent à la métropolisation du territoire. Les technopôles constituent ces nouveaux espaces industriels. Ils se développent dans des régions au cadre de vie agréable comme dans le Sud ou l'Ouest du territoire (ex : Aerospace Valley à Toulouse).

5 Les espaces productifs de services

Le secteur tertiaire emploie 75 % de la population active et réalise 76 % de la richesse nationale. Les espaces de services sont le plus souvent implantés dans les espaces urbains. Les métropoles concentrent le tertiaire supérieur installé dans les quartiers des affaires, comme celui de la Défense à Paris ou La Part-Dieu à Lyon.

6 Une diversité des espaces de services

Les espaces de services sont également implantés hors des métropoles. C'est le cas des services qui nécessitent des aménagements importants et de l'espace. Les aéroports, les parcs d'attraction, les zones commerciales, les entrepôts se trouvent en périphérie des villes. Les espaces touristiques sont implantés sur une grande partie du territoire. Les plus importants se trouvent dans la région parisienne (tourisme culturel), sur les littoraux méditerranéen et atlantique (tourisme balnéaire) et dans les Alpes ou les Pyrénées (tourisme hivernal).

Méthode

Analyser un texte en géographie

a. Lire le document et analyser la consigne

▶ Le document est au cœur de la réponse. Il faut donc consacrer du temps à sa lecture. L'analyse de la **consigne** est primordiale : il s'agit de déterminer en fonction de quelle problématique il faut étudier le document. Sans cette étape, l'analyse risque d'être hors-sujet, ou d'oublier des aspects importants.

▶ Pour traiter la consigne, il faut **relever les mots-clé**, identifier la problématique et les éléments de construction de l'analyse qui sont proposés.

▶ Au brouillon, **présenter le document**, sa nature, l'auteur, la date, et le thème ; repérer les informations du document qui apportent une réponse à la problématique posée par la consigne ; compléter ces informations par des connaissances personnelles (définitions, explications, etc.).

b. Rédiger la réponse

▶ Deux erreurs sont à éviter, répondre à la consigne en oubliant le document proposé et étudier le document sans répondre explicitement à la consigne.

▶ Le **plan**, esquissé au brouillon, permet de répondre à la problématique. Les différentes parties doivent donc correspondre aux différentes pistes d'analyse suggérées par la consigne.

▶ Faire une **courte introduction** pour présenter le ou les documents et la consigne. Il est possible d'indiquer son plan.

▶ Rédiger le **développement** à l'aide du plan esquissé au brouillon. Utiliser à la fois les connaissances et les documents (citer le texte en utilisant des guillemets pour les citations).

▶ Rédiger une courte **conclusion** pour répondre à la problématique.

▶ Il faut éviter d'écrire « le texte parle », « montre », « dit », etc. Préférez : « l'auteur avance, déclare, souligne, explique, etc. »

À noter

La qualité de l'expression écrite est primordiale. Il faut privilégier les phrases courtes et simples, utiliser des connecteurs logiques, choisir les termes adaptés à l'idée et rédiger l'ensemble de la réponse en bannissant les tirets et les abréviations.

Exercice

★★ 45 min **Après avoir lu le document, identifiez les acteurs et les principaux facteurs qui interviennent dans la localisation des activités économiques en France.**

Samsung va implanter en France un centre de recherche sur l'intelligence artificielle

Le groupe Samsung va implanter en France un important centre de recherche mondial dédié à l'intelligence artificielle (IA), a annoncé son directeur général Young Sohn à Emmanuel Macron, a-t-on appris auprès de l'Élysée, mercredi 28 mars. Le nouveau laboratoire de Samsung, le troisième plus grand du groupe après ceux de Corée et des États-Unis, comptera à terme plus d'une centaine de chercheurs installés à Paris ou sur le plateau de Saclay[1], précise l'Élysée. Il sera dirigé par Luc Julia, chercheur français inventeur de l'assistant vocal Siri chez Apple et depuis passé chez Samsung. Jusqu'ici, le groupe sud-coréen ne disposait en France que d'un petit centre de recherche d'une quinzaine de personnes.

De son côté, le japonais Fujitsu a lui aussi décidé d'implanter en France son centre européen de recherche en IA, en agrandissant son petit centre actuel et en relocalisant dans l'Hexagone ses chercheurs installés ailleurs en Europe, a ajouté l'Élysée. Il travaillera en partenariat avec le centre de l'Inria (Institut national de recherche en informatique et en automatique) de Saclay.

Ces deux annonces marquent un succès des efforts de Paris pour attirer en France des chercheurs en intelligence artificielle, domaine pour lequel Emmanuel Macron doit dévoiler jeudi un plan ambitieux de développement, sur fond de concurrence et d'investissements colossaux en la matière de la Chine et des États-Unis.

Le Monde.fr, AFP, 28.03.2018.

1. Le plateau de Saclay est le site du plus grand technopôle de France au sud de Paris.

SYNTHÈSE

ESPACES ET ACTEURS DE PRODUCTION

Relocalisation de la production

Nouvelle division internationale du travail

Croissance des flux

Les entreprises, notamment les FTN, transforment leur manière de produire DIIP

Diffusion du libéralisme économique

Progrès des transports

Internationalisation des systèmes productifs

Une diversification des espaces et des acteurs de la production

Dans le monde

- Coexistence d'une agriculture traditionnelle et d'une agriculture productiviste.
- Diffusion des industries dans de nouveaux pays dans le cadre de la NDIT.
- Forte concentration des services dans les métropoles des pays développés et émergents.

En France

- – Réduction du nombre d'exploitations.
  – Modernisation de l'agriculture. Tendance à développer une agriculture plus durable.
- – Disparition des industries traditionnelles.
  – Développement de l'innovation (Technopôle).
- Forte métropolisation des services.

je me teste !

1 **Une agriculture avec une forte intensité de travail et utilisant des produits chimiques est :**
- ☐ **a.** une agriculture traditionnelle.
- ☐ **b.** une agriculture vivrière.
- ☐ **c.** une agriculture productiviste.

2 **L'agriculture produisant des cultures destinées à l'autoconsommation est :**
- ☐ **a.** Une agriculture biologique.
- ☐ **b.** Une agriculture vivrière.
- ☐ **c.** Une agriculture productiviste.

3 **Les services se concentrent dans :**
- ☐ **a.** les espaces urbains.
- ☐ **b.** les espaces périurbains.
- ☐ **c.** les espaces ruraux.

4 **Que signifie l'acronyme NDIT ?**
- ☐ **a.** Nouvelle direction internationale du travail.
- ☐ **b.** Nouvelle division intérieure du travail.
- ☐ **c.** Nouvelle division internationale du travail.

5 **Un territoire qui regroupe des universités, des laboratoires et des entreprises de haute technologie s'appelle :**
- ☐ **a.** un technopôle.
- ☐ **b.** un technocentre.
- ☐ **c.** un campus.

6 **Dans le cadre de la DIPP, les activités industrielles d'assemblage se déroulent dans les pays avec :**
- ☐ **a.** une main-d'œuvre hautement qualifiée.
- ☐ **b.** une main-d'œuvre bon marché.
- ☐ **c.** une faible industrie.

7 **Une FTN est une entreprise :**
- ☐ **a.** spécialisée dans la haute technologie.
- ☐ **b.** de petite taille.
- ☐ **c.** avec une partie de ses activités à l'étranger.

8 **Comment appelle-t-on les flux de capitaux, de données, d'informations ?**
- ☐ **a.** Les flux matériels.
- ☐ **b.** Les flux invisibles.
- ☐ **c.** Les flux migratoires.

9 **Quelle partie de la France est aujourd'hui en reconversion industrielle ?**
- ☐ **a.** Le nord et l'est.
- ☐ **b.** Le sud et l'ouest.
- ☐ **c.** La région parisienne.

10 **En France, dans quel secteur économique la part de la population active est-elle la plus élevée ?**
- ☐ **a.** Le secteur primaire.
- ☐ **b.** Le secteur secondaire.
- ☐ **c.** Le secteur tertiaire.

11 **Quelle est la part des actifs qui travaillent dans le secteur agricole en France ?**
- ☐ **a.** 3 %.
- ☐ **b.** 13 %.
- ☐ **c.** 30 %.

12 **Quel type d'agriculture rencontre le plus de difficultés en France ?**
- ☐ **a.** La polyculture.
- ☐ **b.** La viticulture.
- ☐ **c.** La céréaliculture.

13 **Quelle est la part des actifs qui travaillent dans le secteur des services en France ?**
- ☐ **a.** 55 %.
- ☐ **b.** 65 %.
- ☐ **c.** 75 %.

14 **Quelle catégorie de service s'installent dans les quartiers des affaires ?**
- ☐ **a.** Les services de proximité.
- ☐ **b.** Les services de commandement.
- ☐ **c.** Les services de logistiques.

GÉOGRAPHIE

Réponses !

1 : c - **2** : b - **3** : a - **4** : c - **5** : a - **6** : b -
7 : c - **8** : b - **9** : a - **10** : c - **11** : a -
12 : a - **13** : c - **14** : a - **15** : b

Diversité et recomposition des espaces ruraux dans le monde

Cours

À savoir

Entre 2000 et 2030, la surface des zones urbaines devrait tripler (route, surface construite, zone d'activités), ce qui pourrait engendrer une réduction des surfaces cultivée de 2 %.

1 Des espaces ruraux sous l'influence des villes

▶ Les espaces ruraux subissent l'influence de plus en plus importante des villes. L'urbanisation et l'étalement urbain se font au détriment des espaces ruraux. L'essentiel du grignotage de ces espaces a lieu en Asie et en Afrique, en raison d'une urbanisation importante.

▶ La limite entre la ville et les espaces ruraux est de plus en plus floue. Un phénomène de périurbanisation se produit autour des villes, principalement dans les pays développés et de plus en plus dans les pays en développement. C'est un processus par lequel les espaces ruraux en périphérie des villes accueillent de plus en plus d'habitants. Dans les pays développés, ce sont des citadins qui quittent les pôles urbains. Dans les pays en développement, ce sont également des ruraux qui se rapprochent des villes.

2 Un déclin démographique des espaces ruraux ?

▶ Aujourd'hui encore, 45 % des habitants de la planète sont des ruraux. Ils étaient 90 %, il y a un siècle. La population rurale est très faible dans les pays développés, souvent comprise entre 20 % et 30 %.

▶ En Asie et en Afrique, les ruraux peuvent représenter plus de 70% de la population dans certains pays. Cependant, progressivement l'exode rural et l'urbanisation réduisent la part des ruraux dans la population totale. Toutefois, le nombre de ruraux n'a pas commencé à diminuer, il continue même de croître.

3 Des espaces marqués par la présence de l'agriculture

▶ Si les espaces ruraux ne se limitent pas à l'agriculture, ce secteur est particulièrement présent et important sur ces territoires.

▶ Néanmoins, on assiste dans les espaces ruraux à une réduction des populations travaillant dans l'agriculture. Entre 1950 et 2010, dans les pays développés, la part des actifs travaillant dans l'agriculture est passée de 35 % à 4 % ; dans les pays en développement, de 81 % à 48 %.

4 Des espaces ruraux en déclin

Beaucoup de jeunes quittent les campagnes pour la ville. On assiste à un vieillissement des espaces ruraux, particulièrement marqué dans les pays développés. Certains espaces ruraux d'Europe ou des États-Unis sont touchés par des phénomènes de désertification et d'abandon.

5 Des espaces ruraux de plus en plus multifonctionnels

▶ Le monde rural ne se confond plus avec le monde agricole. Aujourd'hui, les espaces ruraux, des pays développés principalement, accueillent des populations et des activités sans rapport avec l'agriculture. Des néoruraux viennent s'installer afin de trouver un logement moins cher et une meilleure qualité de vie.

▶ Ces installations sont possibles grâce à l'essor des réseaux de transport et de communication qui permettent de s'éloigner de la ville sans se couper de ses services et de ses emplois.

Les industries se développent hors des villes, notamment dans l'agroalimentaire. Elles transforment sur place les productions à destination des centres urbains.

▶ Les espaces ruraux deviennent des espaces récréatifs pour les citadins (parcs d'attraction, parcs naturels) et des espaces touristiques en développant des infrastructures d'accueil et de loisirs.

>>

6 Le cas de l'Inde

▶ La population de l'Inde s'élève à 1,2 milliard d'habitants, dont 70 % de ruraux, soit 850 millions de personnes. Un quart des ruraux du monde vit en Inde. La densité de population dans les espaces ruraux indiens est très forte. Elle s'élève en moyenne à 280 habitants par km². Elle peut atteindre plus de 850 habitants par km² dans les régions de terres labourables.

▶ L'agriculture reste la principale activité économique dans les espaces ruraux en Inde. La moitié de la population active travaille dans l'agriculture.

À savoir

La révolution verte en Inde est mise en place à partir de 1965, à la suite d'une grave crise agricole qui a provoqué d'importante famine. Il s'agit de diffuser dans les campagnes un ensemble d'innovations techniques pour augmenter les productions : nouvelles variétés de riz, développement de l'irrigation, utilisation des traitements et des engrais.

▶ L'Inde a connu une importante modernisation de son agriculture du début des années 1960 aux années 1990, la révolution verte. Les espaces ruraux qui ont le mieux réussi à profiter de la modernisation agricole sont au nord-ouest et sur la côte ouest du pays (Panjab, Uttar Pradesh). Cependant, de nombreuses régions sont moins concernées par la modernisation des pratiques agricoles, notamment le centre de l'Inde semi-aride avec peu de périmètres irrigués.

Méthode

Élaborer le plan détaillé et la conclusion de la réponse à une question problématisée

▶ Il est indispensable de **faire un plan** avant de se lancer dans la rédaction de la réponse. Le plan est le cheminement qui permet de répondre de manière cohérente à la problématique.

▶ **Rassembler** en deux ou trois thèmes majeurs les idées et connaissances fondamentales au traitement de la question.

▶ Au brouillon, **numéroter les parties** (I, II, III) et leur donner des titres explicites.

▶ Dans chaque partie, **préciser les arguments** en indiquant l'idée et les exemples qui serviront à étayer la démonstration.

▶ Il faut **développer les exemples**, ne pas se contenter de mettre quelques mots entre parenthèses.

▶ Utiliser le plan durant la rédaction de la réponse.

▶ La conclusion doit comporter deux éléments : une **réponse à la problématique** soulevée dans l'introduction et une **ouverture** évoquant les continuités possibles de la problématique.

GÉOGRAPHIE

Exercice

★★ 20 min **En vous aidant du cours, faites le plan détaillé du sujet suivant : « Les espaces ruraux dans le monde sont-ils en déclin ? »**

a. Lisez attentivement le sujet et le recopiez sur le brouillon.

b. Entourez les mots-clés, les connecteurs et les limites du sujet.

c. Définissez les différents termes au brouillon et notez toutes les idées que vous avez sur le sujet.

d. Regroupez les idées par thème et réalisez un plan détaillé en donnant des titres à vos parties et en précisant le contenu des sous parties (idée et exemples).

Transformations et dynamisme des espaces ruraux français

Cours

1 Des espaces ruraux de moins en moins agricoles

▶ Les espaces ruraux ne s'identifient plus à l'agriculture, bien que 54 % du territoire français soit encore utilisé pour les productions agricoles.

▶ En effet, la population active agricole est aujourd'hui extrêmement minoritaire (3 %) même dans les communes rurales les plus éloignées des zones urbaines. Néanmoins, l'agriculture marque par sa présence les paysages ruraux français et continue de donner aux régions une forte identité : bocage breton ou normand, champs ouverts du bassin parisien, alpages des zones de montagne, etc.

2 L'essor de nouvelles activités

▶ Une économie résidentielle se développe. Elle est destinée à satisfaire les besoins des populations locales permanentes et saisonnières. Elle regroupe un ensemble de services (commerces, transport, santé, entretien, gardiennage, etc.) qui sont financés par les revenus des actifs, des retraités et des touristes.

▶ Les activités récréatives et touristiques s'implantent dans des espaces ruraux attractifs ou proches des villes : Normandie, Sologne, Lubéron, Périgord, etc. Les littoraux et les montagnes sont particulièrement recherchés et attirent l'essentiel des touristes. Il existe aujourd'hui plus de 3 millions de résidences secondaires en France.

3 L'importance du périurbain

▶ Les espaces ruraux français connaissent depuis le milieu des années 1970 une renaissance. La population a cessé de diminuer. Depuis le début du XXIe siècle, on assiste à une augmentation de la population dans les communes rurales françaises (+1,3 % par an).

▶ Les espaces ruraux deviennent le lieu de résidence de nouvelles populations, les néoruraux, qui s'éloignent des centres-villes par choix (meilleures conditions de vie) ou par obligation (coût des logements).

▶ La périurbanisation se fait sentir sur des territoires de plus en plus vastes autour des pôles urbains, entre 10 et 30 km autour d'une ville moyenne, 40 et 50 km pour une métropole régionale et jusqu'à 100 km pour Paris. Le dernier recensement (2018) indique un ralentissement du phénomène de périurbanisation en France.

4 Un inégal dynamisme des espaces ruraux français

▶ Les espaces ruraux les plus isolés couvrent un tiers du territoire métropolitain. Ces territoires sont ceux qui sont les plus éloignés des villes, dans des régions où les axes de communication et de transport sont les moins denses. Ils souffrent de l'enclavement. Ces espaces sont qualifiés d'hyper-ruraux.

▶ Ces espaces ruraux cumulent les difficultés, vieillissement de la population, faibles densités humaines souvent inférieures à 25 habitants par km², fermetures des services publics (école, gare, poste, etc.) et des commerces.

▶ Cependant, certains espaces ruraux connaissent un dynamisme démographie et économique. Autour de toutes les grandes villes françaises se développent des espaces ruraux sous forte influence de la ville. Les espaces ruraux périurbains sont les plus dynamiques, car ils profitent des retombées urbaines, liées à la déconcentration des activités et des populations urbaines.

▶ Les espaces ruraux à économie touristique tirent profit de la fréquentation, pendant une partie de l'année, de populations extérieures. Ils sont présents dans les Alpes (vallée de la Tarentaise), dans les Pyrénées, sur le littoral aquitain ou celui de la côte d'Azur.

Méthode

Analyser une photographie en géographie

Présenter et localiser la photographie
Préciser :
- l'objet de la photo ;
- le territoire présenté par la photo (situation dans le pays ou le continent) ;
- le type de photographie (au sol, aérienne oblique, aérienne verticale) ;
- la date et l'auteur s'ils sont proposés.

Prendre connaissance de la consigne, pour comprendre la manière dont la photo doit être exploitée.

Observer et prélever les informations qui permettent de traiter la consigne. Relever dans la photo des éléments précis en utilisant les différents plans (1er plan, arrière plan, etc.) ou ensembles.

Expliquer les informations prélevées en fournissant des éléments du cours et des connaissances. Dégager l'intérêt du phénomène abordé et mettre en évidence les limites de la photo.

Exercice

★★ 30 min **Après avoir présenté le document, vous indiquerez les activités présentes dans cet espace rural, puis vous préciserez si ce territoire vous semble dynamique ou en déclin.**

a. Identifiez les mots-clés de la consigne

b. Observez le document et relevez sur le document les informations qui permettent de traiter la consigne.

c. Réalisez un plan détaillé sous forme de tableau.

Center Parcs de Verneuil-sur-Avre (Eure), un parc d'attraction dans un milieu rural

GÉOGRAPHIE

SYNTHÈSE

LES ESPACES RURAUX

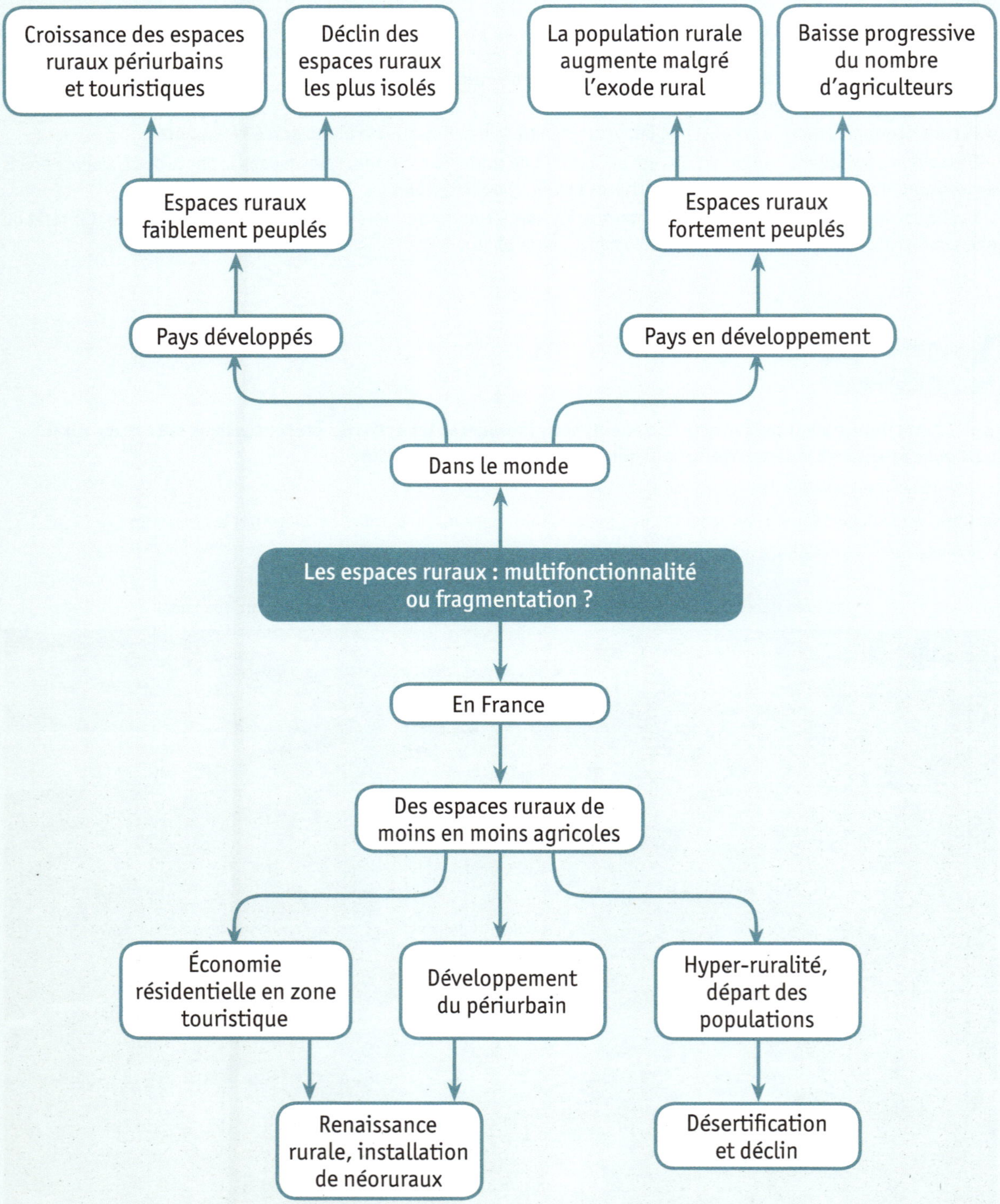

je me teste !

1 **Quelle est la part des ruraux dans la population mondiale ?**
- ▢ **a.** 45 %.
- ▢ **b.** 50 %.
- ▢ **c.** 60 %.

2 **La part des ruraux est la plus faible :**
- ▢ **a.** en Europe.
- ▢ **b.** en Asie.
- ▢ **c.** en Afrique.

3 **La part des ruraux est la plus élevée :**
- ▢ **a.** en Europe.
- ▢ **b.** en Amérique.
- ▢ **c.** en Afrique.

4 **Comment évolue la superficie des espaces ruraux dans le monde ?**
- ▢ **a.** Elle baisse.
- ▢ **b.** Elle reste stable.
- ▢ **c.** Elle augmente.

5 **Qui sont les néoruraux ?**
- ▢ **a.** Des jeunes ruraux.
- ▢ **b.** Des vieux ruraux.
- ▢ **c.** De nouveaux habitants des espaces ruraux.

6 **Quelle activité domine dans les espaces ruraux des pays en voie de développement ?**
- ▢ **a.** L'activité agricole.
- ▢ **b.** L'activité touristique.
- ▢ **c.** L'activité industrielle.

7 **La part des ruraux dans la population mondiale :**
- ▢ **a.** baisse.
- ▢ **b.** reste stable.
- ▢ **c.** augmente.

8 **Où l'exode rural est-il le plus important ?**
- ▢ **a.** En Europe.
- ▢ **b.** En Amérique du Nord.
- ▢ **c.** En Afrique.

9 **Comment s'appelle le processus par lequel progressivement les espaces ruraux se vident de leur population ?**
- ▢ **a.** Périurbanisation.
- ▢ **b.** Désertification.
- ▢ **c.** Revitalisation.

10 **Le nombre de ruraux dans le monde :**
- ▢ **a.** baisse.
- ▢ **b.** reste stable.
- ▢ **c.** augmente.

11 **Quelle activité est de moins en moins pratiquée par les habitants des espaces ruraux français ?**
- ▢ **a.** L'agriculture.
- ▢ **b.** L'activité touristique.
- ▢ **c.** L'économie résidentielle.

12 **Quels sont les espaces ruraux les plus dynamiques en France ?**
- ▢ **a.** Les espaces ruraux agricoles.
- ▢ **b.** Les espaces ruraux périurbains.
- ▢ **c.** Les espaces ruraux isolés.

13 **Quelle est la part du territoire français consacré à l'agriculture ?**
- ▢ **a.** 34 %.
- ▢ **b.** 44 %.
- ▢ **c.** 54 %.

14 **Quelle part du territoire français représentent les espaces ruraux les plus isolés ?**
- ▢ **a.** Un quart.
- ▢ **b.** Un tiers.
- ▢ **c.** La moitié.

15 **Comment sont désignés en France les espaces ruraux les plus isolés et en déclin ?**
- ▢ **a.** Hyper-ruraux.
- ▢ **b.** Périurbains.
- ▢ **c.** Néoruraux.

GÉOGRAPHIE

Réponses !

1 : a - **2** : a - **3** : c - **4** : a - **5** : c - **6** : a - **7** : a - **8** : c - **9** : b - **10** : c - **11** : a - **12** : b - **13** : c - **14** : b - **15** : a

Les effets spatiaux du développement de la Chine

Cours

1 Le développement rapide et inégal de la Chine

▶ Depuis 40 ans, la Chine connaît une croissance économique extrêmement rapide. En moyenne, le taux de croissance du produit intérieur brut (PIB) est de 10 % par an depuis la fin des années 1990.

À savoir

En 1978, la Chine communiste s'ouvre au capitalisme pour devenir une économie socialiste de marché. Cette ouverture a été voulue par le dirigeant chinois Deng Xiaoping, qui constatait le retard économique de son pays par rapport aux pays développés (Amérique du Nord, Europe de l'ouest et Japon).

▶ Le PIB chinois est passé de 305 milliards de dollars en 1980 à 12 725 milliards de dollars en 2017. La Chine est depuis 2010 la 2e économie mondiale, détrônant le Japon qui occupait cette place depuis 1968.

2 Une forte intégration à la mondialisation

▶ Le développement de la Chine correspond à l'ouverture du pays au monde. Pour accélérer l'industrialisation, les autorités ont favorisé les investissements étrangers dans le pays. Des zones économiques spéciales (ZES) sont créées sur le littoral pour accueillir les entreprises étrangères qui souhaitent développer leur activité en Chine.

▶ Les investissements directs étrangers, quasiment inexistants en 1980, pèsent 168 milliards de dollars en 2017. La Chine devient en 20 ans l'atelier de la planète. Elle met en valeur sa main-d'œuvre nombreuse, disciplinée et bon marché pour assembler les produits industriels.

▶ La Chine a détrôné les États-Unis comme première puissance commerciale en 2013.

3 Un développement inégal de la Chine

▶ La Chine littorale est le centre du territoire chinois. En effet, elle concentre l'essentielle des richesses de la population et l'ensemble des pouvoirs. Cette situation résulte de l'insertion de la Chine dans la mondialisation et de la nécessaire maritimisation de l'économie chinoise. Deux pôles dominent le littoral : la province du Guangdong (Hong Kong) et Shanghai.

▶ La Chine de l'Ouest est constituée des provinces les plus à l'ouest du territoire chinois. Elle est à l'écart du centre et très éloignée du littoral. La Chine de l'Ouest est une marge peu intégrée à la mondialisation et au reste du pays.

▶ La Chine intérieure est dans une situation intermédiaire, elle constitue une périphérie dominée, marquée par l'importance de la ruralité et de l'activité agricole.

4 La métropolisation en Chine

▶ Chaque année, la population des villes progresse de 20 millions de personnes supplémentaires. L'exode rural est le principal moteur de l'urbanisation de la Chine.

▶ L'urbanisation s'accompagne d'un phénomène de métropolisation. Ce sont les villes les plus importantes qui connaissent la plus forte croissance.

▶ Selon un rapport de l'organisation de coopération et de développement économiques (OCDE) de 2015, la Chine compte 15 villes de plus de 10 millions d'habitants (mégapoles), dont l'aire urbaine de Shanghai, qui regroupe 34 millions d'habitants, et celle de Pékin avec 24 millions d'habitants.

5 La littoralisation de la Chine

▶ La littoralisation est liée à la politique d'ouverture aux échanges mondiaux initiée à partir de 1978 par les autorités chinoises. Le littoral chinois entre Shanghai et Hong Kong constitue une véritable façade maritime, avec une succession de villes et de ports très importants. Sept des dix premiers ports mondiaux se trouvent en Chine.

6 Les difficultés des campagnes chinoises

▶ Les villes s'enrichissent plus vite que les campagnes. En moyenne, les campagnes ont des revenus trois fois inférieurs aux villes. Les 800 millions d'habitants des campagnes chinoises souffrent de conditions de vie plus difficiles.

▶ En 30 ans, la Chine a connu le plus important exode rural de l'histoire. Il semble aujourd'hui que ce mouvement se soit un peu ralenti, mais il n'est pas achevé.

Méthode

Analyser un tableau statistique en géographie

Un tableau statistique présente des données qui permettent de recueillir une ou plusieurs informations sur un phénomène. Ces données peuvent être d'ordre démographique, économique, politique, social, etc. En géographie, l'analyse du tableau permet d'entrevoir les différences qui existent entre différents territoires.

- **Présenter le tableau statistique** : le ou les territoires étudiés, la nature de la ou des données, l'unité employée (valeur absolue ou valeur relative, pourcentage), la date, les sources.
- **Prendre connaissance de la consigne**, pour comprendre la manière dont le tableau doit être exploité.
- Il s'agit de déterminer en fonction de quelle **problématique** il faut étudier le tableau statistique. Sans cette étape, l'analyse risque d'être hors-sujet ou d'oublier des aspects importants.
- Pour cela, il faut définir les **mots-clés**, identifier la question qui est posée et les éléments de plans proposés par l'analyse.
- **Observer et prélever les informations** qui permettent de traiter la consigne. Dans le cas d'une période, noter l'évolution générale des séries de données (augmentation, baisse, stabilité). Pour un tableau avec plusieurs territoires, comparer les territoires proposés et tenter de les regrouper.
- **Expliquer** les informations prélevés en fournissant des éléments du cours et des connaissances. Dégager l'intérêt du phénomène abordé et mettre en évidence les limites des données.

Exercice

★★★ 55 min **Après avoir présenté le document, vous indiquerez ce qui distingue les différentes parties de la Chine.**

a. Identifiez les mots-clés de la consigne

b. Observez le document et relevez sur le document les informations qui permettent de traiter la consigne.

c. Réalisez un plan détaillé.

d. Rédigez l'analyse à l'aide du plan.

Les disparités régionales chinoises en 2015

	Ouest	Intérieur	Littoral
Superficie (km²)	5 400 000 56 %	2 900 000 30 %	1 300 000 14 %
Population (hab.)	45 900 000 11 %	603 400 000 44 %	613 100 000 45 %
Densité (hab/km²)	27	208	472
Produit intérieur brut (milliards de yuans)	5 510 8 %	23 485 34 %	39 400 58 %
Investissements des entreprises étrangères (milliards de dollars)	84 2 %	596 16 %	3 117 82 %
Exportations (milliards de dollars)	66 3 %	309 13 %	1 968 84 %

Source : *Annuaire statistique de la Chine*, 2015, Pékin, Bureau des statistiques nationales.

GÉOGRAPHIE

La question environnementale en Chine

Cours

1 L'importance des dégradations environnementales en Chine

▶ La très forte croissance économique s'est accompagnée d'une augmentation très importante de la pollution et des atteintes à l'environnement.

▶ La pollution de l'air est particulièrement élevée. Par exemple, les émissions de CO_2, l'un des gaz à effet de serre responsable du réchauffement climatique, ont été multipliées par 5 entre 1980 et 2014. La Chine est devenue en quelques années le plus gros pollueur de la planète.

▶ Le développement d'une agriculture productiviste provoque le manque d'eau, la pollution des sols par les produits chimiques et l'érosion liée à la déforestation.

▶ L'industrie, en plus de ses rejets dans l'atmosphère, est responsable d'une croissance très forte des déchets et de la pollution des eaux et des sols.

▶ La Chine fait face à une crise environnementale majeure qui touche quasiment tout le territoire et tous les écosystèmes.

À savoir

Régulièrement, les villes chinoises sont confrontées à des nuages de smog extrêmement denses et nocifs. Le phénomène est lié à l'utilisation croissante du charbon et à l'augmentation rapide du trafic routier.

2 Les effets des dégradations environnementales

▶ Les dégradations environnementales ont des conséquences humaines lourdes. Selon une étude de l'université de Berkeley, en Chine, la pollution de l'air provoque 1,6 million de décès prématurés chaque année.

▶ Les dégradations environnementales ont des conséquences économiques importantes. Les autorités chinoises ont calculé que la dégradation de l'environnement a coûté 145 milliards d'euros au pays en 2008, soit 3,9 % du produit intérieur brut.

▶ Les dégradations environnementales ont des conséquences spatiales. Par exemple, depuis les années 1950, les activités humaines et le changement climatiques sont à l'origine de la désertification de 129 000 km² de terre.

3 Changer le modèle de développement

▶ Face à la pression de la population et au coût pour la société les autorités chinoises centrales et provinciales tentent d'introduire un développement plus respectueux de l'environnement et plus durable.

▶ Depuis 2012, le gouvernement chinois durci la réglementation en matière de pollution. Par exemple, il a fermé d'autorité de nombreuses centrales électriques trop vieilles ou trop polluantes.

▶ La Chine a signé et ratifié l'accord de Paris en 2015 et s'est engagée à réduire sa production de gaz à effet de serre.

Embouteillages dans la ville de Beijing.

4 Le développement des énergies renouvelable

▶ La Chine a décidé de développer les énergies renouvelables pour réduire son empreinte écologique et amorcer sa transition énergétique. En 2017, le pays a produit 40 % des nouvelles capacités d'énergie renouvelable dans le monde.

▶ L'effort est particulièrement important pour l'énergie solaire. La Chine installe en un mois autant de panneaux solaires que la France en un an. Elle est d'ailleurs le premier fabricant mondial de panneaux photovoltaïques.

▶ En 2018, les énergies renouvelables représentent de l'ordre d'un quart de la production électrique chinoise. L'essentiel de la production provient des barrages hydroélectriques. L'éolien et le solaire représentent 7 %.

5 Un bilan mitigé

Malgré le progrès des énergies renouvelables, les énergies fossiles restent très utilisées et continuent de progresser, notamment le charbon, qui représente 95 % des énergies fossiles utilisées pour la production d'électricité.

Méthode

Rédiger une réponse à une question problématisée

Une fois que l'analyse du sujet et le plan détaillé sont réalisés, il faut rédiger la réponse.

▶ **Rédiger au brouillon** l'intégralité de l'introduction et de la conclusion. Ces deux parties doivent être correctement rédigées. Ne pas attendre d'avoir terminé le devoir pour rédiger rapidement la conclusion.

▶ **Utiliser le plan réalisé** pour la rédaction. Les titres des parties ne doivent pas apparaître sur la copie. Ils sont transformés en phrases de façon à indiquer au correcteur l'idée générale de la partie.

▶ Chaque partie du développement est constituée d'un **paragraphe.** Il permet de développer de façon ordonnée et logique la démonstration.

▶ Chaque paragraphe comprend une **idée générale** et entre deux et quatre **arguments.** Les arguments sont composés d'une idée, d'explications et d'exemples. Il est nécessaire de détailler les exemples en rédigeant au moins une ou deux phrases qui donnent des indications précises : lieux, faits, chiffres, etc.

▶ Au moment de la rédaction, il faut privilégier les phrases courtes et simples. Utiliser des **connecteurs logiques** et choisir des termes précis adaptés à l'idée.

▶ Il est indispensable de **rédiger l'ensemble de la réponse** en bannissant les tirets et les abréviations. Il faut éviter la multiplication des parenthèses, chaque aspect de la réponse est développé.

▶ **Présenter proprement le devoir.** Sauter une à deux lignes entre l'introduction, le développement et la conclusion, et entre chacune des grandes parties.

▶ **Soigner la présentation** avec une écriture lisible, en évitant les ratures et les renvois par des astérisques.

▶ Consacrer un temps à la **relecture du travail**, pour éviter les fautes d'orthographe, de conjugaison et de syntaxe.

Important

Il existe différents types de connecteurs logiques. Ils permettent de structurer le développement et l'argumentation. Ils peuvent être utilisés au début du paragraphe (tout d'abord, ensuite, enfin) ou dans un paragraphe pour nuancer, ajouter, compléter, illustrer (de plus, cependant, ainsi, en effet, etc.).

À savoir

La réponse à une question problématisée a pour objectif d'évaluer les capacités du candidat à mobiliser des connaissances fondamentales (repères spatiaux, notions, vocabulaires, etc.) et à rédiger des réponses construites et argumentées, montrant une maîtrise correcte de la langue.

GÉOGRAPHIE

Exercice

★★★ 60 min **Quelles difficultés environnementales la Chine rencontre-t-elle et comment essaie-t-elle d'y faire face ?**

Pour faire la réponse à une question problématisée, utilisez la méthode du chapitre 3 pour faire l'introduction, celle du chapitre 6 pour le plan détaillé, et celle du chapitre 9 pour la rédaction.

La défiance envers l'information et la science

Cours

1 La défiance vis-à-vis de la science

▶ Depuis plusieurs années, on assiste à une remise en cause croissante des propos et des travaux des scientifiques. Le scientifique est une personne chargée par ses fonctions d'apporter à la société des connaissances sur les phénomènes qui nous entourent. Pour cela, le scientifique utilise une méthode rigoureuse qui consiste à émettre une hypothèse pour comprendre un phénomène, puis à chercher, par ses expériences, à la vérifier ou à l'infirmer.

▶ Il y a toujours eu une contestation des innovations car jugées sans intérêt ou dangereuses. En revanche, il existe aujourd'hui une remise en cause, voire un rejet, des travaux et des données scientifiques par une partie de l'opinion publique.

▶ Ce phénomène est largement lié à la libéralisation des médias et notamment des médias numériques (réseaux sociaux, blogs, sites de vidéo en ligne...). Les discours très minoritaires de défiance trouvent avec ces médias une très forte amplification. Le discours du scientifique se retrouve au même rang que les « opinions » d'internautes.

▶ Un grand nombre de controverses scientifiques porte sur des sujets de santé (vaccins, médicaments, ondes électromagnétiques...). Le plus souvent, il y a un très important décalage entre le risque, sa perception et le danger réel. Cette attitude consiste à surestimer les faibles probabilités et à accorder beaucoup d'importance à ce qui fait peur. Le chercheur doit, par ses travaux, informer rigoureusement l'opinion publique, en fournissant des données vérifiées et précises. Aux citoyens ensuite, dans le débat politique, de décider en autorisant ou en interdisant telle ou telle pratique.

▶ Il faut intégrer le fait que la recherche scientifique n'est pas figée et la connaissance progresse. Ce qui pouvait être accepté il y a quelques décennies n'est plus tolérable en raison de notre meilleure connaissance du risque. C'est le cas de l'amiante utilisée pour protéger les bâtiments, aujourd'hui interdite en raison de ses effets sur la santé.

2 La défiance vis-à-vis des journalistes

▶ Le métier de journaliste consiste à délivrer une information après avoir vérifié et croisé les sources. La remise en cause des médias et du travail des journalistes est déjà ancienne. Ainsi, durant la Première Guerre mondiale, les poilus ont créé des journaux dans les tranchées pour contourner « le bourrage de crâne » organisé par les autorités. Toutefois, ce phénomène s'amplifie avec l'apparition des médias numériques.

À savoir

« Bourrage de crâne » : Cette expression née à la fin du XIXe siècle est popularisée par les soldats au cours de la Première Guerre mondiale. Elle est utilisée pour décrire la propagande et les fausses informations diffusées dans la presse.

▶ Les journalistes sont accusés d'être au service d'intérêts supérieurs (pouvoir politique, entreprises...). Ils sont suspectés de couvrir les événements sans objectivité, de façon à manipuler l'opinion publique.

▶ Internet devient un instrument pour critiquer les médias traditionnels. Les sites et les forums se développent pour mettre en garde contre la « manipulation » de l'information par les médias dominants. Ils contrôlent le travail des journalistes et surveillent les élites politiques, économiques, culturelles.

▶ Internet est également un moyen de contourner les médias traditionnels. Le réseau favorise l'essor de sites d'information indépendants. Il permet de devenir soi-même un média (médias sociaux). Il permet l'existence de lanceur d'alerte comme dans le cas des Wikileaks.

3 Diffusion de fausses nouvelles et de vérités alternatives

▶ L'infox est une information « mensongère ou délibérément biaisée », servant, par exemple, « à défavoriser un parti politique, à entacher la réputation d'une personnalité ou d'une entreprise, ou à contrer une vérité scientifique établie » (*Journal Officiel*, 4 octobre 2018).

À savoir

L'expression anglaise *fake news*, qui signifie « fausse nouvelle » est remplacée en français par le terme « infox », forgé à partir des mots « information » et « intoxication ».

▶ Depuis le début des années 2010, les infox se multiplient sur les médias. Elles sont le fait de stratégies de communication politique et d'influences très perfectionnées, soit organisées par des sites de propagande au service d'intérêts étrangers ou de grandes firmes, soit par les conseillers en communication de certains hommes politiques (Ex. : D. Trump) ou soit par des internautes mal intentionnés.

▶ Les infox sont accusées de déstabiliser des institutions, par exemple, avec les soupçons d'ingérence de la Russie dans la présidentielle américaine. Les élites s'inquiètent du manque de discernement de certaines populations prêtes à croire aux infox, qui finalement les confortent dans leurs opinions.

Méthode

Comprendre une information

a. Identifier une information

▶ Une information est **un fait** présenté à un public. Pour être une information, il faut qu'elle ait **un intérêt** pour le public (contraire d'une anecdote), qu'elle soit fondée sur **un fait** (contraire d'un avis) et qu'elle soit **vérifiée** (contraire d'une rumeur).

b. Connaître l'origine de l'information

▶ Il existe **différentes sources** d'information :
– La **source primaire** correspond à un élément direct (témoin, une vidéo, une photographie, un document écrit...).
– La **source secondaire** correspond à une origine indirecte (article d'un média, dépêche d'une agence de presse, récit fait par une personne qui n'a pas assisté à l'événement...).

▶ Plus la source est directe et clairement mentionnée, plus l'information est fiable. Cependant, quel que soit l'origine de l'information, il faut varier les sources et les recouper.

Exercice

★ 5 min **Identifier deux informations.**

Lire attentivement les deux informations et, en utilisant les éléments de la méthode, indiquer celle qui semble la plus crédible et celle qui peut être considérée comme une infox.

Doc. 1

Incendie à Notre-Dame de Paris, la toiture ravagée par les flammes

Un incendie impressionnant était en cours lundi en fin de journée à Notre-Dame de Paris, « potentiellement lié » aux travaux de rénovation de l'édifice, a-t-on appris auprès des pompiers.
Selon un journaliste de l'AFP sur place, d'immenses flammes dévoraient une partie de la toiture du bâtiment, dégageant une épaisse fumée aux teintes jaunâtres.
Le feu, dont la gravité restait encore à déterminer, a pris dans les combles de la cathédrale, monument historique le plus visité d'Europe, ont indiqué les pompiers. Selon le porte-parole de Notre-Dame, l'incendie se serait déclaré aux alentours de 18 h 50. (...)

AFP.com, 15 avril 2019

Doc. 2

Capture d'un compte Twitter suite à l'incendie de Notre Dame de Paris le 15 avril 2019.

Suivre

Des sources parlent de 2 départs de feu à #NotreDame : au niveau de la flèche et à l'opposé.
Si cette information était confirmée, la thèse de l'accident, avancée comme une quasi certitude par nombre de médias dès le début alors que personne n'en sait rien, deviendrait bancale…

13:35 - 15 avr. 2019

1524 Retweets 2 037 J'aime

EMC

Nouvelles formes de solidarités et d'engagements

Cours

1 Nouvelles formes de solidarités et d'engagement sur Internet

▶ Grâce à Internet, il est plus facile de s'engager, de se mobiliser pour une cause. En quelques recherches, il est possible de participer à un événement, de financer un projet ou de proposer son aide pour une action précise.

▶ Depuis le début des années 2000, les sites dédiés à la solidarité et à l'engagement se sont multipliés. Ils sont créés par des Organisations Non Gouvernementales (ONG) déjà anciennes qui souhaitent élargir leur audience, comme Médecins Sans Frontières ou Greenpeace, ou par des sites spécifiques qui permettent de s'engager en mettant en lien les ONG et les particuliers, ou les populations en difficultés et les internautes. Par exemple, le site *Jeveuxaider.com* aide les particuliers qui souhaitent être bénévoles à trouver l'association de leur choix.

▶ Internet permet un engagement et une solidarité plus personnalisés. Il suffit de rechercher le type d'engagement, la cause, le lieu...

▶ Il est par exemple possible de devenir bénévole sans bouger de chez soi. Le site *beTobe.org* propose la mise en relation entre des bénévoles et des organisations à but non lucratif afin de favoriser les collaborations en ligne. Ainsi, en fonction des besoins exprimés par les bénéficiaires, les bénévoles produisent, via Internet, des affiches, du contenu multimédia, des conseils juridique ou financier.

▶ Il est également possible d'aider des individus à développer une activité économique par l'intermédiaire de prêts solidaires et de microcrédits. Par exemple, le site Babyloan.fr est le premier site européen de microcrédit en ligne. Depuis sa création en 2008, la plateforme a permis de prêter 21 millions d'euros sans taux d'intérêt pour aider des micro-entrepreneurs à développer une activité.

Mot-clé

Le **bénévolat** est le fait de participer volontairement à une activité sans être rémunéré. Le plus souvent le bénévole agit dans le cadre d'une association. On compte aujourd'hui en France environ 880 000 associations déclarées et 14 millions de bénévoles.

2 Les nouvelles modalités de mobilisation et d'implications politiques : l'exemple des pétitions

▶ Internet change la participation à la vie politique. Les citoyens utilisent Internet pour se mobiliser et faire évoluer les lois. Le site *Change.org*, fondé en 2007 par un Américain, a lancé près d'un million de pétitions dans 196 pays.

▶ En France, une pétition « écrite » qui recueille 500 000 signatures permet de saisir le Conseil économique, social et environnemental (CESE), qui donne alors un avis au gouvernement. Les pétitions en ligne n'ont aucune valeur juridique mais elles peuvent, comme un sondage, mobiliser les élus.

▶ À l'échelle de l'Union européenne (UE), le droit de pétition est en vigueur depuis le traité de Maastricht (1992). Il permet aux citoyens européens et à ceux qui résident dans l'Union européenne de s'adresser au Parlement de l'UE pour demander que des mesures soient prises. Depuis 2012, l'initiative citoyenne européenne permet de demander à la Commission européenne de légiférer sur un sujet, quand un million de citoyens européens se sont mobilisés.

3 Les nouveaux dispositifs pour l'engagement civique

▶ L'engagement civique contribue à l'intégration des jeunes dans la collectivité. Il renforce le sentiment d'appartenance à la société. Créé en 2010, le Service civique offre la possibilité aux jeunes de 16 à 25 ans de s'engager dans une mission d'intérêt général. Le Service national universel (SNU), en cours d'expérimentation, proposera aux jeunes Français, filles et garçons de 16 ans, une formation d'une durée d'un mois maximum et comportant une période d'hébergement collectif.

Méthode

Faire une recherche documentaire sur Internet

a. Réfléchir à la nature de la recherche

▶ Il ne faut pas se précipiter, il est nécessaire de prendre un petit moment avec une feuille de papier et un crayon, et de **formuler clairement les besoins**, ce qui permet d'affiner la requête et d'obtenir des résultats plus pertinents. Pour cela, il est utile de se poser des questions : Qu'est-ce que je cherche exactement ? Pour quoi faire ?

b. Commencer la recherche

▶ Sur Internet, il faut, pour accéder aux ressources, utiliser des moteurs de recherche. Il existe différents **moteurs de recherche** plus ou moins rapides, plus ou moins commerciaux. Pour réduire les résultats et avoir les résultats les plus pertinents, il faut utiliser des **mots-clés.** Par exemple, pour une recherche sur le bénévolat, préciser avant ce terme l'objet de la recherche (définition, organisme, statut juridique...)

c. Trier les résultats

▶ Une fois les résultats proposés, il faut **faire le tri et hiérarchiser les sites** selon leur valeur et non selon leur ordre dans la page de résultat. Il ne faut pas se précipiter sur les premiers résultats qui peuvent être des liens commerciaux. Les résultats ne se valent pas tous. Il est important de privilégier les **sites officiels** (administration, organismes reconnus) que l'on reconnaît à leur extension (« .fr » ; « .org »), des médias, des encyclopédies... Il faut penser à ouvrir les résultats qui sont des « .pdf » ou des diaporamas « .ppt » qui peuvent être des contenus plus riches.

d. Utiliser les résultats

▶ Une fois les informations trouvées, n'oubliez pas d'utiliser les guillemets quand vous les intégrez à un travail et de **citer la source.** Que ce soit un exposé ou un dossier il faut une « sitographie » à la fin qui récapitule les sites utilisés ou les pages consultées.

Pour faire une **sitographie** il faut préciser :
- l'auteur du site ou le nom du site ;
- la date de l'article et la date de consultation ;
- l'adresse (URL).

Exemple pour une recherche sur définition bénévolat :
- www.associations.gouv.fr. Ministère de l'éducation nationale et de la jeunesse. Consulté le 20 avril 2019.
Le bénévole dans les associations. https://www.associations.gouv.fr/75-le-benevole-association.html

Exercice

1 ★★ 30 min **À partir des conseils de méthode, effectuer une recherche documentaire sur Internet sur le Service Civique.**

Complétez le tableau avec les éléments trouvés durant votre recherche et précisez les sites utilisés :

Axe de recherche	Informations trouvées	Sitographie
Origine du Service Civique		
Objectifs du Service Civique		
Conditions pour faire un Service Civique		
Durée d'un Service Civique		
Bilan du Service Civique		

EMC

HISTOIRE

1 Page 295

1 a. Le sujet de ce document est un défilé de divers peuples. Son support est une petite lithographie.

b. Son auteur est le graveur français Frédéric Sorrieu (1807-1887). Elle date de 1848.

c. Au même moment, c'est le « printemps des peuples », un mouvement révolutionnaire à l'échelle européenne avec également des répercussions en France puisque la Monarchie de Juillet est remplacée par la IIe République.

2 a. C'est pourquoi la France est en tête et à la tête de ce mouvement. On retrouve d'ailleurs des allusions à la Révolution française de 1789 avec, à gauche de la lithographie, une statue de Marianne, un drapeau tricolore et, au second plan, un arbre de la Liberté.

b. Les Allemands et les Italiens, identifiables à leur drapeau, mènent ce défilé. Ce mouvement révolutionnaire est un mouvement libéral qui réclame davantage de libertés aux rois et aux princes qui les gouvernent d'où les débris des monarchies au premier plan. Ce mouvement révolutionnaire est aussi un mouvement national dont témoigne la présence de nombreux drapeaux.

c. La diversité sociale de ces révolutionnaires se retrouve dans les différentes catégories sociales représentées : des pauvres et des riches, des hommes et des femmes, de tous les âges. C'est un idéal de fraternité qui doit les unir.

d. Le Christ domine toute cette scène ; il bénit ce défilé.

3 a. Une République universelle est une république qui concerne tout le monde sans distinction. Cette union dans le combat révolutionnaire signifie que tous les hommes sont frères et unis par les mêmes objectifs. Une République universelle se rattache donc à la notion de fraternité.

b. Une République démocratique considère que le pouvoir émane du peuple et qu'il est souverain dans son gouvernement. Elle se rattache donc à la notion de liberté.

c. Une République sociale n'accorde pas uniquement des droits politiques et civils à ses citoyens. Elle favorise leur bien-être en accordant des droits sociaux. Elle se rattache donc à la notion d'égalité.

d. Avec ce document, Frédéric Sorrieu tient à montrer que chaque nation européenne doit être souveraine et que chaque peuple est libre de disposer de lui-même mais toujours sous la protection divine.

2 Page 300

1 a. Le sujet aborde la question du suffrage, donc des modalités du vote, ici dans le domaine politique. Il convient d'évoquer cette question uniquement dans le cadre du territoire français et dans une période chronologique qui va de la proclamation de la IIe République à la chute du Second Empire. L'accent devra être mis sur la nature des changements qui ont affecté les modalités du vote durant ces deux régimes, en les comparant éventuellement avec ce que l'on sait de ces modalités durant les périodes antérieures et postérieures.

b. Le plan devra nécessairement s'appuyer sur un déroulement chronologique clair puisqu'il s'agit d'étudier une évolution. Les dates charnières et les mots-clefs sont (ici en italique) :
- *1848* avec l'avènement du *suffrage universel masculin* pour les hommes âgés de plus de 21 ans. Le droit de vote est donc largement élargi puisqu'il succède au *suffrage censitaire* en vigueur durant la monarchie de Juillet, mais les *femmes* en restent exclues. Mais en 1850, des conditions restreignent l'universalité du suffrage masculin. La population peut exercer son droit de vote lors des élections législatives et des élections présidentielles. Cette période correspond au régime de la *IIe République*.
– *1852* à *1870* avec le rétablissement du suffrage universel masculin sans condition autre que l'âge et la mise en place en parallèle de la pratique du *plébiscite*. Cette pratique, qui permet au chef de l'État de proposer à la population de confirmer ou de rejeter ses décisions, est un instrument de pouvoir pour affirmer le régime impérial. Napoléon III y recourt régulièrement tout au long du *Second Empire*. Les élections portant sur des candidats offrent un choix limité aux citoyens, ce qui limite de fait la liberté du suffrage.

2 a. On peut borner chronologiquement le sujet entre 1848 et 1870. L'Italie est fragmentée entre plusieurs États indépendants, plusieurs situés au nord étant contrôlés par l'Autriche (la Lombardie-Vénétie étant même annexée par l'Autriche). Les principaux acteurs de l'indépendance sont, d'une part, ceux qui sont à la tête du royaume de Piémont-Sardaigne à savoir le roi Victor-Emmanuel II et le président du Conseil Cavour, et d'autre part Napoléon III, d'abord président de la République puis, à partir de 1852, empereur des Français. La France monnaye son soutien au Royaume de Piémont-Sardaigne : Napoléon III réclame, lors d'une entrevue diplomatique à Plombières, la cession de la Savoie et de Nice contre sa participation militaire à la guerre d'indépendance imminente.

b. Le plan chronologique semble le plus adéquat pour répondre à la question problématisée n°2 car il s'agit de montrer qu'au fil des étapes de l'unification italienne, le rôle de la France n'a pas toujours été le même. Une manière d'opter pour ce choix est de mobiliser ses connaissances sous forme de faits associés à des dates : l'ordre des informations à fournir sera donné par la succession des dates dans le temps.

c. 1859 correspond à l'implication militaire de la France dans la guerre d'indépendance italienne et aux deux grandes victoires de Magenta et de Solferino. En 1866, la France joue un rôle d'intermédiaire entre l'Autriche et le royaume de Piémont-Sardaigne en lui rétrocédant la Vénétie, qui lui avait été cédée par l'Autriche après sa défaite de Sadowa face à la Prusse. En 1867, Napoléon III met un frein à la finalisation de l'unification de l'Italie afin de protéger le pouvoir du pape sur Rome et ses environs : Garibaldi et ses « Chemises rouges » font leur jonction à Naples avec Victor-Emmanuel II, qui devra attendre 1870 et la chute du Second Empire pour pouvoir incorporer les États pontificaux à la nation italienne, au grand dam du pape.

3 Page 307

1 I. Démocratiser la République
La IIIe République se stabilise en **1879.** Pour unir les Français autour des valeurs républicaines, les promoteurs du régime décident de renforcer la **démocratie**. En **1881**, ils rétablissent la liberté de presse et de réunion, qui n'existait plus sous le

Second Empire. En **1882**, les conseils municipaux peuvent élire le maire, ce qui n'était pas non plus le cas sous le Second Empire. Ils autorisent l'existence de syndicats en **1884**, ce qui est une avancée supplémentaire pour les droits des ouvriers, en plus de l'autorisation de faire grève qui avait été accordée par Napoléon III en 1864.

II. Mettre en avant des symboles hérités de 1789
Pour montrer qu'elle est en continuité avec les idéaux de la Révolution française, la IIIe République met en valeur certains symboles qui datent de cette époque : la *Marseillaise* devient l'**hymne** national (**1879**), le 14 juillet devient fête nationale (**1880**). Des bustes et statues de Marianne apparaissent dans les mairies et sur les places publiques. En juin 1885, lors des funérailles de Victor Hugo, le Panthéon est remis à l'honneur : la dépouille de l'écrivain, suivie par plus de deux millions de personnes, y est placée afin de rendre hommage à celui qui a farouchement défendu les valeurs républicaines, que l'on retrouve dans la **devise** : Liberté, Égalité, Fraternité.

III. Former des citoyens à l'école
La **laïcisation** de l'enseignement permet de réduire l'influence de l'Église. Seule l'école peut former des citoyens attachés à la République. L'école devient obligatoire et gratuite (aucun élève ne peut échapper à la scolarisation) mais aussi laïque grâce aux lois impulsées par le ministre de l'Instruction Publique, Jules Ferry, en **1881** et en **1882**). Les crucifix disparaissent des salles de classe, le catéchisme des programmes. Mais le jeudi est un jour libre, durant lequel les parents peuvent emmener leur enfant au catéchisme. L'Église accepte mal cette situation, et les relations entre elle et les républicains **anticléricaux** sont tendues. L'extension du service militaire obligatoire (1899 et 1905) est aussi destinée à renforcer le sentiment républicain.

2 Ainsi donc, la IIIe République s'est efforcée d'unir les Français en leur offrant davantage de démocratie, en faisant vivre les valeurs républicaines grâce à des symboles forts hérités de la Révolution française et en formant les jeunes générations afin qu'elles soient très attachées au régime. Certes, à partir de 1894, l'affaire Dreyfus déchire profondément la société française : mais les dreyfusards qui, poussés par l'idéal d'égalité, voulaient faire triompher la justice et le droit, ont finalement obtenu la grâce du capitaine d'état-major juif en 1906, ce qui allait dans le sens d'une affirmation des idéaux de la République. La loi de séparation des Églises et de l'État de 1905 a certes opposé catholiques et républicains, mais elle poursuivait l'œuvre de laïcisation entamée avec Jules Ferry. Aujourd'hui, la société française, formée aux valeurs républicaines à l'école, continue à faire appel aux symboles républicains officialisés par la IIIe République, mais elle bénéficie d'une démocratie plus large, le droit de vote, refusé aux femmes par ce régime, ayant été accordé en 1944.

4 Page 313

a. Œuvre d'art, ce document ne peut être cantonné au statut de témoignage. Mais Otto Dix a combattu durant la Grande Guerre et ce travail résulte de son expérience combattante. Ne portant sur aucun événement précis, ce triptyque, intitulé *La guerre*, peut témoigner des représentations de son auteur et du traumatisme qui l'habite encore autour de 1930.

b. Comme les triptyques religieux médiévaux, le tableau est principalement structuré en trois volets : un grand tableau central, cœur du sujet, et deux volets latéraux, qui le mettent en perspective. Une lecture chronologique peut en être faite : à gauche, les soldats partent au combat ; au centre, la bataille fait rage ; à droite, après l'affrontement, un soldat indemne secoure un blessé parmi les morts. Mais le décor chaotique est toujours présent, et l'on peut proposer une lecture cyclique du tableau, les survivants repartant au front. En outre, un quatrième panneau soutient l'ensemble et figure les corps alignés de soldats morts au combat, que surplombe un linceul.

c. La vision d'Otto Dix exprime son dégoût pour une guerre chaotique, visible dans la confusion et la désolation du paysage central, où les hommes sont déshumanisés (vivants masqués et morts déchiquetés), après avoir massivement et anonymement rejoint le front (personnages de dos sur le panneau de gauche). Au ciel et sous terre, la mort les enveloppe et règne sur la scène. À droite, les survivants auraient pu manifester une forme d'espoir humaniste chez Otto Dix, mais sont noyés dans les flammes, peinent à se mouvoir et leur lividité souligne la marque indélébile de la déshumanisation. Le personnage de droite représente d'ailleurs Otto Dix lui-même, s'extirpant des décombres en traînant le poids d'un camarade de combat, signifiant que, vers 1930, le traumatisme est toujours vivant.

d. Alors qu'elle partage peu de points communs avec le doc. 3, l'œuvre d'Otto Dix, comme le témoignage de H. Barbusse (doc. 1), exprime une impression personnelle générale, à distance de la simple recension des faits, dont se dégagent des idées proches (confusion des éléments, omniprésence de la mort, déshumanisation). Mais, composée par un Allemand, bien après la guerre, et exprimant un traumatisme profond, la peinture est à rapprocher du texte d'E.-M. Remarque (doc. 2), certes plus descriptif et concret, mais peut-être animé d'une intention voisine.

GÉOGRAPHIE

1 Page 317

a. La carte est un planisphère centré sur pôle nord. C'est une carte de synthèse qui aborde l'urbanisation et la métropolisation en présentant le taux d'urbanisation par État, les principales métropoles et les mégalopoles. Les données sont récentes (2017) mais la source n'est pas précisée.

b. La légende se décompose en trois parties. La première partie présente les taux d'urbanisation selon trois classes : inférieur à 50 %, compris entre 50 % et 75 % et supérieur à 75 %. La deuxième aborde les métropoles ayant plus de 20 millions d'habitants et celles ayant entre 10 et 20 millions d'habitants et leur croissance forte (supérieure à 2 %) ou faible (inférieure à 1 %). La dernière partie est consacrée aux mégalopoles existantes et celles en cours de formation.

c. L'urbanisation des États est inégale à l'échelle du monde. L'Amérique, l'Europe, le Moyen-Orient et l'Océanie ont des taux d'urbanisation élevés, supérieurs à 75 %. On peut nuancer en Europe car l'urbanisation est plus faible à l'Est qu'à l'Ouest. En Asie et en Afrique, le taux d'urbanisation est moyen (compris entre 50 % et 75 %) dans de nombreux États et faible (inférieur à 50 % dans la plupart). Il y a des métropoles sur tous les continents mais c'est le continent asiatique qui compte le plus grand nombre de métropole ayant plus de 10 millions d'habitants. En Europe et en Afrique, leur nombre est plus limité et il n'y a aucune ville de plus de 20 millions d'habitants. Les mégalopoles sont présentes en Amérique, en Europe et en Asie. Il n'y en a pas en Afrique. L'Europe compte une mégalopole, l'Amérique 3 et l'Asie 2 si on prend en compte celles qui sont en formation.

d. L'urbanisation est plus faible en Afrique et en Asie car la transition urbaine est plus récente et ce phénomène est en cours. Alors qu'il est achevé sur les autres continents. Les métropoles de plus de 10 millions d'habitants sont les plus nombreuses en Asie car cette région du monde est la plus peuplée avec 4,4 milliards d'habitants, soit 60 % de la population mondiale. Les villes sont très attractives et attirent de nombreux habitants. La forte croissance des métropoles en Asie et en Afrique s'explique grâce à la transition urbaine qui est en cours et la croissance démographique. En effet, l'exode rural est important et le solde naturel, c'est-à-dire la différence entre la natalité et la mortalité élevé. En Europe et au Japon, la transition urbaine est achevée. Il n'y a plus d'exode rural et la croissance démographique est faible voire négative dans le cas du Japon.

2 Page 319

La métropolisation du territoire français

1. **La domination de Paris**
   - ◯ Ville mondiale de plus de 12 millions d'habitants
   - ★ Projet du Grand Paris pour renforcer le rayonnement
   - ● Concentration des pouvoirs politique, économique et culturel
2. **Les métropoles régionales**
   - ● Métropole régionale de plus de 500 000 habitants
   - ● Métropole très dynamique avec un solde migratoire très positif

3 Page 323

Le constructeur allemand Daimler a annoncé en mars 2019, que la voiture Smart ne serait plus construite en France mais que sa production serait délocalisée en Chine à partir de 2022. Cette stratégie est possible dans le cadre de la mondialisation. En effet, la mondialisation est un processus qui met en relation les territoires en favorisant les flux de toute nature. Les espaces productifs qui sont spécialisés dans une activité économique se transforment et s'adaptent à une économie mondialisée. Comment la mondialisation recompose-t-elle les espaces productifs dans le monde ? Tout d'abord, il est intéressant de constater que les espaces productifs sont de plus en plus ouverts sur le monde et renforcent la littoralisation. Ensuite, ils sont également de plus en plus concentrés dans les métropoles et participent à la métropolisation. Enfin, les espaces productifs se recomposent dans le cadre d'une nouvelle division internationale du travail.

4 Page 325

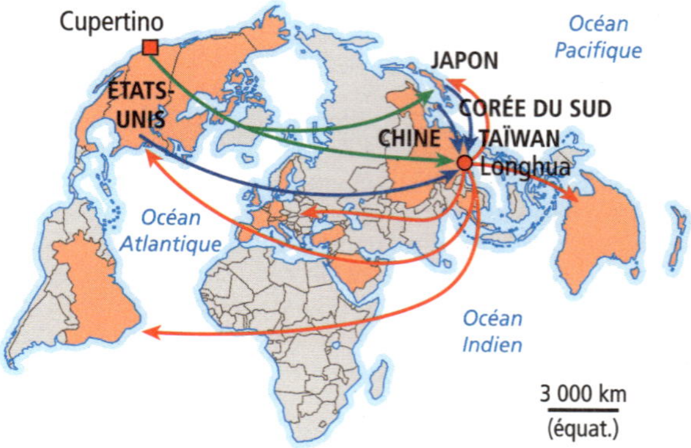

La production de l'iPhone

1. **Une production mondiale**
   - ■ Siège d'Apple (conception, marketing,recherche)
   - JAPON État où sont implantés des fournisseurs de composants
   - ● Assemblage de l'iPhone
2. **Une distribution mondiale**
   - Territoire où l'iPhone est distribué
   - États disposant d'Apple store
3. **Des flux mondiaux**
   - Flux de capitaux et de données vers les sous-traitants
   - Flux de composants
   - Flux de produits finis

5 Page 327

Analyse de la consigne. Le sujet proposé par la consigne consiste à s'intéresser à la localisation des activités économiques en France. Deux pistes de travail sont proposées : identifier les acteurs qui participent à la localisation des activités et présenter les facteurs explicatifs. Ces deux axes vont servir pour construire le plan de la réponse.

Éléments de rédaction. Le document est un extrait d'un article publié sur le site du journal *Le Monde* en mars 2018. Il rapporte

la décision prise par les entreprises Samsung et Fujitsu d'installer en France des centres de recherche. À partir de ce document, est-il possible d'identifier les acteurs et les facteurs qui contribuent à la localisation des activités économiques en France ?
L'article présente trois types d'acteurs différents. Tout d'abord, des entreprises de taille mondiale, des firmes transnationales (FTN) sud-coréenne et japonaise : Samsung et Fujitsu. Elles ont décidé d'installer en France des centres de recherche spécialisés dans l'intelligence artificielle (IA). Ensuite, selon l'article, cette décision est liée à l'action de l'État français, qui souhaite attirer des entreprises innovantes sur son territoire. En effet, pour Samsung, la décision a été annoncée par « son directeur général Young Sohn à Emmanuel Macron ». Enfin, l'Inria (Institut national de recherche en informatique et en automatique) est un laboratoire de recherche public, qui joue un rôle dans le choix de l'entreprise Fujitsu de s'implanter en France, puisqu'ils travailleront « en partenariat ».
Si les acteurs sont importants, quels sont les facteurs qui contribuent à localiser les activités économiques ? D'une part, pour ces deux exemples d'implantation, il semble que les facteurs politiques aient joué. Effectivement, la France mène une politique volontariste pour développer le secteur de l'IA et souhaite investir dans ce domaine : « Emmanuel Macron doit dévoiler jeudi un plan ambitieux de développement ». D'autre part, le territoire français dispose d'atouts recherchés par les FTN. L'existence de laboratoire de recherche comme l'Inria et de territoire de l'innovation comme le technopôle de Saclay, qui accueillera une partie de ces nouvelles activités, sont des éléments qui renforcent l'attractivité de la France.
Dans le cadre de la mondialisation, les entreprises mettent les territoires en concurrence pour accueillir leurs activités. Les acteurs publics jouent un rôle primordial pour accroître l'attractivité d'un territoire. Le plan du gouvernement en faveur de l'IA cherche à placer la France à la pointe de l'innovation pour attirer les entreprises et rester compétitive.

6 Page 331

I. Des espaces ruraux menacés par le développement des villes…

a. Un essor des villes au détriment des campagnes

b. L'importance de l'exode rural en particulier en Afrique et en Asie.

c. Des espaces ruraux qui se désertifient dans les pays développés

II. …Mais des espaces ruraux qui restent très importants et qui se recomposent

a. Les espaces ruraux occupent la majeure partie de la surface terrestre et regroupe 45 % de la population mondiale.

b. Les espaces ruraux restent essentiels pour l'agriculture et se modernisent comme en Inde.

c. Les Espaces ruraux sont de plus en plus multifonctionnels et gagnent des habitants dans certains pays.

7 Page 333

a. Les mots-clés de l'énoncé sont « activités », « territoire dynamique ou en déclin ».

b. La consigne nous oriente vers une analyse en deux temps : tout d'abord identifier les activités économiques présentes sur ce territoire rural. Ensuite, en déduire si le territoire est dynamique ou en difficultés.

c. Plan :

Parties de la réponse	Éléments du document	Connaissances
Activités économiques présentes	– Au 1er plan, un parc d'attraction (Center parc) composé d'importants bâtiments, d'une piscine, de lacs, d'espaces boisés, d'un golf – À l'arrière-plan, des cultures de céréales avec un habitat dispersé, des exploitations agricoles isolées.	– Activité récréative et touristique assez importante destinée aux urbains. – Une activité agricole relativement peu peuplante
Un territoire dynamique ou en déclin	— Un espace rural plutôt dynamique, car des activités économiques variées. — Proximité de l'agglomération parisienne. — Bien que les densités de population sur la photographie paraissent faibles	— Un espace rural marqué par l'influence de la ville. — Center parc permet la création d'emplois directs et indirects. cet aménagement permet une « renaissance rurale » et le développement d'une économie touristique.

8 Page 337

La Chine est devenue en quelques décennies l'une des premières puissances économiques du monde, se classant au 2e rang des PIB mondiaux depuis 2010. Cependant, le territoire chinois est marqué par d'importantes disparités. Le document, est un tableau statistique qui compare les trois ensembles régionaux de la Chine (Ouest, intérieur, et littoral) selon six données différentes. À partir de ces éléments, quelles différences peut-on observer entre ces trois ensembles ? L'analyse portera successivement sur les trois ensembles régionaux.

La Chine de l'Ouest, est la partie la plus étendue du territoire chinois. Elle représente 56 % de la superficie de la Chine. Cependant, c'est la région la moins peuplée, environ 146 millions d'habitants, soit 11 % de la population totale. Les densités de population sont très faibles, inférieures à 30 habitants par km². Cette partie de la Chine comprend des territoires assez contraignants : montagnes de l'Himalaya, plateaux du Tibet, région sèche du désert de Gobi, etc. Elle est peuplée de minorités ethniques non Han (non chinoises), comme les Ouïgours, les Tibétains, etc. Cette région contribue peu au dynamisme économique de la Chine. Elle réalise 8 % du PIB, 3 % des exportations et attire 2 % des investissements directs étrangers (IDE). En effet, ces territoires restent très ruraux avec une agriculture extensive d'élevage, peu industrialisés et à l'écart des grands axes mondiaux. Ils sont en marge de la mondialisation.

La Chine de l'intérieur est moins vaste, 30 % de la superficie mais plus peuplée (environ 44 % de la population). La densité de 208 habitants par km² est élevée. Elle représente deux fois la moyenne nationale. Elle produit un tiers du PIB chinois. C'est une région où l'agriculture domine et où certaines industries se développent autour de centres urbains comme Chongqing. Les IDE sont modestes (16 % du total) mais ont tendance à croître. Les entreprises étrangères sont attirées par une main-d'œuvre moins chère que sur le littoral. D'ailleurs, la part des exportations de la Chine intérieure reste faible 13 %. Cette région est une périphérie dominée par les provinces du littoral.

La Chine Littoral est la région la plus petite (14 % de sa superficie). Cependant, c'est la région la plus peuplée (45 % de la population) et avec les plus fortes densités humaines (472 hab/km²). Elle constitue le centre de la Chine car elle concentre les activités économiques et assure 58 % du PIB. Les IDE se dirigent massivement vers les provinces littoral (82 % du total). Cela s'explique par leur ouverture sur le monde et par l'importance du marché de consommation. 84 % des exportations chinoises sont faites depuis la Chine littoral, les industries y sont très importantes et leur production est dirigée vers le marché extérieur. Le document permet de constater que la Chine est marquée par d'importantes disparités, selon un gradient est-ouest. Les provinces de l'Est étant bien plus dynamiques et riches que celles de l'Est.

9 Page 339

Introduction. Depuis 40 ans, la Chine connaît une croissance économique extrêmement rapide. Le produit intérieur brut est passé de 305 milliards de dollars en 1980 à 12 725 milliards de dollars en 2017. Ce développement économique s'est accompagné d'une dégradation très marquée de l'environnement. Quels problèmes environnementaux la Chine rencontre-t-elle et comment essaie-t-elle d'y faire face ? Après avoir présenté les dégradations de l'environnement, nous verrons les mesures mises en place et leur efficacité.

Développement. La Chine connaît une dégradation très importante de son environnement. Tout d'abord, la pollution de l'air est particulièrement élevée. Par exemple les émissions de CO_2, l'un des gaz à effet de serre (GES) responsable du réchauffement climatique, ont été multipliées par 5 entre 1980 et 2014. La Chine est devenue en quelques années le plus gros émetteur de GES au monde, environ 25 % des émissions. Très fréquemment, les villes chinoises sont confrontées à des nuages de smog extrêmement denses et nocifs. Le phénomène est lié à l'utilisation croissante du charbon et à l'augmentation rapide du trafic routier. Ensuite, les activités économiques détériorent et épuisent le territoire. Par exemple, le manque d'eau lié au développement de l'irrigation, la pollution des sols par les produits chimiques, la déforestation. L'industrie, outre ses rejets dans l'atmosphère, est responsable d'une croissance très forte des déchets et de la pollution des eaux et des sols. Enfin, ces atteintes à l'environnement ont des conséquences importantes pour la société chinoise. Effectivement, les effets sur la santé de la population sont lourds. Selon une étude de l'université de Berkeley, en Chine, la pollution de l'air provoque 1,6 million de décès prématurés chaque année. D'un point de vue économique, l'impact est important. Les autorités chinoises ont calculé que la dégradation de l'environnement a coûté 145 milliards d'euros au pays en 2008, soit 3,9 % du produit intérieur brut. La Chine fait face à une crise environnementale majeure qui touche quasiment tout le territoire et tous les écosystèmes et qui provoque une réaction des autorités.

Face à la pression de la population et au coût pour la société, les autorités chinoises tentent de changer de modèle de développement pour un développement plus respectueux de l'environnement et plus durable. Dans un premier temps, les autorités durcissent la réglementation et prennent des engagements. Depuis 2012, le gouvernement chinois a fermé d'autorité de nombreuses centrales électriques au charbon trop vieilles ou trop polluantes. La Chine a signé et ratifié l'accord de Paris en 2015 et s'est engagée à réduire sa production de gaz à effet de serre. Dans le 13e plan quinquennal (2016-2020), sur treize objectifs principaux, dix points sont consacrés à l'environnement et au développement durable. Dans un second temps, la Chine a décidé de développer les énergies renouvelables pour réduire son empreinte écologique et amorcer sa transition énergétique. En 2017, le pays a produit 40 % des nouvelles capacités d'énergie renouvelable dans le monde. L'effort est particulièrement important pour l'énergie solaire. En effet, la Chine installe en un mois autant de panneaux solaires que la France en 1 an. Elle est d'ailleurs le 1er fabricant mondial de panneaux photovoltaïques. En 2018, les énergies renouvelables représentent environ un quart de la production électrique chinoise. Cependant, malgré le progrès des énergies renouvelables, la consommation des énergies fossiles continue de progresser, notamment le charbon, qui représente 95 % des énergies fossiles utilisées pour la production d'électricité.

Conclusion. Le développement extrêmement rapide de la Chine a provoqué une crise environnementale majeure dans le pays. Les autorités semblent avoir compris l'enjeu mais les mesures prises n'ont pas encore réussi à ce jour à réduire significativement la pollution et les atteintes à l'environnement.

EMC

1 Page 341

Les deux documents portent sur la même information : l'incendie de Notre-Dame de Paris le 15 avril 2019. Dans le document 1, l'auteur de l'article (non cité) révèle à 4 reprises ses sources (deux fois « les pompiers », un « journaliste de l'AFP sur place » et le « porte-parole de Notre-Dame »). Ce sont ici des sources primaires, qui sont des témoins directs de l'événement. L'article est prudent sur l'origine de l'incendie. Cette information semble tout à fait crédible. Dans le document 2, l'auteur du tweet évoque un doute sur l'origine de l'incendie, il remet en cause la version de l'incendie. Pour autant, il ne cite pas ses sources avec précisions « des sources ». Le message sous-entend, que l'origine de l'incendie pourrait être volontaire car ayant « 2 départs de feu » donc criminel. L'absence de source fiable permet de dire que ce tweet s'apparente à une infox.

2 Page 343

Axe de recherche	Informations trouvées	Sitographie
Origine Service Civique	« Le service civique est un dispositif (...) créé par la loi du 10 mars 20101 par Martin Hirsch ».	Wikipédia.org, *Service civique,* avril 2019. https://fr.wikipedia.org/wiki/Service_civique
Objectifs du Service Civique	- « mobiliser la jeunesse face à l'ampleur de nos défis sociaux et environnementaux. » - « proposer aux jeunes de 16 à 25 ans un nouveau cadre d'engagement, dans lequel ils pourront mûrir, gagner en confiance en eux, en compétence, et prendre le temps de réfléchir à leur propre avenir, tant citoyen que professionnel. »	Service civique.gouv.fr, Ministère de l'éducation nationale et de la jeunesse, *Le Service Civique depuis 2010*, avril 2019. https://www.service-civique.gouv.fr/page/le-service-civique-depuis-2010
Conditions pour faire un Service Civique	Le Service Civique est ouvert à tous les jeunes entre 16 et 25 ans et élargi à 30 ans pour les jeunes en situation de handicap.	Service civique.gouv.fr, Ministère de l'éducation nationale et de la jeunesse, *Les conditions pour m'engager*, avril 2019. https://www.service-civique.gouv.fr/page/le-service-civique-depuis-2010
Durée d'un Service Civique	« Le Service Civique est un engagement volontaire de 6 à 12 mois pour l'accomplissement d'une mission d'intérêt général. »	Service civique.gouv.fr, Ministère de l'éducation nationale et de la jeunesse, *Les conditions pour m'engager*, avril 2019. https://www.service-civique.gouv.fr/page/le-service-civique-depuis-2010
Bilan du Service Civique	« Le service civique se porte comme un charme. Nous sommes passés de 123.000 volontaires en 2017 à 140.000 en 2018, soit une hausse de 14%. En trois ans, le nombre a quasiment été multiplié par trois. »	Lejdd.fr, Le journal du Dimanche, Marie Quenet, *Le service civique se porte comme un charme,* avril 2019. https://www.lejdd.fr/Societe/le-service-civique-se-porte-comme-un-charme-3859913

Évolution de la matière au cours de l'histoire de l'Univers

Cours

L'hydrogène et l'hélium sont les premiers éléments présents lors de la création de l'Univers. Par association entre ces deux noyaux légers, d'autres noyaux plus lourds et plus ou moins stables apparaissent. La formation des éléments plus lourds, comme le fer, se fait au sein d'étoiles en fin de vie car leurs explosions produisent une quantité d'énergie beaucoup plus importantes. Les noyaux des atomes de la centaine d'éléments chimiques stables résultent ainsi de réactions nucléaires qui se produisent au sein des étoiles à partir de l'hydrogène initial.

1 Abondance des éléments dans l'Univers, sur terre et dans les organismes vivants

a. Les éléments chimiques stables au sein de l'univers

La matière connue de l'Univers est formée principalement d'hydrogène et d'hélium, alors que la Terre est surtout constituée d'oxygène, d'hydrogène, de fer, de silicium, de magnésium, et les êtres vivants de carbone, d'hydrogène, d'oxygène et d'azote. Pour analyser la présence de ces éléments, on calcule leur abondance relative, c'est-à-dire leur proportion par rapport aux autres éléments (comparaison par masse, volume ou nombre d'atomes, etc.).

b. Les éléments chimiques instables

Certains noyaux sont instables et se désintègrent. Ce phénomène est appelé radioactivité. La demi-vie d'un noyau radioactif est la durée nécessaire à la désintégration de la moitié des noyaux initialement présents dans un échantillon. Cette grandeur est un temps, noté t(1/2).

Courbe de décroissance radioactive du polonium 210

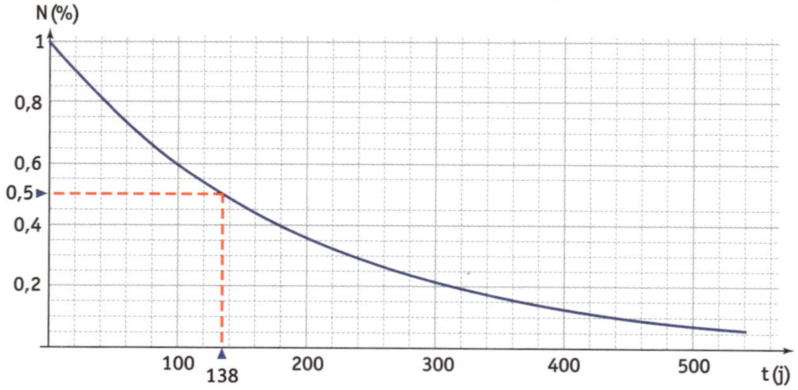

Demi-vie

N (restant) = N(initial)/2^n
N : nombre de noyaux radioactifs
n : nombre de demi-vies

Au bout de 138 jours, Le pourcentage de noyaux radioactif est égal à 50 %. Donc, la durée ou période de demi-vie du polonium 210 est égal à 138 jours

2 Les phénomènes de radioactivité

▶ Ces réactions peuvent être spontanées (on parle de désintégrations radioactives) ou provoquées (comme la fission utilisée dans les centrales nucléaires ou la fusion dans les étoiles comme notre soleil). Elles mettent en jeu les protons et les neutrons contenus dans les noyaux des atomes. Au cours d'une réaction nucléaire, il y a conservation du nombre de masse (A) et du nombre de charge (Z). C'est en appliquant cette loi de conservation que l'on équilibre les équations des réactions nucléaires.

▶ La désintégration est un phénomène spontané dans lequel il n'y a qu'un réactif. La fusion et le processus par lequel deux réactifs provenant de noyaux légers s'unissent pour former un noyau plus lourd. La fission est le processus par lequel un noyau atomique lourd se scinde en deux noyaux plus légers sous l'impact d'un neutron.

Noyau de l'atome

- Représentation symbolique : ${}^{A}_{Z}X$.
- A est le nombre de masse (nombre de nucléons [protons et neutrons]).
- Z est le numéro atomique (nombre de protons).

Exemple : ${}^{235}_{92}U$ et ${}^{238}_{92}U$

Méthode

Reconnaître l'équation d'une réaction nucléaire

- Entourer chaque réactif.
- Pour les équations avec 2 réactifs, surligner les nombres de masse des réactifs qui sont supérieur à 10.
- Répondre en trois phrases (JVQ : je vois que ; JSQ : je sais que ; JDQ : j'en déduis que).

Réaction	Type de réaction
${}^{30}_{15}P \rightarrow {}^{30}_{14}Si + {}^{0}_{1}e$	Il n'y a qu'un seul réactif. Cette réaction est spontanée. Donc c'est une désintégration.
${}^{2}_{1}H + {}^{3}_{2}He \rightarrow {}^{4}_{2}He + {}^{1}_{0}n$	Il y a deux réactifs. Or ces réactifs sont des noyaux légers. Donc c'est une fusion.
${}^{3}_{2}He + {}^{3}_{2}He \rightarrow {}^{4}_{2}He + 2{}^{1}_{1}H$	Il y a deux réactifs. Les deux réactifs sont des noyaux légers. Donc c'est une fusion.
${}^{241}_{94}Pu + {}^{1}_{0}n \rightarrow {}^{141}_{55}Cs + {}^{98}_{39}Y + 3{}^{1}_{0}n$	Il y a deux réactifs. Le noyau est lourd (A = 241). Or il réagit avec un neutron. Donc c'est une fission.

Exercices

1 ★ 15 min **À l'aide d'un tableur, produire et analyser différentes représentations graphiques de l'abondance des éléments chimiques.**

Nom de l'élément	Symbole de l'élément	% en atomes	
		sur Terre	dans l'Univers
Oxygène	O	48,8	0,1
Magnésium	Mg	16,5	0,01
Fer	Fe	14,3	0
Silicium	Si	13,8	0,01
Soufre	S	3,7	0
Aluminium	Al	1,6	0
Hydrogène	H	0,2	90
Hélium	He	0	9
Carbone	C	0,02	0,06

Réalisez un diagramme circulaire permettant de comparer la présence des éléments chimiques en pourcentage sur Terre et dans l'Univers.

a. Émettez une hypothèse sur la différence de l'abondance des éléments chimiques sur Terre et dans l'Univers.

b. Faites de même en réalisant un histogramme.

c. Concluez sur la pertinence des représentations graphiques utilisées.

2 ★★ 10 min **Le carbone 14 est utilisé en archéologie pour effectuer une datation. Voici sa courbe de décroissance radioactive.**

a. Calculer le nombre de noyaux restant au bout de 2 demi-vies.

b. Déterminer graphiquement la période de demi-vies du carbone 14.

c. Un archéologue a trouvé un objet qu'il suppose avoir été enseveli lors de la bataille de Troie (Achille, Ulysse, etc.). L'objet compte $3{,}493 \times 10^{12}$ noyaux radioactifs de carbone 14. Déterminer la date de cette bataille.

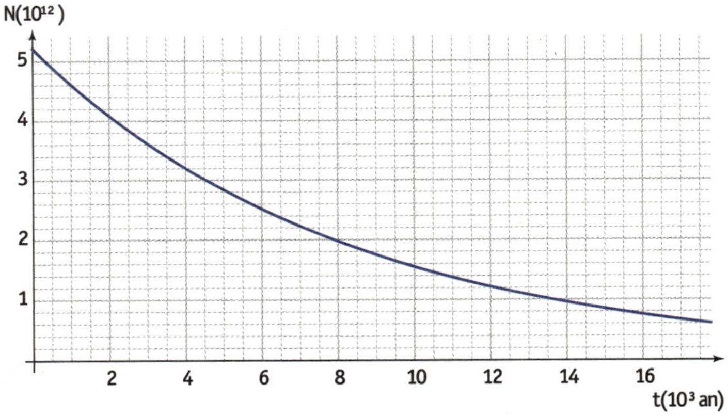

ENS. SCIENTIFIQUE

Des édifices ordonnés : les cristaux

Cours

1 Définition de l'état cristallin

▶ L'état cristallin caractérise une matière solide constituée d'un **empilement régulier d'ions**. Le chlorure de sodium (NaCl), plus communément appelé sel de table, en est un exemple.

▶ Un cristal ionique (ou solide ionique) est **électriquement neutre**, c'est-à-dire qu'il contient autant de charges positives (cations) que de charges négatives (anions). Ainsi, dans le cas du chlorure de sodium, les ions chlorures sont négatifs et les ions sodium sont positifs. C'est cette association qui assure la cohésion du cristal.

▶ On attribue au solide ionique une **formule dite statistique** qui traduit cette neutralité électrique. Le chlorure de sodium est fait d'un assemblage d'ions chlorure Cl^- et d'ions sodium Na^+. La structure électriquement neutre fait donc intervenir autant d'ions sodium que d'ions chlorure. La formule statistique attribuée au chlorure de sodium est alors : NaCl.

2 Caractéristiques et propriétés générales des cristaux

Une structure cristalline est définie par une **maille élémentaire** (doc. 1), motif géométrique de base, qui se répète périodiquement en se translatant.

▶ Un **réseau ou type cristallin** (doc. 2) est défini par la forme géométrique d'une maille, la nature et la position dans cette maille des entités (ions).

Certains cristaux possèdent une **maille cubique**. La géométrie du cube permettra de l'analyser et de le caractériser. On distingue deux familles de cristaux à mailles cubiques :

– ceux dont le réseau est **cubique à faces centrées** (chlorure de sodium, doc. 3), c'est-à-dire dont les ions sont situés aux huit sommets du cube et au centre de chacune de ses faces ;

– ceux dont le réseau est **cubique simple** (chlorure de césium, doc. 4), c'est-à-dire dont les ions sont situés aux huit sommets du cube et en son centre.

Doc. 1 Exemple de maille élémentaire

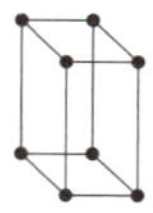

Doc. 2 Exemple de réseau cristallin

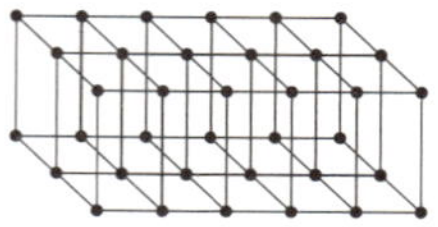

Doc. 3 Réseau cubique à faces centrées du chlorure de sodium

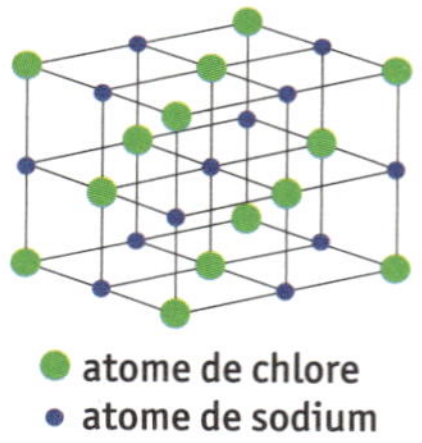

Doc. 4 Réseau cubique centré du chlorure de césium

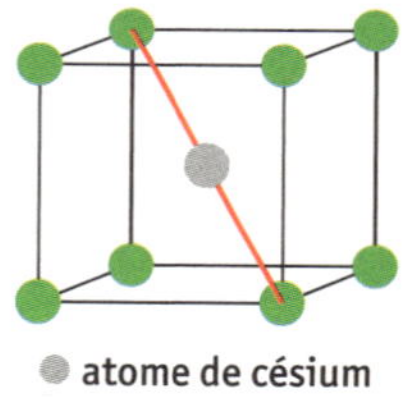

3 Une association de cristaux : les roches

▶ Pour étudier la constitution d'une roche, il faut comprendre la **différence entre minéral et cristal**. Un minéral est une substance inorganique solide dont les atomes s'agencent, à quelques exceptions près, sous forme d'une structure cristalline. Or, en observant des roches à l'œil nu ou au microscope, on peut montrer qu'**une roche est un assemblage de cristaux**. Ces cristaux peuvent être **ceux d'un même minéral ou de plusieurs minéraux**.

▶ Si une roche constituée d'une seule espèce minérale, c'est une **roche monominérale**. Par exemple, la quartzite (doc. 5) est une roche faite uniquement de cristaux d'un minéral nommé quartz.

▶ Une roche **composée de plusieurs minéraux**, comme le granite (doc. 6), est une roche comprenant principalement des cristaux des minéraux de quartz, de feldspaths et de micas.

▶ Une roche est constituée de minéraux, mais les minéraux sont, eux-mêmes, composés d'éléments chimiques. Un minéral se caractérise donc par une

Propriétés macroscopiques des cristaux

- **Forme cristalline :** forme géométrique des cristaux.
- **Couleur :** couleur des cristaux observables à l'œil nu.
- **Dureté :** résistance du cristal à se laisser rayer.
- **Transparence :** capacité du cristal à laisser passer la lumière (transparent, translucide ou opaque).
- **Clivage :** plans de faiblesse observables au niveau du cristal qui lui confère la propriété de se casser selon certains plans. Ils apparaissent comme des traits fins au microscope polarisant.

Doc. 5 Quartzite

Doc. 6 Granite

>>

>> composition chimique précise. Exemples de formule chimique de différents minéraux :
- Minéraux composés d'un seul élément chimique : or (Au), diamant (C).
- Minéraux composés de plusieurs éléments chimiques : calcite ($CaCO_3$), grenat ((Ca, Mg ou Fe)^3 (Al, Fe ou Cr)^2 (SiO_4)^3).

▶ Un minéral se caractérise également par son organisation cristalline. L'arrangement des atomes dans l'espace et selon une symétrie précise permet de définir la structure cristalline du minéral.

▶ Selon leur formule chimique et leur organisation cristalline, les minéraux possèdent des propriétés physiques et chimiques observables à l'œil nu. Ce sont les propriétés macroscopiques. Elles permettent ainsi de reconnaître et de classer les cristaux d'une roche.

▶ Néanmoins, un minéral de formule chimique donnée peut cristalliser sous différents types de structures qui auront des propriétés macroscopiques différentes. Par exemple, le minéral carbone peut cristalliser sous plusieurs structures cristallines selon la pression subie : soit du diamant (doc. 7), soit du graphite (doc. 8).

Doc. 7 Système cubique du diamant

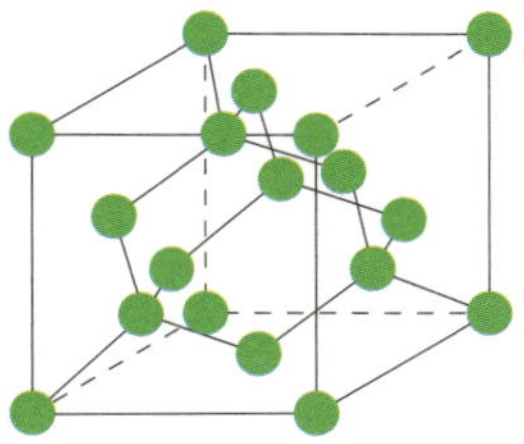

Doc. 8 Système cubique du graphite

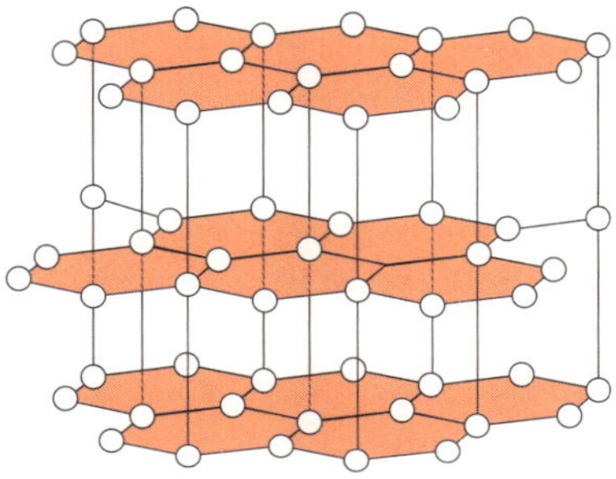

Chaque rond représente un atome de carbone.

4 Les cristaux au sein du monde vivant

En dehors des roches, on trouve également des cristaux au niveau du monde vivant. En effet, des organismes biologiques peuvent fabriquer des cristaux par un processus nommé biominéralisation. Coquille, squelette, dents, calculs rénaux, etc. sont autant de structures composées de cristaux : cristaux d'aragonite, d'hydroxyapatite, etc.

5 Cas des solides non cristallisés : les verres

▶ Les minéraux non cristallisés sont des solides amorphes. D'un point de vue étymologique, amorphe signifie « sans forme ». Un solide cristallin présente un réseau cristallin ordonné (ex. : silice cristallisée, doc. 9). Au contraire, s'il n'est pas cristallisé, il n'y aura donc pas à son niveau d'organisation cristalline ordonnée (ex. : silice amorphe, doc. 10). Cela signifie que les atomes ne respectent aucun ordre à moyenne et grande distance.

Doc. 9 Silice cristalline (cristobalite)

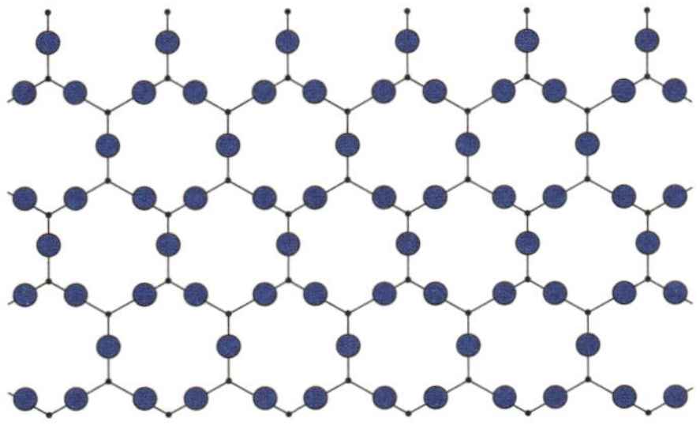

Doc. 10 Silice vitreuse (verre)

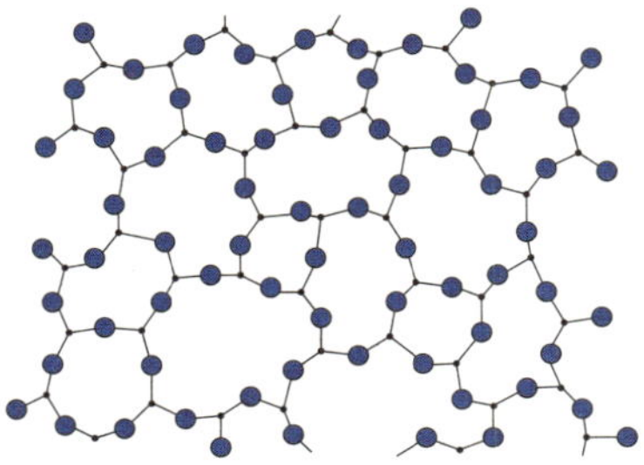

▶ Les verres sont les principaux solides amorphes. Ils sont formés lors d'un refroidissement rapide d'un liquide qui n'a pas pu cristalliser. C'est le cas des roches volcaniques où une partie de la roche voire toute la roche est constituée d'un verre.

▶ Les roches volcaniques se forment lors de la remontée et par refroidissement d'un magma. La quantité de verre formé dépend de la vitesse de refroidissement. Plus le refroidissement est rapide, plus la roche aura une texture vitreuse. Observées au microscope polarisant, le verre de ces roches à texture vitreuse apparaît noir comme par exemple pour un échantillon d'obsidienne.

ENS. SCIENTIFIQUE

Méthode

Calculer la compacité C et la masse r volumique du chlorure de sodium

▶ La **masse volumique** correspond à la masse des entités présentes divisée par le volume de la maille élémentaire.

▶ La **compacité** est le taux de remplissage de la maille. Il faut diviser le volume occupé par les entités par le volume de la maille. La compacité est toujours inférieure à 1. Cela signifie qu'il y a des espaces vides dans les cristaux.

Volume d'une maille	Compacité	Masse volumique
$Vmaille = a \times b \times c = a^3$	$C = \frac{N \times (4/3 \times \pi r^3)}{Vmaille}$	$\rho = \frac{N \times M}{Na \times Vmaille}$
a est l'arrête du cube en mètre (m) Vmaille est en mètre cube (m^3) Si les entités se touchent alors $a = r(\text{cation}) + r(\text{anion})$	N est le nombre d'entités par maille *r* est le rayon des entités supposées sphériques en mètre (m)	*M* est la masse molaire des entités en $g.mol^{-1}$ *Na* est le nombre d'Avogadro $Na = 6{,}022 \times 10^{23}\ mol^{-1}$

Attention aux unités ! Il faudra convertir *r* et *a* au sein des formules utilisées.

Données numériques :

– Rayon de l'ion sodium : $r(Na^+) = 97$ pm.
– Rayon de l'ion chlorure : $r(Cl^-) = 181$ pm.
– $M(Cl^-) = 35{,}5\ g \cdot mol^{-1}$.
– $M(Na^+) = 23{,}1\ g \cdot mol^{-1}$.
– *Na* le nombre d'Avogadro.

– $Na = 6{,}022 \times 1023\ mol^{-1}$.

Attention aux préfixes :

– p signifie **pico**, soit 10^{-12}.
– k signifie **kilo**, soit 10^3.

a. Calculer N le nombre d'entités par maille

▶ N est le nombre d'entités par maille (dans le cube). Ici, les ions Na^+ occupent le milieu de toutes les arêtes et le centre du cube.

$$N = 12\frac{1}{4} = 3 + 1 = 4.$$

Il y a donc 4 ions Na^+ (4 sphères de rayon $r(Na^+)$) par maille.

▶ Les ions Cl^- occupent les 8 sommets (1/8 de volume de la sphère de l'ion) et le milieu des 6 faces (une moitié de sphère d'ion).

$$N = 8\frac{1}{8} + 6\frac{1}{2} = 1 + 3 = 4.$$

Il y a donc 4 ions Cl^- (4 sphères de rayon $r(Cl^-)$) par maille.

▶ Le chlorure de sodium est un composé électriquement neutre, d'où la relation littérale pour calculer la compacité :

$$C = \frac{4\left(\frac{4}{3} \times \pi \times r(Na^+)^3 + \frac{4}{3} \times \pi \times r(Cl^-)^3\right)}{a^3}$$

b. Calculer la longueur de l'arête d'une maille cubique

▶ Si on appelle *a* la longueur de l'arête alors : $a = r_{Na^+} + r_{Cl^-} + r_{Cl^-} + r_{Na^+} = 97 + 181 + 181 + 97 = 556$ pm

c. Calculer le résultat

Pour cela, écrire la relation littérale avec les unités, puis l'application numérique en remplaçant par les données numériques et enfin utiliser la calculatrice et écrire le résultat sans oublier l'unité.

$$C = \frac{4 \times \left(\frac{4}{3} \times \pi \times \overset{m}{r(Na^+)^3} + \frac{4}{3} \times \pi \times \overset{m}{r(Cl^-)^3}\right)}{\underset{m}{a^3}} = \frac{4 \times \left(\frac{4}{3} \times \pi \times (97 \times 10^{-12})^3 + \frac{4}{3} \times \pi \times (181 \times 10^{-12})^3\right)}{(556 \times 10^{-12})^3} = 0{,}667 = 66{,}7\,\%$$

La compacité du chlorure de sodium est de 0,667 ou 66,7 %. Elle représente le taux d'occupation du chlorure de sodium dans le cube.

$$\rho = \frac{N \times \overset{g \cdot mol^{-1}}{M}}{\underset{mol^{-1}}{Na} \times \underset{m^3}{Vmaille}} = \frac{4(M(Na^+) + M(Cl^-))}{Na \times a^3} = \frac{4 \times (23{,}0 + 35{,}5)}{6{,}022 \times 10^{23} \times (5{,}56 \times 10^{-12})^3} = 2{,}261 \times 10^6\ g \times m^{-3} = 2261\ kg \times m^{-3}$$

Exercices

1 ★ 10 min **Représentez la maille du chlorure de sodium en perspective cavalière.**

La perspective cavalière ou représentation axonométrique permet de représenter sur une surface en deux dimensions, un objet en trois dimensions. Par convention, les traits pleins représentent les arêtes visibles et les traits en pointillés représentent des arêtes qui ne sont pas censées être vues.

2 ★★ 20 min **À l'aide du document 4 (réseau cubique centré du chlorure de césium), calculez :**

a. la compacité du chlorure de césium (CsCl).

b. la masse volumique du cristal de chlorure de césium.

- Calculez le nombre d'ions (cation et anion) par maille.
- Vérifiez les relations géométriques entre a, $r\,(Cs^+)$ et $r\,(Cl^-)$.
- Calculez la compacité.
- Calculez la masse volumique du cristal de chlorure de césium.
- Données : a = 404 pm ; $r(Cs^+)$ = 169 pm ; $r(Cl^-)$ = 181 pm ; $M(Cs^+)$ = 132,9 g · mol^{-1} ; $M(Cl^-)$ = 35,5 g · mol^{-1} ; N_A = 6,02.10^{23} mol^{-1}.

3 ★★ 10 min **À l'aide de la clé de détermination ci-dessous, identifiez les minéraux 1,2 et 3 de la roche A observée grâce à un microscope polarisant en LPNA (lumière polarisée non analysée) et en LPA (lumière polarisée analysée).**

Clé de détermination de quelques minéraux observés au microscope polarisant

Couleur du minéral		Autres caractéristiques principales		Minéral
Lumière polarisée non analysée (LPNA)	Lumière polarisée analysée (LPA)	Aspect et formes	Schéma simplifié	Nom du minéral
Incolore	Gris, noir, blanc	Aspect limpide Formes irrégulières		Quartz
Incolore	Gris, noir, blanc	Aspect sale, poussiéreux Mâcles multiples (bandes parallèles, zébré)		Feldspaths Plagioclase
Incolore	Gris, noir, blanc	Aspect sale, poussiéreux Mâcle simple (2 bandes parallèles)	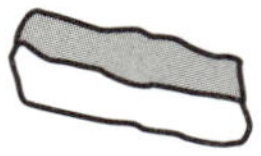	Feldspaths Orthose
Noir	Noir	Aspect opaque Formes irrégulières		Oxydes
Incolore à jaune très pâle	Teintes vives : vert, bleu, rose, jaune...	Aspect craquelé (clivages multiples) Forme globuleuse		Olivine
Fortement coloré (brun orangé à clair)	Teintes vives : brun, rouge, vert, orange...	Aspect strié avec lignes de clivage dans le sens de la longueur Forme allongée		Mica Biotite

Roche A observée en LPNA

Roche A observée en LPA

Des premières observations microscopiques à la découverte des niveaux d'organisation du vivant

Cours

1 Les étapes majeures de l'observation du vivant liées à la microscopie

Dès l'Antiquité, Aristote, philosophe grec, considérait que les êtres vivants (animaux et végétaux) étaient constitués d'unités qui se répétaient sans pouvoir les observer directement. La découverte de la cellule en relation avec les autres niveaux d'organisation du monde vivant s'est faite grâce aux progrès de la microscopie au cours du temps :
– **1590** : mise au point du premier microscope optique composé (Jansen père et fils, opticiens lunetiers hollandais).
– **1665** : observation et utilisation du terme « cellule » (Robert Hooke, chercheur anglais).
– **1702** : observation du premier noyau de cellules de poisson (Antony Van Leeuwenhoeck, chercheur hollandais)
– **1835** : observation du cytoplasme (Félix Dujardin, chercheur français)
– **1839** : 1er axe de la théorie cellulaire : tous les êtres vivants sont constitués de cellules (Theodor Schwann et Matthias Schleiden, physiologiste et botaniste allemands).
– **1855** : 2e axe de la théorie cellulaire : *Omnis cellula e cellula* (toute cellule provient d'une cellule) (Robert Remak, médecin allemand).

2 Les piliers de la théorie cellulaire

▶ L'ensemble des observations directes faites au niveau du vivant aboutirent à la théorie cellulaire, en 1839, selon laquelle tout organisme est constitué par une association d'unités vivantes nommées cellules. Ce premier axe constitue une avancée incontestable pour l'histoire des sciences du vivant.

▶ La théorie cellulaire est aujourd'hui un concept biologique reconnu par tous. Elle repose sur trois points :
– tous les organismes sont constitués d'une ou plusieurs cellules ;
– les cellules proviennent d'autres cellules par division cellulaire ;
– l'acide désoxyribonucléique (ADN), support de l'information génétique, est présent dans toutes les cellules.

3 Les cellules, des unités structurales et fonctionnelles du vivant

▶ La cellule est l'unité des êtres vivants. C'est un niveau structural et fonctionnel qui correspond au niveau d'organisation minimal pour constituer un être vivant autonome. On définit une cellule par un espace séparé de l'extérieur par une membrane plasmique qui délimite un cytoplasme comprenant différents organites. (doc. 1).

▶ Chaque organite a un rôle au sein de la cellule afin d'assurer les fonctions vitales de chaque cellule. La membrane plasmique (doc. 2) est un organite constitué par des molécules organiques comme les lipides et les protéines. Les lipides les plus abondants sont les phospholipides. Ils forment une bicouche lipidique dans laquelle s'insèrent différentes protéines. Cette bicouche possède une perméabilité sélective : elle est imperméable aux molécules hydrosolubles et perméable aux molécules hydrophobes comme l'alcool. Les protéines, elles, assurent des fonctions de transport, d'adhésion, de communication, etc.

Doc. 1 Cellule animale

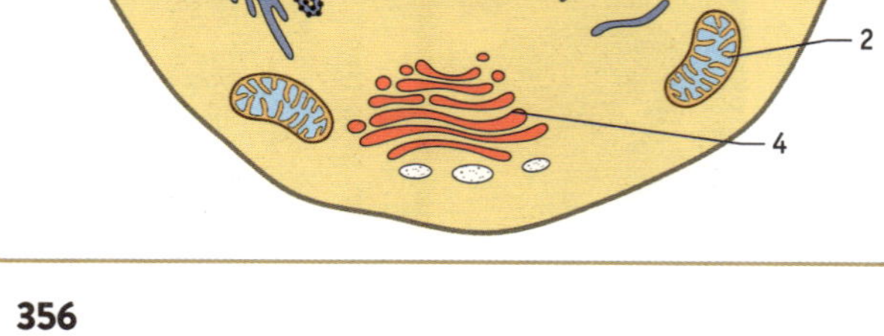

1. Noyau : siège de l'information génétique dont le support est l'ADN.
2. Mitochondrie : organite responsable de la respiration cellulaire à l'origine d'une conversion énergétique.
3. Réticulum endoplasmique : lieu de synthèse des protéines et de transfert vers l'appareil de Golgi via des vésicules.
4. Appareil de Golgi : lieu de transit et de maturation des protéines provenant du réticulum endoplasmique.
5. Ribosomes : organite intervenant dans l'assemblage des acides aminés lors de la synthèse des protéines.
6. Cytoplasme : intérieur de la cellule où l'on trouve tous les organites.
7. Membrane plasmique : organite délimitant le cytoplasme.

Doc. 2 Membrane plasmique

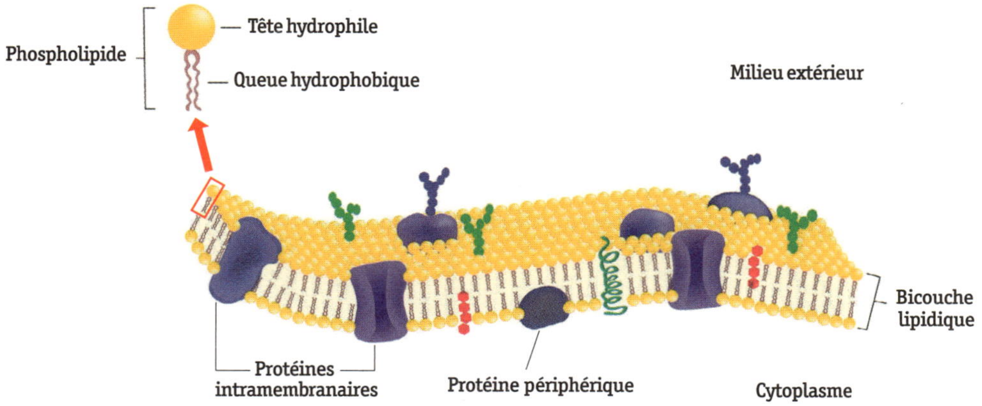

Méthode

1 Utiliser un microscope optique binoculaire pour observer le monde vivant

- **Allumer le microscope.** Vérifier que la platine soit descendue au maximum
- **Placer la préparation à observer sur la platine** au niveau du trou prévu pour l'éclairage. La bloquer avec le valet en métal.
- **Choisir l'objectif le plus petit**, souvent ×40 (afin de rechercher facilement l'objet à observer).
- **Régler l'écartement des deux oculaires** (si besoin) pour n'observer qu'un seul cercle.
- **Remonter doucement la platine** grâce à la vis macrométrique jusqu'à ce que l'image soit nette.
- Utiliser la **vis micrométrique** pour un réglage plus fin sur l'objet recherché.
- **Régler la quantité de lumière reçue** en ouvrant ou en fermant le diaphragme.
- **Régler l'intensité lumineuse** si le microscope est doté d'un variateur proche de l'interrupteur.

Doc. 3 Microscope binoculaire

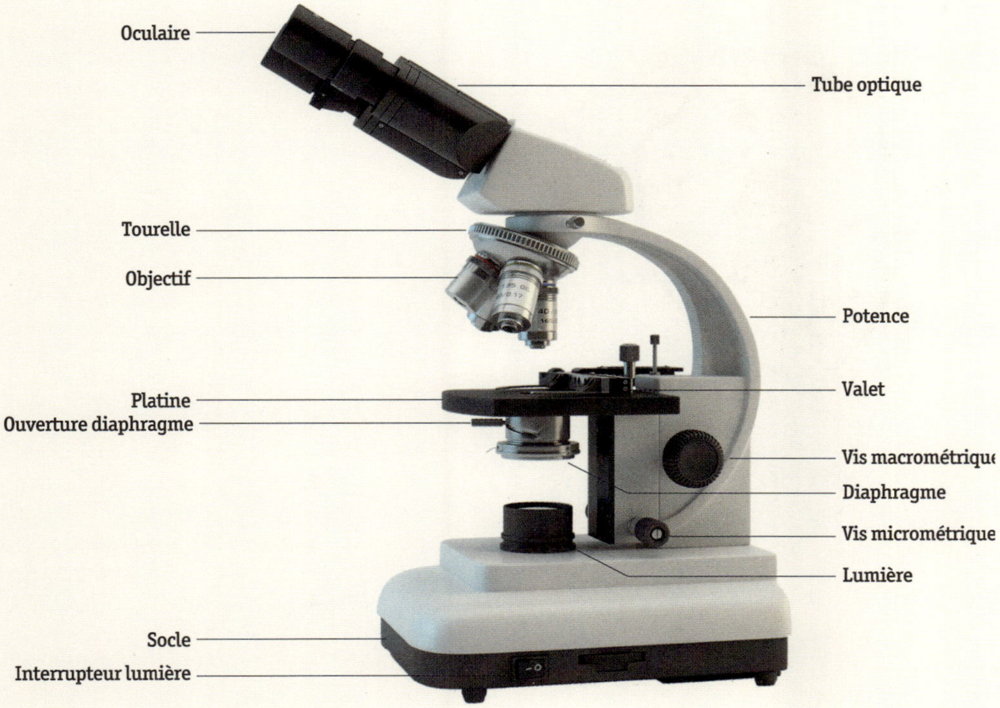

2 Connaître et classer les niveaux d'organisation du monde vivant

a. Définir les niveaux d'organisation

- **Atome :** unité de base de la matière, minérale ou organique.
- **Molécule :** ensemble de plusieurs atomes reliés entre eux.
- **Organite :** association de molécules ayant une ou plusieurs fonctions spécialisées.
- **Cellule :** unité fondamentale et fonctionnelle de tout être vivant microscopique ou non.
- **Tissu :** ensemble de cellules ayant une même organisation et remplissant une même fonction.
- **Organe :** association de tissus remplissant une ou des fonctions particulières.
- **Organisme :** être vivant (animal, végétal, etc.) ayant une individualité propre, constitué d'une cellule ou de plusieurs.

b. Classer les niveaux d'organisation en connaissant leur ordre de grandeur

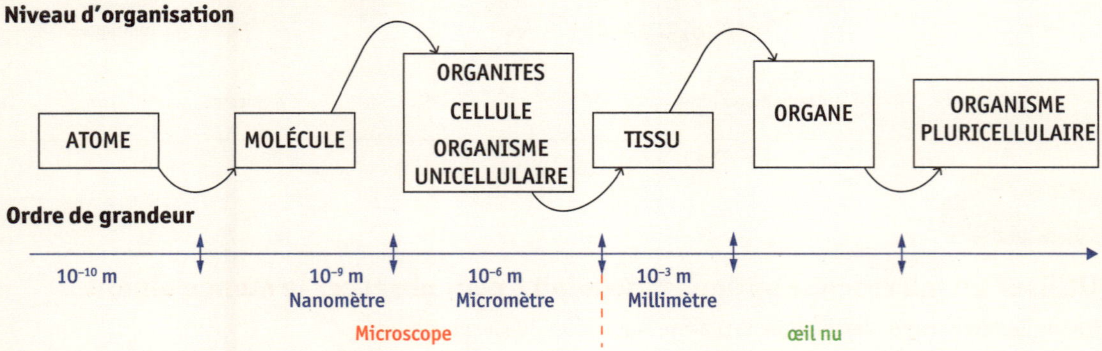

Exercices

1 ★ 5 min **Titrer et légender la photographie suivante :**

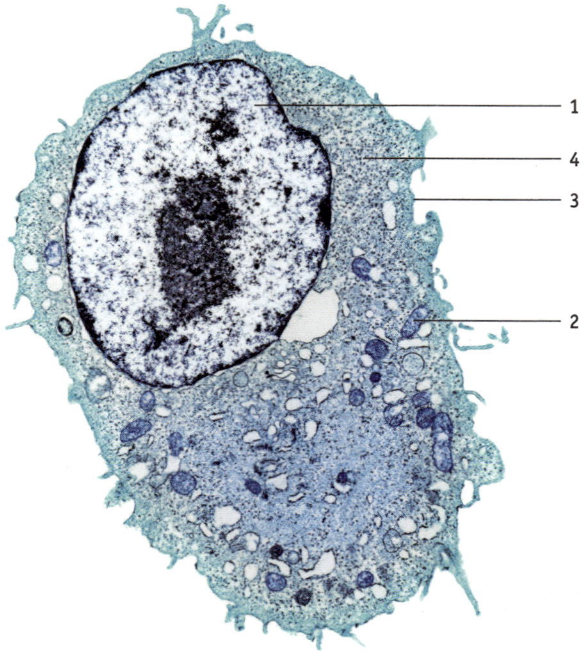

1. ....

2. ....

3. ....

4. ....

....

Exercices

2 ★★ 10 min **Dans le tableau ci-dessous :**

a. Complétez la première ligne avec le nom des sept niveaux d'organisation, du plus petit au plus grand.

b. Classez, dans la deuxième ligne du tableau, les éléments suivants :
carbone, membrane plasmique, foie, épiderme (peau), globule rouge, glucose, noyau, chat, levure (champignon), feuille (plante), muqueuse buccale, hydrogène, phospholipide, neurone.

Si vous ne connaissez pas les éléments présentés, utilisez un dictionnaire scientifique ou rendez-vous sur un site scientifique comme *Futura-sciences*.

Niveau d'organisation	1.	2.	3.	4.	5.	6.	7. ....
Eléments du monde vivant	....	....	....	....	....	....	....

3 ★★ 15 min **À partir des informations prises dans ce texte, résumez la théorie des spontanéistes et argumentez pour montrer comment celle-ci a été abandonnée. D'après vos connaissances, citez l'axe de la théorie cellulaire qui a remplacé la notion de génération spontanée.**

On a longtemps cru que les asticots naissaient de la viande avariée. La faute à Aristote...

Deux mille cinq cents francs. Une somme très rondelette en cette année 1860. Mais l'Académie des sciences veut mettre toutes les chances de son côté pour s'assurer de la participation des meilleurs afin d'octroyer un prix spécial à celui « qui, par des expériences bien faites, jettera un jour nouveau sur la question des générations dites «spontanées» ». Il faut dire que la controverse échauffe de plus en plus les esprits. Qu'ils soient biologistes, chimistes ou naturalistes, ces messieurs les savants se rangent en deux camps. Il y a ceux qui soutiennent que les organismes vivants ne peuvent naître que d'autres organismes vivants. Et ceux qui pensent au contraire qu'il existe des animaux ayant la faculté d'apparaître « spontanément » au sein de la matière inanimée. Comme souvent en science, il faut remonter à Aristote il y a près de deux millénaires où dans l'« Organon », le philosophe grec fait mention de l'apparition spontanée de mites dans les lainages ou de souris dans les tas de vieux chiffons. Quelques siècles plus tard, au Moyen Âge, il ne se trouvera plus guère de gens pour douter que les asticots naissent dans la viande avariée.

C'est de cette longue tradition que se réclame le chirurgien et botaniste rouennais Félix Archimède Pouchet, qui va s'imposer comme le chef de file des spontanéistes lors du concours de l'Académie des sciences. Il est persuadé que les micro-organismes naissent spontanément et entreprend de le démontrer à travers une série d'expériences consistant à plonger du foin dans un ballon rempli d'eau préalablement ébouillantée. Malgré ce chauffage, censé détruire tout germe de vie préexistant, Pouchet observe au microscope, au bout de quelques jours, la présence d'une quantité de micro-organismes dans son infusion.

Dans le camp adverse : Louis Pasteur. Il refait les expériences de Pouchet mais en y apportant des améliorations. Plutôt qu'une infusion de foin, Pasteur opte pour une suspension de levure de bière. Surtout, il dessine le modèle d'un ballon à col-de-cygne, invention permettant de s'assurer que le mélange reposant au fond du ballon reste pur de toute contamination extérieure. Et, de fait, il n'observe aucun micro-organisme. Suite à de nombreuses expériences, il conclue que les micro-organismes ne naissent pas de rien dans le ballon comme le croit Pouchet ; ils y sont déposés par l'air. Ces expériences de Pasteur convainquent les éminents savants de l'Académie des sciences qui l'accueillent parmi eux en décembre 1862 et concluent officiellement à l'inexistence de la génération spontanée quelque temps plus tard.

Caractéristiques du rayonnement solaire et bilan énergétique terrestre

Cours

1 Caractéristiques du rayonnement solaire

a. Relation d'Einstein

▶ Les réactions de fusion de l'hydrogène, qui se produisent dans les étoiles, permettent de les maintenir à une température très élevée. Ces réactions s'accompagnent d'une diminution de la masse de l'étoile au cours du temps. Cette perte d'énergie correspond à l'émission d'ondes électromagnétiques par rayonnement. C'est la relation d'Einstein qui nous a permis de le vérifier :

$E = \Delta m.c^2$

c = 299 792 458 $m.s^{-1}$: célérité de la lumière dans le vide.

E : énergie en Joule (J).

Δm : défaut de masse en kilogramme (kg).

Albert Einstein (1879-1955)

Physicien théoricien, a reçu le prix Nobel de physique en 1921 pour ses travaux sur l'effet photoélectrique.

b. Loi de Wien

▶ Un corps noir est un corps théorique qui a la capacité d'absorber toutes les ondes qu'il reçoit, avant de les réémettre lorsqu'il est chauffé, sous la forme d'un spectre continu qui ne dépend que de la température.

▶ La température de surface d'une étoile peut être déterminée grâce à la longueur d'onde d'émission maximale. La loi de Wien indique que la longueur d'onde d'émission maximale est inversement proportionnelle à la température de la surface de l'étoile.

▶ Cette loi relie les deux grandeurs suivantes :

– T qui est la température du corps chauffé en Kelvin (K).

Relation de conversion : T(K) = T(en °C) + 273,15.

– λ qui est la longueur d'onde exprimé en mètre –1 (m^{-1}). Elle peut s'exprimer sous la forme du produit de ces deux grandeurs :

$A = \lambda max \times T$

avec $A = 2{,}90.10^{-3}$ K. m^{-1}

λmax : longueur d'onde d'émission maximale en m^{-1} et T en Kelvin (K)

Wilhelm Wien (1864-1928)

Physicien allemand, a reçu le prix Nobel de physique de 1911 pour ses découvertes sur les lois du rayonnement de la chaleur.

▶ Elle permet :

– soit de déterminer la température de l'étoile connaissant la longueur d'onde λmax (elle peut être déterminée à l'aide d'un graphique) ;

– soit de déterminer la longueur d'onde d'émission maximale à partir de la température et ainsi de retrouver (ou d'estimer) la couleur de la lumière émise par l'étoile.

2 La surface terrestre réfléchit et absorbe des rayonnements

▶ La puissance radiative reçue du soleil par une surface plane est proportionnelle à l'aire de cette surface et dépend de l'angle entre la normale à la surface et la direction du soleil. La puissance solaire reçue par unité de surface terrestre dépendra donc de l'orientation de la terre par rapport au soleil (jour-nuit, saisons, latitude).

▶ La planète Terre reçoit de l'énergie solaire sous forme d'un rayonnement. On note rayonnement incident le rayonnement parvenant sur une surface qui peut être réfléchi ou absorbé. On définit ainsi la notion d'albédo d'une surface comme le rapport du rayonnement réfléchi en fonction du rayonnement incident (doc. 1). L'albédo est un rapport sans unité compris entre 0 et 1 ou exprimé en pourcentage. Plus l'albédo d'une surface est faible, plus la surface absorbe le rayonnement incident.

Pour la surface schématisée ci-contre, l'albédo est de 0,3 ou 30 %.

▶ L'albédo terrestre moyen est évalué approximativement à 0,31, soit 31 %, ce qui signifie que la Terre diffuse vers l'espace cette fraction de la puissance solaire reçue.

Doc. 1 Formule de l'albédo

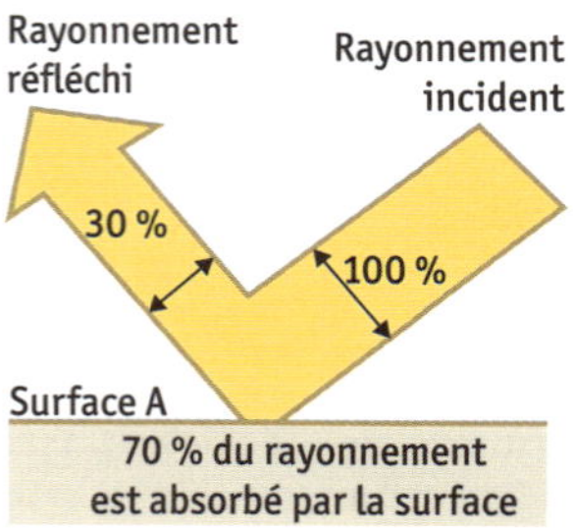

$$\text{Albédo d'une surface} = \frac{\text{Quantité de rayonnement réfléchi}}{\text{Quantité de rayonnement incident}}$$

▶ Considérant la constance solaire de 1 366 W/m², la surface terrestre reçoit un rayonnement incident moyen d'environ 342 W/m² (voir calcul en doc. 2). L'albédo terrestre moyen est donc estimé à **107 W/m²** (342 × 0,31 = 107 W/m²), puissance réfléchie par l'atmosphère (77 W/m²) et le sol (30 W/m²).

▶ Le reste de la puissance solaire, 235 W/m², est absorbé par l'**atmosphère** (67 W/m²), les **continents** et les **océans** (168 W/m²) (doc. 3).

Doc. 2 Détermination de la puissance du rayonnement incident terrestre moyen

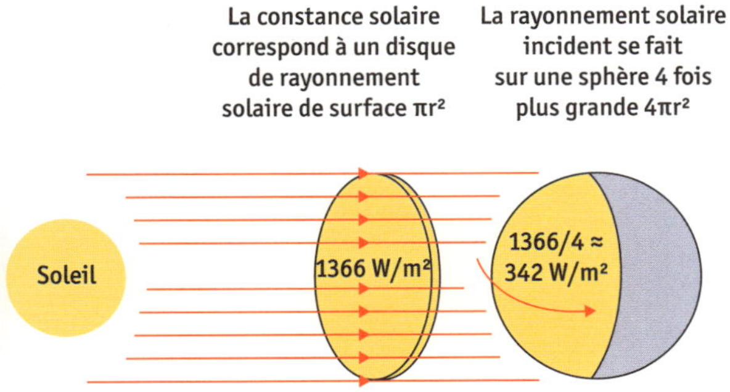

Doc 3 Rayonnement incident

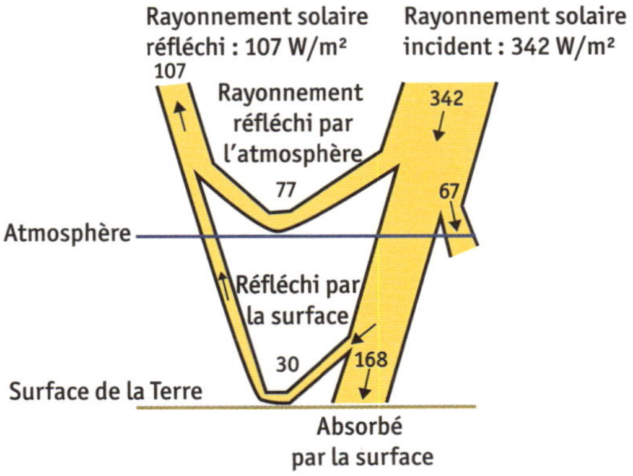

3 Bilan radiatif terrestre et température terrestre de surface moyenne

▶ Le rayonnement solaire absorbé, par l'atmosphère, les océans et les continents, est transformé en chaleur augmentant ainsi la température terrestre de surface. Or tout corps porté à une certaine température émet à son tour des radiations dont la longueur d'onde dépend de la température. La Terre (sol, océans et atmosphère) émet ainsi en retour un **rayonnement infrarouge** vers l'espace.

▶ La puissance reçue par le sol en un lieu donné est égale à la somme de la puissance reçue via le Soleil mais également par celle reçue via l'atmosphère. Le **bilan radiatif net** de la planète correspond donc à la différence entre le flux solaire absorbé et le flux infrarouge émis vers l'espace. Lorsque le sol reçoit au total une puissance moyenne égale à celle qu'il émet, le bilan est nul et on atteint un **équilibre dynamique** (doc. 4)

Doc 4 Bilan radiatif terrestre

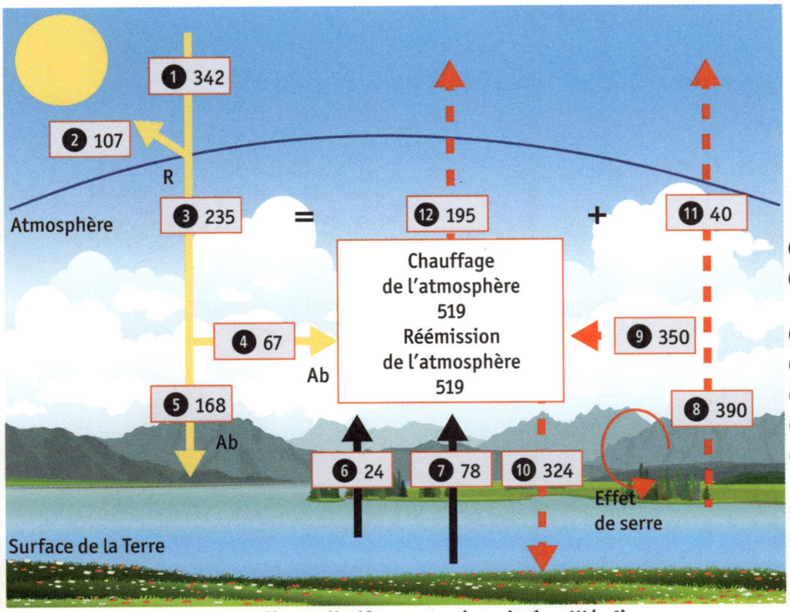

Bilan radiatif terrestre (exprimé en W/m²)

Rayonnement solaire — Transfert d'énergie — Rayonnement IR — (Ab) Absorbé – (R) Réfléchi

1. Rayonnement solaire incident
2. Rayonnement réfléchi par l'atmosphère et le sol
3. Rayonnement restant parvenant à la Terre
4. Rayonnement absorbé par l'atmosphère
5. Rayonnement absorbé par le sol
6. Transfert d'énergie sol-air
7. Transfert d'énergie nécessaire à l'évaporation (cycle de l'eau)
8. Rayonnement infrarouge émis par le sol
9. Rayonnement infrarouge réabsorbé par l'atmosphère
10. Rayonnement infrarouge réémis par l'atmosphère
11. , 12. Rayonnement infrarouge émis vers l'espace

ENS. SCIENTIFIQUE

>> À l'équilibre, la **température moyenne de surface** de la planète Terre est constante (**+ 18 °C**). Mise à part la distance Terre-Soleil, la température moyenne de surface terrestre dépend de l'absorption du rayonnement solaire. Or, la quantité de rayonnement absorbé est déterminée finalement par l'**albédo terrestre**, c'est-à-dire le rapport avec le rayonnement réfléchi. En effet, plus l'albédo d'une surface sera faible, plus le rayonnement absorbé sera important et plus la température augmentera.

Parallèlement, il faut savoir que la **température moyenne de surface théorique** de la planète Terre est d'environ **-18 °C**. Cette température est calculée en l'absence d'atmosphère terrestre. La différence entre la température réelle et la température théorique s'explique par le comportement de certains gaz atmosphériques, en grande majorité la vapeur d'eau, qui absorbent le rayonnement infrarouge émis par le sol et le réémettent vers le ciel. C'est ce **phénomène de l'effet de serre** qui conditionne également la température terrestre de surface en l'augmentant. On comprend alors que si la quantité de gaz à effet de serre augmente dans l'atmosphère, cela engendre un réchauffement climatique.

Méthode

1 Déterminer la masse solaire transformée chaque seconde en énergie à partir de la donnée de la puissance rayonnée par le soleil

Donnée

La célérité de la lumière dans le vide est égale à $3{,}00 \times 10^8$ m.s^{-1}.

Calcul

– La puissance totale émise par le Soleil se calcule à l'aide de la relation : $P = 4\pi R^2 C$.
– C s'appelle la constante solaire. Elle est égale à 1366 W.m^{-2}.
– Cela fait donc pour le Soleil : $P = 4\pi R^2 \times C = 4 \times 3{,}14 \times (150 \times 10^9)^2 \times 1\,366 = 3{,}86.10^{26}$ W.

Déterminer la masse solaire transformée chaque seconde en énergie sachant que la célérité de la lumière dans le vide sera égale à $3{,}00 \times 10^8$ m.s^{-1}.

1. Écrire la relation littérale avec les unités.
2. Écrire l'application numérique en remplaçant par les données numériques.
3. Utiliser la calculatrice pour trouver le résultat sans oublier l'unité.

– En 1 seconde, le Soleil fournit l'énergie : $E = P \times t = 3{,}86.10^{26} \times 1 = 3{,}86.10^{26}$ J.
– En 1 seconde, le Soleil connait une perte de masse (c étant la célérité de la lumière dans le vide) :

$$\Delta m = \frac{E}{c^2} = \frac{3{,}96 \times 10^{26}}{(3{,}00 \times 10^8)^2} = 4{,}3 \times 10^9 \text{ kg.}$$

Donc sa masse diminue de 4,3 millions de tonnes par seconde.

2 Déterminer la proportion de la puissance émise par le Soleil atteignant la Terre

Le postulat initial est l'existence d'une sphère imaginaire de rayon une unité astronomique ($1{,}49 \times 10^{11}$ mètres), soit la distance Terre-Soleil, et au centre de laquelle se trouve le Soleil. Parallèlement, il faut prendre en compte la constance solaire de 1366 W.m^{-2}.

On calcule la surface de la sphère : $4\pi r^2$

$4\pi = 4 \times 3{,}14 = 12{,}56$

$r^2 = (1{,}49 \times 10^{11})^2 = 2{,}2 \times 10^{22}$

D'où $4\pi r^2 = 12{,}56 \times (2{,}2 \times 10^{22}) = \mathbf{2{,}76 \times 10^{23}\ m^2}$

Cette sphère reçoit 1 366 W.m^{-2} donc :

$1\,366 \times 2{,}76 \times 10^{23} = \mathbf{3{,}77 \times 10^{26}\ W}$

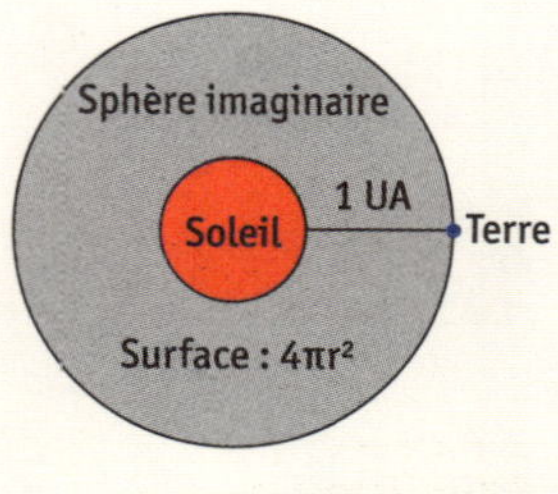

On calcule la proportion de la puissance reçue par la planète Terre :

– Calcul de la surface du disque la Terre recevant l'énergie solaire
πr^2 soit $3{,}14 \times (6{,}37 \times 10^6)^2 = \mathbf{1{,}27 \times 10^{14}\ m^2}$

– En considérant que $2{,}76 \times 10^{23}$ m^2 reçoivent 100 % de la puissance solaire, alors la Terre n'en recevra que le rapport suivant :
$\mathbf{1{,}27 \times 10^{14} / 2{,}76 \times 10^{23} = 4{,}6 \times 10^{-10}}$
soit 0,00000000046 de la puissance totale émise par le Soleil.

Exercices

1 ★ 5 min **À l'aide du profil spectral ci-dessous, déterminez la température de surface d'une étoile sachant que sa longueur d'onde d'émission maximale est de 580 nm. Vérifiez le résultat à l'aide de la loi de Wien.**

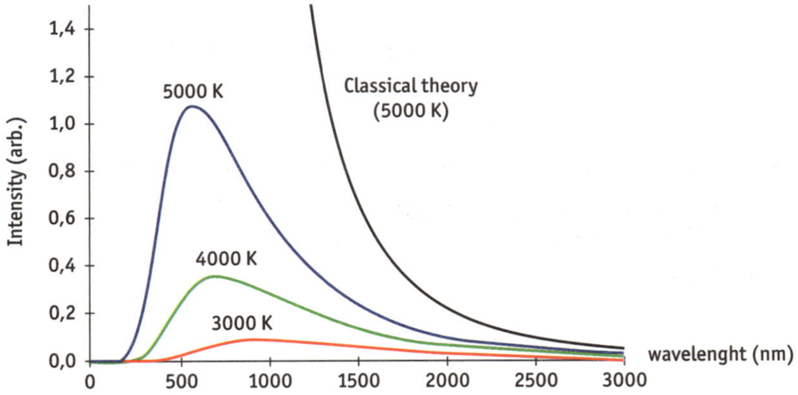

2 ★★ 15 min **Identifiez et comparez la puissance reçue et les températures de la France, de l'Inde et de l'Afrique du Sud dans la configuration ci-dessous.**

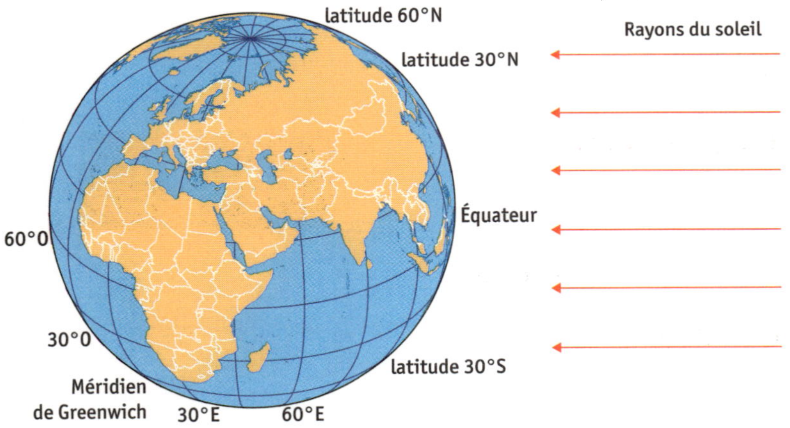

Pour argumenter, vous pouvez construire votre réponse en distinguant 3 paragraphes :
1. Je vois que...,
2. Or, je sais que...,
3. Donc j'en déduis que...

3 ★★ 10 min **Analysez le spectre d'absorption ci-dessous pour en dégager les caractéristiques principales de l'absorption du rayonnement incident par l'atmosphère terrestre.**

Absoprtion des gaz atmosphériques

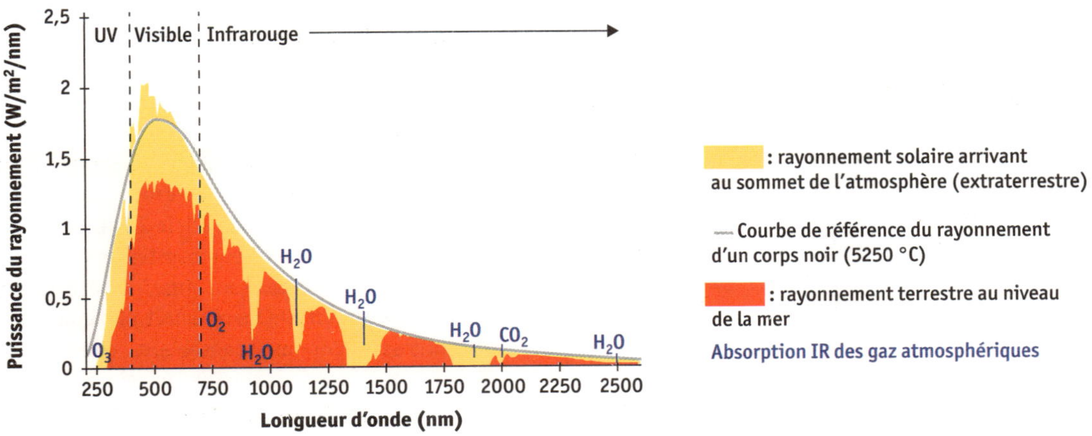

5

LE SOLEIL, NOTRE SOURCE D'ENERGIE

La photosynthèse : une conversion de l'énergie solaire à l'origine des flux d'énergie terrestres

Cours

La photosynthèse est un métabolisme qui concerne les **végétaux chlorophylliens** (contenant des chlorophylles), qui fabriquent leur propre matière organique (glucides : glucose, amidon) à partir de matière inorganique (minérale : eau, sels minéraux, dioxyde de carbone) grâce à l'énergie solaire.

1 La photosynthèse : une conversion de l'énergie solaire par les végétaux

Un végétal chlorophyllien **absorbe des molécules de dioxyde de carbone** et **rejette des molécules de dioxygène**. Ces réactions chimiques synthétisent des **matières organiques** (glucides, comme le glucose ou l'amidon) dans les cellules de la feuille (doc. 1).

▶ Sans lumière, la photosynthèse ne peut avoir lieu. En effet, c'est l'absorption d'une partie du rayonnement solaire qui permet sa réalisation. Les acteurs responsables de cette absorption sont des molécules, les **pigments photosynthétiques**, présentes dans les chloroplastes, organites spécifiques des cellules de feuille. Les principaux pigments sont des **chlorophylles** et des **caroténoïdes**. Leur **spectre d'absorption** montre qu'ils absorbent la lumière visible dans les longueurs d'onde bleu et rouge (doc. 2). Cette absorption contribue à convertir l'énergie solaire en énergie chimique indispensable à la réalisation de la photosynthèse.

Doc. 1 Équation bilan de la photosynthèse

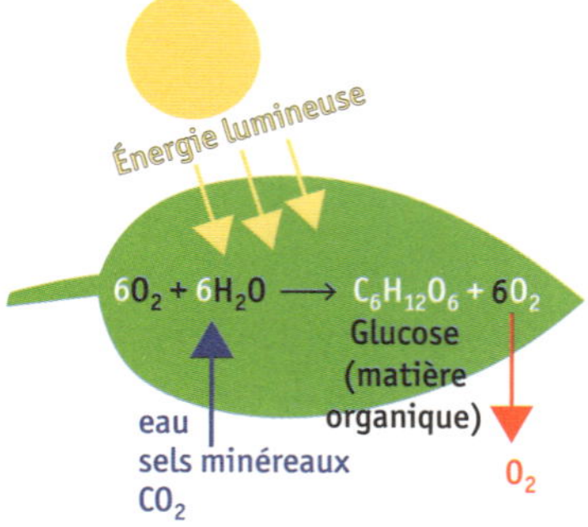

Doc. 2 Spectre d'absorption des pigments

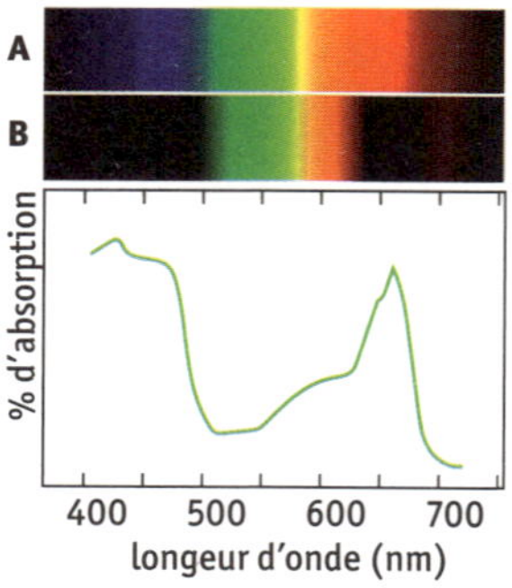

A Spectre de lumière visible
B Spectre d'absorption des chlorophylles
Le graphique représente le spectre d'absorption des pigments d'un végétal, il montre une absorption dans le bleu (< 500 nm) et dans le rouge (650-700 nm).

2 Photosynthèse et flux d'énergie terrestres

▶ **À l'échelle de la feuille**, la photosynthèse utilise une très faible fraction de la puissance radiative reçue (environ 5 %). Ce rapport entre la **production primaire brute** PPB (quantité totale de matière organique produite) et la quantité totale d'énergie lumineuse reçue est l'**efficacité photosynthétique**. Le reste du rayonnement incident arrivant au niveau de la feuille est soit directement **réfléchi**, soit **diffusé** (par conduction) ou **transmis** (par convection) sous forme de chaleur. Une partie est aussi absorbée pour constituer l'énergie nécessaire au mécanisme d'**évapotranspiration** (pertes d'eau) à l'origine de la circulation de la sève et de la régulation de la température du végétal.

Doc. 3 Bilan des principaux flux d'énergie au niveau de la biosphère

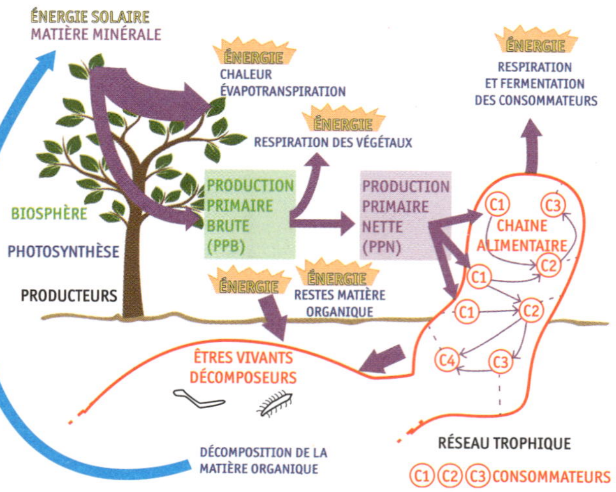

▶ **À l'échelle de la planète**, les organismes chlorophylliens utilisent, pour réaliser la photosynthèse, environ 0,1 % de la puissance solaire totale disponible. Ce n'est finalement qu'une infime partie de l'énergie solaire reçue, alors que la **conversion en énergie chimique** (pour la production de matière organique à partir de matière minérale) bénéficie à une large majorité d'êtres vivants au sein des écosystèmes de la biosphère. En effet, les végétaux sont ainsi à la base des chaînes alimentaires formant les réseaux trophiques. La photosynthèse est donc indispensable, car elle est à l'origine des flux d'énergie terrestres au sein de la biosphère grâce à la **production primaire nette** (PPN) (doc. 3). >>

>> 3 Photosynthèse et formation des combustibles fossiles

▶ Les combustibles fossiles sont produits par la transformation de la matière organique passée ou biomasse passée (en majorité d'origine végétale) produite par photosynthèse, à l'issue d'une décomposition extrêmement lente, de l'ordre de plusieurs millions d'années.

▶ Cette décomposition a lieu dans des conditions spécifiques, selon les étapes suivantes : sédimentation et enfoncement de la biomasse en milieu anaérobie (sans dioxygène), transformation de la biomasse en kérogène par des bactéries anaérobies, enfoncement et pyrolyse du kérogène pour obtenir les combustibles fossiles.

Méthode

Savoir analyser un spectre d'absorption et un spectre d'action

▶ Notion de spectre d'absorption

– Un spectre d'absorption permet d'évaluer la ou les longueurs d'onde du rayonnement absorbé par une matière.

– Si on observe le **spectre d'absorption des pigments** photosynthétiques (doc. 4, en rouge), on observe deux pics qui montrent que les pigments absorbent le rayonnement solaire dans les longueurs d'onde inférieures à 500 nm et vers 650-700 nm, ce qui correspond aux courtes longueurs d'onde de la lumière visible.

▶ Notion de spectre d'action

– C'est un spectre correspondant au rayonnement nécessaire absorbé pour qu'un processus se déroule.

– Le **spectre d'action de la photosynthèse** (doc 4, en bleu) montre que pour que l'activité photosynthétique ait lieu, il faut une absorption du rayonnement solaire aux longueurs d'onde inférieures à 500 nm et aux alentours de 650-700 nm.

▶ On remarque que **les deux spectres se superposent.** On en déduit que ce sont les pigments qui sont responsables de la réalisation de la photosynthèse. C'est pourquoi on les appelle des pigments photosynthétiques.

Doc. 4 Spectre d'absorption et d'action de la photosynthèse

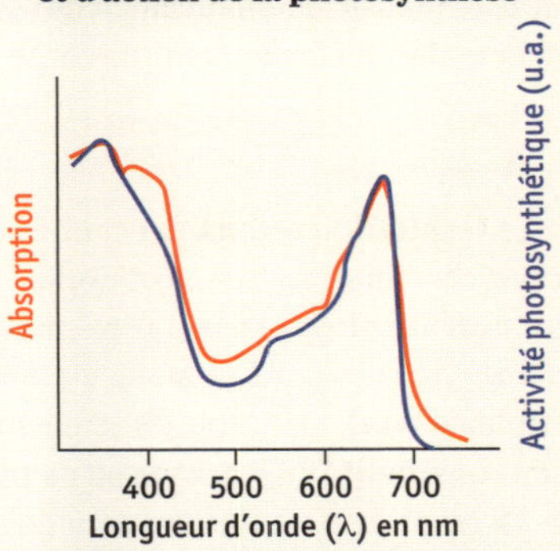

Exercices

1 ★ 15 min En vous appuyant sur le paragraphe 2 du cours, schématisez le bilan énergétique à l'échelle d'une feuille. Aucune échelle n'est attendue, seule la proportion de l'ordre de 5 % du rayonnement solaire dédiée à la photosynthèse est à prendre en compte sur votre schéma.

Le bilan énergétique d'une feuille correspond à l'ensemble des entrées et sorties d'énergie sous différente forme (énergie solaire, énergie chimique).

2 ★ 10 min Savoir évaluer l'origine et le temps de formation d'un combustible fossile

a. L'observation à l'œil nu d'une roche sédimentaire nommée schiste houiller laisse apparaître des empreintes de feuilles et de tiges végétales. Sa teneur en carbone est connue, elle est de l'ordre de 80 %. Que pouvez-vous en déduire quant à l'origine d'un schiste houiller ?

b. Le graphique ci-contre représente l'évolution de la matière organique décomposée en milieu anaérobie (sans dioxygène) en fonction de son enfoncement et de sa teneur en carbone. Si on suppose que le kérogène s'enfonce de 100 mètres par million d'année, estimez le temps pour former du pétrole quand celui-ci atteint sa zone de production maximale sur le schéma présenté.

c. Concluez sur le fait que le pétrole ou le gaz sont des ressources non renouvelables à l'échelle humaine.

Transformation de la matière organique

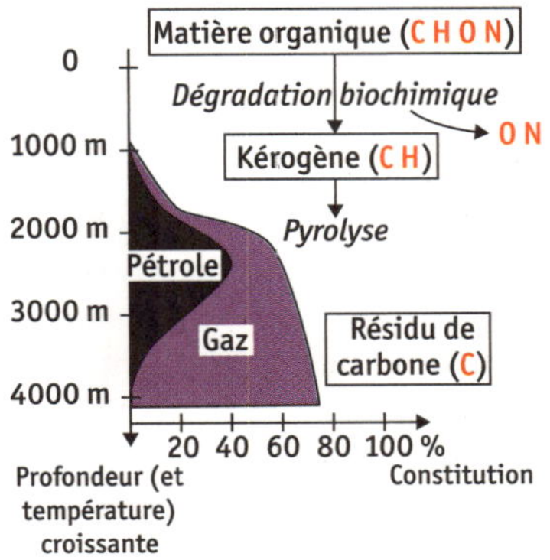

Bilan thermique du corps humain

Cours

Comme pour le bilan radiatif terrestre, on peut montrer qu'à l'échelle du corps humain des flux d'énergie existent pour maintenir une température interne stable.

1 Métabolisme et conversion d'énergie au sein de l'organisme

Le métabolisme est défini par l'ensemble des réactions chimiques ayant lieu au sein d'une cellule. Seules certaines réactions chimiques, la respiration et la fermentation cellulaires, permettent « d'extraire » de l'énergie à partir de la transformation de nutriments (molécules provenant de la digestion des aliments) comme le glucose. Cette énergie va être utilisée pour le fonctionnement de l'organisme, en particulier pour maintenir la température corporelle interne constante.

a. Une voie métabolique indispensable : la respiration cellulaire

▶ La respiration cellulaire est une voie métabolique (réactions chimiques en chaîne) d'oxydo-réduction convertissant un nutriment (glucose par exemple) en une autre forme d'énergie chimique, la molécule nommée ATP (adénosine triphosphate), utilisable directement par la cellule (doc. 1) sans possibilité de stockage ou de conservation de celle-ci.

▶ La respiration a lieu au sein des mitochondries d'une cellule. Elle ne peut se produire qu'en présence d'une quantité suffisante de dioxygène et sa mise en œuvre demande du temps. Il faut noter qu'un dégagement de chaleur se produit au cours des réactions de cette voie métabolique respiratoire.

b. Une voie métabolique secondaire : la fermentation lactique

Contrairement à la respiration cellulaire, la fermentation lactique est une voie métabolique qui produit de l'acide lactique à partir de la transformation d'un nutriment, le glucose (doc. 2). Elle diffère de la respiration à plusieurs titres :

– Elle n'a lieu que dans le cytoplasme de certaines cellules, en particulier les cellules musculaires.

– Elle n'intervient que lorsque le dioxygène est en faible quantité ou absent.

– Elle est rapide à se mettre en œuvre (lors d'un sprint par exemple).

Elle ne convertit qu'une faible quantité d'énergie sous forme d'ATP contrairement à la respiration.

Doc. 1 Schéma simplifié du métabolisme de respiration cellulaire

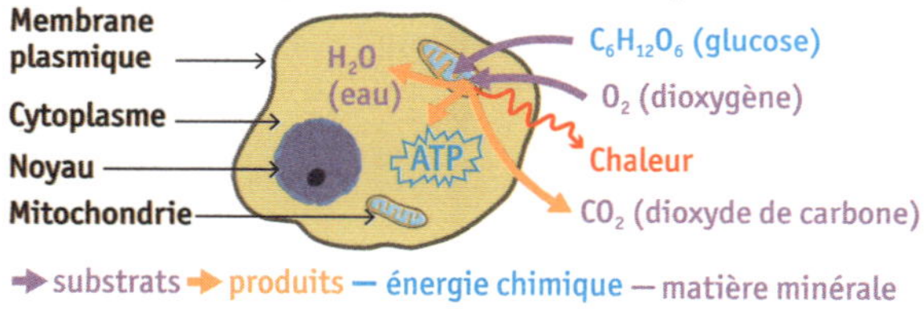

$$C_6H_{12}O_6 + 6O_2 \xrightarrow{\text{ATP (Énergie)}} 6CO_2 + 6H_2O$$

Doc. 2 Schéma simplifié du métabolisme de fermentation lactique

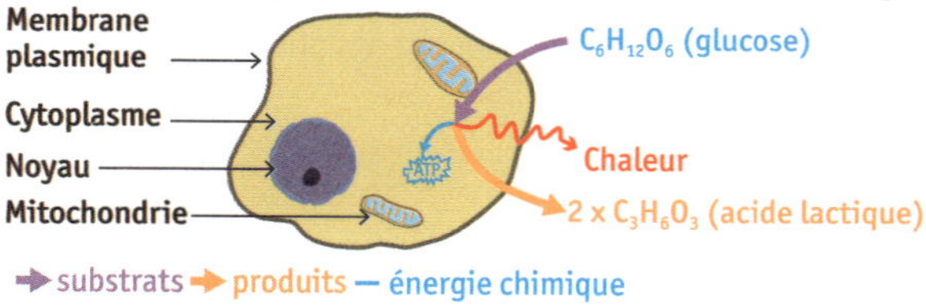

$$C_6H_{12}O_6 \xrightarrow{\text{ATP (Énergie)}} 2(C_3H_6O_3)$$

	Respiration	Fermentation lactique
Rendement énergétique pour la conversion d'une molécule de glucose	17 KJ	38 KJ

2 Métabolisme de base et besoins énergétiques journaliers

▶ Quand une personne est au repos, allongée sans aucune activité, habillée à 20 °C (pour assurer une neutralité thermique) et à jeun depuis 15 heures, on peut mesurer son métabolisme de base. Il correspond à l'énergie libérée et donc utilisée pour maintenir les fonctions vitales.

▶ Le métabolisme de base dépend de différents critères (sexe, âge, taille, poids) et ne représente qu'une partie des besoins énergétiques journaliers (exprimés en kilojoules par jour). Selon les activités, les besoins énergétiques varient (doc. 3), ils sont comblés par les apports alimentaires. Or, la part énergétique (quantité d'énergie pouvant être convertie lors du métabolisme) change selon les aliments (doc. 4).

Doc. 3 Besoins énergétiques moyens (kilojoules par jour)

Age	Homme adulte	Femme adulte
(Métabolisme de base)	(7500)	(5500)
Sédentaire	8800	7530
Activité modéré	11300	8400
Activité importante	12550	9200

Doc. 4 Part énergétique des aliments (kilojoules)

1 g protides	1 g glucides	1 g lipides
17 KJ	17 KJ	38 KJ

Une ration alimentaire journalière équilibrée comprenant tous les aliments doit compenser les besoins énergétiques.

3 Flux d'énergie et température corporelle

La **thermorégulation** est l'ensemble des processus permettant à l'être humain de maintenir sa température corporelle interne à 37 °C en permanence. Le contrôle des processus de thermorégulation ne sera pas développé ici mais on peut voir que celle-ci repose sur un **équilibre entre les apports et les pertes de chaleur** au niveau de l'organisme contribuant à assurer la **stabilité de la température** (doc. 5).

Doc.5 Bilan thermique équilibré

APPORTS DE CHALEUR
- Réactions métaboliques (respiration, fermentation)
- Contractions musculaires
- Apport extérieur de chaleur en fonction de l'environnement

37 °C température corporelle stable

PERTES DE CHALEUR
- Radiation (émission d'un rayonnement infrarouge vers l'environnement plus froid)
- Conduction - Convection (la quantité de chaleur perdue dépend de la différence du gradient de température entre la peau et les fluides et solides avec lesquels elle est en contact)
- Évaporation (perte de vapeur d'eau respiratoire, diffusion passive cutanée, transpiration)

Le saviez-vous ?

Un être humain dissipe autant de chaleur par jour qu'une ampoule de 100 Watts allumée ! En effet, en considérant une dépense énergétique moyenne de 2 000 kcal (1 kcal = 4,184 KJ) pour une personne en un jour (soit 86 400 secondes), on peut calculer sa puissance thermique est égale à 8,36 MJ / 86400 = 97 Watts !

Méthode

▶ Pour estimer votre métabolisme de base, utiliser la formule de référence actuelle, formule de Black et al. (1996), avec **MB** le métabolisme de base en mégajoules par jour, **P** la masse en kilogrammes, **T** la taille en mètre et **A** l'âge en années :

– Homme : $MB = 1{,}083 \times P^{0{,}48} \times T^{0{,}50} \times A^{-0{,}13}$

– Femme : $MB = 0{,}983 \times P^{0{,}48} \times T^{0{,}50} \times A^{-0{,}13}$

▶ **Application :** estimer le métabolisme de base d'une femme de 35 ans pesant 60 Kg et mesurant 1,65 m :

$MB = 0{,}983 \times 60^{0{,}48} \times 1{,}65^{0{,}50} \times 35^{-0{,}13} = 5{,}686\ MJ.j^{-1} = 5686\ KJ.j^{-1}$

Exercices

1 ★★ 10 min **À partir de l'analyse du graphique ci-contre et de vos connaissances, répondez aux questions suivantes :**

Variation du métabolisme basal en fonction de la température

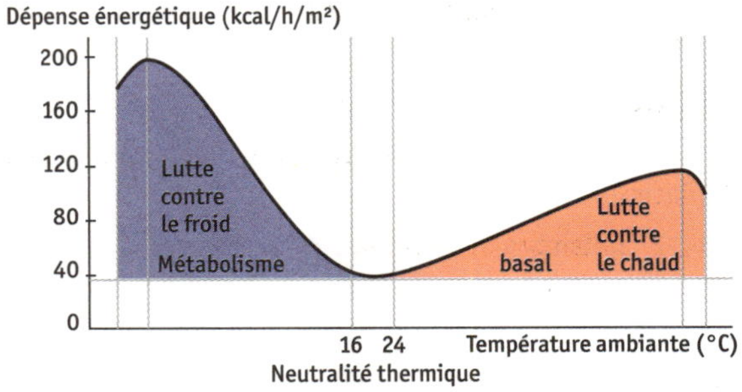

a. Rappelez la notion de métabolisme de base ou métabolisme basal.

b. Montrez l'influence des variations de la température ambiante sur le métabolisme basal d'une personne tout en expliquant le terme de neutralité thermique.

c. Déterminez graphiquement le métabolisme basal en $KJ.j^{-1}\ m^2$ en cas de neutralité thermique en considérant la relation suivante : 1 kcal = 4,184 KJ.

d. Déterminez graphiquement le métabolisme basal en $KJ.j^{-1}\ m^2$ en cas de « lutte contre le chaud » pour une température d'environ 78-80 °C et en considérant la relation suivante : 1 kcal = 4,184 KJ.

2 ★★ 15 min **À partir des informations tirées des documents 1 et 2 proposés, recherchez les besoins énergétiques d'un homme de 40 ans peu actif, puis estimez les besoins énergétiques ($KJ.j^{-1}$) relatifs au métabolisme basal, aux activités effectuées et à l'apport thermique des aliments au cours d'une journée.**

Doc. 1 Besoins énergétiques ($kcal.\ j^{-1}$) en fonction du sexe et du niveau d'activité

Âge	Niveau sédentaire		Niveau peu actif		Niveau actif	
	Homme	Femme	Homme	Femme	Homme	Femme
19-30 ans	2500	1900	2700	2100	3000	2350
31-50 ans	2350	1800	2600	2000	2900	2250
51-70 ans	2150	1650	2350	1850	2650	2100
71 ans et +	2000	1550	2200	1750	2500	2000

Rappel : 1kcal = 4,184 KJ

Doc. 2 Répartition des besoins énergétiques au cours d'une journée

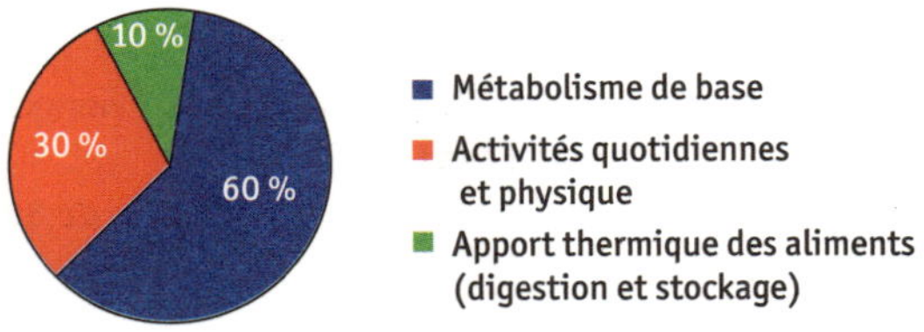

ENS. SCIENTIFIQUE

Histoire de l'arpentage de la Terre : détermination de la forme de la Terre

Cours

L'homme a cartographié la Terre afin de se repérer, au départ pour conquérir puis pour le commerce. L'arpentage de la Terre, c'est-à-dire l'évaluation de sa superficie par arpent (ancienne unité de mesure), a permis d'établir des cartes de plus en plus précises.

1 Chronologie

- –580 : Thalès de Milet pense que la terre est un disque plat posé sur l'eau dont l'agitation aléatoire provoquait les séismes.
- – 570 : Pythagore considère que la terre est ronde car c'est la forme « parfaite ».
- – 400 : Platon pensait que la Terre était une boule parce qu'elle était au centre de l'univers et qu'elle ne pouvait pas avoir une autre forme.
- – 335 : Aristote donne des preuves de la rotondité de la Terre en étudiant les ombres lors d'une éclipse de lune.
- – 260 : Aristarque de Samos mit au point une méthode correcte d'évaluation de la distance Terre-Lune et fut le premier à proposer l'hypothèse que la Terre tournait autour du Soleil.

Triangulation et loi des sinus

$$\frac{a}{\sin\hat{A}}=\frac{b}{\sin\hat{B}}=\frac{c}{\sin\hat{C}}$$

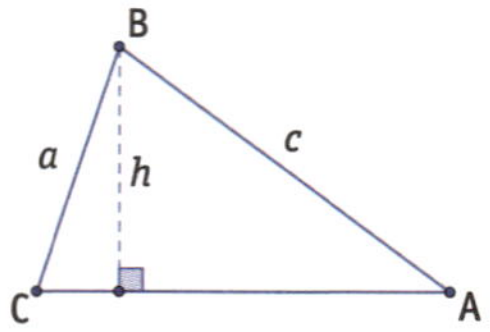

- – 230 : Ératosthène (à Alexandrie) chiffre le rayon terrestre.
- 400 : Saint-Augustin rejette la sphéricité de la terre. Il y a une régression jusqu'au XIe siècle. Les astronomes géographes arabes perfectionnent les instruments de mesure et poursuivent en respectant la tradition grecque.
- 1670 : Jean Picard mesure par triangulation un arc de méridien entre Amiens et Paris.
- XVIIe siècle : Cassini père et fils mesurent un arc de méridien entre Dunkerque et Collioure et déduisent que la Terre serait aplatie à l'Équateur.
- Newton déduit du mouvement du pendule à différentes latitudes l'aplatissement aux pôles.
- Milieu du XVIIIe siècle : Maupertuis (en Laponie), Bouguet et La Condamine (au Pérou) vérifient, par triangulation, l'aplatissement aux pôles.
- 1792 : Delambre et Méchain ont pour mission de définir une unité de mesure de longueur. Ils décident de mesurer avec précision la longueur d'un méridien. Ils utilisent la loi des sinus.
- 1793 : élaboration de la définition du mètre étalon : 1 mètre est égal au dix-millionième de la longueur du quart du méridien.

2 L'expérience d'Ératosthène

- Ératosthène fait les premières mesures de la circonférence et du rayon de la Terre grâce à l'expérience suivante : il émet l'hypothèse que tous les rayons du soleil arrivent parallèles sur Terre car le Soleil est très éloigné de la Terre, et que la différence des positions du soleil au solstice d'été entre les deux villes est due à la courbure de la terre.
- Il sait qu'à Syène le jour du solstice d'été (premier jour de l'été), à midi, le soleil se trouve au zénith. Cela signifie que si l'on plante un bâton dans le sol à ce moment-là, il n'y aura pas d'ombre. Au nord de cette ville, il y avait Alexandrie. La distance entre Alexandrie et Syène était de 5 000 stades.
- Grâce à un gnomon (bâton planté dans le sol) et à l'ombre du bâton sur le sol, Ératosthène trouve un angle de 7° pour une distance entre les deux villes de 800 km.
- Un calcul de géométrie et de proportionnalité permet d'obtenir le rayon terrestre et la circonférence de la Terre.

Le résultat est très proche de la réalité :

– L'angle mesuré de 7° correspond à une distance de 800 km. Or la Terre étant sphérique, un angle de 360° correspondra à sa circonférence.

– D'où $C = 360 \times 800/7 = 4\ 1143$ km, soit un rayon $R = C/(2\pi) = 41\ 143/(2 \times 3{,}14) = 6\ 551$ km au lieu de 6 371 km.

Méthode

Calculer une longueur par la méthode de triangulation

Énoncé

Lors d'une régate, un observateur (0) au bord de la plage souhaite connaître sa distance avec les deux balises à 500 m d'écart, que doivent contourner les bateaux (B1 et B2). L'observateur indique les valeurs qu'il connaît :

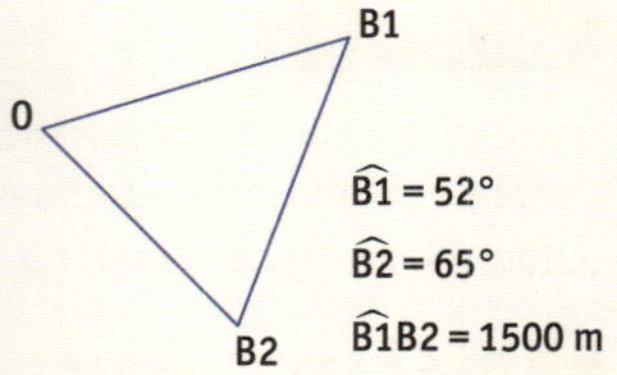

Application de la loi des sinus.

La démarche consiste à calculer l'angle manquant et à appliquer la loi des sinus pour déterminer les distances balise-observateur. Pour cela, appliquer la méthode je vois que, je sais que, j'en déduis que :

– Les valeurs de deux angles sont données. Or on sait que la somme des angles dans un triangle quelconque est égale à 180°. Soit ici : $\widehat{B1}+\widehat{B2}=\widehat{0}$. On peut donc en déduire l'angle $\widehat{B20B1}: \widehat{0}=180°-\widehat{B1}-\widehat{B2}=180°-52°-65°=63°$.

– On cherche 0B1 et 0B2. Appliquons la loi des sinus : $\frac{0B1}{\text{sinbalise1}}=\frac{0B2}{\text{sinbalise2}}=\frac{B1B2}{\text{sinobservateur}}$

On en déduit que :

$$0B1=\sin\widehat{B1}\times\frac{B1B2}{\sin\widehat{0}}=\sin52\times\frac{1500}{\sin63}=1327 \text{ m}$$

$$0B2=\sin\widehat{B2}\times\frac{B1B2}{\sin\widehat{0}}=\sin65\times\frac{1500}{\sin63}=1526 \text{ m}$$

Outil calculatrice

- Vérifier le mode de la calculatrice : degré ou radian.
- Savoir où se trouve la fonction sinus sur la calculatrice.

Exercices

1 ★★ 15 min **Retrouvez la valeur du rayon de la Terre R à partir du raisonnement d'Ératosthène.**

Utilisez la méthode je vois que, je sais que, j'en déduis que.

2 ★ 10 min **Exprimez et calculez le rayon de la Terre à partir de la longueur d'un méridien. On prendra pour simplifier comme longueur d'un méridien 40 000 km.**

Outil mathématique
$L = 2\pi R$
L : longueur ou circonférence d'un cercle
Valeur de la circonférence : 360° = 2 rad (pour radian)

3 ★ 5 min **Retrouvez la distance entre Alexandrie et Syène à partir de l'angle de 7°.**

Attention à vérifier le mode de la calculatrice : degré ou radian.

4 ★★ 5 min **Calculez la longueur du 45° parallèle. On prendra comme valeur pour le rayon de la terre R = 6 400 km.**

5 ★★ 15 min **Dans la méthode de triangulation pour cartographier la terre, des arpenteurs ont effectué des mesures pour avoir la distance entre la mairie (M) et le clocher d'une ville (A). À l'aide des mesures indiquées sur le plan ci-contre, exprimez et déterminez cette distance.**

Pour cette exercice, il faut utiliser la fonction sinus sur la calculatrice.

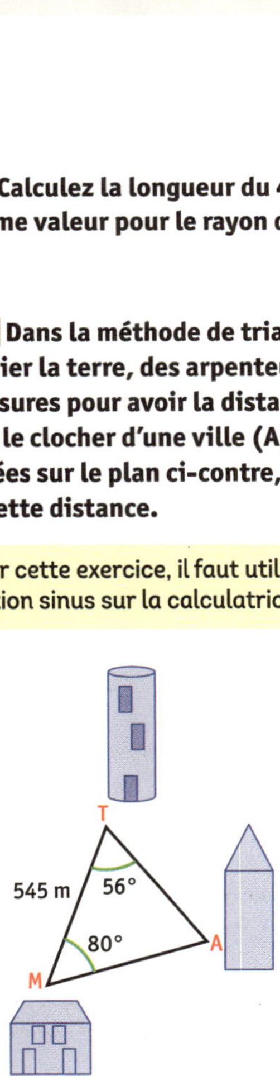

ENS. SCIENTIFIQUE

Histoire de l'âge de la Terre : une controverse scientifique

Cours

D'Aristote à Clair Patterson dans les années 1950, quelles ont été les étapes et les découvertes scientifiques qui fixent aujourd'hui l'âge de la Terre à 4,55 milliards d'années ?

1 Dès le XVIIe siècle : un âge biblique de 6000 ans

▶ Dans l'Antiquité, Aristote considérait que la Terre avait toujours existé. Au Moyen Âge et à la Renaissance, les grandes religions monothéistes introduisent le dogme de la création du monde et donc de son commencement. Les scientifiques doivent alors faire concorder leurs recherches sur l'âge de la Terre avec ces affirmations.

▶ Johannes Kepler (1571-1630), astronome allemand connu pour sa thèse sur l'héliocentrisme, estime à l'époque que notre planète était née en 3993 av. J.-C.

▶ James Ussher (1581-1656), archevêque anglais, date précisément la création de la Terre au 23 octobre de l'an 4004 av. J.-C. Il a pour cela décompté les générations humaines en considérant que l'homme représentait le début de l'Univers.

▶ Issaac Newton (1642-1727), scientifique anglais connu pour ses lois gravitationnelles, calcule l'âge de la Terre à 3998 ans av. J.-C.

▶ En additionnant nos deux millénaires à ces âges érigés à la Renaissance, on arrive à un âge terrestre actuel d'environ 6000 ans !

2 Dès le XVIIIe siècle : un âge géologique

a. Apports de la stratigraphie

▶ Au cours du XVIIe siècle, la stratigraphie (étude des dépôts successifs des matériaux formant des strates rocheuses) s'impose peu à peu pour déterminer des taux ou vitesses de sédimentation variables selon les endroits. En s'appuyant sur les principes fondamentaux (doc. 1) et sur une simple règle de proportionnalité, on estime ainsi un âge relatif des roches étudiées.

▶ Au XVIIIe siècle, James Hutton (1726-1797), géologue écossais, élabore la théorie de l'uniformitarisme, aussi nommé actualisme, selon laquelle les processus du passé répondent aux mêmes lois physiques que ceux qui s'exercent de nos jours. Il affirme un âge terrestre très ancien, en contradiction avec celui édicté par l'Église.

▶ À la fin du XIXe siècle, plusieurs géologues cherchent à estimer l'âge de la Terre en travaillant sur le taux de sédimentation, qu'ils supposent constant au cours du temps. Il est de l'ordre de 1 cm par an à certains endroits, et des couches de 1000 mètres auraient mis 1 million d'années à se déposer. Avec ce procédé, ils aboutissent à un âge terrestre de 3 à 3,5 milliards d'années.

Doc. 1 Principes fondamentaux de la stratigraphie

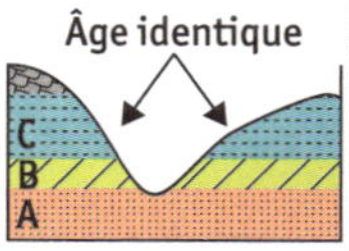

Principes de la superposition et continuité
La roche A est plus ancienne que la roche B car B se superpose à A. La roche C (comme les autres) a le même âge en tous points.

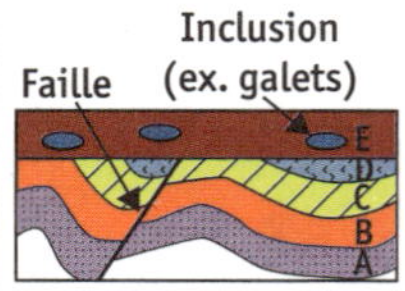

Principes de la superposition et continuité
La faille est plus récente que les roches A, B, C, D, E car elle les recoupe. Ces roches ont été déposées horizontalement puis déformées et finalement faillées. La roche E est plus récente que les galets car elle est inclusive.

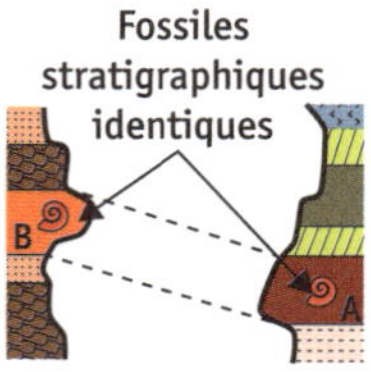

Principes d'identité paléontologique
Les roches A et B ont le même âge car elles ont les mêmes fossiles.

b. Apports de l'évolution biologique

▶ En 1830, Charles Lyell (1797-1875), géologue britannique, applique le principe de l'actualisme de Buffon à l'évolution de nombreux fossiles, il déduit que l'évolution doit s'étendre sur de très longues périodes de temps.

▶ En accord avec les travaux de Lyell, dès 1859, Charles Darwin (1809-1882) publie son livre sur l'évolution et l'origine des espèces, où il annonce un âge terrestre de 300 millions d'années.

c. Apports du temps de refroidissement

▶ Durant le XVIIIe siècle, Georges Louis Leclerc (comte de) Buffon (1707-1788) travaille sur le taux de refroidissement de boules de métal chauffées, assimilant la Terre à une boule en fusion qui se refroidit depuis sa création. Il arrive ainsi à un âge de l'ordre de 75 000 ans.

▶ Au XIXe siècle, contemporain de Darwin et Lyell, c'est Lord Kelvin (1824-1907) qui reprend les hypothèses de Buffon tout en utilisant les lois de diffusion de la chaleur mises en évidence par un chercheur français, Joseph Fourier (1768-1830). Il devient le solide contradicteur des 300 millions d'années de Darwin en 1862, en publiant une estimation de l'âge la Terre comprise entre 20 et 40 millions d'années.

3 Du XIXe siècle à 1950 : vers un âge absolu

▶ En 1900, Ernest Rutherfold (1871-1937) et Frederick Soddy (1877-1956) mettent en évidence que des éléments radioactifs sont si instables qu'ils se désintègrent en d'autres éléments et que le temps est toujours le même pour qu'un élément radioactif se désintègre de moitié. On est face à une horloge extrêmement fiable pour calculer l'âge de la Terre. >>

>> ▶ Entre 1953 et 1962, Clair Patterson utilise la méthode de datation par l'uranium-plomb pour mesurer certains rapports isotopiques sur des météorites (considérées comme des vestiges de la formation de la planète) et sur des roches sédimentaires considérées comme les plus anciennes. Ils s'alignent tous sur la courbe isochrone dont la pente est de 4,55 milliards d'années à 70 millions d'années près.

▶ La découverte de la radioactivité met finalement à mal l'âge biblique et donne accès à une horloge absolue pour la planète Terre.

Doc. 2 Courbe isochrone

Six météorites et des roches sédimentaires terrestres se retrouvent alignées sur une courbe dont la pente est 4,55 milliards d'années.

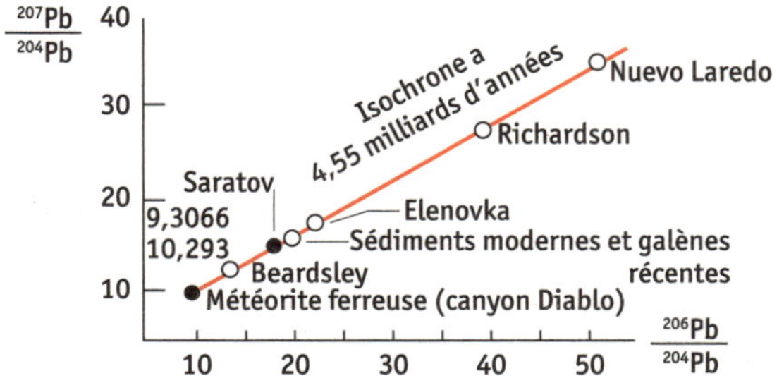

Méthode

Expliquer comment l'échelle des temps géologiques est construite

Le schéma présente les étapes à connaître afin d'aboutir à l'échelle des temps géologiques. Depuis sa première édition en 1913, elle a été modifiée en intégrant toutes les découvertes stratigraphiques.

Doc. 3 Échelle des temps géologiques

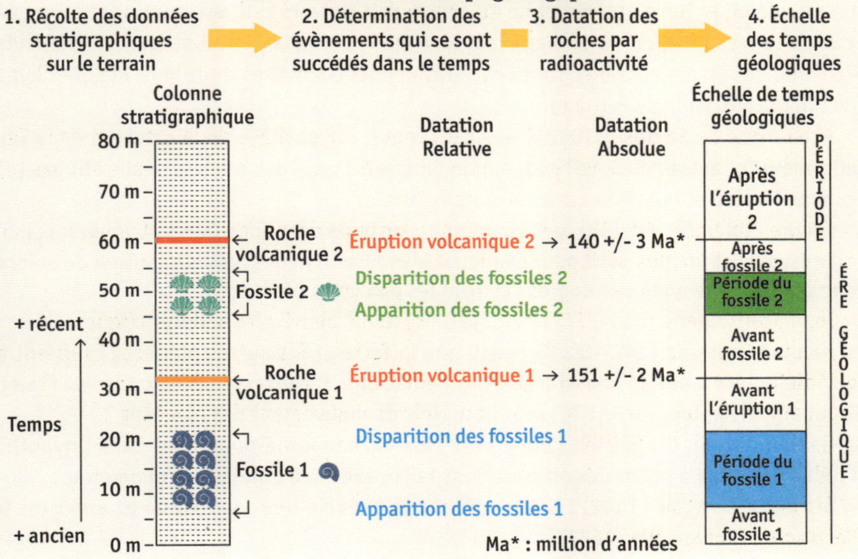

Exercices

1 ★ 10 min **À partir de l'analyse des documents 1 et 2, préciser en argumentant quel est le granite (A ou B) le plus récent ?**

Doc. 1 Méthode Rb/Sr

La radiochronologie correspond aux différentes méthodes de datation absolue s'appuyant sur l'étude des isotopes radioactifs présents dans les roches. En particulier, la méthode Rb/Sr étudie la désintégration de l'isotope Rubidium en Strontium ($^{87}Rb \rightarrow {}^{87}Sr$). On mesure les rapports isotopiques ($^{87}Sr/^{86}Sr$) et ($^{87}Rb/^{86}Sr$) où ^{86}Sr est un isotope stable dans différents échantillons d'une roche. On peut ensuite construire la droite isochrone montrant l'évolution du rapport ($^{87}Sr/^{86}Sr$) en fonction de ($^{87}Rb/^{86}Sr$) dont la pente correspond à l'âge de la roche.

Doc. 2 Droite isochrone de 2 granites

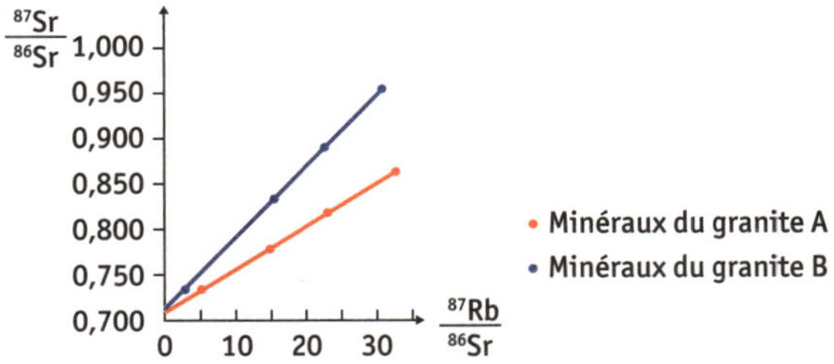

2 ★★ 10 min **En vous appuyant sur les principes fondamentaux de la stratigraphie, reconstituez les événements (dépôts et formation de roches sédimentaires, faille, etc.) ayant lieu eu pour obtenir le profil stratigraphique schématisé par le document ci-dessous.**

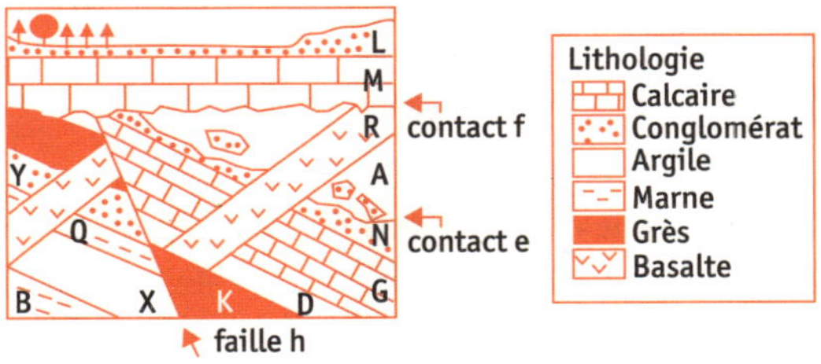

Histoire des théories du mouvement de la Terre

Cours

Le mouvement de la Terre dans l'Univers a été l'objet de nombreuses controverses pendant presque deux millénaires. Les observations d'éclipses, de divers phénomènes astronomiques et les tentatives pour les expliquer ont abouti à la confrontation de deux grandes théories : l'héliocentrisme et le géocentrisme.

1 Chronologie

- Anaximandre (610-547 av. J.-C.) pense que La Terre est isolée dans l'espace et que les astres se trouvent à des distances différentes.
- Aristote (384-322 av J.-C.), disciple de Platon et précepteur d'Alexandre le Grand, a conçu un monde où la Terre est immobile au centre de l'Univers fini, avec une séparation entre le monde terrestre imparfait et changeant et le monde céleste parfait et éternel. Les seuls mouvements des astres possibles sont des mouvements circulaires uniformes malgré l'hypothèse de l'héliocentrisme de Pythagore.
- Aristarque de Samos (310-230 av. J.-C.) émet l'hypothèse de la rotation de la Terre sur elle-même et autour du Soleil pour expliquer que certains astres ne se déplacent pas (étoiles) comme les autres nommés astres errants (planètes).
- Claude Ptolémée (98-168) met au point un système de monde géocentrique. Il combine un grand cercle et un plus petit pour expliquer le mouvement des planètes autour de la Terre avec une précision de quelques degrés : ce sont les épicycles (doc. 1).
- Jean Scot Erigène (810-877) envisage un système planétaire héliocentrique.
- Nicolas Copernic (1473-1543) pense que la Terre et les autres planètes tournent autour du Soleil grâce à des démonstrations mathématique. Il conserve les épicycles de Ptolémée.
- Johannes Kepler (1571-1630) établit les lois du mouvement des planètes.
- Galileo Galilei, dit Galilée (1564-1642) est excommunié pour avoir émis l'hypothèse de l'héliocentrisme à partir des observations faites avec une lunette astronomique.
- Sir Isaac Newton (1642/1727) confirme la théorie héliocentrique et émet les lois de l'attraction universelle (1687).

Nicolas Copernic

Isaac Newton

Doc. 1 Système d'épicycle mis en place par Ptolémée

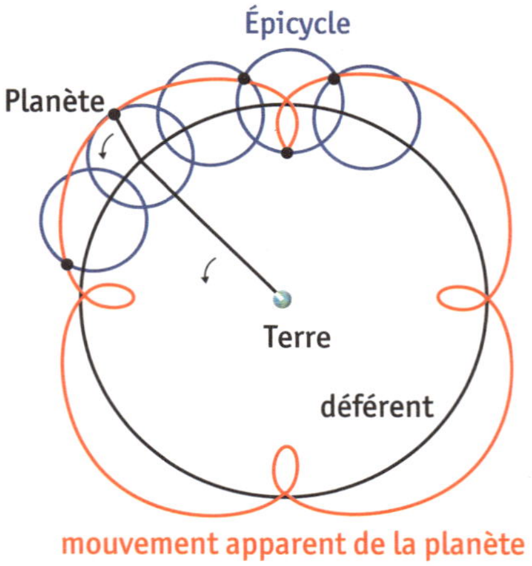

2 Du géocentrisme à l'héliocentrisme

- De l'Antiquité à la Renaissance, une vision nouvelle du ciel fut découverte par les observations du système solaire. On passe d'une vision géocentrique à une vision héliocentrique. La transition se fait en une vingtaine de siècles à cause des croyances imposées par L'Église. Cependant, quelques scientifiques proposent des théories sans les affirmer réellement à cause de la peur omniprésente de la sanction du Clergé.

>> ▶ Le **géocentrisme** est une théorie datant de l'Antiquité, notamment émise par **Aristote** et **Ptolémée**. C'est une tentative scientifique d'expliquer l'Univers d'une manière philosophique, en plaçant la Terre au son centre. L'observation du mouvement particulier de Mars (rétrogradation) et des autres planètes est expliquée par **Ptolémée**, qui mit au point un système d'**épicycle**, autour duquel les planètes tourneraient.

▶ L'**héliocentrisme** apparaît en réalité vers le IIIe siècle av. J.-C. **Aristarque de Samos** est le premier à en parler. Cependant, la position centrale de la Terre est une croyance très importante chez les Grecs et pour l'Église, qui nomme héliocentrisme la « fausse doctrine ».

▶ C'est dix-huit siècles plus tard que **Copernic** affirme que la Terre tourne autour du Soleil. Il démontre aussi que la taille de l'orbite d'une planète influe sur le temps qu'elle mettra pour faire sa révolution autour du Soleil. Plus l'orbite d'une planète est grande, plus cette planète mettra de temps pour faire sa révolution autour du Soleil. Les épicycles deviennent inutiles.

Méthode

Colorier le côté éclairé de la lune dans chacune de ses phases

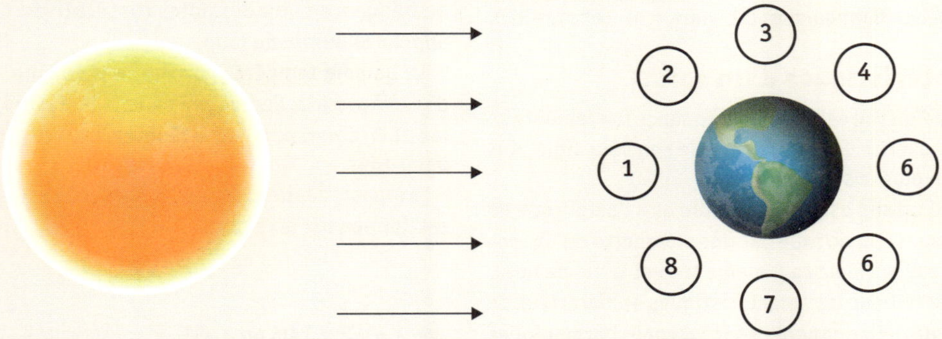

La Lune tourne autour de la Terre. Sur terre, on ne voit que la partie éclairée de la lune éclairée par le soleil. Donc, on voit seulement une partie de la lune de plus en plus éclairée jusqu'à la position 5 (pleine lune) puis de moins en moins jusqu'à la position 1 (nouvelle lune ou lune noire).

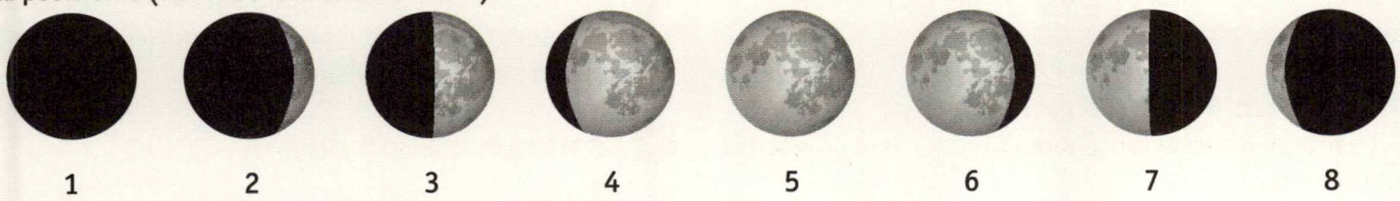

Exercice

★ 5 min **À l'aide du schéma ci-dessous, expliquez sous quelles conditions on peut observer une éclipse de lune et une éclipse de Soleil.**

Schéma des mouvements Lune-Terre-Soleil

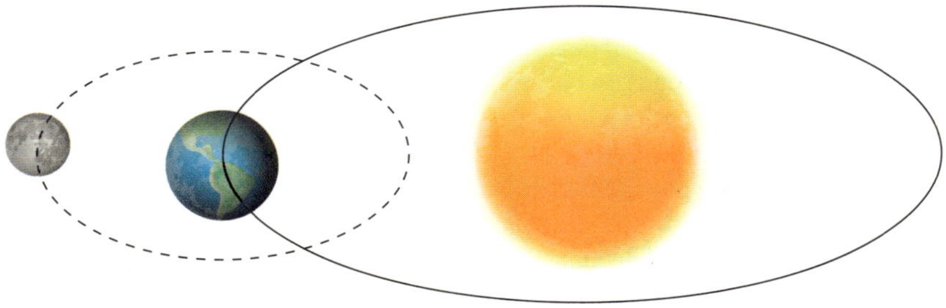

Le son : caractéristiques et application à la musique

Cours

1 Sons purs et sons complexes

▶ Le son est un phénomène vibratoire. Ainsi, un son pur correspond à une onde représentée graphiquement par une sinusoïde. C'est un signal périodique, qui possède une période T (en seconde (s)) et une fréquence f (en Hertz (HZ)) telles que :

$$f = \frac{1}{T}$$

▶ Un son complexe est l'association de plusieurs sons purs. La courbe est périodique mais ce n'est pas une sinusoïde. Un son complexe est constitué d'un signal ayant une fréquence dite fondamentale (f_1) et de signaux ayant des fréquences qui sont des multiples de cette fréquence fondamentale, appelées harmoniques tels que $f_n = nf_1$, (ex : $f_2 = 2f_1$).

2 Caractéristiques d'un son

▶ La hauteur d'un son est liée à sa fréquence fondamentale. Plus cette fréquence est élevée, plus le son sera aigu, plus elle est faible plus le son sera grave.

▶ Le timbre d'un son est lié au nombre et à l'amplitude de ses harmoniques. Un do joué par une trompette ou un violon, ce n'est pas le même son, même si c'est la même note. Cela est dû au fait que les caractéristiques et matériaux de ces instruments leur donnent des fréquences harmoniques différentes et donc un timbre différent.

▶ L'intensité du signal sonore (I) est liée à l'amplitude du signal. Elle exprime la puissance sonore (P) reçue par unité de surface du récepteur (S). On écrit :

$$I = P/S$$

Avec P en Watt, S en m² et donc I en $W \cdot m^{-2}$.

▶ Le niveau d'intensité sonore (L) s'exprime en décibel (dB). Il s'écrit :

$$L = 10 \times \log(I/I_0)$$

Avec I_0 le seuil d'audibilité pour l'oreille humaine, $I_0 = 10^{-12}\,W \cdot m^{-2}$.

3 De la gamme Pythagoricienne à la gamme tempérée

▶ Une corde tendue émet en vibrant un son complexe. La fréquence de ce son est inversement proportionnelle à la longueur de la corde : plus la corde est longue, plus le son est grave. Dans les instruments à vent, un phénomène analogue se produit par vibration de l'air dans un tuyau.

▶ Cinq siècles avant J.-C., Pythagore met au point une gamme qui a perduré jusqu'au XVIIIe siècle. Il constate que, joués simultanément, deux sons qui ont un rapport de fréquence simple sont harmonieux à l'oreille humaine. Le tableau ci-dessous donne une typologie des rapports de fréquence simple :

Rapport des fréquences (fb/fa)	Position par rapport à la note de référence	Nom de ce rapport de fréquence	Exemple d'accord harmonieux
2/1	8	Octave	Do – Do
3/2	5	Quinte	Do – Sol
4/3	4	Quarte	Do – Fa
5/4	3	Tierce	Do – Mi

Pour établir sa gamme, Pythagore part d'une fréquence initiale et en recherche la quinte, puis la quinte de la quinte, et ainsi de suite. Malheureusement, il fait une approximation de calcul, ce qui provoque une rupture dans les rapports de fréquence entre des notes consécutives. C'est ce qu'on appelle la quinte du loup.

▶ La gamme tempérée corrige ce problème. Les 12 notes d'un octave (do, do#, ré, mi bémol, mi, fa, fa#, sol, sol#, la, la# et si) correspondent à 12 intervalles constants appelés demi-tons.

▶ Le rapport des fréquences f_1 et f_2 de deux notes consécutives est donnée par la relation :

$$r = \frac{f_1}{f_2} = 2^{\frac{1}{12}}$$

avec $r = \sqrt[12]{2} \approx 1{,}06$ ou $2 = r^{12}$

▶ *Remarque :* Un intervalle entre deux sons correspond au rapport de leurs fréquences fondamentales. Si le rapport de ces fréquences est supérieur ou égal à deux on passe à l'octave supérieur. Si ce rapport est inférieur ou égal à un-demi, on passe à l'octave inférieur.

4 La numérisation du son

a. De l'analogique au numérique

▶ Un signal analogique est un ensemble continu d'informations. (Exemple : son, capteur de température, etc.)

▶ Un signal numérique est un ensemble discret (c'est-à-dire discontinu) d'informations.

Pour transformer un signal analogique en signal numérique, on traduit les informations en binaire, c'est-à-dire en un ensemble de 0 ou de 1. Cette numérisation est réalisée par un convertisseur analogique-numérique.

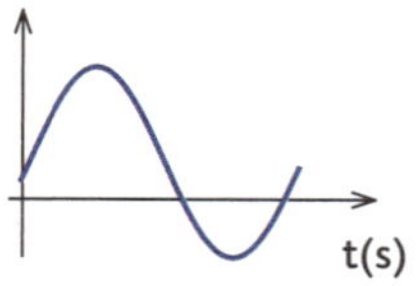

Signal analogique

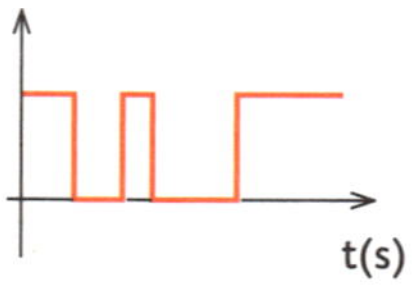

Signal numérique

b. Taille des fichiers sons

Pour numériser un son, on prélève les informations avec une fréquence d'échantillonnage. Plus cette fréquence est élevée >>

>> et plus la numérisation est de qualité mais plus la taille du fichier obtenu est grande. Pour numériser convenablement un signal, on applique le critère de Shannon, qui impose que la fréquence d'échantillonnage soit au moins égale le double de celle du son. Pour calcul la taille d'un fichier son on utilisera la formule suivante :

Taille d'un fichier son (bits) = Codage (bits) × Fréquence d'échantillonnage (Hz) × Durée (s)

c. Compression des fichiers son

▶ Compresser un signal consiste à diminuer la taille du fichier afin de faciliter son stockage et sa transmission. Les techniques de compression spécifique au son dite « avec perte d'information » éliminent des informations sonores auxquelles l'oreille est peu sensible (entre 20 et 20 000 Hertz).

▶ On distingue trois grands types de formats audio numériques : les formats compressés avec pertes (mp3, l'AAC, le WMA), les formats compressés sans pertes (FLAC et l'ALAC), et les formats non compressés sans pertes (CD de 44100 Hz, le WAV et l'AIFF).

▶ Le taux de compression de compression est donné par la formule :

Taux de compression = Taille avant / Taille après

Méthode

Comprendre la construction de la gamme de Pythagore

a. Complétez le tableau ci-dessous

Note	Do3	Ré3	Mi3	Fa3	Sol3	La3	Si3	Do4
Exprimer f_j en fonction de f_1								
Calculer la fréquence f_j (Hz)								

b. Construire la gamme de Pythagore à l'aide de fractions et justifier que le cycle des quintes ci-contre est en réalité infini.

Corrigé

a.

Note	Do3	Ré3	Mi3	Fa3	Sol3	La3	Si3	Do4
Exprimer f_j en fonction de f_1	f_1	$2^{(2/12)} \times f_1$	$2^{(4/12)} \times f_1$	$2^{(5/12)} \times f_1$	$2^{(7/12)} \times f_1$	$2^{(9/12)} \times f_1$	$2^{(11/12)} \times f_1$	$2 \times f_1$
Calculer la fréquence f_j (Hz)	261,6	293,7	329,6	349,2	392	440	493,9	523,3

b.

Note initiale	1												= 1,00
1re quinte	3/2												= 1,50
2e quinte	3/2	3/2											= 2,25
3e quinte	3/2	3/2	3/2										= 3,38
4e quinte	3/2	3/2	3/2	3/2									= 5,06
5e quinte	3/2	3/2	3/2	3/2	3/2								= 7,59
6e quinte	3/2	3/2	3/2	3/2	3/2	3/2							= 11,39
7e quinte	3/2	3/2	3/2	3/2	3/2	3/2	3/2						= 17,09
8e quinte	3/2	3/2	3/2	3/2	3/2	3/2	3/2	3/2					= 25,63
9e quinte	3/2	3/2	3/2	3/2	3/2	3/2	3/2	3/2	3/2				= 38,44
10e quinte	3/2	3/2	3/2	3/2	3/2	3/2	3/2	3/2	3/2	3/2			= 57,67
11e quinte	3/2	3/2	3/2	3/2	3/2	3/2	3/2	3/2	3/2	3/2	3/2		= 86,50
12e quinte	3/2	3/2	3/2	3/2	3/2	3/2	3/2	3/2	3/2	3/2	3/2	3/2	= 129,75

Pour rester dans la même octave, il faut diviser chaque résultat par 2 autant de fois qu'il est nécessaire pour obtenir un chiffre compris dans l'intervalle [1 ; 2]. On obtient alors les 12 notes de notre gamme :

1,00	1,50	1,3	1,69	1,27	1,90	1,42	1,07	1,60	1,20	1,80	1,35	2,03
Do_1	Sol	Mi	La	Mib	Si	Fa#	Do#	Sol#	Ré	Sib	Fa	Do_2

Il ne reste plus qu'à les remettre dans l'ordre. On retrouve le cycle des quintes de Pythagore mais il suppose que 2 est égal à 2,03. Or cette approximation n'est pas acceptable, le cycle est donc infini.

Exercices

1 ★★ 20 min **Déterminez le nombre d'octaves comprises entre f(mini) = 20 Hz et f (max) = 20 kHz.**

2 ★ 10 min **Calculez la taille d'un fichier d'une minute de qualité audio pour un CD en codage de 16 bits. Donnez la réponse en Mo (méga octet).**

Physiologie auditive : entendre la musique

Cours

La perception et la connaissance de notre environnement s'établit par l'intermédiaire des organes des sens, véritables capteurs des paramètres de l'environnement. En particulier, les oreilles sont les organes sensoriels dédiés au son. Pourtant ce n'est pas l'oreille qui « entend » mais le cerveau. Comment perçoit-on des sons musicaux ?

1 L'oreille, l'organe des sens dédié aux sons

Pour fonctionner, l'oreille fait intervenir différents organes :

Doc. 1 Les étapes de fonctionnement de l'oreille

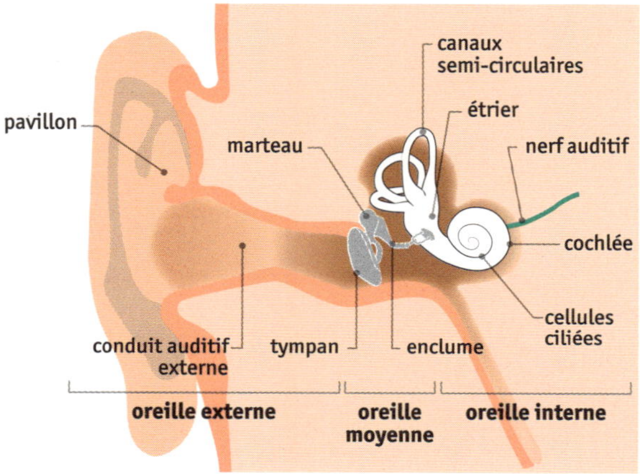

▶ L'**oreille externe** : **le pavillon** canalise les ondes sonores vers **le conduit auditif**, lui-même assurant leur transmission jusqu'à la membrane flexible du **tympan** qui se met à vibrer d'avant en arrière à la réception des ondes sonores.
▶ **L'oreille moyenne** : trois osselets reliés de l'extérieur vers l'intérieur (**marteau**, **enclume**, **étrier**) s'articulent entre eux suite à la vibration du tympan permettant ainsi une amplification des sons reçus.
▶ **L'oreille interne** comprend le vestibule et la cochlée, elle-même reliée au nerf auditif. Un liquide, le **liquide périlymphatique**, entoure le vestibule et la **cochlée**. Les vibrations de l'étrier entraînent des mouvements du liquide activant des cellules de la cochlée qui créent un message nerveux transmis aux nerfs auditifs jusqu'au cerveau.

2 L'oreille, un organe fragile

a. Limites du système auditif

▶ La sensibilité du système auditif humain a pu être définie par des enregistrements tenant compte des principales caractéristiques des **ondes sonores**, c'est-à-dire **leur fréquence** (mesurée en Hertz (Hz)) et **leur intensité** (mesurée en Décibels (dB)) ou pression acoustique.

▶ Ce diagramme (doc. 2) détermine le « **spectre auditif** ». Ce sont des **courbes isosoniques** qui correspondent, pour des sons différents, à une même **sensation d'intensité sonore pour l'oreille humaine**.

Doc. 2 Courbes isosoniques

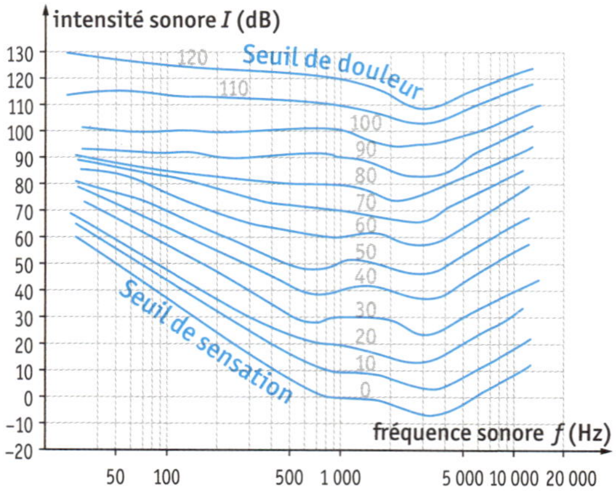

b. Excès de son et fragilité de l'oreille

À l'intérieur de la cochlée, les **cellules ciliées** sont munies à leur surface de **cils vibratiles ou stéréocils**. Les mouvements du liquide périlymphatique sont responsables de leur déplacement favorisant des échanges d'ions au niveau des cellules ciliées à l'origine des messages nerveux transmis aux nerfs auditifs. Toutes les cellules ciliées ne réagissent pas aux mêmes fréquences selon leur position dans la cochlée. Confrontés à des sons extrêmes, liée à une exposition prolongée, **les stéréocils se nécrosent**, leur perte peut entraîner une **surdité temporaire voire définitive**.

3 Sensation et perception de la musique

▶ Après plusieurs relais, les messages nerveux transportés par les nerfs auditifs arrivent au cerveau, au niveau du lobe temporal, où se trouvent **les aires auditives primaires**.
▶ En écoutant de la musique, l'arrivée des messages au niveau des aires auditives primaires engendre une **sensation auditive** (« entendre un son »). On distingue différents sons mais sans définir les spécificités des sons musicaux. Les aires auditives primaires coopèrent ensuite avec d'autres aires.
▶ Certaines personnes, atteintes d'**amusie**, sont incapables de distinguer le rythme, les accords ou la mélodie d'une musique. On met en évidence des lésions au niveau **des aires auditives secondaires** de l'hémisphère droit, celles qui permettent de **percevoir la musique**.
▶ Grâce aux IRM, on voit que les aires auditives secondaires activées vont coopérer avec d'autres aires dans différentes situations (doc. 3) :

>> Écouter une musique implique les aires de Broca et Wernicke, responsables du langage et de la compréhension des paroles. Reconnaître une musique familière montre l'intervention d'aires liées à la mémoire comme l'hippocampe et des aires du cortex frontal.

Doc 3 Coopération d'aires cérébrales

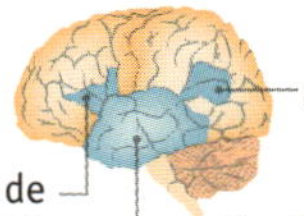

Écouter une musique

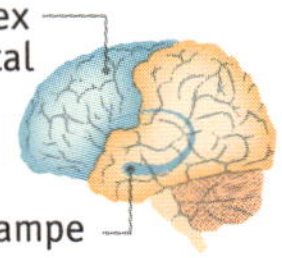

Écouter une musique familière

Méthode

Savoir lire un diagramme sur les courbes isosoniques

Une courbe isosonique (voir doc. 2) montre une même sensation auditive, c'est à dire une même réponse de l'oreille humaine, à des sons de fréquence et d'intensité différentes. Les seuils limites observés définissent le spectre auditif humain. Par exemple, un son de fréquence 1 000 Hz et d'intensité sonore 0 dB produit la même sensation sonore qu'un son de fréquence 50 Hz et d'intensité 50 dB. Ces « points » appartiennent à la même courbe isosonique.

Le spectre auditif peut se définir par des sons de fréquence allant de 20 Hz à 20 000 Hz et d'intensité sonore de 0 dB à 120 dB. Par rapport à ce spectre, on qualifiera d'infrasons les sons dont la fréquence est inférieure à 20 Hz et d'ultrasons les sons dont la fréquence est supérieure à 20 000 Hz.

Exercices

1 ★ 5 min En vous appuyant sur le doc. 2, répondez aux questions suivantes en choisissant une seule réponse parmi celles proposées :

a. Un son de fréquence de 50 Hz ne pourra s'entendre qu'à partir de :
- ☐ 70 Hz.
- ☐ 60 Hz.
- ☐ 50 Hz.
- ☐ 100 Hz.

b. Un son de 1000 Hz et de 40 dB produit la même sensation sonore qu'un son :
- ☐ de 1000 Hz et de 30 dB.
- ☐ de 60 Hz et de 70 dB.
- ☐ de 50 Hz et de 50 dB.
- ☐ de 80 Hz et de 70 dB.

c. Un son de fréquence 100 Hz et d'intensité 10 dB :
- ☐ est un ultrason.
- ☐ est audible.
- ☐ est un infrason.
- ☐ équivaut à un son de 1 000 Hz et de 0 dB.

2 ★★ 10 min À partir du doc. A et de vos connaissances, montrez les risques potentiels pour une personne qui écoute quotidiennement de la musique avec des écouteurs où le son avoisine les 100 dB.

Doc. A Préconisations d'exposition au bruit

Niveau sonore	Durée maximale d'exposition par jour
85 dB	8 heures
88 dB	4 heures
91 dB	2 heures
94 dB	1 heure
97 dB	30 minutes
100 dB	15 minutes
103 dB	7 minutes et 30 secondes
106 dB	3 minutes et 45 secondes
109 dB	1 minute et 52 secondes
112 dB	56 secondes
115 dB	28 secondes
118 dB	14 secondes
121 dB	7 secondes

Le danger d'une exposition au bruit dépend de deux facteurs :
- le niveau sonore
- la durée d'exposition

Plus l'intensité et la durée d'exposition sont élevés, plus le risque de lésion de l'audition augmente. Le son commence à être pénible pour un humain à partir de 75 dB et est dangereux à partir de 85 dB. Or le seuil de douleur auditive n'apparaît qu'à 120 dB : ce qui veut dire que de 85 à 120 dB, l'oreille est menacée de lésions sans que l'on puisse s'en apercevoir !

www.lebruit.com

je me teste !

1 **Quel type de réaction nucléaire se produit dans les étoiles ?**

- ▢ **a.** Des désintégrations.
- ▢ **b.** Des fusions.
- ▢ **c.** Des fissions.

2 **Quels sont les éléments les plus importants sur terre ?**

- ▢ **a.** L'hydrogène et l'hélium.
- ▢ **b.** L'oxygène, le fer, le magnésium et le silicium.
- ▢ **c.** Le carbone, l'hydrogène et l'oxygène.

3 **Quels sont les noyaux lourds ?**

- ▢ **a.** L'hélium, l'hydrogène et le lithium.
- ▢ **b.** L'uranium, le plomb et le plutonium.
- ▢ **c.** L'électron, le proton et le neutron.

4 **À quel réseau le chlorure de sodium à l'état solide appartient-il ?**

- ▢ **a.** Le réseau cubique à face centrée.
- ▢ **b.** Le réseau cubique centré.
- ▢ **c.** Le réseau hexagonal.

5 **Comment calcule-t-on une masse volumique ?**

- ▢ **a.** On multiplie la masse par le volume.
- ▢ **b.** On divise le volume par la masse.
- ▢ **c.** On divise la masse par le volume.

6 **Quel est le niveau d'organisation correspondant à une association de cellules spécialisées identiques ?**

- ▢ **a.** Système.
- ▢ **b.** Organite.
- ▢ **c.** Tissu.

7 **Quelle est la structure d'une membrane plasmique d'une cellule ?**

- ▢ **a.** Bicouche lipidique.
- ▢ **b.** Tissu protéique.
- ▢ **c.** Limite glucidique.

8 **Quel est le premier pilier de la théorie cellulaire ?**

- ▢ **a.** Tous les organites sont communs à toutes les cellules.
- ▢ **b.** Tous les êtres vivants sont constitués de cellules.
- ▢ **c.** Toutes les cellules possèdent un noyau.

9 **Quelle est la relation d'Einstein ?**

- ▢ **a.** $E = m.c^6$.
- ▢ **b.** $E = \Delta m.c^2$.
- ▢ **c.** $E = m/c^2$.

10 **Dans la loi de Wien :**

- ▢ **a.** la longueur d'onde est proportionnelle à la température.
- ▢ **b.** la longueur d'onde est inversement proportionnelle à la température.
- ▢ **c.** la longueur d'onde est proportionnelle au carré de la température.

11 **La puissance émise par le Soleil et atteignant la Terre est de l'ordre de :**

- ▢ **a.** 1 360 W/m^2.
- ▢ **b.** 340 W/m^2.
- ▢ **c.** 100 W/m^2.

12 **Plus l'albédo d'une surface est faible, plus cette surface :**

- ▢ **a.** émet un rayonnement.
- ▢ **b.** absorbe un rayonnement.
- ▢ **c.** réfléchit un rayonnement.

13 **Chez les végétaux chlorophylliens, les pigments photosynthétiques sont des molécules principalement présentes :**

- ▢ **a.** dans le noyau.
- ▢ **b.** dans les chloroplastes.
- ▢ **c.** dans les mitochondries.

14 **Dans le spectre visible, l'absorption des chlorophylles se fait :**

- ▢ **a.** au niveau du bleu et du rouge.
- ▢ **b.** au niveau du vert et du jaune.
- ▢ **c.** au niveau du jaune et du orange.

15 **Les principales sources de perte de chaleur au niveau du corps sont liées :**

- ▢ **a.** aux contractions musculaires et aux réactions métaboliques.
- ▢ **b.** à l'apport des nutriments et des facteurs environnementaux.
- ▢ **c.** à la conduction, à la convection et à l'évaporation.

Réponses !

1 : b - **2** : b - **3** : b - **4** : a - **5** : c - **6** : c - **7** : a - **8** : b. **9** : b - **10** : b - **11** : a - **12** : b - **13** : b - **14** : a - **15** : c.

je me teste !

16 **Le métabolisme de base, c'est le métabolisme nécessaire :**

- ▢ **a.** au maintien des fonctions vitales.
- ▢ **b.** à toutes les activités de l'organisme.
- ▢ **c.** à la thermorégulation uniquement.

17 **La stratigraphie est l'étude :**

- ▢ **a.** du temps de refroidissement des couches rocheuses terrestres.
- ▢ **b.** de la composition des planètes du système solaire.
- ▢ **c.** des dépôts successifs formant des strates rocheuses.

18 **Le principe de la superposition stratigraphique correspond au fait que :**

- ▢ **a.** les strates rocheuses les plus profondes sont les plus jeunes.
- ▢ **b.** les strates rocheuses les plus profondes sont les plus anciennes.
- ▢ **c.** les strates rocheuses les plus superficielles sont les plus anciennes.

19 **L'âge absolu de la planète Terre a été déterminé grâce à la radioactivité vers 1950. La principale méthode utilisée à l'époque était celle qui faisait intervenir des isotopes :**

- ▢ **a.** du Strontium.
- ▢ **b.** du Plomb.
- ▢ **c.** du Carbone.

20 **Qu'est-ce que la longitude ?**

- ▢ **a.** C'est l'angle formé entre le méridien d'un lieu et le méridien de Greenwich.
- ▢ **b.** C'est l'angle formé entre la latitude d'un lieu et l'axe des pôles.
- ▢ **c.** C'est l'angle formé entre le méridien d'un lieu et l'axe des pôles.

21 **Qu'est qu'une éclipse de lune ?**

- ▢ **a.** C'est quand la Terre fait de l'ombre à la Lune.
- ▢ **b.** C'est quand le Soleil fait de l'ombre à la Terre.
- ▢ **c.** C'est quand la Lune fait de l'ombre au soleil.

22 **Au niveau de la structure de l'oreille, le marteau, l'enclume et l'étrier appartiennent à :**

- ▢ **a.** l'oreille externe.
- ▢ **b.** l'oreille moyenne.
- ▢ **c.** l'oreille interne.

23 **Une courbe isosonique correspond à :**

- ▢ **a.** une courbe de fréquence constante mais d'intensité croissante.
- ▢ **b.** une même sensation sonore pour des sons différents.
- ▢ **c.** une courbe d'intensité constante mais de fréquence différence.

24 **La sensation auditive correspond à :**

- ▢ **a.** la transmission des ondes sonores dans l'oreille.
- ▢ **b.** l'arrivée des messages nerveux aux aires auditives primaires.
- ▢ **c.** la vibration du tympan présent dans l'oreille externe.

25 **Quelle est la forme d'un signal analogique ?**

- ▢ **a.** C'est une droite affine.
- ▢ **b.** C'est une sinusoïde plus moins ou régulière.
- ▢ **c.** C'est une droite linéaire.

26 **Dans un instrument à vent comme une flûte, qu'est-ce qui provoque un son ?**

- ▢ **a.** La corde à l'intérieur qui vibre quand on appuie dessus.
- ▢ **b.** L'air qui vibre en rentrant dans la flûte.
- ▢ **c.** La vibration de l'air que l'on souffle dans un tuyau.

27 **Quelle est la relation entre ko et l'octet ?**

- ▢ **a.** 1 ko = 100 octets.
- ▢ **b.** 1 ko = 1 000 octets.
- ▢ **c.** 1 ko = 1 024 octets.

Réponses !

- **16** : a - **17** : c - **18** : b - **19** : b - **20** : a - **21** : a - **22** : c - **23** : b - **24** : b - **25** : b - **26** : c - **27** : b.

1 page 351

1 a. **% des éléments les plus importants sur Terre**

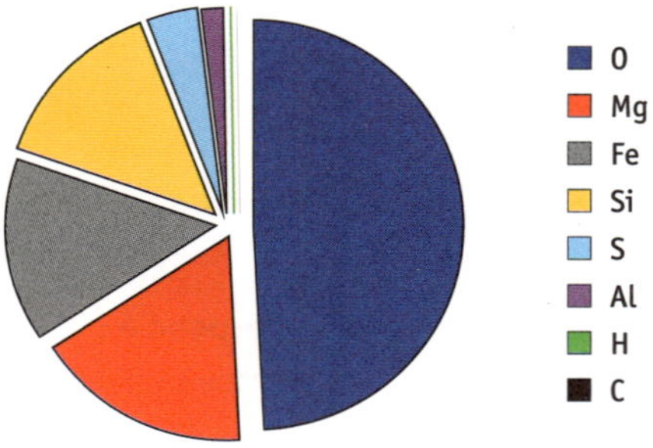

% des éléments les plus importants dans l'Univers

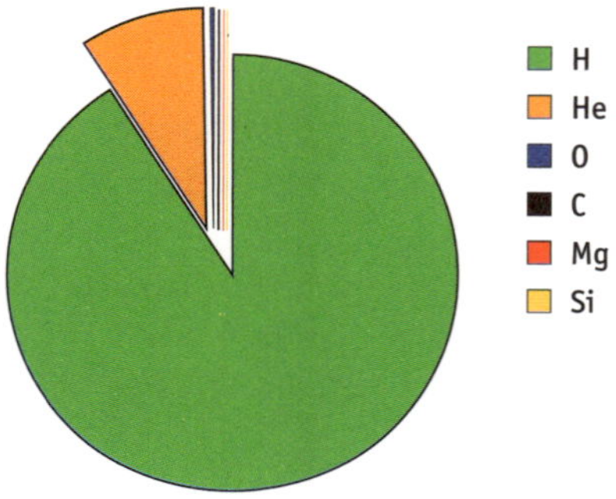

Les 2 éléments les plus représentés dans l'univers sont l'hydrogène (H) et l'hélium (He). Les 4 éléments les plus représentés sur Terre sont l'oxygène (O), le magnésium (Mg), le fer (Fe) et le silicium (Si). Sur Terre, l'oxygène se trouve dans l'eau des océans, l'air de l'atmosphère et c'est l'élément le plus abondant de la croûte terrestre (oxydes, silicates, etc.) ainsi que le silicium (Si) et l'aluminium (AI). Les éléments nickel (Ni) et fer (Fe) se trouvent dans le noyau terrestre. Le manteau contient principalement du silicium et du magnésium (Mg). Dans l'univers, l'hydrogène et l'hélium sont concentrés dans les étoiles (cas du soleil : fusion du H).

b. **% en atome suivant les éléments chimiques sur Terre et dans l'Univers**

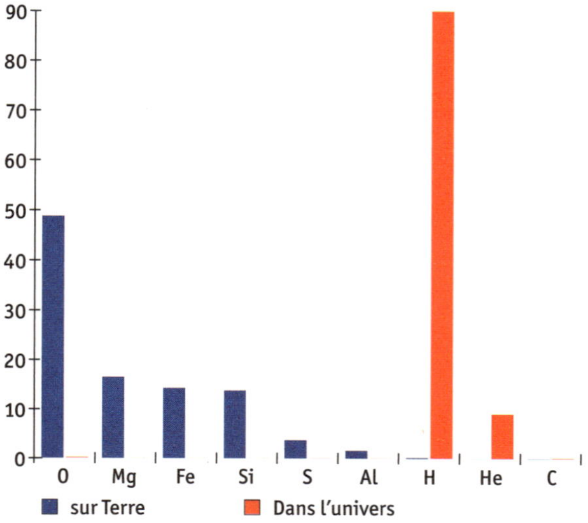

c. Le diagramme en barres ou histogramme permet de comparer les éléments entre eux. Le diagramme à secteurs ou circulaire ou semi-circulaire permet de comparer la partie au tout. L'aire du secteur est proportionnelle à l'effectif. Ici, l'histogramme sera plus adapté pour voir quels sont les éléments les plus abondants.

2 a. N (restant) = N(initial)/2^n. Or, n = 2.
Donc, N(2 demi-vies) = 5,2 × 10^{12}/(2^2) = 1,3 × 10^{12} noyaux radioactifs.

b. Par lecture graphique, l'ordonnée à l'origine nous indique le nombre de noyaux radioactifs à l'instant initial soit N(initial) = 5,2 × 10^{12} noyaux. Or, au bout de la durée d'une demi-vie, il y aura deux fois de noyaux radioactifs, soit N(demi-vie) = 2,6 × 10^{12} noyaux, ce qui correspond sur le graphe à l'abscisse de ce point, soit 5 700 ans. Donc t(demi-vie) = 5 700 ans.

c. Compte tenu de la précision du graphe, on placera l'ordonnée à 3,4 × 10^{12}. Par lecture graphique, l'asbcisse du point d'ordonnée 3,4 × 10^{12} noyaux correspond à 3 500 ans.
Nous sommes en 2019, donc la bataille de Troie a eu lieu à 3 500 – 2 019 = 1 481 avant J.-C.

2 page 355

1 Les ions chlorures sont représentés par des sphères plus grosses que les ions sodium. Ils sont à chaque arrête du cube et les ions sodium sont à chaque milieu d'une arête et un au milieu du cube. Il y a un ion chlorure au milieu de chaque face du cube. D'où le nom de cubique à faces centrées.

2 a. *N* est le nombre d'entités par maille (dans le cube). Ici, on voit que : un seul ion Cs^+ occupe le centre du cube : *N* = 1. Il y a donc 1 ion Cs^+ (1 sphère de rayon r (Cs^+)) par maille ; les ions Cl^- occupent les 8 sommets (1/8 de volume de la sphère de l'ion) : $N = 8 \times \frac{1}{8} = 1$. Il y a donc 1 ion Cl^- (1 sphère de rayon *r* (Cl^-)) par maille. Le chlorure de césium est un composé électriquement neutre.

b. Pour calculer la compacité du chlorure de césium, il suffit d'appliquer la formule :

$$C = \frac{N \times (4/3 \times \pi r^3)}{Vmaille}$$

D'où la relation littérale pour calculer la compacité :

$$C = \frac{1 \times \left(\frac{4}{3} \times \pi \times r(Cs^+)^3 + \frac{4}{3} \times \pi \times r(Cl^-)^3\right)}{a^3}$$

(m — m)

Pour trouver le volume du cube on utilise une donnée de l'énoncé : *a* = 404 pm

Calculons maintenant la compacité :

$$C = \frac{1 \times \left(\frac{4}{3} \times \pi \times r(Cs^+)^3 + \frac{4}{3} \times \pi \times r(Cl^-)^3\right)}{a^3}$$

(m — m)

$$= \frac{1 \times \left(\frac{4}{3} \times \pi \times (169 \times 10^{-12})^3 + \frac{4}{3} \times \pi \times (181 \times 10^{-12})^3\right)}{(404 \times 10^{-12})^3}$$

$$= 0{,}68 = 68\ \%$$

c. $\rho = \dfrac{N \times M}{Na \times Vmaille} = \dfrac{4 \times (M(Cs^+) + M(Cl^-))}{Na \times a^3}$

$= \dfrac{4 \times (132{,}9 + 35{,}5)}{6{,}022 \times 10^{23} \times (4{,}04 \times 10^{-10})^3}$

$= 4{,}242 \times 10^6 \text{ g} \times \text{m}^{-3} = 4242 \text{ kg} \times \text{m}^{-3}$

3 **1.** Feldspaths plagioclase : en LPNA, minéral Incolore ; en LPA, gris, blanc, noir, aspect peau de zèbre ou code barre.
2. Quartz : en LPNA, minéral Incolore ; en LPA, gris, blanc, à faible relief, limpide sans forme propre.
3. Biotite : en LPNA, minéral fortement coloré ; en LPA, brun, avec clivage en lames de parquet.

3 page 358

1 Titre : Observation microscopique d'une cellule animale.
1. Noyau.
2. Mitochondrie.
3. Membrane plasmique.
4. Cytoplasme.

2 **1.** Atome : carbone, hydrogène.
2. Molécule : glucose, phospholipide.
3. Organite : membrane plasmique, noyau.
4. Cellule : globule rouge, neurone, levure.
5. Tissu : muqueuse buccale, épiderme.
6. Organe : foie, feuille.
7. Organisme : chat, levure.
Remarque : l'épiderme est le tissu superficiel constituant la peau ; la feuille est bien un organe d'une plante ; la levure est un organisme unicellulaire, c'est pour cela qu'on peut la mettre aussi dans le niveau d'organisation cellule.

3 La théorie des spontanéistes est celle de la génération spontanée, c'est-à-dire que les sympathisants de cette théorie pensent que des organismes peuvent apparaître spontanément au sein d'une matière inanimée. Cette théorie a été colportée depuis l'ère d'Aristote. Elle a été abandonnée car Louis Pasteur a démontré que des expériences de Félix Archimède Pouchet avaient été mal menées. Elles consistaient à plonger du foin dans un ballon rempli d'eau préalablement ébouillantée. Malgré ce chauffage censé détruire tout germe de vie préexistant, Pouchet observe au microscope, au bout de quelques jours, la présence d'une quantité de micro-organismes dans son infusion. Pasteur démontre qu'il y avait eu contamination par l'air. Les microbes n'étaient pas apparus mais provenaient de l'air en contact avec le foin. Depuis les conclusions de Pasteur, la théorie cellulaire avait intégré le phénomène de division cellulaire pour contrer la notion de génération spontanée.

4 page 363

1 Par lecture graphique, l'abscisse de 580 nm correspond au maximum d'émission de la courbe de l'étoile ayant pour température 5 000 K. $\lambda max \times T = A$, donc $T = A / \lambda max = 2{,}90.10^{-3} / 580.10^{-9} = 5\,000$ K. On retrouve le résultat obtenu par lecture graphique.

2 **Je vois que** l'Inde est la plus proche de l'équateur. Je vois que les rayons du soleil arriveront presque verticalement à ce pays au vu de sa latitude. D'autre part, compte tenu de l'orientation de la terre, il fait jour en Inde. L'axe des pôles fait que la France sera plus exposée aux rayons du soleil que l'équateur. **Or je sais qu'il** faut tenir compte de l'orientation des rayons du soleil, plus ils sont perpendiculaires à la source plus la puissance radiative sera importante. Il faut aussi tenir compte de la latitude, de la longitude et de l'axe des pôles pour connaître la saison et donc l'exposition au soleil. **En conclusion, j'en déduis que** l'Inde recevra la plus grande puissance radiative avec des températures élevées, puis viendra la France et l'Afrique du Sud.

3 **Si on observe** le rayonnement solaire arrivant au niveau de l'atmosphère (jaune) à celui qui arrive à la mer, on peut en déduire ce qui a été absorbé par l'atmosphère. En effet, on peut montrer que l'atmosphère absorbe en majorité la lumière visible (courtes longueurs d'onde entre 400 et 700 nm). Parallèlement, on observe que l'ozone O_3, gaz atmosphérique, absorbe une partie du rayonnement UV alors que l'eau et le dioxyde de carbone absorbent les ondes dans l'infrarouge (Longues longueurs d'onde au-delà de 750 nm). **D'après nos connaissances**, l'atmosphère absorbe ainsi une fraction du rayonnement IR émis par le sol, rayonnement à l'origine du phénomène de l'effet de serre. Elle émet ainsi en retour un rayonnement IR vers le sol (effet de serre) et vers l'espace. **On en conclut** qu'elle contribue ainsi à maintenir, voire augmenter la température terrestre de surface.

5 page 365

1

Bilan énergétique à l'échelle d'une feuille

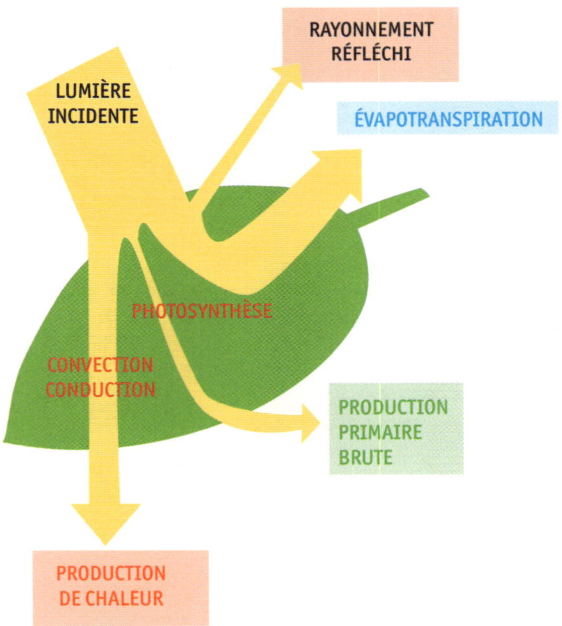

2 **a.** La teneur en carbone de 80 % permet de montrer que le schiste houiller (charbon) provient d'une matière organique car la forte teneur en carbone est une caractéristique spécifique de la matière organique, contrairement à la matière minérale. La présence des empreintes végétales confirme cette affirmation que le schiste houiller est le résultat de la transformation d'une matière organique d'origine végétale.

b. Si on suppose que le kérogène s'enfonce de 100 mètres par million d'années, il faut donc 15 millions d'années pour passer de 1 000 mètres (lieu de formation du kérogène par

décomposition de la matière organique) à 2 500 mètres, position où se trouve le pétrole (produit de la pyrolyse du kérogène) quand celui-ci est à son maximum de production.
Calcul : 1 500 × 1 / 100 = 15 millions d'années.
c. S'il faut en moyenne 15 millions d'années pour produire du pétrole ou du gaz, cela signifie que ce sont bien des ressources non renouvelables à l'échelle humaine.

6 page 367

1 a. Le métabolisme de base correspond à l'énergie libérée et utilisée uniquement pour les fonctions vitales, en particulier le maintien de la température corporelle.

b. D'après le graphique, **on peut voir** qu'en dehors des températures ambiantes comprises entre 16°C et 24°C, le métabolisme de base augmente. En effet, en dessous de 16°C, en luttant contre le froid, le métabolisme de base passe de 40 kcal/h/m² à 200 kcal/h/m².
Ce qui s'explique par le fait que l'organisme doit dépenser plus d'énergie pour maintenir la température corporelle constante alors que la température ambiante devient de plus en plus négative. Le raisonnement est le même pour des températures beaucoup plus chaudes. Concernant la neutralité thermique, on peut la définir comme le moment où les pertes et les apports de chaleur sont en équilibre. Ce qui correspond à une température corporelle stabilisée.

c. En cas de neutralité thermique, le métabolisme de base est de 40 kcal/h/m². Or, 1 kcal = 4,184 kJ, on peut donc faire le calcul suivant :

$$40 \times 4{,}184 \times 24 = 4016{,}64 \text{ kJ.j}^{-1}.\text{m}^2.$$

d. En cas de « lutte contre le chaud », pour une température d'environ 78-80°C, le métabolisme de base est d'environ 110 kcal/h/m². Or, 1 kcal = 4,184 kJ. On peut donc faire le calcul suivant :

$$110 \times 4{,}184 \times 24 = 11045{,}76 \text{ kJ.j}^{-1}.\text{m}^2.$$

2 D'après le document 1, on peut montrer que les besoins énergétiques d'un homme de 40 ans peu actif s'élèvent à 2 600 kcal.j⁻¹. D'après le document 2, sur ces 2600 kcal.j⁻¹, 60 % sont consacrés au métabolisme de base, 30 % aux activités et 10 % à l'apport thermique des aliments.
Métabolisme de base :

$$(2600 \times 60)/100 = 1560 \text{ kcal.j}^{-1} = 1560 \times 4{,}184 = 6527{,}04 \text{ kJ.j}^{-1}.$$

Activités :
$(2600 \times 30)/100 = 780 \text{ kcal. j}^{-1} = 780 \times 4{,}184 = 3263{,}52 \text{ kJ.j}^{-1}$.
Apport thermique des aliments :
$(2600 \times 10)/100 = 260 \text{ kcal. j}^{-1} = 260 \times 4{,}184 = 1087{,}84 \text{ kJ.j}^{-1}$.

7 page 369

1 Je vois que la terre est ronde alors à l'aide d'une règle de trois je peus trouver sa circonférence L.

7°	800 km
360°	L

L= 360 × 800/7= 41 143 km.
Je sais que L = 2πR, où R est le rayon de la Terre.
J'en déduis que $R = \frac{L}{2\pi} = 41\,143/(2 \times \pi) = 6\,548$ km.

2 La longueur d'un méridien est de 40 000 km. On cherche à calculer le rayon de la Terre. Le méridien est un cercle terrestre. C'est la circonférence de la Terre. Or L = 2π × R, où R est le rayon de la Terre.
On en déduit $R = \frac{L}{2\pi} = 40\,000/(2 \times \pi) = 6\,366$ km.

3 La différence de latitude entre Syène et Alexandrie est de 7° (θ = 7°). Un arc de cercle est une partie de la circonférence de ce cercle. J'en déduis que :

$$L = \frac{2\pi R \times \theta}{360} = \frac{2\pi \times 6\,400 \times 7}{360} = 782 \text{ km} \approx 800 \text{ km}.$$

L étant la longueur de l'arc en mètres ou dans la même unité que le rayon, R le rayon du cercle et θ la mesure en degrés de l'angle de l'arc. Le résultat d'Ératosthène est tout à fait acceptable compte tenu des moyens de l'époque pour mesurer.

4 Le mot parallèle indique une latitude de 45°. On nous demande donc de calculer la circonférence d'un cercle. La formule pour calculer la circonférence d'une latitude est : L = 2π × R × cos L. L est le degré de Latitude, R est le rayon de la Terre. La circonférence du 45° parallèle Nord est donc de L = 2π × R × cos L = 2π × 6 400 × cos 45° = 28 434 km.

5 On cherche AM. Les valeurs de deux angles sont données. Or on sait que la somme des angles dans un triangle quelconque est égale à 180°. Soit ici : $180 = \hat{M} + \hat{A} + \hat{T}$. On peut donc en déduire l'angle $\widehat{MAT}$: $\hat{A} = 180° - \hat{M} - \hat{T} = 180° - 80° - 56° = 44°$.
Appliquons la loi des sinus dans le triangle MAT :

$$\frac{AT}{\sin \hat{M}} = \frac{MT}{\sin \hat{A}} = \frac{AM}{\sin \hat{T}} = \text{distance (mairie-Tour)} = MT = 545\text{m}.$$

L'angle $\widehat{MTA} = 56°$ et l'angle $\widehat{AMT} = 80°$.

On en déduit : $AM = \sin \hat{T} \times \frac{MT}{\sin \hat{A}} = \sin 56 \times \frac{545}{\sin 44} = 650$ m.

8 page 371

1 D'après le document 1, l'isotope Rubidium se désintègre en Strontium $^{87}Rb \rightarrow {}^{87}Sr$. Ce qui signifie que le rapport isotopique $^{87}Rb/^{86}Sr$ diminue alors que le rapport isotopique $^{87}Sr/^{86}Sr$ augmente au cours du temps au sein d'une roche. On en déduit que plus une droite isochrone de l'évolution du rapport ($^{87}Sr/^{86}Sr$) en fonction de ($^{87}Rb/^{86}Sr$) a une pente élevée, plus l'âge de la roche sera ancien et inversement. D'après le document 2, on voit que c'est la roche A qui a la pente la plus faible donc c'est la roche A qui est la roche la plus récente.

2 Pour reconstituer les évènements du profil du document 1, il faut s'appuyer sur les principes de la superposition des strates (les roches les plus anciennes sont les plus profondes) et sur le principe de recoupement (une roche qui recoupe une autre roche est toujours plus récente). On en déduit que l'ordre chronologique des évènements est :
1. Dépôt et formation de la strate B (marne).
2. Dépôt et formation de la strate X (argile).
3. Dépôt et formation de la strate Q (marne).
4. Dépôt et formation de la strate Y (conglomérat).
5. Dépôt et formation de la strate K (grès).
6. Dépôt et formation de la strate D (argile).
7. Dépôt et formation de la strate G (calcaire).
8. Dépôt et formation de la strate N (conglomérat).
9. Absence de sédimentation (érosion).
10. Dépôt et formation de la strate A (argile).

11. Recoupement par des coulées de basaltes R (roches volcaniques).
12. Déformation cassante des strates = faille h.
13. Dépôt et formation de la strate M (calcaire).
14. Dépôt et formation de la strate L (conglomérat).

9 page 373

Lors d'une éclipse, la Lune, la Terre et le Soleil doivent être alignés.
Dans le cas d'une éclipse de Lune, la Terre est entre la Lune et le Soleil. L'ombre de la Terre empêche la Lune d'être éclairée.
Dans le cas d'une éclipse de Soleil, c'est la Lune qui fait de l'ombre au Soleil. Elle est entre la Terre et le Soleil.

10 page 375

1 Nombre d'octave = f(max)/f(mini) = $20 \times 10^3/20 = 10^3 \approx 2^{10}$.
Il y a donc à peu près 10 octaves entre 20 Hz et 20 kHz.

2 On voit qu'il y a 16 bits soit 2 × 8 bits = 2 octets = 2 o. Un CD audio a une fréquence d'échantillonnage de 44 100 Hz. La stéréo implique qu'il y ait 2 voies et la durée est de 1 min = 60 s.
On sait que la taille d'un fichier son non compressé (bits) = Codage (bits) × Fréquence d'échantillonnage (Hz) × Durée (s) × nombre de voies.
On en déduit que : Taille (fichier son) = codage × fréquence d'échantillonnage × durée × 2 voies.
Taille (fichier son) = 2 × 44 100 × 60 × 2 = 10 584 000 o.
Taille (fichier son) = 10 584 000 / 1 024 = 10 335 ko.
Taille (fichier son) = 10 335 / 1 024 = 10 Mo.

11 page 377

1 **a.** 50 Hz. C'est le seul point qui appartient au seuil de sensation.
b. de 60 Hz et de 70 dB. C'est le seul point appartenant à la même courbe isotonique.
c. est un infrason. C'est un infrason car son intensité est inférieure à 20 dB et il n'est pas audible.

2 En analysant le doc. A, on peut montrer qu'une personne qui écoute quotidiennement de la musique à 100 dB avec ses écouteurs s'expose des risques de lésions auditives si elle dépasse la durée d'exposition de 15 minutes d'écoute par jour. D'après mes connaissances, les lésions évoquées sont celles de la nécrose donc la perte progressive et irréversible des stéréocils des cellules ciliées des cochlées situées dans les oreilles internes. Ces stéréocils ne seront plus fonctionnels pour engendrer les messages nerveux à destination des aires auditives primaires. Pour conclure, cette personne perdra progressivement voire totalement l'audition, elle pourrait ainsi devenir sourde.

Identités et échanges

Cours

1 Enjeux

Globalisation is a major trend influencing people's mobility and relationships worldwide. It has led to growing cultural interactions and ethnic diversity on the one hand, but also to new fears on the other hand – namely the fear of a global culture absorbing local identities.

The rising number of international migrants has brought about new challenges; their integration into host countries has not always been easy, leading sometimes to culture clashes and conflicts.

That is why border protection has become so decisive in order to control the flows of legal and illegal immigrants, and also the flows of goods. It has become more and more difficult to strike a balance between the measures promoted by liberalism – free trade being a building block of capitalism – and protectionism, which should protect national economies from foreign competitors.

The Notting Hill Carnival is an annual event in London, promoting the capital's West Indian community. It is one of the world's largest street festivals promoting Black culture and multiculturalism.

2 Grammaire

a. L'article Ø

Il s'utilise devant :

- des généralités, notions ou concepts. Si on parle d'immigration en général, on dira : Ø *immigration* ;
- un ensemble indéfini. Si on se réfère à tous les migrants sans distinction on dira : Ø *migrants* ;
- devant un titre / une profession suivis du nom propre : Ø *President Donald Trump*.

b. Les quantifieurs *much, many, (a) little* et *(a) few*

Le choix du quantifieur dépend :

- du type de nom qu'il détermine :

– *many* et *(a) few* sont suivis d'un nom dénombrable au pluriel, alors que *much* et *(a) little*, d'un nom indénombrable (au singulier). Ex. : *much hatred, many signs of rejection*.

– En revanche, *a lot of* (ou son équivalent pluriel *lots of*) peuvent s'employer devant un dénombrable ou un indénombrable.

- de la connotation visée, positive ou négative :

– *A little / a few* impliquent une certaine quantité (on les traduit par « quelques », « un certain nombre de », « un peu de »). Ex. : *a few events* (= quelques événements).

– En revanche, *little* et *few* signifient « presque pas », « très peu de ». Ex. : *little knowledge* (= presque aucune connaissance).

Mots clés

- **global** /ˈgləʊbl/ → **globalisation** /ˌgləʊbəlaɪˈzeɪʃn/
- **mobile** /ˈməʊbaɪl/→ **mobility** /məʊˈbɪləti/
- **interaction** /ˌɪntərˈækʃn/ → **exchange** /ɪksˈtʃeɪndʒ/
- **ethnic diversity** /daɪˈvɜːsəti/
- **migration** /maɪˈgreɪʃn/ → **migrant** /ˈmaɪgrənt/ → **migratory** /ˈmaɪgrətri/ flows
- **integrate** /ˈɪntɪgreɪt/ → **integration into host** /həʊst/ **countries**
- **decisive** /dɪˈsaɪsɪv/ role of **borders** /ˈbɔːdəz/
- **free-trade** /ˌfriː ˈtreɪd/ and protectionism /prəˈtekʃənɪzəm/

c. Les adjectifs de nationalité

Ils prennent toujours une majuscule en anglais, et se terminent par différentes terminaisons.

Terminaisons	-an	-ish	-ese /iːz/	-i	exceptions
Exemples	*American, Italian, Australian, Canadian, South African*	*British, Spanish, Polish, Irish, Turkish, Danish*	*Vietnamese, Chinese, Portuguese*	*Iraqi, Pakistani, Bangladeshi, Israeli*	*French (from France), Dutch (from the Netherlands), Greek (from Greece)*

Méthode

1 Manier des chiffres

	Visa given on arrival in New Zealand			
Month of Arrival	*Australian Nationality*	*Student*	*Visitor*	*Total*
November 2018	97,593	3,873	231,658	395,260
December 2018	121,009	3,930	298,177	474,469

Pour parler d'un phénomène de société comme de la mondialisation ou de l'immigration, on peut utiliser des **données chiffrées**, qui serviront d'**introduction** à une dissertation ou **d'exemples** pour justifier un argument. Il est parfois plus simple d'établir des ordres de **grandeur**. Ex. : *slightly less than a million visas were emitted in the last two months of 2018.*

▶ Pour exprimer une quantité précise supérieure à 100 : utiliser ***hundred, thousand, million, billion*** **avec un chiffre devant** (dans ce cas, on ne met pas de -*s*). Ex. : 231,658 = *two hundred and thirty-one thousand six hundred* ***and*** *fifty-eight visitors*. Ne pas oublier *and* après *hundred* le cas échéant.

▶ Pour exprimer une **quantité imprécise**, il faut mettre un -*s* au nom et le faire suivre de *of. Ex. : thousands* ***of*** *students, tens* ***of*** *thousands* ***of*** *Australian visitors.*

2 Comparer des éléments

Exprimer des similarités	Exprimer des différences
the same... as... *identical to... = similar to...* *Both X and Y = Like X, Y...*	*... while / whereas...* *different from...* *Unlike X, Y... = Contrary to X, Y...*

▶ Comparer signifie **dégager des similitudes et des différences.** Le comparatif peut s'avérer très utile, *more* + nom ≠ *less* + nom indénombrable / *fewer* + nom dénombrable.

Ex. : *There were* ***more*** *visas emitted in December 2018* ***than*** *the month before = there were* ***fewer*** *visas emitted in November 2018* ***than*** *the month after. Visitors usually spend* ***less*** *time in the country* ***than*** *students.*

▶ Il faut distinguer les **différents niveaux de comparaison.** Pour comparer deux textes par exemple, on étudie : leur nature (article de presse, extrait de roman ou de discours, etc.) leur contexte de parution (date, lieu), la thématique générale, la perspective (vision optimiste, pessimiste, neutre, biaisée, interne, externe) ou les arguments.

Exercices

1 ★ 5 min **Indiquer le terme qui convient dans chaque paire.**

According to Chris Steele-Perkins, a photographer born of a [Burman / Burmese] mother and a [British / Britain] father, the most significant change taking place in Britain right now is [immigration / the immigration]. It has been encouraged by the triumph of [globalisation / the globalisation]. London's inhabitants come from around two [hundred / hundreds] nations listed by the United Nations – it is this ethnic diversity that he wanted to celebrate in his art project called "The New Londoners".

Even if the aim of the photojournalist is to celebrate [the / Ø] peaceful cohabitation of [many / much] different ethnic groups, [mass immigration / the mass immigration] has also been criticised and has caused [the / Ø] violent reactions.

2 ★★ 5 min **Écrire en toutes lettres :**

a. 7,540,830 (= *number of immigrants*) ;

b. des millions d'immigrants.

3 ★★★ 20 min **Rédiger 10 phrases pour commenter ces données statistiques sur l'immigration au Canada et en Australie, en utilisant la méthode et les outils vus précédemment.**

Country	Number of immigrants	Percentage of overseas-born resident population	Primary source country for permanent migration
Australia	*Over 7.5 million people have settled there since 1945*	*28%*	*– the U.K. until recently* *– since 2010-11 = China*
Canada	*7,540,830 immigrants (2016 census data)* *just under 1 million foreign-born in 1901*	21.9% (2016 census data) 13% (1901 census data)	*– the U.K. in the past, other European countries since the 1960s until recently* *– since 2011 = China and India*

Citoyenneté et mondes virtuels

Cours

Courtesy of Pest Control Office, Banksy, Bristol, 2014

1 Enjeux

The development of a cyberspace has given ordinary citizens a remarkable collaborative platform, where people can easily have access to information or share it. The rise of digital media or online activism may shift the traditional balance of power, changing the nature of human relationships in society, potentially turning every one of us into activists or citizen journalists.
This digital era called the Information Age offers new challenges. Even if the use of social media may empower the individuals and increase their connectivity, it also comes with some dangers like hacking, cyberbullying, or hate speech. If censorship may solve these problems, is it really a solution?
Besides, telling fact from fiction is becoming increasingly difficult with the spread of fake news. Hashtag activism (= using Twitter to raise awareness) may just be an illusion for people who only superficially get committed to some causes. Is the virtual world we are creating starting to compete with our real world?

Banksy, the world-famous street artist, created a new piece called Mobile Lovers *in Bristol (U.K.), in April 2014.*
The mural depicts an embracing couple being hypnotised by their mobile phones.

2 Grammaire

a. Les noms dénombrables et indénombrables

▶ La plupart des noms communs sont des noms dénombrables. Cela signifie qu'on peut les utiliser au singulier ou au pluriel. Ex. : *a citizen / many citizens, a journalist / hundreds of journalists.*

▶ Au contraire, les noms de la catégorie indénombrable fonctionnent différemment. Ils désignent une entité indivisible, ce qui signifie qu'on ne peut pas mettre l'article *a* devant, et qu'on ne peut pas mettre le nom au pluriel.
On choisira alors entre *some, a lot of / lots of, much* ou *little* pour exprimer une certaine quantité, ex. : *some advice* (= des conseils), ou un dénombreur comme *a piece of* pour en isoler un élément. Ex. : *a piece of information* (= un renseignement).

Exception

the news is...
Attention à l'emploi de *the news*, qui malgré le *-s* final, est bien un nom indénombrable singulier.
Ex. : *All the news is fit to print.*

▶ Certains noms indénombrables ont un équivalent dénombrable : *Ø progress → an advance, Ø advice → a tip, Ø work → a job, Ø luggage → a suitcase, Ø accommodation → a flat, a house,* etc.

b. Les noms collectifs

Certains noms désignent un ensemble, par exemple *the data* (les données), pluriel du mot latin *datum*, ou *the media*, pluriel de *the medium*. Le plus souvent (sauf si l'on veut insister sur les différents éléments qui composent le groupe), ces noms sont suivis d'un verbe au singulier.
Ex. : ***the social media is** widely used by teenagers.*

c. L'accord du verbe avec son sujet

En général, le verbe s'accorde en nombre avec son sujet. Il existe cependant des exceptions : certains noms au pluriel désignent un élément particulier, comme *the United States* (= un pays) ou *the United Nations* (= une organisation). Ils s'accordent alors avec un verbe au singulier. Ex. : *The United States has come under fire for questioning the professionalism of journalists.*

Mots clés

- *the cyberspace /ˈsaɪbəspeɪs/*
  → *the Cyber /ˈsaɪbə/ world*
- *collaborate /kəˈlæbəreɪt/*
  → *collaborative /kəˈlæbərətɪv/*
- *activism /ˈæktɪvɪzəm/*
- *era /ˈɪərə/ = period /ˈpɪəriəd/*
- *media /ˈmiːdiə/*
- *danger /ˈdeɪndʒə/ → dangerous /ˈdeɪndʒərəs/*
- *bully /ˈbʊli/ → cyberbullying /ˈsaɪbəbʊliɪŋ/*
- *hack → hacking /ˈhækɪŋ/ → hacker*
- *censor /ˈsensə/ → censorship /ˈsensəʃɪp/*
- *to compete /kəmˈpiːt/*
  → *a competition ˌkɒmpəˈtɪʃn/*

Méthode

1 Établir des liens : chronologiques, de cause à effet

▶ Pour décrire différentes actions qui dépendent les unes des autres, il peut s'avérer utile d'**expliciter les liens** qui les relient (rapport **chronologique** ou rapport de **cause à effet**).

▶ Pour établir ce lien, le plus courant est d'utiliser un **adverbe** ou une **locution adverbiale.** Par exemple : *People are addicted to their phones.* ***Consequently / As a result****, they neglect physical interactions.* Un **verbe** peut aussi servir de moyen de liaison, par ex. : *Mass media* ***brings about*** *many changes.*

Mots clés

- Chronologie
First... Then... Afterwards... Finally...
- Expression de la cause
Because / as / since + phrase
Because of / due to + nom
- Expression de la conséquence
To bring about... = to result in...
As a consequence / as a result / consequently / therefore / hence

2 Rapporter les propos de quelqu'un

Il arrive souvent que l'on veuille rapporter des informations que l'on tient d'**autres sources.**
Le **style indirect passé** s'impose alors et des changements doivent être faits :

▶ les **temps** sont décalés d'un cran vers le passé :
– le présent devient le prétérit,
– le *present perfect* et le prétérit deviennent le *pluperfect,*
will devient *would,*
can devient *could,* etc.

▶ les **pronoms** sont à changer.

▶ les **repères temporels** sont adaptés : *today* → *on that day, yesterday* → *the day before, tomorrow* → *the day after,* etc.

▶ **l'ordre des mots** est modifié dans le cas d'une **question.** L'inversion de la forme interrogative directe ne sera pas maintenue au style indirect. De plus, on doit rajouter *if / whether* si l'on veut restituer une *yes / no question.*

Ex. : *"Do you think we can talk to journalists tomorrow ?" he asked me.* (style direct)
→ *He* ***asked me if I thought we could talk*** *to journalists* ***the day after.*** (style indirect passé)

Exercices

1 ★ 5 min **Choisir le bon déterminant.**

[a / a piece of] news – [much / many] readers – [a lot of / a lots] corruption – [less / fewer] newspapers – [a hard / Ø hard] work – [little / few] media coverage – [much / many] advice – [some / many] news.

2 ★★ 10 min **Réécrire le dialogue au style indirect, en utilisant les amorces suivantes : The interviewer asked... – a student replied... – he added... – he said ... – the interviewer answered... – he explained...**

Attention à la concordance des temps.

The interviewer: "Do you often read newspaper articles online ?"
A student: "I have never liked reading, and I don't trust journalists. Yesterday, I saw a TV programme denouncing the collusion between the press and politicians."
The interviewer: "You can't say that. Some journalists have given their life to inform the public."

3 ★★★ 25 min **Rédiger en 15 lignes une analyse de l'œuvre *Mobile Lovers* et des enjeux soulevés.**

Savoir recourir au vocabulaire du commentaire : *It raises the question of... - It deals with... - What is at stake is... - The artist criticises / questions / denounces... - He blames someone for something / He blames something on someone.*
Penser à établir des comparaisons : *It makes me think of... - It reminds me of...*

Innovations scientifiques et responsabilités

Cours

1 Enjeux

Medical, scientific and technological progress has changed our society for the better, raising people's comforts and standards of living, thus increasing our life expectancy. However, it also offers new challenges. Who should take responsibility for the potentially hazardous consequences of new inventions? Uncontrolled progress has had negative impacts on the planet, with rising greenhouse gas emissions, global warming and climate change. It has led people to question the path taken by Western societies. New theories have thus appeared, like the circular economy advocating a more sustainable system of production and distribution.
As for the citizens, many have decided to explore alternative lifestyles and take on more eco-friendly habits: buy less, share and recycle. These initiatives have changed the way we eat, move, live and interact.

Scientists and engineers are working to do better than nature itself. Will GMOs solve the food crisis?

2 Grammaire

a. Les noms composés

▶ Il est possible de juxtaposer (avec ou sans tiret) deux noms communs pour former une sous-catégorie, le 1er nom définissant le second (comme un adjectif qualificatif). Le plus souvent, c'est le 1er nom qui porte l'accent principal.
Ex. : ***cli**mate change*.

▶ Le 1er mot peut aussi être un adjectif, le bloc adjectif + nom formant alors une sous-catégorie fixe, un concept à part.
Ex. : *a **green**house* (mot composé avec un seul accent primaire) signifie une serre, alors que *green house* avec un accent primaire sur chaque mot signifie « une maison verte ».

▶ Lorsque le nom composé est formé à partir d'un adjectif et d'un nom, l'accent de mot est le plus souvent porté par le 2e élément, le nom.
Ex. : ***genetic engineering**, **artificial intelligence***.

▶ Au pluriel, c'est le dernier mot qui prend la marque.
Ex. : *greenhouse gas emission**s***.

b. Les constructions verbales avec plusieurs verbes

▶ Les verbes d'intention, de visée, de projection peuvent être suivis d'un autre verbe à la forme infinitive.
Ex. : *Some scientists **want to create** a human embryo.*

▶ D'autres verbes sont nécessairement suivis de verbes à la forme *V-ing*.
Ex. : *Factories **avoid using** toxic material.*

▶ Pour certains verbes, les deux constructions sont possibles sans grande différence de sens.
Ex. : *He **started to condemn** GM food = He **started condemning** GM food.*

▶ Pour d'autres verbes, il y a une différence de sens.
Ex. : *I **remember posting** the letter (it's done) ≠ I must **remember to post** the letter (I shouldn't forget to do it).*

▶ D'autres verbes nécessitent l'emploi de la base verbale. C'est le cas de la structure exprimant la coercition, *to **make someone do** something*, ou la structure exprimant la permission, *to **let someone do** something*.

Verb + infinitive	Verb + V-ing	Verb + infinitive or Verb + V-ing	Verb + Verb (without to)
want	*like, love, enjoy*	*remember*	*dare*
decide, order	*prefer, mind*	*start, begin*	*let*
plan, intent	*hate, dislike*	*continue*	*make*
encourage, incite, advise	*dread*		*had rather*
would like, would love, would hate...	*avoid*		*see, hear, watch, feel*
ask	*keep on*		
accept, refuse	*risk*		

Méthode

1 Préparer ses idées et arguments

▶ **Identifier les mots-clés** du sujet et prendre en notes tout ce qu'ils peuvent évoquer. **Anticiper les besoins lexicaux** et fonctionner par **association d'idées / synonymes et antonymes / expressions idiomatiques.**

▶ Éventuellement **chercher dans le dictionnaire** les mots utiles que l'on ne connaît pas ou des synonymes de mots importants pour éviter les répétitions. Par exemple, pour un sujet sur le développement technologique : *invention = breakthrough, improvement, technological and scientific progress / advances, to make better, ICT / information and communication technology, a device = an appliance, computer science, technotrash / e-waste...*

▶ **Classer les idées selon un plan**, le plus logique selon le sujet (plan chronologique ; thèse – antithèse ; fait – cause – conséquence, etc.)

Mots clés

- science /ˈsaɪəns/ → a scientist /ˈsaɪəntɪst/ → scientific /ˌsaɪənˈtɪfɪk/
- technology /tekˈnɒlədʒi/ → technological /ˌteknəˈlɒdʒɪkl/
- consume /kənˈsjuːm/ → consumption /kənˈsʌmpʃn/ → a consumer /kənˈsjuːmə/
- get involved in = get committed to → public involvement
- responsible /rɪˈspɒnsəbl/ → responsibility /rɪˌspɒnsəˈbɪləti/
- climate change /ˈklaɪmət tʃeɪndʒ/
- sustainable /səˈsteɪnəbl/ → sustainability /səˌsteɪnəˈbɪləti/
- go amiss /əˈmɪs/ = go wrong à go out-of
- control = uncontrollable
- produce /prəˈdjuːs/ → production /prəˈdʌkʃn/ → a producer /prəˈdjuːsə/

2 Rédiger un essai argumentatif

▶ Penser à faire des **paragraphes** qui regroupent un **argument principal**, l'explicitation de cette idée avec éventuellement la présentation d'**exemples.**

▶ La **transition** entre le pour et le contre, ou la thèse et l'antithèse, se fera grâce à des formules exprimant le **paradoxe**, comme :
– des adverbes, ex. : *However / Nevertheless*
– des groupes nominaux précédés de *Despite / In spite of*, ex. : *Despite their advantages, ...*
– des propositions subordonnées avec *Although / Even if*, ex. : *Even if it is true that technological progress has caused much damage, still...*

▶ Soigner **l'introduction** (qui doit poser les enjeux du sujet sans paraître trop artificielle) et la **conclusion** (penser à une ouverture pour ne pas uniquement répéter ce qui a été exposé dans le développement).

Exercices

1 ★ 10 min **Choisir la bonne forme verbale et justifier.**

Some Chinese scientists decided (create) .... a human embryo. They intended (work) .... in secret before releasing their findings, so as to avoid (be) .... condemned by the international community. Their experiments risked (cause) .... major problems, as they were refusing (follow) .... basic rules which the majority of their colleagues had accepted (obey) ....

2 ★★ 15 min **Parmi les phrases suivantes, distinguer les arguments des exemples, puis les combiner pour écrire deux paragraphes : un sur les risques du progrès technologique, un autre sur les nouvelles possibilités qu'il offre pour protéger l'environnement.**

a. The Ocean Cleanup, a non-profit organisation, is using satellite imaging to help clean up the world's "ocean garbage patches."
b. New technological advances may help us to address environmental problems.
c. The development of technology also means increasing amounts of e-waste, which exact a heavy toll on the environment.
d. Toxic materials from discarded computers and electronics may pollute our soil and water sources.

3 ★★★ 25 min **En 15 lignes, imaginer les risques liés au développement des OGM en s'appuyant sur l'image du cours.**

Espace privé et espace public

Cours

1 Enjeux

With most people's homes set apart from their workplaces, commuting is a reality for many. However, with the development of new technologies, the boundaries between work and private life are being blurred, with a rising number of people working from home (= teleworking). Digital nomads are extreme examples, who have given up a clearly identified workspace and the comfort of their hometown to elect some distant destination from where they can both live and work. Another major evolution in Western societies has disrupted former family arrangements: women have massively entered the workforce, either preferring part-time jobs to find some work-life balance more easily, or reaching full-time managing positions with a lot of responsibilities. Still, inequalities and discrimination persist.

New work arrangements have enabled working fathers to take a more active role at home.

2 Grammaire

a. Mettre à la voix passive

▶ Le complément d'objet direct devient le sujet de la phrase passive ainsi créée.

Ex. : *My employer accepted* ***my proposal to work from home on Fridays*** (phrase active) → ***My proposal to work from home on Fridays*** *was accepted by my employer* (voix passive).

▶ L'auxiliaire *be* porte la marque du temps à la voix passive (« *was* » indique que la phrase est au prétérit dans l'exemple). Il est suivi d'un verbe à la forme *V –ED* (participe passé).

▶ Le complément d'agent (lorsqu'il est exprimé) est introduit par *by*. La voix passive étant souvent utilisée pour insister sur le résultat et non la personne qui a fait l'action, l'agent est parfois passé sous silence : *My proposal* ***was accepted***.

b. Faire faire

▶ L'infinitif qui suit « faire » en français peut avoir un sens actif ou passif :

Il m'a fait travailler dur (j'ai travaillé = actif) → *He* ***made me work*** *hard* (structure ***to make someone do sthg***).

Ils ont fait voter la loi de non-discrimination (la loi a été votée = passif) → *They* ***had the non-discrimination law passed*** (structure ***to have / get sthg done***).

▶ D'autres structures sont possibles, exprimant une plus forte contrainte.

Ex. : *They* ***forced him to work*** *on Sundays = they* ***obliged him to work*** *extra time.*

▶ La pression peut être plutôt orale, par la parole.

Ex. : *My friend* ***persuaded her boss to reorganize*** *their workspace = she* ***talked him into doing*** *it*, ou *she* ***got him to accept*** *her proposal.*

Mots clés

- bring home the **bacon** /ˈbeɪkən/ = be a **bread**winner /ˈbredwɪnə/
- division of **labour** /ˈleɪbə/
- to em**ploy** → an em**ployee** /ɪmˈplɔɪiː/ → an em**ployer** /ɪmˈplɔɪə/
- **gen**der gap = ine**qua**lities be**tween** men and **wo**men /ˈwɪmɪn/
- a **house**hold **chore** /tʃɔː/
- a **house**wife /ˈhaʊswaɪf/
- **work**force /ˈwɜːkfɔːs/
- **wor**king hours /ˈaʊəz/ = work shift
- a work-life **ba**lance /ˌwɜːk laɪf ˈbæləns/

Méthode

1 Défendre une cause

▶ Pour délivrer un contenu informatif, il convient d'avoir une **idée précise** des messages que les auditeurs doivent comprendre et retenir (*the take-home message*).

Ex. : *There is not a single formula for work-life balance.*

▶ Une fois le message principal défini, il faut trouver les points-clés, les axes, qui permettent de l'exprimer. Choisir des **mots précis**, avec un **impact fort** et **ordonner** ces idées pour établir une **progression**, ce qui permet de **ménager l'intérêt** des interlocuteurs.

Ex. : *A satisfactory arrangement depends on the people; it should also be flexible in time (different from one day or one moment in life to another). Most importantly, it should embrace two concepts: achievement and enjoyment.*

▶ Quelques **figures de style** peuvent aussi rendre le message plus expressif :
– emploi de quelques phrases **courtes**, nominalisées, faciles à retenir. Ex. : *"The prize is great"*
– emploi de **questions rhétoriques** pour interpeler l'auditoire.
Ex. : *"Don't we all want to be both happy at work and at home?"*
– choix du **rythme ternaire** (liste de 3 éléments) pour donner une certaine assise à ses propos.
Ex. : *"Teleworkers are usually happier, more productive and more loyal to their companies"*
– utilisation de comparaisons explicites ou d'**images marquantes.**
Ex. : *"The ballot is stronger than the bullet"* (A. Lincoln)
– utilisation de **structures parallèles** ou **répétitions** volontaires.
Ex. : *"Injustice anywhere is a threat to justice everywhere"* (M. L. King)
Afin de donner l'illusion d'improviser son discours, il faut avoir travaillé sur les figures de style qui ne viennent pas spontanément.

▶ Avant de prendre la parole, **s'entraîner à formuler des phrases entières à partir de mots isolés** (= les mots-clés) de ses notes, utiles pour **ne pas lire** tout en sachant dans quel ordre présenter les idées. Il faut avoir une idée claire de comment démarrer et terminer sa prise de parole - moments-clefs de la présentation.

2 Prendre la parole

▶ Employer le **bon ton**, en fonction des interlocuteurs auxquels on s'adresse (familier, solennel, etc.) et de l'objectif du discours. Jouer avec l'**intonation** : en adoptant un **ton dynamique**, en **accentuant** certains mots essentiels, en **variant le** débit et les **inflexions de voix**, le discours suscitera plus d'intérêt.

▶ Que ce soit lors d'une simple conversation ou lors d'un discours officiel, il faut accompagner ses propos de **gestes** et d'un **contact visuel** *(body language)* afin de gagner la confiance de son interlocuteur.

▶ Ménager des **pauses** pour obtenir les effets escomptés : l'auditoire a besoin de temps pour " digérer " le propos ; en voulant aller trop vite, le message et les effets seront perdus.

▶ Montrer sa conviction en utilisant des adverbes comme *certainly, surely, absolutely* ou des locutions comme *no doubt, there is no denying that...* Ces expressions forcent l'adhésion du public.

▶ Soigner particulièrement la **dernière phrase** qui doit avoir un effet de **clôture efficace.**

L'emphase

Pour donner plus de poids à ce que l'on dit ou contredire les propos ou insinuations de son interlocuteur, il est possible de recourir à l'emphase.
• Si la phrase possède déjà un auxiliaire : on ne le contracte pas et on lui fait porter l'accent principal de phrase. Ex. : *He **is** working from home.*
• Si la phrase est au présent ou au passé : employer *do/ does* ou *did* et l'accentuer fortement. Ex. : *I **do** trust you.*

Exercices

1 ★ 5 min **Choisir la bonne forme verbale parmi les différentes propositions.**
a. Digital nomads make their family [move / moved / to move / moving] very often. **b.** Before leaving, they have to talk their parents into [accept / accepted / to accept / accepting] their new life choices. **c.** They have their belongings [pack / packed / to pack / packing] and get their clients [follow / followed / to follow / following] them.

2 ★★ 10 min **Transformer ces phrases à la voix passive.**
a. The company moved the headquarters to the capital city. **b.** Their new employer will hire more women. **c.** Her colleagues have supported her decision to work from home. **d.** Teleworking also meant she had to reorganize her family life.

3 ★★ 15 min **Remettre dans l'ordre le début de ce discours.**
a. As a soldier myself, I cannot but underline what an asset women are in the heart of the action.
b. Indeed, they are serving with expertise, valour and distinction and gaining enormous respect from their male colleagues.
c. It is an honour and a pleasure to join you here and to reflect with you on the evolving role of women in the army.
d. Good evening, ladies and gentlemen.

4 ★★★ 25 min **Imaginer en 15 lignes la suite du discours.**

Cours

1 Enjeux

People's own destinies are part of a more general whole, their individual memory being a parcel of a collective memory which is passed on from one generation to the next. This heritage is to be preserved and celebrated thanks to physical monuments like war memorials or statues, but also thanks to symbolic acts like commemorations. To some extent, it is also to be socially constructed depending on the messages and values a given society wants its citizens to defend.

History and heritage have sometimes been used (and mis-used), giving rise to controversies and protests, as all the population does not accept to share mainstream version / vision, turning memorial narratives into highly charged issues.

Oklahoma City National Memorial & Museum
This outdoor symbolic memorial was created in April 2000 for the fifth anniversary of the bombing in Oklahoma. The 168 bronze and stone chairs with translucent glass bases honor each victim individually.

2 Grammaire

a. Le prétérit simple et en *BE* + *V-ing*

▶ On emploie le prétérit (*V-ed* pour les verbes réguliers) pour exprimer toute action ponctuelle et terminée, ou succession d'actions au passé. Ce temps permet donc de raconter une histoire ou de faire une biographie. Il correspond souvent à un passé composé en français.
Ex. : *Mandela **was** born in 1918, he **lived** in South Africa, he **died** in 2013.*

▶ Pour remonter dans le temps et pour traduire l'expression « Il y a x années », utiliser une durée + *ago*.
Ex. : *World war I **ended** more than 100 years **ago*** = il y a plus de cent ans.

▶ La forme en *BE + V-ing* permet de poser un cadre au passé, à l'intérieur duquel une action ponctuelle a eu lieu (ce que l'on schématise souvent par une action longue interrompue par une action courte).
Ex. : *While Mandela **was serving** his sentence in Robben Island, his wife **took** part in anti-apartheid movements.*

b. Le *present perfect*

▶ Le *present perfect* (*HAVE / HAS* + participe passé) permet de relier le passé au présent :
– soit parce que l'action a commencé dans le passé et se poursuit dans le présent ;
– soit parce que ses effets sont visibles aujourd'hui. Ex. : *The memorial **has opened: now** you can visit the center.*

▶ Pour exprimer « depuis », on emploie forcément un *present perfect* puisque ce mot sous-entend que l'action a commencé avant et se prolonge jusqu'au moment où l'on parle. Attention à la traduction de « depuis » = *since* + date / *for* + durée. Ex. : ***For several centuries** / **Since 1690**, Protestants **have paraded** in Northern Ireland.*

c. Le *pluperfect* simple et en *BE* + *V-ing*

▶ Lorsque l'on souhaite exprimer une action antérieure à un fait passé, on utilise le *pluperfect* : *HAD* + participe passé. Ex. : *The violence of the "Summer of Hate" shattered the belief that we **had entered** into a post-racial America.*

▶ La même notion de bilan existe avec le *pluperfect* qu'avec le *present perfect*, mais au passé et non au présent. Ex. : *Nelson Mandela accepted to negociate with the apartheid leaders but **had never betrayed** his friends.* → Cela signifie que de toute sa vie, il n'avait jamais trahi les siens.

▶ La forme en *V-ing* apporte :
– une nuance descriptive (action saisie dans son déroulement).
Ex. : *He **had been working** for the National Museum of the American Indian for 15 years when they dismissed him.*
– ou une nuance appreciative.
Ex. : *They asked for another witness because he **had been lying** again.*

Mots clés

- an anniversary /ˌænɪˈvɜːsəri/ (for an event) ≠ a birthday (for a person)
- a building block /ˈbɪldɪŋ blɒk/ = a foundation
- to commemorate /kəˈmeməreɪt/
→ commemorative /kəˈmemərətɪv/
→ a commemoration /kəˌmeməˈreɪʃn/
- to honour /ˈɒnə/ someone's memory
- to inherit /ɪnˈherɪt/ → a heritage /ˈherɪtɪdʒ/
- a landmark /ˈlændmɑːk/ = a milestone /ˈmaɪlstəʊn/
- a memory /ˈmeməri/ → a memorial /məˈmɔːriəl/
- to remember → the duty of remembrance /rɪˈmembrəns/

Méthode

1 Comprendre un texte

▶ Une 1re **phase de repérage** est nécessaire : utiliser des **surligneurs de différentes couleurs** pour relever les informations sur les **personnages** (présents ou juste mentionnés), les **indications géographiques** et **temporelles**. Ne pas se concentrer sur les mots difficiles, mais au contraire s'appuyer sur les mots connus.

▶ La **mise en relation des indices** est nécessaire pour construire le sens du texte : il faudra expliciter la relation entre les personnages, l'identité du narrateur (narrateur omniscient ou narration à la 1re personne ?) et la chronologie des actions.

▶ Positionner les événements sur une **frise chronologique** peut être d'une grande aide au moment de la restitution du sens du texte.

▶ Connaître la **valeur des temps** est essentielle, par exemple une action au *pluperfect* est antérieure aux actions restituées au prétérit.
Ex. : *She switched on TV and realized that the president* ***had*** *already* ***started*** *to address the nation.*

▶ Une dernière phase d'explicitation de l'**implicite** est nécessaire. **Lire entre les lignes** pour cerner les émotions, sentiments et états d'esprit des personnages.

Exemples d'indices textuels	Sentiments véhiculés
clenched fists, slamming the door	*anger*
at a loss for words and stuttering	*surprise – panic*
fidgeting and biting nails	*stress*

▶ Donner la **raison qui explique** les choix, décisions ou actions des personnages, ainsi que le **contexte culturel** qui peut jouer un rôle essentiel dans certains textes.

2 En restituer le sens en anglais

▶ **Restituer toutes les informations comprises**, à la fois les **données factuelles** et l'**implicite**, en procédant de façon ordonnée et logique pour bien relier les différentes étapes et montrer que l'on a compris les liens.

▶ **Reformuler** avec ses propres mots pour éviter la paraphrase et ne pas être accusé de recopier le texte sans le comprendre.

▶ Veiller à la **concordance des temps** : prétérit pour exprimer des actions terminées et *pluperfect* pour un *flashback*.

Exercices

1 ★ 5 min **Mettre le verbe au prétérit ou au *present perfect*.**

a. Yesterday, the memorial (open) ...... its doors. Many visitors (arrive) ...... early in the morning.

b. Today is Remembrance Day – that is why I (buy) ...... a poppy! There (be)...... so many victims who (perish) ...... during World War I.

c. Since Martin Luther King and Malcolm X (die) ......, American people (denounce) ...... racism.

d. Rosa Parks (receive) ...... the Congressional Gold Medal some years ago.

Aide à la restitution :
Présenter clairement la chronologie des actions (*Before... After... While...*).
Ne pas paraphraser le texte mais utiliser des synonymes pour prouver sa bonne compréhension.
Rendre compte de l'explicite et de l'implicite du texte.

2 ★★★ 20 min **Compréhension écrite**

I was walking up and down near the Y. M. C. A. building, thinking of what I was going to say in the coming supper meeting, when the playing in the field alongside stopped as if by a silent, but imperious command. An awful hush settled on everything. This was a symbol of what had taken place all over Delhi and India. What had happened? One of the players ran over to me and broke the news; the Mahatma had been shot and killed on his way to the prayer meeting!

Gandhi: Portrait of a Friend,
by E. Stanley Jones Foundation, 2019

a. Relever les informations sur les personnages et sur le contexte (lieu – temps).

b. Faire une frise chronologique pour représenter la chronologie des différentes actions.

c. S'appuyer sur des indices pour imaginer l'état d'esprit de la population.

d. Reformuler le sens de ce texte.

Art et pouvoir

Cours

1 Enjeux

This poster made by Shepard Fairey is one of the most iconic pictures of Barack Obama, which was used for the 2008 presidential campaign.

As a popular form of expression, art has traditionally been used by people in power to reinforce their legitimacy. Today, new art forms have become popular, like Hollywood movies, which may be used as propaganda as they indirectly support the US government and their policies – see patriotic films glorifying the power of the US army for instance.

However, artists tend to have become more and more critical of canonical (= conformist) art sponsored by people in power. Even if art as a form of protest has always existed, this criticism is now more widespread as it is being expressed in the streets, Bansky's irreverent portrait of the Queen or Illma Gore's disadvantageous portrait of Donald Trump being cases in point.

2 Grammaire

a. Les propositions subordonnées de but

▶ Pour répondre à la question *What... for?* (= Dans quel but... ?), on emploie une proposition infinitive (verbe précédé de *to*). Cet infinitif peut être renforcé par les expressions : *so as to...* ou *in order to...* Ex. : *The government in the UK reintroduced free admission for national museums in 2001* ***to*** *have* ***/ so as to*** *have* ***/ in order to*** *have a wider range of visitors.*

▶ À la forme négative, *not* se place devant l'infinitif.
Ex. : *They commissioned a different artist* ***not to be accused of favouritism.***

▶ Lorsque le sujet de l'infinitive est différent du sujet de la phrase principale, on le fait précéder de *for*.
Ex. : *The artist painted this mural [**for everybody to see his artwork**].*

Mots clés

- an **artwork** /ˈɑːtwɜːk/ = an art piece
- to be **committed** (engagé)
- a **commission** /kəˈmɪʃn/ (commande)
- to **criticise** = to ex**press** **cri**ticism
- **defiant** /dɪˈfaɪənt/ (refractaire)
- to ex**hi**bit /ɪgˈzɪbɪt/ ≠ a exhi**bi**tion /ˌeksɪˈbɪʃn/
- a **pa**tron /ˈpeɪtrən/ (un mécène)
→ to **pa**tronize /ˈpætrənaɪz/ an artist
- to **praise** /preɪz/ = to **ce**lebrate
- a sa**tire** /ˈsætaɪə/ → to be sa**ti**rical /səˈtɪrɪkl/
- to shed a **po**sitive light
- to sup**port** /səˈpɔːt/ (soutenir) = to sponsor /ˈspɒnsə/

b. Les subordonnées de temps

▶ Employer différentes conjonctions en fonction de la temporalité visée :
– concomitance : *when... – while... – as....*
– chronologie : *before* (avant) – *after* (après) / *as soon as...* (dès que) – *until* (jusqu'à ce que).

▶ Dans les subordonnées de temps, on emploie le présent pour exprimer une action future (même s'il est traduit par un futur en français).
Ex. : ***When the museum opens**, visitors will see the whole collection of paintings from the 19th century* (= Quand le musée ouvrira).

c. Les subordonnées d'opposition et de paradoxe

▶ D'autres conjonctions permettent d'exprimer d'autres types de relation, comme :
– l'opposition : *while..., whereas...*
Ex. : *The president prefers contemporary art* ***whereas the first lady loves more traditional artworks.***
– le paradoxe : *even if..., although...*
Ex. : ***Even if many people criticise street art**, it has become more and more popular nationwide.*
Pour exprimer l'opposition, ne pas confondre l'emploi de ces conjonctions avec *despite* ou *in spite of* (malgré), qui sont suivis d'un nom. Ex. : *Despite people's criticisms, ...*

Méthode

1 Dialoguer sereinement

▶ Penser à **développer les réponses** : ne pas se contenter de répondre « oui » ou « non », mais « oui, parce que... », « non, à cause de... ». Il est possible d'éviter les moments de silence inconfortables pour se donner un temps de réponse : c'est le rôle des ***gap-fillers***, ces petites expressions comme *"you know"*, *"sort of"*, *"well..."*.

▶ Pour **relancer la conversation**, une technique consiste à **reprendre** un **des mots utilisés** par son interlocuteur :

– pour **faire un commentaire** ;

A : *I love this artist.*

B : *This artist? He's an amateur!*

– pour rebondir et **apporter de nouvelles informations**.

A : *I'd like to go and visit the new art gallery.*

B : *The new one? Are you talking about the one on Grosvenor street?*

A : *Grosvenor street indeed, next to the supermarket.*

Exprimer ses arguments

To my mind...
In my opinion / viewpoint / point of view, ...
Personally, I believe...
To me, ...
I agree... / I disagree with... on...
I have mixed feelings about...

2 Débattre

▶ **Préparer** le débat en anticipant les **arguments** de chacun (notamment le pour et le contre, les causes et conséquences, les risques potentiels, etc.) ainsi que le **lexique** correspondant.

▶ Savoir **exprimer ses idées** clairement.

Ex. : *I am sure that... – I strongly believe – I am persuaded – I have mixed feelings about...*

▶ Être dans l'**écoute active** : démontrer son intérêt en posant des questions, **reformuler** des arguments pour s'assurer de les avoir bien compris.

Ex. : *As you've said, ... – What you are saying is that..., right? – If I understand well, ... – In other words, ... – To put it differently, ...*

▶ **Respecter** la parole de son interlocuteur. Exprimer poliment tout différend, en essayant de **trouver des points d'accord** avant de **soulever les points polémiques**.

Ex. : ***I agree with you*** *on the idea that artists' main purpose is not to deal with politics.* ***However,*** *some artists have recently taken part in campaigns with strong political overtones.*

Exercices

1 ★ 10 min **Reformuler les idées suivantes en utilisant une proposition subordonnée.**

a. Despite the rain, many visitors went to the opening of the art gallery.
b. Contrary to my brother, who loved the exhibition, I hated it.
c. During the holidays, many students can visit museums.
d. The artist painted this portrait of the queen for one reason: he wanted to praise her.
e. I will take part in the commemoration tomorrow. I will wear a poppy.
f. The president started his speech. Just after, everybody stopped talking: they wanted to honour the victims of the bomb attacks.

2 ★★★ **Préparer le débat suivant : *Artists should not deal with politics*.** (10 lignes pour chaque camp)

Imaginer les arguments et contre-arguments.
Penser à des exemples d'œuvres d'art pour justifier ses idées.

Cours

1 Enjeux

Change is undeniably under way. Our Western society has become more willing than ever to fight against all sorts of discrimination and prejudices on the grounds of age, sex, sex orientation, race or religion. To increase social cohesion, all minority groups should be given recognition, just like all gaps – the gender gap or the generation gap for example – should be bridged.

As a consequence, our laws have been evolving, in some countries faster than in others, to grant legal protection to minorities or specific groups, and even extend their rights. This greater legitimacy is also conveyed by more politically-correct expressions: "the handicapped" being replaced by "the disabled" or "old people" by "the elderly", etc.

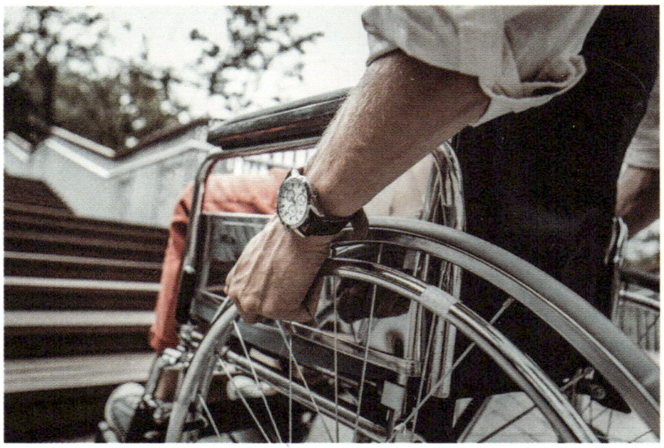

The 21st century has been promoting the idea that our society should be more inclusive and embrace previously isolated minority-groups.

2 Grammaire

a. Les propositions subordonnées relatives

▶ Une proposition subordonnée relative est une proposition qui complète un groupe nominal appelé « antécédent ». Les informations qu'elle apporte peuvent :
– être données à titre indicatif (propositions appositives). Ex. : *My mother, **who is a strong activist in favour of women's rights**, is very active.*
– ou servir à définir l'antécédent (propositions déterminatives). *Ex.* : *The most famous association **that is fighting against racial discrimination in the US** is the NAACP.*

▶ Le choix du pronom relatif dépend en partie du type de relative :
– les propositions appositives sont forcément introduites par un pronom en *wh-*. Ex. : *My best friend, **who is gay**, is discriminated against.*
– les pronoms *that* ou *Ø* ne sont possibles que dans les relatives déterminatives. Ex. : *The Gay Liberation March **that was organized by the LGBT community in Chicago in June 1970** was the first of a long series.*

Il y a d'autres facteurs, comme la qualité de l'antécédent (humain ou inanimé) et la fonction du pronom dans la phrase (sujet ou complément) qui conditionnent le choix du pronom relatif.

Ex. : *The act **which / that has been the most extensive disability rights legislation in the US** was passed in 1990.*

Mots clés

- *to **bridge** cultural **barriers** /ˈbæriəz/* (réduire les écarts culturels)
- *the **disabled** /dɪsˈeɪbld/* (les personnes handicapées) → ***disability** /ˌdɪsəˈbɪləti/*
- *to **discriminate against** minority groups*
- ***equal** /ˈiːkwəl/ ≠ **unequal** → an **inequality** /ˌɪnɪˈkwɒləti/*
- ***fully / well integrated** /ˈɪntɪgreɪtɪd/*
- ***inclusion** /ɪnˈkluːʒn/ → to be **included***
- ***mainstream** /ˈmeɪnstriːm/*
- *on an **equal footing** /ˈfʊtɪŋ/* (sur un pied d'égalité)
- *a **prejudice** /ˈpredʒudɪs/ (préjugé) → to be **prejudiced against**...* (avoir des préjugés à l'encontre de...)

	Proposition relative appositive		Proposition relative déterminative	
Fonction du pronom relatif	Antécédent humain	Antécédent inanimé	Antécédent humain	Antécédent inanimé
Sujet	*who*	*which*	*who / that*	*which / that*
Complément	*who / whom*		*who(m) / that / Ø*	*which / that / Ø*

b. Traduction de « ce qui, ce que... »

Pour reprendre toute une proposition déjà énoncée, utiliser ***..., which***.

Ex. : *The gender gap hasn't been bridged yet, **which is a shame**.*

c. Reprise de toute la proposition

Pour annoncer ce qui suit, utiliser ***What...*** Ex. : ***What** we need is a more diverse working force.*

Méthode

1 Élargir son vocabulaire

▶ Utiliser un **lexique précis** et **non répétitif**. Penser aux **préfixes** et **suffixes** pour composer des mots. Ex. : *discrimination* (nom) → *discriminatory* (adjectif). **Éviter les mots passe-partout** comme *good, bad, important* et *big*, et trouver des synonymes en fonction des contextes.

Synonyms for good	*Synonyms for bad*	*Synonyms for big / important*
*a **talented** writer*	*a **mean / nasty** child*	*a **famous / well-known** person*
*a **positive** measure*	*an **unsuccessful** move*	*a **significant** policy*
*the **right** choice*	*the **wrong** time*	*a **major** change*
*a **fascinating** job*	*a **serious** disease*	*a **hot** issue*
***fine** prospects*	***poor** prospects / conditions*	*a **turning-point / a key** moment*

▶ De la même manière, éviter d'employer la **structure *very* + adjectif**, mais employer plutôt le mot précis et souvent moins fréquent. Ex. : *furious* au lieu de *very angry*, *destitute* au lieu de *very poor* ou *opulent* au lieu de *very rich*.

▶ Développer des **banques de mots** à apprendre, **en contexte** ou en lien les uns par rapport aux autres (avoir des stratégies de mémorisation par **antonymes, synonymes** ou **champs lexicaux**). Apprendre des mots nouveaux avec leurs **expressions idiomatiques.** Les dictionnaires en ligne sont des outils précieux pour ce faire.
Ex. : *race* → *a race riot, race relationships, racial hatred, racial prejudice, to end racial discrimination*, etc.

2 Passer de la phrase simple à la phrase complexe

▶ La **phrase minimale** (sujet – verbe – complément direct) donne le sens de base d'une phrase, auquel il faut **ajouter des éléments** pour en faire un énoncé plus complexe ou plus sophistiqué, pour exprimer des **idées plus subtiles.**

▶ Possibilité d'utiliser :
- un **adjectif** pour donner une précision sur un nom. Ex. : *a **vocal** minority group* ;
- un **adverbe** pour préciser le sens d'un verbe ou d'un adjectif. Ex. : *a **definitely** better recognition* ;
- un **complément circonstanciel** pour préciser le temps ou le lieu de l'action. Ex. : ***over the past few years*** ;
- une **proposition subordonnée.** Ex. : *even if some groups, **who have traditionally been isolated**, are still not fully integrated into mainstream society.*

Exercices

1 ★ 5 min Utiliser le bon pronom relatif dans les paires suivantes.

a. Same-sex marriage, which / that was recognized in the US in 2015, is still controversial elsewhere.

b. The Hispanic communities who / whom live near the Mexican border usually speak Spanglish.

c. The immigrants whose / whom parents are educated are usually better integrated.

d. The minority group that / Ø has gained the greatest recognition over the past few years is definitely the LGTBQ group.

2 ★★ 15 min Intégrer tous les mots et groupes de mots suivants dans une seule phrase complexe (plusieurs possibilités).

a. Schools – foster global awareness – cross-cultural understanding – both beneficial to students – learn essential skills – today – globalised world.

b. Many universities – efforts – improve – situation for minority students – past few years – still obstacles.

c. Diversity & Inclusion trainings – more and more common – multinational companies – employees – realize – prevalence of biases – work and personal life.

d. Inclusive policies – provide – guidelines – support – full integration of all employees – workplace – eliminating discrimination – facilitating diversity.

3 ★★★ Préparer le débat suivant :
Mainstream society should adapt to minority groups, instead of forcing minorities to fit into it.
(5 arguments pour chaque camp)

Fictions et réalités

Cours

Numerous science-fiction movies and novels are offering futuristic visions of our society, both anticipating limitless possibilities but also warning about serious dangers for the balance of the Planet.

1 Enjeux

Our literary heritage is divided into different genres and sub-genres which may offer a wide range of distinctly unique works of fiction. In Anglo-American literature, the writers' particular use of imagination has been a key element not to underestimate. Indeed, if some novels offer a clever mix of reality and fiction, others fully reject realism for the sake of pure fantasy.

The creation of imaginary worlds should not just be regarded as the representation of naïve minds nostalgic for fairy tales. It may also inspire our current society, as what is only science fiction may become reality in the future. Besides, by anticipating some dangers, science fiction novels are giving the reader a warning sign of what may be in store if the right choices are not made. It may show us what kind of future we should embrace or avoid.

2 Grammaire

a. L'expression de la condition

▶ Pour exprimer une condition, on utilise les conjonctions :
– *if / provided / as long as*. Ex. : *I love science-fiction* ***if / as long as / provided*** *there are no stories of nonsensical aliens in it.*
– *unless*. Ex. : *I love science-fiction* ***unless*** *there are stories of nonsensical aliens in it.*

▶ Il existe 3 types de structures principales :
– pour exprimer une simple condition, réalisable : *If* + présent → *will* + V.
Ex. : *If you* ***read*** *the book, you****'ll know*** *the end of the story.*
– pour exprimer une condition réalisable mais avec des réserves : *If* + prétérit → *would* + V.
Ex. : *If you* ***saw*** *on stage the adaptation of Dracula, you* ***would*** *certainly* ***like*** *it* (on dit implicitement qu'il ne t'est pas si simple d'assister à cette représentation).
– pour exprimer l'irréel, une situation contraire à celle qui a effectivement eu lieu : *If* + *pluperfect* → *would have* + participe passé. Ex. : *If I* ***had seen*** *the movie adaptation, I* ***wouldn't have read*** *the whole book.*
Pour parler d'une situation contraire à la réalité, le prétérit qui suit la conjonction peut aussi être un prétérit modal – *were* à toutes les personnes pour l'auxiliaire *be*. Ex. : ***If I were*** *you* (si j'étais toi).

b. L'expression du souhait avec *wish* et *if only*

I wish et *if only* sont interchangeables, et possibles avec trois constructions :
– le désir d'une action future : *I wish he would do it*. J'aimerais qu'il le fasse à l'avenir.
– le regret portant sur une situation présente : *If only he were a novelist*. Il n'est pas romancier aujourd'hui mais si seulement il pouvait l'être.
– le regret portant sur une action passée : *I wish she had been a film-maker*. Elle n'a pas été réalisatrice mais j'aurais aimé qu'elle l'ait été.

Mots clés

- **cli-fi** /ˈklaɪ faɪ/ = **climate-fiction** /ˌklaɪmət ˈfɪkʃn/
- **fantasy** /ˈfæntəsi/ = **imagination** /ɪˌmædʒɪˈneɪʃn/
- **fictional** = **fictitious** /fɪkˈtɪʃəs/ ≠ **real-life** /ˌriːəl ˈlaɪf/
- **future** /ˈfjuːtʃə/ → **futuristic** /ˌfjuːtʃəˈrɪstɪk/
- to hold in **store** /stɔː/ (réserver pour le futur)
- an **imaginary** /ɪˈmædʒɪnəri/ world
- **progressive** ≠ **retrogressive** /ˌretrəˈgresɪv/ = **backwards** /ˈbækwədz/
- **realistic** /ˌriːəˈlɪstɪk/ ≠ **idealistic** /ˌaɪdiəˈlɪstɪk/
- **science-fiction** /ˌsaɪəns ˈfɪkʃn/ = **sci-fi** /ˈsaɪ faɪ/
- **state-of-the-art** /ˌsteɪt əv ði ˈɑːt/= **sophisticated, advanced**
- **utopian** /juːˈtəʊpiən/ = **perfect, ideal** /aɪˈdiːəl/ ≠ **dystopian**

Méthode

Flasher cette page avec l'application Bordas flash page pour écouter l'enregistrement.
Titre : ***"For Teens, dystopian fiction seems pretty real — and that's why they like it."***

1 Comprendre un document oral

▶ Avant l'écoute : **faire des hypothèses** à partir du **titre** donné.

▶ À la 1re **écoute** : s'appuyer sur les **images** ou **bruits de fond** qui accompagnent la bande-son le cas échéant pour saisir le contexte. Indiquer les changements d'intervenants s'il y en a plusieurs (mettre A : au début, puis si quelqu'un d'autre intervient : B, C etc.)

▶ Noter les **mots transparents, répétés** ou **faciles** à comprendre pour saisir le sens général du document. S'appuyer aussi sur les **mots clés** (= **mots lexicaux porteurs de sens** comme les noms, adjectifs, verbes etc.) qui portent un **accent primaire.**

▶ Pour la **prise de notes** : ne pas hésiter à utiliser des **abréviations** (tronquer les mots, ex. : *system* → *syst*, ou ne garder que des consonnes, ex. : *government* → *gvt*. La syllabe finale peut aussi être abrégée, ex. : terminaison en *-tion* → -° comme *communicat°*, ou mot terminé en *-ment* → -t comme *improvemt*. S'entraîner à utiliser des **symboles** ou signes mathématiques pour gagner du temps (augmenter = ↗, femmes, hommes = ♀♂).

L'essentiel est d'être **efficace dans la prise de notes** : ne pas chercher à copier des phrases entières mais se focaliser sur les informations elles-mêmes.

Info BAC

Une des **épreuves de contrôle continu en 1re** consiste à évaluer la **compréhension orale.**
Les modalités sont les suivantes : 3 écoutes d'un **document audio ou vidéo** d'**1 minute 30** maximum, une pause d'une minute entre chaque écoute ; possibilité de prendre des **notes** ; **restitution en français** de l'intégralité du sens du document (en LVA, on demande aussi la restitution de l'**implicite**) de manière libre ou guidée (avec des questions). Le titre est donné en début d'épreuve.
En 1re, le temps imparti pour cette épreuve est de 20 minutes hors écoutes.

▶ À la **pause** à l'issue de la 1re écoute, **relire ses notes** et essayer de les **organiser** : indiquer plus précisément ce que l'on sait des **différents interlocuteurs** et identifier les **informations manquantes** (si des listes ont été données et que l'on n'a pas eu le temps de noter tous les éléments : rajouter des tirets qui aideront à identifier les passages à compléter lors de la 2e et 3e écoute).

▶ Lors des **2 écoutes suivantes** : compléter les **informations manquantes.**

2 Restituer le sens en français

▶ **Rendre compte de l'intégralité** des informations comprises, de façon **logique** et **ordonnée**, pas nécessairement chronologique. Il faut identifier la **nature de l'extrait** – bulletin d'informations ? Programme télévisé ou radiophonique ? Extrait de film ? – pour **identifier les interlocuteurs** : présentateur ? Invité ? Envoyé spécial ? Témoin ?

▶ **Sur le brouillon : possibilité d'utiliser des flèches et des couleurs** pour relier les informations qu'il conviendra de restituer ensemble. **Barrer les informations** au fur et à mesure de la restitution pour rendre visible les éléments à restituer et ne pas en oublier.

▶ En LVA, rendre compte de l'**implicite** : le ton de l'intervenant ou des propos saccadés peuvent trahir son émotion, un débit rapide peut révéler une certaine excitation ou un danger. La **finalité** visée par le locuteur est un autre élément qui relève de la compréhension implicite : prend-il la parole pour informer, dénoncer, célébrer ?

Exercices

1 ★ 10 min **Repérer la conjonction, puis choisir la bonne réponse parmi les différentes propositions.**

a. All the characters in the novels will die unless the dictatorship [is / is not] abolished.

b. Cli-fi novels would become more and more popular provided people [felt / feel / will feel] concerned.

c. If J. K. Rowling had not written the Harry Potter series, we [would lose / would have lost / will lose] a masterpiece of British literature.

d. I wouldn't do it if I [am / will be / were] you.

e. I wish I [discovered / would discover / had discovered] The Lord of the Rings earlier – pure fantasy, it's brilliant!

2 ★★★ **Écouter trois fois le document audio en flashant cette page, et en restituer le sens en français.**

Essayer de ne pas dépasser le ¼ d'heure pour la restitution.

Citoyenneté et mondes virtuels

AUDIO bordas Flash PAGE

Méthode

El documento audio es un extracto titulado *El peligro de las «fake news» o noticias falsas*.
Fue emitido el 15/10/2018. La duración es de 1'42.
Flashez cette page avec l'application Bordas Flash Page pour aller sur le lien du document.
Le passage à écouter démarre à 11:45 jusqu'à 13:27.

Comprendre un document audio/vidéo et rédiger sur une question du thème abordé

a. Comprendre, prendre des notes pendant l'écoute d'un document audiovisuel

▶ **Le titre du document** écrit au tableau au début de l'épreuve **anticipe** dans la plupart des cas **sa thématique.** L'enregistrement, d'une durée approximative d'une minute et trente secondes, sera diffusé 3 fois, avec une pause d'une minute entre chaque écoute.

▶ Il est important d'avoir en tête un schéma d'organisation qui permette de repérer les éléments essentiels pour ensuite, pouvoir les réutiliser dans l'expression écrite.

▶ Un tableau de ce type peut permettre de cibler les points importants.

Écoute 1 (Compréhension orale **globale**)
Nature du document : *una emisión de radio* Thème principal : *las noticias falsas* Personne(s) qui raconte(nt) l'histoire : *Benito Berceruelo, consejero delegado de Estudio de Comunicación y dos periodistas* Objectif : *informativo*
Écoute 2 (Compréhension orale **fine**)
Thèmes secondaires : *los medios más fiables en los medios de comunicación* Structure et informations : *según un estudio las noticias falsas proliferan en la red mientras que la prensa escrita es más fiable*
Écoute 3 (Compréhension orale de **détail**)
Nuances et détails : *Una encuesta realizada a casi quinientas personas (periodistas, políticos, empresarios, gente con acceso a una información de calidad) concluye que :* *– la proliferación de las noticias falsas en la red (los medios online o internet);* *– las imágenes trucadas de los vídeos en las redes sociales es mayor así que el impacto que estas producen en los jóvenes;* *– por ejemplo en Twitter cuando la noticia es falsa se retuitea el 70% más que si la noticia fuera verdadera;* *– la prensa escrita y las Webs oficiales, como en Radio Nacional, son más fiables porque tienen más tiempo y filtran más.*
Tonalité et ambiance : *pesimista o negativa.*

▶ Commencer par repérer les **grandes lignes** de l'enregistrement : le thème, les intervenants, les indices, le champ lexical, les idées importantes. Ils aident à **élaborer un plan.**

▶ **Les étapes de compréhension fine et de détail** fournissent la matière au développement, et aux différentes informations, surtout thématiques.

Elles **nuancent** ou **précisent** les propos tenus précédemment.
Attention : Il ne faut pas traduire des phrases d'une langue à une autre, ni citer des passages de l'écoute en français ou en espagnol ni même donner son opinion.

▶ Quand toutes les données sont organisées, il faut rédiger le compte-rendu en français.

b. Expression écrite sur l'enregistrement

À l'issue de la troisième écoute, une ou deux questions seront posées, auxquelles il faut répondre en espagnol.
Par exemple : *¿Cómo usas las redes sociales? ¿Te parece preocupante que algunos medios de comunicación no sean fiables y den noticias falsas?* (voir exercice 3)

▶ Il est nécessaire de bien **lire la consigne.** Elle guide sur l'emploi des pronoms personnels sujet, sur une forme verbale ou sur une structure syntaxique déterminée.

▶ Il faut **aller à l'essentiel** et **mettre en place de manière cohérente** son expression écrite (**une phrase introductive, des parties** et **une conclusion**).

– *Para empezar o comenzar*: *primero* (d'abord, en premier), *de entrada* (d'emblée).
– *Para continuar y desarrollar las ideas*: *a continuación, luego, después* (ensuite), *además* (de plus), *por una parte/ por un lado... por otra parte/ por otro lado* (d'une part, d'un côté... d'autre part, de l'autre côté).
– *Sacar conclusiones*: *al final, finalmente* (à la fin, finalement), *al fin y al cabo* (en fin de compte), *en resumidas cuentas* (en résumé), *para concluir* (pour conclure).

▶ Utiliser aussi **les connecteurs logiques et les conjonctions de coordination.**
Ils explicitent les relations entre les diverses étapes :
– la **cause** : *porque* (parce que), *por* (à cause de, en raison de, etc.) *por eso* (c'est pour cela que, c'est pourquoi), *a causa de* (à cause de) ;
– le **but** : *para* (pour), *con el fin de* (afin de) ;
– la **conséquence** : *por consiguiente, por lo tanto* (par conséquent), *entonces* (donc, alors) ;
– la **complémentarité** : *también* (aussi), *además* (de plus, en plus), *y* (et) *o* (ou) ;
– l'**opposition**, la **restriction** : *mientras que* (tandis que), *pero* (mais) et *sin embargo* (néanmoins).
Attention ! Il faut veiller à l'orthographe et à la syntaxe.

Cours

1 Lexique

a. Las nuevas tecnologías

un blog: un blog
un/a bloguero/a: un/e blogueur/euse
el internauta: l'internaute
el chateo, chatear: le chat, chatter
las redes sociales: les réseaux sociaux
el foro: le forum de discussion
el buscador: le moteur de recherche
la contraseña: le mot de passe
el correo electrónico: le courrier électronique
el buzón: la boîte mail
el enlace: le lien
la mensajería: la messagerie
la página web: la page web
la descarga: le téléchargement
el pirata informático: le pirate informatique
piratear: pirater
el ciberacoso: le cyberharcèlement
la vida privada: la vie privée
la libertad de expresión: la liberté d'expression
conectarse: se connecter
crear su perfil: créer son profil
colgar en Internet: mettre en ligne
gustar: liker
navegar por Internet: naviguer, surfer

b. Extracto audio o televisivo

el/la locutor/a, el/la periodista: le/la présentateur/trice, le/la journaliste
una emisión de radio: une émission de radio
una emisión televisiva o de televisión: une émission de télévision
las noticias: le journal télévisé
un documental: documentaire
una entrevista: une interview
un experto: un expert

2 Rapporter un discours

Dans le style direct, le discours est transcrit tel qu'il a été rapporté. Dans le style indirect, le discours permet de transformer le dialogue en récit.

▶ Si c'est une phrase déclarative, elle est introduite par les verbes : *anunciar, avisar, comentar, contestar,* ***decir****, explicar [****qu****], pretender*... + que + indicatif.

▶ Si c'est une phrase interrogative, elle est introduite par le verbe introducteur :
preguntar + si/cuándo/cómo/quién...+ indicatif.
Dans les questions au style indirect, les mots interrogatifs conservent l'accent.

▶ Si c'est une phrase impérative, elle est introduite par les verbes :
aconsejar, ***decir****, exigir [j], pedir [i]*... + que + **subjonctif**.
L'impératif devient subjonctif dans le style indirect.

Phrase	Style direct	Style indirect
Déclarative	*El joven* ***dice: «hago*** *montajes falsos****»****.*	*El joven* ***dice que*** *hace montajes falsos.*
Interrogative	*¿****Vas a ir*** *a la emisión de radio?*	***Pregunta si vas a ir*** *a la emisión de radio.*
Impérative	*¡****Mándame*** *un WhatsApp!*	***Le aconsejó que le mandara*** *un WhatsApp.*

Attention ! Au style indirect, d'autres modifications sont à faire :
– certains signes de ponctuation disparaissent : les tirets, les guillemets, etc. ;
– il faut respecter la concordance des temps : l'impératif devient subjonctif dans le style indirect ;
– les pronoms changent, et parfois les adverbes et locutions temporelles : *Ella* ***dijo: «Mañana os*** *espero en las ondas****»****.*
→ *Ella* ***dijo que al día siguiente nos*** *esperará en las ondas.*

Exercices

1 ★ 10 min **Grammaire**

Pon estas frases en estilo indirecto.

a. Los jóvenes dijeron: «¡Es muy fácil utilizar las redes sociales!»
b. La periodista le preguntó a los adolescentes: «¿Cuidáis vuestra privacidad?»
c. Una joven a otra le pidió: «¡Envíame un correo electrónico!»

2 ★★ 15 min **Compte-rendu**

Haz el resumen en francés del extracto del documento audio: *El peligro de las «fake news» o noticias falsas.*

3 ★★★ 30 min **Expression écrite**

¿Cómo usas las redes sociales? ¿Te parece preocupante que algunos medios de comunicación no sean fiables y den noticias falsas? (Unas 15 líneas)

Méthode

La manifestación del Día Internacional de la Mujer

▶ **El 8 de marzo de 1977, las Naciones Unidas oficializaron el Día Internacional de la Mujer.** Este día reivindica la igualdad entre los hombres y las mujeres.

▶ **El derecho al voto de las mujeres** fue reconocido con la aprobación de **la Constitución española de 1931. El 19 de noviembre de 1933, las mujeres españolas acudieron por primera vez a las urnas.**

▶ **El 8 de marzo de 2018 fue la primera huelga feminista en España y en el mundo.** En España, esta movilización masiva reunió a más de 5 millones de mujeres. Ellas son las primeras víctimas de la precariedad, de la austeridad y de la violencia doméstica.

▶ **El 25 de noviembre** se conmemora **el Día Internacional de la Eliminación de la Violencia contra la Mujer** o **el Día Internacional de la No Violencia de género.**

▶ **La primera ley integral contra la violencia de género** en Europa fue **la Ley Orgánica de Medidas de Protección Integral contra la Violencia de Género** que aprobó el gobierno socialista de José Luis Rodríguez Zapatero. La Ley se publicó el 29 de diciembre de 2004. **En 2018, 47 mujeres fueron asesinadas en España** por sus parejas o exparejas.

▶ Por oposición, **el gobierno español** ha incluido **la ampliación progresiva de los permisos de paternidad a 16 semanas en 2021.**

▶ **Otras preocupaciones** son **el proyecto de ley a favor de la legislación del aborto en Argentina** y la denuncia de **los feminicidios en México.**

▶ **El morado** es el color tradicional de las feministas y **el triángulo invertido** en la cabeza forma parte de otro de los símbolos de este movimiento.

Commenter et analyser une photographie

Pour analyser un document iconographique, ici une photographie, il faut prendre le temps de l'observer et se servir des indications qui sont données.
Utiliser plusieurs lexiques pour organiser le commentaire de la photographie : le lexique du thème et celui lié au type d'œuvre étudié.

a. Présenter le document

▶ Ces éléments de repérage permettent de faire une introduction ciblée :
– ***El tipo de documento***: un document iconographique (*una fotografía, un cuadro, etc.*)
– ***El artista***: *un/a fotógrafo de prensa, de arte.*
– ***El texto (el título, la leyenda o el artículo)***:
La manifestación del Día Internacional de la Mujer.
– ***La fotografía*** *(constituida por líneas, planos, tintes).*
– ***El lugar, la/s fecha/s de realización de la fotografía***: l'époque (*pasada, clásica ≠ actual, siglo XX, siglo XXI*).
La fotografía fue sacada en España.
– ***El género***: *periodística (reportaje)*, portrait (*retrato, cuerpo entero, busto, retrato de perfil/frontal, individual o de grupo*), paysage (*paisaje, panorama*), scène de genre (*escena de género*), nature morte (*bodegón*), *etc.*
– ***El estilo***: *la fotografía (documento, crítica, denuncia social, estética, creativa, etc.)*
La fotografía es periodística y refleja la realidad social de las mujeres españolas.

b. Analyser la photographie

▶ Dans la plupart des cas, le titre de la photographie donne les clefs pour comprendre sa nature, et permet de répondre aux questions de base : **Qui ?** (Quelles personnes ? La répartition sur la photo ?) **Où ? Quand ?** (Il faut se demander où et à quel moment se passe l'action). **Quoi ?** (Qu'est-ce qui est évoqué). Ces questions évitent la paraphrase.
Las protagonistas y las organizadoras de esta manifestación multitudinaria son las mujeres.
Las mujeres manifiestan este día tan señalado en la calle. Ellas pretenden que todo el mundo conozca el problema de la violencia de género.
Comment ? et **Pourquoi ?** servent à approfondir le document.
La description de la photographie peut se faire de gauche à droite ou de haut en bas, etc.

▶ Pour analyser une photographie, il est nécessaire de trouver les lignes directrices : le style, la composition, les formes, la lumière (*la luz*), les couleurs, la mise en scène (*la puesta en*

escena), le point de vue (*el punto de vista*), etc.
Lo borroso de la parte derecha del primer plano y del fondo deja paso a la nitidez del centro de la fotografía.
La fotografía destaca el plano medio de la joven que muestra una pancarta en la que está escrito: «Si mañana me toca a mí, quiero ser la última».
Los carteles, las pancartas, las caras pintadas y los gritos de las manifestantes reclaman que la situación cambie.

c. Conclure et émettre un avis

▶ Finalement, dire ce que le photographe évoque, émettre une hypothèse sur son intention, sur le message véhiculé.
El mensaje visual de la fotografía muestra que...
Las mujeres denuncian las desigualdades y las violencias que aún padecen.

▶ Terminer en exprimant son opinion : la photographie évoque (*la fotografía evoca*), je pense que (*pienso que*), je crois que (*creo que*), à mon avis (*en mi opinión, para mí, a mi parecer*), (à moi) il (ne) me semble (pas) que *[(a mí) (no) me parece que]*, j'ai du mal à croire que (*me cuesta creer que*).
A mi parecer la situación actual no puede seguir así y los gobiernos tienen que tomar medidas.

Cours

1 Lexique

a. Los derechos de igualdad

el feminismo ≠ el machismo
la violencia machista = la violencia conyugal = la violencia de género
la igualdad: l'égalité ≠ *la desigualdad*: l'inégalité
la huelga: la grève
la manifestación = la protesta
el cartel = la pancarta
el cambio: le changement
cambiar: changer
quitar: enlever
sumiso = obediente
obedecer
la emancipación: l'émancipation
levantar el puño: lever le poing
reivindicar: revendiquer
combatir = luchar contra/por: lutter contre/pour
ser consciente = tomar conciencia de algo

b. Analizar una fotografía

una foto, una fotografía
ángulo picado: plongée
contrapicado: contre-plongée
una exposición: une exposition
una instantánea: un instantané
una fotogalería
una portada de un periódico: la une d'un journal
la portada de una revista: la couverture d'une revue
periodístico/a: journalistique
artístico/a: artistique
la composición (las perspectivas y los planos, la simetría, la escena estática, la horizontalidad, la verticalidad)
las formas ovaladas y cuadradas
en el primer plano / término, en el segundo plano / término, en el tercer plano / término
arriba ≠ abajo, en el centro, en el fondo

2 Grammaire : l'article neutre *lo*

▶ *Lo* + adjectif ou participe passé exprime une caractéristique et se traduit par un substantif ou par « ce qui est ». Il équivaut à *Lo que es* + adjectif ou participe passé.
Lo que es impactante es el cartel.

▶ *Lo* + adjectif + que signifie « combien, à quel point, tellement + verbe conjugué + adjectif ».
Lo maravilloso es que los hombres empiezan a tomar conciencia de este problema.

▶ *Lo de* : « ce qui concerne, ce qui arrive, l'histoire de ».
Lo de ayer me pareció impresionante.

Exercices

1 ★ 5 min **Grammaire**
Responde a las preguntas utilizando el artículo neutro *lo*.
a. ¿Qué te parece importante en esta fotografía?
b. ¿Qué quiere mostrar el fotógrafo?
c. ¿Qué es lo bueno de la historia?

2 ★ 8 min **Expression écrite**
Describe la fotografía, di qué mensaje transmite, a quién va dirigido y de qué manera.
(Unas 15 líneas)

Méthode

Alexandria Ocasio-Cortez, una millennial[1] de origen latino que sacudirá[2] Washington

La joven nació en el Bronx en 1989, siendo hija de un neoyorquino[3] y una puertorriqueña. La joven, que se crió[4] en un barrio pobre, logró entrar en la Universidad de Boston donde se graduó cum laude[5] en Economía y Relaciones Internacionales, pero mientras estudiaba también debía trabajar como becaria[6] en la oficina de inmigración del senador Ted Kennedy. [...] En 2016 logró entrar a la escena política trabajando en la campaña de Bernie Sanders, comenzando así con una carrera que en solo dos años logró forjar.

A pesar de su brillante carrera, Alexandria Ocasio-Cortez se negó a[7] dejar el Bronx, lo que la llevó a trabajar como camarera en una taquería[8] de Union Square, Flats Fix. Pero en menos de un año logró arrebatarle[9] las primarias de Nueva York a **Joe Crawley**, un veterano demócrata. Lo hizo ejerciendo un mensaje simple, pero a todas luces social y muy de izquierdas: todos tendrán derecho a la salud, la vivienda será primordial para los más desfavorecidos, es necesario un control de armas, el salario mínimo debe aumentar y hay que ponerle fin al ICE, la agencia federal que aplica las leyes de inmigración.

Como si no fuera suficiente, la progresista tuvo una campaña de apenas 300.000 dólares, algo muy poco tomando en cuenta el poder que tenían sus contrincantes[10]. Pero Alexandria Ocasio-Cortez no se rindió y emprendió desde lo más básico yendo de puerta en puerta, y hablando con los empleados del Bronx y Queens, los distritos que esperaba protagonizar. Desde el Partido Demócrata empezaron a verla y a sonreír con alegría por lo que Alexandria Ocasio-Cortez es y representa: una mujer latina, trabajadora, con estudios a nivel universitario, estilosa, justa y ambiciosa. Las redes sociales explotaron por esta millennial que empezó a gozar de[11] una gran popularidad en Nueva York, pero también en otras partes de EE.UU.

Alexandria Ocasio-Cortez se perfila como la gran enemiga de Trump porque ejemplifica todo lo que él denigra, es decir, una mujer trabajadora y latina que puede representar fácilmente a varios estratos sociales[12], pero también a las minorías.

Fragmento extraído del artículo « Alexandria Ocasio-Cortez, una millennial de origen latino que sacudirá Washington », publicado en el periódico digital MUNDIARIO.COM el 7 de noviembre de 2018.

1. *una millennial*: *generación nacida entre 1980 y 2000*. 2. *sacudir*: trembler. 3. *neoyorquino*: *de Nueva York*. 4. *criarse*: grandir. 5. *graduarse cum laude*: obtenir son diplôme avec les félicitations du jury. 6. *becaria*: stagiaire. 7. *negarse a*: refuser de. 8. *camarera en una taquería*: serveuse dans un établissement où l'on vend des tacos. 9. *arrebatar*: emporter. 10. *los contrincantes*: les adversaires. 11. *gozar de*: bénéficier de. 12. *estratos sociales*: strates sociales.

Analyser un article de presse

Pour analyser un article de presse, prendre le temps de le lire attentivement.

a. Repérer les éléments essentiels du document

▶ **Le titre** (informatif, accrocheur ou partisan) constitue le résumé de l'article. Il permet de répondre aux questions de base : ***¿quién? ¿qué? ¿dónde? ¿cuándo?***

Alexandria Ocasio-Cortez, una millennial de origen latino que sacudirá Washington.

▶ Quand il y en a un, le **sous-titre** apporte des informations complémentaires.

▶ Prendre en compte les autres sources :

– ***El/la articulista, el/la periodista***

– ***El periódico, el diario*** (le quotidien régional ou national), ***digital*** (numérique), ***el semanal*** (l'hebdomadaire), ***el mensual*** (le mensuel) *y* ***la revista*** (la revue, le magazine).

– ***El país, la/s fecha/s de publicación***:

Mundiario, el 7 de noviembre de 2018.

b. Analyser l'article

▶ **Repérer les mots clés** (parfois en gras, parfois traduits en bas de page) : *Millennial, origen latino, sacudir, ...*

▶ **Étudier la forme :** ***el título*** (le titre), ***3 párrafos*** (3 paragraphes) *y* ***1 conclusión*** (1 conclusion).

El periodista relata la ascensión de... desarrollando a su vez cada párrafo...

Presse

- **Les principaux titres de presse en Espagne** : *El País, El Mundo, ABC, La Vanguardia* et *La Razon*.
- **Les principaux journaux en Amérique latine** : *La Nación* (Argentine), *Clarín* (Argentine), *Excelsior* (Mexique), *La Jornada* (Mexique) et *El Comercio* (Pérou).
- *Mundiario* est publié en Espagne et en Amérique latine.
- **Depuis 1970, la presse hispanique a grandi grâce aux migrants aux États-Unis** : *El Heraldo* (Miami) et *El Diario, La Opinión* (Los Angeles).

▶ Affiner l'analyse en s'interrogeant sur ***cuándo, cómo*** et ***por qué*** ainsi que sur **les causes** et **les conséquences.**

La joven nació en el Bronx en 1989, siendo hija de un neoyorquino y una puertorriqueña.

...logró entrar en la Universidad de Boston donde se graduó cum laude en Economía y Relaciones Internacionales...

...logró entrar a la escena política trabajando en la campaña de Bernie Sanders, ...

...en menos de un año logró arrebatarle las primarias de Nueva York a ***Joe Crawley****...*

derecho a la salud... control de armas... salario minimo... desfavorecidos...

▶ **Les références** et **allusions** déterminent **le ton** de l'article, **le style** du journaliste, **le domaine d'activité** (*especializado, crítico, etc.*), **les enquêtes de l'article** et **son rapport à**

l'information (*distante, comprometido, etc.*) **Le langage** employé laisse entrevoir à quel type de public il va être destiné (*vocabulario científico, económico, político, etc.*) **Le point de vue** exprimé est aussi à considérer.

Alexandria Ocasio-Cortez se perfila como la gran enemiga de Trump porque...

c. Conclure

Par **une chute**, ou une question par exemple pour ouvrir sur un autre sujet.

Cours

1 Lexique

a. Las cualidades y la fuerza moral

el recorrido: le parcours
la voluntad: la volonté
el empeño: l'acharnement
el compromiso: l'engagement
imponerse: s'imposer

b. La diversidad y la inclusión

las minorías: les minorités
la diversidad
la inclusión, incluir

c. Analizar un artículo

la entradilla: le chapeau
los subtítulos: les sous-titres
los párrafos: les paragraphes
un suceso, un acontecimiento: un événement
una portada de un periódico: la une d'un journal
la portada de una revista: la couverture d'une revue
poner en relieve: mettre en relief
subrayar: souligner
el recorte de prensa o de periódico: la coupure de presse ou de journal
el reportaje: le reportage
el documental: le documentaire
la encuesta: l'enquête
una entrevista, una interviú: l'interview

2 Grammaire

Le passé simple

▶ Les verbes réguliers

Le passé simple exprime un fait ponctuel dans le passé. Il est beaucoup plus utilisé en espagnol qu'en français.
Alexandria Ocasio-Cortez regresó al Bronx.

– Les verbes comme *pedir*, *sentir* et *morir* changent la voyelle du radical à la 3e personne du singulier et du pluriel [e > i], [o > u].
Su padre murió de cáncer.

– Le verbe *dar* se conjugue comme un verbe du deuxième et du troisième groupe.
Attention : les verbes ***ser*** et ***ir*** ont le même passé simple.
Alexandria fue de puerta en puerta...

▶ **Les verbes irréguliers**

– Certains verbes comme *andar, caber, estar, haber, hacer, poder, poner, querer, saber, tener, venir* changent de radical au passé simple. Ils se conjuguent comme le verbe *tener* : ***tuve***, *tuviste*, ***tuvo***, *tuvimos, tuvisteis, tuvieron*.
Ex : *La progresista tuvo una campaña de apenas...*

– Les verbes en *-ducir, traer, decir* et leurs composés font : *traducir = tradu**je**, tradu**jiste**, tradu**jo**, tradu**jimos**, tradu**jisteis**, tradu**jeron***
Attention : ces verbes irréguliers ne portent jamais l'accent écrit au passé simple.

Exercices

1 ★ 5 min **Grammaire**

Busca los verbos en pretérito indefinido, indica la persona en la que están conjugados y da el infinitivo en las cuatro primeras líneas.

2 ★★★ 20 min **Compréhension de l'écrit**

a. Analiza el título del artículo y da la información que te proporcionan.

b. Encuentra la/s afirmación/es verdadera/s y justifica con un elemento sacado del texto:
– Alexandria es graduada en Economía y Relaciones Internacionales por la Universidad de Bostón.
– Alexandria es una empleada doméstica.
– Alexandria escribe cuentos en una editorial de libros infantiles.

c. Entresaca los elementos más importantes de la biografía de Alexandria Ocasio-Cortez.

d. Enumera los puntos más importantes de la propaganda política de Alexandria Ocasio-Cortez.

e. Cita las cualidades que posee la legisladora.

f. Anota la importancia de su elección.

Méthode

Al nuevo «muro de la vergüenza» le faltan 2.000 kilómetros

La valla[1] del republicano ya existe y atraviesa ciudades y montañas. Una nueva construcción supondrá un golpe ecológico y una mayor mortalidad entre los migrantes.

Donald Trump anunció el miércoles el comienzo de la construcción «en meses» de un muro a lo largo de la frontera cuya financiación correrá a cargo de México, insistió el magnate presidente en entrevista con la cadena *ABC*.
El muro, según calculó *The Washington Post*, tendrá un costo superior a los 25.000 millones de dólares y requerirá la utilización de miles de obreros durante años.
Sin embargo, éste es una realidad tangible desde hace décadas para miles de mexicanos. «Yo pasaba a Estados Unidos con la naturalidad de quien cruza la calle. Ellos y nosotros hacíamos las compras a uno y otro lado de la frontera sin ningún inconveniente hasta que empezaron a levantar el muro» explica Lee, de 33 años.
Su construcción no es una ocurrencia de Trump. Con la llegada de Bill Clinton al poder, en 1993, los demócratas levantaron, sin escándalo alguno, el polémico muro de la misma forma que Barack Obama ha sido el presidente que más indocumentados ha expulsado durante sus casi ocho años de gobierno; casi 2,6 millones de emigrantes deportados.
Actualmente de los casi 3.200 kilómetros de frontera que comparte México y Estados Unidos, en un tercio de la misma, unos 1.100 kilómetros, hay muro físico. Bardas de concreto[2], rejas[3], planchas metálicas[4] que un día sirvieron para facilitar el aterrizaje de aviones durante la Guerra del Golfo y después fueron reutilizadas a modo de separación entre los dos países.

El país (esp.) *elpais.com*, 26/01/2017.

1. *la valla:* la clôture. 2. *las bardas de concreto:* protection faite de béton. 3. *las rejas:* les grilles. 4. *las planchas metálicas:* les plaques de métal.

Comprendre un texte

Info
El término ***Muro de la Vergüenza*** es el apelativo atribuido por los detractores a los muros de seguridad construidos en los siglos XX y XXI. Esta medida pretende ejercer el control sobre las personas que cruzan este límite e impedir el acceso de un país a otro, en este caso, entre México y los Estados Unidos.

a. Première étape : lire le document

Relever les indications essentielles : auteur, source (roman, extrait, article de presse, etc.) **pays d'origine et date.**
El artículo fue sacado del periódico digital español El país y publicado el 26 de enero de 2017.
▶ Le titre et le sous-titre contiennent des mots-clés qui permettent de saisir le thème général et de répondre aux questions de base : ***¿quién? ¿qué? ¿dónde? ¿cuándo?***
Al nuevo «muro de la vergüenza»...
Una nueva construcción... una mayor mortalidad entre los migrantes.
Donald Trump anunció en 2017 el comienzo de la construcción «en meses» de un muro a lo largo de la frontera.
▶ **Les mots** traduits **en bas du texte** sont importants car ils sont nécessaires pour comprendre le texte.
la valla...
▶ Repérer **le champ lexical** permettra de comprendre l'ensemble des mots qui se rapportent à une même thématique.
– la frontière : *el muro de la vergüenza, la frontera, separación...*
– la construction du mur : *los kilómetros, los obreros, la construcción, levantar...*
– l'immigration illégale : *indocumentados, emigrantes deportados...*

b. Relire le texte

▶ Lire **la totalité des indications et des consignes.** Les verbes à l'impératif *apunta, anota, busca, enumera, di,* etc. signifient *citar*. Cela veut dire qu'il faut s'appuyer sur le texte pour répondre. Dans ce cas, il est obligatoire de mettre des guillemets et d'indiquer les numéros des lignes du texte.
▶ Les questions liées à la compréhension de texte sont généralement **rédigées** suivant **la progression du document.**
▶ Relire ensuite le texte pour y **trouver les réponses aux questions.**
Veiller à **justifier les réponses** lorsque c'est demandé dans la consigne.

Cours

1 Lexique

a. Las personas

el/la inmigrante: l'immigrant/e
el/la emigrante, emigrar: l'émigrant/e, émigrer
un/a indocumentado/a, un/a sin papeles: un sans-papiers
el/la clandestino/a: le clandestin/e
un/a trabajador/a legal ≠ ilegal
un/a extranjer/a: un/e étranger/ère
el/la aduanero/a: le/la douanier/ère
la policia de fronteras: la police des frontières
un pasador, un patero, un coyote: un passeur
los heridos: les blessés
las raíces: les racines
la integración ≠ la exclusión
la humillación: la humiliation

b. Los trámites administrativos

un documento de identidad: un papier d'identité
*ob**tener** los papeles*: obtenir des papiers
el pasaporte, el visado: le passeport, le visa
empadronarse: se faire enregistrer
un permiso de residencia: un permis de séjour

c. Los desplazamientos

los movimientos migratorios = los flujos migratorios
pasar la frontera: passer la frontière
*irse, marcharse, **salir** ≠ llegar*: *partir ≠ arriver*
*quedarse ≠ vo**l**ver*: rester ≠ revenir, rentrer
cruzar: traverser
***ser** detenido*: être arrêté

d. Expresiones

***hacer** las Américas*: partir faire fortune en Amérique
jugarse el pellejo: risquer sa peau, sa vie
un chicano: nom donné aux immigrés mexicains aux États-Unis
un mojado (= mouillé): nom donné aux clandestins qui traversent le Río Grande pour rejoindre les États-Unis

2 Grammaire

a. La préposition *a*

– Pour indiquer un mouvement, un déplacement.
– Après un verbe de mouvement et devant un infinitif.
– Devant un complément d'objet direct de personne.
*Donald Trump anunció **a** los mexicanos que el muro...*
Attention : il y a une contraction de la préposition et de l'article défini *a* + *el* = *al*.

b. La préposition *en*

– Quand il n'y a pas de mouvement, pour indiquer le lieu où l'on se trouve.
– Pour traduire sur.
– Pour se situer dans une époque, marquer un moment.
*Anunció el miércoles el comienzo de la construcción «**en** meses» ...*

c. La préposition *de*

– Pour indiquer l'origine, la provenance.
– Pour indiquer la matière.
– Pour indiquer la possession, l'appartenance.
– Pour caractériser : *El muro **de** la verguenza.*

Exercices

1 ★ 5 min **Grammaire**

Completa las frases con una preposición.

a. Se cumplen tres años ... la visita oficial ... Donald Trump ... México.

b. Los indocumentados vienen ... México y van ... los Estados Unidos.

c. Los mexicanos iban ... comprar allí, sin ninguna dificultad.

d. Barack Obama expulsó ... muchos indocumentados.

e. ... pocos días, acabarán el muro.

2 ★★ 20 min **Compréhension de l'écrit**

a. Analiza el título y el subtítulo del artículo y da la información que te proporcionan.

b. Di qué propuesta anunció Donald Trump y quién financiará este proyecto.

c. Esta frase es verdadera o falsa. «La construcción del muro se hará rapidamente y no costará mucho dinero». Justifica con un elemento del texto.

d. Cita una frase que muestre que las relaciones entre la población local de los dos países han dejado de existir después de la construcción del muro.

e. Elige la respuesta correcta y justifica con un elemento del texto:
– Donald Trump fue el primer presidente al que se le ocurrió la construcción del muro.
– Bill Clinton fue el primer presidente al que se le ocurrió la construcción del muro.
– Barack Obama fue el primer presidente al que se le ocurrió la construcción del muro.

Méthode

El Valle de los Caídos

▶ **El Valle de los Caídos** está ubicado en el valle de Cuelgamuros en el municipio de San Lorenzo de «El Escorial» en la provincia de Madrid. El monumento lo encargó el general Francisco Franco para rendir homenaje a los combatientes nacionalistas muertos durante la guerra civil española (1936-1939). El monumento fue construido entre 1940 y 1958.
Los arquitectos Pedro Muguruza y Diego Méndez participaron en su diseño. Las esculturas corresponden a Juan de Ávalos y Taborda, entre otros.
▶ **Francisco Franco Bahamonde** nació el 4 de diciembre de 1892 en el Ferrol, en la comunidad autónoma de La Coruña, en Galicia y murió el 20 de noviembre de 1975 en Madrid. Ganó la guerra civil española y en 1939 se convirtió en el Jefe del Estado bajo un régimen dictatorial hasta su muerte.
▶ Cada **20 de noviembre**, los partidarios y nostálgicos del régimen se reúnen para conmemorar su memoria. Los detractores luchan por la transformación o la destrucción de «El Valle de los Caídos».

Participer à un débat

Un débat est une discussion orchestrée autour d'un thème. Cette activité permet de s'entraîner à prendre la parole tout en respectant les opinions d'autrui et à argumenter pour convaincre.

a. Les différents rôles

Dans un débat, chacun a son rôle à jouer : d'un côté, l'organisateur, et de l'autre, les participants.
▶ **L'organisateur du débat** veille à ce que tous les participants s'expriment et respectent le temps de parole de chacun.
▶ **Les participants** doivent convaincre leurs opposants qui ont une opinion contraire.
Les moyens d'y parvenir sont d'argumenter, d'écouter l'opinion des autres, de noter les arguments opposés et d'y répondre.
Le débat est réussi si tous les participants ont respecté la parole et les idées d'autrui et s'ils ont utilisé la thématique, les mots-clés et leurs connaissances.

b. Préparation du débat

▶ Prendre connaissance du sujet.
Classer les données objectives en fonction des éléments fournis, de ses connaissances et des idées des participants. *Sabemos que... La fotografía muestra que... Está escrito en... Podemos verlo en...*
Utiliser **des données objectives** permet d'argumenter de façon plus convaincante et permet d'éviter les discussions stériles. Une solution consiste à établir les causes et les conséquences, ou les avantages et les inconvénients (*porque, ya que, puesto que, pues, por lo tanto*).
Las causas... Las consecuencias... Las ventajas... Los inconvenientes son...
Si les informations sont insuffisantes, il est possible de formuler **des suppositions** (*a lo mejor, acaso, tal vez, quizá(s), es posible que*).
▶ Le thème choisi pour ce débat est : *«¿Hay que valorizar una arquitectura realizada bajo las órdenes de un dictador?»*
Les arguments des deux parties peuvent être organisés ainsi :

Pour	Contre
En primer lugar cabría preguntarse la razón por la que Francisco Franco eligió...	*Para empezar, yo estoy de acuerdo con el arquitecto...*
Es normal que Francisco Franco tomará la decisión ya que...	*El Valle de los Caídos, desde el punto de vista arquitectónico, no...*
No creo que sea una arquitectura caduca puesto que...	*Por una parte, el Jefe del Estado tendría que haber tenido en cuenta...*
A mí me gusta este estilo...	*Por otra, lo único que tiene valor en el Valle de los Caídos es...*
Es obvio que se debe valorizar una arquitectura realizada bajo las órdenes de Franco porque...	*No pienso que el monumento sea más prestigioso porque...*

c. Le débat

Utiliser les termes suivants pour exprimer ses arguments.
Apporter des arguments : *y además, hay que añadir.*
Exprimer ses pensées : *por una parte... por otra parte, también es verdad que...*
Reformuler : *es decir, o sea, dicho de otro modo.*

Hiérarchiser ses idées : *lo más importante, lo más destacado, hay que subrayar o destacar.*
Relier ou opposer des idées : *pero, pese a ello, a pesar de.*
Retirer une conclusion personnelle : *entonces, por lo tanto, en consecuencia.*
Exprimer son accord ou son désaccord : *estar a favor de, estar en contra de, sin embargo, no obstante, mientras que, en cambio, por el contrario, estoy o no de acuerdo contigo, comparto o no la opinión de.*
Exprimer son opposition : *me gusta o no me gusta, por su puesto, desde luego que.*

Cours

1 Lexique

a. La memoria

el recuerdo: le souvenir ≠ *el olvido*: l'oubli
el deber de memoria: le devoir de mémoire
la memoria colectiva, histórica: la mémoire collective, historique
la memoria: la mémoire historique
el memorial: le mémorial

b. La historia

las fechas: les dates
el pasado ≠ el presente
un hecho clave ≠ anecdótico: un fait marquant ≠ anecdotique
un acontecimiento histórico: un événement historique
una figura emblamática: une figure emblématique
el dictador Francisco Franco
los nacionalistas ≠ los republicanos
la cruz: la croix
la tumba: le cercueil
el monumento a los Muertos: le monument aux Morts
el monumento conmemorativo: le monument commémoratif
la ley de la memoria histórica: la loi de la mémoire historique
exhumar: exhumer

c. Actitudes

el homenaje: l'hommage
el odio: la haine
el perdón: le pardon
negar: nier
recordar = acordarse de algo: se rappeler, se souvenir de
olvidar: oublier
homenajear: rendre hommage
luchar por: lutter pour
respetar: respecter
hacer justicia: rendre justice

d. Consecuencias

la cicatriz: la cicatrice
la herida: la blessure
aprender del pasado: apprendre du passé

2 Grammaire

Les marqueurs temporels

Ils sont indispensables pour établir la chronologie et organiser le discours argumentatif.

▶ *Para empezar:* ***primero***, ***al principio***, ***al inicio***, ***en primer lugar***, ***inicialmente*** (au début, d'abord, en premier).
Pour les contes : ***érase una vez*** (il était une fois).

▶ *Para continuar*: ***en segundo lugar*** (deuxièmement, en second lieu) ; ***después (de)***, ***luego***, ***a continuación*** (après, ensuite) ; ***antes (de)*** (avant) ; ***además*** (de plus) ; ***entonces*** (alors) ; ***más tarde*** (plus tard).

▶ *Sacar conclusiones*: ***al final***, ***finalmente***, ***para terminar*** (à la fin). Pour les contes : ***y colorín, colorado, este cuento se ha acabado*** (ils se marièrent et eurent beaucoup d'enfants).

Exercice

★★★ 20 min **Expression écrite**

Haz una ficha organizando las ideas del texto informativo del inicio del capítulo, que puedes ver al mismo tiempo en la fotografía, y selecciona otros datos para ampliar la información. Argumenta de manera establecida si estás a favor o en contra de suprimir los símbolos, exhumar los restos de una persona que ha marcado historia (el general Franco, por ejemplo) o destruir los monumentos históricos del pasado.

Méthode

▶ **Antonio Berni (1905-1981) fue un pintor, grabador, muralista e ilustrador argentino.** Nació el 14 de mayo de 1905 en Rosario y murió el 13 de octubre en 1981 en Buenos Aires.

▶ La pintura surrealista de sus comienzos se volvió más crítica y realista al regresar a su país en la década de los treinta. Los dos acontecimientos mayores que influyeron esta composición fueron el Crac del 1929 y el golpe militar del 6 de septiembre de 1930 que derrocó al presidente Hipólito Yrigoyen.

▶ En **1934**, comenzó a mostrar la problemática social y la relación entre el arte y la política con sus obras *Desocupados* y ***Manifestación***. El cuadro *Manifestación* muestra muy bien **la crisis** durante estos años en **Argentina**.

Antonio BERNI (1905-1981) Manifestación, 1934, Museo de Arte Latinoamericano de Buenos Aires. MALBA. Fundación Costantini. Buenos Aires. Argentina. © Javier Larrea / Age Fotostock / DR

Commenter et analyser un tableau

Pour analyser un tableau, prendre le temps de l'observer et utiliser les indications fournies. Plusieurs lexiques sont nécessaires pour le commenter : le lexique du thème et celui lié au type d'œuvre étudié.

a. Commencer par présenter le tableau

Ces premiers éléments permettent de faire une introduction générale et ciblée de l'œuvre artistique.

▶ ***El tipo de documento***: un document iconographique (*un cuadro, una fotografía, un graffiti, etc.*)

▶ ***El/la artista***: *un/a pintor/a.*

▶ ***El lugar y las fechas de nacimiento y de muerte***: *nació en 1905 y murió en 1981 en Buenos Aires.*

▶ ***El título***: *Manifestación.*

▶ ***El país, la/s fecha/s de realización del cuadro y la corriente artística***: l'époque (*pasada, clásica ≠ actual*) ou le courant (*el barroco, el rococó, el surrealismo, el cubismo, etc.*) *El artista pintó el cuadro en Argentina en 1934.*

▶ ***El género***: portrait (*retrato, cuerpo entero, individual o de grupo*), paysage (*paisaje*), scène de genre (*escena de género*), nature morte (*bodegón*), etc.

▶ ***El estilo***: *figurativo, abstracto, (nuevo) realista, etc.*

▶ **Le titre du tableau** peut donner des clefs pour comprendre sa nature.

Antonio Berni (1905-1981) pintó Manifestación en 1934. El cuadro muestra el problema económico, político y social de la Argentina de los años treinta.

b. Décrire la composition du tableau

▶ Étudier le tableau dans le détail pour répondre aux questions de base : **Qui ?** Quelle est l'identité des personn(ag)es, quels sont leurs liens, etc. **Où ? et Quand ?** se situe la scène représentée. **Quoi ?** donne le thème de ce qui est évoqué.

▶ La description du tableau peut être se faire, par exemple, de gauche à droite ou de haut en bas, en suivant sa composition.

El título del cuadro Manifestación resume su temática.

El cuadro nuevo realista está compuesto por tres planos horizontales y uno triangular.

En un primer plano, llama la atención el rostro de los manifestantes.

En el centro, destaca un niño que tiene un trozo de pan en la mano.

La perspectiva oblicua muestra la multitud de participantes en esta manifestación.

c. Analyse et commenter l'œuvre

Comment ? et **Pourquoi ?** servent à approfondir le document. Mettre en évidence sa spécificité et son intérêt en s'appuyant sur les lignes directrices : le style, la composition, les formes, la lumière (*la luz*), les couleurs, le point de vue (*el punto de vista*), etc.

El equilibrio entre las figuras y el decorado es perfecto. Los elementos dispuestos en la obra se combinan marcando un ritmo de lectura de lo más grande a lo más pequeño.

La originalidad del cuadro estriba en el aspecto caricaturesco de los manifestantes.

La respuesta de los manifestantes aparece en la pancarta del fondo, en la que se indica: «Pan y trabajo».

d. Conclure et émettre un avis

▶ Finalement, dire ce qu'il évoque, émettre une hypothèse sur l'intention du peintre.
El cuadro evoca el desempleo, la pobreza y la marginalidad social de esta gente... como el título lo indica están manifestando para que su situación cambie.

▶ Terminer en exprimant son opinion : *pienso que, creo que, en mi opinión, para mí, a mi parecer, (a mí) (no) me parece que, me cuesta creer que* (j'ai du mal à croire que).
El cuadro representa una manifestación obrera desde una perspectiva muy original.
Los actores del cuadro utilizan la manifestación como medio de resistencia.
En conclusión, el artista con esta obra lucha por la justicia social de su tierra natal.

Cours

1 Lexique

a. El arte comprometido

los obreros: les ouvriers
los marginales: les marginaux
la pobreza: la pauvreté
a la espera de: dans l'attente de
la expresión de las personas: l'expression des personnes
la caricature: la caricature
la mirada triste: le regard triste
el sufrimiento: la souffrance
la cabeza baja o gacha: la tête basse
los cuerpos ondulados: les corps tordus
la injusticia ≠ la justicia
la igualdad: l'égalité ≠ *la desigualdad*: l'inégalité
los derechos humanos: les droits de l'homme
los derechos económicos, políticos y sociales: les droits économiques, politiques et sociaux
la ocupación ≠ la desocupación
la crisis: la crise
la resitencia: la résistance
adormilado/a: somnolent/e
estar amontonado/a, estar hacinado: accumuler, entasser
estar activo ≠ estar inactivo
combatir = luchar contra/por: lutter contre/pour
ser consciente = tomar conciencia de algo

b. Analizar un cuadro

un cuadro: un tableau
una témpera: une peinture à la tempera
una arpillera: une toile de jute
la composición (las perspectivas y los planos, la simetría, la escena estática, la horizontalidad, la verticalidad)
las figuras torcidas
las líneas onduladas, zigzagueantes y rectas
los colores intensos y brillantes (les couleurs intenses et lumineuses), *cálidos y fríos* (chaudes et froides)
en el primer plano / término, en el segundo plano / término, en el tercer plano / término
arriba ≠ abajo, en el centro, en el fondo
a la derecha ≠ a la izquierda
el arte comprometido: l'art engagé
el nuevo realismo: le nouveau réalisme

2 Grammaire

a. Les adverbes de lieu

▶ *Aquí* (ici), *allí, ahí* (là), *allá* (là-bas), *delante* (devant), *detrás* (derrière), *alrededor* (autour), *en medio* (au milieu), *a la izquierda* (à gauche), *a la derecha* (à droite), *cerca* (près), *lejos* (loin), *enfrente* (en face), *arriba* (en haut), *abajo* (en bas), *dentro* (dedans), *fuera* (dehors).
▶ *Abajo = bajo = debajo ; ante = adelante = delante ; tras = atrás = detrás ; dentro = adentro ; fuera = afuera ; sobre* (sur) = *encima* (dessus, sur).

b. L'expression de la supposition

Pour exprimer une supposition, il existe différentes constructions.
▶ *A lo mejor* + indicatif (peut-être).
A lo mejor la situación cambie en Argentina.
▶ *Acaso, tal vez, quizá(s)*... + subjonctif (peut-être).
Quizás encuentren un trabajo.
▶ *Es posible que*... + subjonctif (il est possible que).
Es posible que pasen hambre.
Attention : il faut respecter la concordance des temps.

Exercices

1 ★ 10 min **Grammaire**
Observa el cuadro y escribe siete frases que indiquen la expresión de la suposición.

2 ★★★ 20 min **Expression écrite**
Haz la descripción de los personajes del cuadro, fíjate en la posición que ocupan y saca conclusiones. (Unas 15 líneas)

Méthode

▶ **Desde 1 de julio de 2018, los comercios ya no pueden proporcionar gratuitamente las bolsas de 15 a 50 micras de grosor** que son las más utilizadas en la actualidad.
▶ **A partir del 1 de enero del 2020, se prohibirán las bolsas hechas de materiales plásticos que contengan aditivos que impidan su fragmentación.**
▶ **A partir del 1 de enero de 2021, solo se permitirá la entrega de bolsas compostables en las tiendas.**
Cada español consume 144 bolsas de plástico al año. El 90% de las bolsas se usan una vez. El tiempo que tardan en descomponerse es de 100 a 500 años.
La contaminación de los plásticos se ha convertido en una de las plagas del siglo XXI tanto en la tierra como en el mar.

Ministerio para la transición ecológica

Analyser un message publicitaire

Une campagne publicitaire est la diffusion d'un message auprès des consommateurs et/ou des citoyens.

a. Présenter la publicité

▶ Commencer par préciser le type de support (affiche, presse, web, etc.), qui est l'annonceur (...) et à qui il s'adresse (...). Ensuite, repérer **le thème ou le produit, l'objectif visé (promotion, prévention**, etc.)
La campaña publicitaria es una iniciativa del Ministerio para la Transición Ecológica.
El tema de la publicidad es la reducción progresiva de las bolsas de plástico.
El público meta son los consumidores.
▶ Distinguer **les différents types de campagnes publicitaires.**
– **L'informative** : a pour fonction de donner au récepteur une information.
La campaña informa sobre una nueva ley a partir del 1 de julio de 2018.
– **L'argumentative** : vise à convaincre l'opinion du récepteur.
El Ministerio para la Transición Ecológica modifica las leyes...
– **L'incitative** : incite à modifier les habitudes du consommateur.
La campaña incita a modificar las costumbres de los utilitarios.

b. La description de la publicité

Décrire les moyens mis en œuvre en étudiant **l'illustration** (*foto, dibujo, pintura*), **les couleurs** et **le texte** (*lema, eslogan, información que impacta, argumentos*). L'image et le texte se complètent, l'image attirant l'attention et le texte précisant le message.
El articulista a través del texto y de la imagen muestra...
En la parte superior destaca la mano y en el centro el dibujo entrecortado de la bolsa de plástico.
Los colores que utiliza la publicidad son colores acordes con la naturaleza.

c. Analyser le but, le sens, le message et l'impact

Repérer **le but**, **le public visé** et **le langage** adopté.
La phrase interrogative s'adresse au public et l'interpelle sur un sujet.
La meta de la publicidad es la de concienciar al consumidor del impacto medioambiental.
El eslogan de la campaña es: Menos bolsas, más vida.
El publicista sugiere a través del cielo, de las nubes, de los árboles y del arbusto que...
Las consecuencias de la utilización masiva de este material serían desastrosas para el planeta.

d. Conclure

Dégager **le message publicitaire** et **émettre un avis.**
Me gusta mucho esta publicidad porque informa y hace reflexionar al consumidor.

Cours

1 Lexique

a. La transición ecológica

una bolsa de plástico: un sac en plastique
un contenedor: un conteneur
compostable
el medio ambiente: l'environnement
la contaminación = la polución
el Ministerio para la Transición Ecológica
las medidas: les mesures
la responsabilidad: la responsabilité
el compromiso: l'engagement
comprometerse a hacer algo: s'engager à faire quelque chose
la ecociudadanía: l'écocitoyenneté
la energía renovable: l'énergie renouvelable
disminuir: diminuer
sensibilizar: sensibiliser
reciclar: recycler
depositar: déposer
ahorrar: économiser
prohibir: interdire
preservar el planeta: préserver la planète

b. Analizar un cartel

una campaña publicitaria o de publicidad, un cartel, una publicidad: une campagne publicitaire, une affiche, une publicité
el/la publicista: le publicitaire
el producto: le produit
el/la consumidor/a: le consommateur, la consommatrice
el lema, el eslogan: le slogan
el logotipo: le logo
el blanco: la cible
una publicidad oficial: une publicité officielle
una publicidad institucional, de utilidad pública, de prevención: une publicité institutionnelle, d'utilité publique, de prévention
el emisor del mensaje: l'émetteur du message
la firma: la signature
incitar, la incitación: inciter, l'incitation
el estilo de tipografía: le style de typographie
el tamaño: la taille

2 Grammaire

a. L'ordre : l'impératif affirmatif

Utilisé pour donner des ordres, l'impératif se conjugue à cinq personnes :
tú, usted, nosotros, nosotras, vosotros, vosotras, ustedes.
cantar: canta, cante, cantemos, cantad, canten.
comer: come, coma, comamos, comed, coman.
vivir: vive, viva, vivamos, vivid, vivan.

▶ Avec *tú*, l'impératif régulier supprime le ***-s*** de la deuxième personne du singulier du présent de l'indicatif : *¡canta!*

▶ Les huit verbes irréguliers à la 2e personne du singulier sont : ***di*** (decir), ***haz*** (hacer), ***ve*** (ir), ***pon*** (poner), ***sal*** (salir), **sé** (ser), ***ten*** (tener) et ***ven*** (venir).

▶ Avec *vosotros*, *vosotras*, le *-r* de l'infinitif est remplacé par un *–d* : *¡vivid!*

▶ Avec *usted*, *ustedes*, *nosotros* et *nosotras*, on utilise le présent du subjonctif : *¡canten! ¡coman! ¡vivamos!*
Attention ! L'enclise du ou des pronoms est obligatoire : *¡comprométete*!
L'impératif de ***ir*** est ***vamos*** et non *vayamos* à la première personne du pluriel.

b. La défense : l'impératif négatif

Pour toutes les personnes : *no* + subjonctif présent.
¡No compres bolsas de plástico!
Attention ! Pour la défense, il faut bien maîtriser le présent du subjonctif des verbes irréguliers.

Exercices

1 ★ 5 min Grammaire
Formula órdenes a partir de los elementos siguientes.

a. El Ministerio para la Transición Ecológica: ahorrarse las bolsas al medio ambiente.

b. Los comerciantes a los consumidores: comprar menos bolsas.

c. Los comerciantes a los funcionarios del Ministerio: sacar otra ley para salvar al planeta.

d. Unos consumidores a otros consumidores: no pagar el coste de las bolsas.

2 ★★ 10 min Busca las frases impersonales de la publicidad, escríbelas y di qué expresan en español.

3 ★★★ 15 min Expression écrite

Apoyándote en la publicidad, qué medidas tomas o tomarías para preservar el medio ambiente.
(Unas 10 líneas)

Méthode

Que trata de la condición y ejercicio del famoso hidalgo Don Quijote de la Mancha

En un lugar de la Mancha, de cuyo nombre no quiero acordarme, no ha mucho tiempo que vivía un hidalgo[1] de los de lanza en astillero[2], adarga antigua, rocín[3] flaco y galgo[4] corredor. [...] Frisaba la edad de nuestro hidalgo con los cincuenta años, era de complexión recia[5], seco de carnes, enjuto de rostro[6]; gran madrugador y amigo de la caza. [...] Es, pues, de saber, que este sobredicho hidalgo, los ratos que estaba ocioso (que eran los más del año) se daba a leer libros de caballerías[7] con tanta afición y gusto, que olvidó casi de todo punto el ejercicio de la caza, y aun la administración de su hacienda[8]; y llegó a tanto su curiosidad y desatino[9] en esto, que vendió muchas hanegas de tierra de sembradura[10], para comprar libros de caballerías en que leer.

Miguel de Cervantes Saavedra, *Don Quijote de la Mancha*, 1605.

1. *hidalgo*: titre de noblesse le plus bas en Espagne. 2. *astillero* (vieilli): râtelier 3. *rocín*: rosse. 4. *galgo*: lévrier. 5. *recia*: vigoureuse. 6. *enjuto de rostro*: maigre de visage. 7. *libros de caballerías*: livres de chevalerie. 8. *su hacienda*: ses biens. 9. *desatino*: folie. 10. *tierra de sembradura*: terres de culture.

▶ **Miguel de Cervantes Saavedra** nació en 1547 y murió en 1616. **Es el escritor más conocido de la literatura española.**
▶ *El ingenioso hidalgo don Quijote de la Mancha* **se publicó en Madrid en dos partes, la primera en 1605 y la segunda**, diez años más tarde, **en 1615. Su obra forma parte del Siglo de Oro español.** En 1655, esta novela de caballerías se tradujo en varias lenguas.
▶ Don Quijote es un personaje idealista contrariamente a su fiel escudero Sancho Panza. Los dos motivados por el hidalgo don Quijote irán en busca de aventuras. Dulcinea del Toboso es un personaje ficticio de la novela. El caballero andante está locamente enamorado de ella.

Don Quijote y Sancho Panza, Monumento a Miguel de Cervantes, Madrid.

Expression écrite : écrire un courrier

Un exercice d'expression écrite peut consister à rédiger une lettre (papier ou courriel).
Don Quijote le escribe una carta a Dulcinea del Toboso contándole una de sus aventuras. (Unas 15 líneas)

▶ Lire la consigne pour identifier **l'expéditeur**, **le destinataire** et **l'objet** du courrier.

▶ **L'expéditeur de la lettre** peut être l'auteur, le protagoniste, un autre personnage ou vous-même ce qui peut impliquer un changement du pronom sujet.
El remitente es Don Quijote de la Mancha.

▶ Si le destinataire est une personne inconnue : il faudra employer **la formule de politesse** *usted*.
El destinatario es Dulcinea del Toboso.
Si le destinataire est une personne proche, **le tutoiement** *tú* est de rigueur.

▶ Veiller à utiliser le registre de langue (familier, courant, soutenu, professionnel) selon le type de courrier (remerciement, demande, candidature, professionnel, etc.)

▶ Respecter **le nombre de mots** ou **de lignes** exigés.

▶ Structurer le courrier lettre de la manière suivante :
– **l'en-tête**, en haut à gauche, le nom de l'expéditeur (*el remitente*) et dessous son adresse (*la dirección*) si c'est une lettre ; en haut à droite, le lieu et la date et en-dessous le nom et l'adresse du destinataire (*el destinatario*) si c'est un courriel formel ;
– **la formule initiale**, en espagnol la virgule est remplacée par deux points : *Querido/a/os/as, Hola*, pour le tutoiement ; *Estimado/a/os/as señor/a/es/as, Distinguido/a/s señor/a/es/as*, pour le vouvoiement ;
– **l'introduction et le corps de la lettre** *Me permito dirigirle/s la presente carta...*, = Je me permets de vous adresser la présente lettre... ;
– **la formule finale**, beaucoup plus simple et moins diplomatique qu'en français : *Un fuerte abrazo, Con cariño, ¡Hasta pronto!*, pour le tutoiement ; *Muy atentamente, Reciba un saludo cordial,* pour le vouvoiement et **la signature de l'expéditeur** ;
– **le *post-scriptum*** (P.S.) en français est l'équivalent de (*posdata = P.D.*) en espagnol.

▶ **Abréviations**
Sr.: señor, Sra.: señora, Sres.: señores, C/: calle, Avda.: avenida, Plza.: plaza, n°: numéro, izqda.: izquierda, dcha.: derecha.

Salamanca, 14 de marzo de 1601

Don Quijote de la Mancha
Ruta de Albacete, posada 5
Albacete
España

Dulcinea del Toboso
C) Los enamorados, 6
El Toboso
Toledo
España

«Soberana y alta señora:
Le voy a contar una aventura que me ocurrió con mi escudero Sancho Panza. Íbamos cabalgando cuando de repente vi treinta o cuarenta desaforados gigantes. Se lo comenté a Sancho el cual me dijo que lo que yo contemplaba a lo lejos no eran gigantes sino molinos de viento y que los brazos de los que yo hablaba eran las aspas de esta máquina moledora. Evidentemente yo no lo creí hasta que me precipité contra el molino. El daño fue tal que todavía tengo el cuerpo adolorido del golpe que me di. Mi caballo Rocinante salió ileso de esta hazaña. Espero tener la próxima vez más éxito y fortuna y poderle contar con brío y destreza mis múltiples andanzas.
Suyo hasta la muerte,
El Caballero de la Triste Figura».

Cours

1 Lexique

a. El personaje y su afición

el caballero andante: le chevalier errant
noble, nobleza: noble, noblesse
la afición: la passion
el olvido: l'oubli
ocioso ≠ ocupado
loco ≠ cuerdo
perder la chaveta: perdre la tête, devenir fou
olvidar: oublier
darse a = aficionarse por
cazar: chasser

b. Literatura

un/a escritor/a: un/e écrivain/e
un/a novelista/a: un/e romancier/ère
un libro: un livre
una novela: un roman
un cuento, una novela corta: une nouvelle
una obra: une œuvre
el personaje: le personnage
el/la protagonista: le/la protagoniste
real ≠ ficticio
la mitología: la mythologie
la leyenda: la légende
la ciencia ficción: la science-fiction
inspirarse en: s'inspirer de
transportar hacia: transporter vers
escaparse de la realidad: s'échapper de la réalité
conmover: émouvoir

2 Grammaire

a. Les verbes pronominaux

Ce sont les verbes qui se conjuguent avec un pronom réfléchi de la même personne que le pronom personnel sujet.
*Llamar**se**: yo **me** llamo, tú **te** llamas, él, ella, usted **se** llama, nosotros, nosotras **nos** llamamos, vosotros, vosotras **os** llamáis, ellos, ellas, ustedes **se** llaman.*

b. L'expression « passer son temps à »

Passer son temps à : *pasarse* + indication de temps + gérondif.
L'adjectif possessif français « son » est traduit par un article défini.
*Don Quijote se pasaba **el** tiempo leyendo libros de caballerías.*
Cette expression affirmative devient négative suivant la règle générale : *no* + verbe + indication de temps + gérondif.
Don Quijote no se pasaba el tiempo cultivando sus tierras.

Exercices

1 ★ 5 min **Grammaire**
Escribe seis frases con la expresión *pasarse el tiempo*. Utiliza cada vez un pronombre sujeto diferente y subraya el pronombre reflexivo en cada frase.

2 ★★ 20 min **Expression écrite**
Escribe una carta a tus padres contándoles lo que te ha inspirado y aportado el último libro que has leído. (Unas 15 líneas)

3 ★★ 10 min **Compréhension de l'écrit**
a. Determina en qué lugar transcurre la acción.
b. Di a qué clase social pertenece Don Quijote de la Mancha.
c. Busca elementos para esbozar el aspecto físico y psicológico de Don Quijote.
d. Responde verdadero o falso y justifica la respuesta: «Don Quijote de la Mancha solía cazar».

Identités et échanges

Cours

Wird die Welt wirklich kleiner?

„Global Village" bedeutet, dass die geographischen Entfernungen keine Rolle mehr spielen.
Stimmt das wirklich? Auch wenn man schneller reist als früher, ist die Distanz von Hamburg nach Tokyo immer noch die gleiche wie zur Zeit von Christoph Columbus.
Jedoch sind die Unterschiede und die Hindernisse geringer geworden, zum Teil existieren sie sogar nicht mehr. Dolmetschen, Rundfunk und Fernsehen, schnellere Verkehrsmittel, in letzter Zeit auch Internet, Soziale Netzwerke (auch „Social Networks" genannt) geben den Eindruck, dass es zwischen den verschiedenen Staaten keine Grenzen mehr gibt. Kulturelle Unterschiede verschwinden aber nicht so leicht und können neue Grenzen schaffen – nicht nur zwischen entfernten Ländern, wie China und Deutschland, sondern auch innerhalb eines Staates.
In manchen Großstädten gibt es getrennte Territorien. Grenzen gibt es auch im wirtschaftlichen Sinne, zwischen verschiedenen Berufszweigen, oder im gesellschaftlichen Sinne, zwischen Wohlhabenden und Geringverdienern.

1 Vocabulaire

fern : loin → *entfernen* : éloigner
→ *die Entfernung* : l'éloignement
unterscheiden (ie,ie) : différencier, distinguer
das Hindernis (se) : l'obstacle
gering : réduit / *verdienen* : gagner (de l'argent)
→ *der Geringverdiener (-)* : la personne à faible revenu
dolmetschen : interpréter (traduire)
der Verkehr : la circulation, le transport
→ *das Verkehrsmittel (-)* : le moyen de transport
das Netz (e) : le filet, la toile → *das Netzwerk (e)* : le réseau
der Eindruck (¨e) : l'impression
verschwinden (a,u) : disparaître
schaffen (u,a) : créer
innerhalb + génitif : à l'intérieur de
der Beruf (e) : le métier, la profession /
der Zweig (e) : la branche → *der Berufszweig (e)*
die Gesellschaft (en) : la société → *gesellschaftlich* : social
wohlhabend : aisé (matériellement)
der Umweltschutz : la protection de l'environnement
das Getreide : les céréales
der Export (e) : l'exportation
die Einwanderungsrate (n) : le taux d'immigration
unsichtbar : invisible
das Gerät (e) : l'appareil, l'outil
austauschen : échanger (*sich austauschen mit* + datif : échanger des idées avec qn)
abschaffen : supprimer
das Erlebnis (se) : l'expérience
heutzutage : de nos jours
verantwortlich : responsable
aufmerksam : attentif
der Vorteil (e) / der Nachteil (e) : l'avantage / l'inconvénient

2 Grammaire

a. La place du verbe

▶ La forme conjuguée du verbe occupe :
– la deuxième position dans la phrase énonciative : *Global Village **bedeutet**, dass... / Jedoch **sind** die Unterschiede...* ;
– la première position dans la phrase interrogative : ***Stimmt** das wirklich?*
– la dernière position dans la subordonnée : *..., dass die geographischen Entfernungen keine Rolle mehr **spielen**.*

▶ Particularité de la subordonnée comportant un degré de comparaison : *Auch wenn man schneller **reist** als früher...* (Le second terme de la comparaison est placé hors construction, après le verbe.)

b. Le comparatif

▶ Le comparatif de supériorité se forme à l'aide du suffixe *-er* (suivi, pour les adjectifs épithètes, de la marque de la déclinaison), et le second terme de la comparaison est introduit par *als*.

Ex. *klein* → *kleiner. Früher hatte ich einen klein**eren** Wagen.*
*Die Welt scheint **kleiner** als früher.*
*Wir haben den Eindruck, dass die Welt **kleiner** ist **als** früher.*

▶ Certains adjectifs-adverbes monosyllabiques prennent une inflexion : *alt, arm, dumm, groß, hart, jung, klug, krank, kurz, lang, nah, schwach, stark, warm.*

Ex. *Ist er grö**ßer** als du?*

▶ Attention aux formes irrégulières : *gern* → ***lieber*** ; *gut* → ***besser*** ; *hoch* → ***höher*** ; *viel* → ***mehr***. Ex. *Ich höre gern Musik. Ich lese **lieber**.*

▶ Le comparatif d'égalité s'exprime à l'aide de l'adverbe *so* qui précède l'adjectif ou l'adverbe, et le second terme de la comparaison est introduit par *wie*. Ex. *Zwischen Berlin und Tokyo ist es **so** weit **wie** zwischen Berlin und Rio.*

▶ Le comparatif d'infériorité s'exprime à l'aide des structures *weniger... als* ou *nicht so ... wie*.

Ex. *Die Entfernungen sind **nicht so** wichtig **wie** früher. / Die Entfernungen sind **weniger** wichtig **als** früher.*

Méthode

Connaître les noms de pays et de leurs habitants

a. Noms de pays

Règle : les noms de pays sont neutres et ne prennent pas l'article, sauf lorsqu'ils sont qualifiés par un adjectif épithète ou lorsqu'ils utilisent un nom commun dans leur dénomination officielle.

→ *Deutschland, Frankreich, Italien, Österreich, Spanien...*

Mais : ***die** Bundesrepublik Deutschland / **das** moderne Deutschland / **das** schöne Italien...*

Exceptions : certains noms de pays prennent un article (masculin, féminin ou neutre selon les cas, ou encore la marque du pluriel) :

– der Jemen, der Kongo, der Libanon, der Niger, der Oman, der Senegal, der Sudan, der Tschad.

– die Demokratische Republik Kongo, die Dominikanische Republik, die Elfenbeinküste, die Mongolei, die Schweiz, die Slowakei, die Türkei, die Ukraine, die Zentralafrikanische Republik, das Kosovo.

– die Bahamas, die Kapverdischen Inseln, die Komoren, die Malediven, die Niederlande, die Philippinen, die Salomonen, die Seychellen, die USA / die Vereinigten Staaten, die Vereinigten Arabischen Emirate.

Remarques : certains pays prennent ou non l'article : der Iran, der Irak – mais aussi : Iran, Irak.

b. Noms d'habitants

Ce sont soit des adjectifs substantivés, soit des masculins faibles, soit des dérivés en –er (féminin –erin).

– adjectifs substantivés : deutsch → der Deutsche (ein Deutscher) / die Deutsche (eine Deutsche). Au pluriel : les Allemands, les Allemandes = die Deutschen (des Allemands, des Allemandes = Deutsche).

– masculins faibles : der Franzose (ein Franzose) / die Französin (eine Französin). Au pluriel : les Français : die Franzosen, les Françaises : die Französinnen (des Français : Franzosen, des Françaises : Französinnen) – l'adjectif correspondant est dérivé : französisch.

– dérivés en -er/-erin : Italien → der Italiener (ein Italiener) / die Italienerin (eine Italienerin). Au pluriel : die Italiener, die Italienerinnen (Italiener / Italienerinnen).

Exercices

1 ★ 6 min **Répondez en utilisant le terme entre parenthèses et le comparatif de supériorité selon le modèle.**

Modèle : *Die Schweiz ist ein kleines Land. (Luxemburg) → Aber Luxemburg ist ein kleineres Land als die Schweiz.*

a. Rundfunk ist ein modernes Kommunikationsmittel. (Internet)

b. Die Europäische Union ist ein großer Getreideexporteur. (Russland)

c. Der individuelle Komfort ist wichtig. (der Umweltschutz)

2 ★★ 8 min **Répondez à l'aide du comparatif de supériorité.**

Modèle : *Ist dieses Stadtviertel so alt wie die anderen?*
→ Es ist doch viel älter als die anderen.

a. War die Einwanderungsrate in Russland 2015 so hoch wie in Deutschland?

b. Gibt es in Deutschland so viele regionale Unterschiede wie in Frankreich?

c. Ist der Export von Fernsehgeräten so rentabel als der Export von einfachen Geräten?

3 ★★ 4 min **Complétez les phrases à l'aide de l'un des adjectifs ou adverbes suivants que vous mettrez au comparatif de supériorité : *ruhig, gern, oft, schwierig***

a. Unsichtbare Grenzen sind oft .... abzuschaffen als Staatsgrenzen.

b. Seit Jahren wird viel .... per Internet ausgetauscht als per Post.

c. Erlebnisse und Fotos teilt man heutzutage mit anderen .... über Soziale Netzwerke.

d. Auf dem Land ist es doch viel .... als in der Stadt.

4 ★★★ 25 min **Expression**

Mobilität spielt eine immer wichtigere Rolle in unserer Welt. Was meinen Sie dazu?

Pour répondre à cette question, vous pourrez, si vous le souhaitez, utiliser les termes suivants ainsi que les mots de vocabulaire du texte et de l'encadré qui l'accompagne, tout en vous reportant aux points de grammaire et de méthode : *reisen, entdecken, fremde Kulturen kennenlernen, Fremdsprachen lernen, sich mit Leuten austauschen, verantwortlich sein, aufmerksam sein.*

der Tourismus, der Umweltschutz, der Dialog, der Vorteil / der Nachteil – die Vielfalt (= die Diversität).

Espace privé et espace public

Cours

Frauen in der öffentlichen Sphäre

Frauen wurden lange Zeit auf den privaten Raum verwiesen. In der öffentlichen Sphäre wurden aber die Gesetze, auch für das Familienrecht, von Männern gemacht. Nur wenige Frauen hatten die Möglichkeit, in Politik und Wirtschaft, in Kultur, Wissenschaft und Religion zu wirken.

Die Emanzipation der Frauen beginnt mit dem Wahlrecht, das dann das Recht auf Bildung und Beruf möglich macht. Heutzutage spielen Frauen in fast allen Bereichen der Berufswelt eine Rolle. Sie bekleiden politische Ämter, die nicht mehr allein Sache der Männer sind.

Früher hatten einige Frauen schon für die Rechte ihrer Geschlechtsgenossinnen gekämpft. Sie wurden lange Zeit vergessen, aber die Senatsverwaltung für Gesundheit, Pflege und Gleichstellung sorgt für die Würdigung der vergessenen Frauen der Geschichte sowie der aktiven und engagierten Frauen der Gegenwart.

Jedoch bleibt der öffentliche Raum für Frauen immer noch gefährlich. Plakate, Werbekampagnen und Kinospots helfen bei der Bekämpfung privater wie öffentlicher Gewalt.

1 Vocabulaire

öffentlich : public
der Raum (¨e) : l'espace
verweisen (ie, ie) auf + accusatif : renvoyer à
das Gesetz (e) : la loi
das Familienrecht : le droit de la famille
die Wirtschaft : l'économie
die Wissenschaft : la science
wirken : agir, exercer une action / une activité
das Wahlrecht : le droit de vote
die Bildung : la formation, la culture
der Bereich (e) : le domaine
bekleiden : occuper (un emploi)
das Amt (¨er) : l'emploi
die Geschlechtsgenossinnen : les semblables (en parlant de femmes)
die Senatsverwaltung : le Sénat
die Pflege (n) : le soin
die Gleichstellung : l'égalité
die Würdigung (en) : l'hommage
die Vorläuferin (nen) : la pionnière (le précurseur)
die Kämpferin (nen) : la combattante
abhängig / unabhängig →
die Unabhängigkeit : l'indépendance
die Vormundschaft : la tutelle
die Heirat : le mariage
die Ehe : le couple
gehorchen : obéir
mündig / unmündig sein : être majeur / mineur
sich befreien : se libérer
sich entfalten : s'épanouir
das Opfer (-) : la victime
die Gewalt : la violence

2 Grammaire

a. Le passif

▶ Le passif se forme à l'aide de l'auxiliaire *werden* et du participe II du verbe, placé en fin de proposition (dans la proposition autonome).

Ex. *Politische* Ämter ***werden** von Frauen und Männern **bekleidet**.*

▶ Seul l'auxiliaire *werden* sert à la formation du passif, tandis que l'auxiliaire *sein* désigne un état. *Hier **wird** ein Haus **gebaut**.* Ici, **on construit** une maison. / *Das Haus **ist** auf dem Hügel **gebaut**.* La maison **est construite** sur la colline.

Conjugaison de l'auxiliaire *werden* :
– présent : ich werde, du wirst, er/sie/es wird, wir werden, ihr werdet, sie werden.
– prétérit : ich wurde, du wurdest, er/sie/es wurde, wir wurden, ihr wurdet, sie wurden.

▶ Il ne faut pas confondre la structure du passif avec celle du **futur** : ce dernier se construit à l'aide de l'auxiliaire *werden* et de **l'infinitif** du verbe.

Ex. *Dieses Gesetz wird angenommen* (passif). Cette loi est adoptée. / *Der Bundestag **wird** dieses Gesetz **diskutieren**.* (futur). Le Bundestag discutera cette loi.

b. Former le futur du passif

L'auxiliaire *werden* servant à la fois à la formation du passif et à la formation du futur, on l'utilise deux fois pour former le futur du passif : une fois comme verbe conjugué (c'est l'auxiliaire du futur), une fois à la forme infinitive (il s'agit de l'infinitif passif : participe II du verbe + *werden*).

Ex. *Das neue Gesetz **wird** heute nachmittag **diskutiert werden**.* La nouvelle loi sera discutée cet après-midi.

c. Former le parfait et le plus-que-parfait du passif

Au passif parfait et plus-que-parfait, *sein* est l'auxiliaire de l'auxiliaire *werden*, dont le participe II est *worden* (à la différence de la forme régulière du participe II du verbe *werden*, qui est *geworden*).

Ex. *Dieses Gesetz **ist** vor drei Jahren **angenommen worden**.*
*Das ältere Gesetz **war** vor zwanzig Jahren **angenommen worden**.*

Méthode

1 Utilisation du complément d'agent avec *von* (+ datif) ou *durch* (+ accusatif)

Le complément d'agent est généralement introduit par la préposition *von* (+ datif). S'il s'agit d'un moyen ou d'un intermédiaire, on utilise la préposition *durch* (+ accusatif).
→ *Früher wurden die Gesetze **von** Männern gemacht.*
→ ***Durch** Werbekampagnen und Kinospots soll die Gewalt gegen Frauen bekämpft werden.*

2 Comparaison entre passé et présent

▶ Pour commenter un texte informatif sur la société, il faut pouvoir exprimer une comparaison entre une situation appartenant au passé et ce qu'elle est devenue et peut encore devenir. La simple utilisation des temps du passé ne suffit pas toujours pour l'argumentation. Le tableau suivant présente des adverbes et des locutions prépositionnelles utiles.

die Vergangenheit (le passé)	*die Gegenwart* (le présent)	*die Zukunft* (le futur)
gestern	*heute*	*morgen*
letztes Jahr / voriges Jahr	*dieses Jahr / in diesem Jahr*	*nächstes Jahr / im kommenden Jahr*
früher / damals	*heutzutage*	*bald / demnächst / künftig / zukünftig*
vor fünfzig Jahren	*nun*	*in zwanzig Jahren*
im neunzehnten Jahrhundert	*in unserem Jahrhundert*	*im nächsten Jahrhundert*

***In der Vergangenheit** wurden Frauen aus der Politik ausgeschlossen. / **Heute** tragen sie zur politischen Debatte bei. / **Künftig** sollte jede Frau eine politische Karriere unternehmen.*

▶ On distinguera aussi la caducité (*nicht mehr*) et la persistance (*immer noch*).
*Politik ist **nicht mehr** allein Sache der Männer. / Für Frauen bleibt aber der öffentliche Raum **immer noch** gefährlich.*

▶ Au passé, on utilise *wenn* lorsque l'action évoquée est répétée, habituelle ou régulière, et *als* lorsqu'il s'agit d'un événement unique (qui ne s'est pas répété).
***Wenn** eine Frau früher ein politisches Amt bekleiden wollte, war es besonders schwierig oder sogar völlig unmöglich.* (quand = toutes les fois que, chaque fois que… : événement répété).
***Als** die Frauen das Wahlrecht bekamen, öffneten sich neue Perspektiven.* (quand, lorsque, au moment où… : événement unique).

Exercices

1 ★★ 10 min **Transposez à la voix passive en conservant le temps, selon le modèle.**

Lange Zeit vergaß man die Vorläuferinnen. →
Die Vorläuferinnen wurden lange Zeit vergessen.

a. Noch vor kurzem schlossen die Männer die Frauen aus der politischen Sphäre aus.
b. Das Wahlrecht macht das Recht auf Bildung und Beruf möglich.
c. Heutzutage spielen Frauen in allen Bereichen eine wichtige Rolle.
d. Man hat vor einigen Jahren die Verdienste der Vorläuferinnen der Frauenrechte anerkannt.
e. Lange Zeit hatten die Männer den Frauen nur wenige Verantwortungen in der öffentlichen Sphäre überlassen.

2 ★★ 5 min **Complétez à l'aide de *sein* ou de *werden* à la forme indiquée.**

a. Dieser Text ……… von einem deutschen Beamten geschrieben. *(prétérit)*
b. ……… dieser Artikel einer österreichischen Zeitschrift entnommen? *(présent)*
c. Nun können die ersten Kämpferinnen gewürdigt werden, sie ……… anerkannt. *(prétérit)*
d. Heute ……… die ersten Kämpferinnen völlig anerkannt. *(présent)*
e. In einigen Ländern ……… die öffentliche Sphäre immer noch von Männern bestimmt. *(présent)*
f. Frauen ……… weitgehend von der bürgerlichen Gesellschaft aus der Öffentlichkeit verdrängt. *(prétérit)*

3 ★★★ 25 min **Présentez dans un petit paragraphe de quelques lignes, en allemand, les revendications des femmes depuis le début du XXe siècle, les acquis récents et les évolutions encore souhaitables selon vous.**
Vous pourrez utiliser des exemples personnels et/ou reprendre des éléments du texte, en vous aidant du vocabulaire présenté plus haut et de recherches que vous effectuerez sur le sujet, ainsi que des mots et expressions qui suivent :
die Frauenrechte – die Vorläuferin – die Kämpferin –
die Emanzipation – die Unabhängigkeit –
die Vormundschaft – die Heirat – die Ehe.
gehorchen – schweigen (ie, ie).
mündig / unmündig sein – sich trennen (von + datif) –
sich befreien – beschließen (o,o) – sich entfalten.
das Opfer – die Gewalt.

Cours

Nationalhymne: zwischen Kunst und Politik

Deutschlands Nationalhymne hat eine merkwürdige Geschichte. Der Text dieser Hymne ist ein Gedicht vom liberal gesinnten Dichter und Professor Hoffmann von Fallersleben, der im 19. Jahrhundert lebte. Die Musik aber stammt von Joseph Haydn (1732-1809) und wurde vorher für die österreichische Kaiserhymne verwendet. 1841 protestierte Hoffmann mit seinem Text gegen die Restauration und gegen die Rivalitäten der deutschen Fürsten. Er verlangte eine deutsche Einheit. Dafür entließ man ihn aus seinem Amt. Die erste Strophe, die mit den Worten „Deutschland, Deutschland über alles" anfängt, bedeutete damals, dass das Wichtigste für Hoffmann die Einheit des Landes war. Im 20. Jahrhundert wurde dieser Text von der nationalsozialistischen Macht instrumentalisiert und dann längere Zeit missverstanden, als ob mit dieser Hymne der Sieg von Deutschland über alle anderen Staaten gemeint wäre. Deshalb singt man heutzutage diese erste Strophe nicht, sondern nur die dritte Strophe: „Einigkeit und Recht und Freiheit / Für das deutsche Vaterland".

1 Vocabulaire

die Kunst (¨e) : l'art → *der Künstler (-) / die Künstlerin (nen)* : l'artiste
liberal gesinnt sein : avoir des opinions libérales
der Fürst (en, en) : le prince
verlangen : réclamer, exiger
entlassen (ie, a ; ä) : renvoyer, congédier
stammen von (+ datif*)* : provenir de, être dû à
die Kaiserhymne : l'hymne impérial
verwenden : utiliser
bedeuten : signifier
die Einheit (en) : l'unité
die Macht (¨e) : le pouvoir → *die Gegenmacht (¨e)* : le contre-pouvoir
missverstehen (a, a) : mal comprendre, mal interpréter
der Sieg (e) : la victoire
die Einigkeit : l'union
das Recht (e) : le droit
die Freiheit (en) : la liberté
das Vaterland (¨er) : la patrie
schaffen (u, a) : créer → *das Schaffen* : la création (artistique)
der Lob : l'éloge
der Mäzen (e) : le mécène
belohnen : récompenser → *die Belohnung (en)* : la récompense
widerstehen (a, a) : résister → *der Widerstand (¨e)* : la résistance
die Beziehung (en) (zwischen + datif*)* : la relation (entre), le rapport (entre)

2 Grammaire

a. Le prétérit

▶ Le prétérit correspond à l'utilisation, en français, du passé simple, de l'imparfait ou encore du passé composé (qui remplace souvent en français le passé simple).

▶ Pour les verbes réguliers (comme *leben*), il se forme à partir du radical du verbe auquel on ajoute *-te*, puis les terminaisons *[], st, [], n, t, n*.

Ex. *leben : ich lebte, du lebtest, er/sie/es lebte, wir lebten, ihr lebtet, sie lebten*.

▶ Pour les verbes faibles irréguliers et pour les verbes forts, les terminaisons sont les mêmes que pour les verbes réguliers, mais il faut apprendre par cœur le radical du prétérit en même temps que l'infinitif. Reportez-vous à une liste de verbes irréguliers (en général à la fin des manuels de cours et de grammaire) pour les apprendre systématiquement.

Ex. *entlassen (**entließ**, entlassen)* → prétérit : *er entließ*. / *bringen (**brachte**, gebracht)* → prétérit : *er brachte*.

▶ Les verbes de modalité (*wollen, mögen, können, dürfen, müssen, sollen*) suivent la règle des verbes faibles réguliers, et perdent l'inflexion le cas échéant (*mögen → mochte ; können → konnte ; dürfen → durfte ; müssen → musste*).

▶ Auxiliaires : *sein → er war ; haben → er hatte ; werden → er wurde.*

b. *Als ob* + subjonctif II

▶ Pour exprimer une comparaison sur le mode de l'irréel (« comme si… »), on utilise la structure *als ob* suivie du subjonctif II. (Pour la formation du subjonctif II, reportez-vous au chapitre 7).

Ex. *Er reagiert, als ob diese Hymne bedrohlich wäre.* Il réagit comme si cet hymne était menaçant.

▶ Dans une langue écrite soignée, on peut aussi utiliser *als* directement suivi du verbe conjugué au subjonctif II.

→ *Er reagiert, als wäre diese Hymne bedrohlich.*

Méthode

1 Savoir utiliser les prépositions

a. Comment bien utiliser les prépositions

▶ Prépositions toujours suivies de l'accusatif : *durch, für, gegen, ohne, um*.

Ex. : *Hoffmann protestiert gegen die Restauration.* Hoffmann proteste contre la Restauration.

▶ Prépositions toujours suivies du datif : *aus, bei, mit, nach, seit, von, zu*.

Ex. : *Mit seinem Gedicht verlangt Hoffmann die deutsche Einheit.* Avec son poème, Hoffmann réclame l'unité allemande.

▶ Prépositions toujours suivies du génitif : *statt* (ou *anstatt*), *trotz, während, wegen*.

Ex. : *Wegen der Instrumentalisierung der Hymne wird die erste Strophe nicht mehr gesungen.* À cause de l'instrumentalisation de l'hymne, la première strophe n'est plus chantée.

▶ Prépositions spatiales suivies de l'accusatif (pour le directif) ou du datif (pour le locatif) : voir chapitre 5.

b. Savoir utiliser les formes contractées des prépositions suivies d'un article défini

▶ Certaines prépositions peuvent se contracter avec l'article défini qu'elles régissent.

Ex. *Die deutsche Nationalhymne ist ein Text **vom** (= von + dem) Dichter Hoffmann von Fallersleben.*

*Er lebte **im** (= in + dem) 19. Jahrhundert.*

***Im** (= in + dem) 20. Jahrhundert wurde dieser Text instrumentalisiert.*

*Bis **zum** (= zu + dem) Ende des nationalsozialistischen Regimes wurde besonders die erste Strophe gesungen.*

c. Quand utiliser une préposition pour l'indication de l'année

Pour indiquer une année précise, on utilise le nombre (millésime) seul.

Ex. ***1841** schrieb Hoffmann ein Gedicht.* En 1841, Hoffmann écrivit un poème.

Il serait incorrect d'utiliser la préposition *in* simplement suivie du nombre, mais on peut aussi utiliser l'expression ***Im Jahre** 1841*.

Ex. *Hoffmann von Fallersleben wurde **1798** geboren und starb **1874**.*

*Hoffmann von Fallersleben wurde **im Jahre 1798** geboren und starb **im Jahre 1874**.*

Exercices

1 ★ 4 min **Transposez au prétérit selon le modèle.**

Hoffmann protestiert gegen die Restauration. → Hoffmann protestierte gegen die Restauration.

a. Da Hoffmann aus Fallersleben kommt, nennt man ihn Hoffman von Fallersleben.

b. Im 18. Jahrhundert singt man die österreichische Kaiserhymne.

c. Der Komponist Joseph Haydn vertont den Text der Kaiserhymne.

d. Das Deutschlandlied fängt mit einer Strophe an, die nach dem Zweiten Weltkrieg nicht mehr gesungen wird.

2 ★★ 10 min **Exprimez une comparaison sur le mode de l'irréel, selon le modèle.**

Der Text wurde missverstanden. Er sollte kriegerisch sein. → Der Text wurde missverstanden, als ob er kriegerisch wäre. / Der Text wurde missverstanden, als wäre er kriegerisch.

a. Im NS-Regime sang man das Deutschlandlied. Es sollte sich um ein kriegerisches Lied handeln.

b. Hoffman von Fallersleben wurde aus seinem Amt entlassen. Er sollte ein gefährlicher Revolutionär sein.

c. Viele wollen die erste Strophe des Deutschlandlieds nicht mehr hören. Sie soll die Ideen des NS-Regimes ausdrücken.

d. Es passiert leider oft so. Die Kunst soll im Dienste der Politik stehen.

3 ★★★ 25 min **Expression**

En vous appuyant sur l'histoire de l'hymne national allemand retracée dans le texte (le compositeur Joseph Haydn au service de l'empereur d'Autriche, la critique politique du poète Hoffmann von Fallersleben dans l'Allemagne de la Restauration, l'instrumentalisation du texte et de la musique par le régime national-socialiste, etc.), développez un point de vue personnel sur les rapports entre art et pouvoir. Vous pouvez élargir ce thème en utilisant, outre le vocabulaire du texte, les mots et expressions suivants :

der Künstler – die Freiheit des Schaffens (die Schaffensfreiheit).
der Lob – die Legitimierung – der Mäzen – die Belohnung.
der politische Ausdruck – die Propaganda – die Zensur – die engagierte Kunst – der Widerstand – die Gegenmacht.

Citoyenneté et mondes virtuels

Cours

Echter Journalismus und Fake News

Wegen des weltweit verbreiteten Phänomens der Fake News entsteht eine Vertrauenskrise. Fake News sind absichtlich falsche und irreführende Nachrichten. Es wird immer leichter, auf Plattformen, also Suchmaschinen und Sozialen Medien, ungeprüfte Informationen oder sogar Lügen zu verbreiten. Dies führt zu einem Vertrauensverlust in Medien. Die Leute fühlen sich verunsichert und wissen nicht mehr, was wahr und was falsch ist.

Wie kann man auf Internet zwischen Falschinformationen und ernstem Journalismus unterscheiden? Viele Länder haben Gesetze gegen Fake News beschlossen. Einerseits liefern die Neuen Technologien den Vorteil eines raschen Zugangs zur Information, andererseits aber sehen auf den Plattformen fast alle Meldungen gleich aus. Ohne Einordnung der Information können die LeserInnen bei ihrer Meinungsbildung nicht mehr unterstützt werden.

In diesem Zusammenhang sollen die traditionellen Medien eine wichtige Rolle spielen, indem sie zuverlässige Quellen benutzen und zur Bildung des verantwortlichen Staatsbürgers beitragen.

1 Vocabulaire

echt : authentique
weltweit : dans le monde entier, à l'échelle mondiale
verbreiten : diffuser, répandre
entstehen (a, a) : naître, émerger
jm vertrauen : faire confiance à qn →
das Vertrauen : la confiance →
der Vertrauensverlust : la perte de confiance
die Absicht (en) : l'intention →
absichtlich : intentionnellement
irreführend : trompeur
die Suchmaschine (n) : le moteur de recherche
prüfen : vérifier, contrôler
die Lüge (n) : le mensonge
der Verlust : la perte
verunsichern : désorienter, déstabiliser
ernst : sérieux
rasch : rapide
der Zugang : l'accès
die Meldung = die Nachricht : l'information, la nouvelle
die Einordnung : la hiérarchisation
die Meinungsbildung : la formation de l'opinion
unterstützen : soutenir
zuverlässig : fiable
die Quelle (n) : la source
verantwortlich : responsable
beitragen zu (+ datif) : contribuer à
die vernetzte Welt : le monde connecté
die Digitalisierung : la numérisation, la dématérialisation
die digitale(n) Spur(en) : la trace numérique
der Zugang zum Wissen (zur Bildung) : l'accès au savoir (à la culture)
die gemeinsame Arbeitsplattform : l'espace collaboratif
die Belästigung (en) : le harcèlement
das Cybermobbing, das Cyberstalking : le cyber-harcèlement
der Whistleblower (-) : le lanceur d'alerte

2 Grammaire

a. Les verbes de modalité et le verbe wissen

Ils se caractérisent au présent de l'indicatif par une absence de terminaison à la première et la troisième personne du singulier.

	wollen	mögen	können	dürfen	müssen	sollen
ich	will	mag	kann	darf	muss	soll
du	willst	magst	kannst	darfst	musst	sollst
er, sie, es	will	mag	kann	darf	muss	soll

wissen : ich weiß, du weißt, er/sie/es weiß

b. Savoir utiliser les verbes de modalité

▶ Expression de la **possibilité** : *können* (avoir la possibilité matérielle de... ; savoir [au sens d'un savoir-faire]) / *dürfen* (avoir la permission de...). Ex. *Kann man diesen Text online lesen?* Peut-on lire ce texte en ligne ? *Darf man eine Kritik ausüben?* A-t-on la permission d'émettre une critique ?

▶ Expression de la **volonté** : *wollen* (vouloir, avoir l'intention de...) / *mögen* (aimer bien, vouloir bien). Ex. *Ich will die Informationen dieser Internetseite nicht lesen.* Je ne veux pas lire les informations de ce site Internet. *Magst du jetzt eine Papierzeitung lesen?* As-tu envie maintenant de lire un journal papier ?

Remarque : *ich möchte* (subjonctif II de *mögen*) signifie « je voudrais, j'aimerais... ».

▶ Expression de **l'obligation** : *müssen* (être obligé de... [sentiment intérieur d'une obligation à laquelle on adhère]) / *sollen* (avoir l'obligation morale de..., se sentir tenu de... [sentiment d'une obligation extérieure à laquelle on n'adhère pas nécessairement]). Ex. *Ich muss jetzt die Information einordnen.* Il faut maintenant que je hiérarchise les informations. – *Sollst du nicht deinen Bericht zu Ende schreiben?* Ne dois-tu pas terminer ton rapport ?

Méthode

1 Les modalisateurs

Les verbes de modalité peuvent être utilisés comme modalisateurs, c'est-à-dire indiquer une nuance ou un jugement portant sur une action. En **tant que modalisateur :**

– ***dürfen*** indique une présomption, une forte probabilité (généralement au subjonctif II). Ex. : *Diese Meldung* dürfte *wahr sein.* Cette information devrait être vraie (= Je suppose qu'elle est vraie).

– ***können*** exprime une éventualité. Ex. : *Sie kann wahr sein.* Elle peut être vraie (= Il se peut qu'elle soit vraie).

– ***sollen*** sert à rapporter une opinion ou à indiquer une hypothèse. Ex. : *Er soll weggereist sein.* Il est sans doute parti en voyage.

– ***müssen*** sert à indiquer une très forte probabilité. Ex. : *Du musst falsch verstanden haben.* Tu as dû mal comprendre.

– ***wollen*** indique que l'on met en doute le propos d'un tiers. Ex. : *Er will alles vorher gewusst haben.* Il prétend avoir tout su auparavant.

– ***mögen*** exprime une supposition. Ex. : *Der Journalist mag diese Details vergessen haben.* Le journaliste a probablement oublié ces détails.

2 Formation du participe I et du participe II

▶ Pour tous les verbes accentués sur la première syllabe (comme *schreiben*), le participe II se forme à l'aide de l'augment *ge-* + radical de l'infinitif + ***(e)t*** pour les verbes faibles ou + ***en*** pour les verbes forts.

Ex. *führen* → ***geführt*** ; *lügen* → ***gelogen***.

▶ Si le verbe comporte une particule accentuée (donc séparable), l'augment *ge-* s'intercale entre la particule et le radical du verbe. Ex. *einordnen* → *ein**ge**ordnet* ; *beitragen* → *bei**ge**tragen*

▶ Si le verbe est accentué sur une autre syllabe que la première, il n'y a pas d'augment.

Ex. *ver**brei**ten* → *verbreitet* ; *ent**steh**en (a, a)* → *entstanden* ; *ver**un**sichern* → *verunsichert*.

Attention au changement de radical des verbes forts, des verbes faibles irréguliers et des verbes de modalité.

Exercices

1 ★ 6 min **Reformulez les phrases en utilisant un verbe de modalité, selon le modèle.**

Ist es möglich, den Medien zu vertrauen? → *Kann man den Medien vertrauen?*

a. Er hat noch einen Bericht zu verfassen.
b. Hat man die Erlaubnis, eine Kritik auszuüben?
c. Ich habe jetzt keine Lust, Zeitung zu lesen.

2 ★★ 8 min **Reformulez les phrases en utilisant un verbe de modalisation, selon le modèle.**

Ich vermute, dass diese Meldung wahr ist. → *Diese Meldung dürfte wahr sein.*

a. Ich bin der Meinung, dass du diese Nachricht falsch verstanden hast.
b. Er behauptet, alle Informationen zu diesem Thema gelesen zu haben.
c. Es kann sein, dass sie ihre Chronik nach einer ernsten Quelle geschrieben hat.

3 ★★ 5 min **Complétez à l'aide du participe II de l'un des verbes proposés :**

unterstützen – prüfen – beschließen – verunsichern

Ziel einer seriösen Berichterstattung sollte es sein, ………… Informationen zu liefern und zur Aufklärung und Erziehung des Bürgers beizutragen.
………… Leser brauchen bei ihrer Meinungsbildung ………… zu werden. Sie freuen sich über die neu ………… Gesetze gegen Fake News.

4 ★★★ 25 min **Expression**

Quelles sont, à votre avis, les conséquences de l'essor du monde numérisé (= *die Ausweitung einer digitalisierten Welt*) sur les rapports privés entre individus, et sur les rapports entre citoyens et pouvoir, individus et institutions ?

Vous pourrez choisir un angle d'approche en privilégiant la dimension politique, professionnelle ou culturelle, en ayant recours au texte et à son vocabulaire ainsi qu'aux éléments suivants :
die vernetzte Welt - die Digitalisierung - die digitale(n) Spur(en) - der Zugang zum Wissen (zur Bildung) die gemeinsame Arbeitsplattform - die Belästigung - das Cybermobbing - das Cyberstalking - der Whistleblower.

Cours

Neuschwanstein

Eines der bekanntesten Symbole der deutschen Kultur im Ausland ist sicherlich das Schloss Neuschwanstein vom König Ludwig II. von Bayern. Für viele Ausländer gehört dieses Monument zu den berühmtesten Erinnerungsorten des Landes. Bekanntlich inspirierte das Schloss Walt Disney für seine Zeichentrickfilms *Cinderella* und *Dornröschen*. Eigentlich wünschte sich der bayerische König im 19. Jahrhundert ein Schloss, das an die damalige Vorstellung des Mittelalters erinnern konnte. Auch die besondere Lage des Schlosses trägt zu dieser romantischen Auffassung bei. Das Märchenschloss steht auf einem Felsen 200 Meter über dem Tal.

1 Vocabulaire

bekannt : connu
das Schloss (¨er) : le château (et aussi : la serrure)
der Ausländer (-) : l'étranger
berühmt : célèbre
sich erinnern an + accusatif : se souvenir de
→ *die Erinnerung (en)* : le souvenir, la mémoire
→ *der Erinnerungsort* : le lieu de mémoire
bekanntlich : comme on le sait
der Zeichentrickfilm (e) : le dessin animé
Cinderella : Cendrillon
Dornröschen : la Belle au bois dormant
eigentlich : en fait, de fait
sich vorstellen : se représenter
→ *die Vorstellung (en)* : la représentation
das Mittelalter : le Moyen Âge
die Lage (n) : la situation
die Auffassung (en) : la conception
der Felsen : le rocher, le piton rocheux
das Tal (¨er) : la vallée
wandern : faire une excursion
→ *die Wanderung (en)* : la randonnée
das Kulturgut (¨er) : le bien culturel
→ *das Kulturerbe* : le patrimoine culturel
die Romantik : le romantisme
die Phantasie : l'imagination (créatrice)
überschreiten (i, i) : franchir, dépasser, transcender
das Monument (e) : le monument
künstlerisch : artistique
der Wert (e) : la valeur
überschreiten (i,i) : franchir, transgresser

2 Grammaire

▶ Le directif répond à la question *wohin?* C'est le lieu où l'on va.
Sie fährt ***nach*** *Bayern.* Elle va en Bavière.
D'une manière plus générale, le directif correspond à la notion de déplacement d'un lieu à un autre.
Er legt das Buch ***auf den*** *Tisch.* Il pose le livre sur la table.

▶ Le locatif répond à la question *wo?* C'est le lieu où l'on est.
Sie wartet ***vor dem*** *Schloss.* Elle attend devant le château.
D'une manière plus générale, le locatif correspond à la localisation dans un endroit donné d'une personne, d'un objet ou d'une action.
Das Buch liegt ***auf dem*** *Tisch.* Le livre est sur la table.
Le locatif n'exclut pas le mouvement, considéré dans son déroulement en un seul lieu.
Sie wandert ***im*** *Tal.* Elle fait une excursion dans la vallée.

▶ Noms de villes et de pays sans article : *nach* pour le directif et *in* pour le locatif.
Im Sommer fahre ich ***nach*** *München.* Cet été, je vais à Munich.
König Ludwig II. wohnte ***in*** *Neuschwanstein.* Le roi Louis II habitait à Neuschwanstein.

▶ Noms de personnes ou de professions : *zu* (+ datif) pour le directif et *bei* (+ datif) pour le locatif.
Heute abend gehe ich ***zu*** *Ludwig.* Ce soir, je vais chez Ludwig.
Wann gehst du ***zum*** *Friseur?* Quand vas-tu chez le coiffeur ?
Gestern war ich ***bei*** *Claudia.* Hier, j'étais chez Claudia. *Ich habe Peter* ***beim*** Bäcker gesehen. J'ai vu Peter chez le boulanger.

▶ Groupes nominaux : préposition spatiale suivie de l'accusatif pour le directif, du datif pour le locatif. Il y a 9 prépositions spatiales : *an, auf, in, hinter, vor, unter, über, zwischen, neben.*
Sie treten ***in das*** *Schloss ein.*. Ils entrent dans le château. / *Sie gehen* ***im*** *Schlos hin und her.* Ils vont et viennent dans le château.

Méthode

1 Savoir se poser les bonnes questions

– *Was stellt dieses Bild dar?* Que représente cette image ?
– *Welchen Eindruck macht dieses Bild auf Sie?* Quelle impression cette image vous fait-elle ?
– *Was ist an diesem Bild Besonderes?* Qu'y a-t-il de particulier sur cette image ?

2 Savoir décrire et commenter

▶ **Impression générale :**

Was beim ersten Blick auffällt, ist... Ce qui frappe au premier coup d'œil, c'est...

Was ins Auge fällt, ist... Ce qui saute aux yeux, c'est...

▶ **Observation détaillée**

Bei näherer Betrachtung entdeckt man... En y regardant de plus près, on découvre...

Der Blick des Betrachters wird auf diese Elemente gelenkt. Le regard de l'observateur est dirigé vers ces éléments...

▶ **Analyse de la composition du tableau**

Opposition entre le haut (*oben*) et le bas (*unten*) ; description du premier-plan (*der Vordergrund*) et de l'arrière-plan (*der Hintergrund*) ; du rocher (*der Felsen*), des lacs (*der See, die Seen*), de la forêt (*der Wald*) et des montagnes (*die Berge*).

3 Emplois particuliers de l'adjectif ordinal

▶ Pour les siècles, on utilise les chiffres arabes et non romains comme en français.

*Das **19.** Jahrhundert (das **neunzehnte** Jahrhundert)*
→ Le XIXe siècle.

▶ En allemand, un point remplace le *–e* en exposant.

▶ Pour les lignées, on utilise également l'ordinal, mais avec des chiffres romains comme en français, et avec un point. L'article n'est pas écrit **mais se prononce.** *Ludwig **II.** (Ludwig **der Zweite**)* → Louis II.

4 Formation du superlatif

Le superlatif se forme à l'aide du suffixe *–st* (suivi, pour les adjectifs épithètes, de la marque de déclinaison).

*Ein berühmter Ort. Un endroit célèbre. / Der berühmte**ste** Ort. L'endroit **le plus** célèbre.*

Exercices

1 ★ 5 min **Transposez du directif au locatif.**

Michael und Claudia treten ins Schloss. *(sein)*
→ Michael und Claudia sind im Schloss.

a. Michaels Freund fliegt nach München. *(studieren)*
b. Claudias Freundin fährt zu ihren bayerischen Verwandten. *(eine Woche bleiben)*
c. Diese Touristen gehen ins Tal. *(ein Picknick machen)*

2 ★ 4 min **Complétez à l'aide de *nach* (directif) ou de *in* (locatif).**

a. Wann fliegst du .... München?
b. Waren Sie schon .... Bayern?
c. Morgen fahren wir .... Frankreich zurück.
d. .... Nürnberg habe ich viele Bekannte.

3 ★★ 6 min **Formez des phrases à l'aide des éléments suivants en veillant au régime des prépositions.**

a. der Parkplatz unter dem Schloss *(neben)* – ist – ein typisch bayerisches Restaurant.
b. der Bus *(in)* – er – seine Bruder *(hinter)* – sich setzte.
c. mein Bett *(über)* – ein Foto von Neuschwanstein – hängt.

4 ★★★ 25 min **Expression**

En vous inspirant du texte et de la rubrique méthode, vous décrirez la photo et vous essaierez de montrer comment elle représente un modèle esthétique datant du XIXe siècle devenu un élément du patrimoine allemand. Comment ce château a-t-il pu à la fois illustrer un certain romantisme allemand et devenir le logo des films de la Walt Disney Company ? Comment l'imaginaire de Louis II de Bavière a-t-il pu inspirer la création du XXe siècle ? Peut-on considérer que ce monument qualifié de typiquement germanique transcende les cultures ?

Pour élaborer et organiser votre développement, vous pourrez utiliser le vocabulaire donné plus haut ainsi que les éléments suivants :
das ästhetische Modell - das deutsche Kulturgut - das deutsche Kulturerbe - die deutsche Romantik - das Logo - die Phantasie - die imaginäre Welt - die kulturellen Grenzen überschreiten (i, i).

Innovations scientifiques et responsabilités

Cours

Wissenschaft und Verantwortung

Wird die wissenschaftliche Forschung eine weitere Verbesserung der Lebensbedingungen der Menschen auf der Welt ermöglichen? Heutzutage kommt dieser Fortschritt nur einem Teil der Menschheit zugute. Werden die Wissenschaftler dafür sorgen können, dass die Ergebnisse der Forschung zum Wohl der ganzen Menschheit beitragen? Dabei spielen natürlich Politik und wirtschaftliche Interessen eine große Rolle. Deshalb stellt sich die Frage nach dem politischen Bewusstsein der Wissenschaftler. Um wirksamer zu sein, sollen sie sich an der Forschungsstrategie beteiligen dürfen. Gegenüber wirtschaftlichen und industriellen Lobbies sollen sie neutral bleiben, damit keine Bestechung stattfindet. Ein anderes Problem ist die Wirkung der technischen und industriellen Entwicklung auf die Umwelt. In den letzten Jahrzehnten wurde eine Degradierung des Klimas spürbar. Der Klimawandel, der zur einer globalen Erwärmung führt, beunruhigt nun nicht nur die Umweltschützer, sondern macht jeden umweltbewusster.

1 Vocabulaire

die Wissenschaft (en) : la science
die Verantwortung (en) : la responsabilité
der Forscher (-) : le chercheur
die Forschung (en) : la recherche
die Verbesserung (en) : l'amélioration
die Lebensbedingungen : les conditions de vie
ermöglichen : rendre possible, permettre
jm (dat.) zugutekommen (a,o) : bénéficier à qn
sorgen für (+ acc.) : se soucier de
besorgt sein : être inquiet, préoccupé
das Ergebnis (se) : le résultat
das Bewusstsein : la conscience
wirksam : efficace
sich beteiligen an (+ dat.) : participer à
gegenüber + dat. : vis-à-vis de
bestechen (a, o ; i) : corrompre
die Bestechung : la corruption
stattfinden (a, u) : avoir lieu
spüren : ressentir
→ *spürbar* : que l'on peut ressentir, sensible
der Wandel (-) : le changement
die Erwärmung (en) : le réchauffement
die Folge (n) : la conséquence
die Lösung (en) : la solution
vorschlagen (u, a ; ä) : proposer
die Erschöpfung : l'épuisement
ausnutzen : exploiter
gefährden : menacer
die Schicht (en) : la couche
die Menschheit : l'humanité

2 Grammaire : expression de la cause

▶ ***weil***, conjonction de subordination (= parce que), introduit le motif, la cause, la raison, l'explication.
*Die Wissenschaftler sind besorgt, **weil** die globale Erwärmung schlimme Folgen hat.*
Les savants sont inquiets parce que le réchauffement climatique a des conséquences néfastes.

▶ ***denn***, conjonction de coordination (= car), introduit une constatation, un argument.
*Die globale Erwärmung muss wohl schlimme Folgen haben, **denn** die Wissenschaftler sind besorgt.*
Le réchauffement climatique doit avoir des conséquences néfastes, car les savants sont inquiets.

Attention : dans la subordonnée conjonctive (introduite par ***weil***), le verbe est en **dernière** position.
Dans la proposition coordonnée (introduite par ***denn***), le verbe est en **deuxième** position.

▶ La conjonction de subordination ***da*** a un sens causal (= puisque, comme). Le verbe est en dernière position.
***Da** die globale Erwärmung katastrophale Folgen haben kann, sind die Wissenschaftler besorgt.*
Comme le réchauffement climatique peut avoir des conséquences catastrophiques, les savants sont inquiets.

▶ ***deshalb*** et ***nämlich*** sont des adverbes : ***deshalb*** reprend l'expression de la cause exprimée précédemment (= c'est pourquoi), ***nämlich*** exprime la cause ou l'explication (= en effet).
*Politik spielt eine große Rolle. **Deshalb** stellt sich die Frage nach dem politischen Bewusstsein der Wissenschaftler.* La politique joue un rôle important. C'est pourquoi se pose la question de la conscience politique des savants.
*Es stellt sich die Frage nach dem politischen Bewusstsein der Wissenschaftler. Politik spielt **nämlich** eine große Rolle.*
La question de la conscience politique des savants se pose. La politique joue en effet un rôle important.

Méthode

1 L'expression du futur

Temps composé en allemand, le futur s'exprime à l'aide de l'auxiliaire *werden* et de l'infinitif du verbe conjugué.
Ermöglicht die Forschung eine Verbesserung der Lebensbedingungen? → ***Wird** die Forschung eine Verbesserung der Lebensbedingungen **ermöglichen**?* La recherche permettra-t-elle une amélioration des conditions de vie ?

2 L'expression de la finalité

On dispose en allemand de deux structures :
– ***um... zu...*** + infinitif (= pour, afin de...) ;
– ***damit***, conjonction de subordination (= afin que...).
*Sie müssen sich an der Forschungsstrategie beteiligen, **um** wirksamer **zu** sein.*
Il faut qu'ils participent à la stratégie de recherche afin d'être plus efficaces.
*Sie sollen neutral bleiben, **damit** keine Bestechung möglich ist.*
Ils doivent rester neutres pour qu'aucune corruption ne soit possible.

3 Quand utiliser *damit* ou *um... zu...*

▶ On ne peut utiliser ***um... zu...*** que si le sujet est le même dans la principale et dans la dépendante.
*Die Wissenschaftler sollen neutral bleiben, **damit** keiner sie besticht.*
Les scientifiques doivent rester neutres afin que nul ne les corrompe.
*Die Wissenschaftler sollen neutral bleiben, **um** nicht bestochen **zu** werden.*
Les scientifiques doivent rester neutres afin de ne pas être corrompus.
▶ ***Damit*** est une conjonction de subordination (verbe en dernière position). Le sujet est généralement différent dans les deux propositions (principale et dépendante), mais il peut être le même.
*Die Wissenschaftler sollen neutral bleiben, **damit** keiner sie besticht.*
*Die Wissenschaftler sollen neutral bleiben, **damit** sie nicht bestochen werden.*
▶ La **virgule** précède obligatoirement *um* (dans l'utilisation de *um... zu...*) et *damit* dans le cas de la subordonnée conjonctive.

Exercices

1 ★ 4 min Transformez la seconde proposition en infinitive à l'aide de *um... zu...* ou en conjonctive à l'aide de *damit*.

a. Jeder Staatsbürger soll im öffentlichen Raum aufmerksam sein. Der Kampf gegen die Umweltzerstörung wird wirksam.
b. Die Forscher haben lange überlegt. Sie können eine Lösung vorschlagen.

2 ★★ 6 min Reliez les propositions en utilisant successivement les mots entre parenthèses. (Veillez à la logique et à la place du verbe.)

a. Jeder muss im Alltagsleben umweltbewusster werden. Die Erschöpfung der Naturressourcen ist eine Konsequenz eines zu großen Konsums. (*denn - da*)
b. Wissenschaftler haben eine große Verantwortung. Ihre Erfindungen können politisch ausgenutzt werden. (*nämlich – deshalb*)

3 ★★ 8 min Reformulez les énoncés suivant en utilisant successivement les mots entre parenthèses (attention à la logique des propositions et à la place du verbe).

Die Biodiversität wird gefährdet. Das Klima wandelt sich.
a. (*deshalb*) ....
b. (*nämlich*) ....
c. (*weil*) ....
d. (*da*) ....

4 ★★★ 25 min Expression

Résumez en quelques lignes, en vous appuyant sur le texte, les principales questions que posent les avancées récentes du progrès scientifique et technologique. Vous pourrez évoquer le réchauffement climatique et ses conséquences, le rôle et les moyens d'action du savant dans la société et du citoyen dans sa vie quotidienne.

Vous vous aiderez du vocabulaire du texte et des points de grammaire et de méthode ainsi que des mots et expressions suivants :
die Biodiversität - die Erschöpfung der Naturressourcen - die Fortschrittsethik - die Ozonschicht - die Industrieabgase - verseuchen / vergiften / verschmutzen / verpesten - umweltfreundich - umweltzerstörend - die Wasserverseuchung - die Luftverpestung - der Umweltschaden.

ALLEMAND

Diversité et inclusion

Cours

Migration und kulturelle Vielfalt

Durch die immer größere Mobilität, leider auch wegen Tragödien, Diktaturen oder Elend, werden die Gesellschaften offener und vielfältiger. Auch wenn die meisten Zuwanderer bald die Sprache des neuen Landes lernen, sprechen sie zu Hause oft ihre Muttersprache weiter. Zugleich entsteht eine kulturelle Vielfalt, die nicht nur seit langem Sprachen assoziiert (so kommt das Wort Yoghurt aus dem Türkischen), sondern auch Kulturen verbindet. Führt die primitive Angst vor dem Anderen nicht selten zum Misstrauen und zum Rassismus, so ermöglicht auch die Entdeckung der anderen Kulturen und Sprachen eine gegenseitige Bereicherung. Seit jeher sind die Staaten multikulturell, doch die Illusion der homogenen Nationen bleibt prägend. Historiker zeigen aber, dass jede Menschengruppe (jedes Volk) im Laufe der Geschichte ausgewandert und zugewandert ist. Deshalb haben wir von den neuen Ausländerkulturen viel zu lernen. Heutzutage genießt zum Beispiel Deutschland eine weltweite Anerkennung mit den neuen deutschen SchriftstellerInnen Özdamar, Schami oder Tawada.

1 Vocabulaire

die Vielfalt : la diversité
→ *vielfältig* : divers, diversifié, multiple
das Elend : la misère
die Gesellschaft (en) : la société
zuwandern = immigrieren
→ *der Zuwanderer (-) = der Immigrant (en, en)*
→ *die Zuwanderung* : l'immigration
auswandern : émigrer
→ *die Auswanderung* : l'émigration
verbinden (a, u) : relier
das Misstrauen : la méfiance, la défiance
entdecken : découvrir
→ *die Entdeckung (en)* : la découverte
gegenseitig : réciproque[ment]
bereichern : enrichir
→ *die Bereicherung* : l'enrichissement
seit jeher : depuis toujours
prägen : marquer
anerkennen (a - a) : reconnaître
→ *die Anerkennung* : la reconnaissance
der Schriftsteller (-) / die Schriftstellerin (nen) : l'écrivain / l'écrivaine
der Flüchtling (e) : le réfugié
das Mittelalter : le Moyen Âge
die Diskriminierung : la discrimination
die Ausländerfeindlichkeit : la xénophobie
die Emanzipierung : l'émancipation
die Gleichheit : l'égalité
die Minderheit (en) : la minorité
die Integrierung : le processus d'intégration (= *die Integration*)
die Beziehung (en) (zwischen + dat.) : la relation entre

2 Grammaire

a. Condition, hypothèse, irréel

▶ **L'hypothèse** s'exprime au moyen de la conjonction de subordination *wenn* (« si ») et de l'indicatif lorsque l'action ou l'événement envisagé est une éventualité, un potentiel et non un irréel.

***Wenn** wir im Juli nach Italien **reisen**, dann **lerne** ich vorher ein wenig Italienisch.*

Si nous allons en juillet en Italie, j'apprendrai auparavant un peu d'italien. (*potentiel*)

▶ Pour **l'irréel**, on utilise le subjonctif II.

***Wenn** ich in Italien **wohnen müsste**, dann **würde** ich Italienisch **lernen**.* Si je devais vivre en Italie, j'apprendrais l'italien. (*irréel du présent*)

***Wenn** die deutsche Kultur die türkische Kultur nie vorher **getroffen hätte**, dann **wäre** das Wort Yoghurt nicht zu einem deutschen Wort **geworden**.* Si la culture allemande n'avait jamais rencontré auparavant la culture turque, le mot yoghurt ne serait pas devenu un mot allemand. (*irréel du passé*)

▶ Comme dans toute dépendante, le verbe est à la fin de la proposition introduite par *wenn*. Mais on peut aussi utiliser une subordonnée à verbe premier.

***Wenn** keiner Angst vor dem Anderen **hätte**, dann wäre der interkulturelle Dialog leichter.* → ***Hätte** keiner Angst vor dem Anderen, dann wäre der interkulturelle Dialog leichter.*
Si personne n'avait peur de l'autre, le dialogue interculturel serait plus facile.

3 Le participe II à forme d'infinitif

▶ Lorsqu'on utilise un verbe de modalité avec un infinitif (*er kann kommen*), la forme du participe II du verbe de modalité, au parfait et au plus-que-parfait, est semblable à l'infinitif. *Er hat kommen **können**.* Il a pu venir.

▶ Dans une subordonnée conjonctive, l'auxiliaire précède alors ce « double infinitif ».

*Wenn ich in Italien **hätte** wohnen müssen, dann hätte ich Italienisch gelernt.* Si j'avais dû vivre en Italie, j'aurais appris l'italien. (*irréel du passé*)

Méthode

Savoir exprimer l'irréel

▶ Le subjonctif II est en allemand le mode de l'irréel, dans la principale **et** dans la subordonnée.

*Wenn wir auswandern **müssten**, **würden** wir uns **freuen**, in einem fremden Land freundlich empfangen zu werden.*

Si nous étions contraints d'émigrer, nous serions heureux d'être bien accueillis dans un pays étranger.

En français, imparfait dans la subordonnée et conditionnel dans la principale ; en allemand : subjonctif II dans les deux propositions.

▶ Pour exprimer l'irréel du présent, on emploie le subjonctif II présent :
– Pour les verbes forts, il se forme à partir de leur prétérit (infléchi pour les voyelles *a, o, u*) + *e* + les terminaisons du prétérit *([], st, [], nt, t, n)*. *kommen* (prétérit : *er kam*) → *Wenn du nach Frankreich **kämest**, würde ich mich freuen.*
Si tu venais en France, je me réjouirais.
– Pour les verbes faibles réguliers, il se forme en suivant la règle précédente, le subjonctif II est rigoureusement identique au prétérit. On a donc généralement recours à une forme composée : auxiliaire *werden* conjugué au subjonctif II et infinitif du verbe. *Lernen* → subjonctif II présent : *er lernte*, forme semblable au prétérit. On utilise donc, pour le différencier, la forme : *er **würde lernen**. Er **würde** gern Italienisch **lernen**.* Il apprendrait volontiers l'italien.

▶ Le subjonctif II passé se forme avec l'auxiliaire *haben* ou *sein* conjugué au subjonctif II présent et participe II du verbe.
Ex. : *auswandern → er **wäre ausgewandert***. – *lernen → er **hätte gelernt***.

▶ Lorsque la subordonnée commence par le verbe, la principale est introduite par *so* ou par *dann* :
***Wäre** Yoko Tawada nicht nach Deutschland gekommen, **dann** wäre sie keine deutsche Schriftstellerin geworden.*

Exercices

1 ★ 8 min **Transformez la première proposition en subordonnée exprimant un potentiel avec *wenn*, puis en subordonnée à verbe premier.**

a. Man will Meinungen austauschen. Man muss die Sprachgrenzen überschreiten.
b. Man spricht mehrere Sprachen. Man erweitert seine Kenntnisse und bereichert seine Lebensauffassung.
c. Sie wandert nach Deutchland ein. Sie wird vielleicht eine deutsche Schauspielerin.

2 ★★ 8 min **Formez des phrases à l'irréel du présent (subjonctif II présent), puis à l'irréel du passé (subjonctif II passé).**

a. Sie will dieses Land verstehen. Sie muss die Sprache lernen.
b. Er ist offen und bescheiden. Er lernt seine Mitmenschen kennen.
c. Sie ändern ihre Meinungen. Sie entdecken neue Gefühle und Kenntnisse.

3 ★★★ 25 min **Compréhension de l'oral**

Vous écouterez trois fois le texte enregistré (audio), en espaçant les écoutes d'une minute, tout en prenant des notes. Puis vous rendrez compte en français du document entendu.
Vocabulaire : *Syrien* : la Syrie – *der Flüchtling (e)* : le réfugié – *flüchten (in + acc.)* : se réfugier – *die Sicherheit :* la sécurité – *fliehen (o,o)* : fuir, s'enfuir – *die Flucht* : la fuite – *überleben* : survivre – *verhungern* : mourir de faim – *der Hohe Flüchtlingskommissar* : le Haut Commissariat aux réfugiés – *die Vereinten Nationen* : les Nations Unies – *der Schutz* : la protection – *der Beitrag* (¨e) : la contribution – *unterstützen* : soutenir – *das Kinderhilfswerk* : le fonds pour l'enfance – *die Entwicklungszusammenarbeit* : la coopération au développement

4 ★★★ 15 min **Expression**

Répondez en allemand aux questions suivantes :
a. Warum gibt es so viele Flüchtlinge?
b. Was wird von den internationalen Organisationen gemacht?

Cours

Wozu Helden?

Die Bundesrepublik Deutschland war nicht immer ein einziger Staat. Von 1949 bis 1989 existierten nämlich zwei deutsche Länder, die BRD und die DDR (Deutsche Demokratische Republik). Um ihre politische Legitimität gegen die BRD zu behaupten, brauchte die DDR positive Figuren, mit denen man sich identifizieren konnte. Ein Beispiel dafür ist der Kosmonaut Sigmund Jähn, der 1978 gemeinsam mit einem sowjetischen Offizier sieben Tage im Weltraum verbrachte. „Der erste Deutsche im All ein Bürger der DDR“, so lautete das Titelblatt der offiziellen DDR-Zeitung *Neues Deutschland*. Mit Jähns Erfolg gelang es der DDR, ihr politisches Image zu pflegen. Nach seinem Flug bekam Jähn offiziell den Titel „Held der DDR“ verliehen.

In seinem Film „Good Bye Lenin!“ (2003) zeigt Wolfgang Becker, wie Sigmund Jähn ein Vorbild für die Jugend war, dann aber nach dem Fall der Berliner Mauer 1989 allmählich vergessen wurde. Alle ehemaligen DDR-Bürger kennen ihn, doch wird er bis heute in der BRD nicht offiziell gefeiert.

1 Vocabulaire

der Held (en, en) : le héros
ein einziger / eine einzige / ein einziges : un(e) seul(e)
behaupten : affirmer
die Figur (en) : le personnage
der Weltraum : l'espace, le cosmos
das Weltall / das All : l'univers
verbringen (a-a) : passer (du temps)
das Titelblatt (¨er) : la une (première page)
der Erfolg (e) : le succès
jm gelingen (a, u) : réussir (*es gelingt mir,… zu…* : je réussis à)
das Image : l'image de marque, la réputation
pflegen : soigner
der Flug (¨e) : le vol (en avion, en fusée)
verleihen (ie, ie) : décerner, remettre
das Vorbild (er) : le modèle, l'exemple
allmählich : progressivement, peu à peu
ehemalig : ancien (d'auparavant)
feiern : célébrer
das Bewusstsein : la conscience
verstärken : renforcer
ikonisch : emblématique, iconique
das Symbol (e) : le symbole
das Erbe : l'héritage
das Kulturerbe : le patrimoine culturel
das kollektive Erbe : l'héritage collectif
der Erinnerungsort (e) : le lieu de mémoire
die Demontage : *die Dekonstruktion*
die Infragestellung (en) : la remise en question, la mise en cause
das Paradigma (die Paradigmen) : le paradigme
der Paradigmenwechsel (-) : le changement de paradigme

2 Grammaire

a. L'infinitive

▶ L'infinitif complément est toujours précédé de *zu*, sauf lorsqu'il est complément d'un verbe de modalité, des verbes *lernen, lassen, helfen* et de verbes de perception comme *hören* et *sehen*.
Mit Jähns Erfolg gelang es der DDR, ihr Image ***zu pflegen***. Avec le succès de Jähn, la RDA réussit à soigner son image.
Sigmund Jähn war eine Figur, mit der man sich ***identifizieren*** *konnte*. Sigmund Jähn était un personnage auquel on pouvait s'identifier.

▶ Une virgule sépare obligatoirement l'infinitive de la principale, et le verbe, dans l'infinitive comme dans toute dépendante, se place à la fin. *Ich habe vor, in die alten Bundesländer (= in die ehemalige DDR) zu fahren.* J'ai l'intention d'aller dans les anciens Länder (= en ex-RDA).

▶ Il n'y a pas de virgule entre la principale et l'infinitif complément lorsque :
– l'infinitif n'est pas précédé de *zu* ;
– le groupe infinitif se réduit à *zu* + infinitif (sans autre élément).

▶ L'infinitive de but est introduite par *um*. Elle est séparée de la principale par une virgule, et l'infinitif complément placé en fin de dépendante est précédé de *zu*. Le sujet sous-entendu de l'infinitive doit être le même que celui de la principale. (Voir aussi l'expression de la finalité au chapitre 6.)
Um ihre politische Legitimität zu behaupten, brauchte die DDR Helden. Pour affirmer sa légitimité politique, la RDA avait besoin de héros.

b. Les conjonctions de coordination

aber, denn, oder, sondern, und, éléments hors construction (« avant-première position »), n'influent pas sur l'ordre des éléments dans la phrase. Il ne faut pas confondre la construction avec *denn* (coordination) et la construction avec *weil* (subordination, verbe en fin de dépendante).

Méthode

1 Les conjonctions de subordination

▶ Les plus courantes : *dass, ob, weil, wenn*. Il faut penser à placer le verbe conjugué à la fin de la subordonnée.

▶ **Concessives** : *obwohl, obschon, obgleich* (bien que, quoique). Le verbe conjugué est à l'indicatif, contrairement au français qui utilise ici le subjonctif.

▶ **Temporelles** : *wenn* (quand), *als* (lorsque), *während* (pendant que, tandis que), *indem* (cependant que), *bevor* (avant que), *nachdem* (après que), *seit* ou *seitdem* (depuis que), *bis* (jusqu'à ce que), *sobald* (dès que, aussitôt que). Sur *als* et *wenn* au passé, voir le chapitre 2 (Comparaison passé/présent).

2 Utilisation de vor, vorher et bevor et de nach, nachher et nachdem

▶ ***Vor*** + datif : avant / ***nach*** + datif : après (prépositions, donc suivies d'un substantif, qui peut être un infinitif substantivé). ***Vor*** *dem Fall der Mauer war Sigmund Jähn ein offizieller Held.* ***Nach*** *dem Fall der Mauer wurde er nicht mehr gefeiert.*

▶ ***Vorher*** : avant, auparavant (adverbe, comme *davor*) / ***nachher*** : après, ensuite (adverbe, comme *danach*). *1989 fiel die Berliner Mauer.* ***Vorher*** *war Sigmund Jähn ein offizieller Held.* ***Nachher*** *wurde er nicht mehr gefeiert.*

▶ ***Bevor*** : avant que / ***nachdem*** : après que (conjonctions de subordination, donc suivies du sujet, puis des différents éléments de la proposition, puis du verbe en position finale). ***Bevor*** *die Mauer fiel, war Sigmund Jähn ein offizieller Held.* ***Nachdem*** *die Mauer gefallen ist, wird er nicht mehr gefeiert.*

▶ Remarque : « avant de » et « après + infinitif » n'ont pas d'équivalents en allemand. Il faut recourir à la conjonction de subordination et à un verbe conjugué, ou à la préposition (suivie d'un substantif ou d'un groupe nominal).

Exercices

1 ★ 6 min **Complétez les phrases suivantes en utilisant les termes entre parenthèses pour former des infinitives.**

a. Sollen Helden dazu dienen, ...? (das Bewusstsein der Nation verstärken)
b. Viele deutsche Bürger haben den Wunsch, ... (den ehemaligen Kosmonauten Sigmund Jähn ehren).
c. Positive Vorbilder können oft .... (Kindern bei ihrer Entwicklung helfen)

2 ★★ 6 min **Complétez chaque phrase en intégrant la tournure infinitive entre parenthèses à l'aide de *um... zu*.**

a. Die DDR entwickelte eine eigene Kultur, ... (offiziell als deutscher Staat anerkannt werden).
b. Sigmund Jähns persönliche Geschichte wurde benutzt, ... (eine kollektive Geschichte der DDR schreiben).
c. Ikonische Figuren scheinen notwendig, ... (die Geschichte einer Kultur erzählen).

3 ★★★ 25 min **Expression**

a. En vous inspirant du texte, évoquez une ou plusieurs figures mises en avant par un pays pour affirmer une identité nationale ou une culture singulière. Il peut s'agir de personnes ou d'événements devenus des lieux de mémoire.
b. Quel rôle peut jouer selon vous le cinéma dans la construction ou la déconstruction des figures de héros ou des lieux de mémoire ? Vous pouvez vous référer au film *Good bye Lenin!* ou à toute autre production filmique qui vous paraîtra pertinente.

Pour répondre à ces deux questions, vous pourrez reprendre des mots du texte, des points de grammaire et des exercices, et utiliser les mots suivants :
das (nationale) Bewusstsein - verstärken - ikonisch - das Symbol (e) - das Erbe / das Kulturerbe / das kollektive Erbe - der Erinnerungsort (e) - die Demontage / die Dekonstruktion - die Infragestellung (en) - das Paradigma (die Paradigmen) - der Paradigmenwechsel (-) - die Ideologie (n) - die Befreiung - die Souveränität.

ANGLAIS

1 Page 385

1 Burmese – British – immigration – globalisation – hundred – the – many – mass immigration – Ø. **2** **a.** Seven million five hundred and forty thousand eight hundred and thirty. **b.** Millions of immigrants. **3** *Proposition de corrigé* : Both Australia and Canada heavily depend on immigration, originally coming from the U.K. Indeed, like Canada, Australia has traditionally encouraged white immigrants while trying to contain immigrants coming from outside the European continent.

However, the proportion of immigrants coming from China and India has sharply increased recently. This trend in Canada is similar to the trend in Australia. Contrary to what happened before, today most of the newcomers are from China and India.

2 Page 387

1 a piece of – many – a lot of – fewer – Ø hard – little – much – some. **2** The interviewer asked the student if he often read newspaper articles online. The student replied that he had never liked reading. He added that he didn't trust journalists. He said that the day before / the previous day, he had seen a TV programme denouncing the collusion between the press and politicians. The interviewer answered that he couldn't say that. He explained that some journalists had given their life to inform the public. **3** *Proposition de corrigé* : At first, we may have the impression that the picture suggests love and intimacy. Then, looking more closely, we understand that Banksy is denouncing today's society, embodied by these people, who have fallen in love with their respective phones, not with each other. Indeed, this alienation to new technological devices is suggested by the light projected on their faces by the screen. To sum up, what is shown is that the rise of the Cyberworld puts into danger real feelings and human relationships.

3 Page 389

1 to create – to work – being – causing – to follow – to obey. **2** *Arguments = b et c ; exemples = a et d ; paragraphe 1 = b et a ; paragraphe 2 = c et d.* **3** *Éléments de réponse :* • problem of losing control: it is impossible to contain the spread of GMO seeds over other fields nearby • threat to our biodiversity • no perspective as to the exact health consequences of the consumption of GMOs • potentially harmful long-term effects.

4 Page 391

1 **a.** move **b.** accepting **c.** packed **d.** to follow. **2** **a.** The headquarters were moved to the capital city by the company. **b.** More women will be hired by the new employer. **c.** Her decision to work from home has been supported by her colleagues. **d.** Teleworking also meant her family life had to be reorganized. **3** d, c, a, b. **4** *Éléments de réponse :* • women have been a vital part of the British Army for more than 100 years (with over 13,000 women today) • women are trained as hard as men • in the United States, women's role in the Army has changed from being just in charge of traditional roles in camp, like nurses or cooks, to being pilots, drivers or mechanics during WWII. In 2015, a decree from the Pentagon opened all combat to women.

5 Page 393

1 **a.** opened – arrived **b.** have bought – were – perished **c.** died – have denounced **d.** received. **2** **a.** *Informations sur les personnages :* • I *(narrateur)* • one of the players • the Mahatma. *Informations sur le contexte (lieu et temps) :* • near the Y.M.C.A. building • in the coming supper meeting • in the field alongside • all over Delhi and India • over to me • on his way to the prayer meeting. **b.** *Frise chronologique :*

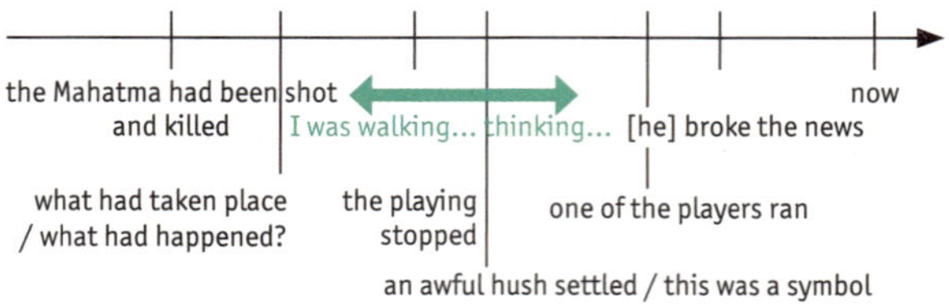

c. One sentence ("An awful hush settled on everything") suggests that everybody was shocked by the terrible piece of news, which is the reason why there was no sound and this silence was rather uncomfortable. **d.** The narrator was in India for an official, if not professional, reason. Indeed, he was supposed to give a speech later on in the evening. While he was wandering in the city, walking past a sports field, he had the impression something strange had happened as everybody suddenly kept quiet and there was a deep, unsettling silence around. The same scene happened everywhere else in India, reflecting the population's distress in the face of this national trauma: Gandhi had just been murdered.

6 Page 395

1 **a.** Even if / Although it rained, many visitors went to the opening of the art gallery. **b.** I hated the exhibition while / whereas my brother loved it. **c.** Many students can visit museums while they are on holiday. **d.** The artist painted this portrait of the queen to / in order to / so as to praise her. **e.** When I take part in the commemoration tomorrow, I will wear a poppy. **f.** As soon as the president started his speech, everybody stopped talking. **2** <u>Arguments in favour</u>: • An artwork reflects an artist's point of view, so it is legitimate for art to be politically-charged sometimes. Many contemporary artists are addressing our times' most pressing issues (mass immigration, refugee crisis, inequalities, abuses of power, etc.) • Artists are influential and may use their power to speak for their community. • An artist is like any other individual: they may take a political stand, and use whatever they can to make it clear, even their artworks.

<u>Arguments against</u>: • If artists had necessarily to deal with politics in their works of art, they would become alienated and they would lose their creativity. • Art should have no purpose or pragmatic use – it should deal with aesthetics and beauty. • Art should transcend the world we live in and give us pleasure, instead of bringing the public's attention back to their own worries.

7 Page 397

1 **a.** which **b.** who **c.** whose **d.** that. **2** *Suggestion de corrigé :* **a.** Schools should be fostering global awareness and cross-cultural understanding, which are both beneficial to students who can learn essential skills in today's globalised world. **b.** Many universities have made great efforts to improve the situation for their minority students over the past few years even if there are still numerous obstacles. **c.** Diversity & Inclusion trainings have become more and more common, especially in multinational companies, where the employees need to realize the prevalence of biases both at work and in their personal life. **d.** Inclusive policies should provide guidelines in order to support the full integration of all employees at their workplace by eliminating all forms of discrimination and facilitating diversity. **3** Arguments in favour: • Everybody should be respected for what they are (human right). • Society should be flexible enough to welcome every citizen. • It is the only way to encourage diversity in our society, otherwise, people may look all the same. • Everybody has a lot to gain for living in an inclusive and tolerant society. • It is easier for a group to welcome people who are slightly different, than for these individuals to force the recognition of a group of people. Arguments against: • Everybody should be responsible for themselves. • You cannot always wait for others to find solutions to your problems. • Integration is a two-way process. • Society is the reflection of each member's attitude: everybody, not only minority group members, has to adapt to find their place amid this whole. • A balance should be struck between our individual rights and collective duties.

8 Page 399

1 **a.** is **b.** felt **c.** would have lost **d.** were **e.** had discovered. **2** *Éléments de réponse : • extrait de programme radio diffusé depuis Holland dans le Michigan • présentatrice Elissa Nadworny • invité Jon Ostenson, spécialiste de littérature dystopique pour jeunes adultes à l'université de l'État de Utah • énumération des qualités de ces romans, surtout pour les ados qui y reconnaissent leur propre monde • pas toujours de fin heureuse dans ces livres • importance des liens de causalité • limites du manichéisme • éthiquement ou moralement, toute une gamme de gris • ce qu'on apprend en passant de l'enfance à l'âge adulte.*
Autre intervenant Laurence Steinberg, psychologue à l'université Temple • genre de littérature parfait pour le cerveau en plein développement des adolescents • l'essentiel est dans l'interrogation plus que dans la contestation • en se développant, le cerveau apprend des compétences (comprendre un argument, raisonner logiquement et émettre des hypothèses) • plus grande irritabilité des jeunes • nouvelles émotions bien plus fortes que lorsqu'ils étaient enfants • quand des jeunes se sentent tristes, ils se mettent dans des situations qui les rendent encore plus tristes (musique triste, émissions mélodramatiques).
Romans dystopiques ont tout cela • fortes émotions et réflexions sur la justice, la loyauté, et la mortalité • les jeunes peuvent se poser toutes ces questions tout en restant dans le confort de la fiction • rien de mal ne peut réellement leur arriver • devrait rendre parents et professeurs reconnaissants.

ESPAGNOL

1 Page 401

1 **a.** Los jóvenes dijeron que era muy fácil utilizar las redes sociales. **b.** La periodista le preguntó a los adolescentes si cuidaban su privacidad. **c.** Una joven a otra le pidió que le enviara un correo electrónico. **2** *Benito Berceruelo, conseiller délégué de l'Étude de la Communication, et deux journalistes animent une émission de radio du 15/10/2018 intitulé* Los dangers des « fake news » ou des fausses informations. *Selon une étude, les fausses nouvelles prolifèrent sur le Net alors que la presse écrite est plus fiable. Une enquête auprès d'environ de 500 personnes conclut que la fiabilité de fausses nouvelles sur le Web et l'impact qu'elles produisent sur les jeunes est disproportionnée par rapport à la fiabilité de la presse écrite et des sites Web officiels. Cette écoute donne lieu à une série des questionnements sur l'emploi des moyens de communication auprès des personnes, et des adolescents en particulier, ainsi que l'impact obtenu négatif dans l'opinion publique.* **3** Los adolescentes de mi generación nacieron con el móvil, el GPS y el chat. El mundo virtual e internet nos han permitido expresar nuestras opiniones y dar voces a las injusticias gracias a las redes sociales. Hoy en día todos los jóvenes las utilizan y ellas nos permiten estar en contacto con nuestros amigos. Es verdad que debemos tener cuidado con la información que leemos y divulgamos. Considero que lo más importante es seleccionar y manejar bien la información para que nadie nos pueda manipular o engañar. Si sabemos utilizar y diferenciar las noticias que proliferan en la red no creo que sea tan preocupante como lo apunta Benito Berceruelo en la emisión de radio. A pesar de todo, es una suerte haber nacido en esta generación en la que la información se consigue muy rápidamente.

2 Page 403

1 **a.** Lo importante en esta fotografía es que las mujeres ya no tienen miedo. **b.** Lo que quiere mostrar el fotógrafo es que son muchas las mujeres víctimas de violencia de género. **c.** Lo bueno de la historia es que la situación va a cambiar. **2** La fotografía fue hecha en la manifestación que tuvo lugar el 8 de marzo de 2019. Las mujeres, en su mayoría jóvenes, protestan porque los hombres españoles siguen siendo machistas. Ellas mueren, cada cuarenta y ocho horas, a manos de sus parejas o exparejas. El mensaje de esta cartulina morada resume el tema principal de la fotografía: «Si mañana me toca a mí, quiero ser la última». Esta frase connota el deseo de que la violencia que sufren las mujeres debe terminar de una vez por todas.

3 Page 405

1 nació (ella, tercera persona del singular, infinitivo: nacer) ; se crió (ella, infinitivo :criarse) ; logró (ella, infinitivo : lograr) y se graduó (ella, infinitivo : graduarse).
2 **a.** El título revela el nombre de la joven Alexandria Ocasio-Cortez, la generación a la que pertenece, sus orígenes y la reacción que va a producir en Washington, capital de los Estados Unidos. **b.** — Verdadera: «logró [...] Internacionales» (l.2-3). — Falsa: «como becaria [...] Kennedy.» (l.4) **c.** Los elementos más importantes de la biografía de Alexandria Ocasio-Cortez son en primer lugar las penurias que debió pasar y la fuerza de voluntad que hace de ella una triunfadora: • «La joven [...] 1989» (l.1). • «La joven [...] Internacionales» (l.1-3). • «En 2016 [...] forjar.» (l.4-5) • «A pesar de [...] Flats Fix.» (l.6-7) • «Pero [...] demócrata.» (l.7-8) **d.** Alexandria proclama en su mensaje político la diversidad y la inclusión: «todos [...] inmigración.» (l.9-11) **e.** Las cualidades que posee la legisladora son: «una mujer [...] ambiciosa.» (l.16) **f.** La importancia de su elección radica en que es: «la gran [...] minorías.» (l.19-20)

4 Page 407

1 **a.** de, de, a. **b.** de, a. **c.** a. **d.** a. **e.** en. **2** **a.** El muro que separa México y los Estados Unidos ya existe aunque «le faltan 2.000 kilómetros». La nueva construcción provocará consecuencias nefastas como lo indica el subtítulo «un golpe ecológico y una mayor mortalidad entre los migrantes». **b.** «Donald [...] México» (l.1-2). **c.** Falsa: «El muro [...] años.» (l.3-4) **d.** Lee explica: «Yo pasaba [...] muro» (l.5-7). **e.** Es la b: «Con la llegada [...] muro» (l.8-9).

5 Page 409

Proposition de corrigé : • Argumentos a favor: — para cerrar las heridas de la historia; — para suprimir el protagonismo que representa ; — el monumento y el sepulcro no deben ser un homenaje a un dictador ; — además está subvencionado y ocupa un espacio público ; — para olvidar las dictaduras y vivir en democracia ; — para contrarrestar y rendir un homenaje a los presos políticos que construyeron la obra civil y religiosa ; — para que cambien las leyes, etc. • Argumentos en contra: — es un héroe o un mito ; — forma parte del territorio y de la memoria histórica ; — no se puede borrar ni olvidar el pasado ; — el monumento es un homenaje a los mártires ; — conocer el pasado, aceptarlo y aprender de él ; — pude ser considerado por algunas personas como un acto de odio o de resentimiento, etc.

6 Page 411

1 • A lo mejor están esperando un trabajo. • A lo mejor están muy enfadados. • Tal vez la crisis argentina dejara sin trabajo en los años treinta a mucha gente. • Tal vez esta manifestación hiciera cambiar la vida de estas personas. • Quizás algún día tengan dinero para comer. • Es posible que la situación de estas personas no cambie en mucho tiempo. • Es posible que nadie se sienta identificado con este cuadro. **2** La composición del cuadro de Antonio Berni está determinada principalmente por los manifestantes del primer plano. El grupo de delante forma un triángulo. En el centro, la cara entrecortada de un hombre refleja, como en el resto de la composición, la tristeza y la desesperación. Sus ojos expresivos y desafiantes contrastan con los dos hombres que están a su lado. Ellos miran a las ventanas del inmueble a la expectativa de que un milagro se produzca.

7 Page 413

1 a. ¡Ahórraselas al medio ambiente! **b.** ¡Comprad menos bolsas! **c.** ¡Sacad otra ley para salvar el planeta! **d.** ¡No paguemos el coste de las bolsas! **2** «Se cobran todas las bolsas», «Se prohíben las bolsas de plástico fragmentables» y «Se prohíben las bolsas de plástico ligeras y muy ligeras, salvo las compostables». Las tres expresan una obligación. **3** *Réponse possible* : Las medidas que tomo para preservar el medio ambiente son múltiples. Por ejemplo, apago los aparatos eléctricos si no los uso, me ducho en lugar de bañarme, cierro el grifo cuando me cepillo los dientes, reciclo el vidrio, el metal, el plástico y el papel. También utilizo los medios de transporte o voy a pie. A partir de ahora llevaré mi bolsa de tela u otro material similar cuando vaya a comprar.

8 Page 415

1 • Yo <u>me</u> paso el tiempo leyendo … • Tú <u>te</u> pasas el tiempo soñando. • Ella <u>se</u> pasaba el tiempo escuchando … • Nosotros <u>nos</u> pasamos el tiempo viendo … • Vosotros <u>os</u> pasáis el tiempo escribiendo. • Don Quijote y Sancho Panza <u>se</u> pasaban el tiempo buscando …
2 *Proposition de corrigé :*

Valencia, 20 de marzo de 2019

Queridos papás:

Os escribo porque anoche me acabe un libro maravilloso titulado Patria de Fernando Aramburu. Muchos héroes cotidianos me han recordado a vosotros. Este libro tiene el poder de haberme transportado a otro lugar y a otro momento. Este escritor nos permite con su escritura volver a mi España castiza y tanto añorada. Espero que publique pronto otro libro para poderlo leer.

¿Qué tal todo por Valencia? Aquí en París los días pasan muy deprisa.

¡Os echo mucho de menos!

Vuestro hijo,

Alejandro

3 a. La acción transcurre «En un lugar de la Mancha» (l.1) **b.** Don Quijote es un miembro de la pequeña nobleza: «un hidalgo» (l.1). **c.** La descripción física de Don Quijote: «Frisaba la edad de nuestro hidalgo con los cincuenta años, era de complexión recia, seco de carnes, enjuto de rostro; gran madrugador y amigo de la caza.» (l.2-3) Y la psicológica en la palabra: «desatino» (l.6). **d.** La frase es falsa. Don Quijote «se daba a leer libros de caballerías» (l.4-5).

ALLEMAND

1 Page 417

1 a. Aber Internet ist ein moderneres Kommunikationsmittel als Rundfunk. **b.** Aber Russland ist ein größerer Getreideexporteur als die Europäische Union. **c.** Aber der Umweltschutz ist wichtiger als der individuelle Komfort. **2 a.** Sie war doch viel höher in Russland als in Deutschland. **b.** Es gibt doch viel mehr regionale Unterschiede in Deutschland als in Frankreich. **c.** Er ist doch viel rentabler als der Export von einfachen Geräten. **3 a.** schwieriger ; **b.** öfter ; **c.** lieber ; **d.** ruhiger. **4** Die Reisen sind nie so leicht und schnell gewesen wie heute. Wir können viele fremde Länder und Kulturen kennenlernen. Auch für den Beruf ist es wichtig, Fremdsprachen zu lernen, um sich im Ausland mit Leuten austauschen zu können. Mobilität spielt eine bedeutende Rolle im modernen Leben, weil sie einen direkten Dialog mit Leuten in entfernten Weltteilen ermöglicht. Dabei ist es wichtig, dass die Touristen sich verantwortlich benehmen.

2 Page 419

1 a. Noch vor kurzem wurden die Frauen von den Männern aus der politischen Sphäre ausgeschlossen. **b.** Durch das Wahlrecht wird das Recht auf Bildung und Beruf möglich gemacht. **c.** Heutzutage wird von den Frauen in allen Bereichen eine wichtige Rolle gespielt. **d.** Vor einigen Jahren sind die Verdienste der Vorläuferinnen der Frauenrechte anerkannt worden. **e.** Lange Zeit waren den Frauen von den Männern nur wenige Verantwortungen in der öffentlichen Sphäre überlassen worden. **2 a.** wurde ; **b.** Ist ; **c.** wurden ; **d.** sind ; **e.** wird ; **f.** wurden. **3** Seit dem Anfang des 20. Jahrhunderts bekamen die Frauen allmählich eine Gleichberechtigung, die im 19. Jahrhundert nicht existierte. Diese Emanzipation ist das Ergebnis des Kampfes einiger Vorläuferinnen. Erst vor einigen Jahren bekamen die Frauen in den westlichen Demokratien das Recht, über ihren eigenen Körper zu entscheiden. Die aktuellen Debatten um den Schwangerschaftsabbruch zeigen, wie die jüngsten Errungenschaften in Frage gestellt werden können.

3 Page 421

1 a. kam, nannte ; **b.** sang ; **c.** vertonte ; **d.** fing, wurde.
2 a …, als ob es sich um ein kriegerisches Lied handelte. /

..., als handelte es sich um ein kriegerisches Lied. **b.** ..., als ob er ein gefährlicher Revolutionär gewesen wäre. /..., als wäre er ein gefährlicher Revolutionär gewesen. **c.** ..., als ob sie die Ideen des NS-Regimes ausdrücken würde. / ..., als würde sie die Ideen des NS-Regimes ausdrücken. **d.** ..., als ob die Kunst im Dienste der Politik stehen würde. / ..., als würde die Kunst im Dienste der Politik stehen. **3** Lange Zeit konnten die Künstler nur im Dienste der Macht oder unter dem Schutz der Fürsten ihre Werke schaffen. Je nach der Toleranz des Herrschers durfte der Künstler sich frei ausdrücken. Deshalb enthielten viele Werke früher einen Lob des Fürsten und dienten zur Legitimierung der Mäzene. Eine Schaffensfreiheit existiert erst seit dem Anfang der modernen Zeit. In manchen Regimes konnte der Künstler nur dann offiziell anerkannt werden, wenn er Propaganda für den Herrscher sicherte.

4 Page 423

1 **a.** Er muss noch einen Bericht verfassen. **b.** Darf man eine Kritik ausüben? **c.** Ich mag jetzt keine Zeitung lesen. **2** **a.** Du musst diese Nachricht falsch verstanden haben. **b.** Er will alle Informationen zu diesem Thema gelesen haben. **c.** Sie mag ihre Chronik nach einer ernsten Quelle geschrieben haben. **3** geprüfte ; Verunsicherte ; unterstützt ; beschlossenen. **4** Mit der Ausweitung einer digitalisierten Welt werden die zwischenmenschlichen Verhältnisse von neuen Normen regiert. Der ständige Informationsfluss, Tweets, Emails und Facebook geben den Eindruck einer größeren Spontaneität. Aber diese raschen und kurzen Nachrichten sind oft das Gegenteil von einem echten Austausch und können zu Missverständnissen und falschen Interpretationen führen. Eine andere Gefahr ist die Belästigung (Cybermobbing) der Person.

5 Page 425

1 **a.** Michaels Freund studiert in München. **b.** Claudias Freundin bleibt eine Woche bei ihren bayerischen Verwandten. **c.** Diese Touristen machen ein Picknick im Tal. **2** **a.** nach ; **b.** in ; **c.** nach ; **d.** in. **3** **a.** Nebem dem Parkplatz unter dem Schloss ist ein typisch bayerisches Restaurant. **b.** Im Bus setzte er sich hinter seinen Bruder. **c.** Über meinem Bett hängt ein Foto von Neuschwanstein. **4** Auf diesem Foto sieht man das berühmte Schloss Neuschwanstein des Königs Ludwig II. von Bayern, das nun zum deutschen Kulturgut gehört. Der Naturrahmen ist idyllisch, mit Bergen, grünen Wäldern und blauen Seen hinter dem Schloss auf dem Felsen. Diese Naturelemente sind mit einer Architektur verbunden, die die Phantasie des Märchenkönigs und das romantische Bild des Mittelalters ausdrückt. Für viele Touristen ist dieses Schloss ein typisches Beispiel für die deutsche Romantik.

6 Page 427

1 **a.** ..., damit der Kampf gegen die Umweltzerstörung wirksam wird. **b.** ..., um eine Lösung vorzuschlagen. **2** **a.** Jeder muss im Alltagsleben umweltbewusster werden, **denn** die Erschöpfung der Naturressourcen ist eine Konsequenz eines zu großen Konsums. / **Da** die Erschöpfung der Naturressourcen eine Konsequenz eines zu großen Konsums ist, muss jeder im Alltagsleben umweltbewusster werden. **b.** Wissenschaftler haben eine große Verantwortung, ihre Erfindungen können **nämlich** politisch ausgenutzt werden. / Ihre Erfindungen können politisch ausgenutzt werden, **deshalb** haben Wissenschaftler eine große Verantwortung. **3** **a.** Das Klima wandelt sich, **deshalb** wird die Biodiversität gefährdet. **b.** Die Biodiversität wird gefährdet, das Klima wandelt sich **nämlich**. **c.** Die Biodiversität wird gefährdet, **weil** das Klima sich wandelt. **d.** **Da** das Klima sich wandelt, wird die Biodiversität gefährdet. **4** In unserer modernen Welt sieht man jeden Tag die konkreten Folgen des wissenschaftlichen und technischen Fortschritts. Positiv ist die Verbesserung der Lebensbedingungen für einen Teil der Bewohner der Erde. Viele können länger und gesünder leben. Forscher zeigen aber, dass die Biodiversität gefährdet wird, dass chemische Produkte und Industrieabgase die Natur vergiften. Deshalb warnen viele vor der Klimaerwärmung und verlangen eine Fortschrittsethik gegen die Gefahr einer Erschöpfung der Naturressourcen.

7 Page 429

1 **a.** Wenn man Meinungen austauschen will, muss man die Sprachgrenzen überschreiten. Will man Meinungen austauschen, so muss man... **b.** Wenn man mehrere Sprachen spricht, erweitert man seine Kenntnisse und bereichert seine Lebensauffassung. Spricht man mehrere Sprachen, dann erweitert man... **c.** Wenn sie nach Deutschland einwandert, wird sie vielleicht eine deutsche Schauspielerin. Wandert sie nach Deutschland ein, dann wird sie vielleicht... **2** **a.** Wenn sie dieses Land verstehen wollte, müsste sie die Sprache lernen. Wenn sie dieses Land hätte verstehen wollen, hätte sie die Sprache lernen müssen. **b.** Wenn er offen und bescheiden wäre, würde er seine Mitmenschen kennenlernen. Wenn er offen und bescheiden gewesen wäre, hätte er seine Mitmenschen kennengelernt. **c.** Wenn sie ihre Meinungen änderten, würden sie neue Gefühle und Kenntnisse entdecken. Wenn sie ihre Meinungen geändert hätten, hätten sie neue Gefühle und Kenntnisse entdeckt. **3** Il est question de réfugiés venus de Syrie, qui se rendent dans les pays voisins, principalement au Liban (plus d'un million) ou en Allemagne (60 000). En fuyant, ils ne savent pas s'ils pourront survivre ou s'ils ne mourront pas de faim. Comment les aider ? Le Haut Commissariat aux réfugiés des Nations Unies soutient l'UNICEF pour scolariser les enfants de réfugiés. Comme l'idéal serait que chacun reste vivre avec sa famille et ses amis, la coopération au développement essaie de combattre les causes de conflit. Chacun peut aider les réfugiés : des associations existent dans chaque ville. **4** **a.** Wegen der Kriege, der Krisen und der politischen Konflikte gibt es viele Flüchtlinge, die in ihrem Land nicht mehr in Sicherheit leben können. **b.** Der Hohe Flüchtlingskommissar der Vereinten Nationen unterstützt das Kinderhilfswerk der Vereinten Nationen, genannt UNICEF, damit die Flüchtlingskinder in die Schule gehen können.

8 Page 431

1 **a.** ..., das Bewusstsein der Nation zu verstärken? **b.** ..., den ehemaligen Kosmonauten Sigmund Jähn zu ehren. **c.** ... Kindern bei ihrer Entwicklung helfen. **2** **a.** ..., um offiziell als deutscher Staat anerkannt zu werden. **b.** ..., um eine kollektive Geschichte der DDR zu schreiben. **c.** ..., um die Geschichte einer Kultur zu erzählen. **3** **a.** Lange Zeit wurde in Frankreich der gallische Fürst Vercingetorix als Held der Nation gefeiert. In den Schulbüchern wurde er als Beispiel für den Widerstand gegen einen fremden Eroberer zitiert. Im 19. Jahrhundert diente der Kampf der Gallier gegen die Römer als Modell für die Errichtung eines französischen Nationalgefühls. **b.** Der Film ist ein besonders geeignetes Mittel für die Mythisierung von Personen und Ereignissen. Durch die Macht der Bilder und die Illusion der Wahrheit kann man die Massen beeinflussen. Deshalb ist in Diktaturen die Zensur so wichtig, damit die Filmemacher im Dienste der Regierung stehen.

QUELLES ÉTUDES APRÈS TON BAC ?

PHOSPHORE a enquête pour répondre à toutes tes questions.

À QUELLES ÉTUDES DONNENT ACCÈS LES ENSEIGNEMENTS DE SPÉCIALITÉS SCIENTIFIQUES ?

Évidemment, ces spécialités préparent particulièrement bien aux études supérieures scientifiques, que ce soit des DUT, des licences, des prépas scientifiques ou des écoles d'ingénieurs post-bac. Mais il ne faut pas oublier que les maths ont aussi leur importance en économie par exemple. Choisir les maths si tu vises une prépa économique et commerciale semble pertinent. De même, si tu veux entrer dans une école d'ingénieurs, ne néglige pas la physique. Si tu préfères te diriger vers des études de santé, les spécialités physique et SVT seront certainement les plus indiquées. Et suivre l'enseignement optionnel Maths complémentaires sera un plus. Enfin, des combinaisons atypiques aujourd'hui comme Maths, Informatique et Philosophie seront intéressantes, notamment avec les questions éthiques qui se posent face au développement de l'intelligence artificielle.

QUELLES ÉTUDES POUR TRAVAILLER DANS L'ENVIRONNEMENT OU LES SCIENCES DU VIVANT ?

De la protection des milieux naturels à la gestion de l'eau et des déchets, de nombreuses voies te permettent d'entrer au service de l'environnement.

Pour devenir ingénieur en hydroécologie, en géologie ou dans l'agroalimentaire par exemple, tu peux intégrer une classe prépa juste après le bac pour entrer ensuite en école d'ingénieurs (comme celles des concours G2E – Géologie, eau et environnement – et Agro-Véto).
Pour être ingénieur en agronomie, nutrition ou géologie, tu peux intégrer directement des écoles qui recrutent notamment après le bac, comme l'EME (École des métiers de l'environnement).

Les techniciens jouent également un rôle essentiel dans ce secteur d'activité et ont chacun, selon leur spécialité (gestion des forêts ou de l'eau, traitement des déchets, etc.) des formations très spécifiques.
Par exemple, si tu veux devenir technicien en traitement de l'eau potable, tu peux suivre un BTS Métiers de l'eau, un BTSA Gestion et maîtrise de l'eau ou un DUT Génie biologique. Tu peux ensuite compléte ces deux ans de formation en suivant un an de licence pro Biologie analytique et expérimentale, Chimie analytique, contrôle qualité, environnement ou Génie des procédés pour l'environnemen afin d'enchaîner sur un master.
Technicien d'exploitation de l'eau n'est qu'un exemple, il existe des BTS, BTSA et DUT pour chaque profession : technicien forestier, technicien en traitement des déchets, opérateur de raffinerie…

LES PRÉPAS SCIENTIFIQUES : LAQUELLE CHOISIR ?

• **MPSI (Maths, physique et sciences de l'ingénieur)** pour les passionnés de maths et de physique ayant, de préférence, suivi la spécialité Maths en T[le].

• **PCSI (Physique-chimie et sciences de l'ingénieur)** pour les férus de physique, de chimie, avec un esprit tourné vers l'analyse, la modélisation et l'expérimentation. Elle débouche, en 2e année, sur une PC (Physique-chimie) ou sur une PSI (Physique et sciences de l'ingénieur).

• **PTSI (Physique, technologie et sciences industrielles)** pour étudier, en plus, les sciences industrielles, dont la mécanique et l'automatique.

• **BCPST (Biologie, chimie, physique, sciences de la Terre).** La biologie et la géologie font jeu égal avec les maths et la physique.

• **TPC (Technologie, physique et chimie).** La part de cours est identique dans les trois matières.

• **TB (Technologie et biologie).** Cette prépa est destinée aux meilleurs bacheliers technologiques.

• **TSI (Technologie et sciences industrielles).** Parmi les différents établissements, l'Institut Emmanuel-d'Alzon à Nîmes (Gard) et le lycée Henri-Parriat à Montceau-les-Mines (Saône-et-Loire), ont une prépa TSI en trois ans pour les bacs pro industriels.

• **ATS (Adaptation technicien supérieur)** est destinée aux bac+2 (titulaires de BTS, BTSA, DUT scientifiques ou industriels). Au bout d'un an, ils ont la possibilité de présenter des concours, dont le réseau Polytech, les Mines ParisTech, Télécom Nancy ou l'IMT Lille Douai (site de Douai). Les 34 prépas en ingénierie industrielle et les 13 ATS biologie mènent aux écoles d'agronomie ou de vétérinaires.

prepas.org,
www.dimension-ingenieur.com

QUELLES ÉTUDES DE MÉDECINE ?

Grand chamboulement en vue ! Le président de la République l'a annoncé lui-même en septembre 2018: à partir de 2020, fini le *numerus clausus* et la Paces ! L'objectif est avant tout de diversifier les profils des étudiants. Le 1er cycle des « études de santé » (niveau licence), qui verra le jour à la suite de cette réforme, est en cours d'élaboration. Attention, il restera sélectif ! Un tronc commun subsistera entre les différentes filières actuelles de la PACES (médecine, pharmacie, dentiste, sage-femme) et des examens seront organisés entre les années pour vérifier le niveau des candidats. Chaque université mettra en place ses propres quotas, en fonction de ses capacités d'accueil et des besoins professionnels du territoire. Néanmoins, l'orientation sera plus progressive et il n'y aura plus l'effet couperet du concours en fin de 1re année.

QUELLES ÉTUDES POUR LES MÉTIERS DU NUMÉRIQUE ?

Les métiers du numérique forment une très grande famille : informaticien, architecte réseau, webdesigner, community manager, programmateur... C'est un domaine immense, en perpétuelle évolution, et dont les formations, particulièrement nombreuses, ne sont pas toujours très bien répertoriées. Tout dépend du métier vers lequel tu souhaites te diriger plus tard. Par exemple, si tu veux devenir administrateur de réseaux ou webdesigner, tu peux suivre un BTS Services informatiques aux organisations, Systèmes numériques ou Design graphique. Pour d'autres professions comme data manager, gestionnaire de données ou webmestre, il faudra plutôt t'orienter vers un DUT Métiers du multimédia et de l'Internet (MMI) et Statistique et informatique décisionnelle (STID). Bien entendu, tu peux également accéder à ces professions en passant par la voie universitaire : une licence (Sciences humaines, Information-communication notamment) suivie d'un master (exemple: MIMO, Métiers de l'information et maîtrise d'ouvrage en 1 an) ou Communication numérique et conduite de projet.

Il existe également des écoles d'ingénieurs. Tu peux en intégrer certaines directement après le bac (EPITA, ISEP, EFREI), alors que d'autres demandent un passage par la case prépa scientifique. Selon celle que tu intègres, tu te spécialises en fin de parcours (Centrale, Mines ParisTech...) ou en début, voire en cours de parcours (INP-Ensimag, 3iL, ENSTA, EPITA).

QUELS MÉTIERS APRÈS TON BAC ?

Océanologue

La mer, l'océanologue connaît bien. Mais, contrairement à ce que l'on pourrait croire, il n'y passe qu'un mois par an – dans son sous-marin de poche ou à bord d'un navire laboratoire – à collecter des échantillons, effectuer des mesures, réaliser des plongées… Ensuite, il a de quoi travailler pendant des mois dans son laboratoire, pour analyser toutes ces données. Il cherche à préciser de façon rigoureuse et scientifique ses observations, pour émettre des hypothèses et des prévisions sur l'évolution des océans, le mode de vie d'espèces vivant dans des conditions extrêmes : absence de lumière, d'oxygène, eau à plus de 300 °C près des volcans… Les conclusions de ce chercheur permettront, à partir des observations sur des vers géants ou des coraux phosphorescents par exemple, de mieux comprendre les origines de la vie et, par extension, si elle pourrait exister sur d'autres planètes !

Formation. Le bac + 5 est un minimum. Masters Sciences de la mer, Sciences de l'océan, de l'atmosphère et du climat. Master recherche (Océanographie spécialité Biologie et écologie marines) ou diplôme d'école d'ingénieurs : École supérieure d'ingénieurs de Marseille (option Génie marin) ou l'École Centrale Paris (option Océan), l'ENSTA (École nationale supérieure des techniques avancées). On peut même poursuivre sur un doctorat (bac + 8).

Domoticien

Une famille part en vacances… Un seul clic et les volets roulants de la maison descendent, l'alarme s'active, le portail se ferme. Chaque matin, l'arrosage se met en route. Et en cas de fuite d'eau ou de gaz, une alarme sonne sur les portables des parents… Cette maison « haute technologie » a été conçue par un domoticien. Cet architecte technologique du logement utilise l'informatique pour optimiser le confort, l'énergie et la sécurité d'un bâtiment. Son travail se situe à la croisée de l'informatique, de l'électronique, des télécommunications et de l'électrotechnique. C'est un bon technicien – il installe lui-même le système ou supervise une équipe. C'est également un excellent commercial qui conseille, vend et négocie ses installations. On promet un bel avenir à cette profession, notamment pour permettre aux personnes âgées de rester plus longtemps dans leur domicile.

Formation. BTS Fluides, énergies, domotique ou DUT GEII (Génie électrique et informatique industrielle). Licence pro Domotique ou métiers de l'électronique. Master Électronique, énergie électrique, automatique ou master Énergétique, thermique. Ou école d'ingénieurs : INSA, ECAM-EPMI, CNAM.

Bio-informaticien

Comment mettre au point un logiciel ou une base de données destinés à des biologistes? En faisant appel à un bio-informaticien. À la fois informaticien et biologiste, il conçoit des logiciels au service des chercheurs en laboratoire qui leur permettront d'exploiter efficacement les résultats obtenus au cours de leurs expériences. Il commence par travailler sur la collecte des données scientifiques, puis sur leur traitement, ensuite sur la manière de les présenter. Il crée les logiciels nécessaires à la modélisation des protéines, la comparaison des génomes, met en place des bases de données. Être bio-informaticien nécessite de grandes connaissances en maths et en informatique, car il faut savoir utiliser des algorithmes très puissants pour traduire la complexité du fonctionnement d'organismes vivants. Mais c'est un métier d'avenir avec le développement des nouveaux outils technologiques. Revers de la médaille, les formations se multiplient et entraînent une concurrence entre diplômés.

Formation. Plusieurs parcours possibles. DUT Génie biologique, option bio-informatique ; masters en Bio-informatique, en Sciences et numérique pour la santé ; masters pro Biochimie structurale et génomique spécialité Compétences complémentaires en informatique. Certaines écoles d'ingénieurs proposent aussi des spécialisations.

Infirmier

Si 87 % des professionnels sont des femmes, les hommes peuvent aussi passer le concours !
De la vocation, il en faut pour devenir infirmier. Les attendent nuits blanches au chevet des malades, efforts physiques pour soulever des corps endormis… Perfusions, pansements, injections, prises de sang, de tension et de température constituent leur quotidien.
À l'hôpital, rien ne pourrait tourner sans eux. Les médecins s'appuient sur leur travail pour évaluer l'état général des patients, les infirmiers étant plus proches de ces derniers. Présents dans tous les services, de la psychiatrie à la pédiatrie en passant par la médecine générale ou les urgences, ils dispensent les soins prescrits par les médecins, tout en restant à l'écoute des malades.
Ils peuvent travailler le week-end ou même de nuit.
Se confronter à la maladie et à la mort est une réalité qui rend la profession difficile. Sans compter que le métier est mal payé. Même s'il est très utile.

Formation. Un diplôme d'État d'infirmier de niveau bac +3 est délivré par plus de 300 instituts de formation en soins infirmiers (Ifsi).

Data scientist

Le data scientist est un super pro de l'analyse de données. Il collecte, pour l'entreprise, des informations impossibles à obtenir par une voie classique. Il cherche des sources pertinentes et croise les données. Il conçoit les modèles et les algorithmes pour traiter ces big data.
Chez Facebook, en Californie, il y en a plein. Ils étudient les flux de données, le type d'informations échangées sur les réseaux sociaux, à un moment précis ou sur un lieu donné, pour inventer de nouvelles applications.
Des matheux qui savent mettre notre vie en équations pour développer les services de demain.

Formation. Écoles d'ingénieurs, spécialité Statistique, Informatique ou Marketing. Master spécialisé Big data, comme à Télécom ParisTech.

Crédits iconographiques

Sciences de la vie et de la terre : 87 : ht ph © RALPH HUTCHINGS/BSIP ; **b** ph © Biophoto Associates/BSIP ; **Numérique et sciences informatiques : 115 :** © Art Alex / Shutterstock ; **119 :** © Studiojumpee / Shutterstock ; © Actor / Shutterstock ; © tele52 / Shutterstock ; **127 :** © matma / Shutterstock ; **Mathématiques : 149 :** © robuart / Shutterstock ; **Français : 230 :** © Stocksnapper / Shutterstock ; **231 :** © BIS / Ph. Nadar © Archives Photographiques Paris – Archives Larbor ; **234 : ht** © Radio-kafka / Shutterstock ; **b** © BIS / Ph. Coll Archives Larbor ; **235 :** © Tallandier /Bridgeman Images ; **238 : m** © Lukasz Janyst / Shutterstock ; **b** © Everett Historical / Shutterstock ; **239 :** © jorisvo / Shutterstock ; **240 :** © maziarz / Shutterstock ; **242 :** © BIS / Ph. J. Arland © Archives Bordas ; **243 :** © Georgios Kollidas / Shutterstock ; **246 :** © Georgios Kollidas / Shutterstock ; **247 : ht** © Everett Historical / Shutterstock ; **b** © Ph. H. Josse © Archives Larbor ; **254 :** © BIS / Ph. S. Guiley-Lagache ©Archives Larbor ; **255 :** © Apic / Getty Images ; **256 :** © Georgios Kollidas / Shutterstock ; **257 :** © Kamira / Shutterstock ; **258 :** © Rose-marie Clausen / Ullstein bild via Getty Images ; **262 :** © Pascal Victor/ArtComPress ; **264 : htg** © BIS / Ph. Coll. Archives Larbor ; **htd** © Raymond Delalande / Sipa ; **265 :** © Studio Lipnitski / Roger-Viollet ; **269 : ht** © BIS / © Archives Larbor ; **m** © BIS / Ph. Oronoz © Archives Larbor © Succession Picasso, 2019 ; **278 :** Chanson de Roland © Archives Charmet / Bridgeman Images ; Chrétien de Troyes © BIS / Ph. Coll. Archives SEJER ; Marie de France © BIS / Ph. Coll. Archives Larbor ; Guillaume de Lorris © British Library / Aurimages ; Rutebeuf © BIS / Ph. Bibliothèque Royale Albert 1er, Bruxelles ; Guillaume de Machaut © BIS / Ph. Coll. Archives Larbor ; Christine de Pisan © BIS / Ph. Coll. Archives Larbor ; **279 :** Charles d'Orléans © RMN-Grand Palais / Agence Bulloz ; François Villon © BIS / Ph. Coll. Archives Larbor ; François Rabelais © BIS / Ph. H. Josse Archives Larbor ; Montaigne © BIS / Ph. Archives Nathan ; Pierre de Ronsard © BIS / Ph. Studio J.J. Morlan Archives Larbor ; Joachim du Bellay © BIS / Ph. Coll. Archives Larbor ; Marguerite de NAVARRE © Bridgeman Images ; **280 :** Pierre Corneille © BIS / Ph. H. Josse Archives Larbor ; Molière © BIS / Ph. Luc Joubert Archives Larbor ; Jean Racine © BIS / Ph. Canonge Archives larbor ; Mme de Lafayette © BIS / Ph. Coll. Archives Larbor ; Jean de La Fontaine © BIS / Ph. J. Arland Archives Larbor ; **281 :** Montesquieu © BIS / Ph. H. Josse Archives Larbor ; Denis Diderot © BIS / Ph. Scala Archives Bordas ; Voltaire © BIS / Ph. Archives Nathan ; Jean-Jacques Rousseau © BIS / Ph. Jean Tarascon Archives Larbor ; Marivaux © BIS / Ph. H. Josse Archives Larbor ; BEAUMARCHAIS © BIS / Ph. Guiley-Lagache © Archives Larbor ; **282 :** Victor Hugo © BIS / Ph. Etienne Carjat Coll. Archives Larbor ; Germaine de Staël © BIS / Ph. Coll. Archives Bordas ; George Sand © BIS / Ph. J.L. Charmet Archives Larbor ; Alfred de Musset © BIS / Ph. Hubert Josse Archives Larbor ; François-René de Chateaubriand © BIS / Ph. S. Guiley-Lagache Archives Larbor ; Stendhal © BIS / Ph. H. Josse Archives Larbor ; Balzac © BIS / Ph. Jeanbor Archives Larbor ; Gérard de Nerval © BIS / Ph. Coll. Archives Larbor **283 :** Gustave Flaubert © BIS / Ph. Coll. Archives Nathan ; Émile Zola © BIS / Ph. Nadar Coll. Archives Larbor ; Guy de Maupassant © BIS / Ph. Coll. Archives Nathan ; Charles Baudelaire © BIS / Ph. Nadar Archives Photographiques Paris Archives Larbor ; Paul Verlaine © BIS / Ph. X Archives Larbor DR ; Arthur Rimbaud © BIS / Ph. Etienne Carjat Archives Larbor ; Alfred Jarry © BIS / Ph. Coll. Archives Larbor DR **284 :** Guillaume Apollinaire © BIS / Ph. Coll. Archives Nathan ; Marcel Proust © BIS / Ph. Coll Archives Larbor ; André Breton © BIS / Ph. Coll Archives Larbor ; Paul Éluard © The Granger Coll NY / Aurimages ; Aimé Césaire © Henri Martinie / Roger-Viollet ; Jean-Paul Sartre © Photo12 / Ullstein Bild ; Albert Camus © Rene Saint Paul/BRIDGEMAN IMAGES ; Léopold Sédar Senghor © Mychele Daniau / AFP ; **285 :** Simone de Beauvoir © Serge Hambourg / Opale / Leemage ; Eugène Ionesco © BIS / Ph. Jeanbor Archives Larbor ; Nathalie Sarraute © BIS / Ph. Patrice Pascal Archives Larbor ; Samuel Beckett © Rosemarie Clausen / Ullstein bild via Getty Images ; Marguerite Duras © René Saint Paul/Bridgeman Images ; Georges Perec © BIS / Ph. P. Pascal Archives Larbor ; Patrick Modiano © Helene Bamberger / Opale via Leemage ; Wajdi Mouawad © Gérard Julien / AFP ; Annie Ernaux © Hannah Assouline / Opale / Leemage ; **Histoire : 292 :** © BIS / Ph. Hubert Josse © Archives Larbor ; **293 :** © BIS / Ph. Coll. Archives Bordas ; **294 :** © BIS / Ph. Hubert Josse © Archives Larbor ; **295 :** © BIS / Ph. Leonard de Selva © Archives Larbor ; **298 :** © BIS / Ph. J.L. Charmet © Archives Larbor ; **304 :** © BIS / Ph. Coll. Archives Larbor ; **313 :** © akg-images © ADAGP, Paris 2019 ; **Géographie : 318 :** © Zbynek Plinta / Shutterstock ; **322 :** © VanderWolf Images / Shutterstock ; **333 :** © Francis Cormon / hemis.fr ; **338 :** © Hung Chung Chih / Shutterstock ; **EMC : 341** © Jérôme Labouyrie / Shutterstock ; **Enseignement scientifique : 342 : bm** © Fokin Oleg / Shutterstock ; **bd** © michal812 / Shutterstock ; **343 bg** © MAHEO Gweltaz / Shutterstock ; **bd** © MAHEO Gweltaz / Shutterstock ; **356 :** © Aldona Griskeviciene / Shutterstock ; **357 : ht** © Kallayanee Naloka / Shutterstock ; **b** © tai11 / Shutterstock ; **358 :** © Dr Gopal Murti / Science Photo Library / Cosmos ; **361 : b** © Natali Snailcat / Shutterstock ; **363 : m** © Globe Turner / Shutterstock ; **364 : b** © rolandtopor / Shutterstock ; **367 : ht** © Yindee / Shutterstock ; **371 : m** © Alemon cz / Shutterstock ; **372 : ht** © Georgios Kollidas / Shutterstock ; **m** © Georgios Kollidas / Shutterstock ; **373 b :** © Siberian Art / Shutterstock ; **Anglais : 384** © Alamy / photo12 ; **386 :** © Courtesy of Pest Control Office, Banksy, Bristol, 2014 ; **388 :** © Marcin Balcerzak / Shutterstock ; **390 :** © kryzhov / Shutterstock ; **392 :** © Bob Pool / Shutterstock ; **394 :** © L. Kragt Bakker / Shutterstock ; **396 :** © YAKOBCHUK VIACHESLAV / Shutterstock ; **398 :** © Aranami / Shutterstock ; **Espagnol : 402 :** © Marcos del Mazo / LightRocket via Getty Images ; **408 :** © goja1 / Shutterstock ; **410 :** © Javier Larrea / Age Fotostock / D. R. ; **412 :** © Ministerio de Transicion ecologica / D. R. ; **414 :** © JPF / Shutterstock ; **Allemand : 424 :** © canadastock / Shutterstock.

Édition : Laura Dherbecourt, Giulia Endrigo, Agnès Jemain, Virginie Lassarre

Assistants d'édition : Lisa Liotta, Ophélie Pereto, Paul Robert

Création maquette : Cécile Chaumet, Josiane Sayaphoum (frise littéraire)

Création couverture : Cécile Gallou

Schémas et cartographie : Lionel Buchet, Sébastien David, Domino, Laurent Grolleau

Mise en pages : Ma petite FaB – Laurent Grolleau

N° projet : 10291142 – Dépôt légal : mai 2020

Imprimé en France par POLLINA en mars 2023, n°45809,

imprimeur certifié IMPRIM'VERT®